ISBN 978-0-266-66546-5
PIBN 11005907

BLÄTTER

FÜR DAS

GYMNASIAL-SCHULWESEN

HERAUSGEGEBEN VOM

BAYER. GYMNASIALLEHRERVEREIN

REDIGIERT VON

DR. JOHANN MELBER.

FÜNFUNDDREISSIGSTER BAND

MÜNCHEN, 1899.
J.J. LINDAUERSCHE BUCHHANDLUNG.
(SCHOEPPING.)

Druck von Dr. Franz Paul Datterer & Cie., G. m. b. B., München.

Inhalts-Verzeichnis.

I. Abteilung.

Abhandlungen.

II. und III. Abteilung.

Rezensionen und literarische Notizen.

283098

IV. Abteilung.

Miszellen.

Personalnachrichten.

I. Abteilung.

Abhandlungen.

~~~~~~

Die neuen Prüfungsordnungen in Württemberg und in Preußen.

(1. Mitteilung der wesentlichen Bestimmungen. — 2. Vergleichende Bemerkungen
zur neuen bayerischen, preußischen und württembergischen Prüfungsordnung.)

Allgemeine Vorbemerkung. Im Laufe des vorigen Jahres (1898)
wurden sowohl in Württemberg als in Preußen neue Prüfungsordnungen
für das höhere Lehramt erlassen. Bisher gab es in ganz Deutschland
im wesentlichen nur dreierlei Prüfungsordnungen: die preußische, die
bayerische und die württembergische; denn auf der preußischen be-
ruhten in allen Hauptpunkten die sächsische, badische, hessische, mecklen-
burgische, kurz die aller übrigen deutschen Staaten mit alleiniger Ausnahme von Bayern und Württemberg. Da nun Bayern, den beiden
andern Staaten vorauseilend, im Jahre 1895, Württemberg und Preußen
im verflossenen Jahre mit neuen Prüfungsordnungen hervortraten, da
ferner die übrigen deutschen Staaten wie bisher sich aller Voraussicht
nach dem preußischen Vorbild auch ferner anschließen werden, so
haben nun alle Staaten eine neue Prüfungsordnung, und es geziemt
sich an diesem Wendepunkt wohl, die unterscheidenden Merkmale,
nicht minder aber auch die zum Teil durchaus nicht unbedeutenden
Übereinstimmungen zu registrieren. Daß letztere im Laufe der Zeit
zahlreicher geworden sind und trotz des fortbestehenden prinzipiellen
Unterschiedes, der auf dem Klaß- und Fachlehrersystem beruht, noch
weiter an Zahl und Bedeutung zugenommen haben, ist wohl begreiflich: auch unsere Gesetze befinden sich ja auf dem Wege zu einheitlicher Gestaltung. Die Thatsache ist aber auch erfreulich, und
das um so mehr, als es unseres Erachtens unser engeres Vaterland
Bayern ist, welches in durchaus nicht unwesentlichen Punkten den
beiden anderen Staaten zur Nachahmung diente: wir meinen hier
insbesondere die Einführung eines einheitlichen wissenschaftlichen
Examens in Württemberg und Preußen, also das Fallenlassen des
Präzeptoratsexamens in Württemberg und die Beseitigung des Zeugnisses zweiten Grades in Preußen. Andrerseits hat auch Bayern
sowohl im J. 1873 als im J. 1895 einiges von Preußen entlehnt,
so besonders die wissenschaftliche Abhandlung (1873) und das
pädagogische Jahr (1895). Die Differenzen liegen vorwiegend auf dem
Gebiete der formellen Ausgestaltung und des Vollzugs, und gerade
dieser Punkt ist es daher, in dem auch dem subjektiven Ermessen
des Beurteilenden naturgemäß ein größerer Spielraum gelassen ist.

Da wir indes eine v e r g l e i c h e n d e B e u r t e i l u n g am
S c h l u s s e z u b r i n g e n gedenken, geben wir an erster Stelle eine
Übersicht über die neuen Prüfungsordnungen in Württemberg und
Preußen.

A. Die württembergische Prüfungsordnung.

Nachdem die auf Gutachten aus den Lehrerkreisen beruhenden „G r u n d -
z ü g e" nochmals (anfangs 1897) den weitesten Kreisen zur Beurteilung unterbreitet worden waren[1]) – insbesondere war ausdrücklich die Stellungnahme des
württ. Gymnasiallehrer- und Realschulmänner-Vereins gewünscht worden, die
auch erfolgte (cf. „Blätter" 1897, S. 778) —, wurde am 21. März 1898 die neue
Prüfungsordnung für das h u m a n i s t i s c h e Lehramt und am 12. September
1898 diejenige für das r e a l i s t i s c h e erlassen.

I. Die württembergische Dienstprüfung für das h u m a n i s t i s c h e Lehramt vom 21. März 1898.[2])

a. A l l g e m e i n e V o r s c h r i f t e n: Die Prüfung zerfällt in zwei Teile,
nämlich in eine erste, w i s s e n s c h a f t l i c h e, und eine zweite, v o r z u g s w e i s e
p r a k t i s c h e Prüfung.

Beide Prüfungen werden zu Stuttgart im Herbst durch eine aus Universitätslehrern und praktischen Schulmännern zusammengesetzte K o m m i s s i o n
abgehalten. Die Leitung hat ein Mitglied der Ministerialabteilung für Ge-
lehrten- und Realschulen.

Über jede der beiden Prüfungen wird ein Z e u g n i s ausgestellt. Dasselbe enthält die in den einzelnen Fächern erworbenen Prüfungsnoten[3]) sowie
ein Gesamtzeugnis, welches bei der e r s t e n P r ü f u n g z u g l e i c h die
wissenschaftliche B e f ä h i g u n g z u u n s t ä n d i g e r V e r w e n d u n g, bei der
zweiten Prüfung die Befähigung zur Anstellung auf humanistischen Haupt-
lehrstellen bekundet.

Die Namen der für befähigt Erklärten werden im Staatsanzeiger veröffentlicht.

In den Prüfungszeugnissen werden die B e f ä h i g u n g s s t u f e n nach
drei Klassen: Klasse I (obere), Klasse II (mittlere), Klasse III (untere) bezeichnet. Die Klassen I und II zerfallen in zwei Unterabteilungen a und b,
durch welche die Annäherung an eine höhere oder niedrigere Klasse ausgedrückt wird. Im übrigen wird für die Anstellung und Beförderung die Be-
währung im Lehramt wesentlich mitbestimmend sein.[4])

Die Wiederholung einer mit Erfolg bestandenen Prüfung zur Erlangung
eines besseren Zeugnisses ist nur einmal und nur innerhalb des Zeitraums von
drei Jahren seit Erstehung der früheren Prüfung gestattet. Auch wer eine
Prüfung nicht bestanden hat, darf sie nur einmal wiederholen.

---

[1]) Die „G r u n d z ü g e" wurden im „Neuen Korrespondenzblatt für die Ge-
lehrten- und Realschulen Württembergs," Jahrg. 1897, Heft 4 und 5, veröffentlicht.

[2]) Abgedruckt im „Neuen Korresp.-Bl." 1898, Heft 8. Durch die neue
Prüfungsordnung wurde die Prüf.-Ordnung vom 28. Nov. 1865 außer Wirksamkeit
gesetzt. — Sonderabdrücke liefert die Kohlhammersche Buchhandlung in Stuttgart
zu 20 Pfg. — Wir teilen s ä m t l i c h e wesentliche Bestimmungen im Wortlaut mit
und gestatten uns nur, wo es unbeschadet der Sache möglich ist, eine Zusammenfassung oder Umstellung. Bestimmungen, die nicht von Belang sind oder sich
aus dem Zusammenhang ergeben, sind ganz ausgeschieden.

[3]) Hier fällt auf, daß nicht angegeben ist, welche Notenskala in Anwendung
zu bringen ist. Laut freundlicher Mitteilung von zuständiger Seite bleiben die
bisherigen Noten in Kraft: 8 = Ia recht gut, 7 = Ib gut zu recht gut, 6 = IIa
gut, 5 = IIb ziemlich gut zu gut = befriedigend, 4 = III ziemlich gut = genügend; außerdem ungenügend (möglicherweise in den Abstufungen 3. 2. 1).

[4]) Eine Bestimmung darüber, in welcher Weise das Ergebnis der 1. und
2. Dienstprüfung zu vereinbaren ist, fehlt.

b) Die erste Dienstprüfung: Vorbedingung für die Zulassung ist die Einreichung einer **wissenschaftlichen Abhandlung.**

Der **Meldung** ist sodann beizulegen ein Lebensabriß, der Nachweis über den Besitz der deutschen Staatsangehörigkeit, das Reifezeugnis eines deutschen Gymnasiums, der Nachweis eines mindestens vierjährigen Studiums auf einer deutschen Universität, darunter mindestens zwei Semester in Tübingen. Lehramtskandidaten, welche die erste theologische Dienstprüfung erstanden haben, haben Anspruch auf entsprechenden Nachlaß.

Vorlesungen über Geschichte und deutsche Literatur, ebenso eine **Vorlesung über Geographie und über Pädagogik** sind von allen Kandidaten nachzuweisen.

Das **Thema der wissenschaftlichen Abhandlung** ist dem Gebiete der gesamten klassischen Altertumswissenschaft zu entnehmen, bedarf jedoch der Genehmigung der Ministerialabteilung. Die Abhandlung soll in lateinischer Sprache abgefaßt sein und nicht mehr als 4 Bogen gewöhnlicher Schrift umfassen. Disposition und Angabe der benützten Quellen sind beizufügen. Auch eine akademische Preisschrift, eine Doktordissertation oder eine sonstige Druckschrift aus dem genannten Gebiete ist zulässig. Wird die wissenschaftliche Abhandlung für ungenügend befunden, so **kann**[1]) der Kandidat für dieses Jahr von der ersten Dienstprüfung zurückgewiesen werden, und er hat dann eine neue **Abhandlung** einzureichen.

Unerläßliche **Fächer** der ersten Dienstprüfung sind **Lateinisch** und **Griechisch.** Hiezu kommt als drittes Hauptfach nach eigener Wahl des Kandidaten **Deutsch** oder **Geschichte** oder **Französisch** (bezw. Hebräisch).

Bei der **schriftlichen Prüfung** wird eine deutsch-lateinische, deutsch-griechische, lateinisch-deutsche und griechisch-deutsche Übersetzung gefordert; letztere beide sind mit einem sprachlichen und sachlichen Kommentar zu begleiten.[2])

Die **mündliche Prüfung im Lateinischen und Griechischen** besteht in einem Kolloquium,[3]) bei welchem Abschnitte aus folgenden Schriftstellern nach der Auswahl der Prüfungskommission zu grunde gelegt werden: Sallustius, Jurgurtha und Catilina; Cicero pro Milone, actio in Verrem II, 4 de signis, orator und Brutus, disput. Tuscul. I und de legibus 1; Livius XXI—XXV; Tacitus Annales I. II. XIV—XVI; Historiae I. IV. V, Germania, Dialogus; Plautus Miles gloriosus, Menaechmi; Catullus; Vergilius Aen. I. II. IV—VI, Bucolica, Georgica I; Horatius; Propertius, letztes Buch. Herodot I. VII. VIII; Xenophon Memorabilien; Thucydides I. II. VI; Plato Phädon und Phädrus; Demosthenes Olynthische und Philippische Reden; Homer; Aeschylos Perser; Sophokles Oedipus R., Antigone; Euripides Iphig. Taur. An die Übersetzung und Erklärung dieser Stellen werden Besprechungen über Grammatik und Metrik, Literaturgeschichte, Altertümer, Archäologie und Mythologie angeknüpft. Auch die Bekanntschaft mit der griechischen und römischen Geschichte wird bei allen Kandidaten vorausgesetzt.

Bei der **Prüfung im Deutschen** wird Bekanntschaft mit dem Entwicklungsgang der deutschen Sprache und Literatur gefordert. Insbesondere ist in der schriftlichen Prüfung Bekanntschaft mit den Hauptwerken der älteren und neueren deutschen Literatur und ihrer Entwicklung, in der mündlichen Prüfung genauere Kenntnis des Elemente der gotischen, alt- und mittelhochdeutschen Grammatik und das Verständnis vorgelegter Stellen aus Werken der mittelhochdeutschen Literatur nachzuweisen.

In der **Geschichte** hat der Kandidat in der schriftlichen Prüfung Bekanntschaft mit dem Entwicklungsgang der allgemeinen Weltgeschichte und Verständnis des Zusammenhangs der Ereignisse, auf dem Gebiet der alten und deutschen Geschichte auch Kenntnis der Entwicklung der Kultur in ihren

---

[1]) Es fällt auf, daß es nicht heißt: „ so wird der K. zurückgewiesen."

) Wie viel Zeit dem Kandidaten für die Bearbeitung der einzelnen Aufgaben gegeben werden soll, ist weder hier noch bei den späteren Abschnitten angegeben.

[3]) Über die Dauer des Kolloquiums findet sich keine Angabe.

wichtigeren Erscheinungen nachzuweisen. — In der mündlichen Prüfung hat er darzuthun, daß er eine Übersicht über die Quellen unserer Geschichtskenntnis auf den genannten Gebieten besitzt und sich mit den bedeutenderen neueren Geschichtswerken durch eigenes Studium bekannt gemacht hat, zugleich wird eine klare Auffassung des geographischen Schauplatzes der Begebenheiten erwartet.

Im Französischen wird neben einer sorgfältigen und gebildeten Aussprache im schriftlichen und mündlichen Gebrauch der Sprache Beherrschung des Ausdrucks, grammatische Korrektheit und Kenntnis des französischen Sprachgebrauchs und Satzbaus verlangt. Außerdem hat der Kandidat in der mündlichen Prüfung seine Bekanntschaft mit der geschichtlichen Entwicklung der Sprache und ein hinreichendes Verständnis der französischen Laute, Formen und Wortbildungen, sowie seine Fähigkeit darzuthun, vorgelegte Stellen aus gelesenen älteren Schriftstellern zu übersetzen und zu erklären. In einem französischen Aufsatz hat er sodann nachzuweisen, daß er von dem Entwicklungsgang der französischen Literatur ein deutliches Bild gewonnen und einzelne Hauptwerke auch aus neuester Zeit gelesen hat.[1] Ein in französischem Sprachgebiet zugebrachtes Halbjahr kann als ein Semester Universitätsstudium angerechnet werden.

Die Prüfung im Französischen kann auch auf die zweite Dienstprüfung verschoben werden.

c. Die zweite Dienstprüfung. Nach der ersten Dienstprüfung werden die Kandidaten zum Zweck der methodischen Einführung in die Theorie und Praxis des Unterrichts auf die Dauer eines Jahres einem Gymnasium zugewiesen ("Vorbereitungsjahr"[2]). Die zweite Dienstprüfung schließt sich unmittelbar an dieses Vorbereitungsjahr an. Sie besteht in einer mündlichen Prüfung in Philosophie und in Pädagogik, in einem deutschen Aufsatz und in der Abhaltung zweier Lehrproben.

Den Gegenstand der Prüfung in der Philosophie bildet die Logik, die Psychologie und die Geschichte der Philosophie. Verlangt wird die Kenntnis der wichtigsten logischen Gesetze und der Hauptthatsachen der empirischen Psychologie, sodann Verständnis des allgemeinen Entwicklungsgangs der Geschichte der Philosophie. Hinsichtlich des letzteren kann auf die besonderen Studien der Kandidaten Rücksicht genommen werden.

Die Prüfung in der Philosophie kann schon bei der ersten Dienstprüfung abgelegt werden.[3]

In der Pädagogik hat der Kandidat nachzuweisen, daß er sich mit den wissenschaftlichen Grundgedanken der allgemeinen Pädagogik durch das

---

[1] Der Absatz über die Prüfung aus dem Französischen dünkt uns etwas unklar und in sachlicher Hinsicht etwas zu allgemein gehalten; es ist insbesondere, wie übrigens auch anderwärts, zu wenig scharf unterschieden zwischen dem, was schriftlich, und dem, was mündlich geprüft werden soll. Vergleiche dagegen die bayerische Prüfungsordnung.

[2] Über das „Vorbereitungsjahr" bestehen noch keine fixe, sondern nur „vorläufige Bestimmungen", welche im Neuen Korresp.-Bl. Jahrg. 1897, Heft 4 hauptsächlich für den Gebrauch der Rektoren veröffentlicht wurden, die in den nächsten Jahren über ihre Beobachtungen und Erfahrungen sich auszusprechen haben werden." Das Vorbereitungsjahr, worüber das Wesentliche bereits in unseren Blättern, Jahrg. 1897, S. 527 mitgeteilt ist — es stimmt in den Hauptsachen mit der entsprechenden bayerischen Einrichtung überein —, haben nicht bloß die Kandidaten des humanistischen Lehramts, sondern auch diejenigen des realistischen Lehramts durchzumachen (s. u.) In Bayern ist die Sache bekanntlich in dieser Richtung noch nicht konsequent durchgeführt, woran wohl besonders der seitherige Mangel an Kandidaten der betreffenden Lehrfächer die Schuld trug. In Zukunft gilt dieser Grund jedoch nicht mehr.

[3] Damit entfällt für die 2. Dienstprüfung abermals ein gut Stück Gedächtnisstoffs. Wir vermissen jedoch eine Angabe darüber, ob die Note aus dem in Rede stehenden Fach zur ersten oder zur zweiten Dienstprüfung gerechnet wird.

Studium eines ihrer Hauptvertrer aus älterer und neuerer Zeit bekannt gemacht hat, sodann dafs er über die Methodik der für ibn in Betracht kommenden Prüfungsfächer Rechenschaft zu geben versteht.

Im deutschen Aufsatz hat der Kandidat seine Fähigkeit zu erweisen, eine allgemeine wissenschaftliche Frage aus dem Gebiet der Prüfungsfächer in geordneter und klarer Darstellung und mit eingehendem Verständnis zu behandeln.

Jeder Kandidat hat zwei Probelektionen, eine aus dem Gebiete der klassischen Philologie, die andere aus dem der anderen Gymnasialfächer zu halten, deren Gegenstand von ihm selbst gewählt werden kann und vorherrschend in der Weise lehrender Entwicklung (nicht blofs examinatorisch) zu behandeln ist.

d) **Erweiterungsprüfungen:** Es steht jedem Kandidaten frei, die Lehrbefähigung zu erweitern, indem er sich nachträglich noch in einem der von ihm bei der 1. Dienstprüfung nicht gewählten Hauptfächer **Deutsch, Geschichte** oder **Französisch** prüfen läfst.

e) **Fakultative Prüfungen** in **Französisch, Englisch, Mathematik, Physik, Geographie** und **Hebräisch** können mit der ersten oder zweiten Dienstprüfung verbunden oder auch später gemacht werden. Dadurch erhält der philologische Lehramtskandidat die beschränktere Befähigung für einen ihm neben dem philologischen Lehrauftrag zu übertragenden Unterricht in dem betreffenden Fach.

Sämtliche fakultative Prüfungen sind mehr elementaren Charakters.

Im **Französischen** kommt die Sprachgeschichte in Wegfall und der Aufsatz wird durch eine Übersetzung aus dem Deutschen und ein französisches Diktat ersetzt.

Im **Englischen** ist verlangt: ein korrekter Aufsatz über ein gegebenes Thema, fertige Übersetzung und Erklärung eines Abschnitts aus einem poetischen oder prosaischen Schriftsteller, gute Aussprache und einige Übung im mündlichen Gebrauch der Sprache;

in der **Mathematik** die Kenntnis der Fächer, die nach dem bestehenden Lehrplan den Gegenstand des Gymnasialunterrichts bilden;

in der **Physik** Vertrautheit mit den Hauptlehren dieser Wissenschaft und Bekanntschaft mit den für den Schulunterricht erforderlichen physikalischen Instrumenten;

in der **Geographie** genaues Verständnis der mathematischen, physikalischen und politischen Geographie;

im **Hebräischen** gründliche Kenntnis der Grammatik und Erklärung von Stellen aus den historischen Büchern des alten Testaments oder aus den Psalmen.

f) Aus den **Übergangsbestimmungen** heben wir hervor, dafs die Verfügung bezüglich der wissenschaftlichen Abhandlung sofort, die erste Dienstprüfung im Herbst 1899, die zweite im Herbst 1900 in Wirksamkeit tritt.

II. Die württembergische Dienstprüfung für das realistische Lehramt vom 12. September 1898.[1]

a) Die **allgemeinen Vorschriften** sind die gleichen wie bei der Dienstprüfung für das humanistische Lehramt. Nur ist bezüglich der durch die 2. Dienstprüfung erlangten Befähigung der ausdrückliche Unterschied gemacht, dafs sich dieselbe auf **realistische** (dort humanistische) Hauptlehrerstellen erstrecke. Auch für das realistische Lehramt ist jetzt eine erste und zweite Dienstprüfung vorgeschrieben. Die realistische Prüfung zerfällt in eine solche für die **sprachlich-geschichtliche** und die **mathematisch-**

---

[1] Abgedruckt im „Neuen Koresp.-Blatt" 1898, Heft 10. Die durch diese Neuordnung aufser Wirksamkeit tretende Prüfungsordnung ist vom 20. Juli 1864 datiert. Sonderabdrücke liefert die Kohlhammersche Buchhandlung in Stuttgart à 20 Pfg. — Auch hier teilen wir in allen wesentlichen Punkten den Wortlaut mit und scheiden nur Belangloses aus.

naturwissenschaftliche Richtung. Die zweite Dienstprüfung ist für beide Richtungen die gleiche, die erste Dienstprüfung selbstverständlich eine verschiedene. Doch gelten für die erste Dienstprüfung folgende allgemeine Bestimmungen.

b) **Die erste Dienstprüfung:**
Vorbedingung für die Zulassung ist wie bei den humanistischen Prüfungen die Einreichung einer **wissenschaftlichen Abhandlung**. Der **Meldung** zur ersten Dienstprüfung ist (wie oben) beizulegen ein Lebensabrifs und der Nachweis über den Besitz der deutschen Staatsangehörigkeit. Neben dem Reifezeugnis eines deutschen Gymnasiums gilt hier auch das Reifezeugnis eines Realgymnasiums oder einer württ. 10klassigen Realanstalt; doch ist das letztere für Kandidaten der sprachlich-historischen Richtung durch ein Zeugnis über die erfolgreiche Erstehung der Reifeprüfung eines Gymnasiums oder Realgymnasiums im Fach der lateinischen Sprache zu ergänzen. Theologen geniefsen auch bei den realistischen Prüfungen die oben (sub I) erwähnte Berücksichtigung.
Zwei gröfsere Vorlesungen über Philosophie und eine über Pädagogik sind von allen Kandidaten nachzuweisen.
Das Thema der wissenschaftlichen Abhandlung ist seitens der Kandidaten der sprachlich-geschichtlichen Richtung dem Gebiete der deutschen, französischen oder englischen Sprache und Literatur, seitens der Kandidaten der mathematisch-naturwissenschaftlichen Richtung dem Gebiet eines Hauptfachs ihrer Abteilung zu entnehmen. Die Abhandlung soll nicht mehr als 4 Bogen gewöhnlicher Schrift umfassen; im übrigen gilt das Gleiche wie bei der humanistischen Prüfung.
Die Einzelbestimmungen für die erste Dienstprüfung sind für die sprachlich-geschichtliche und für die mathematisch-naturwissenschaftliche Richtung folgende:

1. Die erste Dienstprüfung sprachlich-geschichtlicher Richtung.

Unerläfsliche Fächer der ersten Dienstprüfung sind **Deutsch**, **Französisch** und **Englisch**. Hiezu kommt als viertes Hauptfach nach eigener Wahl entweder **Geschichte** oder **Geographie**. Das nicht gewählte der beiden Fächer bildet ein Nebenfach der Prüfung, in welchem nur mündlich geprüft wird.
Angaben der Kandidaten über spezielle Studien auf dem Gebiete der vorgenannten Prüfungsfächer können bei der Prüfung berücksichtigt werden.
Hinsichtlich des **Deutschen** sind die Anforderungen die gleichen wie bei der humanistischen Lehramtsprüfung.
Ebenso in der **Geschichte als Hauptfach.**
In der **Geschichte als Nebenfach** hat der Kandidat sichere Übersicht über die Weltgeschichte und eingehendere Kenntnis der griechischen, römischen und insbesondere der deutschen Geschichte darzulegen; auch müssen ihm die bedeutendsten neueren Geschichtswerke über die erwähnten Gebiete bekannt sein.
In der **Geographie als Hauptfach** soll der Kandidat in der schriftlichen Prüfung im stande sein, über die wichtigeren physikalischen und geologischen Verhältnisse und die Gestaltung der Erdoberfläche, sowie über Fragen aus der Länder- und Völkerkunde und der historisch-politischen Geographie Auskunft zu geben. Für die mündliche Prüfung ist überdies Bekanntschaft mit den wichtigeren Lehren der mathematischen Geographie und Verständnis der Hilfsmittel des geographischen Unterrichts und ihres Gebrauchs erforderlich.
In der **Geographie als Nebenfach** wird Kenntnis des Wichtigsten aus der mathematischen, physikalischen und politischen Geographie und genauere Kenntnis Europas verlangt. Für die Geographie als Haupt- und Nebenfach wird einige Fertigkeit im Entwerfen von Kartenskizzen gefordert.
Im **Französischen** wird bei der schriftlichen Prüfung die Übersetzung eines deutschen Originalstücks ins Französische, die Übertragung eines Abschnitts aus einem französischen Schriftsteller ins Deutsche, die Niederschrift

eines französischen Diktats und ein Aufsatz über ein der französischen Literaturgeschichte entnommenes Thema verlangt. Die mündliche Prüfung besteht in einem Kolloquium über Sprach- und Literaturgeschichte. — Neben einer guten Aussprache und Bekanntschaft mit den Elementen der Phonetik hat der Kandidat Sicherheit in der Grammatik, Kenntnis des französischen Sprachgebrauchs und Beherrschung des Ausdrucks im schriftlichen und mündlichen Gebrauch der Sprache nachzuweisen. — Mit der Spachgeschichte soll er so weit vertraut sein, dafs er ein klares Verständnis der französischen Laut- und Wortbildung und der poetischen Form besitzt und einen Abschnitt aus einem älteren von ihm gelesenen Schriftsteller zu übersetzen und zu erklären im stande ist. — In der Literaturgeschichte wird eine übersichtliche Kenntnis des Entwicklungsgangs der französischen Literatur gefordert; insbesondere soll der Kandidat das eine oder andere Werk der älteren französischen Literatur und eine Anzahl hervorragender Werke der neueren mit eindringendem Verständnis gelesen haben.[1])

Fürs Englische gelten die für das Französische aufgestellten Forderungen mit sinngemäfser Abänderung.

2. Die erste Dienstprüfung mathematisch-naturwissenschaftlicher Richtung.

Die Prüfungsfächer sind in zwei Abteilungen angeordnet, deren eine eine vorwiegend mathematisch-physikalische, die andere eine vorwiegend naturwissenschaftliche ist. Die Fächer jeder Abteilung zerfallen in Haupt- und Nebenfächer. Bei guten Leistungen in der schriftlichen Prüfung kann die mündliche Prüfung erlassen werden.

Erste Abteilung:

Die drei Hauptfächer sind 1) Mathematik: a) Höhere Algebra mit Einschlufs der Eliminationstheorie; b) Differential- und Integralrechnung mit Einschlufs der partiellen Differentialgleichungen und der Elemente der Funktionentheorie; c) Analytische Geometrie mit Einschlufs der Elemente der Theorie der höheren Kurven, sowie der Krümmungstheorie; d) Trigonometrie mit mathematischer Geographie; e) Synthetische Geometrie mit Einschlufs der Flächen zweiten Grads; f) Darstellende Geometrie. — 2. Mechanik. insbes. Mechanik starrer Systeme. — 3. Physik: a) Experimentalphysik (nur mündlich), b) Theoretische Physik mit den 4 Gebieten: physikalische Mechanik, Optik, Wärmelehre, Elektrizität und Magnetismus (nur schriftlich); c) Übung in der Handhabung physikalischer Apparate.

Bei der schriftlichen Prüfung wird von dem Kandidaten erwartet, dafs er eine oder mehrere nicht zu schwierige Aufgaben aus den betreffenden Gebieten zu lösen im stande ist, während bei der mündlichen Prüfung auch das Verständnis der Theorie ermittelt werden soll.

In Mathematik hat der Kandidat bei der schriftlichen Prüfung die Wahl zwischen den Fächern a und e; in der theoretischen Physik wird von dem Kandidaten genauere Bekanntschaft nur mit zwei der 4 genannten Gebiete verlangt. Die Forderung zu 3c kann erlassen werden bei Nachweis eines genügenden Besuches des physikalischen Instituts der Landesuniversität oder der Technischen Hochschule.

Das einzige Nebenfach der ersten Abteilung ist Chemie: in derselben wird Kenntnis der wichtigsten Lehren der allgemeinen Chemie und Bekanntschaft mit der Darstellung und den Eigenschaften der wichtigsten anorganischen Verbindungen gefordert. Aufserdem wird einige Übung in den für den Schulunterricht erforderlichen Demonstrationen vorausgesetzt und ist, wenn die Prüfungskommission es für angemessen erachtet, nachzuweisen.

------

[1]) Die Anforderungen im Französischen scheinen im allgemeinen die gleichen zu sein, wie bei der 1. humanistischen Dienstprüfung. Die stilistische Fassung ist auch hier etwas unklar.

Zweite Abteilung:

Die vier Hauptfächer sind: 1. Chemie: a) Kenntnis der Lehre der allgemeinen Chemie, sowie eingehende Behanntschaft mit der anorganischen Chemie und den Grundzügen der organischen; b) Fertigkeit in der qualitativen und einige Übung in der quantitativen Analyse. (Letztere Forderung kann erlassen werden bei mindenstens auf 3 Halbjahre sich belaufendem erfolgreichen Besuche des chemischen Laboratoriums der Landesuniversität oder der Technischen Hochschule in Stuttgart). — 2. Mineralogie: die Grundlehre der Kristallographie, Kenntnis der wichtigsten, namentlich der gesteinbildenden Mineralien und ihrer Eigenschaften, die Hauptlehren der Geognosie, der Leitfossilienkunde und der allgemeinen Geologie. — 3. Botanik: Übersicht über die systematische Botanik, Kenntnis der häufiger vorkommenden Blütenpflanzen und Gefäfskryptogamen, Bekanntschaft mit den Grundlehren der Entwicklungsgeschichte, der Anatomie, und der Physiologie der Pflanzen. — 4. Zoologie: Übersicht über die systematische Zoologie, Kenntnis der wichtigsten Vertreter der Tierwelt, namentlich der einheimischen, Bekanntschaft mit den Grundlehren der Entwicklungsgeschichte, der vergleichenden Anatomie und Physiologie der Tiere.

In den Fächern 2 4 wird bei der mündlichen Prüfung die erworbene Übung im Beobachten und Bestimmen der Naturobjekte erprobt.

Die sechs Nebenfächer der 2. Abteilung sind: 1. Algebra und niedere Analysis; 2. Elemente der Differential- und Integralrechnung; 3. Elementare Geometrie mit Einschlufs der Trigonometrie und der Anfangsgründe der neueren Geometrie; 4. Elemente der analytischen Geometrie; 6. Experimentalphysik, Bekanntschaft mit der Handhabung der für den Unterricht wichtigsten physikalischen Apparate.

c. Die zweite Dienstprüfung: Sie ist nach dem „Vorbereitungsjahr" (siehe Ic), soweit möglich im Anschlufs an dasselbe und spätestens drei Jahre nach der ersten Dienstprüfung zu erstehen.[1])

Sie besteht in 1. einem deutschen Aufsatz, worin der Kandidat seine Fähigkeit zu erweisen hat, eine allgemeine wissenschaftliche Frage in geordneter und klarer Darstellung und mit Verständnis zu behandeln; 2. in einer Prüfung im Freihandzeichnen i. e. Herstellung korrekter Umrisse nach Modellen (Ornament oder Körper), eine Forderung, welche die Prüfungskommission dem einzelnen Kandidaten übrigens erlassen kann; 3. in der Abhaltung von drei Lehrproben (zwei an Oberklassen in Hauptfächern seiner ersten Dienstprüfung, eine an Mittelklassen in einem Fach seiner zweiten Dienstprüfung), welche vorherrschend lehrend (nicht blofs examinatorisch) zu halten sind; 4. in einer Ergänzungsprüfung, bei der die Höhe der Forderungen durch die Bedürfnisse des Unterrichts an mittleren Realklassen bestimmt ist.

d) Ergänzungsprüfungen. Sie umfassen

α) für die Kandidaten der sprachlich-geschichtlichen Richtung: 1) Arithmetik und Planimetrie (schriftlich); die Kandidaten müssen befähigt sein, nicht zu schwierige Aufgaben aus beiden Gebieten richtig, klar und zweckmäfsig zu lösen; 2) Elementare Physik (mündlich); gefordert wird Kenntnis der Hauptlehren der Physik, Bekanntschaft mit den gewöhnlichen Schulapparaten.

β) für die Kandidaten der mathematisch-naturwissenschaftlichen Richtung: 1) Französisch; 2) Englisch (in beiden Fächern mündlich und schriftlich). Die schriftliche Prüfung beschränkt sich auf die Übertragung eines nicht zu schwierigen deutschen Originalstücks in die Fremdsprache und auf ein französisches bezw. englisches Diktat. Mündlich hat der Kandidat ein

---

[1]) Diese Fristbestimmung findet sich bei der humanistischen Prüfung noch nicht (s. o.), wird aber sinngemäfs wohl auch auf diese ausgedehnt werden.

vorgelegtes Stück aus einem französischen bezw. englischen Schriftsteller ins Deutsche zu übertragen und Kenntnis der schulmäßigen
Grammatik nebst einiger Übung im Gebrauch der französischen
Sprache darzuthun; eine reine und gute Aussprache wird besonders berücksichtigt.

e) Erweiterungsprüfungen: Es steht jedem Kandidaten frei, die Lehrbefähigung zu erweitern, indem er sich nachträglich noch in einem N e b e n -
f a c h seiner ersten Dienstprüfung einer Prüfung nach den für dieses Fach
als H a u p t f a c h aufgestellten Anforderungen unterzieht.

f) Fakultative Prüfungen: In den für ihre Richtung bezw. Abteilung
nicht vorgeschriebenen Fächern der 1. Dienstprüfung können die realistischen
Lehramtskandidaten eine fakultative Prüfung erstehen und dadurch die Befähigung für den Unterricht in dem betreffenden Fach erwerben. — Außerdem
kann im L a t e i n i s c h e n und I t a l i e n i s c h e n eine fakultative Prüfung erstanden werden; in diesen beiden Fächern wird schriftlich eine grammatisch
und stilistisch befriedigende Übersetzung eines nicht zu schwierigen deutschen
Originalstücks, für das Italienische. überdies die Niederschreibung eines Diktats,
mündlich fertige Übersetzung und Erklärung eines Abschnittes aus einem
prosaischen oder poetischen Schriftsteller und für das Italienische noch gute
Aussprache und einige Übung im mündlichen Gebrauche der Sprache verlangt.

Die Erweiterungsprüfung und die fakultative Prüfung kann mit der 1.
oder 2. Dienstprüfung verbunden oder auch später nachgeholt werden.

g) Die Ü b e r g a n g s b e s t i m m u n g e n sind die gleichen wie bei der
humanistischen Dienstprüfung.

B. Die preußische Prüfungsordnung.[1])

Die Prüfungsordnung vom 5. Februar 1887, durch welche die
vom 12. Dezember 1866 beseitigt wurde, befriedigte den höhern Lehrerstand nur in geringem Grade, weil die im Jahre 1866 statuierte
Teilung des Standes bestehen blieb: es gab ein höheres Zeugnis,
sogenanntes „Oberlehrerzeugnis", und ein niedrigeres, sogen. „Lehrerzeugnis". Den dadurch bewirkten Riß, der sich besonders bei Festlegung und Veränderung der Gehaltsverhältnisse stets zum Schaden
des Standes geltend machte, zu beseitigen, war der höhere Lehrstand
unermüdlich bestrebt. Als schließlich auch die „Delegiertenkonferenz
der preußischen Provinzialvereine" im Jahre 1897 entschieden in dem
Sinne Stellung nahm, daß ein einheitliches Zeugnis (mit drei
Abstufungen („mit Auszeichnung, gut, genügend bestanden") eingeführt
werde [2]), entsprach die K. Staatsregierung dem Wunsche und erließ
die vorliegende Prüfungsordnung, in welcher sie außerdem noch anderen Wünschen des höheren Lehrstandes in sehr entgegenkommender
Weise Rechnung trug. Die bedeutsamste Änderung neben der Einheitlichkeit des Zeugnisses ist die Bestimmung, daß s t e t s e i n S c h u l -
m a n n d. h. ein Angehöriger des Gymnasiallehrerstandes den V o r s i t z
in der Prüfungskommission einzunehmen habe. Die neue Ordnung,
die nicht ohne eingehende Fühlungnahme mit dem Gymnasiallehrer-
stande aufgestellt wurde, dürfte sich dessen lebhafter Zustimmung in

---

[1]) „Ordnung der Prüfung für das Lehramt an höheren Schulen in Preußen
vom 12. September 1898", zuerst veröffentlicht im „Zentralblatt f. die ges. Unter-
richtsverw. in Preußen." In Sonderabdruck zu haben bei W. Hertz (Bessersche
Buchh.), Berlin, Preis 60 Pfg.

[2]) Vgl. unsern Bericht über die 18. Delegiertenkonferenz in den „Blättern",
1898 S. 185 f.

den Hauptsachen erfreuen.[1]) Da die preufsische Prüfungsordnung natürlich, wie bisher, vorzugsweise auf der Basis des Fachlehrersystems
beruht, würde sie sich für Bayern nicht eignen. Trotzdem ist sie auf
alle Fälle auch für uns so interessant, dafs wir ihren Inhalt in allem
Wesentlichen zur Mitteilung bringen zu sollen glauben. Auf einige
Vergleichspunkte kommen wir am Schlusse zurück.

Die Bestimmungen der preufsischen Prüfungsordnung.[2])

a) Allgemeine Bestimmungen:

1) Prüfungsbehörde. Die Prüfung wird bei einer der Königlichen
Wissenschaftlichen Prüfungskommissionen abgelegt. Der Minister der geist-
lichen, Unterrichts- und Medizinal-Angelegenheiten bestimmt den Sitz und den
Prüfungsbezirk dieser Kommissionen und ernennt ihre Mitglieder. Die Kom-
missionen werden vorwiegend zusammengesetzt aus Universitätslehrern und
Schulmännern. Der Vorsitz wird einem Schulmann übertragen.
Die Amtsperiode der Kommission ist einjährig.

2) Prüfungsausschüsse. Für die Prüfung der einzelnen Kandidaten
beruft der Vorsitzende aus den Mitgliedern der Kommission einen Prüfungsausschufs, dessen Leitung er entweder selbst übernimmt oder einem andern
Mitglied überträgt. Die Entscheidungen des Ausschusses erfolgen durch Mehr-
heitsbeschlufs; bei Stimmengleichheit gibt der Leiter den Ausschlag.

In der Regel sollen mindestens drei Mitglieder des Prüfungsausschusses zugegen sein; unbedingt notwendig ist auf alle Fälle die Anwesenheit von zwei Mitgliedern. Zu der Allgemeinen Prüfung (s. u.) dürfen höchstens 4, zu jeder Fachprüfung (s. u.) in der Regel nicht mehr als 2 Kandidaten
vereinigt werden. In der mündlichen Prüfung ist auf Ausgleichung der Mängel
durch gute Leistungen zu sehen, auch den Gesamteindruck der
Leistungsfähigkeit des Kandidaten zu berücksichtigen.

3) Zuständigkeit der Kommission. Zuständig für die Prüfung
ist jede Kommission, in deren Prüfungsbezirk entweder die Universität liegt,
an welcher der Kandidat das letzte oder mindestens noch ein früheres Halbjahr seiner Studienzeit zugebracht hat, oder die Verwendung des Kandidaten
im öffentlichen Schuldienst in Aussicht genommen ist oder bereits stattfindet.
(Ein Abgehen von dieser Regel kann nur der Minister gestatten).

4) Zulassungsbedingungen. Erforderlich für die Zulassung ist
das Reifezeugnis eines deutschen Gymnasiums (für Mathematik, Naturwissenschaften, Erdkunde, Französisch-Englisch auch das eines Realgymnasiums, für
Mathematik und Naturwissenschaften ferner das einer preufsischen oder andern
deutschen, als gleichstehend anerkannten, Oberrealschule) und der Nachweis
eines ordnungsgemäfsen mindestens auf 6 Halbjahre sich belaufenden Berufsstudiums an einer deutschen Staats-Universität. Für Mathematik, Physik und
Chemie wird das ordnungsgemäfse Studium an einer deutschen Technischen
Hochschule dem Studium an einer deutschen Universität bis zu 3 Halbjahren
gleichgerechnet. Für Französisch und Englisch kann das Studium an einer
ausländischen Hochschule mit französischer oder englischer Vortragssprache
bezw. ein Ausweis über wissenschaftliche Beschäftigung im Ausland zum
Zwecke seiner sprachlichen Ausbildung bis zu 2 Halbjahren angerechnet

---

[1]) Die erste Stimme, die mir darüber zur Kenntnis kam (Kannengiefser
im Korresp.-Blatt N. 20—22), äufsert sich in allen Hauptpunkten fast durchwegs
beifällig. — Desgleichen Gercken in dem soeben zur Ausgabe gelangten 12. Heft
der von ihm redigierten „Blätter f. höh. Schulw." Berlin.

[2]) Wir teilen auch hier im Wortlaut mit und scheiden nur diejenigen Punkte
aus, die nicht von Belang sind und in jeder Prüfungsordnung vorkommen, so
z. B. die Meldungsbestimmungen, die Bestimmungen bezüglich des Verfahrens bei
Unterschleif und diejenigen Prüfungsgegenstände, die bayerische Leser nicht interessieren (das Polnische, Dänische etc.).

werden. **Mindestens 1½ Jahre** der Studienzeit müssen auf **einer preußischen Universität** zugebracht sein.[1])

Die Zulassung ist insbesondere zu versagen, wenn der Kandidat nach den vorgelegten Zeugnissen sein Studium so wenig methodisch eingerichtet hat, daß es als eine ordnungsmäßige Vorbereitung auf seinen Beruf nicht angesehen werden kann; bestimmend ist hier, daß der Kandidat nicht bloß an den für sein Fachstudium wesentlichsten Vorlesungen und Übungen teilgenommen, sondern auch mehrere Vorlesungen und Übungen von allgemein bildendem Charakter gehört hat. (In Fußnote ist bemerkt: Der Erlaß von Studienplänen bleibt vorbehalten). Die Zulassung ist ferner zu versagen, wenn begründete Zweifel hinsichtlich der sittlichen Unbescholtenheit des Kandidaten obwalten. Gegen die Versagung der Zulassung kann der Kandidat die Entscheidung des Ministers binnen 14 Tagen anrufen. Ist die Zulassung endgültig versagt worden, so hat der Vorsitzende der Kommission dies auf den akademischen Abgangszeugnissen zu vermerken.

b) **Umfang und Form der Prüfung.** Die Prüfung besteht aus zwei Teilen, der **Allgemeinen** und der **Fachprüfung.** Beide sind schriftlich und mündlich. Die schriftlichen Hausarbeiten sind vor der mündlichen Prüfung zu erledigen.

c) **Allgemeine Prüfung.** Hier kommt es nicht auf die Darlegung fachmännischer Kenntnisse an, sondern auf den Nachweis der von Lehrern höherer Schulen zu fordernden allgemeinen Bildung auf den betreffenden Gebieten.

Demnach hat der Kandidat in den für's erste obliegenden **Hausarbeit**, die den nachverzeichneten Gebieten entnommen ist (Näheres über die Dauer der Bearbeitung etc. siehe unter d β), nicht bloß ausreichendes Wissen und ein verständnisvolles Urteil über den behandelten Gegenstand zu bekunden, sondern auch zu zeigen, daß er einer sprachrichtigen, logisch geordneten, klaren und hinlänglich gewandten Darstellung fähig ist.[2])

Die **Fächer der mündlichen Prüfung** sind:

1) **Religionslehre.** Gefordert ist, daß er sich mit Inhalt und Zusammenhang der heiligen Schrift bekannt zeigt, einen allgemeinen Überblick über die Geschichte der christlichen Kirche hat und die Hauptlehren seiner Konfession kennt;

2) **Philosophie.** Der Kandidat muß mit den wichtigsten Thatsachen ihrer Geschichte sowie mit den Hauptlehren der Logik und der Psychologie bekannt sein, auch eine bedeutendere philosophische Schrift mit Verständnis gelesen haben.

3) **Pädagogik.** Der Kandidat hat nachzuweisen, daß er ihre philosophischen Grundlagen sowie die wichtigsten Erscheinungen in ihrer Entwicklung seit dem 16. Jahrhundert kennt und bereits einiges Verständnis für die Aufgaben seines künftigen Berufs gewonnen hat.

4) **Deutsche Literatur.** Der Kandidat hat darzuthun, daß ihm deren allgemeiner Entwicklungsgang namentlich seit dem Beginn ihrer Blüteperiode im 18. Jahrhundert bekannt ist, und daß er auch nach dem Abgang von der Schule zu seiner weiteren Fortbildung bedeutendere Werke dieser Zeit mit Verständnis gelesen hat.

Gehen die Leistungen eines Kandidaten über die in der Allgemeinen Prüfung zu stellenden Anforderungen erheblich hinaus, so ist der Prüfungsausschuß befugt, ihm in dem betreffenden Fache eine **Lehrbefähigung** (d γ) zuzuerkennen.

Bei jenen Kandidaten, welche eine Lehrbefähigung in der Religionslehre, der philosophischen Propädeutik oder im Deutschen nachweisen, ist von der Allgemeinen Prüfung in dem betreffenden Fach abzusehen.

----

[1]) Die letztere Bestimmung beruht auf einer Kabinetsordre vom 30. Juni 1841.
[2]) Diese Art von „Hausarbeiten", die lediglich auf einen größeren Aufsatz hinausläuft, ist von recht problematischem Werte. In Bayern läßt man an ihrer Stelle eine Klausurarbeit fertigen, eine Einrichtung, die wir für besser halten.

d) **Fachprüfung.** α) Prüfungsgegenstände sind: 1) Christliche Religionslehre, 2) Philosophische Propädeutik, 3) Deutsch, 4) Lateinisch, 5) Griechisch, 6) Hebräisch. 7) Französisch, 8) Englisch, 9) Geschichte, 10) Erdkunde, 11) Reine Mathematik, 12) Angewandte Mathematik, 13) Physik, 14) Chemie nebst Mineralogie, 15) Botanik und Zoologie. 16) Polnisch, 17) Dänisch (letztere beide nur für diejenigen Kommissionen, bei denen Examinatoren dafür bestellt sind). Aus diesen Fächern ist freie Wahl, jedoch mit der Beschränkung, dafs sich **stets eine der folgenden Verbindungen finden mufs:**

> Lateinisch und Griechisch,
> Französisch und Englisch,
> Geschichte und Erdkunde,
> Religion und Hebräisch,
> Reine Mathematik und Physik,
> Chemie nebst Mineralogie und Physik oder anstatt der letzteren Botanik und Zoologie,

mit der Mafsgabo jedoch, dafs an die Stelle jedes in den drei ersten Verbindungen genannten Faches sowie an die Stelle von Hebräisch Deutsch treten kann. Demnach ergeben sich noch folgende Verbindungen:

> Lateinisch und Deutsch,
> Griechisch und Deutsch,
> Französisch und Deutsch,
> Englisch und Deutsch,
> Geschichte und Deutsch,
> Erdkunde und Deutsch,
> Religion und Deutsch.

Über das Mafs der geforderten Kenntnisse in den einzelnen Fächern siehe unter e.

β) Schriftliche Hausarbeit: Wie für die allgemeine Prüfung erhält der Kandidat auch für die Fachprüfung ein Thema und zwar aus einem der Fächer, in welchen er die Lehrbefähigung für die erste Stufe (siehe γ) nachweisen will. Wünsche bezüglich der Auswahl der Aufgaben werden thunlichst berücksichtigt. Prüfungsarbeiten aus der klassischen Philologie sind in lateinischer, aus dem der neueren Sprachen in der betreffenden Sprache abzufassen. Für die Fertigstellung der beiden Hausarbeiten (vgl. c) wird eine Frist von insgesamt 16 Wochen[1]) gewährt, welche auf ein entsprechendes Gesuch hin auf weitere 16 Wochen erstreckt werden kann. Eine dritte Fristerstreckung kann nur durch den Minister erwirkt werden. Druckschriften und Doktordissertationen können auf Antrag als Ersatz für eine der beiden Hausarbeiten angenommen werden.

γ) Lehrbefähigung: In den einzelnen Fächern gibt es zwei Stufen: die eine (zweite Stufe) reicht bis Untersekunda einschliefslich, die andere (erste Stufe) umfafst auch alle oberen Klassen. Bei der Erwerbung der Lehrbefähigung für die erste Stufe ist in jedem Falle Voraussetzung, dafs er den für die zweite Stufe in dem betreffenden Fache zu stellenden Forderungen entsprochen hat (s. u.).

Die Lehrbefähigung für die erste Stufe kann dem Kandidaten auch dann zugesprochen werden, wenn er nach seiner Meinung sie nur für die zweite Stufe nachweisen wollte.

δ) Gesamtergebnis der Prüfung. Bestanden hat der Kandidat, wenn er in der Allgemeinen Prüfung genügt und die Lehrbefähigung mindestens in einem der in dα 1—15 genannten Fächer für die erste Stufe und noch in zwei anderen für die zweite Stufe nachgewiesen hat. Ist die Prüfung bestanden, so hat der Prüfungsausschufs zu erwägen, ob nach dem gesamten Ergebnis der schriftlichen und der mündlichen Prüfung das Zeugnis   „Genügend bestanden",

> „Gut bestanden", oder
> „Mit Auszeichnung bestanden"

---

[1]) Die frühere Prüf.-O. bewilligte je 6 Wochen für jede der beiden Arbeiten, die. wie auch jetzt, zusammen an die Prüf.-Kommission einzureichen waren.

zu erteilen ist. Vorbedinguug für die Erteilung des Zeugnisses „Gut bestanden" uod „Mit Auszeichnung bestanden" ist, dafs der Kandidat mindestens in zwei der oben (d« 1—15) genannten Fächer die Lehrbefähigung für die erste Stufe nachgewiesen hat.[1]

Gegebenenfalls werden Wiederholungs- oder Ergänzungsprüfungen auferlegt, für welche diejenige Kommission zuständig ist, bei welcher die Prüfung zum erstenmale abgelegt wurde. Die Meldung hiezu mufs in längstens 2 Jahren erfolgen. Eine nochmalige (also drittmalige) Prüfung ist nur mit Genehmigung des Ministers zulässig.

e) **Die einzelnen Prüfungsgegenstände der Fachprüfung.** In allen Gegenständen der Fachprüfung ist der Prüfungsausschufs „befugt" von den Kandidaten eine **Klausurarbeit** von mäfsiger Zeitdauer (höchstens 3 Stunden) anfertigen zu lassen. Für die fremden Sprachen gilt die Anfertigung derartiger Arbeiten als Regel.

1)[2] **Deutsch.** Für die **zweite Stufe** wird gefordert: Sichere Kenntnis der neuhochdeutschen Elementargrammatik und Bekanntschaft mit der Geschichte der neuhochdeutschen Schriftsprache; eingehendere Beschäftigung mit klassischen Werken der neueren Literatur, insbesondere aus ihren für die Jugendbildung verwendbaren Gebieten, und Übersicht über den Entwicklungsgang der neuhochdeutschen Literatur. Aufserdem ist Bekanntschaft mit den Grundzügen der Rhetorik, Poetik und Metrik sowie mit den für die Schule wichtigen antiken und germanischen Sagen darzuthun.

Für die **erste Stufe** überdies: Eine Beherrschung des Mittelhochdeutschen, welche befähigt, leichtere Werke ohne Schwierigkeit zu lesen und mit grammatischer und lexikalischer Genauigkeit zu erklären. Eine wenigstens für die mittelhochdeutsche und neuere Zeit auf ausgedehnterer Lektüre beruhende Kenntnis des Entwicklungsganges der gesamten deutschen Literatur; Vertrautheit mit der Poetik und deutschen Metrik sowie mit denjenigen Lehren der Rhetorik, deren Kenntnis für die Anleitung zur Anfertigung deutscher Aufsätze in den obern Klassen erforderlich ist. Dazu nach Wahl des Kandidaten **entweder** Bekanntschaft mit den Hauptergebnissen der historischen Grammatik und Kenntnis der Elemente des Gotischen und Althochdeutschen, **oder** die Lehrbefähigung in der Philosophischen Propädeutik.

2) **Lateinisch und Griechisch.** Für die **zweite Stufe:** Sichere Kenntnis der lateinischen und griechischen Grammatik und Übung im schriftlichen Gebrauche beider Sprachen bis zur Fertigkeit, angemessene Vorlagen grammatisch richtig und, wenigstens soweit es sich um das Lateinische handelt, auch ohne erhebliche stilistische Mängel zu übertragen. Die auf planmäfsiger und gründlicher Lektüre der Klassiker beruhende Fähigkeit, Abschnitte aus den Werken der für die Sekunda der Gymnasien geeigneten Schriftsteller mit grammatischer und lexikalischer Genauigkeit zu verstehen und, von Stellen besonderer Schwierigkeit abgesehen, geläufig zu übersetzen. Mit der römischen und griechischen Geschichte, einschliefslich der Literaturgeschichte, mit dem Altertümern, der Mythologie und der Metrik müssen die Kandidaten soweit bekannt sein, dafs sie zur Erklärung der auf der Mittelstufe zu lesenden Schul-

---

[1] Einzelnoten in den Prüfungsfächern sowie eine Wertung der Leistungen in den Hausarbeiten, in der allgemeinen Prüfung und in der Fachprüfung behufs Ermittlung der Gesamtnote fehlen. Die Praxis der einzelnen Prüfungsausschüsse hinsichtlich der Wertbestimmung der einzelnen Fächer und Prüfungsabschnitte dürfte demnach ziemlich verschieden ausfallen.

[2] Von den Prüfungsfächern übergehen wir diejenigen, für welche es bei uns an der Möglichkeit eines Vergleiches fehlt; es sind dies Religion, Philosophische Propädeutik, (in letzterer ist, abgesehen von den in der Allgemeinen Prüfung verlangten philosophischen Kenntnissen noch eine eingehende Kenntnis wenigstens eines der Hauptgebiete oder eines der wichtigsten philosophischen Systeme und die Fähigkeit zu bestimmter, klarer Auffassung philosophischer Fragen verlangt), Hebräisch, Polnisch und Dänisch.

schriftsteller auch nach diesen Seiten hin das Wesentliche beizubringen und
für die Vorbereitung auf den Unterricht · gute Hilfsmittel mit Verständnis zu
benutzen im stande sind.

Für die erste Stufe überdies: Zusammenhängende und wissenschaftlich begründete Kenntnisse in der lateinischen und griechischen Grammatik.
Fertigkeit im freien schriftlichen Gebrauche der lateinischen, grammatische
Sicherheit in schriftlicher Anwendung der griechischen Sprache, auch Übung
im Lateinsprechen. Belesenheit in den römischen und griechischen Klassikern,
besonders der zum Bereiche der Gymnasiallektüre gehörigen, bei wissenschaftlicher Schulung in der Methode der Erklärung. Vertrautheit mit der Metrik,
soweit sie die auf den Gymnasien zu lesenden Dichter angeht, nebst Übung
im angemessenen Vortrage der Verse. Kenntnis der allgemeinen Entwicklung
der griechischen und römischen Literatur, namentlich ihrer Blütezeiten. Eine
zu wissenschaftlicher Fortbildung befähigende Bekanntschaft mit den Haupt-
perioden der griechischen und römischen Geschichte, der Staatseinrichtungen,
dem privaten Leben, der Religion und Sage, sowie der Philosophie der Griechen
und Römer. Vertrautheit mit der Archäologie, soweit sie erforderlich ist, um
durch sachkundige Behandlung zweckmäfsig ausgewählter Anschauungsmittel
den Unterricht wirksam zu unterstützen. Auch haben die Kandidaten darzuthun, dafs sie einen Überblick über den Entwicklungsgang der Philologie gewonnen haben.

3) Französisch und Englisch. Für die zweite Stufe: Kenntnis
der Elemente der Phonetik, richtige und zu fester Gewöhnung gebrachte Aussprache, Vertrautheit mit der Formenlehre und Syntax sowie der elementaren
Synonymik. Besitz eines ausreichenden Schatzes an Worten und Wendungen
und einige Übung im mündlichen Gebrauche der Sprache. Einsicht in den
neufranzösischen Versbau und Übersicht über den Entwicklungsgang der
französischen Literatur seit dem 17. Jahrhundert (bezw. der englischen Literatur seit Shakespeare), aus welcher einige Werke der hervorragendsten Dichter
und Prosaiker, auch der neuesten Zeit, mit Verständnis gelesen sein müssen.
Fähigkeit zu sicherer Übersetzung der gewöhnlichen Schriftsteller ins Deutsche
und zu einer von gröberen sprachlich-stilistischen Verstöfsen freien schriftlichen
Darstellung in der fremden Sprache.

Für die erste Stufe: Für den schriftlichen und mündlichen Gebrauch
der Sprache nicht blofs volle grammatische Sicherheit bei wissenschaftlicher
Begründung der grammatischen Kenntnisse, sondern auch umfassendere Vertrautheit mit dem Sprachschatz und der Eigentümlichkeit des Ausdrucks, sowie
eine für alle Unterrichtszwecke ausreichende Gewandtheit in dessen Handhabung. Übersichtliche Kenntnis der geschichtlichen Entwickelung der Sprache
von der altenglischen Periode an (bezw. seit dem Hervorgehen des Französischen aus dem Lateinischen, für welches Kenntnis der Elementargrammatik
nachzuweisen ist nebst der Fähigkeit, einfache Schulschriftsteller, wie Cäsar,
wenigstens in leichteren Stellen richtig aufzufassen und zu übersetzen). Kenntnis der allgemeinen Entwicklung der Literatur, verbunden mit eingehender
Lektüre einiger hervorragender Schriftwerke aus früheren Perioden wie aus
der Gegenwart. Einsicht in die Gesetze des Versbaus älterer und neuerer
Zeit. Bekanntschaft mit der Geschichte Frankreichs (bezw. Englands), soweit
sie für die sachliche Erläuterung der gebräuchlichen Schulschriftsteller erforderlich ist.

Bemerkung: Für minder eingehende Kenntnisse auf dem Gebiete der
geschichtlichen Entwicklung der Sprache kann eine besonders tüchtige Kenntnis der neueren Literatur nebst hervorragender Beherrschung der gegenwärtigen
Sprache ausgleichend eintreten.

4) Geschichte. Für die zweite Stufe: Eine auf geordneten geographischen und chronologischen Kenntnissen beruhende sichere Übersicht der
weltgeschichtlichen Begebenheiten, besonders der griechisch-römischen, der
deutschen und der preufsischen Geschichte. Bekanntschaft mit der Entwicklung der Verfassungsverhältnisse in Sparta, Athen und Rom, namentlich aber

in Deutschland und Preußen. Übersichtliche Kenntnis der preußischen Staats-
und der deutschen Reichsverfassung. Bekanntschaft mit einigen der bedeutendsten neueren vaterländischen Geschichtswerke.

Für die erste Stufe überdies: Genauere Bekanntschaft mit dem Entwicklungsgange der Weltgeschichte und Verständnis für Zusammenhang und
innere Beziehungen der Ereignisse. Darlegung eingehenderer, auch auf Ver-
fassungs- und Kulturgeschichte sich erstreckender Kenntnisse bezüglich des
Altertums in der griechisch-römischen, bezüglich des Mittelalters und der Neuzeit hauptsächlich in der vaterländischen Geschichte. Kenntnis und Verständnis der wichtigsten wirtschaftlichen und gesellschaftlichen Veränderungen seit dem
Ende des dreißigjährigen Krieges. Bekanntschaft mit den für die Hauptgebiete
wichtigsten Geschichtsquellen und den Grundsätzen für ihre Verwertung, sowie mit den literarischen Hilfsmitteln der Geschichtswissenschaft und hervorragenden Werken neuerer Geschichtsdarstellung.

5) Erdkunde. Für die zweite Stufe: Sicherheit in den grundlegenden Kenntnissen auf dem Gebiete der mathematischen, physischen und politischen Erdkunde, sowie in der Topik der Erdoberfläche. Übersichtliche Kenntnis
der Geschichte der Entdeckungen und der wichtigsten Richtungen des Welthandels in den verschiedenen Zeitabschnitten, insbesondere auch der Entwicklung der deutschen Kolonien. Vertrautheit mit dem Gebrauche des Globus,
des Reliefs und der Karten. Fähigkeit, die Grundthatsachen der mathematischen Erdkunde an einfachen Lehrmitteln zur Anschauung zu bringen, und
einige Fertigkeit im Entwerfen von Kartenskizzen.

Für die erste Stufe überdies: Vertrautheit mit den Lehren der mathematischen Erdkunde und, soweit diese sich mit Hilfe der Elementarmathematik begründen lassen, auch mit deren Beweisen. Kenntnis der phy-ikalischen
und der wichtigsten geologischen Verhältnisse der Erdoberfläche. Zusammenhängendes Wissen in der politischen Erdkunde der Gegenwart. Übersicht über
die räumliche Entwicklung der Kulturstaaten und Bekanntschaft mit den Hauptthatsachen der Völkerkunde.

6) Reine Mathematik. Für die zweite Stufe: Sichere Kenntnis
der Elementarmathematik und Bekanntschaft mit der analytischen Geometrie
der Ebene, besonders mit den Haupteigenschaften der Kegelschnitte, sowie
mit den Grundlehren der Differential- und Integralrechnung.

Für die erste Stufe überdies: Eine solche Bekanntschaft mit den
Lehren der höheren Geometrie, Arithmetik und Algebra, der höheren Analysis
und der analytischen Mechanik, daß der Kandidat eine nicht zu schwierige
Aufgabe aus einem dieser Gebiete selbständig zu bearbeiten im stande ist.

7) Angewandte Mathematik. Außer einer Lehrbefähigung in der
Reinen Mathematik Kenntnis der darstellenden Geometrie bis zur Lehre von
der Zentralprojektion einschließlich und entsprechende Fertigkeit im Zeichnen.
Bekanntschaft mit den mathematischen Methoden der technischen Mechanik,
insbesondere der graphischen Statik, mit der niederen Geodäsie und den Elementen der höheren Geodäsie nebst Theorie der Ausgleichung der Beobach-
tungsfehler.

8) Physik. Für die zweite Stufe: Kenntnis der wichtigeren Erscheinungen und Gesetze aus dem ganzen Gebiete dieser Wissenschaft sowie
die Befähigung, diese Gesetze mathematisch zu begründen, soweit es ohne
Anwendung der höheren Mathematik möglich ist. Bekanntschaft mit den für
den Schulunterricht erforderlichen physikalischen Instrumenten und Übung in
ihrer Handhabung.

Für die erste Stufe überdies: Genaue Kenntnis der Experimentalphysik und ihrer Anwendungen. Bekanntschaft mit den grundlegenden Untersuchungen auf einem der wichtigeren Gebiete der theoretischen Physik und
eine allgemeine Übersicht über deren Gesamtgebiet.

9) Chemie nebst Mineralogie. Für die zweite Stufe: Kenntnis der Gesetze der chemischen Verbindungen und der wichtigsten Theorien

über ihre Konstitution. Bekanntschaft mit Darstellung, Eigenschaften und anorganischen Vorbindungen der wichtigeren Elemente, mit ihrer Bedeutung im Haushalte der Natur und mit dem Wichtigsten aus der chemischen Technologie. Übung im Experimentieren. Dazu Bekanntschaft mit den am häufigsten vorkommenden Mineralien hinsichtlich ihrer Krystallform, ihrer physikalischen und chemischen Eigenschaften und ihrer praktischen Verwertung, sowie mit den wichtigsten Gebirgsarten und geologischen Formationen, besonders Deutschlands.

Für die erste Stufe überdies: Eingehendere Bekanntschaft mit der anorganischen Chemie und mit denjenigen Verbindungen auf dem Gebiete der organischen Chemie, welche für die Physiologie oder für die Technik von hervorragender Bedeutung sind, sowie Kenntnis der wichtigsten chemischen Theorien und Methoden, Fertigkeit in der qualitativen und genügende Übung in der quantitativen Analyse mit Einschlufs der organischen Elementaranalyse.

10) Botanik und Zoologie. Für die zweite Stufe: Eine auf eigener Anschauung beruhende Kenntnis der häufiger vorkommenden Pflanzen und Tiere aus der Heimat und besonders charakteristische Formen aus fremden Ländern. Bekanntschaft mit der Anatomie und den Grundlehren der Physiologie des menschlichen Körpers unter Berücksichtigang der Gesundheitspflege. Überblick über die Systematik des Pflanzen- und Tierreichs. Kenntnis der wichtigsten natürlichen Familien, auch einiger Vertreter der niederen Pflanzenwelt, sowie der wichtigsten Ordnungen der Wirbel- und Gliedertiere, auch einzelner Vertreter der übrigen Tierwelt, und ihrer geographischen Verbreitung. Bekanntschaft mit den Grundlehren der Anatomie, Physiologie und Biologie der Pflanzen und Einblick in den Bau und das Leben der Tiere. Dazu einige Übung im Zeichnen von Pflanzen und Tierformen.

Für die erste Stufe überdies: Eingehendere Bekanntschaft mit den Lehren der Anatomie, Physiologie und Biologie der Pflanzen und Tiere, sowie mit der Systematik der Pflanzen- und Tierreichs. Umfassendere Kenntnis der Anatomie uud Physiologie des Menschen.

Die Lehrbefähigung in Botanik und Zoologie ist schon dann für die erste Stufe zuzuerkennen, wenn der Kandidat nur auf einem der beiden Gebiete die Lehrbefähigung für die erste Stufe, auf dem andern aber für die zweite Stufe nachgewiesen hat.

f) Erweiterungsprüfung. Einer solchen kann sich ein geprüfter Kandidat innerhalb der sechs auf das erste Examen folgenden Jahre unterziehen, sei es, um seine Lehrbefähigung noch für andere Fächer nachzuweisen, oder, um eine bereits zuerkannte Lehrbefähigung zu verbessern. Die Zulassung erfolgt jedoch nur dann, wenn sie von demjenigen Provinzial-Schulkollegium, in dessen Bezirk der Betreffende gehört, befürwortet wird.[1]

g) Gebühren: Für die vollständige Prüfung sind 50 M., für eine Ergänzungs- oder Erweiterungsprüfung je 25 M. Gebühren excl. Zeugnisstempel zu erlegen.[2]

---

[1] Welchen Zweck diese letztere Mafsregel hat, läfst sich nicht erkennen. Diese Bestimmung ist um so auffallender, als die Möglichkeit einer Wiederholungs- oder Ergänzungs-Prüfung (siehe unter dd) in verhältnismäfsig sehr liberaler Weise gewährt wird und ferner, weil durch die Anordnung, dafs die Erweiterungsprüfung innerhalb sechs Jahre abzulegen ist, dem Mifsstand, dafs sich zu solchen zu alte Herren melden, genügend vorgebeugt ist.

[2] Der Ansatz besonderer Gebühren (aufser dem Zeugnisstempel) fällt auf; in Bayern und, wie es scheint, auch in Württemberg bestehen solche nicht.

Vergleichende Bemerkungen zur neuen bayerischen[1]), preufsischen und württembergischen Prüfungsordnung.

In der allgemeinen Vorbemerkung habe ich darauf hingewiesen, dafs sich unverkennbar, trotz aller noch bestehenden Verschiedenheiten, in den drei neuen Prüfungsordnungen abermals ein **gegenseitiger Annäherungsprozefs** vollzogen hat.

Worin nun die **Veränderungen** gegenüber den früheren Prüfungsordnungen bestehen, dies im einzelnen nachzuweisen, würde eine ziemlich weitläufige Arbeit sein, zumal es ja häufig nicht genügen würde, einfach die Veränderungen mitzuteilen, sondern auch die Gründe hiefür, soweit möglich, anzuführen wären. Im allgemeinen habe ich die Veränderungen sowohl als auch die dafür mafsgebenden Gründe bezüglich Württembergs und Preufsens bereits oben angegeben. Des weiteren beziehe ich mich wenigstens bezüglich **Württembergs** auf eine Reihe sehr instruktiver Darlegungen, die vor Herausgabe der Ordnung erschienen sind, nämlich auf die „Grundzüge einer neuen Prüfungsordnung für das humanistische Lehramt" (N. Korrespondenzblatt 1897, Heft 4, S. 137—147) und die Stellungnahme des württ. Gymnasiallebrervereins hiezu in der Württemberger Gymnasiallehrerversammlung vom J. 1897 (Vgl. unsere „Blätter" Jahrgang 1897 S. 778), sodann die „Grundzüge einer neuen Prüfungsordnung für das realistische Lehramt" (N. Korresp.-Blatt 1897, Heft 5 S. 179—187) und die Stellungnahme der württemb. Reallehrerversammlung vom 23. Juni 1897 hiezu, sowie auf den sehr interessanten und gründlichen Vortrag von Rektor Fink-Tübingen, den dieser auf der ebengenannten Versammlung erstattete (N. Korr.-Bl. 1897, Heft 9, S. 337—349 u. Heft 10, S. 390—404, Heft 11, S. 428—443); endlich auf den leider zu spät erschienenen Aufsatz von Prof. Voretzsch-Tübingen: „Die neue Prüfungsordnung der württembergischen Neuphilologen" in der Beil. z. Allg. Ztg. Nr. 259. Hier bietet sich reichlicher Stoff zur Beurteilung der Entwicklung, die die Prüfungsfrage in Württemberg seit etwa einem halben Jahrhundert genommen hat. Bezüglich **Preufsens** gebricht es an solchen eingehenden Darlegungen; auch fehlen diesmal offizielle Bemerkungen, wie sie den Anhang zur letzten Prüfungsordnung (von 1887) bildeten; sie boten einen trefflichen Einblick in die Gedankengänge der Gesetzgebenden. Die Hauptmotive, welche zur Neuordnung der Prüfungsverhältnisse führten, sind indes bekannt und oben bereits mitgeteilt, sie bieten in allem Wesentlichen den Schlüssel zu den Veränderungen.

Über die Gründe, welche zur Abänderung der **bayerischen** Prüfungsordnung führten, finden sich Angaben insbesondere in meinem Aufsatz über „das bayerische Gymnasialschulwesen unter dem Ministerium Müller" („Blätter" 1895 S. 357 ff.), in meinem Aufsatz: „Zur Frage der Gymnasialseminarien", „Blätter" 1895, S. 529 ff. und in

---

[1]) Die neue bayerische Prüfungsordnung findet sich im Jahrgang 1895 S. 179—195 abgedruckt.

der Abhandlung von Professor Dr. Stölzle-Würzburg („Blätter" 1898 S. 10—35).

Auf die Veränderungen und die Gründe der Veränderungen hier näher einzugehen, diese Aufgabe sei also ausgeschlossen; auf Einzelnes werde ich im Nachfolgenden gelegentlich zu sprechen kommen. Hingegen sei es mir gestattet, hier eine kleine Untersuchung darüber anzustellen, inwieweit nach erfolgter Neuredaktion die Prüfungsordnungen der drei Königreiche, von denen wie gesagt die preußische für alle übrigen deutschen Staaten seit geraumer Zeit maßgebend war und voraussichtlich auch diesmal es sein wird, eine gewisse Übereinstimmung zeigen und in welchen Punkten sie in nennenswertem Grade noch auseinandergehen.

Die Vergleichung ergibt, daß Übereinstimmung nunmehr im wesentlichen in folgenden sechs Punkten besteht.

I. Wesentliche Übereinstimmungen. ·

1. Vor allem haben jetzt alle drei Staaten eine im ganzen und großen einheitliche Prüfung für sämtliche wissenschaftliche Lehrer des gleichen Faches; alle Kandidaten des nämlichen Faches müssen sich fortan den gleichen Prüfungen unterziehen.

In Bayern bestand diese Einrichtung schon bisher; bereits die Prüfungsordnung von 1854 hat mit dem sogen. kleinen Examen aufgeräumt.

In Württemberg hingegen gab es bisher nicht weniger als drei Prüfungsarten, nämlich eine für Professoren, eine für Präzeptoren und eine für Kollaboratoren. Der Kollaboraturprüfung, für die zwei untersten Klassen, unterzogen sich seminaristisch gebildete Lehrer. Die Präzeptoratsprüfung war eine Prüfung zweiten Grades für akademisch gebildete Lehrer; das Bestehen derselben berechtigte zum Unterricht in den unteren Klassen (bis zur sechsten). Die Professoratsprüfung gewährte die Befähigung zum Unterricht in den 4 oberen Klassen.[1]) Die neue Prüf.-O. kennt neben dem Kollaboraturexamen, welches wegen der zahlreichen Anstalten mit nur 2 Klassen erhalten bleibt, nur mehr ein Examen. Nur schwer entschloß man sich, die Präzeptoratsprüfung fallen zu lassen, die insbesondere für die vielen kleinen Anstalten mit nur 3, 4, 5 Klassen das nötige Lehrpersonal in geeigneter Weise zu schaffen schien; man hat den Bedürfnissen dieser kleinern Schulen in der neuen Prüf.-Ord. durch das Auskunftsmittel der „Ergänzungs-" bezw. „Erweiterungsprüfungen" Rechnung zu tragen gesucht; ob mit Glück, wird sich bald zeigen. Indes — die einheitliche Prüfung ist da und wird hoffentlich erhalten bleiben zum Nutzen der Schule, die nun wissenschaftlich gleichmäßig durchgebildete Lehrer haben wird, und nicht minder zum Vorteil des Standes, der dadurch

---

[1]) In Württemberg bestehen bekanntlich 10 Klassen; die unterste (1.) Klasse ist eine Art Vorbereitungsklasse; die 4 oberen Klassen entsprechen also unserer 6.—9. Klasse.

hoffentlich das nötige Substrat für die noch zu erwartende Gleichstellung mit den andern akademisch gebildeten Ständen gewonnen hat.

Auch in Preufsen gab es bisher eine einheitliche Prüfung, oder,
wie man in Preufsen gewöhnlich sagt, ein „einheitliches Zeugnis"
nicht; es bestand hier von 1866—1887 ein dreifaches Lehrerzeugnis
(für obere, mittlere und untere Klassen), wobei in drei Abstufungen
geprüft wurde, seit 1887 sodann ein zweifaches, nämlich ein „Oberlehrer" und ein „Lehrerzeugnis"; das letztere erhielt derjenige, der
sich für die niedrigere Stufe hatte prüfen lassen.[1]) Schon 1887 ven-
tilierte die preufs. Regierung den Gedanken, ob eventuell nur ein
Zeugnis einzuführen sei; der höhere Lehrstand wünschte es schon damals, und es ist interessant, mit welchen Gründen sie das Bestehenlassen des zweiten Zeugnisgrades zu erklären suchte (cf. die mini-
steriellen Bemerkungen zur Prüf.-Ord. von 1897 im Anhang zur
Prüf.-Ord.; Ausgabe bei Weidmann, Berlin 2. Aufl. 1896). Nun ist
der zweite Zeugnisgrad trotzdem aufgegeben worden, dank den Bemühungen der preufsischen Kollegen, die in ihren Provinzialvereinen
und deren Repräsentanz, der Delegiertenkonferenz, eine zielbewufste
Vertretung besitzen, dank aber ebenso der vorurteilslosen, wohl-
wollenden Art, mit der die Kgl. Regierung den Wünschen entgegen-
kam. Dadurch ist eine mustergültige Solidarität des Standes erreicht.
Der Gewinn für die Schule ist jedoch nicht geringer; denn sie hat
eine viel gröfsere Bewegungsfähigkeit gewonnen, da jetzt weit mehr
Lehrer als bisher für den Unterricht in allen, auch den obersten,
Klassen befähigt sind, ein Moment, das bei dem in Preufsen bestehenden Fachlehrersystem von sehr grofser Bedeutung ist. Wir
sagen: weit mehr Lehrer als bisher, denn nicht alle sind in jedem
Fach für die obersten Klassen befähigt, wie sich aus Punkt d der
Prüf.-Ord. ergibt. Der Begriff „einheitliches Zeugnis" ist eigentlich
per συνεκδοχήν zu verstehen und deshalb nicht ganz richtig, da es
auch jetzt noch zwei „Stufen" der Prüfung gibt, eine für untere und
eine für alle Klassen, wornach auch die Befähigung in eine solche für
untere Klassen (bis Unter-Sekunda) und in eine für alle Klassen zerfällt. Wir kommen im nächsten Abschnitt hierauf zurück. Im Vergleich mit früher ist es allerdings trotzdem nicht unrichtig, nunmehr
von einer einheitlichen Prüfung zu sprechen, weil künftig wenigstens

---

[1]) Die Bestimmung lautete folgendermassen: Zur Erwerbung eines Ober-
lehrerzeugnisses ist erforderlich, dafs ein Kandidat aufser der Erfüllung der
allgemeinen Anforderungen (diesen „allg. Anford." entspricht die jetzige „Allgemeine Prüfung") in zwei Hauptfächern die Befähigung zum Unterricht in allen
Klassen (Prüfung der ersten Stufe) und in zwei Nebenfächern die Befähigung zum
Unterricht in den mittleren Klassen (Prüfung der zweiten Stufe) erwiesen hat.
Zur Erwerbung eines Lehrerzeugnisses ist erforderlich, dafs ein Kandidat aufser
der Erfüllung der allgemeinen Anforderungen in zwei Hauptfächern die Befähigung
für mittlere Klassen und in einem Nebenfach eine Lehrbefähigung für die mittlere,
in einem andern für die unteren Klassen (Prüfung der dritten Stufe) nachgewiesen hat. — Die drei Stufen der Prüfung erweisen sich als Überbleibsel aus der
vorausgehenden Prüf.-Ord. (von 1866), in der es, wie oben bemerkt, ein dreifaches Zeugnis mit diesen drei Stufen (leichtes, schwereres, schwerstes Examen)
gegeben hatte.

2*

in einem Fach jeder Kandidat die Prüfung für die erste Stufe, die die Befähigung zum Unterricht in allen Klassen gibt, abgelegt haben muß (vgl. d *d*).

In letzterem Punkte beruht denn auch das Gemeinsame der preußischen mit der bayerischen und der neuen württembergischen Prüfungsordnung. Der Unterschied liegt darin, daß Württemberg die Stufen der Prüfung gleich Bayern, das sie schon 1854 beseitigte, jetzt ebenfalls ganz aufgehoben hat, während Preußen das Graduelle — seiner Tradition entsprechend — sozusagen zur Hälfte noch beibehielt, indes der Einheitlichkeit zuliebe dadurch wirkungslos machte, daß es nunmehr die erste Stufe mindestens in einem Fache von allen Kandidaten verlangte.

2. Mit dieser Einschränkung ist man also jetzt wohl berechtigt, die Prüfung in Preußen, Bayern und Württemberg eine einheitliche zu nennen. Nun ist des weiteren auch in der Notengebung offensichtlich auf Übereinstimmung hingearbeitet worden. In jedem der drei Staaten gibt es nunmehr drei Zeugnisnoten: in Württemberg eine „untere, mittlere und obere Klasse", in Preußen ein Zeugnis mit den Prädikaten „genügend, gut, mit Auszeichnung bestanden", in Bayern eine erste, zweite und dritte Note, oder vielleicht richtiger: eine Qualifikation für untere, mittlere und obere Klassen.

Im Einzelnen bestehen in diesem Punkte freilich bemerkenswerte Differenzen, und zwar zunächst eine geringere von mehr formeller Art, dann aber noch eine andere von sehr gewichtiger materieller Bedeutung. Die eine betrifft die Berechnungsweise und Wertung der Prüfungsfächer, die andere das Verwendungsgebiet.

Was die Berechnungsweise anlangt, so zeichnet sich die bayerische Prüf.-O. dadurch aus, daß sie in minutiösester Weise bestimmt, wie viele Einzelnoten in den einzelnen Fächern zur Anwendung zu bringen sind, wie vielfach die einzelnen Fächer zur Feststellung der Gesamtnote in Ansatz zu bringen sind, und in welcher Weise das Ergebnis des 1. und 2. Prüfungsabschnitts zu vereinbaren ist, um darnach das Verwendungsgebiet zu bestimmen. In der württ. Prüf.-O. fehlen diese Angaben fast ganz. Laut freundlicher Mitteilung (s. o.) gelten die bisherigen Einzelnoten; über die Wertung der Fächer ist Beschluß noch ausstehend; er wird wohl erst bei der Sitzung der Examenskommission im Herbst 1899 gefaßt werden. Ebenso ist über das Verwendungsgebiet noch nichts bestimmt; doch erwartet man, daß Note I a, I b und II a zum Unterricht in der obern, II b und III in den untern Klassen (etwa bis zur sechsten) befähigen werden. Ob die soziale Stellung davon berührt werden wird, läßt sich zur Zeit noch nicht absehen; doch ist wahrscheinlich, daß das im kommenden Jahr zu gewärtigende neue Besoldungsgesetz, welches sich auf dem Dienstaltersvorrückungssystem (wie in Preußen, Sachsen, Hessen, Baden etc.) aufbauen soll, keinen Unterschied machen wird. Was schließlich Preußen betrifft, so fehlen hier Bestimmungen über Erteilung von Einzelnoten ebenfalls, desgleichen über Wertung der Fächer; aber das

Verwendungsgebiet ist genau gekennzeichnet: Der Kandidat, der nach der ersten Stufe geprüft ist, darf in dem betreffenden Fach den Unterricht in allen Klassen erteilen; die zweite Stufe befähigt nur zum Unterricht in den Klassen bis Unter-Sekunda. (Die Hauptprädikate „mit Auszeichnung, gut und genügend bestanden" thun nichts zur Sache, wenn auch ohne Zweifel anzunehmen ist, dafs wenigstens derjenige, dem das Prädikat „mit Auszeichnung bestanden" zu teil wird, überall die erste Stufe haben mufs.[1]) Was die soziale Stellung anlangt, die die einzelnen Zeugnisse bedingen, so ist sie natürlich für alle die gleiche; Direktorenstellen werden freilich nur für die bestqualifizierten („mit Auszeichnung, gut bestanden") in Aussicht stehen. Wenn in Preufsen von manchen Detailbestimmungen bezüglich der Notengebung und Wertung abgesehen ist, was auch bisher der Fall war, so beruht dies hauptsächlich darauf, dafs Massenprüfungen, wie sie bei unserem Zentralisierungssystem die Regel sind, dort nicht vorkommen; ein Prüfungsausschufs darf nie mehr als drei Kandidaten auf einmal prüfen; es ist also die durch die gemeinsame Prüfung vieler gebotene Distinktion durch Einzelnoten und genaue Wertbestimmungen nicht nötig, womit nicht gesagt werden soll, dafs wir sie für ganz überflüssig hielten.

So liegen also die Dinge in formeller Beziehung. Wir können jedoch diesen Abschnitt nicht schliefsen, ohne die materielle Bedeutung der Bestimmungen noch ziemlich eingehend hervorzuheben; indem wir prüfen, wie es sich nun in den einzelnen Staaten mit den auf grund der Zeugnisse sich ergebenden Berechtigungen verhält. Und da müssen wir leider gestehen, dafs Preufsen die beiden süddeutschen Staaten, sicher aber unser engeres Vaterland, an Liberalität weit überholt hat; ja Preufsen hat durch seine neue Prüf.-O. unser engeres Vaterland um so weiter hinter sich gelassen, als es selbst einen Schritt nach vorwärts, Bayern umgekehrt nach rückwärts gemacht hat. In Preufsen gab es bisher wie in Bayern zwei Befähigungsstufen: Die eine reichte in Preufsen bis Unter-Sekunda, in Bayern bis zur 5. Klasse = Obertertia, die andere befähigte in Preufsen wie in Bayern für alle Klassen; jetzt ist es so, dafs in Preufsen jeder Lehrer wenigstens in einem Fache die volle Befähigung für alle Klassen hat („einheitliches Zeugnis" vgl. d d).

In Bayern dagegen gibt es für die klassischen Philologen, also

---

[1] Die Prüf.-O. (siehe oben unter d d) sagt allerdings blofs: „Vorbedingung für die Erteilung des Zeugnisses „Gut bestanden" und „mit Auszeichnung bestanden" ist, dafs der Kandidat mindestens in zwei (unter den 3 obligaten) Fächern die Lehrbefähigung für die erste Stufe nachgewiesen hat." Hiernach wäre die 1. Note (die der Auszeichnung) auch in dem Falle erreichbar, wenn der Kandidat in einem der 3 Fächer nur für die zweite Stufe geprüft ist. Der Unterschied zwischen der 1. und 3. Note wäre sonach ein auffallend geringer; denn die dritte Zeugnisklasse erhält ein Kandidat, der wenigstens in einem Fache (unter dreien) die erste Stufe erzielt hat, während er in den zwei andern Fächern blofs für die zweite Stufe geprüft zu sein braucht. Auf alle Fälle ist den preufsischen Prüfungsausschüssen, wie man sieht, ein weiter Spielraum in der Erteilung der Zeugnisse eingeräumt.

die Träger des Hauptunterrichts, die die grofse Mehrzahl des Lehrpersonals bilden, **drei** Befähigungsstufen (trotz einheitlicher Prüfung), für die übrigen Fächer, Mathematik, neuere Sprachen etc., deren z w e i. Die klassischen Philologen sind a) für alle Klassen befähigt, wenn sie in beiden Prüfungsabschnitten Note I und II erhalten haben; b) diejenigen,. welche in einem Abschnitte Note II, im andern Note III erhielten, sind für den Unterricht bis zur 6. Klasse qualifiziert; c) jene, die in beiden Abschnitten mit Note III abschlossen, haben nur die Befähigung für die Klassen 1—4. Hatten wir bisher Philologen mit e i n e m D r e i e r, die bis zur 5. Klasse kamen, so werden wir in Zukunft solche mit einem D o p p e l d r e i e r haben, die nur bis zur 4. Klasse vorrücken dürfen.   H i e r i n s e h e n w i r e i n e n d e r w u n d e s t e n P u n k t e u n s e r e r n e u e n P r ü f u n g s o r d n u n g, und die Wunde mufs den ganzen Stand umsomehr schmerzen, als wir, wie der Vergleich zeigt, einen Schritt in der schlimmen Richtung machten, während gleichzeitig in Preufsen in der guten Richtung in so beträchtlicher Weise vorwärts gegangen wurde. Auch von Württemberg sind wir, wie Vorstehendes zeigt, überholt worden. In diesem Punkte erweist sich die schematische Anlage der Prüf -Ord. mit ihrer ins Extrem getriebenen Zählmethode als ein grofser Fehler.   Der Fehler beruht darauf, dafs man auch im 2. Prüfungsabschnitt eine dritte Note einführte. Hätte man es bei der zweifachen Note, die wir im alten Spezialexamen hatten, bewenden lassen, so wären wir wenigstens nicht zurückgeschritten. E i n e n D r e i e r h ä t t e m a n i n e i n e m P r ü f u n g s a b s c h n i t t, d e s s e n M i t t e l p u n k t d i e w i s s e n s c h a f t l i c h e A b h a n d l u n g b i l d e t, n i e m a l s e i n f ü h r e n s o l l e n. Durch diese Neuerung wurde d i e w i s s e n s c h a f t l i c h e A b b a n d l u n g, die auch durch andere Bestimmungen ihre frühere Bedeutung verloren hat (vgl. die Kritik des Prof. Stölzle), in unverkennbarer Weise d e g r a d i e r t.   Möge sich Bayern dem Zug nach Hebung der Zeugnisstufen, wie er jetzt aufserhalb Bayerns so deutlich in die Erscheinung getreten ist, anschliefsen und wenigstens den Doppeldreier wieder aus der Welt schaffen, bevor er gröfseren Schaden in Schule und Stand stiftet! Es bedarf dazu nur eines Federstriches. D i e n e u e b a y e r i s e h e P r ü f u n g s o r d n u n g i s t — dies zeigt unser Vergleich aufs augenscheinlichste — i n d i e s e m P u n k t e w e i t a u s d i e v e r b e s s e r u n g s b e d ü r f t i g s t e.   Es kommt dazu, dafs die Bestimmungen für die Mathematiker. und Neuphilologen (§ 42 und § 57) in inkonsequenter Weise milder gefasst sind, diejenigen für die Realienlehrer und die Lehrer der Naturwissenschaften einen Vergleich überhaupt nicht aushalten.[)]

') Die Bestimmungen lauten: a) für die M a t h e m a t i k e r und N e u p h i l o l o g e n: Note I und II in beiden Prüfungsabschnitten befähigt für alle Klassen; Note II in einem, Note III im anderen „bei Mangel der zuerst erwähnten Kandidaten" für den Unterricht in den höheren Klassen der Gymnasien, dann an Industrieschulen und 6 klassigen Realschulen; Note III in beiden Prüfungen nur zur Verwendung an d e n unteren Klassen der Gymnasien und Realschulen — für Mathematiker. nur zur Verwendung an Progymnasien (da an Gymnasien in den unteren Klassen neuere Sprachen nicht gelehrt werden) und in den unteren Klassen der

Ein Glück wird es sein, wenn der Doppeldreier selten gegeben werden wird, obgleich wir fürchten, es dürfte dem nicht so sein, da infolge der Bestimmung, daß nur das Bestehen der beiden Prüfungsabschnitte (nebst Ablegung des päd -did. Seminars) zur Anstellung berechtigt. Die Prüfungskommissionen werden demnach öfter, als es gut ist, humanitären Erwägungen Raum geben.[1]) Ein Remedium besteht allerdings darin, daß die Möglichkeit gegeben ist, das Zeugnis nachträglich zu verbessern, obgleich wir zweifeln, ob die „vielgeprüften" häufig davon Gebrauch machen werden. Alles in allem dürfte der Wunsch gerechtfertigt sein, es möge in diesem Punkte baldmöglichst in irgend einer Weise Wandel geschafft werden.

Wir wissen zufällig den Grund, der zur Dreiteilung führte. Die Absicht des hochverehrten Mannes, der die Prüfungsordnung erließ (Minister Dr. von Müller), war, wie überhaupt in allem, was er in die Hände nahm, eine durchaus wohlmeinende. Se. Exzellenz sagte uns wiederholt, er beabsichtige mit der Dreiteilung dem Stande die Basis zu geben, um auf ihr die Rangerhöhung der älteren Professoren zu erreichen; die Stufenreihe solle sein: Gymnasiallehrer, Professor und „Oberprofessor" (wie man damals der Einfachheit halber in Ermangelung eines besseren Titels) sagte. Allein wir wenden zweierlei ein: 1) wozu braucht es eine neue Examensordnung, die h i n t e r - d r e i n einer Klasse ein Recht verschaffen soll, worauf sie v o n v o r n - h e r e i n v o l l b e g r ü n d e t e n A n s p r u c h hat? War etwa die alte Einrichtung mit dem Spezialexamen leichter? Jeder vorurteilslos denkende sagt heutzutage das Gegenteil. Und 2) ist, um den Stand der höheren Lehrer zu heben, auf der andern Seite eine Degradation desselben durch Hinzusetzung einer niedrigeren Schicht notwendig? Ist eine solche Herabminderung überhaupt dazu angethan? Und — muß denn gerade der Stand der höheren Lehrer derjenige sein, dem es allein unter allen übrigen Beamtenständen beschieden ist, mit einer Gruppe von Angehörigen sein ganzes Leben hindurch die niedrigste Stufe des Gehaltsregulativs einzunehmen, die noch dazu als „Durchgangsposten" die schlechteste Bezahlung hat? Dieser Grundgedanke

Realschulen — für Neuphilologen; b) für die Lehrer der R e a l i e n (= Deutsch, Geschichte und Geographie), die nur an technischen Mittelschulen Verwendung finden (§ 63, 1): „den Kandidaten, welche in der Prüfung die Note I oder II erhalten haben, steht es frei, in einem der kommenden Jahre ihre Fähigkeit zu wissenschaftlichen Leistungen durch eine besondere (zweite) Prüfung zu beweisen; § 63, 14: „die Kandidaten, welche die besondere Prüfung bestanden haben, erscheinen hienach — vorbehaltlich der Qualifikation in der Praxis — als v o r z u g s w e i s e geeignet zur Verwendung an einem Realgymnasium oder an einer Industrieschule; c) für die Lehrer der b e s c h r e i b e n d e n N a t u r w i s s e n - s c h a f t e n besteht eine zweite Prüfung überhaupt nicht. (!) —
Die unter b) und c) verzeichneten Lehrer kommen, wie man sieht, außerordentlich gut weg. Hiebei verschlägt es m. E. nichts, daß ihr Wirkungskreis ein beschränkter ist. Denn es könnte ja doch einmal die Zeit kommen, wo es mehr Realgymnasien gibt. Es handelt sich m. E. doch auf alle Fälle darum, daß das Prinzip konsequent durchgeführt wird. Und endlich — wie steht es bei den Lehrern der letzten Gattung z. Z. mit der Erreichung der Professur, die man heutzutage durchwegs von dem Bestehen des Spezialexamens abhängig macht?
[1]) Vgl. S t ö l z l e a. a. O. Seite 14 f.

ist also verfehlt, und wir sind überzeugt, Exz. v. Müller würde heute, wo die „Dreierfrage" ins rechte Licht gerückt ist, diesen Standpunkt nicht mehr einnehmen. Daß er an der Richtigkeit des beschrittenen Weges selbst erhebliche Zweifel hatte, geht daraus hervor, daß er notorisch den schon damals vielen unbegreiflichen Passus der Prüf.-Ord., wornach durch die Qualifikation in der Praxis sich die Aussichten auf Anstellung und Beförderung verbessern (§ 30, 2 etc.), nur deswegen zu allerletzt noch hinzufügte, weil ihm die Härte der konstruierten Doppeldreier-Stufe schwer auf die Seele fiel.[1])

Die Übereinstimmung, die in dem besprochenen Punkte zwischen den Prüfungsordnungen der drei tonangebenden Staaten besteht, ist also nur im allgemeinsten Sinne vorhanden. Die Praxis in der Anweisung des Verwendungsgebiets ist sogar eine recht verschiedene, und der Vergleich zeigt, daß Bayern weit hinter Württemberg und außerordentlich weit hinter Preußen in diesem Punkte zurück ist.

3) Drittens ergibt sich eine wesentliche Übereinstimmung in der Zerlegung der Prüfung in zwei Abschnitte, eine Einrichtung, die nun auch Württemberg adoptiert hat.

In Bayern wurde die zweite Prüfung („Spezialprüfung") schon durch die Prüfungsordnung vom Jahre 1873 eingeführt und dadurch die preußische Prüfungsform, der sie Bayern nachgebildet hat, noch um ein erkleckliches an Schwierigkeit übertroffen. Der Name „Spezialprüfung" existiert in der neuen Prüfungsordnung nicht mehr; wir haben jetzt einen „ersten und zweiten Prüfungsabschnitt". In Preußen ist wie bisher neben der „Fachprüfung" eine „Allgemeine Prüfung" vorgeschrieben. Württemberg führte eine „erste und zweite Dienstprüfung" ein.

Wie die Namen, so sind auch die Prüfungen in den einzelnen Staaten noch ziemlich verschieden, erstens in sachlicher Beziehung: in Bayern sind beide Prüfungen durchaus wissenschaftlichen Charakters, die zweite sogar in höherem Grade als die erste. Die preußische Allgemeine Prüfung trägt lediglich propädeutisch-elementaren Charakter, wie schon ihr Name anzeigt; die eigentliche wissenschaftliche Prüfung ist in Preußen die Fachprüfung. In Württemberg ist die erste Dienstprüfung eine vorzugsweise wissenschaftliche Fachprüfung, die zweite Dienstprüfung ist praktischer und zum Teil (in der „Ergänzungsprüfung") allgemeiner und propädeutischer Art. Außerdem ist in der zeitlichen Aufeinanderfolge ein Unterschied. Die Meldung zur 1. Prüfung erfolgt

---

[1]) Das Verlangen, daß im 2. Abschnitt Note III nicht gegeben werden sollte, stellte auch Prof. Dr. Stölzle in § 5 seiner Thesen (a. a. O.). Ebenso Ialb-faß (a. a. O. Seite 526): „An beiden Prüfungsordnungen, der preußischen wie der bayrischen, scheint mir das am wenigsten billigungswert, daß sie akademisch gebildete Lehrer erster und zweiter bezw. dritter Sorte schaffen, in Preußen durch Ausstellung eines Lehrerzeugnisses neben einem Oberlehrerzeugnis, in Bayern durch Erteilung der Note III neben der Note I und II. Ich bin der Ansicht, daß derjenige Lehrer, der in Preußen kein Oberlehrerzeugnis, in Bayern nicht die Note I oder II erhält, zur Verwendung an höheren Schulen nicht geeignet ist." Inzwischen ist in Preußen der „Lehrer zweiter Sorte" in der neuen Prüf.-Ord. beseitigt.

in Bayern nach 3, bei den Mathematikern nach 2,[1]) in Württemberg nach 4 Jahren; diejenige zur 2. Prüfung in Bayern durchgehends nach 4 Jahren, in Württemberg nach 5 Jahren (zwischen der 1. und 2. Prüfung liegt das Vorbereitungsjahr). In Preufsen darf die Meldung zu beiden Prüfungen nur nach 3 Jahren akademischen Berufsstudiums erfolgen; die Zulassung hängt auch ganz besonders davon ab, .dafs der Kandidat sein Studium methodisch eingerichtet hat (s. a 4). Da es zur „Allgemeinen" und „Fachprüfung" erst nach Vorlage und Annahme der wissenschaftlichen Abhandlung kommt, so vergeht also mindestens eine Zeit von 3 $^{1}/_{2}$ Jahren, bevor zum eigentlichen Prüfungsakt geschritten wird. So stehen die Zahlen in den einzelnen Staaten auf dem Papier, in Wirklichkeit ist die Durchschnittsfrist eine nicht unerheblich gröfsere (s. u).

4. Sodann haben alle drei Staaten nunmehr die wissenschaftliche Abhandlung generell eingeführt. Bayern besafs sie schon bisher als integrierenden Bestandteil der 2. Prüfung (Spezialprüfung), der sich nur Kandidaten mit der I. und II. Note in der Hauptprüfung unterziehen konnten, seit 1873; Württemberg desgleichen nur für seine Professoratskandidaten. Nachdem nun Bayern 1895 die Forderung einer wissenschaftlichen Abhandlung auf alle Kandidaten ohne Unterschied der Note ausgedehnt hatte, folgte auch Württemberg in dieser Richtung nach und fügte die Abhandlung dem Gesamtexamen hinzu. Preufsen hatte die Abhandlung schon vor uns. Als Abhandlung kann überall auch eine Preisschrift, eine Doktordissertation oder eine andere Druckschrift vorgelegt werden Ferner sind überall die Quellen (in Württemberg auch eine Disposition) sowie die Versicherung selbständiger Bearbeitung beizufügen. Darin herrscht also Übereinstimmung.

Im übrigen bestehen mehr oder weniger wesentliche Unterschiede in mannigfacher Beziehung. Erstens hinsichtlich des Zeitpunkts der Einlieferung: in Preufsen und Württemberg ist die Abhandlung zu allererst einzureichen; der Zutritt zur eigentlichen Prüfung wird nicht gewährt, bevor die Abhandlung approbiert ist; in Bayern allein wird die Abhandlung nach dem Bestehen des ersten Prüfungsabschnitts und zwar als Vorbedingung für die Zulassung zum zweiten Prüfungsabschnitt verlangt. Ferner: in Württemberg ist das Thema für die wissenschaftliche Abhandlung vom Kandidaten selbst zu wählen; in Preufsen wird es von der Prüfungskommission gestellt, und es wird zur Bearbeitung eine 16wöchentliche Frist gegeben, die indes auf das doppelte, eventuell noch weiter erstreckt werden kann; in Bayern kann der Kandidat das Thema selbst wählen oder sich ein solches vom Kgl. Staatsministerium aus mehreren zur Verfügung stehenden zur Auswahl erbitten; im letzteren Fall steht ihm zur Bearbeitung eine

---

[1]) Die Einrichtung, dafs die Mathematiker schon nach zwei Jahren akademischen Studiums sich dem ersten Abschnitt zu unterziehen haben, sehen wir vielfach wegen der dadurch bewirkten Einseitigkeit, der Richtung auf den Drill verurteilt, so insbesondere von Halbfafs in Z. f. d. Gymnasialwesen, Berlin 1895, S 513—526, und in „Deutsches Wochenblatt", Berlin 1895, Nr. 49. S. 583—586.

Frist von etwa 5 Monaten zur Verfügung (die Themen werden im November ausgegeben, die Arbeit ist bis 1. Mai einzusenden). Die Bestimmungen über den Umfang der Arbeit sind: in Bayern 1 bis 3 Druckbogen, in Württemberg bis zu 4 Bogen gewöhnlicher Schrift, in Preußen fehlt eine entsprechende Bestimmung. Die wissenschaftliche Abhandlung aus den fremden Sprachen ist in Bayern mindestens zum Teil, in Preußen ganz in der fremden Sprache abzufassen; in Württemberg ist die wissenschaftliche Abhandlung aus der klassischen Philologie durchaus in lateinischer Sprache zu schreiben; dagegen ist die wissenschaftliche Abhandlung aus Französisch und Englisch auffallender Weise nur in deutscher Sprache[1]) vorzulegen.

Das Gebiet, welchem das Thema der Abhandlung entnommen werden kann, ist nur hinsichtlich der Mathematik in allen Staaten das gleiche (nämlich Mathematik und Physik); in der klassischen und in der neueren Philologie bestehen hingegen Unterschiede. Für die klassische Philologie ist der Spielraum in Württemberg, wo nur das Gebiet der gesamten klassischen Altertumswissenschaft zur Disposition gestellt ist, ein erheblich kleinerer als in Bayern und auch in Preußen. Denn in Bayern kann das Thema nach freiem Ermessen aus a) der klassischen Philologie oder b) der deutschen Philologie oder c) der Geschichte gewählt werden. In Preußen sind jene Fächer zur Wahl gestellt, in welchen die Befähigung für die erste Stufe angestrebt wird: zu Lateinisch und Griechisch kann also hier noch Deutsch oder Geschichte oder Geographie oder sogar Französisch oder Englisch treten. Ist sonach das Gebiet, aus welchem eine Wahl freisteht, in Württemberg hinsichtlich der klassischen Philologie das weitaus engste — was wir nicht gerade für eine Erleichterung halten —, so ist das Umgekehrte bezüglich der neueren Philologie der Fall. Denn in Preußen und Bayern steht den Kandidaten dieses Faches für ihre wissenschaftliche Abhandlung nur die französische und englische Literatur und Sprache zur Verfügung, in Württemberg hingegen ist den Kandidaten auch noch das Gebiet der deutschen Literatur eröffnet, welch letztere mit ein wesentlicher Prüfungsgegenstand der Neuphilologen ist.

Wenn auch offenbar in Württemberg die Erweiterung des neuphilologischen Arbeitsgebiets mehr einem äußeren Umstande zuzuschreiben ist — das neuphilologische Examen hat nämlich den Anstrich des seitherigen Reallehrerexamens mit einem ziemlichen Vielerlei von Prüfungsgegenständen, die der Lehrer an kleineren Lehranstalten wohl brauchen kann, in hohem Grade bewahrt —, so ist doch diese mehr durch Zufall und mehr scheinbar freiheitliche Gestaltung an sich betrachtet kaum als ein Schaden für die Sache anzusehen, zumal nicht ausgeschlossen ist, daß der Kandidat der Neuphilologie ein Thema wählt, welches aus dem Gebiet der modernen Sprache in das der deutschen Literatur hinüberragt. Um so mehr wäre zu erwarten ge-

---

[1]) Diese Bestimmung wurde von Voretzsch (a. a. O) aus sehr billigenswerten Gründen angegriffen.

wesen, dafs in Württemberg auch der Altphilologe nicht in ein so enges Gebiet eingeschnürt worden wäre. Wie die obige Vergleichung zeigt, sind wir in Bayern in dieser Hinsicht noch weitaus am besten daran, wenn wir auch dem Vorschlag des Herrn Prof. Stölzle vollständig beipflichten, dafs wissenschaftliche Arbeiten schlechthin aus dem gesamten Umkreis der philosophischen Fakultät gestattet werden möchten (vgl. „Blätter" 1898 S. 25).

Endlich weisen die Prüfungsordnungen der drei Staaten noch einige Verschiedenheit hinsichtlich der Behandlung solcher Kandidaten auf, deren wissenschaftliche Arbeit nicht approbiert worden ist. Württemberg hat hier die Vorschrift, dafs Kandidaten, deren wissenschaftliche Abhandlung für ungenügend befunden worden ist, für dieses Jahr von der Prüfung zurückgewiesen werden können und dann eine neue Abhandlung einzureichen haben. In Bayern ist die Bestimmung etwas milder: Ob die Arbeit im nächsten Jahre abgeändert und verbessert wieder vorgelegt werden darf oder ob der Kandidat ein anderes Thema zu wählen hat, wird von der Kommission bestimmt. In Preufsen gibt es gar keine Bestimmung darüber, ob eine für ungenügend erklärte Abhandlung in verbesserter Form nochmals vorgelegt werden darf. Bei der ziemlich selbständigen Stellung der preufsischen Prüfungsausschüsse ist indes anzunehmen, dafs letztere befugt sind, nach ihrem Ermessen zu verfahren.

5. Ein weiterer gemeinsamer Punkt ist die Einführung eines praktischen Vorbereitungsjahres. Nach Preufsens Vorgang, welches 1890 zu dem bereits bestehenden Probejahr ein „Seminarjahr" einführte, schuf Bayern 1895 den „pädagogisch-didaktischen Kurs" und Württemberg das „Vorbereitungsjahr".[1]

Selbstverständlich gibt es auch hier etliche Unterschiede. Abgesehen von der bezeichnenden Thatsache, dafs jeder Staat für die doch im wesentlichen gleiche Einrichtung einen besonderen Terminus gewählt hat, ist wohl das auffallendste, dafs in Bayern pädagogisch-didaktische Kurse nur für die geprüften Kandidaten der klassischen Philologie bestehen; die Neuphilologen und Mathematiker gehen leer aus. In Preufsen und Württemberg ist hingegen das

---

[1] Ganz neu ist in Württemberg das Vorbereitungsjahr allerdings nicht. Vom Jahre 1846 bis 1864 hatten die Kandidaten für die realistischen Fächer (nur für diese!) nach Erstehung der ersten rein wissenschaftlichen Prüfung zu ihrer praktischen Vorbereitung ein „Übungsjahr" an einer Lehranstalt durchzumachen. Zu diesem Zweck waren sie einem öffentlichen Lehrer zugewiesen, teils um bei dessen Unterrichte zu auskultieren, teils um unter dessen Leitung sich selbst im Unterricht zu versuchen, auch ihre Studien vornehmlich in bezug auf das Bedürfnis der Schule fortzusetzen. Hierauf fand die 2. Dienstprüfung oder Anstellungsprüfung statt, die, wie die neuerdings angeordnete, vorwiegend praktischer Art war (cf. Fink a. a. O., S. 393 ff.) Die Prüf.-O. vom Jahre 1864 hob das Übungsjahr auf und beschränkte die 2. Prüfung auf die Ablegung von Lehrproben; dafür brachte sie einige Neuerungen in der Richtung auf Vertiefung der Fach- und allgemeineren Studien, ausgehend von dem Gedanken, dafs eine tiefere Fach- und allgemein wissenschaftliche Bildung einen Ersatz für das Übungsjahr zu bieten vermögen.

Seminarjahr (und Probejahr) bezw. Vorbereitungsjahr für die Kandidaten aller Fächer obligat.

Den in dieser Beziehúng in Bayern bestehenden Ausnahmezustand hat bereits kurz nach Erscheinen der bayerischen Prüf.-O. ein nichtbayerischer Mathematiker, Halbfafs, Neuhaldensleben, a. a. O. als seltsam und gegenüber den Altphilologen auch als unbillig bezeichnet. Dafs die neue bayer. Prüf.-O. vom Jahre 1895 für die Mathematiker, Neuphilologen und Reallehrer einen praktischen Vorbereitungsdienst nicht vorgesehen hat, lag offenbar zum gröfsten Teil an dem damals bei uns bestehenden Mangel an Lehrern dieser Fächer, teilweise aber auch daran, dafs man zuerst einen Versuch mit der neuen Einrichtung machen wollte. Da jetzt an Lehrern der genannten Kategorien ein Mangel nicht mehr besteht, vielmehr das Gegenteil der Fall ist, dürfte die Einführung von pädagogisch-didaktischen Kursen für diese Fächer nicht lange mehr auf sich warten lassen, zumal ja inzwischen aus der probeweisen Einführung der Kurse eine feste Institution geworden ist. Freilich handelt es sich auch noch um die Bewilligung gröfserer Geldmittel, welche die Erweiterung erforderlich macht. Die bisherigen Mittel reichen kaum für die z. Z. überfüllten Kurse für klassische Philologen aus.

In einer anderen Hinsicht unterscheidet sich Württemberg von den anderen Staaten u. E. nicht unvorteilhaft. In Preufsen und Bayern erfolgt nämlich der Besuch des pädagogischen Seminars nach bestandenen beiden Prüfungen, in Württemberg hingegen zwischen der 1. und 2. Dienstprüfung, welch letztere im Zusammenhang damit eine vorzugsweise praktische ist und sein mufs. Wir halten die Württembergische Aufeinanderfolge für eine geeignete, worüber wir weiter unten uns zu äufsern gedenken; freilich die „Ergänzungsprüfung", dieser unorganische Appendix, erscheint uns recht verfehlt. — Auch hinsichtlich der Zeitdauer der praktischen Vorbereitung besteht ein Unterschied. Denn während Bayern und Württemberg nur ein Jahr Vorbereitungszeit verlangen, schreibt Preufsen deren zwei vor: nach dem „Seminarjahr" kommt noch ein „Probejahr." — Was den Inhalt der einzelnen Instruktionen anlangt, so sind die Unterschiede gering; eine Vergleichung ist überdies um deswillen noch nicht recht angezeigt, weil die Württembergische Ordnung des Vorbereitungsjahres vorerst provisorisch ist. Zunächst halten wir die preufsische Ordnung[1]) für ziemlich steif, die bayerische bezeichnet einen Fortschritt in freiheitlichem Sinne, die württembergische ist, zunächst allerdings nur im Entwurf, die beste, weil handsamste. Doch kommt es in dieser rein praktischen Frage weniger auf das Reglement als eben auf die Praxis selbt an und so wird selbst eine durch ihr Reglement beengende Ordnung nicht schädlich wirken, wenn ein praktisch und selbständig denkender Geist die Zügel führt.

6. Zum Schlusse ist wohl auch als sechster Hauptpunkt, in welchem — ziemlich selbstverständlich — zwischen der Prüfungs-

---

[1]) Mitgeteilt in den „Blättern" Jahrg. 1896, S. 557—559.

ordnung der drei Staaten Übereinstimmung besteht, hervorzuheben das im ganzen gleiche Maß der Vorbedingungen.

Zum einen Teil entspringt die Einführung eines möglichst einheitlichen Verfahrens in dieser Hinsicht dem Streben, von jedem Kandidaten das gleiche Maß wissenschaftlicher Bildung zu fordern. So verschwand in Württemberg und Preußen die Prüfung zweiten Grades: es trat die einheitliche Prüfung ein, von der schon die Rede war. Zum andern Teil beruht das im ganzen gleiche Maß der Vorbedingungen natürlich auf dem Bestreben jedes einzelnen Staates, in den Anforderungen mit den andern Staaten gleichen Schritt zu halten. So kommt es, daß jetzt in Deutschland jeder Kandidat des höheren Lehramts, möge er einem Fache angehören, welchem er wolle, das Absolutorium eines Gymnasiums oder einer diesem als ebenbürtig erachteten höheren Lehranstalt und eine größere Anzahl von Semestern einer Hochschule aufzuweisen hat, um zur Prüfung zugelassen zu werden, wozu dann drittens außer den Prüfungen selbst eine längere Vorbereitungszeit hinzutritt.

Differenzen finden sich nur in geringem Grade. Erstens hinsichtlich der Berechtigung: Kandidaten der klassischen Philologie haben zwar durchgehends das Reifezeugnis eines deutschen humanistischen Gymnasiums nachzuweisen, ebenso besteht Übereinstimmung hinsichtlich der Mathematiker und Naturwissenschaftler, bei denen außer dem Reifezeugnis eines humanistischen Gymnasiums auch das Reifezeugnis eines Realgymnasiums oder einer Oberrealschule (in Bayern: Industrieschule, aber nur bei hervorragend guter Note) angängig ist.

Anders verhält es sich bei den Kandidaten der neueren Sprachen und Realien; während bei diesen nämlich in Preußen und Bayern nur das Reifezeugnis eines humanistischen oder Realgymnasiums gilt, sind in Württemberg zu der entsprechenden Prüfung auch Kandidaten, die eine württembergische 10klassige Realanstalt mit Erfolg besuchten, zugelassen, wenn sie ein Zeugnis über die erfolgreiche Erstehung der Reifeprüfung eines Gymnasiums im Fache der lateinischen Sprache nachträglich beibringen, was gelegentlich der Ergänzungsprüfung geschehen darf. Wir halten mit Voretzsch (s. o.) diese Konzession nicht für gut. Eine Separatprüfung im Lateinischen kann den altsprachlichen Unterricht, der die beste Vorbereitung für den künftigen Neuphilologen ist, nicht ersetzen. Gleich ungünstig kommt der Neuphilologe in Württemberg insofern weg, als daselbst das Polytechnikum als nahezu gleichberechtigt für die Vorbildung desselben erklärt ist; wenn man nachrechnet, so kann er vier volle Semester, das ist die Hälfte der Studienzeit, auf dem Polytechnikum zubringen. In Bayern sind zwei Semester technische Hochschule gestattet, in Preußen müssen sogar sämtliche Semester auf der Universität verbracht sein. Mit Recht sagt Voretzsch (a. a. O.), daß die für Techniker berechnete Lehrweise zu wenig für den zukünftigen Lehrer der neueren Sprachen abwerfe. Nur die Universität sorgt gleichzeitig für

die praktische Ausbildung durch den Lektor und für die wissenschaftliche durch den entsprechenden Fachprofessor.

Eine z w e i t e Differenz enthalten die Bestimmungen über die
Z e i t d a u e r des Studiums bezw. der Vorbereitung. In Bayern und
Württemberg ist ein vierjähriges Hochschulstudium verlangt, wozu
noch ein Jahr für praktische Vorbereitung kommt. Dafs 4 Jahre
Studienzeit wenigstens in Bayern, bei der Menge und Höhe der Anforderungen, für die meisten Kandidaten nicht genügt, ist eine Sache
für sich, auf die wir nachher zurückkommen. In Preufsen sind 3 Jahre
Berufsstudium auf der Hochschule vorgeschrieben; dazu kommt ein
zweijähriges Praktizieren und die Zeit, die der Prüfungsakt beansprucht.
Für die Bearbeitung der wissenschaftlichen Abhandlung sind 16 Wochen
angesetzt, die Prüfungskommission ist ermächtigt, 16 weitere Wochen
dazuzubewilligen, und der Minister gewährt allenfalls auf Begutachtung
des Leiters des Prüfungsausschusses noch eine weitere Frist. Hiezu
kommt die Zeit, in welcher die Abhandlung der Korrektur unterliegt:
darnach berechnet sich für dieses Stück der Prüfung nicht unter
¹/₂ Jahr, öfter aber bis zu einem ganzen Jahr; also besteht in Preufsen
eine m e h r als 5jährige Vorbereitungszeit. Die preufsische Regierung
nahm in einer M i n i s t e r i a l v e r f ü g u n g vom 3. Juli 1895 an, dafs
die normale Studienzeit 4 Jahre betrage und die ordnungsmäfsige
Prüfungszeit nicht über 9 Monate im allgemeinen hinausgehe. Hingegen weist S c h r ö d e r (in seiner Schrift: „Oberlehrer, Richter und
Offiziere" 1897² S. 63) nach, dafs die durchschnittliche Studiendauer
einschliefslich der ersten Prüfung mehr als 7 Jahre im Durchschnitt
der Jahre 1891—95 betrug.

So würde auch eine in Bayern angestellte Enquête ohne Zweifel
erweisen, dafs nicht die Hälfte der Kandidaten die Prüfungen in der
ordnungsmäfsigen Vorbereitungszeit zu wege bringt; wer es dennoch
leistet, riskiert, dafs er sich überanstrengt. Diese Befürchtung wurde
bereits wiederholt ausgesprochen (vgl. „Blätter" 1895 S. 631 ff. und
1896 S. 537 f.; desgleichen von S t ö l z l e 1898 S. 13 ff.).

Diese sechs Punkte sind es, wie ich finde, in denen sich die
Prüfungsordnungen Bayerns, Württembergs und Preufsens in einer
ziemlichen Übereinstimmung befinden. Ich wiederhole die 6 Punkte,
es sind:

1) Die Einheitlichkeit der Prüfung, 2) die Einführung dreier
Zeugnisnoten, 3) die Zweiteiligkeit des gesamten Examens, 4) die Forderung einer wissenschaftlichen Abhandlung, 5) die Einrichtung eines
Seminar- oder Vorbereitungsjahres, 6) das im ganzen gleiche Mafs
der Vorbedingungen.

Da niemand verkennen wird, dafs in diesen sechs Punkten alles
Bedeutsame enthalten ist, ist also das Gerüst im ganzen das gleiche.

II. Wesentliche Differenzpunkte.

Besondere Differenzpunkte bestehen
1. in der Aufeinanderfolge der Prüfungsteile. In Preufsen ist gefordert: a) Abhandlung, b) und c) Allgemeine und Fachprüfung, d) Seminar- und Probejahr. — In Württemberg: a) Abhandlung, b) erste Dienstprüfung (= Fachprüfung), c) Vorbereitungsjahr, d) zweite Dienstprüfung (vorwiegend praktischer und propädeutischer Art). — In Bayern: a) erster Prüfungsabschnitt (wissenschaftlicher Art), b) Abhandlung, c) zweiter Prüfungsabschnitt (wissenschaftlicher Art), d) pädagogisch-didaktischer Kurs. Die wissenschaftliche Abhandlung wird also in Preufsen und Württemberg am Anfang, in Bayern in der Mitte des Prüfungsprozesses gefordert. Die praktische Vorbereitung erfolgt in Bayern und Preufsen am Schlusse, in Württemberg zwischen den beiden Prüfungen.

Es fragt sich, welche Bedeutung diese Unterschiede haben, ja ob sie überhaupt von Bedeutung sind. Unseres Erachtens ist die Tragweite allerdings eine grofse. Beruht doch auf der richtigen Aufeinanderfolge zum grofsen Teil der Erfolg einer Prüfungsordnung. Es kommt alles darauf an, dafs einerseits etwas Ordentliches geleistet, andrerseits dieses Ziel in einer für die Kandidaten zweckmäfsigen Weise erreicht werde. Das Ausschlaggebende ist demnach die richtige Belastung der beiden Prüfungen und in Konsequenz damit die richtige Zeitbemessung für die Ablegung derselben.

Es gibt hiernach unseres Erachtens zunächst zwei Wege: entweder ist im ganzen und grofsen der württembergische Modus zu wählen oder der bayerische zu belassen und die Zeitdauer zwischen der 1. und 2. Prüfung zu erhöhen, sowie das Mafs der Anforderungen in der 1. Prüfung nicht zu gering anzusetzen, damit wirklich fähige Leute aus ihr hervorgehen.

In Württemberg tritt die Abhandlung an die Spitze, und die 2. Prüfung ist vorwiegend praktischer Art. Das Probejahr ist zwischen beide Prüfungen eingeschoben, was sich unter diesen Umständen ganz gut macht. Die preufsische Prüf.-O. ist ähnlich organisiert, insofern auch sie die Abhandlung an den Anfang setzt, jedoch des weiteren deswegen weniger zum Vergleich geeignet, weil dort die allgemeine Prüfung (= 2. Prüfung), die vorwiegend elementaren Charakter trägt, mit der 1. Prüfung zeitlich verbunden ist. Es hat nun entschieden seine Vorteile, dafs die Abhandlung, die ja wissenschaftlichen Charakters ist, gleich den übrigen wesentlich wissenschaftlichen Prüfungsteilen von vornherein abgemacht wird, damit man gleich beim ersten Auftreten des Prüfungskandidaten ersehe, wes Geistes Kind er ist, ob er genügend wissenschaftlichen Sinn hat, um würdig zu erscheinen, Lehrer einer höhern Lehranstalt zu sein. Dieser Gedanke dürfte wohl in Preufsen und Württemberg in erster Linie mafsgebend gewesen sein, als man diese Anordnung traf. In zweiter Linie ging man dadurch den Verlegenheiten aus dem Weg, in die man, wie wir in Bayern, dadurch gerät, dafs man ein zweites Examen mit einem so gewichtigen

Teil des Prüfungsstoffes beladt, wie es die Abhandlung ist. [1] Aber
die Einrichtung hat auch ihre Schattenseiten; der gröfste Mangel besteht darin, dafs man am Anfang des Prüfungsprozesses kaum eine
gehörige Leistung erwarten und verlangen kann. Die württembergische
Arbeit wenigstens ist eingestandenermafsen nichts weiter als eine gröfsere
Seminararbeit; wie es in Preufsen in dieser Beziehung steht, entzieht
sich unserer Beurteilung. In Bayern jedoch ist man vom Spezialexamen her an eine gediegene wissenschaftliche Abhandlung gewöhnt;
und eine solche entspricht auch allein der wissenschaftlichen Bedeutung
des Gymnasiallehrerstandes, entsprechend der gelehrten Grundlage, die
allen seinen Lehrzweigen eigen ist. Sollte also die wissenschaftliche
Abhandlung auch in Bayern an den Anfang gelegt werden, so ergäbe
sich daraus eine grofse Belastung der ersten Prüfung, die um so gröfser
sein müfste, falls — was nur dringend zu wünschen ist — die Arbeit
nicht einfach eine Seminararbeit, sondern ein wirkliches specimen
doctrinae zu sein hätte. Reichen schon jetzt drei Jahre Universitätsstudien für die Vorbereitung zum 1. Abschnitt nicht aus, so müfste
auf jeden Fall infolge dieser Mehrbelastung noch ein, wo nicht zwei
Jahre zugelegt werden; ja bei dem bedeutenden Ausmafs der Forderungen, die an einen bayerischen Philologen in anbetracht seiner
Stellung als Ordinarius seiner Klasse gestellt werden müssen (siehe
im nächsten Abschnitt), würde sich in diesem Falle die Studienzeit
bei manchen ins Ungemessene erhöhen, wie dies thatsächlich in Preufsen
bisher der Fall war. Und, was weiter in Betracht kommt, der Zweck,
ungeeignete Elemente rechtzeitig abzustreifen, würde trotzdem wohl
nicht erreicht werden; die letzteren würden — wenn auch schliefslich
vergeblich — es immer wieder versuchen, doch eine wissenschaftliche
Arbeit zu stande zu bringen. Das Beste ist also vielleicht doch, dafs
die erste Prüfung nach einer angemessenen Studienzeit so, wie sie
jetzt ist, gemacht, aber mit gröfster Strenge gehandhabt wird, damit
ungeeignete Kandidaten unter keinen Umständen zur 2. Prüfung gelangen.

Nur wäre alsdann die Zeitdauer zwischen der 1. und 2. Prüfung
zu erhöhen, damit der Kandidat ohne Überlastung und Überhastung
sich seiner wissenschaftlichen Arbeit widmen kann.

Wir haben an anderer Stelle noch einen dritten Weg angedeutet,
indem wir dem Gedanken Ausdruck gaben, es könnte vielleicht die
wissenschaftliche Abhandlung erst nach der Prüfung in Form eines
Schulprogramms oder einer andern Publikation gefordert werden u. zw.
innerhalb der Zeit bis zur Beförderung als Gymnasialprofessor. Da

---

[1] Sehr bemerkenswert erscheint uns folgender Umstand: In Württemberg
war man nahe daran, für die Prüfung aus den realistischen Fächern insofern
das bayerische System nachzuahmen, als man den Kandidaten, welche die 1. Dienstprüfung gut bestanden hätten, freizustellen gedachte, ob sie für die 2. Dienstprüfung eine wissenschaftliche Abhandlung liefern wollten, in welchem Falle ihnen
die Ergänzungsprüfung erlassen werden sollte, oder aber, ob sie die Ergänzungsprüfung ablegen wollten (N. K. Bl. 1897, S. 187 „Grundzüge"). Die Prüf.-O. vom
12. Sept. 1898 nahm aber von diesem Modus Abstand und regelte die Aufeinanderfolge so wie bei den Kandidaten für das humanistische Lehramt; es haben also
alle Kandidaten vor der 1. Dienstprüfung eine Abhandlung einzureichen.

wir nun einmal diese Etappe haben, die in Preußen und anderswo infolge des Dienstaltersvorrückungssystems nicht ·besteht, wäre dieser Zeitpunkt der nächstliegende; auch würde so ausreichende Zeit gegeben sein, um ohne Vernachlässigung der Schulpflichten mit etwas Tüchtigem zu stande zu kommen. Es müßte ferner gestattet sein, die Abhandlung aus jedem Gebiete der philosophischen Fakultät zu machen; so käme vielleicht endlich auch einmal die Geschichte der Pädagogik und die Schulgeschichte zu ihrem Rechte, die, wie S t ö l z l e (a. a. O.) sehr richtig bemerkt, in Hinsicht auf die bayerischen Verhältnisse noch sehr im Rückstand sind. Die Entscheidung über Wert oder Unwert der Leistung könnte auf grund eines Kommissionsgutachtens dem Autor zugleich mit der Verbescheidung des Jahresberichts zur Kenntnis gebracht werden. Auch ließe sich dieser Modus vielleicht in Verbindung mit dem in Württemberg bestehenden Usus — Einreichung einer kleineren Arbeit zur Eröffnung der Examenspforte — bringen lassen, so daß der kleineren Arbeit später eine größere folgte. Allein wir sind uns der Schwierigkeiten, die da entstehen würden, wohl bewußt. Die größte wäre auf jeden Fall die, daß eben die „Prüfung" der wissenschaftlichen Arbeit auf einem bisher ungebräuchlichen Wege erfolgte; sodann würde dieser Zweig der Prüfung immerhin etwas auf die lange Bank geschoben. Im übrigen hielten wir diesen Weg doch nicht für ungangbar.

Soviel scheint uns auf jeden Fall festzustehen, daß bei dem gegenwärtigen System nicht auf längere Dauer beharrt werden kann: vielmehr muß ein Modus gefunden werden, daß die zweite Prüfung g u t und v o n j e d e m bestanden werden kann, ohne daß er überlastet wird. Dazu ist notwendig· erstens ein strenger Maßstab in der ersten Prüfung und zweitens ein angemessener Zwischenraum zur Bewältigung der wissenschaftlichen Arbeit. Da indes dieser Punkt — einer der wichtigsten, in denen eine Änderung nicht abzulehnen sein dürfte, — voraussichtlich noch weiter diskutiert werden wird, brechen wir hier ab.

Noch einen Punkt möchten wir an dieser Stelle nicht unbesprochen lassen. In Bayern berechtigt nur das Bestehen b e i d e r Prüfungsabschnitte nebst der Ablegung des päd.-did. Kurses zu einer Anstellung; in Preußen ist natürlich das Gleiche der Fall. Wir halten diese Bestimmung für berechtigt; aber um so mehr muß verhütet werden, daß viele Kandidaten, die keine Aussicht haben, den 2. Abschnitt zu bestehen, die erste Prüfung zurücklegen. Denn es wäre dies für den Kandidaten sowohl als für das allgemeine Interesse der Schule sehr schlimm. Auch ein schwachbefähigter Kandidat wird es eben immer wieder versuchen, nachdem er den 1. Abschnitt bestanden, auch den zweiten zu bewältigen, und er verliert ein Jahr nach dem andern, bis er schließlich vielleicht trotz seiner Unfähigkeit zu einer wissenschaftlichen Arbeit doch noch in Gnaden passieren darf. In Württemberg befähigt, im Unterschied zur bayerischen Ordnung, bereits die 1. Prüfung zur Verwendung, wenn auch nur zu einer unständigen (vgl. Prüf.-O. unter Ia). Die württembergische Prüf.-O. ist also in diesem Punkte nachsichtiger als die bayerische, was wir nicht für einen

Vorzug halten; denn nur derjenige, der mit der Prüfung als solcher fertig ist, sollte in Praxis übertreten dürfen, da sonst leicht ein Nachhinken eintritt, wie wir es in Bayern lange Zeit zu beklagen hatten. Es ist in mannigfacher Hinsicht nicht gut, wenn Lehrer in höheren Lebensjahren noch vor einer Prüfungskommission erscheinen. Bezüglich der württembergischen Einrichtung ist allerdings zuzugeben, daß der Mißstand, den wir eben andeuteten, kaum in solchem Grade vorkommen dürfte. Denn erstens befähigt das 1. Zeugnis nur zur Verwendung als Lehramtsverweser und zweitens ist die 2. Prüfung augenscheinlich nicht so schwer, daß sie nicht von jedem mit Erfolg zurückgelegt werden könnte.

2) Die Verbindung der Fächer. Nur Bayern hat eine obligate Verbindung von Fächern; dabei ist die Zahl der möglichen Verbindungen (Hauptrichtungen) eine geringe. Freier steht in dieser Beziehung bereits Württemberg da, am freiesten (trotz bedeutend größerer Konzentration der Fächer) immer noch Preußen. Ein Vergleich ist sehr lehrreich. Wir beginnen mit Bayern.

In Bayern gibt es für sämtliche humanistische und realistische Fächer nur 6 Hauptrichtungen, in denen sich Kandidaten einer Prüfung unterwerfen können: 1) eine Prüfung aus den philologisch-historischen Fächern, nämlich Lateinisch (= L.), Griechisch (= Gr.), Deutsch (= D.), Geschichte (= G.), nebst Geschichte der Philosophie und Pädagogik; 2) aus Mathematik (= M.) und Physik (= Ph.); 3) aus den neueren Sprachen: Französisch (= F.) und Englisch (= E.); 4) aus den sogenannten Realien: Deutsch, Geschichte und Geographie (= Geo.); 5) aus den beschreibenden Naturwissenschaften (= N.); 6) aus dem Zeichnen und Modellieren. Die 7. Prüfung, diejenige aus den Handelswissenschaften, bleibt für uns außer Betracht, weil die betreffenden Lehrer nur an nichtstaatlichen Handelsschulen in Wirksamkeit treten.

Durch diese Beschränkung der Fakultäten auf im ganzen nur 6 Hauptrichtungen und durch die in den Hauptsachen glückliche Verbindung der Fächer zu den Hauptrichtungen erfreuen wir uns in Bayern folgender vier Vorteile: Erstens ist das Klaßlehrersystem gewährleistet durch Vereinigung der Hauptfächer in einer Hand, indem nämlich die Kandidaten der philologisch-historischen Fächer jene Disziplinen zu beherrschen haben, welche am meisten geeignet sind, eine Einheit zu bilden (L., Gr., D., G.). Letzteres gilt wenigstens von dem gymnasialen Unterricht, der wegen seiner wissenschaftlichen Grundlage einer Zusammenfassung der wichtigsten Fächer am wenigsten entraten kann. Allerdings besteht für die Realanstalten ein Mittelpunkt in gleichem Grade nicht: die Realienlehrer, welche bei uns nur aus D., G. und Geographie geprüft werden, haben jene Anzahl von Fächern nicht in der Hand, die nötig wäre, damit sie an den Realanstalten Ordinarien in unserem Sinne sein könnten. Es ist dies ein Mangel, der von beteiligter Seite selbst als solcher längst empfunden wird, dem aber nicht leicht abgeholfen werden kann, da eben den Realanstalten die Konzentration abgeht, die glücklicherweise noch immer und hoffentlich noch recht lange den humanistischen Anstalten zur Seite steht. Bei dem mehr aufs Praktische gerichteten Endzweck dieser Schulen ist indes der Mangel weniger empfindlich, als dies bei den „Gelehrtenschulen" der Fall wäre.

Durch die Vermeidung einer zu großen Anzahl von Einzelfakultäten, durch die im ganzen und großen angemessene Zusammenlegung der Fächer und die Institution des Klassenlehrersystems ist sodann z w e i t e n s in wirksamster Weise dem Überhandnehmen des S p e z i a l i s t e n t u m s, welches sich bei einer Zersplitterung der Fakultäten leicht geltend macht, vorgebeugt; zugleich ist durch die Einrichtung der einzelnen Prüfungen für einen wissenschaftlichen, nicht banausischen Betrieb der Studien Sorge zu tragen gesucht; daß in letzterer Hinsicht im einzelnen noch Mängel bestehen, haben wir oben offen zugestanden. Die Schuld trägt aber nicht die Verbindung der Fächer, sondern es sind mehr äußere technische Gründe, die wir oben hervorhoben, vor allem die wenig gelungene, bezw. zu rasche Aufeinanderfolge der Prüfungsteile, die einer Änderung bedarf, sowie einige scheinbar untergeordnete Momente, wie Notenskala und Notengebung, Mängel, die vielleicht zum Teil durch den Vollzug sich beseitigen lassen. D r i t t e n s ist es bei unserer Fachverbindung vom Standpunkt der S c h u l v e r w a l t u n g leichter als anderswo möglich, den einzelnen Lehrer gegebenenfalls gegen einen andern zu vertauschen. Dieser Umstand kommt aber nicht bloß der Schulverwaltung, sondern auch der Schule und dem Lehrer in mannigfacher Hinsicht zu gute, was wir hier nicht weiter auszuführen brauchen.

E n d l i c h ist die geringe Anzahl der Hauptrichtungen ohne Zweifel auch von dem Gesichtspunkt der I n t e r e s s e n d e s S t a n d e s ein Vorteil. Denn wir erfreuen uns dadurch einer möglichst kompakten, im wesentlichen gleichmäßig ausgebildeten Lehrerschaft, wodurch das Gefühl der Zusammengehörigkeit gehoben wird.

Vergleichen wir nun damit die württembergischen Verhältnisse. In W ü r t t e m b e r g ist die Zahl der Hauptrichtungen, je nachdem man die Sache ansieht, eine größere oder kleinere als bei uns; eine größere, denn es ist innerhalb der Hauptrichtungen da und dort eine Fachwahl möglich, so insbesondere bei den humanistischen Lehrern; eine kleinere, wenn man von dieser fakultativen Einrichtung absieht. Der württembergische Lehramtskandidat kann sich prüfen lassen in 8 facher Richtung, nämlich aus

Lateinisch, Griechisch, Deutsch;
Lateinisch, Griechisch, Geschichte;
Lateinisch, Griechisch, Französisch;
Lateinisch, Griechisch, Hebräisch; sodann aus
Deutsch, Französisch, Englisch, Geschichte (Geographie Nebenfach);
Deutsch, Französisch, Englisch, Geographie (Geschichte Nebenfach);
Mathematik und Physik (Chemie Nebenfach);
Naturwissenschaften (Mathematik und Physik Nebenfächer).
Den Kandidaten, welche sich in einer der 4 ersten Richtungen

3*

(= für das humanistische Lehramt) einer Prüfung unterzogen haben, „steht es frei", ihre Lehrbefähigung zu erweitern, indem sie sich nachträglich noch in einem weiteren der von ihnen nicht gewählten Hauptfächer (D., G. oder Französisch) prüfen lassen. Außerdem besteht in Württemberg das Institut der „Ergänzungs-", „Erweiterungs-" und „fakultativen Prüfungen" insbesondere für die sogen. realistischen Fächer (5—8) in ausgedehntestem, wir möchten fast sagen ungeheuerlichem Maße. Fürs erste steht es den Kandidaten des humanistischen Lehramts, wie bemerkt, frei, sich einer Erweiterungsprüfung aus D., G., F. zu unterziehen; außerdem „können" sie eine „fakultative" Prüfung aus M., Ph., Geo., E. und Hebräisch erstehen und dadurch die Befähigung für einen ihnen neben dem philologischen Lehrauftrag zu übertragenden Unterricht in dem betreffenden Fach erwerben; auch im Französischen kann eine fakultative Prüfung mit beschränkterer Befähigung erstanden werden. Nun — hier ist wenigstens durchaus von einem „kann, es steht frei" die Rede. Wir bezweifeln, daß viele von dieser Erlaubnis Gebrauch machen, der kein entsprechendes Äquivalent zur Seite steht, und die bloß Mühe und Risiko in sich schließt. Natürlich ist es die Rücksicht auf den Bestand der vielen kleinen Schulen in Württemberg, woraus sich das Bedürfnis ergibt, möglichst viele Lehrer zu besitzen, die möglichst in allen an diesen Schulen zu lehrenden Fächern zu Hause sind. Wie die „Grundzüge zur humanistischen Lehrordnung" (N. K. Bl. 1897, 140) zeigen, beabsichtigte die württ. Schulverwaltung, den Umfang der Befähigung für das hum. Lehramt erheblich zu erweitern und mindestens eine Prüfung im Rechnen, in Elementarmathematik, Französisch und Religion als Bedingung der Anstellung an diesen Schulen zu fordern. „Hiegegen wurde jedoch," wie die Grundzüge wörtlich sagen, „der begründete Einwand erhoben, daß damit für eine Anstellung auf Präzeptoraten [1]) mehr gefordert werde, als für Oberklassen, und daß die Kandidaten durch die Not (?), oder aber durch die Behörde zu dieser Prüfung veranlaßt werden müßten, während dieselbe nicht die Anwartschaft auf eine höhere, sondern auf eine niederere Stufe des gymnasialen Unterrichts gewähre." Man wolle deshalb lieber den betreffenden Unterricht an Reallehrer, Kollaboratoren oder Volksschullehrer, den Religionsunterricht an Geistliche, übertragen, anstatt den Kandidaten des humanistischen Lehramts eine solche Prüfung „gegen ihre Neigung" aufzuerlegen. „Es wird, wie bisher, [2]) nötigenfalls (?) nicht an Kandidaten fehlen, welche eine Prüfung in diesen Fächern, die einen Teil ihrer Gymnasialbildung ausmachen, nicht aber Gegenstand des Universitätsstudiums sind, freiwillig erstehen oder diesen Unterricht auch ohne Prüfung in befriedigender Weise zu erteilen vermögen. Ein gründliches wissenschaftliches Universitätsstudium in

---

[1]) die indes nach der neuen Prüf.-O. verschwinden, da nur noch ein Examen, das Professoratsexamen, zur Einführung gelangt ist.
[2]) Bisher gab es aber eine Mehrheit von Prüfungen (Präzeptorats- und Professoratsprüfung); Präzeptoren ließen sich vermutlich leichter zu einer solchen Prüfung herbei als die neuen Professoratskandidaten.

mehreren Hauptfächern mit zahlreichen einzelnen Disziplinen, verbunden mit der philosophisch-pädagogischen Ausbildung und Einführung der Kandidaten in die Methodik des Unterrichts, dürfte hinreichend dafür Bürgschaft geben, dafs dieselben dem Unterricht in dem einen oder andern Fach auch ohne Prüfung gewachsen sein werden." Besonders der Gedanke, dafs ein wissenschaftlich hochgebildeter Mann auch ohne Prüfung zum Unterricht in elementaren Lehrfächern im Notfalle herbeigezogen werden kann, dürfte auf allgemeine Billigung rechnen.

Um so mehr fällt es auf, wie gering die württ. Ordnung trotz Einführung eines einheitlichen, auf höherer Grundlage beruhenden realistischen Examens die Fähigkeiten der betreffenden Kandidaten und Lehrer bewertet, auf wie tiefe Stufe sie überhaupt die realistische Prüfung im allgemeinen herabgerückt hat. Schon die Unterscheidung in „unerläfsliche" und „Nebenfächer" taugt nichts, weil durch letztere der Begriff der Wissenschaftlichkeit alteriert wird. Es scheint dies eine übel angebrachte Anlehnung an die frühere preufsische Prüf.-O. zu sein; aber einerseits herrscht in Preufsen das Fachlehrersystem, andrerseits hat die preufsische Prüfungsordnung die dritte Zeugnisstufe, der die württembergische Art entspricht, beseitigt und die zweite in der oben des nähern geschilderten Weise unschädlich gemacht. Nicht besser verhält es sich mit den sogen. „Ergänzungsprüfungen, bei denen die Höhe der Forderungen durch die Bedürfnisse des Unterrichts an mittleren Realklassen bestimmt ist." Solche Ergänzungsprüfungen sind zu machen von den Kandidaten der sprachlich-geschichtlichen Richtung (D., F., E., G bezw. Geo) aus Arithmetik und Planimetrie, sowie elementarer Physik; von den Kandidaten der mathematisch-naturwissenschaftlichen Richtung (M., Ph. nebst Chemie als Nebenfach; Naturwissenschaften nebst M. und Ph. als Nebenfächern) aus Französisch und Englisch. Nicht genug! Es „steht jedem Kandidaten frei", die Lehrbefähigung zu erweitern, indem er sich nachträglich noch in einem Nebenfach seiner ersten Dienstprüfung einer Prüfung nach den für dieses Fach als Hauptfach aufgestellten Anforderungen unterzieht. Und endlich „können" die betr. Kandidaten noch fakultative Prüfungen machen aus Lateinisch und Italienisch. Solche Zumutungen, wie sie Württemberg in den Ergänzungs-, Erweiterungs- und fakultativen Prüfungen an die Kandidaten des realistischen Lehramts stellt, sind allenfalls bei Volksschullehrern am Platze, aber nicht bei akademisch gebildeten. Dafs die wissenschaftliche Vertiefung unter solchen Umständen unmöglich ist, ist selbstverständlich, und somit ist es eine Professoratsprüfung dem Namen nach, aber nicht in Wirklichkeit. Mir fällt hier ein Ausspruch des weisen Landsmanns Hebel ein: „So geht es, wenn man es allen will recht machen!" Wenn man schon einmal den Bedürfnissen der kleineren Anstalten in weitergehendem Mafse Rechnung tragen zu müssen glaubte, so genügte doch das Bestehenlassen der Kollaboraturprüfung vollständig. Wozu ging man für die wissenschaftliche Prüfung auf ein so unsagbar niedriges Niveau herab? Wir wissen recht wohl, dafs die württembergische Reallehrerversammlung auf Vortrag Dr. Finks die „Grund-

züge", in denen bereits diese Einrichtung im grofsen und ganzen vorgezeichnet war, gebilligt hat. Aber wir bedauern diese Thatsache,
im Gesamtinteresse der Schule und des Standes. Denn es ist eine
Täuschung, der sich Fink hingibt, wenn er glaubt, die wissenschaftliche
Vertiefung habe einen Fortschritt zu verzeichnen [1]), und es ist eine
Täuschung, wenn die nämliche Versammlung, die diese Grundzüge
billigte, der Hoffnung sich hingab, dafs der Stand der Reallehrer,
durch diese Neuordnung noch mehr als bisher in seinen Bestrebungen
nach sozialer Hebung werde gefördert werden. Sicher steht die
realistische Prüfung nicht auf der Höhe der humanistischen; sie kann
es nicht, weil Multa und Multum sich nicht vertragen, wie sich wohl
bald zeigen wird.
    Wer behauptet, mufs auch beweisen. Wir glauben dies am
besten dadurch zu thun, dafs wir auf den von Fink eingeschlagenen
Gedankengang nochmals in Kürze zurückkommen, indem wir überall
sogleich in Klammern beifügen, worin uns derselbe verfehlt erscheint.
Dr. Fink sagt in seinem Referat (N. K. Bl. 1897 S. 433 ff), für die
kleinen Schulen sei es wesentlich, möglichst wenig vom Klafslehrersystem abweichen zu müssen; deshalb sei eine Prüfung in elementaren
Fächern (in der 2. Prüfung) notwendig. (Aber mufs denn der Klafslehrer alle Fächer vertreten, auch so disparate, wie Arithmetik und
Mathematik, die zur Konzentration des Unterrichts absolut entbehrlich
sind und die am besten, wegen der Kontinuität des Unterrichts und
als Fächer der exakten Wissenschaften, in allen Klassen von einem
Lehrer gegeben werden, noch dazu von einem, der sein Fach mit
der nötigen Einsicht in die Endziele der Wissenschaft gründlich
beherrscht?). Fink setzt dann sehr lehrreich auseinander, wie sich
die Fortbildung der realistischen Lehrer von 1846 über 1864 bis 1897
entwickelt hat, wie die Vertiefung in die Wissenschaft immer weitere
Fortschritte machte; die Professoratsprüfung wurde zu diesem Zwecke
1864 in zwei Teile (einen mathematisch-naturwissenschaftlichen und
sprachlich-historischen) zerlegt; die sog. Reallehrerprüfung (2. Grades)
umfafste alle Zweige, aber in mehr elementarer Weise (was wohl
begreiflich ist, eben wegen der Vielheit der Gegenstände, die jetzt
wieder in die neue Prüfung sich eingedrängt hat). Jetzt (nach der·
neuen Prüf.-O.) sei die höhere Prüfung (die Professoratsprüfung) für
alle Kandidaten verbindlich gemacht worden; von den andern finde
sich nur noch ein leichter Anklang (?) in der 2. Prüfung, eben soviel als
mit Rücksicht auf vielseitigere Verwendung der Kandidaten namentlich
auch an Mittelklassen und an kleineren Realschulen beibehalten werden
müsse. (Warum war diese Rücksichtnahme bei den Kandidaten des

---

[1]) Selbst wenn man von der Ergänzungs-, Erweiterungs- und fakultativen
Prüfung absieht, ist von den Kandidaten noch zu viel verlangt, es bleiben dann
für die Reallehrer der sprachl.-hist. Richtung nach D., F., E., G. und Geo., also
genau soviel als bei uns in 2 Prüfungen verlangt wird. Desgleichen wird von den
Kandidaten der mathematischen und naturwissenschaftlichen Richtung so ziemlich
das Doppelte von dem verlangt, was Bayern (und Preufsen) fordert. Ist das ohne
Beeinträchtigung der gründlichen Ausbildung möglich?

humanistischen Lehramts weniger geboten, da doch die Zahl kleiner Lateinschulen nicht geringer ist als die kleiner Realschulen?). Fink sagt ferner, es wäre sehr zu bedauern, wenn diese Ergänzungsprüfungen weggelassen würden. (Die „Grundzüge" sprachen nämlich davon, daſs die Absicht bestehe, auf grund einer guten Note in der 1. Prüfung und einer gut prädizierten, vor Beginn der 2. Prüfung eingereichten wissenschaftlichen Arbeit, welche sich auf eines der theoretischen Prüfungsfächer bezieht, dem Kandidaten die Ergänzungsprüfung zu erlassen). Der Kandidat solle sich darüber ausweisen, ob ihm die wesentlichen Schulfächer der mittleren Klassen, auch wenn sie nicht seiner wissenschaftlichen Hauptrichtung angehörten, ihrem durchschnittlichen Umfang nach wohl vertraut seien; er würde das Fehlen dieser sekundären Kenntnisse als eine Schädigung der Schulkenntnisse und der lückenlosen Ausbildung (?) der Kandidaten ansehen. (Aber es ist doch nicht so einfach, in Französisch, Englisch einerseits, Mathematik und auch Physik andrerseits, die Kenntnisse für eine Prüfung aus den Ärmeln zu schütteln! Und warum acceptiert Fink dann den allerdings aufserordentlich richtigen Grundgedanken der „Grundzüge", daſs ein gründliches Hochschulstudium den Kandidaten an sich befähige, gegebenenfalls auch in einem Fache elementaren Unterricht zu erteilen, in dem er nicht geprüft worden ist?). Nach all dem begreift sich übrigens, daſs die Versammlung auch soweit ging, daſs sie Herabsetzung der Zahl der für das Studium an der Landesuniversität vorgeschriebenen Semester wünschte und für das Fortbestehen der Kollaboraturprüfung eine Lanze brach, also Schritt für Schritt dem wissenschaftlichen Studium den Boden abgrub. Wir gratulieren dem württembergischen Gymnasiallehrerverein aus vollem Herzen, daſs er da nicht mitgethan hat, sondern aus der einheitlichen, wissenschaftlichen Prüfung an seinem Teil Ernst zu machen bemüht war, sowie, daſs die Schulverwaltung diesen Bestrebungen in vollstem Maſse Rechnung trug. Die württembergische Schulverwaltung hätte aller Voraussicht nach den Wünschen des Reallehrervereins gegenüber dasselbe Entgegenkommen gehabt, wenn sie anders gelautet hätten.

Würdigen wir nunmehr auch die württembergische Prüfungsordnung, wie wir es oben bei der bayerischen gethan, noch vom Standpunkt ihrer B r a u c h b a r k e i t, so glauben wir sagen zu können, daſs erstens das Prinzip des K l a ſs l e h r e r s y s t e m s, das ja im wesentlichen auch für die Neuordnung bestimmend war, in der That im allgemeinen gewahrt ist. Doch ist ein merkwürdiger Unterschied in der Einrichtung der humanistischen und bezw. realistischen Hauptabschnitte zu konstatieren. Denn während man bei den einen, den Lehrern der realistischen Richtung, allzu ängstlich an der Tradition festhaltend, das Prinzip des Klaſslehrersystems überspannte, indem man auf jegliche, auch die kleinste, Schulgattung zu grofse Rücksicht nahm, ist bei der humanistischen Richtung eher das Gegenteil der Fall. indem man hier eine, wie uns scheint, sogar in mannigfacher Beziehung schädliche Fachwahl zuließ. Wir halten in diesem Betracht

unsere bayerische Prüf.-O. für zweckmäßiger; bei uns heißt es: Jeder
Kandidat der philologisch-historischen Fächer hat sich einer und derselben Prüfung (aus L., Gr., D. und G., nebst den Hilfswissenschaften)
zu unterziehen. Die württembergische Prüf.-O. hingegen fordert von
jedem als unerläßlich nur zwei Fächer: L. u. Gr.; die übrigen Fächer:
D., G., (Fr.) sind der Wahl anheimgegeben, und der Kandidat ist gezwungen, aus ihnen nur eines zu wählen. Ja, wenn der Kandidat
für Hebräisch ein Faible haben sollte, so entfallen für ihn alle übrigen
Fächer (D., G., Fr.); und doch braucht der Ordinarius, um eine feste
Basis in der Klasse zu haben, ja auch zu dem Zwecke, um das vor-
geschriebene Stundenmaß zu erreichen und nicht außerhalb seiner
Klasse das Plus suchen zu müssen, bezw. zu erhalten, wodurch dem
Fachunterricht weit die Thüre geöffnet ist, zu Latein und Griechisch
wenigstens noch Deutsch und Geschichte. Aber auch die
Einrichtung, daß klassische Philologen veranlaßt werden, eine moderne
Sprache (F.) als Hauptfach zu treiben, erweist sich von unserem Gesichtspunkte betrachtet als eine solche von sehr zweifelhaftem Werte.
Denn die Kandidaten der humanistischen Richtung werden dadurch
auf ihrem eigentlichen Gebiete verkürzt: Deutsch und Geschichte, zwei
Fächer, die sie notwendiger brauchen, entgehen ihnen. Es zeigt sich
hier der Grundfehler, der durch die ganze württ. Prüf.-O. geht und
eine Folge des möglichsten Festhaltens an einer Tradition ist, die sich
überlebt hat; dieser Fehler ist: man möchte eigentlich doch, daß
jeder Kandidat in allen Fächern seiner Schulrichtung zu Hause sei,
und vergißt dabei einerseits, daß dies heutzutage eben nicht mehr
möglich ist, daß die Wissenschaft leiden würde, und andrerseits, daß
eben deswegen, weil es nicht möglich ist, daß einer alles beherrscht,
das, was auf der einen Seite zugelegt wird, auf der andern Seite not-
gedrungen hinwegzunehmen ist. In diese „Zwickmühle" kam die württ.
Prüf.-O. umsomehr, als sie in anerkennenswerter Liberalität und Einsicht
den humanistischen Lehrern offensichtlich nicht zu wehe thun und
nicht zu viel zumuten wollte; und so blieb ihr denn nichts anderes übrig,
als die Gestattung jener Fachwahl, die nur die Sache verwirrt, anstatt
sie zu lösen. Die Kandidaten des realistischen Lehramts, für die es
an solcher Rücksichtnahme fehlt, sind mit einer solchen Menge von
Fächern beladen, daß sie keines gründlich zu beherrschen vermögen
werden. Wir resumieren: unsere Ansicht ist, daß Französisch sich
mit dem wissenschaftlichen Universitätsstudium des Philologen zu
wenig verträgt; es hätte daher besser mit Englisch (und Italienisch)
zu einer Hauptrichtung verbunden werden sollen, wie dies in bewährter Weise in Bayern (und auch in Preußen) der Fall ist. Das
Ordinariatssystem hat von der württembergischen Einrichtung keinen
Nutzen.

Was sodann einerseits die Förderung wissenschaftlicher Vertiefung, andrerseits das Fernhalten des Spezialiseurs anlangt,
so ist hinsichtlich des humanistischen Lehrerstandes ohne Zweifel das
nötige vorgekehrt. Anders verhält es sich jedoch bezüglich des realistischen Lehrerstandes; denn hier ist lediglich dem letzteren Zweck,

diesem allerdings sehr gründlich, Rechnung getragen. Bezüglich der
Verwendungsfähigkeit können wir uns kurz fassen; sie ist bei
den realistischen Lehrern, wenigstens nach der Intention der Prüfungsordnung, die größtmögliche; bei den humanistischen Lehrern hingegen
dürfte es bei der immerhin ziemlich großen Anzahl von Schattierungen
zuweilen etwas schwierig sein, eine im Lehrerpersonal entstandene Lücke
in ganz entsprechender und gleicher Weise wieder auszufüllen.

Sicher ist der Stand der humanistischen Lehrer in seiner
Bedeutung durch die neue Prüf.-O. gehoben, wenn anders wissenschaftliche Vertiefung neben in der Hauptsache konformer Ausbildung
diesem Zwecke zu dienen fähig ist. Es wird Sache der jetzigen Lehrer
der Realanstalten sein, an ihrem Teile dahin zu wirken, daß sie bei
einer abermaligen Ordnung der Prüfungsverhältnisse dem jetzt erreichten Standpunkt ihrer humanistischen Kollegen, wenn auch nicht
gleichkommen — denn dafür sind sie noch zu weit zurück —, so doch
sich demselben mehr nähern, als dies zur Zeit der Fall ist.

Wenn wir uns bei den württembergischen Verhältnissen etwas
länger aufgehalten haben, so mag dies darin seine Entschuldigung
finden, daß dieser unser Nachbarstaat durch die vielfache Ähnlichkeit,
die zwischen seinen und unseren Schulverhältnissen besteht, ganz besonders zu einem eingehenderen Vergleiche einlud.

Wir kommen nunmehr zum dritten Staat, nämlich zu Preußen.
In Preußen besteht seit langer Zeit das Fachlehrersystem und damit
im Zusammenhang eine große Mannigfaltigkeit von Prüfungen. Zwar
die fast unendliche Auswahlsmöglichkeit, welche bisher gegeben war,
ist erheblich eingeschränkt. Fink berechnete (a. a. O. S. 431), daß
die Auswahl der Fächer nach der Prüf.-O. von 1887 im sprachlich-
geschichtlichen Gebiet auf etwa 300, im mathematisch-naturwissenschaftlichen Gebiet auf etwa 100 verschiedene Arten geschehen konnte,
gewiß ein weiter Spielraum für die Geschmacksrichtungen der einzelnen Kandidaten. Die neue Prüf.-O. schränkt die Auswahl bedeutend
ein, indem sie gewisse Verbindungen obligatorisch macht (vgl. d α);
dadurch nähert sich die preußische Prüf.-O. der bayerischen und noch
mehr der württembergischen, welch letztere namentlich für die humanistischen Fächer immerhin eine ziemliche Auswahl zuläßt, wie wir
gesehen haben. Die Möglichkeit, einem Lehrer ein Ordinariat mit dem
Lehrauftrag in einer größeren Anzahl zusammengehöriger Fächer zu
geben, was besonders in niedrigen und mittleren Klassen der Sache
förderlich ist, ist demnach jetzt größer als früher. Noch ein Schritt
— und die preuß. Ordnung unterscheidet sich von der unserigen
hinsichtlich der Verbindung der Fächer nur wenig oder gar nicht
mehr.

Was die preußische Ordnung von der unserigen noch besonders
unterscheidet, ist die geringere Anzahl von Fächern, die sie
von den Kandidaten beansprucht. Dies gilt namentlich im Vergleich
mit unserer philologisch-historischen Prüfung, die sonach
da auch Württemberg weniger verlangt, strenge durchgeführt,

die schwierigste in ihrer Art von allen ist. In Preufsen genügen drei
Fächer, also beispielsweise L. Gr. D. oder L. Gr. G. oder L. Gr. Geo.
oder L. D. G. oder Gr. D. G. oder Gr. D. Geo.; es fehlt also immer
e i n e s derjenigen Fächer, die in Bayern verbindlich sind. Kommt
noch dazu, dafs einige Disziplinen, wie Archäologie, Literaturgeschichte
nicht selbständig, sondern hauptsächlich mit Rücksicht auf die Erklärung der Schulschriftsteller verlangt sind, ferner dafs nur in einem
Fache die erste Stufe notwendig ist, so ergibt sich wohl die Richtigkeit unserer Behauptung. Das gleiche gilt von Württemberg, wo die
klassischen Philologen geprüft werden aus L. Gr. D. oder aus L. Gr.
G. oder aus L. Gr. F. oder aus L. Gr. Hebräisch und wo in den
Nebendisziplinen (Archäologie, Altertümer, Literaturgeschichte) ähnlich
wie in Preufsen nur nebenher Fragen gestellt werden, nämlich bei
der Übersetzung und Erklärung von Klassikerstellen.

Hinsichtlich der nicht klassisch-philologischen Fachverbindungen
unterlassen wir einen diesbezüglichen Vergleich und geben ihn den
betreffenden Fachgenossen selbst anheim; nur auf einige Vergleichspunkte werden wir weiter unten zu sprechen kommen.

Durch die neue Fachverbindung ist die preufs. Prüf.-O. entschieden brauchbarer geworden für die Schule, für die Schulverwaltung,
nützlicher für den Stand. Dadurch, dafs eine gröfsere Anzahl fester
Verbindungen geschaffen wurde, ist es ermöglicht, die betreffenden
Lehrer mit einem beträchtlichen Teil der Unterrichtsgegenstände e i n e r
Klasse zu betrauen; durch den Ausschlufs disparater Verbindungen
hat sich eine Annäherung an das Klafslehrersystem vollzogen, die im
Interesse der Schule lebhaft zu begrüfsen ist. Durch die gleiche Mafsregel dürfte auch dem Spezialisieren in der Schule ein erheblicher
Riegel vorgeschoben sein, sowie durch die Betrauung eines Schulmanns mit der Leitung der Prüfungen dem Mifsstand vorgebeugt erscheint, dafs ein einseitiger Betrieb der Hochschulstudien zum Ziele
führen kann. Dafs wissenschaftlicher Sinn rege bleibt, dafür ist in anderer
Weise Sorge getragen, am meisten durch die nicht übertrieben grofse
Anzahl obligater Fächer. Durch die Verminderung der Fachschat-
tierungen ist aber auch ein Vorteil für den Stand der Gymnasiallehrer
in sichere Aussicht zu nehmen: das Gefühl der Zusammengehörigkeit,
welchem durch die Einheitlichkeit des Zeugnisses bereits mächtiger
Vorschub geleistet wurde, wird durch eine gröfsere Konformität der
Fakultäten noch weiter gefördert werden.

Unterschiede in einzelnen Fächern: Es ist nicht unsere
Absicht, alle Einzelheiten zu besprechen, in denen sich die drei Prüfungsordnungen hinsichtlich der Art und des Umfangs der Prüfung
in den einzelnen Fächern unterscheiden. Diese Aufgabe ginge einerseits allzusehr über unsere Kräfte und andererseits hängt ja, insbesondere bezüglich des Umfangs der Anforderungen, sehr viel vom
Vollzug ab. Indes möchten wir doch die Resultate, die sich uns bei
der Durchmusterung des Ganzen ergaben, in Kürze vorführen.

Religion: Nur Preufsen prüft aus Religion, allerdings nur in propädeutisch-elementarer Weise in der sogen. „Allgemeinen Prüfung". Welcher Art diese Prüfung häufig ist, darüber gibt Kannengießer (Korresp.-Blatt Nr. 20) eine Probe.

D e u t s c h: In Bayern vermissen wir eine Prüfung aus dem Deutschen nur bei den Neuphilologen, die wenigstens aus Germanistik geprüft werden sollten. In Württemberg ist die Möglichkeit gegeben, daß ein klassischer Philologe keine Prüfung aus Deutsch ablegt, was einen großen Mangel bedeutet. Ein Beweis, daß die Schulverwaltung diesen Mangel selbst fühlte, ist, daß in den „Grundzügen" (a. a. O. Seite 139 und 143) bemerkt ist, „man beabsichtige, damit jeder philologische Lehrer auch im Deutschen geprüft werde, — ein Grundsatz an dem bisher in Württemberg und anderwärts [1]) festgehalten worden sei, — für diejenigen, welche in der 1. Dienstprüfung Geschichte oder Französisch gewählt hätten, eine Prüfung im Deutschen vorzusehen, bei welcher es sich weniger um gelehrtes Wissen als um die besonders für den Unterricht an unteren und mittleren Klassen notwendige Ausrüstung handeln solle (Aufsatz, Neuhochdeutsche Grammatik, neuere deutsche Literaturwerke)". Die Prüf.-O. sah von dieser doch zu minimalen Forderung ab; weniger kann man ja selbst von Volksschullehrern kaum verlangen.

In Bayern ist den Kandidaten der p h i l o l o g i s c h - h i s t o r i s c h e n F ä c h e r (L., Gr., D., G.) im Deutschen eine vollständige Fachprüfung auferlegt, die nicht ohne wissenschaftliche Studien auf der Universität gemacht werden kann und notorisch sogar rigoros ausfällt. Es sind verlangt: außer dem deutschen Aufsatz, zu dessen Bearbeitung fünf Stunden Zeit gegeben werden, Bekanntschaft mit den Hauptgesetzen der historischen Grammatik sowie mit den Hauptmomenten der älteren und neueren deutschen Literatur, insbesondere mit den Hauptwerken der zweiten klassischen Periode. Dazu kommt, daß die wissenschaftliche Abhandlung auch dem Gebiete der deutschen Philologie entnommen werden kann, wodurch die Bedeutung dieses Faches noch besonders gewürdigt ist.

Demgegenüber fällt es auf, daß unsere Kandidaten der R e a l i e n (D., G., Geo.) in der ersten (obligaten) Prüfung nur „Kenntnisse in der deutschen Grammatik sowie in der Literaturgeschichte, besonders ihre Bekanntschaft mit den Hauptwerken der 2. klassischen Periode" darzuthun haben. Die zweite Prüfung, die aber nicht obligat ist — an sich schon ein Fehler, da alle andern Richtungen zu einem zweiten Examen gezwungen sind (s. o.) —, verlangt dazu noch eine wissenschaftliche Abhandlung aus der germanischen Philologie o d e r der Geschichte o d e r der Geographie und im Mündlichen den „Nachweis umfassender Kenntnisse der Gesetze der deutschen Sprache sowie genaue Bekanntschaft mit dem Mittelhochdeutschen und mit der zur Schullektüre (!) geeigneten Literatur." Diese Kenntnisse sollte man entschieden schon in der 1. Prüfung verlangen. D i e P r ü f u n g a u s d e n R e a l i e n s t e h t n i c h t a u f d e r n o t w e n d i g e n H ö h e.

---

[1]) Gemeint ist jedenfalls in erster Linie B a y e r n.

Das scheint daher zu kommen, daß man zu sehr die frühere Ordnung (von 1877) kopierte. Aber damals war infolge des Kandidatenmangels (bei gleichzeitiger Ausgestaltung der 3- und 4-kursigen Realschulen zu 6-kursigen und großer Vermehrung dieser Schulgattung überhaupt) und der äußerst geringen Aussicht auf Avancement, das erst im letzten Jahr durch den Professorenschub gebessert wurde, auch seminaristisch gebildeten Lehrern mit guter Note der Zutritt zu dieser Prüfung gestattet. Alle diese Momente kommen jetzt in Wegfall. Das Fach der Realien ist als Hauptrichtung betrachtet einer Reform entschieden bedürftig.[1])

Lateinisch und Griechisch: In Preußen ist noch Übung im Lateinsprechen verlangt; in Bayern und Württemberg ist diese Forderung aufgegeben. Im übrigen haben wir schon oben das Meiste gesagt. Die Hilfswissenschaften werden weder in Württemberg noch in Preußen so ausgiebig geprüft als in Bayern, mit einziger Ausnahme der Mythologie, deren die bayerische Prüf.-O. wenigstens nicht ausdrücklich erwähnt, während dies die württembergische thut; die preußische, die überhaupt ziemlich allgemein gehalten ist, hat davon auch nichts. Dagegen hat kein Staat eine so eingehende Prüfung aus Archäologie wie Bayern, wo dieses Fach einen Hauptbestandteil des 2. Prüfungsabschnittes bildet. Aber auch Altertümer und Literaturgeschichte werden wenigstens in Württemberg nicht speziell geprüft; in Bayern tritt ihre Betonung dadurch hervor, daß in diesen Nebendisziplinen eine besondere Note gegeben wird, die zweifach in Ansatz gebracht wird. Nicht übel ist in Württemberg die genaue Angabe der Klassiker, aus denen geprüft wird; auch die Auswahl scheint uns eine gute zu sein. Die preußischen Angaben sind zu allgemein. Die bayerische Prüf.-O. gibt das Nötige kurz an, gestattet aber teilweise eine zu große Beschränkung, indem sie die Wahl freigibt zwischen einigen Dramen des Sophokles und entsprechenden Stücken des Äschylos oder anderer Dramatiker, sodann zwischen mehreren Büchern der Historien nebst Annalen des Tacitus und philosophischen oder rhetorischen Schriften des Cicero, endlich zwischen Epoden nebst einer Anzahl Satiren des Horaz und geeigneten Partien aus anderen römischen Dichtern (§ 22, 2). Was hier zur Wahl gestellt ist, sollte unseres Erachtens durchaus verbindlich sein. — Eine württembergische Eigentümlichkeit ist die Forderung einer lateinischen Prüfung für die Kandidaten des realistischen Lehramts, da an den 10klassigen Realanstalten Lateinisch fakultativ getrieben wird.

Geschichte: Die Anforderungen liegen durchaus im Sinne eines wissenschaftlichen Betriebes dieses Faches. Besondere Erwähnung verdient, daß in Bayern die wissenschaftliche Abhandlung der klassischen Philologen auch dem Gebiete der Geschichte entnommen werden kann; das gleiche scheint wenigstens bezüglich der griechisch-römischen Ge-

---

[1]) Das Verlangen, die Anforderungen in der Prüfung aus den Realien zu erhöhen, wurde auch von einem berufenen Vertreter dieses Faches gestellt, nämlich von Prof. Dr. Stöckel, dem derzeitigen Redakteur der „Bayerischen Zeitschrift für Realschulwesen". in dieser Zeitschrift, 1898, Heft 1.

schichte auch in Württemberg der Fall zu sein und gilt ebenso für solche
preufsische Kandidaten, die Geschichte als eines der (3) Fächer ausersehen haben. Ein Fehler ist es, wie schon bemerkt, dafs in Württemberg Geschichte nicht prinzipiell von allen Philologen verlangt wird.
Nach den „Grundzügen" (a. a. O. S. 139) bestand allerdings die Absicht, für diejenigen Kandidaten, welche die wissenschaftliche Prüfung
im Deutschen abgelegt haben, auf entsprechender Stufe (also jedenfalls in der 2. Dienstprüfung) eine Prüfung aus der Geschichte einzu-
richten. Doch kam es dazu nicht, ebensowenig wie zur Ergänzungsprüfung im Deutschen. Die Prüfung aus der Geschichte wäre übrigens
in die 1. Dienstprüfung zu verlegen gewesen.·

Geographie: In Bayern tritt dieses Fach gegenüber Preufsen,
Württemberg und den übrigen deutschen Staaten insoferne etwas in
den Hintergrund, als es für die klassischen Philologen nicht einen
besonderen Prüfungsgenstand bildet; immerhin ist der Nachweis einer
Vorlesung aus dem Gebiete der Geographie gefordert. Nach der
Schulordnung wird Geographie als solche nur in den 5 unteren Klassen
der Gymnasien und vorzugsweise nur in elementarer Weise behandelt.
Die Lehrer der Realien zählen Geographie unter ihren drei Hauptfächern. In Württemberg ist sie für die klassischen Philologen
ebenfalls kein besonderes Fach; das einzige, was verlangt wird und
übrigens auch in Bayern vorhanden ist, ist, dafs die philologischen
Kandidaten, die Geschichte in ihr Gebiet aufgenommen haben, auch
eine klare Anschauung des geographischen Schauplatzes der Begebenheiten haben sollen. Die realistischen Kandidaten der sprachlich-
historischen Richtung werden wie die bayerischen Realienlehrer auch
aus Geographie geprüft; doch kann sie als Nebenfach gewählt werden.
An der Universität Tübingen ist, wie aus den N. K. Bl. 1897 S. 184
zu ersehen ist, die Errichtung eines Lehrstuhls für Geographie in Aussicht genommen. In Preufsen ist Geographie ein Hauptfach.

Neuere Philologie: Eine selbständige Prüfung aus moderner
i. e. neuerer Philologie gibt es eigentlich nur in Bayern, und zwar
werden hier die betreffenden Kandidaten eingehend in einer ersten
und zweiten Prüfung aus Französisch und Englisch geprüft; im zweiten
Prüfungsabschnitt werden insbesondere Kenntnisse im Altfranzösischen und Altenglischen, in historischer, französischer und englischer
Grammatik, sowie in altfranzösischer und alt- und mittelenglischer
Literatur gefordert; das setzt ein tiefes Eindringen in die Wissenschaft
der neueren Philologie voraus. Wie schon oben bemerkt, vermissen
wir lediglich ein Korrelat mindestens auf dem Gebiete der altdeutschen
Grammatik (Germanistik); nachdem Beowulf verlangt ist, wäre der
Sprung nicht allzugrofs; aber auch die Kenntnis der neuhochdeutschen
Literatur wäre wegen der vielen Beziehungen zur französischen Literatur der letzten Jahrhunderte gewifs wünschenswert. Immerhin
ist zuzugeben, dafs sich das letztere mehr von selbst ergibt. Die Prüfung müfste vielleicht bei Aufnahme eines der genannten Gebiete
anderswo entsprechend erleichtert werden. — In Preufsen tritt
Französisch und Englisch in Verbindung mit einem dritten, frei zu

wählenden Fache auf; an Tiefe scheint diese Prüfung hinter der bayerischen zurückzustehen. Doch können wir dies nicht genügend beurteilen. Im allgemeinen gleicht die Prüfung sehr der bayerischen. — Anders in Württemberg. Hier können sich der Prüfung aus dem Französischen auch Kandidaten des humanistischen Lehramts unterziehen, woran wir oben aus dem Grunde Anstoß nahmen, weil dadurch die genannte Kategorie auf ihrem eigentlichen Gebiete notwendig verkürzt wird, wenn anders von dieser Möglichkeit Gebrauch gemacht werden sollte; denn die Wahl steht ja frei. Die „Grundzüge" (S. 137) sagen in dieser Beziehung: „Es entspricht einem Bedürfnis der Mehrzahl der Gymnasien, an welchen kein besonderer Lehrer für die neueren Sprachen aufgestellt werden kann, humanistisch gebildete Lehrer zu haben, welche zum Unterricht im Französischen auch an oberen Klassen ausgebildet sind." Das ist freilich ein wünschenswerter Zustand, schon deswegen, weil dann der Ordinarius das Französische im Sinne der Konzentration verwenden kann. Allein der Grund der Einführung scheint doch mehr ein äußerlicher, praktischer zu sein. Da wir uns übrigens schon oben über diese Sache geäußert haben, beschränken wir uns hier auf den Ausdruck des Zweifels, ob es gelingen wird, auf diesem vorwiegend fakultativen Wege, den die Prüf.-O. eingeschlagen hat, jene Anzahl von im Französischen geprüften Lehrern zu gewinnen, die dem genannten Bedürfnis genügt. Und was dann, wenn die Prüfungen das nötige Material von Lehrern nicht liefern? Man wird dann zu realistischen Lehrern sprachlich-historischer Richtung seine Zuflucht zu nehmen haben, die nach der ganzen Anlage ihrer Prüfung hiefür offenbar nicht ausersehen sind. Denn diese Lehrerkategorie ist nach der Einrichtung ihres Examens für Realanstalten geprüft, an denen sie als Ordinarien in einer großen Zahl von Fächern wirken sollen, und ihre Bildung wird schwerlich bei dem Vielerlei ihrer Prüfung für den Unterricht in oberen Klassen hinreichen. Im übrigen beziehen wir uns auf das oben Gesagte.

Nun noch ein Wort über das Italienische. Diese Sprache wird an allen Schulen nur als Wahlfach getrieben. Dem entspricht es, daß keine Prüfungsordnung sie als ein Hauptfach aufführt. In Bayern und Württemberg wird Italienisch fakultativ geprüft. In der preußischen Prüf.-O. steht überhaupt nichts von ihr.

Mathematik und Naturwissenschaften: Alle Prüfungsordnungen tragen der durch die Sache gebotenen Zweiteilung Rechnung; doch waren früher beide Richtungen in Württemberg in einem Examen vereinigt. Im übrigen steht uns eine Beurteilung nicht zu. Sachverständige mögen hiezu das Wort ergreifen.

3. Art und Zeit der Prüfungen. Die Prüfungskommissionen.

In Bayern und Württemberg werden die Prüfungen übereinstimmend für alle Kandidaten nur im Herbst und in der Landeshauptstadt abgehalten. Die Prüfungskommissionen werden jedesmal

von neuem gebildet und bestehen aus Hochschullehrern und Lehrern
von Mittelschulen. Den Vorsitz führt in Württemberg ein Mitglied
der Ministerialabteilung (Oberstudienrat), in Bayern ein Ministerial-
kommissär (entweder Mitglied des Ministeriums oder des Obersten
Schulrates oder ein eigens bestelltes Prüfungsmitglied, in letzterem
Falle bisher stets Hochschulprofessor). In Preußen liegen diese
Dinge wesentlich anders. Die Prüfungen können zu jeder Zeit abgehalten werden; in jeder Provinz sind eine oder mehrere Prüfungskommissionen gebildet, deren Amtsperiode einjährig ist; den Sitz und
den Prüfungsbezirk dieser Kommissionen bestimmt der Minister, der
auch die Mitglieder ernennt. Den Vorsitz hat fortan stets ein S c h u l-
m a n n. Für die Prüfung der einzelnen Kandidaten beruft der Vorsitzende aus den Mitgliedern der Kommission einen Prüfungsausschuß.
Jeder Prüfungsausschuß besteht aus mindestens drei Mitgliedern, was
sehr wenig ist; allerdings ist auch die Zahl der zu e i n e r Prüfung
zuzulassenden Kandidaten nur eine geringe, sie beträgt höchstens 4 für
die Allgemeine, höchstens 2 für die Fachprüfung. In Bayern und
Württemberg herrscht also Zentralisation und generelles Verfahren,
in Preußen Dezentralisation und im wesentlichen einzelnes Verfahren,
was durch die Größe des Landes bedingt ist. Der kollektiven Form
der Prüfungen gebührt aber der Vorzug, da sie die Möglichkeit gleich-
heitlicher Bemessung der Leistungen in höherem Grade bietet als die
Prüfung vor einzelnen, kleinen Ausschüssen. Auch in Bayern bestand
vor 1854 Dezentralisation; es wurde an den einzelnen Landesuniver-
sitäten geprüft; diese Form wurde beseitigt und die Landesprüfung
eingeführt, weil über verschiedenes Abmaß geklagt wurde. In
Preußen erscheint die Einführung einer allgemeinen Landesprüfung
als ein Ding der Unmöglichkeit. Angesichts dieses Umstandes sollte
aber alles geschehen, um möglichste Gleichmäßigkeit in den Anforderungen zu sichern. In dieser Beziehung vermissen wir manches.
Sowohl in qualitativer als in quantitativer Hinsicht scheinen uns die
Vorschriften vielfach zu allgemein gehalten. So sollte genau angegeben
sein, in welchen Fällen ein Zeugnis 1., 2. und 3. Grades zu erteilen
ist; hiezu wäre eine fixe Notenskala in den einzelnen Fächern und
die Wertung derselben anzugeben. Auch folgende Bestimmungen sind
außerordentlich lax: „Gehen die Leistungen eines Kandidaten über
die in der Allgemeinen Prüfung zu stellenden Anforderungen erheblich
hinaus, so ist der Prüfungsausschuß befugt, ihm in dem betreffenden
Fach eine Lehrbefähigung zuzuerkennen;" und: „Nicht ausgeschlossen
ist, dem Kandidaten die Lehrbefähigung für die erste Stufe auch dann
zuzusprechen, wenn er nach seiner Meldung sie nur für die zweite
Stufe nachweisen wollte;" endlich: „der Gesamteindruck der Leistungsfähigkeit des Kandidaten ist zu berücksichtigen." In quantitativer
Hinsicht fehlt bei den einzelnen Fächern häufig zu sehr die nähere
Bestimmung über das, was alles zu prüfen ist; so heißt es im Lateinischen und Griechischen, es sei b e s o n d e r s in den zum Bereiche
der Gymnasiallektüre gehörigen Klassikern zu prüfen. Solche Unbestimmtheit findet sich aber auch bei anderen Fächern; es ist in der

Regel zu wenig Konkretes angegeben bei gleichwohl sehr breiter Fassung. In Bayern und Württemberg ist die Fassung präziser und sind die Angaben konkreter; es scheint uns dies eine Folge der zentralisierten Prüfung zu sein. Aber es würde unseres Erachtens im Interesse eines konformen Verfahrens der einzelnen Prüfungsausschüsse liegen, die beiden süddeutschen Staaten und insbesondere Bayern in dieser Hinsicht etwas nachzuahmen. — Andrerseits verdient die preußische und württembergische Bestimmung, daß die Leitung der Prüfungen in den Händen von Schulmännern zu liegen hat, auch in Bayern Nachahmung.

Schlußwort: Es liegt uns nicht im Sinne, den etwas weiter, als wir ursprünglich wollten, ausgesponnenen Faden der Erörterung noch zu einigen passenden Knoten zu schürzen und in zusammenfassender Weise uns zu äußern über den Aufbau der drei Prüfungsordnungen, über die Frage nach ihrer größeren oder geringeren Schwierigkeit, ihrer Wissenschaftlichkeit, ihrer größeren oder geringeren praktischen Verwendbarkeit, kurz über die Frage nach der besten Prüfung. Wir glauben, daß zunächst keine die beste ist, sowie auch feststehen dürfte, daß keine schlecht ist, und sicher soviel feststeht, daß jede nach Verbesserung strebte, wenn es auch nicht jeder in allen Punkten gelungen ist, das ohne Zweifel vorschwebende Ziel der Vollendung zu erreichen. Auch eine Prüfungsordnung ist eben Menschenwerk, und jedes Menschenwerk ist Stückwerk. Dazu kommt, daß die thatsächlichen Verhältnisse sich oft stärker erweisen als Menschenwille. Aber — und damit gelangen wir zu dem Punkte, der uns veranlaßt hat, die Feder auch noch zu einem Schlußworte zu ergreifen: es ist ein Sichunterwerfen unter temporär bestehende Verhältnisse, unter eine mehr zufällig herrschende Situation in allewege für einen Gesetzgeber ein schlimmes Ding und nicht zu rechtfertigen. Ein Gesetz darf sich von äußeren, accidentiellen Verhältnissen nicht beeinflussen lassen; denn es ist für eine größere Zukunft geschrieben; es muß sonach überall das große Ganze und einen höheren Endzwek im Sinne der Vollendung ins Auge fassen. Von diesem Standpunkte ist eine gewisse, da und dort wahrzunehmende, Nachgiebigkeit gegen äußere Zufälligkeiten und das dadurch bewirkte Heruntergehen in den Anforderungen an einzelne Fächer eine unerfreuliche Erscheinung. Wir finden, daß dies in der württembergischen und bayerischen Prüfungsordnung mehrfach der Fall ist. In beiden Ländern wurden die Anforderungnn an einzelne Fächer ermäßigt, nicht aus inneren Gründen infolge der Bedürfnisse einzelner Schulgattungen oder mit Rücksicht auf die Gefahr einer Überbürdung der betreffenden Lehrkräfte, das sind Gründe, die immer, wo nicht Anerkennung, so doch Entschuldigung finden werden, sondern deutlich wahrnehmbar, ja zum Teil ganz offensichtlich aus dem Grunde, weil zufällig in dem Momente des Erscheinens der neuen Ordnung in dem betreffenden Fache Lehrermangel bestand oder im Hinblick auf die dürftige soziale Stellung der betreffenden Lehrersparte zu befürchten war, es möchte der nötige

Zugang ausbleiben. Dieses Motiv war, wie wir teils vermuten, teils aber deutlich erkennen, ja sicher wissen, mafsgebend in Württemberg hinsichtlich der Bestimmungen über das humanistische Lehramt, in Bayern schon 1877, dann wieder 1895 hinsichtlich der Realienlehrer, dann 1877 und 1895 ff. in gewissem Mafse hinsichtlich der Mathematiker und auch Neuphilologen.

Bezüglich der Realienlehrer haben wir oben das Nötige bereits gesagt: der Mangel an Personal in dieser Lehrersparte und die geringfügige soziale Stellung desselben wirkten 1877 zusammen, dafs man die Anforderungen auf ein Niveau herabsetzte, wie es nicht hätte geschehen sollen; und dieses niedrige Niveau wurde im ganzen beibehalten 1895, da auch in diesem Jahre die materielle Lage, die sich in Gehalt und Avancement ausspricht, noch gleich hoffnungslos war. Ähnlich, nicht gleich, verhält es sich bezüglich der Mathematiker und Neuphilologen: beide Kategorien sind bis auf den heutigen Tag in der schlimmen Lage, dafs sie es — einige Ausnahmen bei den Mathematikern abgerechnet — in der Beförderung nicht weiter als zum Gymnasialprofessor bringen; ja ein gröfserer Teil der Mathematiker und ein noch gröfserer Teil von Neuphilologen hatte eine Zeitlang nicht einmal sichere Aussicht auf die Gymnasialprofessur; es sind dies diejenigen, die an Realschulen ihre Wirksamkeit haben. Zur Zeit als die Prüf.-O. vom J. 1873 erschien, war sich die K. Staatsregierung selbst noch zweifelhaft, ob sie die Mathematiker und Neuphilologen wohl alle in Professorenstellen werde einrücken lassen können. Im Laufe der Jahre zeigten sich die Verhältnisse mächtiger, als man damals noch angenommen hatte, und das Einrücken erfolgte, zuerst vereinzelt, dann — im vergangenen Jahre — in einem breiten Strome. Aber auf die Gestaltung der Prüf.-O. übte die Voraussicht, — die sich glücklicherweise als trügerisch erwies —, doch ihre Wirkung; sie äufserte sich darin, dafs es den Mathematikern „freigestellt" .wurde, das Spezialexamen abzulegen, ebenso den Neuphilologen; zum Teil bei den Mathematikern auch darin, dafs bei dieser Kategorie (nach der Prüf.-O. von 1873) der Dreier eine indifferente Note ist. Selbst die neue Prüf.-O. (von 1895) zeigt noch ein eigentümlich behutsames Verfahren speziell bei den Mathematikern und in den anderen Fächern, die nicht ausschliefslich zu den Vollanstalten ressortieren, wohl in dem Gefühle, dafs man diesen Kategorien in Berücksichtigung der geringeren Aussichten auf Beförderung nicht zu viel zumuten dürfe, da sonst der Lehrermangel chronisch werden könne; diese Rücksichtnahme spricht sich wesentlich darin aus, dafs man das pädagogisch-didaktische Jahr nicht auf sie ausdehnte, aufserdem in einigen Erleichterungen hinsichtlich der Verwendung; allein diese Rücksichtnahme entbehrt, wie wir versichern können, der dankbaren Anerkennung seitens der betreffenden Lehrerkategorien; mit Recht, denn man wünscht gleiche Anforderungen, aber auch gleiche Rechte wie die anderen Kategorien.

Und so kommen wir zu dem allein möglichen Schlusse: wenn sich bei Neugestaltung einer Prüfungsordnung — und nicht blofs dann, sondern gegebenenfalls auch in einem anderen Zeitpunkt — herausstellt, daſs das Lehrerpersonal oder eine einzelne Kategorie desselben nicht auf der ihm gebührenden sozialen Höhe steht, so ist in vollstem Maſse Veranlassung gegeben, bessernd und ausgleichend vorzugehen; kurz neben der Neuordnung der Vorbedingungen muſs folgerichtig eine Neuordnung oder Regulierung der materiellen Verhältnisse einhergehen. So geschieht es ja auch bei den anderen Beamtenkategorien; wir erinnern nur an das Forstwesen. Aber es ist ein Fehler, der sich in mehrfacher Weise rächen muſs, wenn man das eine thut und das andere läſst. Hinterher muſs dann das Nötige doch vorgekehrt werden, und in der Zwischenzeit ist mancher Schaden entstanden, der sich hätte verhüten lassen.

Mit dieser mehr allgemeinen Bemerkung glauben wir unsere vergleichende Auseinandersetzung schlieſsen zu können.

München.   Dr. Gebhard.

Miszellen zur Geschichte des Gymnasialschulwesens.

1.

Catalogus librorum Caspari Hilspachii ludimoderatoris Hornbacensis (1580).

Das Verzeichnis der Bücher des Hornbacher „Ludimoderator", das ich im Nachfolgenden mitteilen werde, verdanke ich der Güte des Herrn Präparandenlehrers Ludwig Eid in Rosenheim, der dasselbe bei seinen archivalischen Nachforschungen im Geheimen Haus- und Staats-Archiv zu München[1]) unter anderm auffand und mir seine Abschrift in entgegenkommender Weise zur Verfügung gestellt hat. Der Groſsvater des obigen Caspar H. war Michael Hilspach, der aus Ettlingen im Kraichgau stammte. Bald nach 1535 wurde neben Caspar Glaser, der dem jungen Prinzen, nachmaligen Pfalzgrafen und Herzog Wolfgang, als Erzieher bestellt wurde und späterhin die Stellung eines Hofpredigers, zuletzt die eines Generalsuperintendenten bekleidete († 1547), von dem Pfalzgrafen Ruprecht, dem Oheim und Vormund Wolfgangs, auch Michael Hilspach als lutherischer Pfarrer nach Zweibrücken berufen. Bis dahin war M. H., genannt „Zimmermann"[2]), Schulmeister in Hagenau gewesen. In Zweibrücken war er zuerst zweiter Pfarrer bis 1547 und daneben auch Lehrer an der Lateinschule; seit dem genannten Jahre finden wir ihn als ersten Prediger, und in diesem Amt verblieb er bis zu seinem Tod, der am 6. August 1570 erfolgte. Sein ältester Sohn war Magister Christoph Hilspach, der in Ettlingen geboren, aber in Zweibrücken aufgewachsen war. Er studierte auf Kosten des Pfalzgrafen Ruprecht zu Wittenberg und erhielt nachher eine Anstellung an der lateinischen Schule in Zweibrücken.

---

[1]) Der Catalogus l. C. l. trägt die archivalische Registraturbezeichnung: St. Arch. ka. (Kirchen-Sachen), 389. 8. b 284. (Cat. libr. l orn. 1580).

[2]) Also war er kein Zimmermann seinem Berufe nach, wie Ierr Eid in seiner neuesten Schrift S. 237 A. 1 (vgl. unten!) irrtümlich annimmt. S. Molitor „Geschichte einer deutschen Fürstenstadt" (Zweibr. 1885) S. 182, 203. 206.

Als er eine lange Reihe von Jahren hindurch als Lehrer rühmlich an dieser gewirkt hatte, wurde er im Jahre 1559 sogleich nach Errichtung der „Partikularschule" in Hornbach, aus welcher im Lauf der Zeit das Zweibrücker Gymnasium hervorgegangen ist, zum Professor an der zweiten Klasse dieser von Herzog Wolfgang neugeschaffenen Gelehrtenschule ernannt und nach dem Weggang des ersten Rektors Dr. Emanuel Tremellius 1561 zu dessen Nachfolger als Rektor und Professor der ersten Klasse bestellt. In dieser Stellung war er bis zu seinem Tode (21. November 1576) im Dienste der Jugenderziehung thätig.

Caspar Hilspach nun war der Sohn dieses Rektors Christoph Hilspach. Er besuchte die Hornbacher Partikularschule und erhielt alsdann eine Anstellung als Lehrer an der Stadtschule in Annweiler, an welcher er eine zweijährige Wirksamkeit (1571—1573) entfaltete. Bei seinem freiwilligen Weggang von da stellte ihm Bürgermeister und Rat der Stadt Annweiler ein sehr ehrenvolles Zeugnis aus. Darin heißt es unter anderm, daß der „erbar vnnd gelärt" Caspar Hilspach zwei Jahre täglich die ihm anvertraute Jugend „mit trewen fleiß Instituirte vnd vnderwies in bonis litteris vnnd fürnemlich zu der forcht gottes" und „die Schule regirte wie ein Erbar Moderator vnnd Jugendvorsteher", zu solch „gutem wolgefallen", daß man ihn „lenger dulden vnd leiden" mochte.[1]) Im Jahre 1578 (1576?) wurde er an die obere Klasse der lateinischen Stadtschule in Hornbach berufen, welche als 5. Klasse des Gymnasiums, d. h. der vierklassigen Fartikularschule, zählte",[2]) und wirkte 12 Jahre als ludi moderator an derselben. In der Zwischenzeit aber, die zwischen seinem Weggang von Annweiler und seiner Anstellung in Hornbach liegt, hatte er sich auf der Hochschule in Marburg zu seiner weiteren Ausbildung akademischen Studien gewidmet. Seine Besoldung als Hornbacher ludimoderator bestand aus 56 fl., 6 Malter Korn, 3 Malter Dinkel, 3 Malter Haber und 3 Ruten Garten. Nach zwölfjähriger Wirksamkeit vertauschte er 1590 seine Stellung an der Hornbacher Schule mit der eines Einnehmers in einem Dorfe und später mit derjenigen eines Kirchenschaffners in Zweibrücken.[3]) Im 16. wie im 17. und 18. Jahrhundert kam es ja

---

[1]) Vgl. L. Eid: „Ein Annweilerer Schulverweser-Zeugnis 1573" (Pfälz. Kath. Schulblatt, 1892, Nr. 40). Die Überschrift dieses Artikels könnte das Mißverständnis aufkommen lassen, als sei Caspar Hilspach gar kein akademisch gebildeter Lehrer, um diesen heutzutage üblichen Ausdruck zu gebrauchen, gewesen, sondern ein Schulmann mit geringerer Vorbildung. Denn die Bezeichnung „Schulverweser" wird nun einmal nach dem herrschenden Sprachgebrauch der Jetztzeit ausschließlich von Mitgliedern des Volksschullehrerstandes gebraucht. In jener Zeit war sie übrigens noch ganz und gar unbekannt. Vgl. auch meine „Neuen urkundlichen Beiträge", 3. Teil, S. 43 Anmerkung 3, sowie S. 57 (Zweibr. Gymn.-Progr. 1897).

[2]) Vgl. Finger „Altes und Neues aus der dreihundertjährigen Geschichte des Zweibrücker Gymnasiums" (Landau 1859) S. 32.

[3]) Quelle hiefür: Kreisarchiv Speier, Abt. Zweibrücken, Fasz. 1127. — Vgl. L. Eids neueste, ungemein fleißige und sehr verdienstliche Schrift: „Der Hof- und Staatsdienst im ehemaligen Herzogtum Pfalz-Zweibrücken von 1444—1604", S. 234, 236 und 237, erschienen in den „Mitteilungen des

nicht selten vor, dafs das Lehramt an einem Gymnasium oder einer
Lateinschule nur als eine Art von „Durchgangsposten" zu einer kirchlichen Pfründe, bzw. Pfarrei, oder zu der Stelle eines Kirchenschaffners,
d. h. Rendanten der Verwaltung der geistlichen Güter, angesehen
und demnach bei gegebener Gelegenheit gegen ein solches Amt vertauscht wurde. Die Geschichte des Zweibrücker Gymnasiums weist
eine nicht unbeträchtliche Zahl solcher Fälle auf. Der Beweggrund
hiezu war natürlich der, dafs man bei einem solchen Tausch eine ein-
träglichere und weniger anstrengende Berufsthätigkeit zu erlangen glaubte.

Nachdem ich so im Vorausgehenden das uns aus den vorhandenen
Quellen Bekannte inbetreff der drei Hilspach, bzw. ihrer Lebenszeit
und Berufsstellungen, zusammengestellt habe, wende ich mich nunmehr zu der Hauptsache, dem Verzeichnis der Bücher des
jüngsten von ihnen, Caspar Hilspachs, und stelle an die Spitze die
naheliegende Bemerkung, dafs dieser catalogus librorum im ganzen
wohl als „typisch" für den Umfang und die Zusammensetzung der
Handbibliothek eines „lateinischen Schulmeisters" zur Zeit des Aus-
ganges des 16. Jahrhunderts anzusehen sein dürfte. Dafs zu dem gelehrten Rüstzeug, dessen ein protestantischer ludimoderator für
seine Lehrthätigkeit und sein wissenschaftliches Studium zu jener Zeit
bedurfte, neben den alten Autoren und den gebräuchlichsten philologisch-
rhetorischen Handbüchern auch die heilige Schrift sowie die bedeutendsten theologischen Bücher jener Periode gehörten, ist ganz
selbstverständlich, wenn wir uns daran erinnern, wie eng damals das
Studium der Gottesgelehrsamkeit mit dem der Humanitätswissenschaften — die Bezeichnung „Philologie" für das zuletzt genannte
Studium ist ja erst gegen das Ende des vorigen Jahrhunderts aufge-
kommen! — verbunden und verflochten war. Die bekannte kurze
und bündige Formel von dem „Bund zwischen dem Evangelium und
den Sprachen", die auf keinen Geringern als Luther selbst zurückgeht,
tritt uns in diesem catalogus librorum gleichsam sichtbar und greifbar
verwirklicht entgegen. Auch die Rechtsgelehrsamkeit ist darin nicht
ganz unvertreten, insofern die Institutionen und ein Kommentar zu
denselben der Bibliothek einverleibt waren.[1] Ebenso enthielt sie
einige Bücher über Astronomie und „Physica". Hingegen vermifst
man das Fach der Orientalia ganz: weder das alte Testament in
hebräischer Sprache noch eine syrische oder arabische Grammatik,
bzw. Lexikon findet sich in dem Verzeichnis erwähnt.

Historischen Vereins der Pfalz", Bd. XXI. 1897. — Eid teilt a. a. O. auch
das Wichtigste aus der Bestallungsurkunde des Christoph Hilspach (d. d. Freitag
Ägydi 1544) sowie seine Gehaltsbezüge mit. Da nach seiner Versicherung dieses
Datum der Anstellung Christoph Hilspachs als „Meister der Schule" in Zweibrücken archivalisch feststeht, kann Fingers Angabe, Christoph I. sei 18 Jahre
an der Zweibrücker Schule thätig gewesen, schwerlich richtig sein. Denn 1559 kam
er an die Hornbacher Schule, 1561 wurde er daselbst Rektor und starb 1576.
Hienach ist der Irrtum Eids (a. a. O. S. 237, Zeile 7, bezw. 18 von unten!) inbetreff der Jahreszahlen 1561 und 1576 zu berichtigen.

[1] Auch Sleidanus ist in dem Verzeichnis angeführt, jedoch ohne nähere
Angabe darüber, welches Werk von ihm Hilspach besafs.

Was nun die einzelnen Büchertitel und die Gelehrten betrifft, deren Namen in unserm Katalog vorkommen, so darf ich hiefür im Allgemeinen auf folgende bekannte Werke zum Zweck des Nachschlagens verweisen: J ö c h e r s Gelehrtenlexikon, P ö k e l s Philologisches Schriftsteller-Lexikon, B u r s i a n s Geschichte der klassischen Philologie und P a u l s e n s Geschichte des gelehrten Unterrichts. Im einzelnen jedoch habe ich mir gestattet, kurze Erläuterungen in Gestalt von Fufs-noten beizufügen. Ich verdanke dieselben gröfstenteils den gütigen Bemühungen der Herren Custos Dr. Hch. T i l l m a n n und Assistent P h i l i p p an der Münchener Staatsbibliothek, welche mir infolge der freundlichen Vermittlung meines hochverehrten Lehrers, Herrn Geheim-rats Prof. Dr. I w a n v o n M ü l l e r, die gewünschten Aufschlüsse bereit-willig erteilten. Hiefür spreche ich den genannten drei Herren an dieser Stelle meinen verbindlichsten Dank aus.

V e r z e i c h n i s :

Biblia latina, teutsch, Graeca. Postilla Lutheri, phil. Mel. (= Philippi Melanchthonis), Huberini,[1]) Welleri,[2]) Willichii.[3])
Loci Communes f. M. (= Philippi Melanchthonis) Exam. . . . . ?
Margarita Theologica.
Confessio Augustana.
Catechesis Chytraei.[4])
Spangenbergius Jn. (= Jo. Johannes?) Epist. Domi.[5])
Regulae vitae.
Dictionarium Ambrosii Calepini.[6])
Nizolii obseruationes in Cicero[nem].
Cornu copiae perotti.[7])

---

[1]) H u b e r i n u s (Caspar), Prediger zu Augsburg, eine zeitlang Anhänger Luthers († 1553) schrieb eine „Teutsche Postil vber alle Feyertag des gantzen Jars“, Nürnberg 1550.

[2]) W e l l e r (Hieron.) von Molsdorff, luther. Theologe, geb. 1499 zu Freiberg (Sachsen), studierte in Wittenberg, mit Luther befreundet, 1539 Superintendent in Freiberg, eine zeitlang Rektor daselbst, † 1572. — Pökel erwähnt einen andern W e l l e r (von Molsdorff) Jakob (1602—64), aus Neukirchen im Voigtlande stammend, 1635 Prof. in Wittenberg, 1640 Superintendent in Braunschweig, 1646 Oberhofprediger in Dresden, Verfasser einer Grammatica graeca, Leipzig 1635.

[3]) W i l l i c h ; es gibt 2 prot.-theologische Schriftsteller dieses Namens: a) Jodocus, geb. 1501 zu Rössel (Ermeland), Polyhistor, Dr. med., eine zeitlang Prof. des Griechischen zu Frankfurt a. d. O., † 1552 zu Lebus. Vgl. Pökel S. 303 und 304, wo seine Schriften verzeichnet sind. b) Erasmus Willich, geb. 1584 zu Frankfurt a. O., 1613 sächs. Hof-Diakonus zu Prettin, lebte zuletzt in Zittau, † 1642. In Hilspachs Bücherverzeichnis ist natürlich der erstere gemeint.

[4]) C h y t r a e u s, eigtl. Kochhafe. Es gab 3 Gelehrte dieses Namens. Der obige ist David Ch., geb. 1530 zu Ingelfingen, studierte in Tübingen und Wittenberg, Prof. in Rostock, † 1600. Er schrieb neben anderm eine Catechesis recens recognita. Vit. 1562 (8).

[5]) S p a n g e n b e r g (Joh.): Epistolae, quae dominicis diebus . . . . proponuntur. Francof. 1570.

[6]) C a l e p i n u s (Ambrosius), geb. 1436 zu Calepio bei Bergamo, Augustiner-mönch, † 1511 zu Bergamo: Dictionarium septem linguarum; Neudruck: Basel 1570. Fol.

[7]) P e r o t t u s (Perotti) Niccolo, 1430—80, aus Sassoferrato, Sekretär mehrerer

T. Liuius.
Jo. Sleidanus.
Chiliades Erasmi.[1]
Lexicon Graecum.
In officia Cicero:[nis] Hieron. Wolfius.
Quinctilianus.
Homerus.
Priscianus.
Lactantius.
Chronicon Carionis.[2]
Organon Aristotelis.
Margarita Poētica.
Erasmus de duplici Copia.[3]
Sphaera: Jo de Sacro Busto.[4]
Sphaera: Peucri et Cornelii Vale[rii].[5]
Institutiones Justiniani.
Andreas Perneder[6] In Institut.
Vergilius.
Terentius.
Horatius.
Ouidius.
Palingenius.[7]

römischen Päpste, schrieb neben vielem andern: cornucopiae s. lat. l. commenta-
riorum opus. Ven. 1489. S. Pökel S. 204.
   [1] Adagiorum chiliades (1506).
   [2] Cario (Jo.), Prof. der Rechte zu Frankfurt a. d. Oder (1499—1538).
Seine „Teutsche Chronica" erschien zu Augsburg 1533. 4°.
   [3] Dieses Buch: De duplici rerum ac verborum copia, enthaltend eine Anleitung zu stilistischen und rhetorischen Übungen, erschien 1512.
   [4] Nach M.´ Cantor „Vorlesungen über die Geschichte der Mathematik",
Bd. 2, S. 80 (Leipzig 1892) „kommt der Name des Johannes de Sacrobosco
noch in mehrfachen Formen vor als Sacrobusto (Umbildung aus Sacrobusco!),
Sacrobuschus oder englisch als John of Holywood, bezw. Holybush. Als
sein Geburtsort wird meistens Holywood (jetzt Halifax) in Yorkshire angenommen.
Andere halten Holywood bei Dublin für die Heimat des Gelehrten, noch andere
lassen ihn in Nithsdale in Schottland geboren sein. Jedenfalls studierte Sacrobosco,
wie wir mit zwar unrichtiger, aber häufiger alleiniger Benützung des Heimats-
namens sagen wollen, in Oxford und lehrte später Astronomie und Mathematik
in Paris. Dort starb er im Jahre 1256, wie aus seiner Grabschrift hervorgeht.
Die Geschichte der Astronomie nennt mit Fug und Recht sein Werk über die
Weltkugel, De sphaera mundi, ein gutes Buch für eine schlechte Zeit und begründet dieses Urteil mit dem Hinweise auf den Beifall, welchen volle drei Jahrhunderte dem ganz unselbständigen Werke, einem Auszuge aus dem Almagest
und einigen arabischen Astronomien, spendeten." Sein „Libellus de Sphaera" erschien z. B. noch 1545 zu Wittenberg.
   [5] Peucer Caspar, Dr. med., geb. zu Bautzen, studierte in Wittenberg,
später Prof. daselbst, Schwiegersohn Melanchthons, zuletzt fürstl. Leibarzt in
Zerbst, † 1602; schrieb einen „Libellus sphaericus."
   Valerius Cornelius, geb. 1512 zu Utrecht, studierte in Löwen, dann Prof.
daselbst, † 1578; schrieb: „Sphaera" und „Institutiones physicae."
   [6] Perneder Andr., deutscher Rechtsgelehrter in der Mitte des 16. Jahrhunderts, schrieb: Institutiones iuris civilis.
   [7] Palingenius, Marcus Stellatus, italienischer Arzt um die Mitte des

Dialectica et Rhet. PM (= Philippi Melanchthonis).
Dialectica et Rhet. Reufsneri.[1]
Dialectica Rodolphi Agricolae.[2]
Dialectica Lofsii.[3]
Physica Valerii[4]) et Ph. M. (= Philippi Melanchthonis).
Ethica M. (= Ph. Mel.) et Cornelii Valerii.
Officia Ciceronis.
Mores omnium gentium. Justinus. Apophthegmata Erasmi.[5]
Senecae Tragoediae. Orationes Ciceronis.
Epistolae Cicero[nis] [ad] familia[res].
Epistolae Cicero[nis] ad Atticum; Epistolae Longolii.[6]
Epistolae Sadoleti.[7]
Opera Eobani Hefsi.
Commentarii Caesaris.
Valerius Maximus. Flores Poetarum.
Gramm. Graeca Clenardi.[8]
Isocratis orationes.

2.

Ein Gymnasiallehrplan aus dem letzten Viertel des vorigen Jahrhunderts.

Im XXXIII. Band dieser Zeitschrift (Jahrg. 1897) ist ein Aufsatz von mir abgedruckt (S. 237—51), der die Aufschrift trägt: „Zur Geschichte des Gymnasiums zu Trarbach." Darin ist auch das Verzeichnis

16. Jahrh., lebte meist in Rom, schrieb: Zodiacus vitae, Ven. s. a. (c. 1531), s. Pökel S. 199. Hingegen kann Rowland Wilh. aus Worcester in England, der unter dem Namen Palingenius Rolandus Gedichte, zum Teil in lateinischer, zum Teil in engl. oder franz. Sprache schrieb und 1656 zu Paris starb, in unserm Verzeichnis vom Jahre 1580 selbstverständlich nicht gemeint sein.

[1]) Reusner Nikolaus (1545—1602), Dichter und Jurist, Prof. zu Strafsburg, auch Professor und Rektor zu Lauingen, ferner zu Jena (nach Pökel: zu Basel), poeta laureatus; verfafste Gedichte und historische Schriften.

[2]) Agricola Rudolf (1443—1485), geb. zu Baffeln bei Gröningen, lebte seit 1476 in Italien, seit 1483 in Heidelberg und Worms, schrieb unter anderm: De inventione dialectica l. III (unvollst.), Löwen 1515, und Compendiaria dialectices ratio, Hag. 1521.

[3]) Lossius (Lofs oder Lotze?) Lucas, geb. 1508 zu Vach(a?), stud. in Wittenberg, Rektor in Lüneburg, † 1582, schrieb: Erotemata gramm. lat. Frcf. 1564. Adnotatt. in Gr. Melanchthonis 1565 und Erotemata dialectica et rhetorica, Lips. 1573.

[4]) In der Abschrift des Herrn Eid findet sich hier aus Versehen: Veleurionis, zu verbessern in: Valerii (Cornelii). Siehe oben!

[5]) Vollständiger Titel: Apophthegmata ex optimis utriusque linguae scriptoribus, 1531.

[6]) Longolius (de Longueil) Christoph, 1488—1522, aus Mecheln, Jurist und Parlamentsrat in Paris, lebte seit 1518 in Padua Oratt. II Epp., schrieb Flor. 1524.

[7]) Sadoletus Jakob (1477—1547), geb. zu Modena, Sekretär des Papstes Leo X., Kardinal in Rom; Epp., Lugd. 1560, Epp. proprio nomine scriptae, Rom 1760.

[8]) Clenardus (Cleynaerts) Nicolaus (1495—1542), geb. zu Diest (Brabant). gest. zu Granada, schrieb: Institutt. ac meditatt. in ling. gr., Sorau 1530, Meditatt. Graecanicae, 1531. Seine „Institutiones linquae Graecae" wurden wiederholt 1571 und 1588.

der Lektionen enthalten, welche während des Wintersemesters 1780 81 „traktiret“ wurden. Im Folgenden will ich einen Nachtrag hiezu liefern, indem ich ein anderes mir inzwischen bekannt gewordenes Lektionenverzeichnis, das sich gleichfalls auf das Trarbacher Gymnasium bezieht, hier zur Veröffentlichung bringe. Dasselbe ist auf ein Doppelquartblatt, das oben links auf der ersten und dritten Seite den Registraturvermerk „ad Num. 573“ trägt,[1]) sauber und deutlich geschrieben, jedoch ist diese Niederschrift nicht ganz frei von Schreibfehlern, deren einige, offenbar von einer zweiten Hand, im Text verbessert worden sind. Eine Angabe bezüglich des Ortes und des Jahres fehlt zwar, doch unterliegt es keinem Zweifel, dafs der Inhalt des Blattes sich nur auf das Trarbacher Gymnasium beziehen kann. Denn es werden darin die nämlichen Lehrer genannt wie in dem gedruckten Jahresbericht dieser Schule von 1781: Professor Touton sowie Pfarrer und Kollaborator Röhde. Hingegen fehlt der dort noch als weitere Lehrkraft aufgeführte Konrektor Friedrich Franz oder sein Nachfolger. Ebenso werden keine Lektionen für den elementaren Unterricht im Lateinischen und Griechischen, in der „Cörperlehre“ u. s. w. erwähnt, die laut der „Kurzen Nachricht“ vom Jahre 1781 eben diesem Franz als seine Lehraufgabe zugewiesen waren. So liegt denn die Annahme sehr nabe, dafs unser Lektionenverzeichnis unvollständig sei, und deshalb die Lektionen des Konrektors darin fehlen. Aus dem Umstande, dafs in dem gedruckten Jahresbericht von 1781 auf dem Titelblatt Johannes Touton als Professor und Rektor bezeichnet ist, in diesem handschriftlichen Verzeichnis hingegen nur als Professor, darf man meines Erachtens kaum mit Bestimmtheit schliefsen, dafs Touton in dem Jahre, welchem unser Verzeichnis angehört, noch nicht Rektor gewesen sei. Denn er erteilt auch jetzt, wie 1780 81 den Unterricht in der Prima, und kein anderer ist statt seiner als Rektor genannt. Also wird er auch damals bereits oder damals noch Vorstand der Anstalt gewesen sein. Dafs er in diesem Verzeichnis blofs Professor genannt ist, dürfte leicht einen rein zufälligen Grund haben: es fehlt eben die Titelseite, auf welcher doch der Ort der Schule, das Jahr und der Rektor mit Namen genannt sein mufsten. Folglich läfst sich zwar das Jahr, um das es sich hier handelt, nicht mit Sicherheit bestimmen; immerhin aber dürfen wir mit gutem Grunde das Lektionenverzeichnis, wie ich es oben gethan habe, in das letzte Viertel des vorigen Jahrhunderts (etwa 1770—1790) setzen.

Nach diesen Vorbemerkungen lasse ich nunmehr den Wortlaut folgen: Verzeichnis der Lektionen der Primaner bey Herrn Professor Touton.

1. In der Theologie.[2]) de ministerio ecclesiastico bis zu dem Capitel de resur[r]ectione.

[1]) Das betreffende Quartblatt war ohne Frage amtlich an die vorgesetzte Behörde, das luther Konsistorium in Zweibrücken, eingeschickt worden.
[2]) Auch in dem Jahresbericht von 1781 findet sich statt der heutigen Bezeichnung „Religionslehre“ die obige: Theologie; als Lehrbuch ist dort „der Baumgarten“ genannt.

2. In den Orationen Ciceronis, die Reden vor[1]) den T. Annius Milo, und vor den M. Marcellus, vor den Q. Ligarius, und vor den König Dejotarus.

3. In den Officien Ciceronis, die Paradoxa, und Somnium Scipionis und in dem ersten Buch XXII.[2])

4. In den Episteln Ciceronis vom 4. bis zum 9. Buch.

5. Im Curtius Rufus vom VIII. Buch bis an das Ende, und hernach noch aus dem Julius Caesar Im ersten Buch[3]) XLIV.

6. In den Selectis Historiis[4]) XXX Capitel.

7. Im griechischen wurde in der Gesners Christomathia[5]) gemacht. der gantze Xenophon.[6])

8. Im Französischen wurde[7]) im Siecle de Louis XV XXXIX. Capitel explicirt.

9. In der Oratorie wurd[8]) de elegantia bis zum 5. Capite durchgegangen.

10. In der Historie wurde im Efsig. vom Ferdinand dem ersten bis zum Ende des Westphälischen Friedens.[9])

11. Im Hebräischen wurde vom 32. Capitel des Ezechiels bis zu Ende und hernach der gantze Hoseas und der Joel.[9])

---

[1]) Zwischen „vor“ und „für“ wurde damals noch nicht so genau unterschieden wie jetzt. Auch in der Schriftsprache gebrauchte man, wie obiges Beispiel zeigt, „vor“ im Sinne unsers „für“. Ebenso sehen wir dies z. B. regelmäfsig in den Briefen des Zweibrücker Rektors Georg Christian Crollius aus der nämlichen Zeit, sowie bei Schiller und Goethe. Die Sprache des Volkes in der Pfalz verwendet jetzt noch ausschliefslich „vor“ im Sinne des schrifthochdeutschen „vor“ und „für“; letztere Form der Präposition kennt der Volksmund garnicht.

[2]) Diese Ziffer ist mit einer andern Tinte geschrieben als das übrige, ebenso unten in Nr. 5: XLIV. Auf welche Schrift Ciceros bezieht sich diese Angabe: „in dem ersten Buch“? Wie mir am wahrscheinlichsten ist, auf die vorausgehenden Worte: „in den Officien Ciceronis“; dann ist allerdings „und“ zu streichen. Oder es ist vielleicht nach „Off. Ciceronis“ ausgefallen: „das zweite Buch“, worauf dann folgte: „und in dem ersten Buch XXII“ (erg. Capitel). Auf jeden Fall sind die Worte so, wie sie oben stehen, nicht in der richtigen Ordnung niedergeschrieben.

[3]) Hier vermifst man die Angabe, ob das Bellum Gallicum oder civile gemeint ist. Im Jahresbericht von 1781 lesen wir: „In dem Jul. Cäsar das III. Buch de Bello civili.“

[4]) Ebenda finden wir den vollständigen Titel dieser Chrestomathie: Historiae ex profanis scriptoribus selectae ohne Angabe des Verfassers).

[5]) Das Wort „Griechischen“ ist klein·geschrieben und Chrestomathia mit i nach r statt mit e.

[6]) Die Worte: „der gantze Xenophon“ sind mit anderer Tinte geschrieben und von einer andern Hand hinzugefügt. Der Punkt nach „gemacht“, d. h. „übersetzt. fertig gebracht“, ist offenbar sinnstörend. Gemeint ist jedenfalls, dafs alle aus Xenophon genommenen Stücke in der Gesnerschen Chrestomathie übersetzt wurden.

[7]) Schreibfehler statt: wurden.

[8]) Verschrieben für „wurde“. — Das Fremdwort „Oratorie“, wohl nach dem Muster von „Historie“ aus lat. oratoria (sc. ars), der zuerst bei Quintilian vorkommenden Übersetzung des griechischen ἡ ῥητορική, geprägt, begegnet mir hier zum erstenmal. Im Jahr 1781 wurde durchgenommen: „In der Redekunst nach dem Ernesti das I. und II. Capitel der II. Sect. des I. Teils: De Exordio und De Narratione.“

[9]) Hier ist überall hinzuzudenken: „durchgenommen“, bezw. übersetzt.

12. In der Geographie wurde im Büsching vom Burgundischen Creis bis zum Westphälischen.[1])
Verzeichnifs derjenigen Lectionen bey Herrn Pfarrer Röhde.

1. Im Hebräischen vom 19. bis zum 36. Psalm.[1])

2. In den Antiquitaeten der Römer wurde de comitiis usque vestes mulierum.[2])

3. In dem Virgil vom Landbau von dem ersten bis in das 3. Buch und hernach in den[3]) Aeneiden vom 2. bis in das 3. Buch.[4])

4. In dem Salustius bellum Catilinarium und im Jugurtinischen Krieg 79 Capitel.[4])

5. Im Französischen wurde im Telemach vom 10. bis in das 14. Buch explicirt.

6. Im Griechischen wurde im neuen Testament von den Galatern bis zu den Hebräer.[5])

7. Im Rechnen wurde wie gewöhnlich nach Bütners Rechenbüchelein fortgefahren.

8) In der Mathesis[6]) Cap. I de principiis geometriae bis zum IV. Capitel § 73.

9. Im jus Naturae V Cap. de officiis pactorum ad dominium pertinentium, und 6. und 7. Capitel de Conjugio et Familia.

10. In der Logic. wurde[7]) II Capitel de examinandis dijudicandisque definitionibus enunciationibus, Sillogismis[7]) demonstrationibus und das 3. und 4. Capitel de libris legendis interpretandis dijudicandis.[8])

Hiemit endigt unser Verzeichnis, das, wie schon bemerkt, aller Wahrscheinlichkeit nach unvollständig ist. Denn es fehlen darin die in dem gedruckten Jahresbericht verzeichneten Lectionen des Konrektors Friedrich Franz, der 1780.81 in der obersten Klasse sowie in der „zwoten" Unterricht erteilte. Das Nähere hierüber ersieht man aus meinem Aufsatz a. a. O. S. 248 und 249. Auch von „exercitia domestica", deren in jenem Jahr im Griechischen wöchentlich zwei, im Französischen wöchentlich eines „eingegeben" und korrigiert wurde,

---

[1]) Hier ist überall hinzuzudenken „durchgenommen", bezw. übersetzt.

[2]) Auch hier dieselbe Ellipse: „der Lehrstoff durchgenommen" oder „explicirt". — Heutzutage macht man die Schüler in einer entschieden anregenderen und durch mannigfache Anschauungsmittel belebten Art und Weise mit den „Antiquitäten" bekannt.

[3]) Doch wohl Schreibfehler für: „der Aeneiden". Denn hier kann doch schwerlich die Mehrzahlform gebraucht sein. Der Name „Äncide" ist wohl wie ein deutscher weiblicher Eigenname, z. B. Luise, Marie, nach der schwachen Beugung behandelt.

[4]) Ellipse wie oben!

[5]) Auch hier ist das Zeitwort zu ergänzen. Das n des Dativs Pl. ist wohl versehentlich weggelassen.

[6]) Nach dem gedruckten Jahresbericht wurde 1780/81 „nach dem Ernesti das II. Cap. de ratione et proportione, und das III. de numerorum fragmentis" durchgenommen.

[7]) Verbessere: wurden" und: „Syllogismis".

[8]) In dem Jahresbericht von 1781 finden wir beim Fache der Logik folgende Angabe: „nach dem Ernesti der praktische Teil der Definitionen, Enunciationen, Syllogismen und Demonstrationen."

ist in unserm Verzeichnis keine Rede. Es könnte nun den Anschein
haben, als ob das frühere herzoglich Zweibrückische Landesgymnasium
zu Trarbach gar keinen eigentlichen Unterbau gehabt habe. Dies war
aber doch nicht der Fall, wie wir aus folgender Angabe des öfter erwähnten Jahresberichtes über die Organisation der Schule ersehen:
„Also bestehet nun unsere Schule, wie gesagt, aus zwey Classen: dann
die untere teutsche Schule hat mit den Obern (erg.: Classen)[1]) weiter
keinen Zusammenhang, als daſs darinn mit den Stadt-Kindern ein
Anfang zum Latein gemacht, und welche wollen und fähig sind,
in die Zweyte rücken können, und daſs ein jemaliger Cantor wöchentlich vier Stunden öffentlich von 10 bis 11 im Sommer, und Winters
die Woche zwey mal in der Vocalmusik; in der Instrumentalmusik
aber jedem, welcher will, für seine Bezahlung Unterricht giebt. Diese
zwey Classen haben aber jede zwey bis drey Ordnungen,
nach der verschiedenen Fähigkeit der Schüler, damit kein
Lehrling versäumet werde" (S. 17). Demnach umfaſsten die zwei
Klassen je nachdem je 2—3 Abteilungen in sich. Es liegt auf der
Hand, daſs ein solcher Abteilungsunterricht an die drei Lehrer
der Schule bedeutende Anforderungen stellte. Denn die naturgemäſs mit einer solchen Einteilung der Schüler und der dadurch be-
dingten Gliederung und Abstufung des Unterrichts verbundenen
Schwierigkeiten dürften nicht unerheblich gewesen sein. Daſs aber
ständig drei Lehrer an der Anstalt wirkten, geht auch aus der
weiteren a. a. O. sich findenden Mitteilung hervor: „Und da der
bisherige Conrektor Franz abtritt, weil er zur Pfarre von Traben berufen worden, so ist seine Stelle durch unsern Landsmann Steinhauer
von Castellaun, bisherigen geschickten Lehrer am Pädagog zu Giessen,
schon wieder ersetzt." Folglich spricht die Nichterwähnung des
Letztgenannten, angenommen, daſs unser Verzeichnis aus einem Jahre
nach 1781 stammt, ebenfalls dafür, daſs dasselbe nicht ganz vollständig ist. Nur billigen muſs man es, daſs unter solchen Verhältnissen mit der Arbeitsverteilung unter die drei Lehrer von Zeit zu
Zeit abgewechselt wurde. Dies erfahren wir ebenda aus folgender
Notiz des Verfassers des Jahresberichtes von 1781, des Rektors Touton:
„Es ist nur noch übrig, daſs ich das Schema Lectionum beyder Classen
beyfüge, worinne doch von Zeit zu Zeit, nachdem man es vor nöthig
findet, Änderungen zum Besten der Schule getroffen werden können,
und bisher getroffen worden sind: wie dann noch diesen Winter die
Lehrer sich mit Genehmigung ihrer Obern vereint haben, in beyden
Classen abzuwechseln; theils um den Conrektor wegen seiner Menge
Schüler ein wenig verschnauben zu lassen, theils durch Veränderung
der Lehrer, den Schülern neue Lust und einen Eifer zu machen."
In diesem Zusammenhang erwähne ich noch die S. 18 zu lesende Bemerkung über die an der Schule gebrauchten Schulbücher: „Schul-
bücher sind nicht in allzugroſser Menge (erg. vorhanden), um die
Schüler nicht zu verwirren, nach der Regel: Ne multa, sed multum,

---

[1]) Oder lies: der Obern (erg.: „Schule").

und um die Eltern in Ausgaben zu schonen." Gewifs ein ganz vernünftiger Grundsatz, der freilich heutzutage vielfach nicht nach Gebühr beherzigt und befolgt wird!

Schliefslich seien mir noch einige Bemerkungen über den mitgeteilten Lehrplan selbst verstattet! Vor allem fällt uns da das ganz bedeutende Überwiegen des Lateinischen gegenüber allen anderen Unterrichtsfächern auf. Wieviel wurde doch hier aus Cicero, Curtius Rufus, Cäsar, Sallust und Vergil, ungerechnet die Anthologie der „Selectae Historiae", in beiden Klassen übersetzt, und wie gar bescheiden nimmt sich, damit verglichen, der Lehrstoff im Griechischen aus! Abgesehen von Xenophon lernten die Schüler keinen griechischen Schriftsteller kennen, weder Homer noch Sophokles, weder Plato noch Demosthenes! Und selbst Xenophon wurde ihnen nur durch Auszüge in Gesners Chrestomathie bekannt. Dafs man früher das Lesen des Neuen Testamentes in der Ursprache nicht zum Unterricht in der Religionslehre rechnete, wie heutzutage, sondern als einen integrierenden Bestandteil des Unterrichtes im Griechischen ansah, ist ja allgemein bekannt. Leider ist die Zahl der Unterrichtsstunden, welche auf die einzelnen Fächer entfielen, in unserm Schriftstück nicht angegeben. Diese müfste man aber eigentlich wissen, um über das Verhältnis der verschiedenen Unterrichtsgegenstände zu einander und ihre Bedeutung innerhalb des Rahmens des gesamten Lehrplanes sich ein völlig zutreffendes Urteil bilden zu können.

Die Zeit, aus der unser Lektionenverzeichnis stammt, war die Periode der „Aufklärung". Die Philosophie war damals unbestritten die führende Wissenschaft, und die ganze Denkweise der Gebildeten, der leitenden Kreise des Volkes, war daher von dieser philosophischen Richtung des Zeitalters ergriffen und wurde durch sie wesentlich bestimmt. Es ist darum nicht zu verwundern, dafs man sich bemühte, das Studium der Philosophie auch im Kreise des Gymnasialunterrichtes zur Geltung zu bringen. So treffen wir denn überall in jener Zeit die Philosophie als eine Sparte des Lehrplanes deutscher Gymnasien an. Wie in Trarbach ausgewählte Abschnitte aus einem Lehrbuch der Logik [1]) sowie einige Kapitel aus dem „Naturrecht" und 1780.81 Logik nach dem Lehrbuch von Ernesti und, nach ebendemselben, mehrere Hauptstücke aus der philosophischen Sittenlehre im Unterricht behandelt wurden, so finden wir im Lektionenverzeichnis des Gymnasiums in Buchsweiler [2]) 1781/82 in der zweiten Klasse (zweitobersten von

---

[1]) Zur Logik wurden auch gerechnet „das 3. und 4. Capitel de libris legendis interpretandis dijudicandis", worunter doch nichts anderes verstanden werden kann als eine Einführung in die Grundsätze der Exegese (Interpretation) und Kritik und überhaupt eine Anleitung zum richtigen Lesen und tieferen Verständnis von Schriftwerken. Dies alles aber subsumiert man schon lange nicht mehr unter dem Terminus „Logik". So lehrt denn dieses Beispiel, wie dehnbar und wechselnd hinsichtlich ihrer Bedeutung im Sprachgebrauch die Bezeichnungen wissenschaftlicher Begriffe und Fächer vielfach sind.

[2]) Titel: „Zu dem vom 18.—21. März zu haltenden Examen und der am Freitage darauf folgenden Feierlichkeit ladet alle Vorsteher, Gönner und Freunde unsers Gymnasiums ein Prof. Seybold, Buchsweiler 1782, gedruckt zu Pirmasens

4 Klassen) als 14$\underline{\underline{te}}$ von 16 Lehrfächern die L o g i k vertreten, worin
„die ersten Grundsäze" durchgenommen wurden, sodann in der ersten
Klasse an gleicher Stelle: „P h i l o s o p h i e, Einleitung, die Seelenlehre
nach eigenen Diktaten, und von Brieglebs Logik die ersten 10 §".
Aufserdem steht unter den an erster Stelle verzeichneten „Kollegien"
am 8. (letzten) Platz die Philosophie mit diesem Pensum: „Einleitung
— Etwas von der Geschichte der Philosophie; und Psychologie, nach
Feder." Dieses Verzeichnis von „K o l l e g i e n" nennt weiter aufser Theologie und Hebräischer Sprache auch die Anfangsgründe der syrischen
und arabischen Sprache, Übung im Reden in französischer Sprache,
ferner in der „Römischen Sprache" die schönsten Oden des Horaz
und dessen Dichtkunst ganz, sowie Stücke aus dem Livius, Sueton,
Justin, Cäsar etc. in Seybolds Anthologie, im Griechischen Markus,
Lukas, die vier letzten Kapitel der Apostelgeschichte und den Römer-
brief, Exzerpte aus verschiedenen griechischen Historikern nach Seybolds
historischer Anthologie sowie „die Nekyomantie aus Homers Odys-
se n", [1]) den Streit wegen der Waffenrüstung des Achilles aus dem
Quintus Calaber, und den Schild Achills aus der Iliade Homers,
endlich: „Mathematik — die reine nach Wolf, ganz." Dazu die Bemerkung: „Übrigens haben die S t u d e n t e n auch noch die öffentlichen
Lehrstunden der Geschichte, der Naturhistorie etc. besucht." Hieraus
geht klar hervor, dafs mit „den vier obern Klassen" des Buchsweilerer
Gymnasiums ein L y c e a l k u r s u s verbunden war. Was nun die Auswahl des Stoffes und die Art und Weise des Unterrichtes in der
Philosophie betrifft, so wird wohl niemand sich besinnen, Buchsweiler
den Vorzug vor Trarbach zuzuerkennen. Denn eine zweckmäfsige Einleitung und einiges aus der Geschichte der Philosophie sowie Psychologie oder Seelenlehre waren ohne Frage für diesen einführenden Unterricht geeignetere Stoffe als die uns seltsam anmutenden Materien aus
dem jus Naturae: de Conjugio et Familia und officia pactorum ad
dominium pertinentium. Ob wohl die Jugend für diese letzteren Dinge
grofses Interesse gewonnen hat? Das Studium der Logik, von jeher
die unerläfsliche Grundlage jeder gründlichen Beschäftigung mit der
Philosophie, war beiden Anstalten gemeinsam. In Buchsweiler aber
bediente man sich der deutschen Sprache bei dem in das schwierige
Gebiet der Philosophie einführenden Unterricht, in Trarbach hingegen
legte man demselben lateinisch abgefafste Lehrbücher zugrunde. Dadurch wurde jedenfalls die Fafslichkeit dieses Lehrgegenstandes nicht
erhöht, im Gegenteil, die Gefahr nahegerückt, dafs man auf den Ab-
weg eines blofs nominalistischen Wissens und einer vorwiegend me-
morialen Aneignung der einschlägigen Wissensobjekte geriet.

Zufälligerweise bin ich auch im Besitz des Verzeichnisses „der halb-
jährigen am 19. Oktober 1797 anzufangenden Winter-Lektionen auf dem

---

mit Seeligischen Schrifften." Buchsweiler im Elsafs, das jetzt noch sein Gymnasium
besitzt, gehörte bis zur französischen Revolution zur Grafschaft Hanau-Lichtenberg
und hatte damals zum Landesherrn den in Pirmasens residierenden Landgrafen von
Hessen, Ludwig IX.
[1]) Vgl. oben: „der Äneiden"!

Königlichen Gymnasium zu Ansbach." Der damalige Rektor und Professor, Kgl. Konsistorialrat Joh. Melch. Faber, trug in der sechsten Klasse die Dogmatik nach Seileri Comp. doctrinae christ. vor und erklärte wöchentlich zweimal die in Harlesii anthologia lat. poet. befindlichen Stücke aus dem Lucretius u. s. w., erteilte aber keinen Unterricht in der Philosophie. Hingegen trug Georg Friedrich Daniel Goefs, Professor der Geschichte und Philosophie an dem Carl Alexandrinum und Adjunkt der philosophischen Fakultät zu Erlangen, in vier wöchentlichen Stunden die Brandenburgische Geschichte und dreimal in der Woche das Naturrecht vor, „beide Disciplinen nach eignen Entwürfen". In der 5. Klasse, die hiefür etwa noch inbetracht kommen könnte, finden wir nichts von Philosophie erwähnt. Folglich beschränkte sich damals in Ansbach der philosophische Unterricht auf den Vortrag des Naturrechts in der obersten Klasse.

Über die Unterrichtserfolge und die Methodik hinsichtlich dieses Faches geben uns die damals üblichen Lektionenverzeichnisse, die unsern Jahresberichten entsprechen, nicht die geringste Andeutung. Dafs dieser Unterricht in der Philosophie über das, was man in unserm Jahrhundert „philosophische Propädeutik" zu nennen pflegt, nicht viel hinausgekommen sei, dürfte wohl allgemein zugestanden werden. Dafs hiebei auf die Lehrmethode und die Individualität des Lehrers aufserordentlich viel ankam, noch mehr als in den meisten andern Fächern, wird man auch, ohne auf Widerspruch zu stofsen, behaupten können. Wie es mit dem thatsächlichen Erfolge dieses Unterrichtes bestellt gewesen ist, darüber liefse sich nur auf Grund bestimmter Zeugnisse etwas Sicheres aussagen. Solche aber stehen mir nicht zugebote. Die fähigeren Köpfe unter den Schülern werden wohl nicht ohne mannigfache Anregung und bleibenden Gewinn für ihre gesamte geistige Entwicklung diese Lehrstunden besucht haben, vorausgesetzt, dafs der betreffende Lehrer den mit diesem Unterrichtsgegenstande auf der Stufe des Gymnasiums nun einmal unzertrennlich verbundenen besonderen Schwierigkeiten völlig gewachsen war. Mag man über die Frage, ob auf der obersten Stufe der humanistischen Mittelschule überhaupt ein Unterricht in den Philosophie erteilt werden soll oder nicht, denken, wie immer man will — ihre praktische Bedeutung hat ja diese Frage für unser engeres Vaterland schon seit einer Reihe von Jahren verloren!, — auf keinen Fall darf man meines Erachtens den Männern, welche vor mehr als hundert Jahren die Einführung der Philosophie in den Kreis der gymnasialen Lehrfächer durchsetzten, die Anerkennung versagen, dafs sie von dem ernsten Bestreben sich leiten liefsen, die zu ihrer Zeit in der Wissenschaft und im geistigen Leben der Gebildeten vorherrschenden grofsen Ideen, die auch auf das damalige Staats- und Rechtswesen einen mächtigen Einflufs ausübende philosophische Denkweise zum Zwecke weiterer Verbreitung und tiefer gehender Wirkung nach Thunlichkeit auch in den Bereich des höheren Schulwesens einzuführen und für die Aufnahme in den Unterrichtsbetrieb passend zu gestalten. Niemals wird man wohlgemeinten Versuchen, die neuen Erkenntnisse und Grundsätze, welche ein Zeitalter von oben bis unten bewegen und durch-

dringen und Aussicht auf gangbare neue Wege für wertvolle Kultur-
fortschritte eröffnen, auch der Schule, d. h., von den Universitäten
abgesehen, in erster Linie der Mittelschule, zur Aneignung zu übermitteln, um mit Hilfe dieses Kanals ihre Weiterleitung und allgemeinere
Verbreitung zu ermöglichen, ohne weiteres jede innere Berechtigung absprechen dürfen, natürlich nur unter der Voraussetzung, daſs man dabei
verständig, maſsvoll und mit pädagogischem Takt zu Werke geht. Keine
Schule, sie heiſse, wie sie wolle, darf den Zusammenhang mit dem
Leben, darf die Fühlung mit dem Pulsschlag der Gegenwart ganz verlieren; sonst wird sie mit Naturnotwendigkeit an sich selbst Schaden
leiden. Jedoch muſs das Neue, das die Schule aufnehmen und in
ihren Organismus eingliedern soll, ihrem Wesen verwandt und gemäſs
sein, sodaſs eine wirkliche, innerliche Aneignung, ein gleichsam
organisches Anwachsen des Neuen an das Alte möglich und durch-
führbar ist. Unter diesem Gesichtspunkte betrachtet kann man, wie
ich glaube, die Versuche der Gegenwart, das Wichtigste aus der Lehre
von der Staatsverfassung und den Pflichten und Rechten des Staatsbürgers als sogenannte „Bürgerkunde" der Kenntnis unserer Primaner
zu vermitteln, zum mindesten für ebenso berechtigt erklären als den
Betrieb des philosophischen Unterrichts am humanistischen Gymnasium
vor hundert Jahren. Über das „Wie?" gehen freilich die Ansichten
noch sehr auseinander. Noch gröſser sind die Schwierigkeiten, die
sich ergeben würden, falls man einmal damit Ernst machen wollte,
auch die Grundbegriffe der Volkswirtschaftslehre unsern Gymnasiasten
in den obersten Klassen klar zu machen, um in ihnen das Interesse
für die groſsen volkswirtschaftlichen und sozialen Fragen und Aufgaben der Gegenwart möglichst früh zu wecken. Wie weit freilich
solche Anforderungen ohne besondere Schwierigkeiten und mit wirk-
lichem Nutzen für die Jugend erfüllt werden können, darüber wird
man erst dann mit der wünschenswerten Sicherheit urteilen können,
wenn einmal eine Reihe von Jahren hindurch von verschiedenen Seiten
der nämliche Versuch unternommen und so eine ausreichende Erfah-
rungsgrundlage gewonnen worden ist.

Eine andere Parallele möchte ich noch mit wenigen Worten
berühren: wie man es heutzutage wohl überall für unerläſslich hält,
daſs in den Geschichtsunterricht am Gymnasium auch die neueste
Zeit, die Periode von 1815 bis zur Gegenwart, einbezogen werde,
so vervollständigte man schon gegen Ende des 18. Jahrh. den Unterricht in der Geschichte durch Berücksichtigung der neuesten Zeit.
So gibt das Buchsweilerer Lektionenverzeichnis für die erste Klasse
als Pensum in der Geschichte an: „nach Schrökh von Adam bis
Karl dem Grofsen," daneben aber unter Nr. 12 (als eignes Fach!):
„Zeitungen" „oder Repitition (sic!) der Geographie, und neueste
Staatengeschichte." Leider erfahren wir nichts Näheres darüber, welche Staaten hiebei vornehmlich inbetracht kamen und bis zu
welchem Zeitpunkte man die neueste Staatengeschichte sich erstrecken
lieſs. Bei der zweiten Klasse finden wir diese Angaben: 7. Geschichte:
Hauptepochen nach Schrökh von S. 1—49, 12. Zeitungen: „wie

die Erste Klasse". Ebenso heifst es unter 11: „Einleitung in die Geographie", 13: „Mythologie": „gleichfalls", d. h. „wie die Erste Klasse"; desgleichen unter 10: „Naturgeschichte". Der Ausdruck „Zeitungen" in diesem Sinne war mir vorher unbekannt. — Heutzutage greift die Jugend ebenso wie die grofse Mehrzahl der Alten lieber nach andern „Zeitungen!"

3.

Redeübungen am Zweibrücker Gymnasium unter dem Rektorate des jüngern Crollius.

An den beiden Lektionenverzeichnissen des Trarbacher Gymnasiums fällt uns vor allem auf, dafs in der Naturkunde und in den sogenannten Realien kein Unterricht erteilt wurde. Sodann empfinden wir als eine noch klaffendere Lücke das gänzliche Fehlen eines eigenen Unterrichts im Deutschen. Diese Nichtberücksichtigung der Muttersprache im Kreise der gymnasialen Lehrfächer ist als eine Nachwirkung aus den Zeiten anzusehen, wo das Latein eine unbestrittene Alleinherrschaft in den Gelehrtenschulen ausübte. Zugleich liefs man sich wohl von der Erwägung leiten, dafs ein besonderer Unterricht im Deutschen entbehrt werden könne, da ja das Deutsche die allgemeine Unterrichtssprache sei, und jeder Schüler ohnehin schon im mündlichen wie schriftlichen Gebrauche der Muttersprache hinreichend geübt sei.[1] Dieser Standpunkt konnte natürlich nur solange behauptet werden, als die Anforderungen, die man hinsichtlich des Deutschen an die gelehrte Mittelschule stellte, manchenorts noch sehr bescheiden waren. Unserm Jahrhundert erst blieb es vorbehalten, überall in deutschen Landen der Muttersprache nach und nach zu dem ihr gebührenden Rechte zu verhelfen und ihre Einreihung unter die Pflichtfächer des humanistischen Gymnasiums durchzusetzen. Es fehlte übrigens be-

---

[1] Hiebei ist jedoch nicht aufseracht zu lassen, dafs häufig, z. B. in Trarbach, der Unterricht in manchen Fächern, so in der Redekunst oder „Oratorie", ferner in der Logik, in der philosophischen Sittenlehre, bezw. im Jus naturae, und in der „Mathesis" nach Lehrbüchern erteilt wurde, die in lateinischer Sprache abgefafst waren. — Der auch jetzt noch bei vielen in Geltung stehende Grundsatz, dafs in jeder Lehrstunde deutsch gelehrt, also auch der Schüler im Gebrauch der Muttersprache gefördert werde, ist ohne Frage bis zu einem gewissen Grade richtig. Aber er ist eben doch cum grano salis zu verstehen! Denn dafs es mit dieser Förderung beispielsweise in den arithmetischen und mathematischen Unterrichtsstunden nicht viel auf sich hat, wird doch kaum im Ernst bestritten werden können. Selbstverständlich soll mit dieser Bemerkung dem grofsen, nach einer andern Seite hin liegenden Werte dieser Disziplinen für die Ausbildung des jugendlichen Geistes in keiner Weise zunahegetreten werden. Beiläufig gestatte ich mir, es hier als meine feste Überzeugung auszusprechen, dafs die an unseren bayerischen Gymnasien schulordnungsgemäfs festgesetzte Zahl von zwei wöchentlichen Lehrstunden für das Deutsche in Klasse 4—7 nicht als ausreichend angesehen werden kann. Die Wichtigkeit gerade dieses Faches und der Umfang der einschlägigen Lehrpensen in den genannten Klassen läfst die Erhöhung der Wochenstunden auf 3 als eine an sich durchaus berechtigte Forderung erscheinen. Diese Frage verdiente einmal eine gründliche Erörterung!

kanntlich im letzten Viertel des 18. Jahrhunderts nicht an solchen Gymnasien in Deutschland, in deren Lehrplan die Pflege der Muttersprache,
wenn auch zumeist in engen Grenzen, Berücksichtigung gefunden hatte.
Näher auf diesen Punkt hier einzugehen muß ich mir jedoch versagen, indem ich auf die bekannten Werke über die Geschichte der
Pädagogik von Schiller, Paulsen, Schmid und andern verweise. Nur
ein einziges mir naheliegendes Beispiel möchte ich anführen, um
die Richtigkeit vorstehender Behauptung zu erweisen. In B u c h s -
w e i l e r erscheint das Deutsche unter den 16 Lehrfächern der obersten
(ersten) Klasse an elfter Stelle mit: 1. „Übung im Stil, in Briefen etc.;
2. Erklärung der Gedichte in dem 2. Theile der teutschen Chrestomathie", ferner in der zweiten Klasse an sechster Stelle mit:
1. „Übungen in Briefen, im Erzälen etc.; 2. Erklärung des Ersten Theils
der teutschen Chrestomathie." Daneben finden wir noch an letzter
Stelle, und zwar als besondern Unterrichtsgegenstand verzeichnet,[1]
bei der zweiten Klasse: „Ü b u n g i m R e c i t i e r e n s c h ö n e r
m o r a l i s c h e r G e d i c h t e", und bei der ersten an vorletzter Stelle:
„Übungen im Recitieren oder Deklamieren". Hingegen treffen wir im
Verzeichnis der durchgenommenen Lehrpensen weder bei der dritten
Klasse mit 9, noch bei der vierten mit 6 Fächern das Deutsche als
selbständigen Unterrichtsgegenstand an. Höchstens Nr. 8 in der vierten:
„Übungen in der Orthographie [und Kalligraphie]" kann als ein Stück
des Unterrichts im Deutschen in Anschlag gebracht werden. Der Deutsch-
unterricht als selbständiges Lehrfach war also auf die beiden obersten
Klassen beschränkt.

Wie war es in A n s b a c h um den Unterricht im Deutschen bestellt? Diese Frage möchte ich auch noch kurz beantworten, da wohl
manche Kollegen des Ortes wegen sich hiefür besonders interessieren
werden. Das obenerwähnte Lektionenverzeichnis von 1797/98 kündigt
an, daß R e k t o r F a b e r in der O b e r k l a s s e von 9—11 Uhr Mitt-
wochs lateinische und Samstags d e u t s c h e A u f s ä t z e censieren und
korrigieren wird. Sonst wird weder über Übungen im deutschen Stil
noch über anderweitigen Unterricht im Deutschen etwas bemerkt.
Nur bei der dritten Klasse heißt es, daß der Lehrer Freitags und
Samstags von 8—9 „ein Exerzitium aus der Welt- oder Naturgeschichte
diktirt mit Hinsicht auf teutsche Orthographie, wozu er die
wichtigsten lateinischen Ausdrükke angiebt". Auch bei den zwei
untersten Klassen wird „Unterricht über die t e u t s c h e R e c h t -
s c h r e i b u n g" sowie „Übungen in der Schön- und Rechtschreibe-

---

[1] In älnlicler Weise stofsen wir bei dem Lehrstoff der ersten und zweiten
Klasse auf die „E i n l e i t u n g i n d i e G e o g r a p h i e" als ein von der „G e o -
g r a p h i e" selbst unterscliedenes und für sicl besonders gezähltes Facl. Den Inlalt
dieser „Einleitung" bildete Folgendes: „Nacl B ü s c h i n g : vom Kapitel von den
S p r a c l e n bis an» Ende und vom Anfange wieder bis zum Artikel vom H a n d e l
im zweiten Tleile." Nebenbei sei bemerkt: aucl in der N a t u r g e s c h i c h t e wur
in Buclsweiler Unterriclt erteilt, und zwar für die erste und zweite Klasse zusammen: „vom 14. Kap. nacl S c l m a l i n g bis ans Ende, und wieder vom Anfange bis zum 10. Kap. vom Pflanzenreicho," ebenso gemeinschaftlich für die
dritte und vierte Klasse „nacl B ü s c h i n g von Seite 1—55".

kunst" erwähnt. In sämtlichen Klassen wurden, und zwar mit besonderm Eifer, wie es scheint, lateinische Exercitien angefertigt, und in den untern Klassen auch schriftliche Übersetzungen aus dem Lateinischen ins Deutsche (aus Gedike's lat. Lesebuch) gemacht und von den Lehrern korrigiert. Über freie Vorträge, die von Schülern der höheren Klassen des damals Königlich Preußischen Gymnasiums Ansbach von Zeit zu Zeit gehalten worden wären, verlautet in unserer Quelle nicht das Geringste.

Hingegen wurde am Zweibrücker Gymnasium unter dem Rektorate des älteren, Johann Philipp (1721–1767, bezw. 1757), wie des jüngeren, Georg Christian Crollius (1767–1790) den bei besonderen Anlässen regelmäßig abgehaltenen Redeübungen [1] großes Gewicht beigelegt. Während diese beiden Männer, Vater und Sohn, der Zweibrücker Gelehrtenschule vorstanden; gelangte dieselbe zu hoher Blüte und erfreute sich weithin eines guten Rufes. Zu dieser Berühmtheit trugen, abgesehen von der hervorragenden Wirksamkeit der beiden Crollius selbst. namentlich die bekannten Editiones Bipontinae viel bei, die unter dem Rektorate des jüngern Crollius von den tüchtigen Gelehrten und Lehrern der Anstalt Friedrich Christian Exter und Joh. Val. Embser veranstaltet wurden. [2] Auch Crollius war, besonders in den ersten Jahren, an der Herausgabe der Klassiker hervorragend beteiligt. Von ihm stammt z. B. die Ausgabe des Tacitus, Phaedrus u. a. m. Wollte man indes annehmen, daß diese Redeübungen ein integrierender Bestandteil des Deutschunterrichts gewesen seien, und daß sich unter den beiden Crollius der Unterricht in der Muttersprache einer besonderen Pflege erfreut habe, so würde man sich einem großen Irrtum hingeben. In Wirklichkeit war das Deutsche während des vorigen Jahrhunderts am Zweibrücker Gymnasium ebensowenig wie an der andern Landesschule, dem Trarbacher, im Lehrplan als eigner Unterrichtsgegenstand vertreten. In dem „Reglement" für das Zweibrücker Gymnasium v. J. 1757, das bei Finger ausführlich wiedergegeben ist, wird eines besondern Unterrichts in der deutschen Sprache mit keinem Worte Erwähnung gethan, und auch außerdem verlautet in unsern Quellen so gut wie nichts über Pflege des Deutschen im Gymnasialunterricht. Es wurde nur von Zeit zu Zeit, — soviel wissen wir — von G. Chr. Crollius den Schülern der obersten Klasse ein deutscher Aufsatz aufgegeben, den er

---

[1] In dem von Marg verfaßten Artikel über „Redeübungen" in der Schmid'schen Encyklopädie, 2. Aufl., Bd. 6, S. 888–896, vermißt man einen geschichtlichen Rückblick: man erfährt weder, seit wann Redeübungen überhaupt an Gymnasien in Aufnahme kamen, noch insbesondere, wie es vor hundert Jahren um dieselben stand. Eine zusammenhängende geschichtliche Darstellung dieses gewiß Beachtung verdienenden Gegenstandes wäre ein lohnender Vorwurf für einen Forscher auf dem Gebiete der Geschichte der Gymnasialpädagogik.

[2] Vgl. hierüber Herm. Finger: „Altes und Neues aus der dreihundertjährigen Geschichte des Zweibrücker Gymnasiums" (1859) S. 61 ff. und Friedrich Butters: „Über die Bipontiner und die Editiones Bipontinae", Zweibr. Gymn.-Progr. 1877, 53 S.

dann auch korrigierte und mit seinen Primanern durchsprach. Aller Wahrscheinlichkeit nach wurden ferner, wie anderswo, Übungen in der deutschen Orthographie vorgenommen. Weiterhin will ich hier schon hervorheben, dafs der so tüchtige Schulmann und treffliche Gelehrte — den jüngern Crollius meine ich — seine Philologie oder richtiger, seinen Humanismus, abgesehen vom Unterricht im Lateinischen und Griechischen, fast ganz in seinen ihm ans Herz gewachsenen gründlichen, mitunter freilich auch trockenen historischen und antiquarischen Studien aufgehen liefs. Was insbesondere sein Verhalten gegenüber der jugendfrisch aufstrebenden zeitgenössischen Literatur, besonders der Dichtkunst, betrifft, deren Hauptvertreter doch schon in der Zeit von etwa 1770—90 eines wohlbegründeten Rufes in allen deutschen Gauen sich erfreuten, so legte Cr. eine allzu konservative und einseitige Denkweise an den Tag. Der so wackre Mann hatte — ich glaube ihm hiemit kein Unrecht zu thun — doch etwas von einem sogenannten „Stockphilologen" und „laudator temporis acti" an sich, wenn er in einer uns etwas beschränkt und pedantisch vorkommenden Weise rundweg alles ablehnte, was damals von den werdenden Heroen unserer Nationalliteratur den Gebildeten Deutschlands Schönes und Grofses dargeboten wurde. So recht deutlich spiegelt sich diese seine Abneigung und sein inneres Unbehagen gegenüber dem Neuen, das in der deutschen Literatur der 70er und 80er Jahre lebenskräftig sich entfaltete, in folgender merkwürdiger Auslassung wieder, die sich in einem Briefe an seinen Freund Lamey in Mannheim vom 31. Juli 1785 vorfindet: „Verdammt seien die monströse Geburten Schillers und der Goethianer, der Shakespeare, die den jungen Leuten Kopf und Herz verderben, Lessing nicht ausgenommen, und alles was die Grossen und Müssigen der Erden belustigt." Scharf sprach er sich namentlich auch über die Aufführung von Schillers Räubern in Mannheim aus. Seine Söhne und Schüler suchte er von dem Lesen moderner deutscher Dichter abzuhalten. Als sein älterer Sohn und der junge (Ernst Andreas) Lamey heimlich Lessings Philotas einstudierten, um das Stück bei der Schlufsfeier am 17. März 1780 aufzuführen, schrieb er an Lamey, den Sekretär der kurpfälzischen Akademie in Mannheim, wie folgt: „Ich kanns wohl leiden, wenn sie so müfsig gehen. Aber ich will Ihnen (= ihnen) kunftig lieber ein lateinisch Drama geben. So mögen sie noch Lateinisch dazu lernen.[1]) Vor etlichen 20 Jahren liefs ich schon aus dem Porée[2]) agiren." An einer andern Stelle endlich äufsert er sich in abfälliger Weise über den „sinnlichen" Lessing.[3])

---

[1]) Hier lugt doch deutlich der schulmeisterliche Zopf ein wenig hervor! (Crollius trug übrigens, wie uns ein altenes Bild ausweist, als Kind seiner Zeit in natura einen wohlgepflegten Haarzopf.

[2]) Porée Charles, französischer Jesuit (1675—1741), gab aufser andern lateinische Tragödien und Fabulae dramaticae heraus (Paris 1745, 49 u. 61).

[3]) Diese wertvollen Mitteilungen verdanke ich der Güte meines hochgeschätzten Kollegen Herrn Rudolf Buttmann dahier, welcher sich der verdienstlichen Aufgabe unterzieht, aufgrund der ihm vorliegenden Briefe G. Chr.

Dies glaubte ich zur Aufklärung dem Nachfolgenden vorausschicken zu sollen. Wie bereits oben angedeutet, wurden diese Redeübungen gelegentlich der alljährlich in der Regel zweimal stattfindenden Schulfeierlichkeiten veranstaltet.
Zu letzteren wurde das Publikum durch gedruckte „Anzeigen" eingeladen, in denen insbesondere die Vorträge verzeichnet standen,
die von den hiezu auserwählten Schülern bei den Promotionsfeierlichkeiten gehalten wurden. Durch einen günstigen Zufall sind fünf Einladungsanzeigen dieser Art aus verschiedenen Jahren in meinen Besitz gekommen. Ich teile sie im Folgenden wortgetreu mit. Die erste ist
datiert: „Zweybrücken den 28. September 1768" und unterzeichnet:
„Georg Christian Crollins, der Fürstl. Schule Rektor." Gerade im
vorhergehenden Jahre war Cr. der Nachfolger seines Vaters im Rektorate geworden. Der Eingang lautet folgendermafsen: „Nachdeme die
gewöhnliche dreytägige Prüfungen in allen Klassen des
Gymnasiums, wir wünschen, zum Vergnügen der Herren Zuhörer,
als einer Belohnung des Fleifses der Lehrer und Aufmunterung der
studirenden Jugend, geendiget worden; So steht noch die offentliche
Promotion und Redeübung bevor, welche wir bereits auf den
30. Sept. Nachmittags angekündiget haben. Wir ermanglen nicht,
den gelehrten Freunden unserer Schule und der Bemühungen unserer
Jugend von den verschiedenen Auftritten dieser feyerlichen Handlung
eine Nachricht mitzutheilen; und bitten zugleich geziemendst alle
und jede, welche diese Fürstliche Landes-Schule als ein Kleinod des
Landes ansehen, und die gnädigste Vorsicht ihres weisen und gütigen
Erhalters, nnsers Durchleuchtigsten Herzogs, [1] über dieselbe mit uns
in Ehrfurchtsvoller Dankbarkeit verehren, dafs Sie (= sie) durch ihre
Gegenwart unsere Musen ehren und ermuntern wollen." Hierauf heifst
es weiter: „Die Handlung werde ich, der Rector, mit einer kurzen
und auf unsere Schule gerichteten Rede eröfnen. Sodann werde ich
I. aus der obersten Ordnung als Redner aufführen
1) Christian Peter Erden von Zweybrücken, der in einer
Teutschen Rede eine Parallele zwischen den älteren
Literatur Schulen[2] und neuern Anstalten anstellen wird.
2) Wilbrand Jakob Müller von Wolfersweiler,[3] welcher

Crollius' an Hofrat Andreas Lamey in Jannheim ein Lebens- und
Charakterbild unsers rector Bipontinus zu entwerfen.
[1] Herzog Christian IV, reg. 1735—1775.
[2] Unter „Literatur Schulen" sind selbstverständlich nicht Schulen oder
Richtungen in der Litteratur zu verstehen, sondern die um die Wende des Mittelalters sowie im 16. Jahrh. mit Vorliebe „scholae litteratae" genannten
Gelehrtenschulen, die späterhin vorwiegend Gymnasien heifsen. Was für
Schulen Crollius dann mit dem Ausdruck „neuern Anstalten" meint, vermag
ich nicht mit Bestimmtheit anzugeben. Schwerlich ist an Schulen technischer
Art, die Vorläufer unserer Gewerbe- und Realschulen u. s. w., zu denken. Vielleicht an die Philanthropine? Doch vgl. hierüber weiter unten! Wie dem auch
sei, ein Schüler konnte über diesen Gegenstand kaum irgend welche Gedanken
von Belang de suo zutagefördern. Dies bedarf keines Beweises!
[3] Wolfersweiler, ein Dorf im jetzigen Fürstentum Birkenfeld (zum Grofsherzogtum Oldenburg gehörig), war damals Zweibrückisch. — Dafs der Verfasser

in einer lateinischen Rede die Eigenschaften der Burgen
in Teutschland durch Beyspiele aus unserm Vatterland,
besonders aber durch eine historische Beschreibung
der ehemaligen Burg Kirkel erläutern wird.[1])

3) Maximilian Karl Friederich Kärner von Karlsruhe[2]), wird
eine französische Rede halten, und zugleich zeigen, wie viel
sich unsere Jugend von der geschickten Unterweisung unsers neuen
und verdienstvollen Herrn Lectors Johann Wilhelm Colomb
de la Barthe,[3]) zu versprechen habe.

4) Johann Philipp Helmstätter von Bergzabern, welcher
mit den zwey ersten der obgemeldten Redner diese Fürstl. Schule
verlassen wird, will ohnerachtet seiner Unpäßlichkeit es wagen,
dankbare Empfindungen und die aufrichtigste Wünsche
auszudrücken, und offentlich in seinem und seiner Gefährden Nahmen Abschied zu nehmen.[4])

II. Aus der zweyten Ordnung wird Herr Professor und
Assessor Exter[5]) einen Hofnungsvollen Schüler auftretten lassen

5) Johann Christian Schmid von Albersweiler,[6]) welcher

dieser lateinischen Rede geschichtlichen Inhalts niemand anders als Crollius selbst
gewesen ist, unterliegt wohl keinem Zweifel. S. die folgende Anmerkung!
[1]) Die jetzt noch als Ruine vorhandene und im Besitz des Herrn Kollegen
Dr. Nellis sich befindende Burg Kirkel, beim Dorfe Kirkel-Neuhäusel
zwischen Zweibrücken und St. Ingbert gelegen, gehörte schon als Reichslehen
zum Besitz des Pfalzgrafen Stephan, des Begründers der Pfalzzweibrückischen
Linie und hat in der Geschichte des Herzogtums Zweibrücken keine unbedeutende
Rolle gespielt. G. Ch. Crollius hat über die Dynasten von Kirkel an verschiedenen Orten gehandelt, z. B. Origines Bipontinae I (1761) p. 144—150,
wahrscheinlich auch in den „Westricher Abhandlungen" die mir augen-
blicklich nicht zur Hand sind.
[2]) Ein Kärner von Kusel wird erwähnt bei Molitor „Geschichte einer
deutschen Fürstenstad." S. 552. Um 1775 lebte in Zweibrücken der Regierungs-
advokat Kärner, der später zum Amtsschreiber befördert wurde. S. Rud. Buttmann „Geschichte der Gymnasialbibliothek zu Zweibrücken,"
Zweibr. Gymn.-Progr. 1898, S. 33.
[3]) Colomb de la Barthe war, wie fast alle Lehrer der französischen
Sprache am Zweibrücker Gymnasium seit 1730, zugleich Pfarrer der französisch
reformierten Gemeinde.
[4]) Dieser Schüler hielt also die Abschiedsrede, die sog. Valediktion.
Die Sitte, daß beim Abgang von der humanistischen Mittelschule an die Hochschule einer der Abiturienten die valedictio hält, geht bekanntlich in die Zeit vor
der Reformation zurück. An manchen Anstalten unsers weiteren Vaterlandes besteht dieses Herkommen noch jetzt.
[5]) Friedrich Exter, der Ältere, Professor seit 1753, nahm 1774
seine Pension, blieb aber noch bis zu seinem Tode (1787) Assessor des Konsi-
storiums und erteilte auch noch am Gymnasium Unterricht in der Geographie
und Geschichte. Bevor er an das Gymnasium in Zweibrücken kam, wo er als
Lehrer der zweiten Klasse wirkte, war er Konrektor an der Meisenheimer Lateinschule (1747—1753). Dieser Exter war als Numismatiker bedeutend. — Sein
älterer Sohn war Friedrich Christian Exter, der Jüngere, von 1775—1781
Lehrer an der dritten Klasse; er ließ sich zugleich mit Embser pensionieren, um
sich ganz der von beiden übernommenen Aufgabe, den editiones Bipontinae,
zu widmen. Von Zweibrücken siedelte er nach Straßburg über und starb in
Mannheim als Privatmann 1817. — Valentin Embser, geb. 1749, starb schon
1783, wie es heißt, infolge von Überarbeitung.
[6]) Albersweiler, ein Dorf in der Rheinpfalz unweit Landau.

den klugen Mittelweg in dem Gebrauch des Gelds in einer
teutschen Rede empfehlen soll.[1]

III. Aus der dritten werden diesesmahl vier durch den geschickten
Fleis ihres Lehrers, Herrn Bergkmanns,[2] gebildete Jünglinge herfürgehen.[3]

6) Johann Georg Stein von Zweybrücken und

7) Philipp Adolf Friederich le Clerc,[4] ebenfalls von Zweybrücken, werden in einer teutschen Übersetzung Xenophons Hieron Gesprächweise vortragen; wozu ihnen

8) Johann Daniel Folz von Zweybrücken durch eine
kurze und auf den Inhalt des Gesprächs sich beziehende
Anrede den Weg zu bahnen suchen;[5] und endlich

9) Christian Ludwig Valerian Böttger von Zweybrücken
als Nachredner mit Ehrfurchtsvollen Wünschen vor
das höchste und theuerste Wohlseyn unsers Durchlauchtigsten Fürsten beschliefsen wird."

Nummer 2 trägt das Datum: „Zweybrücken den 31. Merz 1773"
und ist unterzeichnet: „Georg Christian Crollius, der Fürstlichen
Schule Rektor und Professor." Wir ersehen also hieraus, dafs am
Zweibrücker Gymnasium, wie am Trarbacher, jährlich zweimal
eine Prüfung, bezw. Promotion, d. h. Versetzung der Schüler
in die nächst höhere Klasse, und Exemption, d. h. Entlassung der
Primaner mit dem Zeugnis der Reife zur Hochschule stattzufinden
pflegte. Hierüber lesen wir im Trarbacher Jahresbericht vom

---

[1] Um wirklich eigne Gedanken über dieses Thema vorbringen zu können,
mufs man doch einige Lebenserfahrung besitzen als ein Schüler vom Land, der
das Gymnasium einer kleinen Stadt besucht! Vielleicht hatte der Lehrer, der vermutlich diese Rede in der Hauptsache selbst abfafste, den Gegenstand deshalb gewählt, weil er den Schülern, namentlich den von der Schule abgehenden, gute Ratschläge über diesen so wichtigen Punkt für ihr künftiges Leben erteilen wollte.

[2] Markus Ernst Heinrich Berckmann, geboren in Lichtenberg bei Kusel
als Sohn eines Amtmannes, begann seine Laufbahn 1759 als Lehrer der vierten
Klasse, rückte 1764 an die dritte, 1775 an die zweite vor und blieb an dieser als
„Konrektor" bis 1806. Zugleich war er Crollius' Nachfolger als fürstlicher Bibliothekar. Zum Rektor brachte er es schon als Lutheraner nicht. Er starb
am 23. Nov. 1816.

[3] D. h. als Redner auftreten = prodibunt.

[4] Ein Sohn des herzoglichen Kabinetsmalers Leclerc, der die
ältere Schwester des Rektors G. Chr. Crollius geheiratet hatte (Molitor a. a. O.
S. 438). Dieser Schüler war also ein Neffe des Rektors.

[5] Dieses Thema liegt nicht aufserhalb des Gesichtskreises von Schülern der
Oberstufe des Gymnasiums. Unter geschickter Anleitung und Mithilfe des Lehrers
konnte diese Aufgabe wohl von tüchtigen und strebsamen Schülern der obersten,
vielleicht auch noch der zweiten Klasse in einer Weise gelöst werden, dafs die
betreffenden jungen Leute nicht ausschliefslich rezeptiv sich dabei verhielten.
Schülern der dritten Klasse aber dürfen wir kaum die hiezu erforderlichen
Kenntnisse im Griechischen sowie die entsprechende allgemeine geistige Reife zutrauen. Wir müssen daher auch in diesem Fall wohl annehmen, dafs der Herr
Professor selbst, wenigstens in der Hauptsache, den „Hieron" ins Deutsche übersetzt hat, somit den zum Vortrag ausgewählten Schülern nur erübrigte, ihren Anteil
am Gespräch gut einzustudieren und ihre Rolle sicher durchzuführen. Ob etwa
Folz in seiner „kurzen Anrede" mehr auf eignen Füfsen stand als die beiden
andern, mufs ich dahingestellt sein lassen.

Jahre 1781 Folgendes: „Ferien sind nur zu Ostern und gegen die
Weinlese jedesmal drey Wochen nach den zwey jährlichen
Prüfungen, wovon die Osterprüfung die feyerlichste,
und zu Exemtionen und Promotionen vornehmlich ge-
widmet ist, welche zu anderer Zeit nur in ausserordentlichen Fällen,
höchstens bei Ausländern, Statt haben.“[1])

Diese zweite Einladungsschrift hat folgenden Eingang:
„Nach geendigten Prüfungen der studirenden Jugend in der hiesigen
Fürstlichen Schule siehet der lob=begierige und würdige Theil derselben
dem 2. April, als einem Ehrentage, an welchem wir vor einer
glänzenden Versammlung gleichsam die Urtheile über ihr Wohlver-
halten bekannt machen sollen, mit ungedultigem Verlangen entgegen.
Da die Huld der verehrungswürdigen Gönner und Freunde unserer
Schule und einer Hofnungsvollen Jugend sich alsdann gerne zu den
Spielen derselben herablafst,[2]) so gönnen wir auch gerne mehreren
Jünglingen die Ehre, vor ihnen sich wetteifernd hören zu lassen, und
um unsern jungen Rednern nicht einen Theil der Nachsicht und Ge-
dult, die zu ihrem Schutze nöthig sind, zu rauben, so werde ich
sogleich aus der Menge der Jünglinge, die wir diesesmal auf Akademien
entlassen werden, zween auftreten lassen, deren Gabe zu reden uns
unterscheidend geschienen,

---

[1]) Die obenerwähnte Schulordnung für das Zweibrücker Gymnasium
vom 11. März 1757 bestimmt hierüber in § 11: „Mit den gewöhnlichen
examinibus kann jährlich auf Ostern und Michaelis continuirt
werden. — So sollen auch die promotiones öfters nicht als
höchstens alle Jahr einmal etwa 8 oder 14 Tage vor der Michaelis-
messe auf Gutbefinden der superiorum vorgenommen werden.“
Nach Ausweis unserer ersten, oben mitgeteilten Einladungsanzeige fand 1768 allerdings die öffentliche Promotion und Redeübung am 30. September statt, aber
1773, 1778, 1782 und 1786 — aus diesen Jahren stammen die übrigen Einladungsanzeigen — immer Ende März oder im Anfang des April, also vor Ostern.
Demnach mufs obige Bestimmung vom Jahre 1757 später abgeändert worden sein.
Neben der Promotion und Exemption vor Ostern wird alljährlich auch eine
solche vor Michaelis — Ausnahmefälle abgerechnet! — vorgenommen worden
sein. Wenigstens habe ich bisher noch keine Angabe gefunden, die dieser Annahme bestimmt widerspräche.
[2]) Crollius schlägt hier, wohl dem Zwange des Konventionellen sich beugend,
den Ton einer erkünstelten Bescheidenheit an. In Wirklichkeit aber dachte er gar
nicht so gering von diesen rednerischen Darbietungen seiner Schüler, womit obendrein auch das Gepränge der Preisverteilung verbunden war. Aufserdem war er
an den meisten dieser Reden insofern persönlich lebhaft interessiert, als sie ja
nach Inhalt und Form niemand andern zum Urheber hatten als ihn selbst. Ich
glaube nicht zu irren, wenn ich annehme, dafs Crollius, und ebenso wohl auch
seine Kollegen, den Tag der öffentlichen Promotion und Redeübung nebst Prämienverteilung als einen rechten Ehren- und Festtag für Lehrer und Schüler, gewissermafsen als den Höhe- und Glanzpunkt im Schulleben ansahen, das ihnen sonst
still und gleichmäfsig dahinflofs. Setzte sich doch „die glänzende Versammlung“
der Festgäste, die sich zu diesen Schulfeiern einfanden, aus den angesehensten
Kreisen der Residenzstadt zusammen! Beiläufig bemerkt: keine Andeutung spricht
dafür, dafs in jener Zeit auch Damen eine solche Schulfeier des Gymnasiums
„durch ihr Erscheinen verherrlichten,“ um eine heutzutage vielbeliebte Wendung
zu gebrauchen.

1) Philipp Heinrich Lerse[1]) und 2) Simon Heinrich Sturz.[2])
Dieser wird in einer kurzen Rede einige Bemerkungen
über die Partikulargeschichte minderer Teutscher
Staaten vortragen; und jener das Entstehen des Fürsten-
thums Zweybrücken mit der ihm eigenen Anständigkeit
erzehlen.[3])

Schon zu lange möchte einigen dieser obwohl kurze Aufhalt
der Freyheit seyn, welche neun Jünglinge der ersten Ordnung nicht
mit gleicher Bescheidenheit erwarten, um uns zu entfliehen.[4]) Sie
erhalten sie nun, und wie sehr wünschen wir, dafs die ihnen ertheilte
Freyheit eine Freyheit aus eignerem[5]) Triebe der wahren Ehre der
Wissenschaft und dem wahren Vergnügen des Tugendhaften nachzu-
streben seyn möge. Wir schmeicheln uns, dafs doch die mehreste
derselben so edel zu denken gelernet haben. Und aus diesen wird
der erste

3) Carl August von Closen,[6]) ein Günstling Fürstlicher
Milde (dürfen wir mehr zu seiner Ehre und Aufmunterung sagen?)
in seinem und seiner dankbaren Gefährden Namen das
Gefühl der Pflichten ausdrücken, deren Erfüllung ihre
gewisse Glückseligkeit werden soll.[7]) Darauf wird mein

---

[1]) Einen Lerse von Saarbrücken nennt als Mitglied der am 29. Okt. 1797
auf Befehl der Machthaber in Paris eingesetzten neuen Regierung für das ehemalige Herzogtum Zweibrücken Molitor S. 552. Auch in Zweibrücken gab es
eine angesehene Beamtenfamilie dieses Namens.

[2]) Sturtz war der Name einer hervorragenden Zweibrücker Beamtenfamilie.

[3]) Dieses Thema war so recht aus dem Bereich der Lieblingsstudien des
Rektors genommen, und beide Reden, die innerlich ein Ganzes bildeten, waren
zweifelsohne seinem Kopf entsprungen und aus seiner Feder geflossen. G. Chr.
Crollius ist nämlich der Verfasser der Origines Bipontinae, 2 scctt., p. I
1761, p. II vol. 1 1769 zu Zweibrücken erschienen.

[4]) Ganz wie heutzutage!

[5]) Crollius hat eine Vorliebe für den Gebrauch des Komparativs, den
ja auch Goethe und Klopstock häufig im Sinne einer Verstärkung des Positivs ver-
wenden. An obiger Stelle läfst sich übrigens „eignerem" ungezwungen in der
Bedeutung des eigentlichen Komparativs auffassen: mehr aus eignem Triebe als
bisher, da sie während ihrer Schülerzeit mehr dem Willen der Eltern und der
Zucht, dem Zwange der Schule folgend den Wissenschaften obgelegen hatten.
Von jetzt an dagegen sollen sie vorwiegend aus eignem Triebe und aus freiem
Entschlufs dem Studium und einem tugendhaften Lebenswandel sich hingeben.
Sehr ähnlich ist eine Stelle in Goethe's „Hermann und Dorothea" (Ges.
4,200): „Und die Arbeit des Tags dir freier und eigener werde."

[6]) Die Familie von Closen stammte aus Niederbayern. Baron
Carl von Closen trat 1757 bei Herzog Christian IV. in Dienst, focht 1758
unter Broglie und wurde 1760 französischer Feldmarschall. Er erwarb den Luisen-
hof bei Homburg, den später Herzog Karl ankaufte, um dort sein berühmtes Lust-
schlofs „Karlsberg" zu erbauen. Der obengenannte Schüler ist wohl ein Sohn
dieses Generals gewesen. Ein Enkel des letzteren war Karl von Closen,
1786 in Zweibrücken geboren, der 1819 als Verteidiger der ständischen Rechte
in der bayrischen Kammer grofse Berühmtheit erlangte und 1848 bayrischer Be-
vollmächtigter bei der Zentralgewalt in Frankfurt a./M. wurde († 18. Sept. 1856).
Mit ihm erlosch das Geschlecht derer von Closen. S. Molitor a. a. O. S. 470,
471, 484.

[7]) Demnach war diese Rede auch eine Art von valedictio.

hochgeschätzter College, Herr Professor E x t e r, zween ausnehmendn
Jünglinge der zweiten Ordnung
    4) Daniel Theodor F u c h s von M o n z i n g e n[1]) und
    5) Georg August Daniel B a c h m a n n[2]) von den Ursachen
des Verfalls der Staaten in lateinischer Sprache reden
lassen.[3]) Auch ist unser verdienstvoller College B e r k m a n n dieses-
Mal wiederum besorgt gewesen, die Übungen der Jugend durch
ein mehr belustigendes Gespräch annehmlicher zu machen,[4])
und werden zu dem Ende fünf auserlesene Jünglinge der
dritten Ordnung
    6) Karl Friedrich Johann B a r o n von S c h o r r e n b u r g,[5])
    7) Bartholomäus Ludwig v o n Z o l l e r, von B i t s c h,[6])
    8) Johann Georg G u t t e (n) b e r g e r,
    9) Philipp Franz v a n E r d e n und
    10) Friedrich Philipp Karl M a i e r
s i c h von ·d e r schönsten Hauptzierde eines Menschen
u n t e r r e d e n.
    Nach vollendeter Redübung werden wir gewöhnlicher Weise
einige neue Ankömmlinge aufnehmen, diejenige, welche in höhere
Klassen befördert zu werden verdienet (sc. haben), erscheinen lassen,
ur.d zuletzt den Fleifs der übrigen durch Merkmahle öffentlicher Frey-
gebigkeit theils belohnen, theils ermuntern.[7]) Endlich soll einer
glänzenden Versammlung und den hohen Patronen unserer Schule

---

[1]) M o n z i n g e n ein Dorf an der Nahe im heutigen Rheinpreufsen.
   [2]) Ein Sohn des herzoglichen Reg.- und Oberkonsistorialrates Joh. Heinr.
B a c h m a n n. Vgl. über diesen aufser M o l i t o r auch B u t t m a n n a. a. O. S. 31.
Dieser hier genannte Sohn wurde später Archivar und Nachfolger seines Vaters,
flüchtete mit dem Archiv vor den Franzosen und lieferte es in München aus.
1801 wurde er als Syndikus nach Frankfurt berufen.
   [3]) Diese gewifs nicht von den beiden Schülern selbständig verfasste Rede
war wohl nach dem Muster der berühmten Schrift M o n t e s q u i e u's „Considé-
rations sur les causes de la grandeur des Romains et de leur décadence" (von
Exter ?) ausgearbeitet.
   [4]) Aus dieser Wendung darf man wohl entnehmen, dafs Beckmann der
Verfasser dieses „mehr belustigenden Gesprächs" war. Es ist wirklich schade darum,
dafs diese sicher durch eine vis comica ausgezeichnete rednerische Leistung nicht auf
die Nachwelt gekommen ist. Heutzutage würde es ohne Frage vielfach als auffällig „bemerkt" werden, wenn bei einem Maifest ein humoristisches Gespräch
über Zylinderhüte, Pickelhauben, Tropenhelme und gar über Damenhüte sowie
andere „Hauptzierden" vom Stapel gelassen würde. Tempora mutantur!
   [5]) Die F r e i h e r r l i c h e F a m i l i e v o n S c h o r r e n b u r g war eine der
vornehmsten und begütertsten unter dem Zweibrücker Hofadel. Siehe M o l i t o r
S. 410.
   [6]) Nach M o l i t o r S. 492 waren unter den Offizieren des französischen
Regiments „Alsace", welches Pfalzgraf Maximilian Joseph als französischer Oberst
in den 80er Jahren des v. Jh. befehligte, auch Namen von Adelsfamilien vertreten, die noch jetzt in der Rangliste der bayrischen Armee erscheinen,
z. B. v o n B i b r a, E g l o f f s t e i n, F r o h b e r g, K ü n s b e r g, T r u c h s e f s und
Z o l l e r. Der Vater des jungen v o n Z o l l e r stand vermutlich damals in Bitsch
in Garnison.
   [7]) Gemeint sind die S c h u l p r e i s e, welche an die tüchtigsten Schüler
ausgeteilt wurden. Wenn von Zeit zu Zeit aus einem Grunde, der unten zur
Sprache kommen wird, die „Promotion" mit Prämienverteilung ausfiel, so pflegten

11) Ludwig Georg Christian le Clerc,[1] den Herr Lecktor de Colomb hiezu ausersehen, in Französischer Sprache geziemendst Dank sagen, und so diese Handlung beschliessen."

Die dritte Einladungsschrift „zu den in der Fürstlichen Schule den 6. April und beide folgende Tage zu haltenden gewöhnlichen Prüfungen wie auch der den 10. April zu feiernden Promotion und Redübung von M. E. H. Berckmann,[2] der Fürstl. Schule Konrektor und Professor," (Zweybrücken, gedruckt bey P. Hallanzy, Hof- und Kanzley-Buchdrucker) gehört dem Jahre 1778 an und ist mit einer Programm-Abhandlung Berckmanns verbunden. Diese ist überschrieben: „Über den apostolischen Ausspruch 1. Kor. XI, 10" und verbreitet sich über ihr Thema in 20 §§ auf 26 Seiten. — Der Wortlaut dieser „Anzeige der Promotionshandlung und Redübung" ist folgender: „Wann ich mittelst einer kurzen Rede, welche studierenden Jünglingen bei dem Lesen klassischer Schriftsteller die mit Klugheit anzustellende Wahl ihrer anderweitigen nützlichen und angenehmen Lektüre[3] empfehlen soll, die Handlung eröfnet haben werde: so werde ich vier Jünglingen der obersten Ordnung, welche ihren Lauf in unserer Fürstliche Schule rühmlich beschlossen haben, die Freiheit, die akademische Bahn der Studien zu betretten, dem erhaltenen Auftrag zu Folge ankündigen. Sie sind: Johann Georg Gutte(n)berger, von Zweybrücken, welcher bis-

---

in diesem Fall auf Crollius' Ansuchen die Prämiengelder der Bibliothek zugewendet zu werden, allerdings nicht, ohne dafs die Mitglieder der Schulkommission ihr Bedauern darüber aussprachen, „da es dahin stehe, ob die Schüler alle so viel Wissenschaft von der Schulbibliothek hätten, dafs sie durch Verwendung des Prämienaufwandes auf dieselbe getröstet werden möchten", s. Buttmann a. a. O. S. 23.

[1] Sicher ein Bruder des oben genannten Philipp Adolf Friedrich le Clerc, also gleichfalls ein Neffe von Crollius.

[2] Berckmann war damals Crollius' Stellvertreter im Rektorat. Denn Crollius war in jenem Jahre noch vom Amte suspendiert infolge des Kampfes, den er 1777 mit der herzoglichen Regierung geführt hatte, und zwar in seiner Eigenschaft als Mitglied des reformierten Ober-Konsistoriums wegen der Besetzung der zweiten Pfarrei in Zweibrücken. Näheres hierüber ist zu lesen in dem gründlichen Aufsatz Buttmanns in den „Westpfälzischen Geschichtsblättern" Jahrg. I. II (1897 u. 1898).

[3] Es ist sehr zu bedauern, dafs uns der Inhalt dieser Rede Berckmanns nicht bekannt ist. Wir möchten nämlich gern wissen, welche Schriftsteller, bezw. Bücher, B. der studierenden Jugend zur „anderweitigen nützlichen und angenehmen Lektüre," d. h. wahrscheinlich zur Privatlektüre neben den in der Schule gelesenen alten Klassikern, anempfahl. Ob B. wohl die Abneigung Crollius' gegen Schiller, die „Goethianer", Lessing und Shakespeare teilte? Hoffentlich hatte man doch wohl gegen einen Klopstock, Gellert, v. Haller und ähnliche Dichter nichts einzuwenden. — Bei dieser Gelegenheit sei bemerkt, dafs zu der Zeit, während die beiden Crollius das Rektorat verwalteten, noch keine gedruckten Jahresberichte über das Gymnasium mit Angabe der Lehrpensen, Verzeichnissen der Schüler u. s. w. ausgegeben wurden. Jedoch pflegte der jüngere Crollius, solange er Kollaborator seines Vaters war, über seine Lehrthätigkeit in den von ihm herausgegebenen Einladungsschriften Bericht zu erstatten, bisweilen auch das Lehrprogramm für das nächste Schuljahr mitzuteilen.

her bei unterscheidenden Gaben des Geistes ein Muster des Fleisses
und gesetzter Sitten zu seyn bemühet war.   Karl Abraham Exter[1])
von Zweybrücken, dessen gute Gesinnung, Fleis und Bescheidenheit, womit er bisher vorgeleuchtet, uns die sichere Gewähr leisten,
dafs er auf eine mehr als gemeine Weise sich zu dem Dienst der
Kirche geschickt machen werde.

Christian Philipp Stumm, von Asbach[2]), welcher ebenfals die
nicht wankende Hofnung hinter sich läfst, dafs er durch Gaben, Fleis
und Rechtschaffenheit sich einstens würdigen werde, und Johann Karl
Wirths, von Zweybrücken, dessen Abschied wir, nach seinem
kurzen hiesigen Aufenthalt, nicht weniger mit den besten Wünschen
begleiten.   Der Zweite, dessen Gabe des Vortrags schon vor einem
halben Jahre geprüft worden, wird in einer von ihm selbst
verfertigten Rede[3]) die dankbarsten Empfindungen und
besten Entschliessungen, wie in seinem eigenen, so auch
in seiner Gefährten Namen, an den Tag zu legen sich
bestreben, und hiemit nebst ihnen diese wohlthätige Stätte verlassen.   Hierauf wird aus der ersten Klasse[4]) ein Hofnungsvoller
Jüngling als Redner auftretten Johann Theobald Michaely von Zwey-

---

[1]) Karl Abraham Exter war der jüngere Soln des älteren Exter
und 1781, also nacl dreijärigem Universitätsstudium, bereits Stadtvikar in Zweibrücken; später wirkte er als Pfarrer in dem damals zweibrückischen Dorf
Steinselz (Elsafs, Kreis Weisenburg), mufste infolge der französiscl en Revolution
diesen Ort verlassen und starb 1774 in Heidelberg.

[2]) Jetzt lautet der Name Aschbach, Dorf in der Näle von Lauterecken
(Rleinpfalz); im Jalre 1758 ging es aus dem Besitz des Herzogs von Zweibrücken
in den des Rheingrafen von Grumbacl über, jetzt preufsisch.

[3]) Hier wird zum erstenmal — und dies ist zugleicl das einzige mal
in den 5 uns vorliegenden Einladungsanzeigen! — ausdrücklicl bemerkt,
dafs der betreffende Scl üler die Rede, die er vorzutragen bestimmt war, selbst verfertigt latte. Dieser Ausnahmefall beweist
eigentlicl allein scl on, dafs in der Regel diese Vorträge niclt von den Schülern
sondern von den Lolrern, bezw. in erster Linie von dem Rektor selbst verfafst
wurden.   Eine Abschiedsrede wie diese anzufertigen mocl te ja einem talent-
vollen Primaner nicl t besonders sclwer fallen, zumal sich diese solcle Vale-
diktionen bei ilrer regelmäfsigen Wiederkelr melr oder minder in einem bestimmten Gedankenkreise und nacl der rletoriscl en und stilistiscl en Seite hin in
einem ausgefahrenen Geleise bewegt laben werden.

[4]) Oben heifst es von den vier Abiturienten: „vier Jünglingen der obersten
Ordnung, welcle ilren Lauf in unserer Fürstlichen Scl ule rülmlicl besclossen
laben." Da nun lier im nächstfolgenden Satze von der „zwoten Ordnung" die
Rede ist, ergibt sicl meines Eracl tens klar, dafs die „erste Klasse" mit der
„obersten Ordnung" identiscl ist. Der Scl üler Michaely wird also bis
zur Exemtion, d. l. bis zum „Abiturium," jedenfalls nocl das Sommersemester
lindurcl, mitl in bis zu der mit den Herbstprüfungen verbundenen Promotion, bezw.
Exemtion, die Prima laben besucl en müssen. Von einer förmlichen Teilung der
Oberklasse in einen ersten und zweiten Kurs, woran zu denken der Wecl sel in der
Bezeicl nung — „Klasse" und „Ordnung" — vielleicl t veranlassen könnte, labe
icl bisler nocl keine verläfsliche Andeutung gefunden. Icl nelme daler an,
dafs alle die Prima besuchenden Scl üler gemeinsamen Unterricl t genossen und
je nach dem Grad ilrer Reife zu Ostern oder zu Niclaelis aus dem Gymnasium
entlassen wurden. Ob dieser Besucl der obersten Klasse im Durcl scl nitt blofs
ein Jalr oder melr Zeit erforderte, darüber geben unsere Einladungsanzeigen
keine bestimmte Auskunft.

brücken, welcher in teutscher Sprache, nach der neulich angestellten Betrachtung der Natur, als.einer Schule des
Geistes, nun dieselbe als eine Schule des Herzens, schildern
wird. Auf diesen wird aus der zwoten Ordnung folgen Johann
Ludwig Julius Reinhard Aulenbach von Zweybrücken, welchen
ausnehmende Geistes- und Gemüthsgaben dieser Erscheinung[1]) vor
andern würdig machen, um mit einer ihm eigenen Anständigkeit von der Notwendigkeit die Erkenntnis der Wahrheit mit Frömmigkeit zu verbinden[2]) in lateinischer
Sprache kurz zu reden. Sodann werden aus der dritten
Ordnung, nach Anleitung ihres Lehrers, Herrn Professors Exter,
des jüngern, drey fähige Jünglinge, Georg Philipp Crollius,[3])
Johann Wilhelm Wernher,[4]) und Johann Karl Friedrich von Pollet,[4])
mit Zuziehung eines muntern Schülers der vierten Ordnung,
Johann Philipp Wetzel, ein kleines Lustspiel, überschrieben:
der Geizige, nach dem Italienischen des Goldoni aufführen. Nach geschehener Aufrufung der neuen Ankömmlinge und
derer, welche von unsern würdigsten Vorstehern[5]) in höhere Klassen

----

[1]) „Erscheinung" steht im Sinn von „Auftreten als Redner," vergl.
oben: „herfürgehen."

[2]) Dafs selbst der tüchtigste Gymnasialschüler nicht imstande war, dieses
Thema, noch dazu in lateinischer Sprache, in Form einer Rede befriedigend zu
bearbeiten, darüber dürfte unter den Fachmännern der Gegenwart nur eine
Stimme herrschen. Eher noch war es m. E. möglich, dafs ein gut begabter und im
Teutschen gewandter Schüler über das zuvor genannte Thema: „Betrachtung
der Natur als einer Schule des Geistes und des Herzens" etwas
Annehmbares zutageförderte. Natürlich war in diesen beiden Fällen wieder der Herr
Irofessor der Verfasser, nicht etwa blofs der „spiritus rector", und der vortragende Schüler sozusagen nur das Sprachrohr seines Lehrers.
Merkwürdig ist übrigens, wie in der Fassung des obigen Themas: „von der
Notwendigkeit, die Erkenntnis der Wahrheit mit Frömmigkeit
zu verbinden," die bekannte „elegante Formel" (nach Paulsen!) wieder-
auftaucht, in welcher ein bedeutender Pädagog des 16. Jahrh., der Strafsburger
Rektor Joh. Sturm, Wesen und Ziel des humanistischen Unterrichtes, bezw.
der Gelehrtenschule, kurz und treffend zusammenfafste: pietas sapiens et
eloqueus! Die eloquentia vermissen wir allerdings hier; sie sollte wohl nach
Berckmanns Meinung durch den Vortrag selbst den Zuhörern zum Bewufstsein
gebracht und gleichsam „ad aures" demonstriert werden.

[3]) Georg Ihilipp Crollius war der ältere Sohn des Rektors, geb.
31. Mai 1765, eximiert Ostern 1783; er bezog im Herbst dieses Jahres die Hochschule in Göttingen, um Rechtswissenschaft zu studieren, zuvor aber Ihilosophie
und Geschichte. Er fand dort in dem berühmten Ihilologen Heyne einen
väterlichen Freund und Gönner. Der junge Mann neigte zur Melancholie und
wurde aufserdem durch philosophische Zweifel geplagt. Später liefs er seinen
Vater viele Monate ohne Nachricht; endlich traf von Heyne die Mitteilung von
seiner Erkrankung und bald darauf von seinem Tode infolge eines „faulen Nerven-
liebers" (22. Februar 1785) bei dem bekümmerten Vater ein. Der junge Mann
war auch dichterisch veranlagt (Mitteilung meines Kollegen Ruttmann).

[4]) Über die Familie von Pollet konnte ich nichts in Erfahrung bringen.
Wilhelm Wernher legte später eine ehrenvolle Laufbahn zurück und starb als
Geheimer Staatsrat (meines Wissens in Darmstadt).

[5]) Gemeint sind mit diesem Ausdruck die Mitglieder der 1757 auf Befehl
Herzog Christians IV. eingesetzten ständigen fürstlichen Schulkommission.
Ieser war die stete Aufsicht über das Gymnasium anvertraut, und so arbeitete

des Gymnasiums überzugehen, tüchtig befunden worden sind, wie
auch Austheilung der Prämien, der öffentlichen Ermunterungen
des Fleisses und Zeugen Fürstlicher Milde, wird aus der ersten
Ordnung,[1] eine der besten Hofnungen unserer Schule Friedrich
Bernhard Lichtenberger, von St. Georgen Weyerbach,[2]
welchem Herr Kandidat und Lektor Collin[3] diese Ehre vorzüglich
gegönnet hat, unsere feierliche Handlung mit einer dank-
vollen französischen Rede beschliessen.

Der vierten Einladungsschrift zu den in der Fürstlichen
Schule den 18. Merz 1782 und die folgenden Tage zu haltenden
„offentlichen Prüfungen" ist beigegeben eine Programm-
abhandlung über 1. Kor. XII, 7 – 12, verfafst von Johann Adam
Weber,[4] Lehrer an der Fürstlichen Schule, „nebst des Rektors
Anzeige der den 22. Merz feyerlich zu begehenden Redübung." Die Abhandlung Webers ist, wie die weiter oben erwähnte
Berckmanns, in 20 Paragraphen eingeteilt und hat so ziemlich den
gleichen Umfang (25 Seiten). Auch im Eingang verrät sich deutlich,
dafs Berckmanns Arbeit der Weberschen zum Muster gedient hat,
indem die nämliche Metapher: „ein etwas helleres Licht anzünden"
im einleitenden Paragraphen der einen wie der andern Abhandlung
sich vorfindet. Die „Anzeige der Jünglinge, welche in der
feyerlichen Promotions-Handlung der Fürstlichen Schule
den 22. Merz 1782 auftretten werden" ist der Abhandlung
auf 2 Seiten vorgedruckt. Die in Nr. 1–3 der „Anzeigen" den Eingang
bildenden Sätze mit ihren so charakteristischen Wendungen und Höflich-

---

sie auch im Auftrag des Herzogs eine Schulordnung, das sog. „Reglement", aus,
welche im genannten Jahre genehmigt und eingeführt wurde. Durch Reskript vom
12. Mai 1776 wurde dieser Schulkommission der Rektor des Gymnasiums als
weiteres Mitglied beigegeben, jedoch mit der Bestimmung, dafs derselbe in allen
ihn und seine eigene Amtsführung betreffenden Fällen keinen Sitz noch Stimme
haben sollte (Finger S. 91). Vgl. Acta das hiesige Gymnasium, die zu dessen
mehreren Aufnahm niedergesetzte Schul-Commission und gemachte Schulordnung
betr. 1756—91 (Zweibr. Kirchenschaffnei-Archiv Cons. No. 54).

[1] Die Bezeichnung „die erste Ordnung" ist hier synonym gebraucht
mit „die erste Klasse" und „die oberste Ordnung" zur Benennung
der Prima oder Oberklasse, worüber zu vergleichen S. 75 A. 4.

[2] St. Georgen-Weyerbach, jetzt blofs Weierbach, ist der Name
eines Dorfes an der Nahe, A.-G. Grumbach, Kreis St. Wendel, in der jetzigen
preufsischen Rheinprovinz.

[3] Collin Friedrich Ludwig, geb. 1746 in Zweibrücken, wurde 1776
„Lektor" d. h. Lehrer der französischen Sprache am Gymnasium, und vertauschte
diese Stellung 1783 mit dem Amt eines zweiten Pfarrers in Kusel, 1788 mit der
Pfarrei Ulmet, starb 1824. (Vgl. Th. Gümbel „Die Geschichte der Prot. Kirche
der Pfalz," Kaiserslautern 1885.)

[4] Über Weber teilt Finger S. 95 Folgendes mit: „Exters Nachfolger
an der dritten Classe, Weber, nachdem er 7 Jahre mit Hunger und Kummer gekämpft und endlich zum Collaborator (sic!) des Rectors bestellt seinen Gehalt
von fl. 400 um fl. 150 erhöht bekommen hatte, sah sich doch so wenig im Stande,
damit auszureichen, dafs er sich entschliefsen mufste, die Schule zu verlassen und
seinen Lehrerberuf mit dem Pfarramte zu vertauschen." Nach Angaben von
Crollius fühlte Weber übrigens auch selbst, dafs ihm die Fähigkeiten und Kenntnisse zum Unterricht in der Oberklasse fehlten.

keitsformeln fehlen in dieser vierten. Es wird sofort in medias res
eingegangen: I. „Aus der obersten Ordnung wird der Erste, der
sich darzu durch stillen Fleifs und ausnehmende Bescheidenheit
empfohlen, 1) Joseph Chandon[1]) von Zweybrücken, in einer
lateinischen Rede darthun, warum Jünglinge in Gymnasien sich durch ernsteres[2]) Studium der Wissenschaft,
besonders der Philosophie, zu den akademischen Studien
vorzubereiten haben. 2) Ernst Andreas Lamey,[3]) von Mannheim, und 3) Georg Philipp Crollius[4]) von Zweybrücken,
werden und zwar dieser zuerst, und jener nach ihm, über die
Zeiten der Cäsarn, und ihrer Nachfolger, von Tiber an
bis auf Hadrian, und besonders über die Gestalt der
römischen Literatur Reflexionen in teutscher Sprache
anstellen; als eine Fortsetzung der vor einem Jahr von dem
Erstern gehaltenen Rede über das goldene Zeitalter der
römischen Literatur.
    Nach Vorschrift Herrn Pfarrer Piccard[5]), in dessen
Unterricht der französischen Sprache unsere Jünglinge der ersten
Ordnung glücklich sind, wird 4) Friedrich Carl Christian Lorch[6]) von

---

[1]) Diese Familie französischer Abkunft existiert jetzt noch in Zweibrücken.
Im vorigen Jahrhundert gab es daselbst eine verhältnismäfsig grofse Anzahl von
Familien französischer Abstammung, von denen im Lauf dieses Jahrh. manche aus-
gestorben sind. Ein Teil derselben stammte von solchen Vorfahren ab, die um
ihres evangelischen Glaubens willen ihr Vaterland hatten verlassen müssen; sie
bildeten eine eigene französisch-reformierte Gemeinde, die erst im Anfang unsers
Jahrhunderts sich gänzlich auflöste. Die übrigen zugezogenen Franzosen wanderten
zu verschiedenen Zeiten ein und fanden teils als Bedienstete der herzoglichen Hof-
haltung und als Gewerbtreibende ihren Unterhalt, teils kamen sie infolge der französischen Herrschaft nach der Vertreibung des letzten Herzogs Karl II. nach
Zweibrücken, wo sie sich dann dauernd niederliefsen.
    [2]) Über den Komparativ vgl. oben! Dafs ein Schüler der Prima, und
mochte er auch noch so befähigt sein, nicht die erforderliche Reife des Urteils
und das entsprechende Mafs von Kenntnissen besafs, um — noch dazu in
lateinischer Sprache — über diesen schwierigen Gegenstand eine ordentliche
Rede aus eigener Kraft auszuarbeiten, braucht meiner Ansicht ·nach nicht
erst besonders bewiesen zu werden. Wir ersehen übrigens aus dieser Angabe,
dafs auch am Zweibrücker Gymnasium in der Oberklasse Unterricht in der
Philosophie erteilt wurde.
    [3]) Dieser ältere Sohn Lameys besuchte das Zweibrücker Gymnasium
im Hause des Rektors Crollius von 1778 bis Herbst 1782 oder Ostern 1783, desgleichen der jüngere, Jakob Christoph. von 1783—1788. S. unten!
    [4]) Diesen ältern Sohn des Rektors Crollius finden wir Ende des
Wintersemesters 1777/78 in der dritten Ordnung, jetzt, Ostern 1782, in der
obersten Ordnung; exmiiert wurde er Ostern 1783. Er blieb auf Wunsch seines
Vaters solange — also 5 Jahre! — in den beiden obersten Klassen, wenn er nicht
ein zweites Jahr in der dritten verblieb.
    [5]) Wir vermissen die Genetivendung bei diesem Namen. Piccard war
der damalige Pfarrer der französisch-reformierten Gemeinde und erhielt die Sprach-
meisterstelle als Nachfolger Collins und zwar mit dem Titel eines Professors
(1. Febr. 1783); er versah sie bis zu seinem Weggange Juli 1793.
    [6]) Näheres über die nachmalige Laufbahn dieses Lorch als Geistlicher bei
Gümbel a. a. O. Natürlich war diese Rede, deren Inhalt den vortragenden
Schüler ebensowenig wie seine Mitschüler sonderlich interessiert haben dürfte,
ganz das geistige Eigentum des Herrn Piccard! — Von diesen 4 Schülern

Steinselz, von der moralischen Erziehung studirender Jugend in französischer Sprache reden.

II. Aus der zweyten Ordnung wird Herr Bibliothekarius und Professor Berkmann 5) Friedrich Peter Weber, von Lützelstein, vom Schlafe reden lassen[1])

III. Aus der dritten Ordnung hat Herr Kollega Weber zween Jünglinge ausgewählt, 6) Julius Ludwig Schmid, 7) Christoph Friedrich Kreuser, von Zweybrücken, welche als Cortes (sic!) und Penn sich besprechen werden.[2])

IV. Zum Beschluſs der Handlung wird aus der vierten Schule[3]) ein Zögling Herrn Kollega Postius[4]) 8) Andreas Christian Leonhard Crollius,[5]) von Zweybrücken, herfürgehen, um sowohl für den Durchlauchtigsten Erhalter dieser Schule aufrichtigste

der obersten oder ersten Ordnung wird also nicht gesagt, daſs sie die Freiheit erhielten, ihre Studien auf einer Akademie fortzusetzen, wie dies in den vier übrigen „einladenden Anzeigen“ von 1763, 1773, 1778 und 1786 immer ausdrücklich angegeben wird. Daraus schlieſse ich, daſs diesesmal, Ende des Winterhalbjahres 1781.82, eine Exemtion nicht stattfand. Mithin ergibt sich hieraus doch wohl, daſs nicht immer regelmäſsig in halbjährigem Zwischenraum, vor Ostern und Michaelis, die Schüler der obersten Klasse eximiert, d. h. zur Universität entlassen wurden. Die obengenannten Primaner absolvierten demnach frühestens Herbst 1782, wenn sie nicht, wie wir dies z. B. von Crollius' älterem Sohne nach einer anderweitigen Angabe seines Vaters bestimmt wissen, erst nach einem Jahre, Ostern 1783, als reif zur Hochschule befunden wurden. Einen genaueren Einblick in die Frage nach der durchschnittlichen Zeitdauer des Besuches der einzelnen Klassen habe ich noch nicht gewinnen können.

[1]) Lützelstein im heutigen Unter-Elsaſs. Über die von Pfalzgraf Ruprecht begründete Pfalz-Veldenzer, später auch die Lützelsteiner genannte, Linie s. Lehmann S. 5 und 336, Molitor S. 93 und 188. — Hoffentlich hat die Rede des jungen Lützelsteiners vom Schlafe nicht einschläfernd auf die hochansehnliche Versammlung eingewirkt! Nomen est omen!

[2]) Diesem Thema ist Originalität nicht abzusprechen! Schade, daſs dieses Elaborat — doch wohl des Lehrers, nicht der Schüler! — nicht auf die Nachweit gekommen ist!

[3]) „Die vierte Schule“ ist sicher nur eine Wechselbezeichnung für „vierte Ordnung“ oder „Klasse.“

[4]) Johann Stephan Postius von Annweiler, Vikar in Zweibrücken, dann Lehrer an der 4. Klasse des Gymnasiums 1781—90, hierauf an der dritten bis zu seinem Tode 1801. Er trat als Dekadenprediger freimütig gegen einige Maſsregeln der französischen Regierung auf, im Übrigen war er, was auch seine Programm-Abhandlung „Evens und Christi Versuchung“ beweist, kein Mann von hervorragenden Geistesgaben.

[5]) Andreas Christian Leonhard Crollius, der jüngere Sohn des Rektors, geb. 5. Nov. 1772; Lamey in Mannheim war sein Pathe; eximiert wurde er 1789. Demnach brauchte er zum erfolgreichen Besuch der dritten, zweiten und ersten Klasse noch sieben Jahre, falls er nicht, was auch leicht möglich, noch ein weiteres Jahr in der vierten verblieb. In diese ist er wohl 1781, im Alter von neun Jahren, eingetreten. Mithin wird er in jeder der 4 Klassen zwei Jahre zugebracht haben, so daſs er den ganzen Gymnasialkursus in 8 Jahren absolvierte und im Alter von 17 Jahren für reif zum Übertritt an eine Universität befunden wurde. „Nach des Vaters Tod 1790 im Frühjahr bezog er die Hochschule in Marburg. Er scheint auch an Melancholie gelitten zu haben, wie sein Bruder, und ließ seinen Angehörigen keine Nachricht von sich zukommen. Seine späteren Schicksale sind mir unbekannt.“ (Mitteilung meines Kollegen Ruttmann).

Wünsche zu reden, als auch für die aus Fürstlicher Frey-
gebigkeit empfangene Belohnungen, endlich auch der
ganzen hohen Versammlung für ihre sich herablassende
Güte zu danken." Datum: Zweybrücken den 16. Merz 1782,
unterzeichnet: G. C. Crollius, der Fürstlichen Schule Rektor und
Professor.

Endlich kann ich übergehen zur wortgetreuen Wiedergabe des
fünften und letzten Schriftstückes, das mir zur Verfügung steht.
„Einladende Anzeige der Handlungen und Redübungen,
welche den 7. April 1786 in der Fürstlichen Schule begangen werden
sollen.

Frölich ist der Jüngling, der im Frühling seiner Jahre Kräfte
bescheiden zu fühlen gelernt, die Ihm (= ihm) Hofnung für die Zukunft
wirken; und Zufriedenheit ist der Lehrer Lohn, in dem heissern [1])
Sommer oder gar im Herbste ihres Lebens, Früchte ihrer Arbeit sehen
zu dürfen, eine Nachwelt vorauszusehen, zu deren Bildung beizutragen
sie emsig gewesen.

Drei Tage der Prüfung sind nun vorbei, in welchen eine
zahlreiche studierende Jugend beweisen sollte, ob ihr Fleifs den Bemühungen der Lehrer entsprochen. Und nun erwartet sie noch den
feierlichen Ausspruch der Urteile, welche durch die erleuchtete und
würdige Censoren unserer Schule [2]) über sie gefällt worden.

I Werden Acht Jünglinge der ersten Ordnung die Freiheit
erhalten, ihre Studien auf Akademien fortzusetzen. Möchten Sie (= sie)
doch alle unsere und ihrer Eltern Hofnung durch strengen Fleifs und
unverrückten Wandel auf der Bahne [3]) der Tugend, auf welche sie
geführet worden, zu ihrem künftigen Glücke übertreffen lernen!

1) Friedrich Carl Engelbach, von Zweibrücken, als der
erste, der nach Marburg gehen wird, die Rechte zu lernen.

2) Peter Reuthner, von Zweibrücken, der zu Giessen
der Rechtswissenschaft obliegen soll.

3) Johann Ludwig Klöckner, von Zweibrücken, welcher
sich der Gottesgelehrsamkeit widmet und nach Marburg gehet.

4) Julius Ludwig Schmid, der noch ein halbes Jahr hier verbleiben wird, um seinen Fleifs ferner in den schon wohl gelegten
Anfangsgründen der Rechtsgelehrsamkeit unter Anführung seines würdigsten Herrn Vaters, selbst Vorstehers der Gerechtigkeit, [4]) zu üben,
und desto glücklicher eine Akademie zu beziehen.

5) Christian Gottlieb Bruch [5]) von Pirmasens, der zu Mar-

---

[1]) Der Komparativ „heissern" kann inbezug auf den vorhergenannten
Frülling verstanden werden, oder man kann lier vielleict wieder an den oben besprochenen, in jener Zeit so beliebten Sprachgebrauch denken.
[2]) Gemeint sind die Mitglieder der fürstlichen Schulkommission, vgl. oben!
[3]) Balne ist eine bei Lutler, Fischart, Blumauer, Lichtwer u. a. vorkommende Nebenform von „Baln", jetzt nur nocl in der besondern Bedeutung
„geweltes Zeug nacl seiner Breite" gebräuchlich.
[4]) Kanzleidirektor Schmid. Vgl. den zweiten Brief von Crollius an
Lamey im Anlang!
[5]) Dieser Abiturient war vermutlicl verwandt mit Jakob Brucl, ref.

burg sich in der Philosophie, Geschichte und Sprachen, so einem
Gottesgelehrten nützlich seyn mögen, noch mehr zu befestigen gedenkt,
ehe er die Wissenschaften . der Gottesgelehrsamkeit zu erlernen eine
ihm vaterländische Akademie [1]) beziehen wird.

6) Heinrich Jacob Welsch, [2]) von Meisenheim, der zu Marburg die Gottesgelehrsamkeit studiren will.

7) Friedrich Christian Carl von Fürstenwärther [3]) von
Meisenheim, der mit seinem schon vor einem halben Jahr rühm-
lichbst eximirten Freund, Friedrich Carl Philipp Aulenbach, [4]) von
Zweibrücken, ebenfalls zuerst nach Marburg gebet, um der Rechtsgelehrsamkeit in Verbindung 'mit den Humanitäts- [5]) und Staatswissenschaften obzuliegen.

Noch kommt ein Freiwilliger [6]) unserer Schule hinzu

8) Johann Carl Abraham Guttenberger von Zweibrücken,
der nach neun Jahren von einer erlernten und geübten Kunst wieder
zu den Studien zurückgetreten, und nach einem mit Fleifs ohne Beispiel in denselben zugebrachten Jahre sich nach Marburg begeben
will, um ihnen ferner obzuliegen.

II. 1) Aus solchen wird Christian Gottlieb Bruch, ein edler
Jüngling, der seine Jahre durch ungemeine Geistesgaben, Beständig-
keit des Fleisses, und unterscheidende Sitten zu übertreffen gelernt,

---

Pfarrer in Pirmasens 1805—1808, und Johann Friedricl Brucl. Letx-
terer war geboren 1792 zu Pirmasens als Soln eines Apotlekers (die Familie
stammte von Hugenotten ab), besuclte das Zweibrücker Gymnasium, wurde
1821 in Strafsburg Seminarprofessor und bald nacller Professor der
reformierten Theologie an der dortigen ev.-tleol. Fakultät, starb 1874.

[1]) Pirmasens war damals die Residenz des Landgrafen Ludwig IX.
von Hessen. Demnacl scleint mit der „vaterländischen Akademie" die lessiscle
Landesuniversität Giefsen gemeint zu sein, die aucl der an zweiter Stelle genannte Reuthner zu bezielen gedaclte.

[2]) Über die Pfarrersfamilie Welscl s. Gümbel!

[3]) Das Gesclleclt der Herren von Fürstenwärther, Burgsassen zu
Odenbacl, verdankte seinen Ursprung der zweiten Ele des Herzogs Friedricl Ludwig von Zweibrücken aus der Landsberger Linie (1661 bis
1681) mit Elisabetla Hepp von Meisenleim. Der Vater des obengenannten
jungen Fürstenwärther war der Enkel Friedricl Ludwigs und in Meisenheim an-
sässig. Er war Major, wilrend sein Bruder in Zweibrücken als Beamter einen
lolen Rang einnalm und bei Herzog Karl II. in loler Gunst stand. Der junge
Fürstenwärther besuclte das Zweibrücker Gymnasium vom 4. Januar 1785 bis
Ostern 1786. Naclдem er absolviert latte, ging er in der Tlat nacl Marburg
auf die Hoclsclule.

[4]) Dieser Aulenbacl war ein Bruder des oben erwälnten und der Lieblings-
sclüler des Rektors. Im Jalr 1790 wurde er Sekretär bei dem Minister von
Eseberk. — Er war also bereits vor einem lalben Jalr, im Herbst 1785,
eximirt werden. Mitlin ist dies wieder ein Beleg dafür, dafs aucl am
Ende des Sommersemesters die „Exemtion" stattzufinden pflegte.

[5]) Eine für uns auffällige Verbindung von Hoclsclulstudien: Rechtsgelehrsamkeit, klassiscle Philologie (Humanitätswissenschaften) und Staatswissenschaften.

[6]) Der Ausdruck „Freiwilliger" ist m. E. aufgrund des Naclfolgenden daler zu erklären, dafs besagter Guttenberger freiwillig, aus Liebe zu den Studien,
von der „erlernten und geübten Kunst" zurücktrat und das Gymnasium nocl ein
Jalr besuclte, um das Reifezeugnis zu erlangen. — Welclem Fachstudium G. sicl
zu widmen gedaclte, gibt Crollius niclt, wie bei den andern Abiturienten, näler
an (,,ilnen" = den Studien — unbestimmt!).

auftretten, um in aller Namen die Empfindungen über die erhaltene Freiheit mit dem wärmsten Dank zum Abschied zu reden.[1]) Darauf wird

2) Friedrich Carl Enzelbach, der erste[2]) unter den Exemten, und

3) Julius Ludwig Schmid, der vierte,[2]) zween Jünglinge, die, wie sie ihre bisherige Lehrer liebten, also auch ihre Lieblinge zu werden gewußt haben, eine Rede über das Ofsnabrückische Friedensinstrument, als eines der fürnehmsten Reichsgrundgesetzen, dessen Inhalt und Eintheilung theilen.[3])

Statt einer weitern Fortsetzung wird

4) Friedrich Christian Carl von Fürstenwärther,[4]) der uns bisher wegen seiner edlen Denkungsart, ausnehmenden Fleiß, wahrer Liebe zur Tugend und Bescheidenheit, wodurch er seiner hohen und frommen Voreltern sich zu würdigen[5]) gesucht, sehr schätzbar gewesen ist, die seit kurzem von einem befangnen Staatsrechtslehrer[6]) aus Unwissenheit der Geschichte bezweifelte und bestrittne Wahrheit erweisen, daß die Pfalzbaierische Kur ganz sicher diejenige seye, welche schon vor Vereinigung der Pfalz mit dem Herzogthum Baiern von den Grofspfalzgraven bey Rhein, als Herzogen und Repräsentanten des Fränkischen Volks in Teutschland, seit Conrad von Staufen und insbesondere dessen Eidam, Pfalzgraven Heinrich von Braunschweig dem ältern, geühet worden,[7]) und dabei noch andere Irrthümer rügen.

---

[1]) Also eine Valediktionsrede. — Die Wendung: „die Empfindungen . . . . . zum Abschied zu reden" erscheint uns ganz ungewohnt anstatt: in einer Rede „auszudrücken" oder „auszusprechen."

[2]) Ein Zeugnis dafür, dafs damals am Zweibrücker Gymnasium das Lokationssystem bestand.

[3]) „Theilen" bedeutet: die zwei vortragenden Schüler werden sich in die Rede teilen. Crollius hatte nämlich absichtlich jedem von beiden ein Stück der Rede zum Auswendiglernen und Vortragen eingehändigt. Siehe seine diesbezügliche briefliche Äuferung im „Anhang"!

[4]) „Statt einer weitern Fortsetzung" — nämlich der Rede über das Ofsnabrückische Friedensinstrument, worüber Crollius gewifs noch mehr, als was er zum Vortrag bestimmt hatte, hätte verbringen können. — Der junge Baron von Fürstenwärther war bereits als Oberklässer mit einem litterarischen Erzeugnis hervorgetreten, das sich betitelte: „Gedächtnis der Maximilian und Wilhelminen geheiligten Abende", Zweibrücken 1785. Siehe „Mitteilungen des Historischen Vereins der Pfalz" 1878, S. 63. Vgl. Molitor S. 490 Anmkg. 3.

[5]) „Sich würdigen" im Sinne von „sich würdig erweisen" liest man bei Crollius öfter.

[6]) Gemeint ist Professor Fischer in Halle. Vgl. den „Anhang"!

[7]) Dieser Gegenstand, der unsers gelehrten Rektors Fleifs und Eifer gründlich in Anspruch nahm, gehörte zu seinen mit besonderer Vorliebe betriebenen historischen Studien, die sich hauptsächlich auf die Erforschung der Geschichte des Herzogtums Zweibrücken und des von ihm in treuer Anhänglichkeit hochverehrten Wittelsbacher Herrscherhauses bezogen. Im nämlichen Jahre noch veröffentlichte Crollius die vornehmlich gegen Fischer in Halle gerichtete Schrift: „Dafs die Pfalzgrafen bei Rhein noch vor der Wittelsbachischen Regierung die ersten weltlichen Kurfürsten und Reichs-Erbtruchsesse gewesen, und so die heutige Pfalzbayerische Kur ursprünglich für die Pfälzische Kur zu achten sei, wird mit zuverlässigen Zeugnissen der Geschichte dargethan", Frankf. u. Lpzg. 4".

Noch werden zween andere Exemten, die sich zu unserer Hofnung mit rühmlichstem Fleise gebildet haben,
　　5) Henrich Jacob W e l s c h, und
　　6) Johann Ludwig K l ö c k n e r
eine französische Rede von der Gefahr des Hochmuths
und Ehrgeizes theilen,[1] wozu sie von Herren Professor
und Pfarrer PICCARD vorbereitet worden.
　　Vor oder nach diesen letzteren wird der künftige Erste der Schule,
　　7) Jacob Christoph L a m e i,[2] von M a n n h e i m, heute zum
viertenmahl wieder auftretten, und eine Uebersetzung des Vir-
gilischen Hirtengedichts, Pollio betitelt, rezitiren. Der
Inhalt ist auch unseren Hofnungen und Wünschen so angemessen,
dafs wir diesen Gesang auch als ihren Ausdruck ansehen durften.[3]
　　Aus der zweiten Ordnung wird Herr Bibliothekar und
Professor BERKMANN einen ruhmliebenden Jüngling
　　8) Friedrich Philipp S c h m i d,[4] von Z w e i b r ü c k e n, einige
Gedanken über den jugendlichen Leichtsinn vortragen
lassen.
　　Aus der dritten Ordnung wird Herr Professor WEBER
zween dieser Ehre werthe Jünglinge herfürgehen lassen
　　Carl Ludwig D o m i n i c,[5] von Z w e i b r ü c k e n, und

---

[1] Auch für dieses moralisierende Thema trifft zu, was oben über die 4 Jahre
früher gehaltene französische Rede bemerkt ist.
[2] Vgl. oben S. 78, Anm. 3.
[3] Gemeint ist natürlich die v i e r t e E k l o g e, in der (Vers 12) die von
S c h l a p e r in orbis veränderte, von neueren Herausgebern, wie K l o u c e k, wieder-
hergestellte alte Lesart P o l l i o die von Crollius beliebte Bezeichnung: „Virgili-
sches Hirtengedicht, P o l l i o betitelt" rechtfertigt. Den „angemessenen Ausdruck" der im Frühjahr 1786 gehegten Hoffnungen und Wünsche fand Crollius,
der, wie man sieht, sich auch darauf verstand, seine loyale Huldigung für das
innig geliebte Fürstenhaus in eine der altrömischen Dichtung entlehnte Hülle
einzukleiden, wohl vornehmlich in den Versen 5—8, 15—17, 48—52 und allenfalls noch 60—63.
　　Der „p u e r n a s c e n s" aus dem Z w e i b r ü c k e n - B i r k e n f e l d e r H a u s e,
auf dessen Erscheinen alle ächten Patrioten vom Schlage eines Crollius sehnsüchtig
warteten, erschien denn auch nach kurzer Zeit und so erfüllten sich jene Hoffnungen und Wünsche: am 25. A u g u s t d i e s e s J a h r e s w u r d e z u S t r a f s-
b u r g d e m P r i n z e n M a x i m i l i a n, dem Bruder des seines Sohnes durch den
Tod beraubten Herzogs Karl II. August, v o n s e i n e r G e m a h l i n, P r i n z e s s i n
M a r i e W i l h e l m i n e A u g u s t e v o n H e s s e n - D a r m s t a d t, ein Sohn ge-
b o r e n, der den erlauchten Fürstenstamm fortzupflanzen bestimmt war — d e r
n a c h m a l i g e K ö n i g L u d w i g I. v o n B a y e r n.
　　[4] Sein älterer Bruder war der vorhin genannte Abiturient J u l i u s L u d w i g
S c h m i d. Auf den jüngeren Schmid bezieht sich die Bemerkung in Crollius'
zweitem Brief an Lamey (vgl. den „Anhang" S. 99): „Der sonst liebere Sohn bei
aller seiner Herzhaftigkeit, machte es schlechter." — Ein verkehrteres Thema als
dieses, vom Professor ausgewählt, ausgearbeitet und zum Vortrag übergeben einem
jungen Menschen, dem das Moralisieren über seinen eigenen und seiner Alters-
genossen Leichtsinn gewiß nicht aus innerm Herzen kommt, sondern der auto-
matenhaft solche fremde, ihn innerlich kalt lassende Reflexionen pflichtschuldigst
heruntersagt, läßt sich selbst unter der grofsen Zahl der für die Jugend ungeeigneten Vortragsgegenstände, denen wir in den 5 Schriftstücken begegnet sind,
wohl kaum auffinden.
　　[5] Ein Advokat D o m i n i k wird erwähnt bei M o l i t o r S. 428, 475.

6*

Johann Friedrich J e r i c h o, [1]) von Z w e i b r ü c k e n,
die als Lucian und R'abelais sich über ihre Schriften
und andere zufällige Gegenstände besprechen werden. [2])
III. Die Aufrufung neuer Schüler, die Beförderung derer, die sich
dazu werth gemacht haben können, in höhere Klassen, und die Prämienaustheilung an solche, die auf Belohnungen und Ermunterungen gegründete Hofnung haben mögen, werden diese Handlung beschliessen.
Die Menge der Reden wird durch ihre Kürze und
Theilung den verehrlichsten Zuhörern minder beleidigend scheinen. Der weggehenden Jünglinge sind viele,
und viele konnten diese Ehre hoffen, da nur Gönner der
Schule und Freunde der Wissenschaften uns ihre ehrende
Gegenwart gönnen.
Des Herren O r g a n i s t e n WALTHERS Bereitwilligkeit wird die
Schule zu verdanken haben, daſs sich einige M u s i c k v e r s t ä n d i g e
mit ihm verbinden wollen, dieser Handlung Leben und Anmuth mit
Frölichkeit zu leihen." [3])
     Zweibrücken den 5. April.   G. C. Crollius.

Warum bezogen die Abiturienten des Zweibrücker Gymnasiums
im Jahre 1786 und wohl überhaupt in jener Zeit vorzugsweise die
M a r b u r g e r H o c h s c h u l e? Der Hauptgrund war jedenfalls der, daſs
damals Marburg noch am meisten den Charakter einer r e f o r m i e r t e n
Hochschule besaſs. Sogar ein angehender l u t h e r i s c h e r Theologe
war unter den Zweibrückern, die mit Beginn des Sommersemesters 1786
nach Marburg abgingen. Wir wissen aus einem noch vorhandenen
Aktenstück, daſs die in Marburg studierenden Zweibrücker sich landsmannschaftlich zusammenhielten und dort grosse Achtung genossen.
Ein Studiosus aus Zweibrücken versuchte einmal, eine aus Zweibrückern bestehende Studentenverbindung, einen „Ordre de Deux-
Ponts", in Marburg zu gründen und verlor deshalb sein Stipendium.
Früher gingen lange Zeit die zukünftigen Theologen von Zweibrücken
auf die Universität G ö t t i n g e n.[4]) Die H e i d e l b e r g e r Hochschule
stand bei Crollius, wie wir aus Äuſserungen von ihm in seinem Briefwechsel mit Lamey wissen, in keiner besonderen Hochschätzung. Noch
sei hier beigefügt, daſs der ältere Crollius im Jahre 1749 einen Ruf als

---

[1]) Ein Kaufmann dieses Namens ebenda S. 510.
[2]) Ein Thema ähnlich originell wie das G e s p r ä c h z w i s c h e n C o r t e z
u n d P e n n, das gleichfalls von Schülern aus der Klasse Webers vorgetragen
wurde. Ob W. wohl auch hinreichend attisches Salz für seinen Lucian und genug
französischen Esprit für seinen Rabelais zur Verfügung gehabt hat?
[3]) Hier ist zum erstenmal die Rede von einer m u s i k a l i s c h e n A u f
f ü h r u n g in Verbindung mit einer solchen „Handlung", d. h. Promotion und Redeakt, bezw. Vorträgen, nebst Preisverteilung. Die „Musikverständigen" waren auf
keinen Fall Schüler der Anstalt; sonst hätte Crollius sicher nicht unterlassen dies
ausdrücklich hervorzuheben. Über Musikunterricht am Zweibrücker Gymnasium
in jener Zeit habe ich bislang noch nichts gefunden. In T r a r b a c h bestand ein
solcher. Vgl. oben!
[4]) Vgl. die hierauf bezügliche Bemerkung von Crollius in seinem ersten
Brief an Lamey im „Anhang."

Professor der Geschichte an die Universität Marburg erhielt, dieser
Berufung aber nicht folgte (Finger S. 70 A.).

Es bleibt zu bedauern, dafs nicht s ä m t l i c h e „e i n l a d e n d e A n -
zeigen" aus der Zeit der Rektoratsführung des jüngeren Crollius uns
erhalten sind. Wir würden dann nicht blofs eine vollständige Liste
der jahraus, jahrein gehaltenen „Redeübungen" zusammenstellen können,
sondern wären auch z. B. darüber besser unterrichtet, ob das Zweibrücker
Gymnasium öfter von solchen Schülern besucht wurde, die, wie die
beiden jungen Lamey, nicht im Herzogtum Zweibrücken beheimatet waren.

Über die S t e l l u n g, w e l c h e C r o l l i u s zur z e i t g e n ö s s i s c h e n
d e u t s c h e n P o e s i e e i n n a h m, ist oben schon das mir hierüber
Bekannte mitgeteilt worden. Auch wies ich im Anschlufs hieran darauf
hin, dafs am Zweibrücker Gymnasium ein eigentlicher Unterricht im
Deutschen nicht erteilt wurde. Crollius war eben ein Philologe von
strenger Observanz, ein Schulmann vom alten Schlag, der den Neuerungen auf dem Gebiete der Pädagogik wohl ebenso ablehnend gegenüber stand, wie er sich dem neuen Geiste in der damaligen deutschen
Litteratur abhold zeigte. Er fürchtete nämlich infolge seiner pädagogisch
strengen Grundsätze und seiner zäh am Alten hangenden Denkweise
für die s i t t l i c h e E r z i e h u n g d e r J u g e n d, für ihre C h a r a k t e r -
b i l d u n g Gefahr und Schaden, wenn die jungen Leute mit den nach
seiner Ansicht auf die Gesinnung verderblich einwirkenden Erzeugnissen
vom Schlag der „Räuber" und ähnlichen bekannt würden.

So dürfen wir denn als sicher annehmen, dafs Crollius auch
den gleichzeitigen Bestrebungen des P h i l a n t h r o p i n i s m u s keinerlei
Sympathie entgegenbrachte. Wie man auch über die Licht- und Schattenseiten dieser merkwürdigen Bewegung in der damaligen deutschen
Pädagogik urteilen mag, d a s V e r d i e n s t kann den Vertretern dieser
Richtung auf keinen Fall bestritten werden, d a f s s i e i n r i c h t i g e r E r -
k e n n t n i s s e i n e r W i c h t i g k e i t d e m U n t e r r i c h t i n d e r d e u t s c h e n
S p r a c h e u n d L i t e r a t u r s o r g f ä l t i g e P f l e g e a n g e d e i h e n
l i e f s e n[1]). Auch im Gebiet der heutigen Rheinpfalz wurde, und zwar
in Heidesheim, ein Philanthropin errichtet durch den bekannten hoch-
begabten, aber der Selbstzucht ermangelnden Dr. B a h r d t. Durch
seinen Einflufs offenbar wurde an der h ö h e r e n S c h u l e d e r G r a f e n
v o n L e i n i n g e n - W e s t e r b u r g (genauer: der S c h a u m b u r g e r
Linie) seit ihrer Wiederherstellung und Verlegung nach der Residenz
G r ü n s t a d t 1729, bezw. 1736, im Jahre 1775 „infolge der philan-
thropischen Bewegung zugleich die Erklärung der Meisterwerke der
deutschen Nationallitteratur in den Kreis des Unterrichts gezogen"[2]).

---

[1]) Vgl. den trefflichen Aufsatz von Dr. K a r l K e h r b a c h über „D e u t s c h e
S p r a c h e u n d L i t t e r a t u r a m P h i l a n t h r o p i n i n D e s s a u" (1785—1793) in
den „M i tteilungen der Gesellschaft für deutsche Erziehungs- und Schulgeschichte",
7. Jahrg., Heft 4, S. 333—359, Berlin 1897.

[2]) Ed. G e i b: „Zur Geschichte der Volksbildung und des Unterrichts", (in
der Rheinpfalz), Bavaria IV, Abt. 2, S. 544. — Vgl. auch die gediegene Schrift
des Herrn Kollega Dr. H a n n s M a i s e l in Augsburg: „Geschichte des kurpfälzischen
Philanthropins zu Frankenthal" (1780—1799), Frankenthal 1889, S. 37 u. 38.

Die für uns so wichtige Frage: Haben die Schüler, welche mit diesen „Redübungen" vor die Öffentlichkeit traten, dieselben auch selbständig angefertigt, oder waren die Lehrer, bezw. der Rektor, die Verfasser? ist, worauf im Vorausgehenden schon einigemale kurz hingewiesen wurde, dahin zu beantworten: nur in ganz seltenen Fällen arbeitete ein Schüler das, was er vortragen sollte, selbständig aus, etwa eine Abschiedsrede (s. S. 75, Anm. 3), in der Regel war es Crollius selbst, außerdem die andern Lehrer, die diese weit mehr sozusagen auf Schaustellung berechneten als einem bestimmten Unterrichtszweck dienenden Übungen der Schüler im freien Vortrag von einem Halbjahr zum andern anfertigten. Der Schüler hatten dabei weiter nichts zu thun als die ihm übertragene Rolle so gut als möglich durchzuführen, d. h. die ihm eingehändigte fertige Rede nach Kräften seinem Gedächtnis fest einzuprägen und sie dann am Tage der feierlichen „Handlung" möglichst sicher und ausdrucksvoll coram publico frei vorzutragen. Wie verfehlt, ja geradezu schädlich, wie ganz unnatürlich erscheint uns diese Gepflogenheit! Es wäre nicht schwer, gestützt auf gewichtige Gründe, vom pädagogischen wie didaktischen Standpunkte aus das Verkehrte und Nutzlose, ja Nachteilige dieses Verfahrens einleuchtend nachzuweisen. Doch ich verzichte lieber darauf, die eingehende Kritik, die ich dem Entwurf dieses Aufsatzes ursprünglich einverleibt hatte, hier wiederzugeben. Denn abgesehen davon, daß ich mit Recht fürchten müßte, die Geduld der verehrlichen Leser durch weitere Ausdehnung dieses ohnehin schon recht umfangreich gewordenen Aufsatzes zu ermüden, glaube ich die Beurteilung der in Rede stehenden Einrichtung getrost den geschätzten Herren Kollegen anheimstellen zu können. Ich gebe mich dabei der sicheren Erwartung hin, daß kein Fachmann diese uns seltsam anmutende Gewohnheit des vorigen Jahrhunderts gutheißen oder verteidigen wird. In diesem Fall darf man gewiß ein einstimmiges verwerfendes Urteil seitens aller Sachverständigen mit Bestimmtheit in Aussicht stellen. Ohne daß man den Wert der Versuche im freien Vortrag, wie sie jetzt an unseren Gymnasien üblich sind, überschätzt, darf man doch mit Fug und Recht behaupten, daß diese Redeübungen, im engen Anschluß an die deutsche und altsprachliche Lektüre betrieben und stufenweise vom Leichtern zum Schwereren fortschreitend, doch in ganz anderer Weise geeignet sind, die Schüler unserer drei obersten Gymnasialklassen zu immer größerer Selbständigkeit im Denken und Gewandtheit in der richtigen Anordnung sowie im schriftlichen und mündlichen Ausdruck ihrer Gedanken anzuleiten und zu befähigen.

Denn vor allem halten wir unsere Schüler dazu an, diese Redeübungen selbständig auszuarbeiten; die Thätigkeit des Lehrers beschränkt sich auf etwaige allgemeine Fingerzeige und eine formale Durchsicht der Entwürfe. Sodann liegen die Themata, über welche unsere angehenden Redner sich zu verbreiten pflegen, innerhalb ihres Gesichtskreises, da sie zumeist dem Bereich der Schriftstellerlektüre

oder der Geschichte entnommen sind oder, wenn sie sich nicht an
den Klassunterricht, bezw. die Privatlektüre, anlehnen, doch in der
Regel leicht Anknüpfungspunkte an Bekanntes und Verwandtes zulassen, also auf jeden Fall nicht zu hoch gegriffen sind, nicht über
den Gedankenkreis der Schüler hinausreichen. Damit aber ist auch
eine Bürgschaft dafür gegeben, dafs sich das Interesse für die Sache,
dieses movens agens jeglichen Unterrichts, bei den Schülern einstellt.
Um nun dieses Interesse, wenn es einmal geweckt ist, wach zu erhalten und allmählich zu steigern, wenden wir das Verfahren an, dafs
eine Anzahl von Themen von a l l e n Schülern zum Zweck des freien
Vortrags bearbeitet wird, sodafs jeder darauf gefafst sein mufs, auf-
gerufen zu werden, um vor der Corona frei zu sprechen. Andererseits,
falls nur e i n Schüler über einen meist von ihm selbst gewählten
Gegenstand einen Vortrag hält, kann man die andern dadurch zu gleichmäfsiger Aufmerksamkeit und Teilnahme anhalten, dafs man nach be-
beendetem Vortrag zunächst alle übrigen Schüler zur Kritik über das Gehörte inbezug auf Inhalt, Gedankenzusammenhang, formale Darstellung
und die Art und Weise der rednerischen Leistung selbst auffordert, wobei
manche gern freiwillig sich zum Wort melden, andere vom Lehrer auf-
gerufen werden müssen, um sich auszusprechen · und diese oder jene
Ausstellung zu machen. Der Lehrer gibt alsdann selbst möglichst
kurz und bündig sein Urteil ab. Darf man nun ein solches Interesse auch
bei den Schülern, welche auspiciis Crollii die oben angeführten Redeübungen hielten, sowie bei ihren Mitschülern voraussetzen? Rundweg
möchte ich dies verneinen zunächst bezüglich der rein gelehrten,
staatswissenschaftlich-historischen Abhandlungen, die der gute Crollius
von Zeit zu Zeit der hochansehnlichen Zuhörerschaft, die doch auch
nicht aus lauter Gelehrten bestand, in akademischem Tone durch einen
Schüler vortragen liefs. Denn von einem eigentlichen Verständnis und
tieferen Interesse für scharfsinnige, hochgelehrte Deduktionen und
Kontroversen hinsichtlich des Ofsnabrückischen Friedensinstrumentes
oder der pfälzischen Kurwürde u. dgl. kann wahrlich bei Gymnasialschülern im Alter von 16—18 Jahren, seltene Ausnahmefälle etwa
abgerechnet, im Ernst nicht die Rede sein.
　　Der G e l e h r t e Crollius hat eben hier auf den S c h u l m a n n
Crollius zu wenig Rücksicht genommen. Die Aula eines Gymnasiums
ist doch keine Akademie der Wissenschaften! Dürfen wir ferner annehmen, dafs sich die lebensfrische, zum Reflektieren und Grübeln
über Themen moralisierender Art in der Regel wenig geneigte und
hiefür wenig empfängliche Jugend sonderlich interessiert habe für die
vielleicht noch dazu in pedantischem Tone gehaltenen Räsonnements
und Paränesen, welche ihr das gesetzte Alter fix und fertig in ab-
strakter Darstellung auftischte? Nein! Denn es ist schwer abzusehen,
auf welche Weise ein wirkliches Interesse für solche Dinge bei den
Schülern erzeugt oder vermittelt werden konnte. Eher dürfen wir
glauben, dafs „ein mehr belustigendes Thema", wie der Vortrag über
die „Hauptzierden", oder der Webersche Dialog zwischen Cortez und
Penn oder auch die Vorführung von Szenen aus einem Lustspiele

Goldonis bei den jungen Leuten Anklang und beifällige Aufnahme
gefunden habe. Denn für derartige Darbietungen war, wenigstens bei
der Mehrzahl, hinreichendes Verständnis vorhanden. Freilich, auch
in diesen Fällen war der vortragende Schüler immer
nur das Sprachrohr seines Lehrers und auf die Rolle
eines Rede-Automaten beschränkt. Doch hiemit sei es genug!
Sonst werde ich doch ausführlicher, als ich beabsichtige.

Dürfen wir jedoch deswegen mit Crollius allzustreng ins Gericht
gehen? Gewifs nicht! Nichts liegt mir ja — ich versichere dies ausdrücklich! — ferner als die Absicht, die Verdienste dieses hervorragenden Zweibrücker Rektors, der als trefflicher Schulmann wie als
ausgezeichneter Gelehrter weithin über die Grenzen seines engeren
Vaterlandes hinaus geschätzt wurde und seine Berühmtheit durchaus
verdiente, irgendwie zu schmälern. Croltius war in diesem
Stück eben ein Sohn seiner Zeit: auch an andern nam-
haften Gelehrtenschulen bestand damals die Sitte, dafs
nicht der Schüler, sondern der Lehrer die „Redeübungen" verfafste. War man nun aber allerseits mit diesem
Verfahren, das sich seit längerer Zeit schon eingebürgert hatte, einverstanden? Oh nein! Es gab in der That Leute, welche
hierin einen Mifsstand erkannten und auf seine Ab-
stellung hinzuwirken suchten. Näheres hierüber finden wir
bei Finger, der sich mit seiner Darstellung auf das in Zweibrücken
noch vorhandene Aktenmaterial (betr. Schulwesen, speziell Gymnasium)
stützt. Im Jahre 1755 hatte, wie früher schon bemerkt, der Herzog
eine Kommission bestellt, welche den Zustand des Gymnasiums gründlich untersuchen sollte. In dem Berichte, welchen im Namen dieser
Kommission unter dem 10. Februar 1756 der Vorsitzende derselben,
Regierungsrat Bachmann, erstattete, heifst es unter anderm: „damit
die Schüler in Zeiten sich apte ausdrücken lernen, wird
auch ohnausstellig zu verfügen sein, dafs die Rhetorik
besser getrieben und die Schüler sowohl zu öffentlichen
als Privatredeübungen angeführt werden" (S. 73). Ferner
finden wir in der oben schon einigemale angezogenen Schulordnung
vom 11. März 1757 folgenden hieher einschlägigen Passus (§ 10 d):
„Die bisher vor denen Promotionen und examinibus gewöhnlich ge-
wesenen Ferien sollen um so mehr ganz abgestellt sein, als die Docenten die bei solchen Gelegenheiten gewöhnlichen programmata gar
füglich in den Nebenstunden machen können, die Verfertigung
der orationum aber den Schülern selbst heimgewiesen
werden soll, gestalten das Auditorium nicht ein specimen von des professoris, sondern von des Schülers
gemachten profectibus erwartet" etc. (S. 79). Gewifs ein
ganz vernünftiger, einwandfreier Standpunkt! Der jüngere Crollius
aber, damals noch Klafslehrer (Nachfolger seines Vaters im Rektorat
wurde er 1767) „vermochte seinen Verdrufs über die erlassenen Regulative nicht zu verbergen. Es kam derselbe zum Ausbruch, als zum
ersten Mal nach Mafsgabe der neu eingeführten Schulordnung bei den

öffentlichen Prüfungen und den damit in Verbindung stehenden Promotionsfeierlichkeiten verfahren werden sollte. Über den Vorfall selbst berichtet der dabei als Mitglied der fürstl. Schulkommission beteiligte Regierungs- und Consistorialrat Bachmann folgendermafsen: „Als ich den 19. Sept. Nachmittag um 2 Uhr auf das Gymnasium kam, so traf ich in Tertia den H. Professor nebst dem jungen Keller an, welcher seine zu haltende Oration exercirte. Ich passirte da durch in Primam und traf daselbst verschiedene auditores, von meinen Herren Concommissariis aber noch keinen an. Ein auf dem Tisch gelegener Bogen, auf welchem die zu haltenden orationes angezeigt waren, gab Gelegenheit, von denselben zu sprechen und darüber kam auch der H. Professor ins Zimmer, der sich mit in den Discurs einliefs und ex abrupto d'un air decisif sagte, es sei keinem Schüler zuzumuthen, orationes zu machen, auf den besten Gymnasien machten solche die Docenten und liefsen sie sogar drucken; auf diese Art könne man noch 10 Jahre verbessern und es würde doch nichts herauskommen. Ich replicirte ihm ganz gelassen, Rom sei nicht in einem Tage gebaut worden; wenn von den unteren Classen mit der Verbesserung der Anfang gemacht, sofort bessere subjecta in die oberen geliefert würden, so könne man von den Primanern viel mehr fordern, als dermalen. Er beantwortete solches mit einem rechthaberischen, unverständlichen Gebrumm und ging damit seinem Stuhle zu. Da ich nun in meiner Qualität als herrschaftlicher Commissarius dieses Betragen nicht anders als mal placirt und respektswidrig ansehen konnte, so sagte um mehreren Glimpfs willen auf Latein: hier sei weder die Zeit noch der Ort zu disputiren u. s. w. Der Herr Professor ging quasi attonitus zum Zimmer hinaus und kam über eine Weile wieder, da inmitten Schüler und auditores über den Hergang in tiefstem Stillschweigen ihre Betrachtungen machten. Kaum konnte ich über mich gewinnen, dafs ich nicht wegen dieses impertinenten Betragens den ganzen actum aufgehoben und sofort ad Serenissimum defshalb referirt hätte. Nach geschlossenem Examen arretirten uns, nämlich H. Insp. Obermann und mich, im Beisein Hr. Assessor Müllers und ni fallor Hr. Dr. Moscherosch die beiden HH. Crollii; der ältere entamirt den Discours wegen des in Hr. Exter's Lehrschule verlegten Examens der Sekundaner, der jüngere aber, nachdem er proterve repetitis vicibus deklarirt, er ginge nicht in Hr. Exter's Haus (wefshalb er sich doch des andern Tages eines Bessern besonnen) kehrte den Discours auf den mit mir gehabten Contest und suchte denselben damit zu rechtfertigen: ein Lehrer müsse frei denken und frei reden. Der Gedanke, dafs die Schüler ihre Reden selbst machen sollten, käme nur von Hrn. Insp. Kiesewetter (einem Mitgliede der Schulcommission) her; er möchte doch dessen Schulreden sehen. — Dem Gymnasium könne nicht aufgeholfen werden, wenn man nicht mehrere Lehrer und classes selectas anstelle. Wann eine Promotion gehalten werden müsse, bei welcher die Schüler die Reden selbst machen sollten, so würde er

gewifs die Promotion nicht halten. Der Endzweck dieser
Promotionen sei nicht, dafs die Schüler Proben ihrer
Geschicklichkeit zeigen sollten, sondern dafs sie den
Lohn empfangen sollten.[1]) Wer Proben ihrer Geschicklichkeit
sehen wolle, könne ins Examen kommen. Wer dahin nicht kommen
wolle, um den brauche man bei der Promotion nichts besonderes zu
machen. Anstalten von dieser Art müfsten von erfahrenen Schulmännern gemacht werden, über anderer judicia setze man sich grofs-
müthig hinaus und was dergl. Impertinentien mehr waren. Ich habe
bei dem ganzen Vorgang wenig gesprochen, sondern den jungen
Menschen seiner Presomption überlassen in dem Vorsatz, ihn zu
anderer Zeit zu corrigiren." Finger erzählt dann weiter, dafs Crollius,
„dieses Schweigen des fürstlichen Schulkommissärs mifsdeutend, sich
nicht entblödete, sowohl in seiner eigenen als in einer Rede, die er
von einem Schüler halten liefs, die neuen Regulative einer versteckten
und hämischen Kritik zu unterziehen, ungehalten darüber, dafs sie ihn,
„der in seinem Posten zu brilliren suchte," anwiesen,
nicht für sich, sondern für die Schüler zu arbeiten."
Daraufhin sah sich die Schulkommission zu ernstem Einschreiten veranlafst usw. — Crollius erhielt defshalb einen scharfen Verweis mit der
beigefügten Verwarnung, „sich künftig so gewifs in seinen Schranken
zu halten, als im widrigen Fall Sr. hochfürstl. Durchl. zur behörigen
nachdrücklichen Ahnung davon Anzeige geschehen müsse."[2])

In diesem Berichte Bachmanns wurde gegen Crollius auch
der Vorwurf erhoben, er befleifsige sich zu sehr einer
akademischen Lehrweise statt einer solchen, die für die
Schüler eines Gymnasiums die passende sei. Inwieweit
dieser Vorwurf berechtigt war, kann ich nicht beurteilen, da ich hinsichtlich der Lehrmethode Crollius' nicht weifs, was darüber in den
Akten Verläfsliches angegeben ist. Sofern man aber aus manchen von
ihm verfafsten und auf seine Anordnung von Schülern gehaltenen „Redübungen" einen Schlufs auf seine Lehrweise ziehen darf, mag dieser Vor-
halt allerdings nicht ganz unbegründet gewesen sein. Schliefslich sei noch
erwähnt eine hier einschlägige Bemerkung bei Buttmann a. a. O.
S. 23: „Alljährlich zweimal fanden damals in Zweibrücken nach dem
Semesterexamen vor Ostern und zu Michaelis öffentliche Promotionen

---

[1]) Diese Anschauung, dafs die Promotionen, bezw. die hiemit verbundenen
Redeübungen, der verdiente Lohn für die tüchtigen Schüler sein sollten, wird ja
auch in den „einladenden Anzeigen" wiederholt ausgesprochen. Dafs aber Crollius
hinsichtlich dieser Frage in einer einseitigen Auffassung befangen war, und die
fürstl. Schulkommission, speziell Bachmann, den richtigen Standpunkt einnahm,
kann m. E. keinem Zweifel unterliegen.

[2]) In dem Aktenfaszikel, aus dem Finger dies geschöpft hat, wird im Eingang
auch berichtet, dass Crollius die fürstl. Regierung um eine Entschädigung im Betrag eines halben Guldens für die Abschriften der von ihm verfertigten und von
den Schülern gehaltenen Reden ersuchte. Dies wurde ihm jedoch abgeschlagen
mit dem Bescheid, er solle die apographa auf seine Kosten machen lassen, die
autographa (seine Urschriften) aber an die Regierung einschicken, worauf sie ihm
remittiert werden würden. Diese Vorlegung der von ihm geschriebenen Origina-
lien wurde von da an wohl regelmäfsig verlangt.

mit Redeübungen statt. Die hiebei zu haltenden Reden, deren
es oft vier, ja fünf waren, pflegten trotz einer entgegen-
stehenden, von Crollius stets leidenschaftlich be-
kämpften Bestimmung der Schulordnung vom 11. März
1757 nicht die Schüler selbst, sondern die Professoren
anzufertigen. Da aber nicht alle die Fähigkeit dazu besafsen, einige auch kränklich waren, so ruhte diese
nicht geringe Last meist auf den Schultern des Rektors.
Oft war auch dieser nicht imstande, solche Reden vorzubereiten; dann mufste die Promotion mit Prämienverteilung ausfallen." Man thut Crollius gewifs kein Unrecht,
wenn man von ihm behauptet, dafs er in diesem Punkte sich hart-
näckig und „leidenschaftlich" zeigte. Merkwürdig bleibt es auf jeden
Fall, dafs er trotz des Widerstrebens der Schulkommission dennoch
seinen Willen durchsetzte und an der für uns so befremdlichen Einrichtung bis zum Ende seiner Laufbahn mit Zähigkeit festhielt, was
ja aus den oben mitgeteilten Einladungsanzeigen von 1768, 1773, 1778,
1782 und 1786 hervorgeht.

    Wie urteilte denn das Publikum, d. h. die zu den Schul-
feierlichkeiten jedesmal eingeladene, aus den angesehensten Kreisen der
Stadt zusammengesetzte „glänzende Versammlung" über diese rednerischen Darbietungen des Gymnasiums? Oftmals wird,
wie wir wohl annehmen dürfen, Crollius bei diesen Gelegenheiten durch
Vorführung solcher Paradestücke — ich finde keinen bezeichnenderen
Ausdruck für diese Art von schulrhetorischen Leistungen — volle Befriedigung für seinen persönlichen Ehrgeiz gefunden und, wenigstens
nach seiner und mancher anderer Meinung, zugleich Ehre für Lehrer
und Schüler damit eingelegt haben. Indes blieb ihm manchmal
im Lauf der Jahre auch das Gefühl der Enttäuschung
nicht erspart. Mangel an Anerkennung aber gerade auf diesem ihm
so sehr ans Herz gewachsenen Gebiete seiner Thätigkeit hat ihm
sicher berben Schmerz bereitet und, bei seinem stark entwickelten
Ehrgeiz, wohl wie ein Stich in die Achillesferse gewirkt. Finger macht
nämlich (S. 87) bei der Beurteilung des damaligen Standes des Gymnasiums und der Leistungen des Rektors sowie der übrigen Lehrer
die Bemerkung, man habe sich der Wahrnehmung der Mängel, womit
die Leistungen der Schule behaftet waren, verschlossen und, statt sich
selbst eine Schuld beizumessen, wenn das gröfsere Publikum
dem schwülstigen Kathederton, den man aus den akademischen Hörsälen auch in die Schulen verpflanzt
hatte, keinen Geschmack abgewinnen konnte, habe man
sich im Vertrauen auf den erlangten literarischen Ruhm nur zu leicht
für berechtigt gehalten, sich zum Schaden der Schule über dergleichen
stolz hinwegzusetzen. So äufsert sich Crollius einmal anläfslich seines
Begehrens, dafs die gewöhnliche Promotionsfeierlichkeit ausgesetzt
werden möge, folgendermafsen: „Das Publikum wird endlich über
eine ausgestellte (d. h. ausgefallene) Promotion nicht unzufrieden sein.
Denn gewifslich nicht mit Zufriedenheit, aber doch zu-

verlässig vernehme ich, dafs selbst solche Herren und
Zuhörer, denen wir nicht hätten mifsfällig seyn mögen,
es als eine Beschwerde ansehen und lange Weile finden,
unsern Schulübungen oder dafs ich es herausrede,
unsern pedantischen Reden und Handlungen an drei
Stunden und drüber (sic!) beizuwohnen. Wir reden alle
halbe Jahr denn nur wenig und mit Abwechslung der
Personen, wir glauben auch zu unsern Reden bisher
Stoff genommen zu haben, der nicht aufser dem Kreis
unserer Einsichten, des Amts und der Schule (?) liegt.
Aber freilich können wir unser Auditorium nicht in einen Redouten-
oder Komödiensaal oder Spielstube, wo man längere Zeit sich ver-
weilen kann, weil ein jeder eine egoistische Person dabei zu spielen
meint, verwandeln und wir müssen uns also in das gewöhnliche Schicksal ergeben, das der Eckel an Humanitäts-
wissenschaft und einer solchen Kleinigkeit, als die Erziehung der Jugend ist, über die Schullehrer zu ver-
hängen pflegt. Die Lehrer haben doch auch noch aufser ihren
Berufsarbeiten studia, durch die sie sich des Schadens erhohlen
mögen, der ihnen aus mancher Geringschätzung zu entstehen scheint."
     Nicht ohne warme Teilnahme lesen wir diesen offenen Herzens-
ergufs des wackern, aber freilich etwas einseitigen Mannes. Es spricht
aus diesem Geständnis das bittre Gefühl des Sichverkanntsehens, der
Enttäuschung wegen des Ausbleibens der erwarteten Anerkennung für
ein redlich gemeintes Streben, von dem Crollius selbst wahrlich nicht
gering dachte. Resignation, gepaart mit einem gewissen Sarkasmus,
ist der Grundton dieser Auslassung, die ohne Frage „tief blicken läfst."
Wer nun weifs, wieviel häusliches Unglück der alternde Crollius durchzumachen hatte, wie niederdrückend für ihn und wie nachteilig für
seine äufsere Lage die Folgen seines oben erwähnten Streites mit der
fürstlichen Regierung und seines selbstgewählten Exils in Wetzlar (1777)
waren, für den ist seine tiefe Verstimmung und sein unverholener
Unmut leicht begreiflich. Andererseits erkennen wir auch hier die
Eigenschaften wieder, die an diesem Manne allerwegen unsere Hochachtung verdienen: seinen männlichen Freimut auch gegenüber ein-
flufsreichen Kreisen und der Regierung, ferner sein ideales wissenschaftliches Streben, verbunden mit einem lebhaften Bewufstsein von
der Bedeutung und dem Wert der ernsten Thätigkeit eines ganz in
seinem Beruf aufgehenden Lehrers und Gelehrten. Und zudem gilt
ja seine Behauptung, dafs die Lehrer an Mittelschulen aufser ihren
Berufsarbeiten ihre wissenschaftlichen Studien haben, durch die sie
sich entschädigen können für „manche Geringschätzung" oder, milder
ausgedrückt, für die Versagung einer in gewissen äufsern Dingen sich
kundgebenden Anerkennung von dieser und jener Seite — im Vergleich mit andern Beamtenklassen! — bis zu einem bestimmten
Grade auch noch für die Gegenwart, wenn auch hierin zweifelsohne gegen
früher manches anders, d. h. besser, geworden ist. Nichtsdestoweniger
kann bei unbefangener Beurteilung nicht in Abrede gestellt werden,

daß Crollius selbst zum guten Teil Schuld trug an der schmerzlichen Erfahrung, über die er in solcher Weise sich beklagte. Denn hätte er größere Menschenkenntnis besessen und sich nicht so sehr von seiner persönlichen Vorliebe für gewisse Themata bestimmen lassen, so hätte er bei ruhiger Überlegung und vorurteilsloser Selbstprüfung eigentlich doch zu dieser Erkenntnis kommen müssen: Es steht zu befürchten, daß, wenn in regelmäßiger Wiederkehr Vorträge streng fachwissenschaftlicher Art, bestehend aus geschichtlichen und juristischen Auseinandersetzungen, dem zu unsern Schulfeierlichkeiten eingeladenen hochansehnlichen Publikum dargeboten werden, bei diesem allmählich Überdruß an einer so schwerverdaulichen Kost und Langeweile erzeugt werde. Ich will mich daher bemühen, um mehr „Abwechslung" in unsere „Redübungen" hineinzubringen, von Zeit zu Zeit solche Gegenstände ausfindig zu machen, die, bei der „Handlung" in Vorträgen der Schüler näher dargelegt, wohl geeignet seyn mögen, die Aufmerksamkeit des Auditoriums, sowie nicht minder der gereifteren und strebsameren Schüler zu fesseln, als da sind Betrachtungen über die gegenwärtigen Bestrebungen auf dem Felde der Poesie und schönen Litteratur — dabei denke ich vornehmlich an die Herren Schiller und Lessing, die Goethianer u. a. — oder Belehrungen über vermeintliche Besserungen auf dem Gebiete des Unterrichts und der Erziehung von der Art, wie sie Herr Basedow unter so großem Beifall ins Werk gesetzt — meinem Geschmack und judicio können. sie freilich nicht gefallen! — und solhane Dinge mehr. Des weiteren will ich hinfüro ernstlich Bedacht nehmen, daß unsere Redübungen nicht länger als zum höchsten zwei Stunden währen; ansonst zu befürchten, daß denen Herren Zuhörern und Gönnern einer fürstl. Schule bei dreistündiger Dauer unserer Schulübungen das Zuhören lange Weile und gar Eckel verursache, was gewißlich dem Ansehen der Humanitätswissenschaften sowie dem Zunehmen und Flor unserer hochpreislichen fürstl. Schule nicht als fördersam zu erachten, ohnerachtet der zu den orationibus genomme Stoff, falls obbemeldete Änderung in der Auswahl geschähe, ohne Zweifel n i c h t a u ß e r d e m Kreis unserer Einsichten, des Amts und der Schule läge.

Zum Schluß wollen wir noch e i n e k u r z e V e r g l e i c h u n g d e r R e d e ü b u n g e n a u s d e r z w e i t e n H ä l f t e d e s v o r i g e n J a h r - h u n d e r t s m i t d e n D e k l a m a t i o n e n u n d V o r t r ä g e n v o n h e u t e a n s t e l l e n, wie sie bei den regelmäßigen öffentlichen Veranstaltungen der Gymnasien gelegentlich des M a i f e s t e s, der J a h r e s s c h l u ß - f e i e r u n d m a n c h m a l b e i b e s o n d e r e n A n l ä s s e n z u e i n e r S c h u l f e i e r einer aus den besten Kreisen der Einwohnerschaft bestehenden Versammlung dargeboten werden. Dabei springen folgende U n t e r s c h i e d e in die Augen: 1) Heutezutage wohnt diesen Veranstaltungen unserer Schulen auch der „D a m e n f l o r" bei, und nicht selten übertrifft dabei das schöne Geschlecht an Interesse und Aufmerksamkeit die anwesenden Vertreter der „Herrenwelt".

2) E i n e s o l c h e S c h u l f e i e r n i m m t i m D u r c h s c h n i t t

höchstens 1¹/₂ —2 Stunden in Anspruch; ein dreistündiges
Zuhören mutet man wohl nirgends dem eingeladenen Publikum zu.

3) Zu den Deklamationen und sonstigen rednerischen
Darbietungen gesellt sich heutzutage regelmäfsig Gesang und Musik. Diese Gesangsvorträge und musikalischen Aufführungen, welche nach Crollius' zutreffender Bemerkung „der Handlung Leben und Anmut mit Fröhlichkeit" verleihen, sind in der Regel
Leistungen der Gymnasialschüler selbst, wenn auch mitunter bei den
musikalischen Produktionen andere „Musikverständige" mitwirken.

4) Beim Maifest wie bei der Jahresschlufsfeier pflegt
jetzt der Vorstand der Anstalt eine Ansprache an das
Publikum zu richten, welche sich auf den Anlafs der
Feier bezieht oder eine Frage aus dem Schulleben, bzw.
dem Gebiete des Gymnasialunterrichts und der Erziehungskunst, in
allgemein verständlicher Darstellung behandelt. Auch
damals hielt der Rektor eine Ansprache, aber nur selten scheint diese
sich auf ein pädagogisches Thema bezogen zu haben.

5) Ebenso wie in diesen Ansprachen sind in den Vorträgen der Schüler rein fachwissenschaftliche Gegenstände (z. B. historische u. dgl. Fragen) ausgeschlossen:
vorzugsweise sind es Gedichte, von den einfachsten, dem kindlichen Alter angemessenen bis zu den gedankentiefsten, vollendetsten
Erzeugnissen unserer deutschen Poesie, sowie Szenen aus den
dramatischen Dichtungen eines Sophokles, Schiller und Shakespeare,
ferner französische und mitunter englische oder italienische
Gedichte, welche von der strebsamen Jugend zum Vortrag gebracht
werden. Mithin stehen diese Übungen im Deklamieren und
freien Vortrag im engsten Zusammenhang mit dem
deutschen und fremdsprachlichen Unterricht von der
untersten bis zur obersten Stufe.

6) Wenn auch die Rezitationen von Gedichten und
dramatischen Szenen bei uns bedeutend überwiegen, so
fehlt es doch nicht ganz an anderweitigen Vorträgen in
ungebundener Rede: diese dienen zumeist dazu, dem Verständnis
einer nachfolgenden Szene aus einem Drama der obengenannten grofsen
Dichter „den Weg zu bahnen". um mit Crollius zu sprechen,[1]
seltener sind sie andern Gegenständen gewidmet. An manchen Anstalten hält auch bei der Schlufsfeier einer von den Abiturienten eine
Abschiedsrede.

7) Diese freien Vorträge in Prosa werden jetzt doch
wohl überall in der Hauptsache von den vortragenden
Schülern selbst angefertigt, wenn auch der Lehrer in der Regel
die Wahl des Themas selbst vornimmt und für die Ausarbeitung diesen

---

[1] Manchmal bezieht sich ein derartiger kurzer freier Vortrag auch auf das
Nibelungenlied oder Walther von der Vogelweide. Bei dieser Gelegenheit möchte ich mir gestatten, darauf hinzuweisen, dafs unsere alt- und mittelhochdeutsche Poesie in noch viel weiterem Umfang, als dies meistens der Fall
ist, für den in Rede stehenden Zweck herangezogen und verwandt werden kann.

und jenen Wink gibt, sowie den Entwurf des Schülers hinsichtlich
der Form, der stilistischen Seite noch einer Durchsicht unterzieht. **Dasselbe Verfahren wird, meines Wissens wohl allgemein,
auch dann beobachtet, wenn ein hiezu befähigter, streb-
samer Schüler es unternimmt, selbst in die Saiten des
Dichters zu greifen und ein Poëm zustandezubringen,**
worin etwa der Frühling gepriesen, das Vaterland verherrlicht oder ein
anderer passender Stoff dichterisch gestaltet und in die Form von Vers
und Reim gegossen wird. Man gestattet also mit Recht heutzutage
nicht, daſs ein Schüler, der mit einer „eignen" Leistung vor die Fest-
versammlung tritt, sich mehr oder minder mit fremden Federn schmücke,
damit die Schule nicht auf solche Weise einem auf die Charakterbildung
nur ungünstig einwirkenden Scheinwesen Vorschub leiste.

Fassen wir nun diese einzelnen Punkte zusammen und vergegenwärtigen wir uns im ganzen noch einmal den Unterschied zwischen
damals und heute, so dürfen wir mit Fug und Recht behaupten, ohne
daſs man uns vorwerfen könnte, blinde Lobredner der Gegenwart zu
sein, daſs bei der jetzigen Art und Weise der öffentlichen Redeübungen
in weit höherem Grade der **Zweck** erreicht wird, den die humanistische Mittelschule mit dieser Einrichtung im Auge hat, als durch das
im vorigen Jahrh. beliebte Verfahren. Denn erstens werden heutzutage wirklich „**Proben der Geschicklichkeit**" der **Schüler
gegeben:** es wird den Zuhörern gezeigt und zu beurteilen ermöglicht, wie und mit welchem Erfolg am Gymnasium die Kunst der
Rede, der sichere, freie Gebrauch der Muttersprache nach den Anforderungen der Vortragskunst geübt und gepflegt wird, und zwar im
engen Anschluſs an den stufenweise fortschreitenden Unterricht in
der deutschen Sprache und Literatur, insbesondere an die Einführung
in die deutsche Poesie. Zum andern wird den eingeladenen Gästen
zum Bewuſstsein gebracht, daſs das humanistische Gymnasium, was
seine ganze Unterrichtsthätigkeit anbelangt, nicht so überwiegend mit
den alten Sprachen sich beschäftigt, wie vielfach noch geglaubt wird,
sondern auch die modernen, lebenden Sprachen in seinem Lehrplan
nach Gebühr berücksichtigt, daſs ferner der Gymnasialunterricht wohl
imstande ist, die befähigteren unter den Schülern der obersten Klassen
soweit zu bringen, daſs sie mit annehmbaren eigenen Erzeugnissen in
gebundener und ungebundener Rede öffentlich auftreten können, endlich, daſs auch Musik und Gesang, diese schönen Künste, die sich an
das Ohr und das Gemüt des Zuhörers wenden und in der Gegenwart
in so hoher Blüte stehen, an unsern Schulen in gründlicher und sorgfältiger Weise gepflegt werden. Dies alles aber ist sicher von nicht
zu unterschätzender Bedeutung, um so mehr, als ja keine öffentlichen
Prüfungen an unsern Mittelschulen eingeführt sind, und somit dem
gebildeten Publikum auſserdem gar keine Gelegenheit geboten ist, sich
davon zu überzeugen, wie an den Gymnasien die Schüler nicht äuſserlich abgerichtet und mechanisch mit Wissensstoff sozusagen vollge-
stopft, sondern zu selbständiger Thätigkeit im Denken und im mündlichen wie schriftlichen Gebrauch der Rede befähigt, sowie mit all den

Elementen bekannt und vertraut gemacht werden, auf denen eine
gediegene und wahrhaft allseitige, die Jugend nicht blofs durch vielfache Kenntnisse bereichernde, sondern auch im Kern ihres Wesens
anfassende, Herz und Gemüt veredelnde, echt humanistische Bildung sich aufbaut. Schliefslich wird so auch das erreicht, was für
Crollius bei den Redeübungen die Hauptsache war: in der Regel sind
es ja die zu den besseren Schülern Gehörenden, welche zum Deklamieren und Vortragen ausgewählt und hiemit einer Art von Auszeichnung
würdig befunden werden. Denn als eine Ehre wird das öffentliche
Auftreten bei den Schulfeiern, wenigstens vonseiten der Schüler wie
der meisten Zuhörer, auch jetzt noch angesehen. Die Anschauung
freilich, welche Crollius hierüber hegte und aussprach, war unsers
Erachtens nicht frei von Einseitigkeit und Übertreibung, wie oben
schon kurz angedeutet wurde. Wie weit es Crollius und seinen Kollegen gelang, die auftretenden Schüler zu angehenden Rednern
heranzubilden, d. h. sie an unbefangenes, sicheres Auftreten, passende
Körperhaltung, lautes Sprechen, sinngemäfse Betonung und richtige Mo-
dulation der Stimme, an etwaige Anwendung von Gesten, kurzum, an
all das zu gewöhnen, was zu den Haupterfordernissen eines tüchtigen
Vortrags gehört und ihn erst wirksam und eindrucksvoll macht, —
dies können wir selbstverständlich aufgrund unsers Materials nicht beurteilen. Man müfste hierüber die Stimme eines unbefangenen, urteilsfähigen Ohrenzeugen hören können. Es wird gewifs damals gerade so
gewesen sein wie jetzt: auf gute natürliche Begabung eines Schülers
zum freien Reden, sodann auf Geschick und Eifer der Lehrer, denen
die Vorbereitung dieser „Redeübungen" obliegt, aufserdem auf regelmäfsige, sorgfältige, planmäfsig ineinandergreifende Übung im Deklamieren und freien Vortrag in den einzelnen Klassen kommt bei dieser
Sache ja alles an. Der alte Satz: „Orator fit, poëta nascitur" ist,
was seine erste Hälfte betrifft, meiner Ansicht nach etwas einseitig:
ohne entsprechendes Talent zu besitzen, wird einer trotz der besten
Unterweisung wohl niemals ein wirklich tüchtiger Redner.

Anhang.

Die beiden Briefe, von welchen Crollius den einen mehrere
Wochen vor der Promotionshandlung im Frühjahr 1786, den andern
unmittelbar nach derselben an Lamey schrieb, werfen ein erwünschtes
Licht auf einen Teil des Inhalts der oben mitgeteilten „einladenden Anzeige" vom 7. April 1786 und spiegeln zugleich die eigenartige Persönlichkeit des Briefschreibers treu und lebenswahr wieder.

1) Zweibrücken 12. März 1786. . . . . ,Doch
dies sind Egoismen, die ich weniger empfunden haben würde, wenn
ich nicht aufser der Schule, worinnen ich Gottlob immer munterer [1])
zu seyn pflege und mich weniger fühle,[2]) für die bevorstehende Examen

---

[1]) Über diesen Gebrauch des Komparativs vgl. oben!
[2]) Nämlich: in meinem Kummer, d. h. mich weniger von Kummer bedrückt
fühle. Dies ist eine Anspielung auf häusliches Ungemach, das Crollius damals zu

und Promotions-Feierlichkeit zuzuschneiden hätte. Von 8 Eximendis
werden 4 reden.[1]) Einem gab ich vor 8 Tagen eine Ausgelassenheit[2])
über die Westf. Friedens Comentatoren, die nur mit ihren juristischen
Compendiis und Schulfuchsigen Chimären und Neidhammeleien ohne
Geschichte der Antecedentium und tractaten Ausleger sein wollen und
nichts als publicistische rabulae sind. Viele werden sich an mir ärgern
und sagen, daſs ich die Jugend verführe. Denn es gibt auch hier
Anlti (sic!) und Mellti sans comparaison ihres Gegenstandes. Heute
habe ich noch eine über die Kur Pfalzbayern angefangen, worinn ich
hauptsächlich nur dorthin will, daſs nicht nur vor 1338, sondern auch
vor 1214 die Pfalzgraven bei Rhein, als Heinrich von Braunschweig,
also auch sein Schwiegervater Conrad von Staufen ein Primarium
suffragium electorale gehabt haben, welches Fischer dreist läugnete,
sondern ich bemerke noch, daſs unsere grofse und kleine Publicisten
gar noch nicht aus der Geschichte gelernt haben, was es mit dem
Ursprung der Kuren für eine Bewandnis habe, daſs Fischer nicht
wisse, was Vorwahlen und universal Wahlen gewesen. Alles dis darf
ich nur in 5 Blättern reden, wovon ich erst die zum Vorgeschwätz
gefertigt habe, und heute noch etwas sachlicher machen will. Der
junge von Fürstenwärther soll sie halten und ich muſs ihm einsweilen
etwas geben. Von da (= hieraut) soll ein dritter Herr Kanzl. Dir. Sohn
Empfindungen und Wünsche für den Pfalzgraven und seine Gemahlin
reden in jugendlicher Sprache[3]); und statt Weissagung eines Prinzen[4])
wird Ihr Sohn die Virgilianische wie die X^{ten} (= Christen) meinten, aus
den Sibillinischen Büchern ad Pollionem in einer treuen metrischen
doch nicht daktylischen Übersetzung hersagen. Eine eigene Abschiedsrede wird ein 5ter vorher gehalten haben von den verschiedenen Epochen
menschlicher Freiheit."[5])

Alsdann wird bemerkt, daſs 8 von den „Exemten" die Hochschule in Marburg zu beziehen vorhaben, und im Anschluſs hieran
heiſst es: „Lang genug sind unsere Theologen nach Göttingen gegangen. Ein Katholik wird nach Mainz gehen."[6])

ertragen hatte. Lamey hatte hierüber von Crollius in einem frühern Briefe nähere
Mitteilung erhalten.

[1]) In der Einladungsanzeige sind 6 abgehende Schüler als Redner aufgeführt; allein von diesen teilten sich die unter 3 und 4 sowie unter 5 und 6 genannten in je eine Rede.

[2]) „Ausgelassenheit" ist hier wohl im Sinn von „Auslassung", bzw.
längere Auseinandersetzung, zu verstehen; schwerlich liegt als Nebensinn die Bedeutung „petulantia", die das Wort jetzt ausschliefslich hat, darin versteckt.

[3]) Hievon ist in der obigen Einladungsanzeige nichts erwähnt: die Abschiedsrede hielt Bruch. Der ältere Sohn des Kanzleidirektors teilte sich mit Engelbach
in die Rede über den Westfälischen Frieden, und der jüngere war dazu bestimmt,
„einige Gedanken über den jugendlichen Leichtsinn" vorzutragen.

[4]) S. oben S. 83!

[5]) Nach Ausweis der einladenden Anzeige wurde eine solche Rede in Wirklichkeit nicht gehalten. In der Abschiedsrede sollte Bruch „in aller Namen
die Empfindungen über die erhaltene Freiheit mit dem wärmsten Dank zum Abschied reden", s. S. 82!

[6]) Diese Angabe stimmt nicht genau mit der in der Einladungsschrift enthaltenen (s. oben S. 80). Denn nach letzterer beabsichtigten von den Absolventen

„Da haben Sie meinen Schulkram in der Schul und aufser derselben; und müde bin ich oft 5 Stunden des Tages geredet zu haben."
2) Brief an Lamey vom 9. April 1786.
„Der Freitag ging ganz gut vorbei. Wir waren um 4³/₄ Uhr fertig. Auf die 2 Reden¹) vom westfälischen Frieden war alles still aufmerksam und lauerte wie auch auf die Fürstenwärthersche. Einige Herren stutzten über die Bemerkungen, die ich bieher vom Osnabr. Frieden appliciren liefse, und warum man sich bifsher grofs und klein sehr geirrt hätte, wie in der Pfalz überhaupt." . . . . .
Nach einer weiteren, uns hier nicht interessierenden Mitteilung fährt Crollius folgendermafsen fort: „Jetzt sind die Gemüther wieder fafslicher²) und viele, die nicht da waren (das auditorium war doch zahlreicher)³) wollten sie gerne lesen. Gehorsamen Diener! Absens carens! **Ich habs den studiosis verbothen, keinem seine⁴) Rede zu lesen zu geben und keiner hat sie ganz, weil ich sie haud imprudenter geteilt habe.** Der erste Redner⁵) stellte die Sachwalter und Fürstenknechtsfakultaet so hin wie sie ist. Quod ad Interpretes attinet, so hatte des H. Kanzl. Dir. Sohn⁶) das saftigste zu sagen und ich wunderte mich, wie er sich hinstellte, als ob er den Herrn ein Collegium über die Restitution ex capite Amn. (estiae?) et grav. (aminum) über die annos decretorios⁷) und Art. 7 wobei die Theologen auch Ohrfeigen bekamen mit Kraft vorlesen und sie dociren wollte. Der Vater selbst, der mit dem Sohne sonst nicht sehr zufrieden war, weil er nicht rasch genug und wirklich auch noch schwach ist aber von mir als seinem andern Vater protegirt wurde,

---

6 nach Marburg zu gehen, einer nach Giefsen, und der ältere Schmid wollte erst nach einem halben Jahr eine Akademie beziehen. Wer der Katholik war, der nach Mainz gehen wollte, ist mir unbekannt. In der „Anzeige" ist von Mainz keine Rede. Er mufs nun aber doch zu den 8 obengenannten Abiturienten gehört haben. Vermutlich änderte er in der Zwischenzeit vom 12. März bis zur Drucklegung der einladenden Anzeige seinen ursprünglichen Plan, nach Mainz zu gehen, und bezeichnete dem Rektor Marburg (oder Giefsen?) als die Hochschule, die er besuchen wolle.

¹) Mit den „zwei Reden" sind gemeint die zwei Teile, in welche Crollius die Rede „über das Ofsnabrückische Friedensinstrument" zerlegt hatte; den einen davon hatte Engelbach, den andern der ältere Schmid vorzutragen.

²) Fafslicher scheint hier den Sinn von „gefafster, ruhiger" zu haben. Cr. will hiemit wohl andeuten, dafs manche von den Zuhörern über die von ihm verfafsten Reden betr. den westfälischen Frieden und die Pfälzische Kur etwas in Aufregung geraten waren.

³) Zahlreicher = ziemlich zahlreich.

⁴) „Seine" ist dem Sinne nach auf „den studiosis" bezogen, als wenn es hiefse: „jedem der beiden studiosi."

⁵) Engelbach, der erste unter den Exemten.

⁶) Julius Ludwig Schmid.

⁷) Es sind dies die Jahre 1624 und 1648. — Der Wortlaut dieser Stelle läfst deutlich erkennen, dafs Crollius kein geringes Selbstbewufstsein besafs und schneidiger Polemik nicht abhold war, zumal wenn er gegen die Juristen ankämpfte, auf die er öfter nicht gut zu sprechen ist. Auch die Theologen bekamen diesmal eins ab. Zugleich ersehen wir hieraus, dafs Cr. gern den Akademiker spielte. Demnach wird der deswegen gegen ihn erhobene Vorwurf (vgl. oben!) nicht ganz grundlos gewesen sein.

war dismahl ganz betroffen und sehr zufrieden. Der sonst liebere Sohn[1]) bei aller seiner Herzhaftigkeit machte es schlechter. So wards dann wieder erfüllt, was H. Geh. R[at] B[achmann] zu sagen pflegte, dafs ich mir auf meinem Holz[2]) alles zu sagen erlaube. Soll ich nicht mehr frei (secd. leges, die ich auch ein bisgen verstehe) denken noch reden, so begrabe man mich.

Item es hilft doch immer ein wenig bei jungen Leuten oder tutura aetate, die noch wie Schmid sagte von elender Dienst und Neidsucht als Urtheilsquellen entfernter sind. Wenn ich einmal Zeit habe, mufs ich doch die hingeworfene sermunculos revidiren und Lücken suppliren. Denn ich schrieb sie noch unter Beängstigungen und Anliegen wegen meiner Tochter hin, und da sie gelernt waren, konnte ich nicht mehr corrigiren. In der Rede von der Kur habe ich neue Abstractionen aus der Geschichte gezogen, die das ganze Kurwesen ganz anders darstellen, als es in den Compendien des Juris publici et historiae geschicht. Die Compilatores sind nur Nachsprecher derer, die nach fremden und vorgefafsten Begriffen geurtheilt haben, grosse Titel und Nahmen haben* etc.

Plura coram

Ich bin ehrerbietigst

T T C. (=, Tuus totus Crollius).

Nachwort.

„Es hilft* — was? Wie ich mir denke, meint Cr. das freie Sprechen, das freie Darlegen seiner Ansichten durch den Mund seiner Schüler vor der Versammlung, die sich zur Teilnahme an der Schulfeier eingefunden hatte. In welcher Hinsicht hilft es? Etwa insofern, als durch solche Vorträge, in denen Cr. durch Vermittlung seiner mit Wärme und Nachdruck sprechenden Schüler die verkehrten Behauptungen anderer bekämpft und widerlegt und ohne Rücksicht auf Vorurteile oder berühmte Namen seine Ansichten als die richtigen zu erweisen sucht, manche von den Zuhörern, darunter auch Sachverständige, überzeugt und zu den Anschauungen Crollius' sozusagen bekehrt werden? Oder will Cr. wohl eher mit den Worten dies sagen, dafs solches Reden,

---

[1]) S. oben S. 83 !
[2]) „Auf meinem Holz“, d. h. auf meinem Katheder, also hier soviel wie: bei den jeweils mit dem Examen und der Promotion verbundenen Redeübungen vor dem eingeladenen Auditorium. Mit Bachmann stand Cr. seit seinem Zusammenstofs mit ihm anno 1757 nicht auf gutem Fufs. Wie damals, so vertrat Cr. auch jetzt noch, nach fast 30 Jahren, unerschrocken, aber vielleicht öfter am unrechten Ort und zur unrechten Zeit den Grundsatz: „ein Lehrer müsse frei denken und frei reden“ (vgl. oben S. 89!). Auf jeden Fall werden wir das nicht billigen können, dafs Crollius beim Austrag wissenschaftlicher Streitfragen sich seiner Schüler wie eines Schildes bediente und solche Polemik mit den Schulfeierlichkeiten verknüpfte. Übrigens gesteht Finger (S. 86) zu, dafs „G. Chr. Crollius, nachdem der frühere jugendliche Übermut sich gelegt, was Talent, wissenschaftliche Befähigung und Gelehrsamkeit anging. wohlgeeignet erscheinen konnte, das Werk seines Vorgängers mit Erfolg weiter zu fördern.“

7*

ohne ein Blatt vor den Mund zu nehmen, „doch immer ein wenig" wirkt
bei jungen Leuten, die in dem Alter stehen, in dem der Charakter
sich zu bilden beginnt, und der Jüngling anfängt zum Manne heran-
zureifen (= futura aetate), da ja die Jünglinge „von elender Dienst-
und Neidsucht als Urtheilsquellen entfernter sind" usw. als die aetate
provecti, die älteren Leute in Amt und Würden, die allerlei Rücksichten nehmen und deshalb meistens nicht sonderlich geneigt sind,
die oft rauhe Stimme der Wahrheit zu vernehmen und ihr ohne Scheu
Recht zu geben? Ob Cr. an dieser Stelle mit „Schmid" den Vater
oder den Sohn meint, will ich nicht entscheiden. — Auf jeden Fall
gab sich m. E. Crollius einer Selbsttäuschung hin, wenn er glaubte,
die vortragenden Schüler stimmten ihm deshalb eher bei, weil sie
durch die Kraft seiner Argumente von der Wahrheit seiner Behauptungen leichter sich überzeugen liefsen als die Alten. Denn die Fähigkeit zu einem selbständigen Urteil über so schwierige Streitfragen ging
ihnen ja doch ab, und wenn einer auch scheinbar mit dem „Brustton
der Überzeugung" seinen Vortrag hielt, nun gut, so war eben weiter nichts
als entweder das bekannte „iurare in verba magistri" die Ursache davon
oder auch die in jedem jungen Menschen gern sich regende Oppositionslust.
Denn diese fand in der geharnischten Sprache, in der Cr. seinen
Gegnern scharf zu Leibe ging, in seinen „saftigen" Auslassungen ohne
Zweifel reichlich ihre Befriedigung.

* *

Zum Schlufs bleibt mir noch die augenehme Pflicht zu erfüllen,
meinem hochgeschätzten Kollegen und Freund, Herrn Gymnasiallehrer
Rudolf Buttmann, besten Dank zu sagen für die Bereitwilligkeit,
mit der er mich bei Erledigung der Druckkorrektur unterstützte, sowie
nicht minder für die Zuvorkommenheit, mit der er mir zugleich verschiedene zweckdienliche, in vorstehender Abhandlung verwertete Angaben zur Verfügung stellte.

Zweibrücken.   Dr. Ph. Keiper.

Nachtrag zu S. 67, Anm. 2: Charles Porée, französischer Jesuit, geb. 1675
zu Vendes bei Caen, wurde 1708 Professor der Rhetorik zu Paris, gest. 1747 zu
Paris. Aufser einigen Reden und Vorträgen schrieb er: 1) Tragoediae, editae
opera P. Cl. Griffet, Paris 1745. 8" (und spätere Ausgaben). Diese Sammlung
meint jedenfalls Crollius. Sie enthält aufser einer Biographie Porées folgende
lateinische Tragödien: Brutus. — Hermenegildus Martyr. — Mauricius Imperator.
— Sennacherib. — Sephoebus Myrsa, Persarum regis hlius. — 2) Fabulae
dramaticae, Paris 1749 8', enthält folgende 5 Dramen: Paezophilus sive Aleator.
— Pater amore vel odio erga liberos excaecatus. — Misoponus sive Otiosus. —
Liberi in deligendo vitae instituto coacti. — Philedonus sive juvenis voluptarius
a liberiore vita revocatur.

II. Abteilung.

Rezensionen.

Didaktik und Methodik der katholischen Religions-
lehre zum Handbuch der Erziehungs- und Unterrichtslehre für höhere
Schulen von Dr. A. Baumeister, III., 2., bearbeitet von J. N. Brunner,
Kurat und Religionslehrer an der Luitpold-Kreisrealschule in München.
München, 1898. C. H. Beck.

Aus den Jahresberichten über das höhere Schulwesen von C. Reth-
wisch als Berichterstatter für die kathol. Raligionslehre seit mehreren
Jahren bekannt, hat Brunner von dem Herausgeber und Verleger des
Handbuches für Erziehungs- und Unterrichtslehre den ehrenvollen Auftrag erhalten, die Didaktik und Methodik der kath. Religionslehre zu
bearbeiten. Die nun als Abteilung 2 des III. Bandes vorliegende Arbeit
ist ein Beweis der ebenso grofsen Fachkenntnis als praktischen Erfahrung und des pädagogischen Taktes, womit der Verfasser seine
schwierige Aufgabe gelöst hat.

Die §§ 1—4, welche Kultur und Bildung des Christentums und
die Bildungskraft der christlichen Religion behandeln, können als Einleitung gelten, die, wenn auch nicht in notwendigem Zusammenhang
mit dem Folgenden stehend, schöne und wertvolle Gedanken enthält;
besonders wird mit Recht hervorgehoben, dafs zur Entwicklung und
Befestigung des Charakters nichts förderlicher sei als die Pflege und
Übung der christlichen Religion.

Mit § 5 tritt der Verfasser an seine eigentliche Aufgabe und
gibt in den folgenden §§ bis § 10 das den höheren Schulen im allgemeinen gesteckte Lehrpensum auf dem Gebiete der Glaubens- und
Sittenlehre, als Führerin und Leiterin für und durch das Leben, sowie
deren Hilfsmittel als biblischen Geschichte, Kirchengeschichte und
Liturgik. Die Darstellung geschieht nach den bewährtesten Grundsätzen, welche die pädagogische Wissenschaft und die Schulpraxis an
die Hand geben. Die biblische Geschichte betreffend, teile ich ganz
die Ansicht des Verfassers, wenn er verlangt, dafs die Schule den
vollständigen inhalt derselben mitzuteilen habe, was in den fünf
Katechismusjahren unserer höheren Schulen gewifs ohne Überbürdung
der Schüler geschehen kann, so dafs noch Zeit übrig bleibt, Partien
wie die Bergpredigt, das hohepriesterliche Gebet, die Parabeln des
Herrn im Anschlufs an den Katechismusunterricht besonders herauszuheben und zum tiefern Verständnis zu bringen.

Mit § 11 geht die Abhandlung über auf das Lehrverfahren im

Religionsunterrichte im allgemeinen. Die religiösen Wahrheiten sollen nicht bloſs dem Verstande nahe gebracht und dem Herzen lieb gemacht werden, sondern sie müssen als letztes Ziel den Willen erfassen und zu edlem Thun begeistern. Diesen augustinischen Grundsatz hat der Verfasser immer im Auge; denn nur auf diesem Wege kann der Religionsunterricht erziehlich wirken, gläubige Christen dem Reiche Gottes und wackere Bürger dem Vaterlande heranbilden. Auch gehört B. zu jenen Lehrern, die sich im Unterrichte nicht mit bloſsen Religionsbesprechungen oder Religionsvorträgen begnügen, sondern die strikte Forderung erheben, daſs der Katechismus und das Lehrbuch — letzteres mit Heraushebung des Notwendigen — memoriert werden muſs, um das Glaubensgut zum lebenslänglichen Eigentum der Schüler zu machen.

Bei der methodischen Behandlung der biblischen Geschichte habe ich den Hinweis auf die biblische Geographie als ein notwendiges Hilfsmittel zum vollen Verständnis derselben vermiſst; auch dürfen die verschiedenen Anschauungsmittel für den geschichtlichen Unterricht nicht unterschätzt werden — natürlich müssen sie gute sein und mit Maſs und Verständnis gebraucht werden.

Die §§ über die Schülerbibliothek und über das Verhältnis zum Lehrerkollegium und den Eltern sind herausgewachsen aus der eigensten Schulerfahrung des Verfassers und bilden den Schluſs dieser gediegenen und verdienstvollen Arbeit.

München.   ———————   **Girstenbräu.**

Ratichius und die Ratichianer. Zur Geschichte der Pädagogik von Dr. F. **Lattmann**, Gymnasialdirektor a. D. Göttingen, Vandenhoeck und Ruprecht. 1898. 5 M.

Die widersprechende Beurteilung, welche die Thätigkeit des Ratiehius in neuerer Zeit gefunden, hat den Verfasser veranlaſst, diesem merkwürdigen Manne eine besondere Studie zu widmen. Während ihn hervorragende Forscher einen „Charlatan“, „Sonderling“, „Schwindler“, „Schwärmer“ oder „Phantasten“ nennen, ist besonders Gideon Vogt in 5 Programmen des Gymnasiums zu Cassel und in „Klassiker der Pädagogik“ XVII, 1894 zu dem Resultat gekommen, daſs er etwas Tüchtiges geleistet, daſs seine Schüler alle von ihm abgefallen seien und ihn nicht verstanden hätten. So weit wie Krause möchte nun Lattmann nicht gehen, daſs „die Geschichte der Pädagogik den Ratichius als unnützen Ballast aufzugeben habe“. Er will vielmehr dem Ratichius die richtige Stellung in derselben anweisen und die wahre Bedeutung der Ratichianer ins Licht stellen. Zu diesem Zwecke wird der ganze Verlauf der Ratichianischen Bewegung verfolgt, um ein abschlieſsendes Urteil zu ermöglichen. Lattmann will aus den verschleierten und geheimnisvollen Andeutungen des Ratichius sowie aus seinem Lebensgang und wirklichen Charakter die wahren Lehrziele desselben zu entziffern suchen, indem er ihn unter die psychologische Lupe nimmt. Das Frankfurter Memoriale, seine Mitarbeiter und An-

hänger, seine mifsglückten Lehrversuche und seine Differenzen mit
Fürsten und Herzögen finden eine eingehende Betrachtung. Lattmann
kommt zu dem Ergebnis, dafs Ratichius kein grofser Pädago-
giker, sondern nur ein gewaltiger pädagogischer Agitator war.
Er habe in einer ungewöhnlichen Weise das Interesse für das Schulwesen erregt und das Unterrichten als eine besondere Kunst proklamiert. Aber zur Ausbildung desselben habe er so gut wie nichts
beigetragen. Ohne die praktische Thätigkeit seiner Anhänger und
Schüler würde Ratichius als eine Kuriosität spurlos dahin gegangen
sein. Wirklich Bedeutsames dagegen hätten die Ratichianer, darunter
hauptsächlich Evenius geleistet.

Christian Weise, ein sächsischer Gymnasialrektor aus der Reform-
zeit des 17. Jahrhunderts von Otto Kämmel. Leipzig 1897, Teubner.

Diese Biographie aus dem Bereiche des Gymnasialschulwesens
ist im Auftrage der höheren Schulen Sachsens der 44. Versammlung
deutscher Philologen und Schulmänner zu Dresden als Festschrift über-
reicht worden. Neben dem Werde- und Bildungsgang einer bedeutenden, eigenartigen Persönlichkeit interessieren uns hauptsächlich die
Zustände des Schulwesens im 17. Jahrhundert und die Reformbestre-
bungen jener Übergangszeit aus dem älteren Humanismus in realere
und nationalere Bahnen. Ebenso verdient einer besonderen Beachtung
der einleitende Abschnitt des Verfassers über „die Wandlungen des
deutschen Bildungsideals, wo in kurzen und treffenden Zügen die
Hauptabschnitte der Gymnasialschulgeschichte dargestellt werden. Ein
allgemeineres Interesse erweckt noch der Abschnitt über „Pädagogische
Reformgedanken und Reformen“ p. 42—55, wo wir einen unmittelbaren Einblick in die schulgeschichtlichen Umgestaltungen und die
treibenden Ideen einer vorwärtsstrebenden Zeit thun können. Das
Buch bietet eine ebenso anregende als belehrende Lektüre.

Grofse Erzieher. Eine Darstellung der neueren Pädagogik
in Biographien.

Bd. I: Pestalozzi von Dr. E. von Sallwürk. Leipzig, Voigtländer 1897.

Bd. II: Basedow von R. Diestelmann. Leipzig, Voigtländer 1897.

In dieser Sammlung sollen Lebensbilder von Männern vorgeführt
werden, die auf die heutigen Anschauungen über Erziehung, insbesondere auf die Entwicklung des deutschen Unterrichtswesens von be-
deutendem und bis heute nachhaltendem Einflusse gewesen sind. In
streng wissenschaftlicher Forschung und zugleich anschaulicher und
klarer Form soll der Lebenslauf und die Entwicklung ihrer Lehre dargestellt werden. Es sei hiemit auf diese anziehenden und gründlichen
Leistungen aufmerksam gemacht.

Herbart und die Herbartianer. Ein Beitrag zur Geschichte der Philosophie und der Pädagogik von Thilo, Flügel, Rein und Bude. Langensalza, Beyer & S. 1897. 3 M.
  Das Buch zerfällt in 3 Teile: 1. Herbart als Philosoph. 2. Herbart als Pädagog. 3. Zusammenstellung der Literatur Herbarts und seiner Schule. Besonders interessiert uns der 2. Teil, in welchem Prof. Rein in kurzer, klarer und gefälliger Sprache den Lebens- und Werdegang des Philosophen und Pädagogen Herbart mit wissenschaftlicher Gründlichkeit veranschaulicht, eine wertvolle Leistung für die Geschichte der Pädagogik.
  Die ungeheure Masse der verzeichneten Herbartliteratur endlich läfst die ausgebreitete Bedeutung ermessen, welche Herbart in Deutschland und anderen Ländern errungen hat.

Persönlichkeitspädagogik. Ein Mahnwort wider die Methodengläubigkeit unserer Tage. Mit besonderer Berücksichtigung der Unterrichtsweise Rudolf Hildebrands von Ernst Linde. Leipzig, Richter 1897. 2,50 M.
  Ein warmherziges Buch, welches gegen toten Mechanismus und äufserliche Schablone sich auflehnt und alle pädagogische Wirkung aus der Tiefe eines wahr und lebhaft empfindenden Gemütes quellen läfst. Mechanische Methode, gedächtnismäfsiges Wissen sind nicht das Richtige, Gemütsbildung ist die Hauptsache. Die persönliche Beziehung des Schülers zum Lehrstoff mufs hergestellt werden. Das kann nur dann erzielt werden, wenn der Lehrstoff auch im Lehrer lebendig vorhanden ist und mit seinem Wesen verwachsen ist. Eine solche Lehrerpersönlichkeit verehrt der Verfasser in R. Hildebrand, dessen Buch „Vom deutschen Sprachunterricht" ein lebendiges Muster des echten Lehrers liefert. Dem wahren Erzieher mufs aller Stoff ein Persönliches geworden sein. Dies zeigt der Verfasser sehr anmutig an verschiedenen Lehrgegenständen. Auch die pädagogischen Lehrvorschriften müssen mit dem Lehrer innerlich verwachsen sein, so dafs er sie mit sicherem Takte gleichsam unbewufst zu handhaben versteht. Ähnlich soll auch aller Unterricht mit der Persönlichkeit des Schülers verwachsen, soll nicht blofs Gedächtnis- und Wissensstoff bleiben, sondern ein Bestandteil seiner Persönlichkeit werden. Dann wirkt der Unterricht erziehend und Persönlichkeit bildend. Darum mufs der Unterricht durch das Gemüt hindurchgehen, denn im Gemüte, nicht im Verstande entwickelt sich das Ich p. 21. Der Wille wurzelt im Gemüte. Auf dieser psychologischen Grundanschauung baut er die ganze Lehrthätigkeit auf. Deshalb ist es ihm auch mehr um die Ausbildung der Persönlichkeit zu thun als um nachweisbares und kontrollierbares Wissen. Obwohl der Verfasser die Volksschule im Auge hat, so sind doch seine Darlegungen von einem so allgemeinen Standpunkt aufgefafst, dafs sie auch dem Gymnasialunterricht von

Vorteil sein können. Durch dieses Buch wird jeder psychologisch denkende Lehrer vielfach angeregt und gehoben.
Würzburg.   Nusser.

_____

Dr. A. Baumeister, die Einrichtung und Verwaltung des höheren Schulwesens in den Kulturländern von Europa und in Nordamerika. I. Band, 2. Abteilung des Handbuchs der Erziehungs- und Unterrichtslehre für höhere Schulen. München, 1897. Beck. VI und 894 S. Preis ungebunden 16 M.

Es war ein aufserordentlich dankenswertes Unternehmen, die Verhältnisse des Mittelschulwesens und des höheren Lehrstands in den einzelnen Kulturstaaten Europas und Amerikas nach bestimmten Gesichtspunkten übersichtlich zusammenzustellen. Denn ein solches Buch fehlte bisher und war doch ein dringendes Bedürfnis für denjenigen, der sich nicht eine kleine Bibliothek von Schulordnungen, Prüfungsordnungen, Gehaltsregulativen und schulstatistischen Werken anschaffen wollte bezw. konnte. Denn auch das letztere kommt vor, wie denn z. B. zur Zeit die Württembergische Schulordnung vom Jahre 1891 auf buchhändlerischem Wege gar nicht aufzutreiben ist. Gilt dies schon von Deutschland, so noch viel mehr von den aufserdeutschen Staaten, deren Schul- und Lehrstandsverhältnisse zum Teil sehr viel des Interessanten enthalten; denn abgesehen von den Staaten der südlichen Halbinseln Europas, deren Lehrordnungen etc. schon wegen der nicht jedermann geläufigen Landessprachen, in denen sie geschrieben sind, vielen von vornherein unbekannt bleiben mufsten, waren es die Schulverhältnisse Frankreichs und Englands, die stets das gröfste Interesse erregten, ohne dafs es leicht war, rasch ein einigermafsen umfassendes Bild hievon zu gewinnen.

Dem Herausgeber des vorliegenden Werkes, Herrn Dr. A. Baumeister, der als kais. Ministerialrat in Strafsburg eine lange Reihe von Jahren an der Spitze des elsäfsisch-lothringischen Mittelschulwesens stand, gelang es, in den gröfseren deutschen Staaten sowie in fast sämtlichen aufserdeutschen Kulturstaaten jene sachverständigen Männer zu finden, mit deren Hilfe er, der selbst die Bearbeitung eines gröfseren Teiles dieses Werkes übernahm (Preufsen, Elsafs-Lothringen, die kleineren Staaten in Nord- und Mitteldeutschland), die Arbeit dem Umfang und Inhalt nach im ganzen und grofsen wohlbefriedigend zu lösen vermochte.

Dem Umfang nach: Von deutschen Staaten sind Preufsen, Bayern, Sachsen, Württemberg, Baden, das Grofsh. Hessen, die beiden Mecklenburg und die Reichslande in ziemlich ausgiebiger Weise behandelt; das Gleiche gilt von den aufserdeutschen Staaten, von denen nur Serbien, Bulgarien und Rumänien fehlen, was keinen besonderen Mangel bedeutet. Dazu kommen überdies die Vereinigten Staaten von Nordamerika und der Kanadische Bund; durch das Fehlen Mexikos und der übrigen amerikanischen Staaten dürfte eine fühlbare Lücke nicht

entstanden sein. Selbstverständlich sind, was bei einem solchen Erstlingsunternehmen nicht wohl zu vermeiden war, die einzelnen Länder
zum Teil nicht ganz in dem ihnen zukommenden Verhältnis behandelt.
So bedauern wir, dafs einige norddeutsche Kleinstaaten allzu kollektiv
und knapp behandelt sind, noch mehr dafs die freien Städte, insbesondere Hamburg, ganz ausfielen. Andrerseits erscheint England, so
interessant auch gerade die Einrichtungen in diesem Lande sind, und
so nett und anschaulich dieselben von ihrem Bearbeiter (Breul-Cambridge) geschildert sind, verhältnismäfsig sehr reichlich bedacht; auf
England kommen 160 Seiten, auf ganz Deutschland 224 Seiten, auf
Frankreich 43 Seiten, auf Spanien 18, auf Portugal dagegen 51 Seiten!
Das sind Mifsverhältnisse. Unter den deutschen Staaten ist Hessen
(auf 9 Seiten) ziemlich knapp behandelt, die übrigen Staaten haben
dagegen — abgesehen von den oben erwähnten — den ihrer Bedeutung
zukommenden Raum im allgemeinen erhalten, so Preufsen 73, Bayern
43 Seiten; Elsafs-Lothringen sind 12 Seiten gewidmet, dazu kommen
hier 17 Seiten Persönliches, das die vielfachen zum Teil recht unerfreulichen Erlebnisse des Herausgebers in seiner Stellung als technischer Leiter des reichsländischen Mittelschulwesens (1871—82) enthält,
übrigens aufserordentlich lehrreich ist und sich entschieden sehr interessant liest.

Der Inhalt ist nach folgendem Schema geordnet: 1) Geschiehtliches; 2) Lehrstand (Titel-, Rang- und Gehaltsverhältnisse, Altersversorgung, Zahl der wöchentlichen Unterrichtsstunden, Direktorenkonferenzen etc.); 3) Vorbereitung und Prüfungen für das höhere
Lehramt, Pädagogische Seminarien; 4) Lehrverfassung der
Schulen mit kurzer historischer Darlegung (besondere Unterabteilungen
sind: Klassenfrequenz, Zensuren, Schulzucht, Ferien, Hitzvakanz,
Jahresberichte und wissenschaftliche Programme, Schulgeld); 5) Schülerprüfungen und Berechtigungen; 6) Statistisches über Zahl der
Schulen, der Schüler, der Lehrer, Zahl und Alter der Abiturienten etc.;
Aufwand und Kosten der Schulen.

Es wäre nun sehr verlockend, auf grund dieser Darlegungen manche
Verhältnisse und Einrichtungen in vergleichender Weise zu beleuchten,
so die Gehaltsverhältnisse der Lehrer, die Dauer der Ferien (sie sind
am längsten in Schweden, Spanien, Portugal und Griechenland — in
letzterem Lande dauert der Unterricht nur 180 Tage! —), die Schulzucht, die Mafsregeln gegen Schülerüberbürdung (den betreffenden
Klagen haben am meisten die kleineren Staaten, so Baden, Hessen,
Elsafs-Lothringen, wohl nach dem Vorgang Preufsens, nachgegeben.)
Wir müssen indes solche Vergleichungen den Lesern des Buches überlassen. Dafür sei es uns gestattet, auf einige Dinge hinzuweisen, die
bei Neuauflage des Buches vielleicht zu berücksichtigen wären. Der
geschichtliche Teil dürfte da und dort etwas ausführlicher behandelt
werden; ferner sollten Quellen fast durchaus weit häufiger angegeben sein (nur England macht eine Ausnahme, bietet indes wie im
übrigen so auch hierin des Guten bereits zu viel); es könnte bei solcher
Angabe der Quellen dann auch bisweilen kürzer verfahren sein; unter

den Hauptquellen für Preußen vermißt man unter anderen den Kunze-
schen Kalender; für Baden besteht seit 1897 das Jahrbuch für die
Lehrer etc. von Holzmann; Bayern und Sachsen haben ihre Personalstatus. Von Gymnasiallehrervereinen, Sterbkassevereinen berichten
die wenigsten Mitarbeiter; über Ferienkurse und die Bestimmungen
für den archäologischen Kurs und das archäologische Institut in Rom
und Athen, die Statuten wichtiger Stiftungen zum Zwecke der Erteilung
von Reisestipendien (auch über die Bismarckstiftung) fehlen ausreichende Belehrungen bezw. die nötige Quellenangabe. Daß manche
Teile da oder dort unverhältnismäßig knapp behandelt sind, wurde
schon bemerkt; so ist bei Baden der Abschnitt über die Prüfungen
für das höhere Lehramt allzu kurz behandelt. Bei Hessen vermissen.
wir unter anderem einen Hinweis auf die Schülerspaziergänge und die
freien Schultage zur Erholung. Über Lokation und Prämiierung der
Schüler erhalten wir meist keinen befriedigenden Aufschluß (Vgl. meine
kurze Darstellung der einschlägigen Verhältnisse im Bericht über die
bayerische Gymnasiallehrerversammlung vom Jahre 1897). Sehr zu
begrüßen ist bei Preußen die dort dargebotene Übersicht über die
Anzahl der Kandidaten, welche die Hauptprüfung bestanden haben,
behufs Feststellung einer Normalzahl und Verhütung von Überfüllung.
Eine solche Übersicht würde sich auch bei den anderen deutschen
Staaten wohl empfehlen. Überhaupt dürfte der Statistik da und dort
noch ein weiteres Feld eingeräumt sein. Wie es sich mit Versetzungs-
prüfungen verhält, ist bei Baden und anderen Staaten nicht klar genug
angegeben. Bei Mecklenburg erfahren wir von Bestimmungen für die
Prüfungen fürs höhere Lehramt überhaupt nichts. Sehr interessant
sind die Angaben Baumeisters über die Teilnahme der verschiedenen
Konfessionen am höheren Unterricht, über das Prozentverhältnis, in
welchem in den einzelnen Staaten studiert wird; solchen statistischen
Darlegungen ist eine weitere Ausdehnung zu wünschen, eventuell wäre
wenigstens auf Schriften, in denen sich solche statistische Erhebungen
befinden, hinzuweisen, so z. B. auf Gemß, Statistik der Gymnasialabiturienten, Berlin 1895 (Weidmann). Bei Hessen fehlt die Angabe,
wie Gymnasien, die mit Realschulen verbunden sind, eingerichtet sind.
Bei Bayern sind folgende Änderungen notwendig: S. 80 die Rangerhöhung der Rektoren erfolgte noch unter dem Ministerium Lutz.
S. 83: Aus dem allgemeinen Unterstützungsverein beziehen jetzt die
Witwen in der 1. Klasse 200 M., 2. Klasse 400 M., 3. Klasse 600 M.
(in die 3. Klasse gehört z. B. die Witwe eines Gymnasialprofessors
mit 10jähriger Dienstzeit); die betr. Satzungen sind seit 5. Juli 1893
abgeändert. S. 85 (Bedeutung der Prüfungsnoten): hier fehlt der
Zusatz: Doch verschlimmern oder verbessern sich die Aussichten auf
Anstellung und Beförderung auf grund der Qualifikation in der Praxis.
S. 87 (Pädagogisch-didaktische Kurse): Hier fehlt, wie übrigens auch
bei den außerbayerischen Staaten, die Angabe, wie hoch sich das
Honorar der Leiter der Kurse beläuft. Die Stipendien für die Kandi-
daten sind bei Bayern angegeben, nicht aber bei den anderen Staaten.
Hier möge auch erwähnt werden, daß sich die Zahl der pädagogisch-

didaktischen Kurse seit 1898/99 vermehrt hat, indem solche auch an den Gymnasien Straubing, Neustadt a. H. und am Maxgymnasium in München eingeführt wurden; ferner daſs jetzt das Schulgeld (vgl. S. 103) seit 1896/97 für alle Klassen 45 Mark beträgt. Die Bemerkung auf S. 103, daſs die Söhne der Lehrer an einer Mittelschule von der Entrichtung des Schulgeldes befreit sind, ist in dieser Allgemeinheit nicht richtig. In Wirklichkeit ist dies bloſs bei Söhnen von Lehrern der gleichen Schulgattung der Fall, so genieſsen z. B. die Söhne von Reallehrern an den humanistischen Mittelschulen keine Schulgeldfreiheit und umgekehrt gilt das Gleiche. S. 82 wird in Zukunft auch der neuen Bestimmung in der Frage der Altersdispense Erwähnung getban werden können.

Es begreift sich, daſs manches, was in dem vorliegenden Werke enthalten ist, von der Entwicklung der Dinge bereits wieder überholt ist. So haben unter anderem die Gehaltsverhältnisse in Preuſsen, Hessen und Sachsen mittlerweile eine Änderung erfahren. Auch vollzieht sich eben jetzt in Preuſsen und Württemberg eine Umgestaltung der Prüfungsordnung für das höhere Lehramt. In Bayern wurden jüngst die Industrieschulen neu organisiert.

Um so lebhafter ist der Wunsch, es möge recht bald eine Neuauflage dieses Buches erfolgen, welches für viele ein geradezu unentbehrliches Hilfsmittel ist. Jetzt, wo das Werk der (bisher 26) Bearbeiter als Ganzes vor Augen liegt, wird es auch möglich sein, die Kontinuität noch besser zu wahren, wie auch jeder der Herren in der Lage sein wird, den einzelnen Mitarbeitern das Beste, was jeder in seiner Art geboten hat, wetteifernd abzusehen.

Es ist ein Zufall, der keineswegs bedeutungslos ist, daſs fast zu gleicher Zeit mit dem Baumeisterschen Werke, ein ähnliches in Berlin erschien, das sich vielfach die gleiche Aufgabe setzte, ohne jedoch, aus Gründen, die im Nachfolgenden zur Sprache kommen, in der Schilderung der allgemeinen Schulverhältnisse den Grad der Brauchbarkeit zu erreichen, der trotz mannigfacher noch bestehender Mängel schon jetzt dem ersteren innewohnt.

Wir unternehmen es hier anschlieſsend auch dieses zweite Werk zu besprechen.

Dr. A. Petersilie, Prof. und Mitglied des Kgl. statistischen Bureaus in Berlin: Das öffentliche Unterrichtwesen im deutschen Reiche und in den übrigen europäischen Kulturländern. 2 Bände: X und 448 + X und 608 Seiten. (3. Band 3. Abteilung von „Handels- und Lehrbuch der Staatswissenschaften", in selbständigen Bänden herausgeg. von Kuno Frankenstein). Leipzig, C. L. Hirschfeld 1897. Preis ungeb. 28 M. —

Der 1. Band enthält zuerst eine theoretische Auseinandersetzung über die Grundlage des öffentlichen Unterrichts (S. 1 – 132), sodann eine Übersicht über die geschichtliche Entwicklung (S. 133—298), zuletzt eine Darstellung des Aufsichts-, Prüfungs- und Berechtigungswesens (299—448). Der 2. Band verbreitet sich über die Organisation der sämtlichen Schulgattungen (S. 1—473) und bringt in einem Anhang das preußische Lehrerbesoldungsgesetz vom 3. März 1897, die Änderung des Studienplans der juristischen Fakultät an preußischen Universitäten vom 18. Jan. 1897 und endlich (S. 479—608) eine Bibliographie, worin die einschläge Literatur behandelt ist, bearbeitet von dem Bibliothekar Dr. P. Lippert.

Im Vorwort bezeichnet der Verfasser als den Zweck des Buches, welches eine Abteilung eines staatswissenschaftlichen Hand- und Lehrbuches bildet, die Darstellung des öffentlichen Unterichtswesens vorwiegend im Sinne eines praktischen Handbuchs nach der schulverfassungs- und schulverwaltungsmäßigen Seite. Es soll dem Verwaltungsbeamten und Schulmanne, aber auch anderen Freunden der Schule eine brauchbarer Wegweiser auf diesem Gebiete sein. In dem theoretischen Teile wird an verschiedenen Reformvorschlägen ausgiebige Kritik geübt. Aus Mangel an Raum, jedoch auch in der Absicht, mehr das Typische hervorzukehren, hat der Verfasser mehrfach eine Ausscheidung eintreten lassen. So hat er im verwaltungsrechtlichen Teil (Aufsichts-, Prüfungs- und Berechtigungswesen) ausschließlich die Verhältnisse im deutschen Reiche berücksichtigt, und auch da nur Preußen eingehend behandelt: es treffen auf Preußen 133, auf die übrigen deutschen Staaten, welche berücksichtigt sind (Baden, Bayern, Braunschweig, Hessen, Sachsen, Württemberg), nur 16 Seiten! Ferner ist im 2. Band beispielsweise die Lehrordnung der höheren Schulen Preußens auf 54, die der übrigen vorgenannten deutschen Staaten auf insgesamt nur 14 Seiten, die der außerdeutschen Staaten (es sind dies Belgien, Dänemark, Frankreich, Großbritannien und Irland, Holland, Italien, Österreich-Ungarn, Rußland, die Schweiz) auf 32 Seiten behandelt. Unseres Erachtens hätte der Verfasser besser gethan, seine Darlegungen auf Preußen zu beschränken; denn die Behandlung der übrigen Staaten ist denn doch zu aphoristisch, als daß man daraus ein rechtes Bild von den thatsächlich bestehenden Verhältnissen gewinnen könnte. Mit mehr Grund hat dagegen der Verfasser die Privatinstitute incl. der sogenannten Mädchengymnasien unberücksichtigt gelassen, „da sie vorerst unfertige Zustände darstellen;" auch die militärischen Bildungsanstalten sind nicht besonders berücksichtigt und von den Fachschulen sind nur die preußischen Anstalten in Kürze behandelt. Ein Nachschlagebuch ist also das vorliegende Werk nur unter den angegebenen Einschränkungen: zunächst für preußische Verhältnisse und zweitens auch da nur für die mehr typischen Unterrichtsanstalten. Auf diesem Gebiete aber ist der Verfasser natürlich Meister, mag man nun nun Aufschluß über die niederen, mittleren oder höheren und höchsten Unterrichtsanstalten suchen.

Im theoretischen Teil (Band 1, Teil 1) entwickelt der Verfasser seinen Standpunkt in bezug auf die rechtlichen Voraussetzungen des Unterrichts (Schulgesetz, Schulpflicht, Schulgeld, Prüfungswesen u. s. w.)

sowie auf die technischen Bedingungen des öffentlichen Unterrichts (Lehrerbildung, Nationale Erziehung, Konfessionalität der Schulen, Lehrplan, Lehrmittel, Methode, Doppelunterricht, Klassenteilung, Klaſs- und Fachlehrersystem, Internat, Schulhygiene, Schulreform) in durchaus subjektiver Weise. Allein diese persönlichen Ansichten sind meist so treffend begründet, daſs man ihnen wohl in der Regel zustimmen wird. Mit scharfer Logik, unter Umständen mit Witz und scharfen Pointen, geht er dem Übertriebenen, Ungesunden, Verfehlten zu Leibe, was die neuere Litteratur in dieser Beziehung sich geleistet hat. Er ist, was die Reformfrage anlangt, überzeugter Anhänger der humanistischen Richtung, bezüglich seiner Stellungnahme ist ihm sein Vorbild insbesondere K ö c h l y. Vortrefflich rechnet er mit G ö r i n g ab; es wäre zu wünschen, daſs die extremen Reformfreunde diese Deduktionen läsen. Sehr gut ist auch das Meiste, was der Verfasser über den Sport sagt (S. 80); doch dürfen t u r n e r i s c h e Spiele wohl nicht so gering geschätzt werden; die s t ä d t i s c h e Jugend bedarf ihrer sicher im höherem Grade, als dies bisher der Fall war; die Dorfjugend braucht sie natürlich nicht oder doch bei weitem weniger. S. 79 finden wir den Satz: „Das Denken ist a u c h eine körperliche Anstrengung und die geistige Gymnastik ist gerade so gesund wie die körperliche; das sehen wir an unseren Stubengelehrten etc." Hier dürfte denn doch ein Fragezeichen zu machen sein. Die Gelehrten, die ein hohes Alter erreichen, zehren eben doch von ererbter physischer Kraft und erfreuen sich gesunder Ernährungs- und sonstiger Lebensweise mehr als andere Stände; allein die Generation, die in den Städten heranwächst, bedarf einiger Surrogate in physischer Hinsicht. Unverständlich ist mir auch der Satz (S. 75): „Der moderne Gymnasiast wohnt chambre garnie und ist abends, soweit er sich als „Mensch" fühlen will, auf die Kneipe oder den Klub (Verein) angewiesen etc." Aber, wo kommt denn das vor? In Deutschland doch kaum irgendwo.

Die b a y e r i s c h e n Verhältnisse sind vielfach ungenügend bearbeitet. Der Verfasser bezieht sich hier häufig auf längst nicht mehr bestehende Verordnungen, so bezüglich der Oberaufsicht auf eine Verordnung vom Jahre 1825! (S. 435); auch die Zusammensetzung des Obersten Schulrats ist unrichtig angegeben. Schon das bayerische Hof- und Staatshandbuch hätte den nötigen Aufschluſs gewährt. Die neueste Schulordnung für die Realschulen datiert vom 11. Sept. 1894; der Verfasser kennt nur die Schulordnung vom Jahre 1877 und einige ministerielle Erlässe aus späterer Zeit. S. 437 ist der Begriff „Lateinschule" in antiquierter Form gegeben. Es ist freilich für den Nichtbayern sehr schwer, die einschlägigen Verhältnisse richtig darzustellen, zumal es für Bayern noch immer an einem Buche fehlt, wie ein solches Wiese für Preuſsen, v. Seydewitz für Sachsen, Joos jüngst für Baden bearbeitet hat. E i n e Z u s a m m e n s t e l l u n g d e r V o r s c h r i f t e n f ü r d i e h ö h e r e n b a y e r i s c h e n S c h u l e n i s t e i n d r i n g e n d e s B e d ü r f n i s. Das sehr verdienstliche Buch von J. F ü g e r „Die Schulordnungen der Studienanstalten, Realgymnasien und Realschulen im Königreiche Bayern, dann die Prüfungsordnung für das Lehramt etc.

mit Erläuterungen" Bamberg 1889 — ist leider veraltet und sollte neu aufgelegt werden[1]).

Ein zweiter Fehler, der in dem Buch nachteilig wirkt, liegt in dem allzugrofsen Streben nach knapper, abgekürzter Darstellung, und dadurch wird das Bild häufig ein schiefes und der Wert des Ganzen ein zweifelhafter. Nur ein Beispiel: S. 440 heifst es: „Durchweg genügende Leistungen in den Probearbeiten sowie im Jahresfortgang befreien (in Bayern) von der mündlichen (Absolutorial-) Prüfung." Vgl. jedoch Min.-Blatt Nr. 3· vom 31. Jan. 1891 (X) sowie Min.-Blatt Nr. 20 (1891) S. 270 = Schulordn. f. d. hum. Gymn. § 35, 5. Dafs die seitherige Schulordnung für die Industrieschulen überhaupt nicht mitgeteilt, die für die Realschulen blofs zitiert ist, liegt in dem Plane des Buches begründet, vermindert aber, wie schon gesagt, den Wert desselben als Nachschlagebuch.

Wir beschränken uns auf diese wenigen, die Gesamtanlage und die spezifisch bayerischen Verhältnisse betreffenden Punkte. Dafs auch bei anderen nichtpreufsischen Staaten die Angaben, insbesondere infolge der ungenügenden Quellen, nicht sehr zuverlässig sein dürften, beweist uns unter anderem auch der Umstand, dafs z. B. bei Württemberg als die neueste Schulordnung diejenige vom Jahre 1851 angegegeben ist, während doch der neue Lehrplan vom Jahre 1891 datiert. In diesen und vielen anderen Dingen verdient ohne Zweifel das Baumeistersche Werk den Vorzug. Leicht begreiflich, da eben Baumeister mit einem Stab einheimischer Schulmänner arbeitete; solche dürften wohl allein im stande sein, die Verhältnisse gehörig zu überschauen. Aus demselben Grunde darf das vorliegende Werk für die spezifisch-preufsischen Schulverhältnisse wohl als eine sehr gute Quelle befunden werden. Es dürfte sich, wenn ein Rat erlaubt ist, aus räumlichen Gründen empfehlen, dafs sich der verdiente Herr Verfasser bei einer neuen Auflage auf Preufsen beschränke. Bei umfassender Behandlung der Schulverhältnisse aller Staaten, die doch allein von Wert für den ratsuchenden Leser ist, müfste das Buch, das sich die Aufgabe gesetzt hat, die Verhältnisse sämtlicher Schultypen darzustellen, einen doppelt oder dreifach gröfseren Umfang bekommen, und, wie schon bemerkt, wäre überdies die Mithilfe mehrerer kaum zu umgehen.

München.   Dr. Gebhard.

---

[1]) Die vorliegende Rezensia schrieb ich im September 1898. Nachdem ich nun den gleichen Wunsch, wie oben, jüngst auch bei anderer Gelegenheit ausgesprochen ghatte (vgl. „Blätter" 1898, S. 840), teilte mir Herr Prof. F ü g e r — Würzburg mit, dafs er sich gerade jetzt der äufserst dankenswerten Aufgabe unterziehe, eine neue Auflage des obengenannten Werkes zu besorgen, in welchem aufser den Schulordnungen etc. sämtliche Erläuterungen, authentische Interpretationen und Vollzugsbestimmungen zur Mitteilung gelangen sollen. Das Buch wird in allernächster Zeit in der Stahel'schen Sammlung deutscher Reichsgesetze und Bayerischer Gesetze erscheinen.

Rektor Dr. Wohlrabe, Der Lehrer in der Litteratur.
Beiträge zur Geschichte des Lehrerstandes. Zweite Auflage. Freiburg
im Breisgau. Verlag von Paul Waetzel. 1898.

Der Verfasser hat aus der Literatur in treuer Arbeit ein Bild
des am meisten der Kritik ausgesetzten Standes zusammengefügt.
Fesselnd und belehrend ist das Bild, doch nicht erquicklich. Liest
man z. B., wie Oskar von Redwitz in der Schilderung des mystischen
„Frackschneiders" und des „Korporals" („Hermann Stark") Lehrergestalten karikiert, so drängt sich der Gedanke auf, dafs es für unseren Stand besser wäre, wenn künftige Jahrhunderte sein Charakterbild aus den „Fliegenden Blättern" statt aus anderen Literaturerzeug-
nissen gewännen. Man hat bei der Lektüre der modernen und modernsten Literaturerzeugnisse häufig den Eindruck, als wolle sich der
Lehrer zu einer stehenden Thersitesfigur des modernen Romans entwickeln. Dem Lehrerstande so gerecht zu werden, wie ihm Suder-
mann im „Glück im Winkel" geworden ist, haben sich aufser diesem
Dichter wenige bemüht.

Die lichten Partieen gegenüber den tiefen Schatten in dem vorliegenden Standesbild zu verstärken, sei hier noch auf den Lehrer
Gottwald in Hauptmanns „Hannele" und auf Storms Lehrergestalten
hingewiesen. Eine lebenswahre Seitenfigur zu dem verzeichneten
Dr. Oswald Stein in Spielhagens „Problematische Naturen" ist Hin-
rich Arnold in Storms Novelle „Im Schlofs" (Gesammelte Werke Bd. 2).
In der Novelle „Beim Vetter Christian" (Ges. W. Bd. 7) gibt der
Dichter eine sympathische Schilderung eines dem Bürgeradel einer
kleinen Küstenstadt entsprossenen, wohlhabenden Gymnasiallehrers,
wohl eine vereinzelte Erscheinung in der Literatur. Auch andere fein-
gezeichnete Lehrergestalten in Storms Werken verraten eine besonders
den lesenden Lehrer wohlthuend berührende Sympathie des feinsinnigen Dichters für unseren Stand. So die nur flüchtig skizzierten
Rektorenfiguren in „Der Amtschirurgus" (Ges. W. Bd. 8) und in „Ein
Bekenntnifs" (Ges. W. Bd. 19).

Bruno Golz, Pfalzgräfin Genovefa in der deutschen
Dichtung. — Leipzig, Druck und Verlag von B. G. Teubner. 1897.

Die Geschichte von der Pfalzgräfin Genovefa ist als Legende geboren, „Kind des Glaubens und der Dichtung", und Legende geblieben.
Als Kind wandelt das fromme Märchen nun seit Jahrhunderten durch
die Lande, nie und nirgends freudiger willkommen geheifsen und
herzlicher aufgenommen als im Dämmerstündchen in der Kinderstube.

Dafs die Legende nach Kinderweise nur gezwungen den scheuen
Fufs in das helle Licht der Bühne setzt, hat Bruno Golz in seiner
Geschichte der dramatischen Bearbeitungen der Genovefasage gezeigt.

Golz findet in dem vorwiegend epischen Charakter des
Genovefastoffes den Grund dafür, dafs „keiner der vielen Dramatiker,

die den Stoff behandeln, daraus ein für alle Zeiten gültiges, klassisches Meisterwerk geformt hat wie etwa Goethe im Faust."

Wenn man die Kindheitseindrücke prüft, die der Name Genovefa weckt, so dürfte man finden, daſs das Kindergemüt am stärksten von der Schilderung der Waldidylle gefangen genommen wurde. Eine Mutter, ein Kind und ein trauliches Tier, geborgen im Wald, das ist das Bild, um welches die Sage die kindliche Phantasie bereichert. Was vor Genovefas Verurteilung und beim Wiederfinden der Getrennten geschah, verblaſst, nach meiner Ansicht nicht nur in der Phantasie des Kindes. Ludwig Richter hat die Sage nicht besser mit Stift und Pinsel zu erzählen gewuſst als durch eine Darstellung der Waldidylle. —

In dem Epos Genovefa äuſsert demnach die Waldidylle die stärkste Wirkung auf Phantasie und Gemüt. Man darf daher als Grund für die Sprödigkeit des Genovefastoffes gegenüber den Dramatisierungsversuchen präziser den episch-idyllischen Charakter der Sage bezeichnen.

Im übrigen liegt der Hauptwert des Buches, das nicht nur durch den Gegenstand freundlich anmutet, sondern auch durch die zu tage tretende Gründlichkeit der Forschung und die klare Darbietung der Forschungsergebnisse dem Leser lieb wird, darin, daſs es mit den Schicksalen des Dramenstoffes „ein buntbewegtes Bild von dem Werdegang unserer Bühne, von dem Wechsel der Zeiten und Weltanschauungen entrollt."

Dillingen a. d. Donau.   Ludwig Kemmer.

Jul. Bräuninger, Übungs- und Prüfungsaufgaben zur deutschen Sprachlehre. München, Verl. v. R. Oldenbourg. 60 S. Preis 40 Pfg.

Das Heft gibt eine Sammlung recht brauchbarer, ersichtlicherweise aus einer reichen Unterrichtserfahrung herausgewachsener Sprachübungen über Konjugation, Deklination samt Komparation, Präpositionen und Satzlehre. Die gewählten Beispiele sind grammatisch vielseitig und lehrreich, auch inhaltlich meist anregend und dem Verständnis der Altersstufe angemessen. (Dies kann man aber von Satz 4 auf S. 6: Böse Thaten gewähren niemals dauernde Vorteile; denn sie gebären fortzeugend immer wieder Böses — schwerlich behaupten, abgesehen davon, daſs hier der Sinn der Dichterstelle verbogen ist.) — Auſser Übungsbeispielen enthält das Büchlein noch Merkverse für die Präpositionen, worunter die beiden ersten Stücke nicht übel sind, die übrigen aber wenig befriedigen; auſserdem im Anhang eine Zusammenstellung von Satzformelzeichen. —

Unter XVIII steht zur Einübung der Apposition ein zusammenhängendes Stück über den trojanischen Krieg und Odysseus' Heimkehr, das in 46 Zeilen nicht weniger als 27 Appositionen aufnehmen soll. Ein solches grammatisches Kesseltreiben ist im fremdsprachlichen

Unterricht bisweilen notwendig, aber auch sogut wie unschädlich: in der Muttersprache ist es doch wohl bedenklich. Es wird sich daher m. E. empfehlen, in einer künftigen Auflage hier eine Reihe stofflich verschiedener, kleinerer Stücke einzusetzen, die ja dann unbeschadet des guten Geschmacks eine beliebige Zahl von Appositionen darbieten mögen. — Logisch anfechtbar ist die Wendung: „Die Verba folgender Sätze sind ins Perfekt zu verwandeln" (S. l, ähnlich noch öfter); kaum verständlich eine andere: „Folgende Verba sind mit den beigefügten Sätzen an Stelle des Gedankenstriches im Präsens, Imperfekt und Perfekt zu verbinden" (S. 6, ähnl. SS. 14 u. 20) statt: F. V. sind in die darunterstehenden Sätze an St. d. Ged. einzufügen, und zwar nacheinander im Präsens, im Imperf. und im Perf. -- S. 6: Bei „schaffen" fehlt die vierte Bedeutung: mit Anstrengung wohin bringen. — S. 8, Nr. 21 sollte es heifsen: a) wägen, b) wägen (Nf. wiegen), c) wiegen. — S. 9 ist in 13 Beispielen ein grammatischer Fehler dargestellt (Konditionalis im Wenn-Satze); zum mindesten müfste dabei ausdrücklich die Fehlerhaftigkeit hervorgehoben und dem Schüler gesagt sein, dafs er selbst erst durch die Form, die er herstellen soll, die Sätze berichtigt. — S. 13 kann „zivilisierten" durch „gesitteten" ersetzt werden. – S. 14 unten: Was für verschiedene Pluralformen sollte Fuchs in der Schriftsprache haben? -- S. 19: Viele Tiere galten den Agyptern als thesser für) heilig. — S. 6 manche rühmlichen Thaten, S. 24 viele Fremden (Ähnliches S. 25 und 27) statt der üblicheren starken Formen rühmliche, Fremde. — S. 29: Sollen Verbindungen wie „ein Zentner Mehl", „ein Glas Wasser" u. dgl. Titularattribute darstellen? — S. 31, Nr. 7: besser sie als dieselben. — S. 35 bietet Friedrich von Oesterreich st. von Baden. — S. 47, Nr. 4 bietet durchweg des Nil st. Nils. — S. 49, Nr. 7 am Anfang stünde besser das billigste als am billigsten. —

Was die Orthographie betrifft, so steht auf S. 25 o.: anfangs (st. Anfangs) des Jahres 1871 (anfangs =: primo, Geg. endlich; Anfangs Mai, Geg. Ende Mai). – S. 45 mufs statt Anderm: anderm, S. 56 zweimal statt Alles: alles geschrieben sein.

Hinsichtlich der Zeichensetzung fällt ein Überschufs an Komma (bei übergreifender Konstruktion vor wie, oder, als, und) auf: an einigen Stellen steht Punkt statt Ausrufzeichens, S. 6, Z. 5 v. u. das Komma an falscher Stelle.

Von den wenigen Druckfehlern merke ich nur Frülingswind auf S. 22 an. —

Alle diese kleinen Mängel im einzelnen thun der Brauchbarkeit des Ganzen kaum einen Eintrag: es kann auch in der Hand des Schülers gewils Nutzen stiften.

Zweibrücken.   Wilh. Egg.

Schmaus, Dr. Johann, Aufsatzstoffe und Aufsatzproben für die Unterstufe des humanistischen Gymnasiums. Bamberg, C. C. Buchners Verlag, 1898. IX. u. 92 S. Pr. geb. 1,60 M.

Unser geehrter Kollege hatte schon in seinem gediegenen, inhaltsreichen Programme „Aufsatzstoffe und Aufsatzproben für die Mittelstufe des humanistischen Gymnasiums" (Festschrift zur Begrüfsung des b. Gymnasiallehrervereins, Bamberg 1894) versprochen, dieser Schrift einen Vor- und Nachläufer zu geben. Mit dem obengenannten Werkchen erfüllt er den ersten Teil seines Versprechens in einer Weise, dafs dasselbe jedem Lehrer, dem in einer der 3 unteren Klassen der deutsche Unterricht obliegt, zur eingehenden Lektüre und Benutzung warm empfohlen werden kann. Was uns auf jeder Seite des Büchleins angenehm berührt, ist der Umstand, dafs wir überall dem praktischen Schulmann begegnen, der nicht nur alle Mifsgriffe, die man im deutschen Unterrichte machen kann, aus gründlicher Erfahrung kennt, sondern uns auch in liebenswürdig anspruchsloser Weise neue Bahnen erschliefst, auf welchen ein den Anforderungen unserer Zeit entsprechender Unterricht in der deutschen Sprache erzielt werden kann. Ein fernerer Vorzug ist, dafs Schmaus nicht viel theoretisiert — nichts ist in Fragen des Unterrichts wohlfeiler als in vornehmer Allgemeinheit gehaltene Theorien und Direktiven — sondern stets konkrete Fälle ins Auge fasst. Dies schliefst natürlich nicht aus, dafs gelegentlich treffliche Bemerkungen allgemeiner Natur eingestreut sind, von denen ich eine Auswahl mit Vergnügen biete. „Nicht durch peinlich genaue Korrekturen und ein noch so fein ausgeklügeltes System von Korrekturzeichen heben wir die Aufsatzleistungen unserer Schüler, sondern durch Darbietung passender Proben" (S. V). „Man soll zufrieden sein, wenn die Schüler in der Stoffeinkleidung Fortschritte machen, und ihnen die Gedanken bereitwilligst mitteilen. Der Aufsatz ist (auf der unteren Stufe) nicht in erster Linie als Probierstein des Wissens, sondern der Stilgewandtheit anzusehen .. den Stoff wird später schon das Leben geben" (S. 5). „Ein Schulbrief ist ein öffentlicher Brief, kein Familienbrief . . man darf nicht eine Blofsstellung von Gefühlen, sondern die Erzählung von etwas Thatsächlichem verlangen" (S. 8). „Es ist nötig, den Stoff mit den Schülern gemeinsam finden und ordnen zu lassen" (S. 30). „Bei Beschreibungen soll die Örtlichkeit mit einem gewissen rosigen Schimmer umgeben sein . . . Wer es freilich soweit gebracht hat oder gebracht zu haben wähnt, dafs den Knaben die Beschreibung des Schulzimmers besser gefällt als die des luftigen, weiten Waldesdomes, der mag es meinetwegen anders halten" (S. 34).

Inhaltlich gliedert sich das Büchlein in einen theoretischen und praktischen Teil (Aufsätze) zu je 3 Unterabteilungen für die 1.—3. Klasse. Bei Behandlung der Aufsatzarten ist die Entwicklung vom Leichteren zum Schwereren bei Schmaus folgerichtig durchgeführt. Wenn er dabei Nacherzählungen 'vom veränderten Standpunkt' schon der 2. Klasse zuweist, so wird sich das doch nur mit gutveranlagten

8*

Schülern durchführen lassen. Sehr hübsch wird als Muster einer
Zusammenfassung das Grimmsche Märchen „Die Bremer Stadt-
musikanten" behandelt. Auch findet man nirgends die Tantalussage
nach ihrer ethischen Seite so geschickt zergliedert wie bei Schmaus.
Recht lohnend ist auch die mehrfach gezeigte „Verschmelzung zweier
Fabeln zu einer." Das S. 31 gebrachte Frühlingsgedicht von Güll,
besonders zur erzählenden Schilderung geeignet, ist eine echte Perle
der Poesie. Warum hat wohl Schmaus die 'Bildung von Kampfge-
sprächen', die in den trefflichen Anhängen von Zettel-Nicklas so fruchtbar verwertet sind, von seinen Stoffen ausgeschlossen?
    Der praktische Teil, die Aufsatzproben, teilweise mustergiltige
Schülerarbeiten, sind eine willkommene Beigabe des Werkchens, das
hiemit nochmals zur fleifsigen Beachtung und Benutzung empfohlen
sei! Möge uns der Verf bald mit dem in Aussicht gestellten 3. Teil
überraschen!
    München.   Dr. J. Menrad.

M. Tulli Ciceronis Tusculanarum disputationum libri I, II, V.
Herausgegeben von Emil Gschwind, k. k. Professor am deutschen
Staatsgymnasium zu Prag-Altstadt. Mit 10 Abbildungen. Leipzig, Frey-
tag, 1897. XXVIII u. 211 S., geh. 1,50 M., geb. 1,80 M.

    Wir haben zu Ciceros Tuskulanen gediegene und zweckmäfsige
Schulausgaben, Tischer-Sorof, Heine, Hasper u. a., und die Nachfrage
nach Ciceros philosophischen Schriften scheint nicht allzu grofs zu
sein. Gleichwohl schickt der rührige Freytagsche Verlag als zweiten
Band seiner Sammlung griechischer und römischer Klassiker mit deutschen Anmerkungen eine Auswahl aus den Tuskulanen in die Welt, nämlich Buch I III V, kommentiert von Gschwind. Das Streben des
Verfassers, die Lateinlektüre im Interesse der Konzentration mit der
philosophischen Propädeutik und dann auch mit philosophischen Fragen
der Gegenwart zu verknüpfen, ist bei ihm wohl in einer Personalunion
begründet und wäre an sich ganz löblich, aber an den meisten deutschen Gymnasien ist die Propädeutik vom Lehrprogramm abgesetzt,
und die Verknüpfung mit den philosophischen Fragen der Jetztzeit ist
hier eine etwas heikle Sache.
    Die Einleitung handelt von der Bedeutung der philosophischen
Schriften Ciceros, hebt einige Fundamentalsätze heraus, charakterisiert
die Stellung des Praktikers und Staatsmannes zu den einzelnen philosophischen Systemen und bespricht auch in Kürze die Entstehung und
Anlage der Tuskulanen. Man vermifst aber eine kurze Übersicht über die
griechisch-römische Philosophie, besonders von den Zeiten an, wo das
εὖ ζῆν im Mittelpunkt des Interesses steht, eine Übersicht über Ciceros
philosophische Schriftstellerei, eine genauere Darlegung der Zeitverhältnisse und Stimmungen, unter denen er schrieb. Dazu mufsten
in ausgiebigem Mafse die Briefe und die rhetorischen Schriften beigezogen werden, die mit unsern Tuskulanen in einzelnen Partien fast
wörtlich übereinstimmen; auch in der Philosophie bleibt Cicero drei-

viertel Redner und Rhetor. Um eine einzelne Ungenauigkeit zu berühren, muſs ich die Behauptung, Cicero habe dem epikureischen
Lebensgrundsatz λάϑε βιώσας zugestimmt (S. XV), in dieser Allgemeinheit als entschieden falsch bezeichnen, s. de or. III § 63 in hortulis
quiescet suis (die epikureische Philosophie), für den Redner-Staatsmann
wie Crassus oder Cicero ist sie nicht geeignet. Vgl. auch ad Att. II 16, 3;
Attikus selbst hielt es anders; s. Corn. Att c. 15. S. XX—XXIII gibt eine
(wohl unnötige) Übersicht über die Metra .der Dichterzitate; S. XXIV—
XXVII eine Disposition des Inhalts der 5 Bücher. Ich weiſs, es ist eine
Sisyphusarbeit, in den buntfarbigen Gedankenschwall des digressions-
frohen Pseudophilosophen Ordnung zu bringen, aber besser als bei
Gschwind hätte es doch geschehen können. Diese wenig stichhaltige
Disposition wird dann breit zwischen den Text gesetzt und stört den
Leser mehr, als sie ihn fördert. Es dürfte bei dieser Gelegenheit nicht
uninteressant sein zu beachten, wie die Buchdruckerkunst mit ihren
verschiedenen Leitern, Überschriften, Spatien und sonstigen Mitteln
einen Unterschied der modernen Darstellungsweise von der antiken
geschaffen hat, besonders in den Anfängen und Übergängen.

Der T e x t ist der von C. F. W. Müller festgestellte. I § 59 steht
unpassend quid est enim illud. q u o d meminimus für q u o meminimus
der Vulgata.

Der K o m m e n t a r, das relativ Wichtigste an der neuen Ausgabe, ist klar, übersichtlich, für die Schüler anregend und leicht faſslich; er stellt eher zu niedrige als zu hohe Anforderungen und sollte
namentlich nach ·der historischen Seite mehr vertieft sein. So wird
z. B. V § 55 bei C. Cäsar nichts angemerkt über die bedeutsame Rolle,
die er in de or. (II § 217 ff.) spielt, obwohl hier mit specimen fuisse
humanitatis, salis, suavitatis, leporis darauf angespielt ist; auch der
Index sagt darüber kein Wort. Für solche Lücken entschädigen nicht
billige Dreingaben wie die 27 Zeilen Sophokles-Biographie mit der Abbildung der Statue. Müſsig sind auch die zahlreichen Kommentarfragen, z. B.
wie bieſs der Sohn des Herakles? wie hieſs der Schwiegervater des
Pompejus? wie ist das Wort im Deutschen wiederzugeben? Anmerkungen
wie laudi dare 'zum Lobe anrechnen' oder Phliuntem venire 'nach Phlius
kommen' sind fin de siècle vielleicht nicht einmal überflüssig, sowenig
als die Übersetzung von homunculus, integer, turba, venustus im Index.
Wenn man I I illustrare mit dem farblosen 'behandeln' übersetzt statt
mit 'beleuchten, lichtvoller Darstellung', so ist der begriffliche Zusammenhang mit dem folgenden Ausdruck nec ullum habuit lumen zerschnitten.
Warum soll I 6 ab optimis illis quidem viris ironisch sein? Moralische
Tüchtigkeit, die römische Nationaltugend, besaſsen diese sogut wie
andere Römer, aber zum Schriftstellern ging ihnen die Schulung ab
I 19 ut fere nostri declarant nomen ("das Wort a u f f a s s e n"!) halte
ich Text und Erklärung für falsch; meistens wird jetzt nach Seyfferts
Konjektur gelesen ut fere nostri; declarant nomina; nam ... Wenn
man die Ellipse bei nostri nicht störend findet, so kann man ja an
der handschriftlichen Überlieferung festhalten: ut fere nostri (nämlich
dicunt); declarat nomen 'dies zeigt deutlich das Wort', nämlich anima

in verschiedenen Verbindungen), nam . . . Wenn zu ändern ist, würde
ich vorziehen ut fere nostra (oder nostratia) declarant nomina, nam . . .
'wie dies wohl unsere Wörter (animus und anima) deutlich zeigen,
denn' . . Zu I 35 posteritati servire ist die ungenaue Übersetzung
gegeben "der Zukunft vorarbeiten". I 62 'ad elegantiora = feineren
Genüssen', vielmehr ergänze artificia, also zunächst nicht 'Genüsse'.
Das Zitat zu I 65 'Die ewig bewegliche . . Tochter Jovis . . die Phantasie' ist nicht aus 'Sch.', sondern aus Goethes Gedicht 'Meine Göttin'
und lautet wörtlich nicht genau so. I 67 forma heifst sowenig 'Substanz' (natura) als facies (Aussehen, Gestalt). Zu I 101 mufste doch
auf Cat. M. § 75 verwiesen werden. Die Konstruktion II 19 cui con-
cedendum est gementi (wenn er in dem Sophokleischen Stück so seufzt,
so mufs man ihm das nachsehen) unterscheidet sich etwas von gemere,
vgl. αἰσχύνεσθαι mit Part. und Inf. V 82 oratio heifst nicht 'Ausspruch' und 'Behauptung', sondern 'Darlegung' oder 'Erörterung' (im
Gegensatz zur Entscheidung). Zu V 111 animus accipit war notwendig
auf I 46 zu verweisen. Auch die umfangreichen Übersetzungen Ciceros
aus griechischen Dichtern waren an den Originalen zu kontrollieren.

Das Verzeichnis der Schulvorsteher am Schlufs ist eine willkommene Beigabe, für manche Schüler wohl auch das Wörterverzeichnis und die Abbildungen.

Wenn die Ausgabe, bei der die Mängel fast so schwer wiegen
wie die Vorzüge, gleichwohl ihre Liebhaber finden wird, so hat sie
das vornehmlich der gefälligen und bequemen Ausstattung zu danken.

München.   G. Ammon.

Lexicon Petronianum composuerunt J. Segebade et E.
Lommatzsch. Lipsiae in aedibus B. G. Teubneri. 1898. 274 S.

Ein wissenschaftliches Wörterbuch zu Petron war lange ein De-
sideratum. J. Segebade unterzog sich der verdienstvollen Aufgabe
und nach seinem Tode vollendete E. Lommatzsch die bis hic gediehene Arbeit. Als Muster diente das praktisch eingerichtete Cäsar-
lexikon von Menge-Preufs. Literaturangaben sind in reichlicher Anzahl den einzelnen Artikeln beigefügt, bei olim oliorum fehlt der
Hinweis auf Thielmanns Konjektur molli molliorem Jahrbb. 1880 S. 776.
Vgl. jetzt auch Archiv f. lat. Lex. XI 249. Der Wortschatz selbst ist
vollständig registriert, wie angestellte Stichproben ergaben.

C. Sallusti Crispi libri qui est de bello Iugurthino partem
extremam (103—112) ad optimos codices denuo collatos recensuit
emendavit Joannes Wirz. Zürich 1897. 38 S. 4°.

Der durch die vortreffliche Neubearbeitung der kommentierten
Sallustausgabe von Jacobs (10. Aufl. 1894) verdiente H. Wirz gibt
in vorliegender Separatausgabe der in den ältesten Handschriften
fehlenden Kapitel 103—112 des bell. Jug. einen durch minutiöse Nachprüfung des zur Verfügung stehenden handschriftlichen Materials, der

Grammatiker-Citate und der Nachahmungen, besonders aber durch exakte Beobachtungen des sallustianischen Sprachgebrauches auf sicherer Grundlage aufgebauten Text der genannten Schlufskapitel. Unter anderem ist es ihm gelungen, die immer und immer wieder als Beleg für den sog. Dat. Grace. aus 107,1 angeführte Stelle endgültig hinwegzuschaffen: man hat zu lesen: saepe antea ⟨a⟩ paucis strenuis advorsum multitudinem bene pugnatum. S. auch meine 'Beiträge zur hist. Syntax der lat. Sprache', München 1899, S 10 f.

München. Gustav Landgraf.

S. Ambrosii opera. Pars I fasc. I Exameron, de paradiso, de Cain et Abel, de Noe; [fasc. II de Abraham, de Isaac, de bono mortis; pars II De Jacob, de Joseph, de patriarchis, de fuga sacculi, de interpellatione Job et Dauid, de apologia Dauld, apologia Dauid altera, de Helia et ieiunio, de Nabuthae, de Tobia, ex recensione Caroli Schenkl == Corpus scriptorum ecclesiasticorum latinorum uol. XXXII. Wien, Prag und Leipzig 1896. 97. LXXXVIII und 755, XXXXIX und 575 pag. 8°.

Der letzte Herausgeber des Ambrosius, P. A. Ballerini, dessen Bearbeitung zu Mailand 1875—83 in 6 Bänden erschienen ist, fufst nach M. Ibms treffendem Urteil (stud. Ambros. p. 13) durchaus auf den Maurinern, ohne ihnen an Sorgfalt und Scharfsinn gleichzukommen. Eine neue Ausgabe der Werke des gefeierten Kirchenlehrers wäre also nichts Überflüssiges, auch wenn der Plan des Corpus nicht von vornherein eine solche erforderte.

Die Einleitung zu beiden Teilen verbreitet sich in vier Abschnitten über die Entstehungsweise der oben genannten Schriften, die Zeit ihrer Abfassung, ihre Quellen und die in Betracht kommenden Codices. Dem Buche de fuga sacculi, das in seiner bisherigen Stellung hinter der Schrift de bono mortis den Zusammenhang des corpus de patriarchis störte, hat Schenkl seinen Platz nach dem libellus de patriarchis angewiesen, die folgenden Stücke aber (de interpellatione bis de Tobia) chronologisch nach den Angaben der hl. Schrift geordnet. Für den gröfsten Teil aller behandelten Schriften wird Entstehung aus Predigten teils nachgewiesen, teils mit gröfster Wahrscheinlichkeit angenommen. Dafs auch die apologia Dauid altera, obwohl nicht von Ambrosius herrührend, gleich hier mit der echten Apologie zusammengestellt ist, kann nur gebilligt werden. Interessant ist die Art und Weise, wie die Zeit der Abfassung des liber de fuga sacculi bestimmt wird. Das Citat aus Sallust Bd. II S. 176, 14 rührt nach Büchelers Nachweis nicht von direkter Benutzung des Historikers her, sondern stammt aus des Arusianus Messius exempla elocutionum. Da nun die letztern nicht lange nach 391 veröffentlicht wurden, so fällt auch des Ambrosius Schrift in diese Zeit. In mehreren der oben genannten Schriften (exameron, de Helia, de Nabuthae, de Tobia) sind besonders

die Homilien Basilius' des Großen ausgebeutet, im libellus de Jacob
lehnt sich der Kirchenlehrer an das sog. vierte Buch der Maccabäer
an, dessen richtiger Titel περὶ λογισμοῦ αὐτοκράτορος lautet. Die Frage,
ob Ambrosius in seinen Citaten aus diesem Buche, wie sie sich namentlich II S. 59 ff. finden, eine lateinische Übersetzung zu Rate gezogen
hat, wird wohl verneint werden müssen. Bekanntlich besitzen wir
vom 4. Buche der Maccabäer zwei lat. Versionen, eine längere Fassung,
die abgedruckt ist im lat. Josephus des Erasmus (Basel 1524), aber,
soviel ich weiß, handschriftlich nicht mehr vorliegt, und eine kürzere,
von der ich selbst mehrere Codices kopiert und kollationiert habe.
Wer beide Versionen mit den Anführungen des Ambrosius vergleicht,
wird keine nennenswerte Übereinstimmung finden; also ist seine Übertragung wohl eigene Arbeit. Als Quelle des Ambrosius ist weiter noch
Philo zu nennen, der insbesondere bei der Erklärung hebräischer Eigennamen zu Hilfe gerufen wird, von klassischen Autoren erscheint Vergil
am häufigsten, aber auch Cicero, Horaz, Xenophon werden genannt,
während die Citate aus Cato und Sallust nur aus abgeleiteten Quellen
stammen. Von späteren kirchlichen Autoren hat namentlich Augustin
seinen großen Vorgänger oft benutzt.

Sehr zu loben ist die Knappheit des kritischen Apparats.
Nur von den wichtigsten Hdschr. werden sämtliche Lesarten mitge-
teilt, im übrigen nur eine Auswahl gegeben. In den Ausgaben der
Kirchenschriftsteller, besonders aber in den Bearbeitungen der lat.
Bibeltexte brauchen nicht alle Thorheiten und Nachlässigkeiten der
Schreiber dem Andenken der Nachwelt überliefert zu werden, es genügt
hier eine Auswahl nach bestimmten Gesichtspunkten, wobei man einerseits auf die Entwickelung der Textüberlieferung, andrerseits auf die
Grammatik des Vulgärlateins einschließlich der vulgären Lautlehre sein
Augenmerk richten wird. So bietet auch der Schenkl'sche Apparat
eine reiche Fundgrube für die Charakteristik des Volkslateins: deuiritis
(korrigiert zu debcretis) II 236, 2 in P beruht eben auf vulgärer Aussprache, und beberent II 270, 19 P erinnert an ital. bevere, wie auch
agustae I 29, 14 an agosto anklingt. An vulgäres gylae II 531, 1 V
(= gulac, y = ü) schließt sich stran-gylas 'du drückst die Kehle zu'
II 547, 8 V; auch stran-guilo (-illo) sagte das Volk (II 429, 4 G, 533, 21 P V),
wie es ja auch zu gula eine plebejische Nebenform guila gab (Brandt,
proleg. zur Ausgabe des Laktanz I p. XXI Anm.). Für di vor Vokal
sprach das Volk z oder zi (vgl. zabulus = diabolus); darnach ist li-
ziam I 274, 20 in R für lydiam zu beurteilen. Wenn II 378, 18 in
DPM correptio statt correctio steht, so rührt das daher, weil in volkstümlicher Aussprache beide Wörter correttio lauteten (ital. sette =
septem, vittoria = victoria); ähnlich steht I 359, 17 chectura in S
m. 1 P' für chettura. Frida II 426, 7 P (= frigida) ist das ital. fredda
(vgl. die Zwischenstufen frigdaria und frigdor), und pincillo I 719, 9
klingt schon stark an unser 'Pinsel'. Merkwürdig bleibt die Vulgär-
form corcodrilli I 142, 20, da die lat. Sprache sonst bekanntlich eine
Abneigung gegen die Wiederholung der littera canina hat. Volkstümlich ist die Rekomposition credederunt II 557, 6 P und reddedi II 559,

21 P, volkstümlich die Analogiebildung ipsud I 44, 8 in CPG, volkstümlich die regelmäfsige Formation exiebat prodiebat I 370, 13. 14 M und increpauerant II 233, 19 D P′, welch letztere sich allerdings auch bei älteren Schriftstellern findet. Die Volkssprache ging gern von der 3. Deklination in die leichter zu handhabende erste über: stateram I 152, 2 *II* M S′ (was in den Text aufzunehmen war), craterae II 439, 17 H′, ebdomadarum II 423, 1 HBH′DP′, sirenae II 526, 10 D (syrene P′). Schon italienisch klingt lume (= lumen) II 244, 5 P und foliarum II 254, 24 P; denn bekanntlich unterscheidet diese Sprache zwischen la foglia 'Blatt am Baume' und il foglio 'Blatt im Buche'. Interessant ist auch die hybride Bildung nocticorax II 188, 3 AC′, die eine allerdings recht nahe liegende Umsetzung des ersten Teiles von nycticorax ins Lateinische aufweist; auch apost u lus I 45, 4 CP (vgl. epistula) und ago n i-thetes II 439, 19. 459, 16 (aber agonothela II 238, 2) weisen eine An-näherung an die Bildungen der lat. Sprache auf. Natürlich wird man dem Ambrosius solche Vulgarismen in der Regel nicht zutrauen; einzelne solcher Erscheinungen aber (wie schon agonithetes) hat Sch. da, wo die besten Codices sie boten, mit Recht in den Text aufgenommen: echinna II 541, 10. 11 und das interessante promoscis προβοσκίς I 224, 11. II 450, 3. 6, das den Rüssel in volksetymologischer Auffassung als Instrument zur Abwehr der Fliegen bezeichnet (promuscidem I 224, 11 GP m. 2; promuscidam in B ist zu beurteilen wie stateram.)

Durch glückliche Konjektur wird II 255, 2 das seltene adipate (Arnob. 3, 25) eingesetzt, das sich übrigens auch sonst bei Ambr. (I 398, 8) findet. Erwünschten Zuwachs an Belegstellen erhält das seltene nucinus II 393, 17. 18 (von Georges belegt mit Ambr. de Jacob 2, 4, 19. Schol. Juv. 11, 117), während perobscaenus II 451, 5 bei Georges fehlt. Auf eine herzerquickende E t y m o l o g i e im Sinne des Varro sei hier noch aufmerksam gemacht: II 231, 20 a n g e l i, quia ipsi sunt a v e s c a e l i, ebenso auf den Ansatz zum R e i m: II 423, 19 forma sobrietatis, norma uirtutis, wo allerdings die reimenden Wörter noch nicht die richtige Stellung einnehmen. Den Reim gemens et tremens (στένων καὶ τρέμων) im Citat gen. 4, 12, den schon Tertullians Bibel aufweist (Arch. I 361), hat die Bibel des Ambrosius beibehalten: I 486, 20. Erwähnung verdient auch das nette Wortspiel I 229, 13 l a u d i magis quam l u d o dediti. Endlich sei hier noch zu Nutz und Frommen aller Grammatiker, insbesondere aber derer, welche sich um die Charakteristik des Bibellateins kümmern, angeführt, was der Kirchenlehrer zu Hebr. 7, 26 (talis enim nobis decebat) bemerkt: II 176, 14 ff. recta est elocutio, siquidem apud eos qui uerborum et elocutionum dilectum habuerunt, huiusmodi inuenitur dicente aliquo: locum editiorem quam uictoribus decebat' (= Sall. hist. I 98 D). quod ideo non praeterii, ut sciamus, quia apostolus naturalibus magis quam uulgatis aut secundum artem utitur uerbis.

An einigen Stellen lassen sich noch leichte Verbesserungen anbringen: II 233, 7 und 248, 17 ist mit der besten Hdschr. P afluere zu schreiben (vgl. abundare), wie auch (I 89, 23) die ältesten Hdschr. afluentiam bieten. Beizubehalten war II 437, 13 im Citat aus Sirach

die Lesart sämtlicher Hdschr. in iocunditate creatum est, non in
ebrietate, die sich auch in wichtigen Bibelcodices findet; nichts ist
häufiger im Bibellatein als die Verwechselung der termini in quo und
in quem, auch im übertragenen Sinn. Aufzunehmen war II 526, 20
im Citat aus dem Buche der Weisheit die Lesart der mafsgebenden
Hdschr. P utamur creaturam, die gleichfalls durch hervorragende
biblische Manuskripte bestätigt wird. Den Acc. bei utor hat die Sprache
aus alter Zeit konserviert, und wenn I 351, 12 sämtliche Hdschr. crea-
tura bieten, so haben eben die Abschreiber den ihnen geläufigen Abl.
dem seltenern Acc. substituiert. Weiter war I 86, 15 mit den ältern
Hdschr. utrumque zu schreiben; über utrumque = utrimque vgl.
Arch. V 565 f. Vielleicht wäre auch I 426, 23 das handschriftliche
infra zu halten (Sch. intra); über infra = intra vgl. Rönsch Collect.
S. 148 und ital. fra = tra 'zwischen, unter'. Endlich schreibt Sch.
II 531, 1: alter aperta quasi praeda declinat (= ὁ δὲ ὥσπερ ἕτοιμον
θήραμα καταπτήσσει bei Basilius). Aperta ist Emendation Sch.s, die
besten Hdschr. bieten fera, das doch wohl Übersetzung von θήραμα
ist. Der Fehler liegt also in praeda, das dem ἕτοιμον entsprechen
soll. Kurz, es ist zu schreiben: alter fera quasi parata declinal.

Uneingeschränktes Lob verdient die Sorgfalt, mit der die Bibelcitate nachgewiesen sind; in dieser Beziehung hatten die Mauriner
noch viel zu thun übrig gelasssen. Nur an wenigen Stellen dürfte
hier noch eine Nachlese zu halten sein: I 354, 23—25 utere — odibilis
fias ist Citat aus eccli. 31, 19, I 493, 15 cani — hominum Anspielung
auf sap. 4, 8. Die Worte holocautomata — in conspectum meum
II 293, 15—17 waren gesperrt zu drucken; sie bilden die Fortsetzung
des vorausgehenden Citates aus Jes. 1, 11, das durch die Worte id
est: abundo meis, uestra non quaero unterbrochen wird. Weiter
gehen II 437, 4 die Worte (sieut) ignis probat ferrum durum auf eccli.
31, 31 (= LXX 34, 26) zurück, wie auch im folgenden die Ausführungen des Kirchenlehrers den biblischen Text frei wiedergeben. Den
griechischen Text des Hebräerbriefes wird man nicht als LXX bezeichnen dürfen, wie dies II 277, 3 Anm. geschehen ist.

Sache derer, die sich mit der lat. Bibel beschäftigen, wird es
nun sein, zu untersuchen, welcher Nutzen sich aus den so gereinigten
Citaten für die Geschichte der lat. Bibel ergibt. Wenn wir bei Ambr.
II 427, 3 im Citat eccli. 31, 23 insatiabili (ἀπλήστῳ) für das infrunito
unserer Vulgata lesen, so sehen wir, wie das seltene Wort der afri-
kanischen Bibel, das der Vulgatatext erhalten hat, in der italischen
Bibel des Ambr. durch das geläufigere insatiabili verdrängt worden ist.
Zur besseren Kennzeichnung der beiden Rezensionen setzen wir den
Vers sap. 5, 12 in beiden Fassungen her:

LXX (ἢ ὡς) βέλους βλη-	Vulg. (aut tamquam)	Ambr. I 24, 11 f. emissa
θέντος ἐπὶ σκοπὸν τμη-	sagitta emissa in locum	sagitta in locum, quem
θεὶς ὁ ἀὴρ εὐθέως εἰς	destinatum diuisus	iaculator intendit,
ἑαυτὸν ἀνελύθη	aer continuo in se re-	incisus aer statim in
	clusus est	se ipsum resolutus est

Von einem blofs gedächtnismäfsigen Citieren des Ambr. kann hier nicht die Rede sein, da sich ja incisus und resolutus est viel enger an das griechische Original anschliefsen als die andere Fassung. Die Anführung der längeren Stelle sap. 2, 6—9 (II 526, 22; vgl. I 351, 11) ergibt zwei interessante Thatsachen: Schon in der Bibel des Ambr. war nach flos temporis V. 7 das unentbehrliche verni ($\check{\alpha}\nu\vartheta o\varsigma$ $\check{\epsilon}\alpha\varrho o\varsigma$) ausgefallen, das von allen mir bekannten Handschriften nur noch der Compl. 1 bietet. Dagegen enthielt die Bibel des Kirchenlehrers noch nicht die interpolierten Worte der heutigen Vulgata V. 9 nemo nostrum exsors sit luxuriae nostrae ($\mu\eta\delta\epsilon\grave{\iota}\varsigma$ $\dot{\eta}\mu\tilde{\omega}\nu$ $\check{\alpha}\mu o\iota\varrho o\varsigma$ $\check{\epsilon}\sigma\tau\omega$ $\tau\tilde{\eta}\varsigma$ $\dot{\eta}\mu\epsilon\tau\acute{\epsilon}\varrho\alpha\varsigma$ $\dot{\alpha}\gamma\epsilon\varrho\omega\chi\acute{\iota}\alpha\varsigma$). Die ursprüngliche Übersetzung, wie sie bei Ambr. vorliegt (nullum pratum sit, quod non pertranseat luxuria nostra), geht zurück auf die abweichende Lesart $\lambda\epsilon\iota\mu\acute{\omega}\nu$ für $\dot{\eta}\mu\tilde{\omega}\nu$. In unserer heutigen Vulgata stehen beide Fassungen friedlich neben einander.

Eine andere, übrigens schon öfter gemachte Beobachtung wird sich dem aufdrängen, der den kritischen Kommentar zu den biblischen Stellen mustert, dafs nämlich häufig die Fassung der hieronymischen Vulgata die der alten Version zu verdrängen sucht. So lesen wir II 232, 6 in einzelnen Hdschr. stimulus (wie in der Vulg.) für aculeus (1 Cor. 15, 55), II 374, 10 scabellum pedum tuorum für sub pedibus tuis (Luc. 20, 43), II 378, 1 concipiet für accipiet (Jes. 7, 14) und II 559, 22 seruare für custodire (2 Tim. 1,12).

Wir besitzen in Schenkls Ausgabe den zuverlässigsten Ausgangspunkt für alle weiteren Untersuchungen über Werke, Sprache und Bibel des Ambrosius.

***

L. Caeli Firmiani Lactanti opera. Partis II fasciculus II: L. Caecilii qui inscriptus est de mortibus persecutorum liber. Recensuerunt S. Brandt et G. Laubmann. Indices confecit S. Brandt = Corpus scriptorum ecclesiasticorum latinorum uol. XXVII fasc. 2. Wien, Prag und Leipzig 1897. XXXVI pag. und S. 168 bis 568. 8°.

L. Caecilii liber ad Donatum confessorem de mortibus persecutorum, ed. S. Brandt. Wien, Prag und Leipzig 1897. IV und 50 S. 8°.

Den liber de mortibus persecutorum wollte anfänglich G. Laubmann allein bearbeiten; da ihn aber seine amtliche Thätigkeit allzusehr in Anspruch nahm, so leistete ihm der Herausgeber der übrigen Schriften des Laktantius Beihilfe, und so ist der Text des libellus durchweg auf Grund gegenseitigen Meinungsaustausches der beiden Gelehrten festgestellt. Die prolegomena enthalten im ersten Kapitel eine genaue Beschreibung der einzigen Handschrift, durch die uns das interessante Werk überliefert ist, des Paris. 2627 sacc. XI (nicht saec. IX, wie noch Schanz in seiner Literaturgeschichte III 383 angibt); hervorzuheben ist hier ein eigener Abschnitt über die Orthographie des Codex. Das zweite Kapitel handelt von den Ausgaben des liber.

Der kritische Apparat zeigt gröfste Genauigkeit und Zuverlässigkeit. Insbesondere werden die Angaben über den thatsächlichen Bestand im Parisinus, der durch Nässe und Verstümmelung stark gelitten hat, mit aller Sorgfalt gegeben, die sich bis auf die Beschreibung einzelner Buchstabenreste erstreckt. So bildet die neue Ausgabe nicht nur die Basis für alle weiteren Untersuchungen, es ist auch dem unnützen pruritus coniciendi gewahrt. Nach den Spuren der Hdschr. (eraclia) war 225, 17 wohl Heracliam zu schreiben, da sich diese Form auch sonst in guten Codices findet, und wenn in Caenofrurio 179, 19 das f beibehalten wird, so darf auch 190, 3 elefantos (so der Par.) nicht beanstandet werden. Tras 183, 2 in C für trans beruht auf vulgärer Aussprache (ital. trascurare), und frustra 180, 10 (für frusta) hatte der Schreiber zuerst geschrieben im Einklang mit der appendix Probi: GLK IV 199, 3 frustrum non frustum.

Den breitesten Raum in vorliegendem Bande nehmen die von Brandt bearbeiteten indices ein. Das Verzeichnis der bei Laktanz vorkommenden Bibelcitate gestattet jetzt eine eingehende Vergleichung mit Cyprians Testimonien, denen bekanntlich die Anführungen bei Laktanz zum gröfsten Teil entnommen sind. Ich bemerke hier nur, dafs in dem Citat sap. 2, 12—22 (Lakt. inst. IV 16, 7—10) der Palatino-Vaticanus 161 (= H) Lesarten bietet, die sonst nirgends nachgewiesen sind: V. 19 iniuriae tormento castigemus illum (Vulg. contumelia et tormento interrogemus eum), V. 22 mysteria (sacramenta). Dafs unter den scriptores latini Cicero und Vergil am öftesten genannt werden, versteht sich fast von selbst; anzuführen wäre etwa noch scelerum inuentor 179, 25 als Reminiscenz an Verg. Aen. 2, 165, auch 234, 5 se uino ingurgitauit erinnert an Plaut. Curc. 1, 2, 33 merum in se ingurgitat.

Eine treffliche Leistung ist der grammatische Index. Die Thätigkeit der letzten Jahre auf dem Gebiete der lateinischen Grammatik, wie sie namentlich in Wölfflins Archiv niedergelegt ist, hat der Verfasser aufmerksam verfolgt. So ist der Index ein möglichst vollständiger, der fast die Grundlage eines lexicon Lactantianum bildet. Artikel wie coniugatio composita, gradus comparationis, figurae (Wortspiele), geminatio, pronomen reciprocum, homoeoteleutum (Reim), oder die Bemerkung zu quire („nur mit Negation oder in negativen Sätzen") zeigen, dafs der Verf. durchaus auf der Höhe der Zeit steht. In dem Artikel figura etymologica finden wir wünschenswerte Ergänzungen zu Landgrafs Monographie, unter allitteratio treffen wir alte und neue Verbindungen (interessant Croesum aut Crassum I 534, 2); nachzutragen wäre etwa sanctum ac sempiternum II 175, 16. Titio, das unter „vulgaris sermo" eingereiht ist, hat sich in allen romanischen Sprachen erhalten; vgl. des Cid Tizonada. Der Artikel a, ab zeigt, dafs bei Laktanz die strenge Scheidung der späteren Zeit, nach der ab vor Vocalen, h und s impurum, sonst a steht, noch nicht eingetreten ist. Zu dem Sing. tormenta (vgl. Brandt Arch. V 286 ff.) bemerke ich, dafs an der bewufsten Stelle sap. 2, 19 der Complut. 1 in der That liest: contumelia et tormenta; vgl. auch die act. Petri cum Simone p. 47, 2 f. (ed. Lipsius) ab omni dolo . . . et moecia et conquinamenta. Als Resultat einer Durchsicht des Index ergibt sich die Erkenntnis, daſs wir es in der Sprache des Laktanz mit einer Mischung sehr verschiedener Bestandteile zu thun haben: neben dem Stoff, den der Cicero Christianus von seinen klassischen Mustern bezieht, finden sich doch auch manche Elemente, welche die Einwirkung der Sprache, wie sie zu seiner Zeit beschaffen war, bekunden. Für die Entscheidung der Frage, ob die Schrift de mortibus von Laktanz selber herrührt oder nicht, ist in diesem Index reiches Material niedergelegt. Brandt sucht den Verfasser in einem Schüler des Laktanz.

In dem oben an zweiter Stelle genannten Buche gibt Brandt von unserm libellus einen Textabdruck mit knappem Apparat nebst index nominum. Wir wünschen der anziehenden Schrift, die Philologen, Theologen und Historiker in gleicher Weise interessiert, in dieser handlichen und billigen Ausgabe möglichst viele Leser!

Landau. Ph. Thielmann.

Dr. Franz Faſsbänder, Übungsbuch zum Übersetzen aus dem Deutschen ins Lateinische für die mittleren Klassen der Gymnasien und Realgymnasien. Münster i. W., Aschendorff, 1897. IV und 172 S. 1 M. 50 Pf.

Das fleiſsig bearbeitete Buch zerfällt in 2 Teile: im ersten werden die Regeln der Syntax (ausschlieſslich der Kasuslehre) in passenden Einzelsätzen und wohlerwogenen zusammenhängenden Stücken eingeübt (S. 1—48); der 2. Teil enthält Stoff zur Rückübersetzung aus Cäsars Gallischem Krieg; in 93 Abschnitten sind die interessantesten Ereignisse des Gallischen Krieges derart verarbeitet, daſs sowohl nach der grammatischen als nach der stilistischen Seite dem Schüler ein reichlicher Gewinn entsteht (S. 49—103). Ein Anhang mit den für Einprägung geeignetsten Ausdrücken aus Cäsar, für jedes Stück eigens zusammgestellt, wirkt dazu mit, daſs der Schüler einen Schatz wichtiger Ausdrücke in sich aufnimmt. Die Sprache ist durchaus korrekt, flieſsend, wohlüberlegt. Was die Schwierigkeit der Sätze und Stücke anlangt, so sind sie alle derart, daſs sie so ziemlich aus dem Stegreif übersetzt werden können, womit keineswegs gesagt werden will, daſs dies etwa ein Mangel des Buches sei. Es ist im Gegenteil als ein Vorzug desselben anzuerkennen. Druck und Ausstattung sind gleichfalls sehr empfehlend.

München. Dr. Gebhard.

Dr. J. Menrad, Lateinische Kasuslehre (Pensum der dritten Klasse) in praktischen Übungsbeispielen nach induktiver Methode. München, Lindauersche Buchhandlung (Schöpping), 1897. 68 S.

Die Instruktion (Abs. 31, S. 7) verlangt vom Lehrer, daſs er sich nicht auf das Übersetzen der betreffenden Abschnitte aus den Übungsbüchern beschränke, sondern aus dem vorliegenden Lese- oder Übungs-

stoffe neue Sätze gleichsam improvisiert bilde und den Schülern
zum mündlichen Übersetzen vorlege. Zu solchen Übungen hat
der Lehrer der dritten Klasse in dem trefflichen Übungsbuche von
Hellmuth und Gebhard besonders in den lateinischen Sätzen ein
reiches Material. Es ist aber auch gestattet, solche Sätze ohne Rücksicht auf das Übungsbuch zu bilden und die Schüler mündlich
übersetzen zu lassen. Eine Sammlung derartiger Übungsätze hat der
Verfasser in seinem Hilfsbuche für die dritte Klasse gegeben.

Dieselben schliefsen sich aufs engste an die Landgrafsche
Grammatik an und enthalten zu allen in der Kasuslehre vorkommenden
Regeln und Konstruktionen kurz gefafste, leichtverständliche Beispiele.
Besonders anfangs ist meist nur eine der zu erlernenden Regeln in
Anwendung gebracht, damit der Schüler im stande sei, den fliefsend
vorgesprochenen Satz ebenso fliefsend in der andern Sprache wiederzugeben. In Bezug auf den Stoff sind die Beispiele nicht nur aus
der Geschichte, sondern auch aus dem gewöhnlichen Leben und
dem Gedankenkreise des Schülers genommen. Wie weit der Verfasser hierin gegangen ist, geht daraus hervor, dafs sogar das Zwei-
rad (birota) in zwei Sätzen Verwendung findet. Er will durch derartige Beispiele der Langweile, welche die Übersetzung der nicht recht
verstandenen historischen Beispiele hervorruft, vorbeugen und durch
die Anwendung der verschiedendsten Verbalformen die
Kenntnis der Formenlehre befestigen. Weifs doch jeder von uns, dafs
infolge fast ausschliefslichen Übersetzens historischer Beispiele die
Bildung von Formen der 1. und 2. Person dem Schüler besonders
schwer fällt.

Den Sätzen ist eine gefällige deutsche Übersetzung beigegeben, die manchmal etwas freier sich bewegt und dem Schüler
die stilistischen Verschiedenheiten der beiden Sprachen allmählich zum
Bewufstfein zu bringen sucht. Der Altersstufe der Schüler aber dürfte
es nicht mehr entsprechen, wenn concedendo omnia non mitior
plebs fit durch die Übersetzung „durch uneingeschränkte
Zugeständnisse wird die soziale Frage nicht gelöst" gegeben ist.

Einige Versehen und Druckfehler, die mir aufgefallen sind,
seien im Nachstehenden besprochen: S. 2 Z. 11 v. o. steht coeli
statt caeli, wie richtig S. 50 u. 54, S. 4 Z. 3 v. o. kann es im
Deutschen nur „säen" heifsen. Die im Lateinischen notwendige
Wendung „gesät haben werden" war beizufügen. Das Gleiche gilt
von mehreren anderen Sätzen. S. 9 Z. 5 v. u. würde besser semper
fehlen, wie S. 43 Z. 4 v. o., S. 11 Z. 9 v. o. steht Archenten statt
Archonten, S. 12 Z. 1 v. u. vermisse ich ein Sätzchen wie „ich
frage dich um deine Meinung te rogo, quid sentias," S.
17 in der Mitte mufs es heifsen: Transitive und intransitive Verba
composita, S. 25 Z. 9 v. o. epistulam nicht epistolam, S. 26
Z. 17 v. o. steht im Deutschen „erscheint vielen", im Lateinischen
„videtur plerisque vgl. S. 40 Z. 1 v. o. cum magna offensione
zum gröfsten Ärgernis u. S. 46 Z. 16 v. u. permultum valebat

halte gro[s]en Einflu[s]s, S. 27 Z. 17 v. o. ist i von summi ausgefallen,[´] S. 30 Z. 3 v. o. negare mit Inf. = sich weigern kann in
Prosa nicht gebraucht werden, statt negare ist recusare zu setzen,
S. 30 Z. 9 v. o. exempli gratia kann nur in vollständigen Sätzen
neben[.] Prädikaten wie afferre, proferre, ponere, nominare gebraucht
werden. Es war also etwa zu schreiben: Exempli gratia nomino
Shakespeareum. S. 32 Z. 15 v. o. saepe recordati sunt oder
recordabantur (ohne saepe), S. 34 Z. 19 v. o. venisse statt
veniisse, S. 41 Z. 14 v. o. minus nicht minor; der Verfasser hatte
zuerst pars regni Turcarum Europaea geschrieben, S. 50 Z. 12 v. u.
apposita, nicht opposita; auch würde ich apponebantur vorziehen,
S. 52 Z. 6 v. u kann es nach tam multa nicht scriptum legistis,
vobis dictum est hei[s]sen, S. 57 Z. 2 v. u. prona, nicht proni, S. 60
Z. 1 v. o. stannum ist zunächst nicht unser Zinn. Es ist mit Cäsar bell.
gall. 5, 12, 5 plumbum album zu schreiben (Plinius: plumbum can-
didum), S. 60 Z. 10 v. u. hominis divitis des Reichen, S. 63
Z. 23 v. u. subigere, nicht subicere, S. 65 Z. 3 v. u. fehlt veteres,
während S. 54 Z. 7 v. o. Germani veteres steht, S. 66 Z. 7 v. u. ist
zu lesen: Tiberius und Gajus Gracchus, S. 66 Z. 17 v. u. nobis,
nicht vobis, S. 68 Z. 1 v. o. ist paucissimis copiis zu beanstanden;
wenige Truppen hei[s]sen parvae, exiguae copiae. Wiederholungen
des nämlichen Satzes finden sich ein paarmal z. B. S. 48 Z. 5 v. o.
= S. 36 Z. 21 v. u. Der Grund davon ist, da[s]s ein Satz zur Einübung mehrerer Regeln verwandt wird.

Was den Gebrauch des Buches im Unterrichte betrifft, so will
es der Verfasser beim mündlichen Übersetzen nur in der Hand des
Lehrers wissen. Der Lehrer spricht jeden Satz vor und der Schüler
übersetzt ihn. Erst später sollen einzelne Abschnitte zur Repetition,
Vorbereitung auf eine Schulaufgabe von den Schülern selbst
neben der Grammatik durchstudiert werden. Da[s]s durch ein derartiges Verfahren allmählich eine gewisse Sicherheit in der Anwendung der fremden Sprache erlangt und das freudige Gefühl
der Vertrautheit mit derselben erweckt wird, ist leicht einzusehen.
Einen nicht zu unterschätzenden Vorteil des Buches erblicke ich auch
darin, da[s]s ein Schüler an der Hand desselben und der Grammatik
entstandene Lücken selbst ausfüllen kann und im Nachhilfeunter-
richte auch ein weniger Geübter Erspriefsliches zu leisten vermag.
Bemerkt sei noch, da[s]s die §§ der Englmannschen Grammatik an
zweiter Stelle angegeben sind und Verschiedenes, was bei Landgraf
fehlt, in den Sätzen verarbeitet ist. Mein Wunsch ist, da[s]s das treffliche Hilfsbuch, das aus der Praxis hervorgegangen ist, der Schule
recht gute Dienste leisten möge.

München.   J. Fürtner.

Paul Cauer, Anmerkungen zur Odyssee. 4 Hefte. Berlin,
G. Grote'sche Verlagsbuchhandlung 1894—1897.

Die wertvollsten Bestandteile von Paul Cauers Anmerkungen zur
Odyssee sind ein Niederschlag aus seinen Grundfragen der Homerkritik und seiner Kunst des Übersetzens. Es ist nämlich in ihnen
bei der sprachlichen und sachlichen Erklärung die allmähliche Entwicklung des Epos durch mehrere Generationen berücksichtigt und es
sind für das Übersetzen die vom Verfasser früher aufgestellten Grundsätze befolgt; beides ist so nachhaltig und eindringlich geschehen,
daß davon der Kommentar sein eigentümliches Gepräge bekommen
hat.   Die Anmerkungen sind für den Gebrauch der Schüler bestimmt.
Gewiß verdient das Buch weite Verbreitung; aber der rechte Nutzen
wird daraus nur dann erwachsen, wenn es vom L e h r e r für den
Unterricht verwertet wird.   Schüler werden gerade das Wertvollste
davon am wenigsten zu schätzen wissen und es daher unbeachtet
lassen.   Manches wäre auch zu ändern, damit es für Schüler durchaus
passend erscheint.   So ist der richtige Ton nicht getroffen in der Anmerkung zu π 121: „Der Unterschied des Accentes (μυρίοι statt μύριοι)
ist nur erfunden, um gedankenlose Leser davor zu bewahren, daß sie
die Zahl wörtlich nehmen." Feiner drückt sich der Verfasser über diese
Erfindung „griechischer Schulmeister" zu ϱ 78 aus. — Nur wenigen
wird die Lösung des zu η 68 aufgegebenen Rätsels gelingen: „οἶκον
ἔχουσιν, deutsch genau entsprechend, aber e i n Wort." — Schüler
werden mit der zu β 434 u. a. a. St. angewendeten Bezeichnung
„Accusativ des efficierten, nicht des afficierten Objekts" schwer zurecht
kommen. — Folgende mythologische Bemerkung (zu ν 77) ist nicht
geeignet, das Interesse der Schüler zu erwecken: „Die Harpyien gehören
einem mehr volkstümlichen Gebiete der Mythologie an, auf dem es
manches gab, wovon das vornehme Epos keine Notiz nimmt." — In
der Vorrede zum ersten Hefte verspricht der Verfasser, die sogenannte
höhere Kritik nie um ihrer selbst willen heranzuziehen.   Gegen
diesen löblichen Grundsatz ist in der Anmerkung zu ω 167 gehandelt:
„Daraus hat man schließen wollen, es habe früher einmal eine Form
der Odyssee gegeben, nach welcher der Freiermord zwischen Odysseus
und Penelope verabredet wurde.   Einem allenfallsigen Einwande gegenüber genügte der Hinweis auf ω 127." Ein solcher Einwand wird
von Schülern nicht erhoben werden. — Ein im Sinne der Aufforderung gebrauchter Infinitiv ist auf Seite 19 des 2. Heftes wenig
geschmackvoll als Fuhrmannsimperativ bezeichnet; eine so unbestimmte Ausdrucksweise wie sie z. B. zu α 227 angewendet ist, wo
von dem Gebrauche von ὥς τε die Rede ist, ist am wenigsten in
Schulbüchern zulässig. — Lexikalisches wie δήν == diu gehört nicht
in einen Kommentar. — Auf Zeichnungen ist nicht ganz verzichtet.
Von diesem Hilfsmittel dürfte häufiger Gebrauch gemacht sein,
z. B. zu τ 227, wo es heißt, daß Doppelspangen wie die im Texte
erwähnten in mehreren Exemplaren auf italischem Boden gefunden
worden seien, oder zu λ 613, wo von dem schrecklichen Aussehen

der beschriebenen Bilder die Rede und ohne Illustration hinzugefügt ist, daſs Darstellungen solcher Art auf alten Metall- und Thonwaren mehrfach erhalten seien. — Daſs Verweisungen von einer Stelle auf die andere sparsam angewendet sind, ist nur zu billigen, da das häufige Nachschlagen die Schüler ermüdet; aber Cauer ist mit Wiederholungen zu weit gegangen. Ein Beispiel. Zu α 4 ist die Grundbedeutung von $\gamma\acute{\epsilon}$ angegeben; aber schon α 26 heiſst es wieder: „Die Grundbedeutung von $\gamma\acute{\epsilon}$ „wenigstens" ist hier erkennbar," und zu α 47: „$\gamma\acute{\epsilon}$ „wenigstens"" gehört zum ganzen Relativsatz. — Gelegentliche Bemerkungen wie z. B. „Unsere Stelle gehört zu denen, welche zeigen, daſs auch der Gebrauch des Eisens schon begonnen hatte" oder „Doch ist der Gebrauch des Eisens dem Dichter der Odyssee schon ganz vertraut" sind zwecklos. Schüler wissen nicht, um was es sich eigentlich handelt. Sollen sie mit kulturhistorischen Fragen bekannt gemacht werden, so bedarf es einer längeren Auseinandersetzung durch den Lehrer. Cauer selbst handelt ausführlich über das Verhältnis von Bronze und Eisen bei Homer in seinen Grundfragen der Homerkritik, Seite 179 ff. —

Eine Eigentümlichkeit der Anmerkungen ist der fortgesetzte Hinweis auf die lange Entwicklung, die der epische Stil bis zur Entstehung der Ilias und Odyssee durchgemacht haben muſs. Ohne die Annahme einer solchen Entwicklung lassen sich gewisse konventionelle Wendungen nicht verstehen. Lehrreich ist die Behandlung der Formel $\check{\epsilon}x$ τ' $\acute{o}\nu\acute{o}\mu\alpha\zeta\epsilon\nu$ = und nannte den Namen. Sie könne eigentlich, sagt Cauer, nur dann stehen, wenn die folgende Rede mit der Nennung des Namens beginne; das letztere sei auch meistens der Fall. δ 311 folgt der Name, obwohl nicht am Anfang der Rede. ψ 97 kann $\mu\tilde{\iota}\tau\epsilon\varrho$ als Name gelten. φ 84 und φ 287 folgen Scheltnamen. An vielen Stellen folgt aber kein Name, ja nicht einmal eine Anrede. Die Dichter hätten eben diese Formel so oft zur Einleitung einer Rede benützt, daſs sie sich dann unversehens auch da eingestellt habe, wo sie eigentlich nicht hingepaſst hätte. So frage man auch bei uns einen Reisenden, der zu Fuſs gekommen, in welchem Gasthofe er „abgestiegen" sei. — Zu Stellen, an welchen der Sauhirt oder der junge Peisistratos das Beiwort $\acute{o}\varrho\chi\alpha\mu\sigma\varsigma$ $\grave{\alpha}\nu\delta\varrho\tilde{\omega}\nu$ haben, ist bemerkt, daſs die epischen Dichter Jahrhunderte lang manchen Fürsten so bezeichnet hätten; allmählich habe das Beiwort an Bedeutung verloren; heutzutage heiſse bei uns jeder Mann aus dem Volke Herr, ganz anders als zur Zeit des Nibelungenliedes. — Auch die Verbindung von $\delta\epsilon\tilde{v}\varrho$' $\check{\alpha}\gamma\epsilon$ mit der dritten Person wird durch den häufigen Gebrauch erklärt, durch den der Imperativ zu einer reinen Formel geworden sei. — Von anderen sprachgeschichtlichen Sachen ist besonders betont die Entwicklung des Relativums aus dem Demonstrativum und die ursprüngliche Parataxis z. B. zu $\varkappa$ 330 $\check{o}\nu$ $\tau\epsilon$, $\varkappa$ 351 ($o\check{\iota}$ $\tau\epsilon$ eigentlich und diese"; übersetze aber relativisch!), $\varkappa$ 417 $\check{\iota}\nu\alpha$ $\tau\epsilon$, $\varkappa$ 493 $\tau o\tilde{v}$ $\tau\epsilon$, λ 475 $\check{\epsilon}\varrho\vartheta\alpha$ $\tau\epsilon$, μ 3 $\check{o}\vartheta\iota$ $\tau\epsilon$, μ 39 $\alpha\check{\iota}$ $\dot{\varrho}\acute{\alpha}$ $\tau\epsilon$, ν 213 $\check{o}\varsigma$ $\tau\epsilon$, ξ 80 $\tau\acute{\alpha}$ $\tau\epsilon$, π 208 $\check{\eta}$ $\tau\epsilon$; ferner der Übergang aus der Koordination in die Subordination, z. B. zu α 266 („man sieht, wie der Wunschsatz nahe daran ist, zum

Bedingungssatz zu werden, vgl. auch ϱ 132"), π 87 („von solchen
Stellen her sind die Finalsätze erwachsen"), dann die Abschwächung
des Demonstrativpronomens zum Artikel, z. B. zu δ 508, × 346, 421, λ 4,
225, ν 215 („das kurze Demonstrativpronomen ist noch lebendig"),
ο 478, ϱ 14, τ 142. Bis zur Ermüdung des Lesers ist wiederholt,
dafs die beiordnende Konjunktion δέ im Nachsatze ein Rest aus
früherer Zeit ist, in der z. B. die Temporalsätze mit ἐπεί noch selbständig waren.

Unter der für die sachliche Erklärung herangezogenen Literatur
vermifst man W. Dörpfelds Beschreibung der Bauwerke von Tiryns
in Heinrich Schliemanns Tiryns.[1]) Zur Erklärung von κύανος (η 87)
hätte, da an anderen Stellen die Auffindung von Metall- und Thonwaren, Spangen, Röhren etc. nicht unerwähnt geblieben ist, auf den Fund
eines Stückes Glasflufs in der Vorhalle des Männersaales im Palaste
zu Tiryns hingewiesen werden sollen. Die Schüler würden aus einer
solchen Notiz erkennen, dafs die Schilderung des Dichters sich an
wirklich Vorhandenes anlehnte. Nirgends ist die Beschreibung des
πρόϑυρον bei Dörpfeld a. a. O. verwertet. Zu λάϊνον οὐδόν, ϱ 30,
konnte auf die schöne Abbildung bei Dörpfeld, a. a. O. Seite 238,
wenigstens für Lehrer, damit diese sie den Schülern vorführen, aufmerksam gemacht werden.

Die Untersuchungen von Partsch über Ithaka sind in verständiger
Weise benützt. Nach früheren Kommentaren zur Odyssee konnte
man glauben, diese Insel läge auf dem Monde. Cauer nimmt auf
die wirklichen Verhältnisse Bezug; er gibt an, ob die Worte des
Dichters zur wirklichen Natur des Landes und zur Örtlichkeit stimmen;
er spricht auch von dem Umfange und der Gestalt der Insel, gibt Entfernungen nach Kilometern an, gebraucht die modernen Bezeichnungen
Vathy, Meerbusen von Molo, Bucht von Aphales, Polis. Aus Heinrich
Schliemann, Ithaka, der Peloponnes und Troja, Leipzig 1869 (Seite 56)
ist zu ξ 31 beigebracht, wie der berühmte Entdecker bei einem der
einsam gelegenen Gehöfte auf Ithaka nach dem Beispiele des Odysseus
die Wildheit der Hunde besänftigte.

Dafs der Verfasser der Abhandlung „Zum Verständnis der nachahmenden Kunst des Vergil" aus der Aeneis viele Beispiele beibringen
werde, war zu erwarten. Er gab aber auch aus der deutschen Literatur,
vom Nibelungenliede an, und nicht nur aus Dichtern Proben seiner Belesenheit. Die Parallelen erstrecken sich nicht nur auf die Sentenzen,
sondern auch auf den Ausdruck und die Konstruktion. So ist β 114
zu ἀνδάνει aus dem vorhergehenden Dativ ὅτεῳ der Nominativ des
Relativpronomens zu ergänzen; diese Konstruktion wird mit einer
ähnlichen bei Goethe verglichen: Cellinis guter Humor, den man durch-
gängig bemerkt und, wenn er gleich öfters getrübt wird, sogleich wieder

---

[1]) Referent, der im April 1891 den Palast in Tiryns unter Dörpfelds Führung
besichtigte weifs wohl, dafs zwischen dem Königshause des Odysseus und der
Ruine in Tiryns Unterschiede festgestellt sind. Aber die Übereinstimmung ist
doch so vielfach und so deutlich, dafs auf Vergleiche nicht verzichtet werden darf.

zum Vorschein kommt. Zu ι 14 konnte auf Schillers Kaufmann verwiesen werden (In bewirtender Bucht rausch ihm ein trinkbarer Quell.).

Die meiste Frucht werden die Anmerkungen durch die Anleitung zur Übersetzung geben, für welche die nämliche Behandlungsweise wie in der Kunst des Übersetzens maßgebend war. Durch die Durchführung dieser Grundsätze für die Verdeutschung eines Schriftwerkes von der Bedeutung der Odyssee hat sich Cauer ein großes Verdienst um den Gymnasialunterricht erworben. Möchten sie auch in Kommentaren zu anderen Schriftstellern so getreulich und ausdauernd befolgt werden. Ref. kann hier auf eine eingehende Besprechung dieses Bestandteiles der Anmerkungen verzichten, da er in der Rezension der Kunst des Übersetzens zahlreiche Übersetzungsproben aus diesem Buche wörtlich wiedergegeben hat.[1] Große Sorgfalt ist auf die Verdeutschung der Partikeln ἄρα, δέ, γέ, der Wörter ὤφελον, ϑέμις, δίκη, δαιμόνιος, ἀμύμων, ἔργον, μῦϑος, ὦ πόποι verwendet. Oft ist die Vertauschung des regierenden und regierten Gliedes, des Verbums und Substantivums, die Wiedergabe eines Adjektivs durch einen Satz (z. B. ρ 375 ὦ ἀρίγνωτε συβῶτα, da erkennt man dich so recht, Sauhirt!) empfohlen. Nach dem von Luther gegebenen Fingerzeige (siehe die Kunst des Übersetzens, 2. Aufl., Seite 10) veranlaßt Cauer die Schüler sich zu besinnen, wie bei uns jemand in ähnlicher Lage redet (o, 442: γέροντι, ja nicht „dem Greise." Wie würde bei uns wohl eine Magd sagen?). —

In dem von Herrn Professor Ducruc auf der 19. General-Versammlung unseres Vereins gehaltenen Vortrage wurde die Vermittlung astronomischer Kenntnisse auf dem Gymnasium auch schon für die Lektüre der alten Klassiker als wünschenswert bezeichnet. Cauer erhebt die gleiche Forderung, da die Vertrautheit mit astronomischen Verhältnissen ein Stück der alten Weltanschauung sei. Er benützte für seine Anmerkungen Otto Willmanns Aufsatz im 8. Hefte der Lehrproben und Lehrgänge „Sternkundliches bei der Autorenlektüre" und das Programm von Hartwig „Über die Berechnung der Auf- und Untergänge der Sterne", Schwerin, 1861.

München.   _____   Karl Rück.

K. F. Ameis, Anhang zu Homers Ilias, Schulausgabe. I. Heft. Erläuterungen zu Gesang I—III. Dritte umgearbeitete Aufl. besorgt von Dr. C. Hentze, Prof. am Gymn. zu Göttingen. Leipzig, Teubner 1896. M. 2,10.

Das Urteil über vorliegendes Bändchen des allbekannten „Anhanges zur Iliasausgabe von Ameis" läßt sich von vorneherein leicht erraten: Unbedingte Anerkennung der damit geleisteten unschätzbaren Beihilfe zur Homererklärung und zu Homerstudien irgend welcher Art. Dem unermüdlichen sachkundigen Bearbeiter der neuen Auflage gebührt für seine Mühewaltung der Dank des philologischen Publikums. Wohl keine in neuerer und neuester Zeit erschienene größere oder

[1] Siehe unsere Blätter, 34, 455 ff.

kleinere einschlägige Schrift ist ihm entgangen, und das will angesichts
der Hochflut der Homerliteratur etwas heifsen. H. begnügt sich ferner
nicht damit, kritische und exegetische Bemerkungen zu einzelnen
Stellen zu geben, sondern erörtert in ausführlichen Einleitungen zu
den drei im I. Hefte behandelten Büchern der Ilias den Gedankengang
und Zusammenhang, die Anstöfse und Widersprüche, kurz alle Fragen
der sog. höheren Kritik klar und eingehend, sodafs der Benützer des
Buches über alles und jedes unterrichtet ist. Der Verf. verhält sich
aber nicht lediglich referierend, sondern gibt auch sein eigenes Urteil
ab, das in besonnener, alle Momente ruhig abwägender Prüfung die
ἀπορίαι zu lösen oder wenigstens der Lösung näher zu führen sucht.
Schwierigkeiten und Zweifel werden auf diesem Gebiete immer bleiben,
die homerischen Fragen werden sich kaum alle je glatt erledigen lassen;
aber zu den aufgeworfenen Bedenken und Hypothesen Stellung zu
nehmen, ist Sache des Bearbeiters einer wissenschaftlichen Zwecken
dienenden Homerausgabe, und H. ist dieser nicht leichten Aufgabe
hier in mustergiltiger Weise gerecht geworden. So hat denn der Ref.
fast nirgends Anlafs eine Ausstellung zu machen oder eine Berichtigung
zu geben. Nur auf ein paar untergeordnete Punkte sei hingewiesen.
     Wenn H. (S. 26) das von Heimreich zu A 349 ff. geltend ge-
machte Bedenken, dafs der Schmerz des Achilleus nach Wegführung
der Briseis angesichts der ihm von Athene A 212 ff. gegebenen Zu-
sicherung unbegreiflich sei, als berechtigt anerkennt und folglich die
Verse A 212—214 für eine Interpolation erklären möchte, so ist es
doch ganz wohl denkbar und psychologisch richtig, dafs Achilleus
trotz jener Versicherung der Göttin sich im Augenblick über den Verlust des geliebten Mädchens nicht zu trösten weifs und in seinem
Schmerz taub gegen alle Versprechungen eines Ersatzes ist. Dieser
Verlust kränkt ihn nicht minder als das rücksichtslose Auftreten des
Agamemnon. So erscheint der Einwand Heimreichs nicht begründet.
Dagegen stimmt H. den Vermutungen über den jüngeren Ursprung
der Chryseisepisode A 430—487, wie sie besonders von Häsecke,
Hinrichs und Kammer vorgebracht sind, mit Recht zu. —
     In οἰωνοῖσί τε δαῖτα, was der Verf. nunmehr A 5 in seinen Text
aufgenommen hat statt der Aristarchischen Lesart οἰωνοῖσί τε πᾶσι,
scheint doch nur eine überflüssige Konjektur Zenodots vorzuliegen. Ein
zwingender Grund von Aristarch abzugehen liegt nicht vor. πᾶσι ist
in der Iliasausgabe von G. Stier befriedigend erklärt. — Zu A 135
meint H., einer Ergänzung der Apodosis zu dem Satze εἰ μὲν δώσουσι
bedürfe es nicht, da das demselben vorausgehende ἀλλά im Anschlufs
an die Worte κέλεαι δέ με τήνδ' ἀποδοῦναι im Sinne von „wohlan"
den Gedanken vertreten könne: Ich bin bereit Chryseis herzugeben.
Allein soviel aus ἀλλά herausdeuten zu wollen ist doch ziemlich gewagt und gezwungen; auch würde, wenn der Satz εἰ μὲν δώσουσι post-
positiv zu fassen wäre, das folgende εἰ δέ κε μὴ δώσουσι sich viel
weniger gut anschliefsen. Wir ziehen es also vor, mit mehreren Erklärern zu εἰ μὲν δώσουσι einen Nachsatz im stillen zu ergänzen, wie
εἴ ἔχει oder dgl. — Zu A 327 wird das von Bentley und Madvig

vermutete, von A. Nauck, W. Christ und Cauer in ihre Ausgaben aufgenommene ἀκέοντε für ἀέκοντε als eine thatsächliche Verbesserung des Textes bezeichnet. Eine solche wäre·die Konjektur doch nur dann, wenn ἀέκοντε keinen befriedigenden Sinn gäbe. Nun ist aber der Gedanke „sie machten sich ungern auf den Weg" viel natürlicher als „sie machten sich schweigend auf den Weg". Wenn den Herolden der Auftrag Agamemnons unlieb war, so erscheint es entsprechender, dafs sie mit einander auf dem Wege zu Achilleus' Zelte darüber sprachen und ihre Bedenken austauschten, als dafs sie die Strecke still und stumm zurücklegten. Es besteht durchaus kein Grund die Überlieferung zu gunsten einer Vermutung, die eine weniger passende Erklärung zuläfst, zu ändern. Warum aber ἀέκοντε mit der Ortsbestimmung παρὰ θῖν' ἁλὸς ἀτρυγέτοιο, ·die ja doch mit βάτην zu verbinden ist, sich nicht wohl vertragen soll, wie H. meint, läfst sich nicht absehen. Ebensowenig wie hier hat V. 348 die Änderung ἀκέουσ' aus dem überlieferten ἀέκουσ' (A. Nauck, Düntzer, Autenrieth, Cauer) Berechtigung. — Zu B 267 erklärt H. das Wort ἐξυπανέστη mit „trat darunter (unter dem Schlage) hervor". Schwerlich richtig; wenn auch ἐξ „aus dem Rücken hervor" bedeutet, so kann ὑπό nicht „unter dem Schlage" heifsen, da erst die folgenden Worte σκήπτρου ὑπὸ χρυσέου (268) dieses bezeichnen. Es liegt also in ὑπό ein anderer Begriff und zwar der des allmählichen Entstehens; wir übersetzen ἐξυπανέστη mit G. Stier: stieg allmählich empor. — Γ 224 halten zu wollen ist wohl vergebliche Mühe. Die meisten Herausgeber — unter den von H. genannten fehlt G. Stier — betrachten den Vers als nicht ursprünglich. — Wenn Γ 453 etwas geändert werden mufs, so kann nur geschrieben werden:

οὐ μέν γὰρ φιλότητι γ' ἔκευθον ἄν, εἴ ἑ ἴδοντο (van Herwerden)
    oder
οὐ μὲν γὰρ φιλότητι γ' ἔκευθον ἄν, εἴ ἐγ ἴδοντο (A. Nauck).

    Doch läfst sich die Überlieferung

οὐ μὲν γὰρ φιλότητι γ' ἐκεύθανον, εἴ τις ἴδοιτο

verteidigen, freilich nicht durch die Annahme, εἴ τις ἴδοιτο sei ein Wunschsatz (L. Lange, Hentze), sondern indem man erklärt: Aus Liebe verbargen sie ihn nicht (und hätten es gewifs am wenigsten getban), wenn einer ihn gesehen hätte.

    Schliefslich sei, um der Rezensentenpflicht voll zu genügen, auf einige Versehen aufmerksam gemacht, die zum Teil den „Anhang", zum Teil die Ausgabe selbst (Hom. Ilias. Erkl. v. Ameis. I 1. Ges. I—III. 5. Aufl. bes. v. C. Hentze) betreffen. S. 12 des „Anhanges" ist von Gruppen die Rede, welche nach der Darstellung des Dichters sich in A ergeben, die aus zwei, drei und mehr Personen bestehen. Hier ist es doch wohl als ein Irrtum zu bezeichnen, wenn H. den Chryses flehend vor den Atriden zu den aus drei Personen zusammengesetzten Gruppen rechnet. Die ganze Situation an der betr. Stelle, namentlich A 22 zeigt, dafs man sich den Chryses nicht allein den beiden Atriden gegenüberstehend zu denken hat. Zum mindesten müssen die γέροντες anwesend gewesen sein. — S. 47 wird zu A 98 gesagt, *ἑλικῶπις* habe bei den Alten eine dreifache Erklärung gefunden; dabei vermifst man jedoch für die dritte „mit rollenden Augen" einen antiken Gewährsmann. — *B* 502 ist im Texte der oben erwähnten Ausgabe irrtümlich zwischen *B* 487 und 489 geraten. — Zu *Γ* 346 ist im Kommentar der Ausgabe auf den Anhang verwiesen, in diesem fehlt aber jede Bemerkung zu dem V.

München.   ————————   M. Seibel.

Philodemi volumina rhetorica ed. Siegfried Sudhaus. **Supplementum** (rhet. I II). Lipsiae, Teubu. 1895, XLII u. 62 S.

1892 veröffentlichte Sudhaus aus den reichhaltigen Papyri von Herculaneum (jetzt im Museo Nazionale zu Neapel) den ersten Band der rhetorischen Schriften des Dichters und epikureischen Philosophen Philodemos, des Zeitgenossen Ciceros; die Einleitung gibt Aufklärung über die früheren Publikationen, über den Zusammenhang der im ganzen und im einzelnen höchst fragmentarischen eigenartigen Hinterlassenschaft, insbesondere über den Inhalt des mehr als 6 Bücher umfassenden rhetorischen Hauptwerkes (vgl. diese Blätter 30 S. 289—291).

Noch vor der Ausgabe des zweiten Bandes hat der rührige Verfasser aufser einzelnen Aufsätzen im Rheinischen Museum und Philologus einen stark veränderten Neudruck der beiden ersten Bücher (*Φιλοδήμου περὶ ῥητορικῆς A´ B´*) geliefert [als Supplementum dem 2. Bd. beigegeben]. Der Text ist hier continuo gedruckt mit Unterlassung der Kolumnenteilung und Klammern bei Ergänzungen. Aber nicht blofs äufserlich erscheinen die beiden Bücher neu; auch Sprache und Inhalt sind vielfach geändert, z. B.

I p. 89	Suppl. S. 44
Ἔ[νι]οι δὲ τῶν ν[ῦν ἔ]ν τ[ῆι	Ἔτιοι δὲ τῶν νῦν ἐν τῆι 'Ρόδωι
'Ρό]δωι διατριβ[όντι]ων γρά-	διατριβόντων γράφουσιν ἐν τῆ Κῶι
φου[σ]ιν ἐν[αντίον] πα-	καὶ πάλιν ἐν τῆ 'Ρόδωι σχολαζόντων
λι[ν τῶν ἐν] τ[ῆι 'Ρώμηι] σχολα-	αὐτῶν ὑπὲρ τοῦ μὴ εἶναι τὴν ῥητορι-
ζόν]των αὐτῶν ὑ[π]ὲρ τοῦ	κὴν τέχνην·
μὴ ε]ἶναι τὴν ῥητορικὴν	
τέχνην·	

Das Beispiel zeigt zugleich einen, wenn nicht den Hauptpunkt des Schulstreites und läfst entnehmen, mit welcher Vorsicht man auf die Fragmente bauen mufs. Im ganzen bleibt der Text trotz der staunenswerten Gewandtheit des Herausgebers, Lücken auszufüllen, und trotz der den Zusammenhang beleuchtenden deutschen Noten vielfach unklar, man vermifst vor allem einen sicheren Gedankenfortschritt. Wenn den Leser manches fremdartig anmutet, so mufs er sich eben mit H. v. Arnim, der selbst viel zur Heilung dieser Bücher beigetragen hat (Rostocker Lektionskatalog 1893/94 und Herm. 27), trösten: ´Accidit persaepe ut contextus supplementis restitutus a nullo nisi ab eo qui supplevit intellegatur´. —

Dem Neudruck geht eine Einleitung voraus mit dem Titel ´Critolaus und die Rhetorik´ (p. V—XLII); hier handelt Sudhaus unter Benützung der Untersuchungen seines Freundes L. Radermacher über das Verhältnis des Kritolaos zur Rhetorik, insbesondere darüber, wie der Peripatetiker die Definition der τέχνη des Stoikers Diogenes Babylonius, mit dem er 155 v. Chr. die bekannte Philosophengesandtschaft nach Rom machte, zerpflückt; geschickt wird dabei Sextus Empiricus und Quintilian zusammengestellt und der παράσιτος des Lukian als Persiflage der windigen Schulstreitigkeiten verständlicher gemacht. Wie Horaz für die Beleuchtung dieser Fragen heranzuziehen ist, gedenke ich an einer anderen Stelle zu zeigen. Statt Quintilian oder neben diesem mußte aber Cicero benützt werden; er ist nicht nur die ausgiebigste Quelle für Quintilian, sondern hat in seinen rhetorischen Werken insbesondere im de oratore (I § 41—57. 82—94. III 57—73) diese rhetorisch-philosophischen Schulkämpfe, deren Vertreter er zum Teil persönlich kannte, vielseitig und eingehend behandelt. Ihr Geschichtschreiber hätte nicht bei Kritolaos, sondern bei dem Gorgias des Plato einzusetzen. Die Gedanken dieses Dialogs fortführend, exzerpierend, erweiternd, bekämpfend haben die Akademiker, Peripatetiker, Stoiker, Epikureer und andere den zweifachen Kampf gegen die Rhetoren und gegen die rivalisierenden Schwesterschulen geführt. Bei Cicero, dessen Bücher de oratore nach ad fam. I 9, 29 'omnem antiquorum et Aristoteliam et Isocratiam rationem oratoriam complectuntur' im Gegensatz zu den Handwerksrhetoren, müssen nur die Ansichten der einzelnen Schulen herausgeschält werden; das Neue, das uns Philodem bietet, schrumpft dann sehr zusammen. Kritolaos — auch Cicero nennt ihn und seinen Schüler Diodoros öfter — stellt nur eine Seite des Kampfes dar. Wie er alles für den Peripatos in Anspruch nahm, · auch die Erfolge eines Demosthenes (Dionys ad Amm. I. Anfang geht sachlich zurück auf ältere Peripatetiker, vielleicht auf Kritolaos [1]) vgl. Cic. de or. I § 43), so Charmadas, Schüler des Karneades, des Mitgesandten des Kritolaos, für die Akademie. Bevor ich aber auf dessen Beweismomente (λόγοι) näher eingehe, will ich einige allgemeinere Sätze, die zur Erklärung des Philodem geeignet sind, hieher setzen. 'Wolltest du, sagt der juristische Fachmann Scaevola zu dem idealen Redner Crassus (= Cicero), die engen Grenzen (iudicia und contiunculae wie bei Philodem δικαστήρια und ἐκκλησίαι) überschreiten, dann 'agerent tecum lege primum Pythagorei omnes atque Democritii' [darunter wohl auch der von Cicero öfter zitierte Nausiphanes, 'der die φυσιολογία als Ausgangspunkt für die Rhetorik empfahl'] ceterique in iure sua physici vindicarent ... Urgerent praeterea philosophorum greges iam ab illo fonte et capite Socrate, nihil te de bonis rebus in vita ... scire convincerent; et cum universi in te impetum fecissent, tum singulae familiae tibi litem intenderent. Instaret Academia [Carneades' Schüler und Nachfolger Charmadas, Clitomachus, Aeschines, wohl auch Hagnon] ...

---

[1]) Anders Fr. Olivier de Critolao p. 33 'Quamquam Peripateticus illo, quem Dionysius refutatum it, nullo modo idem atque Critolaus fuisse potest, probabile tamen est Peripateticos iam ante hanc opinionem professos ei, cui Phaselita fortasse novum impetum dedit'; darnach ungenau Sudhaus Suppl. p. XXXVII f.

Stoici (Mnesarchus) ... Peripatetici (Critolaus und sein Schüler Diodorus) ... a quibus omnibus una paene voce repelli oratorem a gubernaculis civitatum [Scheidung der πολιτική von der ῥητορική], excludi ab omni doctrina rerumque maiorum scientia [auch dieser Sokratische Gedanke kehrt in verschiedenen Formen bei Philodem wieder] ac tantum in iudicia et contiunculas (s. o.) tamquam in aliquod pistrinum detrudi et compingi videbam'. Besonders entwickelte das akademische Schulhaupt der damaligen Zeit (um 112 v. Chr.) Charmadas (bei Sextus Empiricus steht p. 678 Bekk. Κλειτόμαχος καὶ Χαρμίδης) derartige Gedanken, als er über Platos Gorgias Vorlesungen zu Athen hielt (Cic. de or. I § 47 u. 84—93):

1) 'Eos, qui rhetores nominarentur et qui dicendi praecepta traderent, nihil plane tenere (kein Wissen) neque posse quemquam facultatem adsequi, nisi qui philosophorum inventa didicisset' (der Redner mufs bei den Akademikern in die Schule gehen).

2) Dem Menedemus gegenüber, der die Selbständigkeit der πολιτικὴ ῥητορική vertritt (esse quandam prudentiam, quae versaretur in perspiciendis rationibus constituendarum et regendarum rerum publicarum), weist er nach, dafs alle ihre Teile (Kultus, Jugenderziehung, Rechtspflege, Moral) aus der Philosophie* zu entnehmen seien; die Bücher der Rhetoren enthielten nichts als technologischen Plunder.

3) 'Ipsa praecepta illudere solebat ... ne hanc quidem dicendi rationem ac viam nosse'. Zur Erreichung seines Zieles bedürfe der Redner der 'dignitas vitae' und Seelenkenntnis; das führe ihn aber wieder zur Philosophie.

4) Wenn dem gegenüber Menedemus' Verteidigung sich stützt auf die thatsächlichen Leistungen des Demosthenes, so sucht Charmadas sie zu entkräften durch den Hinweis auf die aufserordentliche geniale Begabung des Demosthenes und den Einflufs Platos, den der Redner zweifelsohne gehört habe.

5) 'Nullam artem esse dicendi' (de or. I § 90 f.): a) weil die Natur (φύσις) uns die erforderliche Redefähigkeit verliehen habe, die sich durch Gewohnheit (συνήθεια) und Übung (ἄσκησις) weiter entwickle; b) weil nicht die Technographen (Corax, Tisias und ihre Nachfolger)¹) die gröfsten Redner gewesen seien, sondern Männer, 'qui ista nec dedicissent nec scire omnino curassent'; vgl. Sudhaus Suppl. XXXII; über Odysseus und Nestor s. auch Brut. § 40; c) weil der Begriff 'Kunst' mit der gewöhnlichen Rhetorik unvereinbar sei. Wie Charmadas dabei die τέχνη definierte, ergibt sich aus den Worten: 'Artem negabat esse ullam nisi quae cognitis penitusque perspectis et in unum exitum spectantibus et numquam fallentibus rebus contineretur' (§ 92), d. i. 1) eine stoffliche Grundlage (ὕλη, περὶ τί); 2) ein bestimmtes Ziel (ἑστηκὸς καὶ πάγιον τέλος oder τέλος, ἐφ' ὃ πάντα τὰ

----

¹) Vgl. Sext. Empir. bes. 19 p. 678 Bekk.; neben Kritolaos werden auch die Akademiker Klitomachos und Charmides (= Charmadas) genannt; ein λόγος des Charmadas, dafs Kreta und Sparta die Rhetoren vertrieben hätten, findet sich bei Philodem, fehlt aber hier bei Cicero, dagegen de or. III § 93 Hinweis auf Rom (das Censorenedikt vom Jahre 92 v. Chr.).

μέρη συννεύειν ὀφείλει, Philod. II S. 105ι, 3) Treffsicherheit; die Kunst soll stets ihr Ziel erreichen (τευκτική, Philod. I S. 53), nicht bloſs unter Umständen (στοχαστική); vgl. die Definition, die Ariston, ʽΚριτολάου γνώριμος᾽, gibt Sext. Emp. 61.

Die Beispiele, welche die nahe Berührung der Philodemischen Schriften mit denen Ciceros zeigen, ließen sich leicht vermehren. Doch für jetzt genug; wenden wir uns zu:

Philodemi volumina rhetorica ed. Siegfried Sudhaus. Volumen II. Lipsiae, Teubner, 1896, XXVIII u. 371 S. 8⁰.

Der Inhalt des zweiten Bandes von Philodems rhetorischen Schriften ist folgender:

p. 1—64 *Φιλοδήμου περὶ ῥητορικῆς* ohne weiteren Zusatz; es ist das eine Wiederholung der Partie des ersten Bandes S. 289—325 oder Papyrus 832 verbunden mit den ergänzenden oberen Seitenteilen vom Papyrus 1015, nachdem Sudhaus die Zusammengehörigkeit der beiden Fragmentegruppen, die z. B. p. 55 sqq. in der Behandlung des Gegensatzes zwischen Aristoteles und Isokrates (αἰσχρὸν σιωπᾶν, Ἰσοκράτη δ̓ ἐᾶν λέγειν) zu tage tritt, erkannt hatte.

p. 65—130 Fragmenta libri II: Kritolaos bekämpft den Diogenes Babylonius; Äschines über die Diktion des Demosthenes; εἰκοβολεῖν — ὀρϑοβολεῖν, die τέχναι des Isokrates u. a. Wenn es heiſst (S. 85) ʽΡωμαῖοι ἐκβεβλήκασι τὸν ῥητορικὸν λόγον, so ist wohl auf das Censorenedikt vom Jahre 92 v. Chr. angespielt.

p. 131—167 fragmenta libri (V), d. h. des 5. Buches nach der Annahme von Sudhaus; hier lesen wir einiges über Perikles, Alkibiades, Kallistratos, Demosthenes; auch Lykurg und Pittakos werden zusammen genannt wie Cic. de or. III 56.

p. 168—195 werden als incerta fragmenta bezeichnet; ich glaube, es gehört manches nicht zur Rhetorik, z. B. die philosophischen Partien in fragm. II (über Güter-, Weiber- und Kindergemeinschaft) oder fragm. III (Anaxagoras, Parmenides, Melissus; ἓν τὸ πᾶν). Wiederholt berühren sich Fragmente mit dem Gorgias des Plato.

p. 196—272 *Φιλοδήμου περὶ ῥητορικῆς ὑπομνηματικόν* d. h. ein Werkchen, das mehr für den internen Schulgebrauch als für die Öffentlichkeit bestimmt war. Über den Inhalt Vorwort p. XI—XVIII. Es kehren die alten Streitfragen und Namen wieder, z. B. Kritolaos, Diogenes, Metrodorus, auch Korax; wiederholt Isokrates und Matris (Μᾶτρις) im Gegensatz zur ἐνπειρία des Themistokles und Perikles oder zu der philosophischen Richtung des Aristoteles; Hypereides, Lykurg, Demosthenes und Demades, Hegesias; Solon, Kimon, Kallistratos, Phokion. Besonders interessant war mir S. 247 die Nennung des Trifolium Epikur, Metrodor, Hermarch mit den bestimmten Zitaten: Ἐπίκουρός φησιν ἐν τῶι περὶ ῥητορικῆς καὶ Μητρόδωρος ἐν τῶι πρώτωι περὶ ποιημάτων καὶ Ἕρμαρχος ἐπὶ Μενεκλέους ἔν τινι πρὸς Θεοφείδην ἐπιστολῆι. Es dürfte hier an einen von Cicero de fin. II 96 ff. mitgeteilten Brief des Epikur an Hermarch zu erinnern sein, worin er diesem die Sorge für die Kinder des Metrodor ans Herz legt.

p. 273--303 Fragmenta hypomnematici; als Beispiele für
den Inhalt führe ich nur an die Erwähnung von Theophrast, Platos
Apologie, auch Γαλάται und Erörterungen über den ἀγαϑὺς ῥήτωρ.
Man sieht erst an diesen rhetorischen Streitfragen so recht die Bedeutung,
welche Catos Mahnung für jene Zeit hat: orator est, Marce mi fili, vir
bonus, dicendi peritus, rem tene, verba sequentur.

Sudhaus betrachtet als den **Kern des ganzen Werkes** des
Philodem das sog. V. Buch (Suppl. S. XXVII), 'in dem mit den wärmsten Farben das Bild des epikureischen Weisen gegenüber den unseligen
Rhetoren und Rednern ausgemalt wird'.[1]) Dazu würde die ironische
Abfertigung der Epikureer passen (de or. III § 63) 'Non repelletur
⟨ea philosophia, quae suscepit patrocinium voluptatis⟩ inde, quo ad-
gredi cupiet; sed in hortulis (κῆποι) quiescet suis, ubi vult, ubi etiam
recubans molliter et delicate nos avocat a rostris, a iudiciis, a curia'.

Was die **Anordnung** und **Textesgestaltung** betrifft, so
bin ich mit den Papyri und dem Sprachgebrauch des Philodem zu
wenig vertraut, um Sudhaus' Angaben und Ergänzungen genau prüfen
und würdigen zu können; andre haben bereits seine Verdienste anerkannt. Wenn "es aber kein sichereres Zeichen ungenügender Emendation gibt als die fehlende Glätte des Stils oder übermäfsige Schwierigkeit des Verständnisses" (Suppl. S. VI), so bleibt hier noch viel zu
ändern, viel zu ebnen.

Einiges, was mir gelegentlich bei der Lektüre auffiel, sei kurz
berührt.

II p. 55 scheint in ἐπί[ρ]ρησις die Einsetzung des ρ nicht nötig,
da wir auch φιλόρητορες (p. 218 u. 302) haben; im grammatischen
Anhang führt Sudhaus selbst ἐπίρησις neben πρόρησις und ἀντίρησις auf.

II p. 111 Κόραχα [τὸν Συρακόσι]ο[ν]? — vielleicht eher Κόραχα
τὸν τεχνογράφον, wie er bei Syrian ed. Rabe II 127 bezeichnet wird,
oder Κόραχα καὶ τὸν Τισίαν, wie sie bei Cic. de or. I § 91 u. ö. verbunden erscheinen.

II p. 123 fragm. τιτϑοῖς und φιλήμασιν: bei Aristoteles rhet. III 4
vergleicht Demokrates die Redner mit Ammen (τίτϑαι), αἳ τὸ ψωμισμα
καταπίνουσαι τῷ σιάλῳ τὰ παιδία παραλείφουσιν; den Vergleich bringt
Sextus Empiricus 42 fast wörtlich, aber ohne Namennennung; nach
dem folgenden (Τοσαῦτα μὲν οὖν καὶ τοῖς Ἀκαδημικοῖς ... λέγεται)
würde man ihn der Akademie zuweisen.

II p. 141, 34 schliefst die ergänzte Zeile ἀ[λλ' und beginnt 35
ὥσ]π[ερ]; nun ist aber in den Kolumnen (wenigstens dieser Papyri)
Regel, dafs getrennt wird ἀλ-λ' ὥσπερ, ἀλ-λ' οὐκ, οὐ-κ ἄν, οὐ-δ' ἄν, πα-ρ'
ὄ, so auch bei anderen apostrophierten Wörtern, s. Krüger Griech. Sprachl.
I 6, 5 A. 1. Darum sind mir auch die Ergänzungen 171, 34 οὐ[δ' und
ὑ]π' aufgefallen. Auf der gleichen Seite (Z. 3) ist ῥαϑδός für ῥάβδος
und κηρυκεῖον für κηρύκειον vermutlich nur Druckfehler.

---

[1]) Anders H. v. Arnim (Rostocker Lektionsk. 1893/4 p. 4): videri Philo-
demum nihil antiquius habuisse, quam ut philosophiae et rhetoricae terminos a
nova Academia moveri coeptos rursus stabiliret.

II p. 210, 27.28 ist wohl ἀντιποιούμε,ν[οι] statt ἀντιποιουμε,ν[ης]
zu ergänzen.

II p. 276, 30 λαλλωνκ .., οὔτε Χα[ρώνδας, vgl. S. 300, steckt in
dem Anfang vielleicht Ζάλευκος (Cic. de leg. II 6); oder sollte an beiden
Stellen Χα durch Χαρμάδας zu ergänzen sein. Jedenfalls ist es befremdend,
dafs Kritolaos so oft, Charmadas nie bei Philodem erscheint.

In dem umfangreichen Index dieses Bandes (II p. 304 — 369)
sind neue Wörter wie γρυλλογραφέω oder δείνωμα 'exaggerata opinio'
mit Sternchen als 'lexicis inserenda' bezeichnet, aber εἰκολόγος steht
z. B bei Jacobitz-Seiler[1]. *φιλογλίχειν (II 198) wird im Index *φλογλι-
χεῖν betont; hier auch Χῖος für Χεῖος. Wenn der Index auch nicht
erschöpfend sein soll, so durften σώζω (vereinzelt σῴζω), στοχαστικός
u. a. doch nicht fehlen.

Zum Schlusse will ich noch einige orthographische und grammatische Dinge zusammenstellen (zum Teil auch bei Sudh. p. 370 u. 371).

I. Das ι betreffend. 1) Sehr häufig ist auch hier der Wechsel
zwischen ῑ und ει: πολειτικὸς — πολιτικὸς, τεχνείτης — τεχνίτης,
γίνεσθαι — γείνεσθαι (γείνασθαι), auch ἡμεῖν für ἡμῖν, δινότης für
δεινότης; vgl. omneis — omnis — omnes, sei -- si — se.

2) ει für ῃ oder, da bei Philodem das ι in der Regel nicht sub-
scriptum, sondern adscriptum ist, für ῃι: μαθητεῖ II 57, 14, σοφιστεῖ
259, 20, Εὐριπίδει, Εὐβουλίδει. Nach Dionys. de comp. p. 322 Sch.
war das ι adscriptum im ersten Jahrh. v. Chr. noch stumm;
'σὺν Ἀγλαΐᾳ oder σὺν Ἀγλαῖαι', sagt er, endigt auf ι; aber eine Abschwächung mufs eingetreten sein.

3) Denn die Griechen dieser Zeit scheinen nach den Philodemischen Papyri in der Setzung des ι noch unsichrer gewesen als viele
Deutsche hinsichtlich des h. So erscheinen ἡρώων (112), ὁρῶι (121),
λεγέτωι (Suppl. 24), ἐξέστωι, ὁμολογείσθωι S. 267, aber in der nächsten
συγχωρείσθω, gleich darauf λεγέσθωι; auch ἔξωι 'extra' z. B. 257,
οὔτωι 258 u. ö.; selbst τἀληθῆι λέγειν. Umgekehrt findet sich nicht
selten ποεῖν für ποιεῖν (ποητής, πόημα S. 75).

4) An einigen Stellen steht φ für οι: φρονώιη für φρονοίη (285),
δεδιωικῆσθαι (266.67), auch ποιώιηι für ποιοίη 144, 10.

II. Assimilation: Bei der Feststellung lateinischer Texte aus
dieser Zeit macht bekanntlich die Abgrenzung der Assimilation grofse
Schwierigkeit; nicht minder vermifst man bei Philodem Konsequenz:
so erscheinen neben den gewöhnlichen auch die Schreibungen ἐγβάλλω,
ἐγλογισμός, ἐγδιδάσκειν, ἐγ διαδοχῖς (S. 205), vgl. neclego und neglego;
ἐνπειρία, πάνπολυ, τυγχάνειν, ἐπανγέλλεσθαι, παλινλογεῖν, aber ἔμ
μέσωι (vgl. lat. im manus, Landgraf Bl. 1898 S. 760, ἔμ μουσικῆι, selbst
μὲγ γάρ für μὲν γάρ (46).

III. Trennung: Die Trennung am Schlufs der Zeile ἀλ-λ', πα-ρ',
οὔ-κ u. s. w. habe ich schon oben berührt und auch auf Krüger verwiesen, bei dem γαλῆν' ὁρῶ an das bekannte Wortspiel (γαλῆν ὁρῶ)
erinnert. Dafs Trennungen wie πρᾶ-γμα, τέ-χνη die Regel sind (Krüger
§ 6, 4, 1), bestätigt auch Philodem. Anders steht es hier mit στ, σθ,
στρ u. s. w. In den Papyri bleibt das σ am Schlufs der Zeile: μεγισ-

την, δικασ-τηρίοις, δύνασ-ϑαι, ὑπέσ-χον. Ob die wenigen Fälle, wo σ
an den Anfang der folgenden Zeile gezogen ist, nur der Inkonsequenz
zuzuschreiben oder anders zu erklären sind, müfste noch untersucht
werden.

München.   ———————   G. Ammon.

Wagner Dr. Richard. Der Entwicklungsgang der griechischen Heldensage. Abhandlung zum Jahresbericht des Gymnasiums zum hl. Kreuz in Dresden. 1896. LXII Seiten in Quart.
Pr. 1,60 M.

Der V. des ziemlich inhaltsreichen Schriftchens hat entschieden
mehr geleistet „als eine anspruchslose Skizze des Entwicklungsganges
der griechischen Heldensage", wie er im Vorwort sagt, schon in Hinblick auf die Fülle des beigezogenen Materials. Die Arbeit gliedert
sich in 5 Kapitel, deren erstes natürlich Homer und Hesiod und die
an beide sich anschliefsenden Schulen behandelt, wobei der Unterschied zwischen freier schöpferischer Thätigkeit der einen und emsigem
Sammeln und Registrieren der andern richtig betont wird. In Kap.
2 „Weiterbildung in Epos und Lyrik" werden in Bezug auf letztere
als wesentliche Modifikationen der Sage einerseits das ethische Moment
und die feinere Motivierung sowie Beschränkung auf einen Hauptzug
hervorgehoben, wozu aufser Pindar der neugefundene Bakchylides
treffliche Belege bringen kann, andrerseits bei gedrängter Darstellung
der ganzen Sage die oft kunstvoll verschlungene Anordnung, die freilich auch zur Unordnung werden kann. Das Hervortretenlassen eines
typischen Charakterzuges des Helden bei den Lyrikern bahnte den
Übergang zur Darstellungsart der 'Heldensage auf der Bühne' (3. Kap.)
von selbst an. Als Hauptaufgabe des tragischen Dichters erkennt V.
sehr richtig 'die zweckmäfsige Erweiterung des engbegrenzten Stoffes':
diese wird erreicht durch Einführung von (Neben-)Personen, durch neue
Motive (Erkennungsszenen) etc.; später (bei Euripides) tritt als neuer,
natürlich nicht immer unbedenklicher Reiz Neigung zur Realistik, zu zeitgemäfsen moral-philosophischen oder politischen Erörterungen hinzu: der
Dichter mufs eben mit den Anschauungen seiner Zeit rechnen. Er arbeitet so
mehr oder minder bewufst an der beginnenden Zersetzung und Auflösung
der Sagenwelt, deren Volkstümlichkeit, vom heimischen Boden losgelöst, bei den gelehrten Hofpoeten der Alexandrinischen Zeit sich
völlig verliert. (4. Kap.) Als besonders charakteristisch findet V.
einerseits, dafs jetzt die Liebe den Mittelpunkt der Sagen bildet, andrerseits den ätiologischen Zug, der sich in den Verwandlungs- und
Sternsagen bekundet. Die spätere unproduktive Zeit konnte nur mehr
mit 'Sammlung, Kritik und Deutung' des vorhandenen Stoffes sich
befassen (5. Kap.): an Stelle der Mythen trat die Mythographie. Die
Deutung war bald eine rationalistische[1]) (Euhemerismus) bald eine

---

[1]) Zur Belustigung diene folgende: Phrixus und Helle fliehen auf einem
mit dem vergoldeten Bilde eines Widders gezierten Schiff, wobei Helle die See-
krankheit bekommt, sich zu sehr über Bord neigt und ins Wasser fällt!

allegorische. Zugleich erhoben sich einige Wucherpflanzen aus dem Schutte der verfallenden Mythen, wie Dictys und Dares.

Wagners Programm bietet neben manchen anregenden Ideen eine oft allzureichliche Fülle von Beispielen, die für die Lektüre nicht immer vorteilhaft ist. Verfasser hätte vielleicht besser gethan, wenn er an einem bestimmten und begrenzten Sagenkreise diese Wandlungen genau nachgewiesen hätte. Seine Ideen hätte er dabei ebenso gut, ja noch wirksamer herausarbeiten können. Bei Besprechung der römischen Sagenwelt scheint mir die zentrale Stellung Ovids für seine und die folgenden Zeiten nicht scharf genug betont. — S XXXIII ist Smyrnaeus zu lesen.

München. _____ Dr. J. Menrad.

Tycho Mommsen, Beiträge zu der Lehre von den griechischen Präpositionen, Berlin, Weidmann, 1895. X und 847 S. M. 18.

Im vorliegendem Bande, der, wie es scheint, in Form von Lieferungen zustande kam, sind die bahnbrechenden Programme des Frankfurter Gelehrten, in welchen der Gebrauch von σύν, μετά und σύν bei Homer (1874. S. 1—45), Euripides (1876. S. 76—171; umgearbeitet) und bei den nachhomerischen Epikern (1879. S. 172 - 277) dargestellt war, vereinigt und durch eine weitangelegte Untersuchung dieses Gebrauches bei den übrigen Dichtern und in der Prosa (S. 278—661), ergänzt worden. Auch die angehängten Exkurse sind zum Teil aus jenen Programmen wiederholt. In dem beigegebenen Index sähe man gerne die Äquivalente zu σύν und μετά, wie ὁμοῦ, ὁμῶς, ἄμμιγα, προσλαβών u. a. (vgl. S. 187. 286. 500. 611. 620) und überhaupt das Grammatisch-Sachliche mehr berücksichtigt.

Der Inhalt des Buches breitet einen seltenen Reichtum vor uns aus und läfst sich kaum skizzieren. Der Verfasser thut sich nicht genug darin, das gewählte Thema möglichst zu erschöpfen, sondern findet Veranlassung, auch über andere Präpositionen, über Oligo- und Polyprothesie u. ä. zu sprechen. Von den Exkursen mögen die Titel einige Andeutung geben: I. Stilistische Eigentümlichkeiten des Euripides: Das Adverb ὄντως. Über δεῖ und χρή. Über βούλομαι und ἐθέλω. Sigmatismus (Mommsen handelt aber nicht nur von Euripides). II. Konstruktion der Verbalkomposita mit gleicher Präposition. III. Casusadverbia. IV. Über Eurip. Phoen. 1116 sq. V. Präpositionen und Casusadverbia am Ende des Trimeters in Verbindung mit dem folgenden Verse. VI. Anastrophe und Wortstellung der Präpositionen. VII. Timon der Sillograph. VIII. Dionys der Perieget. Versbau bei den späteren Epikern. Selbst der Index enthält Nachträge.

Im Verlauf der Untersuchung werden uns oft die einzelnen Autoren mit epischer Breite vorgeführt, und häufig fallen neben den grammatischen und stilistischen Urteilen ästhetische mit ab. Das macht die Lektüre angenehmer, hat aber doch nicht unwesentlich zur Vergröfserung des Umfangs beigetragen. Die Methode des Verf. ist sorg-

sam und sauber; seine Bemerkungen verraten durchweg feinen Sinn
und treffliche Beobachtungsgabe. Meines Erachtens sollte jede Lehrerbibliothek dieses Werk besitzen. Wer sich mit irgend einem griechischen
Schriftsteller in grammatischer, textkritischer, literaturgeschichtlicher
und auch metrischer Hinsicht befassen will, wird gut daran thun,
nachzusehen, ob Mommsen etwas über denselben sagt und was er
etwa sagt. Besonders auch für byzantinistische Studien ist hier nicht
wenig zu finden.

Der Hauptgewinn, welchen die mit bewunderungswürdigem Fleiße
veranstalteten Studien Mommsens gezeitigt haben, ist folgender Satz,
den ich hier wiederzugeben fast mich scheue, da er durch Vorlesungen
schon Gemeingut der Philologen geworden ist: Σύν ist für die Bedeutung „mit" das Wort der Poesie und μετά c. gen. das Wort der
Prosa. Einer mündlichen Äußerung meines hochverehrten Lehrers
Prof. Dr. M. Schanz zufolge hatte bereits Haupt diese Wahrheit entdeckt; das Verdienst, dieselbe auf einen felsenfesten Grund gestellt zu
haben, gebührt unstreitig Mommsen.

Im einzelnen ist zu bemerken: Die epische Sprache bleibt sich
in der Vorliebe für σύν, in der Abneigung gegen μετά· c. gen. und
im Festhalten von μετά c. dat. von Anfang bis zu Ende getreu (S.
277). Das alte Epos kannte wahrscheinlich μετά c. gen. noch nicht
(S. 183); die meisten Beispiele gehören der parodischen, lehrhaften
und ganz späten Dichtung (Nonnos) an. Μετά c. dat. wird erst von
Nonnos und seiner Schule gänzlich aufgegeben. Auch in der jambisch-
elegischen Dichtung, welche sich der Prosa mehr ˙nähert, wiegt σύν
bedeutend vor (Verhältnis 5 : 2) und μετά c. gen. erhält erst ganz spät
den Vorrang. Theognis und das Epigramm lassen letztere Konstruktion
etwas öfter zu als diese Poesie im allgemeinen (S. 348 ff.).

Dagegen macht in der Lyrik μετά c. gen. dem poetischen σύν
ernstlich die Würde streitig, ausgenommen Pindar, welcher σύν fast
ausschließlich, und die altchristlichen Hymnen, welche dasselbe entschieden begünstigen (S. 602).

In der Tragödie faßt die prosaische Struktur successive Boden,
was vor allen bei Euripides in die Erscheinung tritt. Nur die Alexandriner vermeiden μετά c. gen. im Epos, Epigramm und Drama (S. 8.
291. 633).

Die Komödie gibt μετά c. gen. den Vorzug, am meisten die
mittlere, etwas weniger wieder die neue (S. 659).

Die Prosaiker teilt Mommsen (S. 351) in drei Klassen. Die erste
Klasse vermeidet σύν ganz, so Isokrates, oder beinahe ganz, nämlich
alle Attiker und fast die gesamte alexandrinische Prosa (Aristoteles
wird S. 356 ff. noch zur klassischen Prosa gerechnet, S. 9 schimmert
aber die richtige Erkenntnis durch, daß er an den Anfang der alexandrinischen Periode gehöre). Die zweite Klasse läßt σύν zu, gewährt
jedoch μετά immer noch die Vorhand, so besonders die Patristik.
Die dritte Klasse hält σύν mit μετά gleichmäßig oder läßt σύν überwiegen; hiefür sind Herodot, (Hippokrates) und Xenophon, dessen Ansehen als Stilist gerade durch Mommsen erschüttert wurde und wohl

immer mehr sinken wird, zu nennen. In der römischen und in der byzantinischen Zeit treten, wie in der Regel in nachahmenden Perioden, die Individualitäten der Schriftsteller stärker hervor, so daſs sämtliche drei Klassen vertreten sind.

Das ist kurz gefaſst das Ergebnis der Schrift, die wir anzuzeigen haben. Ihre Bedeutung liegt nicht so sehr auf dem Gebiete der historischen Grammatik als auf dem der Stillehre. Würden solche Studien — man denke auch an Rutherford! — in reicherem Maſse gepflegt, so würde mit der Zeit an den Ausbau einer griechischen Stilistik wie auch an die Erweiterung der griechischen Metrik zu einer griechischen Poetik gedacht werden dürfen. Aber unsre einstweilen noch im historischen Denken befangene Zeit hat für eine derartige Auffassung weniger Begabung als die ältere Generation der Philologen; fesseln uns doch auch die Fragen der deutschen Poetik nicht mehr in der Weise, wie es früher der Fall war. Dazu kommt, daſs eben diese beiden Disziplinen ihre praktische Seite haben; zu praktischer Wirksamkeit würde nun eine griechische Poetik noch weniger gelangen als eine griechische Stilistik. So müssen wir uns bei fragmentarischen Kenntnissen in diesen Punkten bescheiden; aber um so dankbarer sind wir für solche Arbeiten wie die vorliegende, die an Wert hoch über jenen Schriften steht, die etwa nur eine bestimmte Stileigentümlichkeit eines einzelnen Schriftstellers nachweisen. Zu wünschen wäre, daſs auch die noch übrigen Forschungen des Verf., auf die er öfter zu sprechen kommt, veröffentlicht würden; zu bedauern ist, daſs derselbe nicht sämtliche Philosophen herangezogen hat.

Ehe wir von dem Buche scheiden, sei noch seine Bedeutung für unsern Schulbetrieb gestreift! Wenn man die auf S. 356 mitgeteilte Tafel überblickt und sieht, daſs, Xenophon ausgenommen, in der attischen Prosa auf etwa 9600 Teubnerseiten μετά c. gen. 2578 mal, σύν aber nur 151 mal, also noch bedeutend seltener als ἅμα c. dat (329 mal) erscheint, so wird man sich sagen müssen: Was in denjenigen Klassen, welche die griechische Präpositionenlehre behandeln, besonders eingeübt und verlangt werden muſs, ist nicht σύν, sondern μετά c. gen. Σύν ist auf folgende Fälle einzuschränken: 1. Σύν und nicht μετά c. gen. steht für die Bedeutung *inclusive* z. B. σὺν γυναιξὶ καὶ παισίν. 2. Es hält sich in Formeln wie σὺν (τοῖς) ὅπλοις (besser μεθ' ὅπλων, μετὰ τῶν ὅ.), σὺν (τοῖς) θεοῖς, σὺν θεᾷ „Gottlob", „zur guten Stunde" (μετὰ θεῶν, θεοῦ „mit Hilfe Gottes"), σὺν νῷ (häufiger μετὰ νοῦ). 3. Darf es zur Abwechslung neben μετά c. gen. zugelassen werden (Mommsen übersicht, daſs auch Thuc. 1,12,3 μετά im gleichen Paragraphen vorhergeht). 4. Gilt es etwa noch in der Bedeutung „unter" z. B. σὺν πολλῷ θορύβῳ. Für das poetische Kolorit, welches vereinzelt zur Verwendung von σύν gelührt hat, wird der Schüler kein Gefühl haben. Höchstens wird man bei der Lektüre Xenophons Veranlassung finden, auf dessen poetisierenden Stil kurz hinzuweisen.

Würzburg.   Adolf Dyroff.

Dr. R. Paukstadt. Griechische Syntax zum Gebrauch an Schulen. Zweite verbesserte Auflage. Dresden — Berlin, Ehlermann 1897. X und 40 S. — Pr. M. 0,80.

Der Verfasser hat sich, wie er im Vorwort zur ersten Auflage sagt, bei der Sichtung und Gestaltung der Regeln überall die Frage vorgelegt, was der Schüler vorzugsweise für die Übersetzung des griechischen Schriftstellers braucht, und so ist es ihm gelungen, die griechische Syntax auf 40 äußerst splendid gedruckte Seiten zusammenzudrängen. Er ist aber hiebei nicht konsequent verfahren. Zunächst gibt er selber zu, daß es von seinem Standpunkte aus möglich gewesen wäre, in der Kürzung noch weiter zu gehen, ja sogar ganze Kapitel zu streichen; er hat es aber vorgezogen, im Interesse der Gleichmäßigkeit und Abrundung der gesamten Satzlehre solche Abschnitte in kleinem Druck einzufügen, welche dann teils mit den Schülern nur einfach durchgelesen, teils, wie z. B. das Kapitel von den Präpositionen, nur gelegentlich und stückweise in den Unterricht gezogen werden sollen. Andrerseits hat aber der Verfasser manches auch wieder weggelassen, was er von seinem Standpunkte aus hätte erwähnen sollen, so z. B., daß intransitive Verba der Bewegung durch Zusammensetzung mit gewissen Präpositionen transitiv werden; Konstruktionen wie διαβαίνειν τὸν ποταμόν, ὑποδύεσθαι κινδύνους, ὑπέρχεταί με φόβος u. ä. durften nicht übergangen werden. Oder warum wird § 15 b wohl τυγχάνειν τινός, nicht aber auch ἐξ-ἐφικνεῖσθαι oder στοχάζεσθαί τινος angeführt. § 24 b wohl διαλέγεσθαί τινι, nicht aber ἀπεχθάνεσθαι oder διαφέρεσθαί τινι? Offenbar liegt hier eine Inkonsequenz vor. Da gehe man doch lieber einen Schritt weiter, verzichte gänzlich auf eine systematische Behandlung der griechischen Sytax im Unterricht und begnüge sich damit, nur die wichtig scheinenden Kapitel durchzunehmen. Vielleicht gelingt das Experiment. Ich freilich gehöre in dieser Beziehung zu den Ungläubigen und meine, unter das Maß dessen, was die zur Zeit vielgebrauchten Bearbeitungen der griechischen Syntax von Menge, Seyffert — v. Bamberg, Holzweißig, Englmann — Rottmanner u. a. bieten, dürfe nicht mehr herabgegangen werden.

Gegen die Gruppierung und praktische Gestaltung des syntaktischen Stoffes sind wesentliche Einwendungen nicht zu machen. Ob die auffallend ausführliche und eigenartige Behandlung der Lehre vom Verbal- und Präsensstamm und von den Modi in selbständigen Sätzen den vom Verfasser gehofften Erfolg klareren Verständnisses seitens der Schüler hat, läßt sich bezweifeln; sie ist meines Erachtens so gehalten, daß sich nur wenige bis zur Klarheit durchringen werden.

K. Schenkl, Deutsch-Griechisches Schulwörterbuch. Fünfte, teilweise gekürzte Auflage. Leipzig, Teubner, 1897. VIII und 1076 S. — Preis M. 9.

Diese neue Auflage des Schenkl'schen Schulwörterbuchs hat

vom 11. Bogen an (mehr als 50 Seiten betragende) Kürzungen erfahren, indem von da ab manche weniger gebräuchliche· Wörter und
viele den Sprachgebrauch der Dichter und späterer Schriftsteller betreffende Angaben weggelassen und auch sonst allerlei Vereinfachungen
vorgenommen wurden. Alle diese Änderungen werden im allgemeinen
als berechtigt anzuerkennen sein; in der Weglassung von Wörtern
hätte m. E. sogar noch weiter gegangen werden können; Ausdrücke
wie „gätlich, beklauben, labet werden" und ähnliche würde wohl
niemand vermissen; andrerseits wäre z. B. „kesselförmig", wenn auch
λεβητώδης dem späteren Sprachgebrauch angehört, mit Rücksicht auf die
Bedürfnisse unserer namenbildenden Naturforscher vielleicht besser
geblieben. — Der kundige Verfasser hat aber àuch, wo es nötig schien,
Zusätze gemacht, z. B. πράττειν κατὰ τὴν δύναμιν bei „sich nach der
Decke strecken", ἐν κινδύνοις εἶναι bei „in Gefahr sein", mit Lastwagen befahren werden ἁμαξεύεσθαι, nicht m. L. zu befahren ἀναμάξευτος
bei „Lastwagen", τὴν αὐτήν τινι δύναμιν ἔχων bei „identiscn" u. dgl. m.,
und neue Artikel, wie Gottesurteil, Mythe u. a., aufgenommen; vielleicht hätte auch „apfelförmig μηλοειδής" und bei „angeben" der Gebrauch des Wortes im Sinne von „anfangen" Berücksichtigung verdient.
Ebenso hat er gelegentlich den Ausdruck im einzelnen verbessert, wie
„Carrière (f. in der C.) reiten, ἐξηρτῆσθαι (f. ἐξαρτᾶσθαι) an ˙mds.
Hals hangen" u. a. m. — Hin und wieder findet sich natürlich ̄auch
ein Versehen; so ist bei „halbtrunken" auf das fehlende „halbberauscht"
und bei „bedeckt" auf „bedacht" hingewiesen statt auf „bedachen."
Doch genug der Einzelheiten!

Wer ein deutsch-griechisches Wörterbuch benötigt, dem kann
das Schenklsche auch in dieser neuen Auflage bestens empfohlen werden.

Regensburg.   **Frdr. Zorn.**

Stier Georg, Französische Syntax. Mit Berücksichtigung
der älteren Sprache. Wolfenbüttel 1897. Julius Zwißler. VIII und
459 Seiten. 8⁰. M. 6,00.

Dieses für Lehrer, Lehrerinnen und Lehramtskandidaten bestimmte
Buch soll ein Bild des gegenwärtigen Sprachgebrauchs geben. Auch
hier zeigt der Autor das schon in seiner 1878 zum ersten Mal veröffentlichten französischen Sprechschule kundgegebene Streben nach Gründlichkeit. Er geht den Schwierigkeiten nicht aus dem Wege, sondern sucht
durch Herbeischaffung eines reichhaltigen Materiales dieselben nach
Möglichkeit zu erklären. Manchem dürfte manches zu breit angelegt
erscheinen, da aber das Buch kein Schulbuch sein soll, so hat dies
nicht viel zu sagen. Anderes hat der Verfasser unerwähnt gelassen
oder nicht mustergültig erklärt. So fehlt S. 17 ein eingeschobener
Satz wie etwa: comme dit César. Seite 23 scheint der Unterschied:
unterscheidende Qualität der Thätigkeit und wesentliche Qualität der
Thätigkeit nicht sofort klar. Erst der in Klammern stehende Beisatz:
objektives Urteil und subjektives Urteil erklärt die Meinung des Verfassers. Aber eine wesentliche Qualität und ein subjektives Urteil

sind doch nicht identisch. Wenn zwischen il a travaillé sérieusement und il a répondu sottement einerseits und il a sérieusement travaillé und il a sottement répondu andrerseits ein Unterschied ist, so ist es doch der, daſs letzteres eine affektvoll (das einemal lobend, das andremal tadelnd) ausgesprochene Behauptung ist. Seite 24 steht, durement müsse immer nachstehen, bei Littré findet sich jedoch der Satz: des muscles durement exprimés (z. B. an einer Statue). S. 32 fehlt ein Beispiel für die Hervorhebung eines pronominalen Dativ- oder Accusativobjektes nach dem Muster c'est à vous que je parle, S. 43 Anm. 3 ist das Beispiel für parler avec nicht gut gewählt, ein besseres wäre: qui est ce monsieur qui parle avec votre sœur? S. 49 wäre es bei „s'occuper à qch. mit etwas beschäftigt sein“ gut gewesen, in Klammer beizusetzen: zum Zeitvertreib. S. 57 bei der Konstruktion von laisser, voir, entendre wäre es einfacher gewesen zu sagen, daſs die Konstruktion wie bei faire + Infinitiv nur dann angewendet werden muſs, wenn die beiden Objekte neben einander stehen. S. 59 scheint der Satz j'ai entendu qu'il l'a dit nicht recht französisch. S. 60 Z. 2 wäre die Angabe erwünscht gewesen, was ils font l'un à l'autre une douce inclination heiſsen soll. S. 84 fehlt die Angabe, daſs das Imparfait auch zur Inhaltsangabe eines erwähnten Schriftstückes dient. S. 139 fehlt bei den unpersönlichen Ausdrücken mit dem Indicativ il est incontestable und il est manifeste. Hier zeigt sich so recht, wie unpraktisch es ist, die unpersönlichen Ausdrücke nicht als selbständige Kategorie für den Subjonctif aufzustellen, sondern sie unter die Verba des Wollens, des Affekts und des Sagens und Denkens zu verteilen. Die S. 223 stehenden Beispiele: la promesse à moi faite, une lettre à moi adressée können doch wohl nur in der Gerichtssprache vorkommen. S. 269 steht considérer pour, regarder pour als Regel, während alle Beispiele nur comme aufweisen. Es wird wohl auch kein Beispiel mit pour aufzufinden sein. S. 315 hätten die Verba mit dem absoluten Personalpronomen être à, penser, songer, venir, courir, appeler à, renoncer, accoutumer à eigens erwähnt werden sollen. Die Regel S. 329 über den Fall, in welchem son, sa, ses durch en ersetzt werden, ist ganz unverständlich; erst aus den Beispielen kann man einigermaſsen klug werden. Es wäre zu verwundern, wenn in einem Buche von 459 Seiten nicht da und dort etwas fehlte oder nicht manches besser gesagt werden könnte; so kleine Mängel beeinträchtigen den Wert des Buches durchaus nicht, das sich zum Nachschlagen wegen seiner Fülle von Einzelheiten vortrefflich eignet.

München.   —————— ·   Wohlfahrt.

Französisches Lehr- und Übungsbuch für Gymnasien. Von Dr. H. Breymann. Zweite Auflage. Erster Teil. München und Leipzig. Druck und Verlag von R. Oldenbourg. 1898.

Seit dem Erscheinen der ersten in Gemeinschaft mit Dr. Moeller verfaſsten Auflage (1892) sind nunmehr 6 Jahre verflossen, und dieser nicht unbeträchtliche Zeitraum ist dem Werke auſserordentlich zu statten gekommen. Selbst ein flüchtiger Blick in das auch vorzüglich ausgestattete „Lehr- und Übungsbuch", wie es jetzt richtiger benannt wurde, läfst so zahlreiche und wesentliche Abänderungen, Erweiterungen und Besserungen im gröfseren Stile sowohl als in den Einzelheiten erkennen, dafs die Bedenken, die der Berichterstatter seinerzeit noch vorzubringen hatte, glücklich behoben erscheinen. Es war vorauszusehen, dafs diese Fortschritte beim Übungsbuche mehr noch als bei der Grammatik zu tage treten würden, denn, wie in diesen Blättern (XXIX. Jahrgang, S. 244) bereits nachgewiesen wurde, liefs sich schon bei der 1. Auflage hinsichtlich der Ausführung des theoretischen Teiles ein hoher Grad der Vollkommenheit konstatieren.

Bekanntlich sind, wenn man nicht im Unterrichte vieles antizipieren will, gerade die E l e m e n t e des Französischen für den 14 bis 15jährigen Gymnasiasten besonders schwierig in geeignete Fassung zu bringen. Die unschätzbaren Vorteile der natürlichen Reproduktions-Methode der Spracherlernung sollen einer schon zu hohen Altersstufe thunlichst nutzbar gemacht werden, aber bei der Betonung der sprachtechnischen Seite darf eben nun und nimmermehr die wissenschaftliche Würde Einbufse erleiden. Da heifst es wirklich manchmal zwei Herren dienen oder sich auf zwei Stühle setzen. Mit dem Denken im vollständigen Satze, ja, ganz vernünftigerweise mit einem gröfseren Inhaltsganzen soll möglichst früh begonnen werden. Man probiere es nun aber nur selbst einmal, für einen im kritischen Denken wohl vorgeübten Schüler, der erst einige Wochen französisch lernt, ein zusammenhängendes Stück in dieser Sprache, etwa über die Plurale der zusammengesetzten Substantiva zurechtzuzimmern, ein Stück, frei von jeder Banalität und Geschmacklosigkeit, ein gefälliges Häuschen, dem man es nicht anmerkt, wieviele Balken kunstvoll ineinandergefügt werden mufsten. Wie vorteilhaft erhebt sich beispielsweise in diesem Punkte die 2. Auflage (S. 44—45) über das früher (S. 40—42) hierin zur Einübung der Formen Gebotene! In demselben Häuschen, wie ich solch ein zusammenhängendes Übungstück benenne, müssen eben unter Umständen die verschiedenartigsten Individuen der drei Naturreiche friedsam zusammenwohnen, und so ist z. B. Prof. Dr. Breymann das Kunststück gelungen, Edelleute mit gemeinen Feldhütern, mit Fledermäusen, Betstühlen, Schneeglöckchen, Hirschkäfern u. dgl. mehr für eine Weile zu h a r m o n i s c h e m Vereine zu verbinden.

Mehr noch als die häufig uns geschickt vorgenommene Säuberung (vergl. hiezu u. A. 2. Aufl. S. 60—61 mit 1. Aufl. S. 62—63) des Übungsstoffes von weniger Interessantem fällt die Vermehrung dieses Materials ins Auge. Während wir angesichts der 1. Auflage die Befürchtung nicht zu unterdrücken vermochten, dafs selbst bei der vom Verfasser geforderten gründlichen Durcharbeitung der im „Übungsbuch" gebotenen Stücke wegen ihrer zu knapp bemessenen Anzahl die für den Anfänger erforderliche Formensicherheit unter ungünstigen Verhältnissen nicht erzielt werden möchte, — ungünstige Verhältnisse sind aber schon deshalb oft genug einfach dadurch gegeben, dafs die Schulordnung, ohne Rücksicht auf die französische Sprache, auch noch

für Klasse VI 45 Schüler als Höchstzahl zuläfst, — so bemerken wir
jetzt mit Befriedigung vollkommen hinreichenden Übungsstoff. Auch
hiefür ein Beispiel: bisher mufsten sämtliche Formen von avoir und
être an nur 2 zusammenhängenden, noch dazu franz.-deutschen Stücken
eingeübt werden, jetzt dienen 8 franz.-deutsche und 3 deutsch-franz.
Übersetzungsstücke dem gleichen Zwecke. Eine allgemeine Betrachtung
von prinzipieller Bedeutung für die Art der Unterrichtserteilung am
humanistischen Gymnasium möge hier füglich angeschlossen werden.
Ich bin gewifs der letzte, der äufserlicher, erfahrungsgemäfs recht
kurzlebiger Bonnen-Fertigkeit im Parlieren und Replizieren das Wort
reden möchte. Aber ebensowenig soll nach dem Vorbild der im
Lateinischen und Griechischen so emsig betriebenen Hin- und Her-
übersetzungspraxis solcher Beflissenheit in der neusprachlichen Lehrstunde zu breiter Boden eingeräumt werden. Neuere, lebende Sprachen
lehren wir und die sind meistens und möglichst absolut zu erfassen
und zu betreiben, sie sind um ihrer selbst willen da. Wozu also das
ewige Bemühen, das immer mehr oder minder stümperhaft bleibende
Vermögen sich anzueignen, auf urdeutschen Text einen französisch
angestrichenen Deckel zu legen? Die deutsch-franz. Übersetzung ist
gewifs auf allen, besonders den niederen Lernstufen notwendig, ein
kaum zu umgehendes Hilfsmittel zur Erlangung formaler und grammatischer Sicherheit, — allbeherrschende Zielleistung kann
sie auf die Dauer nicht bleiben. Das Diktat und die französische
Komposition (in Form einfacher Reproduktion bekannter Stoffe) mufs
die deutsch-französische Übersetzung, welche die unablässige Pflege
korrekter Aussprache und fliefsenden Vortrags, kurz die ganze
phonetisch-ästhetische Seite einer auf den Prinzipien der Eleganz
und Klangschönheit beruhenden romanischen Sprache zu stark beeinträchtigt, endlich einmal noch, wenn nicht ganz entthronen, so
doch teilweise bei der Zielleistung ersetzen. Auf möglichst ununterbrochene frische Wechselbeziehung zwischen Auge und Auge,
Ohr und Ohr von Schüler und Lehrer kommt es vor allem an, eine
französische Unterrichtsstunde soll selbst in der Öde der kleinen,
dialektbeherrschten Provinzstadt an den Seinestrand versetzen.
    Revenons à nos moulons und erwähnen wir kurz, dafs auch die
Lehre vom Laut und von der Schrift noch klarer und übersichtlicher
dargestellt worden ist. Unter sonstigen erfreulichen Neuerungen der
2. Aufl. gedenken wir der Aufnahme zahlreicher „Proverbes et pen-
sées", die sich durch ihre konzentrierte Form ganz besonders zum
Auswendiglernen eignen, der Vermehrung der lyrischen Gedichte, der
so anregenden und leichten Briefform bei den Übersetzungsstücken,
der Mitteilung der gebräuchlichsten Abkürzungen. So sagen wir denn
wohl nicht zu viel mit der Behauptung: Dieses ist ein neues Buch,
dessen Verfasser wohl das Recht hätte, die lakonische Angabe auf dem
Titelblatt „zweite Auflage" durch den Zusatz „bedeutend vermehrte
und verbesserte" zu vervollständigen.
    Bezüglich der Einzelheiten sei zum Schlosse bemerkt, dafs wir
folgende Änderungen vorschlagen möchten. S. 26 u. 27 scheint uns

eùt été bien agitée (statt fùt) und vous eussiez eu (statt vous
eussiez) korrekter. S. 34 setze statt batailles avec des boules de
neige das richtigere à coups de boules de neige; ebenda wäre für
formant besser faisant (auch fabriquant) einzusetzen. S. 36 scheint
qui se frotte les mains mehr zu entsprechen, als das qui se tord
les mains im Text.

Kempten.   A. Geist.

August Geist, Mussetsche Gedichte in deutscher
Fassung. Progr. d. Kgl. hum. Gymn. zu Kempten 1896.97. pp.
41. 8°.

Das Programm enthält Nachdichtungen von 5 kürzeren und
längeren Poesien Alfred de Mussets mit gegenübergedrucktem franz.
Originaltext. Ich sage absichtlich „Nachdichtungen," da mir diese
Bezeichnung genauer scheint als „Übersetzungen", für welch letzere
man heutzutage ein möglichst genaues Anschmiegen an Form und
Ausdruck des Originals verlangt; S. 7 z. B. bleibt Geist auch nicht
beim Versmafse des letzteren.

In einer „Vorerinnerung" voll geistreicher Reflexionen scheint
der Verfasser doch gefühlt zu haben, dafs der gröfste Teil dieser Gedichte nicht eigentlich für die Jugend, sondern für reifere Leser bestimmt ist, da er dort diesem Gedanken selbst Ausdruck verleiht. Der
fünften gröfseren Verserzählung Simone, dem Boccaccio nachgeahmt,
geht ein Artikel „zur Einführung" voraus, der sich mit der Entstehungs-
ursache und der Stellung zu Boccaccio befafst. Die auf Marguerite de
Valois bezüglichen Verse sind ausgelassen; des öfteren setzt sich G.
bei diesem Gedicht in Anmerkungen mit dem Originale des Italieners
gegenüber dem französischen Nachdichter auseinander.

Das Studium Mussets wird von dem Verfasser schon längere Zeit
eifrig betrieben, wie sein früheres Programm: „Studien über A. de
Musset nebst einer erstmaligen metrischen Übersetzung der Epistel
Lettre à Lamartine" beweist; ein kompetenter Beurteiler, R. Mahrenholtz,
äufsert in Vollmöllers Jahresber. III, 2, 3. Heft, p. 272 darüber: „Wenn
es auch der Vertiefung entbehrt, hat der Verf. Anlage und Kenntnisse,
die sich für eine wissenschaftliche deutsche Musset-Biographie verwerten liefsen." Möge sich Geist dieser Anregung nicht entziehen, da
gerade in jüngster Zeit dem grofsen Lyriker in Frankreich besonderes
Augenmerk geschenkt wird!

Dr. Th. Wohlfahrt, Über die offene oder geschlossene
Aussprache der Vokale E und O im Italienischen. Progr.
des K. Luitpold-Gymn. in München 1896/97. pp. 35 in 8°.

Mit dieser mühevollen für die Praxis des Unterrichts bestimmten
Arbeit hat sich der Verfasser den Dank aller Fachgenossen erworben,
die unseren Gymnasiasten Italienisch zu lehren haben. Denn der

mit der Sprache Vertraute weifs, dafs trotz hinreichender Übung und trotz der so einfachen etymologischen Gesetze, die Friedrich Diez hiefür aufgestellt hat, er vielfach über den offenen oder geschlossenen e oder o-Laut in Zweifel sein kann. Soweit dies nun möglich, da ja bekanntlich bei einzelnen Wörtern die Nord-Italiener und die Toskaner selbst divergieren, versucht W. durch seine praktische Zusammenstellung diesem Mangel abzuhelfen; und zwar durch eine Zusammenstellung aller Wörter desselben Auslautes sucht er Regel und Ausnahme festzustellen. Mafsgebend sind ihm die Wörterbücher von Bulle-Rigutini und von Petrocchi, doch wird auch Fanfani und das etymologische von Zambaldi zu Rate gezogenen. In der Arbeit, die nur zur Erleichterung des Unterrichtes bestimmt ist, werden für e und o je zwei Gruppen gebildet, von denen die eine alle Oxytona und Paroxytona, die andere die Proparoxytona enthält; diese Endungen sind wiederum alphabetisch geordnet. Daran schliefsen sich zur Erleichterung im Nachschlagen zwei Übersichten, von denen die eine ô und ó, die andere ê und é umfafst. Der Inhalt des Heftes hält nicht ganz, was der Titel verspricht, indem von o nur letztere Übersicht gegeben ist, wogegen die ausführlichen Zusammenstellungen über diesen Vokal nach einer Schlufsbemerkung des Verfassers wegen Raummangel von dieser Drucklegung ausgeschlossen werden mufsten. Wir hoffen, dafs W. eine vollständige Sammlung, womöglich mit Angabe der deutschen Bedeutung der Wörter, in nicht zu ferner Zeit nachfolgen lassen wird.

Bamberg.   R. Ackermann.

Das Weltgebäude. Eine gemeinverständliche Himmelskunde von Dr. M. Wilhelm Meyer. Mit 287 Abbildungen im Text, 10 Karten und 31 Tafeln in Farbendruck, Heliogravüre und Holzschnitt von Th. Alphons, H. Harder, W. Kranz, O. Schulz, G. Witt u. a. Leipzig und Wien. Bibliographisches Institut. 1898. In Halbleder gebunden 16 M. oder in 14 Lieferungen zu je 1 M.

In einer norddeutschen Tageszeitung schliefst ein Kritiker sein Urteil über dieses Buch mit folgenden Worten ab:

„Alles in Allem haben wir unzweifelhaft ein epochemachendes Werk vor uns von der Bedeutung der längst veralteten Arbeiten eines Littrow oder Mädler."

Auch wir begrüfsen gewifs das Erscheinen des schönen vor uns liegenden Werkes, möchten aber an dieser Stelle konstatieren, dafs der Vorwurf des Veraltetseins auf die neueste (8.) Auflage des Buches „Littrow's Wunder des Himmels" gewifs nicht zutrifft. Bekanntlich wird diese neue Ausgabe (seit 1895) vom Direktor der Wiener Sternwarte Professor Dr. Weifs besorgt, weshalb wir uns keiner Sorge darüber hinzugeben brauchen, dafs die neuesten Entdeckungen und Erfahrungen in der Astronomie unberücksichtigt bleiben sollten   Warum

ein Werk auf Kosten des anderen heruntersetzen? Freuen wir uns,
daß wir „zwei solche Kerle" haben!

Ein Vorteil des hier in Rede stehenden Buches möge gleich betont werden. Der Verfasser, Direktor der Urania in Berlin, bekennt
in der Vorrede, daß das Wissen vom Weltgebäude in den letzten
Jahrzehnten sich so wesentlich vermehrt habe, daß es auch dem
Astronomen nicht mehr möglich sei, es mit Sicherheit ganz zu übersehen oder gar zu beherrschen. Er habe deshalb, „um Irrtümern
nach Kräften vorzubeugen", einzelne Kapitel von Spezialforschern bearbeiten lassen, so das Marskapitel von Schiaparelli, das Kapitel über
die Spektralanalyse und die Sonne von Professor Scheiner in Potsdam,
während den Abschnitt über die Finsternisse der Astronom am Rechen-
institute der Berliner Sternwarte Ginzel, das Kapitel über die Schwerkraft Professor Seeliger übernahm. Es bedarf keines Beweises, daß
diese Arbeitseinteilung den Wert des Buches ganz wesentlich erhöht
hat. Was endlich den Gesamtinhalt desselben anlangt, so ist zunächst
zu bemerken, daß hier eine ganz andere Reihenfolge der einzelnen
Teile eingehalten ist als bei Littrow-Weiß. Während letzterer nach
Art der mathematisch-geographischen Lehrbücher mit der Darlegung
der Grundbegriffe, der Konstruktion der idealen Linien am Himmels-
gewölbe beginnt, um dann zu den allgemeinen Erscheinungen des
Himmels, hierauf zur Größe und Gestalt der Erde, ihrer täglichen und
jährlichen Bewegung u. s. w. überzugehen, beginnt Meyer mit historischen
Notizen über den Inhalt und die Bedeutung der Astronomie, widmet
dann dem Licht und dem Fernrohre ein ziemlich umfangreiches Kapitel
(26 Seiten), bespricht hierauf eingehend die Himmelsphotographie,
Photometrie und Spektralanalyse und geht dann sofort auf die Beschreibung der Himmelskörper (Mond, Planeten, Kometen, Meteoren,
Zodiakallicht, Sonne) über. Die äußerst zahlreichen Bilder, die diesem
beschreibenden Texte (87 Seiten) beigegeben sind, müssen hervorragend
schön genannt werden und eignen sich zum Teil auch für den Unterricht in der Oberklasse unserer Gymnasien (Schaukasten!). Hier möge
auch gleich mit Befriedigung konstatiert werden, daß das Werk viele
Portraits berühmter Astronomen enthält, welche kein Lehrer seinen
Schülern zu zeigen unterlassen sollte. Referent weiß aus Erfahrung,
welchen Eindruck es auf die empfänglichen Gemüter der jungen Leute
macht, wenn sie das Bild eines Kopernikus oder Kepler betrachten,
nachdem vorher deren Geistesarbeit vom Lehrer in das rechte Licht
gerückt worden war! Das Meyersche Werk enthält die Portraits von
Kepler, Schiaparelli, Bessel, Kopernikus, Newton, Gauß, Laplace, Ga-
lilei und Herschel. Daß jedem Bilde der Geburts- und ev. Todestag,
sowie der Geburtsort beigedruckt ist, erhöht das Interesse an den
Portraits nur noch mehr und macht sie noch wertvoller für den Unterricht. Recht belebend für letzteren wirken gewiß auch andere Bilder
des Buches, wie z. B. die Darstellung des Foucaultschen Pendelversuches im Pantheon zu Paris. Solche Abbildungen sind umsomehr
zu begrüßen, als es bei unseren bescheidenen Geldmitteln wohl keinem
Gymnasium möglich ist, den genannten Versuch wirklich vorzuführen,

wie das an manchen preußsischen Mittelschulen, z. B. der Königstädtischen Realschule in Berlin zu geschehen scheint. Es unterliegt
gar keinem Zweifel, daß das Anschauen solcher Bilder ein kräftiges
Haftenbleiben des Gelernten zur Folge haben muß und daß die Schüler
solche bildliche Darstellungen mit dem gleichen oder vielleicht noch
größeren Interesse entgegennehmen, wie Originalschilderungen von
der Feder berühmter Entdecker. Ich möchte den Schüler kennen
lernen, der z. B. das Wesen des Foucaultschen Pendelversuches ver-
gäße, wenn er 1. im Unterrichte die Sache eingehend erklärt erhalten,
2. in unserem vorliegenden Werke das einschlägige Bild gesehen und
3. den ihm aus der Staatsbibliothek zur Verfügung gestellten Original-
bericht Foucaults an die Pariser Akademie (1851) gelesen hat.

    Schon die bildlichen Darstellungen allein machen es wünschens-
wert, daß unsere Gymnasien das Werk für die Schülerbibliothek anschaffen, ganz abgesehen von dem überreichen Inhalt, der Schülern
und Lehrern gleich willkommen sein muß. Um über diesen Inhalt
weiter zu referieren — auf die Beschreibung der zur Sonne gehörigen
Welt folgt die der Welt der Fixsterne (81 Seiten.) Der zweite Hauptteil des Buches ist sodann der Bewegung der Himmelskörper gewidmet.
Wir finden da zuerst sehr eingehend behandelt die dem Astronomen
nötigen Meßwerkzeuge. Der Beschreibung der Instrumente ist wieder
eine große Anzahl von Abbildungen beigegeben, wodurch das Verständnis wesentlich gefördert wird. Hierauf wird die Gestalt und
Größe der Erde besprochen. Auch hier findet sich wieder ein Bild,
das den Schülern vorgeführt werden soll. Die Karte des deutschen
trigonometrischen Dreiecksnetzes wird ihnen rascher eine richtige Vorstellung von der Arbeit unserer Gradmessungskommission beibringen,
als dies viele Worte des Lehrers zu thun vermögen. — Das nächste
Kapitel handelt von den scheinbaren Bewegungen der Sonne, den Zeit-
systemen, der Präcession, Nutation und von Ortsbestimmungen zur
See. Das Bild der Sternwarte zu Greenwich, die im Unterricht so
oft genannt wird, wird wieder das Interesse der Schüler erregen
müssen. (Auch andere Sternwarten finden sich abgebildet, so die zu
Nizza, Straßsburg, Wien und eine indische). Mit nicht geringerem
Interesse wird der Schüler das im herrlichen Farbendruck ausgeführte
Bild der Mitternachtssonne ansehen, wie sie sich im Polarmeer darbietet. — Weiter werden dann vorgeführt die scheinbaren Bewegungen
des Mondes (mit 2 Mondphotographieen) und seine Parallaxe. Dann
folgt das Kapitel vom Kalender und das von den Mond- und Sonnen-
finsternissen, auch hier wieder anschaulich gemacht durch zahlreiche
Bilder teils in Farbendruck, teils in Holzschnitt. Hierauf finden wir
den Abschnitt über die Verfinsterungen der Planetenmonde, über Be-
deckungen und Vorübergänge, die Sonnenparallaxe und die scheinbaren Bewegungen der Planeten. Daran schließt sich ein Kapitel
historischen Inhalts, worin wir entwickelt finden die Weltansicht eines
Anaximander, Eudoxos, Hipparch, Ptolemäus, Kopernicus, Kepler und
Newton. Nachdem dann der Verdienste von Laplace und Gauss u. a.
um die Astronomie gedacht ist, werden die Aberration des Lichts und

die Fixsternparallaxen besprochen, ferner die Eigenbewegung der Fixsterne und des Sonnensystems. Der Schwerkraft ist ein 9 Seiten langes Kapitel gewidmet, auf welches der letzte Abschnitt des Buches, die Entwicklungsgeschichte der Welten folgt. —

Freilich ist nicht alles passend für unsere Schüler, sehr vieles geht weit über ihren Horizont hinaus. Das Richtige für sie herauszusuchen und ihrer Lektüre zu empfehlen, ist Sache des Lehrers, der selbst recht viel aus dem Werke lernen kann. Es sei denn dasselbe nochmals für Lehrer- wie für Schülerbibliotheken dringend empfohlen.

Der einzige Druckfehler, der dem Referenten beim Durchschauen des Buches aufgefallen ist, findet sich Seite 492. In den ersten Wochen des November, zu welcher Zeit die Zeitgleichung ihr Maximum erreicht, sind die Vormittage nicht merklich „kürzer" als die Nachmittage, sondern länger. Es ist .also Zeile 14 v. u. statt „kürzer" länger zu lesen. Das geht übrigens auch aus dem gleich darauffolgenden Satze hervor: „Zwischen November und Februar wachsen nach mittlerer Zeit hauptsächlich nur die Vormittage."

München.   Dr. Rothlauf.

Encyklopädie der mathematischen Wissenschaften mit Einschlufs ihrer Anwendungen. Mit Unterstützung der Akademie der Wissenschaften zu München und Wien und der Gesellschaft der Wissenschaften zu Göttingen sowie unter Mitwirkung zahlreicher Fachgenossen herausgegeben von Dr. Heinr. Burkhardt und Dr. W. Franz Meyer. Erster Teil: Reine Mathematik. Erster Band: Arithmetik und Algebra. Redigiert von W. Franz Meyer. Erstes Heft. Leipzig. Teubner 1898.

Wir haben hier das erste Heft eines grofsartig angelegten Werkes vor uns, welches jeder, der sich mit mathematischen Studien beschäftigt, oder auch nur für sie interessiert, auf das freudigste begrüfsen wird. Denn während man sich in den ersten drei Dezennien dieses Jahrhunderts wenigstens notdürftig über einzelne mathematische Gebiete Aufschlufs in dem mathematischen Wörterbuche von Klügel holen konnte, ist dieses Werk jetzt völlig veraltet, und ein Ersatz ist nicht an seine Stelle getreten. Auch würde es die Kräfte eines einzelnen weit übersteigen, wollte er heute ein ähnliches Unternehmen auch nur mit einiger Aussicht auf Erfolg zu wiederholen versuchen; ein Beweis dafür ist die an sich ganz gute Synopsis der höheren Mathematik von J. G. Hagen, die seit 1891 erscheint. Sie behandelt wohl einzelne Kapitel, die der Studienrichtung des Autors näher liegen, mit der nötigen Genauigkeit und Vollständigkeit, gibt aber in anderen Gebieten nicht überall die erforderlichen Mittel an die Hand, um sich rasch und genügend orientieren zu können. Der Grund hiefür liegt in der enormen Ausdehnung, welche unsere Wissenschaft in den letzten 50 Jahren durch das rastlose Zusammenarbeiten der Gelehrten aller Kulturländer angenommen hat, so dafs es für den einzelnen ganz unmöglich ist, dieselbe mit der nötigen Gründlichkeit vollständig zu beherrschen. In der richtigen Erkenntnis dieses Umstandes hat daher die Vereinigung deutscher Mathematiker, welche mit Unterstützung der Akademien zu München und Wien und der gelehrten Gesellschaft der Wissenschaften zu Göttingen die Veröffentlichung der Encyklopädie in die Hand nahm, die Rollen verteilt und eine ganze Reihe namhafter Gelehrter mit der Abfassung von einzelnen nach Fächern geordneten Artikeln betraut; die Redaktion aber wurde in die bewährten Hände der Professoren Heinrich Burkhardt und Franz Meyer gelegt, denen eine von den beteiligten gelehrten Gesellschaften niedergesetzte Kommission zur Seite steht. So ist also Gewähr geboten, dafs das Unternehmen ein tüchtiges und nach jeder Richtung brauchbares Werk zutage fördern wird, welches den gegenwärtigen Stand der mathematischen Wissenschaften repräsentiert. Sehr bemerkenswert und freudig zu begrüfsen ist es, dafs dabei auch die Anwendungen auf Mechanik und Physik, Astronomie und Geodäsie, auf die verschiedenen Zweige der Technik und andere Gebiete ihre Rechnung finden sollen. Denn wie die genannten Wissenschaften der Mathematik von jeher Nahrung und Richtung gegeben haben, so ist umgekehrt ein gedeihliches Wachstum jener ohne Förderung von Seite der reinen Mathematik nicht denkbar. — Dagegen mufs es der Referent als einen entschiedenen Mangel hervorheben, wenn, wie es im Plane des Werkes heifst, die geschichtliche Entwicklung der mathematischen Methoden erst seit dem Beginn des 19. Jahrhunderts durch sorgfältige Literaturangaben nachgewiesen werden soll. Denn abgesehen davon, dafs eine Wissenschaft, die fast so alt ist als das Menschengeschlecht, ein Recht darauf hat, in einer umfassenden Encyklopädie auch in ihren früheren Entwickelungsphasen betrachtet zu werden, wäre es geradezu komisch, wenn man bei Quellenangaben z. B. Männer wie Fermat und Descartes, Leibniz und Newton, Euler und Legendre, ja sogar Gauss in seinen ersten Arbeiten ausschliefsen wollte, weil sie gar nicht oder nur teilweise unserm Jahrhundert angehörten! Übrigens tröstet sich der Referent hierüber etwas, indem die Praxis zeigen wird, und das erste Heft zeigt es bereits, dafs demjenigen, welcher das Gebiet seines Referates genau kennt und etwas Tüchtiges bieten will, die Einhaltung einer solchen Grenze einfach unmöglich ist.

Wie schon kurz angedeutet, wird das Werk nicht nach Schlagwörtern, in der Form eines Wörterbuches, sondern nach einzelnen Fächern eingeteilt. Der Plan dieser Einteilung, soweit er für die drei ersten Bände — für das ganze Werk sind 6 Bände zu durchschnittlich je 40 Bogen in Aussicht genommen — vorliegt, ist folgender. Die drei ersten Bände umfassen die reine Mathematik, die drei letzten die Anwendungen. Der I. Band enthält Arithmetik und Algebra und zwar A) Arithmetik, B) Algebra, C) Zahlentheorie, D) Wahrscheinlichkeits- und Ausgleichungs-Rechnung, E) Differenzenrechnung und F) Numerisches Rechnen. Band II. Analysis. A) Analysis reeller Gröfsen, B) Analysis komplexer Gröfsen. Band III. Geometrie. A) Rein geometrische Disziplinen, B) Grundlagen der Anwendung von

Algebra und Analysis auf die Geometrie, C) Algebraische Geometrie, D) Differentialgeometrie. — Jeder der einzelnen Abschnitte ist wieder in Nummern eingeteilt, die eigene Überschriften tragen und die einzelnen Fächer spezialisieren. So umschliefst z. B. die Arithmetik: 1. Grundlagen der Arithmetik von H. Schubert, 2. Kombinatorik von E. Netto, 3. Irrationale Zahlen und Konvergenz unendlicher Prozesse v. A. Pringsheim (in diesem Artikel bricht das erste Heft ab), 4. Komplexe Zahlen von E. Study, 5. Mengenlehre v. A. Schönflies, 6) Endliche diskrete Gruppen v. H. Burkhardt, und um die Übersichtlichkeit noch zu erhöhen, ist jeder Nummer eine abermals bezifferte, gedrängte Inhaltsangabe vorangestellt. Die Schlagwörter derselben sind dann mit ihren Ziffern den sie behandelnden Abschnitten in fetter Schrift vorgedruckt, so dafs die Aufsuchung bestimmter Dinge, über die man sich orientieren will, nicht schwer sein dürfte und durch ein General-register jedenfalls noch wesentlich erleichtert wird, welches dem letzten Band beigegeben werden soll.

Bei der Durchsicht des Inhaltsverzeichnisses der drei ersten Bände ist dem Referenten eines aufgefallen, was hier nicht verschwiegen werden soll. Während er nämlich einen Abschnitt „Elementargeo-metrie unter A) Band III fand, konnte er nirgends etwas über „Ebene oder sphärische Trigonometrie" finden. Sollte das damit zusammen-hängen, dafs die Wissenschaft für unsere Encyklopädie erst mit dem 19. Jahrhundert beginnen soll? Dann würde der völlige Ausschlufs eines für alle Anwendungen so eminent wichtigen Wissensgebietes, wie die Trigonometrie, die Unzulänglichkeit dieses Standpunktes auf das deutlichste dokumentieren. Wir hoffen aber, dafs sich die beiden Trigonometrien unter irgend einer anderen Aufschrift verborgen halten und noch ans Tageslicht gezogen werden! Dies wird auch wahr-scheinlich, wenn man den Inhalt der drei im ersten Hefte erschienenen Nummern näher ins Auge fafst. Denn sowohl Schubert in seinem musterhaften Referate über die Grundlagen der Arithmetik wie Netto in seiner Kombinatorik und erst recht Pringsheim in seiner vorzüg-lichen Darstellung der irrationalen Zahlen und der Konvergenz un-endlicher Prozesse greifen, wie es auch nicht anders sein kann, auf ältere und älteste Zeiten zurück.

Ganz besonderes Interesse dürften für die mathematischen Leser dieser Zeitschrift der erste und letzte der genannten Abschnitte bieten, namentlich möchte Referent das Kapitel über Irrationalzahlen empfehlen, indem in demselben in klarer Weise zunächst die Verhältnisse und inkommensurablen Gröfsen Euklids Behandlung finden, „dann die sachlich mit den modernen Anschauungen im wesentlichen überein-stimmende Auffassung M. Stifels" und endlich der Irrationalitätsbe-griff in der analytischen Geometrie durch Descartes und Newton be-sprochen wird, um schliefslich die arithmetische Theorie der Irrational-zahlen, wie sie G. Cantor, Dedekind und Weierstrass schufen, in Kürze darzustellen. Ebenso anregend ist die Behandlung des Grenz-begriffes, seiner geometrischen Entstehung und seiner Arithmetisierung, sowie der verschiedenen Darstellungen des Unendlichgrofsen und Unendlichkleinen. Auch die Auseinandersetzungen über die verschiedenen Konvergenztheorien, in denen der Autor wiederholt selbstschaffend gearbeitet hat, beanspruchen das gröfste Interesse und dürften auch demjenigen, dem diese schwierigen Untersuchungen nicht gerade nahe liegen, eine vorzügliche Information über die bis jetzt vorhandenen Methoden gestatten. Wenn alle Artikel der Encyclopädie mit solcher Fachkenntnis und mit solcher keine Arbeit scheuenden Begeisterung für die Sache geschrieben werden, wie dieser vorliegende, dann wird ein Werk entstehen, unentbehrlich für jeden, der sich mit mathematischen Studien beschäftigt! — Über die späteren Hefte werden wir sofort nach ihrem Erscheinen referieren. —

A. v. Braunmühl.

W. Winter. Grundrifs der Mechanik und Physik für Gymnasien. Mit 233 Abbildungen. 2. Auflage. München 1896. Ackermann. 349 Seiten.

Über die Frage, ob es zweckmäfsiger sei, dem Schüler als Lehrmittel in der Physik einen kurzen Leitfaden in die Hand zu geben, der nur das Wesentlichste des Lehrstoffes in gedrängter Form enthält oder ein Lehrbuch von reichlicherem Inhalte und breiterer Darstellungsweise, sind die Ansichten in Lehrerkreisen geteilt. Den Anhängern der letzteren Anschauung kann das vorliegende Buch bestens empfohlen werden. Es gibt nicht nur eine ausführliche Entwicklung der physikalischen Gesetze, soweit diese nach den Vorschriften der bayerischen Schulordnung an humanistischen Gymnasien zu behandeln sind, sondern bietet auch zahlreiche Erklärungen physikalischer Vorgänge in der Natur sowie vielfache Hinweise auf Anwendungen physikalischer Gesetze in der Technik. Als Grundlage für den Unterricht in der Schule dürfte der Inhalt des Buches wohl allzureichlich bemessen sein; aber die Überfülle an Stoff und die breite Ausdrucksweise erscheinen dadurch gerechtfertigt, dafs der Verfasser dem Schüler bei der häuslichen Repetition noch einmal eingehenden Aufschlufs über das in der Schule Gehörte geben will. Dieser Absicht ist jedenfalls auch die Thatsache zuzuschreiben, dafs zur Ableitung eines physikalischen Gesetzes jeweils nicht der Versuch an die Spitze gestellt wird, sondern theoretische Entwicklungen vorangehen und dann erst Versuche zur Bestätigung ihres Ergebnisses mitgeteilt werden. Die zahlreichen gut gezeichneten Figuren weichen mehrfach und zwar nicht zu ihrem Nachteile von der sonst üblichen Darstellungsweise ab. Der Anhang enthält 269 physikalische Aufgaben, welche sich mit Hilfe mathematischer Entwicklungen lösen lassen.

Günther Dr. S. Grundlehren der mathematischen Geographie und elementaren Astronomie. Mit 47 Figuren und 2 Sternkarten. 4. Auflage. München 1896. Ackermann. 142 Seiten.

Die vorliegende 4. Auflage dieses gediegenen, inhaltsreichen Lehrbuches, welches bereits im 30. Jahrgange unserer Zeitschrift Seite 33 besprochen wurde, ist bezüglich der Verteilung und Behandlung des Lehrstoffes ein unveränderter Abdruck der vorhergehenden Auflage; aber im einzelnen hat der Verfasser mehrfach Verbesserungen und Ergänzungen vorgenommen. Von den letzteren sind die bemerkenswertesten die Angabe einer zweiten Methode zur Berechnung der Mondparallaxe S. 68, die Bemerkung bezüglich der Bestimmung des Sonnendurchmessers S. 116, sowie ein Beweis aus der Theorie der stereographischen Projektion S. 139. Ein eigentümliches Mißgeschick scheint über der Figur 6 Seite 21 zu walten, in welcher nun zwar der Frühlings- und Herbstpunkt vertauscht sind, Sommer- und Wintersolstitialpunkt aber noch immer unrichtig liegen.

Lassar-Cohn Dr. Die Chemie im täglichen Leben. Gemeinverständliche Vorträge. 2. vermehrte Auflage. Mit 21 Abbildungen. Hamburg und Leipzig 1897. Voß. 303 S. Preis 4 M.

Ein prächtiges, im besten Sinne des Wortes populär-wissenschaftliches Buch. Der Verfasser beschreibt in 12 Vorträgen so ziemlich alle Vorgänge in der Natur sowie im menschlichen Leben, welche auf chemischen Prozessen beruhen. Der Inhalt läßt sich etwa in folgende Hauptgruppen zerlegen: Atmung, Verbrennung. Ernährung der Pflanzen und Tiere, Gärungsprozesse, Schießpulverbereitung, Gerberei, Färberei, Seifenbereitung. Glas- und Töpferwarenfabrikation. edle und unedle Metalle, Alkaloide. In jeder Gruppe werden aber nicht bloß die betreffenden Vorgänge selbst besprochen, sondern es wird auch auf die stofflichen Veränderungen aller dabei in Betracht kommenden Körper hingewiesen und an dieselben werden noch weitere Betrachtungen geknüpft. So ist beispielsweise in dem Kapitel über Verbrennung auch die Rede von der Natur der Flamme, den Zündhölzern, den Kerzen und im Anschluß hieran von den Fetten und Ölen, dann von der Leuchtgasfabrikation und ihren Nebenprodukten; oder in dem Artikel über Ernährung nicht bloß von den Hauptbestandteilen derselben, sondern auch von dem Vorzuge der gemischten Kost, von Milch, Butter, Margarin, dem Zwecke und Werte des Kochens, dem Brodbacken u. s. w.

Aus diesen kurzen Angaben möge man erkennen, welch reichen Inhalt das Buch bietet. Was demselben aber einen besonderen Wert verleiht, ist einerseits die streng wissenschaftliche Erklärung der Vorgänge, soweit diese in einem für Laien bestimmten Werke möglich ist, dann die leicht faßliche, fast möchte man sagen unterhaltende Darstellung des an sich gewiß oft spröden Stoffes und endlich die zahlreichen Schlußfolgerungen, die aus den gewonnenen Forschungsresultaten sei es in volkswirtschaftlicher, sei es in hygienischer Beziehung gezogen werden.

Das Buch enthält so vieles, was auch für unsere verehrten Hausfrauen von Interesse ist, daß es in jeder Familie vorhanden sein sollte; man darf es wirklich als einen Hausschatz bezeichnen.

Humpert F. **Leitfaden der Chemie und Mineralogie
für Gymnasien.** Mit 32 Figuren. Berlin 1896. Simion. 47 Seiten.
Preis 0,60 M.

Der Inhalt des Büchleins beschränkt sich auf die Darstellung
der allerwichtigsten chemischen Erscheinungen sowie auf die Beschreibung einzelner besonders wichtiger Mineralien. Bei den chemischen Untersuchungen bedient sich der Verfasser ausschließlich der
induktiven Methode. Die Form der Darstellung ist so knapp und
populär als möglich gehalten. Von den dem Schüler bereits bekannten
Eigenschaften der einfachsten Stoffe ausgehend, weist Humpert die chemische Analyse derselben nach und bespricht ihr Vorkommen in der Natur
sowie ihre Verwendung im praktischen Leben. Gelegentlich der Analyse wird auch das Wichtigste aus der theoretischen Chemie behandelt;
im Anschlusse an die Beschreibung der wichtigsten Mineralien sind
die einfachsten Krystallformen erläutert. Die Figuren sind hübsch
gezeichnet.

Schülern, welche sich mit den einschlägigen Fundamentalbegriffen
vertraut machen wollen, kann das Büchlein empfohlen werden.

Rosenfeld M. **Elementarunterricht in der Chemie.**
Mit 53 Abbildungen, Freiburg 1896. Herder. 127 Seiten. Preis M. 1.60.

Derselbe. **Experimentierbuch für den Elementar-
unterricht in der Chemie.** Mit 44 Abbildungen. Im gleichen
Verlage. 40 Seiten. Preis M. 1.20.

Das Lehrbuch hat mit den besseren Erscheinungen der modernen
einschlägigen Literatur das gemeinsam, daß es den Schüler nicht
allzu unvermittelt in eine ganz neue Gedankenwelt einführt, sondern
an Thatsachen anknüpfend, die demselben bereits bekannt sind, und
mit Hilfe von einfachen Versuchen ihm allmählich das Wesen der
Chemie und ihre Zeichensprache klar zu machen sucht. Die Gruppierung des Stoffes ist für eine Mittelschule durchaus geeignet. In
den beiden ersten Abschnitten, in welchen an zahlreichen Beispielen
der Begriff der Synthese und der der Analyse dargelegt werden, verzichtet der Verfasser noch vollständig auf den Gebrauch der chemischen
Formeln. Die Bedeutung derselben wird später dargelegt; dann erst
geht der Verfasser auf die Beschreibung und Darstellung der Salze
ein. Theoretische Sätze werden gelegentlich erläutert und erst am
Schlusse eingehender behandelt. Etwas unvermittelt ist ein Abschnitt
über Krystallographie und einer über die wichtigsten Mineralien eingeschoben. Sehr geeignet für ein Schulbuch sind die „Rückblicke",
sowie die vielleicht etwas gar zu zahlreichen Fragen. Die Darstellung
ist stellenweise allzu breit und zu vortragsmäßig. Von der Möglichkeit, die chemischen Gleichungen entweder nach Atom- oder nach
Molekularformeln auszusprechen, wäre wohl an dieser Stelle besser
nicht zu sprechen.

Das Experimentierbuch ist in erster Linie für den Lehrer bestimmt; es enthält treffliche praktische Winke, wie man mit relativ einfachen Mitteln die wichtigsten chemischen Versuche in der Schule ausführen kann, darunter manchen, dessen Idee der Verfasser sicherlich als sein geistiges Eigentum beanspruchen darf. Dieses Büchlein dürfte vielleicht auch den Physiklehrern unserer Gymnasien willkommen sein; es enthält einige hübsche Experimente mittels deren man den Unterschied zwischen Physik und Chemie klar machen kann.

List Dr. K., Leitfaden für den Unterricht in der Chemie. 6. Auflage bearbeitet von Dr. O. Hergt. Heidelberg 1896. Winter. 183 Seiten.

Dieselben. Die wichtigsten organischen Verbindungen. 4. Auflage. 1896. Im gleichen Verlage. 72 Seiten.

Der Verfasser des vorliegenden Leitfadens zeigt nicht, wie die Gesetze der Chemie gefunden werden, sondern bietet vielmehr eine Übersicht über unser gegenwärtiges Wissen in diesem Gebiete. Das Buch ist also nicht ein Lehrbuch, sondern ein Repetitorium der Chemie; letzterem Zwecke dient es nun allerdings aufs beste; denn der Stoff ist äufserst übersichtlich gruppiert und in streng wissenschaftlicher Weise behandelt. Der erste Teil enthält ausführlicher die Lehren der anorganischen, der zweite das Wesentlichste aus der organischen Chemie. Der Zweck des Buches rechtfertigt die Darstellung nach der älteren dogmatischen Methode. Wertvoll sind die geschickt gestellten Wiederholungsfragen.

Als Lehrmittel für Gymnasien oder Realschulen dürfte sich aber dieser Leitfaden kaum eignen; denn abgesehen davon, dafs sein Inhalt über die Ziele dieser Schulen weit hinausgreift, stellt er an die Urteilsfähigkeit und die Erfahrung des Lernenden Anforderungen, welchen die Zöglinge von Mittelschulen sicherlich nicht gewachsen sind. Für Studierende der Chemie dagegen ist er ein treffliches Nachschlagebuch.

Buchner G. Lehrbuch der Chemie. Mit besonderer Berücksichtigung des für das Leben Wissenwerten für Gebildete aller Stände, hauptsächlich aber für Schulen, Lehrer u. s. w. 1. Teil. Chemie der Nichtmetalle und Metalle. Mit vielen Abbildungen. Regensburg 1897. Nationale Verlagsanstalt. 500 Seiten. Gr. 8°. Preis M. 5.50.

Das vorliegende Buch steht ohne allen Zweifel über dem gewöhnlichen Niveau der Lehrbücher der Chemie. Der Verfasser ist praktischer Chemiker; es ist also natürlich, dafs der Schwerpunkt seines Werkes auch auf der praktischen Seite liegt; die Theorie kommt aber keineswegs dabei zu kurz; ja sie ist vielleicht gründlicher und klarer entwickelt als in manchem Lehrbuche der theoretischen Chemie.

Zwar hat sich der Verfasser an die altgewohnte Methode der Behandlung des Lehrstoffes gehalten, indem er nach einer kurzen Einführung
und einem Abschnitte über allgemeine und physikalische Chemie in
dem speziellen Teile zunächst das Vorkommen eines jeden Elementes,
Darstellung, Eigenschaften und Verbindungen desselben mit anderen
Elementen bespricht, dann die Anwendungen der behandelten Verbindungen im Gewerbe, in der Industrie, in der Medizin und im gewöhnlichen Haushalte darlegt; aber die Art und Weise, wie er den
Lehrstoff behandelt, unterscheidet sich wesentlich und zwar zum Vorteile des Buches von der sonst gewohnten Manier.   Ist ja das Buch
nicht nur in der Absicht geschrieben, weiteren Kreisen ein bestimmtes
Wissen in der Chemie zu vermitteln und die Verwertung ihrer Entdeckungen im praktischen Leben klar zu legen, sondern der Verfasser
will auch im allgemeinen bildend auf den Leser einwirken dadurch,
dafs er ihn aneifert, durch gewissenhafte Ergründung des Kausalnexus
der Erscheinungen gegen eine seichte und vorurteilsvolle Lebensanschauung anzukämpfen und nach Wahrheit und Erkenntnis der Dinge
zu forschen.   Interesse erweckend ist der allgemeine Teil, ungemein
reichhaltig der spezielle; er gibt eingehenden, klaren Aufschlufs über
das Wesen und die praktische Verwertung fast aller nur einigermafsen
wichtigen chemischen Verbindungen.

Das Buch ist fliefsend, in einem wirklich guten Deutsch geschrieben,
der ganze Lehrstoff in einer angenehm zu lesenden Form behandelt.   Der Druck ist auffallend grofs, deutlich und übersichtlich.   Die
Figuren sind schön gezeichnet.   Ein eingehendes, alphabetisches Sachregister erleichtert das Nachschlagen einzelner Artikel.

Würzburg.   —————— ——————   Zwerger.

Albrecht Dieterich, Pulcinella. Pompejanische Wandbilder und römische Satyrspiele. Leipzig, B. G. Teubner, 1897. X,
307 S. 8°. M. 8.—.

Die Anzeige dieses Buches in diesen Blättern hat sich erheblich
verspätet.   Vielleicht ist sogar der Zeitpunkt bereits eingetreten, wo
man, wie Wilamowitz in Aussicht stellte, über den „Pulcinella" mit
schonendem Schweigen zur Tagesordnung übergegangen ist.   Aber
man hat jedenfalls viel davon gesprochen, denn es ist das Werk
eines geistreichen, durch hervorragende Arbeiten bekannten Gelehrten,
ein Werk, das selbst durch seine Gelehrsamkeit vielfach blendet.   Die
Art, in der es geschrieben ist, bildet schon fast eine bestimmte Stilform der neuesten philologischen Litteratur.   Aus einer wirklichen
oder vermeintlichen Entdeckung wird ein ganzes Buch herausgesponnen.
Die Fäden, die nach allen nur erreichbaren Punkten gezogen werden,
sind glitzernd und dauerhaft wie Spinnengewebe.   Alle möglichen
Fragen werden im Vorbeigehen mit Scharfsinn berührt, wenn auch
sie zu lösen „hier natürlich nicht der Ort ist".   Die flotte, temperamentvolle Diktion macht das Lesen angenehm.   Nicht zu vergessen ist ein
packender (nicht passender) Titel.   Was von Dieterichs Aufstellungen

als wirkliches Ergebnis der Wissenschaft übrig bleiben wird, haben bereits berufenere Rezensenten auseinandergesetzt. Hier muß nur leider wiederholt werden, daß es sehr wenig ist.

. In dem Atrium der Casa del Centenario zu Pompeji sind drei Theaterbilder erhalten, welche D. auf drei Tafeln nach guten Zeichnungen wiedergegeben hat. Auf dem zweiten derselben soll eine Gruppe tragischer Figuren (junge Frau mit zwei Kindern) vereinigt sein mit einer komischen in weißem Gewand und mit weißer Mütze, und was das Merkwürdigste ist, jene unmaskiert, diese allein mit Maske. Von diesem Bilde aus konstruiert D. seine Hypothese, daß es im alten Italien eine dramatische Gattung gegeben habe, wo eine komische, maskierte Figur neben lauter tragischen, unmaskierten aufgetreten sei. Nun hat die sog. junge Frau auf dem Bilde sicher doch eine Maske, diese braucht auch nicht notwendig eine tragische zu sein, da Jünglinge und Frauen in der Komödie bekanntlich keine verzerrten Masken hatten (vgl. D. selbst S. 49), und außerdem hat es sich herausgestellt, daß die junge Frau nach richtiger archäologischer Interpretation ein Jüngling ist.

D. sucht aber, indem er die komischen Figuren durch das antike Drama hindurch verfolgt und dabei sehr hübsche Exkurse über die Geschichte der Masken und Typen macht, in der Literatur die von ihm postulierte dramatische Gattung und stellt im 5. Kap. die Hypothese auf, daß es die Atellane mit mythologischen Stoffen (welche verschiedene Titel und Reste bezeugen) gewesen sei. Sie habe mit dem griechischen Satyrspiel die tragischen Personen und den Charakter als Nachspiel, exodium, gemein, statt der Satyrn und des Silen trete aus der Atellane die eine komische Figur des Maccus hinzu, und ihr Name? — fabulae satyricae. Doktrinäre römische Literarhistoriker, welche glaubten die Atellane in einen gezwungenen Vergleich mit dem griechischen Satyrspiel bringen zu müssen, tragen die Mitschuld an dieser Hypothese. Bewiesen ist sie durch die gewagten Kombinationen, die von dem Verf. als sichere Schlüsse hingestellt werden, nicht. Daß zur Zeit des Cicero und Horaz verunglückte Versuche gemacht wurden, das echte griechische Satyrdrama nach Rom zu verpflanzen, entscheidet für D.'s fabulae satyricae gar nichts. So ziemlich die einzigen literarischen Beweise sind die Strohkeule, von der in einem Fragment des Novius („Phoenissae") die Rede ist, und daß in einem „Maccus" des Pomponius Diomedes angeredet wird. Auch mit dem bildlichen Material hat der Verf. kein Glück. Seine Schlüsse aus dem zweiten der pompejanischen Bilder, dem Ausgangspunkt der Irrfahrten durch die Trümmerfelder literarischer Überlieferung, waren· haltlos, und wo er sonst Atellanenszenen abgebildet zu finden glaubt, da sind es keine mythologischen, und wo er unmaskierte Personen neben maskierten entdecken möchte, da sind sie maskiert — vorausgesetzt, daß man nicht bloß verzerrte Masken als solche anerkennt und sich auch fragt, ob nicht der Künstler die Wiedergabe der Maske vernachlässigt haben könnte! (Vgl. Abbildungen S. 138 und 139, letztere = Baumeister 909.) Und als „festes Beweisstück" einer besonderen Art von Dramen bleibt schlielslich (S. 193) die mehrfach besprochene Gruppe aus einem Fries der Casa del Centenario (Abb. S. 1) — zwei maskierte Figuren!

Die Wahrheit ist, dals es mythologische Atellanen gegeben hat, wie es mythologische Phlyakenpossen gab (denn diese, nicht das Satyrspiel, haben die Atellane beeinflulst). Es waren Travestien in den Formen der Atellane, d. h. mit deren ständigen Typen, namentlich dem Maccus. Sie wurden wie die Atellanen überhaupt vielfach als exodia gegeben. Alle Figuren trugen Masken.

Der wertvollste Teil des Buches dürften die Kapp. 8 – 10 sein. Das 8. enthält weitere Untersuchungen über das Kostüm der lustigen Figuren (weilser Rock, spitzer Hut), das 9. u. a. eine in methodischer Hinsicht anziehende Erörterung über den Ursprung von Theaterbildern (aus Votivbildern und Buchillustrationen). Ein Theaterbild entsteht, wenn es auch kein Votivbild ist, immer im Hinblick auf eine wirkliche Aufführung. Auch die pompejanischen Theaterbilder hatten für den Besteller nur einen Wert, wenn sie auf zeitgenössische Aufführungen zurückgingen. Daher möchte man trotz der künstlerischen Qualität der Bilder geneigt sein, sie mit D. auf das italische Drama zu beziehen. — Im 10. Kap. endlich stellt der Verf. vieles Interessante über die neuere Form der unteritalischen lustigen Figur, den Pulcinella, zusammen. Auch hier zeigt er weit über das Gebiet seiner philologischen Untersuchung hinaus eine brillante Belesenheit. Trotzdem bleibt der geschichtliche Zusammenhang zwischen dem Pulcinella und dem Maccus, d. h. das Einzige, was zu beweisen gewesen wäre, ebenso eine Hypothese, wie die Entdeckung einer neuen römischen Dramengattung eine Karnevalsphantasie war.

München.   _____   Ernst Bodensteiner.

Freeman, A. Edward, Geschichte Siziliens. Deutsche Ausgabe von Bernhard Lupus. 2. Band. Von den ersten Zeiten der griechischen Kolonieen bis zu dem Anfang der athenischen Einmischung. Mit vier Karten. XIV u. 546 S. gr. 8. geh. M. 20. Leipzig, Teubner 1897.

Der erste Band der deutschen Bearbeitung des grolsen Freemanschen Werkes war 1895 erschienen und ist in diesen Blättern Jahrg. 31 (1895) S. 733 ff. eingehender besprochen worden, bei welcher Gelegenheit auch auf die Anlage und den Umfang der Freemanschen Geschichte Siziliens überhaupt hingewiesen wurde. Jener 1. Band behandelte die Vor- und Urgeschichte der Insel bis herab auf die Kolonisation der Griechen. Der etwa 1½ Jahre später erschienene 2. Bd. hat die Geschichte Siziliens von der Gründung von Syrakus bis zur Einmischung Athens in die sizilischen Angelegenheiten, also einen Zeitraum von ungefähr 3 Jahrhunderten zum Gegenstande. Diesem grolsen Zeitraume sind 3 Kapitel gewidmet: Kap. V. Das 1. Zeitalter der sizilischen Griechen (735 — 480 v. Chr.) mit folgenden Unterabteilungen: § 1 Syrakus bis zum Beginne der Deinomenidendynastie (734—495 v. Chr.), worin insbesondere das Vorrücken von Syrakus zu Lande, längs der Ostküste und nach der Südküste geschildert wird, d. h. die Gründung

von Akrai, Kasmenai und Kamarina, die Sonderstellung und Vernichtung des letzteren und die allmähliche Erweiterung der Stadt Syrakus.
§ 2 behandelt S. 42 – 87 Das erste Zeitalter der Tyrannis 608—505
v. Chr. d. h. Panaitios von Leontinoi (608), Phalaris von Akragas
(570—554) und besonders die Geschichte des Doricus und seines Ver-
suches, am Eryx eine Kolonie zu gründen, werden ausführlich besprochen. Die Darstellung der Unternehmung des Dorieus gibt zugleich eine glänzende Probe der Schilderungskunst Freemans, welche
Lupus in der deutschen Bearbeitung mit Glück nachzuahmen bemüht
war. § 3 erzählt die Anfänge des Herrschergeschlechtes der Deino-
meniden 504—480 v. Chr. und gipfelt natürlich in der Schilderung
der Anfänge Gelons und seiner Regierung in Gela (491—485) und der
Bezwingung von Syrakus durch ihn 485; besonders wird Gelon als
der Begründer des erweiterten Syrakus behandelt; in ähnlicher Weise
berichtet § 4 Die Emmenidendynastie in Akragas (488—472) von dem
Aufstieg Therons zur Tyrannis, während § 5 in Kürze Dichtkunst und
Philosophie der älteren Zeit in Sizilien behandelt. Das VI. Kapitel
hat zum Gegenstande die ersten Kriege mit Karthago und Etrurien
480—472. Hier entfaltet sich Freemans Kunst der Darstellung zu
besonderem Glanze in § 1 Der Karthagereinfall und Gelons Tod
(480—478), wo die weltgeschichtliche Bedeutung der Schlacht bei
Himera in vorzüglicher Weise dargethan und Gelon, der Befreier, mit
besonderer Liebe charakterisiert wird. § 2. Die Bauwerke Therons
in Akragas (480—472) gibt einen Überblick über die reiche Thätigkeit, welche Theron nach jener Schlacht und mit der Beute aus derselben in Akragas entfaltete (Grofse Mauer, Wasserleitung, Beginn der
Tempelbauten). Die Regierung Hierons (478—467) wird in § 3 geschildert; diese bedeutet gegenüber der seines Bruders Gelon ein Herab-
steigen; nur als Verteidiger der Freiheit von Griechisch-Italien durch
den Sieg von Kyme ist er jenem ebenbürtig. § 4 behandelt Hierons
Verhältnis zur Literatur und Philosophie. Simonides und sein Neffe
Bakchylides, Pindar und Aischylos, Epicharmos und einige andere
komische Dichter werden uns in ihren Beziehungen zu Hieron vorgeführt. Das Wenige, was hier noch über Bakchylides beigebracht
werden kann, läfst uns die inzwischen erfolgte Auffindung ganzer Gedichte desselben in dem ägyptischen Papyrus erst nach dem vollen
Werte schätzen. -- Verhältnismäfsig am wenigsten inhaltreich ist das
VII. Kapitel, welches die Zeit des freien und unabhängigen Sizilien
(472—433) in 4 Abschnitten behandelt: § 1 Der Sturz der Tyrannen
(472—466) d. h. der Deinomenidendynastie in Syrakus und der Emme-
niden in Akragas; § 2 Die Freistaaten nach dem Sturze der Tyrannen
466—433, darin Ausführlicheres über Empedokles von Akragas; § 3
Das Unternehmen des Sikelerkönigs Ducetius (459—440), dem Freeman eine besonders eingehende und liebevolle Darstellung gewidmet
hat; § 4 Die Sikeliotenstädte im 5. Jahrh. vor Christus; hier wird
namentlich die einzigartige Blüte von Städten wie Akragas und Seli-
nunt hervorgehoben, die in den gewaltigen Tempelbauten einen be-
redten Ausdruck findet.

11*

An die zusammenhängende Darstellung reihen sich S. 376—528 nicht weniger als 35 Exkurse von verschiedenem Umfange, auf die wir hier im einzelnen nicht eingehen können. Sie sind dazu bestimmt, strittige Fragen z. B. über die Schlacht bei Himera, über Pindars Oden an Hieron etc. in breiterer Darstellung zu erörtern. Nur soviel sei hervorgehoben, daſs Freeman hier wie in der zusammenhängenden Erzählung Weite des Blickes, welche sich besonders in schlagenden Vergleichen mit anderen Epochen, Ereignissen und Persönlichkeiten der alten Geschichte sowohl als der Geschichte seines Heimatlandes England äuſsert, mit einer wirklich anerkennenswerten Beherrschung der antiken Quellen, selbst der entlegensten, verbindet. Hier möchte ich nur einen Punkt berühren, der mich persönlich lebhaft interessiert. Bekanntlich enthält die Strategemensammlung Polyäns eine ganze Reihe von Stücken, welche sich auf die sizilische Geschichte beziehen, ·zum Teil wertvollen, jetzt verlorenen Historikern entnommen. Besonders für die Zeit, welche der vorliegende Band von Freemans Geschichte umfaſst, kommen viele davon in Betracht und Freeman hat auch nicht versäumt. sie heranzuziehen. Nun habe ich seiner Zeit in meinem Buche „Über die Quellen und den Wert der Strategemensammlung Polyäns" (1885) in einem eigenen Kapitel S. 484—521 ausführlich „über die Quellen und den Wert der sizilischen Geschichten Polyäns" gehandelt, freilich ohne die betreffenden Örtlichkeiten aus Autopsie zu kennen. Trotzdem treffen meine und Freemans Ergebnisse in vielen Punkten zusammen, in anderen freilich weichen sie ab. Ich glaube, ohne unbescheiden zu sein, darf ich sagen, daſs es an mehreren Stellen von Vorteil für die deutsche Bearbeitung gewesen wäre, wenn Lupus jenes Kapitel meiner Untersuchungen hätte berücksichtigen wollen.

München.   Dr. J. Melber.

_____

Josef Fuchs, Hannibals Alpenübergang. Ein Studien- und Reiseergebnis. Wien (C. Konegen) 1897. 152 S.

Während die meisten Arbeiten einen unlösbaren Widerspruch in den Angaben der beiden Hauptquellen finden, sucht Fuchs ähnlich wie in seiner früheren Schrift (Der zweite pun. Krieg und seine Quellen Livius und Polybios: Die Jahre 219 und 218 mit Ausschluſs des Alpenübergangs. Wiener Neustadt 1894) auch in der vorliegenden Monographie den Nachweis zu liefern, daſs der leider so allgemein gehaltene Bericht des Polybios ungezwungen mit der ausführlichen Darstellung des römischen Geschichtsschreibers in Einklang zu bringen sei, womit sich der Übergang über den Mont Genèvre ergebe. Nach Livius zog Hannibal nach dem Rhoneübergange 4 Tage lang strom- aufwärts bis an (ad) die „Insel", das Land zwischen Rhone und Isère, worauf er seinen Weg „nicht gerade aus, sondern links in das Land der Tricastiner" nahm; von hier zog er „am Saume des Ge- hietes der Vocontier zu den Tricoriern, ohne daſs ihm der Weg Schwierig- keiten bereitet hätte, bis er zur Druentia gelangte." Da er in Italien zuerst bei den Taurinern anlangte, ergibt sich ungezwungen als Marsch-

route der Weg durch die Thäler der Isère (bis Grenoble), des Drac,
der oberen Durance und nach Überschreitung des M. Genèvre der
Dora Riparia bis Turin. Nach der herkömmlichen Interpretation des
Polybios aber wäre Hannibal auf die Insel übergesetzt und hätte von
da seinen Marsch „flußaufwärts" über die fruchtbare Ebene des Allo-
brogerlandes genommen. Da nun der Schriftsteller im folgenden von
jeder geographischen Angabe absieht, ist natürlich dem freien Spiele
der Phantasie weiter Spielraum gegönnt; entsprechend dem Zug nach
Norden, den der Marsch durch das Allobrogerland bedingt, wird dann
in der Regel einer der nördlichen Pässe (Kl. Bernhard, Mont Cenis)
angenommen. Der Abstieg erfolgt nach Polybios ins Land der Insubrer,
doch findet auch bei ihm der erste Vortofs gegen Turin statt.

Wie Polybios selbst, „le doyen des touristes," das Bedürfnis
fühlte, „γνώσεως ἕνεκα καὶ θέας" die Stätte des gewaltigen Ereignisses
zu beschauen (III, 48, 12) „und daraus Mut und Zuversicht für seine
Darstellung schöpfte", wie im vorigen Jahrhundert der schottische
General Melville, am Beginne des unsrigen die Engländer Cramer und
Wickham, und seit der Zeit eine stattliche Reihe besonders französischer
Historiker und Offiziere sich an Ort und Stelle Aufschlufs erholten,
so hat auch Verf. die Ferienmonate 1895 und 1896 dazu benützt, um
mit Hilfe des Fahrrades sämtliche irgendwie in Frage kommende
Pässe von den Seealpen an bis zum Kl. Bernhard zu besuchen. Die
allenthalben auf Autopsie beruhenden Beobachtungen verleihen seiner
Darstellung den Reiz der Unmittelbarkeit und den Anspruch auf die
gröfste Glaubwürdigkeit; überall treten taktisch-strategische Erwägungen
in den Vordergrund, ohne dafs den Angaben der alten Schriftsteller
irgendwo Gewalt angethan würde.

An eine frisch geschriebene Einleitung, in der wir nur manche
allzukühne Neubildungen vermieden sehen möchten („Elefanterie" S. 2,
„Hannibal reifst das Unmögliche an die Scheide des Erreichbaren"
S. 8, Mommsens mächtige „Patronanz" S. 10 u. a.) schliefst sich im
ersten und ausführlichsten Kapitel eine Darstellung der Ereignisse an
der Insel nach Polybios. Von der gröfsten Wichtigkeit ist die richtige
Erklärung der Präpositionalausdrücke (πορευόμενος) ὡς ἐπὶ τὰς πηγὰς
(III, 39, 9), (ποιούμενος τὴν πορείαν) ὡς εἰς τὴν μεσόγαιαν τῆς Εὐρώπης
(47,1), ἧκε πρὸς τὴν καλουμένην Νῆσον (49,5). Da die bisherigen Er-
klärungsversuche des ὡς vor Präp bei Polybios einander teilweise
widersprechen, scheut Verf. die Mühe nicht, aus den 5 ersten Büchern
eine genaue Zusammenstellung und Erklärung des lokalen Gebrauchs
von εἰς, ἐπὶ und πρός allein und mit ὡς zu geben (S. 21–48): ὡς εἰς,
ὡς ἐπὶ, ὡς πρὸς sind demnach den einfachen Präpositionen nicht fast
oder völlig gleich (Krebs), noch bezeichnen sie, in den meisten Fällen
pleonastisch, nur die ungefähre (Hultsch) oder die vorgestellte (Büttner-
Wobst) Richtung, sondern sie geben, wie an einer Reihe von Beispielen
nachgewiesen wird, schlechtweg die Richtung an ohne jede Rücksicht
auf das Ziel. So bedeutet die erste Stelle nach Fuchs „den Weg einschlagend
in der Richtung der Quelle (ohne dauernde Verpflichtung für die
Rhone)." Der zweite Ausdruck heifst „landeinwärts" wodurch die

Leser vor der irrigen Anschauung bewahrt bleiben sollen, als folge
Hannibal wie bisher dem Zuge der Küste durch das Thal der unteren
Durance. Der karthagische Feldherr gelangte also (49,5) $\pi\varrho\dot{o}\varsigma$ $\tau\grave{\eta}\nu$ $N\tilde{\eta}\sigma o\nu$,
was mit scharfer Unterscheidung von $\epsilon\dot{\iota}\varsigma$ τ. N. nur „an d. J." heißen
kann. Nirgends steht, daß er nun die Isère überschritten habe und
auf der Insel eingerückt sei, wie nach Cramer und Wickham die
Autoritäten Niebuhr und Mommsen annehmen, nach dessen Ansicht
„durch die musterhaft geführten Untersuchungen der Herrn C. und
W. die vielbestrittenen topographischen Fragen . . . . im wesentlichen
als gelöst gelten können." Mit der hier gegebenen Erklärung steht der
Ausdruck $\varkappa\alpha\tau\alpha\lambda\alpha\beta\grave{\omega}\nu$ $\dot{\epsilon}\nu$ $\alpha\dot{\nu}\tau\tilde{\eta}$ (49,8) nicht im Widerspruch, da $\varkappa\alpha\tau\alpha$-
$\lambda\alpha\mu\beta\acute{\alpha}\nu\epsilon\iota\nu$ nicht nur von der eigenen sinnlichen Wahrnehmung steht,
sondern vom Autor wiederholt zur Bezeichnung aller Beobachtungen
gebraucht wird, die der Feldherr durch die von ihm hiezu ausge-
sandten Organe, also durch die Reiterei oder die Kundschafter, macht.
Ebenso wenig beweist die Wahl der Ausdrücke $\dot{\epsilon}\pi\iota\sigma\pi\tilde{\alpha}\vartheta\alpha\iota$ (herbei-
rufen) und $\sigma\nu\nu\epsilon\pi\iota\tau\acute{\iota}\vartheta\epsilon\sigma\vartheta\alpha\iota$ (jemands Partei ergreifen) oder $\sigma\nu\nu\epsilon\varkappa\beta\alpha\lambda\dot{\omega}\nu$
die Notwendigkeit des Übersetzens auf die Insel; letzteres deutet aller-
dings Ausübung eines Zwanges an, doch genügt schon die Androhung
von Gewaltmaßregeln und die Unterwerfung unter den Schiedsspruch
aus Furcht vor dem thätlichen Eingreifen des übermächtigen Ankömmlings.

Der positiven Beweisführung folgt S. 65—86 die Zurückweisung
der Ansicht, unter dem ersten Hindernisse sei die Überschreitung des
Mont du Chat (nördlich von Chambery) zu verstehen. Abgesehen
davon, daß die Deutung des Ausdrucks $\pi\alpha\varrho$' $\alpha\dot{\nu}\tau\grave{o}\nu$ $\tau\grave{o}\nu$ $\pi o\tau\alpha\mu\grave{o}\nu$ (39,9) auf
die Rhone große Schwierigkeiten bereitet, ist es wenig wahrscheinlich,
daß H. sich vom Thalweg der Isère entfernte, um später über einen
Gebirgsrücken zu ihr zurückzukehren, und unverständlich bliebe, weshalb H. beim Marsche durch die Ebenen der Insel der Rückendeckung
des von ihm begünstigten Allobrogerfürsten bedurft hätte, auf welche
Polybios so großes Gewicht legt (49,13). Von höchstem Werte hingegen mußte, wie Fuchs treffend bemerkt, diese Deckung in dem
engen, von bewaldeten Höhen eingeschlossenen Thale der Isère sein,
wo der Zusammenhang der Truppe durch die Bodengestaltung zerrissen
und der Feldherr ebenso am Überblicke des Ganzen wie an der
freien Entfaltung seiner Übermacht gehindert war.

So war das Heer im Kessel von Grenoble angelangt, wo sich
eine doppelte Fortsetzung des Weges bot, entweder weiter aufwärts
im Isèrethale, was dann wieder den Übergang über einen der nördlichen Pässe bedingt, oder mit Ausbiegung zunächst nach Süden in
der Linie des Drac, worauf nach Überschreitung eines niedrigen Sattels
die obere Durance erreicht und sodann die Paßhöhe des Genèvre gewonnen wird.

Verf. bemüht sich nun S. 88 ff. unter eingehender Berücksichtigung der topographischen Verhältnisse den Nachweis zu liefern,
daß jener Weg im Thale der Isère weder der polybianischen Schilderung
noch den überlieferten Entfernungen entspricht. Nirgends finden sich

auf dieser Strecke Stellen, welche als Schauplatz der beiden Kämpfe mit den Alpenvölkern gelten könnten; das erste Hindernis (III, 50 f.) nahe dem Punkte des ersten Aufstieges erheischt „ein steil ansteigendes Gebirgsdefilé, dessen Höhe dem vorrückenden Feinde von weitem sichtbar ist, aber keine Umgehung gestattet," während das zweite Hindernis in der Nähe des eigentlichen Passes in einer Schlucht bestehen muſs, welche das Heer zu passieren hat. Ist es aber nicht möglich, den Bericht des Geschichtsschreibers dem topographischen Befunde anzupassen, so führt dies von selbst dazu, die südliche Straſse längs des Drac anzunehmen, auf die auch die namentliche Erwähnung jener drei Alpenvölker bei Livius deutet.

Während so der zweite Abschnitt des Buches dem Nachweise dient, daſs dieses Thal des Drac mit dem bequemen Übergange über eine leicht zu passierende Wasserscheide die natürliche und direkte Verbindung zwischen der mittleren Isère und der oberen Durance bildet, schildert das Schluſskapitel (S. 113—152) den eigentlichen Alpenübergang. Den ersten Kampf mit den Eingeborenen läſst Verf. in der Thalsperre bei Savines stattfinden, wo ein langer Felsenriegel vom Fuſse der rechten Thalwand weithin sichtbar etwa 20 m senkrecht zum Flusse und zur Thalsohle niederstürzt; auf beiden Seiten ist der höchste Punkt nur durch einen langen, schmalen Hohlweg zu erreichen. Die Stelle des zweiten Kampfes findet Fuchs nahe der Paſshöhe bei Briançon, wo auch der vielbesprochene „weiſse Felsen" des Polybios zu suchen ist; den Weg schlieſsen auf der einen Seite die unzugänglichen Wände des Col de Toulouse ab, während auf der anderen Seite die Ufer der Durance in eine Tiefe von 50 m senkrecht abstürzen.

Die Paſshöhe des Mont Genèvre (1854 m) mit dem ärmlichen Dorfe gleichen Namens trägt Wiesen und Felder und bietet reichliches Wasser, ist also viel wirtlicher als die weit rauheren nördlichen Pässe. In zwei Stufen fällt das Gebirg zur Ebene ab. Die erste Thalsenkung befindet sich zwischen Cesanne und Salbertrand. Hier, im Thale der Dora Riparia, ist der Boden, auf welchem sich das denkwürdige Ereignis abspielt, das Livius 35,4—38 ausführlich erzählt. Auch hier ist Verf. bestrebt, die livianische Darstellung durch taktische Erörterungen und genaue Interpretation mit der Erzählung des Polybios in Kap. 54 und 55 in Einklang zu bringen. Der Umstand, daſs nach dem übereinstimmenden Berichte der Quellen das Fuſsvolk an einem Tage die gefährliche Stelle passierte, wird ebenfalls als ein Beweis der Berechtigung des M. Genèvre gedeutet, da dies weder am Kl. Bernhard noch am Mont Cenis wegen der räumlichen Entfernung des Absturzes vom Passe möglich gewesen wäre.

Am Felsmassiv des Chaberton, der zur linken in einer Höhe von 3150 m aufsteigt, war eine Strecke des Pfades durch eine Bergrutschung abgestürzt, eine Deformation, welche wegen der jähen Senkung des Bergweges gewaltigen Umfang annehmen muſste. Mit Fug und Recht behauptet Fuchs gegen die gewöhnliche Annahme, daſs das Ereignis erst unmittelbar vor dem Durchmarsche Hannibals und der Reiterei erfolgt sei, nachdem das Fuſsvolk die abschüssige Stelle schon glücklich passiert hatte; denn geradezu widersinnig wäre die Annahme, daſs ein Feldherr wie H. die allergewöhnlichste Vorsichtsmaſsregel der Rekognoszierung unterlassen hätte, wie auch das Erstaunen Hannibals über die Störung unbegreiflich wäre, da er doch von den Führern des vorausmarschierenden Fuſsvolkes Meldung empfangen hätte. Es ist anzunehmen, daſs diese zu allen Zeiten Bergrutschungen ausgesetzte Stelle, die Napoleon I. durch die Anlage einer neuen Kunststraſse hoch oben an der Wand des Chaberton umging, den Tritten von 20000 Mann und dem Drucke des reichlich gefallenen Neuschnees nachgab. Hannibal unternahm zuerst den Versuch, die Unfallstelle zu umgehen, und stieg deshalb zunächst wieder zu höheren Punkten auf; hier traf er nach der Vermutung des Verf. in einer Schlucht alten, festgefrorenen Schnee an, ohne daſs an einen Gletscher zu denken wäre. Da der Versuch der Umgehung mifsglückte, bezog H., bis die Herstellung der Absturzstelle vollendet war, ein Lager bei Clavières und lieſs zu diesem Zwecke die Schneemassen entfernen. Während Polybios über diese Ausbesserung rasch hinweggeht ($\dot{\varepsilon}\xi\omega\varkappa o\delta\acute{o}\mu\varepsilon\iota\ \mu\varepsilon\tau\grave{\alpha}\ \pi o\lambda\lambda\tilde{\eta}\varsigma\ \tau\alpha\lambda\alpha\iota\pi\omega\varrho\acute{\iota}\alpha\varsigma$ 55, 6), gibt Livius eine ausführliche Schilderung des Vorganges, wonach das Gestein zuerst durch Erhitzung (das „Feuersetzen", wie es nach Fuchs von den alten Spaniern und den Karthagern, in Norwegen und Ungarn und bei Goslar geübt wurde) und durch Überschütten mit Essig (hier konnte man auf eine kurze Abhandlung von Berthelot, de l'emploi du vinaigre dans le passage des Alpes par Annibal, J. Sav. 1889, Avril 244—248 hinweisen) brüchig gemacht und sodann mit eisernen Instrumenten bearbeitet wurde. So führte H. den Weg im Zickzack bis zum Boden der zur rechten gähnenden Schlucht, wo heutzutage nach Fuchs' Angabe noch ein Weg sichtbar ist. Der Anhang gibt eine Zeichnung der denkwürdigen Stelle; leider gestatteten die Soldaten des nahen Sperrforts dem Verfasser in beiden Jahren nur ganz kurzen Aufenthalt. Es folgt nun $\dot{\eta}\ \pi\alpha\varrho\acute{\omega}\varrho\varepsilon\iota\alpha$, die vom polybianischen Berichte geforderte mittlere Zone des Abstiegs, wie sie keiner der anderen Pässe in so scharfer Abstufung aufweist. — Die letzten Erörterungen des Buches behandeln die Dauer des Überganges, die militärische Bedeutung einer Aktion vor Turin und eine Erklärung der wichtigen Strabostelle IV, 208. Auſser der oben erwähnten Zeichnung ist dem Buche eine sehr schöne Karte mit genauer Terrainzeichnung und ein Übersichtskärtchen des Gebietes um den Genèvre beigegeben.

Wie wir hieraus ersehen, hat der Verf., den seine taktischen Kenntnisse zur Führung so schwieriger Untersuchungen besonders geeignet erscheinen lassen, an der Hand reichen, durch persönliche Anschauung gewonnenen Materials und wohlvertraut mit den Quellen, die Mont Genèvre-Theorie durch eine Reihe neuer Gründe gefördert. Überzeugend ist der Nachweis, daſs Hannibal, ohne auf die „Insel" überzusetzen, im Thale der Isère (die er vielleicht irriger Weise für den Oberlauf der Rhone hielt?) fortzog, so daſs in diesem wesentlichen Punkte Übereinstimmung der beiden Geschichtsschreiber erzielt ist.

Allem Anschein nach halten nur noch wenige Forscher an dem

schwierigen Übergang über den unwirtlichen Bernhard fest, eine Ansicht, welche, nach Cramer und Wickhams Vorgang durch Niebuhrs
und Mommsens gewichtige Empfehlung zu grofsem Ansehen gelangt,
noch 1889 durch Hesselbarth (Untersuchungen zur dritten Dekade des
Livius) Unterstützung fand. Dagegen hat neben der Mont Genèvre-
Hypothese, als deren Vorkämpfer der Akademiker Desjardins zu bezeichnen ist, die Annahme des Überganges über den Mont Cenis viele
Anhänger gefunden; diese Anschauung vertritt in den letzten Jahren
besonders rührig Osiander, der neuerdings (Der Mont Cenis bei den
Alten. Pg. 1897. Cannstatt) mit umfassender Kenntnis der alten
Literatur und der Itinerarien die Bekanntschaft der Alten mit diesem
Passe zu erweisen sucht und ihn als den Weg des Hannibal bezeichnet,
während der Mont Genèvre-Pafs erst 77 von Pompeius eröffnet worden
sei. Auch der hochverdiente Colonel Perrin, dem wir eine Reihe wertvoller Untersuchungen und Vermessungen im Jura und in den West-
alpen verdanken, entscheidet sich (Marche d'Annibal, Paris 1877) für
den Mont Cenis-Übergang, jedoch mit Überschreitung des Col du
Clapier. Olivier (Une voie gallo-romaine dans la vallée d'Ubaye et
passage d'Annibal. 1889) nimmt den Zug durch das Thal der Ubaye,
eines Nebenflusses der Durance, auf einer alten Keltenstrafse mit
Übergang über den Col della Maddalena an. Selbst an die Pässe der
Meeralpen dachte man gegen den klaren Wortlaut der Quellen.
    So zeigen die etwa 20 Erscheinungen der letzten 10 Jahre, die
sich mit dem Problem beschäftigen, ein buntes Bild. Wo ist die
Wahrheit, wenn selbst Altmeister Ranke resigniert erklärt, dafs eine
Lösung „unendlich schwierig sei und immer hypothetisch bleiben"
müsse? Immerhin gewinnt es den Anschein, als ob die endgiltige
Lösung entweder den Genèvre oder den Mont Cenis ergeben werde,
und Referent, der freilich nur einen Teil der einschlägigen Pässe als
bescheidener Tourist passiert hat, ist der Überzeugung, dafs ernsthaft
nur noch einer dieser beiden in Frage kommen könne; da sie beide
das Gemeinsame haben, dafs sie ins Thal der Dora Riparia münden
und nach Turin, dem Schauplatz der ersten Aktion Hannibals leiten,
entsprechen sie der Forderung des Polybios, Livius und Strabo. Es
ist durchaus nicht ausgeschlossen, dafs plötzlich ein Grab- oder Waffen-
fund Licht über das Dunkel verbreitet, wie z. B. Ollivier von einem
interessanten Münzfunde zu berichten weifs. Mögen die Vertreter der
beiden Richtungen noch eifrig die Klinge kreuzen und möge daraus
die Erkenntnis der Wahrheit erspriefsen!
    Speyer am Rhein.   ——————   J. Praun.

    E. Wagner und G. v. Kobilinski, Leitfaden der griechi-
schen und römischen Altertümer für den Schulgebrauch. Berlin, Weidmann 1898. 181 S. 22 Tafeln 3 M.
    Die Verfasser haben den Versuch gemacht, die griechischen und
römischen Altertümer für die Zwecke des humanistischen Gymnasiums
zu bearbeiten. Thatsächlich kommt ein derartiges Hilfsmittel einem

bei der Lektüre der Klassiker oft gefühlten Bedürfnis entgegen. Was
bisher vorhanden war, ist entweder für die Menge der Schüler zu
teuer wie die in demselben Verlag erschienene Neuauflage von Guhl
und Koner-Englmann oder es genügt auch bescheidenen Anforderungen
nicht, so die eben in 3. Aufl. herausgegebenen „Realien des griechischen und römischen Altertums" von J. Wagner und ähnliche Bücher,
bei denen Rücksicht auf die Druckkosten eine entsprechende Verwertung
des vorhandenen Anschauungsmaterials ausschloß. Hier dagegen ist
durchaus Tüchtiges und vor allem Preiswertes geboten.

Die Verlagsbuchhandlung hatte den großen Vorteil den Verfassern
die Fülle der Abbildungen aus Guhl und Koner zur Verfügung stellen
zu können. So ist in erster Linie das Anschauungsmaterial gut ausgewählt und recht reichlich bemessen. Immerhin hätten manche
dürftige Abbildungen sehr wohl wegbleiben oder durch Besseres ersetzt werden können z. B. Taf. IV, 8 tragische Scene, Taf. V. 3 u. 4
Kline, Taf. VIII, 2 Parthenon oder gar Taf. XIX, 3 Haus des Sallust.
Die Rekonstruktion der Via Appia Taf. XXIII, 1 nach Canina, Via
App. II tab. 6 ist durchaus veraltet. Vermißt habe ich eine Rekonstruktion der Rostra in Rom, für welche die schöne Zeichnung von
O. Schulze vorliegt; sie kann in einem derartigen Werke nicht entbehrt werden. Bis zu einer Neuauflage wird hoffentlich neben dem
Hildesheimer Silberfund auch der Fund von Boscoreale verwertet
werden können. Es dauert immer lange, bis das von der Wissenschaft neugewonnene Material so weit durchsickert, daß es auch für
die Schule nutzbar wird und Minderwertiges verdrängt. Erwünscht
wäre es gewesen, wenn bei der Trennung von Text und Tafeln nicht
nur im Text auf die Abbildungen, sondern auch umgekehrt hier auf
den Text verwiesen worden wäre.

Der Text hatte die Aufgabe aus dem von der Wissenschaft gebotenen überreichen Stoff das für die Schule Passende auszuwählen
und kurz, faßlich und übersichtlich zusammenzustellen. Diese gewiß
nicht leichte Aufgabe ist sehr schön gelöst. Nur an manchen Stellen
will es mir scheinen, als ginge die Darstellung zu sehr in die Breite
und zu wenig in die Tiefe. So werden für Zeus auf einer Seite wohl
über 70 Epitheta angeführt; was aber im allgemeinen über griechischen Götterglauben gesagt wird, hält sich sehr an der Oberfläche.
Aus der Schilderung des Privatlebens hätte gar manches, was doch
nur für den Komödiendichter Wert hat, weggelassen und Wichtiges
dagegen eingehender behandelt werden dürfen. So finde ich für den
Unterschied zwischen homerischer und nachhomerischer Kultur wohl
viele Einzelheiten, aber nirgends ein begründendes und zusammenfassen-
des Wort. Auch würden Citate aus den Schulschriftstellern dazu dienen,
eine engere Verbindung mit der Lektüre herzustellen. Die Brauchbarkeit für die Lektüre würde ferner durch ein Wort- und Sachregister
sehr erhöht werden; der Schüler kann lange suchen, bis er z. B. über
griechische Trinkgefäße in dem Artikel „Haus" Aufschluß findet. Und
damit komme ich noch zu einem prinzipiellen Bedenken. Die Herren
Verf. denken an eine systematische Behandlung und Wiederholung der

Realien auf jeder Alterstufe. Damit werden sie bei uns wenige Freunde finden. Neben der Sprache und der Lektüre und der dadurch ermittelten Anschauung des antiken Geistes, neben antiker Geschichte und antiker Kunst gibt es keinen Platz mehr für selbständige Behandlung der Realien. Eine solche würde nur das Gedächtnis belasten. Im Dienste der Lektüre und zum Verständnis der Schriftsteller, als Nachschlagebuch und zur häuslichen Vorbereitung, in der Schule etwa zu gelegentlicher Behandlung einiger wichtigerer Kapitel und zum Hinweis auf Anschauungsmaterial, nur dazu ist ein solches Buch Bedürfnis und wenn die Herren Verfasser in einer Neuauflage dies beachten würden, so würde dem Bedürfnis der Schule noch besser entsprochen werden. Wenn der Schüler Jahre lang das Buch in der angegebenen Weise benützt, so ergibt sich von selbst zum Schluß der Zusammenhang und das ist der Vorzug, den ich einem solchen Leitfaden vor einem Reallexikon einräumen möchte.

Noch sind ein paar Kleinigkeiten zu notieren: S. 44 ff. ist bei den griechischen Gottheiten die Art der bildlichen Darstellung bald angegeben, bald nicht, bei den römischen Gottheiten fehlen diesbezügliche Angaben vollständig. S. 63 ff. sind für die griechische Tempelarchitektur die drei Hauptstilarten besprochen, dagegen ist weiter unten nicht einmal das römische Kompositkapitell erwähnt. S. 170 das Peristyl durfte doch nicht ohne weiters als Bestandteil des römischen Privathauses angeführt werden. S. 172 hätte noch die trabea erwähnt werden dürfen zu Vergil VII, 188. S. 179 durfte neben der Mahlzeit des Reichen auch an die cena des Armen erinnert werden unter Hinweis auf die Inschrift einer Thonlampe, die R. v. Schneider im Eranos Vindob. besprochen hat, pauperis cena pane vinu radic."

Würzburg.   Wilhelm Wunderer.

Jahresberichte der Geschichtswissenschaft im Auftrag der Historischen Gesellschaft zu Berlin herausg. von E. Berner. XVIII. Jahrg. 1895 und XIX. Jahrg. 1896. Berlin 1897 und 1898. R. Gärtner's Verlagsbuchhandlung XVIII. 1252 und 1462 SS. 8". 30 bezw. 32 M.

Es freut uns mitteilen zu können, daß das Unternehmen auch unter der neuen Leitung (über den Wechsel cf. Jhg. 32 dieser Blätter S. 771), welche dem durch seine „Geschichte des preußischen Staates" bekannten preußischen Archivar E. Berner anvertraut ist, in der bisherigen Weise rüstig weiter fortschreitet, wofür die beiden vorliegenden, rechtzeitig erschienenen Bände Zeugnis ablegen. Auch hinsichtlich der Einteilung und Bearbeitung hat sich nichts Wesentliches geändert. Daß über einzelne Gebiete die Berichte fehlen, über andere die Publikationen mehrerer Jahre zusammengefaßt sind (z. B. über Diplomatik Abt. IV S. 122 ff. in Jahrg. 1896), ist nun schon ein fast notwendiges Uebel geworden und wird sich auch in Zukunft schwer vermeiden lassen. Wir begegnen auch wieder der französischen Sprache in den Referaten über Frankreich und Belgien, für deren Beseitigung wir der neuen Redaktion sehr dankbar gewesen wären. Bei einer nachprüfenden Stichprobe habe ich' nur im Jahrg. 1896 Abt. III S. 6 einen Fehler gefunden, wo natürlich (cf. Abt. III, 24 Anm. 163a) statt Monaco „München" zu lesen ist. Wir empfehlen ·die „Jahresberichte" wiederholt zu recht eifriger Benutzung.

München.   H. Simonsfeld.

Neubauer, Lehrbuch der Geschichte für die oberen Klassen höherer Lehranstalten. III. Teil: Vom westfälischen Frieden bis auf unsere Zeit. Halle, Verlag des Waisenhauses. 1898. IV und 222 S. Preis 2 M.

Mit dem vorliegenden Band ist das treffliche Lehrbuch Neubauers abgeschlossen. Die in den Anzeigen der beiden früheren Bände gerühmten Vorzüge: Verlässigkeit der Angaben, Einfachheit und Klarheit der Darstellung, enge Verbindung des kulturgeschichtlichen Stoffes, insbesondere auch der Wirtschaftslehre, mit der politischen Geschichte, kommen auch dem 3. Bande zu. Wenn wir im Folgenden einige Ausstellungen machen, so sei von vornherein bemerkt, dafs dieselben gegenüber dem überaus günstigen Gesamteindruck des Buches fast belangios erscheinen.

Nicht ganz einwandfrei sind die Benennungen mehrerer Perioden: I. 1648—1786: Das Zeitalter des Emporkommens Preufsens; II. B., 1. 1815—1840: Die letzten fünfundzwanzig Jahre Friedrich Wilhelms III.; 2. 1840—1861: Die Zeit Friedrich Wilhelms IV. — Die Perioden der allgemeinen Geschichte dürfen nur nach denjenigen Ereignissen und Persönlichkeiten bezeichnet werden, welche den betreffenden Zeiten ihr bestimmtes Gepräge verliehen haben. Von diesem Gesichtspunkte aus können die drei genannten Überschriften nicht aufrechterhalten werden. Gerade der Geschichtsunterricht auf den Gymnasien sollte jene Einseitigkeit der Auffassung vermeiden, als ob die Politik der letzten 2¹/₂ Jahrhunderte in — Berlin ihren Mittelpunkt gehabt habe. Wenn berühmte Geschichtschreiber, wie Sybel und Treitschke, das Ihrige dazu beigetragen haben, diese einseitige Auffassung zu erzeugen, so hat doch die Schule ihrerseits die Pflicht, Licht und Schatten gleichmäfsiger zu verteilen als jene Schriftsteller, die eingestandenermafsen auf die Öffentlichkeit einwirken wollten. Es empfiehlt sich sogar, Bezeichnungen wie der neuesten Zeit als der Zeit des Übergewichtes Deutschlands (Jänicke sagt rundweg „Vorherrschaft Deutschlands) einzuschränken oder dem mündlichen Vortrag zu überlassen.

Da Neubauer Verweisungen vermeidet, so finden sich einige Wiederholungen; vgl. S. 42 u. 62; S. 35 u. 48; S. 79 u. 84. Entbehrlich erscheinen Einzelheiten, wie der fast verschollene (und auch nicht ganz bezeichnende) Beiname Palmerstons Lord Feuerbrand; anderswo vermifst man Wesentliches, so ist S. 125 die zweite (süddeutsche) Wurzel des Zollvereins nicht zu ersehen; S. 135 durfte Robert Blum, S. 164 der Erzbischof von Paris erwähnt werden; S.

182 fehlt eine Erklärung des Ausdruckes Chartismus; Pronunciamento ist doch nicht kurzweg = Militäraufstand (S. 121); bei Beaumont kämpften deutscherseits auch Teile der III. Armee, nicht nur die IV. (S. 160); der Ausdruck Wohlfahrtsstaat (commonwealth?) ist etwas gewagt; S. 90 durfte auch die Besoldung der napoleonischen Volksvertreter, S. 82 der Tag des Beginnes der französischen Republik erwähnt werden, ebenso die Zahl der Mitglieder des Wohlfahrtsausschusses. Wenn S. 75 die Betrachtung über die Ursachen der Revolution dahin zusammengefaßt wird, daß dem Glauben an die staatliche Allgewalt die Überzeugung entgegentrat, daß durch die Befreiung des Individuums ein idealer Zustand herbeigeführt werden könne, so mußte doch auch darauf hingewiesen werden, daß gerade die Revolution in ihrer weiteren Entwicklung bei der Übertreibung des ersteren Prinzips anlangte. Nähere Erklärung vermißt man bei einigen Örtlichkeiten, so S. 40, 43, 59; die Angabe, daß die Stammburg der Hohenzollern im Jura zu suchen sei (S. 33), ist wenigstens mißverständlich; S. 87 liegt wohl eine Verwechslung mit den Bauern des Spessarts vor, irrtümlich ist S. 91 Siena (statt Valence) als Todesort für Pius VI. angegeben[1]); S. 26 1714 als Jahr des Friedens von Baden; nicht das Ungeschick des Unterhändlers Haugwitz war nach den neuesten Forschungen die Ursache der diplomatischen Niederlage Preußens vom Dezember 1805, sondern die Unentschlossenheit des Königs (S. 95); Fritz Reuter ist nicht wegen der bloßen Zugehörigkeit zur Burschenschaft zum Tod verurteilt worden (S. 129), sondern wegen angeblich staatsgefährlicher Umtriebe.

Der Ausdruck des Buches ist deutlich und frei von Phrasen, ohne deshalb farblos zu sein. Die Form gemißbraucht ist nicht überall in Deutschland üblich; manche Partikeln sind in ihrer Beziehung nicht sofort klar, so „aber" in der Fußnote S. 131, „freilich" ist S. 161 zu oft gebraucht; zweideutig ist (wenigstens für den Oberflächlichen) der Satz S. 170: „nachdem er (Ferdinand von Bulgarien) sich Rußland unterworfen hat".

Eine Neuerung und zwar eine glückliche bringt der Anhang: Übersicht zur Staats- und Wirtschaftskunde. Es sind auf 12 Seiten 13 kurze Abschnitte gegeben: 1. Die Staaten (Geschlechterstaat, Völkerschaftsstaat, Stadtstaat, dynastischer Territorialstaat, Nationalstaat, Weltreich); Verfassungsentwicklung; 3. Organe des Staates; 4. die Finanzen; 5. die Produktion; 6. die Wirtschaftsstufen; 7. die Stände; 8. das Heerwesen; 9. Grundbesitz und Ackerbau; 10. Gewerbe; 11. der Handel; 12. Kolonien; 13. Volkswirtschaftliche Theorien. Was unter diesen 13 Kategorien zusammengefaßt ist, gehört zum unentbehrlichen Rüstzeug eines heutigen Gebildeten: nichts Entlegenes, aber auch nichts Triviales findet sich auf den 12 Seiten; recht treffend ist z. B. auf der halben Seite 219 eine Geschichte des Handels in nuce gegeben. Die Zusammenstellungen sind in der Regel einleuchtend, nur

---

[1]) Eigentliche Druckfehler sind wenig in dem Buch zu finden; S. 88 schwebt eine Fußnote in der Luft. S. 21 ist in der Fußnote wohl dieser statt dieses zu lesen; S. 171 sind einige Buchstaben abgesprungen.

der Vergleich der vom Volke gewählten athenischen Bule mit dem
ganz vom Fürsten abhängigen geheimen Rat in Brandenburg hinkt
über Gebühr. Die Verwertung der Abschnitte im Unterricht denkt
sich Neubauer so: „daſs der Lehrer sie entweder an bedeutsamen
Wendepunkten der geschichtlichen Entwickelung heranzieht, um dem
Schüler die früheren Stadien ins Gedächtnis zurückzurufen, oder sie
nach Abschluſs des Pensums zu Repetitionen benutzt." Selbstverständlich muſs der Lehrer sich bemühen, den kurzen Übersichten Leben
einzuhauchen; das Studium gröſserer Werke, wie Roschers Politik, ist
für diesen Teil des Geschichtsunterrichtes vorausgesetzt; vgl. auch
Neubauers Schriftchen „Volkswirtschaftliches im Geschichtsunterricht",
Halle 1894.

Unser früheres Urteil, daſs Neubauers Lehrbuch einen entschiedenen Fortschritt auf dem Wege einer zeitgemäſsen Umgestaltung
des Geschichtsunterrichtes bezeichne, können wir, nachdem nun das
ganze Werk vorliegt, getrost wiederholen.

Zweibrücken.   H. Stich.

Zeehe Andreas, k. k. Gymnasial-Director in Villach, Lehrbuch der Geschichte der Neuzeit für die oberen Classen
der Gymnasien. Laibach 1898. Druck und Verlag von Ig. von
Kleinmayr und Fed. Bamberg. Preis geb. 2 K. 80 h.

Zeehes Lehrbuch der Geschichte des Altertums in seiner ersten
1891 erschienenen Auflage wurde im XXX. Bande dieser Blätter S. 166 ff.
angezeigt, das 1896 gefolgte Lehrbuch der Geschichte des Mittelalters
im XXXII. Bande S. 667 ff. Was in den genannten Anzeigen an den
zwei ersten Bändchen von Zeches Lehrbuch der Geschichte gerühmt
wurde, gilt vollauf auch von dem vorliegenden dritten, das nach einem
kurzen Vorworte nebst Inhaltsverzeichnisse auf 249 Seiten die Geschichte
der Neuzeit von 1492 bis auf unsere Tage enthält.

Ich wüſste kein geschichtliches Schulbuch zu nennen, das diesen
Teil der Geschichte sachlich wie formell geschickter und schulgemäſser
behandelt als das von Zeehe verfaſste. So oft sich für den Österreicher Gelegenheit ergeben hätte, nach anderweitigen Vorbildern einen
mehr oder minder gehässigen Parteistandpunkt zum Ausdruck zu
bringen, Zeehe vermied es grundsätzlich, zu loben, was nicht zu loben
war, auch wenn Österreich im Spiele stand, oder nicht zu loben,
wenn Lobenswertes nicht von Österreich ausging. Er zeigt allenthalben ein warmes Herz für die Förderung deutscher Interessen und
deutscher Gröſse, gleichgültig, ob sie Österreich zu danken, ist oder
aber ob der Dank anderswohin geschuldet wird. Natürlich ist in seinem
zunächst für österreichische Gymnasien geschriebenen Buche Österreich
mehr in den Vordergrund gerückt, als es bei uns infolge der bestehenden Verhältnisse angezeigt und üblich geworden ist; indes ist
die Gesamthaltung desselben immerhin eine solche, daſs es vom politischen Standpunkte aus auch an deutschen Gymnasien recht wohl

verwendet werden könnte. Das Gleiche gilt von der Stellung, die der Verfasser in konfessioneller Beziehung einnimmt. So ist das Buch an protestantischen und an paritätischen Anstalten ebenso gut verwendbar wie an katholischen, da in ihm irgendwie verletzende Ausfälle jeder Art sorgfältig vermieden sind.

In sachlicher Beziehung verdient ferner die stärkere Betonung des biographischen Elementes, als es sonst vielfach zu geschehen pflegt, hervorgehoben zu werden, insbesondere aber der Umstand, daſs durch Weglassung des im deutschen Unterrichte zu behandelnden literaturgeschichtlichen Stoffes und der Leistungen auf dem Gebiete der Mathematik und der Naturwissenschaften, die gleichfalls beim einschlägigen Unterrichte näher zu erörtern sind, für die Aufnahme anderer, namentlich volkswirtschaftlicher Materien in sehr erwünschter Weise Raum gewonnen wurde, ohne daſs der Umfang des in übersichtlicher Gruppierung, Druck und weiterer äuſserer Gestaltung vorzüglich schulgemäſs ausgestatteten Buches irgendwie bedenklich grofs geworden ist. Auch das ist zu loben, daſs bei der Einreihung von Jahreszahlen thunlichst haushälterisch verfahren wurde.

Erfreulich ist endlich in sachlicher Hinsicht die anerkennenswerte Verlässigkeit der Angaben; nicht wenige in Schulbüchern anderweitig gäng und gäbe gewordenen Irrtümer sind bei Zeehe richtig gestellt. Nachstehend mögen etliche Stellen namhaft gemacht werden, an denen in einer Neuauflage teils notwendig, teils richtiger zu ändern sein wird.

Der auf S. 4 genannte Peter Fürst ist doch wohl nur eine Verwechslung mit Johann Fust, vielleicht unter Einbeziehung seines Schwiegersohnes Peter Schöffer. S. 75 ff. war auch das an Pfalz-Neuburg gekommene Ravenstein zu nennen. Die endgültige Regelung des jülich-kleveschen Erbes erfolgte 1666, also nicht 50 Jahre nach 1609. Auch die einschlägige Angabe auf S. 114 ist hienach richtig zu stellen. Desgleichen wird auf S. 75 irrtümlich gesagt, die Oberpfalz sei im bayerischen Erbfolgestreit von 1503—05 an die Rheinpfalz gefallen; dies geschah vielmehr 1329. Friedrich V. von der Pfalz war nicht ein Neffe Christians IV. von Dänemark, sondern Karls IX. von Schweden. Friedrichs Gemahlin allerdings war eine Nichte Christians. (S. 81). S. 108 war anstatt Markgraf zu schreiben Kurfürst. S. 110 war, weil weit wichtiger als die Schlacht bei Villa Viciosa, auch der Sieg Berwicks bei Almansa namhaft zu machen; zugleich war hier ausdrücklich zu erwähnen, daſs die Herzöge von Savoyen von da an bis 1720 den Titel König von Sicilien führten, weil der Schüler sonst zweifelhaft bleibt, ob sie nicht Könige von Savoyen hieſsen. Daſs der S. 117 erwähnte „falsche Demetrius" ein polnischer Mönch war, ist für die Aufnahme in ein Schulbuch allzu wenig gesichert. Viel wahrscheinlicher ist, daſs er das nicht war. Asow wurde den Türken 1696 nicht durch eine Flotte entrissen, da Ruſsland damals eine solche noch nicht hatte, sondern durch ein Landheer; auch wird hier irrtümlich angegeben, Peters I. Ratgeber Gordon sei ein Ire gewesen; er war ein Schotte. S. 122 wäre es für die Gründung Petersburgs richtiger bei dem Jahre 1703 belassen worden,

statt 1705 einzuführen. Auch war hier die Überführung Karls XII.
nach Demotica zu berücksichtigen. S. 128 war aus chronologischen
Gründen die Reihenfolge Portugal, Frankreich zu bieten, statt Frankreich, Portugal. Karl Albert starb nicht n o c h im Jahre 1748, sondern
s c h o n im Januar 1745 (S. 131). Nach S. 137 lautete Ludwigs XIV.
Spruch: „L' état c'est moi"; ob das allerdings in das System des
Königs passende Wort überhaupt von ihm selbst gesprochen wurde,
ist sehr fraglich. S. 158 wird die Mitgliederzahl der Nationalversammlung von 1789 mit „rund 600" statt mit „rund 1200" vorgeführt.
Nach S. 173 verwandelten die Franzosen 1799 Unteritalien in die parthenopeische Republik. Nach Hüffers Darlegung im Historischen Taschenbuch 1884 S. 279 ff. ist diese Bezeichnung unrichtig; die amtliche Bezeichnung
war die „neapolitanische Republik". Richtig wird S 88 gesagt, für die
Pfalz sei 1648 eine achte, S. 108, für Hannover sei 1692 eine neunte Kurwürde errichtet worden; ebenso richtig auf S. 136, dafs es seit 1777 infolge
der Vereinigung von Bayern und der Pfalz wieder acht Kurwürden
waren, und gleich richtig auf S. 180, dafs 1803 die Landgrafschaft
Hessen zu einem Kurfürstentum erhoben wurde. Allein unter Berücksichtigung dieser Angaben wird auf S. 175 eine Bemerkung darüber
vermifst, dafs 1803 durch den Reichsdeputations-Hauptschlufs unter
Einziehung der Kurwürden von Köln und Trier aufser Hessen auch
Baden, Württemberg und Salzburg zu Kurfürstentümern erhoben
wurden. 1805 wurde von Preufsen nicht nur Ansbach, sondern auch
Bayreuth abgetreten; dagegen war das linksrheinische Kleve schon 1795,
beziehungsweise 1801 an Frankreich gekommen (S. 180). Karl XIII.
von Schweden wurde S. 181 richtiger als Holstein-Gottorper vorgeführt
denn als Wasa. Napoleon wählte den Rückzug von Moskau über
Smolensk nicht freiwillig; er wurde von den Russen dazu gezwungen
(S. 189). Der Anfall des nach dem Stockholmer Frieden von 1720
bei Schweden verbliebenen Teiles Pommerns an Preufsen vollzog sich
keineswegs so glatt, wie es nach S. 195 scheinen möchte. Das Gebiet kam zunächst zufolge des Kieler Friedens vom Januar 1814 gegen
Norwegen an Dänemark, und erst von diesem wurde es gegen das
von Hannover erworbene Lauenburg an Preufsen abgetreten. Das
von Österreich beim Frankfurter Fürstenkongrefs von 1863 vorgeschlagene Direktorium sollte aus 5 Mitgliedern bestehen, nicht aus 6
(S. 226). Die 1870 erfolgte Übergabe Strafsburgs an die Deutschen
durfte S. 233 um so weniger unerwähnt bleiben, als S. 94 richtig
seines Anfalles an Frankreich gedacht ist.
      In den nicht wenigen Fufsnoten sind erwünschter Weise belangreiche
Geschichtsliteraturangaben untergebracht, überdies eine Reihe bald
mehr, bald minder wichtiger Notizen. Vorzuziehen wäre gewesen, dafs
da und dort noch einiges andere für den Grofsdruck im Texte kaum
Geeignete in ihnen Platz gefunden hätte. Beispielsweise sei als hieher
gehörig aus S. 156 die Angabe erwähnt, dafs am Hofe Ludwigs XVI.
der Milchkaffee jeder Hofdame jährlich 2000 Livres kostete; aus S. 214
die Meinung Grillparzers, wie leicht der Wiener Aufstand vom 13. März
1848 rechtzeitig zu unterdrücken gewesen wäre. Derlei Dinge können

beim Geschichtsunterricht keinen höheren Wert beanspruchen als die S. 191 richtig in eine Fußnote verwiesene Notiz, Napoleon sei 1813 wegen seiner wiederholten Fahrten nach Bautzen vom Volke „der Bautzner Bote" genannt worden.   Anderseits wird in den Fußnoten des öftern eine Erklärung im Texte aufgenommener Wörter vermißt, wie z. B. S. 79 des Wortes „Winterkönig" (vgl. O. Klopp, Der 30jähr. Krieg bis zum Ende Gustav Adolfs 1632.   Paderborn 1891. I. S. 437 ff.); S. 74 und 89 des Wortes „Herren"; S. 88 „Religionsbann"; S. 89 „Kammerzieler".   S. 80 wird dem Schüler gut der Betrag einer Geldsumme nach dem heutigen Geldwerte verdeutlicht.   Das gleiche Verfahren hätte sich auch sonst öfters empfohlen für die verschiedenen Summen von Gulden, Dukaten und Goldkronen.   Ohne eine solche Verdeutlichung bleiben derlei Ziffern für den Schüler in der Regel völlig wertlos.

Eine löbliche Neuerung enthält das 3. Bändchen darin, daß in dem S. 250 ff. angefügten Verzeichnisse „die Lage der weniger bekannten Orte" näher bestimmt wird.   Nur hätten in diesem Verzeichnisse auch Orte berücksichtigt werden sollen wie Sarajevo (S. 82), Rain (S. 84), Rumburg (S. 229) und die Zsitva (S. 73).

Für die übersichtliche Klarlegung genealogischer Verhältnisse in ihrem Zusammenhange sind am Ende zwei geschickt und zweckdienlich hergestellte genealogische Tabellen angefügt, in denen die in der Geschichte der Neuzeit belangreicheren Fürstenhäuser in einer den Schülern nach dieser Richtung erforderlichen Gruppierung veranschaulicht werden.   In Bayern hätten wir hier freilich auch die Wittelsbacher gerne berücksichtigt gesehen, die in diesem Zeitraume nicht allein in Schweden, für das sie miteinbezogen sind, in den Gang auch der allgemeinen Geschichte des öftern bald mit geringerem, bald mit größerem Erfolge eingriffen.

Anlangend endlich die Diktion, so ist sie dem Zwecke eines Lernbuches glücklich angepaßt.   Bezüglich des Satzbaues fällt nur die Vorliebe der Verfassers für die Aneihung von Sätzen mittels des kopulativen „und" auf, wo besser ein neuer Satz angefügt worden wäre. Derartige Verbindungen finden sich z. B. auf S. 42, 43, 47, 86, 97, 109, 124, 139, 171, 212.

Die Ausdrucksweise des Buches ist gewählt: in grammatikalischer Beziehung herrscht, wie gleichfalls bereits angedeutet, im allgemeinen anerkennenswerte Korrektheit.   Darf von freilich wenig erheblichen Ausnahmen, die sich meistens als Versehen charakterisieren, gesprochen werden, so seien folgende vorgeführt: S. 11 bietet Lorenzo statt Lorenzos; S. 38 die Protestanten, als statt als die Protestanten; S. 55, 162 u. 194 fangen statt gefangen nehmen; S. 75 auf Seite statt auf die Seite; S. 104 war, anstatt das Pronomen sie zu setzen, der Name Anna zu wiederholen; S. 109 findet sich Hochstätt statt Höchstätt; S. 112 das Druckversehen „so es kam" statt „so kam es"; S. 140 des Leibarztes der Kaiserin statt ihres Leibarztes; S. 153 paßt die Art der Verweisung auf S. 124 nicht in ein Lernbuch; S. 168 lehrt, die Franzosen hätten 1794—97 den Gegnern zahllose Millionen erpreßt, doch eine starke

Übertreibung, die S. 170 auf 2 Milliarden herabgemindert wird; auch war zu schreiben „von den Gegnern". S. 210 wird durch den Ausdruck Verbrennung der Janitscharen in den Schülern von dem Vorgange eine falsche Vorstellung erweckt. Noch belangloser sind vereinzelt sich findende Wiederholungen desselben Wortes in nächster Nähe.

Druckfehler bietet das Buch aufser dem aus S. 112 schon erwähnten und einer Buchstabenverschiebung auf S. 221 kaum einen: eine musterhafte Sauberkeit! Dagegen haben sich in den vielen Verweisungen auf andere Seiten des Buches selbst oder auf Seiten der beiden früheren Bändchen etliche Versehen eingeschlichen. Einzelne dieser Citate lassen auch nicht sofort erkennen, wo der Vergleichungspunkt zu suchen ist.

Die erhobenen Ausstellungen, die lediglich einer neuen Auflage zuliebe aufgenommen wurden, lassen in ihrer mehrfachen Geringwertigkeit an sich schon auf die Trefflichkeit des Buches schliefsen. Möge es in recht weiten Kreisen die wohlverdiente Beachtung finden!

München.   Markhauser.

Die bayerische Philhellenenfahrt 1826—1829. Aus dem handschriftlichen Rücklafs des K. B. Generallieutnants Karl Freiherrn von Heideck. Teil I. München 1897. J. Lindauersche Buchhandlung. (Schöpping.) 8°, 62 S. Teil II. 118 S. 1898.

Aus dem Bilde, das uns das spätere Mitglied der bayerisch-griechischen Regentschaft von seinem ersten Aufenthalt auf dem blutgetränkten Boden des neuerstandenen Hellas entwirft, ersieht man, wie trostlos die Lage der griechischen Republik war, deren Gebiete 1826 sich nur noch auf Nauplia, Monenwasia, einen Teil der Maina mit den Inseln Hydra, Spezia und Ägina beschränkte, und deren kleine Heere zum Teil in der Akropolis eingesperrt waren, zum Teil sich ohne gesicherte Basis im östlichen Griechenlande herumtrieben. Doch war der Mut nicht gebrochen und die Hoffnung frisch geblieben. Wunderähnliche Glücksfälle, die oft nach schwerem Unglück eintrafen, das Bewufstsein, dafs sein Unterhandeln mit ihren früheren Herrn möglich sei und die offenbare Ungeschicklichkeit der Türken im Kriege, die unbegreifliche Saumseligkeit Ibrahims der mit etwas mehr Konsequenz und Thätigkeit, unterstützt von seiner furchtbaren Flotte und von einem zahlreichen nicht ganz ungeübten, regelmäfsigen Heere, diesem Kriege wohl bald ein Ende machen zu können schien, endlich das Gefühl und die fast zur Überzeugung gediehene Hoffnung, dafs das gebildete Europa die Kinder jenes Landes nicht würde zu Grunde gehen lassen, von dem ihm der Same gekommen war, aus welchem seine hohe Kultur und der Segen seiner Gesittung entsprofs — dies alles — unterstützt von dem leichten Sinne, den der schöne Himmel von Hellas schenkt, liefs das Lämpchen der Hoffnung nie erlöschen, das jeder kleine Vorteil über Türken zur lichten Flamme auflodern machte. So fand und beschrieb Oberstlieutnant Heideck den Zustand des Landes, so den Geist wo nicht des Volkes, so doch der Häupter in Hellas, als er am 26. September 1826 als Philhellene mit Urlaub seines Königs nach Griechenland ging. Es folgten ihm Hauptmann Hügler, die Oberlieutnants Schönhammer, Krazeisen, Schilcher, von Asch, Schnüzlein, Bataillonsarzt Dr. Schreiner mit Unteroffizieren und Bedienten. Heideck nahm im Februar 1827 an der Expedition zum Entsatz der Akropolis in Athen teil, zerstörte als Oberbefehlshaber mit seinem kleinen Geschwader die Magazine der Türken in dem Kanal von Negroponte, wurde 1828 Kommandant von Napoli Romania (Nauplia) und bald darauf Militärgouverneur von Argos. Der erste Teil der merkwürdigen und für die Zeitgeschichte wertvollen Memoiren führt uns bis zur Wahl Capodistrias zum Präsidenten unter dem Vorsitz des bisherigen Präsidenten Zaïmis auf der Nationalversammlung von Trözene. Diese Denkwürdigkeiten atmen den Geist der Wahrheit, wenn sie auch unmittelbar, wie sie in dem Parteigezänke der Pallikaren entstanden sind, kein sympathisches Bild von diesen Freiheitshelden zeichnen können. Nicht selten kam es zu blutigen Auftritten unter dem „Pallikarengesindel" beider Parteien des Grivas und Photomaras, dann beschossen sich die edlen Kapitäne mitten im festen Nauplia aus ihren Bastionen. So war auch die Erscheinung der 2 berühmtesten Helden der Hellenen: Karaiskakis sprach nur albanesisch und griechisch, Miaulis noch überdies ein wenig spanisch und portugiesisch und verstand daher notdürftig das Italienische. Viel mehr als seinen eigenen Namen konnte keiner schreiben. Dazu kam die Abneigung der Pallikarenhäuptlinge gegen geregeltes Militärwesen, Neid und Mißgunst gegen die Europäer, Tabvier, Bailly, Bourbaki u. a., wodurch so manches gut angelegte Unternehmen schreitete. Die Idee vom Staatseigentum war damals noch lange in Hellas nicht begriffen. Wer ein Schiff oder eine Festung kommandierte, sah sich als Eigentümer derselben an, befugt, damit zu thun, was ihn gelüstete und Nutzen daraus zu ziehen, wie ihm gut dünkte. In Ägina überreichte Heideck der damaligen Regierung, Zaïmis, Trikupis, Zographos das Empfehlungsschreiben König Ludwig I. und wurde von derselben um folgende Dinge gebeten: 3000 Mann Schweizer oder andere deutsche Truppen, um die Regierung von den Kapitänen und ihren Pallikaren unabhängig zu machen, drei oder vier größere Schiffe aus denselben Gründen, endlich um die Aufstellung einer Kommission zur Kontrolle der Gelder, die aus Europa flossen. Diese erste Bitte der damaligen republikanischen Regierung ist um so merkwürdiger, als bei der späteren monarchischen man ein so wütendes Geschrei gegen die deutschen Truppen erhob, welche die Regentschaft kraft der Traktate mitbrachte und anwerben ließ. Das war ein Spiel, das Heideck vorzüglich auf englische Intriguen zurückführte, sollte doch selbst der spätere König ihnen nur Hospodar oder Nabob, nicht Monarch in Hellas sein. Heideck hatte sich mit Recht von den bayerischen Truppen, die so bald das Königreich verlassen mußten, nicht nur eine mächtige Stütze des Thrones, sondern von ihnen als Kolonisten mustergiltige Pioniere des Landes versprochen. Statt dessen gab „man" dem Lande eine unerträglich freie Verfassung und

12*

das Danaergeschenk einer unerträglichene Schuldenlast, an der es über kurz oder lang ersticken mufste. Aus dem jüngst veröffentlichten Briefwechsel Justinus Kerners mit seinen Freunden verdient eine intime Äufserung des Prinzen Adalbert von Bayern heute besondere Beachtung: „Was die Griechische Nation betrifft, so steht sie, wenn auch nicht an Mut, doch Adel der Seele hinter der Spanischen weit zurück. Denn nach all den Opfern, die Bayern und meine Familie in hohem Schwunge der Begeisterung diesem Volke brachten, sind die Griechen, wie ich aus dem Munde ihres eigenen Königs, meines vortrefflichen Bruders, hörte, so undankbar zu sagen, dafs alle·Leiden und alles Unglück, was über sie gekommen, — von den Bayern herrühre!" Wir sehen aus dem wenigen hier Gebotenen, dafs der so spät und doch noch rechtzeitig veröffentlichte Bericht eines berufenen Augenzeugen hohe Beachtung verdient, so dafs wir gespannt auf seine Fortsetzung sein dürfen. Dabei fällt noch manche archäologische Beobachtung ins Gewicht. In der Mitte des Theaters von Epidauros standen zwei Kalköfen, in denen wohl manche schöne Bildsäule und der gröfste Teil der fehlenden weifsen marmornen Stufensitze des geräumigen Halbkreises zu Kalk verbrannt wurden. Den Tempel der Pallas zu Ägina hat Heideck des öfteren besucht, während die „Ägineten" schon seit 1812 in München waren. Auf einem Felsen, der vor dem Hafen von Raphti liegt (jetzt Porto Raphti), thront eine wohl 60 Fufs hohe, kopflose sitzende Bildsäule im langen Gewand aus weifsem Marmor und von römischer Arbeit (jetzt als Heros Erysichthon angesprochen.) Von den Trümmern des Tempels von Sunion, wo einst Plato gelehrt, meint Heideck, ein herrlicheres Katheder habe wohl kein Professor der Welt. Beim Anblick der nicht geräumigen und gutenteils sumpfigen Ebene von Marathon konnte er sich nicht des Gedankens erwehren, dafs die Perser nicht so zahlreich waren, als die atbonischen Bulletins angaben; er vergifst, dafs die Perser ja nicht alle gelandet waren (Busolt?). Viele stilistische Härten haben schon die verdienstvollen Herausgeber getilgt, doch sind noch einige Unebenheiten und Druckfehler stehen geblieben, so z. B. Parlamedes statt Palamedes, Letiskus statt Lentiskus, Κλίτορες statt Κλήτορες, Sileresion statt Sitäresion, Munichia statt Munychia, Phaleräus statt Phaleron, gleitete statt glitt, Intensionen statt Intentionen, Parhagia statt Panhagia, adressiiert statt adressiert, Mistiko statt Misthiko, Tyrinth statt Tirynth u. s. w.

Der zweite Teil behandelt Heidecks Übersiedelung nach Poros und Kenchräa, sein treffendes Urteil über den „Kanal" von Korinth, die kriegerischen Ereignisse vor Athen und den blutigen Wortbruch der Griechen gegenüber den Türken, den er möglichst entschuldigt, die militärische Schilderung der Kriegsführung mittels sogenannter Tambours und Geldprämien, der Tod des Karaiskakis und Schilchers, die Hilfsaktion der Amerikaner, die Ruinen von Tirynth und Mykenä, von denen später der auch als Maler thätige General ein schönes Bild entwarf, die Anlegung des Fort „Heideck" auf Poros, Fabviers Expedition nach Chios, die Ankunft und Thätigkeit des Präsidenten Capodistria, Heidecks Ernennung zum Oberkommandanten von Nauplia und seine erspriefsliche Thätigkeit für die Reinigung und Befestigung der Stadt, Errichtung eines Waisenhauses und Spitäler, Reorganisation der taktischen Corps, Einführung abendländischer Tracht und Sitte, Oberbefehl über alle festen Plätze, Verwaltung der Douane, Militärschule in Nauplia, lauter Einrichtungen, die den Beifall des französischen Marschalls Maison in hohem Grade fanden. Am 23. August 1829 verläfst Heideck mit dem Range eines griechischen Generals Griechenland, nachdem er noch einen französisch geschriebenen Rechenschaftsbericht für die Nationalversammlung in die Hände Capodistrias gelegt halte. Derselbe ist als Compte rendu du colonel baron de Heideck am Schlusse des Buches abgedruckt. Später ist Heideck bekanntlich als Mitglied der Regentschaft für König Otto mit Armansberg und Maurer nach Griechenland zurückgekehrt. Diese Zeit ist hier auf 2 Seiten abgethan. Das Urteil, welches Heideck über den von ihm selbst empfohlenen Grafen Armansberg gefällt, ist ein hartes; vgl. darüber J. N. Sepp, Ludwig Augustus, München, 1869. (S. 193, 198, 205, 318. 489.) Noch härter sind die Urteile, die der Vielerfahrene über das griechische Volk seiner Umgebung und seiner Zeit gefällt hat; freilich kann man nicht leugnen, dafs sie zu den Aussprüchen seiner Zeitgenossen und späterer Reisender vollkommen passen. Man hat eben heutzutage wie damals vergessen, dafs das griechische Volk nicht ein Jahrhunderte lang in ätherischer Höhe schwebender nur von den Idealen der Antike genährter Bestandteil der europäischen Menschheit, sondern ein recht wesentlicher, geist- und leiheverwandter Bruchteil der Balkan- und Orientvölker gewesen ist, also mit demselben Mafsstabe wie die Leidensgenossen jahrhundertlanger türkischer Sklaverei, die Rumänen, Serben, Bulgaren, Albanesen, Armenier, Juden gemessen werden mufs.[1]

Ludwigshafen a/Rh.   H. Zimmerer.

V. W. Esche, Aus dem Wunderlande der Palmen. Skizzen von —. Dresden, Dresdener Verlagsanstalt. II. und 256 Seiten.

Der Verfasser führt uns in einer zum teil ganz spannend geschriebenen Erzählung von Hamburg über Lissabon zunächst nach Rio de Janeiro, von da nach dem Sommersitz der feinern und reichern Welt R. d. J., nach Petropolis, dann weiter nach dem Süden des brasilianischen Reiches nach Rio Grande do Sul und der Hauptstadt hievon, dem „Fröhlichen Hafen" Porto Alègre. Zum Schlusse schildert

---

[1] Heideck z. B. S. 106. „Zwar wird noch mancher Kampf gegen die vertürkten Griechen selbst zu kämpfen sein, welche erst nach Generationen, die durch Erziehung in jedem Sinne veredelt werden müssen, zu wahrhaft freien Bürgern im europäischen Staatenbunde gedeihen können, denn Selbstsucht, Trug, Hinterlist, ja selbst Feigheit sind bis jetzt ihre schlimmsten Feinde, und diese teils eigentümlichen, teils durch langen brutalen Druck grofs gezogenen Nationaluntugenden können nur durch Zeit und bessere Erziehung gemindert, vielleicht ausgerottet werden."

er uns die kirchliche Feier eines Johannisfestes in Porto Alègre und
gibt uns dann einen gerade nicht recht erfreulichen Einblick in das Be-
amtentum, in die Rechtspflege und in das Militärwesen der brasilianischen Staaten.

Esche hat die Verhältnisse Brasiliens durch einen vierjährigen
Aufenthalt im Lande aus eigener Anschauung kennen gelernt. Er hat
sichtlich mit offenen Augen auf allen Gebieten des öffentlichen und
privaten Lebens gesehen, und es verstanden, uns seine Erfahrungen
und Erlebnisse in anziehender Form zu schildern. Wir erfahren nicht
nur im „allgemeinen" etwas, wir lernen in seinen Skizzen kennen
die soziale und wirtschaftliche Lage der Bevölkerung, deren Gebräuche
und Eigenheiten, wir erhalten auch einen Begriff von dem merkantilen
Leben Brasiliens.

Mit besonderem Stolze können wir in diesen Skizzen lesen, dafs
ein Ritt durch die deutschen Kolonien Brasiliens dem Fremden ein
beredtes Zeugnis von der Blüte derselben ablegt.

Die beigegebenen Bilder lassen in technischer Durchführung etwas
zu wünschen übrig.

Joseph **Kolberg**, S. J. **Nach Ecuador.** Reisebilder von —.
Freiburg im Breisgau. Vierte Auflage. Herder 1897.

Nach dem Tode des Verfassers — 20. 3. 93 zu Feldkirch in
Voralberg — verzögerte sich die Neuherausgabe dieser trefflichen
Reisebilder einige Jahre. Jetzt hat sie ein langjähriger Freund K's.,
Joseph Schwarz, S. J. besorgt.

Da der Wert des Buches in der ganz eigenen Weise liegt, wie
Kolberg die Welt um sich auffafste und zur Darstellung brachte, so
ist bei der Neuherausgabe aus leicht verständlicher Pietät nur soviel
geändert worden, als durch den Lauf der Verhältnisse seit der letzten
Ausgabe bedingt war.

Neu beigegeben ist eine Zusammenfassung der Theorie des Ge-
wölbeschubes, die zur Erklärung der Kolbergschen Lehre der Erdbeben etc. dient. Karten, Bilder, Papiere und Druck sind vorzüglich.

München.   Stapfer.

H. **Harms.** Vaterländische Erdkunde. Mit 76 Abbildungen im Texte und 4 farbigen Kärtchen. Braunschweig und
Leipzig. Hellmuth Wollermann. 1897. Pr. 4 Mk. Geb. 4.75.

Eine willkommene Gabe für den Lehrer, der daraus die mannig-
fachste Belehrung schöpfen wird. Diese vaterländische Erdkunde will
„eine Ineinanderarbeitung aller für einen guten geographischen Unterricht in Betracht kommenden Materien, der physischen und geologischen
sowohl als der malerischen und kulturellen, sein und diese unter Beobachtung einer zusammenhängenden, fesselnden Darstellung so in-
einanderfügen, wie es dem entwickelnden Unterrichtsprinzip, das im

Geographieunterricht noch nur sehr wenig zur Geltung kommt, entspricht." Der gesammt 316 Seiten umfassende Stoff ist auf 1½ Jahre berechnet, doch hat der Verfasser selbst leise Zweifel, ob das möglich ist. Doch wollte er sich nicht beschränken, da das Buch „für den Lehrer, nicht für den Schüler" geschrieben ist. Ein Lehrbuch in der Hand der Schüler soll es also nicht sein und kann es schon deshalb nicht sein, weil der Verfasser an nicht wenigen Stellen allerlei in ein Schulbuch nicht gehörige Ergüsse seiner subjektiven Anschauungen über dies und das eingeflochten hat, die nicht nach jedermanns Geschmack sind. Es ist zu bedauern, dafs der Verfasser seinem Herzensdrang in dieser Beziehung keine Zügel angelegt, und nicht alles Subjektive ferngehalten hat. Auslassungen wie S. 5 über die Kriege, S. 8 über die augenblicklichen politischen Beziehungen Rufslands zu Deutschland, S. 9 über den Stand des deutschen Volksschulwesens (samt der hiezu gehörigen langen Anmerkung), sein Preis der Reformation und Luthers, das Urteil über die soziale Gesetzgebung und noch viele andere sind sicherlich nicht in einem solchen Buche am Platz und wirken nur störend. Konfessionelles sollte prinzipiell ausgeschlossen sein. Aus diesem Grunde kann davon abgesehen werden, in eine nähere Würdigung des Buches einzutreten, das im übrigen jedem Lehrer der Geographie zum Studium empfohlen wird.

Physikalische Schulwandkarte des deutschen Reiches sowie seiner Nachbarländer v. E. Schröter. 6 Blatt unaufgezogen 12 M., aufgezogen mit roter Seidenbandeinfassung, schwarzpolierten Stäben und Rollvorrichtung 20 M. Essen 1897, G. D. Bädeker.

Durch ihre besondere Gröfse (1 m 82 cm hoch und 1 m 90 cm breit) empfiehlt sich diese im Mafsstab von 1:800000 ausgeführte Wandkarte insbesondere in grofsen Schulsälen, da sie an Deutlichkeit und Anschaulichkeit wohl die strengsten Anforderungen zu erfüllen vermag. Die Farbengebung ist sehr gut und plastisch wirkend, insbesondere durch die Wahl der tiefblauen Farbe für die Flüsse, die sich so vortrefflich aus dem Landschaftsbilde hervorheben. Die Karte zeigt weise Mafshaltung in der Aufnahme von Städten, von denen die wichtigeren mit roten Ortszeichen eingetragen sind. Hier ist übrigens zu erwähnen, dafs in der Auswahl nicht immer dieser Gesichtspunkt streng eingehalten worden ist, denn sonst hätte z. B., um nur in der Pfalz zu bleiben, nicht Ludwigshafen, eine sehr industriereiche und über 40 000 Einwohner zählende Stadt, ganz fehlen und das noch bedeutendere und volkreichere Kaiserslautern mit Städten wie Nördlingen und Ems auf eine Stufe gestellt werden dürfen, während Speier, Zweibrücken den Grofsstädten gleichgestellt sind. Die äufsere Ausstattung der wie oben angegeben sehr solid und elegant aufgezogenen Karte verdient lobende Erwähnung.

Frankenthal.   Koch.

Pflanzenleben von Anton Kerner von Marilaun. Zweite
gänzlich neubearbeitete Auflage. Zweiter Band. Die Geschichte der
Pflanzen. Mit 1 Karte, 233 Abbildungen im Text, 19 Farbendruck-
und 11 Holzschnitt-Tafeln. Leipzig und Wien. Bibliographisches Institut. 1898. Geb. 16 M.

Wohl die letzte gröfsere Arbeit, die dem mittlerweile verstorbenen
Forscher zu vollenden vergönnt war, ist der zweite Band seines
Pflanzenlebens gewesen. Wir haben daher denselben wie ein teures
Vermächtnis zu betrachten und werden, wo immer wir im Unterrichte
in seinen Spuren wandeln, dem Meister ein treues Gedenken bewahren.
Um so anziehender dürfte es sein die Veränderungen kennen zu lernen,
die der Verfasser selbst nach siebenjähriger Erprobung an seinem
Werke für nötig fand. Ich schliefse mich daher an meine Besprechung
des ersten Bandes in dieser Zeitschrift an (Bd. XXXIII. S. 641 ff.)
und bemerke zunächst, dafs die zweite Auflage des zweiten Bandes
trotz der Aufnahme eines grofsen neuen Abschnittes um mehr als
hundert Seiten im Umfange hinter jenem zurückgeblieben ist.
Das wurde ermöglicht zunächst durch die schon erwähnte Verschiebung
von Textstücken und Bildern aus dem zweiten Bande in den ersten
(s. a. a. O. S. 642), dann aber auch durch Streichen mancher überflüssig erscheinenden Absätze und Wendungen, sowie durch Weglassen minder wichtiger Abbildungen. So ist z. B. weggefallen die
auf S. 212' stehende Beobachtungstabelle über Öffnen und Schliefsen
der Blüten im Innsbrucker botan. Garten; ebenso ist das Linné'sche
System (S. 287[1]) nunmehr (S. 266) sehr gekürzt, die Bilder dazu
(S. 291—92') ganz weggelassen. S. 525 ist die Liste der Bastarte
gefallen (S. 574') und 514 ist der 561' erwähnte Pfropfversuch an
Irisarten getilgt; S. 515 die Erklärung der Pfropfhybriden fallen gelassen. Eine Anzahl von Abbildungen, die sonst im Texte getrennt
standen, sind jetzt auf Holzschnitttafeln vereint, so die Gallen von
S. 523' uno 525', die Windfrüchte S. 494 und 495', die anhäkelnden
Früchte S. 806 und 807'.

Gestrichen sind die Abbildungen von Cynoglossum pictum, Linaria
alpina und Soldanella alpina (S. 176), Frucht von Eriodendron (417)
Salix polaris (418), Epilobium angustifolium (350), Daphne Mezereum
etc. (420), Cassia angustifolia (425), Rhizomorpha Mangle (446), Arto-
carpus incisa (432) Bixia Orelana (438). Einige weitere Abbildungen
sind im Texte verschoben; von den Farbentafeln sind die drei vermifsten (s. a. a. O. S. 643) nachgeholt; weggefallen ist dagegen die
bei S. 484' stehende: „Blätter- und Röhrenschwämme".

Am meisten Platz aber wurde dadurch gewonnen, dafs der
ganze grofse Abschnitt: „Die Stämme des Pflanzenreiches" (S. 588—717)
in Wegfall kam. Der Laie wird seine etwas trockene Systematik auch
nicht vermissen, der Botaniker aber weifs den dort behandelten Stoff
anderswo besser und vollständiger zu finden. Die zugehörigen Abbildungen sind auf andere Kapitel verteilt.

An Stelle des Ausgefallenen sind neu aufgenommen: S. 473 die

Anmerkung mit den Namen der gallenerzeugenden Milben und ihrer Nährpflanzen; die Abbildungen der Eschenklunkergalle (S. 489), der Weidenrosen und Kikebeeren (S. 490) und die Gallen auf S. 491; dann S. 509 zwei Absätze über das Verhalten der Bastarte inbetreff Laubschütte und Blütezeit samt Tabelle über die Zeit des Aufblühens mehrerer Weidenarten im bot. Garten zu Innsbruck. Ferner die Abbildungen: S. 572 Ableger-bildende Farne; S. 620 Samen mit grofser Nabelschwiele (von Ameisen verbreitet). S. 842 Wollgrasried am Ufer des Traulsees, und S. 646 Geschichteter Wald in Süddalmatien.

Der Erörterung über das Aussterben der Arten ist eine Florenkarte von Österreich-Ungarn und den angrenzenden Teilen der benachbarten Länder beigegeben. Weitaus den gröfsten Teil des freigewordenen Raumes nimmt jedoch ein völlig neuer Abschnitt ein, der betitelt ist: Die Pflanze und der Mensch.

Derselbe behandelt zuerst die Nutzpflanzen in den Kapiteln: Industriepflanzen, Vegetabilische Nahrungs- und Genufsmittel, Futterpflanzen für die Haustiere, die als Heilmittel und zu abergläubischen Zwecken gebrauchten Gewächse. An Abbildungen sind hier neu hinzugekommen — die übrigen standen früher an anderen Stellen —: Boehmeria tenacissima, Broussonetia papyrifera, Castilloa elastica, Tamarindus Indica, Ceratonia siliqua, Cochlearia Armoracia, Coriandrum sativum, Caryophyllus aromaticus, Glycyrrhiza glabra, Cassia fistula, Althaea officinalis, Cinchona officinalis, Toluifera Balsamum, Copaifera officinalis, Cephaelis Ipecacuanha, Garcinia Morella, Groton Tiglium, Camphora officinalis, Anthemis nobilis, Anamirta Cocculus und Panax Ginseng. Darauf folgen: „Frische Pflanzen und Pflanzenteile als Schmuck und Zierrat" mit interessanten doch nicht immer ganz einwandfreien kulturhistorischen Notizen, weiterhin: „Die Gärten der alten Zeit", „des Mittelalters und der neueren Zeit" erläutert durch die Abbild. der altägypt. Gartenanlage von Tell el Amarna, eines kleinen römischen Villengartens nach einer pompejanischen Wandmalerei, eines Teppichgartens bei Wien, (v. 1552), des Gartens der Isola Bella und des kaiserl. Lustschlosses Schönbrunn, des Borkenhäuschens im Park zu Weimar und je einer Partie aus dem K. Garten zu Tokio und aus einem chinesischen Garten. Die Abschnitte über die botanischen Gärten und Gewächshäuser und die ursprüngliche Heimat der Kulturpflanzen greifen aus der reichen Fülle des Stoffes einzelne merkwürdige Fälle heraus; das Schlufskapitel handelt von der Pflanze als Motiv in der Kunst. Es zerfällt in die Unterabteilungen: Pflanzenornamente auf Teppichen und Kleidern, Kunstblumen, die Pflanzen in der Bildhauerkunst, Blumenmalerei. Abbildungen von Pflanzen in botanischen Werken (wo ich gerade von einem Wiener Botaniker eine eingehendere und bessere Würdigung der alten Pflanzenbilder (4.—5. Jahrh. n. Chr.) des Codex Constantinopol. zu Wien erwartet hätte), die Landschaftsmalerei, die Pflanzenwelt in der Dichtkunst.

Geschmückt ist dieser Abschnitt mit folgenden Abbildungen: Ornament von der nördlichen Erzthüre des Baptisteriums zu Florenz. Karyatidentisch aus der Empirezeit. Acanthus mollis. Pflanzenornamente (verschiedener Stile). Narcisse mit Vergifsmeinnicht (aus Schmiedeeisen) und Blumenstück von J. de Heem.

Das Nachschlagen ist wesentlich erleichtert, indem bei den Bänden ein eigenes Register beigegeben wurde.

Freising. _____ _____ H. Stadler.

Leitfaden der Kunstgeschichte von Dr. Wilh. Buchner. 6. Auflage, Essen, Druck und Verlag von G. D. Bädeker. 1896.

Ein Buch, das in sechster Auflage erscheint, bedarf wohl keiner besonderen Empfehlung mehr. Das vorliegende Werkchen ist für höhere Lehranstalten und zum Selbstunterricht bestimmt. Diesem Zweck entsprechend beschränkt es sich auf das Wissenswerteste, dabei aber doch eine Fülle des Stoffes bietend, der sehr übersichtlich geordnet und · durch 106 sehr gute Abbildungen illustriert ist. Die den einzelnen Abschnitten vorausgehenden Zeittafeln erleichtern die Übersicht wesentlich. Nur ist bei ihrer Abfassung, insoweit bestimmte Zeitabschnitte für die einzelnen Stilwandlungen angegeben werden, die größste Vorsicht notwendig, denn das Auftreten neuer Formen erfolgt in den verschiedenen Ländern keineswegs gleichzeitig, sondern es kommen dabei mehr oder weniger große Zeitdifferenzen in Betracht, die sich bis zu einem halben Jahrhundert und weit darüber hinaus erstrecken können. Dies gilt insbesondere für die Baukunst. Gerade hier ist ein zähes Festhalten an den einmal eingebürgerten Formen noch lange Zeit zu beobachten, während nebenher auf anderen Gebieten bereits eine neue Formenwelt sich Bahn bricht. So dürfte in dem vorliegenden Werkchen die Zeittafel zur romanischen und gotischen Kunst in der nächsten Auflage eine Verbesserung, bezw. bestimmtere Präzisierung hinsichtlich der Gotik erfahren. Hier ist nämlich die Spätgotik für das 14. Jahrhundert angesetzt und unter anderen Architekturbeispielen auch St. Lorenz in Nürnberg als dieser Zeit angehörend, aufgeführt. Beides ist nicht ganz richtig.

Es ist erstens nicht richtig, die Spätgotik, insoweit Deutschland in Frage kommt, kurzweg für das 14. Jahrhundert anzusetzen. Der Verfasser präzisiert zwar später (S. 113) diesen Zeitraum des Näheren von 1350--1450, allein auch dies ist eine ziemlich willkürliche Annahme, wie denn überhaupt die ganze Einteilung der gotischen Baukunst auf S. 112 und 113 sehr anfechtbar ist. Der Verfasser nimmt vier Entwicklungsstufen der Gotik an: a) die streng — oder frühgotische Bauweise, etwa 1225—1250, b) die schöne gotische Bauweise von 1250—1350, c) die spätgotische Bauweise, etwa 1350 · 1450, d) die Verfallzeit von 1450 ab. Der Verfasser gesteht nun allerdings zu, daß diese Jahrzahlen nicht durchweg mafsgebend sind. Und so ist es auch. Der angegebene Zeitraum von 1225 - 1250 für die Frühgotik trifft im wesentlichen nur für die Rheinlande zu, welche den neuen Stil zuerst von dem benachbarten Frankreich, dem Geburtslande der Gotik, erhalten haben. Für den gröfsten Teil Deutschlands aber ist es gewifs am richtigsten, die Frühgotik von 1250—1300 anzunehmen. Ebenso

entspricht es den thatsächlichen Verhältnissen besser, die Hochgotik
— oder wie der Verf. sagt, die schöne gotische Bauweise — für das
14. und sonach die Spätgotik für das 15. Jahrhundert und den Anfang
des 16. Jahrhunderts anzusetzen. Von der Annahme einer besonderen
Verfallperiode kann man um so mehr absehen, da eben gemeiniglich
die Spätgotik als die Verfallzeit des Stiles betrachtet wird.

Was nun den Bau von St. Lorenz in Nürnberg betrifft, so fällt
derselbe nur zum kleinsten Teil in das 14. Jahrhundert. Das Lang-
haus mit dem Nordturm entstammt in der Hauptsache dem letzten
Viertel des 13. Jahrhunderts, ist also frühgotisch. Später sind die
zwischen die Strebepfeiler eingebauten Kapellen, sowie der südliche
Turm entstanden, und erst im 15. Jahrhundert, nämlich von 1439
bis 1477 wurde der Chor erbaut.

Das sind, wie gesagt, einige Punkte, die bei einer Neuauflage
berücksichtigt werden dürften. Einige Ungebräuchlichkeiten wie „Nach-
fahr" statt Nachfolger (S. 186) und „Überzug" statt Übersiedelung
(S. 190) seien nur nebenbei erwähnt.

Die Ausstattung des Buches ist eine sehr gute und der Preis
von 2,80 M. ein sehr mäfsiger bei der Fülle des Gebotenen. Das
praktische Werkchen kann bestens empfohlen werden.

Das Ganze des Linearzeichnens von Professor Heinrich
Weishaupt. Abteilung I, Planimetrische Konstruktionslehre mit 36
Tafeln. 4. Auflage, neu bearbeitet von Dr. Max Richter, Oberlehrer
an der 1. Realschule zu Leipzig. 'Leipzig, Verlag von Hermann Zieger 1897.

Was über die Brauchbarkeit des Weishauptschen Werkes bei Besprechung der zweiten Abteilung, welche die geometrische Projektions-
lehre behandelt, im 4. Hefte des Jahrganges 1898 dieser Blätter gesagt
wurde, das Gleiche gilt auch für die erste Abteilung. Der ursprüngliche, in hohem Grade veraltete Text hat eine völlige Umarbeitung
erfahren. Um das Ganze übersichtlicher anordnen zu können, hat der
Verfasser die ursprünglich aus zwei Teilen bestehende erste Abteilung
in e i n e zusammengezogen, die in den Text verstreuten Figuren, nebst
mehreren neu gefertigten Zeichnungen, auf vier neuen Tafeln zur Darstellung gebracht und mehrere Tafeln ganz umgezeichnet.

Der Inhalt zerfällt in vier Abschnitte. Der erste Abschnitt handelt
über die Beschaffenheit und den Gebrauch der Zeicheninstrumente, der
zweite über geradlinige Figuren und Kreiskonstruktionen, der dritte
Abschnitt behandelt Kurvenkonstruktionen — Ellipsen, Parabeln, Hyperbeln, Cykloiden und Evolventen — und der vierte die Konstruktion
von Gewölbebogen und architektonischen Gliedern. Leichtverständlicher
Vortrag, klare und präzise Ausdrucksweise, zeichnen auch diese neubearbeitete erste Abteilung sehr vorteilhaft gegenüber den früheren
Auflagen aus.

Regensburg. Pohlig.

Amphion. Sammlung vierstimmiger gemischter Chöre für den ausschliefslichen Gebrauch in Gymnasien und Realschulen bearbeitet und herausgegeben von J. Strubel. (Regensburg, Feichtinger und Gleichauf, geb. 2 M. 50 Pf., bei 10 Exempl. à 2 M.)

In hübscher Ausstattung, mit deutlichem Noten- und Textdruck, welch letzterer nur ausnahmsweise durch die Partiturform in der Übersichtlichkeit etwas beeinträchtigt wird, präsentiert sich vorliegende Sammlung mit 153 (nach bestimmten Gruppen geordneten) Gesängen für Mittelschulen. Was zunächst die Liedertexte anlangt, so entspricht ihre Auswahl der in der Vorrede betonten Pflicht unserer Schulen, den Sinn der Jugend für die idealen Güter zu wecken und zu pflegen; nur hätte eine ganz strenge Konsequenz in der Fernhaltung alles Unpassenden, besonders Erotischen, die Aufnahme verweigern sollen auch dem Madrigal „An einem Bächlein", sogar dem musikalisch gewifs sehr schönen „Herbstlied" von Tiek-Filke, deren ganzer Gehalt und Stimmung der Schuljugend ferne liegen, und unbedingt auch dem Scheffel'schen einstimmigen „Wohlauf die Luft" mit seiner „schönen Schnitterin". Auch die Kompositionen, deren Auswahl oder Bearbeitung rufen nur bei ganz geringen Ausnahmen etwaige Bedenken hervor. So könnte das eigentliche Volkslied etwas stärker vertreten sein (Silcher z. B. nur einmal!). Gerne sei dafür verzichtet auf einige der für gemischten Chor erst hergerichteten ursprünglichen Männerchöre — darunter auch von R. Wagner der eine Pilgerchor aus Tannhäuser — und auf Lieder, die im Original einstimmig mit Klavierbegleitung komponiert sind, da in beiden Fällen der eigentliche Charakter der Komposition geschädigt wird. Doch hat der Herausgeber im ganzen ein gewisses Mafs gehalten und sich keine Geschmacklosigkeiten zu Schulden kommen lassen, wie sie in ähnlichen Sammlungen häufig genug anzutreffen sind. Dafs die Schüler auch mit der eigentümlichen Form des Madrigals bekannt gemacht werden, ist an und für sich recht löblich; doch wäre, wie schon gesagt, entbehrlich, „An einem Bächlein", selbst das historisch wichtige „Innsbruck, ich mufs dich lassen", da es nur durch eine Verhunzung (sit venia verbo!) des Textes eingeschmuggelt werden konnte; die übrigen, worunter Orlando di Lasso heiteres „Gastlied", würden genügen. Ein ganz zu beseitigendes Anhängsel, teilweise auf die Studentenkneipe gehörig, sind die ein- und zweistimmigen Gesellschaftslieder.

Diesen wenigen Ausnahmsfällen steht nun gegenüber eine reiche Auswahl der trefflichsten Lieder in allen Gruppen, sowohl den der mehr ernsten, lyrischen, als auch der frischeren und heiteren Gattung. Allzubekannte („ausgesungene") findet man fast gar nicht und doch vermifst man keinen liebgewordenen Meister unter den Namen der Komponisten. Die Rücksicht auf den Raum erlaubt nicht auf einzelnes einzugehen, es sei aber eigens hervorgehoben, dafs es ein besonderer, erfreulicher Vorzug der Sammlung ist, dafs in derselben speziell unser engeres Vaterland mit recht tüchtigen Leistungen vertreten ist und zwar von noch schaffenden, auch jüngeren Kräften, wie

Breu, Kistler, Podbertsky, Rheinberger, Schwarz, Witt (der ernste Kirchenmusikreformator auch mit einer heiteren Gabe), denen sich auch der Herausgeber mit mehreren gelungenen Kompositionen würdig zur Seite stellen kann. Der Grad der Schwierigkeit stellt an die Leistungsfähigkeit der jugendlichen Sänger keine übertriebenen Anforderungen und auch auf den Stimmumfang ist lobenswerte Rücksicht genommen. Zum Schlusse den aufrichtigsten Wunsch für Herausgeber und Verlag, dafs der Amphion durch reiche Verbreitung an unseren Schulen dazu beitragen möge, Geschmack und Lust für das deutsche Lied zu wecken und zu pflegen.

München.   Wismeyer.

III. Abteilung.

Literarische Notizen.

Bilderbogen für Schule und Haus, herausgegeben von der Gesellschaft für vervielfältigende Kunst in Wien. — I. und II. Serie, 1898. (Preis der Serie zu 25 Blatt in Umschlag (Volksausgabe) 3 ℳ., einzelne Bogen schwarz 10 Pfg., farbig 20 Pfg.; Liebhaberausgabe auf feinem Velinpapier in Mappe, mit besonderen Textblättern die Serie zu 10 M.) — Im Februar des vergangenen Jahres erschien die I. Serie dieses grofs angelegten und sehr begrüfsenswerten Unternehmens der Gesellschaft für vervielfältigende Kunst in Wien. Dasselbe war sorgfältig vorbereitet worden, indem das Österreichische Kultusministerium eigens eine Kommission von Fachmännern einsetzte, um die Grundzüge des Ganzen prüfen und die Ausführung in Bezug auf künstlerische und pädagogische Forderungen überwachen zu lassen. Durch Ministerialerlafs vom 9. Januar 1898 wurde denn auch das Unternehmen den Schulbehörden Österreichs bestens empfohlen. Aber auch aufserhalb der Kronländer dürfte ihm seine Bedeutung gebührende Beachtung sichern, sowohl hinsichtlich des Planes, Umfanges und Zweckes als auch hinsichtlich der Eigenart und Vortrefflichkeit der Ausführung.

Zweck des neuen Unternehmens ist, der Jugend bildliches Anschauungsmaterial aus allen Gebieten des Wissens in systematischer Form vorzuführen; diese Stoffgebiete sind: die biblische Geschichte, die Weltgeschichte, die Geographie, die Naturkunde, bes. das Tierleben, technische Erfindungen und Einrichtungen, Volksleben, die schönsten Märchen, Legenden und Sagen, Kunstgeschichte. Zunächst sind etwa 500 Bogen ins Auge gefafst, welche sich auf die genannten Gebiete in der Weise verteilen, dafs die meisten auf Geschichte und Geographie (nahezu 300) treffen. In den beiden bisher ausgegebenen Serien (jährlich soll eine solche zu 25 Bogen erscheinen) ist jedes einzelne der genannten Gebiete vertreten, so dafs man sich leicht einen Begriff machen kann, welche Fülle von trefflichen Bildermaterial dereinst die abgeschlossene Sammlung bieten wird: 2 Bogen sind den Germanen, 2 den Hunnen gewidmet, den Kreuzfahrern einer, andere schildern die mittelalterliche Stadt und ihr Leben, drei die romanische Bauzeit (romanische Burg und Klosteranlage, das romanische Wohnhaus), die Belagerung einer Stadt im XIV. Jahrh. und zur Zeit des 30jähr. Krieges wird vorgeführt, aufserdem Szenen aus der österreichisch-ungarischen Geschichte (Stephan d. Heil. v. Ungarn, Rudolf von Habsburg, Maria Theresia, d. hl. Severin, Kaiser Max I.), das Leben des Bauern aus dem XII., das Leben auf der Landstrafse im XIV. Jahrh., das mittelalterliche Turnier etc.; die geographischen Blätter schildern die Hochalpen (2); die Donau und ihre Ufer (3), Prag etc. etc. Besonders anziehend für die Jugend sind die farbigen Märchenbilder.

Was aber diese Sammlung von vielen Illustrationen für die Jugend unterscheidet, das ist der hohe künstlerische Wert der Darstellungen. Zwei nicht zu billigende Richtungen sollen ausdrücklich vermieden werden: weder sollen der Jugend sogenannte authentische Illustrationen geboten werden, für welche sie ja vielfach nicht reif ist, noch will man etwas gemein haben mit den landläufigen Erzeugnissen einer gewerbsmäfsigen Fabrikation — sondern man hat eine Reihe hervorragender Künstler gewonnen, die ihre Fähigkeiten in den Dienst der Wissenschaft und Pädagogik gestellt haben; ihre Zeichnungen sind durch Holzschnitt, Zinkätzung oder Kupferätzung vervielfältigt. So bildet jeder Bogen für sich auch eine künstlerische Leistung und erfüllt wirklich, was das Programm verheifst: „Die Bilderbogen wollen echte, ernste und wirkliche Kunstwerke sein und wollen nach keinem anderen Mafsstabe beurteilt werden als demjenigen, den ein geläuterter, gebildeter Geschmack an ein Kunstwerk legt." Damit erweitert sich aber die Bedeutung des Unternehmens insofern, als nun diese Blätter auch für den Erwachsenen, den Kunstfreund und Kunstkenner Wert erhalten. In Rücksicht darauf wird sogar von jeder Serie eine Luxusausgabe in 100 nummerierten Exemplaren à 100 M. hergestellt. Etwa der Hälfte der Blätter (Gröfse 37:48 cm) ist ein erläuternder Text beigegeben, in der Volksausgabe auf die Rückseite gedruckt, knapp, aber lehrreich und zur Aneignung und Auffrischung verschiedener Kenntnisse wohl geeignet.

Demnach verdient das Unternehmen, dessen eben geschilderte Herstellungsweise natürlich für die vervielfältigende Gesellschaft mit beträchtlichen Opfern verbunden ist, nicht zum mindesten wegen seiner Billigkeit warme Empfehlung auch unseren Schulen gegenüber; denn wenn wir auch ein ähnliches, in Bezug auf künstlerischen Wert wohl vergleichbares Unternehmen besitzen, — die Münchener Bilderbogen aus dem Verlag von Braun u. Schneider — so kommen eben doch hievon für die Schüler nur vereinzelte Bogen in Betracht, da der Humor überwiegt. Daran wird man wohl im Reich keinen Anstofs nehmen, dafs in den Wiener Bilderbogen naturgemäfs der vaterländischen, d. h. österreichisch-ungarischen Geschichte und Geographie ein breiterer Raum gegönnt ist.

Fr. Chr. Schlossers Weltgeschichte für das deutsche Volk. Von neuem durchgesehen und ergänzt von Dr. Oskar Jäger und Dr. Frz. Wolff. Zweite Original-Volksausgabe (24. Gesamtaufl.) 8—13. Bd. Berlin 1898. Oswald Seehagens Verlag (Martin Höfer). Preis des eleg. geb. Bandes 2 M. — Der 8. Band (zugleich der 5. der Geschichte des Mittelalters) behandelt den 2. Teil des 15. Jahrhunderts, also den eigentlichen Ausgang des Mittelalters, wobei auf die Geschichte der Bildung und Literatur besonderes Gewicht gelegt wird. Die Beziehungen der Griechen zur Blüte der Wissenschaft in Italien, die deutsche Literatur des 15. Jahrh., die Italiens von Dantes Tod bis zur Mitte des 15. Jahrh. werden dargestellt, den Hauptinhalt bildet jedoch die politische Geschichte Englands und Frankreichs im 15. Jahrh. (der englisch-französische Krieg und der Krieg der roten und weifsen Rose in England), sowie die Darstellung der Blüte und des Unterganges Burgunds und der weiteren Entwicklung der Schweizer Eidgenossenschaft; aus der deutschen Geschichte gelangt die Regierung Friedrich III. zur Schilderung. Kultur und Literatur Italiens, Deutschlands und Frankreichs in der II. Hälfte des 15. Jahrh. werden unter besonderer Berücksichtigung des Einflusses der Buchdruckerkunst dargestellt. — Mit dem 9. Bande beginnt die Geschichte der neueren Zeit, d. h. der Epoche von der Entdeckung Amerikas bis zum Beginn unseres Jahrh., von Dr. Oskar Jäger durchgesehen und ergänzt. Diesen Band eröffnet ein gröfseres Kapitel: die Hauptstaaten Europas beim Eintritte in das 16. Jahrh., worin deren Geschicke etwa bis zum Tode Maximilians I. dargestellt werden. Bei dieser Gelegenheit wird auch die Geschichte der Entdeckung gegeben. Den Hauptteil dieses Bandes bildet die Geschichte der Reformation in ihrer ersten Zeit; dieselbe wird fortgeführt bis zum ersten Religionsfrieden (1532). Ein Abschnitt (S. 420—480) behandelt Literatur und Bildung der 1. Hälfte des 16. Jahrhunderts. Hier sei besonders auf das scharfe Urteil Schlossers gegenüber der übertriebenen Wertschätzung des „Possenreifsers" Rabelais hingewiesen, das bei mancher Übertreibung doch viel Wahres enthält. — Im 10. Band wird die Geschichte des 2. Drittels des 16. Jahrhunderts vorgeführt, also aus der deutschen Geschichte

der Schmalkaldische Krieg, dann die Zeit bis zum Augsburger Reichstag (1555),
ferner das Zeitalter der Gegenreformation in Deutschland wie in Frankreich und
Spanien; besonders eingehend ist die Geschichte der Reformation in England
unter Heinrich VIII. und seinen Nachfolgern dargestellt, ebenso die Hugenotten-
kriege in Frankreich bis zum Pacificationsedikt von Poitiers 1577. Auch in diesem
Bande fehlt nicht ein Kapitel über Literatur und Bildung der Italiener, Deutschen
und Franzosen im XVI. Jahrh. — Der 11. Band führt in seinem 1. Teile die Geschichte des 16. Jahrh. zu Ende, schildert also hauptsächlich die letzte Hälfte der
Regierung Philipps II. von Spanien, den Freiheitskampf der Niederländer gegen
die spanische Herrschaft, die Aussendung und Vernichtung der Armada, den
Aufschwung Englands unter der Königin Elisabeth. Damit kommt zugleich die
literarische Entwicklung am Ende des 16. Jahrh. zur Darstellung: die Bedeutung
eines Camoëns, Lope de Vega, Cervantes, Calderon, namentlich aber eines Shakespeare. Der 2. Teil dieses Bandes enthält sodann eine Schilderung der Lage
der Dinge in Deutschland und der angrenzenden Staaten bei Beginn des 30jährigen
Krieges, welcher in seinen Ereignissen bis zum Jahre 1640 vorgeführt wird. Hier
wird auch ein Rückblick auf die skandinavische und russische Geschichte in der
letzten Zeit vor dem 30jährigen Kriege gegeben. — Die unmittelbare Fortsetzung
liefert der 12. Band, welcher zunächst die Verhältnisse in Frankreich und Spanien
zur Zeit der Maria von Medici und des Kardinals Richelieu darstellt, um sodann
die letzen Zeiten des 30jährigen Krieges zu schildern. Der Rest des Bandes behandelt besonders die englische Geschichte vom Tode Elisabeths bis zur Hinrichtung Karl I., dann die Rebellion, die Geschichte der Republik bis zu Cromwells
Tode; ferner die Geschichte des Nordens wie die Niederländische Geschichte von
1609 bis zum Tode Wilhelms II. von Oranien 1650. In Bezug auf die literarische
Entwicklung finden sich in diesem Bande nur S. 209—223 interessante Bemerkungen über die Entstehung der monarchischen Hofliteratur. — Um so reicher
an Ausführungen zur Geistesgeschichte ist der XIII. Bd., welcher die Geschichte
des 17. Jahrhunderts zu Ende führt und S. 368—564 einen sehr ausführlichen
Abschnitt über Literatur und Geistesbildung des 17. Jahrh. enthält, in welchem
namentlich der deutschen und französischen Literatur eine eingehende Darstellung
gewidmet ist. Die politische Geschichte in diesem Bande umfaßt die romanischen
Staaten zu Mazarins Zeit, zeigt sodann Europa unter dem Einflusse Ludwigs XIV.
und zwar bis auf den Ryswiker Frieden, der endlich der Übermacht Frankreichs
Halt gebot.

Auch hier sei wieder darauf hingewiesen, daß der Preis der einzelnen Bände,
die alle zwischen 500 und 600 Seiten umfassen, in Anbetracht des Gebotenen und
des eleganten Einbandes ein erstaunlich niedriger zu nennen ist.

Geschichte der Italienischen Literatur von den ältesten Zeiten
bis zur Gegenwart von Dr. Berthold Wiese und Professor Dr. Erasmo Pèrcopo.
14 Lieferungen zu je 1 M. (Gesamtpreis 14 M.) mit 160 Abbildungen im Texte,
31 Tafeln in Farbendruck, Kupferätzung und Holzschnitt und 8 Faksimile-Bei-
lagen. — Leipzig und Wien. Verlag des Bibliographischen Instituts 1898. 1. Lief.
— Das jüngste große Verlagsunternehmen des Bibliographischen Institutes in
Leipzig und Wien, die „Sammlung illustrierter Literaturgeschichten" hatte mit
den beiden bis jetzt erschienenen Teilen, der englischen Literaturgeschichte von
Wülker, der deutschen von Vogt und Koch einen unbestrittenen literarischen und
buchhändlerischen Erfolg. Die Fortsetzung, die obengenannte Geschichte der
italienischen Literatur von Wiese-Pèrcopo wird mit um so größerem Beifall be-
grüßt werden, als eine bis auf die neueste Zeit fortgeführte, umfassende Darstellung der Geschichte der italienischen Literatur bisher in Deutschland überhaupt
fehlte. Die beiden Verfasser haben sich derart in die Arbeit geteilt, daß zunächst
die ältere Zeit vom 4. bis zum 15. Jahrhundert von Dr. B. Wiese dargestellt wird.
Die 1. uns vorliegende Lieferung beschäftigt sich mit den Anfängen der italienischen Literatur und behandelt in 5 Abschnitten 1) Italien und seine Literatur bis
zum ersten Auftreten des Italienischen als Schriftsprache, 2) die Sizilianische
Dichterschule (zur Zeit Friedrichs II.), 3) die Sizilianische Dichterschule und die
Übergangsschule in Toskana und Bologna, 4) die Dichtung in Oberitalien, 5) die
religiöse Lyrik in Umbrien und die Anfänge des kirchlichen Dramas. An treff-

lichen Illustrationen enthält die 1. Lieferung folgende: Tafel in Farbendruck, darstellend wie der Centaur Nessus Dante auf seinem Rücken und Vergil den Blutstrom entlang zur Furt führt, ferner ein Porträt Alfieris, 4 Bilder aus dem „Ricciardetto" von Forteguerri; dazu eine Facsimilebeilage. Die weiteren Lieferungen werden rasch erscheinen. Das vollständige Werk wird auch in elegantem Halblederband zu 16 ℳ. zu beziehen sein.

Heinrich von Sybels Geschichte der Revolutionszeit 1789 bis 1800. Wohlfeile Ausgabe. Erscheint vollständig in 60 Lieferungen zu 40 Pfg.; alle 14 Tage eine Lieferung. Stuttgart. J. G. Cotta'sche Buchhandlung Nachfolger. — Die Lieferungen 21—25 führen so recht in die Mitte der von Sybel mit unvergleichlicher Meisterschaft geschilderten Epoche hinein. Die Herrschaft des Schreckens wird organisiert, es fallen die Häupter der Königin und der Girondisten. Robespierre steht auf der Höhe seiner Macht; die Hébertisten und Dantonisten sterben unter dem Beile. Carnot organisiert das republikanische Heer, das seine Siege erringt. — In den zuletzt ausgegebenen Lieferungen 26—30 erreicht die meisterhafte Darstellung Sybels gewissermafsen die Peripetie des grofsen Dramas. Mit Schrecken endigt die Schreckensherrschaft: Robespierre wird mit 21 Gefährten zum Richtplatz geführt; am nächsten Tage folgen ihm noch 71 Mitglieder des Stadtrates in den Tod. Das französische Staatswesen kommt nun zunächst in völligen Stillstand. Der Krieg erlahmt an den Grenzen vollends, die diplomatischen Verhandlungen geraten ins Stocken. In den Vordergrund der Ereignisse tritt jetzt das Schicksal Polens. Dementsprechend trägt das 10. Buch der Revolutionsgeschichte die Überschrift „Dritte Teilung Polens". Aber noch über diese hinaus führen die vorliegenden Lieferungen die Darstellung, bis zum Sturze der Jakobiner, zur Herstellung der Girondisten und zu dem für die Geschicke Deutschlands so wichtig gewordenen Separatfrieden von Basel.

Das deutsche Volkstum. Unter Mitarbeit von Dr. H. Helmolt, Prof. Dr. Alfred Kirchhoff, Prof. Dr. H. A. Köstlin, Landrichter Dr. Adolf Lobe, Prof. Dr. Eugen Mogk, Prof. Dr. Karl Sell, Prof. Dr. Henry Thode, Prof. Dr. Oskar Weise, Prof. Dr. Jakob Wychgram herausgegeben von Dr. Hans Meyer. 13 Lieferungen zu je 1 ℳ. (Gesamtpreis 13 ℳ.) mit 30 Tafeln in Farbendruck, Kupferätzung und Holzschnitt. Leipzig und Wien, Verlag des Bibliographischen Institutes 1898. 1. Lief. — Die Frage „Was ist Deutsch?" soll in diesem eigenartigen Werke, der neuesten Publikation des Bibliographischen Instituts in folgenden Abschnitten erörtert und gelöst werden: 1) Deutsches Volkstum von Dr. Hans Meyer: I. Der deutsche Mensch II. Der deutsche Volkscharakter. 2) Die deutschen Landschaften und Stämme von Prof. Dr. A. Kirchhoff: I. Niederdeutschland II. Oberdeutschland. 3) Die deutsche Geschichte von Dr. H. Helmolt: I. Der Deutsche als Einzelner II. Der Deutsche als Glied eines Ganzen. 4) Die deutsche Sprache von Prof. Dr. O. Weise: I. Geist und Form der deutschen Sprache. II. Geschichtliche Entwicklung der deutschen Sprache. 5) Die deutschen Sitten und Gebräuche von Prof. Dr. Eugen Mogk: I. Deutsche Sitten und Bräuche in alter Zeit, II. Deutscher Inhalt in heutigen Sitten und Bräuchen. 6) Die altdeutsche heidnische Religion von demselben: I. Der deutsche Götterglaube II. Der deutsche Seelen- und Geisterglaube. 7) Das deutsche Christentum von Prof. Dr. Karl Sell: I. Der deutsche Katholizismus II. Der deutsche Protestantismus III. Die deutsche konfessionslose Religiosität. 8) Das deutsche Recht von Dr. Adolf Lobe: I. Die Entwicklung des deutschen Rechtes II. Der Charakter des deutschen Rechtes. 9) Die deutsche bildende Kunst von Prof. Dr. H. Thode: I. Das Ornament II. Die Baukunst III. Die Plastik und Malerei. 10) Die deutsche Tonkunst von Prof. Dr. H. A. Köstlin: I. Die deutsche Auffassung der Tonkunst II. Das deutsche Volkstum in der Entwicklung der Musik. 11) Die deutsche Dichtung von Prof. Dr. Jak. Wychgram: I. Der Volkscharakter im deutschen Schrifttum II. der Gang der deutschen literarischen Entwicklung. Die 1. Lieferung enthält aus der Feder des Herausgebers in Form einer sorgfältigen und gelungenen Analyse des deutschen Volkscharakters gewissermafsen das Programm des ganzen Werkes. Jedem der oben aufgeführten Abschnitte werden einige Tafeln in Farbendruck, Kupferätzung oder Holzschnitt beigegeben werden wie andrerseits ein sorgfältiges Register das

Werk gleichzeitig zu einem nützlichen Nachschlagebuch machen soll. Die folgenden Lieferungen sollen rasch nacheinander erscheinen; das ganze Werk kann auch in elegantem Halblederband zum Preise von 15 λ. bezogen werden.

IV. Abteilung.

Miszellen.

Die Abschlufsprüfung auf Untersekunda.

(Aus der Frankf. Zeitung Nr. 298 vom 28. Oktober 1898.)

„Vor' zwei Jahren brachte die Frankfurter Zeitung (l. Mgbl. vom 12. April 1896) einen Aufsatz über das Abschlufsexamen auf Untersekunda, in dem der Verfasser die Prüfung als eine verfehlte Neuerung bezeichnete und die Forderung erhob, dafs sie weichen müsse auch um den Preis des Geständnisses, einen Mifsgriff gethan zu haben. Mittlerweile haben die Lehrer und Leiter der höheren Schulen reichliche Gelegenheit gehabt, Erfahrungen zu sammeln. Die Regierung selbst hat es für notwendig erachtet, sich über diese Klarheit zu verschaffen. Zu dem Zwecke wurde den Lehrerkollegien der höheren Schulen der Provinz Hannover die Frage unterbreitet: Welche Erfahrungen haben die neunstufigen Unterrichtsanstalten mit den Abschlufsprüfungen gemacht? Es sind daraufhin 33 Berichte von Gymnasien, 16 von Realgymnasien und 1 Bericht einer Oberrealschule eingegangen, über die von den Direktoren Dr. Hermann - Norden und Fastenrath-Quakenbrück auf der 8. hannoverischen Direktoren - Versammlung referiert wurde. Das Endergebnis der Berichte und Verhandlungen gipfelt in der These: Die Wiederaufhebung der Abschlufsprüfung ist wünschenswert.

Es ergab sich nahezu Übereinstimmung darüber, dafs sich die an die Einführung der Prüfungen geknüpften Erwartungen nicht erfüllt haben. 1. Man erwartete in erster Linie eine allgemeine Entlastung der lateintreibenden Schulen zu Gunsten der lateinlosen, weil man glaubte, dafs die, die nur nach der Berechtigung zum Einjährigen-Dienste strebten, in Zukunft von vornherein lateinlose Schulen besuchen würden, die für ihren Beruf geeigneter seien als die lateintreibenden". Aber alle Berichte stellen fest, dafs diese Erwartungen sich nicht erfüllt haben. Insbesondere ist die Entlastung der drei oberen Klassen nicht eingetreten, ja vielfach ist das Gegenteil konstatiert worden, nämlich eine Steigerung der Schülerzahl in der Oberstufe und ein „ungesundes Herandrängen zur Reifeprüfung". Denn gar manche Schüler, die früher beabsichtigten, am Ende der Untersekunda die Schule zu verlassen, wurden durch das genügende Prüfungsresultat „so weit ermutigt, dafs sie sich auch weiteren Aufgaben des Gymnasiums gewachsen glaubten und deshalb auf der Anstalt verblieben". Nicht wenig mag dazu auch der Umstand beitragen, dafs die Prozentzahl der im Examen Bestandenen keineswegs geringer ist, als der früher von Unter- nach Obersekunda Versetzten, die meisten Berichterstatter erklären sogar, dafs die Beförderung nach Obersekunda jetzt eher erleichtert als erschwert sei.

2. Eine andere Frage ist es, ob durch die Abschlufsprüfung „die Bethätigung und gesamte Haltung der Jugend einen heilsamen Einflufs erfahren habe". Die meisten Referenten stellten einen solchen in Abrede, und der Berichterstatter selbst sieht sich zu dem Geständnis veranlafst, dafs es wahrhaftig nicht wohl um den Geist in unseren höheren Schulen bestellt sein könne, wenn das Not- und Schreckmittel einer behördlich verordneten Prüfungshandlung bedürfte, um die Kräfte in Bewegung zu setzen. Wichtiger scheint die Frage, ob die Abschlufsprüfung einen nachteiligen Einflufs ausgeübt hat. Das scheint in der That der Fall zu sein; die meisten Berichte erheben Klagen über „verwirrende Beunruhigung und dadurch veranlafste Überbürdung. besonders der schwächer begabten, aber pflichttreuen Schüler."

Auffallender Weise ist mit keinem Worte darauf hingewiesen worden, dafs die Abschlufsprüfung gerade in eine Zeit fällt, in der im Organismus des jugendlichen Körpers und Geistes eingreifende Veränderungen eintreten und dafs die infolgedessen zu Tage tretende Nervosität durch die Aufregungen des Examens und seiner Vorbereitungen aufs Unheilvollste gesteigert wird. Weniger dürfte der Umstand in die Wagschale fallen, dafs nach dem Examen eine Erschlaffung und das Verlangen nach Ausruhen nach geleisteter Arbeit konstatiert wurde, unter dem der Unterricht der Obersekunda zu leiden hat. 3. Wichtiger scheinen die Störungen, die das Examen im äufseren Gang des Unterrichts herbeiführt. Ein Mifsstand ist es, dafs die Prüfung zweimal im Jahr vorgenommen wird, ein Mifsstand, dafs sie in die arbeitsreichste Zeit des Jahres fällt und den so wie so mit Arbeit reichlich gesegneten Lehrern sowie den Direktoren die Arbeitslast aufserordentlich vermehrt. Der innere Unterrichtsbetrieb bleibt auch nicht frei von Störungen. Trotz der Erklärung der Prüfungsordnung, dafs keine andere Vorbereitung als auf jede Versetzungsprüfung erwartet oder gar gefordert wird, steht doch der Unterrichtsbetrieb der Untersekunda „unter dem Zeichen der drohenden Abschlufsprüfung; er verliert an Ruhe und Vornehmheit und wird banausischer." Es wird festgestellt, dafs der Unterricht von der durch die Lehrpläne vorgezeichneten Richtung abgedrängt und in den Sprachen wieder der grammatisierenden Methode zugetrieben werde, und dafs die Notwendigkeit, ein erhebliches Mafs von völlig gegenwärtigen Kenntnissen zu erzielen, zu einer Lehrweise zwingt, die mit dem Geiste der Lehrpläne nicht im Einklang steht. Die von der Direktoren-Konferenz angenommene These: „Die Gefahr ist nicht ausgeschlossen, dafs unter dem Einflufs der Abschlufsprüfung der vorausgehende Unterricht die nötige Unbefangenheit einbüfst", zeigt, dafs die Anschauung, viele Lehrer arbeiteten auf ein äufseres Resultat hin, verbreitet genug ist. 4) Schliefslich konnte festgestellt werden, dafs die Prüfung bei den feststehenden Bestimmungen, an die die Examinatoren gebunden sind, oft zu „nicht erwarteten und nicht gewünschten" Ergebnissen führte. Es können zahlreiche Fälle eintreten, dafs ein Schüler, der früher anstandslos versetzt worden wäre, durchfällt und umgekehrt, dafs ein Schüler, den die Konferenz früher kaum für reif erklärt hätte, durch die Abschlufsprüfung mit ihren vielen Zufälligkeiten zu seinem Ziele kommt.

Wenn berufene Fachmänner, wie sie die Hannoverische Direktoren-Konferenz repräsentierte, zu solchen wenig ermutigenden Resultaten in der Frage der Abschlufsprüfung kommen, dann wird es wohl nicht lange dauern, dafs die in der besten Absicht eingeführte Institution auch von den Behörden fallen gelassen wird. Die Praxis hat sich auch hier wieder einmal stärker erwiesen als die Theorie."

Personalnachrichten.

Ernannt: an humanistischen Anstalten: (Klassische Philologie) zu Gymnasialprofessoren die Gymnasiallehrer: Dr. Hermann Stadler vom Maxgymn. München am Gymn. Freising; Dr. Stephan Martin vom alten Gymn. Würzburg in Neustadt a. d. H.; Dr. Lukas Grünenwald vom Gymn. Speier dortselbst; Friedr. Walter vom Luitpoldgymn. in München am Gymn. Speier; Joh. Schmid vom Gymn. Amberg dortselbst; Wilh. Rosenmerkel vom alten Gymn. Nürnberg am Gymn. Augsburg; Dr. Hugo Steiger vom Gymn. St. Anna in Augsburg am Realgymn. dortselbst; Dr. Karl Günther vom alten Gymn. Regensburg dortselbst; — zu Gymnasiallehren die Assistenten: Heinrich Januel vom Theresiengymn in München am alten Gymn. Regensburg; Adam Schwind von Straubing am Progymn. Dinkelsbühl; Heinrich Geyer von Amberg am Progymn. Kitzingen. — Der Domvikar und Domprediger Dr. Adam Senger in Bamberg wurde zum Gymnasialprofessor (kath. Rel.) am alten Gymn. daselbst ernannt.

(Mathematik) zu Gymnasialprofessoren die Gymnasiallehrer: Jos. Zametzer am Luitpoldgymn. München; Jos. Wenzl am Ludwigsgymn. München; Dr. Max Zistl vom Gymn. Straubing dortselbst; Dr. Joh. Bärthlein vom alten Gymn. Regensburg dortselbst; Dr. Emil Klein vom Gymn. Aschaffenburg dortselbst;

Georg B u s c h vom alten Gymn. Würzburg dortselbst; Dr. Gottlieb H e r t i n g vom Gymn. St. Anna in Augsburg dortselbst; zu Gymnasiallehrern die Assistenten: Theod. S t e i n i n g e r vom Theresiengymn. München in Rosenheim; Aug. K r a u s vom neuen Gymn. Regensburg in Bayreuth; Karl B a c h h u b e r von Kaiserslautern in Hof; Herm, B i s c h o f f von Landau am Progymn. Nördlingen.

(Neuere Sprachen): Dr. Richard A c k e r m a n n vom neuen Gymn. Bamberg dortselbst; Dr. Friedr. C h r i s t o p h vom Gymn. Hof dortselbst; Friedr. D e r r e r vom Gymn. Fürth daselbst; Friedr. B e c k vom Gymn. Neuburg a. D. dortselbst; an R e a l a n s t a l t e n : Dr. Arnold D e b é t a z , Reallehrer in Fürth zum Professor f. n. Spr. dortselbst; Herm. H e l d , Gymnl. am neuen Gymn. in Nürnberg zum Prof. für Math. u. Phys. an der Kreisrealschule in Nürnberg; Dr. Hugo R e i n s c h , Assistent an der Realschule Straubing zum Reallehrer an der Kreisrealschule Augsburg (N. Spr.); Dr. Adolf B l ü m c k e , Reallehrer in Nürnberg zum Gymnpr. am Realgymn. Nürnberg (Math.);

A s s i s t e n t e n : als Assistenten wurden beigegeben (an humanistischen Anstalten): Hans T e m p e l dem Theresiengymn. in München (Math.); Karl R a u s c h m a y r dem Gymn. Landau (Math.); Anton H a a s dem Gymn. Kaiserslautern (Math.); Wilh. L o h r dem neuen Gymn. in Regensburg (Math,); Herm. B i t t e r a u f dem Gymn. Straubing; Wilh. P l e i m e s dem Gymn. Amberg;

an Realanstalten: Joh. Bapt. D i l l e r der Realschule in Neustadt a. d. H. Karl D e n k der Realschule Straubing (n. Spr.); Karl F r ö h l i c h der Realschule Landshut.

V e r s e t z t auf Ansuchen: die Gymnasialprofessoren Joh. E d e r von Freising nach München (Luitpoldgymn.); Dr. Joh. P r a u n von Speier nach München (Maxgymn.); Dr. Karl Z i n k vom Gymn. Ansbach an das alte Gymnasium Nürnberg; Ludwig K e c k vom Realgymn. Nürnberg an das neue Gymn. Nürnberg (Math); Dr. Wilh. K a l b vom Gymn. Neustadt a. d. H. an das alte Gymn. Würzburg; Dr. Hans M a i s e l vom Realgymn. Augsburg an das Gymn. St. Anna dorts.

A u s z e i c h n u n g e n . Verliehen wurde d e r V e r d i e n s t o r d e n v o m h l. M i c h a e l 4. K l a s s e : dem Gymnasialrektor Dr. Andreas S p e n g e l in Passau; dem Gymnasialrektor Joh. Ev. E i n h a u s e r in Neuburg a. d. D.

D e r T i t e l e i n e s K g l. O b e r s t u d i e n r a t e s dem Gymnasialrektor des Maximiliansgymn. in München und Mitglied des obersten Schulrates Dr. Nikolaus W e c k l e i n .

D e r T i t e l u n d R a n g e i n e s K g l. g e i s t l. R a t e s dem Gymnprof. und Religionslehrer am Wilhelmsgymn. in München, Ehrenkanonikus bei St. Cajetan Frz. Xav. G i r s t e n b r ä u .

D e r T i t e l u n d R a n g e i n e s K g l. G y m n a s i a l p r o f e s s o r s : den Gymnasiallehrern Joh. P i c k e l in Fürth, Jos. P f i s n e r in Kaiserslautern, Leonhard B a e r am Prog. Uffenheim, Eduard H a i l e r in Freising, Franz F r a n z i s z i in Passau, Adolf G e o r g i i in Neustadt a. H., Leonhard H a i b e l in Speier.

D e r T i t e l e i n e s K g l. P r o f e s s o r s m i t d e m R a n g e e i n e s G y m n a s i a l p r o f e s s o r s den Reallehrern Max B o t t l e r in Kissingen, Wilh. Christoph B a u s c h i n g e r an der Luitpoldskreisrealschule in München, Friedr. S c h a d an der Realschule Ansbach, Eduard S a l f n e r an der Kreisrealschule Nürnberg.

I n R u h e s t a n d v e r s e t z t : an humanistischen Anstalten: Joh. H u b e r, Gymnprof. am alten Gymn. in Regensburg auf ein Jahr

an Realanstalten: der im zeitl. Ruhestand befindliche Reallehrer für neuere Sprachen an der Realschule in Fürth, David L o b s t e i n auf weitere 2 Jahre, Ludw. H i e r t h e s , Prof. für neuere Sprachen an der Kreisrealschule in Augsburg auf ein Jahr.

G e s t o r b e n : an humanistischen Anstalten: Aug. H u n d s m a n n , Gymnasialrektor a. D. (zuletzt in Landshut) in München; Herm. G r a n d a u e r , Studienlehrer a. D. zuletzt in Germersheim.

an Realanstalten: Isaak S i l b e r s c h m i d t , Reall. in Fürth.

A. Frequenz der humanistischen Gymnasien.

(Am 1. Dezember 1899).

Gymnasium	Kl. 1	Kl. 2	Kl. 3	Kl. 4	Kl. 5	Kl. 6	Kl. 7	Kl. 8	Kl. 9	Summa	Diff. seit 2 Jahren	Durchschn. i. jed. Kl.
1. Amberg . . .	33† 30*	31 31	47	23 24	38	42	32	21	17	369	— 16	31
2. Ansbach . .	27	28†	26*	24	33	25	47	26	34	270	— 16	30
3. Aschaffenburg	56†	32* 31*	52	45	30 23	25 24	37	32	30	417	— 12	35
4. Augsburg St. Anna	54	34	28 27	22	35	36	33	29	23	321	— 31	32
5. Augsburg St. Steph., O.S.B.	46 42	50 49	39 33	29 33	25 23	59	41	47	30	546	— 26	39
6. Bamberg Altes G.	48	45†	40 32*	33 30	41 41	32 31	35	21	25	454	— 39	35
7. Bamberg Neues G.	30 34*	43 41	39	29 28	23 23	42	18 18	31	16	415	+ 26	30
8. Bayreuth . .	49†	46*	39	27 29	35	26 26	31	31	25	364	— 18	33
9. Burghausen .	35†	34	40	47	39	51	28	20	25	319	— 10	35
10. Dillingen . .	47†	43*	27 27	33 32	36 35	30 30	24 25	20 26	40	475	— 41	32
11. Eichstätt . .	50†	39	33	27	35	43	36	28	17	308	— 4	34
12. Erlangen . .	38†	29	24	30	28	22	36	25	26	258	— 11	29
13. Freising . .	30†	33	24	41	31	38 38	32 32	21 22 21	30 28	421	— 56	30
14. Fürth . . .	43	33†	30	24	23	24	23	18	24	242	+ 70	27
15. Hof	36	35	31	21	24	27	22	27	19	242	+ 6	27
16. Ingolstadt . .	28	31	22	21	17	18	15	—	—	152	— 21	22
17. Kaiserslautern	40†	33 32*	38	28	30	37	27	25	12	302	+ 20	30
18. Kempten . .	40	31†	37	32	47	45	40	30	31	333	— 11	37
19. Landau . . .	35	34	40	33	36	39	33	23	37	310	— 84	35
20. Landshut . .	32 28	29 29	31 30	24 27	35	42	21	22	28	378	— 18	29
21. Ludwigshafen	30*	24	30	24	15	16	15	—	—	154	+ 16	22
22. Metten, O.S.B.	47†	50*	49*	49	45	42	30	31	25	368	+ 7	41
23. München Ludw.-G.	43 44	32 31†	31 31	25 33	27 28	29 30	26 28	22 23	35	518	— 20	30
24. München Luitp.-G.	47 47† 45*	60 60	55 52	45 46	53 53	52 53	38 39	37 38	39 39	898	— 23	47
25. München Max.-G.	50 49† 25†	57 56	35 34 35	43 40	37 37	38 37	23 24	39	25 21	705	— 44	37

Gymnasium	Kl. 1	Kl. 2	Kl. 3	Kl. 4	Kl. 5	Kl. 6	Kl. 7	Kl. 8	Kl. 9	Summa	Diff. seit 2 Jahren	Durchschn. i. jed. Kl.
26. **München** Theres.-G.	34 36 36	36 32 34	43 43	30 30	33 33	27 28 18	20 18	32	25	570	— 80	32
27. **München** Wilh.-G.	45 41 20†	51 51	38 42	38 38	33 34 33	34 33 32	35 25	28	28 22	668	— 18	35
28. **Münnerstadt** .	20*	38	38	28	34	32	27	26	28	271	— 15	30
29. **Neuburg** . .	20	38†	31	27	31	32	30	28	30	267	— 17	30
30. **Neustadt a/H.**	32	25	21	19	21	19	26	16	21	200	— 10	22
31. **Nürnberg** · Altes G.	45 47†	35 36	38 41	46	33	30	30	28	28	437	— 21	36
32. **Nürnberg** Neues G.	47 47	32 31	38 40	41	35	39	26	31	29	436	— 6	36
33. **Passau** . . .	40 40	48 52	58	34 32	42 41	31 30	34 30	31 27	20 20	610	+ 53	36
34. **Regensburg** Altes G.	51	34 33	34 28	37 36	35 38	37 35	35 35	27 23	26 20	564	— 24	33
35. **Regensburg** Neues G.	36 35 35	45 38	33 33	34 35	31 27	26 26	27	24	33	518	— 7	32
36. **Rosenheim** . .	32	47	32	30	27	24	18	20	19	249	+ 34	28
37. **Schweinfurt** .	23	31	27	29	22	26	22	18	20	218	— 25	24
38. **Speyer** . . .	24	41	48†	45	26 25	40	24 24	25	20 20	187	— 19	30
39. **Straubing** . .	47†	34	47	30 23	24 22*	30 17*	30	25	19	348	— 28	29
40. **Würzburg A. G.**	58	61†	40	33	35	41	27	27	19	341	— 21	38
41. **Würzburg** Neues G.	53 49†	47 46	41 40	39 36	36 36	38 39	33 31	31 31	21 21	668	— 25	37
42. **Zweibrücken** .	24†	17	16	14	24	40	34	25	31	225	— 25	25

	Kl.1	Kl.2	Kl.3	Kl.4	Kl.5	Kl.6	Kl.7	Kl.8	Kl.9	Summa	
Summa:	2375	2309	2078	1885	1859	1903	1557	1320	1221	16516	— 610
Vor 2 Jahren (1896)[1]	2336	2365	2435	2100	1939	1918	1539	1281	1213	17126	
Diff. zw. 96 u. 98: [1]	+39	—56	-357	-215	—80	—15	+18	+48	+8		—610
Vor 4 Jahren (1892)[2]	2677	2614	2454	2090	1879	1919	1466	1218	1132	17449	
Diff. zw. 94 u. 98: [3]	-302	-305	-376	-205	—20	—16	+91	+111	+89		-933[3]
Zahl der Kurse: .	61	60	58	59	58	57	54	50	48	505	— 10
Vor 2 Jahren:[1]	60	62	63	61	60	58	57	47	47	515	
Vor 4 Jahren:[2]	61	63	61	58	54	55	52	48	42	494	
Durchschnittszahl der Schüler in jed. Kl.	39	38	36	32	32	34	27	27	25		32
Vor 2 Jahren:[1]	39	38	39	35	32	33	27	27	26		33
Vor 4 Jahren:[2]	44	41	41	36	35	35	28	25	27		35

[1] Um eine gleichmäßige Berechnung und Schätzung zu erzielen, wurde die 1.—6. Klasse der Anstalten Ingolstadt und Ludwigshafen, welche im J. 1896 noch Progymnasien waren, miteinbezogen.
[2] Um eine gleichmäßige Berechnung und Schätzung zu erzielen, wurde die 1.—6. Klasse der Anstalten Fürth, Rosenheim, Ingolstadt und Ludwigshafen, welche im J. 1894 noch Progymnasien waren, miteinbezogen. — [3] Differenz seit 4 Jahren.

Bemerkungen zu A.

1) **Besetzung der Ordinariate.** Diejenigen Klassen, welche sich zwischen den beiden Zickzacklinien befinden, sind **seit 1. Januar** 1899 mit budgetmäfsigen **Gymnasialprofessoren als Ordinarien** besetzt, desgleichen die ☐ umrahmte 4. Klasse in Neuburg, 1. Klasse in Nürnberg N. G., 2. Klasse in Regensburg N. G. und 4. Klasse in Schweinfurt. Die Klassen rechts der genannten Linie sind in der Hand des **Rektors.** In den Klassen links verwalten das Ordinariat **Gymnasiallehrer** bezw. **Assistenten.** Solche Klassen, in denen sich als Ordinarien Assistenten befinden, sind mit † und * bezeichnet: † bedeutet, dafs der Assistent die Klasse als Stellvertreter eines beurlaubten oder zur Gymnasialaushilfe verwendeten ordentlichen Lehrers, sei es Gymnasiallehrer oder Professor, verwaltet. Von einem Gymnasiallehrer wird sonst noch die Klasse 7 B in Bamberg N., Regensburg A. und Speyer versehen.

2) **Frequenzverhältnisse.** Seit der letzten Berechnung hat sich die Zahl der Gymnasien um zwei vermehrt, indem mit Beginn des Schuljahres 1898/99 Ingolstadt und Ludwigshafen dazu kamen. Der Vergleich mit dem J. 1894 bezw. 1896 (1. Dez.), wobei wir zur Ermöglichung gleichmäfsiger Schätzung, wie schon in Fufsnote bemerkt, die unteren 6 Klassen der mittlerweile zu Gymnasien erhobenen Progymnasien Fürth und Rosenheim (eröffnet 1896/97, ausgebaut 1898/99) sowie Ingolstadt und Ludwigshafen mit einrechneten, ergibt hinsichtlich der Frequenz Folgendes:

Die **Frequenz der Gymnasien** hat vom Jahre 1894 bis zum Jahre 1896 um 323, vom Jahre 1896 bis zum Jahre 1898 um weitere 617, in Summa seit 1894 um 940 Schüler abgenommen. Bemerkenswert ist, dafs die Abnahme sich zunächst auf die unteren 6 Klassen und hier wieder vorzugsweise auf die unteren 4 Klassen erstreckt.

a) Die **Abnahme** beträgt **seit 1894:**

in der 1. Klasse — 802 Schüler,
„ „ 2. „ — 305 „ ,
„ „ 3. „ — 376 „ ,
„ „ 4. „ — 205 „ ,
„ „ 5. „ — 20 „ ,
„ „ 6. „ — 16 „ .

Die übrigen Klassen haben noch etwas zugenommen; es befinden sich

in der 7. Klasse + 91 Schüler,
„ „ 8. „ + 111 „
„ „ 9. „ + 89 „ .

Des weiteren ist von Interesse zu sehen, welcher Art die Schwankungen in den genannten 4 bis 6 Klassen zwischen den Jahren 1894 und 1896 einerseits und 1896 bis 1898 andrerseits waren, da man nur hieraus erkennen kann, ob die Abnahme eine gleichmäfsige oder voraussichtlich nur vorübergehende ist, und sodann hiernach mit einiger Sicherheit entscheiden kann, wie sich die Abnahme voraussichtlich in den nächstfolgenden Jahren gestalten wird. Nun befanden sich

b) **von 1894 bis 1896:**

in der 1. Klasse — 841 Schüler,
„ „ 2. „ — 249 „ ,
„ „ 3. „ — 19 „ ,
„ „ 4. „ + 10 „ ,
„ „ 5. „ + 60 „ ,
„ „ 6. „ — 1 „ .

Die übrigen Klassen hatten sämtlich zugenommen; die Zunahme hatte betragen:

in der 7. Klasse + 73 Schüler,
„ „ 8. „ + 63 „ ,
„ „ 9. „ + 81 „ .

c) **Seit 1896 bis 1898** endlich sind die Schwankungen diese: es befinden sich
in der 1. Klasse $+$ 39 Schüler,

„ „ 2. „ $-$ 56 „ ,
„ „ 3. „ $-$ 857 „ ,
„ „ 4. „ $-$ 815 „ ,
„ „ 5. „ $-$ 80 „ ,
„ „ 6. „ $-$ 15 „ .

Die übrigen Klassen zeigen, wenn auch in vermindertem Grade, noch eine
Zunahme; denn es befinden sich

in der 7. Klasse $+$ 18 Schüler,

„ „ 8. „ $+$ 48 „ ,
„ „ 9. „ $+$ 8 „ .

Aus der Berechnung zu b ergibt sich, daß von 1894 bis 1896 die 1. und
2. Klasse das Schwergewicht der Abnahme zu fühlen hatten; die Abnahme betrug
je ca. 300 Schüler. Die Berechnung zu c führt zu der Thatsache, daß die 1. und
2. Klasse nicht mehr weiter abnahmen (in der 1. Klasse zeigt sich sogar wieder
eine kleine Zunahme von 39 Schülern); die 1. und 2. Klasse erhielten sich also
auf dem um ca. 300 Schüler ermäßigten Niveau. Hingegen nahmen seit 1896
(zu c) in Konsequenz der zwei Jahre vorher bei der 1. und 2. Klasse eingetretenen
Ermäßigung die 3. und 4. Klasse um ungefähr die gleiche Zahl (ca. 300) ab. Es
haben also die unteren 4 Klassen seit 1894 jede um rund 300 Schüler abgenommen
(zu a); das ergibt in Summa 1200 Schüler (genau: 1188). Da die übrigen Klassen
zumeist noch etwas zunahmen, beträgt der Gesamtausfall nur 933 Schüler. So
stehen die Verhältnisse an den Gymnasien. Wir geben unten eine „Gesamt-
übersicht über die Frequenzschwankungen" in welcher wir auch die
Progymnasien und Lateinschulen in die Berechnung miteinbeziehen. Das Resultat
verändert sich da nur wenig; der Gesamtausfall beläuft sich auf 793
(statt 933 an den Gymnasien allein), die Verminderung der Schülerzahl an
den 4 unteren Klassen bewegt sich in demselben Verhältnis: sie beträgt in der
1. Klasse 867, in der 2. Klasse 811, in der 3. Klasse 391, in der 4. Klasse 180
Schüler; von hier an besteht noch Zunahme (58, 107, 91, 111, 89).

Die Folgerung, die wir aus diesen Berechnungen ziehen, kann nur die sein,
daß sich in den nächstfolgenden Jahren, wenn der 5. Klasse an beginnend, eine
analoge Verminderung der Schülerzahlen einstellen wird, wobei wir jedoch nicht
glauben, daß sie der Zahl 300 sich nähern werde, da das Verhältnis der Schülerzahl
nach oben abnimmt; aber auf einen Ausfall von ca. 200 Schülern, d. i. auf 5 Klassen
berechnet 1000 Schüler, wird man wohl rechnen dürfen. Daß diesem Ausfall eine
Zunahme in den untersten Klassen das Gegengewicht halten werde, ist nicht
vollständig anzunehmen, aber doch zum Teil nicht unwahrscheinlich. Sympto-
matisch erscheint hier der Umstand, daß bereits heuer die 1. Klasse (gegen 1896)
eine wenn auch kleine Zunahme erweist; letztere beträgt an den Gymnasien 89,
an den gesamten hum. Anstalten 7.

Es wäre nun interessant, auseinanderzusetzen, wie sich die Schwankungen
bei den einzelnen Anstalten äußern.

Wir beschränken uns hier auf einige wenige Konstatierungen allgemeiner
Art. Von den 42 Gymnasien zeigen seit 1896 34 eine Abnahme, nur 8 eine Zunahme
(die größte Fürth und Passau). Unter den 8 Kreisen zeigen nur Niederbayern
und Mittelfranken eine Zunahme (um 14 bezw. 12), alle übrigen eine Abnahme,
nämlich Oberfranken — 25, die Oberpfalz — 47, Unterfranken — 98, die Pfalz
— 102, Schwaben — 126, Oberbayern — 238. Die Schülerzahl stieg in Niederbayern von 1690 auf 1704 ($+$ 14), in Mittelfranken von 1939 auf 1951 ($+$ 12);
sie fiel in Oberfranken von 1500 auf 1475 ($-$ 25), in der Oberpfalz von 1498 auf
1451 ($-$ 47), in Unterfranken von 2013 auf 1915 ($-$ 98), in der Pfalz von 1680
auf 1578 ($-$ 102), in Schwaben von 2068 auf 1942 ($-$ 126), in Oberbayern von
4738 auf 4500 ($-$ 238). Nach Prozenten ausgerechnet (ohne Rücksicht auf die
Bevölkerungsziffer) betrug die Mehrung in Niederbayern 0,8 %, in Mittelfranken
0,6 %, die Minderung in Oberfranken 1,7 %, in der Oberpfalz 3,1 %, in Unterfranken 4,4 %, in Oberbayern 5,4 %, in der Pfalz und in Schwaben 6 %; in allen
Gymnasien betrug die Abnahme im Durchschnitt 3,6 %.

Seit 1894 hat nur Mittelfranken eine Mehrung zu verzeichnen (+ 1,2%).
Dagegen beträgt die Abnahme in Oberbayern 4,3%, in Oberfranken 5,9%,
in der Oberpfalz 6,3%, in der Pfalz und in Niederbayern 6,8%, in Unterfranken
8,1%, in Schwaben 10,5%; an allen Gymnasien im Durchschnitt 5,4%.

3) Übermaximale Klassen — sie sind in der Tabelle fettgedruckt —
gibt es 44 (1894 an 37 Gymnasien 77, 1896 an 40 Gymnasien 48). Ihre Zahl hat
also seit zwei Jahren nur wenig abgenommen. Dies ist um so auffallender, als,
wie wir sahen, die Frequenz im allgemeinen nicht unbeträchtlich sich ermäfsigt
hat. Die statistische Erklärung dieses Mifsverhältnisses ergibt indes aus der
Wahrnehmung, dafs die Gesamtzahl der Kurse sich seit 2 Jahren um 10 verringert hat; während es 1896 noch 515 Kurse gab, sind es jetzt deren nur noch
505. Lehrermangel dürfte daran schuld sein. Umgekehrt war von 1894 bis 1896
trotz der Abnahme der Schülerzahl eine Vermehrung der Kurse um 21 (von 494
auf 515) eingetreten, woraus sich der damalige Rückgang der übermaximalen
Klassen (von 77 auf 48) erklärt. Es ist begreiflich, dafs sich unter diesen Umständen die Durchschnittszahl der Schüler in jeder Klasse ziemlich
gleichgeblieben ist; sie beträgt 32 gegen 33 im Jahre 1896 und 35 im Jahre 1894).
Diese Zahl ist immer noch sehr hoch. Aber auch, wenn man die Durchschnitts-
zahlen einzelner Klassen ins Auge fafst, so ergeben sich respektable Ziffern:
27 Schüler im Durchschnitt in Klasse 7 und 8, 34 in Klasse 6 ist ungemein
viel, da zu berücksichtigen ist, dafs hier auch verhältnismäfsig kleine Klassen mit
15—20 Schülern mitunterlaufen.

Die übermaximalen Klassen verteilen sich auf alle Klassen: es gibt 4 in
Klasse 9 (die stärkste mit 40 Schülern hat Dillingen), 4 in Klasse 8 (die stärkste
mit 47 Schülern hat Augsburg St.), 8 in Klasse 7 (die stärkste mit 47 Schülern
hat Ansbach), 4 in Klasse 6 (die stärkste mit 59 Schülern hat Augsburg St.), 3 in
Klasse 5 (die stärkste mit 53 Schülern hat zweimal München Luitp.-Gymn.). 4 in
Klasse 4 (die stärkste mit 49 Schülern hat Metten), 4 in Klasse 3 (die stärkste
mit 58 Schülern hat Passau), 8 in Klasse 2 (die stärkste mit 61 Schülern hat
Würzburg A.), 5 in Klasse 1 (die stärkste mit 58 Schülern hat Würzburg A.).

Relativ die meisten übermaximalen Klassen hat andauernd das
Luitpold-Gymnasium; von den insgesamt 44 übermaximalen Klassen treffen allein
15 auf das genannte Gymnasium, darunter einige wie die 2., 5. und 6. mit ungewöhnlich hohen Zahlen. Dann folgen 3 Gymnasien (Aschaffenburg, Augsburg St.,
München Maxg.) mit je 3, 5 Gymnasien mit je 2, 10 Gymnasien mit je 1 über-
maximaler Klasse, in Summa also 18 Gymnasien mit einer oder mehreren übermaximalen Klassen. Die Überfüllung einzelner Klassen spricht sich wesentlich
auch schon in der Höhe der Durchschnittszahl von Schülern in jeder Klasse aus.
Die Durchschnittszahl beträgt (s. o.) für sämtliche Klassen aller Gymnasien 32.
Diese Zahl ist übertroffen von 17 Gymnasien, nämlich von München Luitp.-G.
(47 d. i. 1½ mal soviel), Metten (41), Augsburg St. (39), Würzburg A. (38),
Kempten, München Maxg., Würzburg N. (je 37), Nürnberg A. und N., Passau
(je 36), Aschaffenburg, Bamberg A., Burghausen, Landau, München Wilhelmsg.
(je 35), Eichstätt (34), Regensburg A. (33). Es ist sicher kein Zufall, dafs diese
Anstalten (mit Ausnahme von Bamberg A. und Nürnberg N.) eine oder mehrere
überfüllte Klassen haben. Augsburg A. (32), Dillingen (32), Ansbach (30) und
Erlangen (29) haben ebenfalls eine (einzelne) überfüllte Klasse und stehen auch
in der Durchschnittsziffer in der Nähe, besonders die ersteren.

Gerade Bamberg A. und Nürnberg N., die, trotzdem sie keine überfüllte
Klasse haben, doch eine starke Durchschnittszahl aufweisen, geben noch nach
einer anderen Richtung einen Fingerzeig; sie zeigen, dafs hier, wie an manchem
anderen Gymnasium, einzelne Klassenziffern nahe an das Maximum streifen oder
es gerade erreichen.

Besonders bedenklich erscheint uns dieser Fall, wenn er die 6. Klasse betrifft, eine Klasse, die hervorragend belastet ist, wenn sie eine Schülerziffer hat, die
nahe dem z. Z. bestehenden schulordnungsmäfsigen Maximum (45) liegt. In dieser
Klasse sollte die Maximalziffer vor allem herabgesetzt werden und zwar auf 35,
wie in 7—9. Nach der vorigen Schulordnung (v. Jahre 1874) war das Maximum
für die 6.—9. Klasse 40 Schüler. Die neue Schulordnung (vom J. 1891)
setzte in der 7.—9. Klasse das Maximum von 40 auf 35, und auch in der

4. und 5. Klasse von 50 auf 45, also in beiden Fällen um je 5 Schüler **herunter,** **in der 6.** **K l a s s e aber** — also mitten zwischen diesen erleichterten Klassen — umgekehrt um **5** **S c h ü l e r h i n a u f,** obgleich die Schwierigkeit des Unterrichtsbetriebs keineswegs geringer wurde, ja durch die bald nach Herausgabe der neuen Sch.-O. zur Einführung gebrachte Abschlufsprüfung eher noch gewachsen ist. Nun finden wir, dafs zur Zeit die 6. Klasse in 9 Fällen zwischen 40 und 45 Schüler zählt, was entschieden viel zu viel ist. Bei Herabsetzung auf 35 wären allerdings, wie die Tabelle ergibt, aufser jenen 9 Klassen und den 4 übermaximalen noch weitere 12, im Summa 25 neue Kurse notwendig. Allein wir hoffen dennoch von der Entwicklung der nächsten Zukunft eine Besserung. Denn, nicht nur dafs die Gesamtschülerziffer, wie eben dargethan, sich ermäfsigt, eine Ermäfsigung, die ja bei der 5. Klasse nicht Halt machen, sondern sich nach oben fortsetzen wird, stehen wir jetzt auch unmittelbar vor dem Ende des seit einigen Jahren so hinderlichen Lehrermangels.

So hoffen wir also, dafs durch die wenn auch nur zeitweilige Abnahme der Schülerzahl, durch das gröfsere Zuströmen von Lehrkräften und — last not least — durch eine fortgesetzte liberale Dotation des Bauetats die noch immer zu beklagende Überfüllung einzelner Klassen und Anstalten sich leichter beseitigen lassen werde, als man sich bisher noch zu hoffen getraute.

4) Ü b e r m a x i m a l e A n s t a l t e n — nach dem Wortlaut der Schulordnung, die bei 600 Schülern Teilung vorsieht, — gibt es gemäfs der Tabelle zur Zeit **fünf** und zwar 1) München Luitp.-G. mit 898 Schülern, 2) München Max.-G. mit 705, 3) München Wilh.-G. und 4) Würzburg Neues G. mit je 668, 5) Passau mit 610 Schülern. Vor zwei Jahren waren es ebenfalls 5 Gymnasien; nur war damals statt Passau das Theresiengymnasium im Sinne der Schulordnung überfüllt. Vor vier Jahren war die Zahl solcher Gymnasien 7 (zu den 4 Münchener Gymnasien kamen damals noch Würzburg N., Regensburg A. und Passau). Der Bau eines neuen (6.) Gymnasiums in München ist nach alledem das vordringlichste.

5) A s s i s t e n t e n a l s K l a f s v e r w e s e r zählen wir z. Z. an den Gymnasien 40; hievon sind jedoch nur 15 eigentliche Klafsverweser; die übrigen vertreten die Stelle von zeitweilig beurlaubten Ordinarien bezw. von solchen G.-Lehrern oder Professoren, die in der Oberklasse verwendet sind oder anderweitig Gymnasialaushilfe leisten. Dazu kommen an den Progymnasien 18, an den Lateinschulen 10 Assistenten, welche Ordinarien von Klassen sind; insgesamt also 68.

B. Frequenz der Progymnasien.

Am 1. Dezember 1898.

Progymnasium in	Kl. 1	Kl. 2	Kl. 3	Kl. 4	Kl. 5	Kl. 6	Summa	Diff. seit 2 Jahren	Durchschn. in jeder Klasse:
1. Bergzabern [1]) . .	17	15	9	15	11	14	81	+ 6	13
2. Dinkelsbühl [1]) .	10*	5	6	11	13	11	56	— 16	9
3. Donauwörth . .	27*	24	30	27	28	24	160	+ 51	27
4. Dürkheim [1]) . .	21	32	26	18	18	13	128	+ 0	21
5. Edenkoben [1]) . .	28	38	26	17	15	13	137	+ 7	23
6. Frankenthal . .	34*	31	22	21	23	11	142	— 26	24
7. Germersheim . .	26	16	13	12	13	8	88	+ 11	15
8. Grünstadt . . .	34*	29	21	16	7	10	117	— 18	19
9. Günzburg . . .	26	24	18	12	12	8	100	+ 5	17
10. St. Ingbert . .	27	25	24	18	16	12	122	— 5	20

Progymnasium in	Kl. 1	Kl. 2	Kl. 3	Kl. 4	Kl. 5	Kl. 6	Summa	Diff. seit 2 Jahren	Durchschnitt in jeder Klasse
11. Kirchheim-bolanden	12	9	2	10	7	7	47	— 20	8
12. Kitzingen . . .	12*	20	11	14	14	8	79	— 15	13
13. Kusel	20	19	18	10	6	5	78	+ 3	13
14. Lohr	19*	28	19	27	15	24	132	+ 14	22
15. Memmingen¹) . .	16	15	21	21	19	10	102	+ 0	17
16. Neustadt a. Aisch	9*	14	14	8	10	9	64	— 24	11
17. Nördlingen . .	11*	10	12	11	9	7	60	— 9	10
18. Öttingen . . .	14	25	22	12	12	10	95	— 12	16
19. Pirmasens¹) . .	30	23	14	11	7	13	98	+ 19	16
20. Rothenburg o. T.	15	17	16	24	15	14	101	+ 9	17
21. Schäftlarn . . .	32*	33*	32*	23*	18*	18	156	+ 1	26
22. Schwabach . . .	21	19	13	10	9	13	85	+ 9	14
23. Uffenheim . . .	18*	19	13	7	6	6	69	+ 9	11
24. Weissenburg a. S.	25*	23	22	20	19	19	128	+ 14	21
25. Windsbach . . .	12*	20²)	19²)	19	21	7	98	+ 11	16
26. Windsheim¹) . .	14*	13	7	12	8	9	63	— 17	10
27. Wunsiedel . . .	17*	16	14	12	9	5	73	— 13	12
Summa:	547	562	464	418	360	308	2659	— 6⁵)	16
Vor 2 Jahren (1896): ³)	580	587	492	432	341	233	2665		17
Differenz zw. 96 u. 98:³)	— 33	— 25	— 28	— 14	+ 19	(+ 75)³)	—	— 6⁵)	—
Vor 4 Jahren (1894): ⁴)	620	555	470	374	273	185	2477		16
Differenz zw. 94 u. 98:⁴)	— 73	+ 7	— 6	+ 44	+ 87	(+ 123)⁵)	—	+182⁵)	—

Bemerkungen.

1) Die Progymnasien in Bergzabern, Dinkelsbühl, Dürkheim, Edenkoben, Memmingen, Pirmasens und Windsheim besitzen noch keinen eigenen Lehrer der Mathematik und Arithmetik; der Unterricht in diesem Fache wird fast durchwegs von den Ordinarien (Philologen) erteilt. — In Kirchheimbolanden und Uffenheim befinden sich Assistenten der Mathematik, an den übrigen 18 Progymnasien Gymnasiallehrer.

2) Die 2. und 3. Klasse in Windsbach werden vom Predigtamtskandidaten verwaltet.

3) Einschliefslich Donauwörth, Uffenheim und Windsbach (Klasse 1—5), welche vor 2 Jahren noch Lateinschulen waren, und ausschliefslich Ingolstadt und Ludwigshafen (Klasse 1—6), welche seit 16. 9. 98 Gymnasien sind.

4) Einschliefslich Dinkelsbühl, Germersheim, Grünstadt, Donauwörth, Uffenheim und Windsbach (Klasse 1—5), welche 1894 noch sämtlich Lateinschulen mit 5 Klassen waren, und ausschliefslich Fürth, Rosenheim, Ingolstadt, Ludwigshafen (Klasse 1—6), welche 1896 bezw. 1898 zu Gymnasien erhoben wurden.

5) Durch Einbeziehung der Klassen 1—5 der ehemaligen Lateinschulen und Ausschlufs der Klassen 1—6 der nunmehrigen Vollgymnasien (s. Anm. 2 u. 3) ist eine gleichmäfsige Berechnung und Schätzung möglich, jedoch mit Ausnahme der Ziffern, welche die 6. Klasse betreffen und somit auch mit Ausnahme der Ziffern, welche die Differenz zwischen den zu vergleichenden Jahren angeben. Denn im J. 1894 bestanden an 6 Anstalten, im J. 1896 an 3 Anstalten noch keine sechsten Klassen. Diese sind also in Abzug zu bringen, um das richtige Verhältnis über Zu- oder Abnahme festzustellen. Da die 6. Klasse der 6 vorgenannten Anstalten z. Z. 66 Schüler zählt, ergibt sich nur eine effektive Mehrung von (182 — 66 =) 116 seit 1894, und eine effektive Minderung von (6 + 66 =) 72 seit 1896. Demnach haben auch die Progymnasien der allgemeinen Frequenzabnahme ihren Tribut erstattet; auffallend ist nur, dafs die Abnahme erst in den letzten 2 Jahren in die Erscheinung trat.

6) Die mit ――――― verbundenen Klassen werden gemeinsam verwaltet. Das Gleiche gilt bei der folgenden Tabelle von den Lateinschulen.

C. Frequenz der Lateinschulen.

(Am 1. Dezember 1898.)

Lateinschule in	1. Kl.	2. Kl.	3. Kl.	4. Kl.	5. Kl.	Summa	Differenz seit 2 Jahren
1. Annweiler	19	16	12	3	—	50	+ 19
2. Blieskastel	20*	6*	7	4	5	42	+ 14
3. Feuchtwangen . . .	5	13	4	—	—	22	+ 7
4. Hammelburg . . .	13*	13*	12	8	6	52	— 1
5. Hafsfurt	9*	22*	18	14	6	69	+ 15
6. Hersbruck	4	9	5	—	—	18	— 4
7. Homburg	19	15	13	8	8	63	— 7
8. Landstuhl	7	11	15	10	8	51	— 11
9. Lindau	15	11†	4	2	4	36	+ 5
10. Miltenberg	17*	21*	15*	11	12	76	— 17
11. Scheyern (O. S. B.) .	12	41	51	40	42	186	— 12
12. Thurnau . . . . (Privat-Lat.-Sch)	3*	10	—	—	—	13	+ 13
13. Wallerstein . . . . (Privat-Lat.-Sch.)	4	5	—	—	—	9	+ 4
14. Winnweiler	16	17	8	7	6	54	— 16
Summa:	163	210	164	107	97	741	— 1
Vor 2 Jahren (1896):[1]	162	178	148	145	109	742	
Vor 4 Jahren (1894):[1]	155	223	173	126	106	783	— 42

[1] Ausschliefslich derjenigen Lateinschulen, welche inzwischen zu Progymnasien erhoben wurden; es sind dies Dinkelsbühl, Germersheim, Grünstadt, die 1895/96, Donauwörth, welches 1897/98 und Uffenheim nebst Windsbach, welche 1898/99 Progymnasien wurden.

Gesamtübersicht über die Frequenzschwankungen der einzelnen Klassen in den Jahren 1898, 1896 und 1894.

(Nach dem Stand vom 1. Dezember.)

1898:	Kl. 1	Kl. 2	Kl. 3	Kl. 4	Kl. 5	Kl. 6	Kl. .7	Kl. 8	Kl. 9	Summa
Gymnasien: . .	2375	2309	2078	1885	1859	1903	1557	1329	1221	16516
Progymnasien:	547	562	464	418	360	308	—	—	—	2659
Lateinschulen:	163	210	164	107	97	—	—	—	—	741
	3085	3081	2706	2410	2316	2211	1557	1329	1221	19916
1896:										
Gymnasien: . .	2336	2365	2435	2100	1939	1918	1539	1281	1213	17126
Progymnasien:	580	587	492	432	341	233	—	—	—	2665
Lateinschulen:	162	178	148	145	109	—	—	—	—	742
	3078	3120	3075	2677	2429	2151	1539	1281	1213	20533 [1])
Differenz zw. 96 u. 98:	*+ 7*	*— 39*	*-369*	*-267*	*113*	*+60*	*+ 18*	*+ 48*	*+ 8*	*— 617*
1894:										
Gymnasien: . .	2677	2614	2454	2090	1879	1919	1466	1219	1132	17449
Progymnasien:	620	555	470	374	273	185	—	—	—	2477
Lateinschulen:	155	223	173	126	106	—	—	—	—	783
	3452	3392	3097	2590	2258	2104	1466	1219	1132	20709
Differenz zw. 94 u. 98:	*-367*	*-311*	*-391*	*-180*	*+ 58*	*+ 107*	*+ 91*	*+111*	*+ 89*	*—793*

Die Abnahme betrug von 1894—1896: 176 }
    „   „   „   „ 1896—1898: 617 } = **793.**

[1]) Die Ziffer ist um 10 höher als in der vorigen Berechnung (vom J. 1896), da damals die Privatlateinschule Thurnau (mit 10 Schülern) nicht miteingerechnet wurde.

D. Frequenz der Realgymnasien.

(Am 1. Dezember 1898.)

	4. Kl.	5. Kl.	6. Kl.	7. Kl.	8. Kl.	9. Kl.	Summa	Differenz seit 2 Jahren
Augsburg	37	40	26	22	21	18	164	— 23
München	38 / 35	27 / 28	27 / 28	26	27	16	252	+ 24
Nürnberg	34 / 22	35 / 29	28 / 19	37	27	20	251	+ 22
Würzburg . . .	26	40	27	19	14	13	139	+ 7
	192	199	155	104	89	67	806	+ 30
Vor 2 Jahren:	*192*	*176*	*197*	*93*	*64*	*56*	*776*	

Gesamtfrequenz der Realgymnasien 806; Zunahme seit zwei Jahren 30 Schüler, seit vier Jahren 146 Schüler.

Verteilung des neusprachlichen Unterrichts an den humanistischen Gymnasien.
(Am 1. Januar 1899).

Gymnasium	Summa der Klassen	Ass.	G.-L.	G.-Prof.	Gesamt-stunden-zahl	F = Französisch E = Englisch I = Italienisch
1. Amberg	4	—	1	—	18	FEI
2. Ansbach	4	—	1	—	14	FE
3. Aschaffenburg . . .	5	—	1	—	21	FEI
4. Augsburg St. Anna .	4	—	—	1	14	FE
5. Bamberg Altes G. .	5	—	1	—	19	FEI
6. Bamberg Neues G. .	5	—	—	1	21	FEI
7. Bayreuth	5	—	—	1	19	FE
8. Burghausen	4	—	1	—	18	FEI
9. Dillingen	7	—	1	—	26	FEI
10. Eichstätt	4	—	1	—	18	FEI
11. Erlangen	4	—	1	—	20	FEI
12. Freising	9	1	—	1	30	FI.-FE
13. Fürth	4	—	—	1	19	FEI
14. Hof	4	—	—	1	18	FEI
15. Ingolstadt	2	—	—	—	6	(F)[1]
16. Kaiserslautern . . .	4	—	1	—	16	FE
17. Kempten	4	—	1	—	18	FEI
18. Landau	4	—	—	1	14(4)	FE(I)[1]
19. Landshut	4	—	—	1	14(4)	FE(I)[1]
20. Ludwigshafen . . .	2(2)[2]	—	—	—	6(4)[2]	(F)[1]
21. München Ludw.-G. .	7	—	—	1	22(4)	FE(I)[1]
22. „ Luitp.-G. .	8	1	—	1	30	FEI
23. „ Max.-G. . .	7	—	—	1	16(4)	FE(I)[1]
24. „ Theres.-G. .	6	—	—	1	20(5)	FE(I)[1]
25. „ Wilh.-G. . .	8	—	—	1	24(4)	FE(I)[1]
26. Münnerstadt . . .	4	—	1	—	18	FEI
27. Neuburg a. D. . . .	4	—	—	1	18—20	FEI
28. Neustadt a/H. . . .	4	—	—	1	18	FEI
29. Nürnberg Altes G. .	4	—	—	1	16	FEI
30. „ Neues G. .	4	—	—	1	16	FEI
31. Passau	8	—	1	—	24(4)	FI(E)[1]
32. Regensburg Altes G. .	8	—	—	1	28	FEI
33. „ Neues G. .	5	—	—	1	21	FEI
34. Rosenheim	4	—	—	1	18	FEI
35. Schweinfurt	4	—	1	—	20	FEI
36. Speyer	7	—	1	—	29	FEI
37. Straubing	5	—	—	1	21	FEI
38. Würzburg Altes G. .	4	—	—	1	18	FEI
39. „ Neues G. . .	8	—	—	1	24(4)	FE(I)[1]
40. Zweibrücken . . .	4	—	1	—	14	FE
Gesamtzahl:	201	2	15	23		

40

[1] Der eingeklammerte Gegenstand wird nicht von dem wirklichen Lehrer erteilt.
[2] In Ludwigshafen wird auch in der 4. u. 5. Klasse zur Zeit noch Unterricht im Fr. gegeben, in je 2 Stunden.

Verteilung des Mathematik-Unterrichtes an den humanistischen Gymnasien.
(Am 1. Januar 1899).

Gymnasium	1. Kl. 3 St.	2. Kl. 3 St.	3. Kl. 3 St.	4. Kl. 2 St.	5. Kl. 4 St.	6. Kl. 4 St.	7. Kl. 5 St.	8. Kl. 5 St.	9. Kl. 4 St.	Gesamtstundenzahl
1. Amberg	1 / 0	1 / 1	1	1 / 1	1	1	1	1	1	41
2. Ansbach	1	1	1	1	1	1	1	1	1	33
3. Aschaffenburg	2	2 / 2	2	2	2 / 2	1 / 1	1	1	1	44
4. Augsburg St. Anna	0	2	2 / 2	2	2	2	1	1	1	36
5. Bamberg Alt.-G.	0	0	2 / 2	2 / 2	1 / 1	2 / 1	1 / 2	1 / 2	1	46
6. Bamberg Neu.-G.	0 / 0	0 / 0	2	2 / 2	2 / 2	2	1 / 1	1	1	50
7. Bayreuth	1	1	1	1 / 1	1	1 / 1	1	1	1	39
8. Burghausen	1	1	1	1	1	1	1	1	1	33
9. Dillingen	0	0	0 / 0	1 / 1	1 / 1	1 / 1	1 / 1} / 1}	1 / 1	1	56
10. Eichstätt	2	2	2	2	2	1	1	1	1	33
11. Erlangen	0	0	1	1	1	1	1} / 1}	1} / 1}	1	33
12. Freising	0	0	0	0	2	1 / 2	1 / 2	1 / 2 / 1	1 / 2	56
13. Fürth	A	A	A	A	A	1	1	1	1	33
14. Hof	1	1	1	1	1	1	1	1	1	33
15. Ingolstadt	0	0	1	1	1	1	1	—	—	24
16. Kaiserslautern	A	A / A	A	A	A	1	1	1	1	36
17. Kempten	1	1	1	1	1	1	1	1	1	33
18. Landau	A	A	A	A	A	1	1	1	1	33
19. Landshut	2 / 2	2 / 2	1 / 2	1 / 1	1	1	1} / 1}	1} / 1}	1	44
20. Ludwigshafen	0	1	1	1	1	1	1	—	—	24
21. München Ludw.-G.	A / A	2 / 3	2 / 3	2 / 3	2 / 3	2 / 3	2 / 3 / 2	1 / 1	1	62

Gymnasium	1. Kl. 3 St.	2. Kl. 3 St.	3. Kl. 3 St.	4. Kl. 2 St.	5. Kl. 4 St.	6. Kl. 4 St.	7. Kl. 5 St.	8. Kl. 5 St.	9. Kl. 4 St.	Gesamt-stunden-zahl
22. München Luitp.-G.	3 1 1	1 3	1 3	3 3	3 1	2 1	2 1	2 1	1 2	69
23. München Max.-G.	3 4 3	4 3	3 3 2	4 4	2 3	4 2	1 4	2 .	1 1	67
24. München Theres.-G.	A1 A2 A2	2 A1 A2	2 A1	A2 A1	1 A1	1 2	2 1 1	2	1	61
25. München Wilh.-G.	3 1 1	1 3	1 3	1 3	3 1	1 2	1 2	1 2	1 2	69
26. Münnerstadt .	1	1	1	1	1	1	1	1	1	33
27. Neuburg . . .	1	1	1	1	1	1	1	1	1	33
28. Neustadt a/H. .	0	0	0	0	1	1	1	1	1	33
29. Nürnberg A. G.	1 1	1 1	1 2	1	2	1	2 1	2 1	2 1	42
30. Nürnberg N. G.	2 2	1 1	2 2	1	2	1	1	1	1	42
31. Passau . . .	2 1	2 1	1	2 1	2 1	2 1	2 1	1 1	1 1	63
32. Regensburg Alt. G.	1	1 1	1 1	1 1	2 1	2 1	2 1	2 1	2 1	63
33. Regensburg Neu. G.	1 A A	1 A	1 A	1 A	1 A	1 2	2	2	2	55
34. Rosenheim . .	1	1	1	1	1	1	1	1	1	33
35. Schweinfurt .	2	2	1	2	1	2	1	2	1	33
36. Speyer . . .	A	A	A	A	A A	A	1 1	1 1	1 1	51
37. Straubing . .	2	0	2	2 2	2 2	1 1	1	1	1	43
38. Würzburg Alt. G.	2	2	2	2	2	1 2	1	1	1	33
39. Würzburg Neu. G.	1 A	1 A	1 A	1 A	A 1	1 1 2	1 2	1 2	1 2	66
40. Zweibrücken .	2	2	2	2	2	1	1	1	1	33

a) **Erklärung der Signatur:**

O = Ordinarius, d. h. den Arithmetik-Unterricht erteilt der Ordinarius, sei es der eigenen oder einer anderen Klasse.

A 1, A 2 = Assistent der Mathematik

   1, 2 = Gymnasiallehrer der Mathematik   } nach dem Dienstalter numeriert.

   1, 2 = Gymnasialprofessor der Mathematik

   b) **Bemerkungen:**

Die Gymnasien Augsburg St. Stephan und Metten, welche von Lehrern O. S. B. geleitet werden, sind aufser Betracht geblieben. — Wenn in der 7. oder 8. Klasse zwei Lehrer sich in den Unterricht geteilt haben, so gibt der zuerst genannte den Unterricht in der Mathematik, der an zweiter Stelle genannte den Unterricht in der Physik. An 11 Gymnasien wird ein Teil des Arithmetik-Unterrichts infolge des zur Zeit noch bestehenden Mangels an geprüften Lehramtskandidaten der Mathematik von Ordinarien, also Lehrern der klassischen Philologie, erteilt. Die Lehrer der Mathematik verteilen sich zur Zeit in folgender Weise auf die einzelnen Lehrerkategorien.

Es gibt:

an den (humanistischen) Gymnasien 66 G y m n a s i a l p r o f e s s o r e n, an den Gymnasien 20, an den Progymnasien 18, in Summa 38 G y m n a s i a l l e h r e r, an den Gymnasien 8, an den Progymnasien 2, in Summa 10 A s s i s t e n t e n der Mathematik; im ganzen also 114 Lehrer. Nach unserer Berechnung fehlen an den Gymnasien und Progymnasien insgesamt noch ungefähr 15 Lehrer der Mathematik.

Vereinsnachrichten.

Der gegenwärtige V e r e i n s a u s s c h u f s setzt sich zusammen aus folgenden Herren: G.-Pr. Dr. Friedrich G e b b a r d (Wilhelmsg.) 1. Vorstand; G.-Pr. Dr. Karl R ü c k (Ludwigsg.), Stellvertreter des Vorstandes; G.-L. Dr. Aug. S t a p f e r (Luitpoldg.), Kassier; G.-Pr. Dr. Joh. M e l b e r (Maxg.) Redakteur; ferner G.-Pr. Eugen B r a n d (Ludwigsg.); G.-Pr. Dr. Phil. O t t (Realg., N. Spr.); G.-L. Dr. Theodor P r e g e r (Maxg.); G.-Pr. Korbinian S a c h s (Ludwigsg., Math.); G.-Pr. Dr. Jos. S c h e i b m a i e r (Maxg.); G.-L. Dr. Otto S c h w a b (Wilhelmg.); G.-Pr. Jos. W e n z l (Ludwigsg., Math.).

Notiz.

Herr Professor F ü g e r - Würzburg unterzieht sich, worauf wir hier wiederholt aufmerksam machen möchten (vgl. oben S. 111), zur Zeit der äufserst dankenswerten Aufgabe, die sämtlichen Erläuterungen, authentischen Interpretationen und Vollzugsbestimmungen zur S c h u l o r d n u n g und P r ü f u n g s o r d n u n g für die bayerischen Studienanstalten zu sammeln, um sie demnächst in ähnlicher Weise wie in seiner 1889 erschienenen Sammlung herauszugeben. Das Buch, welches demgemäfs die betreffenden Schul- und Prüfungsordnungen nebst allen Erläuterungen etc. enthalten wird, soll in kurzer Frist zu billigem Preise in der Stabelschen Sammlung deutscher Reichsgesetze und bayerischer Gesetze erscheinen.

I. Abteilung.

Abhandlungen.

Zu den Beförderungsverhältnissen der Altphilologen.

Die nachfolgenden Zeilen verdanken ihre Entstehung einem Briefwechsel über Standesverhältnisse, den ich im Laufe der letzten Monate mit der Leitung unseres Gymnasiallehrervereins führte. Auf Einladung der letzteren übergebe ich dieselben der Öffentlichkeit. Vielleicht bieten sie eine Anregung zum Meinungsaustausch der Standesgenossen, sei es in diesen Blättern, sei es bei der nächsten Generalversammlung, bei der ja einschlägige Fragen zur Beratung kommen werden. [1]

Es wird wohl in der nächsten Zeit weiterhin auf die beiden Ziele hingearbeitet werden, welche bisher im Mittelpunkt des Interesses standen: Vermehrung der Professorenstellen und Avancement der älteren Gymnasialprofessoren. Was das erstere anlangt, so ist für die jetzt in Betracht kommenden Konkurse, nämlich den Rest von 1883 und 1884, eine durch aufserordentliche Mittel zu erzielende Besserung dringend notwendig, weil sie sich in einer ebenso ungünstigen, vielleicht noch ungünstigeren Lage befinden wie die vorausgehenden und zum Teil auch die folgenden Jahrgänge. Schon bis zur Verwendung als Assistenten mufsten die meisten längere Zeit warten; sie wurden vielfach nur aushilfsweise herangezogen und waren dazwischen wieder ohne Stellung. Der Gehalt war geringer als jetzt; von ständigen Zulagen nach dem 3. Jahre, die allmählich sich steigern, wufste man noch nichts, sondern man bekam den gleichen Gehalt fort bis zur Beförderung zum Gymnasiallehrer. Auch die sogen. Neujahrszulage brachte anfangs nur denen eine Mehrung ihrer Bezüge, welche mindestens 3 Jahre ununterbrochen an einem Vollgymnasium thätig waren; Verwendungen an Lateinschulen, Alumneen u. dgl. wurden bei der Berechnung in Abzug gebracht.

Die Beförderung selbst erfolgte nach 6 und 7, bei den letzten Zweiern von 1884 sogar erst nach fast 8 Jahren, während bei den vorausgehenden Konkursen die Wartezeit durchschnittlich 6 Jahre betrug. Ist bei den letzteren das Aufrücken zur Professur im allgemeinen nach 16, in besonders glücklichen Fällen schon nach 15 Jahren eingetreten, so würden ohne neue Bewilligungen die noch übrigen 83er 16—17, die letzten 84er aber, die bereits auf die erste Anstellung

---

[1] Der Artikel war bereits abgeschlossen, als mir die Ausführungen des Herrn Prof. Dr. Gebhard im letzten Hefte dieser „Blätter" zu Gesicht kamen; damit möge man es entschuldigen, wenn man etwa durchgängigen Anschlufs an letztere vermifst.

8 Jahre warten mußten, erst 18—20 Jahre nach dem Konkurse Gymnasialprofessoren werden. [1])
Es ist also sicherlich nur eine Forderung der Gerechtigkeit den jetzt folgenden Jahrgängen gegenüber und eine notwendige Konsequenz der früheren Bewilligungen, daß im nächsten Landtag noch einmal die Mittel für neue Professuren genehmigt werden; nach dem Gang der früheren Verhandlungen dürfen wir uns wohl der freudigen Hoffnung hingeben, daß dies thatsächlich der Fall sei.

Anders freilich stand es seither mit der **Frage des höheren Avancements.** Die Notwendigkeit eines solchen ist ja in treffender Weise bereits in früheren Darlegungen unseres Vereinsausschusses beleuchtet worden, insbesondere in der Beilage zu Bd. 34 Heft VII/VIII [2]). Meines Erachtens sind es zwei Ansichten, die nach dem Gange der Verhandlungen hierüber der Verwirklichung unserer Wünsche hindernd in den Weg treten: die von den geringeren Opfern, welche der Philologe für seine Vorbildung gebracht hat, und die von den größeren Annehmlichkeiten, welche ihm durch die geringe Zahl der Unterrichtsstunden, durch Ferien u. dgl. geboten werden. Hier muß einerseits nachdrücklich das Unberechtigte, das zum Teil in diesen Vorwürfen steckt, nachgewiesen werden, andrerseits aber wäre es vielleicht vorteilhaft, das, was scheinbar daran berechtigt ist, für die künftige Generation durch Abänderung der bisherigen Vorschriften aus dem Weg zu räumen und dadurch eine andere Auffassung und wohlwollendere Beurteilung der Bestrebungen unseres Standes anzubahnen.

Was zunächst die „geringeren Opfer" betrifft, so könnten hier sicher auch Vergleiche gezogen werden mit andern Sparten, bei denen es sich um geringere Aufwendungen, aber um die gleichen oder gar höhere Einnahmen handelt. Ich denke hier an gewisse Stellungen beim Verkehrswesen, beim Sekretariat, beim mittleren Finanzdienst u. dgl., für welche die Vorbedingungen lediglich das Gymnasialabsolutorium oder gar nur die Berechtigung zum Einjährigendienst bildet. Wer spricht von den geringen Opfern beim Militär? Und doch hat der Junker von Anfang an nur eine monatliche Unterstützung nachzuweisen, die beträchtlich niedriger ist als das, was der Student braucht; zu einer Zeit, wo der letztere kaum mit der Hälfte des kostspieligen Universitätsstudiums zu Ende ist, rückt ersterer bereits in eine selbständige, angesehene Stellung ein, in der er einen festen Gehalt bezieht. Ist dieser auch längere Zeit hindurch ziemlich knapp bemessen, so ist das doch wieder ausgeglichen durch die Möglichkeit, Stellen mit hohem, teilweise sogar sehr hohem Gehalt zu erhalten, ohne daß dies jemals von größeren pekuniären Opfern bei der Vorbildung abhängig gemacht würde.

Ich gebe zu, daß die zuletzt berührten Verhältnisse nicht ohne weiteres für Zivilberufe maßgebend sein können; aber auch im Ver-

---

[1]) Zur Zeit sind vollberechtigte Konkurrenten vorhanden: 2 von 1880, 2 von 1881, 1 von 1882, 16 von 1883, 19 von 1884.
[2]) „Zur Lösung der Frage der älteren Professoren", Vorstellung, am 15. Mai 1898 dem K. Staatsministerium in Vorlage gebracht.

gleich mit den Juristen, meine ich, sind in Wirklichkeit die Kosten, welche unsere Ausbildung erfordert, nicht so erheblich geringer, als es bei oberflächlicher Betrachtung erscheinen könnte. Daſs gegenwärtig die Juristen nach dem Staatskonkurs noch mehrere Jahre warten müssen, kann als bloſs momentaner Miſsstand nicht herangezogen werden; es gab noch nicht allzu entfernt Zeiten, die vielleicht bald wieder kommen werden, wo der Jurist kurz nach dem Konkurse, also 3½—4 Jahre nach Absolvierung der Universität, eine dem Gymnasiallehrer gleichbezahlte Stelle erhielt. Das Universitätsstudium selbst verursacht im allgemeinen bei Philologen wie bei Juristen die gleichen Kosten; denn von der Möglichkeit, nach drei Jahren schon das Hauptexamen zu machen, haben früher nur sehr wenige Gebrauch gemacht, und für das Spezielexamen war doch wieder ein viertes Universitätsjahr Vorbedingung, ebenso wie dies jetzt für den 2. Abschnitt nach der neuen Prüf.-O. der Fall ist.[1]) Dagegen haben nicht wenig Kandidaten der Philologie teils während der Universitätszeit in den Ferien, teils nach derselben noch erhebliche Kosten aufgewendet, um durch Handschriftenvergleichung an fernen Bibliotheken oder durch anderweitige Studien sich die nötigen Vorkenntnisse für das Spezielexamen oder für den künftigen Beruf überhaupt anzueignen. Es bleibt also nur der eine, allerdings sehr wesentliche Unterschied, daſs der Jurist nach Absolvierung der Universität noch über drei Jahre von seinem eigenen Vermögen leben muſs, während der Philolog als Assistent Verwendung und Bezahlung finden kann. Allein auch hier ergibt sich bis zu einem gewissen Grade eine Ausgleichung. Leistet der Rechtspraktikant, wie hervorgehoben wurde, dem Staate ohne Bezahlung Dienste, so leistet der Assistent gegen geringe Bezahlung vielfach Dienste, für die normal ein Gymnasiallehrer oder -Professor erforderlich wäre; namentlich in den 80er Jahren waren an einzelnen Anstalten oft viele Jahre hinter einander die Ordinarien höherer und mittlerer Gymnasialklassen Assistenten.

Der Assistent, der sofort nach der Hauptprüfung in Verwendung kam, was freilich, wie oben erwähnt, keineswegs immer der Fall war, bezog etwa 4000 Mk. Gehalt, bis der gleichalterige Rechtspraktikant mit dem Konkurs fertig war. Wurde letzterer dann 2—3 Jahre früher pragmatisch als der Philolog, was auch in der zweiten Hälfte der 80er Jahre Regel war, so war, bis letzterer definitiv angestellt wurde, schon ein Teil der obigen 4000 Mk. eingebracht. Dies steigerte sich weiter dadurch, daſs der Philolog in der Gehaltsklasse XI e verblieb, während der Jurist nach einigen Jahren als II. Staatsanwalt in die wesentlich besser bezahlte Klasse XI a einrücken konnte; auf jeden

---

[1]) In der Prüf.-O. vom 26. Mai 1873 lautet § 5: „Die Zulassung zur Prüfung aus den philologisch-historischen Fächern setzt die Absolvierung eines humanistischen Gymnasiums und ein vierjähriges Studium an einer deutschen Universität voraus. Zur Hauptprüfung können Kandidaten auch schon nach dreijährigen Universitätsstudien zugelassen werden"; und die Prüf.-O. vom 21. Jan. 1895 verlangt im § 24 als Vorbedingung für den 2. Abschnitt u. a.. „daſs der Kandidat ein viertes Jahr auf der Universität verblieben ist und dieses dem Studium der Philologie gewidmet hat"; vgl. in diesen Blättern Bd. 31 S. 184.

Fall wurde er wieder früher Landgerichtsrat oder Oberamtsrichter wie der andere Gymnasialprofessor, was abermals einen Vorsprung von ein paar tausend Mark ausmacht. [1]

Läfst man aber auch diese im Augenblick günstigen Verhältnisse unberücksichtigt, so besteht doch für alle einigermafsen gut qualifizierten Juristen die Möglichkeit, die früher gebrachten Opfer wieder einzubringen, wenn sie zu dem den Philologen im allgemeinen ganz verschlossenen Posten der Oberlandesgerichts- resp. Regierungs-Räte aufgerückt sind. Als solche beziehen sie einen Anfangsgehalt von 5460 Mk., während die gleichalterigen und viele ältere Gymnasialprofessoren 4860 Mk., also 600 Mk. weniger, bekommen. Dieser Unterschied steigert sich natürlich noch mit den Jahren, da nach dem 20. Dienstjahr in der betreffenden Klasse die Quinquennialzulage nur 180 Mk. beträgt.

Dem Juristen ist also reichlich Gelegenheit geboten, das wieder zu bekommen, was er für seine Ausbildung mehr aufgewendet hat. Wer demnach nur die Geldverhältnisse in Betracht ziehen wollte, wäre sehr thöricht, wenn er, nachdem die doch auch nicht geringen Opfer eines 4jährigen Universitätsstudiums jedenfalls einmal gebracht werden müssen, die Kosten der Praktikantenzeit scheuen und sich darum einem Berufe zuwenden würde, der ihm zwar für den Anfang eine frühere Bezahlung bringt, aber dafür jede Möglichkeit raubt, späterhin höhere Gehaltsbezüge zu erlangen. Es würde also beim Zugange zur Philologie nicht Lust und Liebe zur Sache das Leitmotiv bilden, sondern nur der Umstand, dafs die vorhandenen Mittel für eine 7jährige Vorbereitungszeit nicht ausreichen und dafs der Mut oder die Unverfrorenheit fehlt, durch Schuldenmachen auf spätere höhere Einnahmen hin den Mangel zu decken. Damit wäre thatsächlich auch für uns in Bayern das Verhältnis gegeben, auf das O. Jäger [2] hindeutet, dafs die Reicheren der Jurisprudenz, die Unbemittelten und Angehörigen niederer Stände der Philologie sich zuwendeten; und diese letzteren dürften dann allerdings noch recht froh sein, dafs sie es bis zur Gymnasialprofessur bringen können.

Glücklicherweise ist dies in Wirklichkeit keineswegs immer der Fall; vielmehr wird doch auch heutzutage noch ein grofser Teil der Absolventen bei der Wahl des Berufes nicht einzig und allein durch die Aussicht auf höhere oder niedere Gehaltsbezüge sich bestimmen lassen. Für uns aber, die wir sonst als Pfleger des Idealismus zu

---

[1] Zur Zeit werden die Juristen in Kl. VII d befördert, welche 1885 die Universität verliefsen, während bei uns erst 1883 an der Reihe ist. Verwaltungsbeamte von 1883 sind jetzt zum Teil schon Bezirksamtmänner mit einem um 360 Mk. höheren Gehalt als die Gymnasialprofessoren, nachdem sie bereits 2 Jahre und länger als Regierungsassessoren 180 Mk. mehr bezogen und Dienstjahre zurückgelegt haben, die ihnen in der jetzigen Stellung angerechnet werden.

[2] „Lehrkunst und Lehrhandwerk" S. 313, wo es u. a. heifst: „ich würde es für ebenso wünschenswert halten, dafs dieses — nennen wir es immerhin aristokratische — Element in Lehrkreisen sich verstärkte, wie ich es für unsere Juristenwelt für wünschenswert hielte, dafs etwas mehr Begabungen aus den minderbemittelten Schichten in ihre Kreise drängen."

wirken haben, erwächst damit die unangenehme Aufgabe, junge Leute, welche sich aus innerer Neigung unserem Fache widmen wollen, nachdrücklich vor einer einseitigen Beurteilung ihres künftigen Berufes zu warnen und ihnen bei Zeiten die Augen zu öffnen bezüglich der untergeordneten Stellung und unzureichenden Bezahlung, die ihrer harren, um sie vor der späterhin unausbleiblichen Verbitterung zu bewahren. Denn nur wenige werden die glückliche Art besitzen, auch im späteren Leben über alle Äußerlichkeiten hinwegzusehen und, wenn die immer mehr sich steigernden Bedürfnisse des Familienunterhaltes gebieterisch an sie herantreten, sich mit den Idealen ihrer Jugend zufrieden zu geben, während sie die gleichalterigen Jugendgenossen in anderen Berufszweigen infolge ihrer höheren Gehaltsbezüge ähnlicher Sorge überhoben sehen. Selbst wenn jemand wirklich von Anfang an schon die pekuniären Vor- und Nachteile überschaut hätte und zu dem Schluß gekommen wäre, lieber auf späteres höheres Einkommen verzichten zu wollen, um nur möglichst bald eine bescheidene Einnahme zu erhalten, würde er sich später der Bitterkeit nur schwer erwehren können und es bereuen, daß er nicht früher in anderer Weise sich zu behelfen gesucht hat, um nur dadurch das Aufsteigen zu besser bezahlten Stellen sich zu sichern.

Damit aber nicht trotz alledem uns vorgehalten wird, wir hätten wegen unserer weniger kostspieligen Vorbildung gar keinen Anspruch darauf, weiter avancieren zu können, dürfte es sich empfehlen, mit aller Energie darauf zu dringen, daß wenigstens den neu zugehenden Berufsgenossen dieser Vorwurf erspart bleibe und daß man auch im Standesinteresse fordere, was im Interesse der gediegenen wissenschaftlichen Ausbildung schon höchst wünschenswert ist. In diesen Blättern wurde wiederholt darauf hingewiesen, wie dringend notwendig es sei, sich auf der Universität ausgiebige allgemeine Bildung anzueignen, so Bd. 35 S. 32, Bd. 34 S. 11—12 und Bd. 32 S. 534 ff. Ganz besonders scheint mir die Forderung, das allgemeine Studium nicht zu vernachlässigen, für den Philologen am Platze mit Rücksicht auf das Klaßlehrersystem, das wir ja glücklicherweise noch besitzen und hoffentlich auch uns bewahren. Der künftige Klaßlehrer darf nicht Spezialist in einem Fache werden;[1] er muß in allen philologisch-historischen Disziplinen beschlagen sein. Die beste Gelegenheit aber, hierzu den Grund zu legen, auf dem er später auch selbstthätig weiterbauen kann, giebt ihm doch wohl die Universität. Daß jemand, der bis zum 1. Mai des 4. Universitätsjahres eine wissenschaftliche Abhandlung einzureichen hat, wie dies die neue Prüf.-O. § 24. 2. c. vorschreibt, einen großen Teil seiner Kräfte hierauf verwenden und darüber die oben angedeuteten wichtigen Aufgaben versäumen wird, ist einleuchtend. Andererseits jedoch sehe ich gerade wieder einen Vorzug der neuen Prüf.-O. darin, daß man die Berechtigung zur Anstellung nicht mehr, wie früher, durch das Bestehen eines einzigen

----

[1] Natürlich ist dies nicht unvereinbar mit der Erfüllung des Wunsches von Dr. V o g e l (Bd. 34 S. 729), „daß wo möglich jeder Klaßlehrer ein Fleckchen auf dem Felde der Philologie oder Geschichte zu seinem speziellen Eigentum macht."

Examens erlangt, sondern dass alle, auch die Dreier, ein zweites Examen machen müssen. Als einen weiteren Vorzug der neuen Prüf.-O. möchte ich es betrachten, dafs man die sämtlichen Prüfungen bestanden haben mufs, ehe man in die Praxis des Unterrichtes eintritt. Paulsen in den Neuen Jahrb. f. d. klass. Altert. etc. II (1898) S. 137 sagt: „Prüfungen sind notwendige Übel; wir können nicht zu dem System des individuellen Beliebens und der Patronage zurückkehren“; ähnlich auch Nägelsbach, Gymn.-Päd.² S. 28. Gerade als notwendiges Übel aber wird man sie sich doch am besten möglichst bald vom Halse schaffen; ist dies nicht vor Beginn der Unterrichtsthätigkeit schon geschehen, so sieht sich der junge Lehrer vor zwei entgegengesetzte Aufgaben gestellt: er soll sich in den neuen Beruf einleben, mit voller Hingabe für die Schule sich vorbereiten und doch daneben wieder möglichst viel Zeit für die Examensarbeiten verfügbar zu bekommen suchen. Ich gebe zu, dafs manche in bewundernswerter Weise beiden Anforderungen gerecht zu werden vermögen, aber bei vielen wird beides darunter leiden, die Lehrthätigkeit wie die wissenschaftliche Arbeit.

Ich kann in diesem Punkte Herrn Prof. Dr. Stölzle nicht ganz zustimmen, der in diesen Blättern Bd. 34 S. 14 über die Härten und Konflikte spricht, welche der Prüfungsmodus mit sich bringt. Dafs ein Examen nur dann Wert hat, wenn man auch mit voller Strenge darauf sieht, dafs allen Anforderungen genügt werde, ist wohl selbstverständlich. Auch Bd. 32 S. 538 wird Vermeidung zu grofser Milde gefordert; Paulsen in den Neuen Jahrbüchern f. d. klass. Altert. etc. II (1898) S. 137 stellt als Regel für die Prüfenden u. a. auf: „über dem suaviter in modo des fortiter in re nicht zu vergessen! Den Trägen und Unwissenden empfehlen, heifst dem Fleifsigen und Tüchtigen nehmen, was sein ist.“ Wenn überhaupt persönliches Mitleid in Betracht kommen könnte, so hätte durch solches auch beim Spezialexamen alter Ordnung der Examinator sich abhalten lassen müssen, einen Kandidaten durch Ablehnung seiner Arbeit dazu zu verurteilen, zeitlebens dem „Durchgangsposten“ anzugehören. Dafs aber jemand, der wirklich nicht die nötigen Kenntnisse und Fähigkeiten besitzt, beim zweiten Examen durchfällt, auch wenn er zuvor das erste bestanden hat, darin kann ich keine Härte ohnegleichen sehen; das ist doch bei andern Berufsarten auch so, wo eben derjenige, der nicht die beiden Prüfungen bestanden hat, auch keine Anstellung im Staatsdienst erlangen kann.[1] Es scheint mir demnach diese Bestimmung der neuen Prüf.-O. wesentlich zu der Gleichstellung mit andern Berufsarten beizutragen, welche Herr Prof. Dr. Gebhard in diesen Blättern Bd. 31 S. 352 so nachdrücklich betont hat.

---

[1] Kommt der Fall, dafs Kandidaten den 2. Abschnitt nicht bestehen, nur vereinzelt vor, wie dies in der Justiz, beim Forstwesen etc. der Fall ist, so ist nichts Besonderes dagegen einzuwenden. Hingegen beweist das sehr zahlreiche Nachhinken von Philologen, die den 1. Abschnitt bestanden haben, dafs in diesem Punkte in der neuen Prüf.-Ordnung etwas nicht ganz richtig ist (Bemerkung der Vorstandschaft).

Ich komme so zu dem Ergebnis, für die neue Prüf.-O., die ich als Ganzes vollauf erhalten sehen möchte, folgende Abänderung vorzuschlagen: Der erste Prüfungsabschnitt kann erst nach einem 4jährigen, philologisch-historischen Fächern gewidmeten Universitätsstudium gemacht werden; zwischen dem ersten und zweiten Abschnitte muſs eine 1 oder 2jährige Pause liegen, [1] welche der Kandidat zur Anfertigung der Arbeit und zur Aneignung der sonstigen beim 2. Abschnitt geforderten Kenntnisse zu verwenden hat; nach Ablegung des vollständigen Examens folgt ein 1jähriger pädagogischer Kursus, zur Erzielung vollständiger Gleichheit mit den Rechtspraktikanten unter Wegfall der jetzt üblichen Remuneration, und dann erst — also, wie beim Juristen, 7 Jahre nach dem Gymnasialabsolutorium — kann eine Verwendung als Assistent stattfinden.

Eine solche Verschärfung der Anforderungen wird doch wohl die Folge nach sich ziehen, daſs nur der Philologie studiert, welcher sich innerlich völlig berufen dazu fühlt, und daſs im allgemeinen ein solcher es nur dann thut, wenn er weiſs, daſs ihm ebenso, wie bei andern Sparten, auch höhere, besser bezahlte Stellen in genügender Anzahl offen stehen.

Denn der in den F e r i e n u. dgl. liegende Vorzug allein vermöchte wohl nicht allzu viele anzuziehen. Es muſs ja hier doch immer wieder darauf hingewiesen werden, [2] wie viel aufreibender ein paar auf einander folgende Unterrichtsstunden sind als vielleicht die doppelte Anzahl Bureaustunden, wie wenig abgeschlossen die Thätigkeit eines jeden Schulmannes mit dem Schulschluſs ist und wie sehr Korrekturen, Vorbereitung und Weiterbildung die freie Zeit, auch die Ferien zum Teil wenigstens, in Anspruch nehmen. Gegen dies letztere pflegt sich beim groſsen Publikum und insbesondere bei den akademisch Gebildeten, die ja aus eigener Erfahrung sich im Schulfache auszukennen glauben, leises Zweifeln und lauter Widerspruch zu erheben. Und in der That wird man zugeben müssen, daſs sich einzelne Erscheinungen finden, welche derartigen Zweifeln eine gewisse Berechtigung verleihen, wenn z. B. jemand, was nach dem Personalstand vieler Anstalten unvermeidlich ist, längere Jahre hinter einander in derselben niederen Klasse wirkt und auſser den notwendigsten Klaſsarbeiten keiner weiteren Beschäftigung obliegt. Aber daſs man bei solch handwerksmäſsiger Erfüllung seiner Pflichten nicht ohne weiteres zu höheren Stellen auf-

---

[1] Dafs man diese Zeit durchaus auf der Universität zubringe, halte ich nicht für notwendig; soweit der Kandidat nicht etwa noch mit den in § 24. 3 der Prüf.-O. vorgeschriebenen Vorlesungen im Rückstand ist, möchte ich ihm hier volle Freiheit gelassen wissen, sich selbst den Aufenthaltsort auszuwählen, der seinen persönlichen Verhältnissen und seinen speziellen Studien am angemessensten ist. Besonders für germanistische und geschichtliche Arbeiten ist es wohl teilweise wünschenswert, nicht gerade an eine Universität gebunden zu sein; vgl. T r e i t s c h k e, Politik, hrsg. v. Cornicelius, I. S. 227: „Man soll jeden Winkel Deutschlands durchstöbern. ehe man sich zutraut, über deutsche Geschichte zu schreiben. Man kann es an Werken fühlen, ob einer das Land, von dem er redet, innerlich kennt oder ob er nur totes Bücherwissen vorbringt."

[2] Vgl. auch die statistischen Feststellungen im Bericht über die 19. Generalversammlung des bayer. Gymnasiallehrervereines 1897 S. 20 u. 21.

rückt, dafür wird meines Erachtens durch die Qualifikation gesorgt werden; völlig hinwegzutäuschen über mangelnde Wissenschaftlichkeit wird man auch den nachsichtigsten Amtsvorstand kaum vermögen. Ferner handelt es sich bei den berührten Mifsständen doch immer nur um vereinzelte Fälle, und es wäre unrecht, diese einfach zu verallgemeinern und darüber die weit zahlreicheren Fälle angestrengtester Berufsarbeit und regsten wissenschaftlichen Strebens geflissentlich zu übersehen. Auch bei Nichtphilologen sind solche Ausnahmefälle ebenso gut denkbar, ohne dafs man um ihretwillen dem ganzen Stande eine Aufbesserung verweigern wollte. Endlich ist wohl noch in Erwägung zu ziehen, ob man nicht durch die starke Hervorkehrung des angeregten Umstandes dazu beiträgt, derartige Fälle zu vermehren. Es ist doch menschlich nur zu natürlich, dafs jemand sich sagt: wenn uns immer vorgehalten wird, wir brauchten keine höheren Stellen und keine bessere Bezahlung, weil wir so wenig zu thun und ein so schönes Leben hätten, so will ich mir eben auch das Leben möglichst schön machen und nur gerade das thun, was unbedingt notwendig ist. Warum sollten gerade die Philologen es sein, die lediglich aus Pflichtgefühl und idealen Gründen ihre volle Arbeitskraft einsetzen? Man wird doch sicherlich auch den Juristen die gleiche ideale Gesinnung zusprechen, und doch hält man es bei diesen für notwendig, die Berufsfreudigkeit der älteren Landgerichtsräte etc. dadurch zu erhöhen, dafs man ihnen Rang und Gehalt von Oberlandesgerichtsräten verleiht.

Wir brauchen aber durchaus an unseren Gymnasien, auch an den unteren Klassen, Lehrer, die sich eifriger wissenschaftlicher Arbeit befleifsigen, [1] wenn es auch nicht allen möglich ist, diese in literarische Produktivität umzusetzen. Was auf diesem Gebiete in der schulfreien Zeit geleistet wird, zum Teil überhaupt nur geleistet werden kann, wenn längere Ferien zur Verfügung stehen, das kommt doch auch wieder dem Amte, für das wir bezahlt werden, zu gute. Darum darf aber auch nicht die Freudigkeit zu der notwendigen praktischen Berufsarbeit und zu der nicht minder notwendigen wissenschaftlichen Neben-

---

[1] Nägelsbach, Gymn.-Päd. [2] S. 23 führt in schöner Weise aus, wie auch bei den Elementen schon es nötig ist, dafs der Lehrer selbst in der Wissenschaft lebe, wie er das Kleine, das er lehrt, schon in Bezug setzen mufs zu dem Bedeutenderen, das er weifs; und S. 24 gebraucht er die kräftigen Worte: „Wie soll der Schüler lernen, wenn der Lehrer ihm nicht das Beispiel gibt? Es klingt höchst lächerlich, wenn er der Pflicht des Studiums sich etwa mit der Ausrede glaubt entziehen zu können: er sei nur ein praktischer Schulmann. Nein, ein Ignorant ist er dann." Vgl. auch O. Jäger, Aus der Praxis S. 16 u. ö; Lehrk. u. Lehrhandw. S. 315 ff. u. S. 481; Dr. Stölzle in diesen Blättern 34. S. 28, dessen weiteren Folgerungen ich mich allerdings nicht anschliefsen kann. Wer den Unterricht in höheren Klassen anstrebt, wird und mufs auch die Zeit, in welcher er in niederen Klassen thätig ist, ausnützen, um sich in allen Fächern auf dem Laufenden zu erhalten; sonst wird er später seiner Aufgabe nicht gewachsen sein. Es ist also die wissenschaftliche Weiterbildung auch eine Forderung der Selbsterhaltung, ebenso wie für die Juristen gegenwärtig die Beschäftigung mit dem bürgerlichen Gesetzbuch; dafs man das aber noch besonders in einem Examen oder dgl. dokumentieren müsse, wird doch auch bei diesen nicht verlangt.

arbeit dadurch verkümmert werden, daſs die Philologen sich dauernd hinter den übrigen akademischen Berufsarten zurückgesetzt fühlen müssen; vgl. auch in diesen Blättern Bd. 31 S. 382, besonders die dort angeführten Worte Dr. Günthers.

Nun handelt es sich noch um eine R e g e l u n g der erstrebten Standeserhöhung selbst. Ich denke, wir könnten hier den Vorschlägen vollauf zustimmen, welche in der oben bereits erwähnten Beilage zu diesen Blättern gemacht wurden. In erster Linie anzustreben ist natürlich die Möglichkeit, zu einem höheren Gehalt aufzurücken. Denn wenn allgemein anerkannt wird, daſs ein älterer Landgerichtsrat unter den gegenwärtigen Lebensbedingungen mit seinem Gehalt nicht auszukommen vermag, so ist nicht abzusehen, warum dies ein Gymnasialprofessor fertig bringen sollte; Nebeneinnahmen werden immer seltener, und der Beamte soll doch so gestellt sein, daſs er auf diese verzichten kann. Ist also nur e i n e s zu erreichen, so muſs man sicherlich darauf ausgehen, daſs die Gymnasialprofessoren nach einer entsprechenden Reihe von Jahren in Klasse V b einrücken können. Ist es aber durchzusetzen, dann trägt es meiner Meinung nach entschieden zur Hebung der Wertschätzung unseres Standes bei, wenn das höhere Avancement auch äuſserlich in der Änderung des Titels zu Tage tritt. Wir leben eben einmal in einer sehr wunderlichen Welt, wie O. J ä g e r hervorhebt [1]), und es wäre verkehrt, wollten wir verlangen, daſs man bei

---

[1]) Lehrk. u. Lehrhandw. S. 313. Ich teile im ganzen auch die Anschauungen Dr. S t ö l z l e s Bd. 34 S. 29 dieser Blätter, glaube aber nicht, daſs literarische Thätigkeit allein eine Besserung herbeiführen kann. Viele werden ja für sich selbst Befriedigung in wissenschaftlicher Forschung finden, wie sich wohl niemand dem Reiz des Forschens und Entdeckens entziehen kann; auch die Standesgenossen werden demjenigen, der tüchtige Leistungen als Lehrer u n d als Gelehrter an den Tag legt, ihre Anerkennung und Bewunderung nicht versagen; nicht so aber steht es mit der Auſsenwelt. Der Laie, und zwar nicht nur der unverständige, auch der gebildete, wird es vielfach nicht verstehen können, wie neben eifriger Führung des Amtes auch noch Zeit für ausgedehnte literarische Produktion übrig bleibe, und wird nur zu sehr zu der Annahme geneigt sein, daſs letztere auf Kosten der ersteren bethätigt werde; ja sogar die Art gewisser Forschungen, so notwendig dieselben auch zur Förderung der Wissenschaft selbst sind, wird ihm als geisttötend und unfruchtbar erscheinen und sein Urteil vom „unpraktischen Philologen" ihm nur bestätigen. Man läſst eben sehr leicht soſser acht, was in diesen Bl. Bd. 34 S. 20 mit Recht hervorgehoben ist, daſs die Beschäftigung mit Spezialitäten den Lehrer kleinlich machen k a n n, nicht m u ſ s. Ich kann es darum auch nicht gelten lassen, daſs eine Vergleichung unseres Standes mit den Juristen als unzutreffend erklärt wird, weil die letzteren eine lediglich auf das Praktische gerichtete Thätigkeit hätten (Bd. 34 S. 27). Auch unser Beruf hat eine wesentlich p r a k t i s c h e Seite. So richtig es ist, daſs wir die Schüler für die Wissenschaft erziehen sollen, so dürfen wir dabei doch nicht vergessen, daſs wir in ihnen eine Grundlage zu legen haben, auf der ihre Ausbildung für das praktische Leben sich aufbauen kann; und daſs dies letztere in der Anschauung des groſsen Publikums weit überwiegt, darf uns nicht wundern, wenn wir erwägen, daſs es einem groſsen Teile unserer Schüler wie ihrer Eltern trotz aller gegenteiligen Belehrung nur um die Erlangung von Berechtigungen zu thun ist. Hat doch auch unsere neue Schulordnung dem Zuge der Zeit Rechnung getragen, indem sie, „ohne die altbewährte Grundlage unserer Bildung völlig aufzugeben, doch mehr Rücksicht nahm auf die Forderungen des praktischen Lebens" (vgl. Bd. 31 S. 338 ff. dieser Blätter). Endlich möchte ich, weil man sich bei der Forderung literarischer Produktion so gern

uns weniger auf Rang und Titel merkt als bei andern Ständen. Ansehen und Achtung nach aufsen hin aber fordert nicht nur das Interesse
unseres Standes, sondern auch das Interesse der Schule. Denn sieht
man in andern Kreisen mit einer gewissen souveränen Geringschätzung
auf den Gymnasiallehrer herab, dann erfährt zu leicht auch der Schüler,
dessen Eltern diesen Kreisen angehören, etwas davon, und es' bedarf
eines hohen Grades von imponierender Tüchtigkeit seitens des Lehrers,
um das wieder gut zu machen, was etwa ein unbedeutendes Wort
des Vaters oder der Mutter verfehlt hat. (Vgl. auch die Auseinandersetzungen von Prof. **Lösch** im Programm des Alten Gymnas. **Nürnberg 1898** S. 19,21 u. bes. S. 23.)

Die **Titelfrage** wird darum auch in der erwähnten Beilage
S. 6 u. 11 kurz berührt. Die dort gemachten Vorschläge haben meines
Erachtens den Vorteil, dafs sie Rangstufen herausheben, wie sie auch
bei andern akademisch Gebildeten üblich sind; es würde sich nämlich
um die folgenden handeln: Assistent (= Accessist u. dgl.), Gymnasiallehrer (= Assessor, Amtsrichter), Gymnasialprofessor (= Landgerichtsrat), Studienrat resp. Rektor (= Regierungs- und Oberlandesgerichts-
rat resp. Landgerichtsdirektor), Oberstudienrat (= Oberregierungsrat,
Landgerichtspräsident). Würde dieser Vorschlag durchgeführt, so würde
sich vielleicht im Laufe der Zeit auch die Unsitte verlieren, j e d e n
Lehrer an Mittelschulen als „Professor" zu titulieren, was sicher aus
mehrfachen Gründen uns erwünscht sein müfste. Ferner läge es wohl
nahe, um einen Unterschied zwischen Rektoren der Progymnasien und
denen der Vollgymnasien zu bekommen, die letzteren nach preufsischer
Analogie „Direktoren" zu nennen.

---

auf Norddeutschland beruft, darauf hinweisen, dafs gerade die in Leipzig erscheinenden
Neuen Jahrbücher in ihrem Jahrg. 1898 mehrfach Artikel brachten, welche die
praktische Seite der Philologen-Thätigkeit betonten. So sagt dort C. R e i c h a r d t
(II S. 456): „Führende Geister brauchen wir auch in der Pädagogik, Männer,
welche die Erziehungslehre wissenschaftlich begründen und vertiefen oder die Er-
ziehungsthätigkeit mit genialer Kunst ausüben. Aber der schlichte Lehrer kann
sowenig immer Gelehrter oder Künstler sein, als etwa jeder Richter eine Leuchte
der Rechtsgelehrsamkeit, jeder Arzt ein chirurgisches Genie oder jeder Baumeister
ein Michel Angelo ... Mir persönlich würde auch die Bezeichnung als Kunst-
handwerk, wenn man sie richtig versteht, keineswegs ehrenrührig erscheinen.
Würde unsere Thätigkeit doch damit nur, der gegebenen Wirklichkeit entsprechend,
als ein vorwiegend praktischer Beruf bezeichnet, dessen Träger — ganz ähnlich
etwa wie der Arzt, der Richter, der Landmesser — auch wo er auf selbständige
wissenschaftliche oder künstlerische Bedeutung keinen Anspruch erhebt, immer
seine volle und schwere Aufgabe im sozialen Tagesleben zu erfüllen hat, eine Aufgabe, die wahrlich, redlich angefafst, einen ganzen Mann erfordert." Vgl. auch
A. B a l d a m u s (II. S. 309): „... Und da glaube ich es sagen zu dürfen, dafs der
heutige Gymnasiallehrer nicht mehr der unpraktische Herr ist, wie ihn die „Fliegenden
Blätter" darstellen, dafs er offenen Auges durch die Welt geht und mithin die
Reformarbeit oft früher begonnen hat, als die Reformforderung von aufsen erhoben ist." H. I e t e r meint (H. S. 298), heutzutage laute über den G y m n a s i a l-
lehrer das Urteil so, wie im „Raisonnement über die protestantischen Universitäten
Deutschlands" (1768—76) J. I. Michaelis vom Universitätslehrer es hervorhebt, dafs „wissenschaftliche Erfolge ein opus supererogationis seien, auf die zwar
eine Universität stolz sein, aber die sie nicht von ihm als Amtspflicht verlangen
könne." Gegen die Programme wendet sich R i c h t e r II S. 95.

Dagegen erregt eines Bedenken, was möglicherweise für die Zukunft zu befürchten ist. Schon jetzt wird darüber geklagt, daſs, während an einzelnen Gymnasien kaum sämtliche Abteilungen der Klassen 6—9 Gymnasialprofessoren zu Ordinarien haben, an andern wieder die Professoren noch längere Zeit nach ihrer Beförderung in 4 und 5 verbleiben und infolgedessen die Gymnasiallehrer sich mit dem Ordinariat von 1—3 begnügen müssen. Entsprechend würde es später auch in den oberen Klassen solche Verschiedenheiten geben, die lediglich von zufälligen Umständen abhängig sind, je nachdem eben an den einzelnen Anstalten mehr oder weniger ältere Professoren sich befänden, die zu Studienräten befördert würden. Für den Anfang müſste dies als notwendige Folge der in anderer Hinsicht ja so sehr wünschenswerten Neuerung hingenommen werden; weiterhin lieſse sich dem aber vielleicht abhelfen im Zusammenhang mit dem Bestreben, völlige Gleichstellung der Vorstände mit ihren Untergebenen zu vermeiden, das im letzten Teil der oben erwähnten Beilage (S. 9—12) seine Erledigung gefunden hat. Ich hielte es für nicht unmöglich, nach und nach die Stellen, welche jetzt einzelnen Persönlichkeiten verliehen worden sind bezw. noch verliehen werden, in solche umzuwandeln, die dauernd an bestimmte Anstalten gebunden sind, d. h. allmählich eine Reorganisation des Personalstandes sämtlicher Gymnasien vorzunehmen, etwa in folgender Weise: 20—25 Gymnasien in den groſsen Städten, deren Schülerzahl sich voraussichtlich dauernd auf ca. 350 hält und die infolge dessen eine gröſsere Anzahl von Parallelkursen haben, erhalten als Vorstände Oberstudienräte, die übrigen behalten, wie bisher, Rektoren resp. Direktoren. Ist der Vorstand und Ordinarius der 9. Klasse ein Oberstudienrat, so erhält die 8. und event. 7. Klasse einen Studienrat zum Ordinarius, während hier die Gymnasialprofessoren für die Ordinariate von 5—7, event. 4—6, verwendet werden. Der Vorteil, an einer gröſseren Anstalt zu wirken, was ja von vielen angestrebt wird, müſste dann eben mit der Notwendigkeit erkauft werden, länger in unteren Klassen zu verbleiben, während umgekehrt die Angehörigen einer kleineren Anstalt dafür früher zum Unterricht in höheren Klassen berufen würden; auch die Arbeitslast wäre dann etwas gleichmäſsiger der Stellung entsprechend verteilt. [1]) Damit heſse sich recht wohl der gelegentlich der Kammerverhandlungen gemachte Vorschlag vereinigen, daſs die besser bezahlten älteren Professoren als Prüfungskommissäre an Progymnasien verwendet würden wie etwa auch bei den verschiedenen Abschnitten des philol. Examens u. ähnl.

Endlich denke ich mir, daſs eine solche Reorganisation auch mit der Einrichtung der pädagogischen Seminarien in Verbindung gesetzt werden könnte. Daſs der Vorstand eines Gymnasiums, an dem ein

---

[1]) Wenn damit förmlich zwei Arten von Gymnasien geschaffen würden, so ist auch das nicht ohne Analogie bei den Juristen: an Gerichten, bei denen Schwurgerichte abgehalten werden, werden Landgerichtsräte und Staatsanwälte für diese beigezogen, an andern nicht; der Amtsrichter hat an kleinen Gerichten eine viel mehr Einzelgebiete umfassende Thätigkeit wie an groſsen, wo infolge der Arbeitsteilung jeder nur ein eng begrenztes Referat hat, u. dgl.

solches Seminar besteht, auch dann Oberstudienrat sein sollte, wenn
das Gymnasium sonst nicht zu der oben bezeichneten Kategorie gehört, und daß diesem ebenfalls 1—2 Studienräte beigegeben würden,
erscheint mir schon im Interesse der Gleichheit notwendig; denn hier
wird sich ebenso eine Überlastung herausstellen wie an stark besetzten
Anstalten. Der Zuschuß aber, welchen bis jetzt der Leiter eines
Seminars erhält, würde doch besser in einen pragmatischen Gehalts-
teil umgewandelt dadurch, daß der betr. Leiter von vorneherein einer
höher bezahlten Gehaltsklasse angehört. Analog fände dies Anwendung
auf die sonst noch zur Unterweisung der Probekandidaten beigezogenen
Lehrer der Anstalt; es könnte hier recht wohl ein Ordinarius einer
mittleren resp. unteren Klasse Rang und Gehalt eines Studienrates
resp. Gymnasialprofessors haben, wenn er zugleich am Seminar thätig
wäre. Eigens hierzu geeignete Leute an die mit Seminar ausgestatteten
Gymnasien zu berufen, würde wohl gerechter sein, als wenn jemand,
der gerade zufällig an einem solchen angestellt ist, den betr. Zuschuß
erhält. Durch Wegfall dieser Zuschüsse, wie der oben bereits erwähnten Remuneration würden im ganzen wohl die Kosten gedeckt
werden können, welche durch die Besetzung solcher Anstalten mit
einer größeren Anzahl höher dotierter Lehrkräfte hervorgerufen würden.

Noch günstiger freilich wäre es, wenn sich, da nun einmal jede
Reorganisation Geld kostet, die Mittel erreichen ließen, um die Zahl
der jetzigen Gymnasialprofessoren unverändert beizubehalten, trotzdem
etwa 40—50 der jetzt noch in Kl. VII d befindlichen in V b aufgerückt
wären. Damit wäre die Möglichkeit gegeben, den Wünschen der
Dreier entgegenzukommen und diese, wenn auch nach längerer Dienstzeit wie die Zweier, zu Gymnasialprofessoren zu befördern, zumal wenn
auch die Kreise nachfolgen würden und dann überall von der 4.,
oder wenigstens 5. Klasse aufwärts Professoren als Ordinarien wirkten.
In anderer Weise halte ich eine befriedigende Lösung der Dreierfrage
für ziemlich unmöglich. Denn würden nur etwa 20 Stellen, eigens für
Dreier, geschaffen, so wäre dies noch lange nicht genügend, und die
Auswahl wäre höchst schwierig.

Andrerseits aber wäre es den Vollberechtigten gegenüber, auch
wenn deren Avancement nicht verschlechtert würde, doch höchst unbillig, ohne weiteres ihnen Leute ohne Spezialexamen gleichzusetzen.
Man braucht ja noch lange nicht alles Heil in der Fertigung einer
wissenschaftlichen Abhandlung zu suchen; aber wenn einmal eine
solche gefordert wird, so müssen doch diejenigen, welche sich, von
allem anderen ganz abgesehen, der mühevollen Arbeit unterzogen und
durch erhöhte Anstrengung, Verzicht auf Vergnügungen und Erholung
u. dgl. dieser Forderung nachgekommen sind, auch einen Vorteil davon
haben [1]. Wenn jemand ohne Spezialexamen ganz das Gleiche er-

---

[1] Für diejenigen, welche der Forderung des § 8. 2 der Pröf.-O. 1873 entsprechend innerhalb dreier Jahre nach bestandener Hauptprüfung sich dem Spezialexamen unterzogen haben, liegt ja eine gewisse Benachteiligung schon darin, daß
auf die Erfüllung dieser noch wiederholt eingeschärften Vorschrift bei der Beförderung kein weiterer Wert gelegt wird. Bei längerer Wartezeit aber konnte

reichen könnte, wenn auch etwas später, wie die andern, so würde
dies in keinem Verhältnis stehen zu den von letzteren aufgewendeten
Opfern. Dies werden wohl nicht einmal die Dreier selbst im Ernste
verlangen; das, worüber sie sich beklagen, ist doch im wesentlichen
die Härte, welche darin liegt, daß jemand auf Grund einer vielfach
von Zufälligkeiten abhängigen Note sein Leben lang auf der untersten
Stufe stehen bleiben muß, ohne daß er auch nur die Möglichkeit bekommen hätte, auf anderen Gebieten sein Können zu erproben, und
ohne daß praktische Tüchtigkeit oder selbst literarische Leistungen
weiter in Betracht gezogen würden. — Bei obigem Vorschlag dagegen
hätten die Vollberechtigten doch den Vorzug, daß sie bei entsprechender
Qualifikation durchweg noch in eine Gehaltsklasse aufrücken können,
die den andern verschlossen bleibt, wenn sie auch als Gymnasialprofessoren auf gleicher Stufe mit ihnen stehen.

Ich habe bisher absichtlich nur auf diejenigen Rücksicht genommen,
welche nach dem früheren Modus geprüft sind; zieht man die neue
Prüf.-O. heran, so liegt die Sache, meine ich, noch einfacher[1]). Die
Bestimmungen dieser selbst müßten meines Erachtens mit notwendiger
Konsequenz dazu führen, auch allen denjenigen, welche nicht zum
Rektorat berufen werden, ein ·Aufrücken über die Gymnasialprofessur
hinaus zu ermöglichen. Denn wenn in § 30. 1 nach den Ergebnissen
der beiden Prüfungen die Kandidaten in drei Kategorien geteilt werden,
so müßten doch auch im Avancement für jeden Vollberechtigten drei
Stufen zu erreichen sein; vgl. den Ber. üb. d. 19. Gen.-Vers. S. 40.
Was hätte es für einen Zweck, daß jemand durch die Note I oder
II auch für die Verwendung in den obersten Gymnasialklassen
qualifiziert erscheint, wenn er doch in Rang und Gehalt denen gleich
bleibt, die in einer der Prüfungen die erste oder die zweite und in
der andern die dritte Note erlangt haben und darnach nur für Klasse 1—6
geeigenschaftet sind? Bei der letzten Kategorie freilich, d. h. den
Kandidaten, welche Note III in den beiden Prüfungen nur zur Verwendung in den 4 unteren Klassen befähigt, könnte sich im Laufe
der Zeit derselbe Notstand ergeben wie jetzt bei den Dreiern. Aber
sie sind wenigstens nicht durchaus ausgeschlossen vom Vorrücken, da
ja § 30. 2 der Prüf.-O. bestimmt, daß nach dem Zeugnis über den
Besuch des pädagogisch-didaktischen Kursus, sowie der Qualifikation
in der Praxis sich die Aussichten auf Anstellung und Beförderung

---

doch entschieden eine gereiftere Arbeit geliefert und auch bei der mündlichen Prüfung
Besseres geleistet werden, als wenn neben den Berufsgeschäften die Vorbereitung
überhastet werden mußte, damit nur der Termin eingehalten werde.

[1]) In diesem Abschnitte wagte ich einen Versuch zu machen, mit den Verhältnissen, wie sie eben durch die Prüf.-O. geschaffen sind, mich abzufinden; ich
will damit selbstverständlich nicht die Berechtigung der Einwände ableugnen, die
S. 23 dieser Blätter vorgeführt sind. Wenn die Absicht beim Erlaß der Prüfungsordnung die war, eine Rangerhöhung der älteren Gymnasialprofessoren zu ermöglichen,
so ist es doch sicher kein unbescheidener Wunsch, daß diese Rangerhöhung
wenigstens jetzt wirklich durchgeführt werde, nachdem die Prüfungsordnung erlassen ist, daß man dem Stand auch den geplanten Vorteil zukommen lasse,
nachdem er den in der Anfügung einer niedrigeren Schicht liegenden Nachteil
hinnehmen mußte.

verschlimmern oder verbessern. Einem Beamten, der die Vorbedingungen für eine höhere Stelle erfüllt hat, durch die Qualifikation diese zu versperren, dazu wird sich ein Amtsvorstand eben doch nur dann entschliefsen, wenn es sich um ausgesprochene Unfähigkeit oder Pflichtvergessenheit handelt. Würde man umgekehrt auch nicht allzu rigoros sein, wo Verbesserung der Aussichten in Betracht kommt, und mindestens den Angehörigen der letzten Kategorie diese zu Teil werden lassen, wenn sie sich in der Praxis bewähren und wissenschaftliches Streben bekunden, auch wenn sie nicht geradezu ganz vorzüglich sind, so dürfte damit allen gerechten Ansprüchen genügt sein; denn es würden dann doch wohl die meisten „Doppeldreier", wenn auch erst nach längerer Wartezeit wie die andern, zum Gymnasialprofessor befördert werden [1].

Damit bin ich am Ende meiner Auseinandersetzungen angelangt; mögen dieselben die Billigung der Standesgenossen finden, oder mögen andere, bessere Vorschläge an Stelle der meinigen treten, in dem Wunsche werden alle einig sein, dafs auf jeden Fall eine Besserung unserer Beförderungsverhältnisse in absehbarer Zeit erfolgen möge. Wenn diese Zeilen irgendwie zur Klärung der Verhältnisse und damit nur ein wenig zur Durchführung unserer Bestrebungen beitragen, so haben sie ihren Zweck erfüllt.

Regensburg.   Karl Hoffmann.

—

Ein Vorschlag zur bayrischen Prüfungsordnung für den Unterricht in den philologisch-historischen Fächern.[2]

Die im Jahre 1895 erlassene Prüfungsordnung für die Altphilologen bedeutet in mehreren Punkten einen unleugbaren Fortschritt; ich finde ihn vor allem darin, dafs alle Kandidaten sich beiden Prüfungsabschnitten unterziehen müssen, ferner darin, dafs auch der 2. Abschnitt vor Eintritt in eine amtliche Stelle bestanden sein mufs.[3] Auch den pädagogisch-didaktischen Kurs wird man als Fortschritt begrüfsen, wenngleich man über die Art der Einrichtung verschiedener Ansicht sein kann. So dankbar wir einerseits für diese unbestreitbaren Fortschritte sein

---

[1] Auch das beruht selbstverständlich auf der Voraussetzung, dafs mit gröfster Strenge verfahren wird und dafs demnach Dreier nicht als ungeeignete Kandidaten im Sinne der Ausführungen S. 32 zu betrachten sind.

[2] Dieser Artikel, welcher uns gleichzeitig mit dem vorhergehenden zuging, deckt sich in seinen Vorschlägen gröfstenteils mit denen des Herrn Koll. Hoffmann in der vorausgehenden Abhandlung (vergl. S. 215); da aber beide unabhängig von einander entstanden sind, so glaubten wir sie neben einander unverändert zum Abdruck bringen zu sollen. (Die Redaktion).

[3] Gerade der Umstand, dafs dem früher nicht so war, wurde von sehr vielen, die sich aufserhalb einer Universitätsstadt ohne Anleitung von seiten der Dozenten bei oft anstrengendem Dienst zum Spezialexamen vorbereiten mufsten, als sehr hart empfunden; wir würden deshalb in diesem Punkt eine Rückkehr zum früheren Modus, die von Stölzle und manchen Kollegen gewünscht wird, nicht für gut halten; sie würde sofort dieselbe berechtigte Opposition hervorrufen wie die frühere Einrichtung.

müssen, so ist anderseits nicht zu leugnen, daſs in der kurzen Zeit des Bestehens der neuen Ordnung sich auch Mängel gezeigt haben, vornehmlich in den Bedingungen für die Zulassung zu den zwei Prüfungsabschnitten, die für den 1. ein mindestens dreijähriges Studium, für den 2. ein weiteres einjähriges Studium voraussetzt. Wir vermuten, daſs in der Kommission, die zur Festsetzung der neuen P.-O. einberufen war, schon Bedenken gegen diese zu geringe Vorbereitungszeit laut wurden; doch entschloſs man sich zu den jetzt geltenden Bestimmungen in der wohlmeinendsten Absicht offenbar aus folgenden Gründen: nach der alten P.-O. konnte man nach dem 1. Examen, d. i. nach vier Jahren, in Ausnahmsfällen schon nach drei Jahren als Assistent verwendet werden. Da man für die Zukunft das Bestehen der beiden Prüfungen sowie ein Seminarjahr als unerläſsliche Bedingung für staatliche Verwendung mit gutem Grunde festsetzte, so muſste die Zeit ohnehin verlängert werden; man wollte sie aber so wenig wie möglich verlängern und kam so zu dem vorliegenden Resultat. Vielleicht fürchtete man auch bei noch längerer Vorbereitungszeit Mangel an Kandidaten, eine Furcht, die bei dem gegenwärtigen fast beängstigenden Zudrang zu dem Studium gewiſs unbegründet ist.[1]) Eine möglichst baldige Änderung des betreffenden Paragraphen der neuen P.-O. scheint uns deshalb äuſserst wünschenswert, weil sonst ein Rückgang in der Qualität der Gymnasiallehrer unausbleiblich ist..

Wir sprechen zunächst vom 1. Prüfungsabschnitt, der an die Stelle der älteren Hauptprüfung getreten ist. In der P.-O. vom Jahre 1873 lautet § 5: „Die Zulassung zur Prüfung aus den philologischhistorischen Fächern setzt ... ein vierjähriges Studium an einer deutschen Universität voraus. Zur Hauptprüfung können Kandidaten auch schon nach dreijährigem Universitätsstudium zugelassen werden." Die neue P.-O. sagt § 19: „Als Vorbedingung (für den 1. Abschnitt) erscheint ... ein dreijähriges Studium an einer inländischen Universität." Das ist doch ein bedeutender Unterschied. Was dort als Ausnahme („können zugelassen werden") gegeben ist, erscheint hier als Norm. Und dabei sind die Anforderungen, die an dieses Examen gestellt werden, in beiden P.-O. die gleichen, eine kleine Variante in dem geschichtlichen Pensum ausgenommen. Nun sagt man anscheinend nicht mit Unrecht, es stehe ja jedem frei, den 1. Abschnitt erst nach vier Jahren zu machen. Gewiſs; auch thun das manche. Aber bei der groſsen Konkurrenz werden doch viele nicht den Mut haben, aus eigenem Antrieb ein Jahr zuzulegen; sie werden sich sagen: wenn die P.-O. drei Jahre als Norm angiebt, so muſs die Vorbereitung im Durchschnitt auch in dieser Zeit zu leisten sein. In Wirklichkeit ist sie aber nicht im Durchschnitt, sondern nur für äuſserst fleiſsige und gut begabte Studenten in diesem Zeitraum möglich. Die unausbleibliche Folge der neuen P.-O. ist entweder die, daſs ein unverhältnismäſsig groſser

---

[1]) Vgl. diese Blätter 1898 S. 1 ff. Der in dem laufenden Scluljalr vorlandene Mangel an anstellungsfähigen Kandidaten ist auf die detinitive obligatorische Einfülrung des Seminarjahres und auf den Übergang von der alten zur neuen Ordnung zurückzufülren.

Prozentsatz der Kandidaten durchfällt, oder daſs die Anforderungen herabgeschraubt werden. Das haben die Prüfungen der 2 letzten Jahre gezeigt. Daſs beides von Übel ist, ist klar. Die Herabsetzung der Vorbereitungszeit geschah gewiſs, wie oben gesagt, in wohlmeinender Absicht, aber sie liegt weder im Interesse des Unterrichtes noch des Standes. Wir halten deshalb übereinstimmend mit Stölzle[1]) und Gebhard[2]) und, wie wir wissen, der grofsen Mehrzahl der Kollegen eine **vierjährige Vorbereitung** für den 1. Abschnitt für äuſserst wünschenswert, um nicht zu sagen für nötig.

Der **2. Abschnitt** der Prüfung ist an die Stelle des alten Spezialexamens getreten. das während der staatlichen Verwendung, in der Regel drei Jahre nach dem 1. Examen, von **den** Herren abgelegt werden konnte, die im Hauptexamen die 1. oder 2. Note erlangt hatten. Es berechtigte allein zur Anstellung als Gymnasialprofessor und Rektor. Stölzle ist der Ansicht, daſs man zu dieser früheren Praxis zurückkehren solle mit der Änderung, daſs alle, auch die Dreier, zur 2. Prüfung zugelassen würden. Also solle nach dem 1. Abschnitt das sogenannte Seminarjahr folgen, hierauf könne jeder als Assistent verwendet werden; wer die höheren Staffeln der Karriere — soweit man von solchen bei unserem Stande sprechen kann — erklimmen wolle, solle noch den 2. Abschnitt zu beliebiger Zeit machen. Auch andere Herren meinen, es könne ein Kandidat gar wohl das 1. Examen bestehen, zur Fertigung einer wissenschaftlichen Arbeit aber, wie sie im 2. Examen gefordert wird, unfähig sein; also sollten nicht alle dazu gezwungen werden. Ich bin hier völlig anderer Ansicht. Wenn das 1. Examen nach vier Jahren abgehalten und — das ist allerdings unerläſslich — mit der nötigen Strenge gehandhabt wird, so daſs man auch wirklich das fordert, was in der P.-O. steht, so bin ich fest überzeugt, daſs zwar nicht nach **einem** weiteren Jahr, aber nach zweien, jeder das 2. Examen bestehen kann.[3]) Als Vorbereitung für diesen 2. Abschnitt halte ich allerdings, wie gesagt, ein Jahr für zu wenig. Hierin stimme ich Stölzle völlig bei, und ich halte es für unnötig, seine einleuchtenden Gründe zu wiederholen.

Ich schlage also vor: **vier Jahre Vorbereitungszeit für den 1., zwei weitere Jahre für den 2. Abschnitt; hierauf folgt der pädagogisch-didaktische Kurs und dann erst die staatliche Verwendung.** Was mir entgegnet werden wird, weiſs ich. Sieben Jahre Vorbereitung für einen Philologen! Bei den schlechten Aussichten, der geringen Karriere, die dieser Stand hat! Wer wird sich dann noch diesem Studium zuwenden? Auch Stölzle p. 3,2 sagt, er möchte „die (von Gebhard gestellte) Forderung eines 5. Universitätsjahres, die ja im Interesse der Sache liege, mit Rücksicht

---

[1]) S. diese „Blätter“ 1898 p. 33.
[2]) S. z. B. diese „Blätter“ 1899 S. 32.
[3]) Ich stelle mir dann den Vorgang vor ähnlich wie bei den Juristen: beim 1. Examen, dem sogen. Universitäsexamen, wird sehr streng verfahren; die Folge davon ist, dafs bei der 2. Prüfung, dem sogen. Staatskonkurs ein Nichtbestehen zu den Seltenleiten gehört.

auf die sozialen Verhältnisse der meisten Philologiekandidaten nicht vertreten." Ich könnte darauf erwidern: wenn wir dieselben Aussichten in der Karriere anstreben, welche Richter, Bau- und Forstbeamte schon haben — und das thun wir —, so müssen wir uns auch nicht scheuen, die gleichen Vorbedingungen zu erfüllen.[1]) Wenn Gebhard oben S. 50 sagt, daſs „zu der Neuordnung der Vorbedingungen auch eine Neuordnung der materiellen Verhältnisse kommen muſs," so gilt das natürlich auch umgekehrt. Und was die soziale Stellung der Philologiekandidaten anlangt, so könnte ich mit Recht dagegen fragen: warum sollen die sozial schlechter Gestellten gerade zu uns gehen? Wer vermögenslos u n d t ü c h t i g ist, kann es bei höheren Vorbedingungen in unserm Beruf ebensogut aushalten, wie es bei den andern Berufen möglich ist. Wenn aber einer nicht besonders tüchtig ist, warum sollen gerade wir ihn verschlucken? Doch das sind nicht die Gründe, die mich zu meinen Reformvorschlägen veranlaſst haben; es ist vielmehr die Überzeugung, daſs s e c h s J a h r e V o r b e r e i t u n g n o t w e n d i g s i n d und zwar in Bayern viel mehr als anderswo. Denn wir haben das Klassenlehrersystem; und daſs ein Klassenlehrer eine gröſsere Vorbereitung braucht als ein Fachlehrer, daſs es eine viel breitere Basis legen muſs, ist ohne weiteres einleuchtend, wenn er auch, soviel ich weiſs, noch nirgends mit der nötigen Schärfe hervorgehoben worden ist. Wir sollen nicht nur Latein und Griechisch, sondern auch Deutsch und Geschichte beherrschen. Über die allgemeine, philosophische Bildung hat S t ö l z l e beherzigenswerte Worte gesagt. Und „wenn wir," wie P ö h l m a n n[2]) meint, „nicht nur unterrichten sollen, sondern mitwirken bei der Erziehung von Bürgern des modernen Staates, so setzt das auch eine historische Schulung voraus, „welche wohl nur ein kleiner Teil unserer Philologen von der Universität mitbringt," wir setzen hinzu, bei der jetzigen kurzen Vorbereitungszeit mitbringen kann. „Die Gegenwart verlangt vom Philologen," sagt Pöhlmann in demselben Aufsatz, „daſs er eine lebendige Anschauung habe von der Entwicklung der realen Mächte, die das antike Leben, wie alles Völkerleben beherrschen." „Sollte es unberechtigt sein, von dem Lehrer der Antike zu verlangen, daſs er nicht bloſs ein Philologe im landläufigen Sinne des Wortes sei, sondern zugleich auf der Höhe historisch-politischer Anschauung stehe, auf welche ihn nur die moderne Geschichtswissenschaft heben kann? Er bedarf dieser Schulung um so dringender, da ja die vertiefende Behandlung der alten Geschichte ganz wesentlich Sache der Klassikerlektüre ist."[3]) „Wie Treitschke mit Recht bemerkt, hat aller Lärm der Zeitungen die deutschen Gelehrtenschulen nicht so

---

[1]) Die Vorbereitungszeit bis zur staatlichen Verwendung beträgt bei den Juristen, Archiv- und Forstbeamten 7 Jahre, bei den Bau- und Bergbeamten 6 Jahre.
[2]) „Das klassische Altertum in seiner Bedeutung für die politische Erziehung des modernen Staatsbürgers," Beilage zur Allg. Ztg. 1891, wieder abgedruckt in den gesammelten Abhandlungen „Aus Altertum und Gegenwart". S. 30 ff.
[3]) In München ist es allerdings für den Studenten schwer, sich in das Studium der alten Geschichte einweihen zu lassen, da für dieses wichtige Fach noch immer kein Lehrstuhl vorhanden ist.

geschädigt, wie das Erlahmen des klassischen Unterrichts selbst, das
wir dem formalistischen Sinn so vieler Philologen verdanken." Über
das, was der deutsche Unterricht an unsern Schulen leisten soll, hat
Hermann Paul in einer akademischen Rede[1]) gesprochen. Die Aussetzungen, die er darin an den jetzigen Prüfungsordnungen (nicht an
den Lehrern, wie man wohl ab und zu hören kann) macht, sind zum
Teil wenigstens berechtigt.

Kurz jeder, dem die Förderung unseres Gymnasiallehrerstandes
ernstlich am Herzen liegt, wird sich sagen müssen, daß diese nicht
dadurch erreicht wird, daß möglichst bald eine Bezahlung erfolgt,
sondern dadurch, daß die als nötig erkannten Anforderungen auch
erfüllt werden. Um aber dem zu genügen, was man heutzutage von
einem Gymnasiallehrer verlangen muß, sind nach meiner Überzeugung
sechs Jahre Universitätsstudium nicht zu viel.

München.   Theodor Preger.

**Abiturientenstatistik und Zugang zu den akademischen Berufs-
arten, insbesondere dem höheren Lehrfach, in Preußen.**

Die Schrift, welche zur Behandlung obigen Themas veranlaßt,
gehört zu jenen Arbeiten, an denen in und außerhalb Preußens gewiß
kein Überfluß, vielmehr ein oft empfindlicher Mangel besteht. Handelt
es sich doch darin um eine Schätzung der Aussichten, welche für diejenigen bestehen, die sich den akademischen Berufsarten zuwenden.
Diese Aussichten wechseln aber bekanntlich fast von Jahr zu Jahr.
Bei dem großen Interesse, das für viele Einzelpersonen, für die Verwaltung der einzelnen Sparten und nicht am wenigsten für die ganze
Schulpolitik darin besteht, diese Aussichten jederzeit zu kennen, ist dem
Verfasser der vorliegenden Schrift der Dank der weitesten Kreise sicher.

Herr Direktor Schlee[2]) hat sich, um jederzeit Kenntnis der bezüglichen Verhältnisse zu besitzen, seit 25 Jahren die Ergebnisse der
Abiturienten-Berufswahl, wie sie jährlich (nach den Jahresberichten)
im amtlichen Zentralblatt des Unterrichts veröffentlicht werden, in
Tabellen zusammengestellt und durch lineare Darstellung veranschaulicht. Diese Resultate führt er nun einem weiteren Leserkreise vor.
In einer Anmerkung fügt der Verfasser bei, „die von dem K. Kommissar
im Abgeordnetenhause am 7. Mai 1898 gemachten statistischen Mitteilungen seien nicht berücksichtigt, weil die Arbeit schon vorher zum
Druck eingeschickt war, nachträgliche Änderungen seien durch sie aber
auch nicht veranlaßt gewesen". Es ist dies ein Beweis, daß eine

------

[1]) „Die Bedeutung der deutschen Philologie für das Leben der Gegenwart."
Beilage zur Allg. Ztg. 15. Nov. 1897.

[2]) Dr. E. Schlee, Direktor des Realgymnasiums in Altona: Übersicht
über die Statistik der Abiturienten von den preußischen Vollanstalten, über deren Berufswahl und insbesondere über den
Zugang zum höheren Lehramt in den Jahren 1867—1896". Mit 4 graphischen
Darstellungen. Leipzig, Dürr, 1898. 13 Seiten. Preis 80 Pf.

derartige Statistik auf guter Grundlage beruht. Wir sind übrigens letzterer Meinung schon seit geraumer Zeit; wer einmal die Abiturientenstatistik von Gemfs (vgl. „Blätter" 1895 S. 518 ff.) eingehend studiert hat, mufs unbedingt seine Ansicht über den „problematischen Wert" solcher Statistik ändern.

Die Ergebnisse, zu denen Schlee gelangt, und die sich auf alle Fakultäten erstrecken, lassen sich im Auszuge nur schwer mitteilen, da in den Tabellen eine Menge von Einzelheiten enthalten ist, die jede für sich ihre Bedeutung haben. Doch versuchen wir in Kürze ein Bild des Entwicklungsganges zu geben, indem wir uns dem Gedankengang des Verfassers anschliefsen. Zuerst weist Schlee darauf hin, dafs die ganze Abiturientenfrage bisher nur eine Gymnasialfrage war; neben den grofsen Zahlen der Gymnasialabiturienten kommen die kleinen der Realgymnasien kaum und die der Oberrealschulen gar nicht in Betracht. Bei Ab- und Zunahme ganz ungleicher Gröfsen wird viel Täuschung veranlafst durch die ausschliefsliche Angabe nach Prozenten. Die Abiturientenzahl hat sich in den letzten z e h n Jahren bei den Oberrealschulen freilich um 368°/o vermehrt, dagegen bei den Gymnasien nur um 30%; aber dort heifst das um 129, hier um 1275 Abiturienten.

Sodann behandelt der Verfasser die Z u n a h m e d e r A b i t u r i e n t e n seit 1867 im allgemeinen. Da die Bevölkerungszahl Preufsens seit 1867 von 23 971 337 bis 1875 stetig zu 31 853 123 angewachsen ist, so hätte in gleichem Verhältnis die Abiturientenzahl von 2061 zu 2740 anwachsen sollen; sie ist aber zu 5066 angewachsen, statt um 33% um 145°/o. Woran liegt das? Offenbar sind die Ansprüche unserer Kulturverhältnisse an höhere Geistesbildung in starkem Mafse gewachsen. Die Zahl der Oberlehrerstellen an den höheren Schulen hat sich in dem gleichen Zeitraum auch nicht blofs um 33°/o, sondern um 120°/o vermehrt. Die Verwaltung ist vielseitiger geworden und fordert Abiturienten, wo früher eine geringere Schulbildung ausreichte, es ist das z. B. der Fall bei der Eisenbahnverwaltung, der Postverwaltung, der Kommunalverwaltung, ebenso im Gebiete der höheren Technik, namentlich im Maschinenbau, im Schiffsbau, in der chemischen Technik. Aber auch bei den Medizinern ist durch gröfseren Wohlstand, durch Krankenkassen das Bedürfnis in höherem Mafse gesteigert.

Immerhin zeigt sich in einzelnen Fächern eine bedrohliche Überfüllung. Der Verfasser unterscheidet zunächst allgemein zwischen den Berufen, in welchen der Zugang durch die aufnehmende Behörde gleichmäfsig geregelt wird, und solchen, in welchen dies nicht der Fall ist. Das Postwesen, Steuerfach, der Militärdienst nehmen Abiturienten ohne eigentlichen Vorbereitungsdienst auf und immer nur soviel, als sie bedürfen. Die betreffenden Kurven (in den Tabellen) weisen daher nur geringes Schwanken und mäfsiges Steigen auf. Anders steht es bei den Berufsarten, welche ein Studium auf der Hochschule erfordern; da ist eine gleichmäfsige Regelung durch eine aufnehmende Behörde nicht vorhanden; da zeigt sich denn auch, dafs die Berufswahl seit 1866 ihren gleichmäfsigen Gang vollständig verloren hat, dafs eine grofse Unruhe hineingekommen ist; die gleichbleibenden idealeren

Gründe für die Berufswahl treten zurück, es werden die wechselnden
äußeren, günstigen und ungünstigen, Verhältnisse maßgebend.   Nun
wirken allerdings beide Zustände, Überfluß und Mangel, an sich regelnd
auf den Gang; aber diese Einwirkung kommt im allgemeinen immer
zu spät, meistens erst nach 5 und mehr Jahren, wenn die Examina
ein unverhältnismäßiges Plus oder Minus an Kandidaten ergeben haben.
Auf s o l c h e Weise werden die nachteiligen großen Schwankungen
nicht, verhindert.   Deshalb ist rechtzeitiger Rat und Warnung notwendig, und darin beruht der Zweck auch dieser Veröffentlichung.
Auch in den 80er Jahren wurde vielfach öffentlich — in der Presse
und im Abgeordnetenhause — angesichts des großen allgemeinen Zudrangs vor dem Betreten der Studienlaufbahn gewarnt, und man nimmt
in dieser Zeit deutlich eine Abnahme wahr. (In ähnlicher Weise
scheinen auch bei uns in Bayern die vor etwa 5 Jahren erfolgten
Warnungen gleicher Art die wohlthätige Wirkung einer Ermäßigung
des Zudrangs gehabt zu haben.)
    Zu den einzelnen Berufsarten sich wendend wird in der Schrift
dargethan, wie sich die Verhältnisse im Baufach, in der katholischen
und evangelischen Theologie, in der Medizin, in der Jurisprudenz und
in den einzelnen Berufszweigen der philosophischen Fakultät in den
letzten 30 Jahren entwickelten.   Die Lage in diesen Fächern ist folgende.
Im Baufach ist seit mehreren Jahren der Zugang zu groß.   In der
katholischen Theologie ist jetzt nach dem großen Niedergang infolge des „Kulturkampfes" (70 bis 78) wieder ein der Bevölkerungsziffer entsprechendes Verhältnis erreicht.   Die protestantische Theologie,
die ebenfalls anfangs der 70er Jahre einen Rückgang an Kandidaten
zu verzeichnen hatte, dann aber sich sehr lebhaften Zugangs erfreute,
litt zuletzt an Überfüllung, die gegenwärtig in ihrem Ablauf begriffen
ist.   Das medizinische Studium ist seit dem Kriège alsbald mit dem
juristischen und philosophischen zu gleicher, dreifacher Höhe empor-
geschossen, hat seit 1885 im ganzen abgenommen und zeigt seit 1892
wieder steigende Tendenz.   Wenn die Zunahme noch fortdauert, wird
sie sich beim ärztlichen Stande sehr unangenehm fühlbar machen.
In der Jurisprudenz ist der Zugang, der schon einmal Ende der 70er
Jahre das Maß überschritt, seit 1890 wieder zu groß: er hat im
Jahre 1896 die drei- bis vierfache Höhe gegen 30 Jahre früher erreicht!
    Das h ö h e r e L e h r f a c h im allgemeinen zeigt einen durchaus
extravaganten Lauf der Abiturientenkurve: von 302 im J. 1867 steigt
sie vulkanartig in gleichmäßigem Auftrieb zu 931 im J. 1879 empor.
Über die traurigen Folgen dieser Überwucherung, welche die Betreffenden um so härter traf, als gerade damals die Neugründungen von
Anstalten sich verminderten. spricht der Verfasser Worte, die zu Herzen
gehen. „Jetzt hatten sie — i. e. die Kandidaten des höheren Lehramts, die
von jeher zumeist nicht den Kreisen der Begüterten entstammen, —
zum Schaden auch den Schimpf; denn nur sie, nicht etwa auch die
überflüssigen wartenden Juristen, wurden als gelehrtes Proletariat bezeichnet". — Der Abfall der Kurve wurde ebenso steil wie der Auftrieb und ging von 1887 bis 1895 unter die Normale herunter.   Die

letzten 10 Jahre konnten daher dazu dienen, den größten Teil des Überflusses der vorhergehenden Zeit unterzubringen. Aber der Augenblick ist nahe, wo er untergebracht ist und der frische Zustrom bei weitem nicht ausreicht. Nach dem bis jetzt zu übersehenden Verlauf wird dann etwa 5 Jahre lang empfindlicher Lehrermangel sein. Der Mangel an Lehrern der n e u e r e n S p r a c h e hat bereits begonnen. Am schlimmsten war der Gang bei den Lehrern der M a t h e m a t i k und Naturwissenschaften; die Überfüllung, welche bei ihnen relativ am größten war und 4 Jahre lang das Dreifache der normalen Zahl lieferte, brachte diese Lehrer in eine verzweifelte Lage und nötigte viele, eine ganz andere Berufsthätigkeit zu ergreifen. Die Reaktion ist daher hier auch am entscheidendsten eingetreten. In den Jahren 1889 bis 1893 fiel ihre Zahl von 121 auf 17, und auch in den folgenden Jahren bis 1896 hat sie nur durchschnittlich 24, d. i. den 3. Teil des erforderlichen Zuwachses, betragen. Nach der Abiturientenstatistik ist erst von 1901 an der normale Zuwachs wieder zu erwarten.

Fast zu dem gleichen Resultate wie Schlee gelangt Professor Dr. Richard B ü n g e r - Görlitz, der in einem „Die Aussichten im höheren Lehrfach" betitelten Aufsatz in den „Blättern für höheres Schulwesen" Nr. 10 (1898, Oktober) auf grund sorgsamer Berechnungen darthut, daß am 1. Mai 1897 alle Fächer zusammengefaßt noch ein Überschuß von 294 Kandidaten vorhanden war, daß aber bis zum Jahre 1904 ein Manko von 250 Kandidaten eintreten muß. Bünger hält es dabei für fraglich, ob im Jahre 1904 bereits der tiefste Stand erreicht werden wird, da der Zugang in den letzten Jahren hinter dem Bedarf wesentlich zurückblieb. Auch die National-Zeitung behandelte (laut Korresp.-Blatt von Kannengießer Nr. 24) in ihrer Nummer vom 30. November die Frage des Lehrermangels und betonte, daß eine Veröffentlichung des gesamten Materials von seiten der Regierung dringend wünschenswert sei.[1]

Vergleicht man die in der Schrift von Direktor Schlee dargestellten Verhältnisse mit den unsrigen, so ergibt sich in mannigfacher Beziehung eine ganz auffallende Ähnlichkeit. Welch ungesundes Auf- und Abwogen zeigte sich z. B. auch bei uns in den letzten 15 Jahren im Fache der Mathematik! Aber auch welch empfindlicher Wechsel von Überfluß und Mangel zu ganz gleicher Zeit in der klassischen und in der neueren Philologie, und neuerdings wieder welcher Überfluß auf allen Gebieten des höheren Lehrfachs! (Vgl. „Blätter" 1898,

---

[1] Sollte eine solche Veröffentlichung erfolgen, so werden wir unverzüglich in diesen Blättern davon Mitteilung machen, da immerhin von anderer Seite auch die gegenteilige Meinung vertreten wird, daß nämlich der außerordentliche Überfluß der vorhergehenden Jahre und der sich in allerneuester Zeit ankündigende abermalige Zudrang keinen Mangel werde aufkommen lassen. (So L e x i s bei S c h r ö d e r „Der höhere Lehrstand in Preußen etc.", 1899, S. 70.) Wie schwierig die Lösung solcher Fragen ist, ist ja bekannt. Es hängt, selbst wenn alles zu stimmen scheint, manches doch wieder von Zufälligkeiten ab. So könnte z. B., falls die Herabsetzung des Stundenmaximums in Preußen zur That werden sollte, — und eine dringende Notwendigkeit ist dies zweifellos — plötzlich die Sache eine ganz neue Wendung nehmen.

S. 1—10.) Möge die neueste Hochflut, ohne gröfseren Schaden anzu-
richten, vorübergehen!

Man erkennt aus Vorstehendem den Wert einer fleifsigen Statistik.
Die Grundlage, auf welcher die obigen Folgerungen aufgebaut sind, ist
in erster Linie die Abiturientenstatistik, die auf den Angaben
in den Jahresberichten beruht; die Ergebnisse der Lehramtsprüfungen etc.
haben durchaus die Angaben hinsichtlich der Berufswahl in allem
Wesentlichen bestätigt.   Der Wert ist daher ein zweifelloser.   Wir
kennen aber auch kein anderes Mittel, um die Stärke des Zugangs zu
den einzelnen Fächern rechtzeitig zu ermessen.   Wollte man immer
erst abmahnend oder zuredend auftreten, wenn sich nach dem Zugang
zu den Prüfungen eine Überfüllung oder ein Mangel an Kandidaten
herausgestellt hat, so wäre es immer zu spät; denn es stehen immer
4 oder 5 Jahrgänge hinter diesen, die sich der äufseren Einwirkung
im negativen oder positiven Sinn entziehen, ebenso sehr aber auch
der Berechnung, falls keine ordentliche Abiturientenstatistik vorliegt.
Wir halten daher letztere für die Anstellung einer einigermafsen sicheren
Prognose für unentbehrlich.   Hieraus ergiebt sich, dafs die Angabe
der Berufswahl der Abiturienten mit möglichster Sorgfalt geschehen sollte.   Dies ist in Bayern bisher zu wenig der
Fall gewesen.   In zweierlei Hinsicht leiden bei uns die betreffenden
Angaben an Mängeln, so dafs man oft sagen hört: die Angaben haben
überhaupt keinen Wert.   Denn was bedeutet bei konfessionell gemischten Anstalten die Angabe: so und so viel haben Theologie
studiert, wenn man nicht erfährt, wie viele davon Katholiken, Protestanten oder Israeliten sind?   Ebenso genügt es nicht, wenn einfach
gesagt wird, so und so viel gaben Philologie als Berufsstudium an,
wenn hier die Unterscheidung zwischen klassischer und neuerer
Philologie fehlt.   Da derartige Unbestimmtheit nicht blofs vereinzelt,
sondern öfter vorkommt, so verliert dadurch die gesamte Statistik erheblich an ihrer Bedeutung.   Dies ist aber nicht der einzige Mangel.
Mit Recht hat man schon mehrfach eingewendet, die Angaben seien
überhaupt von problematischem Wert, weil mancher oder sogar viele
nachträglich sich einem anderen Berufe als dem angegebenen zuwendeten.   Allein diesem Mangel liefse sich mit einem Schlage abhelfen,
wenn man, wie dies bei einigen bayerischen Gymnasien [1] und sonst überall
in Deutschland der Fall ist, zugleich die Namen der Abiturienten
angäbe.   Dadurch wäre eine Kontrolle in mehrfacher Richtung ermöglicht; denn erstens würde sich jeder Abiturient seine Angabe
genauer mit seinen Angehörigen überlegen und zweitens
wäre eine Nachprüfung der Angaben auf grund der Hoch-
schulverzeichnisse etc. möglich. [2]   Dann käme es z. B. auch nicht

---

[1] Es sind dies Bayreuth, Hof, Landau, München Theres.-Gymn., Passau,
Schweinfurt, Speyer.   Am praktischsten scheint uns der am Theresien-Gymnasium
eingeführte Modus (vgl. S. 31 des letzten Jahresberichts) zu sein.
[2] Gemfs hat in seiner mehrfach zitierten Schrift (S. 4) das Resultat solcher
Nachprüfungen mitgeteilt.   Er gibt zunächst aus allgemeiner Erfahrung zu, dafs

mehr so sehr auf die genaue Angabe der Konfession an, der der zu-
künftige Theologe angehört, da man diese aus dem Schülerverzeichnis
ersehen könnte. Unseres Erachtens ist übrigens eine genaue Statistik
der Abiturienten nach Berufswahl, Konfession, Alter und Stellung der
Eltern bei weitem wichtiger als die nur in Bayern bestehende
Registrierung sämtlicher Schüler in den einzelnen Klassen, die uns
durchaus entbehrlich erscheint und offenbar noch ein Überbleibsel aus
jenen Zeiten ist, in denen die Schüler nach Plätzen und Noten aufgezählt wurden. Unseres Wissens wenigstens wurden bisher noch
nirgends diese Schülertabellen zu statistischen oder sonstigen Zwecken
ausgenützt; wohl aber wurde schon mehrfach eine genaue Führung
der Abiturientenstatistik recht vermißt.

Den Modus, dem wir hier das Wort redeten, besitzen bereits alle
Staaten mit Ausnahme Bayerns, und wie sehr er sich bewährt hat,
geht schlagend auch aus den Resultaten der obigen Schrift hervor,
die uns die Anregung gegeben hat, dem Wunsch abermals (vgl. Blätter
1895 S. 520) Ausdruck zu verleihen, es möchten in jedem bayerischen Jahresbericht gleichwie in den übrigen Staaten
die Namen der Abiturienten mit dem von letzteren gewählten speziellen Fach möglichst genau angegeben
werden.

München.   Dr. Gebhard.

Zu Platons Apologie des Sokrates.

p. 27. (c. 15.)

In dem zweiten Klagepunkte, welcher lautete: Σωκράτης ἀδικεῖ —
θεοὺς οὓς ἡ πόλις νομίζει οὐ νομίζων, ἕτερα δὲ δαιμόνια καινά faßte
der Ankläger den Begriff δαιμόνια substantivisch (alia numina nova,
andere, neue Gottheiten), Sokrates aber nimmt in seiner Verteidigung
das Wort adjektivisch, was es ja ursprünglich war; daher verbindet er δαιμόνια καὶ θεῖα; er darf aber zu den Worten der Klage-
schrift kein Wort hinzufügen, wenn er sie nicht willkürlich abändern
will: es ist also in der Beweisführung das Wort πράγματα, das mehrmals hinzugefügt ist, als Interpolation auszuscheiden. Der ganze Schluß
lautet: Wer an ἀνθρώπεια glaubt, muß an ἀνθρώπους glauben; wer
an ἱππικά glaubt, muß an ἵππους glauben; wer an αὐλητικά glaubt,
muß an αὐλητάς glauben: folglich wer an δαιμόνια glaubt, muß an

---

in Berlin und anderen großen Städten nicht selten nachträglich Berufswechsel
eintritt. Sodann aber konstatiert er, daß beispielsweise in Herford von 346 Abiturienten nur 43 einen anderen Lebensweg einschlugen, wobei jedoch in 12 Fällen
Ausgleich zwischen den einzelnen Fakultäten eintrat, daß ferner in Stralsund von
den von 1860 bis 1885 entlassenen 250 Abiturienten nur 10 gewechselt haben, in
Holzminden von 941, die in den Jahren 1826 bis 1894 einen akademischen Beruf
wählten, nur 13 (nach dem Osterprogramm 1894: „Album über den Zeitraum von
Mich. 1826 bis Ostern 1894“).

δαίμονας glauben. Also: ἔστιν ὅστις ἀνϑρώπων — ἀνϑρώπεια μὲν
νομίζει [πραγματ'] εἶναι, ἀνϑρώπους δὲ οὐ νομίζει;
ἐσϑ' ὅστις ἵππους μὲν οὐ νομίζει. ἱππικὰ δὲ [πράγματα];
ἢ αὐλητὰς μὲν οὐ νομίζει εἶναι, αὐλητικὰ δὲ [πράγματα];
ἐσϑ' ὅστις δαιμόνια μὲν νομίζει [πράγματ'] εἶναι, δαίμονας δὲ οὐ νομίζει;

Im folgenden steht viermal richtig ohne Hinzufügung von πράγματα:
δαιμόνια μὲν φῄς με καὶ νομίζειν καὶ διδάσκειν
δαιμόνιά γε νομίζω
εἰ δὲ δαιμόνια νομίζω
καὶ δαιμόνια καὶ ϑεῖα ἡγεῖσϑαι.

Aristoteles, der in der Rhetorik II 23 p. 1398 a auf diese Stelle
Bezug nimmt, erklärt τὸ δαιμόνιον οὐδέν ἐστιν ἀλλ' ἢ ϑεὸς (wenn substantivisch genommen) ἢ ϑεοῦ ἔργον (wenn adjektivisch genommen,
= ϑεῖόν τι, wie Aristoteles Rhet. III 18 p. 1419 a in gleichem Sinne
erklärt). Vergleiche auch die Stelle p. 31 D (c. 19.) ὅτι μοι ϑεῖόν τι καὶ
δαιμόνιον γίγνεται [φωνή], ὃ δὴ καὶ ἐν τῇ γραφῇ ἐπικωμῳδῶν Μέλητος
ἐγράψατο, wo δαιμόνιον ebenfalls adjektivisch genommen ist und die
Interpolation φωνή, aus dem folgenden φωνή τις γιγνομένη entstanden,
von Forster gestrichen wurde.

p. 32 D (c. 20.)

τότε μέντοι ἐγὼ οὐ λόγῳ ἀλλ' ἔργῳ αὖ ἐνεδειξάμην, ὅτι ἐμοὶ
ϑανάτου μὲν μέλει, εἰ μὴ ἀγροικότερον ἦν εἰπεῖν, οὐδ' ὁτιοῦν, τοῦ δὲ
μηδὲν ἄδικον μηδ' ἀνόσιον ἐργάζεσϑαι, τούτου δὲ τὸ πᾶν μέλει.

Dafs οὐδ' ὁτιοῦν kein ungebildeter Ausdruck ist, den Sokrates
mit den Worten εἰ μὴ ἀγροικότερον ἦν εἰπεῖν hätte entschuldigen müssen,
ist klar. Er mufs einen Ausdruck der Umgangssprache gebraucht haben,
der nicht salonfähig war, etwa wie wir im Deutschen sagen: ich
kümmere mich ‚keinen Deut' oder ‚keinen Pfifferling' darum. Ein solcher
Ausdruck war im Griechischen οὐδὲ γρῦ, der aus der gemeinen
Sprache stammte und sich vereinzelt bei Komödiendichtern und Rednern findet. Diese Stellen sind:
Aristophanes Plut. 17 ἀποκρινόμενος τὸ παράπαν οὐδὲ γρῦ.
Antiphanes Athen. 8 p. 343 a: ὄψου δὲ μηδὲν ⟨μήποτ'⟩ εἰσπλεῖν
μηδὲ γρῦ.
Demosthenes p. 353 (de falsa leg.) περὶ δὲ Φωκέων — οὐδὲ γρῦ.
Lukian Lexiph. c. 19. οὐδ' ὅσον τοῦ γρῦ καὶ τοῦ φνεῖ φροντιοῦμεν
αὐτοῦ.
Julian p. 273 B (epist. ad senatum populumque Ath.) ἐμοί τε, ὅπερ
ἔφην. οὐδὲ γρῦ μετέδωκεν αὐτῆς (scil. τῆς πατρῴας οὐσίας).

An unserer Stelle ist also die ursprüngliche Lesart οὐδὲ γρῦ
durch die Glosse οὐδ' ὁτιοῦν verdrängt worden. Erst so begreift man,
warum Sokrates den entschuldigenden Satz εἰ μὴ ἀγροικότερον ἦν
εἰπεῖν hinzufügt. Man vergleiche die Erklärung von γρῦ Lex. rhet.
Bekk. An. p. 223. 2 γρῦ ἀντὶ τοῦ οὐδέν, ἐπεί, φασί, καλεῖται γρῦ ὁ
ἐν τοῖς ὄνυξι βραχὺς ῥύπος.

Vielleicht läfst sich damit das lateinische ne frit quidem vergleichen bei Plautus Mostellaria 595, wo Ellis aus erit vortrefflich frit hergestellt hat, nach Varro r. r. I 48 illut autem summa in spica iam matura, quod est minus quam granum, vocatur frit.

p. 36 B — 38 B. (c. 26—28.)

‚τίμημα θάνατος‘ so lautete der Strafantrag des Klägers Meletos; und welchen Gegenantrag hat Sokrates gestellt? Da er sich keiner Schuld bewußt war, konnte er vernünftiger Weise keinen Strafantrag stellen und mußte es ablehnen irgend eine Strafe sich zuzuerkennen, da dies ein Eingeständnis einer Schuld gewesen wäre. Und so lesen wir denn in Xenophons Apologie des Sokrates 23 klipp und klar die Worte: κελευόμενος ὑποτιμᾶσθαι οὔτε αὐτὸς ὑπετιμήσατο οὔτε τοὺς φίλους εἴασεν, ἀλλὰ καὶ ἔλεγεν, ὅτι τὸ ὑποτιμᾶσθαι ὁμολογοῦντος εἴη ἀδικεῖν.

Schon dieser eine unschätzbare Satz beweist in seiner überzeugenden schlichten Wahrheit und Einfachheit die Echtheit der Xenophontischen Apologie und zeigt, daß hier eine unverfälschte Thatsache berichtet wird. Bei Platon dagegen beantragt Sokrates das, was er wirklich verdient habe; als εὐεργέτης τῆς πόλεως habe er die höchste Auszeichnung vonseite des Staates verdient: lebenslängliche Speisung im Prytaneion. Es ist klar, daß aus diesen Worten der begeisterte, dankbare Schüler spricht, der in seinem großen Meister einen Gottgesandten erblickte, der Übermenschliches geleistet habe (30 E δοκεῖ ὁ θεὸς ἐμὲ τῇ πόλει προστεθεικέναι und 31 B οὐ γὰρ ἀνθρωπίνῳ ἔοικε τὸ ἐμὲ τῶν μὲν ἐμαυτοῦ ἁπάντων ἠμεληκέναι u. s. w.). Diesen Antrag stellte nicht Sokrates, sondern Platon spricht den Athenern und der Welt gegenüber aus, was Sokrates wirklich verdient habe, was die Athener statt der Todesstrafe ihm wirklich hätten zuerkennen sollen. Auch bei Platon erklärt sich Sokrates entschieden dagegen sich irgend eine Strafe zuzuerkennen; er würde damit sich selbst ein Unrecht zufügen, was er ebenso vermeide wie anderen ein Unrecht zu thun. Er bespricht einzelne Strafen, die in Betracht kommen könnten, und lehnt jede als ungeeignet für seine Person ab: zuerst Gefängnis (δεσμός), dann Geldstrafe (χρήματα), dann Verbannung (φυγή). Auffallen könnte dabei, daß die Strafe der ἀτιμία nicht erwähnt ist, die doch p. 30 D als möglich genannt ist (ἀποκτείνειε μεντἂν ἴσως ἢ ἐξελάσειεν ἢ ἀτιμώσειεν), doch ist diese Strafe auch im Gorgias p. 480 D unerwähnt gelassen, wo folgende Strafen aufgezählt werden: πληγαί, δεσμός, ζημία (multa, Geldstrafe), φυγή, θάνατος. Sokrates schließt dann bei Platon seine eingehende Auseinandersetzung, worin er jeden Strafantrag seinerseits entschieden ablehnt, mit den Worten ab: τὰ δὲ ἔχει μὲν οὕτως, ὡς ἐγώ φημι, ὦ ἄνδρες, πείθειν δὲ οὐ ῥᾴδιον. Und was folgt nun in unserem Texte? Sokrates beantragt dennoch, allen ausgesprochenen Gründen ins Gesicht schlagend, eine Strafe für sich und zwar eine Geldstrafe: entweder eine Mine aus eigenen Mitteln oder 30 Minen aus den Mitteln seiner Freunde.

Daß dieser ganze nachträgliche Strafantrag in unserer Platonischen Apologie (p. 38 A B καὶ ἐγὼ ἅμα — ἀξιόχρεῳ) eine plumpe

Fälschung eines Lesers ist, der sich die unnütze Frage beantworten wollte, ob denn die reichen Freunde des Sokrates, insbesondere Platon, gar nichts zur Rettung ihres geliebten Meisters gethan (Xenophon gibt in den oben angeführten schlichten Worten deutlich an, dafs Sokrates dies nicht duldete: *οὔτε τοὺς φίλους εἴασεν*), läfst sich aus folgenden Gründen sicher erweisen:

1. Der Interpolator wiederholt einen von Sokrates bereits ausgesprochenen Gedanken und flickt ihn unpassend mit *καὶ — ἅμα* an. *καὶ ἐγὼ ἅμα οὐκ εἴθισμαι ἐμαυτὸν ἀξιοῦν κακοῦ οὐδενός* = p. 37 A B *πέπεισμαι ἐγὼ ἑκὼν εἶναι μηδένα ἀδικεῖν ἀνθρώπων — · πεπεισμένος δὴ ἐγὼ μηδένα ἀδικεῖν πολλοῦ δέω ἐμαυτόν γε ἀδικήσειν καὶ κατ' ἐμοῦ ἐρεῖν αὐτός, ὡς ἄξιός εἰμί του κακοῦ, καὶ τιμήσεσθαι τοιούτου τινὸς ἐμαυτῷ.*

2. Eine Geldstrafe hat Sokrates bereits zurückgewiesen mit den Worten p. 37 C *οὐ γάρ ἐστί μοι χρήματα, ὁπόθεν ἐκτίσω,* was der Interpolator wiederholt mit den Worten *οὐ γάρ ἐστιν,* aber gleichwohl die Bezahlung einer Mine für möglich hält; allein wenn Sokrates überhaupt kein Geld hatte, konnte er auch keine Mine (= 78 M.) bezahlen, denn er lebte in tausendfältiger Armut, wie er selbst sagt, p. 23 C *ἐν πενίᾳ μυρίᾳ εἰμί,* und bedurfte eines Unterhaltes (p. 36 E *ὁ μὲν τροφῆς οὐδὲν δεῖται, ἐγὼ δὲ δέομαι).* Warum sollte er überhaupt nachträglich nochmal auf die Geldstrafe zu sprechen kommen? und wäre nicht die Bezahlung auch der kleinsten Geldsumme ein Zugeständnis gewesen, dafs er doch irgend eine Schuld zu büfsen habe?

3. Und nun sollen gar vier Freunde des Sokrates ihn aufgefordert haben 30 Minen (= 2358 M.) zu beantragen und sie selbst wollten die Bürgschaft übernehmen. Wie? Die Jünger des Sokrates, die Söhne der reichsten Athener (*οἱ τῶν πλουσιωτάτων* p. 23 C) wollten nur 30 Minen opfern, um ihren Meister zu retten? War ihnen Sokrates nicht mehr wert als ½ Talent? Und der feinfühlige Platon soll sich bei dieser noblen Summe [1]) zuerst genannt haben? Unter den Schülern des Sokrates nennt er sich p. 34 A bescheiden an vorletzter Stelle, im Phädon p. 59 B spricht er von sich zuletzt und hier in der Geldangelegenheit hätte er sich zuerst genannt? Wer möchte glauben, dafs Platon unter den Schülern des Sokrates sich zurückgesetzt, unter den geldspendenden und bürgenden Freunden sich vorangestellt habe? Diese 30 Minen machen einen seltsamen Eindruck; sie erinnern an die schnöden 30 Silberlinge des neuen Testamentes.

Wird dieser auffällige, nach dem Vorangegangenen unmögliche Strafantrag aus dem Texte ausgeschieden, so schliefst Sokrates die ganze Erörterung über das *τίμημα* und *ἀντιτίμημα* durchaus passend mit den Worten ab: *τὰ δὲ ἔχει μὲν οὕτως, ὡς ἐγὼ φημι, ὦ ἄνδρες, πείθειν δὲ οὐ ῥᾴδιον.*

Mehr und mehr kommt die Ansicht zum Durchbruche, dafs die Platonische Apologie des Sokrates nicht die wirklich gehaltene Rede

---

[1]) Bei dem Prozesse des Miltiades hatte der Kläger Xanthippos ebenfalls Todesstrafe beantragt, die Geldstrafe aber, zu der Miltiades verurteilt wurde, betrug 50 Talente! Herodot 6, 136.

des Sokrates bietet; sie ist, wie schon Pseudo-Dionysios von Halikarnaſs ars rhet. 8, 8 p. 295 f. richtig erklärt, zugleich eine Anklage der Athener, eine Lobrede auf Sokrates und stellt das ideale Bild eines Philosophen auf. Aber die modernen Schilderungen des Prozesses des Sokrates stehen unter dem überwältigenden Einflusse der Darstellung Platons, die als die reinste, lauterste und bedeutendste Quelle der Überlieferung gilt. Xenophon kommt dabei nicht zu seinem Rechte. Aber Platon hat trotz seines Kampfes gegen die Rhetorik alle Künste der Rhetorik am meisterhaftesten und blendendsten anzuwenden gewuſst. Es war meine Absicht, an dem einen Punkte, was den Gegenantrag des Sokrates betrifft, zu zeigen, daſs die nüchterne Wahrheit sich nur bei Xenophon findet; und unbefangene Prüfung wird dies immer mehr zugeben müssen: τὸ γὰρ ἀληϑὲς οὐδέποτε ἐλέγχεται.

Regensburg.   Karl Meiser.

Metakritisches zu Aristoteles' Metaphysik.

Herr Kollega Dr. Zahlfleisch setzte sein „Kritisches zur Metaphysik des Aristoteles" S. 418 ff. des Jahrgangs 1897 fort; so muſs ich denn auch wieder (vgl. S. 243 ff. des Jahrgangs 1896) mit Metakritischem dienen.

Z 1029, b, 1 ff. Zahlfleisch meint, bei der von mir gutgeheiſsenen Umstellung der traditionellen Aufeinanderfolge fehle eine nähere Begründung dafür, daſs Aristoteles nun auf einmal sich mit dem τὸ τί ἦν εἶναι befaſst. Dagegen sei bei der traditionellen Aufeinanderfolge in dem sogleich auf b, 1 f. folgenden πρὸ ἔργου γὰρ ... γὰρ die erforderliche Begründung sofort vorhanden. Aber in der b, 3—12 ausgesprochenen methodologischen Bemerkung liegt trotz des „γὰρ ... γὰρ" keine Begründung dafür, daſs jetzt vom τὸ τί ἦν εἶναι zu sprechen sei. Wenn Z. dann so fortfährt: „Und wenn also Aristoteles sich dazu anschickt, den Hauptpunkt, die Form (μορφή) ihrer Beschaffenheit nach in diesem Abschnitte einer eingehenden Prüfung zu unterwerfen (1029 a 32), wenn er zu diesem Zwecke die sinnlichen Wesenheiten in erster Linie heranzieht (a 34)", so hatte er ja in dem ersteren Citate die nähere Begründung dafür vor sich, daſs Aristoteles b, 1 f. von dem τὸ τί ἦν εἶναι zu sprechen anfängt; und statt seines Schluſssatzes: „dann wird uns die überlieferte Reihenfolge der Aristotelischen Worte kaum anfechtbar vorkommen", hätte es vielmehr heiſsen müssen: dann sehen wir so recht, daſs die überlieferte Reihenfolge der Aristotelischen Worte unmöglich die richtige sein kann. Die Untersuchung des τὸ τί ἦν εἶναι beginnt Aristoteles b, 1 f., weil er a, 32 f. diese Untersuchung in Aussicht genommen; es war also nicht erst b, 3 ff. ein Grund hiefür anzugeben. Bei Ankündigung des Gegenstandes der folgenden Untersuchung macht ferner Aristoteles die Bemerkung (a, 33), daſs die Untersuchung des τὸ τί ἦν εἶναι die gröſsten Schwierigkeiten biete, findet aber diesbezüglich (ibid.) einen Trost darin, daſs allgemein gewisse sinnliche Dinge als Substanzen anerkannt seien, weshalb die

Untersuchung zuerst auf diese sich zu richten habe. Und hier konnte nun Aristoteles unmittelbar mit b, 1 beginnen oder erst noch in Bezug auf den zuletzt ausgesprochenen Satz die methodologischen Bemerkungen b, 3—12 machen. Zu dem Gedanken, dafs die Untersuchung zuerst auf die sinnliche Substanz sich zu richten habe, passen sie und hiefür sind sie eine Begründung mit ihrem „γὰρ . . . γὰρ". Nach ihnen sagt dann b, 1 f. (im Anschlufs an a, 32 f.), dafs von den in der (sinnlichen) Substanz gegebenen Momenten das der Form, das τὸ τί ἦν εἶναι ins Auge gefafst werden solle. So ist alles luce clarius. Es müssen also doch wohl, wie ich sage, die Worte 1029, b, 3 — 12 ursprünglich eine Randbemerkung des Philosophen gewesen sein, die dann an falscher Stelle in den Text geriet.

1036, a, 17—19. Z c. 10 u. 11 handelt sichs um das begriffliche Wesen (die Form) und das σύνολον (das aus Form und Materie Zusammengesetzte) und um die Teile des einen und des andern, und wird da die Frage beantwortet, was hier (dem Begriff und der Erkenntnis nach) früher und später sei und darum in die Begriffsbestimmung gehöre und nicht gehöre. In diesem Zusammenhang beantwortet Aristoteles die unklare, weil nicht zwischen dem begrifflichen Wesen und dem σύνολον unterscheidende Frage, ob der rechte Winkel, der Kreis, das Tier früher sei oder die Teile, in welche sie zerteilt werden und aus welchen sie bestehen, folgendermafsen (1036, a, 16 – 23): „Ist auch die Seele ein lebendes Wesen, die Seele, durch die jedes belebt ist, die jedes einzelnen (ᾗ ἔμψυχον ἕκαστον, ἡ ἑκάστου), ist das begriffliche Wesen des Kreises ein Kreis, das begriffliche Wesen des rechten Winkels ein rechter Winkel, so ist zu sagen, dafs allerdings etwas [das σύνολον nämlich] auch später sei als etwas, später z. B. als die im Begriff enthaltenen Teile und ein gewisser Winkel [als der immaterielle, begriffliche nämlich] — es ist nämlich auch der mit der Materie verbundene, der eherne ein rechter Winkel, sowie der vermittelst der einzelnen Linien [der mit Kreide, Bleistift u. s. w. gemachten] gebildete; der immaterielle Winkel dagegen ist zwar später als die im Begriff enthaltenen Teile, aber früher als die Teile des [für die sinnliche Wahrnehmung gegebenen: 1018, b, 33] einzelnen." Die hier griechisch angeführten Worte lauten im überlieferten Text: ᾗ ἔμψυχον ᾗ ἕκαστον ᾗ ἑκάστου. Da will nun Z. die Gründe darlegen, warum man auch Bullinger hier nicht beistimmen könne. Er legt vor allem die Interpretation Alexanders vor. Nach derselben stände an unserer Stelle in Frage, ob die Seele als ein Allgemeines, als allgemeine Seele, oder das Beseelte (τὸ ἔμψυχον), wieder als etwas Allgemeines, oder aber das Einzelne, die Seele jedes einzelnen, das begriffliche Wesen des ζῷον sei. Nach diesem als Erklärung dienen sollenden Unsinn Alexanders müfste allerdings gelesen werden ᾗ ἔμψυχον ᾗ ἕκαστον. Was sodann ᾗ ἑκάστου betrifft, so werde es zwar durch Alexanders Erklärung begünstigt; aber die blofse Erklärung biete keine sichere Gewähr, und dann sei „das Wort, worauf ᾗ sich bezieht (ᾗ ψυχῇ) von ἑκάστου durch eine längere Reihe von Worten getrennt". In der That stehen zwischen dem betonten ψυχὴ und ᾗ

nur das unbetonte Prädikat ζῷον und die ebenfalls unbetonte nebenbei gemachte kurze Bemerkung ᾗ ἔμψυχον ἕκαστον, um derentwillen,
wie ich sogleich zeigen werde, die nachträgliche Bestimmung ᾗ ἑκάστου
nötig wurde. Wenn Z. schliefslich noch betont, „dafs man hier, wo
Ar. in der ohnehin schwierigen Frage endlich einmal zum Schlusse
eilen und eine präzise Antwort geben sollte, keinen Grund dafür ersieht, warum er das ohnehin verständliche ἕκαστον noch durch ᾗ
ἑκάστου besonders zu erklären sich anschickt", so ist vor allem zu
sagen, dafs Aristoteles hier keineswegs zum Schlusse eilen wollte,
sondern mitten drin ist in der Frage über das Verhältnis des Ganzen
und der Teile zur Begriffsbestimmung und an unserer Stelle das bisher Festgestellte betreffend nebenbei eine ungeschickt gestellte Frage
zu beantworten beginnt. Durch ᾗ ἑκάστου aber wird keineswegs ἕκαστον
erklärt, sondern ᾗ ψυχή näher bestimmt. Die Seele, „durch die jedes
einzelne belebt ist", könnte man sich ja auch als allgemeine Seele
vorstellen (als die Weltseele Platons). Aber freilich, Z. stellt sich
offenbar die Seele, von der hier die Rede, selbst als „mit dem Materiellen" verbundene allgemeine Seele vor. Er sagt: „Insofern kein
Anlafs vorliegt, warum Ar. auf einmal am Schlusse auf die Seele des
Einzelwesens übergehen soll, indem vielmehr a 19 gesagt ist, dafs die
Seele später ist als das Einzelwesen, hätte ein ᾗ ἑκάστου keinen Sinn,
weil sonst das Ergebnis in dem Absurdum gipfelte: Das Einzelwesen
ist später als das Einzelwesen". Aber Aristoteles redet vielmehr von
Anfang (a, 16) an nur von der Seele des Einzelwesens. Eine allgemeine Seele kennt Aristoteles nicht; ist auch der Begriff der Seele
allgemein, so ist doch die Seele selbst immer eine einzelne, diese
(Seele). Auch ist nach dem a, 19 f. Gesagten nicht „die Seele später
als das Einzelwesen", sondern umgekehrt das σύνολον (dem Begriff
und der Erkenntnis nach) später als die (immaterielle) Seele, deren
„reine Immaterialität" Aristoteles von vornherein voraussetzt, nicht
wie Z. meint, „erst später (a 21) gelten läfst".

Z. hat überhaupt, gerade so wie seinerzeit Alexander, eine ganz
falsche Vorstellung von dem, was Aristoteles an unserer Stelle sagen
will. Wenn er es als Schweglerschen „Irrtum" bezeichnet, dafs Ari-
stotcles hier „das Wesen der Seele" hätte bestimmen wollen, so ist
es nicht minder ein Irrtum seinerseits, wenn er meint, Aristoteles
wolle da das Wesen des Tieres bestimmen. Aristoteles läfst blofs
einer ungeschickten Fragestellung in Bezug auf die Begriffsbestimmung
im allgemeinen gegenüber beispielsweise die Seele selbst ein ζῷον sein,
natürlich ein solches ohne Haut und Knochen, behufs Beantwortung
der gestellten Frage, sagt aber nach Beantwortung derselben sofort
(a, 24 f.): „Wenn aber die Seele anderer Art und kein lebendes Wesen
(ζῷον) ist, so ist trotzdem [das Früher und Später betreffend] in der
angegebenen Weise das eine zu bejahen, das andere zu verneinen".

H 1043, b, 12—14. Zeile 10—14 lautet der überlieferte Text
so: „Auch ist offenbar der Mensch nicht das lebende Wesen und das
Zweifüfsige, sondern es mufs, da das Materie ist, aufserdem noch
etwas sein, nicht aber ein Element noch etwas aus Elementen Be-

stehendes [sondern die Substanz: *ἀλλ' ἡ οὐσία*], wovon man abstrahierend von der Materie spricht. Wenn nun dieses die Ursache des Seins und diese die Substanz ist, so dürfte man dieses die Substanz selbst nennen". Was Z. vorbringt, um das als in den Text gesetzte Randbemerkung sich präsentierende *ἀλλ' ἡ οὐσία* zu halten, das sind Verlegenheitsausflüchte. Gemeint ist freilich mit dem zunächst unbestimmt Angedeuteten und nur negativ Bestimmten die *οὐσία*. Aber erst daraus, daß es b, 13 f. als Ursache des Seins bestimmt wird, welche Funktion selber wieder der *οὐσία* zukommt (vgl. 1017, b, 15 f.), ergibt sich die Folgerung, daß es selber Substanz genannt werden könne. Was hier erst gefolgert wird, kann nicht zwei Zeilen vorher schon mit Bestimmtheit ausgesprochen sein. Wenn Z. meint, „jeder, der im Folgenden (b, 14) *οὐσία* liest, wird schwerlich anders können, als darin eine Bezugnahme auf das in Rede stehende *ἡ οὐσία* zu finden", so irrt er sehr. Dieses *οὐσία* bezieht sich zurück auf die ganze mit dem Buche *Z* beginnende und im Buche *H* (rekapitulierend) fortgesetzte Untersuchung über die *οὐσία*, welche Untersuchung davon ausging (1029, a, 33 f.), daß gewisse sinnliche Dinge Substanzen seien. Am Schlusse von *H, 2* war das Resultat noch dies, daß die sinnliche Substanz einerseits Materie, anderseits Form und drittens Produkt von beiden sei.

1043, b, 17. „Es ist gezeigt worden, daß die Form niemand macht oder erzeugt, vielmehr bildet man sie hinein (*ποιεῖ εἰς*) in ein dieses (= die Materie), und es wird das Produkt aus beiden." Diese Änderung war notwendig, weil bei der Lesart „*ποιεῖται τόδε, γίγνεται δὲ τὸ ἐκ τούτων*" *τόδε* und *τὸ ἐκ τούτων* identisch wären und für *τούτων* die Beziehung auf die Materie fehlen würde. Was Z. über den Text von 1033, b, 10 sagt, ist falsch; es heißt dort: *εἰς τοδὶ γὰρ τὸ [τοδὶ τὸ E] εἶδος ποιεῖ*. Es ist aber *τοδὶ* = *τόδε* und damit selbstverständlich die Materie gemeint. Z. setzt mit Unrecht voraus, daß *τόδε* bei Aristoteles immer die „vollendete Sache", das *τὸ ἐκ τούτων* sei. Aristoteles bezeichnet auch die Materie als *τόδε*. Vgl. mit unserer Stelle und 1033, b, 10 auch 1042, a, 28, wo die *ὕλη* als „*δυνάμει τόδε τι*" figuriert, und was ich zu 1070, a, 10 f. diesbezüglich weiter nachgewiesen habe.

Θ 1046, a, 11. 13 f. b, 4. Hier hat Z. *ἐν ἄλλῳ ἢ ᾗ ἄλλο* nicht verstanden trotz meiner Übersetzung: „in einem andern oder doch als ein anderes Betrachteten" und trotz der Bemerkung zu b, 4, es sei *ᾗ ἢ* notwendig „mit Rücksicht z. B. auf die Tanzkunst". Es ist nach ihm „nicht ersichtlich, weshalb dieses *ᾗ ἄλλο* oder *ᾗ ἕτερον* nicht ebenso gut auf das Beispiel vom Hausbau (1019, a, 16 f.), wie auf das von der Heilkunst (a, 17 f.) passen soll. Denn wenn etwas gänzlich verschieden ist von einem anderen, dann ist es eben auch *ᾗ ἄλλο* (= insoweit es ein anderes ist) verschieden". Gewiß, insoweit etwas ein anderes ist, ist es von dem ihm gegenüberstehenden andern verschieden. Aber darum handelt sich's hier nicht. Aristoteles sagt an der citierten Stelle: „Das Vermögen (*δύναμις*) ist das Prinzip der Bewegung oder Veränderung in einem andern oder doch als ein anderes

Betrachteten; z. B. die Baukunst ist ein Vermögen, welches nicht enthalten ist in dem, was gebaut wird; die Heilkunst dagegen kann als Vermögen enthalten sein in dem, der geheilt wird, aber nicht, insofern er der ist, der geheilt wird [sondern insofern er der Arzt ist]." Was gebaut wird, ist etwas anderes als das Vermögen zu bauen, resp. (vgl. das bei mir zu 1051, a, 8 Gesagte!), konkret gefaßt, der das Vermögen Habende; letzterer operiert also „in einem andern". Wenn dagegen der Arzt sich selber heilt, da ist seine Kunst, resp. der sie Ausübende Prinzip der Veränderung nicht in einem andern, sondern in einem als anderes. Betrachteten, d. h., im Gegensatz zu „in einem andern", in sich als ein anderes Betrachtetem. Es ist, wie man sieht, ἐν ἄλλῳ ἢ ἢ ἄλλο (statt ἐν ἄλλῳ ἢ αὑτῷ ἢ ἄλλο ἐστί) eine allerdings konzise, aber nach dem von Aristoteles gegebenen Beispiel immerhin verständliche Ausdrucksweise. — Was 1049, b, 7 betrifft, so hat auch hier cod. E ἢ ἢ.

1047, a, 9. Aristoteles spricht hier gar nicht von einem (wirklich) Blinden, wie Z. meint. Es handelt sich vielmehr um einen die Sehkraft zu haben Gebornen und heute noch Lebenden (καὶ ἔτι ὄν). Der wäre in Konsequenz des Satzes der Megariker den Tag über oftmals blind (wenn er nämlich schläft oder mit geschlossenen Augen über etwas nachdenkt oder in dem bekannten Spiel als „blinde Kuh" fungiert), da er, so oft er nicht wirklich sieht, nach den Megarikern der Sehkraft entbehrte.

1049, a, 20. Auch hier bleibe ich bei meiner Erklärung; nur möchte ich jetzt ein Kolon setzen vor πάλιν. Nachdem im Voranstehenden gesagt ist: „Es scheint aber das, wovon wir sprechen, nicht dieses (= seine nächste Materie) zu sein, sondern etwas nach diesem Genanntes, wie z. B. die Kiste nicht Holz, sondern hölzern, das Holz nicht Erde sondern irden"; lautet a, 20 f. so: „Hinwiederum soll die Erde, wenn sich's bei ihr so verhält, nicht etwas anderes sein, sondern [unmittelbar und in ihren Voraussetzungen, dem Wasser, der Luft] immer ein nach dem Betreffenden Benanntes; das betreffende Mögliche [die betreffende nächste Materie] aber ist, ganz allgemein gesprochen, das Spätere". Wie die ganze Stelle (a, 18 ff.) in dem Nachfolgenden (a, 22 ff.) näher erklärt wird, so insbesondere das hier so kurz über die „Erde" Gesagte. Vgl. das bei mir zu a, 26 Bemerkte. So ist dem in den codds überlieferten Text durchaus Rechnung getragen und haben wir in der ganzen Stelle einen guten, durchaus Aristotelischen Sinn.

1051, a, 7. „Was als potenziell bezeichnet wird, in dem ist ein und dasselbe in Potenz in Bezug auf das Entgegengesetzte; so ist z. B. das nämliche, von dem man sagt, es sei potenziell gesund, auch das, wovon man sagt, es sei potenziell krank, und zwar gleichzeitig (potenziell krank) .... Die Potenz (Möglichkeit) des Entgegengesetzten ist gleichzeitig gegeben". Vgl. damit 1009, a, 35: „Der Möglichkeit nach kann gleichzeitig ein und dasselbe das Entgegengesetzte sein". Damit hat Aristoteles offenbar nicht sagen wollen, „daß das nämliche auch sein Gegenteil, allerdings nur δυνάμει, sein kann"; es ist nur von Möglichkeit die Rede, nicht von Wirklichkeit. Es hat also das wirklich Krauke (τὸ νοσοῦν) hier keinen Platz. Das ist auch ausgeschlossen durch den Zusatz ἅμα, καὶ ἅμα, der, wenn gesagt sein wollte, daſs der Kranke die Potenz zum Gesundsein habe, ganz unpassend wäre. Es muſs demnach νοσεῖν heiſsen, nicht νοσοῦν, trotz der Handschriften. Man sage auch nicht, daſs der wirkliche Mensch wohl gleichzeitig bloſs in Möglichkeit bauen und einreiſsen, nicht aber gleichzeitig bloſs in Möglichkeit gesund und krank sein könne. Es ist von dem Potenziellen, dem der Möglichkeit nach Seienden die Rede. Potenziell, bloſs in Möglichkeit seiend sind jedenfalls die Menschen der Zukunft. Diese sind jetzt weder gesund noch krank in Wirklichkeit, wohl aber beides in Möglicnkeit. In Bezug auf die Zukunft sind auch die gegenwärtig wirklichen Menschen bloſs der Möglichkeit nach gesund oder krank; und auch ihrem gegenwärtigen wirklichen Gesund- oder Kranksein liegt die betreffende Möglichkeit zu Grunde, mit der eben die Möglichkeit des Entgegengesetzten, beim Kranken der Gesund- heit, beim Gesunden der Krankheit gegeben ist.

I 1055, b, 25. „Ferner (ἔτι) ist in dem einen Falle das Substrat ein bestimmtes, in dem andern nicht." Dieser Satz müſste an unserer Stelle zu im Voranstehenden aufgezählten Eigentümlichkeiten von Fällen der στέρησις eine neue hinzufügen; er bringt aber nichts Neues, spricht vielmehr nur allgemein aus, was in dem Inhalt des unmittelbar voran- stehenden Satzes gegeben ist. Davon, daſs es zwischen gerad und ungerad kein Mittleres gibt, ist eben der Grund der, daſs das Substrat hier ein bestimmtes, ein bestimmtes γένος ist, dem notwendig die eine oder die andere Bestimmung zukommt. Vgl. was ich diesbezüglich zu unserer Stelle sage. Man muſs also, um nicht den Aristoteles etwas gegen alle Logik Verstoſsendes sagen zu lassen, trotz der Handschriften annehmen, daſs ἔτι aus ὅτι entstanden. Mit διὸ (b, 23) ist der Grund allerdings bereits angedeutet, aber erst unser ὅτι κτλ. gibt denselben mit Bestimmtheit an.

K 1059, a, 32 f. Hier spricht Z. der ἀποδεικτικὴ περὶ τὰ συμ- βεβηκότα gegenüber von einer ἀποδεικτικὴ περὶ τὰς οὐσίας. Nun gibt es aber, abgesehen von der göttlichen οὐσία, die οὐσίαι betreffend keine ἀποδεικτικὴ, wie b, 31 ausdrücklich gesagt ist, sondern nur eine ἐπιστήμη. Wenn sodann beide σοφίαι wären, wie Z. behauptet, was sollte denn da der Satz (b, 31 f.): „Wenn sie aber verschieden sind, was für eine ist dann jede der beiden und welche von beiden ist die σοφία?" bedeuten? Die σοφία ist nach Aristoteles nur eine und diese begreift in sich (Eth. ad Nicom. 1141, a, 16) den die Prinzi- pien unmittelbar in sich erfassenden νοῦς und das apodiktische Wissen. So kann es unmöglich unmittelbar nach dem angeführten Satz heiſsen: ἡ μὲν γὰρ ἀποδεικτικὴ σοφία. Wer die voranstehenden Worte von a, 20 an unbefangen liest, muſs mit Christ ἐπιστήμη ergänzen bei ἀποδεικτικὴ. Wenn Z. schlieſslich noch meint, „die eine" — also recte: die ἐπιστήμη περὶ τὰς οὐσίας — „habe es mit den wesent- lichen Dingen, die andere mit den accidentellen zu thun", so ist das sehr unklar. Es muſs heiſsen: Die eine hat es mit den Substanzen

(Wesenheiten), die andere mit den den Dingen an sich (notwendig, wesentlich) zukommenden Eigenschaften zu thun, (während es von den accidentellen == zufälligen Eigenschaften keine Wissenschaft gibt).

1062, b, 26 ff. Der Gedanke, der hier nach Z. zu Grunde liegen soll, ist ein blofses Phantasiestück. Aristoteles spricht hier, wie er ausdrücklich bemerkt, von solchen, die von dem allen Naturphilosophen gemeinsamen Grundsatz ausgehen, dafs nichts aus Nichtseiendem werde, sondern alles aus einem Seienden. Von diesen zeigt er, wie sie zu der Behauptung kamen, dafs ein und dasselbe sei und nicht sei, ein und dasselbe weifs sei und nicht-weifs. Da sagt er: „Da nun nicht Welfs werden kann, wenn Weifs im höchsten Grade gegeben und nirgends Nicht-Weifs [Dunkel also nicht mehr vorhanden an dem betreffenden Gegenstand], jetzt aber [während das eben so war] Nicht-Weifs geworden, so dürfte aus nicht nicht-weifs Seiendem das nicht-weifs Werdende werden; es würde also nach ihnen aus Nichtseiendem werden [was sie nicht anerkennen], wenn nicht ein und dasselbe weifs und nicht-weifs wäre [was sie behaupten].

Dillingen a,D. Juli 1897.   A. Bullinger.

Die Zusammenfügung in Ps.-Longins Schrift περὶ ὕψους.

Über die Zusammenfügung in dem Büchlein über das Erhabene hat bereits H. von Rohden (commentt. in honor. Fr. Buecheleri H. Useneri. Bonnae 1873, p. 68 sqq.) gehandelt, der p. 76 als Resultat seiner Untersuchung schreibt: ‚Quibus id velim persuasum cuique sit, non humili profecto subtilitate ut crimen ingens expavisse eum (sc. Ps.-Longinum) vocalium concursiones, sed eundem ultra quos sibi posuerat fines licet dicas latissimus nusquam esse progressum, immo intra eos iudicio suo, dum non gravitas vel quaelibet aha dicendi ratio dissuaserint, quam maxime ubivis hiatus evitasse‘.

Ich habe mich nun bei einer Untersuchung des Sprachgebrauchs der Schrift auch mit der Hiatfrage beschäftigt und bin zur Überzeugung gelangt, dafs v. Rohdens Urteil nicht ganz zutrifft und allzu sehr vom eigenen Wunsche beeinflufst ist. Eine erneute gründliche Behandlung dieser Materie ist aber ·insbesondere deshalb wünschenswert, weil seine Folgerungen auf unvollständigen Zusammenstellungen basieren und daher meist geradezu falsch zu nennen sind.[1]) Ihm entging eben Ps.-Longins eigene Meinung über die Zusammenfügung c. 40, 4 und insbesonders c. 41, 3,[2]) die in äufserst knapper, ja fast

---

[1]) Schon H. Hersel (Qua in citandis scriptorum . . . locis auctor libelli π. ὕψ. usus sit ratione, dissert. Berulin. 1884, p. 32) gibt über v. Rohdens Schrift das Urteil ab: Tota illa in commentatione mihi quidem vir doctus ille plus invenisse videtur in Pseudolongini oratione, quam inveniri posse puto.

[2]) c. 40, 4: ἔστι μὲν γὰρ γενναῖον καὶ τὸ λῆμμα, ἁδρότερον δὲ γίγονε τῷ τὴν ἁρμονίαν μὴ κατεσπευ̑σϑαι, μηδ᾽ οἱον ἐν ἀποκυλίσματι φέρεσϑαι, ἀλλὰ στηριγμούς τε ἔχειν πρὸς ἄλληλα τὰ ὀνόματα καὶ ἐξερείσματα τῶν χρόνων πρὸς ἑδραῖον διαβεβηκότα μέγεϑος. — c. 41, 3: ὁμοίως δὲ ἀμεγέϑη καὶ τὰ λίαν συγκείμενα (Aus-

dunkler Sprache abgefaſst, sich freilich nur auf die von ihm gepriesene
und gelehrte ἁρμονία αὐστηρά (i. qu. τὸ ὑψηλόν) bezieht, jedoch natür-
licherweise auch auf seinen eigenen Stil nicht ganz ohne Einfluſs geblieben sein wird. Instruktiv und für den Verfasser der Schrift charakteristisch ist schon an und für sich die geringschätzige Behandlung des
Isokrates, des geistigen Vaters jenes Hiatgesetzes, das erst Aelian und
Philostratus als Vertreter des χαρακτὴρ ἰσχνός (= λέξις λιτὴ καὶ ἀφελής,
s. Dionys. de vi dic. Dem. 2. 956, 1 ff. Reiske) völlig zu ignorieren
wagten (vgl. Schmid, Atticismus III. Bd., S. 291 f.). Die bezüglichen
Stellen sind 7, 8 ff.[1]) (wo ein Zitat des Timaeus durchgehechelt wird,
der die Dauer der Eroberung Asiens durch Alexander mit der Dauer
der Abfassung des Panegyrikus[2]) durch Isokrates vergleichsweise gegenüber gestellt hatte. Bei Kritisierung dieser abgeschmackten Parallele
wird Isokrates σοφιστής[3]) genannt), 36, 24 ff. (wo speziell die σύνδεσμοι
als Tod jedes πάθος bezeichnet werden) und 58, 3 ff. (wornach Isokr.
durch sein Streben nach Hyperbeln zuweilen ins Kindische geraten
sei); in lobendem Sinne wird Isokr. nirgends erwähnt. Kein Wunder
also, wenn Ps.-Longin die pedantische Beachtung jenes Hiatgesetzes
zu den μικροποιοῦντα und ἀμεγέθη τῆς συνθέσεως zählt (S. die Anmerkung auf S. 3), die wohl der γλαφυρὰ ἁρμονία geziemen, nicht
aber der αὐστηρά (vgl. die eingehende Besprechung von c. 41 bei
Meinel, Dionysios oder Longinos, über das Erhabene. Übersetzt etc.,
Gymnasialprogr. von Kempten 1895. S. 53 ff.). Und mit dieser Ansicht steht der Verfasser nicht allein da; auch Ps.-Demetrius vertritt
in seiner Schrift περὶ ἑρμηνείας bekanntlich denselben Standpunkt[4])
und Apsines (rhet. I. 405, 6 Spengel) hält an pathetischen Stellen den
Hiat für wirksam. Dionys. de vi dic. Dem. 38. S. 1069, 10 verlangt

---

drücke, die allzu glatte Zusammenfügung haben) καὶ εἰς μικρὰ καὶ βραχυσύλλαβα
συγκεχομμένα καὶ ὡσανεὶ γόμφοις (Einschiebsel, gewissermafsen Pflöcke, durch deren
Einkeilung Hiat vermieden wird) τισὶν ἐπαλλήλοις κατ᾽ ἐγκοπὰς καὶ σκληρότητας
ἐπισυνδεδεμένα.

[1]) Hier wie im folgenden wird nach Seiten und Zeilen der Ausgabe von
Jahn-Vahlen, Bonn 1887, zitiert.

[2]) Vgl. Dionys. de comp. verb. 25. 208, 8 f. und Plut. mor. 350 F.

[3]) Ies erscheint auf den ersten Anblick sonderbar, weil ja Isokr. eine Schrift
„Gegen die Sophisten" verfafste. Doch nennt ihn auch Dionys. gleichzeitig mit
Plato σοφιστής (s. de comp. verb. 25. 208, 8; dagegen ῥήτωρ ebend. 23. 182, 1). Hier
würde C. Brandstätters (De notionum πολιτικὸς et σοφιστὴς usu rhetorico, Leipz.
Studien z. kl. Philol. XV. 1. Heft, S. 139 ff.) Annahme zutreffen, dafs seit Epicur
mit dem Namen σοφιστής der Lehrer und Verfasser besonders von Prunkreden
bezeichnet wurde.

[4]) Rhett. Gr. III. 277, 31 ff. Spengel handelt er in einem eigenen Abschnitt
περὶ συγκρούσεως. Die wichtigsten Sätze hieraus sind p. 278, 3 ff.: δεῖ δὲ οὔτε
ἠχώδη ποιεῖν τὴν σύνθεσιν, ἀτεχνῶς αὐτὰ συμπλήσσοντα καὶ ὡς ἔτυχε · διασπασμῷ
γὰρ τοῦ λόγου τὸ τοιοῦτον καὶ διαρρίψει ἔοικεν, οὔτε μὴν παντελῶς φυλάσσεσθαι
τὴν συνέχειαν τῶν γραμμάτων · λειοτέρα μὲν γὰρ οὕτως ἔσται ἴσως ἡ σύνθεσις,
ἀμουσοτέρα δὲ καὶ κοινή, ἀτέχνως, πολλὴν εὐφωνίαν ἀφαιρεθεῖσα τὴν γινομένην ἐκ
τῆς συγκρούσεως. und p. 279, 9 f.: ποιεῖ μὲν οὖν καὶ τὰ αὐτὰ μακρὰ συγκρουόμενα
μέγεθος, καὶ αἱ αὐταὶ δίφθογγοι κτλ. Vgl. hiezu C. Hammer, Demetr. π. ἑρμην.,
ein literar-historischer Versuch, Progr. von Landshut 1882/83, S. 23, wornach diese
Bemerkungen wahrscheinlich dem Verfasser von περὶ ἑρμηνείας selbst zuzuschreiben
sind und nicht früheren Quellen entstammen.

wenigstens die Einschaltung einer merklichen Sprechpause bei Vokalzusammenstofs (ἀναγκαῖον γάρ ἐστι χρόνον τινὰ μέσον ἀμφοῖν ἀξιόλογον
ἀπολαμβάνεσθαι), während sich Plut. mor. 350 E über den Feder-
helden Isokrates und seine Hiatfurcht geradezu lustig macht (πῶς οὖν
οὐκ ἔμελλεν ἄνθρωπος ψόφον ὅπλων φοβεῖσθαι καὶ σύρρηγμα φάλαγγος
ὁ φοβούμενος φωνῆεν φωνήεντι συγκροῦσαι καὶ συλλαβῇ τὸ ἰσόκωλον
ἐνδεὲς ἐξενεγκεῖν).

Nun zur Behandlung der Hiatfrage in unserer Schrift selbst! ·
    Die Elision ist ebenso häufig unterlassen[1]) als ausgedrückt;
αι wird nirgends elidiert.
    Apokope ist nicht nachweisbar; dagegen kommt Krasis öfters vor.
    Der Hiat ist erlaubt nach: Dem Artikel und καί (schon auf den
ersten 12 Seiten über 30 Hiate mit dem Artikel und mindestens 40
bei καί, von denen viele durch Krasis hätten beseitigt werden können.
Daher ist unrichtig, was v. Rohden p. 69 sagt: Ubi fieri sine difficultate poterat maluisse scriptorem crasin quam hiatum adhibuisse
multis locis apparet), nach ἤ (v. R. hat 21, 6 und 65, 17 übersehen;
die Hiate mit kurzen Vokalen eingerechnet, habe ich rund 30 Fälle
gezählt), μή (9mal), δή (zu den 5 von v. R. angeführten Stellen kommen
noch 9, 24 und 61, 7, an welch letzterer Stelle er S. 70 δὴ θέλεις
statt ἐθέλεις mit Unrecht vorschlägt), ἐπειδή (7, 11. 16, 12. 52, 6;
während 3mal durch ἐπειδήπερ Vokalzusammenstofs vermieden ist:
33, 11. 33, 18. 54, 7, an letzter Stelle in pausa), μέντοι[2]) (25, 10. 29,
22. 44, 11; wogegen 2mal μέντοι γε vor Vok. 45, 1 und 67, 13.
Wichtig ist, was v. R. S. 74 verschweigt, dafs μ. γε 57, 2 auch vor
einem Konson. steht.   Wenn er ferner meint, der Verfasser habe 43,20
das Wort πρᾶγμα mit Rücksicht auf die Zusammenfügung hinzugesetzt,
so irrt er sich gewaltig; denn im cod. P steht τὸ πρ. und ἡ περίφρασις ist
dort Apposition),[3]) εἰ (3, 2; 9. 35, 20. 34, 1), ὅτι[4]) (15mal vor Vok.,
20mal vor Kons.; dagegen ὡς 25mal v. Vok., 10mal v. Kons.), πρό
(unter 3 Fällen 2mal), περί (6mal), ἔτι (53, 12. 58, 25. 69, 11. Dagegen elidiert 59, 12 ἔθ' ἡμῖν. Über elidiertes οὐκέτι vgl. im folgenden
unter Elision. Polybius läfst den Hiat bei ἔτι nicht zu, dafür schreibt
er ἀκμήν, s. Krebs, Präpos-Adverbien S. 23), τί (7mal).
    Selten kommt Hiat vor: ·
    Nach dem Relativpronomen (13, 9 ᾧ ἀνόμοιόν γε· wo doch durch
Zwischenstellung von γέ Vokalzusammenstofs so leicht hätte beseitigt

    [1]) Von den vielen unelidierten δέ und τέ ganz abgesehen vgl. Fälle wie 26, 6
(ἀπὸ ἱερῶν), 37, 11 (ὑπὸ ἄλλοr), 58, 17 (ὑπὸ ἐκπαθείας), 53, 8 (μετὰ ἀγελείας) und
zahlreiche andere Beispiele, wo α und ε nicht elidiert sind.
    [2]) Iagegen ist καίτοι vor Vok. stets mit γέ verbunden (7, 22. 9, 2. 59, 5),
während es allein immer vor Kons. steht.
    [3]) ἐπίκηρον μέντοι τὸ πρᾶγμα, ἡ περίφρασις, τῶν ἄλλων πλέον.
    [4]) Lehrreich sind die Stellen 3, 9/15, wo auf 2maliges ὅτι vor langem Vokal
und Diphthong ὡς vor kurzem Vokal folgt, und 28, 6, wo auf vorausgehendes ὡς
vor Kons. ὅτι v. R. folgt. Ebenso 44, 13 ff., ja 49, 11 f. lesen wir nach einander
ὡς v. R., ὡς v. V. und ὅτι v. V. Hieraus geht deutlich hervor, dafs der Verfasser
nicht zur Vermeidung des Vokalzusammenstofses mit beiden Konjunktionen wechselt, sondern nur aus Gründen der Variation.

werden können; 60, 18 πᾶν ὃ ἐν αὐτῇ, wo ὅσον geschrieben werden konnte, und 67, 8 ὃ ἀκούω, wo ὃ allerdings ergänzt ist. Dagegen steht ἥτις, die einzige vorkommende Femininform, im Nom. Sing., 65, 23 v. Vok.), nach ἤδη (17, 3, wo v. R. S. 73 die Partikel einfach streicht; dagegen 10 Fälle v. Kons.), der Interjektion ὤ (41, 2, dagegen 4mal v. K.), πάνυ (38, 27, niemals παντελῶς; πάνυ v. K. 3mal) und dem Personalpronomen (66, 8 πρὸς ἐμὲ ἔναγχος und in pausa 28, 6 σέ, οὐδέ).

Ferner dürfen Vokale und Diphthonge stehen vor:

ἔτι (5, 5; 15. 38, 14. 44, 13. 53, 12. 63, 1), ἅμα (61, 21 ἄλλῃ ἅμα ἑαυτοῖς, cf. auch καὶ ἅμα 60, 13), οἱ, οὐδέ und οὐδέν (mit vorausgehendem καί 3, 5. 4, 3. 8, 5. 26, 15. 36, 1. 37, 12. 47, 2. 53, 4 etc.; mit vorausgehendem andern Diphthong oder langem Vokal 4, 8. 52, 9. 65, 24 und in pausa 17, 8; mit vorausgehendem kurzen, elidierbaren Vokal: 2, 7. 50, 3. 53, 7; 8. 63, 13 τὰ οὐ. 65, 23. in pausa z. B. 9, 19. 60, 9; nach ι: 24, 19. 50, 11), ὡς = ὥσπερ [1]) (καὶ ὡς: 39, 15. 47, 1. 51, 15. 65, 12; nach Diphthong 34, 1; τὺ ὡς 37, 6. Die Fälle in pausa sind nicht miteingerechnet), ὡσανεί (63, 9 καὶ ὡ.), οἷον[1]) (3mal καὶ οἷον), οἱονεί (καὶ οἱ. 4mal) ὥσπερ[1]) (27, 17 τυφλὰ ὤ. ohne die Fälle in pausa), ὡσπερεί (καὶ ὡ. 54, 16. τὺ ὦ 46, 14), selten vor ἐκεῖνος 55, 7 οἱ ἰσόθεοι ἐκεῖνοι, wo natürlich v. R. mit Berufung auf 24, 6 δι' ὃ κεῖνο und 26, 10 τοῦ Ὁμηρικοῦ κείνου νάματος,[2]) auch die kürzere Form schreiben will), οὕτω (65, 18 αὐτάρκη οὔτ., wo durch Vorstellung des οὔτ. der Iliat vermieden werden konnte. 8, 8 οὐδενὶ οὔτ. 7, 23 τὰ οὔτ.), endlich bei Einführung eines Zitats (7, 14. 8, 1. 13, 5. 22, 2 3. 28, 12 13. 29, 15 16. 29, 18. 30, 12. 32, 21 etc.) und vor Eigennamen (s. u. gegen das Ende der Arbeit).

An sonstigen Hiaten erwähne ich noch: solche, bei denen das 1. Wort auf ι ausgeht: 5, 10. 8, 5: 8. 22, 1. 25, 10. 34, 12. 37, 10. 44, 20. 46, 19. 50, 11. 51, 2. 56, 17; Hiate mit dem Endvokal o: 11, 1. 36, 5 (δύο ἢ τρία οἷον). 36, 13. 46, 2. 55, 2. 61, 19 (ἑαυτὸ ἀξιόλογον); mit dem Endvokal v: 34, 25. 56, 12; endlich die festen Hiate: 21, 6 φοβεῖται ἥ; 22, 20 ἐν τῇ προσαγγελίᾳ ὁ Δημοσθένης; 25, 4 τοῦ ... ὕψους καὶ ὑπερτεταμένου ἐν τε ταῖς δεινώσεσι (wo v. R. S. 79 die ihm unbequemen Worte καὶ ὑπερτ. einfach streichen will); 30, 13 δειναὶ δὲ καὶ ἔκφυλοι αἱ παραβάσεις (wo v. R. S. 70 trotz des vorausgehenden δειναί unbegreiflicher Weise ἔκφυλον schreiben will, indem er die durchaus nicht parallele Stelle 59, 9 κοινὸν ἀμφοῖν ἡ ἐπίτασις vergleicht); 34, 13 φέγγη ἐναγανίζεται (v. R. S. 79 schreibt mit Buecheler συναφ.); 37, 10 ὀργιζόμενοι ἴ; 37, 21 λέγει ὁ Φωκαεὺς Διονύσιος;[3]) 52, 5 f. ἐν τραγῳδίᾳ Ἴων; 64, 2 τὸ κοπῆσαι ἰδιωτικόν; 66, 1 τοὺς τούτων ὅτι πορρωτάτω ὀχετούς.

---

[1]) Dagegen steht καθάπερ nach Diphthongen oder langen Vokalen: 18, 23. 32, 6; nach ἐμελοποίησε 43. 11; nach Kons. nur 1mal in p. 30, 16.

[2]) Außer 2 leicht elidierbaren Fällen mit οὐδέ 30, 17 und 51. 8 ist sonst bei ἐκεῖνος der Hiat stets durch Elision (3, 2 und 39, 3) oder Krasis (4mal κἀκεῖνος) vermieden.

[3]) S. u. gegen den Schluß der Arbeit.

Was speziell den Vokalzusammenstofs zweier durch eine Pause getrennter Vokale betrifft (die zahlreichen Fälle, wo zwei Wörter durch eine grofse Sprech- oder Gedankenpause, versinnbildlicht durch einen Punkt, von einander geschieden werden, kommen nicht in betracht), so füge ich dem Obigen noch bei: Es lassen sich viele Beispiele für diese Art von Hiat aufzählen (s. v. R., der S. 74 f. einige gesammelt hat). Zu seinen 4 Stellen mit ἀλλά führe ich noch 62, 19 an. Ὅμως bietet 5 Beispiele, feste Hiate vor dem Relativpronomen habe ich ca. 10 gefunden, vor ὥσπερ 2, ὡς = ὥσπερ 5 (dagegen steht καθάπερ in pausa nach nicht elidierbarem Vok. 3mal). Oft steht auch ὅτι und ὡς nach Vok. und Diphth. (nur 2mal διότι, nämlich 9, 22 und 62, 12). Ferner werden solche Hiate gebildet durch Präpositionen (z. B. 26, 7; auch 3mal mit ἕνεκα,[1]) während ἕνεκεν nie vorkommt). Adverbien etc.; auch bei Einführung von Zitaten sind sie zugelassen. Wo nach Diphth. oder langen Vok. anstatt indirekter Fragepronomina die direkten stehen, könnte man vielleicht an Hiatvermeidung denken. Allein die regelrechten indirekten Formen sind überhaupt in der Schrift äufserst selten, wie ich andern Orts zeigen werde. So steht τίς 23, 20 und 33, 2 nach καί, 1, 7 n. Diphth., 2, 13 n. Kons.; πῶς 5mal nach Kons., dagegen 33, 1 und 24 nach καί, 27, 9 nach ἥ, 7, 17 nach elidierbarem Vok. (lauter erlaubte Hiate) und 2, 1 nach Diphth.; ποῦ 57, 21 nach μέχρι (erlaubt) und δέ 33, 1; πόσος hingegen nach εἴςῃ 61, 9 und πῇ nach Diphth. 33, 24 (jedoch nach Punkt). Richtig findet sich ὅποι 61, 7 nach Kons., während 58, 28 καὶ ὁποῖος zu lesen ist.

Als Mittel zur Verhütung des Vokalzusammenstofses dienen dem Verfasser:

1. Elision der Vokale ᾱ, ε, selten ο und ι, so 5, 22 οὐκ οἶδ' ὅπως; 3, 8 τοῦθ' ἑτέρως; 5, 23 ἐπὶ τοῦθ' ὑποφέρονται; 18, 11 δέχ' ἡμέρας; 33, 2 οὐδέν ἐστ' εἰ μή; 59, 12 ἔϑ' ἡμῖν; 39, 3 ἔσϑ' ὅπου; 58, 2 ἔσϑ' ὅτε. 14, 3. 56, 11.

2. Krasis (den Spätern als Atticismus geltend, s. Schmid, Atticism. II, 251. IV, 472, A. 59):

a) mit dem Artikel z. B. 4, 5 θάτερον; 5, 16 ἀνήρ; 6, 2 und 40, 2 τοὐναντίον; 8, 14 τἄλλα; 9, 7 τἀγαϑά; 10, 15 ταυτόν; 10, 3 τἀληϑοῦς; 30, 7 τἀχιλλέως; 34, 12 τἄμυδρά; 47, 6 τἀνϑρώπου

b) mit καί: κἄν = καὶ ἐν 9, 22. 10, 23. 18, 1. 24, 6 u. ö.; κἄν = καὶ ἐάν 5, 8. 16, 15. 34, 3. 60, 3. 67, 12; κἄν = καὶ ἄν 3, 1 und 69, 17; κἀκ 3, 11; κἀκεῖνος 24, 4. 27, 8. 29, 24; κἀπειδήπερ 33, 11; κἀκεῖσε 37, 15; κἀπί 46, 18 und 57, 6; κἀξέφηνεν 16, 1; κἀδέκαστος 69, 12.

c) bei der augmentierten Form eines mit πρό[2]) komponierten Verbums: 59, 12 προὐϑέμεϑα (dagegen 17, 8 προεγνωσμένους).

3. Wortstellung. Doch scheinen mir sehr viele derartige Fälle

---

[1]) Ebenso im N. T. und bei Luc. (s. Schmid, Atticismus II, 263) trotz des Vorkommens auch von ἕνεκεν.

[2]) Der Verfasser erweist sich durch den Gebrauch der Krasen mit Artikel sowie mit πρό als ein der κοινή fernstehender Schriftsteller. (Ebenso Ael. und Philostr., worüber Schmid. Atticismus III. 475 Schlufs.)

von Hiatvermeidung unbeabsichtigt und die ungewöhnliche Wortstellung
aus Streben nach Abwechslung und Eleganz gewählt zu sein.[1]) Von
den 4 durch v. R. S. 70 f. beigebrachten Beweisstellen für Hiatvermeidung dieser Art sind 7, 23 διὰ τὰ οὕτως μικροχαρῆ ποτε ἑαυτῶν
ἐπιλανϑάνονται (Vgl. ungewöhnliche Stellungen von ποτέ noch 12, 13
u. 70, 1, sowie von ποϑέν 2, 17, wo überall kein Vokalzusammenstofs
zu befürchten war) u. 31, 21 ἀποτελεστικὰ τοῦ πιστώσασϑαι τὸ προ-
κείμενον ἕνεκα (wo ἕνεκα ja vor den Gen. gestellt werden konnte, wie
es in π. ὕψ. dreimal vorkommt) als ungerechtfertigt zu erachten, 48, 4[2])
(wo die platon. Wortstellung genau beibehalten ist, wie aus 47, Z. 1
v. u. ersehen werden kann[3]) völlig zu streichen und höchstens 34, 16
ἐπὶ γὰρ τοῦ αὐτοῦ κειμένων ἐπιπέδων παραλλήλων anzuerkennen, obwohl gerade die Stellung eines Verbums zwischen Attribut und Namen
in unserer Schrift sehr beliebt ist (ich habe ca. 30 Beispiele gesammelt.)
Aufserdem fand ich noch 65. 12 καὶ ὡς ὄχϑους λέγει συμβεβλῆσϑαι
(wo offenbar nur des Riats halber ὄχϑους in den übergeordneten Salz
herübergenommen wurde). 37, 5 τὴν ἐλευϑερίαν ἀπολύει τοῦ δρόμου
(doch ist auch die Trennung eines Nomens von einem kasuell davon
abhängigen zweiten in π. ὕψ. sehr häufig; ich habe ca. 20 Fälle gezählt und 4 weitere Beispiele mit uneingeschobenem Gen. (18, 14 ἡ
ἀπαχμὴ τοῦ πάϑους ἐν . . .; 30, 1 κατὰ τὴν ἐπιφάνειαν τοῦ Διονύσου;
43, 18 καὶ τὸ ἀμίμητον ἐκεῖνο τοῦ Ἡροδότου u. 55, 15 τῇ ϑεωρίᾳ καὶ
διανοίᾳ τῆς . . ἐπιβουλῆς οὐδ', übrigens ist Hiat mit οὐδέ erlaubt, s.
vorne), deren Beweiskraft jedoch wieder dadurch verliert, dafs eben
durch diese Genitivstellung 19, 1, 35, 8; 12 u. 13 Hiate, wenn auch
nur mit dem Artikel, entstehen, die bei normaler Stellung unterblieben
wären.[4]) Von den Fällen, wo der Gen. vor seinem regierenden Nomen
steht, würden bei gewöhnlicher Struktur nur 10, 3 ἡμῶν ἡ ψυχή und
69, 7 ἡμῶν ἑκάστου einen Hiat verursachen und von den vielen Beispielen mit nachgestelltem Demonstrativpronomen nur 17, 18 ἔτι τοῖς
Ἰλιακοῖς ἐκείνοις ποιήμασιν (erlaubter Hiat), 29, 13 μὴ τοῖς οὐρανίοις
ἐκείνοις ἔργοις (ebenfalls erlaubt, zudem verwendet der Verfasser auch
κεῖνος), 67, 17 ὁ . . . οὑτοσὶ πόλεμος (wo dann eben οὗτος hätte geschrieben werden müssen). Dafs Ps-Longin nur aus einer gewissen
Vorliebe diese Stellung gebraucht, ist aus 26, 10 ersichtlich (ἀπὸ τοῦ
Ὁμηρικοῦ κεῖνον νάματος). Endlich die Stellung des Gen. der Demonstr.[5]) vor ihrem Substantiv läfst nur 27, 17 (ὑπὸ τῆς τούτου

---

[1]) S. z. B. die verschobenen Wortstellungen von 9, 15 und 56, 2.
[2]) πηγὴν τοῦ περιφερουμένου σφοδρῶς αἵματος.
[3]) πηγῆς τ. περιφ. κατὰ πάντα τὰ μέλη σφοδρῶς αἵματος.
[4]) Die unregelmäfsige Stellung des Gen. kommt auch sonst oft vor, wo
kein Vokalzusammenstofs zu befürcElten ist. z. B. 22, 18. 29, 11. 32, 16. 36, 16: 21.
38, 16. 46. 20. 60. 14. 63, 17. 66, 17; 21.
[5]) Seit Polyb. stelen in der späteren Gräcität fast allgemein die Genitive
der Pronomina αὐτός, οὗτος und ἐκεῖνος olne Bedeutungsunterschied lediglicl zur
Hiatvermeidung bald vor, bald nach ilrem Substantiv. S. Kälker, Leipziger
Studien III. 257, über Plut. Weifsenberger, Die Sprache des Plut. I. Teil. Progr.
v. Straubing 1895, S. 25. — Bei Ps-Longin folgt meist das Pronomen auf sein
Subst., vgl. 11, 8. 13, 2. 57. 12 und 66, 4 mit folg. τούτων; 9, 21. 14, 1. 19, 5 etc.

ψυχῆς ἀτελῇ), nicht aber 55, 3 (τοῖς ἐπαλλήλοις ἐκείνου πάθεσιν. ἐπί ..
wegen grofser Pause), ebensowenig 33, 5 (τῆς ἐκείνων ἀρητῆς τοῖς ..)
und 68, 19 (ἀλλὰ τοιούτων ἐν κύκλῳ τελεσιουργεῖσθαι) auf Streben nach
Hiatvermeidung schliefsen.

4. Anschliefsung von περ ans Relativum (ὅπερ[1]) steht vor Vok.
10mal, διόπερ[2]) 4mal; οἱοίπερ 69, 14; ὅτουπερ 23, 15), sowie zuweilen
Anhängung von γέ (εἴγε = εἰ 56, 19; σχολῇ γ᾽ ἄν 5, 12; καίτοιγε 3mal;
μέντοιγε[3]) 2mal; ἐπείτοιγε[4]) 2mal; ἔμοιγε[5]) 24, 1).

5. Schreibweise κεῖνος statt ἐκεῖνος 24, 6 u. 26, 10; διότι statt
ὅτι 9, 22 u. 62, 12 (wovon die 1. Stelle sogar einen elidierbaren Schlufs-
vokal ε aufweist, während sonst stets ὅτι oder ὡς auf Vok. u. Dipht.
folgen); ἀρτίως 23, 18; ταχέως[6]) 51, 11. 55, 19 (dagegen ταχύ vor Kons.
42, 8); die neutrale Form αὐτόν (nur in ταυτόν vorkommend) immer
vor Vok. (4mal), αὐτό[7]) stets vor Kons.; οὐχί statt οὐ nur vor Kons.
(22, 13. 50, 19. 60, 8; 11), ebenso Anhängung des deiktischen Jota nur
vor Kons. (9mal); über καθάπερ s. u. Hiat in pausa.

6. Selbstverständlich ist das Νῦ ἐφελκυστικόν vor Vok. stets geschrieben (vgl. auch Fälle wie 33, 2 οὐδέν ἐστ᾽ εἰ μή, 39, 3 ἔσθ᾽ ὅπου),
25mal aber auch vor Kons.[8]), darunter 5mal in pausa, wo es der
Verfasser sonst wegläfst, wie z. B. 28, 1. — Ebenso ist das Anwachsen
des sonst hiatverhindernden σ an οὕτω auch vor Kons. bemerkenswert
(9mal οὕτως[9]) und nur 5mal οἵτω v. Kons.), sowie die fest gewordenen
singularen Neutralformen auf ον der Pronomina ἕκαστος (35, 17 und
57, 21 v. K.; 5, 8 v. V.), τοιοῦτος (9, 12 v. K.; 27, 11 u. 41, 12 v.V.;
12, 12 u. 50, 19 v. V. in pausa) und τοσοῦτος[10]) (11, 8 v. K.; 59, 15
v. V.), während, wie bereits oben erwähnt, αὐτόν stets v. V. u. αὐτό
v. K. ε ist.

Zu Stellen Zwischenstellung von δέ, wie 48, 13 τὴν τοῦ θυμοῦ δὲ
ὥσπερ ἀνθρωπίτιν (wo statt ὥσπερ auch καθάπερ stehen konnte); 59, 2

---

mit folg. αὐτὸν (nur 66, 24 ταῖς αὐτῆς ἔθεσι καί ist αὐτῆς ohne ersichtlichen Grund
zwischen Artikel und Substantiv gestellt).
[1]) Allerdings stelt es auch 1mal vor Kons. 4, 1; ebenso ὅνπερ 21, 10 und
ἅπερ 65, 17.
[2]) Auch 3mal vor Kons.: 33, 19. 34, 5 und 55, 15.
[3]) Dagegen vor Kons. 57, 2.
[4]) Dagegen vor Kons. 51, 19.
[5]) Dagegen vor Kons. 45, 9. — Sonst habe ich, 2 εἴγε == wenn anders abgerechnet, γέ noch 16mal vor Kons. gefunden.
[6]) ταχέως freilich auch 68, 12 und 16 vor Kons.
[7]) Sogar 39, 9 bei Zitierung von Soph. O. R. 1403 ist statt ταυτόν ταυτά
vor Kons. geschrieben (Hersel, Qua in citandis scriptorum ... locis auctor ...
usus sit ratione, diss. Borolin 1884, S. 9 nimmt an. ein librarius habe hier den
Kons. ausradiert, weil die Tragiker ταυτό regelmäfsig nur da schrieben, wo die
letzte Silbe kurz sein müsse.
[8]) Über diesen Gebrauch der späteren Prosa, welcher meist durch den
Rhythmus erklärt wird, s. Schmid, Atticismus II, 250 f. IV, 470.
[9]) Im N T. fast immer οὕτος: Winer-Schmiedel § 5, 1 p 83; 23, b p 63.
Zweimal auch bei Philostr. vor Kons. (S. Schmid, Attic. IV, 470), öfters bei Diod.
(ed. Dindorf-Vogel p. LXIII).
[10]) Diod. scheint τοσοῦτον v. V. u. τοσοῦτο v. K. geschrieben zu haben (s.
Dind.-Vogel p LXXI; s. auch Schmid ohond. IV, 472).

ἡ ὑπερβολὴ δ'εὐλόγως γεννᾶσϑαι κτλ. (womit v. R. mit Recht 59, 8
αἱ δὲ ὑπερβολαὶ καϑάπερ κτλ. vergleicht) u. 11, 2 αἱ λοιπαὶ δ'ἤδη κτλ.;[1]
oder Einschiebung von φησίν, φασίν, φημί u. a., wenn andere redend
eingeführt werden, wie 48, 2 ὑπεστηρῖχϑαί φησιν οἷον στρόφιγγας (wo
jedoch auch καϑάπερ statt οἷον stehen konnte); 46, 19 εἶναί φημι ἴδια;
66, 8 ἔχει, λέγων ὡς (wo jedoch der Hiat erlaubt wäre). Freilich entsteht zuweilen durch derartige Einschiebsel auch Hiat, wie 22, 1 παντὶ
οἶμαι δῆλον (vgl. auch 46, 19 oben).
    Keine Hiatvermeidungsgründe sind jedoch mafsgebend:
    Bei den abstrakten Pluralen (nur 2, 18 οἱ μέγιστοι ... ταῖς
ἑαυτῶν περιέβαλον εὐκλείαις τὸν αἰῶνα u. 19, 23 τὰ συμβαίνοντα ταῖς
ἐρωτικαῖς μανίαις παϑήματα würde bei Setzung des Sing. Hiat mit
dem Artikel entstehen, der ja erlaubt wäre. Übrigens ergibt sich hier
die Notwendigkeit des Pl. aus dem Zusammenhang); beim Vokativ
ὦ φίλος[2]) mit folgendem εἰ 9, 16, da es homerische Reminiscenz ist
(s. Il. 4, 189. 10, 601. Od. 3, 375); bei Vertauschung von περί mit
ὑπέρ τινος, da an den 5 Stellen 32, 1. 44, 6. 50, 12. 57, 14 u. 59, 13
nur 1mal (59, 13 ὑπὲρ ἧς) Vokale zusammentreffen würden, und in
der Schrift ja übrigens Hiat nach περί erlaubt ist (s. dagegen über
Polyh. Krebs, Präpos. bei Pol., Dissert. Würzb. 1881, S. 24 u. 26 ff.);
beim Wechsel zwischen οὐ u. μή.[3]) Wo in π. ὕψ. ungewöhnlicher
Weise μή statt οὐ steht, wäre bei Schreibung von οὐ nur 6, 13 τὰ
μηκέτι, 26, 7 οἱ μή u. 67, 3 ὅτι μή Hiat entstanden.[4]) Doch wiegen
diese 3 Fälle nicht, da nach vokalisch endendem Artikel auch οὐ begegnet (63, 13 τὰ οὐ) und ferner nach ὅτι 15mal vokalisch anlautende
Wörter folgen. Im Gegenteil gestattet sich der Verfasser mehrmals
Hiate mit οὐ, so aufser dem bereits erwähnten 63, 13 noch 4, 8.
50, 11. 63, 13. 65, 24. Die Negation οὐ im hypothetischen Satze 12, 2
εἰ δ' ... ἐξ ὅλου μὴ ἐνόμισεν ὁ Κεκίλιος τὸ ἐμπαϑὲς ⟨ἐς⟩ τὰ ὕψη
ποτὲ συντελεῖν καὶ διὰ τοῦτ' οὐχ ἡγήσατο μνήμης ἄξιον ist nicht auffallend, da οὐχ ἡγεῖσϑαι als ein Begriff empfunden wird);[5]) beim Wechsel
zwischen den Verbalformen auf -μι und -ω (auch die Form παριστάνειν
(-νων) statt παρσιστάναι 32, 11 nicht wie bei Polyb. zur Verhinderung

---

[1]) Die Stellen 34, 15 u. 61, 15 sind ohne Belang, weil die Stellung von δέ
hinter οὐ vermieden werden mufste; zudem wäre auch 61, 15 Elision möglich
gewesen.
[2]) Sonst steht immer der regelrechte Vokativ v. Vok: 7, 9 ὦ Τίμαιε, ὡς:
14, 12 ἑταίρε, ὡς. Ebenso 25, 25. 33, 22. 41, 2. 66, 7. Wie hier, ist zudem auch
nach φίλος eine Pause.
[3]) Ebenso ohne Hiatzwang bei Luc., Ael. u. Philostr. (s. Schmid, Attic. I.,
247. IV, 94), vielleicht auch bei Plut. (chend. 1, 247; andrer Ansicht ist Weifsenberger, Straubinger Progr. 1895, S. 20 A 1). Dagegen bei Dio Chrys. u. Aristides
(Schmid chend. I, 101. II. 61 f.), sowie bei Galen sind hierin ausschliefslich Hiatrücksichten mafsgebend.
[4]) Zudem ist ja Hiat mit dem Artikel gestattet. Auch 68, 18 (καὶ μηκέτι)
u. 69, 13 (καὶ μή) kommen nicht in Betracht, da Vokalzusammenstofs nach καί
erlaubt ist; καὶ οὐ fand ich 4, 3. 8, 5. 36, 1. 62, 3.
[5]) Derartige Fälle öfters bei den Atticisten Polemo, Luc., Aristid., Ael. u.
Philostr., s. Schmid, Attic. I. 50; 246. II, 62. III, 89. IV, 94 u. Kühner II[4], 784, 4.
Auch zuweilen bei Plut. οὐ (Weifsenberger Straub. Progr. 1895, S. 33).

des Hiats); beim Wechsel zwischen ϑέλειν und ἐϑέλειν (da ϑέλειν
3mal nach Kons., 8, 15. 43, 15 u. 54, 4, u. 1mal, 36, 24 nach dem
Diphth. εἰ steht, ἐϑέλειν 51, 22 u. 58, 4 n. K., 61, 7[1]) sogar n. δή);
wohl auch beim Wechsel zwischen ὀλίγου δεῖν (35, 24 n. kurzem Vokal
in pausa) und μικροῦ δεῖν (28, 14 richtig nach langem Vok. in p.), wo
auch an beiden Stellen wegen folgender Kons. δεῖν hätte fehlen dürfen;[2]
auch bei Schreibung oder Weglassung des Artikels ὁ vor Eigennamen
(gegen v. R. S. 71 f).[3]

So ergibt sich denn als Resultat vorstehender Untersuchung, daſs
Ps-Longin allerdings noch auf dem Boden des isokrateischen Gesetzes
steht, sich aber nicht scheut, auch die Begegnung zweier Vokale zu-
zulassen.[4]

Burghausen.   Dr. G. Tröger.

Syntaktische Beiträge zur Kritik der Überlieferung in Caesars Bellum Gallicum.

Im Jahresbericht über Caesar (Jahresb. des phil. Vereins 1894
S. 214 ff.) hat M e u s e l die Frage, inwieweit der Handschriftenklasse β
eine selbständige Bedeutung gegenüber der Klasse α zuzugestehen sei,
zunächst durch eine Reihe von Einzeluntersuchungen über orthographische
und grammatische Fragen zu lösen unternommen. Sicherlich wird
niemand, der Interesse für Grammatik hat, seinen umsichtigen und
scharfsinnigen Ausführungen ohne Genuſs folgen oder sie ohne Belehrung aus der Hand legen. Immerhin dürfte der Verfasser selbst

---

[1]) S. hierüber weiter oben unter Hiatzulassung nach δή.

[2]) Dagegen Wechsel zwischen beiden, sowie zwischen den verkürzten Ausdrücken aus Hiatrücksichten bei Dio Chr., Luc., Aristid. u. Ael., s. Schmid ebend.
I, 126; 286. II, 130 f. III, 141).

[3]) v. R. meint, der Verfasser habe 27, 4/5 aus Abneigung gegen den Hiat
πῶς δ᾽ ἂν Πλάτων ἢ Δημοσθένης ὕψωσαν ἢ ἐν ἱστορίᾳ Θουκυδίδης geschrieben, da
zwar ἢ ὁ, nicht aber ἱστορίᾳ ὁ hätte ertragen werden können. Aus gleichem
Grunde sei 26, 9 ἐγένετο; Στησίχορος, aber ὅ τε Ἀρχίλοχος (statt καὶ Ἀ.) zu lesen;
endlich weist er auf S. 51 und 52 hin. Deshalb müsse wohl auch an 3 Stellen des
Parisinus der Artikel ὁ nach langen Vokalen gestrichen werden (22, 20. 25, 10.
37, 21). — Allein hierin v. R. zu folgen, hieſse, Ps-Longin mit Gewalt zu Iso-
krateer stempeln. Vielmehr ist es am Platze, obige Beweisstellen etwas näher
unter die Lupe zu nehmen. Da fällt denn zuerst 26, 9 weg, weil noch öfters
καὶ vor vokalisch beginnenden Eigennamen ohne Artikel vorkommt: 51, 13 ἁμαρ-
τήματα καὶ Ὑμήρου καὶ τῶν ἄλλων, wo τέ stehen könnte. 52, 12 καὶ Ὑπερίδης, dagegen
31, 4 καὶ ὁ Ὑπερίδης (ebenso 22, 8 u. 40. 22 καὶ ὁ Ἄρατος. 40, 24 καὶ ὁ Ἡρόδοτος). Ferner
hat sich v. R. 37, 21 (λέγει ὁ Φωκαιεὺς Διονύσιος) gründlich getäuscht, wenn er ὁ
Φωκαιεὺς entweder nachstellen oder besser tilgen will, indem ihm 5, 13 (τοῦ Λεοντίνου
Γοργίου) entgangen ist. Auch 25, 10 (ὅτι μέντοι ὁ Πλάτων) darf nicht beanstandet
werden, da ja nach μέντοι noch 2mal Vokale in unserer Schrift folgen. Selbstverständlich lassen wir auch 22, 20 (ἐπὶ τῇ προσαγγελίᾳ ὁ Δημοσθένης) ruhig den
Artikel weiterexistieren (vgl. 24, 21 καὶ ὁ Κικέρων; 24, 26 κεφανύφ, ὁ δὲ Κικέρων.
30, 5. 64, 3. 46, 13. 50, 12 und mehr Beispiele mit καὶ ὁ vor consonantisch anlautendem Eigennamen).

[4]) Der Verfasser denkt hierin noch liberaler als Plutarch (s. Weiſsenberger
a. a. O. S. 19 f.). Über Hiatvermeidung bei den Atticisten s. Schmid a. a. O. IV, 726 f.

nicht hoffen, in allen Punkten die richtige Entscheidung getroffen zu haben; und vielleicht tragen die folgenden Zeilen zur Bestätigung des von Th. Mommsen abgegebenen Urteils bei, wenn er in den der Meusel'schen Arbeit voraufgehenden »Beiträgen zur Kritik des Bellum Gallicum« S. 199 sagt, daſs der zweiten Familie da, wo die Verschiedenheit der beiden Texte eine Diaskeuase voraussetzt, vielleicht nicht das Vertrauen zu schenken sei, welches der neueste Herausgeber, obwohl er ihre sekundäre Stellung anerkennt, ihr thatsächlich einräumt.

I.

Das Plusquamperfektum.

I 39, 7 heiſst es am Ende der in einer Reihe von Imperfekten sich darstellenden Schilderung der durch die Furcht vor den Germanen im Lager hervorgerufenen Panik: nonnulli etiam Caesari nuntiarant, cum castra moveri ac signa ferri iussisset, non fore dicto audientes n.ilites neque propter timorem signa laturos. Dann geht mit Kap. 40 die Erzählung wieder an: haec cum animadvertisset, convocato consilio omniumqne ordinum ad id consilium adhibitis centurionibus vehementer eos incusavit.

Nuntiarant ist die Lesart von α, renuntiabant die von β. Meusel schreibt a. O. S. 346 nuntiabant und polemisiert gegen Kraner-Dittenberger, welche zu der Stelle folgendes bemerken: »Das Plusquamperfekt mit Beziehung auf die Zeit der folgenden Haupthandlung (incusavit); denn mit dicebant ist die Beschreibung des im Lager herrschenden Zustandes zu Ende, und es beginnt nun die Erzählung von Caesars Auftreten.« Wenn zunächst Meusel meint, statt »des im Lager herrschenden Zustandes« müsse es sachgemäſser heiſsen »der Vorgänge in der Stadt«, so ist mir das nicht recht verständlich, da doch von Vorgängen in der Stadt im ganzen Kapitel 39 keine Rede ist. Sein weiterer Einwurf aber, die durch das Plusq. ausgedrückte Handlung beziehe sich immer nur auf eine in einem vorausgehenden oder in demselben Satze enthaltene Handlung — S. 351 wird diese Ansicht wiederholt und die Konsequenzen daraus für die Beurteilung der beiden Familien gezogen — nie aber auf eine in einem folgenden Satze erzählte Handlung, ist offenbar unrichtig.

Auf ein folgendes Praeteritum bezieht sich regelmäſsig das bei Dichtern so häufige dixerat (fatus erat) z. B. Ovid. Met. 1,367 dixerat et flebant; 2.40 dixerat. at genitor circum caput omne micantes deposuit radios; 2,301 dixerat haec Tellus: neque enim tolerare vaporem ulterius potuit nec dicere plura. Auf eine folgende Handlung beziehen sich alle die Plusquamperfekta, denen ein Satz mit oder ohne cum inversum folgt, und die in ähnlich gebildeten Sätzen, wie sie mehrfach bei Apulejus begegnen z. B. met. 4,8 commodum cubuerant et ecce . . iuvenes adveniunt; 2,23 vix finieram et ilico me perducit ad domum quampiam. Diese Plusquamperfekta so gut wie die in sogenannten Sätzen der wiederholten Handlung beweisen zunächst die Möglichkeit einer Beziehung auf eine in einem folgenden Satze folgende Handlung.

Aber auch aufserhalb dieser Grenzen ist ein solches Plusq. seit jeher im Lateinischen gebräuchlich gewesen und hat sich begreiflicherweise gerade bei den Historikern einer ausgedehnten Anwendung erfreut. Ich[1]) habe ausführlicher über rhetorisches Plusq. hauptsächlich bei den Historikern schon früher gehandelt, auch Beispiele aus Plautus und Terenz a. O. p. 23 und 29 gegeben. Von Caesar habe ich gerade im Gegensatz zu Meusel dort behauptet: »Caesar hat dies Plusq. oft,. z. B. VII 39,1, aber nie auffällig, indem das Plusq. der Regel nach am Beginn eines Abschnittes vorbereitend auf die Haupterzählung gesetzt wird.« Die hier zitierte Stelle — Eporedorix . . et . . Viridomarus . . in equitum numero convenerant nominatim ab eo evocati — wird allerdings Meusel zunächst nicht als beweiskräftig ansehen. Aber schon VII 62,1 prima luce et nostri omnes erant transportati et hostium acies cernebantur ist keine vorhergehende vergangene Handlung vorhanden, auf die sich das Plusq. beziehen könnte, und ebenso wenig in folgenden Stellen, die ich einer raschen Lektüre von B. C. Buch I verdanke. Es heifst zunächst I 44,2 haec ratio nostros perturbavit. circumiri sese arbitrabantur; ipsi . . . neque sine gravi causa eum locum, quem ceperant, dimitti censuerant oportere. Itaque perturbatis antesignanis legio . . . locum non tenuit atque se . . . recepit. Hier hat das Plusq. nur, wenn auf den folgenden Satz bezogen, einen Sinn. Nipperdey nahm allerdings Anstofs daran und schrieb consuerant. Doch man vergleiche weiter 51, 1 annona crevit: quae fere res non solum inopia praesentis, sed etiam futuri temporis timore ingravescere consuevit. iamque ad denarios L in singulos modios annona pervenerat et militum vires inopia frumenti deminuerat atque incommoda in dies augebantur et tam paucis diebus magna erat rerum facta commutatio ac se fortuna inclinaverat, ut . . . Es folgen schildernde Imperfekta. Auch hier ist eine Beziehung auf das Vorhergehende unmöglich, ebenso wie Kap. 59. Es werden die Zustände nach Errichtung der Brücke geschildert: fortuna mutatur. Illi — minus audacter vagabantur — angustius pabulabantur — vitabant — fugiebant. Postremo et plures intermittere dies et praeter consuetudinem omnium noctu constituerant pabulari. Ebenso deutlich ist die Beziehung auf das folgende 62,1 huc iam reduxerat rem; 70,1 f. erat in celeritate omne positum certamen -- res tamen ab Afranianis huc erat necessario deducta; 82,1 in his operibus consiliisque biduum consumitur, tertio die iam pars operis Caesaris processerat; 82.5 die Überlegung geht voraus, es folgt: hac de causa constituerat signa inferentibus resistere.

Aber ich gehe weiter und behaupte, dafs überall da, wo eine Beschreibung, sei es einer Örtlichkeit oder einer Situation gleichsam als Fundament für die darauf aufzubauende Erzählung gegeben wird, die Handlung des Plusq. als bezogen auf die folgende Erzählung anzusehen ist, selbst wenn thatsächlich die Handlung vor noch so vielen vorher erzählten Handlungen vorausliegt. Denn es liegt in der Natur der Sache, dafs das Auge des Historikers an solchen Stellen vorwärts

---

[1]) Geschichte des Plusquamperfekts im Lateinischen. Giessen 1804. Cap. I § 10.

und nicht rückwärts gerichtet ist: so würde Caesar, wenn ihm die
Beziehung auf das Vorhergehende vorschwebte, VI 34,2 ubi cuique
aut vallis abdita aut locus silvestris aut palus impedita spem praesidii
aut salutis aliquam offerebat, consederat, doch wohl logischerweise·
nicht offerebat, sondern obtulerat geschrieben haben; und so
glaube ich denn auch meine oben zitierte Äufserung über rhetor.
Plusq. bei Caesar gerechtfertigt zu haben.

Von Meusels Einwänden gegen die Lesart der Klasse α an der
Stelle, von der wir ausgingen (I 39,6), bleibt also nur der bestehen,
dafs die verkürzte Form nuntiarant dem überwiegenden Gebrauch
Caesars nicht entspricht, ein Einwand, der für sich allein natürlich
nicht den Vorzug der Lesart der anderen Klasse begründen kann. An
der Kraner-Dittenberger'schen Anmerkung aber ist höchstens das auszusetzen, dafs sie bei dicebant das Ende der Schilderung setzt, die in
Wirklichkeit erst mit nuntiarant abschliefst. Das Plusq. an dieser
Stelle halte ich nicht nur für durchaus unanfechtbar, sondern für
empfehlenswerter als das Imperfektum. Die lebendige Schilderung der
Panik erhält durch jenes einen viel wirksameren Abschlufs: so weit
war es gekommen (man beachte das steigernde etiam), dafs einige den
Gehorsam für den Fall des Vormarsches aufsagten — da schritt ich ein.

Auch compleverat IV 29,2. das Mommsen a. O. p. 205 schützt,
Meusel durch complebat der schlechteren Klasse ersetzt, ist ein solches
Plusq. und der Situation angemessener. Die Sturmflut hat in einem
Augenblick die an den Strand gezogenen Schiffe gefüllt, während das
afflictari der vor Anker liegenden Schiffe fortdauert.

Ich verteidige ferner das rhetorische Plusq. der Klasse α an 2
weiteren Stellen des 6. Buches, wo Meusel das Perfekt der Klasse β
einsetzt. VI 8,8 lesen wir: nam Germani, qui auxilio veniebant, per-
cepta Treverorum fuga sese domum receperunt (β contulerunt). cum
his propinqui Indutiomari, qui defectionis auctores fuerant, comitati
eos ex civitate excesserant (β excesserunt). Die Germanen sind
im Herannahen begriffen, sie ziehen sich auf die Nachricht von der
Niederlage der Treverer wieder zurück = historische Thatsache. Mit
ihnen waren auch die Verwandten des Indutiomarus abgezogen. Dieses
rhetorische Plusq. weist auf die endgültige Ordnung der Treverer-
angelegenheit hin, die in dem abschliefsenden Satz erzählt wird:
Cingetorigi, quem ab initio permansisse in officio demonstravimus,
principatus atque imperium est traditum. — Feiner ist auch das Plusq.
potuerat der Klasse α, als das Perfekt potuerunt der Klasse β VI 40,6:
at ii, qui in iugo constiterant, nullo etiam nunc usu rei militaris
percepto neque in eo quod probaverant consilio permanere, ut se loco
superiore defenderent, neque eam, quam profuisse aliis vim celeri-
tatemque viderant, imitari potuerant, sed se in castra recipere
conati iniquum in locum demiserunt. Der eine Teil hat den Angriff
gewagt und sich durchgeschlagen. Inzwischen aber hatte der andere
Teil weder auf seinem ersten Entschlufs beharren, — noch da es wohl
zu spät war — dem Beispiel der ersten folgen können, sie verliefsen

die Höhe: mit demiserunt beginnt die eigentliche Erzählung der Schicksale dieser Abteilung.

Weiter muſs die Lesart von α beibehalten werden gegen die von β im Nebensatz V 12,2 maritima pars ab iis (sc. incolitur), qui praedae ac belli inferendi causa ex Belgio transierant (β transierunt) — qui omnes fere isdem omnibus civitatam appellantur, quibus orti ex civitatibus eo pervenerunt — et bello inlato ibi remanserunt bezogen, und damit verliert die Auseinandersetzung Meusels p. 252 3 ihre Beweiskraft. Endlich ist auch II 8,5 die Lesart aller Handschriften instruxerant gegen Meusel's Änderung zurückzuführen: legiones pro castris in acie constituit. hostes item suas copias · ex castris eductas instruxerant. Palus erat non magna inter nostrum atque hostium exercitum etc. Alle Einwände Meusels gehen von der Vorstellung aus, als müsse sich instruxerant notwendig auf eine vorausgehende Handlung beziehen, und verlieren allen Boden, sobald wir das Plusq. als ein rhetorisches, auf die folgenden Ereignisse hinweisendes ansehen. Wie die Verkennung des rhetorischen Plusq., so veranlaſst auch die des verschobenen Plusq. Meusel an einigen Stellen die handschriftliche Grundlage zu verlassen. Daſs fueram, welchem wahrscheinlich erst später potueram, debueram und ähnl., sowie habueram folgten, schon früh in der Sprache des täglichen Lebens zur Perfekt- oder Imperfektbedeutung verschoben gebraucht wurde, und daſs selbst die Klassiker sich dem Einfluſs dieses Gebrauchs nicht völlig haben entziehen können, obwohl sie grundsätzlich ihn vermeiden wollten, glaube ich in meiner Geschichte des Plusquamperfekts gezeigt zu haben. Aus Caesar gehört hierhin II 6,4 Iccius Remus ... qui tum oppido praefuerat ... nuntium ad eum mittit; Meusel ändert p. 348 das allein überlieferte praefuerat in praeerat. Das Plusq. von fuerat habe ich a. O. p. 37,38 durch 2 Stellen gestützt. III 16,2 navium quod ubique fuerat, unum in locum coëgerant: quibus amissis reliqui neque quo se reciperent, neque quemadmodum oppida defenderent habebant. »Hier ist fuerat, das verglichen mit coëgerant unlogisch ist, veranlaſst durch den schon vorschwebenden Gedanken quibus amissis non habebant.« Zu VIII 2,1 eique adiungit legionem XI, quae proxima fuerat bemerkt Kraner: »der Schriftsteller betrachtet die Haupthandlung (adiungit) schon als eingetreten, so daſs die nun versetzte Legion die nächste gewesen war,« während ich a. O. p. 38 geurteilt habe, daſs schon die gezwungene Übersetzung das Ungewöhnliche des Plusq. zeige. Unterstützt wird unsere Auffassung durch die bei Caesar vorkommende Verschiebung von habuerat. Zu der a. O. zitierten Stelle VIII 54,3 quintam decimam, quam in Gallia citeriore habuerat, ex senatus consulto iubet tradi — erst in dem Augenblicke, wo die Übergabe vollendet ist, hat das Plusq. seine logische Berechtigung — kann ich jetzt 2 weitere Belege liefern. B. c. 2,27,2 hi, sive vere, quam habuerant opinionem, ad eum perferunt etc. erklärt Kühner[1]): die sie schon vorher gehabt hatten nnd noch hatten; Kraner-Hofmann: die sie schon

---

¹) Ausf. Grammatik der lat. Spr. II p. 96.

vorher gehabt hatten und nun berichten; wir nennen dieses Plusq.
einfach verschoben. Besonders interessant ist die Stelle IV 4,3, weil
dieses unlogische habuerant dort Meusel zur Änderung eines Perfekts
in ein Plusq. veranlaſst. Die Stelle lautet: hi (sc. Menapii) ad utramque
ripam fluminis agros, aedificia vicosque habebant; sed tantae multitudinis adventu perterriti ex iis aedificiis, quae trans flumen habuerant,
demigraverunt (Meusel demigraverant) et cis Rhenum dispositis
praesidiis Germanos transire prohibebant. »Dieses demigraverunt«,
sagt Meusel p. 552, »würde durchaus den thatsächlichen Fortschritt
in der Erzählung ausdrücken«. Aber der Gedanke »ihre Wohnungen
am rechten Rheinufer« müſste dann notwendig durch das Impf. (ex
iis aedificiis, quae trans flumen habebant, demigraverunt) ausgedrückt
sein und nicht, wie jetzt, durch das Plqpf. Das Plqpf. liefert den
Beweis, daſs die Menapier in dem Augenblick, als die Germanen an
den Rhein kamen, ihre am rechten Ufer liegenden Wohnungen nicht
mehr hatten, daſs sie sie aufgegeben hatten, folglich muſs es heiſsen
demigraverant." Ich glaube, es kann nach meinen Ausführungen kein
Zweifel mehr sein, daſs die Anlegung des logischen Maſsstabes an
unsrer Stelle verfehlt ist, und daſs neben unlogischem habuerant
demigraverunt thatsächlich den Fortschritt der Handlung bedeutet.
Kurz bemerke ich noch, daſs V 8,2 reliquerat (α) gegen das von Meusel
aufgenommene relinquebat (β) zu halten ist (vgl. Meusel p. 347). Ein
verschobenes Plusq. haben wir hier nicht; in dem Moment, wo die
Handlung des Hauptverbums (naves solvit) eingetreten ist, ist die des
Verbs relinquere vergangen. Einige ganz ähnliche Beispiele des Gebrauchs von fuerat des Cicero habe ich Gesch. des Plusq. p. 30
gesammelt.

Im Nebensatz hat ferner M. das Imperfekt von β dem Plusquamperfekt von α vorgezogen VI 7,1 Treveri — Labienum cum
una legione, quae in corum finibus hiemaverat (β hiemabat), adoriri
parabant. Aber der Zusammenhang lehrt, daſs das Plusq. richtig ist.
Vor Ende des Winters (Kap. 3) zieht er gegen die Nervier und bringt
sie zur Unterwerfung. Dann sagt er für das bevorstehende Frühjahr
eine allgemeine Landesversammlung an; die Senonen, Garnuten, Trevirer
kommen nicht. Rasch fällt er in das Gebiet der Senonen, ein — jetzt
ist also schon Frühjahr — bezwingt sie und die Carnuten. Bevor
er sich gegen die Trevirer wendet, zieht er noch gegen die Menapier
Kap. 5 6 und schickt inzwischen (5,6) das Gepäck des ganzen Heeres
und 2 Legionen zum Labienus. Erst als die Trevirer 2 Tagemärsche
vom Labienus entfernt sind, erfahren sie von der Ankunft der beiden
Legionen bei Labienus. Also schließe ich, der Frühling ist da, das
Winterlager ist von den Soldaten verlassen und dient höchstens zur
Aufbewahrung der impedimenta, während die 3 Legionen neben dem
doch nur für eine Legion ausreichenden Winterlager in castra aestiva
kampieren. —

Ebensowenig folgen wir Meusel, wenn er an anderen Stellen das
Plusquamperfekt der Klasse β gegen das Perfekt der Klasse α schützt
z. B. V 28,1 Arpineius et Junius, quae audierunt (β audierant), ad

legatos deferunt. Nach Meusel ist in Nebensätzen das Plusquamperfekt dann nötig, wenn die Handlung des übergeordneten Hauptsatzes zeitlich vorausgeht. Nur einigemal läfst er neben Präsens historicum des Hauptsatzes das Perfekt im vorausgehenden Relativsatze (meist visum est) zu, wie V 2,3 huic rei quod satis esse visum est militum relinquit. Da ihm aber selbst Stellen wie I 51,1 praesidio utrisque castris quod satis esse visum est reliquit nicht entgangen sind, welche Notwendigkeit besteht dann für Annahme der Lesart von β? Auch das erste Beispiel enthält ja keine reine Voranstellung des Relativsatzes.

Auf dem richtigen Wege befindet sich M., wenn er VII 57,3 summa imperii traditur Camulogeno Aulerco, qui — propter singularem scientiam rei militaris ad eum est honorem evocatus den Relativsatz als Fortführung des Hauptsatzes betrachtet, indem das Relativ durch is autem ersetzt werden kann. Relativsätze und indikativische Kausalsätze stehen oft in so loser Beziehung zum übergeordneten Hauptsatz, dafs das thatsächliche zeitliche Verhältnis der Neben- zur Haupthandlung nicht ausgedrückt, sondern die Handlung des Nebensatzes selbständig wie die eines Hauptsatzes von der Gegenwart des Schreibenden aus bestimmt wird. Beispiele findet man bei Dräger I 2,130 A, der fälschlich hierin Vertauschung des historischen Perfekts mit dem Plusquamperfekt sieht. So schreibt Caesar b. c. 3,18,5 bello perfecto ab iis Caesar haec facta cognovit, qui sermoni interfuerunt; Sall. Cat. 17,2 ubi satis explorata sunt, quae voluit, in unum omnis convocat, wo Schmalz' Erklärung, exploratus sei Adjektiv = sicher, zuverlässig, mir wenig wahrscheinlich vorkommt; Liv. 23,19,17 ex quingentis septuaginta, qui in praesidio fuerunt, minus dimidium ferrum famesque absumpsit; andere Stellen bei Weissenborn-Müller zu 1,1,1.

Demnach liegt keine Notwendigkeit vor VIII 28,5 denique ex omni numero, qui fuit circiter milium XL, vix DCCC, qui primo clamore audito se ex oppido eiecerunt, incolumes ad Vercingetorigem pervenerunt mit β eiecerant zu schreiben; und ebensowenig ist es vorzuziehen VI 42,3 maxime admirandum videbatur, quod Germani, qui eo consilio Rhenum transierant, ut Ambiorigis fines depopularentur, ad castra Romanorum delati optatissimum Ambiorigi beneficium obtulerunt, weil hier am Abschlufs eines Abschnittes gerade durch das ungewöhnlichere Perfekt die Handlung des lose angeknüpften Kausalsatzes hervorgehoben wird; vgl. Liv. 4, 5, 8; 28, 22, 4 und öfter. So verteidige ich auch gegen die Konjektur von Lipsius IV 26,5 neque longius prosequi potuerunt, quod equites cursum tenere atque insulam capere non potuerunt. hoc unum ad pristinam fortunam Caesari defuit. Das thatsächliche Vorausgehen der Handlung des Nebensatzes wird nicht durch die Form ausgedrückt, vielmehr befindet sich Caesar schon im Fahrwasser des folgenden Hauptsatzes (defuit). Gerade durch die Verwendung des Perfekts wird die Handlung des Nebensatzes als der des Hauptsatzes gleichwertig hervorgehoben, und Hunderte von Stellen bei Historikern müfsten geändert werden, wollte man die temporal ausgedrückte Beziehung auf das Tempus des übergeordneten Hauptsatzes überall durchführen.

Dagegen zweifle ich nicht, dafs II 29, 4 u. 5 die Plusq. reli-
querant und delegerant, die Meusel mit ed. 2 und Stephanus
statt der Perfekta des Archetypus einsetzt, an und für sich, mögen
auch die Perfekta sich verteidigen lassen, angemessener sind. Doch
· erregt die ganze Stelle von prognati an bis delegerant, Bedenken und
sieht fast aus wie ein alter Einschub. Dafs obitus für die Katastrophe
der beiden Völker unpassend ist, bemerkt Mommsen a. O. p. 202 und
vermutet abitum. Das Partizip exagitati wird durch die Sätze cum
alias bellum inferrent, alias inlatum defenderent erläutert, während
doch nur der letzte dazu passt. Endlich schiebt sich der Ablativus
absolutus pace facta verwirrend zwischen die ihn umgebenden Satzteile und veranlafst durch seine Stellung die Verbindung mit consensu
eorum omnium, welches doch nur mit locum delegerunt zu verbinden ist.

Werfen wir einen Blick auf unsere Untersuchung zurück, so hat
sich die unbedingte Vorliebe von α für das Plusquamperfekt, die Meusel
p. 347 ins Feld führt, unter unserer Betrachtung ziemlich vollständig
verflüchtigt. Vielmehr dürfte man umgekehrt eher berechtigt sein, dem
Diaskeuasten der Familie β öfter den Sinn für feinere Unterscheidung
der Tempora abzusprechen.

II.
Perfekt oder Präsens historicum?

Ausgezeichnete Beobachtungen hat Meusel p. 340 ff. über den
Gebrauch von Perfekt und Präsens historicum gemacht. Der Satz, dafs
der Übergang von einem Tempus zum andern nie, wie etwa bei Sallust
und Tacitus, willkürlich erfolgt, sondern bei Caesar, der alles Auffallende vermeidet, stets sachlich gerechtfertigt oder sprachlich vorbereitet und begründet oder wenigstens begreiflich gemacht wird, und
die speziellen Ausführungen zu diesem Satze sind gewifs richtig. Niemals, sagt Meusel insbesondere, wechselt Caesar innerhalb desselben
Satzes ohne Grund das Tempus. Wenn ich trotzdem seiner Kritik,
wo sie gegen α entscheidet, · meist nicht folgen kann, so liegt das
daran, dafs er einige Veranlassungen zum Tempuswechsel übersehen hat.

I 46,1 steht mitten unter Perfekta: Caesar loquendi finem faeit
(so αf — fecit·B²β) seque ad suos recepit. M. unterscheidet natürlich
für β. Aber ist es nicht denkbar, dafs die Plötzlichkeit des Abbrechens
hier durch das lebhafte Präsens gemalt werden soll? Sicher scheint
mir das in α mehrfach überlieferte Perfekt von relinquere, dem das
Präsens eines Verbums der Bewegung folgt, gehalten werden zu müssen.
So schreibt Caesar im b. c. 1, 41, 2 iussit — castrisque praesidio sex cohortes
reliquit atque omnia impedimenta et postero die — ad Ilerdam
proficiscitur. So sehe ich also auch keinen Grund V 11,6 sub-
ductis navibus castrisque egregie munitis easdem copias, quas ante,
praesidio navibus reliquit, ipse eodem, unde redierat, proficiscitur
von α abzuweichen und mit β relinquit zu schreiben, wenn auch Präs.

hist. vorangeht. Die Zurückgelassenen bleiben im Zustand der Ruhe, welcher das Perfekt angemessener ist, das Verb der Bewegung erhält wieder Präs. hist. Aus demselben Grunde ist das reliquit des Archetypus mitten unter Praesentia zu halten V 2,3 huic rei quod satis esse visum est r e l i q u i t. ipse — proficiscitur. Bezweifeln möchte ich auch, ob Meusel das Präsens von respondere mit Recht einführt IV 18,3 veniunt; quibus — r e s p o n d i t obsidesque ad se adduci i u h e t. Die Antwort ist immer etwas Wohlüberlegtes, sie nimmt auch Zeit in Anspruch: dies wird mitten unter Präsentia durch das Perfekt angedeutet. Jedenfalls halte ich an der Überlieferung gegen Meusel fest V 36,2 u. V 41,7, wo jedesmal dem respondit der Inhalt der Antwort zugefügt ist.

Schwerlich richtig ist es ferner, wenn die Perfektformen destitit und constitit an mehreren Stellen durch Präsensformen ersetzt werden. Diese Formen sind ihrem Inhalt nach Präsentia. Bekannt ist, dafs steterat namentlich bei Dichtern häufig = stabat steht (vgl. Blase, Geschichte des Plusq. p. 73) z. B. Verg. Aen. 2,352; 3,110. Liv. 7,23,7; 8,32,12. So auch das Perfekt für das Präsens, und, ohne lange zu suchen, finde ich b. c. 1, 41, 2 ad Ilerdam p r o f i c i s c i t u r et sub castris Afranii c o n s t i t i t et ibi paulisper sub armis moratus f a c i t aequo loco pugnandi potestatem; 1, 65, 1 nova re perterritus locis superioribus c o n s t i t i t aciemque i n s t r u i t; 1, 70, 3 aciem i n s t r u i t, Afranius — collem quendam nactus ibi c o n s t i t i t. ex eo loco — m i t t i t. Dieses Perfekt unterscheidet sich seiner Bedeutung nach durchaus von consistit: dieses heifst: er macht Halt, das Perfekt aber: e r h ä l t. Also ist auch b. g. VII 67,3 pugnatur una omnibus in partibus, c o n s t i t i t agmen; impedimenta inter legiones recipiuntur die Lesart von α (β consistit) unverwerflich. Derselbe Grund schützt V 49,6 c o n s e d i t et quam aequissimo potest loco castra communit; VII 89,4 iubet — ipse in munitione pro castris consedit; eo duces producuntur; VII 66,2 consedit gegen die Konjekturen Meusels, wie auch VII 84,4 multum ad terrendos nostros valet clamor, qui post tergum pugnantibus e x t i t i t (β exsistit); VII 4,3 expellitur ex oppido Gergovia, non d e s t i t i t (β desistit) atque in agris habet dilectum egentium et perditorum und VII 12,1, wo ebenfalls β desistit hat. So hat denn M. auch V 48,8 gründlich mifsverstanden, wo er für adhaesit adhaerescit conjiciert: tragulam mittit. haec casu ad turrim a d h a e s i t neque a nostris biduo animadversa tertio die a quodam milite conspicitur, dempta ad Ciceronem defertur. Adhaesit ist Perfekt zu adhaeresco; nicht der Augenblick des Sichanheftens soll betont werden, sondern das Sichangeheftethaben, das H a l t e n, welches ja mehrere Tage dauert. Wird man denn bei Liv. 21, 8, 11 sed id maxime, etiamsi haesisset in scuto — pavorem faciebat, wird man hier haereret für haesisset verlangen?

Es ist zwar an und für sich richtig, dafs Caesar das einmal angewendete Tempus innerhalb desselben Abschnittes der Erzählung nicht ohne Grund wechselt, und so entscheidet denn Meusel VII 32,6, wo am Schlusse des Kapitels nach Perfekten α praeficit und attribuit bietet

gegen α und schreibt mit β praefecit. Aber ich glaube beobachtet
zu haben, daſs Caesar am Schlusse erzählender Abschnitte gelegentlich
das im folgenden Abschnitt einsetzende Präsens durch ein oder zwei
Präsentia vorbereitet. Einen solchen Übergang finde ich z. B. am
Schluſs der Kapitel b. c. 1,41 u. 1,65; im b. g. selbst VII 74 u.
VII 53,4, wo also nicht β mit seinen Perfekta, sondern gerade α mit seinen
Präsentia, die den Übergang zu der lebhaften Darstellung in Kap. 54
bilden, das Richtige hat. So verteidige ich also auch VI 32,6 das
praeficit von α. Ja, ich gehe noch weiter und halte auch III 26,6
recipit (α) gegen recepit (β), obwohl Perfekta vorausgehen und folgen.
Es ist eine wirkungsvolle Unterbrechung der Perfekta. Ohnehin werden
Verba der Bewegung mit Vorliebe präsentisch gebraucht, und die den
eigentlichen Erfolg berichtenden Perfekta des folgenden Kapitels erhalten eine bessere Folie durch das vorausgehende recipit, welches
den Leser in Spannung auf das Folgende erhält, ihn belehrt, daſs die
Darstellung des Feldzugs noch nicht abgeschlossen ist. Ebensowenig
ist einzusehen, warum IV 22,3 recipit (β) angemessener als recepit (α)
sein soll. Das Perfekt bildet den Abschluſs der Aktion und den Übergang zu den folgenden Perfekta. Dagegen kann ich es VII 71,8
(β recipit) unter Präsentia allerdings nicht verteidigen.

Doch ist auch sonst hie und da ein Perfekt mitten unter Präsentia
angebracht, um eine bestimmte Wirkung zu erzielen. Dahin gehört
VI 7,8 his rebus fugae similem profectionem effecit, haec quoque —
deferuntur. Effecit ist das Resultat der im Präsens erzählten Vorbereitungen: Labienus setzt auseinander, befiehlt den Aufbruch und
brachte so wirklich einen Aufbruch zu Stande, der einer Flucht ähnlich sah: auch das wird den Galliern berichtet. Während ich I 3,3
für Meusels Conjektur ubi suscepit mich entscheiden würde, kann
wieder VI 29,3 praefecit der Handschriften (Vascosanus praeficit) gehalten werden. Den Abschluſs der Vorbereitungen bildet die Einsetzung eines Befehlshabers. Der folgende Abschnitt berichtet mit dem
Präsens von weiteren eigenen Operationen. Aus demselben Grunde
ist an ganz ähnlicher Stelle I 10,3 praefecit gegen Meusel zu verteidigen, zumal die Imperfekta id si fieret — intellegebat vorausgehen.

Auch V 37,5 aquilifer, cum magna multitudine hostium preme-
retur, aquilam intra vallem proiecit hätte M. nicht in proicit ändern
sollen, obwohl das Perfekt mitten unter Präsentia steht. Die übrigen
ziehen sich ins Lager zurück; der Fähnrich aber hat das Feldzeichen
über den Wall ins Lager geworfen und wird selbst vor dem Wall
getötet. Ebensowenig ist III 18,1 hac confirmata opinione timoris
idoneum quendam hominem et callidum delegit — huic persuadet zu
ändern. Die Auswahl geschieht mit Überlegung, ohne Hast, dies besagt das Perfekt. Umgekehrt erscheint die Verwandlung von deducit
in deduxit VI 14,1 überflüssig; denn einmal ist es ein Verbum der
Bewegung, für welche gerne das Präsens gewählt wird (vgl. z. B. b. c.
1,51), und dann bildet das folgende zweideutige instituit den Übergang zu den abschlieſsenden Perfekta des Buches. Kein ausreichen-
der Grund ist weiter vorgebracht für die Änderung von perfecit VII 74,1.

Endlich gehe ich sogar I 24,1 nicht ganz mit Meusel. Eine Änderung scheint zwar nicht zu umgehen, aber nicht die von subducit in subduxit, sondern die von misit in mittit. Diese beiden Handlungen heben sich aus ihrer Umgebung heraus, sie bezeichnen die am raschesten auszuführenden Entschlüsse, und die Raschheit der Ausführung malt das Präsens.

III.
Der sogenannte Konjunktivus Iterativus.

Was den Modus der cum-Sätze mit Iterativbedeutung betrifft, so stehen sich zwei Ansichten gegenüber. Sturm[1]) kommt zu dem Schluß: ‚In Iterativsätzen der Vergangenheit, die von cum abhängig sind, steht bei Caesar häufiger der Konjunktiv als der Indikativ'. Meusel dagegen sagt a. O. p. 371: ‚In iterativem Sinne verbindet Caesar cum fast stets mit dem Indikativ, s. Lex. Caes. 1 Sp. 773 f., aber es wird sich nicht in Abrede stellen lassen, daß er vereinzelt auch den Konjunktiv gebraucht hat. Dann stellt er fest, daß 3 Stellen mit Konjunktiv im Bellum Civile und 2 im Bellum Gallium vielleicht iterativ sind. Das Richtige liegt auch hier wieder einmal in der Mitte. Sturm beschränkt die Vergleichung auf die Iterativsätze der Vergangenheit, deren es bei Caesar 8 sichere indikativische mit cum eingeleitete Beispiele gibt, während bei zwei weiteren α den Indikativ, β den Konjunktiv bietet. Eine größere Zahl von konjunktivischen Beispielen gewinnt nun Sturm dadurch, daß er 5 natürlich nichts beweisende Sätze in konjunktivischer Abhängigkeit mitzählt und in einigen anderen Fällen iterative Bedeutung annimmt, wo Meusel sie nicht findet. In allen diesen Fällen ist Sturms Interpretation falsch. So erklärt er z. B. b. g. V 8,4 cum ipse abesset, motum Galliae verebatur für iterativ, während eine wiederholte Handlung hier doch offenbar weder im Haupt- noch im Nebensatz vorliegt.

Meusel hingegen scheint zu seiner Behauptung über den vereinzelten Gebrauch des Konjunktiv dadurch veranlaßt zu sein, daß er statistisch sämtliche indikativische Iterativsätze, auch die bei Caesar fast ausschließlich indikativischen Iterativsätze der Gegenwart, den konjunktivischen gegenüberstellte. Von diesen erkennt er als sicher an b. c. 2, 41, 6. 3, 47, 7 u. 48, 2; b. g. VII 35,1 nur dann, wenn die Lesart von α exisset richtig ist. Hierzu kommen aber noch b. g. I, 25,3 u. VII 16,3, wo ich die von Meusel angenommene Zulässigkeit kausaler Auffassung bestreite. An der letzten Stelle spricht der ganze Zusammenhang dagegen: Vercingetorix — in singula diei tempora quae ad Avaricum gererentur cognoscebat et quid fieri vellet imperabat. omnes nostras pabulationes frumentationesque observabat dispersosque, cum longius necessario procederent, adoriebatur magnoque incommodo adficiebat, etsi, quantum ratione provideri poterat, ab nostris occurrebatur, ut incertis temporibus diversisque itineribus iretur. In diesem Zusammenhang von lauter Sätzen der Wiederholung ist offen-

---

[1]) Über iterative Satzgefüge im Lateinischen. Progr. Speier 1891. p. 12.

bar für einen Kausalsatz kein Raum; er würde bedeuten müssen »er
griff die Zerstreuten an, da sie jedesmal sich zu weit entfernten«, und
das kann der Sinn der Stelle nicht sein. Ebensowenig ist I 25,3
Kausalauffassung anzunehmen; Gallis magno ad pugnam erat impedi-
mento, quod pluribus eorum scutis uno ictu pilorum transfixis et
conligatis, cum ferrum se inflexisset, neque evellere neque sinistra
impedita satis commode pugnare poterant. Die genannte Auffassung
würde den Sinn einschliefsen ‚jedesmal, wenn mehrere Schilde durch-
bohrt waren, bog sich das Eisen‘; ausgedrückt werden soll aber
folgendes ‚wenn, in dem Fall dafs mehrere Schilde getroffen waren,
das Eisen sich bog.‘ Also dürfen wir weder mit Meusel p. 373 den
Gebrauch des konjunktivischen Iterativsatzes der Vergangenheit mit cum
im B. G. für zweifelhaft halten, noch ihn überhaupt bei Caesar für
vereinzelt erklären, da 8 sicheren indikativischen 5 sichere konjunktivische
gegenüberstehen.

In der Behandlung der beiden noch übrigen Stellen stimme ich
im ganzen mit Meusel überein. B. g. III 15,1 ist das logisch-sachlich
richtige circumsteterant der Klasse α dem circumsisterent
von β vorzuziehen; V 19,2 Cassivellaunus — cum equitatus noster
liberius praedandi vastandique causa se in agros eiecerat (β effunderet),
omnibus viis semitisque essedarios ex silvis emittebat setzt M. effunderet
in den Text, erklärt aber p. 372 Indikativ und Plusquamperfekt (effuderat)
für wünschenswert. Hierin kann ich mich M. nicht anschliefsen. Seine
Beweisführung, dafs der Bedeutung nach nur se effundere und nicht
se cicere hierher pafst, halte ich für durchaus gelungen. Da nun
aufserdem der Konjunktiv bei Caesar zulässig ist und ein solcher
Konjunktiv des Imperfekts durch VII 16,3 procederent gestützt wird,
so bin ich hier ausnahmsweise in der Lage, für die Lesart von β eintreten zu müssen. Die Schulregel über Vor- und Gleichzeitigkeit der
Handlung im iterativen Nebensatz bedarf der Einschränkung[1]). An
unserer Stelle hat der Autor die Handlung des effundere als gleichzeitig mit der des Hauptsatzes dargestellt.

Meusel geht noch weiter, indem er selbst die einzige Stelle im
B. G., wo ein konjunktivischer Bedingungssatz der Vergangenheit
bisher iterativ gefafst wurde — andere Iterativsätze der Vergangenheit
als diese mit cum oder si eingeleiteten kommen bei Caesar nicht vor —
durch eine scharfsinnige Beweisführung zu beseitigen sucht. Es ist

---

[1]) Die Handlung des Nebensatzes ist nicht immer notwendig entweder gleichzeitig oder vorausgehend der des Hauptsatzes. Oft ist der Schriftsteller in der
Lage nach Belieben das eine oder andere anzunehmen. Jedenfalls aber bestreite
ich, dafs VI 16,5 supplicia eorum, qui in furto aut latrocinio -- sint comprehensi,
gratiora dis immortalibus esse arbitrantur; sed cum eius generis copia defecit
(deficit β). etiam ad innocentium supplicia descendunt die Lesart von β die
echte ist. Meusel meint p. 346 ‚cum copia deficit bedeutet »wenn es fehlt an Ver-
brechern, wenn keine (im Gefängnis) vorhanden sind«, defecit dagegen würde den
unangemessenen Gedanken erwecken, dafs die Gallier in der Regel derartige Leute,
sozusagen, auf Lager haben; wenn aber der Vorrat einmal zu Ende gegangen ist.
dann opfern sie auch Unschuldige‘. Der letztere Gedanke erscheint im Gegenteil
sehr angemessen, bekanntlich heifst deficere nicht ‚fehlen‘, sondern ‚ausgehen, zu
mangeln beginnen‘. Also hat α das Richtige.

dies die bekannte Stelle V 35,4 rursus cum in eum locum, unde erant progressi, reverti coeperant, et ab iis qui cesserant et ab iis qui proximi steterant circumveniebantur; sin autem locum tenere v ellent, nec virtuti locus relinquebatur neque ab tanta multitudine coniecta tela conferti vitare poterant. Daraus, dafs Caesar nicht auch im zweiten Satzgliede wie im ersten den Indikativ gesetzt hat, schliefst M. p. 373 f., die Voraussetzung der beiden Sätze müsse eine verschiedene gewesen sein. Der Indikativ des ersten Satzes bezeichne die thatsächliche Wiederholung der dadurch bezeichneten Handlung, der Konjunktiv bezeichne nur die Möglichkeit. ,Hier ist vellent Conjunctivus potentialis der Vergangenheit; si vellent sagt über die Wirklichkeit oder Nichtwirklichkeit des vellent nichts aus: »gesetzt sie hätten die Absicht gehabt, so ergaben sich Übelstände.« Der Indikativ im Nachsatz ist notwendig; denn hätte Caesar geschrieben: sin — vellent, neque — relictus esset, so würde damit gesagt, dafs sie thatsächlich die Absicht nicht gehabt und keinen Versuch gemacht haben. Wir haben hier denselben Coni. impf. wie VI 34,5 u. 6 si negotium conflei — vellet —, dimittendae piures manus — erant; si continere ad signa manipulos vellet —, locus ipse erat praesidio oder VII 36,5; vgl. auch b c. 1, 73, 2 u. 82,5. Folglich (schliefst M.) beweist auch V 35,4 nichts für den Gebrauch des Konjunktivs im iterativen Sinne, und es ist sehr fraglich, ob Caesar im B. G. den Konjunktiv, wie die Griechen den Optativ, iterativ gebraucht hat.'[1])

Hierauf ist Folgendes zu erwidern. Weder ist der Indikativ im Nachsatz an und für sich notwendig, noch stehen wir vor der Alternative, relinquebatur oder relictus esset zu schreiben. Wollte Caesar hier ausdrücken, was Meusel ihm unterlegt, so mufste er vielmehr relinqueretur und posset schreiben als Potentiale der Vergangenheit, man müfste von der Thatsächlichkeit des Inhalts auch der Apodosis absehen. So aber ist doch an der Thatsache, dafs die Römer nicht immer im Vor- oder Zurückgehen begriffen waren, dafs sie mehrmals das Vorstofsen aufgaben und im Carré den Feind abzuwehren suchten u. s. w., nicht zu zweifeln. Meusel scheint ferner von der Natur des sogenannten iterativen Konjunktivs eine nicht ganz richtige Vorstellung zu haben, wenn er von dem Gebrauch des Konj. in iterativem Sinne spricht, wo er von dessen Gebrauch in iterativen Sätzen sprechen müfste. Denn der Konjunktiv ist sowohl im iterativen Satz wie in den nicht iterativen Sätzen, die er fälschlich oben zum Vergleich heranzieht, allemal ein Potentialis. Der iterative Sinn kann nie in der Verbalform liegen, aufser wo ein bestimmtes Suffix dem Verbalstamm diese Bedeutung verleiht, er liegt einzig und allein im Zusammenhang. Natürlich ist ein Unterschied zwischen Indikativ und Konjunktiv vorhanden. Cum coeperant oben heifst ,wenn sie anfingen, wurden sie umzingelt'; sin vellent dagegen ,wenn sie etwa ihre Stellung behaupten wollten etc.' Caesar sagt über die Thatsache nichts aus;

') Eine ganz ähnliche Deutung von L i l i e : Konjunktivischer Bedingungssatz bei indikativischem Hauptsatz im Latein. Progr. Berlin 1884. p. 11 habe ich Gesch. des Irrealis im Lat. p. 25 bekämpft.

daſs der durch vellent c. inf. ausgedrückte Versuch aber wiederholt
gemacht wurde, ist selbstverständlich und muſste dem Caesar auch
durch seine Berichterstatter bekannt sein. Auf eine Widerlegung der
Sturmschen Hypothese, die röm. Schriftsteller hätten überall da, wo
ein Zusammentreffen des Iterativus mit Begründung, Bedingung oder
Einräumung ausgedrückt werden sollte, statt des iterativen Indikativs
den Konjunktiv gesetzt, gehe ich nicht weiter ein.

  Wie steht es nun weiter um den Konjunktiv im Iterativ-
satze der Gegenwart? Meusel sagt p. 380: ‚Auch VI 28,2 ist α
im Recht: neque homini neque ferae, quam conspexerunt (conspexerint β)
parcunt. Der Konjunktiv kann nicht iterative Bedeutung haben — denn
einen coni. iterativus giebt es nur im Impf. und Plusq. — und auch
ein »coniunctivus, qui rem incertam et fortuitam significat«, den Schneider
öfter annimmt, ist ein gar zu unbestimmtes und unklares Ding‘. Diese
Ansicht, daſs es einen Konjunktiv im Iterativsatz der Gegenwart nicht
gebe, für welche Meusel in Hale (Die Cum-Konstruktionen p. 297 f.) .
wenigstens für das alte und klassische Latein einen Vorgänger hat,
ist aufzugeben. Bekannt ist zunächst der seit ältester Zeit übliche
Konj. Präs. und Perf. der sog. allgemeinen 2. Person z. B. Plaut.
Bacch. 492 quom patrem adeas postulatum, puero sic dicit pater; Trin.
1050 siquoi mutuom quid dederis, fit pro mutuo perditum; Cic. de
or. 2,273 acutum enim illud est, quom ex alterius oratione aliud excipias
atque ille volt; de or. 2,213 nec cum in eam rationem ingressus sis,
celeriter discedendum est. Im nachklassischen Latein ist ferner der
Konj. der Haupttempora auch für andere Personen als die 2. allgemeine Person in Sätzen der wiederholten Handlung oder solchen,
die einen allgemeinen Gedanken enthalten — das ist doch wohl ungefähr dasselbe — durchaus gebräuchlich. Beispiele giebt für den
Konj. Präs. bei cum Dräger II p. 575 aus Plinius d. Ä., für donce p. 613
aus Plinius d. J. u. Tacitus; für Vitruv vgl. Stock, De Vitruvii sermone
(Diss. Berlin 1888). Aber schon bei dem Auctor ad Herennium schreibt
jetzt Marx 2, 10, 15 cum dua leges inter se discrepent (discrepant bl),
videndum est. Ebensowenig fehlt die Konstruktion bei Varro und Cicero,
wie von mir Archiv für lat. Lex. u. Gr. X p. 339 ff. auseinandergesetzt ist. Varro schreibt den Konj. Präs. r. r. 3, 16, 9 tum id
faciunt, cum inter se signa pacis ac belli habeant; den Konj. Perf.
r. r. 2, 8, 4 cum pepererit (so PAB, peperit v) mulum aut mulam,
nutricantes educamus, dann folgt bi si — nati, habent und si exacti
sunt —, fiunt; l. l. 10,75 quod pleraeque definitiones re incognita
propter summam brevitatem non facile perspiciuntur, nisi articulatim
sint explicatae. Für Cicero vgl. z. B. off. 3,73 in ipsa enim dubi-
tatione facinus inest, etiamsi ad id non pervenerint. Mag man nun
auch an der Evidenz der Konjektur Büchelers zu Plaut. Truc. 36 si
inierit rete piscis, ne effugiat cavet zweifeln, was ich nicht thue,
so ist doch die Existenz der Konstruktion für die klassische Zeit auch
auſserhalb der 2. allgemeinen Person damit erwiesen.

  In Verkennung dieses Sprachgebrauches schlägt Meusel p. 383 vor,
VI 11,4 suos enim quisque opprimi — non patitur, neque aliter si

faciat, ullam inter suos habet auctoritatem mit Whitte habet in habeat zu verwandeln. Gestützt auf die von Kühner II S. 925 und Dräger § 596 gesammelten Stellen behauptet er, neben dem Indikativ der Apodosis finde man den Konjunktiv nur dann, wenn der Sprechende den Gedanken als unbedingt gültig hinstellen wolle ohne Rücksicht darauf, ob die Bedingung verwirklicht werde oder nicht. Die Behauptung principes nullam inter suos habent auctoritatem sei eben ganz und gar falsch, sie hätten gewaltiges Ansehen, und nur, wenn einmal der Fall eintreten sollte — was sehr unwahrscheinlich sei — dafs ein princeps für seine Schutzbefohlenen nicht eintrete, dann würde es mit seinem Ansehen aus sein. Indessen davon, dafs dies sehr unwahrscheinlich wäre, steht nun einmal nichts da, ja es wäre merkwürdig, wenn der Fall nicht, wo nicht häufig, so doch wiederholt vorkäme. Die Stelle ist so zu übersetzen: ‚In jedem Falle, wo einer etwa anders handelt, ist es mit seinem Ansehn aus‘. Dafs Meusels Anschauung von dem Verhältnis der indikativischen Apodosis zur konjunktivischen Protasis nicht Stich hält, mögen einigen Stellen aus Cicero darthun. De inv. 1,18 Orestes si accusetur matricidii, nisi hoc dicat ‚iure feci, illa enim patrem occiderat‘, non habet defensionem; off. 3,118 nec comitas esse potest, non plus quam amicitia, si haec non per se expetantur sed ad voluptatem utilitatemve referantur; de or. 1,61 illustrari autem oratione si quis istos ipsas artes velit, ad oratoris ei confugiendum est facultatem; top. 33 si enim quaeratur, idemne sit pertinacia et perseverantia, definitionibus iudicandum est.

So werden wir denn auch an 2 anderen Stellen unbedenklich den sog. Konj. Perf. herstellen, wo Meusel den Indikativ gegen beide Handschriftenklassen eingeführt hat. Diese sind VI 17,3 cum superaverint (so α f, superarint β), animalia capta immolant und VI 19,2 uter corum vita superarit (superaverit β), ad eum pars utriusque cum fructibus superiorum temporum pervenit. Dagegen VI 28,2 neque homini neque ferae, quam conspexerunt (conspexerint β), parcunt, werden wir α folgen, weil diese Handschriftenklasse sich überhaupt als die zuverlässigere bei unserer Untersuchung herausgestellt hat.

Das Resultat wäre also, dafs Caesar in den mit cum und si eingeleiteten Iterativsätzen der Vergangenheit (die Beschränkung auf cum und si ist natürlich nur zufällig) nicht blofs im B. C., sondern auch im B. G. neben dem Indikativ auch den Konjunktiv unbedenklich verwendet, und ihn auch im Iterativsatz der Gegenwart vereinzelt im Bedingungs-Temporal-Relativsatz gebraucht.

IV.
Der Konjunktiv des Perfekts in Folgesätzen nach einem Präteritum.

Das Tempus der Erzählung ist im Deutschen das Imperfekt. Wir versetzen uns mittelst desselben in die Vergangenheit. Daneben wird aber auch gelegentlich das Perfekt mitten unter imperfekten gebraucht, wenn man, sei es am Ende eines erzählenden Abschnittes, sei es mitten darin eine Handlung, einen Zustand aus ihrer Umgebung herausheben und besonders betonen will. Wir konstatieren dann von unserem gegenwärtigen Standpunkte, dafs eine Handlung geschehen ist, heben sie gleichsam aus dem Dämmer der Vergangenheit in das hellere Licht der Gegenwart. Oft hat Ranke seine Erzählung durch dieses stilistische Mittel belebt. So heifst es Gesammelte Werke Bd. 25/26 am Ende eines Abschnitts S. 377 er (der grofse Kurfürst) selbst erlebte den Ausbruch des Kampfes nicht, den er kommen sah. Jene Worte sind vom 27. und 28. April. Am 29. April ist er gestorben. Das Tagewerk seines Lebens war vollbracht; S. 458 Leibnitz sah sich auf Untersuchungen geführt, auf die er sonst schwerlich gekommen wäre; bei diesem Anlaſs hat er die Grundlinie seiner Theodicee entworfen; S. 480 ebenfalls am Ende des Abschnittes: in dieser Lage der öffentlichen Angelegenheiten ist Friedrich I. gestorben. Die geschichtliche Grundlage der bekannten Anekdote vom Stallmeister des grofsen Kurfürsten wird S. 320 so erzählt: Die Kurfürstlichen folgten ihnen: zuweilen blieben sie stehen und zuweilen machten beide Teile Halt und wechselten einige Schüsse. Der Kurfürst war mit heifsem Eifer immer zugegen. Bei diesen unregelmäfsigen Verfolgungen ist es geschehen, dafs sein Stallmeister, unmittelbar vorreilend, eine Wunde erhielt, die ihm das Leben kostete. Die Schweden erreichten Fehrbellin u. s. w.

Im Latein unterscheiden wir das erzählende und das konstatierende Perfekt. Aber bei der Gleichheit der Form kommt im Indikativ eine besondere Wirkung des Perfekts nur dann zu stande, wenn es mitten unter Imperfekta zur Konstatierung einer wiederholten Handlung gebraucht wird z. B. Suet. Aug. 89 . . . aut et urbis magistratus plerumque mittebat, prout quique monitione indigerent. Etiam libros totos et senatui recitavit et populo notos per edictum saepe fecit, ut ingenia sacculi sui omnibus modis fovit. recitantis et benigne et patienter audiit . . offendebatur admonebatque praetores etc. Tib. 1, 3, 5, quam bene vivebant Saturno rege, priusquam Tellus in longas est patefacta vias! non domito frenos ore momordit equus-habuit-dabant-ferebant-fuit und so öfter abwechselnd bei Dichtern und späteren Prosaikern.

Genau aber entspricht der deutschen Verwendung des Indikativ des Perfekts in der Erzählung die Verwendung des lateinischen Konjunktiv des Perfekts in Nebensätzen der Erzählung. Regelmäfsiger Begleiter des Perfekts hist. ist bekanntlich der Konj. Impf. Dieser versetzt uns im Zusammenhang der Erzählung in die Vergangenheit, wie auch der Indikativ des Impf. Genau wie im Deutschen der Ind. Perf. wird nun aber, nicht erst seit klassischer Zeit, wie Dräger I² S. 265 merkwürdiger Weise meint, obwohl er selbst das einzige Beispiel aus archaischer Zeit anführt, der Konj. Perf. zur Hervorhebung einzelner Handlungen, Zustände gebraucht. Am Schlufs einer kleinen Erzählung lesen wir ihn zuerst bei Plaut. Amph. 429 ff. cadus erat ibi vini: inde inplevi hirneam . . . eam ego vini, ut matre natum fuerat, eduxi meri . . . factumst illud, ut ego illic vini hirneam ebiberim meri.

Ebenfalls am Schluſs einer kleinen Erzählung gebraucht ihn Varro einigemale, nämlich r. r. 2, 3, 10 tantum enim fefellit, ut brevi omnes amiserit morbo; 2, 4, 2 ita fudit et fugavit, ut eo Nerva praetor sit appellatus, avus nomen invenerit, ut diceretur Scrofa; 3, 13, 3 qui cum eo venisset cum stola et cithara cantare esset iussus, bucina inflavit, ut tantum circumfluxerit nos cervorum aprorum et ceterorum quadripedum multitudo, ut non minus formosum mihi visum sit spectaculum, quam etc.; und irgendwo wird noch gelesen factumst, ut constiterint.

Daſs aus archaischer Zeit nur ein Beispiel vorliegt, liegt daran, daſs wir aus jener Zeit keinen Historiker besitzen. Den Späteren ist die Konstruktion ganz geläuflg. Aus Caesar z. B. vgl. b. g. V 15,1 equites hostium essedariique acriter proelio cum equitatu nostro in itinere conflixeiunt, ita tamen, ut nostri omnibus partibus superiores fuerint atque eos in silvas collesque compulerint sed amiserunt etc. An einer Stelle verwirft Meusel einen solchen in α überlieferten Konj. Perf., um dafür mit β Konj. Impf. einzusetzen: III 15,5 singulas (naves) nostri consectati expugnaverunt, ut perpaucae ex omni numero noctis interventu ad terram pervenerint (β pervenirent), cum ab hora fere IV usque ad solis occasum pugnaretur. Meusel bestreitet, daſs nach dem abschlieſsenden Perf. pervenerint Caesar fortfahren konnte mit cum pugnaretur, er hätte pugnatum sit schreiben müssen. Diese Meinung widerlegt sich schon durch die oben citierte Stelle aus Varro r. r. 2, 4, 2, aber auch durch andere wie Tac. hist. 5, 20 tantumque belli superfuit, ut praesidia cohortium alarum legionum uno die Civilis quadripertito invaserit — ita divisis copiis, ut — traherent. Der Konj. Perf. hebt das Überraschende der Handlung auch äuſserlich hervor, der abhängige Konj. Impf. ist eine nebensächliche Erläuterung dazu. Ann. II 55 tanta mansuetudine agebat, ut, cum — raperet, miserit triremis; II 84 ut non temperaverit, quin iactaret. Also dürfte auch bei Caesar die Lesart pervenerit, cum pugnaretur zu halfen sein: die besonders hervorzuhebende Handlung steht im Konj. Perf., cum pugnaretur ist eine erläuternde Nebenbemerkung zu noctis interventu und bedarf der besonderen äuſserlichen Hervorhebung nicht.

An einer zweiten Stelle verwandelt Meusel umgekehrt den Konj. Impf. aller Handschriften mit Whitte in den Konj. Perf. VII 17, 3 summa difficultate rei frumentariae adfecto exercitu usque eo, ut complures dies frumento milites caruerint et pecore ... extremam famem sustentarent (Whitte-Meusel sustentarint). Es sei nicht denkbar, daſs erst eine Folge ohne Beziehung stehe, und dann ein koordinierter Folgesatz die Beziehungen wieder anknüpfe. Auch würde Caesar nicht unabhängig caruerunt und sustentabant geschrieben haben, denn beide Handlungen stünden sich völlig gleich: sie hatten kein Brot, sondern nährten sich notdürftig von Fleisch. Dem gegenüber werden wir die Richtigkeit der Überlieferung nachgewiesen haben, wenn wir aus dem Zusammenhang erschlieſsen, daſs Cäsar in der Handlung des carere etwas besonders Hervorzuhebendes im Vergleich mit der Handlung des sustentare erblicken konnte.

Der Zusammenhang ist nämlich folgender. Gleich nach der Ankunft vor Avaricum tritt Mangel ein, da die Bojer und Haeduer trotz unablässiger Mahnungen Caesars kein Getreide liefern, erstere weil sie selbst wenig haben, letztere aus Nachlässigkeit, und weil ferner alle Gehöfte der näheren Umgebung von den Galliern selbst niedergebrannt sind. Folge davon, daſs die Legionare einige Tage überhaupt kein Getreide gehabt haben, und daſs sie den äuſsersten Hunger stillen muſsten mit dem Fleisch des aus entfernten Gehöften herbeigetriebenen Viehs. Aber obwohl Caesar selbst sich zur Aufhebung der Belagerung bereit erklärt, bitten die Truppen um Fortsetzung derselben. In 25 Tagen (cap. 24) haben sie einen gewaltigen Damm bis an die Stadt geführt. Diesen zünden die Gallier durch einen unterirdischen Gang an und machen einen Ausfall (26. Tag). Da dieser erfolglos ist, wollen sie am 27. ohne Weiber und Kinder die Stadt verlassen; durch diese werden die Römer aufmerksam gemacht, ersteigen die Mauern und nehmen die Stadt. Dort finden sie (cap. 32) summam copiam frumenti et reliqui commeatus.

Danach ist also klar: einige Tage während der 27 tägigen Belagerung haben die Truppen überhaupt kein frumentum gehabt — das Äuſserste von Mangel, was die italischen Vegetarianer sich überhaupt vorstellen können — also Hervorhebung durch das Perfekt caruerint; die übrige Zeit haben sie zwar Getreide erhalten, aber zu wenig, so daſs sie, um nicht zu hungern, auch noch Fleisch essen muſsten. Somit ist also die Handlung von caruerint allerdings der Hervorhebung wert, und die Lesart der Handschriften gerechtfertigt.

<h2 style="text-align:center">V.</h2>

<h3 style="text-align:center">Tempus in sonstigen Konjunktivsätzen.</h3>

So vortrefflich auch im allgemeinen das ist, was Meusel über das Tempus in indirekten Frage- und Finalsätzen nach Präsens historicum, sowie in der oratio obliqua sagt, so kann ich doch in manchen Fällen seiner α ungünstigen Kritik nicht beistimmen, weil jene allgemeinen Regeln und Anschauungen durch andere durchbrochen werden, die Meusel nicht hinlänglich beachtet hat.

Beginnen wir mit den indirekten Fragesätzen. Nach M. muſs III 26 unbedingt mit β quid fieri vellet, ostendit gegen α quid fieri velit geschrieben werden, da nach dem ganzen Zusammenhang ostendit nur Perfekt sein könne. Aber ist es denn undenkbar, daſs gerade das Präsens hier die Lebhaftigkeit der Befehlgebung malt, deren Ausführung dann im Perfekt erzählt wird? Wir hätten denselben Gegensatz, für den wir uns auf derselben Seite bei recipit am Schluſs des Kapitels schon entschieden haben.

Umgekehrt möchte ich VII 15, 3 urteilen. Die Klasse α hat dicebatur, incendi placeret an defendi; β deliberatur, incendi placeat etc. Alle Herausgeber folgen mit Recht der Lesart deliberatur von β; aber der Inhalt dieses Verbums läſst m. E. eher einen Konj. Impf. als einen Konj. Präs. erwarten. Es kommt hinzu, daſs wenige Zeilen weiter gegen alle Handschriften aus demselben Grunde, weil in den Zusammenhang angeblich nicht passend, cogerentur von Whitte-Meusel in cogantur verwandelt wird. Aber wie sollte sich diese Verschreibung erklären, wenn wirklich ursprünglich der Konj. Präs. dastand? Vielmehr halte ich das Imperfekt für das Ursprüngliche und erkläre die dazwischen stehenden Konjunktive des Präsens urbem, quae — praesidio et ornamento sit civilati — quod prope ex omnibus partibus flumine et palude circumdata unum habeat et perangustum aditum dadurch, daß die Verba sit und habeat einen allgemeineren Gedanken enthalten — die Stadt ist immer eine Zierde des Staats, sie hat immer nur den einen Zugang — während placeret und cogerentur bestimmte Einzelhandlungen der Vergangenheit bezeichnen. Für sicher halte ich wenigstens, daß M. an 2 anderen Stellen in Verkennung dessen, daß der durch das Präsens ausgedrückte gewohnheitsmäßige Zustand oder allgemeine Gedanke auch in abhängiger Rede durch das Präsens aus seiner Umgebung herausgehoben wird, den Konj. hnpf. fälschlich einmal gegen die Lesart von α und einmal gegen alle Handschriften bevorzugt hat. So folgt I 43, 8 (von M. 2 mal p. 364 u. 370 behandelt) auf präteritale consecutio: populi Romani hanc esse consuetudinem, ut socios — honore auctiores velit esse. Das ist ein allgemeingültiger Gedanke, wie auch IV 16, 7 tantum esse nomen atque opinionem eius exercitus Ariovisto pulso et hoc novissimo proelio facto etiam ad ultimas nationes, uti opinione et amicitia populi Romani tuti esse possint. Endlich wenn wir von dem Inhalt des deliberare auf die Wahrscheinlichkeit präteritaler consecutio geschlossen haben, so gilt derselbe Grund für 2 andere Stellen VI 39, 4 Basilum — praemittit, si quid celeritate itineris atque oportunitate temporis proficere posset (so alle Hdschr.) und VI 37, 4 circumfunduntur hostes ex reliquis partibus, si quem aditum reperire possent (possint β). An beiden Stellen handelt es sich nicht um schleunige Ausführung eines Befehls oder schleunige Antwort auf eine Frage, sondern um ruhige Überlegung: die Lebhaftigkeit des Hauptverbs ist nicht stark genug, um auch den Inhalt des untergeordneten Verbums aus der Sphäre der Vergangenheit herauszuheben.

Bei den Finalsätzen ist gewiß V 58, 4 mit M. die Lesart von β petant dem peterent von α vorzuziehen. Aber schon VI 33, 5 bezweifle ich, ob β possint den Vorzug vor α possent verdient. Im Zusammenhang lautet die Stelle: Labienum Treboniumque hortatur, si rei publicae commodo facere possint, ad eam diem revertantur, ut rursus communicato consilio exploratisque hostium rationibus aliud initium belli capere possent. erat, ut supra demonstravimus etc. Possent bildet den Übergang zu den folgenden Präterita. Es ist weit genug von den vorhergehenden Präsentia entfernt, um sich ihrer Anziehung zu entziehen. Auch hier ist wie bei dem rhetorischen Plusquamperfekt zu beachten, daß die Wahl des Tempus gelegentlich durch den Blick nach vorwärts bestimmt wird. So halte ich denn auch für unrichtig die Behandlung von V 1, 1 legatis imperat, quos legionibus praefecerat, uti quam plurimas possent (so alle Hdschr.) hieme

naves aedificandas veteresque reficiendas curarent (*β* curent). M. verlangt, da Caesar nach Präs. hist. von Verben des Aufforderns fast
ausschliefslich Konj. Präs. setze, possint und curent. Offenbar aber
ist das Impf. durch das Plusq. des Zwischensatzes praefecerat veranlafst und durch dieses das noch weiter vom regierenden Verbum
entfernte curarent.

In Nebensätzen der oratio obliqua beanstande ich zunächst
Meusels Behandlung von I 40. 7 ex quo iudicare posse, quantum
haberet in se honi constantia, propterea quod, quos aliquamdiu inermes
sine causa timuissent, hos postea armatos ac victores superassent
denique hos esse eosdem Germanos, quibuscum saepe numero Helvetii
congressi non solum in suis, sed etiam in illorum finibus plerumque
s u p e r a r i n t (s u p e r a s s e n t B² *β*), qui tamen pares esse nostro
exercitui non potuerint. M. ist geneigt, die Lesart von *β* für richtig
zu halten. Aber von seinen Gründen könnte höchstens der eine gegen
α einnehmen, dafs Caesar die Form superaverint der Form superarint
vorzieht. Vermutlich aber hat Caesar den Konj. Perf. schon deshalb
gewählt, weil er mit dem unmittelbar vorhergehenden superassent abwechseln wollte. Dann ist aber auch zu beachten, dafs der mit denique
beginnende Satz den Abschlufs einer Gedankenreihe beginnt. Dieser
Abschlufs ist etwas lebhafter gefärbt, als was vorausgeht, und so
ist derjenige Konjunktiv gewählt, welcher dem Indikativ Perfekt der
oratio recta näher steht.

Nach M. ist VII 66, 7 ne ad uxorem aditum habeat, qui non
bis per agmen perequitasset (*β* perequitarit) die Lesart von *α* unmöglich, weil nirgends bei Caesar und schwerlich bei anderen Autoren
es vorkomme, dafs im Relativsatz mit Konj. Plusq. mitten unter Kon-
junktiven das Präsens stehe. Aber M. übersieht, dafs hier das Plusq.
nicht m i t t e n unter Präsentia, sondern a m E n d e einer solchen Gedankenreihe steht und also nicht unbedingt verworfen werden kann.
Sollte nicht dasselbe zu Gunsten des in allen Hdschr. überlieferten
posset sprechen VII 9, 3 orat, ne patiatur civitatem — deficere, quod
futurum provideat, si se tot hominum milia cum hostibus coniunxerint,
quorum salutem neque propinqui neglegere neque civitas levi momento
aestimare posset?

Ebensowenig erscheint mir die Änderung von Paul und Meusel
notwendig VI 31, 1 Ambiorix copias suas iudicione non conduxerit, quod
proelio existimandum non e x i s t i m a r i t (existimaret Paul), an tempore
exclusus et repentino equitum adventu prohibitus, cum reliquum exercitum subsequi crederet, dubium est. Unabhängig, sagt M., müsse
der Satz lauten: quod existimabat. Das ist indes nicht notwendig,
das zusammenfassende (konstatierende) Perfekt erscheint sogar feiner:
ob er das getan hat, weil er geglaubt hat etc. Auch der Einwand,
es müsse dann auch crediderit heifsen, ist schwerlich stichhaltig, da
neben crederet kein engverbundenes constatierendes Perfekt steht, und
conduxerit zu weit entfernt ist, um Einflufs zu üben. Je ein ähnliches
Beispiel für den konsekutiven Relativsatz aus Cicero und Livius bringt
Dräger I² p. 262; einen Kausalsatz erst aus Val. Max. 7,6 ext. 3 ex

hoc nimirum hoste tanto duci poena magis quam victoria petenda
fuit, quia plus vindicatus quam victus gloriae adferre potuit, cum
omne serpentum ac ferarum genus comparatione sui titulo feritatis
superarit. Es ist in seiner Art ganz derselbe Konjunktiv des Perfekts,
den wir oben in Folgesätzen besprochen haben.

Mit Recht hebt M. S. 388 hervor, wie mangelhaft die Grundlage
der landläufigen Regel über die Fragesätze in der or obl. ist, und er
selbst fragt sich, ob er richtig V 29, 7 Cottae — consilium quem
haberet exitum der Regel zu Liebe statt des Konj. einen Infinitiv eingesetzt habe. Dieselbe Frage wäre auch zu stellen V 28, 6 quid esse
(α esset) levius aut turpius. An beiden Stellen ist der Gedanke irreal
wie bei Liv. 5, 2, 9 quidnam illi consules dictatoresve facturi essent,
qui? Blofses Vorschweben eines irrealen Gedankens kann offenbar
schon den Konjunktiv herbeiführen, wie b. c. 1, 32, 3 qui si impro-
basset, cur ferri passus esset? si probasset, cur — prohibuisset?
Richtig sagt M., es würde sicher in direkter Rede der Indikativ stehen.
Aber es liegt die irreale Behauptung zu Grunde si probasset, non
passus esset, oder vielleicht der Gedanke an den Jussivus der Vergangenheit ne passus esset: er hätte es nicht dulden sollen. So auch
bei Liv. 27, 34, 13 vgl. die Anmerkung von Weifsenborn.

Worms.   H. Blase.

─────────────

Neues handschriftliches Material zur Aetna.

Bekanntlich ist das sog. Gyraldinische Fragment, das R. Hildebrandt,[1] S. Sudhaus,[2] J. Franke[3] und Th. Birt[4] neuerdings wieder
für V. 138—287 der Aetna als beste Quelle bezeichnet haben, ver-
schollen. Wir kennen seine Lesarten nur aus zwei sich öfters widersprechenden gedruckten Berichten. Der eine ist von Joh. Christ. Cramer
in den „Acta Societatis Latinae Jenensis" Bd. V S. 3—6 veröffentlicht
und führt den Titel: „Ad epigrammata et poemata vet. ΣΥΛΛΟΓΗ
variantium lectionum e codicibus Florentino, Suecico et S. Galli. I.
Lectiones codicis Florentini in Cornelii Severi Aetna"; der andere,
welchen wir F. C. Matthiae verdanken, ist in der „Neuen Bibliothek
der schönen Wissenschaften und der freien Künste" Bd. 59 S. 311
bis 327 enthalten. Beide schöpften jene Variantensammlung aus
Exemplaren von Pithoeus, epigrammata et poematia vetera, in welchen
jene Lesarten als handschriftliche Marginalnoten eingetragen waren.
Bisher aber war kein Pithoeus mit derartigen Randbemerkungen aufzufinden.[5]

─────────────

[1] Philologus LVI, S. 97 ff.
[2] Aetna erklärt von Siegfried Sudhaus, Leipzig 1898.
[3] Res metrica Aetnae carminis, Marburg 1898.
[4] Philologus LVII, S. 603 ff.
[5] Woher Cramers Variantensammlung stammt, gibt Walch in der Vorrede
zum V. Bde der Acta S. L. J. mit folgenden Worten an: „Scriptae illae ad mar-
ginem editionis cuiusdam horum poetarum fuere a celebri critico in Gallia."
Diese Bemerkung im Zusammenhalte mit einer Nachricht des P. Burmannus

Mir ist es nun durch das höchst dankenswerte Entgegenkommen des Direktors der Leidener Universitätsbibliothek, Herrn Dr.
S. G. de Vries, gelungen, ein Exemplar von Pithoeus, epigrammata et
poematia vetera (Genevae apud Jac. Chouët 1619) zu bekommen,
welches ungewöhnlich viele handschriftl. Noten von der Hand des P.
Burmannus Sec. enthält und unter diesen auch die Lesarten des sog.
Gyraldinus nach den Exzerpten von N. Heinsius. Auf dem Titelblatte
desselben steht geschrieben: Sum Petri Burmanni Fr. Fil. Fr. Nep.
MDCCXXXIX. Vivitur ingenio: cetera mortis erunt.

Das handschriftl. Material zur Aetna gliedert sich in folgende
Gruppen:

    1. Exzerpte aus dem Cod. Eliensis,
    2.   „   „   „   „ Vossianus 78,
    3.   „   „   „   „ Vaticanus 3272,

Sec. in der Vorrede zur Anthologia Latina (S. 38), wonach „in bibliotheca Caesarea
Vindobonensi" ein mit der Widmung des Petavius an J. Scaliger versehener Pariser
Pithoeus vom Jahre 1590 liege, „rarissimum et pretiosissimum exemplar, propria
ipsius Josephi Scaligeri manu multis variantibus lectionibus et emendationibus
coniecturalibus in margine illustratum", veranlafste mich, eine diesbezügliche Anfrage
an die Direktion der K. K. Hofbibliothek zu Wien zu richten. Herr Custos
Dr. Alfred Göldlin von Tiefenau teilte mir mit, dafs jenes Exemplar noch vorhanden
ist und handschriftliche Noten von Petau und weitere von mindestens vier
oder gar fünf verschiedenen Händen enthält, dafs aber das Gedicht Aetna nicht
eine Spur einer handschriftlichen Marginalnote aufweist.

    Am nämlichen Orte berichtet Burmann von einem anderen Pariser Pithoeus
vom Jahre 1590, der „in bibliotheca regia Parisiensi" aufbewahrt sei und reiches
handschriftl. Material von Pithou selbst enthalte („insertae passim schedulae a
Pithoeo senatore, qui infinita addidit. Eo accesserunt emendationes et notae non
paucae eiusdem manu cum in schedulis tum in marginibus.") Der Generaladministrator
der Pariser Nationalbibliothek, Herr Prof. Dr. Leopold Delisle, hatte die
Güte, mir eigenhändig die handschriftl. Noten zu Aetna zu kopieren. Sie enthalten
zwar nicht das Gesuchte, nämlich die Lesarten des sog. Gyraldinus, stammen auch
nach der Ansicht L. Delisle's nicht von Pithou, sondern von einer Hand des
17. Jahrh., aber die dort niedergelegten Konjekturen verdienen sicherlich veröffentlicht
zu werden. Finden wir doch darunter gar manche, die andere Kritiker
(so in nicht weniger als vier Fällen Bährens) wieder gemacht haben.

    Neben dem Titel steht: Apollonius apud Philostrat. lib. V. V. 248 (nach
Bährens) wird statt iacent—latent gelesen (wie von Bährens), 253 statt nunc—tot,
254 statt magna — magis (wie G u. Gorallus), 259 everrimus (wie Schrader), 263
statt taceant—iaceant (wie Matthiae), 265 glebas (usu experiuntur), 267 ditissima,
270 corpora curae (wie Bährens), 271 ut dolia (wie G), 276 occultum (naturae
terra), 283 Cur crescant, 292 premit unda (wie Scaliger); zu V. 365 wird Vergil
zitiert; wahrscheinlich ist Cir. 450 brachia nodis| gemeint (cf. meine Diss. Studia
in Aetnam collata S. 51); V. 400 wird Sera tenax gelesen, 402 robora (wie von
Gorallus); zu V. 406 (Et potes extorquere animos. atque exue robur nach Pith.)
wird Plaut. notiert; V. 431 ist superest testisque Neapolin angegeben, 488
curvis nihil (wie nach D' Orville), 509 Vix unco, 520 verum certo sibi, 523 cognoscere
formam (wie Rührens), 524 ille tener, 526 vultum perdidit igni (wie Scaliger),
539 Heracleiti igni, 544 plumbum non (wie Gorallus), 564 frementeis, 566 operis
formn (wie Christ. Wolf), 586 Athenarum crimen (wie Aldus, Graevius, Heinsius
u. Gorallus), 587 sedes vestras, 588 Devocet in s. nt (at liest auch Bährens), 590
flebile multis, 595 rorantes arte (wie Scaliger), 606 incanduit, 610 torpet (wie
Scaliger), 613 tremendum (wie Jacob), 617 et summa c., 619 Hic velox minimo
(wie Auratus), 628 matremque senilem, 629 Aevo defessos, 644 Illos seposuit (wie
Scaliger), 646 rura (wie Heinsius und Schrader).

4. Exzerpte aus den zwei Mediceischen Codd. V und VC,
5. Kritische und exegetische Noten von Heinsius, Broukhusius,
Burmann sen. u. a.

Die Exzerpte aus dem Cod. Eliensis werden mit folgender Bemerkung auf S. 192 eingeleitet. L. notat excerpta ex Cod. MS. Episcopi Eliensis Johannis Mori, cuius codicis meminit Davies ad Cic. de N. D. II, 42. Aufserdem liegt dem Buche eine bis V. 560 reichende Abschrift dieses Cod. bei, welche die Bemerkung trägt: Est manus Davisii. Bei V. 560 steht neben dem Texte: Hinc desinebat apographum codicis episcopi Eliensis. sed reliqua addidi ex apographo Dorvillii. Es ist dies, wie auch aus Munro's Aetna S. 29 hervorgeht, der Cod. α (Bährens' C (antabrigiensis). Wernsdorf und Jacob kannten die Lesarten dieses wichtigen Cod. nicht; erst Munro gab eine vollständige Kollation; dieselbe stimmt aber nicht immer mit der von Davies überein; so liest letzterer V. 129 Ospicium (Munro Ospitium), 152 secant (Munro secat), 266 Cererique (Munro segetique), 425 iacit (Munro iacet), 470 hominum (Munro hominumque.)[1]) Wir werden hiedurch auf die Notwendigkeit einer neuen Kollation dieser Hs. hingewiesen.

Bedeutungslos erscheinen die Exzerpte aus dem Cod. Vossianus 78 (Ribbeck's X) und die beiliegende bis V. 434 reichende Kollation des Cod. Vaticanus 3272. (cf. Bährens PLM II S. 18 und Ellis, The journ. of phil. XVI S. 292).

Von höchster Wichtigkeit dagegen sind die Exzerpte aus den beiden Mediceischen Handschriften V und VC. Finden wir doch in denselben die Lesarten des verlorenen Cod. Gyraldinus[2]) wieder und zwar, was von besonderer Wichtigkeit ist, nach der Kollation von N. Heinsius. Letzterer hatte nämlich nach Burmanns Vorrede zur Anthologia Latina S. 53 in zwei Exemplare des Pariser Pithoeus solche Lesarten nebst vielen Konjekturen als Randnoten geschrieben; diese Bücher kamen in die Hände des älteren Burmann und von diesem an seinen Neffen, den jüngeren Burmann. („Horum excerpta adscripserat Heinsius duobus Parisinae Pithoei editionis exemplaribus, quae a Patruo meo cum reliquis Heinsii subsidiis iam olim mihi largita, non tantum his codicum vetustorum variantibus lectionibus sed et ingeniosi critici summi coniecturis tam ad epigrammata quam reliqua poematia maiora a Pithoeo edita ubique referta sunt.") Dafs Burmann thatsächlich diese zwei Exemplare zur Hand hatte und ausschrieb, geht aus den Worten hervor, mit denen er V und VC erklärt. Er sagt zu V. 138: V. denotat varias codicis Medicei lectiones, quae hinc incipiebant in Heinsii libro, qui de hoc codice sequentia initio huius poematis adnotaverat: „In veterrimo codice post Claudiani

---

[1]) Eine mir inzwischen in liebenswürdigster Weise von Herrn Bibliothekar F. Jenkinson in Cambridge besorgte Kollation zeigt, dafs thatsächlich V. 425 iacit mit Davies zu lesen ist, während an den übrigen Stellen Munro die richtige Lesart bietet.

[2]) Dafs dieser Name mit Unrecht gebraucht wird, zeigt Th. Birt, Claudii Claudiani carmina (Monum. Germ. Hist. T. X) praef. S. 89 ff.

poemata legi testis Lilius Gyraldus, cuius codicis apographum exstat
in Medicea bibliotheca: ex quo haec deprompsimus," und zu V. 272:
VC: Fragmentum ex VC. Mediceo, cuius variantes in altero exem-
plari adscripserat Heinsius. Wie prächtig wird durch diese Angabe
die Hypothese Th. Birts bestätigt, daſs unser G die Lesarten zweier
Handschriften enthält![1]) Miſslich erschien anfangs der Umstand, daſs
Burmann auch die Lesarten des Cod. Vossianus 78 [2]) mit V bezeichnet.
Er sagt selbst zu V. 138: Non confundendae cum his lectiones V
notatae in seqq. quae ex codice Vossiano textus vocibus superscriptae.
Indes wurde diese Schwierigkeit rasch beseitigt. Herr Konservator Dr.
P. C. Molhuysen in Leiden hatte nämlich die Güte, für mich alle jene
Stellen aus dem Cod. Vossianus zu kollationieren, die mit V bezeichnet
sind, so daſs eine Verwechslung der Vossianischen und Mediceischen
Lesarten ausgeschlossen ist.

Um möglichst kurz zu sein, führe ich im folgenden nur jene
Fälle an, in denen die Noten von Heinsius-Burmann mit den Angaben von Cramer-Matthiae, resp. der kritischen Apparate nicht übereinstimmen.

Abweichende Lesarten des Cod. Medic. V, der V. 138—287 enthielt, sind:

V. 139[3]) „vastum" in margine. incertum an ex coniectura ruinas;
minas ist ein Leseversehen Matthiae's ‖ 140 spatiosaque ‖ 147 Semper et in-
clusus. Semper in incluso ist Konjektur von Heinsius ‖ 152 Obliquumque secant,
quae caussa tenerrima caussa est. „secant" überliefert auch Matthiae, trotzdem
geben die kritischen Apparate von Munro, Bährens und Sudhaus „secat" als
Lesart von G an ‖ 159 oris, wie auch Matthiae berichtete; in den Apparaten ist
gleichwohl „ora" angegeben, ein Irrtum, der schon von Wernsdorf herstammt ‖
160 Quae; quod, das die Apparate bieten, ist ein Konjektur von Jacob ‖ 167
trudunt, nicht tradunt, wie Matthiae irrtümlich las ‖ 170 Nunc Euri Boreaeque
Notus: nunc huius uterque est (bei Matthiae fehlt die Interpunktion nach
Notus) ‖ 178 scrutabere caussas (nicht causas) ‖ 187 Haec operi visenda sacri
faciesque domusque folgt unmittelbar auf 186 Haec illi sedes tantarumque area
rerum est ‖ 188 incendū caussaque (sic!) poposcit ‖ 189 parvo aut tenui deserimine.
signis (in der Angabe Cramers fehlt die Interpunktion) ‖ 191 oculos ducent ‖
192 moneat, nicht moneant, das der Vossianus bietet ‖ 195 Ut maior species
Aetnae succurat inanis trägt die Bemerkung: „Deest codici Florentino" ‖ 196
„cernis", das Bährens mit Fragezeichen versieht, ist richtig ‖ 197 quis, das
Cramer angibt, ist richtig, nicht quid (Matthiae) ‖ 209 robusti ¦ omnis ‖ 212
caussae (nicht caussae) ‖ 218 magnus qui sub hoc duce ‖ 221 quae caussa

---

[1]) Claudian praef. S. 91: „praeter Mediceum 33, 9 (= Burmanns VC, wie
das folgende zeigt) alterum quoque librum Mediceum Aetnae versus continuisse
accipio, de quo nunc non constat." Philologus a. a. 0). S. 613: „Auch heute noch
glaube ich, wie dort angeführt, daſs die Ernst'schen Aetna-Lesungen (G) nicht
aus der Claudianabschrift cod. Mediceus pl. 33 n. 9, die vorne ein Stück des Aetna
enthält, herstammen können."

[2]) Hierüber bemerkt Burmann zu Beginn des Gedichtes folgendes: V. N S.
Vossii chartaceus Virgilii in Fol. N. 78, cui titulus P. VIRG. MAR. AETNA, quae
a quibusdam CORNELIO tribuitur. hunc contulit Oudendorpius, cuius excerpta
Schraderus mecum communicavit. Vossianus et Vaticanus (sc. 3272) fere con-
veniunt."

[3]) Ich zitiere nach Bährens und lege dessen kritischen Apparat zugrunde, da
Sudhaus nur einen für diesen Zweck unzureichenden Auszug aus dem Bährens'schen
Apparat geliefert hat.

silendi (sic!) ‖ 222 Neben fertilis idem steht „venit ad (sic!) vires V." ‖ 233 movet; wie meot in den Apparaten als Lesart von G angegeben werden kann, ist unerfindlich; denn Pithoeus, zu welchem weder Cramer noch Matthiae eine Variante notieren, hat monet ‖ 234 Während im Texte „Quae suos" als Lesart von V angegeben wird, steht auf dem beigebundenen Blatte: „Quae ve suos servent incondita motus. ita V." ‖ 237 Nubila cur Panope (V) bekommt ein neues Licht durch die beigeschriebene Erklärung: „nubilum mare"; Panope ist also = mare ‖ 238 igne ‖ 251 divini ‖ 259 et vertimus, das zwar in den Apparaten als Lesart von G steht, aber bei Cramer-Matthiae nicht als solche angegeben ist; im Pithoeus steht evertimus ‖ 268 duro melior pecori, wie Cramer angab ‖ 269 succosior ‖ 273¹) quavis est carier ipsis ‖ 277 multos ‖ 278 animumque furentis ‖ 282 pax est ‖ 283 animae | porta ‖ 286 qua surgens ‖ Nach 287 steht am Rande EXPLICIT AETNA. V.

Die Exzerpte aus dem andern mit VC bezeichneten Cod. Med. beginnen mit V. 272 und endigen ebenfalls mit V. 287, wo notiert ist: „Hactenus VC." Dieses Fragment ist also in seiner Ausdehnung und, wie wir sehen werden, auch in seinem Inhalte identisch mit den im Cod. Laurent. Plut. 33, 9 enthaltenen 16 Versen der Aetna. Ich lasse zuerst eine Abschrift dieser Verse aus dem zuletzt genannten Cod. folgen, die Herr Konservator Dr. E. Rostagno in Florenz für mich anzufertigen die Güte hatte. Eine neue Kollation schien mir deshalb notwendig zu sein, weil einzelne Angaben von Bährens neuerdings angezweifelt wurden.

272.   Plenaque desecto surgant fenilia campo.
        Sic avidi semper quo vis est carior ipsis.
        Implendus sibi quisque bonis est artibus. illae
275.   Sunt animi fruges, haec rerum est optima merces
        Scire quid occulto terrae natura cohercet
        Nullum fallere opus, non multum cernere sacros
        Aethnei montis fremitus animosque furentis
        Non subito pallere sono, non credere subter
280.   Caelestis migrasse minas aut tartara rumpi
        Nosse quid intendat ventos quid nutriat ignes
        Unde reperta quies, et multo foedere pax est.
        Concrescant anime penitus seu porta cavernae
        Introitusque ipsi servent, seu terra minutis
285.   Rara foraminibus tenues in se abstrahat auras
        Plenius hoc etiam rigido quia vertice surgens
        Illinc infessa est, atque hinc obnoxia ventis.

EXPLICIT AETHNA · INCIPIT AD STILICHONEM.²)

Mit diesen Lesarten stimmen die von Heinsius resp. Burmann mit VC. bezeichneten durchaus überein; nur qua (273), sit (282) und

---

¹) Für den Abschnitt 272—287 (der auch im Cod. Laurent. 33, 9 überliefert ist) gibt Cramer folgende Varianten an: 276 terrae naturae, 277 multum 278 animosque 280 aut tartara rumpi ، 281 intendat, 282 reperta ، 284 servent (Pith. las fervent) ، 285 tenues in se | 287 infessa est atque hinc obnoxia ventis (Munro gibt falsch insossa est an). | Hiezu fügt Matthiae: 273 Sic avidi semper quovis est carior ipsis u. 275 Sunt animi fruges haec rerum est optima merces. V. 274 stand schon im Pith. illae (Munro gibt unrichtig illis an) ebenso 279 pallere, 281 igneis, 286 qua.

²) Rostagno bemerkt dazu: Verba „explicit Aethna" in rasura exstant, at scripsit eadem manus.

forte (283), welche im Texte des Pithoeus stehen, wurden übersehen, die letzteren zwei wohl deshalb, weil sie bereits als Lesarten von V bezeichnet waren; bei coërcet (276), Aetnaei (278), Caelesteis (280) und igneis (281) ist die abweichende Schreibweise absichtlich, weil kleinliche Nebensache, nicht angegeben.

Aus der Menge von Konjekturen und exegetischen Noten, die sich zwischen den Exzerpten aus den Handschriften vorfinden, sei es es mir gestattet, die hauptsächlichsten anzugeben.[1])

V. 3 premat H (dasselbe vermutete auch Bährens) | 20 „Aversumque diem" legit Heinsius et „seminn" | 34 seducto H | 42 campis ed. vet. Scal. et sic profert Patr. ad Ov. met. X 151 | 49 Pelion Ossa iterat H | 53 admotisque ad territa sidera signis Dorvill., ut mox v. 59 attonitas nubes | 58 discordi sonitum Oudendorp. (nach Munro und Bährens erst Jacob) | 74 mendacis H (nach Bührens erst L. Müller) | 75 hinc audet nobile carmen Plurima: par H: ita hunc locum felicissime restituit Barthius advers. lib. 17 cap. 5, quem videre debes Br; ludit H; male „auget" Barthius ad Claudian. p. 480 H | 82 siti] Sinim H v. ad Ov. Epist. Her. II 69 | 90 ut Danaae] recte Heinsius „in Danaün". Sabinus Epist. Resp. III 40: Si sua non cycno mutasset Juppiter ora, Fluxerat in Danaës aureus ante sinus | 96 defit namque] vid. Patruum ad Claud. R. P. I 171 | 97 penitisque H | 105 tortis] l. poris H vel tofis | 107 charybdis] corymbos vel colymbas v. Gronov. Obs. lib. III, cap. 6 H | 113 Radit humum lima H | 116 docenda Mercrius in Nonium p. 182 Br; ita se emendasse dicit Clericus et sic edidit | 120 agat icta H | 125 cf. Ov. met. XV 270 | 141 penitus] pecudes Struchtmeyer[2]) | 142 aer] veri H | 147 leg. ventis secior H | 149 solvat—pellat H | 206 fremit H | 226 rerum Mediceus. optime quod firmat coniecturam Patrui mei ad Claud. in Ruf. I 65, ubi de hoc loco vide | 248 tanto] toto Dousa. male H | 249 condita rerum] condita inerti H | 252 hac homini H (nach Bährens Schrader) | 256 errantes H | 267 dignissima] f. riguissima H | 271 cf. Virg. G. II 197 | 297 cortina theatris] vid. Jac. Nicolaum Loens. lib. IX. Epiphyll. cap. 5 et Lipsium ad Quintilian. Dialogum de orat. cap. 19, p. 479 Br | 304 crepant Heinsius vel premant (letzteres auch Konjektur von Bährens) | 305 fugiunt Gronovius (ist auch Vermutung Jacobs) | 308 credis H | 309 penitusque cavernas Gron. | 316 Eminus adspiratque foris H | 326 Densa per arentes H | 330 discurrere Patr. ad Claudian. R. P. I 171 | 341 Actnae H (nach Rührens erst Haupt) | 342 En prospectus H | 357 odoratis H (wie Scaliger) | 362 fragoso H (vermutete auch Bährens) | 365 stant brachia nodo H | 366 Ut capiant vires repetantque ut H sed vide in Culice II | 377 Et spisso H (nach Bährens erst Jacob) | 391 alumine H (nach Bährens ebenfalls erst Jacob) flamine Ulitius ad Gratium p. 273, quem vide H | 395 evincunt Ulitius vel eructant | 398 sino alumine H (nach Bährens erst Munro) | 402 rudera H (rodera auch Bährens) | 404 leg. „sed ferro simul atque teras" vel „sed simul atque teras ferro" H | 424 excocto] f. exeso H l. exusto Patr. cf. v. 416 | 427 pascentis H (nach Bährens erst Schrader) vel infra v. 448 et pasceret | 438 leg. Sed generi huic lapidum H | 430 flagrasse H (nach Bährens erst Wesseling). Dicitur a signis flagrasse Aenaria quondam Nunc exstincta subest Wesseling. ad Antonin. Itin. p. 515 | 431 stupet H (nach Bährens erst Wernsdorf) | 433 aeterno H | 434 tantum est fecundior Aetna H | 435 rotundae Ulitius | 438 quin H | 440 Insula durat adhuc H (wie Scaliger) | 462 Nam simul atque movent Euri turbamque minantur Ulitius | 463 ictaque rimis H | 467 Jam subito effervent operosae incendia rupis Ulitius ad Gratium p. 286 | 474 laeto] lato H | 484 hos et sequentes versus

[1]) H bedeutet im folgenden nach der Angabe Burmanns: „Heinsii notata ex binis eius exemplaribus, quae sunt penes Vener. Patruum." Br: „Broukhusii notata, quae maxime ad Culicem, Ceirin, Aetnam, elegias Albinovani sunt, descripsi ex libro Catalectorum Scaligeri, cui ea adnotaverat, quemque mecum benigne communicavit Petrus D' Orville."
[2]) Dasselbe vermutete auch ich („Der Wert des Cod. Gyraldinus f. d. Kritik der Aetna", Fleckeisens Jahrb. f. Phil. u. Paed. 153. Bd. 1. Abt. S. 853 Anm.)

varie emendat Dorvill. Siculor. cap. 14 | 496 tenuis sinus hinc agit ulteriores
H | 502 .sonanti) resultat H | 503 inflicta est H | 504 rudere H (rodere nach
Bährens erst Haupt) | 509 Vix cuneus quisquam fixo dimoverit illas H | 526 nec
vultu prodidit (nach Bährens erst Jacob) igneis H | 544 plumbum H (wie
Gorallus) | 546 succensis H (nach Bährens erst Schrader) | 549 te] se H | 551
parvis] fumis H | 563 u. 564 Val. Flaec. H | 564 ignes quatiunt) ignesque
acnunt H | 569 aedes H | 579 Nach raptumque profundo steht: Deest de
Amphiarao H | 580 illic] illinc H | 586 crimen H crimen etiam legere Graevium
notaverat H | 588 Te vocat H l. „En locat“ vel „Se locat“ vel „Occupat“ H |
595 rorantes arte II (wie Scaliger) | 605 quamquam sons Barthius adv. lib. 32
cap. 16. optime. Br | 610 sordet H | 611 Ardebant) Arebant H cf. v. 326 (Densa
per arentes H) | 611–612 et mitia cultu Jugera cum dumis Heins. in notis in-
editis ad Diras Catonis v. 79 | 617 stulta) fulta H | 618 crimina H | 619 minimo
H (wie Auratus) | 624 Concremat H (wie Auratus) | 626 pari sub pondere H
(wie Gorallus) | 629 defessos] defectos H | 633 fidem] f. „locum“ vel „fugam“
H | 634 tutissima] cultissima H male | 638 Dextra saeva manu H | 644 Elysios-
que colunt claro sub numine Barth. | 646 Sed superae (vernae) cessere domus
et rura piorum H Sed verae Barth. ad Claudian. p. 1044. Aetheriae cessere
domus (Burmann).

Das mag einstweilen genügen. Eine ausführlichere Publikation
und Würdigung des Fundes behalte ich mir für eine andere Gelegenheit vor.[1]

Burghausen. Dr. L. Alzinger.

Übersetzungsproben aus Seyfferts palaestra u. a.

(Fortsetzung IX.)

Methode der Geschichtschreibung.

Der Geschichtschreiber eines grofsen Volkes mufs vorzüglich die
sittliche Gröfse und Tüchtigkeit desselben in das hellste Licht zu
setzen versuchen, unbekümmert um den Vorwurf der Parteilichkeit,
den man ihm machen könnte, in der Überzeugung, dafs es ohne Parteilichkeit keine rechte Geschichte geben könne. Denn wie man den
einzelnen Menschen nicht nach dem beurteilen darf, was ihm mifslungen ist, sondern nach seinem Streben, wie auch immer der Erfolg
gewesen sein mag, so müssen wir auch in der Geschichte der Völker
vor allen Dingen die sittliche Kraft in den Augen haben, aus der
ihre Thaten hervorgegangen sind, wozu es nicht der Kritik, sondern
der Liebe bedarf. Wenn die Geschichte eine Lehrerin der Menschheit
ist, wie man sagt, so ist sie es nicht dadurch, dafs sie die Klugheit
gängelt, was leicht eher zum Bösen als zum Guten führt, auch nicht
indem sie zu den abgenutzten Lehren der Märkte und Hallen Beispiele liefert; sondern dadurch, dafs sie den Glauben an die in dem
Menschen wohnende Kraft und die Macht der Ideen stärkt. Dieses
geschieht aber nicht blofs dadurch, dafs sie das Gute und Lobens-

---

[1] Nach Abschlufs der Abhandlung erhielt ich auf Ansuchen von der
Direktion der Leidener Universitätsbibliothek ein Exemplar von Scaligers Appendix
Vergiliana (Antwerpen, Plantinus 1575) „ex bibliotheca Isaaci Vossii“, das ebenfalls zahlreiche handschriftl. Randglossen zur Aetna enthält, auf die ich an einem
anderen Orte zurückzukommen gedenke.

werte erzählt, sondern auch durch die Darstellung des Bösen, das
unaufhörlich mit dem Guten kämpft und siegend oder besiegt die
Tugend bewährt.

De historiam scribendi via ac ratione.

Qui id sibi proposuit, ut magni populi et clari res gestas scribat,
maxime in eo elaborare debebit, ut animi vim et virtutem (animi
virtutem, honestatis ac virtutis vim) summo opere illustret, (ut quanta...
fuerit, planissime appareat), cumque probe seiat, historiam scribi non
posse sine aliquo partium studio, criminis metu a consilio suo non
deterrebitur. Quemadmodum enim hominis virtus non ex iis iudicanda
est, quae male ceciderunt, sed ex iis, quae quisque secutus est, consiliis, sic etiam in populorum historiis maxime honestatis vis spec-
tanda est, qua res gestae sunt, quam ad rem non iudicii severitas,
sed animi quidam ardor requiritur. Quodsi historiam recte magistram
generis humani dicunt, non propterea dicunt, quod hominum inscitiam
praeceptis gubernat, (regit, moderatur constituit) — inde enim plus
mali oriatur, quam boni —, nec quod decantata praecepta (scholarum
cantilenas, praecepta, quibus in schola puerorum aures personant)
exemplis confirmat, sed quod efficit, ut penitus perspiciamus, quantum
valeant vires insitae et notiones animis infixae (in animo impressae).
(sed quod maiorem fidem facit (penitusque persuadet), notiones —
plurimum valere.) Quod non ea re solum efficitur, quod bona et laude
digna proponit, sed etiam quod mala, quae cum bonis decertare nunquam desistunt et sive vincunt, sive vincuntur, maximam esse virtutis
praestantiam demonstrant.

Die griechischen Orakel.

Von den beiden Orakeln, welche das hellenische Altertum am
längsten verehrt hat, dem zu Dodona und dem Delphischen, ist uns
das letztere, das seit dem siebenten Jahrhundert vor der christlichen Zeitrechnung der Mittelpunkt der hellenischen Verehrung wurde, am vollkommensten bekannt. Diese Anstalt beurteilt Ephorus am richtigsten,
wenn er sagt (bei Strabo IX p. 422 T III. p. 519): Apollo habe es
mit der Themis zum Nutzen des menschlichen Geschlechtes gegründet,
diesen Nutzen aber darin setzt, dafs es milde Sitten beförderte und
die Menschen durch die Gebote und Warnungen besserte, oder auch
dadurch, dafs es sie gänzlich von sich wies. Die berüchtigte Zwei-
deutigkeit der Orakelsprüche war ursprünglich nicht auf Betrug abgesehen, wie es die späteren ungläubigen Zeiten auslegten (Lucian Dial.
Deorum XVI, 1), sondern es schien dieser Rätselstil, wie er überhaupt
im Altertum einheimisch war, so auch der göttlichen Natur vorzüglich
angemessen, teils, weil sie dadurch zu weiterem, demütigem Forschen
nötigte (Herodot I, 91), teils vielleicht auch darum, weil man glaubte,
dafs die Götter ihr höheres Wissen dem untergeordneten Geschlechte
nie ohne einiges Widerstreben offenbar machten. Bisweilen lag auch
in der Dunkelheit der Orakel jene Ironie, die sich auch in dem alten
Testament findet und der Mifsbilligung des Unrechts eine schärfere

Schneide gibt. Von dieser Art war das zweideutige Orakel, das die Pythia den Lacedämoniern erteilte, als sie ungerechter Weise nach dem Besitze von Arkadien geizten (Herod. I, 66). Hier belehrte sie der unglückliche Erfolg zunächst über das Mifsverständnis in der Erklärung des Sinnes; und sie begriffen zu spät, dafs man sich fremden Gutes enthalten müsse, auch wenn der Schein einer göttlichen Begeisterung für die Ungerechtigkeit sprechen sollte. Auf diese Weise förderten die Orakel die Achtung gegen die ewigen Gesetze der Gerechtigkeit und stützten die Grundsäulen der bürgerlichen Wohlfahrt.

De Graecorum oraculis.

Ex duobus oraculis, quae ab universa Graecia diutissime colebantur, (diutissime apud veteres Graecos viguerunt), Dodonaeo et Delphico, hoc quidem quod ab anno septingentesimo a. Chr. nat. a Graecis sanctissime colebatur, notius nobis est. Quo de oraculo Ephorus verissime videtur iudicavisse, cum diceret, illud ab Apolline et Themide ad salutem generis humani institutum esse, hanc autem utilitatem in eo poneret, ut humanitas augeretur et hominum mores per praecepta et admonita emendarentur. Ac nobilis illa oraculorum ambiguitas principio quidem fraudem non spectabat, ut visum est posterioris aelatis impiis hominibus, sed illud obscurum et captiosum genus dicendi, ut totius antiquitatis paeneproprium erat, ita divinae naturae maxime accommodatum videbatur, et quod ita homines ad rem accuratius et modestius inquirendam adigebantur et quod illius aetatis populi credebant, deos scientiam altiorem suam cum inferiore hominum genere non sine aliqua retractatione (invidia, Martial) communicare. Quid quod in illa oraculorum obscuritate interdum cavillatio quaedam inerat, quae iniuriae reprehensionem acueret. Ex eo genere erat illius oraculi ambiguitas, quod a Pythia Lacedaemoniis editum est, cum Arcadiam per iniuriam appeterent. Hi quidem infausto eventu edocti sunt, se oraculum male interpretatos esse, seroque intellexerunt, alienis bonis abstinendum esse, etiamsi dii ipsi iniuriam adiuvare viderentur. Sic oracula multum conferebant ad leges divinas diligentius observandas et ad eas res confirmandas, quibus salus humana continetur.

Die Übel der Meeresherrschaft.

Es gibt nichts, was die Menschen so schnell über die Grenzen der Gerechtigkeit und Mäfsigung hinausführt, als das Streben nach Meeresherrschaft. Keinem Volke hat es auf die Länge Segen gebracht; denn fester Grenzen ermangelnd ist diese Art der Herrschaft die Mutter der Mifsgunst und des Betruges, der Gewaltsamkeit und Tyrannei, das heifst der schlimmsten Übel, die aus einer giftigen Quelle nur immer entspringen können. Daher sind die Werke der Alten ihrer Anklage voll. Wem das Wohl seines Volkes am Herzen liegt, sagt Plato, der wird sich hüten, eine Stadt am Meer zu gründen; er wird das Meer als einen Lehrer des Bösen fliehen, indem es für das tägliche Leben eine gewisse Süfsigkeit hat, in Wahrheit aber eine Nachbar-

schaft voll von Bitterkeit ist. Auf diese Übel mochte das Wort des
Epimenides deuten, als er sagte: Wenn die Menschen nicht blind
gegen die Zukunft wären, so würden die Athener Munichia (damals
ihren Seehafen) mit ihren eigenen Zähnen zerstören; sie wüfsten aber
nicht, wie viele Übel noch dieser Ort bringen würde. Die Übel der
Atheniensischen Thalassokratie aber waren die Ausartung der Volks-
herrschaft in Ochlokratie, der Hafs der Bundesgenossen, endlose Kriege,
und zuletzt das Joch der Unterwürfigkeit unter fremde Gewalt. Wohl
mochten die Siege Cimons blenden, als er den Feind an den Küsten
von Asien aufsuchte, oder die Macht der Flotte, mit der Alcibiades
zur Eroberung Siciliens auszog; aber dieser Glanz erlosch in dem
Hafen von Syrakus und bei Aegospotamoi; grofse Übel trafen den Staat,
und wenn auch bisweilen wiederum das Gestirn des Ruhms über
Athen aufflammte, so geschah es nur, um die Thaten der Ungerechtigkeit vergangener Zeiten von neuem zu beleuchten.

Quot mala maritimum Atheniensium imperium habuerit.

Nulla re populi magis adduci solent, ut iustitiae et moderationis
fines excedant (transeant, transgrediantur, immemores sint), quam cum
student, ut rebus maritimis valeant. Id enim studium nullius populi
rebus diuturnam salutem attulit. Nam cum illud imperium certos
fines nullos babeat, ex eo non solum invidia et fraudulentia, sed etiam
superbia et dominatio oriuntur, quibus quidem malis peius nihil ex
fonte quasi contaminato manare potest (quae quidem pestes gravissimae
— manant). Ex eo factum est, ut veterum Graecorum et Romanorum
libri pieni essent reprehensionis et accusationis imperii maritimi. Plato
quidem: Qui id agit, inquit, ut populi sui saluti consulat, religione
quasi quadam impedietur (verecundia quadam erga deos inhibebitur,
vetabitur, verebitur), quominus urbem ad mare condat; ac potius
vitabit mare tamquam malorum magistrum quod accolis dulcedinem
quidem quandam vitae quotidianae afferat, re vera autem plenum sit
acerbitatis. Huc forsitan spectaverit illud Epimenidis: si non bebeti-
ores essent homines ad res futuras prospiciendas, Athenienses
Munychiam — eo tum portu utebantur — suis ipsorum dentibus
everterent et dissiparent; sed nescire eos, quot mala ipsis ille locus
allaturus esset. Habebat autem maritimum Atheniensium imperium
haec mala, ut populi imperium degeneraret in multitudinis licentiam
(m. dominatum), ut Athenienses in sociorum odia incurrerent, bella
alia super alia gererent et ad extremum servitutis iugum subirent.
Quamvis enim illustres essent omniumque animos admiratione per-
cellerent vel Cimonis victoriae de Persis reportatae vel magna illa
classis, qua Alcibiades profectus est ad Siciliam subigendam, — quarum
rerum splendor cum in portu Syracusarum et apud Aegos flumen
exstinctus esset, multae calamitates civitati accidebant; et si quando
veteris gloriae lux civitati affulgebat, id ipsum eo tantum valuit, ut
veterum iniuriarum memoria illustraretur (aperiretur, apertior esset,
magis emineret et exstaret).

Ehrenbezeigungen in den griechischen Kampfspielen.

Bemerkenswert ist bei den griechischen Kampfspielen das tiefe Gefühl der Hellenen für das, was in der Tugend unschätzbar ist, ein Gefühl, das sich eben in der Geringfügigkeit der Kampfpreise und anderer das Verdienst ehrender Gaben zeigte. „Eine Ehrenbezeigung," sagt Plutarch (T. II. p. 820 F) „soll nicht ein Lohn, sondern ein Zeichen sein, um sich einer ebenso langen Dauer zu erfreuen, als das Verdienst der Tugend selbst. Denn der sicherste Schutz solcher Gaben ist die Geringfügigkeit; grofse, übermäfsige und ins Gewicht fallende Belohnungen stürzen leicht um, wie unsymmetrische Standbilder." „Keine Ware", läfst Xenophon (Hier. IX, 11) den Simonides zum Hiero sagen, „ist wohlfeiler, als was die Menschen durch Siegespreise erkaufen." Denn das, was die Preise erzeugen sollten, war das Streben nach denjenigen Tugenden, die man für die edelsten hielt, lange Mühen, Anstrengungen und Ausdauer selbst bei Schmerzen und Gefahr. Wie Athen nach der Schlacht bei Marathon den Retter von Griechenland belohnte, ist aus dem Nepos bekannt, dem hier, was ihm sonst selten begegnet, der hohe Sinn des Altertums eine Bemerkung entreifst. Auch in Sparta herrschte diese Einfachheit, und die Sitten waren schon entartet, als man geringe Belohnungen nicht mehr für genügend hielt. Man darf hierbei auch nicht unerwähnt lassen, dafs die Religion zur Mäfsigung des Ehrgeizes beitrug. Crofser Ruhm schien, wie die Tugend selbst, aus der er entsprang, von den Göttern zu kommen und wandte sich wieder zu den Urhebern zurück; daher sich die empfangenen Ehrenzeichen gemeiniglich in Weihgeschenke umwandelten und in dieser Gestalt, bisweilen mit wenigen bedeutsamen Worten verbunden, den Namen und das Andenken des Siegers zugleich mit seiner frommen Gesinnung auf die Nachwelt brachten. Einige der Alten meinten auch, man habe nicht ohne Absicht den Siegern in den feierlichen Spielen Zweige unfruchtbarer Bäume zum Preis gegeben, um anzuzeigen, dafs dem Sieger kein Gewinn aufser dem Ruhm zu teil werden solle. Wie hell aber auch dieser leuchtete, und wie erfreulich einem ganzen Volke der Sieg eines seiner Mitbürger erschien, so blieb doch dabei jede Anforderung der Gleichheit unverletzt, und weder der Sieg in den Kampfspielen noch selbst auf dem Schlachtfelde schützte gegen die Anwendung des Gesetzes, das immer unbestechlich über dem Leben schwebte. .

Quibus praemiis Athenienses victores ludorum solennium honoraverint.

Admirabile est, quam recte ac penitus Craeci senserint, quid in virtute summum esset. Id perspicitur ex tenuitate praemiorum certaminis et celerorum virtutis ornamentorum. Honor, ut ait Plutarchus, non merces virtutis esse debet, sed signum, quod tamdiu floreat ac vigeat, quam laus ipsa virtutis. Nam praemia magna et immodica (et ponderosa) tamquam signa vasta et incondita facile evertuntur. Atque nullam mercem viliorem esse, quam ea quae homines emant certaminum praemiis, Xenophon Simonidem dicentem fecit Hieroni. Neque enim aliud Graeci his ornamentis effici voluerunt, nisi studium prae-stantissimarum virtutum, molestiarum laborumque diuturnitatis, patien-tiae vel dolorum periculorumque. Quo praemio Athenienses post victoriam Marathoniam eum, qui Graeciam liberasset, honoraverint, ex Nepote cognoscitur, qui hoc loco praeter consuetudinem antiquorum virtute adductus est, ut pauca explicandi causa adscriberet. Nec minus simplices Spartiatae erant, quorum mores iam valde degeneraverant, cum exigua praemia spernebantur.[1]) Hic ne illud quidem praeter-mittendum videtur, religione ipsa gloriam compressam esse. Gloriae enim amplitudo pariter atque virtus ipsa, cuius comes est, a diis pro-ficisci et ad eosdem auctores referenda videbatur. Ita factum est, ut honoris praemia diis consecrata in templis ponerentur itaque paucis, sed gravibus verbis inscriptis victoris et memoriam et pium animum posteritati propagarent. Erant etiam inter veteres, qui putarent, non sine causa ludorum solennium victoribus frondes arborum sterilium praemia datas esse; hac enim re significari, praeter laudem nihil com-modi ex virtute nasci debere. Cuius quidem laudis splendor quantum-vis loceret et quamvis universus populus civis victoriam communi laetitia concelebrandam putaret, tamen ita integrum fuit aequitatis ius, ut nemo, qui sive in ludis sive in acie vicisset, legum poena (ne ad se pertinerent leges) exemptus esset, quae tamquam incorruptae (severae) custodes vitae impositae erant.

Schweinfurt.   Scholl.

Zur Zinsrechnung.

Wenn auf die Frage: „Wieviel ℳ Zins erhält man von 10000 ℳ Kapital zu 4%, in einem Vierteljahre?" die Antwort gegeben wird: „100 ℳ", so wird diese Antwort wohl allgemein ohne weiteres als richtig angenommen werden und die Praxis an dieser Antwort auch kaum etwas ändern.

Betrachtet man jedoch die Lösung genauer, so zeigt sich, dafs dieselbe der Aufgabe, weil letztere dreideutig ist, nicht ent-sprechen kann.

Das erste Vierteljahr eines gemeinen Jahres hat nämlich 90 Tage, das zweite Vierteljahr 91 und das dritte und vierte Vierteljahr je 92 Tage. Die genaue Rechnung ergibt demnach

für das 1. Vierteljahr 98,64 ℳ Zins
„   „   2.   „   97,73 „   „
„   „   3.   „   100,82 „   „
„   „   4.   „   100,82 „   „

so dafs die Differenz der Zinsen zwischen den einzelnen Vierteljahren bis zu 2 ℳ 18 ₰ betragen kann, d. i. mehr als 2 %.

In der That wird auch bei Rechnungen, die von Gerichten oder andern Staatsbehörden ausgeführt werden, sowie bei notariellen

---

[1]) fastidiebantur hat Cicero nicht.

Teilungen in dieser genaueren Art der Zins ermittelt, obwohl auch diese scheinbare genauere Rechnung den strengen Anforderungen der Mathematik immer noch nicht entspricht.

Man darf nämlich das Jahr nicht zu 365 Tagen annehmen, weil es ja doch niemand in der Praxis einfallen wird, ein Schaltjahr zu 366 Tagen bei Zinsermittelungen anzusetzen, sondern man müfste deshalb das Jahr zu 365,2422 Tagen in Rechnung setzen. Wenn die Praxis hierauf nicht eingeht, so ist der Grund unschwer in der zeitraubenden Art der Zinsermittlung nach dieser strengen Art zu suchen.

Ergeben sich daher schon bei der einfachen Zinsrechnung bedeutende Differenzen zwischen der in der Praxis üblichen und der von der Wissenschaft geforderten Art der Berechnung, umsomehr erst bei der zusammengesetzten oder Zinseszinsrechnung.

Sollen bei letzterer die Zinsen nicht jährlich, sondern in einem kleineren Zeitintervall zum Kapital geschlagen werden, so ist zu unterscheiden zwischen dem relativen und konformen Zinsfufs.

So wachsen 100 $\mathscr{M}$ Kapital, wenn die 4%igen Jahreszinsen jährlich zum Kapital geschlagen werden, am Schlusse des ersten Jahres an zu 104 $\mathscr{M}$. Wird dagegen der vierprozentige Jahreszins vierteljährlich zum Kapital geschlagen, so erhält man als Summe am Schlusse des ersten Jahres 104,06 $\mathscr{M}$.

Sind 4% jährlich zu zahlen, und man nimmt, wenn der Zins vierteljährlich zum Kapital geschlagen werden soll, als vierteljährlichen Zinsfufs 1% oder allgemein, wenn das Kapital mit p% Jahreszins verzinst werden soll, und man rechnet bei der Verzinsung in jedem m^{ten} Jahre $\frac{p}{m}$%, so heifst man diesen Prozentsatz den relativen Zinsfufs, welcher in der Praxis allgemein und ausschliefslich üblich ist.

Selbst bei der gröfsten Versicherungsanstalt der Erde, nämlich bei der Invaliditäts- und Altersversicherung des deutschen Reiches, lauten die vom Reichsversicherungsamt erlassenen gesetzlichen Vorschriften so, dafs der Jahreszins zu 3½% in monatlichen Zins verwandelt werden mufs, um das Deckungskapital und den Reservefond für die einzelnen Invaliden- und Altersrenten, die bekanntlich monatlich ausbezahlt werden, zu berechnen. Man rechnet auch hier mit dem relativen Zinsfufs und sagt 3½% Jahreszins $= \frac{3,5}{12} = 0,292$% Monatszins. Führt man nun die Rechnung für die einzelnen Monate eines Jahres durch, so hat man für 100 $\mathscr{M}$ Kapital:

Summa am Schlusse des 1. Monats = 100,292 $\mathscr{M}$
,, ,, ,, ,, 2. ,, = 100,585 ,,
,, ,, ,, ,, 3. ,, = 100,879 ,,
,, ,, ,, ,, 4. ,, = 101,174 ,,
,, ,, ,, ,, 5. ,, = 101,47 ,,
,, ,, ,, ,, 6. ,, = 101,77 ,,
,, ,, ,, ,, 7. ,, = 102,07 ,,
,, ,, ,, ,, 8. ,, = 102,37 ,,

Summa am Schlusse des 9. Monats = 102,67 $\mathcal{M}$
„   „   „   „ 10. „ = 102,97 „
„   „   „   „ 11. „ = 103,27 „
„   „   „   „ 12, „ = 103,57 „

Die Rechnung nach der Formel $100 \left(1 + \frac{3,5}{1200}\right)^{12}$ ergibt 103,557 $\mathcal{M}$.

(Die Nichtübereinstimmung beider Resultate rührt von der notwendig gewordenen wiederholten Aufrundung der Pfennige bei der ersten Art her.)

Das heißt also ein 3,5 prozentiger Jahreszins, auf den Monat zu 0,29167 % ausgeschlagen, gibt einen Jahreszins nicht von 3,5 % sondern von 3,557 %. Diese 3,557 % heißt man den konformen Zinsfuß.

Es muß nun nach der allgemeinen Übung der Praxis, wenn nicht ausdrücklich der konforme Zinsfuß verlangt wird, nach dem relativen Zinsfuß gerechnet werden, obwohl derselbe den strengen Anforderungen der Mathematik nicht entspricht.

Wenn demnach die Schüler unserer Gymnasien Aufgaben aus der Zinseszinsrechnung, in denen die Zinsen in Zeiträumen, die kleiner sind als ein Jahr, zum Kapital geschlagen werden sollen, nach dem relativen Zinsfuß rechnen, so befinden sie sich in vollständiger Übereinstimmung mit der Praxis, und muß die Durchführung der Rechnung, falls dieselbe sonst richtig ist, als gelungen bezeichnet werden

Schon im Jahre 1683 hat Leibniz die Forderung der zusammengesetzten Zinsrechnung aufgestellt, aber die gesetzgebenden Faktoren konnten sich bis zum heutigen Tage noch nicht durchweg entschließen, den zusammengesetzten Zins allgemein in die Praxis einzuführen.

So findet sich im „Bürgerlichen Gesetzbuch" für das deutsche Reich der § 248 in folgender Fassung: „Eine im voraus getroffene Vereinbarung, daß fällige Zinsen wieder Zinsen tragen sollen, ist nichtig." In der zum „Bürgerlichen Gesetzbuch" erschienen Handausgabe von Otto Fischer und Wilh. Henle, 2. Auflage heißt es hiezu: „Die Vereinbarung, daß rückständige Zinsen wiederum Zinsen tragen sollen, ist giltig." In dem einen Falle ist die Forderung von Zinseszinsen in der Praxis verboten, im andern erlaubt. § 248 fährt hierauf fort: „Sparkassen, Kreditanstalten und Inhaber von Bankgeschäften können im voraus vereinbaren, daß nicht erhobene Zinsen von Einlagen als neue Zinseinlagen gelten sollen. Kreditanstalten, die berechtigt sind, für den Betrag der von ihnen gewährten Darlehen verzinsliche Schuldverschreibungen auf den Inhaber auszugeben, können sich bei solchen Darlehen die Verzinsung rückständiger Zinsen im voraus versprechen lassen."

Nun werden bekanntlich die meisten Geldgeschäfte gerade von diesen Anstalten abgeschlossen, so daß bei § 248 thatsächlich die Ausnahme zur Regel geworden ist, und das deutsche Reich selbst hat bei seiner Invaliditäts- und Altersversicherung die Zinseszinsrechnung im ausgedehntesten Maße durchgeführt, da ein anderer Rechnungsmodus eben einfach unmöglich ist.

Einem einsichtsvolleren Zeitalter wird es vorbehalten sein, den Unterschied zwischen relativem und konformem Zinsfuß zum Verschwinden zu bringen und ausschließlich nach der Augenblicksverzinsung zu rechnen, welche allein vor dem Forum der exakten Wissenschaft Giltigkeit haben kann; mögen auch bei der bekannten vis inertiae Jahrhunderte vergehen; — den berechtigten Anforderungen der Mathematik hat sich auf die Dauer noch kein Sterblicher zu entziehen vermocht.

Denn nachdem man einmal angefangen hat, die Zinsen jährlich, dann halb- und vierteljährlich und auch monatlich zum Kapital zu schlagen, so tritt mit logischer Notwendigkeit die Forderung auf, die Zinsen auch wöchentlich, täglich, stündlich ja in jeder Minute, Sekunde und schließlich in jedem Augenblick wieder zu verzinsen.

Die Rechnung der Augenblicksverzinsung, welche schon von Jakob Bernoulli 1690 vorgeschlagen wurde, bietet auch keine besonderen Schwierigkeiten. An unseren humanistischen Gymnasien könnte dieselbe gegenwärtig allerdings nicht ausgeführt werden. Es müßte in erster Linie die abgeschaffte Erlernung des binomischen Lehrsatzes wieder eingeführt, und zweitens müßte die Herleitung von $e = 2{,}71828$ gezeigt werden.

Der Unterschied zwischen den Endsummen, zu welchen die Kapitalien anwachsen, die durch jährliche oder durch monatliche oder durch Augenblicksverzinsung erhalten werden, ist in der That nicht so erheblich, daß der Einführung in der Praxis ein Hindernis entgegenstehen sollte.

Bei der Augenblicksverzinsung erhält man als konformen Zinsfuß für p% Jahreszins nach der Formel:

$$\left(1 + \frac{p}{100\,m}\right)^m \text{ für } m = \infty \text{ den Wert } e^{\frac{p}{100}} \text{ und}$$

$ae^{\frac{np}{100}}$ ist die Summe, zu welcher ein Kapital a bei p% Jahreszins und Augenblicksverzinsung in n Jahren anwächst. So wächst ein Kapital von 100 ℳ zu 3,5% Jahreszins

bei jährlicher Zinszahlung am Schlusse des 1. Jahres an zu 103,5 ℳ
„ monatlicher „ „ „ „ „ „ „ „ 103,557 „
„ Augenblicksverzinsung .. „ „ „ „ „ „ 103,566 „

Der Unterschied zwischen den Endsummen am Schlusse eines Jahres, wenn die Zinsen jeden Augenblick, und wenn sie jeden Monat zum Kapital geschlagen werden, beträgt bei 100 ℳ 0,009 ℳ oder rund einen Pfennig.

In § 247 des bürgerlichen Gesetzbuches heißt es: „Ist ein höherer Zinsfuß als sechs vom Hundert vereinbart" u. s. w.

Daraus geht hervor, daß ein noch höherer Zinsfuß als 6% für das Jahr erlaubt ist, aber die Augenblicksverzinsung zu 3, 4 oder 5% ist gesetzlich verboten.

Nun beträgt die Zurückzahlung für 100 ℳ bei 6% Jahreszins nach einem Jahre 106 ℳ und zu 5% mit Augenblicksverzinsung 105,12 ℳ. Es wird daher jeder Gläubiger, da es ihm verboten ist, Augenblicksverzinsung zu berechnen, eben einen höheren Prozentsatz für das Jahr verlangen, wozu ihn das Gesetz indirekt geradezu auffordert.

Schließlich sei noch angegeben, daß sich ein Kapital zu 4 % Jahreszins verdoppelt:.

bei jährlichem   Zinszuschlage in 17 Jahren 246 Tagen,
„ vierteljährlichem   „   „ 17 „   152 „ ,
„ monatlicbem   „   „ 17 „   137 „   und
„ Augenblicksverzinsung   „ 17 „   120 „   .

Hof.   Adami.

Hor. carm. II, 6.

Septimius! Mit mir ja gingst du gerne
Nach Gades, zu den Kantabrern, die nicht
Gehorchen wollen, zu den Mauren ferne,
Wo stets die Woge sich am Felsen bricht:

O daß doch Tibur würde mir beschieden,
Gegründet von Argivern, wo mir still,
Als müdem Wandrer, würde Ruh und Frieden,
Nach Sturm und Kampf ein sicheres Asyl.

Doch wenn der Parzen Neid will nicht gestatten
Mir Tibur, möcht' ich ziehen nach Tarent,
Zum Fluß Galäsus, zu den grünen Matten,
Wo einst Phalantus herrschte als Regent.

Ja, jenes Fleckchen dünkt mir ohne Gleichen,
Vor allen sonst das lieblichste zu sein,
Der Honig braucht Hymettus nicht zu weichen
Und die Olive nicht Venafrums Hain.

Durch Jovis Gunst ist dort der Winter milde,
Das Scepter führt da lang der goldne Lenz,
Es macht im Thal des Bacchus hold Gebilde
Selbst der Falerner Traube Konkurrenz.

Nach jenen reichen Höhen geht mein Sehnen,
Zum Kommen rufen sie auf uns herab:
Dort magst du einst mit warmen Freundesthränen
Benetzen deines Sängers frisches Grab!

Regensburg.   Alphons Steinberger.

II. Abteilung.

Rezensionen.

Fr. Jodl, Abrifs der Geschichte der Ethik. Separat-druck aus **Reins** „Encyklopädischem Handbuch der Pädagogik". Langensalza, Hermann Beyer u. Söhne, 1896. 0,60 Mk.

Der rührige Wiener Philosoph bietet hier in engem Rahmen (auf 19 Seiten) eine treffliche, feinsinnige Übersicht über die Entwicklung, welche die Ethik und die ethischen Fragen im Abendlande genommen haben, nebst einem Litteraturnachweis, der auf das Wichtigste aus diesem Gebiete kurz verweist. Der Verf. sah zum Unterschiede von seiner zweibändigen gröfseren „Geschichte der Ethik", welche die alte und mittelalterliche Philosophie nur in der Einleitung berücksichtigt hatte, hier mehr auf die Schilderung der ethischen Ideale, welche für die Lebenshaltung ganzer Zeitalter bestimmend gewesen sind, und erweiterte den Gedankenkreis jenes Werkes durch eine Skizzierung der ethischen Richtungen aus der zweiten Hälfte unseres Jahrhunderts. Das Interesse, welches der Verfasser für die kulturgeschichtliche Seite der Frage hegt, ist nicht zu verkennen. Die wesentlichen Phasen der Entwicklung sind gut und flott, wenn auch zuweilen etwas weich gezeichnet, das persönliche Moment bedürfte wohl stärkerer Hervor-hebung. Das Lebensideal des Altertums und der Grundcharakter der altchristlichen Ethik scheinen mir in einzelnen Stücken nicht ganz korrekt dargestellt zu sein.

Würzburg. _____ Adolf Dyroff.

Dr. E. Hallervorden: Abhandlungen zur Gesundheits-lehre der Seele und Nerven. I. Arbeit und Wille. Heft 2 und 3. Würzburg, Stuber, 1898. 8°. 50 S. u. 60. S.

Seiner früheren, von uns schon angezeigten Abhandlung über dasselbe Thema fügt der Verfasser weitere Thesen hinzu, die sich mit der Kritik des Gefühles, das er als Bindeglied zwischen Moral und Erkenntnis gesetzt wissen will statt der von Kant eingeführten Urteils-kraft, ferner mit der Absteckung der Grenzen des Gefühles und mit der Methodologie beschäftigen. Auch bei diesem Heft ist zu bedauern, dafs die impulsive Natur des für Wahrheit und Menschenliebe be-geisterten Verfassers verhindert hat, seinen Gedanken die nötige Klar-heit und Übersichtlichkeit zu geben, ohne die sein edles Streben den gewünschten Erfolg nie haben wird.

Das dritte Heft betont abermals die Wichtigkeit der Individualpsychologie, wendet sich polemisierend gegen Gelehrte und Mißstände und schließt mit Untersuchungen über einige biologische Gesetze.

———————

„Ich bin des trocknen Tons nun satt."

Karl Knortz, Schulsuperintendent in Evansville in Indiana: Individualität. Pädagogische Betrachtungen. E. H. Mayer. Leipzig 1897. . 8⁰. 46 S.

> Wenn man den Erdenkloſs betrachtet,
> So findet man und zwar mit Recht,
> Daſs nichts so ist, wie man es möcht'.
> Das kommt davon: Es ist hienieden
> Zu vieles gar zu viel verschieden.

So läßt W. Busch seinen Höckergreis klagen und ich fürchte, mancher Schulmeister klagt auch so. „Und zwar mit Recht." Denn wären seine Buben, wie er sie möcht', dann wären sie wohl alle gleich und dann hätte er viel leichtere Arbeit. Aber weil nun einmal die vielen Buben eben doch viel zu viel verschieden sind, weil sie, auf deutsch, lauter Individuen sind, so bleibt nichts anderes übrig, als sie möglichst individuell zu behandeln, und man thäte es schließlich auch ganz gerne, wenn es der Buben nur nicht zu viele wären. Das ist eine alte Sache. Trotzdem hält es der Verfasser für notwendig, uns nochmal recht deutlich auf das Faktum hinzuweisen, daß von uns Menschen wirklich keiner dem anderen gleich ist und infolge davon auch jeder ein bischen anders angefaßt und behandelt werden muß. Da Verfasser seine Leser offensichtig für sehr langsam begreifend und ungläubig ansieht, so sagt er das ihnen immer und immer wieder vor und ruft aus Altertum, Mittelalter und Neuzeit von diesseits und jenseits des Ozeans Pädagogen, Philosophen und solche, die es beinahe geworden wären, zu Eideshelfern für seine kühne Behauptung auf. Freilich muß er bekennen, daß wir Europäer in unseren Schulen doch der Individualität Rechnung tragen, jedenfalls viel mehr als die amerikanischen Lehrer, denen außerdem die Kunst des Konzentrierens noch ganz unbekannt ist (S. 37). Denn in keinem zivilisierten Lande der Welt wurde, wie uns der Verfasser S. 5 erzählt, und wird meistens noch heute der Unterricht so schrecklich schablonenmäßig betrieben wie in den vereinigten Staaten. Es haben ja auch nur äußerst wenige Lehrer in öffentlichen Schulen pädagogische Bildung genossen und die meisten verdanken ihre Anstellung vorwiegend persönlichen Einflüssen. Sie sind also beim Unterrichte auf das vorgeschriebene Lehrbuch (textbook) angewiesen, das sie von den Schülern einfach Wort für Wort auswendig lernen und mechanisch heruntersagen lassen.

Indes ist doch da und dort die Erkenntnis der Notwendigkeit, die Kinder individuell zu behandeln, zum Durchbruch gekommen. Man untersucht — und das heißt man Child study — periodisch den Gesundheitszustand der Kinder, um die psychologischen Wirkungen des

Unterrichts festzustellen. Man nimmt Messungen des kindlichen Körpers vor, was sicherlich von noch ungeahnter Wichtigkeit ist, und da dieselben zeigen, dafs der Körper des Kindes im Frühjahre in die Höhe schiefst, im Herbste aber in die Breite wächst, so sucht man, erzählt der Verfasser, die Anforderungen an die Geistesthätigkeit damit in Einklang zu bringen. Hier hätte uns freilich der Verfasser näher mitteilen können, in welcher Weise dieser Einklang hergestellt wird. Werden etwa im Herbst mehr die in breiten, niederen Regionen sich bewegenden Gedanken gepflegt, etwa Geographie, Planimetrie, Landwirtschaftskunde, während man sich im Frühjahr mehr den hochstrebenden Ideen zuwendet, so vielleicht der Poesie, Luftschiffahrt, Metaphysik? Das zu wissen, wäre für uns von gröfstem Interesse.

Dafs Verfasser die Religion nicht dazu rechnen würde, glauben wir sicher annehmen zu dürfen, weshalb er sich denn auch freut, dafs Professor Hinsdale (Michigan) in seinen Studies of Education gerade uns Deutschen, die wir doch so viel auf kirchliche Gesinnung halten, vorwirft, dafs unsere Heimat so viele Rationalisten und Agnostiker — so heifsen sich nämlich Leute, welche ganz ruhig sagen, wir wüfsten über transcendente Dinge gar nichts, also transcendentale Sokratesse — hervorbringe trotz seines obligatorischen Religionsunterrichtes und daher im Auslande als Herd des Atheismus angesehen werde. Bei den Franzosen scheinen wir in der That leider in diesem schlechten Geruche zu stehen. Wenigstens werden wir in Maupassants La Petite Paroisse geradezu als die Lehrmeister Jungfrankreichs in Zweifel und Unglaube hingestellt. Das klingt gar wenig schmeichelhaft für uns.

Im Laufe der Erörterung verlangt der Verfasser auch, dafs man dem Schüler, wie später im Leben, so schon in der Volksschule, die doch eine Vorbereitungsanstalt für das Leben sein soll, die Wahl der Lehrgegenstände, wenigstens in den oberen Klassen, freistehen solle (S. 30). Wir fürchten, da würden manche sich ganz der Wahl enthalten, mancher hinwiederum würde sich vielleicht da einen Gegenstand erwählen, für den seine Individualität mehr Vorliebe als Verständnis besäfse, wie z. B. gleich hier der Herr Verfasser für die psychologisch-pädagogische Schriftstellerei — nach unserem deutschen Urteil. Ein Kollege hinten im Felsengebirge oder am Fufs des Popokatepetl wird vielleicht anders urteilen. Das kommt davon: Es ist hienieden — zu vieles gar zu viel verschieden.

München.   Dr. M. Offner.

Oskar Jäger, Lehrkunst und Lehrhandwerk. Wiesbaden 1897. C. G. Kunzes Nachfolger. (W. Jacoby).

Nach § 5a des Statuts für die preufsischen Gymnasialseminare[1]) haben in jeder Woche pädagogische Besprechungen über die Grund-

---

[1]) Abgedruckt in diesen Blättern am Schlusse der Abhandlung Gebhards zur Frage der Gymnasialseminare, 32. Band, Seite 557 ff.

sätze der Erziehungs- und Unterrichtslehre, über die Vorbereitung
auf die Lehrstunden, über die von Seminaristen erteilten Lektionen
etc. stattzufinden. Aus solchen Unterweisungen ist das vorliegende
Buch hervorgegangen, bei dessen Abfassung Jäger auf eine sechsjährige
Thätigkeit im Seminar zurückblicken konnte. Für aufmerksame Leser
hätte es der in der Vorrede abgegebenen Erklärung nicht bedurft, dafs
im Seminar manches überhaupt nicht und manches nicht so, wie es
gedruckt ist, gesprochen worden sei; manches Räsonnement wird
unterblieben sein, wie auch mancher Ausdruck, den in der Schule
nachzuahmen sich die Kandidaten hüten mögen; sonst gibt es wieder
Lärm in der Presse, gegen den, wie Seite 283 gesagt wird, die Verwaltung sehr empfindlich und zuweilen nachgiebiger ist, als zu wünschen
wäre. Es war auch zu vermuten, dafs die Betrachtung des Unterrichts
auf der Oberstufe im Seminar ganz kurz gewesen sei oder überhaupt
nicht stattgefunden habe, weil die Kandidaten in nächster Zeit doch
nicht auf die Primaner losgelassen werden. Allein, wie Seite 321
auseinandergesetzt ist, gehört zur seminaristischen Ausbildung, dafs
die jungen Männer mit dem ganzen Umkreis des Unterrichts bekannt
gemacht werden; denn nach Jägers Auffassung werden sie ins Seminar
geschickt, um das Leben eines Gymnasiums kennen zu lernen. Demgemäfs ist in diesem Buche zumeist der Unterricht besprochen, zuerst
der in den Klassen bis Untersekunda einschliefslich, hierauf ist von
der Disziplin, der Erziehung, von den Schulandachten, von Schule
und Elternhaus und von der Selbsterziehung des Lehrers gehandelt;
im dritten Teile ist der Unterricht in den drei oberen Klassen betrachtet, wobei die Einteilung in Fächer zu grunde gelegt ist. Im
Anbange sind u. a. Ratschläge für die Leiter der Seminarien, Themen
für die Schlufsaufgaben und Thesen als Vorlagen für Schlufsbetrachtungen
gegeben. — Wie zu ersehen, ist nicht die Vermittlung der Theorie
und Wissenschaft der Pädagogik, sondern die Einführung in die Praxis
als die wichtigste Aufgabe des Seminars betrachtet.[1] So konnte das
Buch auch als zweiter Teil der 1883 erschienenen Schrift „Aus der
Praxis, ein pädagogisches Testament"[2] bezeichnet werden.

Über die Einrichtung des Seminars läfst sich dem Buche etwa
Folgendes entnehmen. Die Besprechungen bilden den centralen Teil
der Seminarunterweisung; davon werden die ersten fünf Monate dem
Unterrichte auf der unteren und mittleren Stufe, die zwei folgenden
der Erörterung didaktischer und pädagogischer Begriffe, die übrigen
den Fächern der Oberstufe gewidmet. — Das Hospitieren beginnt
nach den ersten vierzehn Tagen, in denen sich die Kandidaten orientieren,
die Mitglieder des Kollegiums besuchen können; entweder wird ein
Fach durch alle Klassenstufen oder auch der Unterricht in e i n e r
Klasse verfolgt; in dem einen oder andern Gegenstande. erteilt der
Leiter des Seminars selbst eine Lektion. Den Kandidaten wird der

---

[1] Auch Gebhard vertritt a. a. O. Seite 548 die Ansicht, dafs das Seminarjahr ganz vorzugsweise für die praktische Einführung da sei.
[2] Angezeigt in diesen Blättern, 22, 288 ff.

Rat gegeben, beim Hospitieren erst das Sehen zu lernen, das Beobachten des Äufseren (Klassenzimmer, Sauberkeit, äufsere Ordnung), dann auf den Lehrton zu achten, darauf, ob der „vorbildliche" Lehrer biofs Lehrer oder auch Mensch mit natürlichen Formen seinen Schülern gegenüber sei, wie sein Tadel, sein Lob, wie die Haltung und Stimmung der Schüler sei, ob in der Klasse überhaupt gelobt werde etc. Unterricht sollen die Kandidaten nach der Seminarordnung im ersten Vierteljahre noch nicht erteilen. Jäger hält es für richtiger, sie damit recht bald beginnen zu lassen; fremden Lehrern höre man ganz anders zu, wenn man sich selbst im Unterrichten versuche und einen Plan für ferneres Hospitieren könne man erst dann sich machen.[1] — Die Themen für die Schlufsarbeiten der Kandidaten sind in der Mehrzahl der praktischen Pädagogik entnommen, z. B. alle Lektüre antiker Schriften ist zugleich historische Quellenlektüre; dies nebst den daraus fliefsenden didaktischen Konsequenzen nachgewiesen: a) an Câsar B. G. Buch I in Tertia, b) an Xenophons Anabasis Buch I in (Ober) Tertia, c) an Livius 21 oder 22 in Obersekunda, d) an der Behandlung des Horaz in Prima, e) wiefern ist der Satz für die Odysseelektüre anwendbar und fruchtbar zu machen? Oder: Ist es richtig, und worauf würde es beruhen, dafs Übersetzungen aus dem Deutschen ins Griechische in oberen Klassen weniger fruchtbar sind als die aus dem Deutschen ins Lateinische? Oder: Disziplinarische Mittel in den unteren Klassen. Folgendes auf Seite 470 mitaufgeführte Thema wird wohl nicht zur Bearbeitung gegeben worden sein: Gesetzt, es gelänge, die Aussprache des Französischen bei unseren Schülern derjenigen der pariser feinen Gesellschaft bis zu 99%, nahe zu bringen, welches würde der Gewinn für die nationale Erziehung sein? — In einer Instruktion für den Leiter des Seminars wird u. a. geraten, die Kandidaten nicht mit Arbeiten und pädagogischer Zwangslektüre zu überhäufen, nicht biofs, damit sie ein paar Privatstunden geben, sondern vornehmlich, damit sie weiter studieren können. Von dem Lesen der neuzeitlichen pädagogischen Literatur erwartet der Verfasser nicht viel; für den Anfang empfiehlt er die biographischen Artikel über die bekanntesten Pädagogen in geschichtlicher Folge von Melanchthon bis Schleiermacher in der Schmid-Schrader'schen Encyklopädie zu lesen.

Dem neuen preufsischen Lehrplane, der den Besprechungen zu grunde gelegt ist, steht Jäger nicht durchweg freundlich gegenüber. Er beklagt die im Jahre 1892 eingetretene Schmälerung des lateinischen Unterrichts als eine Schädigung unseres höheren Erziehungswesens; besonders sei die Wichtigkeit des Lateinunterrichts in Tertia verkannt worden; sonst hätte die Stundenzahl nicht auf sieben vermindert werden können. Die Stunden, die dieses Fach bei der jüngsten Organisation verloren hat, sucht Jäger zum Teil wenigstens zurückzugewinnen, indem er die schriftlichen Übersetzungen aus dem Lateinischen ins Deutsche in den deutschen Stunden machen läfst. Das geschehe, wie er sagt, nicht aus Bauernschlauheit

---

[1] Derselben Ansicht ist auch Gebhard (a. a. O. Seite 550).

Nehmen sie uns das Unsre mit Scheffeln,
Müssen wirs wieder nehmen mit Löffeln,
sondern deshalb, weil den Schülern dadurch recht einleuchtend gemacht
werde, daſs das Deutsche im Mittelpunkt des Unterrichts stehe! Auch
kann er sich nicht mit der Bestimmung befreunden, daſs in der Prima
die Texte für die lateinischen Stilübungen im Anschluſs an Gelesenes
zu entwerfen, einfach zu halten und fast nur als Rückübersetzungen
ins Lateinische zu behandeln seien. Um an der früheren Übung festhalten zu können, klammert er sich daran, daſs es nicht heiſse „an
lateinisch Gelesenes" und nicht „an das in Prima Gelesene." Allein
die auf diese Weise gewonnene Auslegung dürfte dem Sinne der Bestimmung nicht entsprechen. Referent hält eine Vereinfachung der
lateinischen Stilübungen in den zwei obersten Klassen für einen Fortschritt und möchte glauben, daſs Jäger, der Seite 376 gar von dem
höchsten Adel dieser Übersetzungen spricht, ihren Wert doch über-
schätze. Dagegen billigt es der Verf., daſs in der jetzigen Lehreinrichtung
der Lektüre des Tacitus von dem geschmälerten Raume ein beträchtlicher
Teil zugewiesen sei, während eine vor wenigen Jahren noch sehr
mächtige Partei der reinen Ciceronianer die Tacituslektüre mit einer
gewissen Abneigung betrachtet habe, weil sie dem Klassicismus gefährlich gewesen sei. Ebenso wird gelobt, daſs der Lehrplan in Obersekunda den Herodot in sein Recht wieder einsetzt und ihn als den
Hauptschriftsteller dieser Klasse anerkennt; hier sei ein alter Zopf
vollends abgeschnitten, der atticistische Orthodoxismus, der früher den
ganzen griechischen Unterricht beherrscht und der guten Sache viel
Schaden gethan habe; durch ihn sei der griechische Unterricht vielen
verleidet worden, von denen nicht wenige eine Art Rache nähmen,
indem sie in das Geschrei über die toten Sprachen und die dürre
Grammatik einstimmten, ohne zu bedenken, daſs, seitdem sie auf der
Schulbank gesessen hätten, nicht nur das Telephon und die Schwebe-
bahn erfunden worden, sondern auch Lehrkunst und Lehrhandwerk
fortgeschritten seien. Für einen groſsen und erfreulichen Fortschritt
wird es erklärt, daſs jetzt die erste moderne Sprache ein Jahr später
als vordem begonnen werde in 4 Stunden und dann 3 Jahre lang
mit 3 Wochenstunden fortgesetzt werde: dabei komme bei einigermaſsen
rationellem Unterricht mehr heraus als nach der Anordnung des älteren
Lehrplans. Nicht beklagt wird es, daſs der Untersekunda deutsche
und preuſsische Geschichte vom Regierungsantritte Friedrichs des
Groſsen zugewiesen sind. Die Rücksicht auf die 25% nach dieser
Klasse ins Leben Übertretenden wird als berechtigt anerkannt. Auch
dem wird zugestimmt, daſs im Geschichtsunterrichte mehr als früher
und bisher auf die wirtschaftlichen und gesellschaftlichen Verhältnisse
Rücksicht genommen werden soll; aber besondere Exkurse darüber
und die üppig ins Kraut geschossene Literatur werden abgelehnt,
letztere, soweit sie für Schüler bestimmt ist. Dem Lehrer, der beim
Unterrichte auf unsere gesellschaftliche und wirtschaftliche Entwicklung
bis 1888 einzugehen hat, wird geraten, ein gutes Buch darüber zu
lesen, zu exzerpieren und dann das Erarbeitete so gut, so einfach,

so wirksam als möglich den Schülern vorzuführen. — Dagegen ist Jäger nicht damit einverstanden, daſs der Quinta die Geographie von Deutschland zugewiesen ist. Wie er vermutet, ist diese Bestimmung unter dem Drucke des allerneuesten Patriotismus getroffen worden. Ref. teilt diese Vermutung nicht und weist darauf hin, daſs die bayerische Schulordnung ebenfalls die Geographie von Deutschland als Hauptaufgabe für die zweite Klasse verlangt. — Bezüglich der häuslichen Arbeit hebt J. mit Recht hervor, daſs vielfach und auch im preuſsischen Lehrplan in einer Weise geredet wird, als wenn unsere Sexten aus lauter schwindsüchtigen und nervenkranken Knaben bestünden. „Die häuslichen Arbeiten nur recht kurz! und nur recht wenig aufgeben!" ist Seite 94 unwillig bemerkt.

Über das ganze Buch hin finden sich ironische Bemerkungen ausgestreut gegen die Pädagogik der groſsen Worte, die sich als neue und wissenschaftliche Methode so hoffärtig spreize. Zu den damit gemeinten Übertreibungen gehört z. B. die Forderung Simons (Rechnen und Mathematik bei Baumeister, Seite 36): „Der Lehrer muſs, ehe er die Klasse betritt, genau wissen, welche Frage er welchem Schüler 5 Minuten vor Schluſs vorlegt; nur dann hat er jene darüberstehende Sicherheit, die dem Lehrer und Leiter der Klasse geziemt"; oder jene Martens', der das Gefühl oder Bewuſstsein staatlicher Verantwortlichkeit zum eigentlichen Leitsatz und Richtpunkt des geschichtlichen Unterrichts macht. Andere haben verlangt, daſs der geographische Unterricht möglichst im Freien gehalten werde, daſs nach der Kritik der deutschen Aufsätze in Tertia noch ein Musteraufsatz des Lehrers gegeben werde (Jäger fragt, was für eine Musteraufgabe denn der Lehrer machen solle, ob einen Musteraufsatz an sich oder einen Mustertertianeraufsatz), daſs die Lehrer recht fleiſsig gegenseitig bei einander hospitierten. Im Kopf, zitiert Jäger, hat das keine Schranken. Es wird auch mit jener Phrase der neuzeitlichen Pädagogik abgerechnet, welche vom Lehrer individuelle Behandlung der Schüler verlangt und darin alle in ihre Kinder und deren individuelle Unarten verliebten Eltern zu Bundesgenossen hat. Im Gegensatze dazu wird betont, daſs die Stärke der Schule darin liegt, daſs sie ihre Forderungen ohne Rücksicht auf die sogenannte Individualität an alle richtet, daſs das gleiche Gesetz, die gleiche Ordnung, die gleiche Grammatik über reich und arm, Grafensohn und Schusterssohn, Klugen und Dummen waltet. Deshalb seien noch nicht alle Schüler als bloſse Nummern zu behandeln. Jäger gibt ferner nichts auf die weise, mit Berücksichtigung der Individualität geregelte häusliche Lektüre, weil der wirklich individuelle Schüler, sobald er merke, daſs seine häusliche Lektüre einer weisen Regelung unterliege, sich von dieser Lektüre abwenden werde. Auch sei mit der Phrase vom Zusammengehen von Schule und Elternhaus wenig gesagt und gar nichts gethan. Der Verfasser glaubt auch nicht an die veredelnde Kraft der Elternabende, der gemeinsamen Ausflüge, an denen Eltern, Schüler, Lehrer teilnähmen. Lobpreisungen in den Zeitungen fehlten freilich für die Veranstalter nicht. — Die scharfe Zurückweisung dieser übertriebenen

Forderungen und leeren Redensarten ist gewiſs berechtigt. Doch macht
sich an manchen Stellen die Subjektivität des Verfassers zu sehr geltend,
so, wenn er bemerkt, daſs ihm der ganze Begriff Kanon auswendig zu
lernender Gedichte als ein unlebendiger, schablonenhafter Schulmeister-
begriff in der Seele verhaſst sei; oder wenn er von Philipp Wacker-
nagels Lesebuch, das er nicht ansteht, als einen Bestandteil unserer
klassischen Nationalliteratur zu bezeichnen, hervorhebt, daſs es keinen
Anhang mit erklärendem Wörterverzeichnis, Grammatischem, Schrift-
stellerverzeichnis habe. Ist denn ein solcher Anhang etwas Schlimmes?
Berechtigt ihn ein solcher dazu, von abnehmender Natürlichkeit und
überhandnehmender Methodenwut zu sprechen? Auch ereifert sich
Jäger darüber gar zu sehr, daſs man in unserer pädagogisch besten Welt,
wie er sagt, beim deutschen Unterricht die Geschichten ganz allgemein
nacherzählen läſst. Bei ihm muſs sie ein Schüler seinem kleinen
Bruder in der Vorschule erzählen. Auch dann, wenn er einen solchen
gar nicht hat? Dabei thut Jäger, wie wenn er eine epochemachende
Erfindung gemacht hätte. — Ein Verdienst will Jäger jenen Übertreibungen doch zuerkennen: sie hätten dem Wahne entgegengewirkt,
als wenn es des Akademischgebildeten würdiger wäre, in Prima den
Plato zu interpretieren als in Sexta Latein zu lehren. Doch die Übertreibungen haben dies nicht bewirkt, vielmehr sind sie mit daran
schuld gewesen, daſs es so lange dauerte, bis der Wert pädagogischer
Unterweisung anerkannt wurde.

In den Vorträgen über den deutschen Unterricht ist an einigen
Märchen und Sagen, an Uhlands Gedicht Roland Schildträger, an
Schillers Bürgschaft, Pegasus im Joche etc. gezeigt, wie die Lektüre
zu behandeln ist. Vor der Scholiengelehrsamkeit wird gewarnt; daſs
dies not thut, ersieht man z. B. aus dem zweiten Teil von Lyons
Lektüre. Hier sind bei der Behandlung von Goethes Erlkönig 37
Seiten mit Exkursen über die seelischen und elfischen Geister und
über die Riesen angefüllt, zur Erweckung der Stimmung, wie es heiſst.
Ref. fürchtet aber, daſs die Schüler darüber einschlafen werden.
Wenn die Gedichte Goethes dazu herhalten müssen, daſs man seine
germanistische Gelehrsamkeit an den Mann bringt, so bewahre uns
der Himmel vor den Germanisten! Der Germanist hat da dem Schulmann einen bösen Streich gespielt. So schlimm hat es selbst Servius
in seinem dicken Kommentar zu Vergil nicht getrieben. — Nach dem
preuſsischen Lehrplan ist bei der Lektüre die Erklärung darauf zu
richten, daſs das Ganze als ein sich abgeschlossenes Kunstwerk von
den Schülern aufgefaſst wird. Dagegen will Jäger zunächst für Untersekunda den Blick auf die Menschen, die Gedanken, die tiefeindringenden
Worte, die sittlichen Ideen und Probleme eines Dramas gerichtet haben;
es sei wenig wert, wenn ein 16jähriger junger Mensch den Aufbau
eines in sich geschlossenen Kunstwerkes wie z. B. des Tell appercipiere.
Aber auch in den oberen Klassen[1]) will er die Lektüre nicht anders

---

[1]) Die sog. dramatische Geometrie, „eine neue und ganz fürchterliche Schul-
meisterei", die auf Freytags Technik des Dramas zurückgeht, wird abgelehnt.

behandelt haben: kurze Einleitung, Lesen der einzelnen Scenen in verteilten Rollen (?), knappe Erläuterung; nach jedem Akt macht man Halt, studiert auf katechetischem Weg das Gelesene, indem man nach dem Fortschreiten der Handlung in dem gelesenen Akt fragt, dasjenige sammeln läfst, was zur Charakteristik der handelnden Personen dient; ist so das ganze Stück gelesen: zusammenfassende Schlufsbetrachtung, bei der die Idee des Stückes offenbar und gefunden wird, wie sie sich in der dramatischen Handlung verwirklicht etc. — Von den lose angereihten Bemerkungen über die Dramen, die auf der obersten Stufe gelesen werden, sei auf das über die Lösung des Fluches in Goethes Iphigenie Gesagte besonders hingewiesen. — Dem Lehrer, dem es ernst damit ist, seine Schüler zu fördern, gesteht Jäger gerade im Deutschen ein grofses Mafs von Freiheit zu; von Vereinbarungen und spezialisierten, detaillierten Lehrplänen für ganze oder halbe Jahre hält er nicht viel; er würde sich niemals erlauben, einem sachfreudigen Lehrer gegenüber den allwissenden Direktor zu spielen. Bezüglich der Pflege des Patriotismus in den deutschen Stunden erinnert er an das Wort vom Samenkorn, dafs es aufgehe in der Stille. Die freien Vorträge der Schüler verwirft er für Obersekunda wegen der Belastung der Lehrer und der geringen Leistungsfähigkeit der Schüler, in Prima will er sie zulassen, obwohl da die Mühe der Lehrer doch jedenfalls nicht geringer ist. Der Verf. hat die ganze Frage, die eine eingehendere Besprechung schon verdient hätte, mehr berührt als gründlich behandelt. Man vergleiche über sie z. B. Lehmann, der deutsche Unterricht (Berlin 1890) Seite 93 ff.

Die Bedeutung des Lateinischen wird scharf betont. Es genügt dem Verf. nicht, dafs im preufsischen Lehrplan als allgemeines Ziel Verständnis der bedeutenderen klassischen Schriftsteller der Römer und sprachlich-logische Schulung aufgestellt wird; er bezeichnet das Lateinische als das centrale Fach, an welchem der Knabe die wissenschaftliche d. h. die erkenntnisschaffende Arbeit um ihrer selbst willen kennen und üben lernen soll. Er will nichts davon wissen, dafs die erste fremde Sprache, die der neunjährige Knabe lernen müsse, das Französische oder gar das Englische sei; wie ein Mensch mit 5 gesunden Sinnen überhaupt auf das Englische als Anfangssprache habe verfallen können, sei ihm zwar erklärlich, aber nicht begreiflich. Die Organisation der Reformschule verwirft er, weil die Bedürfnisse der Vorbildung für die verschiedenen Kreise und künftigen Berufskategorien zu verschiedenartig sind, weil die Frage, ob ein Knabe für das eigentlich wissenschaftliche Lernen geeignet ist oder nicht, durch sein Verhalten zu den Denkaufgaben, die das Lateinische stellt, am raschesten und verhältnismäfsig sichersten entschieden wird, und weil ein Schüler, der mehrere Jahre utilitarisch d. h. mit unmittelbarer Rücksicht auf einen baldigen Eintritt ins praktische Leben unterwiesen worden ist, auch das ihm später gebotene Wissenschaftliche, Latein, Griechisch u. s. w. utilitarisch aufzufassen versucht sein wird. — Bei der Besprechung methodischer Strömungen wird über den Perthesianismus abfällig geurteilt. Perthes und manche Neuerer hätten verkannt, dafs

alles von den Schülern erarbeitet und erobert sein müsse; zur Lektüre
auch der kleinsten Fabel dürfe erst dann geschritten werden, wenn
diese von den Schülern auch wirklich bezwungen werden könne. Indem Jäger die alte Methode charakterisiert, zeigt er, daſs in ihr deduktive und induktive Elemente vereinigt sind. Dies ist richtig; leider
hat J. nicht Anlaſs genommen, auf irrtümliche Auffassungen von induktivem Verfahren hinzuweisen, von denen z. B. diese verbreitet ist,
daſs Induktion an und für sich mit der Lektüre etwas zu thun habe.
Gewiſs ist der Grundsatz hochzuhalten, daſs man die Schüler selbst
finden lassen soll, was sie finden können; aber es gibt Fälle, in denen
die deduktive Methode vorzuziehen ist.

> Eines schickt sich nicht für alle,
> Sehe jeder, wie er's treibe!

Der eine Lehrer leistet mit dieser, der andere mit jener Methode
mehr. In seinem Aufsatze Psychologie und Pädagogik (in den neuen
Jahrbüchern, 1898, Seite 65 ff.) bemerkt Volkelt, daſs der Gegenstand
und die psychologische Sachlage bisweilen so vielseitiger und ver-
wickelter Art seien, und daſs so mannigfaltige und subtile Rücksichten
in Frage kämen, daſs man bei einem Geltenlassen mehrerer Methoden
werde stehen bleiben müssen. Ähnlich sagt Cauer in seiner Grammatica militans: Practica est multiplex, fügt aber nicht unwitzig hinzu:
Bequemer und beruhigender ist es, wenn einer sagen kann: bei uns
wird — seit 1. 4. 1892 — nach der induktiven Methode unterrichtet.
— Eine Gefahr, die der Lektüre durch das induktive Verfahren erwachsen kann, ist Jäger nicht entgangen: das gelegentliche Ableiten
stilistischer Regeln und synonymischer Untersuchungen aus dem Gelesenen kann auf einem ziemlich geraden Wege zu jener Behandlung
zurückführen, bei der z. B. Caesar als Beispielsammlung zur lateinischen
Grammatik gelesen wurde. Hauptgrundsatz für die lateinische und
griechische Lektüre sei, daſs alles, was nicht dem Verständnisse und
der wissenschaftlichen Erledigung der vorliegenden Stelle diene, zu
meiden sei. Daher keine Abschweifungen grammatischer oder archäologischer Art, keine Anleihen für stilistische Regeln und synonymische
Unterscheidungen bei den Lektürestunden! Dem jungen Lehrer wird
für die Verdeutschung Paul Cauers Buch Die Kunst des Übersetzens[1])
empfohlen. Übersetzungen sind mitgeteilt von Jäger selbst (Horaz,
Oden I,37, Livius 22, 5 teilweise) und von Jägers Lehrer Karl Ludwig
Roth (Livius 21, 1). — In dem Abschnitte über Cicero wird volles sprach-
lich-sachliches Verständnis als das Ziel der Lektüre bezeichnet; die Hebel-
kraft zur Erzielung dieses Verständnisses sei eine doppelte: das Interesse
für die sprachliche Wiedergabe und das historische, das Hineinschauen
in das Leben einer längst entschwundenen Vergangenheit. Beides
vereinige sich leicht, wenn der Lehrer einigermaſsen vom Geiste unserer
Zeit berührt sei, zu deren besten wissenschaftlichen Errungenschaften
der geschichtliche Realismus gehöre. Sehr wichtig erscheint J. das
wissenschaftliche Interesse, das der Lehrer selbst an dem Schriftsteller
hat, den er mit den Schülern liest; sei es im Lehrer lebendig, so

---

[1]) Angezeigt in unseren Blättern 34, 455 ff.

übertrage es sich leicht auf den besseren Teil der Schüler; ob dieses Interesse mehr den philologischen oder historischen Charakter trage, mache so viel nicht aus. Referent hätte aber auch gerne die Folge daraus gezogen gesehen, nämlich die, dafs ein Lehrer, der dieses Interesse an einem bestimmten Schriftsteller oder einem bestimmten Abschnitt hat, in der Auswahl der Lektüre nicht durch die Rücksicht auf äufsere Verhältnisse wie z. B. auf Parallelklassen eingeengt werden soll.[1]

Der Raum gestattet nicht, auf die vielen beim lateinischen Unterricht behandelten Fragen hier einzugehen. Es sei nur noch kurz auf Folgendes hingewiesen. Von einer Vorpräparation, also einer präparierten Präparation will Jäger auf keiner Stufe des Unterrichts etwas wissen, auch nicht von der Benützung von illustrierten Klassikerausgaben. In welcher Verteilung der lateinische Prosaiker und Dichter, in welcher Reihenfolge die Oden des Horaz zu lesen sind, darüber ist Seite 384 und Seite 404 f. gehandelt. Eine Anzahl der kleineren Episteln des Horaz pflegte J. mit den Oberklässern so zu lesen, wie man sie auf der Universität mit Studenten liest; doch mufsten sie in der nächsten Stunde von Schülern deutsch vorgetragen werden. Recht gut angebracht ist auf Seite 406 das Citat aus Goethes Dichtung und Wahrheit über den Wert der Übersetzung eines Dichterwerkes in Prosa.

Im griechischen Unterrichte hat es nach Jäger am meisten zu reformieren gegeben. Wie er glaubt, ist es hauptsächlich der vielfach unlebendige und stroherne Betrieb dieser Sprache gewesen, was dem Gymnasium das gesamte Barbarentum auf den Leib gehetzt hat. Er klagt, dafs er selbst noch seine liebe Not gehabt, einem und dem anderen wackeren Lehrer die schrecklichen Formenextemporalien abzugewöhnen, welche die schöne Sprache dem Schüler verhafst machen. Es gebe immer noch Lehrer, die sich auch in Sekunda gar nicht zufrieden geben könnten, wenn sie nicht jeden Augenblick sich überzeugten, ob ihre Schüler auch βασιλεύς, γίγας, νοῦς noch flott und korrekt herdeklinieren könnten und es wie eine Art Unglück betrachteten, wenn Homer, Herodot das orthodoxe Attisch trübten. Es sei zwar eine Sprache, die der Schüler lernen und an der er lernen solle, nicht zu seinem Vergnügen erfunden, aber ihm die Arbeit erträglich machen, ihm dann und wann zeigen, wie auch schon auf dem mühevollen Wege der Anfänge hier und dort etwas Schönes zu sehen sei, das dürfe man doch wohl.

An der systematischen Durchnahme der griechischen Syntax hält J. fest; diese sei zur Förderung des wissenschaftlichen Sinnes bei den Schülern durchaus notwendig. Dafs aber die Sprache den Schülern lebendig werde, dazu sind auch schriftliche und mündliche Übersetzungen ins Griechische unerläfslich. Bei der Einführung in den Homer rät J. von der Regel, zu Anfang recht langsam zu verfahren, abzuweichen

---

[1] Über den Wert des wissenschaftlichen Interesses gegenüber „der normalen Darbietung eines normalen Lehrstoffes durch die Lehrkraft Kunz Nro. 897" siehe Paul Cauer in der Grammatica militans, Seite 148.

und, wenn das allererste überwunden, ein rasches Tempo einzuschlagen ohne Repetitionen und andere retardierende Momente. Der regelmäfsige Gang mit Präparieren, Übersetzen und Repetition solle erst angetreten werden, wenn sich die Schüler in dem fremden Lande schon einigermafsen heimisch fühlten. Auch bei Homer möge der Lehrer in Untersekunda, wenn das Präparierte durchgegangen sei, in den letzten 8 – 12 Minuten noch 5—20 Verse selber vor den Schülern, in ihrer Weise lesend, die Konstruktion wo nötig deutend, Wörter erklärend übersetzen. „Der Schüler hört zu, sieht, wie es der Lehrer macht: ich dächte, bei allem übrigen Handwerk thut das guten Dienst, warum nicht bei dem unsrigen?" Als Repertoire der Homerlektüre sind für die Obersekunda die späteren Bücher der Odyssee, für die Unterprima die 12 ersten, für die Oberprima die 12 letzten Bücher der Ilias bezeichnet. Die Kunst des Übersetzens von Paul Cauer wird gerade für Homer besonders empfohlen. Jäger scheint nicht gegenwärtig gewesen zu sein, dafs Cauer die in diesem Werke aufgestellten Grundsätze für Homer in seinen Anmerkungen zur Odyssee (Berlin, G. Grote 1894—1897)[1]) durchgeführt hat. Dieser Kommentar hätte also den Kandidaten in erster Linie empfohlen werden sollen.

Schon kleine Auszüge aus den Vorträgen über die übrigen Fächer, von denen besonders die Religionslehre mit Innigkeit behandelt ist, würden zu viel Raum beanspruchen. Dafür soll noch über einige Sätze aus dem zweiten Teile referiert werden.

Den Herbartianismus will sich J. an seinem Orte gefallen lassen, in der Theorie; aber ihn unmittelbar ins Praktische umsetzen zu wollen, hält er für grundverkehrt; ein solcher Versuch führe den Lehrer, namentlich jüngere, zu Künstelei, zu Aufgeblasenheit, wie sie Adepten und Propheten charakterisiere. — Er gibt zu, dafs die Thätigkeit des zur Hebung des Standes gegründeten Vereins einige gute Früchte getragen hat; das Errungene sollte aber nur Mittel zu einem viel wichtigeren Zwecke sein. Der Geistliche, der Arzt, der Richter hätte überall dem sogenannten Publikum gegenüber die Autorität des Sachverständigen, die Unabhängigkeit seines Berufes; die Gymnasiallehrer dagegen müfsten sich von dem nächsten besten Laien, der die Sache nicht oder, was schlimmer sei, nur halb verstehe, auf ihrem eigenen Boden hofmeistern lassen. Hier gelte es Persönlichkeit zu zeigen; hier sei eine ernste Aufgabe zu erfüllen, die Jugend der Nation mit Sachkenntnis gegen die pädagogische Kurpfuscherei zu schützen. Aber vielfach zeige sich Schwäche, z. B. bekenne man sich heute zur Grammatik nur, indem man sich vor dem mitsprechenden Dilettantismus gewissermafsen entschuldige. — Die Besserung der materiellen Verhältnisse wird, wie J. wünscht, vielleicht dazu führen, dafs unser Stand sich künftighin etwas mehr aus den Volksschichten rekrutiert, denen ihre Mittel von vornherein eine liberalere Lebenshaltung gestatten. Es gibt, wie weiter ausgeführt wird, nicht wenige Schüler, auch viele Söhne hochgestellter Väter darunter, welche sich für den Gymnasial-

---

') Angezeigt in diesen Blättern, Band 35, Seite 128 ff.

lehrerberuf eignen; das Vorurteil dieser hochgestellten Eltern stellt sich vielfach diesem Wunsche ihres Sohnes entgegen; denn der Gymnasiallehrer gilt bei ihnen nicht so recht als volles Glied der oberen Schicht, was zuweilen eine Gans oder ein Gänschen in diesem Kreise zu verraten naiv genug ist. Im Eingange des Buches wünscht J. den Kandidaten Glück zu dem erwählten Berufe, dem schönsten und befriedigendsten, den es unter Menschen geben könne. Es wäre vielleicht besser gewesen, wenn der Verf. hier zurückhaltender gewesen wäre und die Kandidaten nicht zu beeinflussen versucht hätte. Dafs im allgemeinen Jägers Ansicht von unseren Kollegen nicht geteilt wird, ergibt sich aus der Thatsache, dafs in Preufsen von den Söhnen akademisch gebildeter Lehrer kaum zehn von hundert dem Schulfache sich zuwenden, während von den Söhnen der Pastoren und Juristen fast 50%, der Ärzte 45,4%, der Militärs 37% dem väterlichen Berufe treu bleiben.[1]) Doch fehlt es unserem Berufe an Lichtseiten nicht. Zu diesen rechnet J. vor allem die Unabhängigkeit; da der Lehrer gar nicht hoch fliegen könne, so brauche er sich auch nicht zu bücken und zu kriechen; er stehe seinem unmittelbaren Vorgesetzten freier gegenüber als andere Beamte; man verlange vom Lehrer aufser den gewöhnlichen Geschäfts- und Umgangsformen des gebildeten Mannes nichts weiter im höheren Ceremonienfach; der Lehrer brauche nicht wie der Theologe mühsam und peinlich seinen Weg zu suchen zwischen dem, was der prüfende Verstand, die zwingende Vernunft ihm als richtig und als unrichtig zeige und dem, was für das Konsistorium, für die fashionable Gesellschaft, für die Menge der Gläubigen oder zu glauben Meinenden wahr sei.

Liebevoll gedenkt Jäger zweier seiner Lehrer, C. L. Roths und E. Borels; der letztere ist ihm das Ideal eines Lehrers des Französischen geblieben, nachdem er seinen Unterricht ein Jahr lang in der obersten Klasse des Stuttgarter Gymnasiums 1847/48 genossen hatte. J. schliefst die Erinnerung an ihn mit den Worten: „Etwas von der Charis, die diesem Manne innewohnte, möchte ich allen unseren Lehrern, denen es daran häufig nur allzusehr fehlt, wünschen: sie wäre mit einigen Ellen weniger Reserveleutnant nicht zu teuer erkauft."

Die Vorzüge und die kleinen Schwächen des Werkes liegen im Persönlichen; es werden nicht ruhig abgeklärte Untersuchungen über pädagogische Fragen geboten, sondern Erfahrungen und Ansichten, aber solche eines Mannes, der wie wenige seine Kunst und sein Handwerk versteht und der von dem, was er sagt, auch wirklich überzeugt ist. Der Verfasser darf des wärmsten Dankes für die neue Gabe sicher sein, für die es kein gröfseres Lob gibt, als dies, dafs sie eine würdige Fortsetzung der früheren Schrift Aus der Praxis ist. Besonders gepriesen zu werden verdient die Mannhaftigkeit, mit welcher der Verf. für das eintritt, was er als richtig erkannt hat.

---

[1]) Siehe Gemfs, die Statistik der Gymnasialabiturienten im deutschen Reiche während der letzten drei Schuljahre, Berlin 1895. (Angezeigt in unseren Blättern 31, 518 ff. von Gebhard).

Seite 380 ist zu schreiben: Livius 22, 5. — Seite 38 nennt J. das von Kirchhoff gebrauchte Wort „Länderkundler" grauenhaft; gegen das schreckliche Fremdwort „Privatlektüre" möchte er die Hilfe des allgemeinen deutschen Sprachvereins anrufen. Aber Jäger mag vor seiner eizenen Thüre kehren: Seite 290 steht Redehaltungswut, 349 Koncentrationsfanatiker, 422 Lehrprobenselbstbespiegelungsliteratur, 382 Rhinoceroshaut einiger modernen Scribler. Auch ist „Privatlektüre" nicht schlechter als die von Jäger Seite 6 gebrauchte vox hibrida anormal, die besser durch anomal ersetzt wird. — Freunde von Anekdoten seien auf Seite 291 verwiesen.

München.   Karl Rück.

Rudolf Kögel, Geschichte der deutschen Literatur bis zum Ausgang des Mittelalters. 1. Band bis zur Mitte des 11. Jahrhunderts. 2. Teil. Die endreimende Dichtung und die Prosa der althochdeutschen Zeit. Strafsburg, Trübner 1897. 8° XIX, 652 Seiten.

Der erste Teil dieser Literaturgeschichte (vgl. Blätter 30, 622 ff.)[1]) wurde in den wissenschaftlichen Fachzeitschriften zum Teil scharf angegriffen (Kauffmann, Literaturblatt f. germ. u. rom. Phil. 16, 42 ff.; Kraus, Zeitschrift f. d. österr. Gymn. 1896, 306 ff.; Siebs, Zeitschrift f. deutsche Philologie 29, 394 ff.), und auch da, wo Lob gespendet wurde (Heusler, Anzeiger f. deutsches Altertum 22, 241 ff.), fehlte es nicht an mancherlei Zweifel und Widerspruch. Die Kritik erhob namentlich in zwiefacher Richtung Vorwürfe. Das Buch sei gar keine eigentliche Literaturgeschichte, indem es auf zusammenfassende Darstellung verzichte und vielmehr eine lose Reihe von Einzeluntersuchungen darbiete. In der That zerfällt auch der vorliegende zweite Teil in lauter Abschnitte zu den verschiedenen Denkmälern, die guten Teils als Einleitungen oder Kommentare gelten könnten, aber insoferne auch wieder ungleichmäfsig und unvollständig gearbeitet sind, als der Verfasser mit grofser Ausführlichkeit bei allen den Punkten verweilt, zu denen er Eigenes, Neues beizutragen hat. Bei den kleineren Stücken ist die Erläuterung häufig so gehalten, dafs der Leser sie gar nicht verstehen kann, ohne die dritte Auflage von Müllenhoffs und Scherers Denkmälern beständig aufzuschlagen. Der Verf. bietet also gelegentliche einzelne Ergänzungen zu den vorhandenen Ausgaben und Kommentaren. Über den Rahmen der landläufigen Literaturgeschichte greift Kögel weit hinaus, indem er z. B. seine metrischen Ansichten mit Vorlage des ganzen Materiales bis ins Einzelne zu begründen sucht. So ärgert sich der eine über zu viel, der andere über zu wenig, der

---

[1]) Das „Ergänzungsheft zum 1. Band" (Strafsburg 1895; 8° X, 70 Seiten) behandelt ausführlich die altsächsische Genesis. Die Bruchstücke sind übersetzt und mit Anmerkungen zu einzelnen Stellen versehen. Sehr eingehend (S. 28—70) ist die Metrik erörtert nach den im 1. Band niedergelegten Grundsätzen des Verfassers über die Stabreimkunst. Die Genesis wird als ein Werk des Heliand-dichters, das er später verfafste, betrachtet.

findet Dinge, die er gar nicht will, jener vermifst die allerwesentlichsten Eigenschaften einer Literaturgeschichte. Seltsamerweise wird aber Kögels kleine Literaturskizze in Pauls Grundrifs II, 1 fast überall anerkannt, obwohl sie nach ihrer Anlage, abgesehen von den dort fehlenden metrischen Erörterungen und dem Abschnitt über die vorliterarische Zeit, blofs durch geringeren Umfang von dem grofsen Werke sich unterscheidet. Zweitens erregten die freilich oft sehr kühnen Hypothesen, die besonders die Urzeit betreffen, Anstofs. Ich erwähne hier nur das gotische Weihnachtsspiel, wogegen Kraus Beiträge 20, 224 ff., und die Stabreimverse im friesischen Recht, wogegen Siebs, Zeitschrift für deutsche Philologie 29, 406 ff. zu vergleichen ist. Besser wären solche Dinge zunächst im Kreise der Fachleute erörtert worden, damit bei der Discussion unter den vielen fruchtbaren und neuen Ideen die Spreu vom Weizen ausgesondert und dann nur das Brauchbare weiteren Kreisen vermittelt worden wäre. Kögel hat nicht immer sorgfältig genug die Anlage seines Buches und die Bedürfnisse und Fähigkeiten seines Leserkreises abgewogen. Er kommt an der einen Stelle dem Laien zu sehr entgegen, während er an der andern Vermutungen äufsert, deren Wert und Tragweite nur der Fachmann ermessen kann. Das Buch leidet gewifs an Fehlern, aber es besitzt auch mannigfache Vorzüge. Der zweite Teil bietet nicht so viel Gelegenheit zu Abschweifungen auf unbekanntes Gebiet, mithin ist die Gefahr leichter, luftiger Hypothesen erheblich beschränkt. Die Darstellung ist an die verschiedenen Denkmäler geknüpft, die der Reihe nach zur Sprache kommen. Wir fühlen überall festen Grund. Da Kögel das ganze Material selbständig durchforschte, ist er imstande, den Bericht über die allgemein anerkannten Ergebnisse mit mancherlei neuen Ansichten, die deutlich vom übrigen sich abheben, zu beleben. Der Leser wird eingehend mit allen wichtigen Fragen eines jeden Denkmals bekannt gemacht. Ein solches Verfahren ist entschieden wertvoll, indem es oberflächlicher Beschäftigung durchaus entgegen wirkt. Von der gründlichen Ausführlichkeit des Kögelschen Werkes gewinnen wir eine Vorstellung, wenn wir berücksichtigen, dafs er denselben Stoff, den Kelle auf 435 Seiten bewältigt, auf 1065 Seiten behandelt. Allerdings darf beim Vergleiche ein Teil für die metrischen Excurse und langen Inhaltserzählungen in Abrechnung gebracht werden.

In drei grofse Abschnitte mit vielen Unterabteilungen ist der Stoff gegliedert: Endreimdichtung S. 1—273; Waltharius und Ruodlieb S. 274—412; Übersetzungsprosa bis zu Notkers Tod S. 413—626. Ich hebe im folgenden einige mir wichtig dünkende Punkte hervor, wo Kögel Neues bringt, und will gelegentlich, wo ich nicht überzeugt bin, Einsprache thun. Dabei soll auch angedeutet werden, wo ich Mängel wahrzunehmen glaubte und wo mir eine andere Darstellung für den Zweck der Literaturgeschichte wünschenswert erschien.

Von Otfried handeln 78 Seiten, wovon aber 54 auf Metrik, insbesondere Rhythmik entfallen. Dagegen ist über den Stil Otfrieds vergleichsweise nur wenig gesagt (S. 27—32) und fast ausschliefslich unter dem Gesichtspunkt des Zusammenhangs mit der Stabreimdichtung. Man möchte auch hören, was an Otfrieds Stil eigentümlich und neu ist. Unsere Kenntnis des Weissenburger Mönches ist besonders durch Schönbachs Untersuchungen gefördert worden, deren Ergebnisse Kögel verarbeitet. Eigene neue Gedanken bringt er zur Formgeschichte des Evangelienbuches vor. Sie scheinen mir nicht stichhaltig zu sein. Dafs Otfrieds Vers und Strophe einerseits den zeitgenössischen lateinischen Rhythmen entstammt, andererseits noch vielfach unter Einwirkung des Stabreimverses steht, wird von den meisten Gelehrten angenommen. Kögel (s. 39 f.) will die lateinische Hymnenstrophe völlig zurückdrängen und behauptet dafür das Vorbild der sangbaren strophischen Dichtung, von der in Deutschland freilich nichts erhalten ist, die wir aber vermuten dürften. Es scheint mir gewagt, mit Hilfe einer Abart des Eddametrums fornyrdislag (vgl. I. 1, 103 f.; I, 2, 39 und 132) die zweizeilige Strophe, wie sie Otfried hat, der fraglichen Dichtung zuzuweisen und dabei absichtlich die lateinische Hymnenstrophe zu übersehen. Dagegen gilt Otfried als selbständiger Schöpfer des deutschen Endreims (I, 1, 203; I, 2, 23 und 109). Das scheint mir wenig glaubhaft. Entweder kombiniert Otfried den altgermanischen stabreimenden Sprechvers mit der musikalischen endreimenden vierhebigen Hymnenstrophe oder er benützt einfach die vorhandene strophisch gegliederte fränkische Liedform (laicorum cantus). In dieser aber wäre die Verschmelzung germanischer und romanischer Verstechnik gewifs längst vollzogen gewesen. Otfried brauchte dann die vierhebige Endreimstrophe nur zu nehmen und sie allmählich der zufällig ähnlichen Hymnenstrophe durch Regelung der Senkungen immer mehr anzupassen. Dann würden wohl auch die Anklänge an die Stabreimdichtung bei Otfried nur mittelbar sein, jenen fränkischen Liedern entstammen. Auch K. mufs selber öfters z. B. S. 51, 57, 59 zugestehen, dafs Otfried immer deutlicher die Nachbildung des jambischen, senkungslosen Hymnenverses erstrebt. Die geistlichen Dichter fanden doch zweifellos ihr nächstes Vorbild in den lat. Gedichten und Otfried ahmt Strophen und Verse von der Gestalt wie etwa in den poetae latini aevi Carolini, 2, 146 (Proben bei Kauffmann, Metrik S. 48) deutlich nach. Man war sich in Gelehrtenkreisen des Vorbildes durchaus bewufst, wie z. B. die Überschrift des Ludwigsliedes „rithmus teutonicus" beweist. Die Arbeit Otfrieds vollzieht sich meiner Meinung nach darin, dafs er die rhythmischen Formen der alten Stabreimkunst den Anforderungen des neuen vierhebigen Endreimverses gerecht macht. Man kann die meisten und zumal die ältesten Otfriedverse nach den Gesetzen des Stabreimes lesen, manche fügen sich sogar besser der alten Kunstübung und nur mit Verletzung der natürlichen Betonung dem vierhebigen Verse. Aber Otfried will doch vor allem seinen neuen Vers und darnach mufs sein Werk bemessen werden. Für K. freilich ist der Unterschied zwischen der alten und neuen Rhythmik ganz gering und das scheint mir nicht erwiesen. Aber es läfst sich schwer über diese Frage streiten, da ihre Entscheidung schliefslich auf subjectiven Auffassung beruht, nämlich ob man Stabreim- und Endreimvers in gleicher Art vierhebig, oder nur diesen vierhebig, jenen zweihebig mißt. Ich bekenne mich zu Sievers Ansicht und vermag daher Kögels Ausführungen nicht zu folgen. Übrigens ist bei der Annahme, daß Stabreimvers und Endreimvers rhythmisch zusammenfallen, vollends kein zwingender Grund vorhanden, eine fränkische Liedform als Übergang von der Stabreimkunst zu der Otfrieds anzusetzen. Erheblich schwieriger und daher vielleicht sogar weniger wahrscheinlich wird Otfrieds Arbeit, wenn er den zweihebigen Sprechvers unmittelbar in den vierhebigen des Evangelienbuches umwandeln mußte. Kögels Metrik macht das Vorbild des fränkischen Liedes noch überflüssiger als die Sievers'. Otfrieds Vers fasse ich mit Paul, Grundriß II* 913 dipodisch, d. h. er zerfällt in zwei gleiche Teile mit je einer Haupt- und Nebenhebung. Unter diesem Gesichtspunkt geht der von K. aufgestellte Typus D in C über, zum Teil in C 3 (K. s. 61 ff.). Davon dürfen auch die Stabreimtypen (s. 46 f.) nicht ausgenommen werden. Der Stabreim ist doch für Otfried kein giltiges und angestrebtes Kunstprinzip mehr, und wo er etwa alte geprägte Formeln anwendet, zwingt er sie in sein Schema, er giebt keinesfalls dieses ihnen zu lieb auf. Daß Typus D auf dem Wege zu C ist, muß K. selber zugeben, wenn er S. 63 auf die Accentuierung Otfrieds aufmerksam macht, die auf den zweiten Takt von D meistens den größeren Nachdruck lege. Daß Kögel die von Kauffmann (Zeitschrift f. deutsche Philologie 29, 17 ff.) aufgestellten „dreihebigen" Otfriedverse ablehnt, ist gerechtfertigt. Sie lassen sich alle vierhebig lesen. Wenn man ihr völlig regelloses Vorkommen zugiebt, so zerstört man dadurch die Einheitlichkeit der Otfriedstrophe. Kögels Stabreimliste S. 41;9 ist verdienstlich, wenn auch manchmal etwas gesucht. Überhaupt fahndet er nach Zusammenhängen, wo keine bestehen. Daß im zweiten Halbvers „in der Regel" nur ein Accent stehe als Vertreter des ursprünglichen Hauptstabes (S. 49), scheint mir unglaublich. Soll man etwa auch den Wechsel von einem und zwei Accentzeichen im ersten Halbvers aus den alten gestabten und ungestabten Hebungen erklären? Nach S. 39 ist entsprechend der Stabreimkunst der zweite Halbvers im Bau vom ersten „durch mancherlei Besonderheiten unterschieden"; S. 41 ist der Unterschied „ohnehin gering"; (vgl. auch S. 50 und 56 Anm.). Die zuerst betonte Beobachtung wird also kurz darauf als nur wenig begründet abgeschwächt, ja fast zurückgenommen. Beim Reimverzeichnis S. 24 f. dürfte auch der zwischen Formwörtern zugelassene rührende Reim erwähnt werden.

Beim Ludwigslied ist die Reimkunst und der Stil im Vergleich zu Otfried und zur Stabreimdichtung sorgsam untersucht. Die „niederrheinischen Anklänge" (S. 87) im rheinfränkischen Gedicht gehören vielleicht gar nicht dem Dichter, sondern dem Schreiber. Fürs Georgslied giebt K. s. 100 ff. einen neuen Text. Im Gegensatz zu Lachmanns und Zarnckes Stropheneinteilung zerlegt er auf grund der von Scherer und Steinmeyer ausgesprochenen Ansichten das Gedicht in zwei- und dreizeilige Strophen. Im Wortlaut ist das Original mit Recht thunlichst gewahrt, gute Besserungsvorschläge sind zu 40 (sälig

herasun)[1]) und 58 (Abollinus) gemacht. Zwar stören immer noch
die vielen nicht recht erklärlichen Wiederholungen einzelner Zeilen,
aber in der Hauptsache ist diese Einteilung den früheren Versuchen,
die die anscheinend regellos wiederkehrenden Zeilen ebensowenig befriedigend zu deuten wußsten, entschieden vorzuziehen. Daſs das Georgslied stilistisch von Otfried abhängt, ist durch Belege im einzelnen
erwiesen. Sigiharts Gebet ist aus Wendungen Otfrieds zusammengesetzt
(S. 111). Die Samariterin weist K. einem in Lorsch, also auf rhein-
fränkischem Boden dichtenden Alemannen zu (S. 115). Die Mehrzahl
der Gedichte (auch das von einem Bayern aufgezeichnete Petruslied
und den alemannischen Georg) verlegt K. auf fränkisches Gebiet und
unterstellt sie damit dem unmittelbaren Einfluſs Otfrieds. Abseits
stehen nur der ursprünglich deutsche Lobgesang Ratperts auf den
h. Gallus und die bayerische freie Bearbeitung des 138. Psalmes. An
dieser übt K. gegenüber Scherers Herstellung eindringliche Kritik zu
gunsten der Überlieferung. Die gegen Scherer erhobenen Einwände
sind wohl begründet. An Stelle der Übersetzung S. 124.6 wäre ein
Textabdruck erwünschter gewesen, da ja das Gedicht nach K.'s Deutung
ebenso sehr von den Denkmälern wie von Braunes Lesebuch abweicht.

Beim Gedicht de Heinrico war zu erwähnen, daſs auch die
lateinischen Vershälften deutsch zu messen sind. Die Zeilen 7 8 werden
gegen Steinmeyers Vorschläge, die in der 4. Auflage von Braunes
Lesebuch Aufnahme fanden, aus der überlieferten Lesart erklärt. Mit
Recht ist das lateinisch-deutsche Liebesgespräch zwischen Kleriker und
Nonne (vgl. Steinmeyer, Denkmäler 2, 106) aufgenommen und im Anschluſs daran der Liebesgruſs aus dem Ruodlieb erörtert.

Für die Erörterungen über die Rhythmik der kleineren Gedichte
(S. 140–52) gilt dasselbe wie für Otfried. K. will feststellen, wieviel
sie mit Otfried und mit dem Stabreimvers gemeinsam haben. S. 132
erörtert Kögel nochmals die Herkunft der ahd. zwei-, drei- und vierzeiligen Strophe aus den alten volkstümlichen Leichformen (vgl. Müllen-
hoff-Scherer, Denkmäler [3] S. XXXVII u. 2, 70, 111, 133). Die Frage
nach Verwendung der ungleichen Strophen neben einander ist noch
ungelöst. Daſs sie durch altdeutsche Vorbilder, durch das bereits erwähnte, uns unbekannte, strophische und sangbare fränkische Lied,
das aus Strophen von ungleicher Länge bestanden haben soll, angeregt
sein kann, ist ja möglich. Will man der Schererschen Vermutung über
den deutschen Ursprung der Vereinigung ungleicher Strophen im selben
Liede Raum gönnen, so berechtigt doch nichts, mit Kögel (und Saran)
auch für die Otfriedstrophe, die sich ja stets gleich bleibt, überhaupt
für die Versform der Strophen germanische Abstammung zu behaupten.
Wenn wir die nur hypothetisch von Lachmann und Zarncke an-
gesetzten längeren Strophen des Georgsliedes mit Kögel auf zwei- und
dreizeilige vermindern, so ergäbe sich für Ludwigslied, Samariterin,
Psalm und de Heinrico eine Mischung von zwei- bis vierzeiligen Strophen.
Die zweizeilige Strophe wie die dreizeilige je für sich finden in der

---

[1]) Anders beurteilt Kraus, Zeitschrift f. ö. Gymn. 1894 S. 132 f. diese Stelle.

kirchlichen Hymnenpoesie Vorbilder (Denkmäler 2, 70). Weitere Kombinationen ergeben sich leicht aus Verdoppelung u. s. w. Nur den Gedanken, ungleiche Gesätze überhaupt in einem Lied zu vereinigen, mögen deutsche Kleriker vielleicht aus heimischen Bräuchen entlehnt haben, aber darum noch nicht notwendig die Strophen- und Liedform selbst. Man sollte nicht unnötigerweise mit unbekannten Größen rechnen und das Naheliegende geflissentlich übersehen.

S. 153 werden die rhythmischen Sätze des Wurmsegens nicht in der Art der Denkmäler abgesetzt, sondern mit Rödiger Zeitschrift f. deutsches Altertum als Halbzeilen (nach Kögel als „paroemiaci") aufgefaßt. Da aber weder Anlauts- noch Endreim vorhanden ist, so können wir kaum hoffen, die ursprüngliche Form wieder zu gewinnen. S. 154 geben die verwilderten prosaischen Anfangszeilen des Lorscher Bienensegens Anlaß zum Versuch, vier stabreimende „paroemiaci" herzustellen. Das Ergebnis ist immer eher wahrscheinlich als der Versuch, Endreimverse zu erhalten. Die Bienen, ancillae und famulae dei haben schwerlich zu den ags. sigewif den „Dienerinnen Wodans" (S. 157) Beziehung. „Ad equum erræhet" (S. 157) ist wohl ursprünglich regelrecht gereimt (wege: handen; trohtin: arngrihti; fiera: ora) und nur durch die Aufzeichnung ungereimt geworden. Die Auslegung des Spruches „contra rēhin" fördert Kögel S. 162 durch die Vorschläge: „marh far, niene tar" „war come du do".

Die Verse der St. Galler Rhetorik eröffnen trotz ihres geringen Umfangs Einblick in die volkstümliche epische Dichtung mit ungleichen Strophen, in denen auch der Stabreim noch gelegentlich vorkommt, doch m. e. nicht mehr als bei Otfried. Die Stäbe sind schwerlich im bewußten Zusammenhang mit der alten Kunstübung gesucht.

Die Berechtigung, die Welsungensage zu erzählen, entnimmt Kögel (S. 198 –204) den urkundlichen Namenbelegen Welisung, Sintarfizilo, Siginiu im 9. 10. Jahrh.; jedoch macht er nirgends den Versuch, den Grundstock der Sage aus der späten nordischen Überlieferung loszulösen. Nur die Bemerkung auf S. 202 3, daß Wodan selbst durch seinen Raben das den Sinfjotle heilende Kraut sende, greift über die nordischen Berichte hinaus. Im Gegensatz zu Grundriß II, 1, 185 verzichtet K. jetzt auf den Versuch, den Namen Sintarfizilo zu deuten. Bemerkenswerte Etymologien macht Kögel zu den Namen der Siegfriedsage. S. 206 Anm. hebt die immer noch unerklärte Schwierigkeit über den Zusammenhang der Namenformen Grimhilt, Kriemhilt, Chriemhilt scharf hervor. Es handelt sich um eine noch nicht aufgehellte Umdeutung des Namens in fränkischen Gegenden. Fränk. Kriemhilt wird im Oberdeutschen regelmäßig verschoben. Haguno ist nach K. zu hagupart zu stellen, da hagubart gleich schembart ist (vgl. auch Grimm, mythologie 997 Anm.), so muß hagu mit scema sinnesgleich sein, d. h. Hagen ist der gespenstische. Grimhild, Hagen, Nibelung gehören schon ihrer Namen halber zu den dunklen Mächten, denen der lichte Welsung Siegfried verfällt. Nach der Thidrekssaga Kap. 169 ist Hogni Sohn eines Albs und daher gespenstisch von Aussehen und auch im Nibelungenlied (Lachmann 1672)

ist eislich sin gesiune. Der mythische Gegensatz zwischen Nibelungen und Welsungen erhellt also bereits aus den ursprünglich auch
so noch verstandenen Namen Grimhild und Haguno. Wie weit man
freilich zur Annahme uralter mythischer Nibelungen berechtigt ist,
kann und will ich hier nicht weiter erörtern. Kögels etyma dürften
den Vertretern der mythologischen Deutung immerhin willkommen sein.
    Nach E. Schröders Aufsatz über die Heldensage in den Jahr-
büchern von Quedlinburg (Zeitschrift f. deutsches Altertum 41,24 ff.),
den Kögel S. 381 allerdings zurückzuweisen sucht, wird der Abschnitt
S. 212—19 hinfällig. K. meint, der Bericht der Jahrbücher beruhe
schliefslich auf „sächsischen Liedern“, während Schröder zeigt, dafs
altenglische Sagenüberlieferung dahinter stehe. Dafür tritt das von
Kögel vernachläfsigte Zeugnis in Kraft, dafs volkstümliche Lieder von
Thideric de Berne im 10. Jahrh. gesungen wurden.
    S. 221 bezweifelt Kögel die bereits festgewurzelte Hypothese, dafs
der Mönch von St. Gallen Notker Balbulus sei. Man möchte die Gegen-
gründe näher ausgeführt wissen. Deutsche Spielmannslieder sagen-
haften und geschichtlichen Inhalts, sowie Schwänke und Märchen sind
in lateinischer Fassung und in Chroniken des 10. 11. Jahrhunderts überliefert. Solche Nachrichten werden daher von der deutschen Literaturgeschichte aufgenommen, um die dahinterstehenden verlorenen volkstümlichen Erzählungen wenigstens inhaltlich herzustellen. Haupt (Denkmäler Nr. 8) und E. Schröder (Zeitschrift f. deutsches Altertum 37,
127 f.) hatten sogar gelegentlich Rückschlüsse auf das deutsche end-
resp. stabreimende Vorbild des lateinischen Berichtes gewagt. Kögel
geht, wie dies Kraus Z. f. ö. Gymn. 1896 S. 314 vom 1. Band tadelt,
mit Rückübersetzungen entschieden zu weit, so wenn er S. 224 beim
langobardischen Spielmannslied „Endreim neben der falschen Alliteration“ erkennt. Solche Schlüsse darf man doch nicht aus seinen
eigenen Versen heraus mit Belastung der deutsch dichtenden Spiel-
leute des 10. Jahrhunderts ziehen! Wie weit überhaupt Lieder oder
prosaische Erzählungen den lateinischen Chroniken und Gedichten unmittelbar vorlagen, ist sehr schwer zu bestimmen. Jede dialogische
oder im einzelnen ausführliche und anschauliche Stelle der lateinischen
Quelle schreibt K. alsbald der mutmafslichen Vorlage zu; hier könnte
doch nur genaue stilistische Untersuchung im Einzelfalle vielleicht entscheiden, in wieweit der lat. Autor in seinem gewöhnlichen Stile sich
bewegt oder unter dem Einflufs der deutschen Vorlage steht. Jedes
also gewonnene deutsche Sätzchen wird aber weiterhin noch rhythmi-
siert, um den Schein stabreimender Verse zu wecken. Ganz müfsig
aber scheint es mir zum klösterlichen Spottlied von Alfrads Eselin
deutsch-stilistische Anmerkungen zu geben (S. 261). Wer bürgt dafür,
dafs überhaupt hier jemals eine deutsche Vorlage bestand! „Sacer-
dos et lupus“ (S. 264 irrtümlich „vulpes“) und „unibos“, obwohl
französischen Ursprungs verdächtig, finden doch Aufnahme, weil der
Märchenstoff später auch in Deutschland begegnet. Ich vermag das
Recht hiezu nicht anzuerkennen, da aus späterem Vorkommen kein
Beweis dafür erwächst, dafs die fragliche Geschichte im 10. 11. Jahrh.

in Deutschland vorhanden war. Wollte man aber alle möglicherweise damals dort umgehenden Novellen und Märchen verzeichnen, so müfste dieses Stoffgebiet überhaupt anders, als eine Literaturgeschichte es erlaubt, abgesteckt werden.

Über das ags. Waldere-Fragment hatte Kögel 1, 241 die Vermutung aufgestellt, es sei auf Grund eines althochdeutschen Originals verfafst, und man dürfe darin Überbleibsel eines alemannischen Walthergedichtes des 8. Jahrh., desselben, auf das Eckehard durch Mittelglieder zurückgehe, erblicken. Dafs die sprachlichen Gründe für die ahd. Herkunft des ags. Waldere unzureichend sind, zeigte Kraus (Z. f. ö. G. 1896 S. 329 f.). Die Anm. auf S. 284 des zweiten Teiles rettet die Hypothese nicht. S. 323 u. 326 hebt K. selber die bedeutenden sachlichen Unterschiede zwischen Waldere und Waltharius hervor. An ein gemeinsames ahd. Urgedicht zu denken, ist keine Veranlassung trotz den S. 324 hervorgehobenen ähnlichen Wendungen und Gedanken, die in ihrer Allgemeinheit und mit Rücksicht darauf, dafs sie einerseits der Hildegyd, andererseits dem Walthari in den Mund gelegt sind, nichts beweisen. Wenn aber auch Waldere aus dem Spiel bleiben mufs, so ist doch die Frage nach Eckehards Quelle zu erheben. Müllenhoff dachte an ein stabreimendes Gedicht, Kögel setzt mit Recht ein Mittelglied an, trotz gelegentlicher Versuche der Rückübersetzung in ahd. Verse (vgl. namentlich S. 333; S. 297 wird ein Vers mit Anlauts- und Endreim zugleich vermutet!) wird S. 331 zugestanden, eine unmittelbare Stabreimvorlage müfste deutlicher durchbrechen. Die Schulaufgabe Eckehards war, eine Inhaltserzählung, vielleicht eine in lateinischer Prosa, in virgilianischen Hexametern zu bearbeiten. Soweit Stileigenheiten dieser Art und ausgesprochen christliche Anschauungen vorkommen, lassen sich die Zuthaten Eckehards leicht erkennen. Im Übrigen aber hält es schwer, bis in Einzelheiten hinein die Arbeit des Mönches so genau zu bestimmen, dafs seine unverfälschte mittelbare oder unmittelbare alemannische Vorlage, wenigstens ihrem Inhalt nach, wieder zu Tage tritt. Die Anm. auf S. 309 verstehe ich nicht. Walthari wirft dem Sachsen Ekivrid sein Kauderwälsch (celtica lingua) vor, d. h. der Hochdeutsche verspottet den Niederdeutschen, denn die Stelle ist doch zweiffellos vom Standpunkt des alemannischen Gedichtes des 9. 10. Jahrh. zu verstehen. Kögel aber greift in die Urzeit der Sage zurück: Walther der Westgote und die Burgunden als Ostgermanen verstehen sich, der Sachse ist ihnen schwerverständlich! Um diese Deutung zu rechtfertigen, müfsten wir ein gotisch-burgundisches Gedicht des 5. 6. Jahrh. vor uns haben, ein Gedicht, das vor die hds. Lautverschiebung fällt. Das Alter der Walthersage soll nicht bestritten werden, wohl aber die Berechtigung, Einzelzüge des Eckehardgedichtes, die sich leicht aus den Zeitverhältnissen erklären, auf künstliche und unnötige Weise in die Urzeit zurückzuschieben. Die ausführliche Inhaltserzählung gibt Kögel mehrmals Gelegenheit (z. B. S. 284, 286, 288, 292, 295), seine Ansicht über die Urgestalt der Sage und die späteren Zuthaten einfliefsen zu lassen. S. 335—40 steht eine treffliche Würdigung des Kunstwerts des Waltharius. Mit Zarnke glaubt Kögel S. 341, daſs Bischof Pilgrim von Passau (971—91) eine lateinische Niederschrift des Inhaltes der Nibelungen durch seinen Notar Konrad anfertigen liefs. Aus dem Wortlaut der Klage wird vermutet, daſs diese Aufzeichnung eher in Prosa als in Versen geschah. Der Ruodlieb wird sehr ausführlich (S. 342—411) behandelt. Wenn S. 410 der strenge Stil des Heldenalters im Waltharius dem höfischen Abenteuerroman Ruodlieb gegenübergestellt wird, so dient dieser Vergleich dazu, dem Leser eindringlich die tiefgehende Verschiedenheit der beiden Werke vorzuhalten. Die Behauptung auf S. 364, der Ruodliebdichter habe den Waltharius gekannt, wird aus den angezogenen Stellen meines Erachtens nicht bewiesen. Man vermiſst charakteristische Stilähnlichkeiten, die doch allein zu einem solchen Schlusse berechtigen. Auf dem S. 409 versprochenen Nachweis, daſs der Ruodliebdichter auf die Entwickelung der deutschen Literatur in Bayern eingewirkt habe, muſs man gespannt sein. Wie sollte ein unmittelbarer Einfluſs von dem unvollendeten vielleicht niemals in Abschriften verbreiteten lateinischen Tegernseer Klostergedicht des 11. Jahrh. ausgegangen sein (vgl. Seiler, Ruodlieb S. 79)? S. 402 steht eine beachtenswerte Bemerkung zu den Namenformen des Gedichtes. S. 401 versucht Kögel gegen Laistner eine neue Ansicht zur Geltung zu bringen, daſs nämlich die zwei Hauptstücke des Gedichtes, der novellistische und sagenhafte Teil aus zwei Werken desselben Dichters, aus einer jugendlichen und einer gereiften Arbeit zusammengeschweiſst seien.

Bei dem groſsen Kapitel über die ahd. Prosa (S. 412—626) vermiſst man besonders die literarhistorische Anordnung und Verarbeitung des Stoffes. Über die Grundsätze der Auswahl äuſsert sich Kögel S. 417. Er ist sich dessen bewuſst, daſs die Mehrzahl der Denkmäler literarisch wertlos ist, aber er will trotzdem eine Übersicht über das in letzter Zeit vielbearbeitete Wissensgebiet gewähren. So werden die erhaltenen Prosastücke nach einander einzeln durchgesprochen und einige Schluſsbetrachtungen allgemeiner Art angefügt. Kögel hat sich um die Glossenforschung hochverdient gemacht und die gesamte Prosaliteratur gründlich durchgearbeitet, so daſs wir eine Fülle feiner Beobachtungen und neuer anregender Gedanken antreffen. Freilich wird nur der Fachmann alle guten und neuen Gedanken herauszufinden und zu würdigen wissen. Die Bemerkungen zu den einzelnen Denkmälern sind meistens so gehalten, daſs sie ohne Kenntnis der wichtigsten vorhandenen Literatur unverständlich bleiben. Hier sollte auf den Leser einer Literaturgeschichte mehr Rücksicht obwalten, indem zunächst Berichterstattung und Aufklärung über die Hauptfragen stünde, erst in zweiter Linie, vielleicht in Form von kleiner gedruckten Anmerkungen die eigenen Untersuchungen des Vf. folgten. Man empfindet häufig auch ein Miſsverhältnis: die Abschnitte sind zu lang und zu kurz. Die Literaturgeschichte verlangt klare gemeinverständliche Schilderung der literarisch wesentlichen Thatsachen, die Einzeluntersuchung aber, in deren Form Kögel eigentlich vorgeht, erheischt doch wiederum gröfsere Ausführlichkeit und genauere Begründung. So geschieht keiner Seite volles Genügen. Die fruchtbaren Ideen, nach denen die ahd. Prosadenkmäler für die literarhistorische Darstellung verwertbar erscheinen, sind dem Vf. keineswegs unbekannt, im Gegenteil er vermehrt sie noch. Aber statt leitende Gesichtspunkte abzugeben, verschwinden sie im einzelnen und haben leider auf die Darstellung gar keine Einwirkung gewonnen. Scherers geistvoller Aufsatz über den Ursprung der deutschen Literatur (bei Kögel S. 579 f.) wies der geschichtlichen Darstellung den Weg. Er knüpfte einen Teil der Denkmäler unmittelbar an die Kapitularien, an die von Karl d. Gr. ausgehenden Anregungen. Eine Kulturmacht, auf die Karl sich stützte, sind die Klöster. Kögel S. 579 spricht sehr richtig den Gedanken aus, dafs ein Denkmal mit dem Kulturboden seiner nächsten Heimat verwachsen sei. Also hat die Forschung nach Feststellung der Heimat eines Denkmals den Ursachen seiner Entstehung nachzuspüren. Die Bildungsstufe der Klosterinsassen überhaupt, ihre Bücherei, ihre Geneigtheit und Fähigkeit zur Befassung mit deutscher Sprache müssen hervorgerückt werden. S. 559 ff. erhebt Kögel gegen Müllenhoffs karlingische Hofsprache Einwände und setzt an ihre Stelle die Schriftsprachen der grofsen Klöster und Stifter. Dieser Gedanke will reiflich bedacht und erwiesen sein. S. 583 wird der ungeheure Vorsprung in der geistigen Kultur der Rheinlande gegenüber den alten germanischen Stammlanden betont. Das sind Aussichtpunkte, von denen aus ebensowohl wie von karlingischen Hofe aus ein Überblick versucht werden könnte. Wie anschaulich stellt z. B. Bächtold das Kloster St. Gallen in den Mittelpunkt der altalemannischen Kultur und Literatur. Die Klostergeschichte würde Licht und Leben in die wüste Masse der vielen kleinen ahd. Prosadenkmäler bringen. Aber so bleiben dem Leser die bewegenden Kräfte, welche die altdeutsche Literatur zum Leben weckten, verborgen. Der kurze „Rückblick" (S. 577—85) ersetzt keineswegs die so wünschenswerte Gesamtdarstellung. Auch der Gehalt der ahd. Prosaliteratur wird meines Erachtens zu wenig anschaulich gemacht. Man möchte genauer und ausführlicher, als es S. 578 und an einigen gelegentlichen Stellen sonst der Fall ist, über die Art der Glosse, der Interlinearglossierung und Interlinearversion, über die beginnenden Versuche deutscher Satzfügung bis zum letzten Ziel stilgerechter Übersetzung belehrt werden. Man wüncht ein anschauliches lebensvolles Bild davon, warum, wo und wie, unter welchen Umständen und mit welchem Wissen die deutschen Mönche an ihre Arbeit gingen. Schliefslich war auch über den reichen kulturgeschichtlich wertvollen Inhalt des Glossenwortschatzes Einiges zu sagen. Wir erhalten jedoch nur einzelne, gewifs mitunter sehr wichtige Angaben über die grammatische Form der Glossenwörter. Nirgends aber ist der Versuch gemacht, das weit verstreute Material ernstlich zusammenzufassen. Wir bleiben stets in der Einzelforschung stecken.

Ich merke hier nur weniges besonders an. Bei Betrachtung der Sprache der malbergischen Glossen zur lex salica beobachtet Kögel S. 420 f. (vgl. auch S. 467) den Quantitätsunterschied zwischen ahd. langem, redu-

ciertem und kurzem Endsilbenvokal. Wenn Kögel S. 434 vor Schlüssen
ex silentio auf sprachlichem Gebiet warnt, so mahnt er damit zur
Vorsicht gegen viele von seinen eigenen Folgerungen (z. B. über
den niederdeutschen Ursprung des Hildebrandslied, für dessen Stil
hochdeutsche Belegstellen natürlich mangeln). Dem Übersetzer des
St. Galler Realglossars spricht K. S. 438 jede Selbständigkeit für Auswahl, Reihenfolge und Inhalt der Glossen ab. Im sächsischen Tauf-
gelöbnis ist die Form Saxnot (statt Safsnot) beachtenswert (S. 447),
nach K. eine friesische Sprachform. Ganz neue Gedanken bringt K.
zur Isidorgruppe vor. Er leugnet ihren Zusammenhang mit dem Hofe
Karls. Wir haben keine rheinfränkischen, sondern lothringische Denkmäler vor uns, die schon um 770 nicht erst um 790 verfafst wurden.
Die Isidorübersetzung ist das älteste ahd. Sprachdenkmal überhaupt,
von einigen wenigen Glossen abgesehen. Die Sprachform ist allerdings
sehr altertümlich und die Vorzüge des Stiles und der Gelehrsamkeit
des Verfassers sind um 770 nicht wunderbarer als um 790. Hier wie
dort steht er auf sich selber ohne Vorbild. Die Matthäusübersetzung
schreibt K. jetzt S. 480 einem Schüler des Isidorübersetzers zu. Die
Bemerkung auf S. 523, dafs „die mehrfach belegte (?) ahd. Nominativform Ziu die Herleitung des Wortes aus dem Stamme deivo nicht
zulasse, weil sie dann Zīo heifsen und die Nebenform Zī haben
müfste", verstehe ich nicht. Unter Verweis auf Braune ahd. gr. § 108
Anm. 2, § 43 Anm. 6 setzt Bremer die Nominative ahd Zio und Zī
an. Die fragwürdigen Cyuuari kann man als Zi-wari fassen und
aufserdem wäre Ziu als Nebenform von Zio möglich wie haru kniu
neben haro knio (Braune § 203 Anm. 1). S. 546 54 wird eingehend
Jostes Ansicht, dafs die sächsische Beichte nach Hildesheim, nicht
nach Essen gehöre, widerlegt. Über Notkers Stil handeln die letzten
Seiten des Buches (618—626). Kögel nennt Notker „einen der gröfsten
Stilkünstler unsrer gesamten Literatur". Begründet wird diese Behauptung mit dem Hinweis darauf, dafs Notkers Sprache vielfach in
poetischen Wendungen sich bewegt. Er kennt ja deutsche Gedichte
und zitiert sie gelegentlich. Er gab sich aber auch den dichterischen
Einwirkungen willig hin und bildete an der Poesie seine Prosa. An
pathetischen Stellen soll Notker geradezu zum Verse greifen und vom
Schmucke des Endreims Gebrauch machen. S. 619 stehen einige
Beispiele; eines hat auch Kelle, Literaturgeschichte S. 250. Die Unter-
suchung müfste in viel gröfserem Mafsstab geführt werden, um sichere
Entscheidung zu gewähren. Reime bieten sich zumal bei den vollen
ahd. Endungen in Menge zufällig und unbeabsichtigt dar und die
Sprechtakte im Deutschen, besonders in feierlicher Rede, teilen den
Satz in Wort-Gruppen, die mit den Verstakten Ähnlichkeit haben.
Aber da darf man noch lange nicht an bewufsten oder unbewufsten
Versbau denken. Was K. S. 619 unten abteilt, ist m. E. reine Prosa
ohne jede poetische Absicht. Von Versformen und Versrhythmus bei
Notker kann ich mich nicht überzeugen, nur von rhetorischem Ton-
fall. Der Beweis unmittelbarer poetischer Einwirkung könnte aus dem
Stil erbracht werden. Man müfste viele und deutliche Spuren vom

epischen Formelwerk und von dichterischer Wortstellung vorfinden, dafür bringt K. S. 623 aber nur dürftige Belege. Von den „Stabreimen" (S. 619 ff.) ist ein grofser Teil zufällig und wird sich dem modernen Übersetzer von selber ebenso darbieten. Im Übrigen aber kommen die Stäbe vor, die einmal der deutschen Sprache überhaupt eigen sind, nicht hlofs dem, der die Stabreimdichtung kennt. Notkers lateinische Vorlagen sind zum Teil hochpoetisch. Hier mag die Hauptquelle und Auregung seines poetischen deutschen Stiles zu suchen sein. Man kann sich nicht recht vorstellen, wie ein St. Galler Mönch im 10. und 11. Jahrh. aus deutschen Gedichten eine so starke unmittelbare belebende Wirkung erfuhr, wie K. annimmt. Die kühne bilderreiche Sprache, „den unverfälschten Ausdruck des damaligen deutschen Sprachbewufstscins, freilich in veredelter Gestalt" (Bächtold, schweiz. Literaturgeschichte 67) wollen wir Notker gewifs nicht abstreiten, aber man mufs bei Bestimmung der Wurzeln, aus denen Notkers Stil hervorging, vorsichtiger verfahren. Man empfindet gerade infolge Kögels gewifs dankenswerter Anregung den Mangel einer umfafsenden Untersuchung über Notkers Stil. Vielleicht würde seine Kunst dann doch als die Frucht eigentümlicher Veranlagung und gelehrter Studien, nicht aber als Einwirkung deutscher Dichtung erscheinen. Notkers Forschungen über die deutsche Sprache, seine Satzphonetik, sollten auch erwähnt sein. Die Literaturgeschichte mufs doch alle Züge hervorheben, die einen Autor charakteristisch auszeichnen. Die Zeittafel auf 627—30 hebt die der Darstellung beider Bände zufolge wichtigsten Daten hervor. Kögel nahm keine Veranlassung, einige der von der Kritik besonders angefochtenen und meines Erachtens auch widerlegten Behauptungen an dieser Stelle bei Seite zu legen. Der Hinweis auf 4000—3000 v. Chr., auf den Rig-veda scheint mir müfsig, besser wäre das 4./3. vorchristliche Jahrhundert bezeichnet worden als die Entstehungszeit des neuen germanischen Hochtons und damit der Voraussetzung für die urgermanische Dichtform, den Stabreim. Ich glaube, damit wäre immerhin mehr gesagt als mit der Behauptung einer dem Rigveda „gleichzeitigen" chorischen Poesie der Germanen. Das Register (631—49) ist namentlich unter den Schlagwörtern Allitteration, Metrik, Flexions- und Lautlehre von Belang, indem man daraus einen zusammenhängenden Überblick über die der Darstellung fortwährend eingeschalteten grammatischen und metrischen Beiträge des Vf. gewinnt. Einige wichtige Wörter stehen auch noch besonders verzeichnet. Kögels Buch wird ja gerade auch um seines nicht literargeschichtlichen Inhaltes willen viel benutzt werden.

Unser Gesamturteil über Kögels grofses Werk lautet auf Grund obiger Ausführungen dahin, dafs allerdings gegen die Gesamtanlage wie gegen die Ausführung im einzelnen Bedenken erhoben werden müssen. Aber darüber darf man die grofsen Vorzüge nicht vergessen. Das Buch zeugt überall von warmer Begeisterung, die der Vf. auch auf den Leser zu übertragen versteht. Wenn wir auch neue grofse leitende Gesichtspunkte der literarhistorischen Darstellung vermissen, wenn keinerlei neue Quellen von Belang eröffnet und verwertet werden,

so bietet sich doch für die Erforschung der einzelnen Denkmäler eine
Menge neuer fördernder und anregender Gedanken. Auch dort, wo
die Hypothesen zum Widerspruch reizen, rücken sie doch die Denk-
mäler in neue Beleuchtung und führen vielleicht mittelbar manche
Fragen der Lösung näher. So wird z. B. Kögels Abhandlung über das
Hildebrandslied, selbst wenn ihr Schlußergebnis, die niederdeutsche
Herkunft des Gedichtes, hinfällig würde, doch zu den wertvollsten
neueren Erklärungsschriften zählen. Das Buch, namentlich der zweite
Teil, ist gleichsam eine Sammlung von Abhandlungen über alle ahd.
Sprachdenkmäler. Der Leser wird mitten in die Untersuchung hinein
geführt, er lernt beobachten und wird zur Beschäftigung mit den ein-
zelnen Werken gedrängt. Die freilich etwas allzu sehr ausgedehnten
grammatischen und metrischen Ausläufe haben auch insofern ihre
gute Seite, als sie zeigen, wie man derlei Beobachtungen für die
Literaturgeschichte anstellen muß. Sie besitzen methodischen Wert.
Kögels Literaturgeschichte lehrt auch gerade für das einzelne Denkmal
Literaturforschung. Daß überall der neueste Stand der Wissenschaft
gewahrt wird, versteht sich von selbst.

Rostock, Okt. 1897.   W. Golther.

Dr. H. Jantzen. Gotische Sprachdenkmäler mit Grammatik, Übersetzung und Erläuterungen. (Samml. Göschen No. 79).
Lpz. Göschen 1898. 137 S. 80 Pfg.

Vorliegende Nummer ist in ihrer gedrängten Gestalt sicher vielen
willkommen. Nicht alle, die deutsche Sprachgeschichte studieren wollen,
können eine Vorlesung über Gotisch hören. In dem Bändchen, das
Jantzen geliefert hat, ist enthalten, was die Mehrzahl derer braucht,
die Gotisch lernen wollen (von anderen Nummern von Göschens Sammlung kann man das nicht sagen). Die Grammatik, natürlich frei nach
Braune bearbeitet, ist kurz und dabei klar (50 S.), es folgen Texte
mit Übersetzung und grammatischen, sehr ausführlichen Erläuterungen.
Für die zweite Auflage wären ein paar Änderungen zu empfehlen.
So dürften die sehr unsicheren Deutungen der got. Runeninschriften
wegbleiben. § 5 ist, wie § 7, übersehen, daß Abfall von a, i nur vor
Vokalen stattfindet. Die Fassung "Ursprünglich auslautendes i u. s. w."
§ 7 ist unglücklich, i lautet doch z. B. in kuni nicht ursprünglich aus.
§ 10 idg. i ist im Lat. nicht immer ē, sondern der Regel nach ī. —
Die germ. Spiranten gehen doch nicht, wie § 21. 1, angibt auf griechische Spiranten zurück? § 24 ist es nicht recht treffend, wenn es
heißt, der Dual sei in der got. Deklin. 'nicht mehr vollständig'; er ist
hier doch eigentlich so gut wie gar nicht vorhanden. In § 71 wird
es manchem Anfänger nicht klar sein, daß sijan zur Wurzel -es- gehört. Zu got. plats gehört doch wohl das oberd. Pletz, pletzen (Flick-
flecke aufsetzen). Der "angewucherte" Dental in mhd. vert dürfte nicht
nach jedermanns Geschmack sein. Dänisch kvæde gehört nicht unmittelbar zu quiþan, es wäre got. queþian. Im Wortverzeichnis würden

besser die Texte nach Seite und Zeile zitiert. Zu loben ist die Aufnahme des bekannten Epigrammes der Anthologie.

Ed. Schauenburg und Rich. Hoche, Deutsches Lesebuch für die Oberklassen höherer Schulen. I. Teil bearb. von R. Hoche, ·5. vermehrte Auflage bes. v. H. Rinn. Essen, Baedeker 1897. In Leinw. geb. 4,50 M.

Der preußische Gymnasiallehrplan hat bekanntlich das Altdeutsche aus der Schule ausgeschlossen. Dennoch gibt es mehrere preußische Lesebücher, die ganz oder vorwiegend dem Mittelhochdeutschen gewidmet·sind. Wenn das von Hoche nunmehr die 5. Auflage erlebt hat, so spricht das mit wünschenswerter Deutlichkeit für die Unentbehrlichkeit des Mhd. Der Inhalt des hier zu besprechenden Bandes ist viel reicher als der unseres bayrischen Englmann. Nicht nur dafs auch das Althochdeutsche und Altsächsische vertreten ist: auch im Mhd. ist z. B. Wolfram, Gotfried von Strafsburg und die Prosa (Joh. Tauler), der Meistergesang, das alte Volkslied, Reineke Vos und die Literatur des ausgehenden 15. Jahrhunderts berücksichtigt. Das letzte Drittel enthält Werke des 16. Jahrhunderts. In Bayern sind schon Stimmen laut geworden, dafs das Englmannsche Lesebuch zu umfangreich sei. In Preufsen ist man umgekehrt der Ansicht, dafs dem Lehrer und Schüler ein gut Stück Texte mehr, als in der Klasse gelesen werden können, in die Hände zu geben sei, damit der Literaturunterricht durch Privatlektüre ergänzt und belebt werden könne. Die Anmerkungen zu den Texten dürften in Hoches Buch etwas reicher sein, zumal eine Syntax der kurzen (aber die Formenlehre erschöpfenden) Grammatik nicht beigegeben ist. Die althd. und as. Texte sind mit Übersetzung versehen, die an einigen Stellen etwas genauer sein dürfte. Am Schlufs des Buches ist eine kurze Übersicht über die ältere deutsche Literatur gegeben, die zu rascher Belehrung und Wiederholung geeignet ist. Das Wörterbuch ist gedrängt, aber genügend.

Würzburg.   O. Brenner.

Geschichte der deutschen Volksdichtung seit dem Ausgange des Mittelalters bis auf die Gegenwart. In ihren Grundzügen dargestellt von Dr. Otto Weddigen. 2. vermehrte und verbesserte Auflage. Wiesbaden 1895. Verlag von Heinrich Lützenkirchen. Preis brosch. 5 M., geb. 6 M.

Die erste Ausgabe des vorliegendes Buches (München 1884. D. W. Callwey) hat in der Presse eine ungemein freundliche Aufnahme gefunden und ist, wie der Verfasser mit Genugthuung konstatiert, trotz der „hohen Anzahl von Exemplaren", in der sie erschienen war, verkauft worden. Man möchte dem Verfasser diese Genugthuung auch gerne gönnen; denn sein Thema war so reizvoll und vielverheifsend,

dabei aber so schwierig und unerschöpflich, daſs man auch für den
bloſsen Versuch, es zu bewältigen, dankbar sein müſste, wenn er nur
einigermaſsen seine Aufgabe richtig angefaſst und wenigstens in den
Grundzügen gelöst hätte. Nun stehen wir zwar nicht an, bei dem
vorliegenden Buche eine groſse Belesenheit des Verfassers in der
Literatur der Volksdichtung anzuerkennen; die Art ihrer Verarbeitung
aber müssen wir als gänzlich verfehlt bezeichnen. Durch bloſsen
Sammelfleiſs kann man so bedeutsame wissenschaftliche Aufgaben
nicht lösen, und wenn dann gar die Rücksicht auf einen „weiteren
Leserkreis" in so ungeschickter Weise hinzukommt, so ist das Resultat
nur gar zu leicht eine naive Buchmacherei, die weder für die Wissenschaft noch für den gebildeten Laien Wert hat. Weddigens historische
Methode ist ungemein einfach. Er gibt als Einleitung eine Übersicht
über die Entwickelung des deutschen Volksliedes von den Berichten
des Tacitus an bis in unsere Zeit, eine Einleitung, die nichts enthält,
was nicht jeder Freund der vaterländischen Literatur schon längst
wüſste, und die auch durchaus keine selbständige neue Auffassung
weder im ganzen noch im einzelnen aufweist. Dann aber beginnt die
„eigentliche Darstellung". Die Eigentümlichkeit dieser Darstellung ist,
daſs sie in der pedantischesten Weise die Volksdichtung rubriziert und
klassifiziert, sodaſs jegliches Teilchen für sich allein behandelt und
der innere Zusammenhang möglichst aufgehoben wird. Da wird nicht
bloſs die Volksdichtung in lyrische, epische und dramatische eingeteilt, sondern da „zerfällt" das Volkslied in 1. das kirchliche, 2. das
historische, 3. das erotische und 4. das sociale. Diese „Gattungen"
der Volkslieder werden aber wieder in „Klassen" zerlegt, sodaſs z. B.
das erotische Volkslied in Lieder des Glückes, der Sehnsucht, der
Treue, des Abschieds und als „letzte Klasse" (sic! S. 185) Lieder der
Untreue zerfällt. Daſs bei diesem abgeschmackten Übertreiben des
an sich gewiſs lobenswerten Strebens nach einer klaren Disposition
jede Möglichkeit, den feineren Regungen der Volksseele nachzuspüren,
aufgehoben ist, versteht sich von selbst. Die Volksdichtung läſst sich
nicht so trocken in ein Schema ordnen wie staubige Akten; wer ihre
Entwicklung schildern will, muſs vor allen Dingen darauf achten, das
Leben des Volkes zu verstehen und seinen Wandlungen nachzugehen,
und dann aufzuweisen, wie das Volkslied der notwendige Ausdruck
des innersten Wesens des Volkes ist und ein treues Spiegelbild von
Freud' und Leid des Volkes zu den verschiedenen Zeiten des Glückes
oder Unglücks. Dann wird sich auch eine Darlegung der historischen
Entwicklung des Volksliedes ermöglichen lassen, von der man bei
Weddigen keine Spur merkt, da seine Darstellung nur ein groſser
Schrank mit Schubfächern ist, wo zu jeder Etikette einige Beispiele
ziemlich wahllos zusammengetragen sind.

Wir dürfen uns aber nicht damit begnügen, die Anlage des
Buches als verfehlt zu bezeichnen, da es ja doch trotz seiner lang-
weiligen Trockenheit, die der Poesie nirgends gerecht wird, und seiner
kleinlichen Klassifizierung, die eine durchaus ungeschichtliche An-
schauungsweise verrät, durch den Reichtum seines dargebotenen

Materials einen gewissen Wert als Vorarbeit für spätere Nachfolger beanspruchen könnte. Leider ist aber trotz seiner Belesenheit die Zuverlässigkeit Weddigens im einzelnen so gering, dafs man auch in dieser Beziehung sein Werk nur mit der äufsersten Vorsicht gebrauchen kann. Sollte man es für möglich halten, dafs hier (S. 71 unten) Huttens berühmtes „Ich habs gewagt mit sinnen" als ein Volkslied auf den ritterlichen Sänger bezeichnet wird! Und derlei Nachlässigkeiten — Unwissenheit kann man doch bei solch allbekannten Dingen kaum annehmen — finden sich in einer Häufigkeit, die, so unglaublich es ist, doch als zweifellos erscheinen läfst, dafs Weddigen wirklich sie geschrieben hat. Namentlich seine unglückselige Klassifizierung der Gedichte spielt ihm da manchen bösen Streich. Er hat nämlich die sehr bequeme Methode, die „volkstümlichen" Lieder d. h. die Gedichte eines „Kunstdichters", die Gemeingut des Volkes geworden sind, einfach damit abzuthun, dafs er am Schlusse jedes Kapitels eine chronologische Aufzählung der in die jeweils behandelte „Klasse" einschlägigen Lieder anhängt. Man glaubt aber denn doch, seinen Augen nicht trauen zu dürfen, wenn man da unter den „Liedern des Liebesglücks und der Liebessehnsucht" (S. 180) liest: „Wenn ich ihn nur habe, wenn er nur mein ist. Von Hardenberg (Novalis)"; ebenda: „Ich weifs nicht, was soll es bedeuten. Von Heine"; bei den „volkstümlichen Naturliedern" (S. 195): „Wie herrlich leuchtet uns (sic!) die Natur. Von Goethe"; bei den „volkstümlichen Abschiedsliedern" (S. 184): „Nun verlafs ich diese Hütte. Von Goethe" und „Nur wer die Sehnsucht kennt. Von Goethe" bei den Trinkliedern (S. 201): „Bei einem Wirte wundermild. Von Uhland" u. s. w. Weddigen scheint immer nur die erste Zeile der Gedichte gelesen zu haben; nur so kann Uhlands „Wirt", der doch ein Apfelbaum ist, zu den Weinliedern, nur so Hardenbergs mit so wunderbarer Innigkeit angebeteter Jesus unter die Liebeslieder geraten sein; da genügt auch Goethes „Verlassen" der Hütte oder das Wort „Sehnsucht", diese Gedichte zu den Abschiedsliedern zu stellen, und das Wort „Natur", sein entzückendes Liebesgedicht bei den Naturliedern einzureihen. Kann man aber eine solche „Geschichte der deutschen Volksdichtung" überhaupt noch ernst nehmen? Jedenfalls kann es einen nicht wundern, dafs das Buch auch sonst reich ist an Inkorrektheiten, die man nicht blofs als Druckfehler bezeichnen kann, wenn z. B. Hoffmanns von Fallersleben Gedicht „Trink Kamerad!" auf derselben Seite sowohl bei der Jahreszahl 1826 wie 1829 angeführt ist (S. 202), wenn Geibels „Gute Nacht" citiert wird: „Schön (sic) fängt es an zu dämmern" (S. 197) u. dergl. m. Denn alle diese Dinge finden sich nicht nur in der „verbesserten" zweiten Auflage des Werkes, sondern schon in der ersten.

Bei dieser Beschaffenheit des ganzen Buches lohnt es sich natürlich nicht, im einzelnen mit den oft recht sonderbaren Aufstellungen des Verfassers zu rechten, wenn er z. B. (S. 9 ff.) unter der geschmackvollen Überschrift: „Rückkehr zur Volksdichtung in der zweiten Hälfte des 18. Jahrhunderts und die Beziehungen unserer klassischen u. s. w. (sic!) Dichter zu ihr" nichts weiter als eine Seite über Herder und acht

Zeilen über seine Nachwirkungen gibt, wenn er (S. 17 ff.) Heines Beziehungen zum Volksliede ganz unverhältnismäfsig breit behandelt,
ohne dabei aus der kleinlichsten Parallelensucht herauszukommen,
wenn er alle möglichen Gedichte von Goethe wie z. B. auch „Füllest
wieder Busch und Thal" u. a. als „volkstümlich" erklärt, weil sie eben
von Goethe sind, über die inneren Beziehungen desselben zur Volksdichtung aber gar nichts zu sagen weifs, sondern nur (S. 13 ff.) als
Beleg dafür Äufserungen des alten (!) Goethe zusammenstellt u. s. f.
Wie bei dieser Besprechung Goethes müssen übrigens meistens Citate
aushelfen, wo es gilt, eine zusammenfassende Charakteristik oder eine
Definition oder dergl. zu geben, sei es nun, dafs da die Brüder Grimm
oder Uhland oder Gervinus oder sonst wer aus der Verlegenheit helfen
müssen. Aber Weddigen erkennt auch gerne die Verdienste solcher
Vorläufer an, wie seine wohlwollende Bemerkung über die Kinder- und
Hausmärchen der Brüder Grimm beweist, die er (S. IX) als „ein sehr
zu empfehlendes Volksbuch!" bezeichnet. Am liebsten freilich citiert
er sich selber; nicht blofs seine verschiedenen „gelehrten" Arbeiten
zur deutschen Literaturgeschichte findet man gewissenhaft benutzt und
angeführt, er dekretiert auch für einige seiner Gedichte (S. 197, 211 u. a.),
dafs sie in den Volksmund übergegangen sind und ist dabei so gewissenhaft, auch die Komponisten zu nennen, die bei anderen Dichtern
von ihm fast nie angeführt werden. Nun, diese „Verbesserung und
Vermehrung" gegenüber der ersten Auflage ist ja recht unschuldiger
Natur; leider stehen ihr keine anderen eingreifenden Änderungen zur
Seite, sondern sind, wie gesagt, alle Fehler der ersten auch in die
neue Ausgabe übergegangen, wobei nur die Zahl der angeführten
„Klassen" des Volksliedes unfruchtbarerweise noch vermehrt wurde.
Weddigens „Geschichte der deutschen Volksdichtung" ist eben auch
in ihrem neuen, etwas stattlicheren Gewande ein in Anlage und Aus-
führung gleich verfehltes Werk geblieben.

Wer aber unsere Verurteilung zu scharf findet oder glaubt, dafs
es Zeitvergeudung war, sich so eingehend mit einem so wertlosen
Buche zu befassen, möge bedenken, dafs es gegenüber der aufdring-
lichen Reklame für das Werk, das anspruchsvoll die Berücksichtigung
der Fachleute herausfordert, doch notwendig ist, einmal gründlich
gegen diesen arroganten und gefährlichen Dilettantismus vorzugehen.
Von günstigen Besprechungen und Empfehlungen, in denen Weddigens
Buch als ein „vortreffliches, gründliches und übersichtliches Werk"
gepriesen wird, hat ja der Verleger der 2. Auflage eine stattliche Auswahl als Anhang beigefügt; möge er bei einer nochmaligen Ausgabe
auch die vorstehenden Zeilen berücksichtigen!

München.   Erich Petzet.

A. Winter: Wörterverzeichnis. Nach der in Bayern amtlich
eingeführten Schreibweise bearbeitet. München 1898. Piloty u. Löhle.
51 S. Preis 40 Pfg.

Unter Bezugnahme auf unsere Besprechung des Winter'schen

Orthographiebuches im vorigen Bande dieser Blätter (S. 305 ff.) sei hier noch darauf aufmerksam gemacht, daß nunmehr das mit dem Orthographiebuche und der deutschen Grammatik verbundene Wörterverzeichnis in erweiterter und wesentlich vervollständigter Form gesondert erschienen ist. Es ist zugleich zu einem praktischen Ratgeber in allen zweifelhaften Fällen der Schreibung und B e u g u n g ausgearbeitet. Besondere Aufmerksamkeit ist der Schreibung der Substantiva mit großen und kleinen Anfangsbuchstaben in Verbal- und Präpositionalverbindungen gewidmet; diese werden bei den betr. Substantiven immer möglichst vollzählig aufgeführt. Auf S. 3—6 werden in kürzester Form einige Bemerkungen über Silbentrennung, Interpunktion u. s. w. vorausgeschickt.

Das Büchlein wird in Schule und Haus, im Geschäftszimmer und in der Amtsstube gleich willkommen geheißen werden. Den Schülern allerdings, die mit der Winter'schen Grammatik ausgestattet sind, wird man es kaum zumuten dürfen, nun auch noch das „vollständigere" Wörterverzeichnis zu kaufen. Das einzig Richtige wäre es, dieses selbst den künftigen Auflagen der Grammatik beizugeben.

München.   P. S c h w a b.

C o r n e l i u s N e p o s für Schüler von Dr. Joh. S i e b e l i s, 12. Auflage von Dr. Otto S t a n g e, Leipzig, B. G. Teubner 1897.

Die Neubearbeitung, welche 12 Jahre nach dem letzten Erscheinen dieses trefflichen und mit Recht geschätzten Schulbuches und zehn Jahre seit dem Tode des Professors Dr. Jancovius, des Besorgers der siebenten bis elften Auflage, uns nun vorliegt, zeigt mannigfache Veränderungen. Weniger ins Gewicht fallen von diesen die auf den Text bezüglichen; zu den aus pädagogischen Rücksichten zu streichenden (oder zu ändernden) Stellen sollte vielleicht auch Alcib. 11,5 (rebus veneriis deditos) und Epam. 4,1 (quem tum plurimum diligebat) genommen sein. Dem Texte sind allgemeine Bemerkungen vorausgeschickt, welche die Übersetzung und das Verständnis der Ausdrucksweise bei Nepos erleichtern sollen; auf diese wird in den Anmerkungen auch immer verwiesen, während alle sonstigen Verweisungen im Kommentar ausgemerzt sind. Neu sind in den Anmerkungen — nicht am Rande — die Inhaltsangaben zu den einzelnen Kapiteln — eine Neuerung, auf die Ref. lieber verzichten möchte. Der Kommentar. wie bisher unter dem Texte stehend, zeigt überall, nach der sachlichen und sprachlichen Seite, die bessernde Hand des Bearbeiters; über die Grenze des als Erleichterung noch Zulässigen ließe sich in manchen Fällen streiten. Daß manches knapper gefaßt wurde, zeigt sich schon an dem etwa um Bogenstärke geringeren Umfange des Buches, das nicht mehr aufgenommene Register zu den Anmerkungen nicht eingerechnet. Eine neue Zugabe sind auch die 3 Karten von Griechenland. Vorderasien und den Besitzungen der Römer und Carthager im Zeitalter der punischen Kriege.

München.   J. W i s m e y e r.

Prammers Schulwörterbuch zu Caesars Bellum Gallicum. Bearbeitet von Dr. Anton Polaschek. 2. Aufl. Mit 61 Abbildungen und Karten. Preis geb. 2 M. Leipzig. Verlag von
G. Freitag. 1897. VIII und 237 Seiten.

In unsern Spezial-Wörterbüchern macht sich eine Neigung zum
Bessern geltend; das treffliche Homer-Lexikon von Dr. G. Autenrieth
hat — Gott sei Dank — Schule gemacht. Das mir zur Anzeige vorliegende Büchlein bringt dafür den Beweis. Was der Herr Verfasser
in der Vorrede verspricht, das Prammer'sche Schulwörterbuch noch
schulmäfsiger gestalten zu wollen, hat er gehalten: Das Wörterbuch
entspricht durchaus den Bedürfnissen der Schüler, welchen Caesars
bellum Gallicum zur Lektüre in die Hand gegeben wird. Dafs es vollständig ist, und nicht leicht ein Wort vermissen läfst, braucht als besonderer Vorzug kaum hervorgehoben zu werden. nachdem Menge-
Preufs und Meusel zur Benützung vorliegen. Erwähnenswert aber ist
die übersichtliche, durch gesperrten Druck kenntlich gemachte, sorgfältige Entwicklung der Bedeutung in den einzelnen Wörtern. Anerkennen mufs man auch das Mafshalten in Übersetzungshilfen und die
genügende, aber nicht überreiche Angabe von Citaten. Die Beifügung
von Schlachtenplänen, die durchweg gelungene und saubere Zeichnung
von Angriffsbauten und Belagerungswerken, von Waffen, Rüstungen
und sonstigen archäologisch wichtigen Dingen finde ich lobenswert,
besonders da hiebei vielfach die Relief-Darstellungen der Trajanssäule
und sonstige aus dem Altertum stammende, wirklich belehrende Überreste als Vorlagen benützt wurden. Das sind lauter Beigaben, die den
strebsamen Schüler anregen, den denkenden belehren und selbst dem
gleichgiltigen Freude machen.

Betrachten wir dann die eigentliche, dem Schüler an die Hand
gehende Arbeit genauer, soweit sie unabhängig von den oben erwähnten Wörterbüchern erscheint, so verdient des Verfassers kundiger
Blick, einfache Darstellung und verständlicher Ausdruck eine freundliche Beurteilung; es war ihm darum zu thun, Gutes zu schaffen, nicht
einfach zusammenzutragen. Die Beifügung von Stämmen oder stamm-
verwandten Wörtern (im Anschlufs an Stowasser) hat meinen Beifall,
wenn und soweit sie sich auf zuverlässige und auch dem Verständnis
des Knaben erreichbare Angaben beschränkt; Formen, die der Junge
nicht erfassen kann, die ihn zum skeptischen Lächeln oder zu un-
gläubigem Kopfschütteln reizen, sollten nicht beigefügt werden; damit
gewinnt er nicht an Einsicht. Wenn bei video auf μιδ und οἶδα hingewiesen wird, gut! Was hilft aber bei voco der Hinweis auf εἶπον,
ἔπος und ϝεπ? Das belehrt nicht, sondern verwirrt, weil es zu viel
von ihm verlangt; in solchen Dingen ist weniger, aber sicher und
schlagend --- mehr. Indes ist das eine Sache, worüber man streiten
kann. Daher wende ich mich vom Allgemeinen zu den Einzelheiten,
obwohl ich weifs, dafs es da erst recht schwierig ist, völlig einig
zu werden.

Manchmal wird es den Schülern doch gar zu leicht gemacht:

abditus als Participium zu abdere muſs jeder Schüler dieser Altersstufe ſelber kennen; daher wäre dies besonders aufgeführte Participium (und noch manche andere) wohl besser beim Stammverbum
untergebracht. Man soll die Denkfaulheit auch im Schüler-Wörterbuch
nicht pflegen. Wenn beim verbum angegeben ist: magna cum contumelia verborum unter lauten Schmähungen, so scheint der Inhalt
des Ausdrucks kaum erschöpfend ausgeführt; denn contumelia verborum
bedeutet schon „laute Schmähungen"; magna contumelia verborum
sind also „bittere, grobe Schmähworte"; vaginam avertere soll heiſsen
„verbiegen"; bei avertere ist ganz richtig erklärt: verschieben. Bei
castra ist c. munire übersetzt: ein festes Lager schlagen, während bei
munire nur „befestigen, verschanzen" angeführt und castra beigefügt
wird. Derartige Ungenauigkeiten sollten in einem Schüler-Wörterbuch
am wenigsten vorkommen. Für falces laqueis avertere gibt der Verfasser die Bedeutung „auffangen"; richtiger wäre wohl „abfangen".
Bei coniectura lesen wir: conicere übtr. „zusammenbringen", „kombi-
nieren"; letzteres Wort ist nicht deutsch und auch nicht verständlicher
als das zu erklärende selber. Bei Caburus ist nur hingewiesen auf
Valerius; genauer und für den Schüler zeitsparender wäre V. 3. Der
Kopf des Apollo Belvedere und des Mars und ein beliebiger bekleideter
Gallier hätten auch genügt; die drei Ganzfiguren mit dem Feigenblatt
sind für Buben in d e m Alter nur zu leicht eine Verlockung zum —
Unfug. Wie säuberlich verfährt in dieser Beziehung Autenrieth! Was
mich noch verdrieſst, das sind die groſsen, schweren Maschinen mit
Achschen und Räderchen, wie sie unsere kleinen Knaben an ihren
Wägelchen besitzen. Ein aries, eine testudo kann nicht anders als
auf Rollen und Walzen vorwärts kommen.

Doch genug davon! Es sind Ausstellungen, welche wenig Gewicht
haben, Kleinigkeiten, die den Pädagogen beschäftigen. Aber eben weil
der Verfasser sonst so gut versteht, wie wichtig oft „Kleinigkeiten" in
der Schule sind, glaubte ich meine Anliegen vorbringen zu sollen:
keineswegs soll damit dem Werte des Büchleins zu nahe getreten
werden. Noch eine Bemerkung: Wäre es nicht förderlicher und zeitsparender für den Schüler, wenn die Bilder nach Seitenzahlen statt
nach den Nummern der Reihenfolge zitiert würden?

Um endlich auch auf das Äuſsere zu kommen, so ist der Druck
vorzüglich, die Genauigkeit der Korrektur tadellos, das Papier, wie es
sich von einer erprobten Schulbuchhandlung nicht anders erwarten
läſst, rein, glatt und gut. Auch der Leinwand-Einband erscheint abgesehen von der leicht schmutzenden Farbe hübsch; doch sind die
ersten Bogen zu hart geheftet und werden deshalb bald in die
Brüche gehen.

Zum Schlusse glaube ich mich kurz so fassen zu dürfen: Das
Werkchen verdient Eingang in die Schule und wird ihn finden.

Neustadt a/A.   J. C. Laurer.

Ausgewählte Stücke aus Livius' vierter und fünfter Dekade v. Prof. Märklin, Stuttgart und Rektor Dr. Treuber, Tübingen. Stuttgart, Kohlhammer 1898.

Der Zweck dieser Auswahl ist, auch jene Partien des Livius, die beim Schulbetriebe gewöhnlich abseits liegen bleiben, für die Lektüre verwendbar zu machen. Daß für die Schule ein Bedürfnis hiezu bestand, möchte ich nicht bejahen. Der schönste und für unsere Jugend interessanteste Teil des erhaltenen livianischen Geschichtswerkes ist und bleibt das bellum Hannibalicum. Stoff ist da bei den wechselnden Klassen in reichem Maße vorhanden. Führt jedoch ein Lehrer fast Dezennien lang, wie es vorkommt, dieselbe Klasse, dann ist es wohl begreiflich, wenn er für sich etwas Abwechslung sucht.

Meine Ansicht über Ausgaben, die nach dem Geschmack des Verfassers zusammengezogen und gekürzt sind, habe ich schon bei Besprechung der von Prof. Dr. Vollbrecht aus der dritten Dekade gemachten Auswahl S. 466 des letzten Jahrg. dargelegt und fühle mich durch vorliegendes Büchlein hierin nur bestärkt.

Dasselbe enthält auf 103 Seiten das den H. H. Verf. aus den 1 ^{1},$_{2}$ Dekaden Passende. Fußnoten sind teilweise recht reichlich beigegeben, ebenso öfters verbindender deutscher Text und ein ausreichend scheinendes geograph.-hist. Register. Die (jetzt vielfach modische) Schülerpräparation hiezu wird in Aussicht gestellt. (Warum nicht auch eine Schulübersetzung?)

Druck und Ausstattung sind eines Schulbuchs würdig.

Würzburg.   Dr. Baier.

Jul. Lattmann, Geschichte der Methodik des Lateinischen Elementarunterrichts seit der Reformation. Eine spezialistische Ergänzung zur Geschichte der Pädagogik. Göttingen 1896. VIII, 462 S. 8 Mk.

Lattmann, der Verfasser einer unserer besten lateinischen Grammatiken, bietet in dem vorliegenden verdienstlichen Werke eine willkommene Ergänzung zu Ecksteins „latein. Unterricht", indem er darauf ausgeht, „aus der großen Menge diejenigen pädagogischen Persönlichkeiten, Kundgebungen und Schulbücher herauszugreifen, die geeignet und genügend erscheinen, die einzelnen Entwicklungsphasen zu repräsentieren." Es wird dadurch dem zur Zeit bei uns bestehenden Mangel an einer Sammlung der in Deutschland seit der Reformation in den Lateinschulen gebrauchten Schulbücher (nach dem Muster des von Buissot für Frankreich herausgegebenen: Musée pédagogique et Bibliothèque centrale de l'enseignement primaire. Fasc. 3 Repertoire des ouvrages pédagogiques du XVIe siècle) in dankenswerter Weise einigermaßen abgeholfen. Wollen wir nun an der Hand dieser ´Monumenta inferiorum scholarum Latinarum didactica excerptim proposita´ einen kurzen Gang durch die Geschichte der Methodik des lateinischen Elementarunterrichtes machen und zwar in möglichst engem Anschlusse an die eigenen Worte des Verf.

In der Reformationszeit lehnte sich der lateinische Unterricht
an den Religionsunterricht an; die dabei zur Anwendung kommende Methode ist die natürliche oder analytische, die jedoch
allmählich immer mehr eine blofs grammatische wurde.   Im
Anfange des 17. Jahrhunderts treten die beiden grofsen Didaktiker
Ratichius und Comenius auf mit ihren psychologisch packenden
Ideen; aber die praktische Ausführung derselben war gänzlich oder
stark verfehlt.   Im Gegensatz zu der althumanistischen Unterrichtsweise eröffnet Rhenius (geb. 1574) zuerst der Methode die Bahn,
auf der diese, wenn auch mit grofsen Schwankungen, so doch der
Anlage im grofsen und ganzen nach bis in unsere Zeit hinein fortgeschritten ist.   Ihm folgt Speccius, der das erste methodisch eingerichtete Übungsbuch mit nur deutschen Übungssätzen (1633 in
Nürnberg gedruckt) verabfafste.   Dieses Buch hielt sich, allerdings unter
vielfachen Umarbeitungen, fast zweihundert Jahre an unsern Schulen.
Sp. bildet den Übergang von der Unterrichtsweise des Reformations-
zeitalters zu dem der neueren Zeit insofern, als er die ersten schriftlichen Übungen des Lateinschreibens mit dem grammatischen Unterricht in eine systematisch geregelte Verbindung setzte.   1732 erschien
der „Trichter der latein. Grammatik" von Fr. Muzelius; über den
damals vielgebrauchten Ausdruck „Trichter" vergleiche man Borchardt,
die sprichwörtlichen Redensarten im Deutschen S. 480 f., der nachweist, dafs der erste derartige Trichter das 1647 in Nürnberg erschienene Lehrbuch der Dichtkunst von Harsdörfer war: „Poetischer
Trichter, die Teutsche Dicht- und Reimkunst, ohne Behuf der lateinischen Sprache, in VI Stunden einzugiefsen." — Die an Rhenius und
Speccius anknüpfende Weiterentwicklung geht aus von dem Päda-
gogium zu Halle, wo Joach. Lange eine „verbesserte und er-
leichterte Lat. Grammatik" schrieb; die Unterrichtsweise nach dieser
Grammatik wird später die Hallische Methode genannt.   Sie legte
besonderes Gewicht auf ein geschicktes didaktisches Verfahren, führte
aber bei schlechten Lehrern zu einer äufserlichen Dressur gedächtnismäfsigen Einlernens, Hersagens, Nachmachens. Der ballischen Methode
stellte sich bald die Göttingische gegenüber, begründet von Jos.
Matth. Gesner, dem Anfänger des neuhumanistischen Schulwesens
in Deutschland, dem Vater der induktiven Methode. Aber es fehlte
ein Übungsbuch zu der sorgfältigst dargelegten Methode, und so liefsen
sich wenigstens in den unteren Klassen keine irgendwie nachhaltigen
Wirkungen derselben wahrnehmen. Die Neuhumanisten sind es auch,
die den kirchlichen Lern- und Lehrstoff aufgaben und statt dessen
einen solchen aus dem Altertume, alten Schriftstellern entnommenen
verwandten.   Das — bis in die Mitte unseres Jahrhunderts — ver-
breitetste Lehrbuch dieser neuen Richtung ist das von Fr. Jacobs, der
(1808) Fr. A. Wolffs Grundidee, nämlich die Jugend durch „die Kenntnis
der altertümlichen Menschheit zur wahren Menschenkenntnis,
von dieser zur wahren Menschenbildung" zu führen, in den Elementar-
unterricht hineintrug.   Die Lesebuchmethode stellte hohe Anforderungen
an die persönliche Tüchtigkeit des Lehrers.   Die Schüler mufsten binnen

4—6 Wochen mit der Formenlehre bekannt gemacht werden, um möglichst bald zur grammatikalischen Exposition des zusammenhängenden
freien Lehrstoffes zu kommen, durch den wiederum die Formen-
kenntnis weitergebildet und gesichert werden sollte. Der Stoff war
ausschliefslich aus alten Autoren genommen; die Schüler sollten bereits
in den ersten Formeln kein Wort lesen, das nicht durch klassische
Autorität gleichsam geweiht sei. Doch führte der bereits erwähnte
Mifsstand dieser Lesebuchmethode, dafs sie nämlich nur von recht
tüchtigen Lehrern erfolgreich gehandhabt werden konnte, bald ihre
Anhänger dazu, ihr gleichsam eine Stütze in einem Übungsbuche zur
Seite zu stellen. So verfafsten Döring und Gröbel (20. Aufl. 1874)
ihre auch dem jetzigen Geschlechte noch bekannten deutsch-lateinischen
Übungsbücher. 1857 erfuhr das Lesebuch von Jacobs durch Classen
eine „den Anforderungen der Gegenwart" angepafste Umgestaltung, so
dafs es fortan auch als Übungsbuch diente. Die Anforderungen der
Gegenwart aber zielten auf nichts anderes, als auf die Vorherrschaft
der Grammatik im lat. Unterricht, der sich die Übersetzungen als
gelegentliche Übungen anschliefsen sollten. Die ganze nun folgende
zahlreiche Übungsbuchliteratur dreht sich um eine mehr oder minder
geschickte Zubereitung dieser grammatischen Anlage des Unterrichts,
um die Manier der Ausführung. Als Typus dieser Art des latein.
Elementarunterrichtes können die Übungsbücher von Ostermann
gelten, die erst in den letzten Jahren von H. J. Müller eine Umarbeitung nach den neuen preufsischen Lehrplänen erfuhren Ein
volles Menschenalter herrschte dieser moderne Grammaticismus, als
1873 Herm. Perthes auftrat mit der Forderung, man müsse vom
Lesebuch zur Grammatik übergehen, nicht von der Grammatik zum
Lesebuch, um so das Prinzip der Lesebuchmethode wieder zur Geltung
zu bringen. Seine Reformvorschläge fanden jedoch nur vereinzelte
Anerkennung. — Unter dem Einflufs der pädogischen Grundsätze von
Herbart-Ziller-Frick sind die lat. Übungsbücher von Lutsch, sowie die
von Kautzmann, Paff und Schmidt entstanden, die zwar nicht das
Gewirr der früheren Lese- und Übungsbücher aufweisen, aber immer-
hin nur gröfsere Farbensteinchen in das Kaleidoskop einlegen, als jene.
Ein Zusammenhang des Ganzen oder auch nur eine Reihe von Abschnitten für sich ist nicht vorhanden.

Nachdem so der Verf. die Haupterscheinungen der neueren und
neuesten Zeit — doch vermissen wir u. a. die ausgezeichneten Lehrbücher von W. Wartenberg – hat Revue passieren lassen, schliefst
er sein inhaltreiches Buch mit einer eingehenden Darlegung und Erläuterung seiner eigenen pädagogischen Grundsätze und der darauf
fufsenden Übungsbücher. Lattmann will an die Stelle des Lateinischen
in Sexta das Englische (6 St.) setzen und Latein erst in Quinta beginnen lassen. Die Unterrichtsmethode hat eine aus Übungs- und
Lesebuch kombinierte zu sein, der inhaltliche Stoff einer jeden Stufe
mufs ein einheitlicher, zusammenhängender sein. Diese Gedanken sind
nicht neu und finden sich auch in anderen Lehrbüchern durchgeführt.
Was aber den Vorschlag betrifft, in Sexta mit dem Englischen zu be-

ginnen, so kann ich mich für denselben ebenso wenig erwärmen als Dettweiler, der in einer gehaltvollen Besprechung des Lattmannschen Buches B. Phil. W. 1897 Sp. 440 sich also dagegen äufsert: „Entweder ist der neunjährige Knabe überhaupt noch nicht reif für eine fremde Sprache; dann verschone man ihn ganz damit und mache ihn erst mit der Muttersprache bekannt. Oder es sprechen innere und äufsere Gründe nur gegen den Anfang mit dem Latein. Dann aber bewahrt uns doch die gewöhnlichste didaktische Erwägung und Erfahrung davor, einen zehnjährigen Knaben, den Quintaner, mit zwei fremden Sprachen zu belasten und so keine davon ordentlich lernen zu lassen.“

München.   G. Landgraf.

_____

Homers Ilias. Für den Schulgebrauch erklärt von K. F. Ameis. Zweiter Band. Drittes Heft. Gesang XIX—XXI. Bearbeitet von Prof. Dr. C. Hentze. 3. berichtigte Aufl. Leipzig, Teubner 1896. Pr. M. 1,20.

Die zweite Auflage dieses Teiles der allbekannten Iliasausgabe von Ameis-Hentze hat in diesen Blättern (XXV 1889 S 255—258) eine ziemlich eingehende Besprechung gefunden. Da zur Empfehlung des vortrefflichen Buches nichts Neues mehr gesagt werden kann, so mögen nur einige wenige Bemerkungen zu einzelnen Stellen folgen.

Zu *T* 35 μῆνιν ἀποειπὼν Ἀγαμέμνονι ποιμένι λαῶν konnte darauf hingewiesen werden, dafs die alte Überschrift des XIX. Buches, μήνιδος ἀπόρρησις, wohl diesem V. ihre Entstehung verdankt. — 65 f. sind auch neben 67 nicht überflüssig noch unpassend. Fehlen die VV. 65 und 66, so erhält der Gedankengang etwas Sprunghaftes, der epischen Breite vollkommen Fremdes. — Auch 77 mit Zenodot (οὐκ ἔγραφε schol. A) zu verwerfen, besteht kein genügender Grund. — 142. Dafs Agamemnon dem Achilleus hier zumute, trotz seiner Kampfbegier die Sühnegeschenke erst zu besichtigen, findet H. auffällig. Nun kann man aber nicht von „zumuten“ sprechen, da der Dichter sagt: εἰ δ᾽ ἐθέλεις, ἐπίμεινον; auch ist der Kampfeseifer des Achilleus berücksichtigt in den Worten ἐπειγόμενός περ Ἄρηος. Es wird eben dem ersten Vorschlage ἀλλ᾽ ὄρσευ πολεμόνδε κτλ. (139) ein zweiter angereiht, die Wahl jedoch vollständig dem Ach. überlassen. — 151—153 schliefst H. mit J. Bekker und Späteren in Klammern ein, was Ref. in der Besprechung der 2. Aufl. (a. a. O. 255) gebilligt hat. Nach erneuter Prüfung der Stelle möchte er sich dem Herausg. nicht mehr anschliefsen. Der Tadel, dafs die VV. 151—153 mit dem Vorausgehenden in lockerem Zusammenhang stehen, ist doch nicht so schwerwiegend, dafs man sie als sinnstörend bezeichnen müfste. Die Stelle ist wohl von den verdächtigenden Klammern zu befreien. — 181 ff. Dafs δικαιότερος ἐπ᾽ ἄλλῳ ἔσσεαι bedeuten könne: „du wirst bei einem andern (als Richter, d. h. in den Augen eines andern) gerechter dastehen“, wie H. und andere Herausgeber erklären, hat gar keine Wahrscheinlichkeit; diese Deutung thut den Worten Gewalt an. Die ungezwungene Erklärung des V. kann nur lauten: „du wirst bei einem

andern (als Achilleus) gerechter sein". Daſs sich freilich an diesen
Gedanken das Folgende, das für sich der Erklärung ebenfalls wieder
Schwierigkeiten bietet, nicht gut anschliefst, liegt auf der Hand. Berücksichtigt man noch, daſs V. 183 *ἄνδρ' ἀπαρέσσασϑαι, ὅτε τις πρότερος χαλεπήνῃ* wie eine ungeschickte Nachahmung des öfter (Ω 369,
π 71, φ 132) vorkommenden *ἄνδρ' ἀπαμύνασϑαι, ὅτε τις πρότερος
χαλεπήνῃ* aussieht, so wird man W. Christ Recht geben, der 181—183
für eine Interpolation hält (vgl. auch Franke in der Iliasausg. v. Fäsi
z. d. St). — Zu 288: *ζωὸν μέν σε ἔλειπον* fehlt eine Bemerkung über
den hier erlaubten (vgl. J. La Roche in seiner kritischen Ausg.)
Hiatus. — Daſs 301 f. einen auffallenden Parallelismus mit 338 f.
zeigen, hat Ref. schon früher (a. a. O. S. 256) bemerkt; weder H. noch
G. Stier (in seiner Ausg.) haben den Umstand erwähnt. — 365—367
hat der Herausg. als verdächtig bezeichnet, sich aber bei seinem Urteile wohl zu stark von Aristarch beeinflussen lassen. Eine Übertreibung, vollends eine lächerliche, wie H. sagt, enthält die Schilderung
des Achilleus nicht, und wenn noch der Satz *τά οἱ "Ηφαιστος κάμε
τεύχων* anstöſsig befunden wird, weil das Schwert des Helden nicht von
Hephaistos neu verfertigt ist, so übersieht man, daſs es heiſst *δύσετο δῶρα
ϑεοῦ*, also nur an die Rüstung, nicht an die Trutzwaffen zu denken ist.

Υ 419 ff. Stier bemerkt zu vorliegender Stelle, der Satz *κάρ
ῥά οἱ ὀφϑαλμῶν κέχυτ' ἀχλύς* (421) sei nicht als Nachsatz zu *"Εκτωρ
δ' ὡς ἐνόησε κτλ.* (419) zu fassen, sondern beziehe sich auf Polydoros
und sei eine Weiterführung der näheren Bestimmung *ἔντερα* . . .
ἔχοντα λιαζόμενον προτὶ γαίῃ; der Nachsatz sei *οὐδ' ἄρ ἔτ' ἔτλη* „da
vermochte er (Hektor) es nicht mehr über sich u. s. w.". Diese dem
Sinne nach bestechende Erklärung wird unmöglich gemacht durch
das Wörtchen *οὐδέ* in *οὐδ' ἄρ ἔτ' ἔτλη*, was hier nichts anderes heiſsen
kann als „und nicht"; es muſs also der vorausgehende Satz *κάρ ῥά
οἱ ὀφϑ. κέχυτ' ἀ.* mit dem folgenden verbunden werden, mit anderen
Worten, der Nachsatz beginnt bei *κάρ ῥά οἱ ὀφϑ. κτλ.* — 495 ff. Hier
wurde schon von Friedländer (Philologus IV 584, vgl. Kammer,
zur homer. Frage II 67 ff.) daran Anstofs genommen, daſs Achilleus
nach unserer Stelle auf dem Streitwagen befindlich zu denken ist,
während er in der vorausgehenden Darstellung zu Fuſs kämpft. Wenn
der Herausg. diesem Bedenken mit der Bemerkung (zu 503) entgegentritt, daſs Ach. inzwischen zum Zwecke der Verfolgung der Trojaner
seinen Wagen bestiegen habe, so hätte der Dichter, wenn er sich die
Sache so vorgestellt hätte, gewiſs nicht versäumt, Φ 17, wo er den
Peliden seine Lanze an einen Baum lehnen und sich dann auf die
Feinde im Flusse stürzen läſst, anzugeben, daſs der Held vom Wagen
gesprungen sei. Aus dem Fehlen einer derartigen Bemerkung ist zu
schlieſsen, daſs wir uns den Helden überhaupt nicht zu Wagen kämpfend
zu denken haben. Ob die Erklärung Stiers ausreicht, der meint, je
nach Bedürfnis besteige Ach., der eben als Fuſskämpfer gedacht sei,
den Wagen, den er bedürfe, um viele rasch nacheinander zu erlegen,
erscheint sehr fraglich. Es wird demnach am geratensten sein, mit
W. Christ 495—503 einzuklammern.

Φ 67. Hiezu merkt H. an: „Die Lanze hatte Ach. 17 von sich gelegt; daß er sie (23) wieder aufgenommen, ist nicht erwähnt". Es hätte hinzugesetzt werden sollen: „Wird indes leicht vom Hörer oder Leser ergänzt." — 73. Bezüglich dieses V. ist Ref. nach wie vor der Ansicht, daß er, wiewohl von Aristarch verworfen, nicht entbehrt werden kann. S. a. a. O. 257. — 238. Wie kann der Flußgott Skamandros die Trojaner in seinen Wellen vor Achilleus' Wut schützen, *κρύπτων ἐν δίνῃσι βαθείῃσιν μεγάλῃσιν*, ohne daß sie elendiglich ertrinken? Auf diese Frage, die mancher Leser hier stellen könnte, ist mit S t i e r zu erwidern, daß der Fluß nach der Vorstellung des Dichters wohl ein Dach von Wellen über den Flüchtlingen wölbt, unter welchem ein hohler wasserleerer Raum zu denken ist. — 388 ff. Nicht überflüssig wäre zu dieser Stelle eine Bemerkung über den Grund der großen Heiterkeit · des Zeus (*ἐγέλασσε*, nicht wie sonst *μείδησε*) gewesen. Nicht etwa deshalb bricht der Gott in Lachen aus, weil nun sein Ratschluß in Betreff des Ach. in Erfüllung geht, oder weil er die komischen Scenen kennt, die beim Kampfe der Göttinnen erfolgen müssen (F r a n k e), sondern weil er sich unendlich erhaben fühlt über die anderen Götter, denen er jetzt den Kampf erlaubt hat und deren hitziger Streit ihm die gleiche Unterhaltung bereitet wie die Schlachten der Menschen. Richtig bemerkt S t i e r: „Der Obergott spottet über die Kämpfe der Untergötter ebenso wie über die der Sterblichen. Soweit im Folgenden die Menschenmöglichkeit der Götter getrieben wird, so hoch erhebt sich Zeus zugleich über alle." Der Gegensatz zwischen dem Grimm der Olympischen, dem sie jetzt im Kampfe mit einander die Zügel schießen lassen, nachdem sie lange haben an sich halten müssen, und ihrer vollständigen Ohnmacht dem Zeus gegenüber ist es, welcher komisch wirkt und die Heiterkeit des Göttervaters hervorruft. — 471. Hiezu muß Ref. seine schon a. a. O. 257 ausgesprochene Bemerkung wiederholen, daß der Vers nicht zu beseitigen ist, weil, wenn er fehlt, der Ausdruck eine dem epischen Gebrauche widersprechende Knappheit erhält. — 475—477 hat H. mit Klammern versehen, doch kaum mit Recht. Aristarch, der die Athetese über die VV. verhängte, beanstandete die in der Stelle enthaltene Übertreibung ohne Grund; der Gesamtcharakter der Theomachie beweist, daß die Zeichnung des Apollon, wie sie die fraglichen VV. geben, vom Dichter beabsichtigt ist. — 480, vom Herausg. eingeklammert, ist der Deutlichkeit und Vollständigkeit wegen so notwendig, daß man, wenn der Vers auch in den besseren Hdschriften fehlt, sich darüber freuen muß, daß er wenigstens in den geringeren steht.

München. M. Seibel.

Die homerische Flora von Stephan Fellner. Wien 1897. Alfred Hölder. K. K. Hof- und Universitätsbuchhändler.

Bei dem großen Interesse, das man den Realien bei Homer von jeher entgegengebracht hat, ist es kein Wunder, daß auch die homerische Pflanzenwelt stets liebevolle Deutung gefunden hat. Selbst eine eigene homerische Flora hat im Jahre 1836 der Holländer Miquel geschrieben (übersetzt von J. C. M. Laurent, Altona 1836. 8⁰). Heute freilich ist dieselbe sehr veraltet, und es ist daher dankbar zu begrüßen, wenn in obengenanntem Schriftchen der Versuch gemacht wird, aus modernen Anschauungen heraus und aus einer ganz anderen Kenntnis der Boden- und Vegetationsverhältnisse des Ostens, als man damals hatte, uns die homerische Flora wieder vorzuführen. Der Verfasser gibt zunächst allgemeine Vorbemerkungen, worin er von geolog. Grundlage aus die Begriffe Pflanzenform, Formation, Vegetationsgebiet, Verbreitungsweise- und Grenzen erörtert und geht dann auf das natürliche Florengebiet des Mittelmeeres ein. Dasselbe charakterisiert sich nach Griesebach als die Region der immergrünen Laubhölzer; darüber liegt die waldige Bergregion. Neben dem eigentlichen Hellas wird natürlich auch Kleinasien berücksichtigt.

Für die immergrüne Küstenregion ist erster Vertreter der Ölbaum (Olea europaea). Hier bringt Fellner die alten Aufstellungen V. Hehns: Homer habe den kultivierten Ölbaum nicht gekannt, sondern nur den wilden, das Olivenöl sei noch importierte Luxusware gewesen u. s. w., Dinge, die längst widerlegt sind. (Vgl. u. a. H. Köbert. Der zahme Ölbaum in der religiösen Vorstellung der Griechen. Programm des K. Maximiliansgymn. zu München 1894. S. 4.) Dann wird der Lorbeer behandelt, die immergrünen Eichen — hier vermisse ich, wie auch sonst öfter, eine Benützung von Th. v. Heldreich. Die Nutzpflanzungen Griechenlands — die Zypresse — nach Heldreich nicht in Griechenland einheimisch — und die Aleppokiefer. Lenz erscheint mir auch nicht der berufenste Gewährsmann für neugriechische Pflanzennamen zu sein, hier ziehe ich Fraas, Unger, Heldreich u. a. entschieden vor. Die Pinie wird mit Recht der älteren Zeit abgesprochen — es ist ja schon oft darauf hingewiesen worden, daß fast all die Pflanzen, die heute dem Nordeuropäer die Mittelmeerflora so recht zu charakterisieren scheinen, wie Pinie, Agrumen, Agave, Opuntia Ficus indica u. s. w. dem Altertum unbekannt waren. κέδρος ist natürlich nicht die Libanonzeder, sondern eine Wachholderart (Juniperus Oxycedrus und Verwandte), die μελίη nicht unsere Esche, sondern Fraxinus Ornus; unter πτελέη kann auch Celtis australis stecken; Alnus glutinosa ist als κλήθρη nicht über jeden Zweifel erhaben; daß wirklich schon die homerische Zeit an eine Einteilung der Weiden, dieser Crux botanicorum, gegangen sein soll — οἰσύα Korbweidengruppe, ἰτέη Bachweidengruppe —, geht mir zu weit.

Wenn die Region der Maquis (Strauchdickichte) in die Oleander- und Myrtenform geteilt wird, so ist das nicht ganz korrekt. Heldreich gibt in A. Mommsens Griech. Jahreszeiten Nerium Oleander nur für Flußufer und Thalsohlen an, bei den eigentlichen Maquis S. 537 fehlt er. Hieber gehören noch Myrte, φυλίη (Phillyrea angustifolia?), Pistacia Lentiscus, Buchs, die Zistrosen- und Rosensträucher und der Epheu. Daß aber das κισσύβιον gerade aus Epheuholz geschnitzt sein müsse und daher benannt sei, das bringen mir alle Grammatiker und Etymologen nicht bei; so dicke Epheustämme, als man dazu brauchte, sind viel zu selten. Auch aus den beiden etwas dunklen Stellen mit τρίγληνα μορόεντα (Od. XVIII 298 u. Il. XIV 183) kann noch keine Kenntnis des schwarzen Maulbeerbaums hergeleitet werden, da sich das Wort doch auch ganz anders erklären läfst. Das ‚φηγός‘ der Alten erklären Fraas, Unger, Heldreich für Quercus Aegilops, Fellner aber für die Kastanie. Nun liebt aber Quercus Aegilops die Ebenen, Castanea vesca das höhere Gebirge; welcher Baum wird also wahrscheinlicher vor dem skäischen Thore gestanden sein? Dafs Platanus orientalis in Skandinavien den Winter verträgt, ist unwahrscheinlich, das ist wohl die occidentalis. Welcher Pedant wird aber fragen, von welchen Eichenarten die Früchte stammten, mit denen Kirke die in Schweine verwandelten Menschen fütterte? Das erinnert ja an die Fragen, mit denen Tiberius nach Sueton die Hofgrammatiker zum besten hielt. Dafs ὀξυόεις — nicht ὀξύεις — von ὀξύη abzuleiten sei, bestreiten die neueren Erklärer. Die griech. Tanne ist eigentlich nicht Abies pectinata, sondern Abies Apollinis cf. Heldreich Nutzpfl. S. 13. Unger Wissensch. Ergebnisse einer Reise in Griechenland, Wien 1862 S. 90 ff.; auch Pinus laricio Poir. ist nicht ganz identisch mit Pinus nigricans (austriaca), sondern eine speziell griechische Form mit besonders langen Nadeln. Der „Sumpfvegetation" gehören an: Arundo donax (δόναξ) und Phragmites communis (ὄροφος). Gut ist die Erklärung von βαθύσχοινος ‚mit Binsen tief hinein (bis gegen die Mitte des Wasserspiegels) bewachsen.‘ Dann folgt σχοῖνος (Juncus maritimus), κύπειρον (Cyperus longus) und θρύον (Equisetum spec.?) Bei Besprechung der Matten wird mit Recht eine Festlegung der ganz allgemeinen Begriffe ἄγρωστις und ποίη abgelehnt; als Wiesenblumen erscheinen Asphodelus ramosus, λείριον für Narzissenarten erklärt; warum benützt F. nicht als Stütze für seine Ansicht Theophr. hist. plant. VI. 6. 9. ὁ δὲ νάρκισσος ἢ τὸ λείριον, οἱ μὲν γὰρ τοῦτο οἱ δ’ ἐκεῖνο καλοῦσιν?. ὑάκινθος (Delphinium Aiacis; ich will den alten Streit nicht wieder aufnehmen) Crocus vernus (für Griechenland finde ich Crocus Sieberi, Aucheri u. a. viel häufiger angegeben), Crocus sativus war jener Zeit noch unbekannt. Damit gefärbte Gewebe wurden von den Phönikern eingeführt. Dafs λωτός am Scamander = Lotus corniculatus, auf dem Ida = Trifolium alpestre sei, ist völlig willkürliche Annahme. Einverstanden bin ich mit der Kollektivbedeutung von σέλινον „Doldenpflanzen". Dafs Plinius und Diosc. die wilde von der kultivierten Spielart unterscheiden, finde ich nicht: ἑλειοσέλινον und ὀρεοσέλινον sind ganz andere Dolden; die βατράχιον οἱ δὲ σέλινον ἄγριον aber (II 206) sind, wie auch die Abbildungen der Wiener Handschriften zeigen, Ranunkeln. Ebenso freut es mich, hier die richtige Deutung von ἴον als Matthiola incana u. a. zu finden, die zwar längst feststeht, aber noch immer nicht durchgedrungen ist. Es gibt kein „veilchenumkränztes" Athen in unserem Sinne, es gibt keine wilden Veilchen in Attika; die kultivierten führen den türkischen Namen μενεξές, Βιολέττα aber bezeichnet stets die Levkoje. Zur ἄκανθα (Steppenläufer) sei bemerkt, dafs Heldreich, Griech. Jahreszeiten S. 256, dieselbe für die Distel Cardopatium corymbosum erklärt.

Im Abschnitte „Kulturpflanzen" wird zunächst der vielen Veränderungen gedacht, die gerade auf diesem Gebiete im Laufe der Jahrhunderte vorgingen (Thätigkeit der Araber u. s. w.) Der Feldbau beschränkte sich auf Triticum vulgare ($\pi\nu\varrho\acute{o}\varsigma$), spelta ($\zeta\epsilon\iota\acute{\alpha}$) und monococcum ($\ddot{o}\lambda\nu\varrho\alpha$); Gerste ($\varkappa\varrho\tilde{\iota}$, $\varkappa\iota\vartheta\acute{\eta}$) $\langle\dot{\alpha}\varkappa\sigma\tau\acute{\eta}\rangle$ letzteres angeblich Hordeum distichum, Cicer arietinum ($\dot{\epsilon}\varrho\acute{\epsilon}\beta\iota\nu\vartheta\sigma\varsigma$) und Vicia Faba ($\varkappa\acute{\nu}\alpha\mu\sigma\varsigma$). Grünfutter liefern die $\pi\epsilon\delta\acute{\iota}\alpha$ $\lambda\omega\tau\epsilon\tilde{\nu}\nu\tau\alpha$, auf denen hauptsächlich Trifolium fragiferum wuchs (in Gr. häufige Kleeart). Dann setzt er den Unterschied dieses $\lambda\omega\tau\acute{o}\varsigma$ vom Zizyphus Lotus der Lotophagen und der Nymphaea Lotus auseinander und bespricht den Gebrauch des Flachses und Leines, wobei er annimmt, der Flachs sei in homerischer Zeit in Gr. zwar gebaut, aber nur zu gröberen Geweben u. s. w. verwendet worden, während das feinere Linnen phönikischer Herkunft war. Das $\beta\acute{\nu}\beta\lambda\iota\nu\sigma\nu$ $\ddot{o}\pi\lambda\sigma\nu$ (Od. 21, 391) ist ihm nicht aus Papyros geflochten, sondern aus einer griech. Binsenart oder aus Werg (vgl jedoch H. Lewy, die semitischen Fremdwörter im Griechischen. Berlin 1895. S. 172. Blümner, Technologie I. 297 u. a.). Pfahlbaufunde aus der Steinzeit im alpinen Gebiet beweisen nichts für hohes Alter, da eben hier die Steinzeit fast bis an die christl. Ära heraufreicht.

Zum „Weinbau" ist wenig zu sagen: beim „Obstbau" möchte ich nicht aus der Döderleinschen Konjektur $\dot{\alpha}\mu\nu\gamma\delta\alpha\lambda\acute{o}\epsilon\sigma\sigma\alpha$ für $\dot{\alpha}\mu\iota\chi\vartheta\alpha\lambda\acute{o}\epsilon\sigma\sigma\alpha$ (Il. XXIV 753) eine Kenntnis des Mandelbaumes ableiten: was für die Feigenkultur die Kaprifikation bedeutet, zeigt Heldreich, der da berichtet, dafs man in Ermangelung der $\ddot{o}\lambda\nu\nu\vartheta\sigma\iota$ Blattlausgallen von Ulmen und Pappeln an die Zweige hängt und herrliche Erfolge erzielt.

Apfel- und Birnbaum spielen des Klimas halber im heutigen Hellas keine grofse Rolle, früher wird es nicht viel besser gewesen sein; die Quitten kannte Homer noch nicht. Die Ableitung von $\varrho\sigma\iota\acute{\alpha}$ aus dem hebräischen rimmōn bekämpft Lewy a. a. O. S. 25 und führt es auf griech. $\varrho\epsilon\tilde{\iota}\nu$ zurück (von der Fülle der Kerne). Was den Gemüsebau anbelangt, so wird $\pi\varrho\acute{\alpha}\sigma\sigma\nu$ für Allium Porrum, $\varkappa\varrho\acute{o}\mu\nu\sigma\nu$ für Allium Cepa gedeutet, das $\mu\tilde{\omega}\lambda\nu$ vorsichtig mit Allium Victorialis zusammengebracht. $\mu\acute{\eta}\varkappa\omega\nu$ ist Papaver somniferum, und das $\varphi\acute{\alpha}\varrho\mu\alpha\varkappa\sigma\nu$ $\nu\eta\pi\epsilon\nu\vartheta\acute{\epsilon}\varsigma$ der Helena eben doch Opium.

Wenn ich also auch nicht allen Deutungen des Verfassers zustimmen konnte, so möchte ich das Büchlein doch jedem Leser des Homer als Quelle des Genusses und der Belehrung empfehlen. Die Beigabe eines Sachregisters hätte die Benützung wesentlich erleichtert.

Freising.   H. Stadler.

_____

Platos Gesetze. Darstellung des Inhalts von Constantin Ritter. Leipzig, Teubner. 1896.

Platos Gesetze. Kommentar zum griechischen Text von Ritter. Leipzig, Teubner. 1896.

Es ist für den Freund der platonischen Philosophie, der sich bequem und schnell mit dem System des grofsen Philosophen vertraut machen will, in hohem Grade erwünscht, eine solche gedrängte, mehr den Gedankeninhalt als die Sprachform wiedergebende Darstellung benützen zu können. Die vorliegende Inhaltsdarstellung führt uns in wohl verständlicher, klarer Sprache den reichen Inhalt der plat. Gesetze vor, welche die reife Frucht der plat. Philosophie insofern darstellen, als dieselben die praktischen Ergebnisse seiner Erziehungs- und Staatstheorien enthalten. Er spricht vom Staatszweck und den Mitteln zu dessen Verwirklichung. Das hervorragendste Mittel ist die Erziehung. Darum wird der Erziehung und dem Unterricht der größte Teil des Ganzen gewidmet. Darauf folgt eine historische Betrachtung der bekanntesten Staatengebilde nebst einem Urteil über die Ursachen ihrer Festigkeit und ihres Zerfalles. Daraus ergibt sich die Hauptbedingung eines guten Staatswesens, ein Thema, welches durch die Politeia und den Politikos gründlich vorbereitet war. Die innere Kraft ist die sittliche Lebensform. Daran schließt sich die praktische Gesetzgebung, die sich bezieht auf die Regelung des Eigentums, auf die Verwaltung der Staatsämter, auf die Oberaufsicht über Erziehung und Unterricht, auf Rechtspflege, Ehegesetze, Religion, auf die Regelung der körperlichen Arbeit, Behandlung der Sklaven und wissenschaftliche Bildung der Staatslenker. Die Gesetze zeigen etwas Unfertiges, indem eine strenge Disposition der Gedankenentwicklung fehlt und die Abschnitte zu unvermittelt aneinander gereiht sind. Man hat den Eindruck, als hätte das in Unordnung geratene Manuskript Platos durch den Herausgeber Philipp von Opus nicht mehr in die ursprüngliche Ordnung gebracht werden können oder daß Plato das Ganze nicht nach einem fertigen Plane herstellte, sondern in Partien ausarbeitete, die bei seinem Tode unverbunden und ungeordnet neben einander lagen.

Während diese Inhaltsangabe sich an den weiteren Kreis derer wendet, welche die Kulturbestrebungen des Altertums leicht und unkritisch sich aneignen wollen, ist dagegen der ausführliche Kommentar für philologisch-kritische Leser bestimmt. Um diesen zu würdigen, muß man natürlich den Text der νόμοι zu grunde legen. Ich habe mich darauf beshränkt, diesen 378 Vollseiten umfassenden Kommentar nur auf dem Gebiete der Erziehung näher zu prüfen und habe gefunden, daß der Verfasser mit Gründlichkeit und großer Gelehrsamkeit zu Werke geht, und daß eine bedeutende Sach- und Sprachkenntnis ihm zur Seite steht. Sein kritisches Verfahren trägt einen konservativen Charakter, indem er die Überlieferung vor allem zu halten und zu stützen sucht. Folgendes möchte ich besonders hervorheben: Bei 643 D ist durch Einfügung eines καί vor τῆς τοῦ πράγματος ἀρετῆς offenbar nicht das Richtige getroffen. Denn das unmittelbar Vorausgehende „Worin der Mann vollkommen werden soll" ist doch nichts anderes als die ἀρετὴ τοῦ πράγματος. Dieser Ausdruck kann also höchstens Apposition sein, wenn er nicht als eine überflüssige Randbemerkung eines Erklärers betrachtet werden soll. καί ist deshalb unrichtig. Bei 653 C. ff. findet der Herausgeber erhebliche Schwierigkeiten in der genauen Bestimmung der Begriffe. Es handelt sich um die Erziehung der Jugend durch das naturgemäße Mittel (652 D) der χορεία, des Reigentanzes. Die Teile desselben sind ὄρχησις und ᾠδή, wofür auch die erweiterten Begriffe χορεία und μουσική oder die engeren σχῆμα und μέλος (654 C E) gesetzt werden können. Ja, es können sogar beide in den Allgemeinbegriff μουσική ξύμπασα zusammengefaßt werden (655 A), indem die μουσική außer der ἁρμονία(μέλος) auch noch den Rhythmus enthält, welcher zugleich den σχήματα des Reigentanzes (ὄρχησις) eigen ist. Dadurch gewinnt μουσική die Bedeutung von ἡ περὶ τὰς Μούσας παιδεία (656 C). Der Herausgeber behauptet nun, daß die μουσική ξύμπασα einen Teil der bildenden Künste enthalte. Das halte ich an sich schon für eine unmögliche Erweiterung des Begriffes. Zwar ist μουσική ausdehnbar auf die σχήματα der ὄρχησις, weil die ὄρχησις einen musikalischen Bestandteil. den Rhythmus, in sich hat. Dagegen ist die Ausdehnung des Begriffes μουσική auf die bildenden Künste unmöglich, weil sie mit jenen keinen gemeinsamen Berührungspunkt hat. Übrigens werden im platonischen Texte die bildenden Künste von der Musik deutlich genug geschieden: οὐδὲ νῦν ἔξεστιν οὔτε ἐν τούτοις (den bildenden Künsten) οὔτε ἐν μουσικῇ ξυμπάσῃ 656 E καὶ ἐν γραφικῇ καὶ ἐν μουσικῇ καὶ πάντῃ 669 A. Ebenso irrt der Verfasser, wenn er den Begriff σχῆμα an gewissen Stellen für ῥῆμα gesetzt sein läßt, indem er an diesen Stellen σχῆμα auffaßt als „das durch Rhythmus gestaltete Wort." Ich behaupte dagegen, daß σχῆμα an diesem Abschnitte nur körperlich aufgefaßt werden kann· als „Haltung des Körpers" sowohl in der Ruhe als auch in der Bewegung. Der Verfasser ist zu seiner Auffassung offenbar durch einen Irrtum der Überlieferung gekommen. Bei 669 D heißt es nämlich: . διασπῶσιν οἱ ποιηταὶ ῥυθμὸν μὲν καὶ σχήματα μέλους χωρίς, die Dichter trennen Rhythmus und Körperhaltung von Gesang. Daraus entsteht doch offenbar der Tanz. Dieser wird aber in den folgenden Erklärungsworten völlig aufgehoben, indem es heißt: λόγους ψιλοὺς εἰς μέτρα τιθέντες = indem sie bloße Worte in Versmaße setzen. Daraus entstehen doch offenbar Gedichte. Es folgt nun mit Notwendigkeit, daß der vorausgehende Begriff Tanz falsch ist, daß mithin ein Wort der Überlieferung geändert werden muß, welches den Begriff Gedicht unmöglich gemacht hat. Wir schreiben daher anstatt ῥυθμὸν μὲν καὶ σχήματα richtiger ῥυθμὸν μὲν καὶ ῥήματα. Dadurch ist die Conzinnität beider Sätze herbeigeführt. ῥυθμός steht gegenüber den μέτρα und die ῥήματα entsprechen den λόγοι. Dagegen führte das konservative Verhalten des Verfassers dahin. σχήματα = ῥήματα zu setzen, was unmöglich ist. Daran möchte ich noch eine Conjektur anschließen, die ebenfalls der logischen Konsequenz der Begriffe zu verdanken ist. Bei 669 C werden die Dichter und die Musen einander gegenüber gestellt. Die Musen würden keine mangelhaften und widerspruchsvollen Schöpfungen zu Tage fördern, wie die Dichter. Die Musen würden nicht zu männlichen Worten weibliche Farbe (χρῶμα) und Gesang hinzufügen. Da es sich um die χορεία handelt, so muß χρῶμα durch σχῆμα, Körperhaltung ersetzt werden, da dieses Wort in dem ganzen Erziehungsabschnitte einen wesentlichen Bestandteil der παιδεία bildet.

Der Konservatismus in der Textkritik ist also nur so lange gut, als er den höheren Anforderungen der logischen und historischen Verhältnisse nicht widerspricht. Übrigens ist der Kommentar eine sehr beachtenswerte Leistung auf dem Gebiete der platonischen Forschung.

Würzburg. Nusser.

Heinrich Lieberich, Studien zu den Prooemien in der griechischen und byzantinischen Geschichtschreibung. I. Teil. Die griechischen Geschichtschreiber. Progr. des Realgymn. München 1897 98. 8°. 50 S.

Auf Anregung K. Krumbachers unternimmt es Lieberich, ein wichtiges Kapitel der antiken Topik und Kunstprosa zum erstenmal im Zusammenhang darzustellen, nämlich die Proömien (Titel, Vorwort, Einleitung) der griechischen und byzantinischen Historiker und zwar zunächst hinsichtlich der verwerteten Gesichtspunkte ($\tau \acute{o} \pi o \iota$). Die antike Geschichtschreibung ist rhetorisch; die rhetorische Kunst entfaltet sich besonders in den einleitenden Partien, in der eigentlichen Rede sowohl wie in der Historiographie.

In dem ersten Teil seiner Studien, dem er den zweiten bald folgen zu lassen verspricht, führt uns Lieberich in klarer und gefälliger Darstellung durch die Hauptproömien (Einleitungen zum ganzen Werk) der Geschichtschreiber von Hekataios von Milet bis auf Herodianos bis auf Zosimoss. Die natürliche Entwicklung, das zeitliche Auftreten, die Originalität oder Abhängigkeit der Einleitungsgedanken wird klar aufgezeigt, auch weiß Lieberich geschickt für einige verlorene Werke aus Fragmenten $\tau \acute{o} \pi o \iota$ ihrer Proömien zu ermitteln.

Den dreifachen Zweck des rhetorischen $\pi \varrho o o \acute{\iota} \mu \iota o \nu$, Aufmerksamkeit ($\pi \varrho o \sigma o \chi \acute{\eta}$), Orientierung ($\varepsilon \mathring{\upsilon} \mu \acute{a} \vartheta \varepsilon \iota a$) und Wohlwollen ($\varepsilon \mathring{\upsilon} \nu o \iota a$) des Lesers bez. Hörers, sucht natürlich auch der Geschichtschreiber zu erreichen, wenn auch Lukians Theorie das dritte verwirft; aber das 'Wie?' [1]) ist charakteristisch für den einzelnen Autor und für den Stand der Kunsttheorie. Naiv in Gedanken und Sprache führen sich die ältesten Historiker ein: $\mathit{E} \varkappa a \tau a \~{\iota} o \varsigma \ M \iota \lambda \acute{\eta} \sigma \iota o \varsigma \ \mathring{\omega} \delta \varepsilon \ \mu \upsilon \vartheta \varepsilon \~{\iota} \tau a \iota. \ \tau \acute{a} \delta \varepsilon \ \gamma \varrho \acute{a} \varphi \omega, \ \mathring{\omega} \varsigma \ \mu o \iota \ \mathring{a} \lambda \eta \vartheta \acute{\varepsilon} a \ \delta o \varkappa \acute{\varepsilon} \varepsilon \iota \ \varepsilon \~{\iota} \nu a \iota. \ o \iota \ \gamma \grave{a} \varrho \ \mathrm{E} \lambda \lambda \acute{\eta} \nu \omega \nu \ \lambda \acute{o} \gamma o \iota \ \pi o \lambda \lambda o \acute{\iota} \ \tau \varepsilon \ \varkappa a \iota \ \gamma \varepsilon \lambda o \~{\iota} o \iota, \ \mathring{\omega} \varsigma \ \mathring{\varepsilon} \mu o \grave{\iota} \ \varphi a \acute{\iota} \nu o \nu \tau a \iota, \ \varepsilon \mathring{\iota} \sigma \acute{\iota} \nu$, also Titel, Versprechen der Wahrhaftigkeit, Tadel der gangbaren Überlieferung. Ähnlich Herodot. Auch Thukydides, der den Übergang vom naiven zum rhetorischen Prooimion bildet und zugleich den Höhepunkt der uns erhaltenen Proömien darstellt, gibt eingangs den Titel, aber der geniale Historiker erweitert das Vorwort zu einer wirklichen Vorrede (Bedeutung des Krieges, Polemik gegen andere Darstellungen, Kunstmittel eingelegter Reden, Erforschung der Wahrheit u. a.). Von den uns erhaltenen Geschichtsschreibern hat Xenophon in seiner $K \acute{\upsilon} \varrho o \upsilon \ \pi a \iota \delta \varepsilon \acute{\iota} a$ wohl zuerst Titel und Vorrede ge-

---

[1]) Sehr eingehend sind die $\tau \acute{o} \pi o \iota$ behandelt in der Rhetor. ad Alexandrum, die Lieberich (S. 6) vollständiger hätte zusammenstellen sollen.

trennt. Später erweitert sich das Prooemium durch das Lob der Geschichte, (tadelnde) Kritik der Früheren, Hervorhebung der eigenen Vorzüge oder der persönlichen Verhältnisse, Inhaltsübersicht (Diodor), Nennung der Quellen (Dionys von Halik.), Anlaß der Veröffentlichung (Anregung durch Freunde) und Widmung (Josephus in seiner Archäologie), durch das Motiv der Bescheidenheit, durch Begründung der Stoffwahl und Darstellungsform. Des Eusebios Eingeständnis seiner Schwäche zum Zweck der captatio benevolentiae (Kirchengeschichte) und sein Gebet an Gott fanden Nachahmer; einer derselben, Sozomenos, schickt zuerst eine selbständige Widmung an (Theodosius II.) dem Proömium voraus.

Eine Zusammenfassung der τόποι in Tabellenform wird u. a. dem zweiten Teil beigefügt werden. Daß sich in den Proömien eine gewisse Einförmigkeit ergibt, liegt in der Natur der Sache; es erstrebte aber auch der Grieche hier wie in seiner Plastik nicht in dem Maße wie neuere Schriftsteller und Künstler eine Abwechselung der Motive; ihm war die Behandlung die Hauptsache. Eine weitere Betrachtung der Proömien wird also der Form zu widmen sein und Satzgefüge (Dionys. Hal. ad. Pomp c. 4, 3 τὸ λεγόμενον ἰδίως πλάσμα ἱστορικόν, dass. vet. cens. p. 426 R., Demetr. περὶ ἑρμην. § 18 ἱστορικὴ περίοδος, vgl. Cic. or. § 66), Rhythmus (besonders der Anfangsworte), Wort- und Sinnfiguren u. a. zu untersuchen haben.

München.   G. Ammon.

Dr. Hermann Fritzsche, Griechische Schulgrammatik. 3. verb. Aufl. Hannover 1897. Norddeutsche Verlagsanstalt Goedel. S. VIII und 170.

Die griech. Schulgrammatik von Fritzsche, von welcher die Formenlehre im J. 1885 und die Syntax im J. 1887 zum erstenmal erschienen, weist in der vorliegenden dritten Auflage bezüglich der ursprünglichen Anlage des Buches keine wesentliche Umgestaltung auf und hat die alten Vorzüge möglichster Beschränkung des Lernstoffes auf das Bedürfnis der Schule, übersichtlicher Darstellung desselben, klarer und knapper Fassung der Regeln treu bewahrt.

Eine Vermehrung des Lernstoffes wurde angesichts der geringen Stundenzahl für den griechischen Unterricht nicht vorgenommen, nur wurde bei einigen wichtigeren Partien wieder ein größerer Druck behufs stärkerer Hervorhebung angewendet, so bei der attischen Deklination, dem pers. Pronomen der 3. Person, den Tempora mehrerer Verba; vielmehr wurde eine noch größere Beschränkung des Stoffes durchgeführt, insofern alle Unregelmäßigkeiten und Besonderheiten, die in den von den Schülern wirklich gelesenen Schriften gar nicht oder nur vereinzelt vorkommen, teils ganz ausgeschieden teils in Kleindruck eingefügt sind. Dabei hielt sich der Verf. an die verdienstvolle Arbeit Albrechts „Zur Vereinfachung der griech. Schulgrammatik" (Berlin 1890). Die einzelnen hier in Betracht kommenden Formen sind in der Vorrede angeführt. Darüber, ob man solche

sprachliche Eigentümlichkeiten und Besonderheiten in der Grammatik
ganz weglassen und für die spätere Lektüre zurückstellen oder durch
Kleindruck als minder wichtig kennzeichnen soll, läfst sich schwerlich
eine allgemeine Verständigung erzielen, da in vielen Punkten das
subjektive Ermessen des Lehrers entscheidet. Ich für meinen Teil
stimme dem Verf. durchgehends bei, weil die fraglichen Formen nur
vereinzelt vorkommen und daher eine gründliche Einübung nicht geboten erscheint; aber eine notwendige Vorbedingung ist es, dafs auch
in den im Gebrauch befindlichen Übungsbüchern die Anwendung
solcher Formen vermieden wird.

Was die Darstellung betrifft, so ist die ursprüngliche Gruppierung
im allgemeinen wie im einzelnen beibehalten; nur die verhältnismäfsig
seltenen Vokative sind aus den Paradigmen entfernt und das Erforderliche über diese Kasus am Schlusse jeder Deklination angefügt.
Die Bemerkungen über den Ersatz der Possessivpronomina in der
Formenlehre (§ 38) sind gestrichen und die einschlägigen Regeln in
der Syntax (§ 78) in anderer Fassung gegeben. Ferner sind die
Beispiele für die Bildung der Dualformen des Verbums (§ 48) mit der
deutschen Übersetzung versehen und die Aoriste Pass. sind zweckmäfsiger geordnet.

Es liegt mir ferne, alle Punkte anzuführen, welche nach meinem
Dafürhalten noch einer Verbesserung in sachlicher oder formeller Beziehung bedürftig sind, ich beschränke mich auf wenige. § 8: Der
Deutlichkeit halber sollte der Überschrift „Endkonsonanten" noch
„bewegliche" oder „veränderliche" beigefügt sein; ferner könnten
die Punkte a, b, c und e zusammengefafst (Endung σε) und für
jede Klasse ein Beispiel angeführt werden. — § 12,1: Beim Gen. Pl.
der 1. Dekl. sollte eine Begründung der eigentümlichen Accentuierung
nicht fehlen. — §§ 25—29: Die Anordnung der Adj. in solche dreier
und zweier und einer Endung wäre der Einteilung nach Stämmen
vorzuziehen. — § 31,2: Es ist nicht richtig zu sagen, dafs die Komparative auf ων den Ausgang ονα durch ω meist ersetzen; es liegt
eine Kontraktion nach Ausfall des ν vor. — § 46,6 (Augment und
Reduplikation der mit Präpos. zusammengesetzten Komposita): Hier
fehlen einige wichtige Besonderheiten, welche nicht übergangen werden
dürfen. — § 119 d. 2: Es sollte bezüglich des Anschlusses von ἄν
zunächst unterschieden werden zwischen dem zu Konjunktionen gehörenden ἄν, welches sich immer an die Konjunktion (Relativ) anschliefst und' nicht damit in ein Wort verschmilzt und dem im
Hauptsatz stehenden ἄν, welches sich zunächst an die Negation, dann
an ein Fragewort, endlich an gewisse Adverbia anschliefst. — § 120
läfst die nötige Erklärung beim Gebrauch der Imperative vermissen;
es sollte zunächst zwischen Geboten und Verboten unterschieden
werden und bei ersteren der Gebrauch des Präs. und Aor. (allgemeine
und einmalige Handlung) hervorgehoben sein. — § 126,1: Die Regel
über ὥστε (der Indikativ kann nur stehen, wenn die Folge als
thatsächlich bezeichnet wird) ist nicht völlig zutreffend, da auch eine
andere Form des Hauptsatzes, besonders des Irrealis und Potentialis

stehen kann. Überhaupt sollten zwei klare Musterbeispiele für den Infinitiv und die Hauptsatzform gegenübergestellt werden. — § 127,2 ist schlecht stilisiert. — οὐ μή mit folg. Konj. kann niemals im Deutschen mit „schwerlich" übersetzt werden, da es immer eine zuversichtliche Verneinung ausdrückt (= gewiſs nicht, nie und nimmer u. s. w.). — § 128: Die Richtigkeit der Regeln ist nicht zu beanstanden, aber die formelle Fassung bietet dem Schüler zu viele Schwierigkeiten; eine Ausscheidung der einzelnen Fälle (casus futurus-iterativos der Gegenwart und Vergangenheit) mit je einem unmittelbar sich anschlieſsenden Musterbeispiel ist für den Unterricht förderlicher. — § 129: Beim οὐδ' εἰ u. s. w. sollte wenigstens die deutsche Übersetzung in der Weise beigefügt sein, daſs die Negation zum nachfolgenden Hauptsatz gezogen ist.

Wenn demnach das Buch nach meiner Ansicht in einzelnen Punkten einer formellen Verbesserung bedürftig erscheint, so zeichnet es sich doch im ganzen durch unzweifelhafte Vorzüge vor anderen gleichartigen Schulbüchern aus; dahin gehört vor allem die verständige Beschränkung des Lernstoffes, dann die präzise Fassung der Regeln und die klare Übersichtlichkeit in der Anordnung, endlich die geschickte Auswahl zutreffender, kurzer Musterbeispiele in dem syntaktischen Teile. Es verdient daher alle Beachtung seitens der Fachgenossen.

München.   **Dr. J. Haas.**

N e f s Karl. — Aufgaben zum Übersetzen ins Lateinische für die 4. Gymnasialklasse. Zweite umgearbeitete Auflage. Erlangen, Junge. 1898.

— Aufgaben zum Übersetzen ins Lateinische für die 5. Gymnasialklasse. Zweite umgearbeitete Auflage. Erlangen, Junge, 1896.

Nefs hat in der zweiten Auflage beider Bücher wesentliche Änderungen vorgenommen. Diese bestehen einmal darin, daſs eine Reihe von Einzelsätzen und von zusammenhängenden Aufgaben ausgeschieden und durch geeignetere ersetzt wurden. Auch sind einige neue Stücke hinzugekommen. Ferner hat die Angabe von Wörtern bei den einzelnen Kapiteln eine durchgreifende Änderung erfahren. In den Fuſsnoten bei den Übersetzungsstücken sind jetzt nur mehr Vokabeln angegeben, die seltener vorkommen und deswegen vom Schüler nicht gemerkt werden müssen; alle andern Wörter sind in das Wörterverzeichnis eingestellt und sollen von den Schülern gelernt werden.

Nefs' sorgfältig gearbeitete Übersetzungsaufgaben bieten in dieser neuen Auflage ein reichliches und fast durchweg recht brauchbares Material zur Einübung der betreffenden Klassenpensa. Zu Anfang eines jeden Abschnittes wird eine stattliche Reihe von Einzelsätzen geboten, die, kurz gehalten, gewöhnlich nur die Anwendung der einzuübenden Regel erfordern. Den Einzelsätzen folgen dann immer zusammenhängende Übungsstücke. Diese sind sachlich und sprachlich gut. Die Ausstattung des Buches ist zu loben; der Druck selbst ist sehr sauber und fast fehlerlos.

Nefs Karl. — Häusliche Übungen. Übersetzungsaufgaben zur Wiederholung und Einübung des lateinischen Pensums der 4. und 5. Gymnasialklasse für Selbstunterricht mit separat gedruckter lateinischer Übersetzung. Erlangen, Junge.

Nefs bietet hierin ein reichliches Material (108 Kapitel) zur Wiederholung der bezeichneten Klassenpensa. Die ganze Arbeit leidet aber meines Erachtens an einem Fehler. Es ist nichts gruppiert, der Schüler weifs weder beim ersten noch beim letzten Kapitel, welche Regeln oder welche Paragraphen der Grammatik er repetieren mufs, um das Stück übersetzen zu können. Man kann von einem schwächeren oder durch Krankheit zurückgebliebenen Schüler — und diese benützen ja solche häusliche Übungen erfahrungsgemäfs zumeist — nicht verlangen, dafs er ein Dutzend Paragraphen ganz verschiedener Art auf einmal lernt oder repetiert!

Wenn das gebotene Übungsmaterial einmal nach Abschnitten der Grammatik mit Bezeichnung der einschlägigen Paragraphen geordnet sein wird, werden es die Schüler dankbar benützen.

München.   Stapfer.

Wilhelm Vietor, Kleine Phonetik des Deutschen, Englischen und Französischen. Leipzig, Reisland, 1897. XI und 131 S.

Ein gutes Büchlein, das dem Studierenden und solchen, die sich rasch orientieren wollen, erspriefsliche Dienste leisten wird. Es gibt im wesentlichen den Inhalt des gröfseren Werkes Vietors, der „Elemente der Phonetik" nach der dritten Auflage, ohne das kritische, lautgeschichtliche und sonstige Beiwerk. Einundzwanzig Figuren, welche die Sprachwerkzeuge, die Vokal- und Konsonantenschemata, die Exspirationskurven des Wortes „du" in vier Betonungsweisen, die Zungen — Vordergaumen — Artikulation einiger Vokale und Konsonanten der drei Sprachen darstellen, bilden eine interessante und erläuternde Beigabe. Auf der letzten Seite findet sich eine Übersicht der Laute und Lautzeichen, die m. E. zweckmäfsiger vor der Einleitung stünde.

Erfreulich ist es, dafs der Verfasser wie F. Beyer auf seine eigene bisherige Lautschrift verzichtet und die der Association Phonétique Internationale angenommen hat. So wird es wohl mit der Zeit dahin kommen, dafs man in allen phonetischen Werken einem und demselben Lautsystem begegnet, wenn auch dieses in einigen Punkten bei weitem nicht so zutreffend ist wie andere (z. B. Storms) und der Verbesserung bedürftig erscheint. Störend und verwirrend kommen mir vor die

Bezeichnungen der Länge durch Doppelpunkt, der halben oder verkürzten Länge durch Doppelpunkt in Klammern hinter dem Vokal:
gə'bo:t (Gebot), zi:jl (zeal), zɛ:l (zèle); 'amy(:)'zi:ren (amüsieren),
dy(:)re (durer); der Wortakzent v o r dem betonten Laut: hɛ'rap (herab),
ə'beï (obey); pardɔ'ne (pardonner); das Zeichen der Geschlossenheit ⊥
zwischen Vokal und Konsonanten: ho:ŭline⊥ç (holiness). Auch die Darstellung des dem Gleitlaut nahestehenden Ausklangs der englischen
langen Vokale durch den gleichgrofsen Buchstaben, der manchmal den
Eindruck der Gleichwertigkeit mit dem Silbenträger macht, kann leicht
zu irriger Aussprache führen: pe:ïl (pale), no(:)ŭd (node), noŭt (note),
dzuw'laï (July), dzu:wn (June).

Würzburg.   J. Jent.

Dr. Sigmund Feist, Grofsherzogl. Hess. Lehramtsassessor:
Lehr- und Lesebuch der französischen Sprache für praktische
Ziele. Mit Rücksicht auf die konzentrierende Unterrichtsmethode be-
arbeitet. II. Mittelstufe. Halle a. S., Verlag der Buchhandlung des
Waisenhauses 1897. IX und 284 S. Ungeb. M. 1.80.

Über den zweiten Teil dieses Werkes, der wie der erste auf zwei
Jahreskurse berechnet ist, braucht nicht viel gesagt zu werden, da von
ihm mit geringer Einschränkung, oft aber in noch höherem Mafse, das
Lob gilt, das Referent in diesen Blättern (Bd. XXXII. S. 310 und 311)
dem ersten Teil spenden konnte. Einige Einzelheiten mögen hier
folgen: Die 1. Abteilung, das „Lehrbuch" ist wieder ganz vortrefflich;
es bietet Stoff und Gelegenheit zu allen möglichen Übungen und kaum
etwas zu Beanstandendes. Nur könnte es nach Lektion XV, B, Zeile 1
scheinen, als ob G. Bruno ein Mann wäre. Mit Freuden begrüfsen
wir wieder im Anhang zu diesen Teil einige Matières de compositions
françaises. Auch das dann folgende „Lesebuch" ist ausgezeichnet und
bietet zu keiner Bemerkung Anlafs. Der Druck ist hier wie im ganzen
Buche rein: nur etwa 10 Druckfehler sind mir aufgefallen.

Nicht ganz ebenso einverstanden ist Referent mit der 3. Abteilung, der Grammatik. Zwar ist auch diese im ganzen zu loben, oft
vortrefflich. Wie klar ist z. B. die Stellungsregel für die Adjektive
(§ 97): „Das attributive Adjektiv steht n a c h dem zugehörigen Substantiv, wenn es u n t e r s c h e i d e t; es steht von dem Substantiv, wenn
es b e s c h r e i b t." Aber manchmal ist der Verfasser weniger glücklich
gewesen. So vermag Ref. in § 5 die Hineinziehung der Ausnahmen
zu b (acheter u. s. w.) in den Abschnitt a nicht gutzuheifsen. Sonderbar
ist die Aufführung der Verben auf o i r an dritter Stelle ohne Nummer,
während die auf re an v i e r t e r Stelle als 3. Konjugation bezeichnet
sind. Falsch ist § 69, i: die hierher gehörigen Nomina (nicht nur
Adjektiva) können auch von Verben der 2. bis 4. Konjugation abgeleitet sein. § 72, 2, h nicht ganz genau. § 76 fälschlich dixaine
für dizaine.

Relativ vielen Grund zu Beanstandungen bietet die Syntax: § 90, 1

ungenau (es soll heifsen: „wenn sie im a l l g e m e i n e n Sinne gebraucht
sind"), ebenso § 90, 5. Nicht glücklich gefafst sind § 94, a und b,
weil b als Ausnahme von a wirkt, aber nicht so hingestellt ist. Die
Regeln für das Relativpronomen sind sehr ausgedehnt und nicht übersichtlich genug, ein Vorwurf, der auch gegen andere Stellen der Grammatik erhoben werden könnte. Die im § 111 gegebene Regel für
die Zeitenfolge im indikativischen abhängigen Satze gilt nur für die
indirekte Rede, was bemerkt sein sollte. Die Regeln für die Setzung
des Konjunktivs (§ 113—116) sind wohl der schwächste Teil des sonst
vortrefflichen Buches: sie erheben sich im ganzen wie im einzelnen
nicht über die Ploetz'sche Schulgrammatik und bedürfen dringend der
Revision. Nicht nur ist die Einteilung eine völlig veraltete, insofern
aus den unpersönlichen Ausdrücken und den Konjunktionen eigene
Hauptpunkte gemacht sind, ein Mangel, der — die Gerechtigkeit erfordert diese Aufstellung — dadurch zum Teil wieder gut gemacht
wird, dafs zwischen § 114, 4 und den vorausgehenden Punkten, ferner
zwischen § 115 und § 114 ein deutlicher Parallelismus besteht, wobei nur unklar ist, weshalb d e c r a i n t e q u e eine Absicht ausdrücken
soll, während c r a i n d r e unter den Ausdrücken der Gemütserregung
aufgeführt ist, sondern es erscheint auch allzu „deutsch-französisch",
die Befehlssätze mit que (§ 113) als Hauptsätze zu bezeichnen. Auch
im einzelnen ist Einiges zu rügen: es ist nicht ersichtlich, weshalb
im § 114, Absatz 1, 2 und 3 nur von Z e i t w ö r t e r n des Willens
u. s. w. die Rede ist, nach denen der Konjunktiv zu stehen hat, während
doch der verbale Charakter des übergeordneten Begriffes gar nichts
zur Sache thut; höchst zweifelhaft ist die Einreihung von s i . . . q u e,
q u e l q u e . . . q u e unter die Konjunktionen, wie es überhaupt kaum
angänglich erscheint, q u e l q u e, q u i q u e, q u o i q u e in eben demselben Abschnitte (§ 115, b) abzumachen: unrichtig ist ferner, dafs
die Beziehung des Relativsatzes auf eine Ordnungszahl (§ 116, 3) den
Konjunktiv verlangt. Hier gewinnt es den Anschein, als wenn j e d e
Ordinalzahl diese Wirkung thäte, ein Mifsverständnis, das auch durch
die darauffolgende Parenthese nicht bei vielen Schülern verhindert
werden dürfte.

    Noch eine Kleinigkeit: nach § 123, 1 wird das Part. präs. als
„Prädikat eines verkürzten Nebensatzes" im Deutschen aufgelöst. Das
könnte aufgefafst werden, als wenn die Auflösung geschehen m ü s s e,
was aber keineswegs der Fall ist. Vgl. aus Thiers, Bonaparte en
Égypte (Ausg. v. Theissing) p. 29: „Les chevaliers abandonnèrent à la
France la souveraineté de Malte et des îles en d é p e n d a n t", wo
gewifs am besten übersetzt wird, „die davon abhängigen Inseln".
Gerade solche Fälle, wo im Deutschen für das Partizip ein Adjektiv
oder, was ja auch vorkommt, ebenfalls ein Partizip steht, sind dem
Schüler besonders gefährlich und bedürfen der eingehenden Besprechung.

    Doch genug! Referent mufs fürchten, durch diese kritischen Be-
merkungen den Eindruck zu erzielen, als wolle er das oben früher
gespendete Lob nachträglich wieder aufheben. Das ist aber keineswegs der Fall! Vielmehr mufs wiederholt betont werden, dafs die

bisher vorliegenden Teile des Werkes zu dem Besten gehören, was
wir in dieser Sparte besitzen, und daſs Referent mit Spannung dem
3. Teile entgegensieht. Daſs die Grammatik nicht ganz den beiden
ersten Abteilungen ebenbürtig ist, erklärt sich leicht aus der besonderen
Betonung der „praktischen Ziele", die indessen bei Beseitigung der
beanstandeten Mängel keineswegs beeinträchtigt werden dürften, wie
ja überhaupt der Referent bei seinen Bemängelungen nur von dem
Wunsche geleitet ist, das treffliche Buch in einer zweiten Ausgabe
noch vollkommener wiederzufinden.

Bamberg.   Bruno Herlet.

Soltmann, Dr. Herm., die Syntax des französischen
Zeitworts und ihre methodische Behandlung im Unterricht. Erster
Teil. Die Zeiten. Bremen, G. Winter. 1897. 74 Seiten. 8°. M. 1,50.

Nach Ansicht des Referenten ist diese Darstellung viel zu kom-
pliziert, und nach der Lektüre dieser Schrift erklärt es sich, warum
der Verfasser diesen Teil der Syntax für so schwer hält. Die Erklärung ist nur deshalb so schwierig geworden, weil der Verf. ganz
auf den Vergleich mit dem Deutschen verzichtet, während doch in
gebildeter Rede fast alle Tempora der beiden Sprachen übereinstimmen.
Nur die Erklärung des Unterschiedes zwischen imparfait und passé
défini bildet ein etwas schwierigeres Kapitel. Ein Muster von Ge-
schraubtheit ist die Erklärung S. 61, warum nach si (wenn) kein
futur steht, und ein grober Fehler ist die S. 73 stehende Behauptung:
„man könnte, dem subjonctif zum Trotz, auch sagen: Bien, je vais
tirer la clef de la bibliothèque, quoiqu'il ne lirait pas le livre."

Glöde, Dr. O., Die französische Interpunktionslehre.
Die wichtigsten Regeln über die französischen satz- oder lesezeichen
und die redestriche dargestellt und durch beispiele erläutert. Marburg.
N. G. Elwert'sche Verlagsbuchhandlung. 1897. 8°. XII u. 47 S. M. 0,80.

Der Verfasser hat schon früher in ähnlicher Weise die deutsche
Interpunktionslehre (Leipzig, Teubner, 1893) und die englische (Engl.
Studien XIX[2]) behandelt. Auch die vorliegende Abhandlung ist von
S. 3 an schon in den „Neueren Sprachen" Bd. II Heft 5, 6 u. 7 gedruckt gewesen. Dieser Separatausgabe ist eine Einleitung vorausgeschickt, welche die historische Entwicklung der franz. Satzzeichen und
Redestriche behandelt, und in welcher das bei Weidmann 1880 erschienene Buch von Al. Bieling: „Das Princip der deutschen Interpunktion nebst einer übersichtlichen Darstellung ihrer Geschichte"
rühmend erwähnt wird. Die Seite 3 beginnende Darstellung der
heutigen französ. Interpunktion ist gründlich. Auch die Klammern,
die Anführungszeichen, der Apostroph, der Bindestrich, die Silbentrennung, die Accente, die Cédille und die Trennungspunkte sind behandelt. Die Schrift ist namentlich für Herausgeber französischer
Schulausgaben oder Lesebücher empfehlenswert.

Peters, J. B., Französische Schulgrammatik. 3. verbesserte Aufl. Leipzig, Neumann, 1896. 8°. XIV u. 109 S. M. 1,40.

Die Vorgängerin dieser Auflage wurde in diesen Blättern Band XXVII S. 47 besprochen. Die in der 2. Aufl. angewendete tabellarische Darstellung ist hier aufgegeben, da eine preußsische Minist.-Verfüg. von 1893 größeren Druck vorschrieb, so daß es nicht mehr möglich war, auf jeder Seite ein abgeschlossenes Kapitel vorzuführen. Durch diese Änderung hat das Buch nichts verloren; der Verf. hat sich auch hier möglichster Kürze befleißigt, so sind z. B. von den Ausnahmen bei der Pluralbildung bloß bal, choral; bétail, travail; bijou, caillou, genou und hibou angeführt. Diese Kürze führt zuweilen zu Unklarheit, so S. 50: „Einige männliche Personennamen werden auch auf Frauen bezüglich gebraucht: amateur, auteur, ..." Hier könnte der Schüler versucht sein zu glauben, man sage une amateur, une auteur. Das Beispiel (S. 37): Supposons que nous sommes endormis et que tout cela n'est qu'une illusion ist, so abrupt hingestellt, gewiß ein schlechter Beleg für den Indikativ nach supposer. Auch das Beispiel (S. 39): Réfléchissez avant que vous parliez; ist mangelhaft, da die Regel verlangt avant de parler. Eigentümlich ist dem Buche, daß Formenlehre und Syntax nicht getrennt sind, sondern daß jeder Redeteil nur einmal im Buche auftritt, wo dann alles Beachtenswerte gesagt ist. Ein Schlußkapitel über Zeichensetzung und Silbentrennung ist eine erfreuliche Bereicherung des Buches, das dem Referenten in dieser Form besser gefällt, als in der gar zu lakonischen früheren Darstellung. Äußerlich fällt besonders der typographische Luxus des Druckes auf: siebenerlei Typen auf einer Seite sind keine Seltenheit.

Ulrich, Dr. Wilh., Übungsstücke zum Übersetzen aus dem Deutschen ins Französische behufs Einübung der unregelmäßigen Verben. 2. verbess. und durch Hinzufügung zusammenhängender Sprachstücke vermehrte Auflage. Leipzig, Neumann, 1896. gr. 8°. 64 Seiten. M. 1,00.

Auf 38 Seiten enthält das Heftchen 21 aus Einzelsätzen bestehende Übungsstücke. S. 39—51 enthalten Stücke zusammenhängenden Inhalts. 13 Seiten Vokabelverzeichnisse bilden den Schluß. Französische Einzelsätze oder zusammenhängende Stücke sind nicht vorhanden, da die hier gegebenen Übungen bloß die Lehrer der Mühe überheben sollen, bei nicht ausreichendem Übungsstoffe der von ihnen benützten Grammatik, neue Aufgaben auszuarbeiten und zu diktieren. Als Materialsammlung für den Lehrstoff unserer 7. Klasse ist das Schriftchen wohl zu verwerten.

Meyer, Dr. Adolf, Dir. d. höh. Töchterschule I. u. d. Lehrerinnenbildungsanstalt, Doz. für Franz. a. d. K. Techn. Hochschule zu Hannover. Formenlehre und Syntax des französischen und deutschen

Thätigkeitswortes. Hannover 1896, Fr. Cruse (Carl Georg). 8°. 314 S.

Das Buch beginnt gleich mit S. 30. Der Verf. hatte auf S. 1—29 eine Einleitung über „Wesen und Geschichte der franz. Sprache" drucken lassen, dieselbe aber im Laufe der Drucklegung des übrigen Buches verworfen, da sie ihm nicht mehr entsprach. Ein plötzlicher Tod verhinderte ihn an der beabsichtigten Umarbeitung. Das Buch scheint aus recht ausführlichen Vorlesungen hervorgegangen zu sein, so ist z. B. zur Erklärung der Unterschiede zwischen starker und schwacher Konjugation Sanskrit, Gotisch u. s. w. in mehr als 10 Seiten langer Erörterung herangezogen. Das Buch enthält viel Lehrreiches und es ist zu bedauern, dafs es, auf das Verbum beschränkt, ein Torso geblieben ist, nachdem der Verfasser, der den Stoff durchaus beherrschte, die Absicht gehegt, eine vollständige Grammatik der französ. Sprache in dieser ausführlichen Weise herauszugeben.

München.   Wohlfahrt.

Dr. Karl Strecker, Logische Übungen. Erstes Heft. Der Anfang der Geometrie als logisches Übungsmaterial, zugleich als Hilfsmittel für den mathematischen Unterricht. Essen, Bädeker. 1896. 61 Seiten.

Der Verfasser beabsichtigt, eine Reihe von Übungsbüchern der Logik herauszugeben. Der Stoff zu dem ersten Hefte ist der Geometrie entnommen und es will die Vorlage auch als Hilfsmittel für den ersten geometrischen Unterricht dienen, der nach des Verfassers Ansicht dringend einer Reform bedarf. Der heutigen Darstellung der Geometrie wird der Vorwurf gemacht, dafs sie der psychologischen Korrektheit entbehre und das logische Element vernachlässige. „Man bleibt bei den sinnlichen Anschauungen stehen, ohne sie zu Begriffen zu erheben, die allgemein gültigen Urteile und namentlich die Obersätze werden nicht ausgesprochen, während die Vorstellungskraft durch zahlreiche und ordnungslos wiederkehrende Buchstaben überlastet und verwirrt wird. — Der Lehrsatz besteht aus allgemeinen Begriffen, während der Beweis ganz bestimmte Einzelvorstellungen im Auge hat, welche ohne bestimmte Figur keinen Sinn haben. Die gebräuchliche Darstellung entspricht nicht den Anforderungen der Psychologie, weil der Lehrsatz in einem anderen Seelenvermögen seinen Sitz hat als der Beweis. Die Allgemeinbegriffe des ersteren geören dem Verstande, die Zeichen des letzteren vorzugsweise der sinnlichen Vorstellungskraft an." Den Zweck der Figur verkennend, erblickt der Verfasser in dem Euklidischen Beweise nur ein „Beispiel". In der Vorlage wird für die ersten Sätze der Geometrie (Lehre von den Parallelen und vom Dreiecke) der Beweis in Allgemeinbegriffen geführt, wobei die Schlufskette in lückenloser Reihenfolge angegeben wird; dem Beweise ist zur Erläuterung das „Beispiel" angefügt.

Von der Anschauung zum Begriff! Dieser didaktische Satz ist

so fest begründet, daſs gegen ihn der Verfasser mit den Waffen der
formalen Logik vergebens ankämpfen wird.   Der Begriff ist nicht ein
schematisches Bild, eine allgemeine Vorstellung ohne bestimmte Umrisse.   Solche existieren nach Berkeley höchstens im Kopfe eines Gelehrten.   Ein Parallelogramm, das weder rechtwinklig noch schief-
winklig, weder gleichseitig noch ungleichseitig ist, läſst sich nicht vorstellen.   Suchen wir uns den Begriff eines Parallelogrammes zu vergegenwärtigen, so stellen wir uns immer ein bestimmtes Parallelogramm
vor.   Sehen wir ab von denjenigen Bestandteilen der Vorstellung,
welche von einem individuellen Parallelogramm zum andern wechseln,
und berücksichtigen wir nur die einer Reihe von Parallelogrammen
gemeinsamen Eigenschaften, so gewinnen wir, indem wir die gemeinsamen Elemente der Vorstellungen durch die Definition fixieren, den
Begriff des Parallelogramms.   Die individuelle Vorstellung, die uns vorschwebt, wird so Stellvertreterin des Begriffes.   Als solche ist sie aber
nicht mehr unveränderlich.   Sie kann jederzeit durch eine andere
Vorstellung ersetzt werden, die mit ihr die in der Definition bezeichneten Merkmale gemein hat.   Weil bei der Untersuchung eines geometrischen Gebildes nur die Eigenschaften, welche allen unter denselben Begriff fallenden Gebilden zukommen, in Betracht gezogen werden,
so müssen die an einem individuellen Gebilde bewiesenen Sätze allgemeine Geltung haben.   Die Figur ist nur ein Hilfsmittel, welches gewisse
Vorstellungen erwecken soll.   An ihr ist eine zweifache Abstraktion
vorzunehmen.   Der Verf. kennt nur die eine Abstraktion, durch welche
die physischen Eigenschaften eines Gebildes eliminiert werden und
die zu den Grundbegriffen Punkt, Gerade u. s. w. führt, er übersieht
die zweite Art der Abstraktion, durch welche die zusammengesetzten
Begriffe gewonnen werden.   Der hauptsächlichste Vorwurf, den Str.
gegen die allgemein gebräuchliche Beweisführung erhebt, ist somit
unberechtigt.
Einzelheiten dieses Reformversuches zu kritisieren, lohnt sich nicht.

Würzburg.   J. Lengauer.

**Allgemeine Theorie der Curven doppelter Krümmung
in rein geometrischer Darstellung.** Zur Einführung in das
Studium der Curventheorie von Dr. Wilhelm Schell, Geh. Hofrat und
Professor an der technischen Hochschule zu Karlsruhe. 2. erweiterte
Auflage. Leipzig. B. G. Teubner. 1898 in 8°. VIII + 263 S.

Es ist die Tendenz der neueren mathematischen Wissenschaften,
„Gedanken an die Stelle der Rechnung zu setzen". Man hatte durch
die Erfindung der analytischen Geometrie in der Freude über dieses
neue Hilfsmittel, dessen Tragweite unabsehbar zu sein schien, sich
lange Zeit von jenen rein geometrischen Betrachtungen abgewandt,
mit welchen die alten Geometer so hervorragende Resultate erzielt
hatten. Obgleich Desargues die alte synthetische Methode durch neue
Gedanken befruchtete, geriet sie doch fast ganz in Vergessenheit, bis

sie in unserm Jahrhundert unter anderen Steiner durch seine grofsartigen Leistungen zu neuer Blüte brachte, so dafs sie den Kampf mit
der inzwischen grofs gewordenen analytischen Methode wieder aufnehmen konnte. Doch beschränkte sich vorerst ihre Wirksamkeit zum
gröfsten Teile auf die Behandlung lagengeometrischer Beziehungen,
und namentlich die Resultate, die der Infinitesimalkalkül zu Tage förderte,
blieben der reingeometrischen Behandlung noch geraume Zeit verschlossen, obwohl ja dieses wichtigste Instrument der modernen Mathematik selbst aus geometrischen Betrachtungen hervorgegangen war.
Erst in neuerer Zeit hat man wieder versucht, die Rechnung mit dem
Unendlichkleinen in rein geometrischer Weise zu verwerten, und die
vorliegende Schrift bietet einen Beweis dafür, wie nutzbringend diese
Methode in der Hand eines geschickten Geometers werden kann. Dem
Verfasser ist es nicht nur gelungen, die schwierige Theorie der Kurven
doppelter Krümmung durch seine Methode in einer Weise darzustellen,
dafs dem Studierenden, der noch wenige Vorkenntnisse mitbringt, das
Eindringen in dieselbe wesentlich erleichtert wird, sondern er hat
namentlich eine weit gröfsere Anschaulichkeit in die mitunter ziemlich
verwickelten Verhältnisse gebracht, als dies durch die ermüdenden
Formeln und Rechnungen der rein analytischen Behandlung möglich
ist. Da aufserdem die verschiedenen Lehren in übersichtlicher Weise
angeordnet sind, die geometrischen Betrachtungen durch gute Figuren
unterstützt werden, und die einschlägige Literatur mit Sachkenntnis
angeführt ist, so können wir das Buch jedem Freunde feiner geometrischer
Spekulation auf das Wärmste empfehlen.

Elementar entwickelte Theorie und Praxis der Funktionen einer complexen Variabelen in organischer Verbindung mit der Geometrie. Ein Handbuch für Lehrer und
Freunde der Mathematik von Adalbert Breuer, k. k. Professor an
der Staatsoberrealschule im III. Gemeindebezirk Wiens. Mit 84 Text-
figuren. Wien, C. Daberkow's Verlag. 1898. VIII + 205.

Verfasser, mit der Gauss'schen Darstellung des Imaginären in der
complexen Ebene nicht zufrieden, sucht nach einem neuen geometrischen
Bilde complexer Zahlen, welches er einfach dadurch erhält, dafs er
die Ordinate y der Lateralzahl x + y i um ihren Fufspunkt in die x-Axe
umklappt und die Endpunkte der dadurch entstehenden Strecken als
Repräsentanten von x + y i, respekt. x — y i auffafst. Von dem Vorzuge, den diese neue geometrische Darstellung des Imaginären vor
der des grofsen Meisters haben soll, konnte sich, namentlich was die
Funktionentheorie anlangt, Referent durch die Lektüre der Schrift
keineswegs überzeugen.

Vorlesungen über Kreis- und Kugel-Functionen-Reihen von Dr. Johannes Frischauf, Professor an der Universität Graz. Leipzig 1897. Verlag v. B. G. Teubner. VI + 60 S.

Das vorliegende Schriftchen scheint uns seinen Zweck, eine leicht faßliche Darstellung der namentlich für die mathematische Physik so wichtigen Theorie der Kugel-Funktionen zu bieten, vollständig zu erreichen, da es nur die elementarsten Kenntnisse der Analysis voraussetzt und schrittweise in die Schwierigkeiten der· Theorie einführt. Übrigens tritt bei dem Streben, dem Anfänger klar und verständlich zu sein, das wissenschaftliche Moment keineswegs in den Hintergrund, indem z. B. die Darstellung der Convergenzbetrachtungen der einschlägigen Reihen entschieden einen Fortschritt bedeutet. Wir können daher das Werkchen namentlich Studierenden aufs Beste empfehlen.

München.   A. v. Braunmühl.

Müller, Dr. J., Grundriß der Physik mit besonderer Berücksichtigung von Molekularphysik, Elektrotechnik und Meteorologie für die oberen Klassen von Mittelschulen u. s. w. bearbeitet von Dr. O. Lehmann. 14. völlig umgearbeitete· Auflage. Mit 810 Abbildungen und 2 Tafeln. Braunschweig 1896, Vieweg. 820 Seiten. Preis: M. 7,50.

Diesem Buche dürfte schon allein die Thatsache zur Empfehlung dienen, daß es bis zu seiner 13. Auflage jenen Freiburger Professor Müller zum Verfasser hatte, von dem das umfangreiche Lehrbuch der Physik und Meteorologie stammt, das in den weitesten Kreisen unter dem Titel „Müller-Pouillet" bekannt ist und zur Zeit durch Professor Pfaundler herausgegeben wird. Unser Buch stimmt daher im großen und ganzen nach Form und Inhalt mit jenem Werke überein. Daß es aber nicht etwa nur ein verkürzter Auszug aus jenem ist, bezeugt schon der Umstand, daß die Stoffverteilung eine wesentlich andere ist als dort. Der nunmehrige Herausgeber hat sich bei Vornahme der Umarbeitung von dem vollständig richtigen Gedanken leiten lassen, immer nur auf bereits Behandeltes zu verweisen, nicht auf später Nachfolgendes. Demgemäß enthält das erste Buch die Gesetze des Gleichgewichts der festen, flüssigen und gasförmigen Körper einschließlich der Molekularkräfte sowie die Thermostatik, das zweite die Gesetze der Bewegungen, das dritte die elektrischen Erscheinungen, das vierte die physikalische, das fünfte die physiologische Optik und das sechste die Akustik. Daß das Buch auf vollständig modernem Boden steht, dürfte beispielsweise die Gruppierung des Lehrstoffes im dritten Buche beweisen; Verfasser spricht zunächst von den Beziehungen zwischen elektrischer und kinetischer, dann von denen zwischen elektrischer und chemischer und zwischen elektrischer und magnetischer Energie, behandelt hierauf die Iduktionserscheinungen, ferner die Beziehungen zwischen Elektrizität und Wärme, erläutert dann die elektrischen und magnetischen Messungen und schließlich die elektrischen Entladungen.

Die Elektrizität ist überhaupt vom Verfasser mit augenscheinlicher
Vorliebe bearbeitet worden; nicht minder die Molekularphysik. Die
Meteorologie ist nicht mehr wie in früheren Auflagen in einem eigenen
Abschnitte dargestellt, sondern die Hauptsätze derselben sind gelegent-
lich in der Wärmelehre und der Optik dargelegt. Warum der Verfasser in einem Lehrbuche, das doch sonst von allen Theorien der
modernen Physik in reichlichstem Mafse Gebrauch macht, das C-G-S-
System nur in einem Anhange erwähnt, ist schwer einzusehen; begı eiflich
dagegen, dafs er, da er eine Darstellung der Physik geben will, von der
Mathematik nur Gebrauch macht, soweit sie Mittel zum Zwecke ist.
Zahlreiche, schöne, nicht blofs schematisch gezeichnete Figuren dienen
zur Erläuterung .des Textes, der leicht fafslich und klar geschrieben
ist. Übungsaufgaben mit Angabe der Lösungen sollen dem Schüler
die Möglichkeit geben, sich zu überzeugen, ob er das Gelesene richtig
verstanden hat. Sehr hübsch ist die zwar kurze historische Einleitung,
sowie die allerdings mehr in das Gebiet der Methaphysik einschlagende
Schlufsbetrachtung.

Schülern. welche sich eingehender mit den Lehren der modernen
Physik vertraut machen wollen, namentlich Abiturienten, welche ein
Studium ergreifen, das Kenntnisse in dieser Wissenschaft erfordert,
kann dieses Buch bestens empfohlen werden; es gehört abgesehen
von seiner Abstammung auch an sich in der Bearbeitung Lehmanns
entschieden zu den bedeutenderen Erscheinungen der physikalichen
Literatur.

Jochmann, E, und Hermes, O., Grundrifs der Ex-
perimentalphysik und Elemente der Chemie sowie der
Astronomie und mathematischen Geographie. Mit 376
Holzschnitten, 4 meteorologischen Tafeln und 2 Sternkarten. 13.
vermehrte und verbesserte Auflage. Berlin 1896, Winckelmann. 484
Seiten.

Das vorliegende Werk gehört zu denjenigen Lehrbüchern der
Physik, welche in ausführlicher Darstellung das gesamte Lehrgebäude
dieser Wissenschaft behandeln, soweit es sich mit elementaren Mitteln
darstellen läfst. Inhaltlich ist es ungemein reichhaltig, auch die Form
der Darstellung mufs als durchaus gelungen bezeichnet werden. Gleichwohl dürfte es sich als Lehrmittel an unseren Gymnasien nicht empfehlen, einmal wegen seines Umfanges, namentlich aber wegen seiner
Methode; der Verfasser leitet nämlich die Gesetze der Physik fast
durchweg zuerst auf theoretischem Wege ab und führt experimentelle
Untersuchungen gleichsam nur zum Beweise für die Richtigkeit der
Theorien an, während an unseren Gymnasien die sachlich und historisch
wohl begründete Anschauung mehr und mehr Platz greift, dafs in der
Schule an die Spitze das Experiment gehört, aus diesem ein Gesetz
abzuleiten und letzteres erst hinterher mit Hilfe einer passenden
Hypothese zu erklären, bezw. zu beweisen ist. Dagegen kann das

Buch solchen Schülern welche die Fundamentalgesetze der Physik bereits kennen und nur noch eingehenderen Aufschlufs namentlich in theoretischer Beziehung zu erhalten wünschen, mit gutem Gewissen empfohlen werden.

Papier, Druck und Figuren sind gut; unter letzteren befinden sich aber einige Darstellungen von Apparaten, wie beispielsweise Figur 92 oder 209, welche man in der hier angegebenen Ausführung füglich als veraltet bezeichnen darf.

Würzburg. Dr. Zwerger.

_____

Wägner, Dr. Wilh. Rom. Geschichte und Kultur des römischen Volkes. Für Freunde des klassischen Altertums, besonders für die deutsche Jugend dargestellt. In neuer Bearbeitung herausgegeben von Dr. O. E. Schmidt, Professor zu St. Afra in Meifsen. 6. Aufl. mit 276 Abbildungen und 2 Karten. Leipzig, O. Spamer, 1899. XV und 826 S., Preis geb. 12 M. —

So verbreitet die früheren Auflagen der Wägnerschen Bücher Hellas und Rom auch sein mochten, so konnten sie doch diejenigen nicht besonders empfehlen, welche in Bezug auf Zuverlässigkeit des Textes und Wert der Abbildungen im Interesse unserer Jugend strengere Anforderungen stellten. Das hat sich jetzt wesentlich geändert. Wie im Jahre 1895 die 7 Aufl. von Wägners Hellas, so erscheint jetzt die 6. von Wägners Rom in fast neuem Gewande. Wenn die Verlagshandlung mit der Umarbeitung Prof. O. E. Schmidt in Meifsen betraute, so hat sie damit eine glückliche Wahl getroffen; denn bei verschiedenen Anlässen hat dieser sich als einen gründlichen Kenner römischer Geschichte gezeigt, so als Bearbeiter des betr. Bandes von Spamers illustrierter Weltgeschichte und namentlich durch seine Beiträge zur Chronologie und Erklärung der Ciceronischen Briefe. Prof. Schmidt hat für seine Arbeit einige treue Helfer gefunden, er selbst hat in der Hauptsache den früheren I. Bd. von den Anfängen Roms bis zu den Gracchen bearbeitet, sowie vom II. Bd. die Zeit von Diocletian bis zum Jahre 476. Durch notwendig gewordene Kürzungen ist nämlich aus den ursprünglich zwei Bänden einer geworden; in diesem aber sind die meisten Abschnitte völlig neu geschrieben und Stichproben ergeben, dafs wir es jetzt mit einer unbedingt zuverlässigen Darstellung zu thun haben. Ebenso ist auch die Illustration des Werkes völlig neu gestaltet. Gerade in dieser Beziehung ist der alte Wägner mit seinen schlechten Abbildungen nicht mehr zu erkennen; an ihre Stelle sind zunächst eine Reihe von antiken Landschafts- und Städtebildern getreten, aber natürlich in der gegenwärtigen Erscheinungsform, treffliche Nachbildungen von überraschender Wirkung (vielleicht die schönsten sind die ganzseitigen Abbildungen der Wasserfälle von Terni S. 7 und des Vestatempels und der Neptunsgrotte zu Tivoli S. 22); dazu kommen im wesentlichen Reproduktionen antiker Originale (besonders hervorzuheben sind die zahlreichen photographischen Nachbildungen römischer Statuen

und Büsten, namentlich aus der Kaiserzeit); doch hat der Herausgeber
auch hie und da moderne Darstellungen eines historischen Vorganges
nicht verschmäht. Daſs er z. B. die grofsartigen monumentalen Bilder
des Prof. Maccari im Empfangssaal des Senatorenpalastes auf dem
Kapitol in Rom hat reproduzieren lassen, deren imponierende Wirkung
wir selbst erfahren haben, danken wir ihm besonders; bei anderen
freilich ist die Art der Wiedergabe weniger vollkommen und daher
auch weniger wirkungsvoll. Aber immerhin muſs man zugestehen,
dafs die Verlagshandlung alles gethan hat, um dem Werke eine
würdige Ausstattung zu geben. Daher kann es jetzt in seiner neuen
Gestaltung für unsere Schülerlesebibliotheken, schon von der 3. Klasse
an, unbedenklich empfohlen werden, ebenso als Geschenk in der
Familie.

München. _____ Dr. J. Melber.

Dr. H. Stich, Kgl. Gymnasialprofessor, Lehrbuch der Ge-
schichte für die oberen Klassen der Gymnasien. I. Teil.
Das Altertum. 2. Auflage. Bamberg. C. C. Buchner Verlag. Rudolf
Koch. 1898.

Daſs der Verfasser allen Ernstes darauf bedacht war, neben der
neuen Auflage die erste ohne jede Schwierigkeit brauchbar zu erhalten,
verdient aus nicht erst zu erörternden Gründen volle Anerkennung.
Im Texte des Buches selbst ist sogar die Seitenzahl unverändert geblieben. Von diesem Standpunkte aus ist keinerlei Erinnerung dagegen zu erheben, wenn der eine und der andere auf belangreichere
Abänderungen abzielende Wunsch, wie sie von mir in der einschlägigen
Besprechung dieses Bandes auf S. 555 ff. des XXX. Jahrganges dieser
„Blätter" vorgeschlagen wurden, eine Berücksichtigung nicht gefunden
haben. Hält Stich an seinem in hohem Grade löblichen Grundsatze
auch fernerhin fest, so bin ich im Interesse höher stehender Schulzwecke zur Verzichtleistung auf die Erfüllung jener meiner Wünsche
gerne bereit. Allein so gut er in den angehängten Zeittafeln ohne
Schaden für den Gebrauch der beiden Auflagen nebeneinander verhältnismäfsig weitgehende Einschaltungen einfügte, ebenso gut und den
Unterrichtszwecken weit förderlicher hätte eine dem Bedarfe des Buches
angepafste Karte der alten Welt beigegeben werden können. Allerdings durfte der Preis desselben nicht erhöht werden. Indes die
erfreulich günstige Aufnahme, die es wohlverdientermafsen gefunden
hat, dürfte der Verlagshandlung die Leistung jenes Opfers beträchtlich
erleichtern. Man wende gegen die Forderung einer solchen Karte nur
nicht ein, dafs die Lehrer derlei Kartenbilder am richtigsten nach dem
jeweiligen Bedarfe auf der Schultafel entstehen lassen. Abgesehen
davon, dafs hiezu nicht jeder Geschichtslehrer befähigt ist, tragen derlei
Kartenbilder doch stets ein gar primitives Gepräge, und, was wichtiger
ist, sie verschwinden so rasch, als sie entstanden sind. Auch der
Blick des Schülers auf die Wandkarte beschränkt sich, im günstigsten
Falle, auf die Schulstunden. Vollends unsere historischen Schulatlanten

lassen, weil für andere Schulbücher gefertigt, den Schüler nur allzuoft
im Stiche, oder sie bieten so viel Material, daß sie ihm das Aufsuchen
nicht selten mehr verleiden als ihn dazu ermuntern.

Im einzelnen enthält die neue Auflage von Stichs Geschichte des
Altertums mancherlei Berichtigungen, auch da und dort Neueinsätze
der knappsten Art, insgesamt aus wohlerwogenen Gründen und durchweg Verbesserungen, ohne daß durch sie eine ernstere Störung im
Gebrauche beider Auflagen nebeneinander veranlaßt wird. Auch in
etlichen Fällen dieser Art, in denen der Verfasser meinen Vorschlägen
nicht folgen zu sollen glaubte, ist unschwer ersichtlich, daß er hiezu
seine guten Gründe zu haben vermeinte. Diese sind das eine und
das andere Mal unzweifelhaft zu billigen; wieder in anderen Fällen
wären sie wohl auf ihre Stichhaltigkeit erst noch zu prüfen. Im übrigen ist nicht zu verkennen, daß es sich hiebei nicht eben um hoch-
wichtige Dinge handelt, aber auch, daß für Schulbücher Einzelheiten über
die man sonst leicht hinweg liest, immerhin eine größere Bedeutung
haben. Und in derartigen Fällen möchte es sich empfehlen, daß
das Buch für eine dritte Auflage nochmals einer sorgfältigen Revision
unterzogen werde, die, ungeachtet der allenthalben zu Tage tretenden
Bemühung für seine formelle Sauberkeit, doch noch eine nicht ganz
unergiebige Ernte ergeben wird.

Zum Belege hier einige Beispiele! Von Druckfehlern ist das
Buch ungewöhnlich rein gehalten; kleinere Versehen wie S. 61
Eutrapide statt Eupatride, S. 85 Alicibiades statt Alcibiades, S. 109
Stadte statt Städte, S. 175 Graechen statt Gracchen werden die Schüler
selbst leicht richtig stellen; ebenso wenn S. 75 ὁποία ποτ ἐστίν ge-
schrieben ist.

Die Orthographie anlangend hätte zunächst S. 40 nicht wieder-
spiegeln statt widerspiegeln, S. 204 nicht Lorber statt Lorbeer, S. 159
nicht Szene statt Scene geschrieben, S. 56 nicht Gährung statt Gärung
neu eingeführt werden sollen. Auch mancherlei Inkonsequenzen fallen
auf. So S. 28 in Folge, S. 31 infolge; S. 29 Phocis, S. 48 Phocäa,
S. 45 Phokier, S. 97 Phocier; so S. 46 Panionion, dagegen sonst
Ajas und Achaja; so S. 79 Parthenopäos, S. 80 Phädra, dagegen S. 77
Paionios; so S. 108 Ceremoniell, S. 127 Zeremonien; S. 120 Central-
alpen, S. 158 zentral, S. 176 Zentralisation; S. 122 Albaner-See, S. 146
Albanersee und S. 139 Albanerberge; S. 167 Neukarthago, S. 161
Neu-Karthago; S. 165 Capua neben Kapua. Auch Abwechselungen
wie Achilleus, Achilles und Achill, Olympus und Olymp empfehlen
sich für ein Schulbuch nicht.

Nicht minder wird des öftern auf eine größere Gleichmäßigkeit
im Setzen und Weglassen von Interpunktionszeichen zu achten sein.
Namentlich sei auf die Frage verwiesen, ob vor „wie" in abgekürzten
Vergleichungssätzen ein Komma zu setzen ist oder nicht. Auch bei
teils-teils finden sich derlei Schwankungen.

Eine besondere Beachtung erheischt ferner die Setzung oder Weglassung der Genetivendung s bei Eigennamen. Wenn hier des Ebro,
des Po, des Tiber, des Strymon, des Euphrat geschrieben wird, so ist

schwer abzusehen, warum dort des Nils, des Euphrats, des Jordans, des Rheins, des Ozeans: wenn hier des Parnon, des Palatin, warum dort des Janiculums, des Vesuvs; wenn hier des Ninive, des Clermont, warum dort des Thebens, des Athens, des Roms u. s. w. Auch des Parthenon, dagegen des Synedrions sowie des Pendschab, dagegen des Deltas gehören hieher.

Desgleichen bedürfen einige Citate auf Seiten des Buches selbst einer Berichtigung, einzelne wohl durch die Neuauflage veranlafst.

Stichs Form der Darstellung ist mit ganz seltenen Ausnahmen klar und korrekt. S. 44 wird es den Schülern doch zweifelhaft erscheinen lassen, ob auch die Burgen des Binnenlandes zum Schutze gegen Seeräuber dienten, S. 55 ob „derselbe" der βασιλεύς oder Kodrus ist, S. 151 ob thatsächlich der Ausdruck pro rostris dicere vom Verbringen der eroberten Kriegsschiffe auf das Forum stammt. Dafs auf S. 206 der Name Caesar 15mal vorkommt, ist des Guten etwas zu viel.

Um das sachliche Gebiet nicht völlig leer ausgehen zu lassen, seien hiezu noch ein paar Bemerkungen angefügt. Für den Kolofs von Rhodus geben die verlässigsten Autoritäten eine Höhe von ca. 30 Meter an statt von 50 Meter (S. 31). Dafs der Apollo von Belvedere nicht als Abwehrer und Bestrafer der Barbaren dargestellt ist, ist bei Furtwängler (Meisterwerke S. 657) zu ersehen (S. 35). S. 46 wird die Angabe vermifst, wo der urkundlich erhaltene Eid sich findet. In der S. 71 citierten Äschylusstelle ist die richtige Lesart unzweifelhaft ἄριστος, nicht δίκαιος. S. 113 ist die Jahreszahl 278 in 277 abzuändern. S. 193 kommt die Reduktion des römischen Talentes auf unsere Markrechnung viel zu spät.

Aus dem Vorstehenden dürfte zur Genüge erhellen, dafs das in seiner Gesamtanlage wie in der Einzeldurchführung treffliche Buch durch eine nochmalige genaue Durchsicht als Schulbuch nicht unerheblich gewinnen kann.

Dr. H. Scheftlein, K. Gymnasialprofessor in Regensburg: Genealogischer Schulatlas. Regensburg 1899. Verlag von Hermann Bauhof. VIII Seiten u. 34 Tafeln. Preis: M. 1.80.

Scheftleins Genealogischer Schulatlas ist nach Art des von Ottokar Lorenz 1895 in 2., wesentlich verbesserter u. vermehrter Auflage herausgegebenen Genealogischen Handbuches der europäischen Staatengeschichte bearbeitet, hat aber für Schulzwecke vor diesem den grofsen Vorzug, dafs er, dem unmittelbaren Schulbedarfe angepafst, sich fast durchweg auf diesen beschränkt, von diesem Standpunkte ausgehend aber zugleich auch die Alte Geschichte berücksichtigt, und dafs er hinsichtlich der einzelnen Daten vielfach korrekter ist als jenes. Es verdient volle Anerkennung, dafs Scheftlein, so sehr er auch dazu versucht sein mochte, Lorenz nirgends blindlings folgte, sondern sowohl in der Auswahl überall seine eigenen Wege ging, als auch die von Lorenz gebotenen Angaben allenthalben sorgfältig nachprüfte.

Dafs derlei Tafeln für den Geschichtsunterricht ein Bedürfnis sind, wird im Ernst kaum ein mit dieser Unterrichtssparte betrauter Lehrer in Abrede stellen. Ihr Bild bietet zahlreiche Aufschlüsse, die, im Lehrbuche sporadisch angedeutet, dem Schüler erst in solcher Zusammenstellung klar vor Augen treten. Dem Einwande aber, die Schüler sollten vom Lehrer daran gewöhnt werden, derartige Tabellen nach dem Texte des Lehrbuches selbst anzufertigen, begegnet Scheftlein richtig mit dem Einspruche, eine solche Forderung gehe über die Kräfte der Schüler hinaus, da die Verwertung der betreffenden Angaben im Lehrbuch, zerstreut auftretend und in der Regel zu allgemein gehalten, für das Kennen und Können der Schüler allzu schwierig sei.

Auch was Scheftlein im Vorwort zur Empfehlung seines Unternehmens und zur Rechtfertigung seines Verfahrens sonst noch vorbringt, verdient durchaus Billigung. Dafs die einen da und dort eine Angabe vermissen, dafs noch mehrere bei anderer Gelegenheit über ein Zuviel klagen werden, ist in Anbetracht der in dieser Beziehung so weit auseinandergehenden Anschauungen völlig unvermeidlich. Je mehr man aber den Gesamtstoff prüft, und je näher man ins einzelne eingeht, desto lieber wird man zugestehen, dafs der Verfasser, mit reichen Erfahrungen und einem tüchtigen einschlägigen Wissen ausgestattet, stets nur nach reiflicher Überlegung verfuhr, um in geschickter Gruppierung ein thunlichst anschauliches, durchsichtiges und wirksames Bild zu erzielen; dafs er wohlbedacht erwog, was hier aufzunehmen, dort wegzulassen war, und dafs er sich behufs Erzielung einer möglichst grofsen Verläfslichkeit des Gebotenen keine Mühe verdriefsen liefs. In letzterer Hinsicht haben ihm allerdings aufser Lorenz für die vorzugsweise ausführlich behandelten deutschen Fürstenhäuser namentlich Cohns Stammtafeln belangreiche Dienste geleistet. Indes erheischte die richtige Sichtung des bei Cohn und Lorenz vorgeführten überreichen Materiales für Schulzwecke grofse Umsicht und viele Arbeit. Haben wir nach dieser allgemeinen Richtung einen Wunsch, so ist es der, Scheftlein möchte bei einer Neuauflage nach Lorenz' Vorgang jeder einzelnen Tafel ein kurzes Wort zur Orientierung vorausschicken, das den Schüler auf manches aufmerksam machen kann, was, obwohl von Belang, seinem ungeübten Auge und stückweisen Wissen leicht entgehen mag.

Was Einzelheiten betrifft, ist es leicht erklärlich, dafs bei aller Sorgfalt zunächst unter dem Streben nach thunlichster Beschränkung mitunter die Konsequenz zu Schaden kam. So wird, um in dieser Beziehung nur ein Beispiel anzuführen, bei den einschlägigen Fürsten so ziemlich regelmäfsig angegeben, wann sie die lutherische, resp. die kalvinistische Lehre annahmen, nicht dagegen auf Tafel 19 und 20, wann die uns näherstehenden pfälzischen Wittelsbacher zum Katholizismus zurückkehrten. Da sonst gewöhnlich das Todesjahr verzeichnet ist, wird der Schüler auf Tafel 31 von Franz II. von Neapel und auf Tafel 34 von Konstantin, dem Bruder des Zaren Alexander II., bei denen das Jahr ihres Ablebens fehlt, annehmen müssen, sie seien noch am Leben. So wäre auch auf Tafel 16 Auguste, die Gemahlin unseres Prinzregenten, als Tochter Leopolds II. von Toskana namhaft

zu machen gewesen, da dies auf Tafel 20 gleichfalls nicht ersichtlich
gemacht ist. Ebensowenig ist indes ernster zu beanstanden, dafs sich
bei einer so grossen Fülle von Daten ausnahmsweise da und dort einmal ein kleines Versehen eingeschlichen hat. So fehlt auf Tafel 16
für Ferdinand II. von Toskana das Schlufsjahr seiner Würzburger
Regierungszeit. Auf Tafel 18 findet sich, wie nicht selten anderwärts,
als Todesjahr Wilhelms I. von Holland 1377 statt 1388 (vgl. Häutles
Genealogie S. 117). Hermann I. von Thüringen starb nicht 1215,
sondern 1217 (Tafel 21) Der Kurfürst Johann Georg war nicht ein
Sohn der Hedwig von Polen, sondern er stammte aus der ersten Ehe
Joachims II. mit Magdalena von Sachsen (Tafel 22). Johann Friedrich II.,
der Mittlere, von Sachsen starb nicht 1594, sondern 1595; dem ersteren
Jahre gehört der Tod seiner Gemahlin an (Tafel 24). Auch sollte
auf dieser Tafel der Sohn des präsumtiven Thronfolgers im Königreich
Sachsen, Johann Georg, geb. 1869, angegeben sein. Die Braun-
schweigische Welfenlinie erlosch nicht 1885, sondern 1884 (Tafel 28).
Auf Tafel 15 ist auf Tafel 30 verwiesen, statt auf Tafel 31.

Indes so untergeordneter Art derlei Mängel sind, so kommen
doch auch ihrer in dem ungewöhnlich sauber gearbeiteten Buche nur
wenige vor. Möge es daher, in vielfacher Beziehung dem Lehrer
förderlich, dem Schüler schwer entbehrlich, die erfreuliche Aufnahme
finden, die es, gut ausgestattet und zu einem anerkennenswert billigen
Preise angesetzt, in Schulkreisen und darüber hinaus vollauf verdient.

München.   Markhauser.

––––––   ––––––

Vasco da Gama und die Entdeckung des Seewegs
nach Ostindien. Auf grund neuer Quellenuntersuchungen dargestellt von Dr. Franz Hümmerich. Mit einer Photogravüre und
drei wissenschaftlichen Beilagen. München 1898. C. H. Beck. 8°
203 S. Pr. 6 M. 50 Pf.

„Wie spärlich sind gegenüber der Flut von Gelegenheitsschriften,
mit denen wir anläfslich der Columbusfeier geradezu überschwemmt
wurden, die literarischen Erzeugnisse, welche zur Erinnerung an Vasco
da Gamas folgenschwere Fahrt hervortraten! Um so erfreulicher ist,
deutsche Arbeiten namhaft machen zu können, welche in der Geschichte
der östlichen Seewege einen wesentlichen Fortschritt bedeuten, doppelt
erfreulich, wenn an dieser Stelle auf die Leistung eines engeren Lands-
mannes hingewiesen werden kann, deren würdige Veröffentlichung
dem Münchner Verlagsbuchhandel zur Ehre gereicht. Ein bayerischer
Gymnasiallehrer, Dr. Franz Hümmerich, der im Hause des vormaligen
bayerischen Gesandten in Lissabon, Grafen von Bray, (dem auch das
Buch gewidmet ist), Gelegenheit hatte, sich mit der portugiesischen
Sprache und mit hier schwer erreichbaren Quellenwerken der portugiesischen Geschichtsliteratur näher vertraut zu machen, hat seinen
dortigen Aufenthalt benützt, um den Wert und das gegenseitige Verhältnis der unter sich stark abweichenden Quellen über Vasco da

Gamas erste Indienfahrt einer eingehenden Prüfung zu unterziehen, als deren Ergebnis er schon im Jahre 1897 der Universität München eine wertvolle Inaugural-Dissertation vorlegen konnte, (die auch als Programm des Maximiliansgymnasiums 1897 erschien)." Mit solchen ehrenden Worten hat jüngst der Vertreter der Geographie an der Universität München der uns vorliegenden Schrift unseres Kollegen gedacht. Ich füge hinzu, daß es mir eine besondere Freude war, den Verfasser als Festredner für die Vasco da Gamafeier in der Münchener Geographischsn Gesellschaft zu gewinnen. Sein Vortrag über diesen Gegenstand wurde im 17. Jahresbericht für 1896/97 aus der Beilage zur Allgemeinen Zeitung zum Abdrucke gebracht. (1898. S. 49 ff). Wer die beiden Darstellungen der ersten Indienfahrt des Vasco da Gama in der Geschichte des Zeitalters der Entdeckungen von Oskar Peschel und in dem gleichnamigen Buch von Sophus Ruge miteinander vergleicht, der wird wahrnehmen, daß fast kein Zug der ganzen Reise in beiden Werken völlig übereinstimmend dargestellt ist ; und doch sind beide nach portugiesischen Quellen des 16. Jahrhunderts gearbeitet. Peschel benutzte im vorliegenden Falle deren vier, nämlich die Asia des João de Barros, die Chronik des Königs Manuel von Domião de Goes, die Geschichte der Entdeckung und Eroberung Indiens von Fernão Lopez de Castanheda und das Tagebuch eines ungenannten Begleiters des Vasco da Gama, hat aber nach Hümmerichs Urteil seiner Darstellung keines dieser Werke ausschließlich zugrunde gelegt. Ruge verfährt ebenfalls eklektisch, stützt sich aber in seiner Erzählung dieser denkwürdigen Fahrt wesentlich auf das Buch von Henry E. J. Stanley, the three voyages of Vasco da Gama, London 1869. Stanley gibt dort in der Hauptsache eine Übersetzung dessen, was der älteste der indischen Historiker Portugals, Gaspar Correa, über diesen Gegenstand berichtet. Wo zwei völlig verschiedene historische Darstellungen des gleichen Gegenstandes aus dem 16. Jahrhundert vorlagen, konnte nur eine eingehende Kritik und Sichtung der Quellen, wie sie Hümmerich übte, die Handhabe zur Ermittlung des wahren Sachverhaltes bietet. Stanley hat eine solche kaum versucht, hätte mit seiner oberflächlichen Kenntnis der Quellen die Frage auch nicht befriedigend zu lösen vermocht. Da der Bericht des Correa von dem oben erwähnten Tagebuch nicht nur Punkt für Punkt in den Einzelheiten abweicht, sondern auch im ganzen Charakter der Erzählung anders geartet ist, da ferner Ruge dessen Inhalt nicht unvermischt widergibt, hatte ihn Hümmerich schon in seinem Gymnasialprogramm 1897 als abgeschlossenes Ganze seiner Untersuchung vorangestellt. Die gesamten Quellenfragen zur Entdeckungsfahrt des Vasco da Gama waren dem Buche zur Erörterung aufgespart worden. Um die Nachprüfung seiner Darstellung der ersten Indienfahrt zu erleichtern, fügte der Verfasser seinem Buche als zweite Beilage eine Übersetzung des Roteiro (= Routier, Wegebeschreibung) bei. Zur Geschichte der zweiten Indienfahrt des Vasco da Gama ist es dem Verfasser gelungen, neue zum teil unedierte, zum teil völlig unbenützte Quellen zu eröffnen und von ihr ein ausführliches, bis in die Details

hinein kritisch gesichertes Bild zu liefern. Aufser den zwei schon
publizierten Berichten von Teilnehmern der Fahrt konnte H. noch
einen dritten benutzen, der als dritte Beilage dem Buche beigefügt
ist, den Brief eines italienischen Kommis, der die Reise mitgemacht
und von Moçambique aus über Ereignisse und Ergebnisse derselben
an seinen Prinzipal im April 1503 einen Bericht abgesandt hat. Den
Hauptinhalt des Buches bildet die Darstellung von Gamas Leben und
Reisen, seine Vorläufer, die nautische Aufgabe der Entdeckungsfahrt
von 1497, die frühesten Daten zum Leben des Entdeckers, die Eröffnung des Seeweges durch Vasco 1497—1499, Gnadenbeweise König
Manoels, die zweite Indienfahrt, Gamas Erhöhung zum Grafen, die
Begründung der portugiesischen Herrschaft in Indien, Gamas dritte
Indienfahrt und Tod 1524 und seine Persönlichkeit. Charakterisiert
den Columbus ein bis zu Visionen gesteigertes Innenleben, so ist Vasco
da Gama ganz zielbewufster Wille und rücksichtsloses Handeln; trüben
bei jenem die Gebilde der Phantasie oft den Sinn für die Realität der
Erscheinung, so fufst Gama unerschütterlich auf dem Boden der Wirklichkeit. Aber für seine Aufgabe ist jeder von beiden der berufene
Mann. Und mag immerhin der schöpferische Gedanke von Gamas
Fahrt nicht in seinem eigenen Geiste entsprungen sein, was ihre weltgeschichtliche Bedeutung, ihre Wirkungen für Mit- und Nachwelt anlangt, so steht sie hinter der Entdeckung Amerikas kaum zurück.
Für die Geschichte des Welthandels, seiner Bahnen und seiner Träger
macht die Auffindung des östlichen Seeweges nach Indien Epoche,
und so gehört die Gestalt des Entdeckers nicht nur der Geschichte
seines kleinen Heimatlandes, sondern der Weltgeschichte an.

    Ludwigshafen a. Rh.   H. Zimmerer.

    Rosenmund Richard.   Die Fortschritte der Diplo-
matik seit Mabillon vornehmlich in Deutschland-Oesterreich.
Historische Bibliothek. Hgb. von der Redaktion der Historischen
Zeitschrift. Bd. IV. München-Leipzig, R. Oldenbourg. 1898. 125 S.
8°. 3 Mk. (gebunden).

    Aus Raumerwägungen hat die Redaktion der Sybel'schen Hist.
Ztschr. vor einiger Zeit beschlossen, gröfsere Abhandlungen von all-
gemeinerem Interesse unter dem gemeinsamen Titel „Historische
Bibliothek" gesondert herauszugeben, von welcher die vorliegende
Arbeit das vierte Bändchen bildet. Der Verfasser betont im kurzen
Vorwort, dafs „dieser Beitrag zur Geschichte der Diplomatik nicht berichten soll, was diese Wissenschaft auf ihren einzelnen Forschungs-
gebieten heute bereits als festen Wissensschatz besitzt, sondern darzustellen versucht, wie die Lehre von den Urkunden sich als eine besondere Wissenschaft zu der Höhe entwickelt hat, welche sie seit nunmehr bald zwei Jahrzehnten einnimmt". Was in den anderen neueren
Lehr- und Handbüchern der Diplomatik oder Urkundenlehre von Bress-
lau, Giry, Leist nur in knappem Umriss gegeben werden kann, wird

hier in ausführlicherer Darstellung allgemein verständlich dargelegt. Und unser Gesamturteil kann dahin lauten, dafs dies im ganzen in befriedigender Weise klar und richtig geschehen ist.

Eingehend wird zuerst (Kap. 1) Dom Jean Mabillon, der Begründer der Diplomatik, behandelt. (S. 13 Anm. 1 hätten passend die beiden Monographieen über ihn von Jadrart (1879) und Bäumer (1892) Platz gefunden). Daran wird sogleich (Kap. 2) die ganze Entwickelung der Urkundenlehre in Frankreich bis in die neuere Zeit angeschlossen, welche durch den Nouveau traité de diplomatique (1750—1765, aufser den Verfassern Toustain und Tassin wäre die hiervon in 9 Bänden 1759—1769 erschienene, immer noch unentbehrliche deutsche Übersetzung „Neues Lehrgebäude der Diplomatik" zu nennen gewesen) und durch die 1829 neu begründete ,Ecole des chartes' gekennzeichnet wird, deren Stärke mehr in der praktischen Heranbildung tüchtiger geschulter Archivare, als in „systematischem Ausbau der Urkundenwissenschaft" beruhte. Doch sind die Verdienste insbesondere Delisles auch nach dieser Richtung hin, speziell „in dem Aufsuchen neuer Merkmale an den Urkunden für die Kritik" m. E. nicht genügend gewürdigt, dessen — auch methodisch wichtige — Arbeiten über das Urkundenwesen unter Philipp August und Innocenz III. bereits Ende der 50er Jahre erschienen sind.

Weiter wird dann (Kap. 3 u. ff.) die Geschichte der Urkundenforschung in Deutschland betrachtet, welche hier ja eigentlich schon vor Mabillon im Anschlufs an die ,bella diplomatica' und besonders an den durch Conrings Eingreifen berühmten Lindauer Streit begonnen hatte. Unter den Nachfolgern Mabillons werden hier vornehmlich Bessel, Heumann, Gatterer, Schünemann hervorgehoben, welche sich zum Teil wenigstens auch mit Glück in systematischen Fragen versuchten. Je mehr man daneben bei uns in Deutschland mit der Diplomatik juristisch praktische Zwecke verband — an den Universitäten wurde sie damals an Stelle der noch nicht vorhandenen Rechtsgeschichte vorgetragen — um so gröfser war der Rifs, der hierin durch die französische Revolution, die Aufhebung der Klöster, die Umgestaltung der Rechtsverhältnisse eintrat.

Die „völlige Neuerstehung" der Urkundenlehre in Deutschland knüpft an den mächtigen Aufschwung an, welchen die Geschichtswissenschaft bei uns am Anfang des Jahrhunderts überhaupt nahm, und speziell an das grofse nationale, vom Freiherrn von Stein inszenierte Unternehmen der ,Monumenta Germaniae historica'. Schon 1824 wurde die Herausgabe der Kaiser- und Königsurkunden — als einer der wichtigsten Quellen — bis zum 14. Jahrhundert ins Auge gefafst und Johann Friedrich Böhmer mit der Bearbeitung derselben betraut. Die Wertschätzung der Urkunden wuchs, als Leopold Ranke die „Jahrbücher der deutschen Geschichte" durch einzelne seiner Schüler in Angriff nehmen liefs, bei denen es behufs genauer chronologischer Einreihung und Anordnung der Ereignisse wesentlich auf das urkundlich festzustellende Itinerar der Herrscher ankam. Vielleicht wird dieser Einflufs Rankes auf die Urkundenforschung vom Verfasser zu Gunsten Böhmers etwas unterschätzt. Böhmer hatte sich inzwischen mit Pertz, dem Leiter der Mon. Germ. hist., überworfen und war seine eigenen Wege gegangen. Statt der Urkunden selbst aber veröffentlichte er seine aus den Vorarbeiten dazu hervorgegangenen bekannten „grofsartigen" Regesten oder Urkundenverzeichnisse — Muster und Vorbild für alle ähnlichen Arbeiten, (unter welchen Philipp Jaffes gleichwichtige ‚Regesta Pontificum Romanorum' bis 1198 (1851) vom Verfasser nicht hätten übergangen werden sollen), wenn auch nicht allzu lange nach Böhmer infolge der neu erforschten und neu erschlossenen archivalischen Schätze Neubearbeitungen sich als notwendig erwiesen.

Der erste, der hierfür thätig war und dessen Arbeiten zugleich einen weiteren Merkstein in der Geschichte der deutschen Urkundenlehre bilden, ist Böhmers Freund und Schüler Karl Friedrich Stumpf gewesen, dem der Verfasser ein eigenes Kapitel (das 5te) widmet und dessen Schwächen er gut charakterisiert. Wie schon der Titel seines Hauptwerkes „Die Reichskanzler vornehmlich des 10., 11. und 12. Jahrhunderts" besagt, erblickte Stumpf nämlich in diesen, ja vielfach auch politisch bestimmenden, Persönlichkeiten die Hauptträger des ganzen kaiserlichen Urkundenwesens. „Die Reichskanzlei ist das eigentlichste Feld ihrer Thätigkeit, und die Reichsurkunden sind jedesmal die unmittelbarsten Zeugnisse und gleichsam die Autographen des Kanzlers. Er ist Ausfertiger der Kaiserurkunden, eine jede sieht er durch und mustert er durch . . . Unter ihrer Leitung legen die Leistungen der Kanzleien überall von Ordnung und Regelmäfsigkeit Zeugnis ab." Stimmen einzelne Angaben, besonders in der Datierungszeile, nicht mit der Kanzlerunterschrift, dann ist die betreffende Urkunde als im höchsten Grade verdächtig anzusehen.

Die Unrichtigkeit dieser Theorie erkannte bei seinen eigenen Studien der Mann, dem die Diplomatik überhaupt in neuerer Zeit den gröfsten Fortschritt verdankt und den die ganze Welt heutzutage als den unbestrittenen Meister in dieser Wissenschaft verehrt -- Theodor Sickel, dem auch der Verfasser dieses Bändchen zugeeignet hat. Was Sickel als Vorstand des nach dem Muster der École des Chartes (deren Wirksamkeit Sickel in Paris selbst hatte kennen lernen) 1854 errichteten „Instituts für österreichische Geschichtsforschung" und dann als Leiter der Abteilung der Diplomata' bei den 'Mon. Germ. hist.' und durch seine reiche literarische Thätigkeit für die Urkundenlehre geleistet hat, mag bei dem Verfasser an Ort und Stelle (Kap. 6 u. 7) nachgelesen werden. Hier genüge es auf Sickels 'Acta Karolinorum', deren erster Teil (1861) in grundlegender Weise die an zahlreichen Originalen beobachteten einzelnen Teile der Urkunden, innere und äufsere Merkmale u. s. w. behandelte, und auf das 1876 erschienene „Programm und Instruktion der Diplomata-Abteilung der Mon. Germ. hist." (Neues Archiv der Gesellschaft für ältere deutsche Geschichtskunde Bd. I) hinzuweisen, in welchem er die Vergleichung von Schrift und Diktat an der Hand der Originale als das wichtigste Mittel für die

Entscheidung der Echtheit und Unechtheit der Urkunden hinstellte — ein Grundsatz, der nunmehr zur allgemeinen Anerkennung gelangt ist. Auf die späteren Arbeiten Sickels haben (s. Kap. 8), wie auf die ganze neuere Entwickelung der Urkundenlehre überhaupt, einen überaus tiefen Einfluſs ausgeübt die eindringenden, scharfsinnigen Untersuchungen Julius Fickers, des Freundes und sozusagen Nachfolgers von Böhmer, der in seinen „Beiträgen zur Urkundenlehre" (1877—78) die Entstehung der Urkunden einer detaillierten Prüfung unterzog, indem er alle Stadien der Beurkundung von der Erteilung des Beurkundungsbefehles bis zur Aushändigung der Urkunde an den Empfänger auf das genaueste zergliederte und kritisch beleuchtete, daraus die mannigfachen Widersprüche und Unregelmäſsigkeiten erklärte, die sich in den einzelnen Teilen der Urkunden oft finden, und damit erst recht die Theorie von Stumpf über den Haufen warf.

Hatten Sickels und Fickers Arbeiten vorzugsweise den sogenannten öffentlichen, Kaiser- und Königsurkunden gegolten, so harrte daneben noch das Gebiet der Privaturkunden eingehender Untersuchung. Diese wurde ihm durch einen Schüler Sickels, den Rechtshistoriker Heinrich Brunner zu Teil, welcher (s. Kap. 9) in seiner Schrift „Zur Rechtsgeschichte der Römischen und Germanischen Urkunde" (1880) die einschlägigen Fragen, besonders den Unterschied der 'carta' und 'notitia', die Bedeutung der Zeugen in der Privaturkunde u. s. w. mustergültig darlegte.

Mit einem kurzen 'Rückblick und Ausblick' (Kap. 10), in welchen neben Bresslaus „Handbuch der Urkundenlehre" (I. Bd. 1889) und Girys „Manuel de Diplomatique' (1894) des Italieners Cesare Paoli trefflicher „kurzer Grundriſs zu Vorlesungen über lateinische Palaeographie und Urkundenlehre" (deutsch von Lohmeyer 1885; eine zweite Auflage steht bevor) nicht hätte unerwähnt bleiben sollen, schlieſst das verdienstliche Schriftchen des Verfassers, welches wir zur Lektüre und zum Studium in gleicher Weise empfehlen können.

München.   II. Simonsfeld.

Lehrbuch der Erdkunde für höhere Schulen von Willi Ule. I. Teil. Für die unteren Klassen. Mit 2 farbigen und 65 Schwarzdruckabbildungen. Preis geh. M. 1.40, geb. M. 1.80. Leipzig. Verlag v. G. Freytag 1897.

Der zweite Teil dieses Lehrbuches S. 639 dieser Blätter vom J. 1897 hat bereits eine eingehende Würdigung gefunden. Nunmehr liegt auch der I. Teil für die untern Klassen vor, womit das Ganze abgeschlossen ist. Der Lehrstoff ist den preuſsischen Schulplänen gemäſs so angeordnet, daſs für Sexta der I. Abschnitt: Einführung in die Erdkunde a) Grundzüge der Heimatskunde, b) Grundzüge der Länderkunde, für Quinta und Quarta die eigentliche Länderkunde berechnet ist. Die freudige Anerkennung seitens der Kritik, die der zuerst erschienene zweite Teil sich überall errungen hat, wird man auch dem ersten Teile zollen müssen, der von ebenso liebevoller

Versenkung in den Stoff als von geschickter Gruppierung und Anpassung an die Altersstufe, für die er geschrieben ist, Zeugnis ablegt. Da die Grundsätze bei der Bearbeitung dieses Teiles die gleichen sind wie beim zweiten, bedarf es eines nochmaligen Eingehens darauf nicht mehr. Daß eine Verlagshandlung wie die von G. Freytag in Leipzig das Buch in jeder Beziehung vorzüglich ausstatten werde, durfte von vornherein angenommen werden. So wird sich diese auf dem Gebiete der geographischen Unterrichtsliteratur Epoche machende Erscheinung wohl in Bälde den ihr gebührenden Platz erobert haben.

Wandkarte von Südamerika, in 12 Blättern von Karl **Bamberg**. Physikalische Ausgabe. Verlag von Karl Chun. Berlin W. Preis unaufgezogen M. 12, aufgezogen auf Leinwand in Mappe M. 16.50, auf Leinwand mit Stäben 18 M.

Diese im Maßstabe von 1 : 5,300,000 ausgeführte Wandkarte, die nunmehr in 16. revidierter Auflage vorliegt, erfüllt infolge ihrer Größe, der Deutlichkeit der Ausführung, sowie der schönen Farbengebung ihren Zweck in hohem Maße. Sie bringt außerdem auf 2 Kartons eine politische Übersicht von Südamerika und eine eben solche von den Vereinigten Staaten von Brasilien in so übersichtlicher Darstellung, daß man sie als für den Unterricht völlig ausreichend bezeichnen kann. Sie rechtfertigt aufs neue den guten Ruf und die große Beliebtheit der Bambergschen Wandkarten, die auch in dem Verzeichnis der in Bayern gebilligten Wandkarten in erster Linie stehen.

Fünf Thesen zur Reform des geographischen Unterrichtes. Ein Vortrag von H. **Harms**. 2. Auflage. Braunschweig und Leipzig bei H. Wellermann. Preis 50 Pf.

Der Verfasser behandelt den geographischen Unterricht in der Volksschule und sucht in sehr verständiger Weise nach Mitteln und Wegen, ihn anregend und fruchtbar und den Stoff zu einem bleibenden Besitztume der Schüler zu machen. Seine Gedanken faßt er in 5 Thesen zusammen: I. der geographische Unterricht ist zu vielseitig. Daher muß er sich auf die vaterländische Erdkunde beschränken. Die außerdeutschen Stoffe sind auf das durchaus Notwendige abzurunden. (Th 1.) II. Der Geographie-Unterricht ist zu einseitig in der Methode: Er muß sich einer intensiveren Behandlungsweise zuwenden und zwar muß er a) das Bild gleichberechtigt neben die Karte treten lassen und der auf Karte und Bild basierten Schilderung mehr Raum gewähren; (Th. 2), b) dem entwickelnden Unterrichtsprinzip, welches für den geographischen Unterricht als „Rittersche Methode" eine besondere Bezeichnung führt, mehr gerecht werden; (Th. 3), c) das geologische Moment berücksichtigen; (Th. 4) und d) in eine eingehende Kulturgeographie ausmünden. (Th. 5). Als Muster eines alle diese Forderungen erfüllenden Lehrbuches dient sein Buch „Vaterländische Erdkunde", welches in diesen Blättern gleichfalls zur Besprechung gelangt ist. Obwohl sich der Verfasser nur mit dem Unterrichte in der Volksschule beschäftigt, wird doch jeder gerne von den interessanten Ausführungen eines methodisch vorzüglich geschulten Schulmannes Kenntnis nehmen und dieselben im eigenen Unterricht nach Möglichkeit verwerten.

Frankenthal.   Koch.

_____

Bilderatlas zur Heimatkunde von Bayern von Franz **Engleder** mit erläuterndem Texte von Dr. Alois Geistbeck. — Piloty und Löhle, München, 1898, 121 S. in Grofsquerfolio, 4 Mark. —

Über Wert und Notwendigkeit unterstützender Anschauungsmittel zur Geographie ist weiter kein Wort zu verlieren und unter diesen gehört vorliegender „Bilderatlas" in die erste Reihe. In Wort und Bild schildert uns derselbe unser engeres Vaterland und weckt neben der Liebe zu letzterem überhaupt die Lust zu geographischen Studien. Etwa 80 größtenteils ganzseitige Bilder führen uns fast ausnahmslos trefflich geratene Ansichten von Städten, von historisch merkwürdigen Orten, von landschaftlich interessanten Gegenden aus allen Teilen Bayerns vor, nach bestimmten Gruppen eingeteilt, darunter eingestreut Bilder aus Natur und Menschenleben. Fülle und Güte des Gebotenen machen es schwer Einzelnes davon herauszuheben; neben Bekannterem findet sich eine nicht unbeträchtliche Menge des Neuen, in ähnlichen Sammelwerken nicht Enthaltenen. Dafs die Bilder künstlerisch ausgeführt und hergestellt sind, dafür bürgt neben dem Rufe der verlegenden Kunstanstalt der Name des als Zeichners bereits rühmlich bekannten Verfassers Fr. Engleder, der auch mit mehreren Originalkompositionen seines Stiftes bestens vertreten ist. Dem Verständnis des Geschauten dient ein begleitender Text von dem als geographischen Führer und Schilderer bewährten Prof. Dr. Alois Geistbeck. Ein Hauptgewicht hat derselbe gelegt auf die Erklärung des innigen Zusammenhangs zwischen Natur- und Menschenleben, unter seiner Führung enthüllt sich uns der Werdeprozefs, aus dem das jetzige geographische Bild sich gestaltete. Auf die geschichtlich bedeutsamen Momente und die wirtschaftliche Entwicklung wird stets hingewiesen. Der ganze Stoff ist in eine Art kurzer Reiseskizzen gekleidet, die neben der sachlichen Güte sich auch durch lebendige Darstellung auszeichnen. An Versehen fielen Ref. auf, die Angabe der Höhe der Bavaria = 10 m, welche durch den Zusatz, dafs der Zeigefinger allein 1 m lang ist, eigentlich schon korrigiert wird; Hohenschwangau wurde durch Max II. nicht durch Ludwig II. restauriert; die Ilz wird als schiffbarer Flufs bezeichnet. Unter die Bilder der König Ludwigs-Bauten verirrte sich statt der Mariahilfkirche in der Vorstadt Au die Giesinger Kirche! Nur ungern genügen wir der Pflicht, auch davon zu sprechen, in Anbetracht der sonstigen Vortrefflichkeit des ganzen Werkes, das in keiner Schul- und Schülerbibliothek fehlen soll. Ist der Text für unsere Sextaner auch vielfach

23*

zu hoch, spätere Klassen, so vor allem die fünfte, wo das geographische
Pensum — Deutschland, Bayern — vertieft wird, wo auch der natur-
kundliche Stoff (Mineralogie) dazutritt und schon gröfsere geschichtliche
Kenntnisse vorhanden sind, werden den Bilderatlas mit gröfstem
Nutzen verwenden.

München.   J. Wismeyer.

H. Wickenhagen: Turnen und Jugendspiele und die
körperliche Erziehung in höheren Schulen. Sonderabdruck.
München, C. H. Beck, 1898. 1,80 M.

In dem Handbuch der Erziehungs- und Unterrichtslehre für höhere
Schulen, herausgegeben von Dr. Baumeister, bildet die 5. Abteilung
des IV. Bandes die Arbeit des Gymnasialoberlehrers in Rendsburg,
Hermann Wickenhagen: Turnen und Jugendspiele. Der Verfasser, hinlänglich bekannt als Schriftsteller auf dem Gebiete körperlicher Übungen,
hat sich mit grofsem Geschick an seine Aufgabe gemacht und es ist
ihm auch gelungen, diesem in unserem Schulleben so wichtigen Faktor
einen würdigen Platz in dem oben genannten Handbuch zu sichern.
Es ist hier nicht der Ort, auf die Erörterung eventueller prinzipieller
Meinungsverschiedenheiten einzugehen, und so sei denn die Arbeit nur
einer allgemeinen Besprechung unterzogen.

Wickenhagen bespricht in der Einleitung die Entwicklung des
Turnens anfangend mit den körperlichen Übungen in den Philan-
thropinen bis herauf in unsere Zeit und wirft auch auf die Nachbarländer einen Blick. Dann behandelt er im I. Hauptteil das Turnen,
im II. die Spiele. — Eingehend sind die Fragen erörtert: Welchen
Zweck soll der Turnunterricht erfüllen, wann und wo ist zu üben, wie
soll die Halle gereinigt und erwärmt werden etc.? In dem Kapitel:
„Wesen der turnerischen Übungen" stützt er sich hauptsächlich auf
Dr. Schmidts physiologische Untersuchungen. Ob er hierin nicht der
Theorie zu viel Rechte einräumt? Dafs der Verf. den Kraftübungen
gar so wenig ethischen Wert beimifst, gefällt mir auch nicht. Wenn
ich auch einem allzuweitgehenden Betrieb reiner Kraftübungen nicht
das Wort reden möchte, so stehe ich doch auch nicht an, die Anschauung Wickenhagens: der ethische Wert der Kraftübungen sei, da
es sich nur um einen Akt der Anregung handelt, verhältnismäfsig
gering, wenigstens einigermafsen anzustreiten. Für einen Schüler —
namentlich einen schwerfälligen, phlegmatischen — der noch nicht
gelernt hat, auch an etwas heranzutreten, dessen Bewältigung nicht
in seinem Naturel und nicht im direkten Bereich seiner Fähigkeiten
liegt, ist z. B. ein Aufziehen aus dem Streckhang in den Beugehang
nicht ein Akt der Anregung, sondern eine Schule der Überwindung,
Energie und Ausdauer. Und wenn ein Schüler nach monatelangem
Üben siegreich aus dem Beugehang herunterblickt, so hat er in
ethischer Beziehung sicherlich den gleichen Gewinn, den ein anderer
von Hause aus z. B. zum Wettlauf wie geschaffener Schüler dann
hat, wenn er, auch nach schwerem Kampfe, im Laufe Sieger geworden

ist. Ich bin der Meinung, dafs man auch hier nicht generell einer Übungsart mehr oder minder ethischen Einflufs zuschreiben darf, sondern dafs die Verschiedenheit des Wertes in der Verschiedenheit des Naturels des einzelnen begründet ist und deshalb auch das Turnen, um allgemein erzieherisch zu wirken, Kraft- und Geschicklichkeitsübungen gleichmäfsig berücksichtigen mufs.

Wie Wickenhagen dazu kommt, den Sprung Fig. 5 als „deutschen" Sprung katexochen zu bezeichnen, ist mir rätselhaft. Wir wenigstens haben gelernt und lehren auch, dafs während des Fluges die Beine vorgestreckt werden müssen, ähnlich dem Springen in Eulers Handbuch s. v. Sprung Abb. 4, I und II. Die Hang- und Stützübungen nach dem Vorgange Jägers „Kletterübungen" zu nennen dürfte doch mit dem sonstigen Sprachgebrauch vom „Klettern" im Widerspruch stehen.

Vortrefflich sind Wickenhagens Worte in dem Abschnitt „der Lehrbetrieb des Turnens," hauptsächlich auch hinsichtlich des Wertes des Riegenturnens.

Sehr gründlich ist auch das Spiel in theoretischer und praktischer Weise behandelt und seine Bedeutung im Schulleben und Schulturnen besprochen. Die Ausführungen über Spielplatz, Kleidung, Zeit etc. etc. lassen auch hier den Mann reicher Erfahrungen erkennen.

So bietet Wickenhagens Arbeit jedem, dem Neuling und Laien wie auch dem Praktiker und Fachmanne, eine grofse Fülle von Belehrung und Anregung und ersetzt durch die eingehende Behandlung der einschlägigen Gebiete das Anschaffen einzelner Werke.

— · — ———

Dr. med. F. A. Schmidt: Unser Körper. Handbuch der Anatomie, Physiologie und Hygiene der Leibesübungen. Für Turnlehrer, Turner, Sportfreunde und Künstler. I. Teil: Knochen, Gelenke, Muskeln. Mit 278 Abbildungen nach Zeichnungen des Verfassers. Leipzig. R. Voigtländers Verlag. 1898.

Das neueste Werk des als Schriftsteller auf verschiedenen Gebieten rühmlich bekannten Bonner Arztes Dr. Schmidt behandelt einen medizinischen Stoff. „Unser Körper" — so betitelt sich sein neues Buch — behandelt in 3 Teilen, von denen erst vorliegt, all das, was ein Turnlehrer, Turner, aber auch jeder Gebildete über den Bau seines Körpers, die Beschaffenheit und Thätigkeit der einzelnen Organe u. s. w. wissen soll. Es ist also eine populär gehaltene wissenschaftliche Arbeit und wird mit Rücksicht hierauf auch zu besprechen sein. Dafür, dafs das Gebotene auf der Höhe der momentanen wissenschaftlichen Forschung und Kenntnis steht, mufs der Verf. mit seinem Namen bürgen. Für den Rezensenten als Nichtmediziner liegt die Frage so: Ist der bis jetzt erschienene I. Teil von Schmidts Handbuch, der von den Knochen, Gelenken und Muskeln handelt, imstande, dem Nichtfachmann die erwartete Belehrung über die Zusammensetzung und Zusammenstellung der Knochen, über das Wesen und die Aufgabe

der Gelenke, über die Beschaffenheit und Thätigkeit der Muskeln zu
verschaffen oder nicht?

Unschwer ist die Antwort zu geben: Ja. Schmidts Buch erfüllt
seine Aufgabe voll und ganz. Schon die äußere Anlage ermöglicht
es, sich rasch zurecht zu finden und läßt an Übersichtlichkeit nichts
zu wünschen übrig, der Stoff selbst ist erschöpfend behandelt, es stört
weder ein Zuviel noch Zuwenig; der Verf. versteigt sich nicht in
Höhen, auf die ihm nur der Fachmann mit Gewinn folgen kann, er
läßt auch nicht, was nur irgendwie wissenswert ist, bei Seite liegen,
ebensowenig aber verliert er sich ins kleinliche und erschwert so
durch Überfülle das Verständnis. Es ist ein Vorzug der Arbeit Schmidts,
daß er nicht nur den gesunden Körper behandelt, sondern auch den
kranken insoweit mithereinzieht, als er durch rein turnerische oder
heilgymnastische Übungen wieder hergestellt werden kann. Sehr zeit-
gemäß, wenn auch vielleicht noch wenig fruchtbar sind seine Auseinandersetzungen über den zerstörenden Einfluß der Korsetten auf das
Blut und die inneren Organe. Eingehend sind die Muskeln, ihre Er-
regbarkeit, Leistungsfähigkeit und Ermüdung, gestützt auf Versuche
mit den besten Meßapparaten, beschrieben, mit großer Gewissen-
haftigkeit und scharfem Urteil der heilsame Einfluß eines vernünfti-
gen Betriebes der Leibesübungen auf Blutbildung und Gesamtverhalten
des Menschen dargethan. Was die Abbildungen anlangt, so können
zwar manche nicht Anspruch auf künstlerische Ausführung erheben,
sie geben aber, da sie vom Verf. selbst nach der Natur oder Prä-
paraten angefertigt sind, ein getreues Bild der Wirklichkeit.

So vereinigt dieser I. Teil alle Vorzüge, die man von einem
derartigen Werke erwarten darf und bietet nicht nur für jeden Turnlehrer, sondern auch für jeden anderen Lehrer eine Fülle von Belehrung
und Anregung.

München.   Dr. Haggenmüller.

F. Kreunz, Das Tamburin-Spiel. Ein Bewegungsspiel für
beide Geschlechter. Mit 7 Holzschnitten. Graz, Verlag von Franz
Pechel, 1897.

Aus der großen Verbreitung, die das Tamburinschlagen jetzt
schon in Bayern gefunden hat, glaubt der Verfasser schließen zu
dürfen, es werde einst noch zu den volkstümlichen Spielen zählen.
Über die Einführung bei uns berichtet er nach dem Aufsatze [1] des
verdienstvollen Leiters der königlichen Turnanstalt in München, Direktor
Chr. Hirschmann, p. 16 Folgendes:

„Es war im Jahre 1844, als Anton Scheibmaier, der langjährige
Vorstand der kgl. öffentlichen Turnanstalt in München, auf einer Reise
in Italien das Tamburin und dessen Anwendung kennen lernte und
mit der Überzeugung nach Hause wanderte, daß jenes Spielgerät

---

[1] Im 4. Jahrg. des Jahrb. für Jugend und Volksspiele. Leipzig 1895.

imstande sein werde, die träge Jugend körperlich anzuregen, Lust und Freude zur Bewegung zu erwecken und den halbverwaisten Turnplatz seiner Vaterstadt von neuem zu bevölkern. Als Scheibmaier sechs Jahre danach die Leitung der Kgl. Turnanstalt in definitiver Weise übertragen erhielt, zögerte er nicht, das Tamburinschlagen auf dem Oberwiesenfelder Turnplatze einzuführen."

Nach der Einleitung wird von den Erfordernissen zum Spiele gehandelt, nämlich vom Spielplatz und Spielfeld, dem Tamburin, Ball, Netz und den Stützpfosten; dann vom Schlagen mit dem Tamburin; zuletzt werden die Grazer und Münchener Spielweise behandelt. Was die letztere anlangt, so hat Ref., der sich auf der Wiese am Maßmanndenkmal oft am Spiele beteiligte, von dem Regelzwange, wie er sich p. 46 ff. darstellt, nichts bemerkt. Er erinnert sich z. B. nicht, dass nach jedem Spiele die Höfe gewechselt wurden, oder dafs, so oft ein Fehler begangen wurde, das Spiel unterbrochen worden sei und die Parteien ihre Aufstellung genommen hätten. Es wurde auch nicht, wie p. 46 vorgeschrieben ist, angestrebt, dem Gegner den Rückschlag möglichst zu erschweren, „was dann erreicht wird, wenn man den Ball immer dorthin zu schlagen sucht, wo gerade kein Spieler steht." Gerade in Oberwiesenfeld hörte Ref. den edleren Charakter des Tamburin-Spiels betonen, gegenüber dem Tennis, bei dem es darauf ankomme, dem Gegner recht unbequeme Bälle zuzuschlagen.

Nach der Grazer-Spielweise besitzt für die ganze Dauer eines Spieles nur eine Partei das Recht des Einschenkens; sie übt es durch einen einzigen Spieler aus; es werden nicht die Bälle, sondern die Fehler gezählt. Dadurch erlangt das Spiel Ähnlichkeit mit dem Tennis.

München.   Karl Rück.

——— ———

Lehrbuch der Botanik für Realschulen und Gymnasien. Im Hinblick auf ministerielle Vorschriften bearbeitet von Dr. Th. Bokorny. K. Gymnasialprofessor für Chemie und Naturgeschichte an den K. Bay. Militärbildungsanstalten in München. Mit 170 Figuren im Text. Leipzig. W. Engelmann 1898. Preis geb. 3 M.

„Ein Buch, dessen Inhalt von den Schülern gelernt werden kann ohne zu grofsen Aufwand an Zeit und Gedächtnis, soll das vorliegende Lehrbuch der Botanik sein," sagt der Verfasser in der Vorrede und setzt sich damit eigentlich in Widerspruch zu unserer Schulordnung. Denn an den humanistischen Gymnasien bezweckt der Unterricht in der Naturkunde nur „die Ausbildung der Sinneswahrnehmungen, die Weckung und Erhaltung des Interesses an der Beobachtung von Naturgegenständen. Er ist nicht Vorbereitung für ein Fach . . . . und knüpft am zweckmäfsigsten an den in der Volksschule genossenen Anschauungsunterricht an, solang thunlich, ohne Lehrbuch, beginnend mit der Vorführung bekannter heimatlicher Naturgegenstände . . . . Haus- und

Schulaufgaben haben zu unterbleiben.“ Überhaupt dürfte bei der ganzen gegenwärtigen Einrichtung unseres einstündigen Unterrichtes es unmöglich sein, ein Buch an Realschulen und Gymnasien zugleich zu benützen.

Was nun aber das Buch betrifft, wie es einmal vorliegt — seine Brauchbarkeit für den Realschulunterricht kommt hier naturgemäfs nicht in Frage — so macht es einen durchaus gediegenen Eindruck: Schmucker Einband, gutes Papier und schöner Druck, ganz besonders aber vorzügliche, vielfach aus den „Natürlichen Pflanzenfamilien von Engler und Prantl“ entnommene Abbildungen zeichnen es vor vielen Mitbewerbern aus. Im Texte strebte der Verfasser vor allem nach einer richtigen Auswahl des Stoffes und nach klarer, präziser, dem gegenwärtigen Stande der Wissenschaft angepafster Darstellung. Es dürfte sich daher bei uns zur Einstellung in Schülerbibliotheken und zur Empfehlung an strebsame Schüler wohl eignen.

Was den am Schlusse beigegebenen Bestimmungsschlüssel anbelangt, so leidet er an dem Fehler, der allen derartigen unvollständigen Tabellen gemeinsam ist. Findet z. B. ein Schüler die hierum so häufige und auffällige Gentiana acaulis, bestimmt sie richtig als Gentianee (S. 208) und sucht dann weiter bei den Arten (S. 210), so mufs er sie unbedingt als G. verna ansprechen, da die allzu knapp gefafsten Merkmale stimmen, acaulis aber in den Schlüssel nicht aufgenommen ist.

Bilder aus der Mineralogie und Geologie. Ein Handbuch für Lehrer und Lernende und ein Lesebuch für Naturfreunde von H. Peters. Mit 106 Abbild. Kiel und Leipzig. Lipsius und Tischer, 1898.

Das Bestreben, den mineralogischen Unterricht interessanter zu gestalten, als es vielfach der Fall zu sein scheint, hat dieses Buch veranlafst, und zwar glaubt der Verfasser, sein Ziel durch eine möglichst enge Verbindung von Mineralogie und Geologie bei verhältnismäfsig beschränkter Stoffauswahl zu erreichen. Er schliefst sich also, wie er auch ausdrücklich sagt, für sein Fach der Richtung Junges an, nimmt aber Stellung gegen eine „allzuenge“ Verbindung von Mineralogie und Chemie, was nicht jedermann billigen wird. Bei seinem Bestreben fand er fachmännische Unterstützung. Das Ganze ist lebhaft und stellenweise recht interessant geschrieben und mit lehrreichen Abbildungen aus guten Werken geschmückt. Obendrein bietet es vielen Stoff für den Geographieunterricht und kann daher den Lehrern dieses Faches, sowie für die Schülerbibliothek der 5. Klasse empfohlen werden.

Freising.   H. Stadler.

III. Abteilung.

Literarische Notizen.

Weinstock Adolf — Ausgewählte Gedichte Schillers. Paderborn, Schöningh. Man kann bei dem jetzt üblichen Betriebe des deutschen Unterrichtes und bei den hiezu eingeführten Lesebüchern über die Notwendigkeit einer Ausgabe „Ausgewählter Gedichte Schillers" verschieden denken; wenn man sich aber für eine solche Auswahl entscheidet, dann ist die von W. getroffene sicherlich als sehr gut und sehr praktisch zu bezeichnen. Das Buch bietet uns neben einem sorgfältigen Text treffliche Erklärungen, die sich auf die sachlichen und sprachlichen Einzelheiten wie auf den Gedankengang der Gedichte erstrecken. In einem Anhange sind gut verwertbare Aufgaben beigegeben. — Ausstattung und Druck sind sehr gut.

Dr. Rud. Lehmann, Übersicht über die Entwicklung der deutschen Sprache und Literatur. Für die oberen Klassen höherer Lehranstalten. 2., weitergeführte Aufl., Berlin, Weidmann 1898, VIII und 120 S. 1,40 ℳ. — Die 1. Auflage dieses Leitfadens ist in unserem Bl. Jahrg. 1895 (31. Bd.) S. 713 f., ausführlicher besprochen. Die dort und in anderen Besprechungen gemachten Austellungen hat der Verf. in der 2. Aufl. durchweg berücksichtigt; denn 1., hat der 2. Teil mit seinen sprachgeschichtlichen Abschnitten durch Dr. Rudolf Wessely eine sorgfältige Durchsicht erfahren und ist um einen Paragraph über Entwicklung der Verskunst bereichert worden, 2.) ist der 2. literarhistorische Teil, welcher in der 1. Aufl. nur bis zum Erscheinen von Klopstocks Messias 1—3 (1748) reichte, bis zu Goethes Tode fortgeführt, also um eine Übersicht über die klassische Literatur und die Romantik vermehrt worden; aber auch sonst hat dieser Abschnitt im einzelnen mannigfache Berichtigung und Erweiterung erfahren. Kurz, es empfiehlt sich jetzt noch mehr als Hilfsbuch für den deutschen Unterricht. — Durch ein Versehen heisst es S. 86. i. J. 1762 sei an Lessing die Aufforderung gelangt, als Kritiker für das Hamburger Theaterunternehmen einzutreten (statt 1767), S. 109 Schiller sei Ende 1798 (statt 1799) nach Weimar übergesiedelt. In Bezug auf den sprachlichen Ausdruck muss tadelnd hervorgehoben werden, dass auch bei Lehmann die nur bei norddeutschen Autoren vorkommende unrichtige Konstruktion des Passivums in der Vergangenheit sich findet; so z. B. S. 108: Durch Goethes Einfluss ist er (Schiller) der Poesie wiedergegeben; S. 64 durch ihn (Opitz) ist der deutschen Dichtung der Folgezeit der Charakter ... aufgedrückt etc.

Ludwig Bellermann, Schillers Dramen. Beiträge zu ihrem Verständnis. I. und II. Teil. Zweite Aufl. Berlin, Weidmannsche Buchhandlung. 1898. VI, 335 S. und VI, 512 S., geh. 6 ℳ. und 9 ℳ. — Die erste Bearbeitung des 1. Bandes dieser Erklärung von Schillers Dramen erschien 1888, die des zweiten Bandes 1891. In der zweiten Aufl. sind Plan und Anordnung des Buches durchaus dieselben geblieben, so dass also Teil I ausser der allgemeinen Einleitung über das Drama die Werke der früheren Dichterperiode Schillers, die Räuber, die Verschwörung des Fiesko, Kabale und Liebe, Don Karlos behandelt, während der umfänglichere zweite Teil die Besprechung der Wallensteintrilogie, Maria Stuart, Jungfrau von Orleans, Braut von Messina und des Tell enthält.

Der Plan und die Absicht des Verfassers dürften wohl aus der 1. Auflage bekannt sein: er wollte keine literarhistorischen Beiträge liefern, nicht das Entstehen der dramatischen Werke Schillers darstellen, dem er nach und neben Shakespeare den ersten Rang unter den dramatischen Dichtern der modernen

Welt einräumt, sondern der Wert seines Buches liegt auf ästhetischem Gebiete,
er gibt Erörterungen über Inhalt und künstlerischen Bau der einzelnen Dramen,
denen jeweilig eine Besprechung einzelner Stellen hinzugefügt ist. Diese letztere
soll einen zusammenhängenden Kommentar nicht bilden, sondern es sind solche
Stellen ausgewählt, die in gewöhnlichen Kommentaren sich noch nicht besprochen
finden, der Erklärung aber Schwierigkeit bieten.

Das ganze Werk hat nun schon in der ersten Bearbeitung durchaus den
anerkennenden Beifall der Sachverständigen gefunden, und so ist in verhältnismäfsig kurzer Zeit eine neue Auflage nötig geworden. Daher wäre es überflüssig,
hier zu seinem Lobe noch viel zu sagen; nur soviel sei bemerkt, dafs das Buch für
den Lehrer des Gymnasiums, der Schillersche Dramen in der Schule zu behandeln
hat, geradezu unentbehrlich ist. Dazu kommt, dafs die zweite Auflage nicht
eine vermehrte, wohl aber eine verbesserte genannt werden kann; denn B. hat
Fehler und Versehen, die ihm bekannt geworden sind, berichtigt und die inzwischen
über seinen Gegenstand erschienene Literatur sorgfältig verwertet; so ist z. B.,
um nur eine Kleinigkeit zu erwähnen, II. S. 507—509 Stellung genommen zu dem
Streite, der sich in unseren Blättern (1896, S. 219, 397, 561) zwischen Deuerling
und Höger über die Auffassung einer Tellstelle (IV, 1 [2123]) entsponnen hat.
Was Bellermann gegen Deuerlings Auffassung vorbringt, ist durchaus beachtenswert. Manche Anschauungen Bellermanns werden immerhin Widerspruch herausfordern, so die Ansicht über den Oedipus Tyrannos des Sophokles als Schicksals-
drama, die er gelegentlich der Besprechung von Schillers Braut von Messina entwickelt, aber anregend bleiben seine Ausführungen auch da.

Die Ausstattung, welche die Weidmannsche Verlagshandlung dem Buche
in Bezug auf Papier, Druck und Einband gegeben hat, ist von seltener Vornehmheit und Trefflichkeit, so dafs man nur gerne in dem Werke liest. Es sei also
in seiner neuen Gestalt allen Fachgenossen dringend empfohlen.

Das 19. Jahrhundert in Bildnissen. Herausgegeben von Karl Werkmeister. 16—20. Lief. Berlin 1898. Verlag der photographischen Gesellschaft. —
Das in diesen Blättern schon wiederholt charakterisierte grofsartige Unternehmen
schreitet mit zielbewufster Raschheit vorwärts. Nachdem mit der 15. Lieferung
der I. Bd. seinen Abschlufs gefunden hat (bekanntlich ist das ganze Werk auf
75 Lieferungen à 1,50 M. berechnet), beginnt in der 16. Lieferung der 2 Bd. mit
einer ausgezeichneten Originalaufnahme des grofsen Moltke durch die photogr.
Gesellschaft aus dem Jahre 1871. Jede feine Falte des geistvollen Kopfes, welchen
der begleitende Aufsatz von J. von Verdy du Vernais so treffend zu schildern
versteht, tritt mit plastischer Deutlichkeit entgegen; wir hätten nur gewünscht,
dafs ein Mann von solcher Bedeutung mit einigen Aufnahmen aus verschiedenen
Epochen seines Lebens vertreten wäre, wie sie für Beethoven geliefert wurden.
Aufserdem bringt die Lieferung noch Abbildungen der Philosophen David Straufs
und Eduard Zeller, der Dichter Heinr. v. Kleist und Freiligrath, des Malers Ingres,
der Sängerin Jenny Lind und des Tondichters Franz Schubert. Das Bildnis des
Lehrers Zellers, des Begründers der Tübinger Schule, Ferd. Chr. Baur, führt die
17. Lief. vor, und neben dem Genellis die zweier berühmter Münchener Künstler,
von L. Schwanthaler und Klenze, dazu einige englische Porträts, die von Charles
Dickens, Thackeray und des poëta laureatus A. Tennyson; den Beschlufs macht
ein Bild des Dichters Geibel. Die 18. Lieferung erhält eine hervorragende Bedeutung dadurch, dafs sie eine ausführliche biographische Charakteristik Schillers
durch Prof. Muncker in München bringt und dazu die 3 besten Schillerbildnisse
von Graff, Simanowitz und Jagemann. Von den übrigen Porträts seien hier nur
die Nelsons und Wellingtons hervorgehoben. Die 19. Lieferung führt uns 4 bedeutende Historiker des 19. Jahrh. in Wort und Bild vor Augen: Hippolyte Taine,
Guizot, Sybel und Treitschke, aufserdem die Dichter Anzengruber und Scheffel.
Besonders glänzend tritt uns endlich wieder die 20. Lieferung entgegen: sie enthält an erster Stelle ein Bildnis des Religionsphilosophen Ludw. Feuerbach, dem
Friedrich Jodl, der Verfasser der Geschichte der Ethik, ein Essai widmet. ferner ein
Bild von E. Renan mit Biographie von Pfleiderer, ein solches von Louis Pastour,
eine Reproduktion nach dem Gemälde von Bonnat, ein Selbstporträt von Paul De-
laroche, ein Bild von Rückert, ferner ein Bildnis Uhlands, welches den Dichter 30jährig

zeigt; die biographische Charakteristik hat Muncker geliefert. Beschlossen wird die Lieferung durch 2 Porträts von Liszt, ein bisher nicht veröffentlichtes Jugendbild von Ary Scheffer aus der Hofgärtnerei in Weimar, dem jetzigen Liszt-Museum, und einem herrlichen späteren Porträts von Lenbachs Meisterhand.

Das ältere deutsche Städtewesen und Bürgertum. Von Professor Dr. Georg von Below. (Monographien zur Weltgeschichte. In Verbindung mit anderen herausgegeben von Ed. Heyk. Bd. VI). Mit 6 Kunstbeilagen und 134 authentischen Abbildungen. Bielefeld und Leipzig. Velhagen und Klasing. 1898. 3 M. — In der Reihe der Monographien zur Weltgeschichte erscheint mit dem VI. Bd. zuerst eine rein kulturhistorische, und zwar wie wir gleich vorausschicken wollen, eine so vortreffliche, dafs nur zu wünschen bleibt, es möchten die übrigen ähnlichen Inhaltes, welche nach dem Prospekte geplant sind, auf gleicher Höhe stehen. Dafs Prof. Gg. von Below in Marburg, eine Autorität auf dem Gebiete der bürgerlichen und ländlichen Verhältnisse des Mittelalters, seinen Stoff vollkommen beherrscht, braucht nicht erst versichert zu werden, übrigens ersieht man es aus jeder Seite des Bandes. Sein besonderes Verdienst aber ist es, diesen umfassenden, teilweise verwickelten und schwierigen Stoff mit Beiseitelassung alles gelehrten Beiwerkes und mit Beschränkung auf das Notwendige in einer so klaren, übersichtlichen und geschmackvollen Form geboten zu haben, dafs auch der Laie von der Lektüre des Buches mit Dank für die gebotene Belehrung und den gewährten Genufs scheiden wird. Der Verf. entledigt sich seiner Aufgabe in IV ungleich grofsen Kapiteln, von welchen das I. die Geschichte der äufseren Entwicklung des deutschen Städtewesens bietet, das II. eine Darstellung des Stadtbildes gibt, seiner Mauern, Thore und Türme, seiner Strafsen und Marktplätze, seiner Rat-, Kauf-, Zunft- und Bürgerhäuser, während das III. die städtische Verwaltung und Verfassung trotz der schwierigen Materie vollkommen klar und übersichtlich schildert, ein Abschnitt, der auch den Juristen und Nationalökonomen interessieren wird, ebenso wie der IV., die sozialen Verhältnisse in den Städten behandelt. Dafs hier zur Unterstützung des Dargestellten die Illustration ein dankbares Feld hatte, zumal wenn sie von so verständiger und feinsinniger Hand ausgewählt wurde, wird jeder auch beim blofsen Durchblättern des Bandes lebhaft empfinden. Rothenburg o. T. u. Nürnberg, daneben die Städte des Nordens und Nordostens aus den Ländern des Backsteinbaues haben die meisten Beiträge geliefert. Aus einem besonderen Grunde aber sei auf diese kulturhistorische Monographie in unseren Gymnasialblättern namentlich hingewiesen: wir haben beim Geschichtsunterricht in der VII. und VIII. Klasse kaum die Zeit, auf die Kulturverhältnisse der deutschen Städte so genau einzugehen; da bietet nun Belows Darstellung dem strebsamen Schüler eine willkommene Ergänzung seiner Kenntnisse; diese wird das jugendliche Gemüt um so mehr zu fesseln vermögen, als der Verf. sein reiches und farbiges Bild mit jener Wärme zeichnet, welche mit Wilhelm Grimm zu dem Ergebnis kommt, dafs nichts reizender sein kann als das Bild einer Stadt des Mittelalters; kurz dieser VI. Bd. der Monographien zur Weltgeschichte wird eine wirkliche Bereicherung unserer Schülerbibliotheken der VII. und VIII. Klasse bilden, für die er hiemit angelegentlich empfohlen sei.

Th. Lindner, Die deutsche Hanse, ihre Geschichte und ihre Bedeutung. Für das deutsche Volk dargestellt. Mit zahlreichen Abbildungen. Geheftet 4 Mk., in Prachtband 5 Mk. Leipzig 1899. Ferdinand Hirt & Sohn. — Dr. Theodor Lindner, ord. Professor der Geschichte an der Universität Halle, hat sich bereits durch mehrere für einen weiteren Leserkreis bestimmte Geschichtswerke, die aber auf völlig verlässiger, wissenschaftlicher Grundlage ruhen, rühmlich bekannt gemacht, so besonders durch seine 2bändige Geschichte des deutschen Volkes (1894) und seine Geschichte des deutsch-französischen Krieges (1895). Daran reiht sich nun seine Geschichte der deutschen Hanse, geschrieben in der ausgesprochenen Absicht, jetzt, wo das Interesse an der deutschen Flotte, dem deutschen Handel und den deutschen Kolonien fortwährend sich steigert, die Blicke weiterer Kreise und nicht zuletzt die der wifsbegierigen Jugend hinzulenken auf eine Zeit der Herrschaft deutschen Handels und deutscher Schiffahrt über den Nordosten, Norden und Nordwesten Europas. Der Verf. schildert zunächst die

Verhältnisse Deutschlands im XIII. Jahrh. und die Anfänge des norddeutschen
Seehandels, sowie die Lage der Nord- und Ostseeländer, um sodann die Anfänge
der Hanse darzustellen, welche er in dem Vertrag zwischen Hamburg und Lübeck
1241 erblickt. Ein weiteres Kapitel bildet der grofse Krieg gegen Dänemark
1368—1370, sowie die ferneren Beziehungen zwischen der Hanse und Dänemark
bis 1435. Jetzt erst geht der Verf. daran, soweit dies möglich ist, Mitgliedschaft
und Verfassung der Hanse systematisch darzustellen. Sodann wird die Geschichte
der Hauptplätze, d. h. der Contore in Nowgorod, Bergen und Schonen, der Niederlassungen in Brügge und Antwerpen, des Stahlhofes in London bis zum Eingehen oder der Schliefsung derselben erzählt, hierauf der Faden der Gesamtdarstellung wieder aufgenommen und eine Schilderung der nordischen Verhältnisse
bis zum Ausgang der Hanse (1669) gegeben. Den Beschlufs macht eine Übersicht
über Handel und Schiffahrt in den Zeiten der Hanse, sowie ein Rückblick und
Ausblick, der noch einmal die Bedeutung der Hanse und die Gründe ihres Ver-
falles im Zusammenhang darlegt, um auszuklingen in einen Hinweis auf die Wichtigkeit der deutschen Industrie und des deutschen Handels, auf die Bedeutung der
deutschen Kriegsflotte und Kolonien.
    Zahlreiche Abbildungen, sorgfältig aus zum Teil schwer zugänglichen
Quellen ausgewählt, erläutern den Text, der mehrfach darauf Bezug nimmt; am
Schlosse des Buches ist eine Karte beigefügt (Mafsstab 1 : 5 000 000), welche das
Handelsgebiet der deutschen Hanse um 1400 vorführt.
    Da es nicht möglich ist, beim Geschichtsunterricht in der 8. Klasse genauer
auf die Entwicklung der Hanse einzugehen, so ist das treffliche Buch vorzüglich
geeignet, wifsbegierige Schüler einzuführen; es sei daher für unsere Schülerlesebibliotheken der oberen Klassen warm empfohlen.

    Sammlung Göschen Nr. 85: Französische Geschichte von Professor
Dr. R. Sternfeld. 203 S. Leipzig, G. J. Göschensche Verlagshandlung 1898,
geb. 80 Pfg. — Nachdem die in der genannten Sammlung als Bd. 33 erschienene
„Deutsche Geschichte im Mittelalter" von Dr. F. Kurze verdienten Beifall gefunden
hatte (cf. diese Bl. Jahrg. 1896, S. 163 f.), war es ein glücklicher Gedanke, der
Sammlung eine französische Geschichte beizufügen wegen des Einflusses Frankreichs auf die europäischen Nationen einerseits und wegen der fortwährenden
Wechselbeziehungen zwischen ihm und Deutschland andrerseits von den ältesten
Zeiten bis auf die Gegenwart. Daher umfafst auch der hier gebotene Abrifs die
franz. Geschichte von der gallisch-römischen Zeit bis auf den Zolaprozefs und
sucht neben jenen Wechselbeziehungen besonders die Gegensätze in der Entwicklung hervortreten zu lassen: in Deutschland die allmähliche Auflösung zur Klein-
staaterei, in Frankreich die konsequente Ausbildung der absoluten Monarchie. Trotz
des gewaltigen Stoffes hat es der Verfasser verstanden, durch übersichtliche Gruppierung, Einflechtung von allerlei Details und knappen, aber treffenden Charak-
terisierungen der handelnden Persönlichkeiten einen trefflichen Leitfaden zu liefern,
der sich auch durch Zuverlässigkeit der gebotenen Daten auszeichnet (S. 25 ist
Julians Alemannensieg ins Jahr 355 gesetzt; S 56 steht irrtümlich Philipp VI., der
Lange, statt Philipp V., S. 155: Titel der von Palm verlegten Flugschrift: Deutschland in seiner tiefsten (st. tiefen) Erniedrigung). Es wäre nur dringend zu
wünschen, dafs die Sammlung Göschen bald durch weitere derartige Geschichts-
darstellungen, z. B. einer englischen etc., bereichert werden möge.

    K. Lohmeyer u. A. Thomas, Hilfsbuch für den Unterricht in der Ge-
schichte für die mittleren Klassen höherer Lehranstalten. I. Teil. Deutsche Geschichte bis zum Ausgang des Mittelalters. (Für die Untertertia.) 3. verbesserte
Auflage von Emil Knaake, Professor am Realgymnasium zu Tilsit, und D. K.
Lohmeyer, Professor an der Universität zu Königsberg i. P. Halle a. S. Verlag
der Buchhandlung des Waisenhauses. 1898. IV u. 89 Seiten. — „In dieser dritten
Auflage — der zweiten der Neubearbeitung — sind kleine Irrtümer beseitigt und
neben einer gröfseren Übersichtlichkeit hie und da die Ursachen und Wirkungen
grofser Begebenheiten noch schärfer hervorgehoben." Mit diesen Worten sind in
der kurzen Vorrede die belangreicheren Änderungen der neuen Auflage des guten
Büchleins richtig bezeichnet.

Harry Brettschneider, Prof. am Kgl. Gymnasium in Insterburg, Hilfsbuch für den Unterricht in der Geschichte für die mittleren Klassen höherer Lehranstalten. II. Teil: deutsche Geschichte bis zum Ausgang des Mittelalters (Lehraufgabe der Untertertia). VI und 92 Seiten. III. Teil: Deutsche, insbes. brandenburgisch-preufsische Geschichte vom Ausgange des Mittelalters bis auf Friedrich den Grofsen (Lehraufgabe der Obertertia). 68 Seiten. Halle a. S., Verlag der Buchhandlung des Waisenhauses. 1898 u. 1899. — Die beiden Hefte, denen sich ein weiteres für Untersekunda und ein viertes für Quarta bald anreihen sollen, sind zweckmäfsig angelegt, sorgfältig ausgearbeitet und der Schülerklasse, für die sie bestimmt sind, nach Inhalt und Form richtig angepafst. So sind sie bestens geeignet, für die einschlägigen Teile des Hilfsbuches des gleichen Verfassers für die oberen Klassen (angezeigt in XXX. Bande dieser Blätter S. 55 ff. und im XXXIII. Bande S. 283 f.) in entsprechender Weise vorzubereiten. Hinsichtlich des III. Teiles ist jedoch zu bemerken, dafs er sich wohl nur für protestantische und auch von diesen vorzugsweise nur für preufsische Schulen eignet. Die beiden Heften angefügten „Wiederholungs-Tabellen" sind mit ungewöhnlicher Genauigkeit und mit steter Bedachtnahme auf den im Texte selbst enthaltenen Lehrstoff, damit aber auch auf den thatsächlichen Bedarf des Schülers für die Wiederholung hergestellt. — Die äufsere Ausstattung verdient volles Lob.

Dr. Karl Peter, Geschichtstabellen zum Gebrauch beim Elementar-Unterricht in der Geschichte. 13. Auflage. besorgt von Dr. Heinrich Peter, Professor am Sophiengymnasium in Berlin. Halle a. S. Verlag der Buchhandlung des Waisenhauses. 1899. — Peters Geschichtstabellen sind ein besonderer Abdruck aus seinem Werke: „Der Geschichtsunterricht für Gymnasien". In geschickter Auswahl hergestellt, werden sie den Schülern unserer 3., 4. und 5. Klasse bei der Wiederholung gute Dienste thun; für die oberen Klassen ist der Inhalt doch wohl zu dürftig. Ein paar Stellen tragen ein etwas stark protestantisches Gepräge. Die gebotenen Daten sind korrekt, meist auch die Dinge formeller Art.

Karl Keppels Geschichts-Atlas in 27 Karten. 17. Auflage. München. R. Oldenbourg. — Grofse Übersichtlichkeit und Sauberkeit in der Ausführung neben ungewöhnlicher Billigkeit des Preises (1 Mk.) sind geeignet, Keppels Geschichts-Atlas als ein für den Gebrauch der Schüler empfehlenswertes Hilfsmittel beim Geschichtsunterricht erscheinen zu lassen.

Prof. Dr. Eduard Rothert, 30 Karten zur deutschen Geschichte. (Kleine Ausgabe der „Karte und Skizzen".) Zur raschen und sicheren Einprägung zusammengestellt und erläutert. Düsseldorf. Druck und Verlag von August Bagel. — Eine geschickte Auswahl aus den in diesen Blättern wiederholt besprochenen „Karten und Skizzen" des gleichen Verfassers und so ein gut brauchbares Lehrmittel für die Schüler unserer 4. und 5. Klasse.

Bilder-Atlas zur Zoologie der Fische, Lurche und Kriechtiere. Mit beschreibendem Text von Prof. Dr. Willim Marshall. Mit 208 Holzschnitten nach Zeichnungen von G. Mützel, E. Schmidt, Rob. Kretschmer, Rud. Koch, C. Gerber, Herm. Braune u. a. Leipzig und Wien, Bibliographisches Institut 1898. Preis in Leinw. geb. 2,50 M. — Als neuer Band der trefflichen Sammlung der Bilder-Atlanten des Bibliographischen Institutes, welche sich sowohl durch ihren billigen Preis wie durch die mustergültigen Illustrationen, die hier geboten werden. rasch in den weitesten Kreisen Abnehmer und Freunde erworben hat, erscheint hier ein Bilder-Atlas zur Zoologie der Fische, Lurche und Kriechtiere; derselbe enthält aufser 3½ Bogen Text auf 6 weiteren Bogen 208 Darstellungen von Tieren der angegebenen Gattungen. Wie seine Vorgänger, so soll auch er in erster Linie der heranwachsenden, lernenden Jugend ein Anschauungsmittel sein, das mit gründlicher Belehrung abwechslungsreiche Unterhaltung ernsterer Art verbindet, das in Schule und Haus gleichmäfsig verwertet werden kann. Aber auch dem Erwachsenen, dem Kenner und dem Naturfreunde, werden diese Abbildungen, die alle vortrefflich sind, Interesse abgewinnen; führen sie ja doch die Tiere nicht nur wissenschaftlich getreu ihrer äufseren Erscheinung nach vor, sondern sie schildern dieselben zugleich in ihren Lebensgewohnheiten, ihrer gewohnten Umgebung, ihrer Lieblingbeschäftigung, heim Aufsuchen der Nahrung u. s. w. Der den Bildern vorausgeschickte begleitende Text ist kurz gefafst; er gibt eine gesonderte Einleitung zur Gattung der Fische, der der Lurche und der der Kriechtiere, dann erst werden die einzelnen Unterklassen und Ordnungen besprochen. Hiebei wird die Anleitung zur Betrachtung der Bilder nicht aufser Acht gelassen, es wird darauf hingewiesen, was an den Bildern besonders ins Auge gefafst werden soll, nach welchen Gesichtspunkten die Betrachtung angestellt werden soll u. s. w. Kurz, dieser Band der Bilder-Atlanten ist ebenso für unsere Schülerbibliotheken nicht nur, sondern auch für den einzelnen Schüler zu empfohlen wie seine Vorgänger. Als Geschenk für strebsame Schüler dürfte er sich gleichfalls sehr gut eignen. Bemerkt mag am Schlusse noch werden, dafs bisher 18 preufsische Provinzialregierungen, 15 Regierungen andrer deutscher Stauten, sowie das K. und K. Reichs-Kriegsministeriums in Wien und der Erziehungsrat des Kantons Luzern Empfehlungen der Bilder-Atlanten erlassen haben.

Grundzüge der Geschichte der Naturwissenschaften von Otto Jaeger, Rektor der Kgl. Realanstalt in Cannstatt. Stuttgart. Paul Neff Verlag. 1897. VIII und 119 Seiten. Preis geh. 1,50 Л. — Diese Schrift macht sich zur Aufgabe, in Kürze und ohne weitschweifig zu werden einen umfassenden Überblick über die Geschichte der Naturwissenschaften vom Altertum angefangen bis auf die Neuzeit dem Leser zu bieten. Der Verfasser ging in der Behandlung des Stoffes davon aus, dafs er vor allem Rücksicht nimmt auf die Ideenkreise, wie sie von den Schülern der oberen und obersten Klassen höherer Lehranstalten vorauszusetzen sind, und ist demgemäfs bestrebt, einen allmählichen Entwicklungsgang der modernen Naturwissenschaften zu geben. Inwiefern ihm dies gelang, mag daraus hervorgehen, dafs er in seinen mit grofser Genauigkeit gegebenen Auseinandersetzungen, ohne Lücken zu lassen, die modernsten Errungenschaften der Neuzeit im letzten Abschnitt anführt, z. B. in der Mathematik die Resultate von Plücker, Hesse, Clebsch, Gaufs, Jakohi, Neumann, Cayley, Brill, Riemann, Helmholtz, Beltrami und Klein, in der Physik die Forschungserfolge von Mayer, Ohm und Röntgen etc. Was die Einteilung des Buches anlangt, so schien es dem Verfassr am übersichtlichsten zu sein, die einzelnen Jahrhunderte in ihren Fortschritten zu verfolgen, und zwar werden, nachdem das Altertum und das Mittelalter abgehandelt ist, vom 16. Jahrhundert an bis zur Neuzeit einschliefslich die einzelnen naturkundlichen Sparten (Mathematik, Astronomie, Physik, Chemie, Medizin, Naturgeschichte im engeren Sinne) vollständig nach ihrer geschichtlichen Entwicklung besprochen. Ein Namen- und Sachregister erleichtert bequemes Nachschlagen und Aufsuchen des Gewünschten. Das Buch kann für den Unterricht nur empfohlen werden.

Grundprobleme der Naturwissenschaft. — Briefe eines unmodernen Naturforschers von Dr. Adolf Wagner. Berlin. Verlag von Gebrüder Bornträger, 1897. VI. und 255 Seiten. — Das vorliegende Buch, welches in hübscher Ausstattung erschienen ist, behandelt das im Titel genannte Thema in zwei Abschnitten: I. Das Grundproblem der Naturwissenschaft und II. Tier und Pflanze. Der Text, in Briefform verabfafst, soll im ersten Teil die allgemeinen Fundamente der Naturbetrachtung in sich schliefsen, während der zweite Teil spezielle Fragen von wissenschaftlichem Interesse berührt. Der Verfasser, offenbar Skeptiker durch und durch, läfst in den einzelnen Kapiteln kaum irgend eine Hypothese der modernen Naturwissenschaft unangefochten und gibt in philosophischer Weise denkend seine eigenen Ansichten über diese und jene Anschauung kund. — Es ist gewifs interessant, von den vielen neuen Anschauungen etliche hier zur Kenntnis zu bringen und dann die resultierende Glaubensrichtung ebenso mitzuteilen. Seite 40 steht: „Atome und Moleküle sind nun aber eine sehr unbekannte Gesellschaft, die sich nur deshalb recht bequem handhaben lassen, weil sie nicht widersprechen können und weil sie gar nicht existieren." S. 41 findet sich: „Wir wissen von den Atomen so wenig wie von dem Wesen der Naturkräfte. Stimmt das zu der beständig gerühmten Exaktheit der Naturwissenschaft?" In manchen Dingen dürfte ja der Verfasser Recht haben, wie z. B.

auf Seite 49: „Willst du vielleicht behaupten, Kraft und Kraftäufserung sei dasselbe? Sollte die Hand identisch sein mit der Ohrfeige, die sie erteilt?". — Aber man höre wieder, wie auf Seite 107 steht: „Gegen jeden philosophischen Gedanken, der sich nicht im Fahrwasser durcheinanderjagender Atome und Moleküle bewegt, haben diese Art von Gelehrten einen förmlichen Hafs. Verdienen sie es in diesem Falle Naturgelehrte zu heifsen?" — Von der nun durch einige Proben geschilderten Art ist das ganze Buch durchtränkt und Widerstreben gegen das gegenwärtig in der Wissenschaft als Hypothese Vorhandene zeigt fast jede Zeile. Doch gibt Verf. nicht nur die Mängel unseres Zeitalters in Bezug auf Anschauung naturwissenschaftlicher Probleme an, sondern weifs auch nach seiner Meinung bessere Ansichten an die Stelle der bestehenden zu setzen. Es mögen ebenfalls hiezu einige Proben folgen. Seite 146: „Es ist richtig, wenn die Naturwissenschaft alle spezifischen Naturkräfte auf etwas Einheitliches beziehen will; aber es ist falsch, wenn sie eine bestimmte und noch dazu die inhaltärmste Naturkraft selbst als diese Einheit hinstellt." „Es ist falsch, aus den Eigenschaften der materiellen Körperwelt die Beschaffenheit und die Funktionen des physischen Lebens erklären zu wollen etc." — Trotz alldem ist aber noch nicht gesagt, welchen Ersatz der Verfasser an Stelle der von ihm verworfenen atomistischen Theorie und anstatt der ebenso nicht anerkannten Einheitsnaturkraft bringen will.

Der zweite Teil beschäftigt sich hauptsächlich mit der Frage über die Grenzen zwischen Tier- und Pflanzenwelt, speziell ob man berechtigt sei, eine solche Grenze zu ziehen oder nicht. Verf. bespricht auch die häufig in naturwissenschaftlichen Büchern aufgezählten Unterschiedsangaben über Tier und Pflanze und glaubt auch hierin manches mangelnde bezw. Fehlerhafte entdecken zu können. Entgegen dem gewöhnlichen Satze: „Das Tier fühlt, die Pflanze nicht" meint er den besseren anbringen zu müssen: „Das Tier erkennt, die Pflanze erkennt nicht." — Dies dürften im grofsen und ganzen die Grundzüge sein, welche dem Buche bei einer kurzen Besprechung abzugewinnen wären. Nach dem Grundsatze: Audiatur et altera pars könnte immerhin das Werk dem Naturkundigen zum Durchlesen empfohlen werden.

Sammlung Göschen, Länderkunde der aufsereuropäischen Erdteile von Dr. Franz Heiderich. Mit 11 Textkärtchen und Profilen. Leipzig. Göschensche Verlagshandlung 1897. In elegantem Leinwandband 0,80 M. — Wir haben aus dieser Sammlung schon die vom gleichen Verfasser gelieferte Länderkunde von Europa besprochen und können auch das vorliegende Büchlein bestens empfehlen, da es in populärer Form dem Leser ein dem neuesten Stande der geographischen Wissenschaft entsprechendes Bild der aufsereuropäischen Erdteile gibt.

Leitfaden der Geographie für höhere Lehranstalten von Prof. Dr. Langenbeck. 2. Teil. Lehrstoff der mittleren und oberen Klassen mit 29 Fig. im Texte. 2. umgearbeitete Auflage. Leipzig. Verlag von W. Englmann. 1897. Geb. M. 2.— Kart. 2.10 M. — Des auf geograph. Gebiete rühmlichst bekannten Verfassers Lehrbuch haben wir in früheren Jahren bereits einer Besprechung in diesen Blättern unterzogen, weshalb von einem nochmaligen Eingehen darauf um somehr Abstand zu nehmen ist, als des ersten Teiles 2. Auflage eine solche Berücksichtigung gefunden hat. Wir verweisen zudem noch auf die Schlufsbemerkung unserer Anzeige bezüglich der Verwendung an bayerischen Anstalten.

A. Hummels Schulatlas zum Unterricht in der Erdkunde. 38 Karten mit 23 Nebenkarten nebst einer Heimatskarte als Gratisbeilage. 5. vermehrte und verbesserte Auflage. Verlag von Hobbing und Büchle in Stuttgart. Preis 1 M. 20 Pfg. — Dieser Schulatlas wird allen Ansprüchen der Volksschule und unterer Klassen höherer Lehranstalten vollauf gerecht durch Schönheit und Klarheit der technischen Ausführung, Genauigkeit und sehr bemerkenswerte Deutlichkeit, Reichhaltigkeit und Güte und nicht zum mindesten durch den sehr billigen Preis. Er empfiehlt sich durch diese Vorzüge selbst aufs beste.

Neue Schulgeographie. Unter Berücksichtigung der dialogischen Unterrichtsform verfafst von W. Hockman. 1. Heft. Europa. 1 M. 80 Pfg. 2. Heft.

Norddeutschland 1 $\mathcal{M}$. 80 Pfg. 3. Heft. Süddeutschland 1 $\mathcal{M}$. 80. 4. Heft. Asien,
Afrika, Amerika und Australien $\mathcal{M}$. 3. 5. Heft. Astronomische und physikalische
Geographie $\mathcal{M}$. 1.20. Düsseldorf. Verlag von L. Schwann. 1895—1897. — Dieses
umfangreiche Buch ist für den Lehrer berechnet und soll ihn bei seiner Vor-
bereitung für den Unterricht und der Erteilung desselben möglichst unterstützen.
Die dialogische Unterrichtsform ersieht man am besten aus einer Probe, die wir
aus dem 1. Hefte S. 19 herausgreifen. „Wodurch gibt sich die Zugehörigkeit
Dänemarks zum norddeutschen Tieflande zu erkennen? (Kontinentale Lage, Boden-
gestalt) Begrenzung der Halbinsel? In wiefern stimmt die Bodengestalt, die
Bodenart Jütlands mit derjenigen Schleswig-Holsteins überein? Gliederung der
Ostseeküste Jütlands? Wodurch ist die Bildung der Fiorde dabei bedingt? (Beachte auch die Westküste Grofsbritanniens und Norwegens!) Beschaffenheit der
Nordseeküste Jütlands? Gröfste Bucht? Wo? Wie? Erkläre die Entstehung der
Dünen und Strandseen an der West- und Nordküste Jütlands! (Vgl. preufs. Ost-
seestrand!) Warum die West- und Nordküste der Halbinsel (die eiserne genannt)
hafenlos? —
  Das alte quis? quid? ubi? ist hier zur schönsten Blüte gelangt und in
zahllosen Fragen auferstanden. Wenn der Titel „Schulgeographie" etwa soviel
besagen sollte, als es sei der ganze in dem Buche aufgehäufte Fragestoff in der
Schule darzubieten, zu verarbeiten, anzueignen, dann wäre man zu der Frage berechtigt, wo jene glückliche Anstalt zu finden sei, die soviel Zeit zur Verfügung
hat, um diese Riesenaufgabe zu bewältigen. Die glücklichen Schuljungen haben
wohl auch nichts weiter zu lernen als Geographie. Jedes Heft besteht aus zwei
Abschnitten, deren erster die eigentliche Unterweisung, der zweite ausgewählte
Abschnitte zur Lektüre „Skizzen und Bilder" enthält. Schade, dafs der Druck
des letzten Abschnittes ein so kleiner ist, dafs schwächere Augen darunter Not
leiden müssen.

  Illustriertes Kleineres Handbuch der Geographie von Dr. H.
A. Daniel. 3. verbesserte und vermehrte Auflage, bearbeitet von Dr. W. Wolken-
hauer. Lief. 1 und 2. Leipzig 1898. O. R. Reisland. Vollständig in höchstens
33 Lieferungen à 3 Bogen à 60 Pfg. Mit ca. 600 Illustrationen und Karten im
Texte. — Es ist mifslich aus 1 oder 2 Lieferungen ein Urteil über ein grofses
Werk schöpfen zu sollen. Es kann dabei vorerst nur darauf hingewiesen werden,
dafs der Name Daniel allein eine gewisse Bürgschaft für die Trefflichkeit des
Textes bietet, der durch zahlreiche Abbildungen nach zuverlässigen Originalen
und Kärtchen den heutzutag für populäre Darstellungen unentbehrlichen äufseren
Schmuck bekommen soll. Das erste Heft giebt vorweg eine Reihe von Probebildern,
die beifällige Aufnahme verdienen, und enthält die mathematische Geograhie. Das
zweite behandelt die physische. Halten die folgenden Lieferungen, was die ersten
beiden versprechen, dürfte das Werk eine schöne Bereicherung einer geographischen
Bücherei bilden.

  Leitfaden für den geographischen Unterricht an Mittel-
schulen. Von $\mathcal{M}$. Graf, V. Loessl, Dr. Fr. Zwerger. II. Teil. Mitteleuropa.
München 1898 bei R. Oldenbourg, geb. 90 Pfg. — Es ist mit Sicherheit zu erwarten, dafs dieser II. Teil des Leitfadens sich viele Freunde erwirbt durch die
schöne Übersichtlichkeit in der Behandlung der oro- und hydrographischen Verhältnisse von Mitteleuropa, die durch Beigabe zahlreicher Tabellen noch nutz-
bringender gestaltet wird. Auch der zweite Abschnitt, der das deutsche Reich,
die österreichisch-ungarische Monarchie und die Schweiz behandelt, bietet eine
durchaus sachgemäfse Vorstellung der kulturellen Zustände dieser Länder und
gute Ortsbeschreibung. Den Schlufs macht die Beigabe von 8 Seiten bildnerischen
Schmuckes. Die meisten dieser Illustrationen sind vortrefflich.

  G. Richter, Schulwandkarte von Afrika. Verlag v. G. D. Bädeker.
Preis unaufgezogen M. 14., aufgezogen mit Stäben M. 20. — Es herrscht eben ein
wahrer Wetteifer unter den geographischen Verlagsanstalten, immer neuere und
schönere Hilfsmittel der Schule an die Hand zu geben. Ein Beweis dafür liegt
in der neuerschienenen Schulwandkarte von Afrika von G. Richter vor, die in jeder

Beziehung preiswürdig genannt werden mufs. Neben der bedeutenden Gröfse des Kartenbildes 150×139 cm ist besonders die vorzügliche Kolorierung, deren Zartheit auch durch die dunklere Abtönung noch immer die Lesbarkeit der Namen gestattet, und die Reichhaltigkeit zu loben, die trotzdem nirgends zur Überladung wird. Auf Kartons sind die deutschen Kolonien Afrikas im Mafsstabe von 1:3,000000 dargestellt, während die Hauptkarte in einen solchen von 5,500000 entworfen ist. Die Karte verdient jede Empfehlung.

Deutschlands Kolonien in 9 Bildern. Für die Schule bearbeitet von **Gustav Wende.** Mit 1 Karte von Kiaotschau. 5. Auflage. Preis 30 Pf. Hannover und Berlin. Verlag von Karl Meyer (Gustav Prior). — Dieses Büchlein hat bereits im X. Hefte Jahrgang 1893 dieser Blätter eine kurze Würdigung gefunden. Neu hinzugekommen ist eine Schilderung unseres neuesten Landerwerbes in China nebst einer brauchbaren Übersichtskarte.

Allgemeine Erdkunde als Anhang zur deutschen Schulgeographie von Professor Dr. A. Supan. Preis 60 Pf. Gotha bei Justus Perthes. — Mit dieser allgemeinen Erdkunde bietet der Verfasser eine Ergänzung zu seiner vortrefflichen, in diesen Blättern in früheren Jahren besprochenen deutschen Schulgeographie zu Lüddekes Schulatlas. Für die obersten Klassen bestimmt bildet sie den Abschlufs des geographischen Unterrichtes in höheren Lehranstalten. Lichtvolle Darstellung bei aller Beschränkung aufs Unentbehrliche zeichnet auch diesen Anhang aus, dessen Ausstattung durch die Verlagshandlung auch sehr anerkennungswert ist. Das Büchlein verdient allgemeine Empfehlung.

Wandkarte der Planigloben bearbeitet von V. v. Haardt. Politische Ausgabe mit 2 Nebenkarten: a) Die Nordpolarländer b) die Südpolar-Regionen. Mafsstab 1:20000000. Preis: unaufgespannt M. 9, auf Leinwand in Mappe M. 14,50, mit Stäben 16,50. Verlag von Eduard Hölzl in Wien. — Auch diese Karte weist alle Vorzüge der Haardt'schen Karten auf und verdient hinsichtlich ihres grofsen Mafsstabes, der Feinheit und Schönheit der Kolorierung, der hervorragenden Deutlichkeit vollste Beachtung und Empfehlung. Die Beigabe der Nebenkarten der Nord- und Südpolregionen ist bei dem erhöhten Interesse, das die Gegenwart der Erforschung dieser Teile unseres Erdballes zuwendet, doppelt erwünscht.

In der Bibliothek der Gesamtliteratur des In- und Auslandes — Verlag von Otto Hendel, Halle a. S. — ist zum Preise von 25 Pfg., geb. 50 Pfg. unter der Nr. 1047 das **Monumentum Ancyranum** von Dr. C. Willing übersetzt und erläutert. — Bei der hervorragenden Bedeutung, welche diese „Königin der lateinischen Inschriften", wie Theod. Mommsen sie nannte, für die Augusteische Zeit hat, darf diese Publikation auch von den Gymnasien beachtet werden und ist ihre Anschaffung für Schülerbibliotheken zu empfehlen. Eigentümlich berührt in der Übersetzung aufser einigen affektiert modernen Wendungen, dafs Augustus nach unserer Zeitrechnung datiert. Die beigegebenen Erläuterungen sind ausreichend und zweckdienlich.

Ohlert, Arnold, Oberlehrer. Lese- und Lehrbuch der französ. Sprache für die Unterstufe. 2. unveränderte Auflage. 18 Seiten M. 0,60. — **Französisches Lesebuch** für die Mittel- und Oberstufe höherer Lehranstalten. 8°. 155 Seiten Text, 75 Seiten Wörterverz. 2. Auflage M. 1,20. — **Deutsch-französisches Übungsbuch.** Im Anschlufs an die französ. Unterrichtsbücher d Verf. 2. Auflage. 8°. 132 Seiten 2. Aufl. M. 1,20. Sämtlich erschienen 1896 bei C. Meyer in Hannover. Das erste dieser Bücher enthält auf 26 Seiten 90 kleine dem Knabenalter angepafste Lesestückchen in Prosa und Versen, dann folgt das dazu gehörige Wörterbuch mit 17 Seiten, den Schlufs bildet eine 35 Seiten umfassende Grammatik, die in eine Lautlehre (9 S.) und in eine Formenlehre zerfällt. Ein Anhang enthält die Paradigmen von avoir und être in affirmativer, negativer und fragender Form, sowie ein Verzeichnis der in den Lesestückchen vorkommenden Verbalformen. Im Lesebuch

hätte Ref. das 10. Stückchen lieber weggelassen, nachdem es dem 12. (aus Matth.
22, 37—40) diametral entgegensteht. Auch das pessimistische Nr. 50 loin des
yeux, loin du cœur wäre samt der Explikation besser weggeblieben. Zu beanstanden
ist auch, dafs die Geschichte vom Rotkäppchen blofs bis dahin geht, wo der Wolf
das Rotkäppchen verschlingt. Auch das 69. hätte Referent nicht aufgenommen. —
Statt ce ist überall fälschlich oe gedruckt. — Im übrigen scheint das Lesebuch
etwas zu mager ausgefallen; so wie es ist, mufs der Lehrer jedes Jahr dasselbe lesen.
Das 2. Buch bietet einen weit gröfseren Spielraum für die Auswahl des
Lehrers; in dieser neuen Auflage ist es sogar um 10 Seiten erweitert worden.
Das Buch enthält schöne Stücke. S. 25 Z. 11 hätte Referent den Vers: c'est
l'instant des amours et des nids geändert in: c'est l'instant de préparer les nids.
Die Fabel S. 44, welche eine Invektive Lafontaines auf die Klöster darstellt, kann
bei Katholiken Anstofs erregen. Statt ratapolis ist ratopolis zu schreiben. Auf
S. 50 kommt in Z. 31 Alain vor; ia Z. 38 steht Alanic, was wohl dasselbe wie
Alain bedeuten soll; hier war eine Bemerkung oder gleiche Schreibung nötig. Die
Geschichte S. 59 von Bout-de-Canard, die aus der Zeit der franz. Revolution zu
stammen scheint, wäre besser weggeblieben. — Was für ein Spiel jouer du bouchon
ist (S. 69 Z. 8), hätte im Wörterverzeichnis erklärt werden sollen. S. 138 Z. 6
ist der Druckfehler qu'il faisaient der ersten Auflage stehen geblieben. Ebenso
S. 148 Z. 20 der Druckf. crèmerie (statt crémerie).
     Das 3. Buch ist ein nahezu unveränderter Abdruck der im 32. Bd. S. 686
dieser Blätter besprochenen ersten Auflage.

     Schmitt E., Oberlehrer a. D., Französische Grammatik für die
oberen Klassen höherer Lehranstalten. Strafsburg i. E. Strafsburger Druckerei
und Verlagsanstalt. Ohne Datum (Vorrede von 1891). 8°. 351 Seiten. — Dieses
Buch enthält auf 188 Seiten eine ausführliche Formenlehre und Syntax nach dem
früheren Darstellungsmodus, ein Übungsbuch von 107 Seiten und ein alphabethisches
deutsch-franz. Wörterbuch dazu von 56 Seiten. Für Schulen mit der Organisation
unserer Gymnasien eignet sich das Buch nicht, doch enthalten die 47 Seiten zusammenhängender Übungsstücke manches für Schulaufgaben Geeignete, wie auch
die Einzelsätze vermöge ihrer Schwierigkeit und des darin vorkommenden ausgedehnten Wortschatzes (circa 5000 Wörter) durch mündliche Übersetzung eine
gute Gelegenheit für den Lehrer darbieten, seine eigenen Kenntnisse zu prüfen
und aufzufrischen.

     Lateinische Anthologie für Anfänger zusammengestellt von W.
Gaupp, 7. Aufl. neu bearbeitet von A. Gaupp, Cannstadt, E. Geiger's Verlag,
1897. (92 S.) — Nach der Zahl der Auflagen zu schliefsen scheint sich genannte
Anthologie in unserem schwäbischen Nachbarlande ausgedehnter Benützung zu erfreuen. Die neue Bearbeitung soll den Anforderungen des veränderten Lehrplanes entsprechen und kann mit den an unseren Anstalten am meisten gebrauchten
Sammlungen von Sibelis und Englmann einen Vergleich wohl aushalten. Eine
Verslehre und ein Wörterbuch enthält das Büchlein nicht. Von den 3 Abteilungen desselben bringt die erste einzelne daktyl. Verse, darunter auch 46
Pentameter allein, d. h. ohne Hexameter; die zweite bietet kürzere Dichter-
stellen in 35 Hexametern und 23 Distichen. Gerade die Auswahl nun in diesen
beiden Teilen — etwa ein gutes Viertel des Ganzen ausmachend — mufs als gelungen bezeichnet werden, da über den traditionellen Grundstock aus den bekannteren
Dichtern hinausgegriffen ist und auch andere Namen — z. B. Lucan, Lucrez —
vertreten sind. Alle Stellen tragen Überschriften, darunter viele meist treffend
gewählte Sentenzen und Sprichwörter aus dem deutschen Sprachschatze; d durch
wird dem Anfänger das Verständnis näher gebracht. — Die 3. Abteilung enthält
32 gröfsere Abschnitte, gröfstenteils aus Ovid, die fast alle auch in den anderen
Sammlungen Aufnahme gefunden haben. Als Anhang sind noch 50 jambische
Verse beigefügt. Unter dem Texte ist ein Kommentar mit knappen, sachlichen
und sprachlichen Erläuterungen; ob diese ausreichen, den Schüler — wie der
Herausgeber annimmt — ohne weitere Vorbereitung zur Lektüre in der Klasse
zu befähigen, möchte Ref. bezweifeln wenigstens bei den Schülern unserer 5. Klasse
die bei allen Hilfsmitteln noch „Schwabenstreiche" genug leisten.

Schulgeographie von Alfred Kirchhoff, Professor der Erdkunde an der Universität Halle. 16. vermehrte und verbesserte Auflage. Halle Buchhandlung des Weisenhauses. Preis 2). — Es genügt, unsere Leser darauf aufmerksam zu machen, dass von diesem ausgezeichneten Lehrbuche eine neue Auflage erschienen ist, nachdem schon wiederholt in diesen Blättern das Buch angezeigt worden ist. Es liefert aufs neue den Beweis, dass es sehr wohl möglich ist, die s. g. geographischen Einheiten zu wahren und Zusammengehöriges auch im innern Zusammenhange vorzuführen.

J. Gerstäcker. Die Welt im Kleinen für die Kleinen, Bearbeitet von Paul Wiegelt. 2—7 Bändchen. Europa, Nord-Südamerika, Australien und Polynesien, Asien, Afrika. Mit 10 Karten in Buntdruck. 4. Auflage. Leipzig. B. Ellischer Nachfolger, 1893 und 1894. — Im 4. Hefte des Jahrganges 1896 dieser Blätter hat das erste Bändchen dieser für die Kleinen berechnete Erdkunde seine Besprechung gefunden. Das dort Gesagte gilt auch für die hier angezeigten Bündchen, die wohl geeignet erscheinen, das Interesse der Kinder für die Erdkunde zu wecken und sie zu unterhalten. Die Kärtchen sind, wie sich das für diesen Zweck ja von selbst versteht, von äusserster Anspruchslosigkeit.

Otto Hübners geographisch-statistische Tabellen aller Länder der Erde, herausgegeben von Prof. Juraschek. Ausgabe 1898. Verlag von Heinrich Keller in Frankfurt a/M. Preis 1.20). — Auf diese alljährlich erscheinenden Tabellen ist bereits zum öfteren in diesen Blättern hingewiesen worden, so dass wir uns beschränken können zu erwähnen, dass in der diesjährigen Ausgabe die neuesten kolonialen Erwerbungen eingehende Berücksichtigung gefunden habe. Ebenso sind die neuesten Angaben über die Verteilung der Nationalitäten, Konfessionen und Berufsstände sowie die offiziell richtig gestellten Ergebnisse der Volkszählung im russischen Reiche vom Jahre 1897 aufgenommen. Die absolute Zuverlässigkeit dieser Tabellen ist anerkannt.

Biographische Volksbücher. R. Voigtländers Verlag in Leipzig. 1898. Fortsetzung: Nr. 28—31 Elisabeth, Königin von Rumänien (Carmen Sylva) von Dr. Benno Diederich. Mit 18 Abbildungen. 1). Der ersten Nummern dieses neuen Unternehmens ist S. 796 des vorigen Jahrganges unserer Blätter ausführlicher gedacht worden. Eine Reihe neuer Hefte liegen uns heute vor, die kurz charakterisiert seien. Da hat zunächst Dr. Benno Diederich, dem wir die Zola-Biographie derselben Sammlung verdanken, einen Lebensabriss der Königin Elisabeth von Rumänien verfafst, welcher in drei Kapiteln „Die Jugendzeit," „Die Fürstin und Königin von Rumänien" und „Carmen Sylva" die interessante Persönlichkeit der hohen Frau mit warmer Teilnahme zeichnet und besonders ihrer Bedeutung als Dichterin gerecht zu werden sucht. Gerade hierbei zeigt der Verf. eine anerkennenswerte Unparteilichkeit. Die zahlreichen trefflichen Illustrationen gereichen dem Bändchen zur besonderen Zierde. — Nr. 32—35 Charles Darwin von Wilhelm Bölsche (Mit Bildnis.) 1). bietet zweierlei, einmal einen Abriss des Lebens und des Entwicklungsganges des grofsen Forschers selbst, sodann eine auf grund eingehender Kenntnis seiner Lehre u. seiner Forschung entworfene Darstellung seiner Ideen und seiner Werke. Wenn auch nicht gerade für die Schule, so wird doch für jeden reiferen Gebildeten diese Biographie von besonderem Interesse sein. -- Nr. 36—43: Kriegsfahrten von Jena bis Belle-Alliance. Erinnerungen eines Soldaten der englisch-deutschen Legion in Deutschland, England, Portugal, Spanien, Frankreich und den Niederlanden. Herausgegeben und illustriert von H. Lüders. Mit 125 Abbildungen. Im Programm der biographischen Volksbücher waren von vornherein vorgesehen. Eine solche Darstellung haben wir hier vor uns. Es ist allgemein bekannt, dafs zahlreiche Schilderungen von Erlebnissen des letzten grofsen Krieges von gemeinen Soldaten verfafst sind und dafs diese gegenüber den offiziellen Darstellungen ihren Wert haben und grofser Beliebtheit sich erfreuen. Ähnliches bedeuten die hier gedruckten Aufzeichnungen eines Braunschweigers für die napoleonischen Zeit von 1806—1815, die der genannte Soldat dem Lehrer seines Heimatdorfes in die Feder diktiert hat. Die grofsen Ereignisse, die Entscheidungskämpfe, die leiten-

den Persönlichkeiten treten zurück, die persönlichen Erlebnisse des Kämpfers aber
treten um so mehr hervor und verleihen dem Buche etwas Ungekünsteltes und
Ungesuchtes. Vortrefflich ist besonders die Ausstattung dieses Bandes durch 125
Abbildungen nach Zeichnungen von H. Lüders. Man kann zuversichtlich behaupten,
dafs unsere Schüler diese Erlebnisse mit besonderer Vorliebe lesen werden; daher
sei dieser Band für die Schülerbibliotheken unserer oberen Klassen besonders
empfohlen, nicht minder aber die folgenden Bände Nr. 44—47 Albrecht von
Roon, Preufsischer Kriegs- und Marineminister von Otto Immelmann (mit Bildnis). 1 M. und Gustav Freytag von Friedrich Seiler. Mit 23 Abbildungen.
2 M., kurz die ganze Sammlung der biographischen Volksbücher verdient gerade
nach diesen neuen Proben von Seiten der Schulen besondere Beachtung.

F. Münzer, Beiträge zur Quellenkritik der Naturgeschichte
des Plinius. Berlin, Weidmann 1897. 8°. 432 S. 12 Mk. — Der Verfasser, der
vor wenigen Jahren im ‚Hermes‘ 30 (1895) durch einen Aufsatz „zur Kunstgeschichte
des Plinius“ eine gediegene, vorwiegend der Archäologie zu gute kommende Probe
seiner Beschäftigung mit diesem Autor bereits gegeben hat, bietet in vorliegendem
umfangreichen Werke über alle Teile der Encyclopädie sich erstreckende Untersuchungen. Wer es erfahren hat, welche Überwindung die ermüdende Durch-
lesung der 37 Bücher kostet, wird dem Verfasser hohe Anerkennung nicht versagen.
Während die zahlreichen früheren Quellenforschungen fast ausschliefslich auf eng-
begrenzte Teile sich beschränken und darum die nötige Kenntnis der Eigenart des
Schriftstellers oft vermissen lassen, hat Münzer durch mehrjähriges gründliches Studium der gesamten naturalis historia mit dem Autor sich vertraut gemacht: Erzielung
eines besonnenen, von Überschätzung ebensoweit wie vor Verachtung entfernten Urteils, Klarlegung der Selbständigkeit in der Verarbeitung der Vorlagen sowie
der Unsicherheit des Brunn'schen Gesetzes über die indices, Aufklärung insbesondere der römischen Quellen sind wichtige Ergebnisse des durch ernste Arbeit
entstandenen Buches, das für fernere Beschäftigung den Ausgangspunkt bilden
wird; es ist in drei Hauptabschnitte eingeteilt: 1. Untersuchung über die Arbeitsweise des Plinius auf Grund seines Verhaltens zu noch vorliegenden Quellen. 2.
Untersuchungen über Varro und seine Quellen bei Plinius. 3. Jüngere Quellen zur
römischen Geschichte und Kulturgeschichte. — Ein Verzeichnis der besprochenen
Stellen des Plinius bildet den Schlufs. Ein übersichtliches, alphabethisch ange-
ordnetes Verzeichnis aller ausführlich oder gelegentlich behandelten Quellen würde
die rasche Benützung erleichtern.

Freiburger Taschen-Liederbuch. Freiburg i. Br., Herder. (283 S.)
— In handlichem Format und guter Ausstattung, mit deutlichem Notendruck
werden 320 der beliebtesten Vaterlands-, Volks- und Studenten-Lieder nebst einigen Sologesängen, meist mit Melodie, geboten mit Ausschlufs anstöfsiger Texte.
Auf richtige Fassung der Texte und Singweisen ist besondere Sorgfalt verwendet
und hierin vielfach das „Deutsche Kommersbuch“ von Dr. Karl Reisert (Freiburg,
Hecker), das auch in diesen Blättern besprochen wurde 1897, zum Muster genommen. Das rasche Auffinden erleichtert ein nach den Anfangsworten alphabethisch geordnetes Register und ein Sachregister, das die Lieder nach Gruppen
noch einmal alphabetisch enthält.   W.

IV. Abteilung.

Miszellen.

Der Kampf gegen die Unmäfsigkeit auf Schule und Universität.

λ. Der bekannte Strafsburger Professor Dr. Theobald Ziegler, dessen verdienstliches Buch „Der deutsche Student am Ende des 19. Jahrhunderts" (6. Auflage) wir auch in diesen Blättern besprochen haben, hielt am 27. Juli verg. Js. bei der Generalversammlung des „Deutschen Vereins gegen Mifsbrauch geistiger Getränke" in Heidelberg einen sehr bemerkenswerten Vortrag, der unter dem Titel: „Der Kampf gegen die Unmäfsigkeit auf Schule und Universität" im Drucke erschienen ist. Nachdem der Redner in längerer Ausführung vor den Ausschreitungen des Studentenlebens im Trinken und in anderen Dingen gewarnt und als besten Schutz das lebhafte Gefühl für Freiheit und studentische Ehre, die gewissenhafte Arbeit und das ernste Studium im stetigen Hinblick auf den künftigen Beruf und das Amt, insbesondere auch den hohen Wert des sittlichen Fonds hingestellt hatte, den der Student zum Kampf gegen eigene und fremde Unmäfsigkeit aus dem Elternhaus mit auf die Hochschule bringen soll, kommt er auch auf die Schule zu sprechen, in der auch nicht alles so stehe, wie es sein soll:

„Auch die Schüler unserer höheren Lehranstalten trinken zu früh und zu viel. Namentlich der Unfug der meist geheimen Schülerverbindungen wirkt hier schlimm, weil in ihnen die studentischen Bräuche vorweggenommen werden und dabei die Wirkung des Alkohols auf die jugendlichen Mägen und die jugendlichen Gehirne ganz besonders verderblich ist und weil in diesen von der Honorigkeit und Selbstzucht des Studententums noch nicht erfüllten Schülerkonventikeln in erschreckender Weise Roheit und Zuchtlosigkeit grofsgezogen werden. Aber ich bin auf der anderen Seite auch hier nicht geneigt, eine Kapuzinerpredigt zu halten: im ganzen ist es so gar arg und schlimm damit doch nicht, namentlich scheint den Schülerverbindungen vielfach ein kräftiger Riegel vorgeschoben zu sein, und unsere Gymnasiasten und Realschüler lernen im ganzen fleifsig und haben sich auch ein Stück Idealismus bewahrt.

Doch wenn es nicht gar so schlimm, nicht untröstlich ist, so ist es allerdings auch nicht ganz gut. Und da erhebt sich die Frage, was die Schule thun kann. Auch hier spricht man viel von Belehrung und beruft sich auf Erfolge, die in Amerika diese Schulbelehrung über Alkoholismus habe. Ich halte nun freilich von der Wirkung des Wortes und der Lehre auf die Sitte nicht gar so viel, die Tugend ist — trotz Sokrates — leider nicht lehrbar, die That und die Übung steht weit höher. Darum kann ich mir von einem derartigen besonderen Unterricht über die verheerenden Wirkungen des Alkohols in der Schule nicht allzuviel versprechen und an seinen Nutzen nicht glauben. Aber bei bestimmten und öfter sich ergebenden Anlässen, warum nicht auch das? Wenn man z. B. in Tacitus' Germania liest, dafs die alten Deutschen am Durst und an der Unmäfsigkeit zu fassen gewesen und dafs man somit ebenso durch diese Laster wie durch Waffengewalt mit ihnen fertig werden könne, so wird der Lehrer darüber doch schwerlich witzeln und daran erinnern wollen, dafs die alten Deutschen immer noch eins getrunken haben, sondern er wird ernsthaft über dieses üble Momento am ersten Tag der deutschen Geschichte mit seinen Schülern reden; oder wenn man in der Geschichte erzählt, wie die Griechen in ihre Kolonien das heilige Feuer ihrer Heimat mitgenommen und damit zugleich ihre überlegene Kultur in die Ferne

getragen haben, so wird man wohl auch den Kontrast hervorheben dürfen, dafs
wir modernen christlichen Völker immer zuerst mit dem Pulver das Feuerwasser
und damit statt Segen eitel Fluch hinaustragen in die Welt; und dafs es bei Homer
gerade der Cyklop ist, der im wüsten Rausch vom erfindungsreichen Odysseus um
Licht und Glück gebracht wird, braucht man auch nicht ungenützt vorübergehen
zu lassen. Also allerdings jede Gelegenheit zu benützen für ein ernstlich warnendes
Wort, das mache ich den Lehrern zur Pflicht; und wenn der Direktor von seinen
Abiturienten Abschied nimmt, so darf er ihnen wohl auch die zwei Tugenden der
Mäfsigkeit und der Keuschheit ans Herz legen und dabei auch vor ganz deutlichen
Worten nicht zurückschrecken: was wir auf der Hochschule mit unseren Füchsen
besprechen, das kann er schliefslich seinen Primanern auch schon sagen.

　　Aber die Schule hat ja neben der Belehrung ein anderes direktes Mittel
— das Verbot, und so liegt es nahe, zu sagen: schafft von der Schule aus gute
Sitten, indem ihr den Wirtshausbesuch verbietet und dafür sorgt, dafs dem nach-
gelebt wird. Hier komme ich mir nun freilich in dieser Versammlung ganz
besonders ketzerisch vor, wenn ich es ausspreche, dafs ich davon recht wenig halte.
Wir haben es ja fast überall gehabt und haben es vielfach noch, aber ich weifs
nichts davon, dafs gerade das besonders gute Früchte getragen hätte. Einmal,
wer will und kann denn das kontrollieren? Die Lehrer doch gewifs nicht, das
bielse sie in die Stellung von Polizeidienern hinabdrücken, und so ist es ein Verbot, das ungestraft übertreten werden kann: ein solches Gesetz aber imponiert
den Schülern recht wenig — das ist ein lustig Necken, das niemand Schaden
fügt! — und mir imponiert es auch nicht. Fürs zweite aber treibt dieses Verbot
die Schüler doch nur aus den anständigen Lokalen, wo sie ganz von selbst unter
der Aufsicht verständiger Erwachsener stehen, in jene Winkelkneipen, wo sie ein
schlechter Stoff physisch ruiniert, wo aus Angst vor Überfällen rasch getrunken
oder wo in Sicherheit ein wüster Lärm vollführt wird, und wo gerade die roheren
und schlechteren Elemente einer Klasse das grofse Wort führen und das böse
Beispiel gehen. Weiter reizt und empört es die Primaner höherer Lehranstalten,
wenn man ihnen allein versagen will, was jedem Schuster- und Schlosserlehrling
erlaubt ist: nitimur in vetitum! Der Kleinkrieg gegen solche Statutenbestimmungen
ist lockend und lustig genug Endlich aber ist es ein Eingriff in die Rechte des
Hauses, der zu Konflikten führen — kann nicht nur, sondern auch mufs. Die
Schule aber thut gut, ihre Machtbefugnisse nicht zu erweitern, sondern genau auf
das einzuschränken, was sie in ihrer Macht hat und was für ihre Zwecke unerläfslich ist.

　　Aber, so höre ich Sie fragen, soll denn nun der Wirtshausbesuch für die
Schüler höherer Lehranstalten einfach erlaubt sein? Mit nichten. Unser Verein
arbeitet an einer Schankstättengesetzgebung, worin u. a. bestimmt werden soll, dafs
Wirte jungen Leuten unter 16 Jahren keine geistigen Getränke verabreichen
dürfen. Dem stimme ich natürlich durchaus zu. Das mufs erreicht und mufs
natürlich auch auf die Söhne der oberen Zehntausend ausgedehnt werden. Im
Polizeistrafgesetzbuch für Bayern werden Sonntagsschulpflichtige bestraft, welche
ohne Erlaubnis ihrer Eltern Wirtshäuser besuchen und thun sie es ohne gehörige
Aufsicht, so sind die Eltern zu bestrafen, aber ausdrücklich wird bemerkt, dafs
das auf Zöglinge höherer Bildungsanstalten keine Anwendung finde, da für diese
die Disziplinarvorschriften dieser Anstalten mafsgebend seien. Das ist ein Privileg,
das wie alle Privilegien schlechterdings keine Berechtigung hat; auch hier gilt:
Tros Pyriusque mihi nullo discrimine agetur, d. h. mein Sohn ist wie ein anderer
Mann, und was den unteren recht ist, ist den oberen nicht mehr als billig. Dann
kann sich auch die Schule den Eltern gegenüber darauf berufen und ihrerseits
erklären: den Schülern aller Klassen bis Obersekunda inkl. ist der Wirtshausbesuch
auch von uns aus verboten; wer dawider handelt, bringt uns und unsere Aufgabe
schon äufserlich mit der Polizei in Konflikt, das ist eine Schande, die wir nicht
dulden wollen, also hinaus mit dem Tertianer und Sekundaner, der es übertritt.
Dagegen würde ich mit Oskar Jäger allerdings sagen: „Den Schülern der Prima
ist der Besuch einer anständigen Wirtschaft gestattet." Dadurch wird dem Knaben
der Nimbus des Verbotenen und Geheimen, der Nimbus des Mutigen und Forschen
genommen, die kneipenden Primaner stehen unter der Kontrolle der Öffentlichkeit
und der guten Sitte, und der Übergang zur Hochschule ist nicht mehr jener ge-

fährliche Sprung aus allzugrofser Unfreiheit in die absolute Freiheit. Gegen den Mifsbrauch dieser Erlaubnis aber, der sich in schlechten Leistungen und in Faulheit rasch genug offenbaren wird, hat die Schule die besten Waffen in der Strenge bei Versetzung und Examen und in dem Wegweisen von jugendlichen Asoten.

Endlich bleiben noch einige spezielle kleine Mittel, die aber doch Grofses bedeuten: spartanische Mäfsigkeit bei den Schülerausflügen, wobei der Lehrer mit gutem Beispiel vorangehen mufs, Nichtbeteiligung der Lehrer an den Abiturientenkommersen, bei denen die Lehrer die Sache nicht mehr in der Hand haben und wobei doch nicht selten notorisch arge Exzesse vorkommen und dergl. mehr, wogegen nach meinen Erfahrungen die Pflege von allerlei Sport in Schülerkreisen für unsere Zwecke nicht förderlich sein dürfte.

Die Hauptsache aber ist das alles nicht: das ist auch hier auf der einen Seite die Arbeit, die schon das Leben des Primaners möglichst ausfüllen soll — schon deshalb haben wir keinen Grund, in das schwächliche und heute gänzlich überflüssige Geschrei einer Überbürdung einzustimmen —, tüchtig arbeiten und Gewöhnung daran ist unser bester Bundesgenosse; und auf der anderen Seite ist es der gute Geist der Schule im ganzen, der reine feine genius loci, der die Schüler erfüllen und einhüllen mufs und sie immun macht gegen die Verseuchung durch Unmäfsigkeit und Völlerei. Eben jene Abiturientenkommerse sind dafür oft eine recht unerfreuliche Probe auf das Exempel, wenn von der Durchdringung mit diesem besseren Geiste in dem Augenblicke nichts mehr zu spüren ist, wo die äufsere Gewalt der Schule zu Ende geht.

Aber die Hauptsache der Hauptsachen ist doch auch hier nicht die Schule selbst und was sie geben kann und gibt, sondern das Elternhaus, und über dieses hat die Schule keine Gewalt. Dessen mufs man sich in seinen Ansprüchen an die erziehende Kraft derselben immer bewufst bleiben. Damit kommen wir wie für das Studenten- so auch für das Schülerleben auf dasselbe hinaus: auf eine Reform des Elternhauses! Aber wer bringt uns diese? Jedenfalls nicht der Staat und nicht die Polizei, sondern schliefslich doch nur die eigene Kraft und die eigene Initiative unseres Volkes, die Macht der Sitte und sittlichen Anschauung, zu deren Reform unser Verein sein bescheiden Teil beitragen möchte. Ein Volk hat die Jugend, die es verdient; ist also bei unserer Jugend — leider Gottes — nicht alles in Ordnung, so plaidiere ich vor allem auf eine Besserung in den Anschauungen und Gewohnheiten der Alten, das allein kann und wird auch unserer Jugend gründlich helfen.

Diese selbst aber wird durch all das nicht entlastet oder von der Pflicht der Selbsterziehung entbunden. Und daher richtet sich zuletzt doch an Studenten und Primaner selbst noch meine Mahnung: ganz individualistisch ihrer selbst und ihrer eigenen Zukunft und ganz sozial ihrer Pflichten gegen andere eingedenk zu sein. Sie wollen und sollen dereinst die „leitenden" Kreise und Stände unseres Volkes werden: andere leiten und regieren aber kann und darf nur, wer sich selbst, wer den eigenen Leib und die eigene Seele in Zucht und Zügel hält. Wollen sie also das Recht auf ihre Zukunft und auf diese ihre künftige Aufgabe nicht schon als Jünglinge verwirken, so müssen sie — neben vielem anderen, was sie müssen — vor allen und in allen Dingen auch Mafs halten. Was man aber soll, das kann man auch, und darum appelliere ich hier am Schlufs noch einmal an die deutschen Jünglinge selbst und an ihre eigene Kraft mit dem energischen Worte Kants :

Du kannst, denn Du sollst".

——— · · · ·

Ferienkurs für Lehrer der Mathematik und Physik 1898.

In der Woche vom 18. bis 23. Juli des vorigen Jahres fand in den Räumen der technischen Hochschule und der Universität ein Ferienkurs für Lehrer der Mathematik und Physik an den humanistischen und realistischen Mittelschulen (in Bayern der erste) statt. Durch die Fürsorge der hohen Staatsregierung und das Entgegenkommen des Landtages wurde es 25 auswärtigen Lehrern der genannten Fächer ermöglicht, daran Teil zu nehmen, zu denen sich noch 3 hiesige gesellten. Als Dozenten stellten die Herrn Dr. Walther Dyck, Professor der Mathematik an der technischen Hochschule und Mitglied des obersten Schulrates, Dr. Hermann Ebert, Professor der Physik an der technischen Hochschule, und Dr. Leo Grätz, Professor der Physik an der Universität, sowie die Herrn Assistenten Dr. Fischer von der technischen Hochschule und Dr. Fomm von der Universität ihre bewährten Kräfte der guten Sache zur Verfügung.

Herr Professor Dr. Dyck verbreitete sich in 6 Vormittagsstunden über folgende Themata. Grundbegriffe der Mathematik, besonders den Zahlbegriff, aufgefafst als Ordnungszahl. Forderung der Anschaulichkeit beim Mathematik-unterricht. Gesichtspunkte, die bei der Aufstellung des neuen Programms für den Physikunterricht mafsgebend waren: die logische Seite und positive Kenntnisse, wegen letzterer Streben nach einer gewissen Vollständigkeit. Rechenmaschine, Integraph und logische Maschine von Jevons. Literatur für den mathematischen Unterricht.

Herr Professor Dr. Ebert ·behandelte ebenfalls in 6 Vormittagsstunden: Einführung des absoluten Mafssystems in Verbindung mit dem magnetischen und elektrischen Grundbegriffen. Magnetische Kraftlinien. Projektionsmethoden im Unterrichte. Wechsel- und Drehstrom. Kathoden- und Röntgenstrahlen. Literatur für den physikalischen Unterricht.

Herr Professor Dr. Grätz trug in der gleichen Zeit vor über: Experimentelle Grundlagen der Maxwell'schen Theorie der Elektrizität. Hertz'sche Versuche. Elektrische Schwingungen und Funkentelegraphie. Experimentelle Grundlagen der physikalischen Chemie. Tesla-Versuche. Verflüssigung von Gasen und künstliche Kälteerzeugung.

An vier Nachmittagen fanden praktische Übungen statt. An der technischen Hochschule worden die von verschiedenen Firmen und Anstalten gelieferten zahlreichen Schulapparate auf ihre Brauchbarkeit geprüft. Besonderen Beifall erntete der von Herrn Assistenten Dr. Fischer konstruierte Universalwellenapparat. Aufserdem trug letzterer die experimentelle Einführung in die mechanischen Grundbegriffe und über die Messung der Zusammendrückbarkeit des Wassers nach Canton vor. An der Universität wurden unter Mitwirkung des Herrn Assistenten Dr. Fomm elektrische Messungen mit Schwachströmen zur Bestimmung der Kapazität, der Diëlektrizitätskonstanten, der Selbstinduktion und der Leitungsfähigkeit, ferner Messungen mit Starkströmen zur Bestimmung der Stromstärke, der Spannung und der elektrischen Arbeit vorgeführt. Zwei Nachmittage wurden Excursionen gewidmet, und zwar der eine dem Besuche der Kraft- und Arbeitsmaschinenausstellung, der zweite der Besichtigung des Elektrizitätswerkes bei Höllriegelsgreut und der damit verbundenen Fabriken in Sendling-Oberfeld und landwirtschaftlichen Betriebe in Thalkirchen.

Es hiefse aber einen charakteristischen Zug des Ferienkurses unterdrücken, wenn man nicht erwähnte, dafs die gesellige Seite nach des Tages Last und Hitze von Hörern und Dozenten gepflegt wurde und beim Abschlufs der Exkursion nach Höllriegelsgreut und damit des Ferienkurses überhaupt in einem gemütlichen Abendessen in Pullach gipfelte, an dem auch die beiden Herrn Ministerial-Referenten Oberregierungsrat Schätz und Regierungsrat Blaul, sowie sämtliche Herrn Dozenten teilnahmen. Von den hier ausgebrachten Toasten eignen wir uns den Ausdruck des Dankes für die überaus anregenden und lichtvollen Vorträge und die Bemühungen der Kgl. Staatsregierung um das Zustandekommen derselben an und raten den übrigen Herrn Kollegen, besonders den jüngeren, von der wie wir glauben und hoffen, zu einer ständigen gewordenen Einrichtung der Ferienkurse möglichsten Gebrauch zu machen.

München.   Braun.

Schriften über Standesverhältnisse. (Preufsen).

Aufser den Jahresberichten der 12 preufsischen Provinzialvereine und dem Protokoll der 19. Delegiertenkonferenz (vom 8. Okt. 1898) liegen uns zwei Schriften vor, welche in sehr lehrreicher Weise die Lage des preufsischen höheren Lehrerstandes behandeln.

Wir berichten über letztere zuerst.

1. **Dr. W. Lexis, Die Besoldungsverhältnisse der Lehrer an den höheren Unterrichtsanstalten Preußens.** Jena, Fischer 1898. 100 S. 1 M. 80 Pf. —

Herr Geh. Reg.-Rat Dr. Lexis, ord. Professor der Nationalökonomie und Statistik in Göttingen, arbeitete obige Schrift auf Veranlassung des Kgl. preußischen Staatsministeriums aus. Der Herr Verfasser sagt dies zwar selbst nicht ausdrücklich, aber er gibt an, daß er amtliche Materialien zu benützen Gelegenheit hatte, und wir wissen außerdem, daß er im Laufe des vorigen Jahres an mehreren Konferenzen im Ministerium teilgenommen hat, die sich mit der Besserung der sozialen Verhältnisse des höheren Lehrstands befaßten. Es kommt endlich dazu, daß obige Schrift zugestandenermaßen ursprünglich von der Absicht ausging, eine Übersicht dessen zu bieten, was seit einem halben Jahrhundert zur Besserung des Standes geschehen und erreicht worden ist. Wenn daher der Herr Verfasser erklärt, er bringe im übrigen in dieser Arbeit lediglich seine persönlichen Meinungen zum Ausdruck, so ist der objektive Gehalt seiner Ausführungen doch schon in den angegebenen Verhältnissen ein sehr großer, abgesehen davon, daß auch da, wo subjektive Betrachtung den Griffel geführt, die Darstellung sich von willkürlicher Behandlung möglichst freizuhalten gesucht hat. Man sieht es der Schrift recht deutlich an: im Anfang war es ihre Absicht, darzuthun, daß die höheren Lehrer mit dem Erreichten zufrieden sein könnten; am Schlusse muß ihr Verfasser auf grund objektiver Betrachtung der thatsächlichen Verhältnisse zugestehen, daß allerdings noch in gar manchem Punkte eine Besserung möglich ist.

Der Verfasser beginnt mit dem Hinweis, daß sich der Stand erst allmählich aus einem Appendix der Theologie zur Selbständigkeit entwickelt hat. Erst im Jahre 1810 wurde eine eigene Prüfung (examen pro facultate docendi) eingeführt, aber noch später, nämlich erst im Jahre 1845 wurden die Provinzialschulkollegien von den Konsistorien abgezweigt. „Gleichwohl blieb für die höheren Lehrer die Unbestimmtheit ihrer früheren Stellung von einer dauernden ungünstigen Nachwirkung. Sie blieben gleichsam noch immer im Schatten der Theologie, und wenn auch ihre Eigenschaft als Beamte schon im Allgemeinen Landrecht ausdrücklich anerkannt worden war, so standen sie doch in den Augen der Welt völlig getrennt von den richterlichen und Verwaltungsbeamten und zusammen mit den Vertretern des geistlichen Berufes, und zwar hinter diesen. Sie sollten abseits vom weltlichen Treiben mit Verachtung der irdischen Güter sich ihrer idealen Aufgabe widmen, und ihre materielle Lage wurde daher etwa nach dem Muster der am knappsten ausgestatteten Pfarrstellen geregelt" (S. 3). Eine Wendung in diesen Anschauungen bezeichnete die Forderung des Ministers Eichhorn (im Jahre 1845), diese Lehrer mit ihren Besoldungsverhältnissen den Richtern gleichzustellen. Freilich ist es dazu bis heute noch nicht ganz gekommen, obgleich fernerhin öfter, so im J. 1859 von dem Unterrichtsminister v. Bethmann-Stollweg und in seiner Antwort von dem Finanzminister die Parallelisierung als angemessen bezeichnet wurde. Lexis behandelt des weiteren in ausführlicher Weise die bezüglichen Strömungen und Gegenströmungen und kommt zu dem Resultate, daß für den höheren Lehrerstand namentlich in den letzten Jahren (seit 1892) sehr viel geschehen ist. Aber er gesteht zu, daß „man es den höheren Lehrern nicht verübeln kann, wenn sie für die Zukunft die Forderung der Gleichstellung ihrer Gehälter mit denen der Richter erneuern" (S. 74).

Unter der Überschrift „Weitere Wünsche und Aussichten" bespricht Lexis, hauptsächlich unter Bezugnahme auf die Schröder'sche Broschüre „Oberlehrer, Richter und Offiziere" (Kiel 1896; 3. Aufl. 1897), zunächst die Dauer des Studiums, die nach Lexis' amtlichen statistischen Erhebungen in der That sich allmählich vergrößert hat. Lexis nennt das einfach „Examensscheu"; er erklärt 4½ Jahre Vorbereitung aufs Examen mit Einschluß der ordnungsmäßigen Prüfungszeit für genügend; dazu kommen das Seminar- und Probejahr, in Summa also 6½ Jahre. „Wenn viele Studierende in Wirklichkeit mehr Zeit brauchen, so ist das ihre Sache." Die Berechnung Schröders, daß der Durchschnitt der auf die Vorbereitung verwendeten Zeit ein viel höherer ist, erkennt er als richtig an. Schröder kommt in seiner neuesten Schrift, die wir weiter unten besprechen, eingehend auf diese Materie zurück; er kommt zu dem Resultat, dafs die Kandidaten seit einer Reihe von Jahren sogar noch später verwendungsfähig werden, als er in seiner ersten Schrift berechnete, nämlich mit 31 gegen 29 Jahren; die Gründe, die er für diese auffallende Erscheinung anführt, erscheinen allerdings plausibel. Die neue Prüfungsordnung bringt vielleicht hierin einige Besserung. Immerhin möchte es uns bedünken, als ob, wie es auch sonst in Zeiten übermäfsigen Andrangs zu geschehen pflegt (so auch jetzt bei uns in Bayern), zahlreiche weniger befähigte Elemente sich dem höhern Lehrfach zugewendet hätten, die dann natürlich mit den Prüfungen lange Zeit nicht zu Ende kommen.

Was sodann die Wartezeit der wissenschaftlichen Hilfslehrer betrifft, so hat auch Lexis (wie Schröder) gefunden, dafs dieselbe zur Zeit eine enorm hohe ist; sie beträgt an den staatlichen Anstalten nicht weniger als 8¼ Jahre im Durchschnitt; dagegen an den nichtstaatlichen Anstalten nur 4 Jahre 11 Monate. Lexis berechnete auch, wie hoch sich die durchschnittliche Wartezeit für die sämtlichen an den staatlichen Anstalten am 1. Januar 1897 vorhandenen Oberlehrer belief, und er fand, dafs sie durchschnittlich nur 3,28 Jahre betrug. „Die Verhältnisse haben sich demnach für die Hilfslehrer in der neueren Zeit aufserordentlich verschlechtert." Das Anstellungs-Alter für die am 1. Januar 1897 vorhandenen Oberlehrer beträgt 29,99 Jahre, während es sich für die in den J. 1893—1895 angestellten durchschnittlich auf 36 Jahre 1 Monat belief; bei den kommunalen Anstalten ist es dagegen um 3¼ Jahre niedriger, also 31 J. 7 Mon. In diesen Verhältnissen zeigt sich eine wahre Notlage, die nur mit aufserordentlichen Mitteln wird beseitigt werden können.

Die Gründe für die abnorm lange Wartezeit sind: einmal der übermäfsige Zudrang zu den Fächern des höheren Lehramts in den 80er Jahren (vgl. Schlee), sodann die zu hohe Anzahl von Hilfslehrerstellen. Was den derzeitigen Zugang betrifft, so hält ihn Lexis angesichts des Überschusses, der noch aus früheren Jahren vorhanden ist, und infolge der (auf grund der Abiturientenstatistik) neuerdings wieder zunehmenden Neuanmeldungen für nicht nur genügend, sondern sogar für zu stark. Er berechnet einen jährlichen Bedarf von 250 Kandidaten, während sich die Zahl der Neuanmeldungen im J. 1896/97 auf 487 belief.

Infolge des verspäteten Eintritts in die feste Stellung verschiebt sich auch das Alter, in dem die dazu qualifizierten Oberlehrer Direktoren werden. Das Alter der in den J. 1884—1895 ernannten Direktoren von staatlichen Vollanstalten war nach Lexis bei ihrer Ernennung durchschnittlich 44½ Jahre, an Nichtvollanstalten 40⅛ Jahre. Dieses Alter war etwas günstiger als bei den entsprechenden Chargen in der Justiz, wo es 46¼ Jahre betrug; doch ist zu berücksichtigen, dafs es für diese noch ein höheres Avancement gibt.

Die starke und frühzeitige Abnützung des Lehrerpersonals bestätigt Lexis ebenfalls: „von den 2204 Oberlehrern, die am 1. Jan. 1897 an den staatlichen Anstalten vorhanden waren, waren nur 26 oder 1,18 % mehr als 65 Jahre alt, während von 3754 Landrichtern und Amtsrichtern 223 oder 5,94 % dieses Alter überschritten hatten. Von den 203 Direktoren hatten allerdings 19 oder 9,35 % mehr als 65 Jahre erreicht, aber diese werden erst in einem Lebensalter ernannt, in dem sie schon einen Ausleseprozefs durchgemacht haben." Das durchschnittliche Ausscheidealter war nach Lexis für die Oberlehrer 52,66 Jahre, bei den Landrichtern und Amtsrichtern 59¼ Jahre.

Die ungünstigen Beförderungsverhältnisse gibt Lexis natürlich ebenfalls zu: auf 2270 Oberlehrer kommen (nach der Denkschrift über die Besoldungsaufbesserung) 224 Direktoren von Vollanstalten und Provinzialschulräte, also 8,98 % der Gesamtzahl, dagegen auf 4052 Staatsanwälte, Landrichter und Amtsrichter 753 Präsidenten, Oberlandesgerichtsräte, Oberstaatsanwälte, Landgerichtsdirektoren und erste Staatsanwälte, also 15,69 % der Gesamtzahl.

Lexis meint zum Schlusse, wenn sich herausstelle, dafs die Invaliditäts- und Sterblichkeitsverhältnisse im Vergleich mit denen der übrigen höheren Beamten so erheblich ungünstiger sind, wie es von Schröder und anderen behauptet werde, — Lexis hat nur den juristischen Stand (s. o.) in Vergleich gezogen und fand da die Behauptung allerdings vollauf bestätigt —, so müfste die Pflichtstundenzahl, die sich z. Z. auf 22 und selbst 24 wöchentliche Unterrichtsstunden beläuft, vermindert werden. Unserer Ansicht nach ist dies eine unhedingte Notwendigkeit. Die Unterrichtsverwaltung beabsichtigt in der That diese Verminderung demnächst eintreten zu lassen, wie uns aus sehr guter Quelle mitgeteilt wurde.

Lexis schliefst: der höhere Lehrerstand habe dem Staate in der neueren Zeit eine aufserordentliche Hebung seiner materiellen Lage zu verdanken; allein unter der Verwaltung Miquel's seien die Personalausgaben um 6 Millionen Mark erhöht worden. Aber man habe es „vielfach unterlassen, diesen Zugeständnissen auch diejenigen Abrundungen hinzuzufügen, die an sich und in finanzieller Hinsicht von verhältnismäfsig geringerer Bedeutung, aber für den durchgreifenden Erfolg der ganzen Reformarbeit ausschlaggebend sind." Zu diesen wünschenswerten weiteren Zugeständnissen rechnet Lexis die Einheitlichkeit des Prüfungszeugnisses (die inzwischen erfolgt ist), die Ermöglichung eines Aufsteigens innerhalb der Klasse der Oberlehrer zu einer höheren Stufe, die Vermehrung der etatsmäfsigen Oberlehrerstellen, die Beseitigung der Überfüllung der Schulklassen und der zum Teil damit zusammenhängenden Überlastung der Lehrer.[1]) Dafs der höhere Lehrerstand dabei die grundsätzliche Forderung seiner Gleichstellung mit den Richtern nicht aufgeben wird, findet Lexis begreiflich. Immerhin gibt er zu bedenken, dafs die Bedeutung des höheren Lehrerstandes für Staat und Gesellschaft ebensowenig wie die der Universitätsprofessoren[2]) nach dem materiellen Mafsstabe zu beurteilen sei. „Ihm ist die Jugend anvertraut, die er erziehen und ausbilden soll zu den künftigen Trägern aller höheren Bildung, der Wissenschaft, der Literatur und der Kultur überhaupt, wie er auch diejenigen vorzubereiten hat, die einst als Organe des Staates und der Kirche einen leitenden Einflufs auf Land und Volk auszuüben berufen sind. Die Wichtigkeit und Würde dieser Aufgabe des höheren Lehrerstandes ist so grofs, dafs sie den Vergleich mit keiner anderen Berufsthätigkeit zu scheuen hat."

Dafs diese Worte mit den unserem Stande gegenüber nicht blofs in alter, sondern auch bisweilen in neuerer Zeit geäufserten harten Verweisungen auf die Ideale nichts gemein haben, beweisen des Verfassers eigene Worte, die wir eingangs zitierten, wohl zur genüge. Herr Geheimrat Lexis wenigstens erscheint demnach über den Verdacht erhaben, als huldige auch er jener Auffassung, die der Hebung der sozialen Stellung unseres Standes allezeit am verderblichsten war.

2. Dr. **Heinrich Schröder**, „Der höhere Lehrerstand in Preufsen, seine Arbeit und sein Lohn." Neue Untersuchungen, insbesondere über die Sterblichkeitsverhältnisse der höheren Lehrer." Kiel, Lipsius u. Tischer, 1899. 94 Seiten. Preis 1 M. (In Partien zu 10 und mehr Exemplaren à 80 Pf.)

Der Verfasser, der (nach dem Kunze'schen Kalender mit der Fakultas in Deutsch, Englisch, Französisch und Latein) z. Z. Lehrer an der Kaiserl. Deck-offizierschule zu Kiel[3]) ist, hat sich durch seine Schrift „Oberlehrer, Richter und Offizier" (1897 erschienen, angezeigt in den „Blättern" 1897 S. 649) um den höheren Lehrerstand bereits sehr verdient gemacht. Die Schrift von Prof. Lexis wurde hauptsächlich durch seine Darlegungen hervorgerufen, und Lexis sah sich veranlafst, die statistischen Angaben Schröders und seine Schlufsfolgerungen in allem Wesentlichen zu bestätigen. Im Verlaufe der beiden letzten Jahre wurde Schröder, dessen gründliche Arbeiten auch im Ministerium Anerkennung fanden, wiederholt zu Konferenzen im Kgl. Unterrichtsministerium beigezogen.

Bei den Untersuchungen, welche Schröder in der vorliegenden Schrift angestellt hat, galt es ihm, in erster Linie den Nachweis zu liefern, dafs die Ab-

---

[1]) Es ist wirklich auffallend, wie auch bei uns in Bayern es sich fast genau um dieselben Fragen handelt und wie sehr auch bei uns der Fall zutrifft, dafs die finanzielle Bedeutung eine verhältnismäfsig geringe ist.

[2]) Dieser Vergleich hinkt indes allzubedeutend, als dafs wir ihn auch nur einigermafsen als gelungen anzuerkennen vermöchten.

[3]) Hier sei auch erwähnt, dafs Herr Dr. Schröder im Vereine mit Georg Neudeck, Kais. Marine-Schiffsbaumeister, z. Z. kommandiert zum Stabe des ostasiatischen Kreuzergeschwaders, ein Handbuch alles Wissenswerten über die deutsche Flotte nebst vergleichender Darstellung der Seestreitkräfte des Auslandes (mit einer Karte und 646 Abbildungen) unter dem Titel: „Das kleine Buch von der Marine" herausgegeben hat. VIII u. 359 Seiten. Preis elegant geb. 2 M. — bei Lipsius u. Tischer, Kiel 1898. Das Buch fand allgemein, in Fachkreisen und bei den sonstigen Freunden der Marine, eine solche Anerkennung, dafs innerhalb 3 Monaten mehr als 23000 Exemplare davon abgesetzt wurden; gegenwärtig läuft die 4. Auflage (26.—35. Tausend.)

nützung der Angehörigen des höheren Lehrerstandes eine unverhältnismäfsig grofse
ist, woraus er mit Recht folgert: 1. dafs die Lehrer zur Zeit überlastet sind, und
2. dafs ihr Maximalgehalt verhältnismäfsig viel früher erreichbar sein mufs als
dies zur Zeit der Fall ist, ja, dafs sie selbst bei einer Gleichstellung mit den
Juristen finanziell noch weit schlechter daran sind als diese. Zusammenfassend
und ergänzend, bezw. bestätigend behandelt Schröder auch in dieser neuen Schrift
wieder die lange Dauer der Vorbereitungszeit, den Nebenerwerb und alle jene
Punkte, die er bereits in seiner Erstlingsschrift erörtert hatte.

Ebenso geschickter wie überzeugender Weise thut er dar, dafs die
preufsischen Oberlehrer überbürdet sind; er führt eine grofse Anzahl von Autoritäten an, die einer Beseitigung dieser Überbürdung das Wort reden, so den Geh.
Medizinalrat Prof. Dr. Eulenburg-Berlin, den Prof. der Philosophie und Pädagogik Friedrich Paulsen-Berlin, den Prof. der Irrenheilkunde Dr. O. Bins-
wanger-Jena, den Prof. der Psychiatrie Dr. Ernst Kräpelin-Heidelberg, den
Physiologen H. Griesbach, er verweist auf die amtlichen Feststellungen von
Lexis (s. o.) und auf die gleichartigen Ergebnisse, zu denen in Hessen Prof.
Knöpfel-Worms[1]) und in Sachsen N. Holtze-Dresden[1]) gelangte. Die Pflichtstundenzahl beträgt in Preufsen für die Lehrer der oberen Klassen 22, für die
Lehrer der unteren Klassen 24. Nach Baumeister („Das höhere Schulwesen")
reicht in keinem der europäischen Staaten das Stundenmaximum auch nur ent-
fernt an diese Höhe heran.

In Bayern beträgt es 22 (untere) bezw. 20 Stunden (obere Klassen); doch ist
es da thatsächlich das Maximum, das bei dem auch in dieser Hinsicht praktikableren
Klassenlehrersystem nur in seltenen Fällen erreicht wird. Wo also in Bayern die
Klassen nicht überfüllt sind oder die Frequenz sich nicht der Schülermaximal-
ziffer, die ziemlich hoch ist, nähert, bestehen, wie wir gerne anerkennen, erhebliche Klagen über Überbürdung der Lehrer bei uns nicht. Auch sind wir mit
Ferien liberaler bedacht als die Kollegen in Preufsen, Sachsen und Hessen, und
endlich scheint, wenigstens im allgemeinen, die Korrekturlast keine so hohe
zu sein, als in den genannten Staaten. Dafs trotzdem auch bei uns die Abnützung
eine verhältnismäfsig rasche ist, haben wir neulich ebenfalls gefunden; sie erreicht
nahezu die in Preufsen, Hessen und Sachsen berechneten Ziffern.[2]) Eine Berechnung der entsprechenden Ziffern in den anderen Ständen ist leider bei dem vollständigen Mangel an dem nötigen statistischen Material zur Zeit in Bayern ganz
unmöglich.

Einen besonderen Abschnitt widmet sodann Schröder der Notlage der
Hilfslehrer und der jüngeren Oberlehrer (vgl. bei Lexis). Die erste
Notwendigkeit ist nach Schröder Verstaatlichung des ganzen höheren Schulwesens;
zur Zeit sind weit weniger als die Hälfte aller Gymnasien staatliche Anstalten.
Solange dies nicht geschieht, müfste durch besondere Gesetze Ordnung geschafft
werden, damit die kommunalen Anstalten nicht einerseits die besseren Kräfte in
jüngeren Jahren vorwegnehmen, andrerseits die für die staatlichen Anstalten ge-
nehmigten Gehaltsbezüge ihren Lehrern nicht vorenthalten. Aufserdem wird es
ein dringendes Bedürfnis sein, allenthalben mehr Hilfslehrerstellen in Oberlehrerstellen umzuwandeln und den verspätet zur festen Anstellung gelangten anderweitig zu Hilfe zu kommen, damit diese nicht dauernd im Gehalt geschädigt
werden. Letzteres liefse sich — wir sind in dieser vielumstrittenen Frage ganz
der Ansicht Schröders — am einfachsten durch eine verhältnismäfsig frühere Erteilung der sog. Funktionszulage (von 900 M.) erzielen, sowie durch eine angemessene Anrechnung der Dienstzeit als Hilfslehrer; in letzterer Hinsicht ist schon
einiges geschehen, ohne dafs es jedoch irgendwie genügte. Die älteren Oberlehrer
sind ja, da sie nach durchschnittlich 3¼ Jahren (vgl. Lexis) zur Beförderung gelangten, anders zu behandeln als die jüngeren, deren Lage unter den gegenwärtigen Verhältnissen in der That nahezu zum Verzweifeln ist. Wer sich sagen
mufs, dafs er mit 35 Jahren Oberlehrer wurde oder wird, um nach (durchschnittlich) 15—18 Jahren durch Invalidität oder Tod auszuscheiden, dem kann
wahrlich nicht wohl zu Mute sein. Die Lebensarbeit eines solchen Oberlehrers

---

[1]) Vgl. Bericht über unsere 19. Generalversammlung S. 20 21.
[2]) Näheres hierüber werden wir an anderer Stelle mitteilen.

wird, wie Schröder nachweist, thatsächlich nicht halb so hoch bezahlt wie die
eines Amtsrichters.

Die Schrift des verdienten Verfassers, welche im Laufe zweier Monate bereits die vierte Auflage erlebt hat, wird unzweifelhaft bei den demnächst stattfindenden Verhandlungen des preufsischen Landtags eine bedeutende Wirkung
thun. Hoffen wir, dafs sich die wohlbegründeten Wünsche alsdann verwirklichen!
Eine besondere Anerkennung wurde Schröders neuer Schrift jüngst dadurch
zu teil, dafs der derzeitige Vorsitzende des Vororts der Provinzialvereine Preufsens, Prof. R. Schmidt-Breslau, sämtliche Amtsgenossen in einem
eigenen Rundschreiben auf dieselbe aufmerksam machte und zum Bezuge einlud,
ein Beweis, dafs Schröder es verstand, das was den höheren Lehrstand Preufsens
zur Zeit am lebhaftesten bewegt, zum richtigen Ausdruck zu bringen.

3. Jahres- und Versammlungsberichte der preufsischen Provinzialvereine.

Die Versammlungen fanden in der herkömmlichen Weise statt (vgl. „Blätter"
J. 1898 S. 185 ff.). Fast sämtliche Vorsitzende wurden wiedergewählt. Nur in
Ost- und Westpreufsen und in Brandenburg wechselte der Vorsitz: dort ist jetzt
Direktor Laudien-Insterburg, hier Prof. Dr. Krüger-Grofs-Lichterfelde Vor-
sitzender.

Von Vorträgen sind folgende bemerkenswert: O.-L. Suhr-Danzig:
„Über Reformschulen". — Dr. Hubatsch (Direktor des städt. Realgymn. in
Charlottenburg) über: „Das Reformgymnasium." An der Diskussion beteiligte sich
auch Uhlig, der zufällig anwesend war. Die Meinungen waren hier wie dort sehr
geteilt; insbesondere waren viele für längeres Abwarten. — Auf der Versammlung
des Hessen-Nassau'schen Vereins zu Höchst hielt Prof. Dr. G. Wolff-Frankfurt
Vortrag: „Über die Okkupation der Wetterau durch die Römer" und Prof. Stelz-
Bockenheim sehr interessant über den „Schulgarten und seine Verwendung im
Unterrichte." In Breslau gab Prof. Dr. Badt einen lehrreichen Bericht über
„Englisches Schulwesen."

Die 19. Delegiertenkonferenz fand am 8. Oktober 1898 in Berlin unter dem
Vorsitze von Prof. R. Schmidt-Breslau statt. Sämtliche 12 Provinzialvereine
hatten je 2 Vertreter gesendet, in der Regel den Vorsitzenden und den ersten
Schriftführer.

Der Vorsitzende berichtete zunächst über das vergangene Vereinsjahr. Er
erwähnte die November-Konferenz (1897), an der, wie wir schon im vorigen
Berichte mitteilten, drei Mitglieder der Provinzialvereine beteiligt waren. Ein
konkretes Ergebnis dieser Konferenz ist die inzwischen erschienene neue Prüfungsordnung, die, wie der Vorsitzende bemerkte, allen wesentlichen Wünschen des
Standes gerecht wird. Der 2. Verhandlungsgegenstand war die Umwandlung der
Funktionszulage in Dienstalterszulagen. Die Verhandlungen hierüber sind noch
nicht abgeschlossen. Prof. Lortzing-Berlin gewann aus einer Unterredung mit
Finanzminister v. Miquel die Überzeugung, dafs die Kommunen demnächst durch
ein Gesetz verpflichtet werden dürften, den erhöhten Normaletat vom Jahre 1897
auch an den städtischen und stiftischen Anstalten einzuführen.

Drei Anträge[1]) wurden zur Überreichung an das Ministerium begutachtet:
1) Die Funktionszulage ist in regelmäfsiges Gehalt umzuwandeln. Die hiedurch
erhöhten Dienstalterszulagen sind möglichst früh zu gewähren, etwa mit dem 9.,
12., 15. Dienstjahre. 2) Es ist durch ein Gesetz zu bewirken, dafs an sämtlichen
Anstalten städtischen oder stiftischen Patronats die Gehaltserhöhung
schleunigst eingeführt und der Stellenetat völlig beseitigt wird. 3) Die Höchststundenzahl der jüngeren, bezw. der älteren Hälfte der endgiltig angestellten
wissenschaftlichen Lehrer ist auf 22 bezw. 20 festzusetzen; die Höchststundenzahl
darf aber nicht als Normalzahl angesehen werden, letztere ist 20 bezw. 18. Dringend
wünschenswert ist es, dafs die älteren Professoren nicht zu mehr als 18 Stunden
herangezogen werden.

---

[1]) Im Folgenden teilen wir mit gütiger Erlaubnis des Herrn Vorsitzenden die auch für Nicht-
preufsen meist recht interessanten Beschlüsse nach dem Wortlaut des Protokolls mit.

Die übrigen Beschlüsse der Delegierten-Versammlung, die durch den Vorsitzenden in mehr vertraulicher Weise dem Herrn Ministerialdirektor Dr. Althoff mitgeteilt worden sind, waren folgende:

1. Erhöhung der bisherigen Sätze für Hilfsunterricht und Überstunden auf 3 Mk. für die einzelne Stunde.
2. Es ist fortgesetzt dagegen zu kämpfen, dafs die aus den 50000 Mk. gegründeten Oberlehrerstellen wieder eingehen.
3. Die vollbeschäftigten Hilfslehrer sollen das Anfangsgehalt des Oberlehrers ohne Wohnungsgeld erhalten.
4. Hilfslehrer dürfen nur für vorübergehende Unterrichtsbedürfnisse verwendet werden; für dauernde sind endgiltige Stellen zu schaffen.
5. Die Beschäftigung der Elementarlehrer mit wissenschaftlichem Unterricht ist an den höheren Schulen möglichst einzuschränken.
6. Die über 4 Jahre hinausgehende Hilfslehrerzeit ist für das Dienstalter anzurechnen, sofern der Hilfslehrer im öffentlichen Schuldienst thätig gewesen ist oder zur Verfügung des Königlichen Provinzial-Schulkollegiums gestanden hat.
7. Zu erstreben ist die Gleichstellung im Gehalt der Direktoren von Vollanstalten in Städten unter und über 50000 Einwohnern.
8. Den von den Behörden ausgewählten Teilnehmern an fachwissenschaftlichen Kursen ist eine angemessene Entschädigung zu gewähren.
9. Der Herr Minister soll geboten werden, bei der Verleihung des Oberlehrertitels von dem Grundsatze auszugehen, dafs dieser Titel nur an die Lehrer · verliehen wird, welche auf einer Universität oder technischen Hochschule vorgebildet sind und die in ihrem Fache vorgeschriebene Staatsprüfung bestanden haben.
10. Der Erlafs einer für alle Provinzen giltigen, die Rechte und Pflichten der Direktoren und Lehrer bestimmenden Dienst-Instruktion ist ein Bedürfnis.
11. Es ist auch fernerhin zu erstreben, dafs die Kandidaten beim Beginn des Seminarjahres vereidigt werden.
12. Der Herr Kultusminister ist zu ersuchen, an Se. Majestät den König die Bitte zu richten, Se. Majestät möge den Oberlehrern zugleich mit ihrer Ernennung zum Professor den Rang der Räte 4. Klasse als Amtscharakter verleihen.
13. Die Oberlehrer werden vom Unterrichtsminister ernannt bezw. bestätigt; die Hälfte derselben erhält den Amtscharakter „Professor" und damit den amtlichen Rang der Räte 4. Klasse. Demgemäfs ist den oberen Beamten der Schulverwaltung eine entsprechende Erhöhung der Rangstellung zu gewähren.
14. Den Kandidaten und Hilfslehrern ist ein augemessener Titel zu verleihen.
15. Die Provinzial-Schulkollegien und das ·Unterrichtsministerium sind unter dem Vorsitze von Fachmännern als Fachmännerkollegien mit einem Justitiar als Beirat selbständig zu gestalten.
16. Die Direktoren der höheren Schulen sind zu entlasten, sowohl durch Verminderung ihrer Maximalstundenzahl als auch durch Gewährung einer ausreichenden Schreibhilfe.
17. Es ist wünschenswert, dafs die Vertretung der zu militärischen Übungen eingezogenen Herren durch besondere Hilfskräfte geschieht.
18. Es ist durchaus notwendig, dafs von sämtlichen Behörden und Schulen eine einheitliche deutsche Rechtschreibung geübt wird.

Aufserdem wurden von der Deligierten-Konferenz noch folgende Beschlüsse gefafst, die die Vereinsthätigkeit betreffen und für die Behörden ohne Interesse sind:

1. Eine Liste der durch Tod oder Pensionierung ausscheidenden Direktoren und Oberlehrer mit bestimmten Angaben über das Alter bei ihrem Abgange ist alljährlich aufzustellen und im Kunze-Kalender zu veröffentlichen.
2. Es ist in allen Provinzen anzustreben, dafs die Provinzial-Schulkollegien das Material für die Hilfslehrerlisten in derjenigen Weise zur Verfügung stellen, wie sie es jetzt schon in Hannover und Hessen-Nassau thun.

3. Für statistische Arbeiten im Interesse unseres Standes wird ein Betrag von 1000 М k. bewilligt.

4. Die, besonders für Berlin, unzulänglichen Tagegelder der Delegierten werden von 12 auf 15 М k. erhöht.

5. Es ist den Kollegen zu empfehlen, sich gegen Unfälle im Dienst (bei physikalischen und chemischen Versuchen und beim Turnen) zu versichern.

6. Der Vorsitzende wird beauftragt, im Namen der 12 Provinzialvereine am Tage der Beisetzung des Fürsten Bismarck in Friedrichsruh einen Kranz mit passender Widmung zu übersenden.

Die übrigen in der Tagesordnung verzeichneten Anträge wurden durch die bisher erwähnten angenommenen Anträge für erledigt erklärt bezw. abgelehnt oder bis zur nächsten Delegierten-Konferenz zurückgestellt.

Zum Vorort für das Jahr vom Oktober 1898 bis Oktober 1899 wurde wiederum Schlesien, zum Vorsitzenden Prof. R. S c h m i d t - Breslau gewählt Als Zeitpunkt der nächsten Delegierten-Konferenz wurde Michaelis 1899, als Versammlungsort Breslau in Aussicht genommen.

Aus dem **Etat des preufsischen Unterrichtsministeriums** für das Jahr vom 1. April 1899—1900 seien folgende zwei bemerkenswerte Positionen mitgeteilt (nach dem Korr.-Blatt Nr. 3):

1) Zu Titel 5a (Neuer Titel): Die Leiter gröfserer Anstalten sind vielfach zum Schaden der erspriefslichen Einwirkung auf den Unterrichtsbetrieb durch die Erledigung der Direktorialgeschäfte übermäfsig in Anspruch genommen, und es hat sich das Bedürfnis ergeben, sie auf diesem Gebiete zu entlasten. Diese Entlastung läfst sich auf verschiedene Weise bewirken. Vorläufig ist in Aussicht genommen, versuchsweise an 12 Anstalten je einen O b e r l e h r e r mit der Leistung von A u s h i l f e i n d e n D i r e k t o r i a l g e s c h ä f t e n zu beauftragen und ihm hiefür eine Remuneration von 600 Mark jährlich zu gewähren. Bewährt sich der Versuch, so besteht die Absicht, die Einrichtung dauernd beizubehalten und nach Bedürfnis auf weitere Anstalten auszudehnen.

2) Tit. 14—17 (Neuer Titel): A u s k u n f t s t e l l e f ü r L e h r b ü c h e r des höheren Unterrichtswesens: Besoldung für den Verwalter (2700—6000 M.): 2700 М.; Wohnungsgeldzuschufs für denselben 900 М.; für Bücheranschaffungen etc. einschliefslich Bindekosten 2400 М.; sonstige sachliche Ausgaben (Dienstleistung, Korrespondenz, Ergänzung des Inventars etc.) 2100 М. B e g r ü n d u n g: Der Mangel einer einheitlichen Sammlung der auf dem Gebiete des höheren Unterrichts innerhalb Deutschlands in Gebrauch befindlichen und neu erscheinenden Lehrmittelliteratur wird in allen beteiligten Kreisen seit lange als schwerwiegender Übelstand empfunden. Dem Fehlen jeder Übersicht ist es namentlich zuzuschreiben, wenn an höheren Unterrichtsanstalten noch mehrfach veraltete und minder geeignete Lehrmittel im Gebrauch sind und wenn der im sachlichen Interesse wenig wünschenswerten Neigung, neue Lehrbücher zu verfassen und zur Einführung zu bringen, auch wenn bereits anderswo bewährte zur Verfügung stehen, nicht mit Erfolg entgegen getreten werden kann. Auch würde durch die geplante Einrichtung dazu beigetragen werden, einen unnötig häufigen Wechsel der Unterrichtsmittel zu vermeiden. Für die Unterbringung der Bibliothek, die zugleich für die Verwaltungszwecke des Ministeriums der geistlichen etc. Angelegenheiten von aufserordentlichem Nutzen wäre, stehen geeignete Räume zur Verfügung. Die Besoldung für den Verwalter der Auskunftsstelle ist nach Mafsgabe der für die Oberlehrer an den sämtlichen höheren Lehranstalten jeweilig geltenden Bestimmungen festzusetzen. Nach Kap. 14 Tit. 97 der einmaligen und aufserordentlichen Ausgaben werden für die erste Einrichtung der Bibliothek 15000 М. gefordert. Dr. G.

Die Landratsbeschlüsse vom November 1898.

a) Oberbayern: Es wurde die Errichtung eines Progymnasiums in Traunstein beschlossen. Auf Antrag der Stadt Traunstein, welche ein ordnungsgemäfses Gebäude herstellt und dafür die Unterhaltungskosten übernimmt, hatte die Kgl. Regierung im Einvernehmen mit dem Kgl. Staatsministerium die Errichtung befürwortet. Drei Lateinschulklassen sind bereits mit der Realschule verbunden. — Ferner beschlofs der Landrat, an die Regierung die Bitte zu richten, dieselbe möge veranlassen, dafs dem künftigen Landtag der Antrag vorgelegt werde, es seien die Erfordernisse des früheren Progymnasiums Rosenheim, nachdem diese Anstalt Vollgymnasium geworden sei, auf Zentralfonds zu übernehmen.

b) Pfalz: Dem im Vorjahre gestellten Antrag, die Progymnasien Frankenthal und Grünstadt nicht mehr als Kreis- sondern als Gemeindeanstalten zu betrachten, wurde vom Kgl. Staatsministerium mit Rücksicht auf die historischen Verhältnisse und auf die Frequenzverhältnisse der Anstalten im Landratsabschied keine Folge gegeben. Der Landrat nahm nun abermals eine Resolution auf Beseitigung dieses Zustandes an.

c) Mittelfranken: Entsprechend dem Gesuche der Rektoren der Progymnasien zu Dinkelsbühl, Neustadt a/A., Schwabach, Weifsenburg a/S. und Windsheim wurde die erbetene Gleichstellung mit den Realschulrektoren bezüglich der Gehaltsverhältnisse, d. h. die Anrechnung der Dienstzeit vom Tage der Anstellung als Subrektoren, gewährt und die hiefür erforderliche Position von 3780 Ⅎ. eingesetzt.

Die übrigen Landratsversammlungen haben nichts Neues ergeben.

Dr. G.

Einladung.

Der Unterzeichnete arbeitet z. Z. an einem Sammelwerke „Klassisches Altertum im Spiegel deutscher Dichtung" und möchte hiemit zur Einsendung von kurzen erzählenden Gedichten, welche Geschichts- oder Kulturbilder der römischen Republik zum Gegenstande haben und bei tadelloser Form auch einen wirklich poetischen Gehalt bekunden, geziemendst eingeladen haben.

Jedes Gedicht möge auf einem, bezw. mehreren gesonderten Quartblättern, deutlich geschrieben, eingesandt werden. Auf eine Rücksendung abgelehnter Gedichte mufs leider verzichtet werden.

München, am 20. Februar 1899.

Dr. Karl Zettel, K. Gymn.-Prof. a. D.,
Rumfordstr. 27,IV.

Personalnachrichten.

Ernannt: an Realanstalten: Georg Wimmer, Assistent a. d. Realschule Kaufbeuren zum Reallehrer in Freising (Real.).

Versetzt: an Realanstalten: Joh. Heinr. Müller, Reallehrer in Landsberg, nach Straubing; Franz Starflinger, Reallehrer in Freising, nach Landsberg, beide auf Ansuchen.

Assistenten: Andreas Wahler, Gymn.-Assistent in München (Maxg.) zur Aushilfe an das Progymn. Memmingen berufen.

In Ruhestand versetzt: an Realanstalten: Franz Schmitt, Reallehrer für neuere Sprachen, vormals in Aschaffenburg, auf ein weiteres Jahr; Jos. Liebl, Reallehrer in Straubing, auf ein Jahr.

Gestorben: an humanistischen Anstalten: Priester Georg Albert Schnell, Gymnasiallehrer in Passau; Franz Poschenrieder, Gymnprof. in Regensburg (A. Gymn.);

an Realanstalten: Alois Frösch, Reallehrer in Passau; Georg Kraus, Prof. f. Zeichnen an d. Realschule Weiden.

I. Abteilung.

Abhandlungen.

Zu den Fragmenten der lateinischen Tragiker.

Wer hätte sich mit Plautus und Terentius eingehend beschäftigt und nicht zugleich den in den verschiedenen Schriften namentlich der lateinischen Grammatiker zerstreuten, von Ribbeck mit soviel Fleifs und Geschick gesammelten Fragmenten der scenischen Dichter seine Aufmerksamkeit zugewendet? Gibt es doch hier genug Rätsel zu lösen, genug Nüsse zu knacken! Mich selbst hat die handsame dritte Auflage der Tragikerfragmente Ribbecks (Leipz.-Teubner 1897) veranlafst, das Büchlein als Ferienlektüre mit in die Berge zu nehmen. Weil es zweckdienlich scheint, dafs zu einem schwierigen Werk die Bausteine von mehreren Seiten zusammengetragen werden, übergebe ich diese Bemerkungen der Öffentlichkeit.

Die rückhaltlose Anerkennung, die ich der Arbeit des grofsen Gelehrten zolle, schliefst die Erkenntnis der Mängel nicht aus, die ihm noch anhaften. Mehr als bisher geschehen, mufs auf die Eigenart der dramatischen Sprache Rücksicht genommen werden, die vielfach ihre besonderen Gesetze, darunter vor allem die Natürlichkeit der Wortstellung verlangt. Durch das Studium des Vergilius hatte sich Ribbeck in die Kunstsprache der epischen Dichtung eingelebt, und es gelang ihm nicht immer, diese von der anders gearteten dramatischen Ausdrucksweise fern zu halten. Wenn er z. B. in dem Fragment des Accius (Tereus 2) nach Luc. Müller in den Text setzt: 'Tereus indomito more atque animo barbaro Conspexit ut eam, e. q. s.' als Vordersatz für: ut eam conspexit (überliefert ist in eam c.), so ist diese Wortstellung bei Vergilius ohne Anstofs, in der Sprache der scenischen Dichtung aber unmöglich. Ferner ist in der metrischen Fassung der Fragmente noch manches zu bessern. Wer die Textgestaltung in den drei Ribbeckschen Ausgaben genau verfolgt hat, der weifs, welch grofser Fortschritt gerade in dieser Beziehung gemacht wurde. Aber doch ist noch manche veraltete Anschauung zu überwinden und sind die Gesetze der einzelnen Versarten genau zu erkennen und einzuhalten.

Bei den Stellen, die den Klassikern entnommen sind, ohne dafs Dichter oder Dichtung von diesen citiert wird und die unter der Rubrik 'Ex incertis incertorum fabulis' bei Ribbeck Aufnahme gefunden haben, ist die Frage, ob wir wirklich ein Dichterfragment vor uns haben, zuweilen schwer zu entscheiden und liegt die Gefahr der Täuschung nahe. Aus Cicero Tusc. disput. 1, 5, 10: 'dic, quaeso,

num le illa terrent, triceps apud inferos Cerberus, Cocyti fremitus,
trauectio Acherontis, mento summam aquam attingens, enectus siti Tantalus?' wurde von Ribbeck als fragm. inc. inc. inc. 59 der Senar aufgenommen:

> Mento summam amnem attingens, enectus siti.

Darin ist amnem nach Büchelers Vorschlag für das überlieferte
aquam gesetzt; Lachmann, Ritschl, Luc. Müller hatten andere
Messungen und Änderungen vorgeschlagen. Wenn wir uns fragen,
was wohl so hervorragende Kritiker bestimmte, von dieser Aufzählung
der Schrecknisse der Unterwelt die Schilderung der Qual des Tantalus
formell abzusondern und als Vers zu fassen, wiewohl sie erst Änderungen oder ungewöhnliche Messung für nötig hielten, um einen Vers
zustande zu bringen, so werden wir nicht irren, wenn wir annehmen,
die Wahl des Wortes enectus war es, die dem Ausdruck die poetische Färbung zu geben schien. Nun gebraucht aber Livius ebenso
fame enectus, wie hier siti enectus steht, und Cicero selbst sagt
prouinciam enectam tradere, wo gewifs niemand an ein
Dichtercitat denken wird. Wir werden daher die Stelle aus den
Dichterfragmenten streichen und für Prosa erklären müssen, wie auch
ihre ganze Umgebung Prosa ist. Zu beachten ist auch, dafs sowohl
Nonius als Priscianus die Stelle als Worte des Cicero, nicht als die
eines alten Dichters anführen.

Liv. Andron. Aegisth. frag. 4:

> Nemo haéc uostrorum ruminetur mulieri.

So Ribbeck [1]). Wenn diese Lesart handschriftlich vorläge, könnte
niemand daran denken sie zu ändern. So aber ist uoster statt
uostrorum überliefert und nemo uoster wäre wohl kaum aus dem
allgemein verständlichen nemo uostrorum oder, wie man auch schreiben wollte, uostrum durch Verschreibung entstanden. noster und
uoster in der Bedeutung 'zu unserem, eurem Hause gehörig' ist ein
Ausdruck der Volkssprache und, was sovielfach damit übereinstimmt,
der Bühnensprache; vergl. Plaut. Mil. 432: certe equidem noster
sum, 431: nos nostri an alieni simus, Ter. Andr. 765, ebenso die
Wendung noster esto u. a. Daher ist nemo uoster 'niemand
von euch, niemand von eurem Hause,' womit namentlich die Sklaven
gemeint sein werden, nicht anzufechten. Der Vers ist am Anfang
unvollständig, sei es mit iambischem oder trochäischem Rhythmus:..
némo haec uoster rúminetur múlieri.

id. 5:

> Sollemnitusque † adeo ditali laudet lubens.

Ribbecks Vermutung, die er in der Anmerkung anführt, deo
litat für adeo ditali, ist ein glücklicher Fund, der die Stelle zur
Hälfte herstellt. Nur laudet ist noch zu emendieren. Es handelt

---

[1]) Auch bei den übrigen hier besprochenen Fragmenten ist unter der an
die Spitze gestellten Lesart die von Ribbeck aufgenommene zu verstehen.

sich ohne Zweifel um das feierliche Opfer, das Agamemnon zum
Dank für seine glückliche Rückkehr darbringt. Wenn wir uns erinnern, daſs Plaut. Trin. 821 der in die Heimat zurückgekehrte
Charmides sagt: Neptuno laetus lubens laudes ago, so haben
wir hier die Begriffe, die wir brauchen, nemlich: Sollemnitusque
deo litat laetus lubens.

id. 8:

> Quin quód parere ⟨mihi⟩ uos maiestás mea
> Procat, toleratis temploque hanc deducitis?

Wahrscheinlicher als diese Versabteilung ist die von Bothe u. a.
bevorzugte: Quin quód parere uós maiestas méa procat, weil so
der Schluſs des Vordersatzes mit dem Schluſs des Verses zusammenfällt. Dann ist der Anfang des zweiten Verses mangelhaft, und da
sich nicht erkennen läſst, was tolerare in solchem Zusammenhang bedeuten soll, wird die Verderbnis gerade in diesem Worte
zu suchen sein. Ich vermute: Obtemperatis temploque hanc
deducitis. Das Verbum obtemperare nimmt Bezug auf das vorhergehende parere und entspricht dem procat = postulat. Die Assonanz
mit templo ist wie Ennius Medea 2: Contempla et templum
Cereris ad laeuam aspice.

Liv. Andromeda 1:

> Cónfluges ubí conuentu cámpum lotum inúmigant.

Das iambisch gemessene ubi ist an dieser Stelle nicht zulässig.
Auch aus anderem Grund empfiehlt es sich zu schreiben: Cónfluges
ubi ⟨úbi⟩ c. c. t. i. vergl. Plaut. Bacch. 1087: quicunque ubi ubi
sunt u. a.

Liv. Tereus 2:

> Nimis pol inpudenter: seruis praestolaras?

Überliefert ist inprudenter und seruus, das heiſst, in die Schreibweise des Livius Andronicus übertragen, seruos. Dieses seruos
kann Accusativ sein und die Worte nimis pol inprudenter seruos
praestolaras können heiſsen: Es war sehr unklug von dir auf die
Sklaven zu warten, z. B. mit dem gedachten Gegensatz: Du hättest
warten sollen, bis er selbst aus dem Hause herauskam. Dazu kommt
ein weiterer Grund. Die Konstruktion des Verbums praestolari mit
Dativ ist in der Bühnensprache zweifelhaft. Plautus und Terentius
verbinden es nur mit Accusativ, vergl. Cas. 573, Epid. 221, Most.
1060, Poen. 1173, Truc. 336, Eunuch. 975. (Com. frag. Turpil.
Paedium 2: Ego praestolabo illi oscitans wäre illi Adverbium,
wenn diese Konjektur Bothes anzunehmen wäre.)

id. 4:

> credito,
> Cum illoc olli mea uoluntate numquam limauit caput.

Daſs das altertümliche ollus und die jüngere Form illic unmittelbar neben einander stehen können, ist ganz unglaublich. Wer aus dem überlieferten i l l o s o l i m (und illos solim und illos soli) eine dem Sinn genügende Lesart herstellen will, dem bietet sich zunächst cum illo s o l a oder auch s o l o dar. Aber es fragt sich, ob nicht in c u m i l l o s o l i m mit anderer Wortteilung c u m i l l o s o l i m steckt und hier eine sonst nicht vorkommende Adverbialform von solus erhalten ist. Die Analogie mit dem von olus, ollus abge-leiteten olim sowie die Vorliebe der alten Sprache für Adverbial-bildungen auf im sprechen dafür, diese Möglichkeit offen zu halten.

L i v. i n c e r t. f a b. 2:

> .. sed qui sunt hí qui ascendunt áltum oerim?

Ich erwähne diesen Vers nur wegen Ribbecks Bemerkung: 'scnarium sic expleas: Sed qui sunt h i c e q u i s ascendunt altum oerim?' Dafs hice vor einem konsonantisch anlautenden Wort nicht stehen kann, ist längst nachgewiesen; ebensowenig darf man die Einführung der Nominativform quis durch Konjektur wagen. Entweder ist der Vers in obiger Form am Anfang unvollständig oder es fehlt das Ende: Sed qui sunt hi qui ascéndunt altum ocr(im) — ◡ —, wenn die Endsilbe von oerim in die Elision fiel und ein vokalisch anlauten-des Wort, beispielsweise aduenae, folgte.

N a e v i u s D a n a e 4:

> Eam núne esse inuéntam probrís compotém scis.

mit bacchischem Rhythmus. Dafs dieser mit Recht angenommen ist, bezweifle ich wegen der Synizese eām. Denn der bacchische Rhythmus ist durchaus jeder Synizese in der Versse n k u n g ab-geneigt. Ein mit eam nunc beginnender bacchischer Vers wäre sicher vom Dichter ĕ á m n u n c gemessen worden, wie Plaut. Amph. 179: Eúm nunc potíuit patér seruitútis. Ohne esse würde der Vers allerdings bacchisch klingen. Aber man kann entweder durch die Umstellung scis compotem einen iambischen Senar bilden oder ohne Änderung zwei trochäische Versteile messen, deren zweiter Cómpotem scis ist. Wahrscheinlich ist mir auch, dafs es statt probris ursprünglich p r o b r i biefs. Denn es kann nur von e i n e m Fehltritt die Rede sein, und probrum, das Plautus öfter im Sinne von stuprum gebraucht, findet sich so immer im Singular. Com-pos mit dem Ablativ verbunden steht zwar bei Accius Clytem. 6: magnis compotem et multis malis, aber das Gewöhnliche ist der Genetiv, so immer bei Plautus, der compos culpae, laudis, miscria-rum u. a. hat.

i d. 5:

> .. a u r i rúbeo fonte lauere ⟨me⟩ memini manum.

Für unzweifelhafte Verbesserungen halte ich die Einschaltung des m e vor memini und Büchelers r u b e o für das überlieferte iubeo.

Danae spricht von dem goldenen Regen. Am Anfang des Verses ist animi statt auri überliefert, nemlich Neuius Dane animi. Dies ist wahrscheinlich nichts anderes als Neuius Danae nimi, wie auch im zweiten Fragment der Danae im codex Bamb. Danea statt Danae geschrieben ist. Wir haben dann den iambischen Senar: Nimis rúbeo fonte láuere me memiuí manum. Man könnte selbst die Form nimi mit abgestossenem s beibehalten.

id. 10:

.. manuhias súppetat pro mé..

pro me gibt keinen Sinn. Man hat passend prome vermutet. Dazu stimmt das Vorhergehende, wenn suppedita geschrieben wird: gib sie her, hole sie! Trochäische Messung: Mánubias suppédita prome..

Naev. Equos Troi. 1:

Numquam hódie effugies quin mea moriaris manu.

Es liegt kein Grund vor, weshalb die handschriftliche Lesart manu moriare verlassen werden sollte, die zwei iambische Versteile ergibt: .. numquam hódie effugies quín mea Manú moriare .. Ich nehme an, dafs Ribbecks Bemerkung, man könne auch mit der Überlieferung die zwei Versteile n. h. e. q. mea manu | Moriáre messen, Druckfehler ist und er das nemliche meinte; denn in der von ihm angegebenen Abteilung ist der erste Versteil fehlerhaft.

Naev. Iphig. 1:

Pásso uelo uícinum, Aquilo, ⟨Oréstem⟩ in portum fér foras.

Es handelt sich um die Fahrt von Tauris nach Griechenland. Wie soll da uicinum portum passen? Weit eher das Gegenteil, der ferne Hafen. Auffallend ist auch, dafs neben foras noch in portum, neben dem Ausgang noch das Endziel steht. Entweder foras ferre allein oder in portum ferre allein, aber nicht beides zugleich! An diese Worte werden wir daher den Hebel ansetzen müssen. Der zweite Teil ist überliefert: aquilone hortum fer foras, woraus mit Benutzung des Schlufsvokals von aquilone das hier entsprechende aquilo, e portu fer foras gewonnen wird. Es fehlt noch das Objekt. Was liegt näher, wenn passo uelo vorhergeht, als das Schiff? Von der handschriftlichen Lesart passo uel hoc uicinum werden wir die Buchstaben inum oder num zur Herstellung von nauem verwenden und das Übrige für passo uelo hinc. So erhalten wir den Senar: Passó uelo hine nauem, áquilo, e portu fér foras. Wie ich sehe, hat schon Havet uelo hine und e portu vorgeschlagen, blieb aber auf halbem Wege stehen und ergänzte: Passo velo hinc i nunc, aquilo, ⟨Orestem⟩ e portu fer foras.

Naev. Lycurg. 3:

Liberi ⟨sunt⟩: quaque incedunt omnis aruas opterunt.

Die Worte des Nonius sind: arua.. feminino Neuius Lycurgo lib. II quaque incedunt e. q. s. In lib. II glaubte man einen Kasus des Namens Liber finden zu müssen (vgl. Accius Stas. 1), doch ist die Verwendung des Wortes im Satze nicht klar. Bei Nonius sind vielfach Citate in einander geschoben oder Namen eines Schriftstellers oder Werkes am ungehörigen Orte. So steht Pacuv. Teuc. frag. 21, bei Nonius p. 121, 15: Pacuuius Erotopaegnion lib. II, wo Mercier Laeuius für Pacuuius vermutete und Ribbeck bemerkt: 'sed fortasse alter Pacuuii locus ante Laeuii nomen excidit.' Ebenso Accius Alphesiboca frag. 6 bei Nonius: dedicare est dicare. M. Tullius Accius in Alfesiboea. Ferner Accius Epinausimache frag. 15: 'idem Epinausimace eos mortalis foenis lib. X miseror e. q. s. Ich möchte daher annehmen, daſs die Worte lib. II des obigen Citates entweder Reste einer anderen Belegstelle sind oder durch irgendwelchen Zufall an diese unrichtige Stelle gelangten, so daſs als Worte des Naevius nur zu betrachten sind: quaque incedunt aruas opterunt. Mit Angabe des Buches (lib...) citiert Nonius die Stellen sehr häufig, sowohl aus Schriftstellern der Prosa als aus epischen Dichtern; z. B. p. 472 stehen 7 Citate mit Angabe des fiber.

id. 5, 3:

Ingénio arbusta ubi nata sunt, non obsita.

Das überlieferte obsitu ist sicher zu halten. Wie satus auſser dem konkreten Begriff Saat auch die Handlung des Säens bedeutet, z. B a satu = a serendo, ebenso kann das Kompositum obsitu diese Bedeutung haben, wenn es auch zufällig sonst nicht vorkommt. Aus demselben Dichter kann man vergleichen Lycurg. 15: inflexu flectitur. Das Substantiv obsitu ist darum besonders passend, weil der Gegensatz ingenio ebenfalls durch ein Substantiv gegeben ist.

id. 12:

Né ille mei feri ingeni ⟨iram⟩ atque animi acrem acrimoniam.

Die Einschaltung iram kann wegfallen, wenn man animi acris acrimoniam schreibt. Leicht konnte aus Versehen des Schreibenden der Kasus des Adjektivs dem des folgenden Substantivs angeschlossen werden. Der Satz hat Subjekt und Objekt, aber kein Verbum. Nonius, dem das Citat entnommen ist, pflegt soviel als möglich in der Art zu citieren, daſs der ganze Gedanke klar ist. Das Verbum kann in feri liegen, nemlich fert. Wahrscheinlich spricht so der Vater von dem Charakter seines Sohnes: Né ille mei fert íngeni atque animi ácris acrimóniam.

id. 17:

> Nám⟨que⟩ ludere út laetantis inter se⟨se⟩ uidimus
> Própter amnem, aquam creterris sumere ex fonte..

Wir müssen von der überlieferten Wortstellung ausgeben: nam ut ludere und creterris sumere aquam. Diese fügt sich weder trochäischem noch iambischem, wohl aber, wie schon Bücheler erkannte, anapästischem Rhythmus. Die Frage kann nur sein, wie die Dimeter abzuteilen sind. Allitterationen haben am liebsten ihre Stelle am Versschlufs, darum fassen wir als ersten Vers ◡◡ ◡ — nam ut ludere laétantis. Von selbst ergibt sich auch der letzte Vers: cretérris sumere aquam éx fonte. Im zweiten ist praeter amnem (so ist überliefert) verderbt, wie sowohl das Versmafs als der Sinn zeigt. Es befremdet, dafs Flufs und Quelle neben einander genannt sind. Wir erhalten dadurch gewissermafsen einen doppelten Schauplatz, während wir uns die Mädchen doch nur entweder an einer Quelle oder an einen Flufs denken werden. Ich vermute:

> .. nam ut ludere laétantis
> intér se uidimus pér terram et
> cretérris sumere aquam éx fonte.

Die Mädchen sitzen auf der Erde um die Quelle, scherzen mit einander und schöpfen Wasser mit den Krügen. et am Schlufs des anap. Dimeters ist wie Accius Epigon. 4: uadére cerno et | Nobís oder Acc. Asty. 10 itera in | Quibus pártibus, Varius Ruf. inc. 1, 4: canor in | Vestígia. Übrigens hindert nichts Vers 2 u. 3 als Tetrameter zusammenzunehmen; denn dafs die Tragödie den anapästischen Rhythmus nur in Form von Dimetern zugelassen habe, ist eine unbewiesene Hypothese.

id. 19:

> ⟨Síc⟩ sine ferro pecua manibus ⟨sueta⟩ ut ad mortem meant.

Ribbeck spricht sich nicht darüber aus, wie er diese schwer verständlichen Worte gefafst wissen will. Luc. Müller bemerkt zu Non. 159,7: 'sunt autem verba satellitis mirantis Bacchi eiusque comitum nulla vi lemptata se tradentium regis militibus patientiam vel ignaviam.' Dagegen sind jedoch manche Einwände zu erheben. Bacchus und seine Begleiter gehen nicht zum Tode, sie lassen sich nur ruhig und ohne Widerstand vor den Fürsten des Landes führen. Was dabei manibus helfst, ist unklar. Aufserdem enthält seine Lesart: Sine ferro manibus, pecua ut, ad mortem meant die in der epischen Poesie erlaubte, in der Bühnensprache aber unzulässige Wortstellung pecua ut für ut pecua. Ich beziehe die Worte auf einen Überfall, den die Bacchantinen auf eine Rinderherde machen, wobei sie in ihrer Raserei die Tiere ohne Schwerter mit blofsen Händen töten. Ad mortem meant ist dichterischer Ausdruck für occiduntur und ut heifst 'wie' beim Ausruf: Sine férro pecua mánibus ut ăd mortém meant! 'Wie werden da die Rinder von ihnen ohne Schwert

mit blofsen Händen gelötet!‘ Das Original der Stelle ist jedenfalls
Eurip. Bacch. 734 sq., wo der Bote ausführlich diesen Angriff der
Bacchantinen auf die Rinder erzählt:

> ἡμεῖς μὲν οὖν φεύγοντες ἐξηλύξαμεν
> Βακχῶν σπαραγμόν, αἳ δὲ νεμομέναις χλόην
> μόσχοις ἐπῆλθον χειρὸς ἀσιδήρου μέτα.
> καὶ τὴν μὲν ἂν προσεῖδες εὔθηλον πόριν
> μυκωμένην ἔχουσαν ἐν χεροῖν βίᾳ,
> ἄλλαι δὲ δαμάλας διεφόρουν σπαράγμασιν κ. τ. λ.

Zu der Kürzung út äd mortem, die nicht durch Umstellung zu beseitigen ist, vergl. die in meiner Ausgabe der Andria Einleit. XXIX
aufgeführten Beispiele ét ad rem — quód ad te — út ex illius u. a.

id. 21:

> Proinde húc Dryante regem prognatum patre
> Lycúrgum cette!

Statt proinde huc ist proin dus überliefert, was aus proin
dlis d. h. dis verderbt scheint. Wie sonst zu cedo cette öfter
mihi gesetzt wird, so hier dis: Liefert den Lycurgus den Göttern
aus’, damit er nemlich für sein Vergehen an Bacchus bestraft werde.

Ennius Achill. 5:

> .. nam consiliis obuarant quibus
> iam ⟨iám⟩ concedit Hector corde ⟨callido⟩.

Der Relativsatz ist überliefert: quibus tam concedit hic ordo.
Bei Plautus Aulul. 232 wird ordo von den pauperes gegenüber
den divites, Cist. 23 von den meretrices gegenüber den summates
matronae gebraucht. So kann auch hier ein bestimmter Stand gemeint sein, z. B. die Fürsten gegenüber den Niedrigen. Mit hic
ordo bezeichnet der Sprechende wahrscheinlich den Stand, dem er
selbst angehört, wie Plaut. Cist. 23 mit hunc ordinem, womit 34
nostro ordini abwechselt. Ist an den Worten nichts verderbt als
tam aus iam, so haben wir zwei katalektische anapästische Dimeter:

> Nam cónsiliis obuárant,
> Quibus iám concedit hic órdo.

Ennius Alcumeo 3,2:

> ’Incedunt incedunt: adsunt ⟨adsunt⟩, me⟨med⟩ expetunt.

Die Schilderung bezieht sich auf das Herannahen der Furien.
Wenn nach dem doppelten incedunt auch adsunt und ebenso das
Pronomen doppelt gesetzt wird, so beruht die rhetorische Wirkung
der Stelle auf dem vollständigen Gleichklang der Worte und bringt
nie med eine Störung, die der Verskünstler Ennius wohl nicht zugelassen hätte. Die Stelle bedarf keiner Änderung, das Versmafs
ist anapästisch; ob Dimeter oder Tetrameter ist gleichgültig:

Incédunt, incedúnt, adsunt,
Me expétunt . .

Die Kürzung der Schlufssilbe von expétúnt ist im anapästischen
Rhythmus zulässig.

id. 3, 3:

Fér mi auxilium, péstem abige a me, flámmiferam hanc uim
quaé me excruciat.
Caérulea incinctae ángui incedunt, circumstant cum ardéntibus taedis.   ʻ

So Ribbeck als trochäische Oktonare, doch mit der Bemerkung:
'possunt etiam anapaesti videri'. Es sind unzweifelhafte Anapäste
und Ribbeck hätte solche troch. Oktonare, nemlich trochäische Verse
ohne Trochäen und mit fehlerhaften daktylischen Wörtern und Wort-
enden wie ardēntĭbŭs taedis in seine dritte Auflage der Tragikerfragmente nicht mehr aufnehmen sollen. Ich habe die Frage in
meinen Reformvorschlägen zur Metrik der lyrischen Versarten bei
Plautus etc. (Berlin Weidmann 1882) S. 153 ff. ausführlich behandelt. Die Sache ist so einfach, dafs ich sie hier mit wenigen
Worten wiederholen kann. In keiner Versart ist es auf den Bau
und die metrischen Gesetze von Einflufs, ob der Vers katalektisch
oder akatalektisch ist. Der troch. Oktonar oder akatalektische Tetrameter verhält sich zu dem troch. Septenar oder katalektischen Tetrameter ebenso wie sich der iambische Oktonar oder akatal. Tetrameter zum iamb. Septenar oder katal. Tetrameter verhält. Da es
ausgemacht ist, dafs daktylische Wortformen wie ardéntibus im
katal. troch. Tetrameter sogut wie im katal. und akatalekt. iambischen Tetrameter fehlerhaft sind, müssen sie es auch im akatal.
troch. Tetrameter sein. Warum dies im troch. Rhythmus anders
sein sollte, dafür läfst sich überhaupt gar kein Grund denken.
Nehmen wir z B. an, dafs der Dichter in dem Vers trag. frag. inc.
inc. 38,2: Pér speluncas sáxis structas ásperis pendéntibus am
Schlufs que hinzugesetzt und so den Septenar zum Oktonar gemacht
hätte, wer in aller Welt sollte glauben, dafs er sich dadurch das
Recht erkauft hätte, verpönte daktylische Wortformen einzuschmuggeln
sowie sämtliche Trochäen aus dem trochäischen Rhythmus verschwinden zu lassen und durch lauter Spondeen und Daktylen zu
ersetzen? Wir haben glücklicherweise eine genügende Anzahl sicherer
troch. Oktonare, teils vereinzelt den Septenaren beigefügt, teils in
umfangreicheren zusammenhängenden Systemen (etwa 240), aus
denen man diese theoretisch sich ergebenden Gesetze auch praktisch
nachweisen kann. — Obige Verse sind somit Anapäste (Dimeter
oder Tetrameter) und haben denselben Rhythmus wie die unmittelbar vorher besprochene Stelle Incédunt incedúnt e. q. s., mit der
sie wohl ein und derselben Scene angehören.

Enn. Cresphontes 7:

> † o pie eam secum áduocant,
> .. eunt ad fóntem, nitidant córpora.

Im ersten Vers hat das erforderliche secum **adducunt** für s. **aduocant** Luc. Müller gefunden; in **o pie eam** liegt ohne Zweifel **optime eccam**; vergl. Ter. Heaut. 757: Syrum optume eecum! Hec. 246: Eccum Phidippum optume uideo u. a. Um vollständige troch. Septenare zu erhalten, werden wir uns nicht bedenken die zwei letzten Worte **nitidant corpora** in **corpora nitidant** umzustellen, da sich bei Nonius gerade am Schluſs eines Citates öfter vertauschte Wortstellung findet. Somit:

> Óptume eccam sécum adducunt. eúnt ad fontem, córpora
> Nítidant.

Enn. Eumenid. 1:

> <Ita>, sápere opino esse optumum ut pro uiribus
> Tacére ac fabulari tute noueris.

Die Versanfänge, die so von Ribbeck nach Bothe vertauscht sind, lauten handschriftlich im ersten Vers **tacere opino**, im zweiten **sapere atque fabulari**. Bothes Vorschlag ist auf den ersten Blick sehr bestechend, aber doch unhaltbar, schon wegen des Pronomens **tute**. Dieses Pronomen wird nur im Gegensatz zu anderen Personen gesetzt; überall bedeutet es: du selbst und nicht ein anderer. Wenn wir aber die Lebensregel haben, daſs wir zu rechter Zeit reden und zu rechter Zeit schweigen sollen, so bleibt, abgesehen davon, daſs der wichtige Begriff 'zu rechter Zeit' nicht ausgedrückt ist, **tute** unverständlich. Zu tacere paſst es gar nicht; denn ein anderer kann nicht für uns schweigen. Und was soll heiſsen: tacere pro viribus? Wir müssen, glaube ich, die handschriftliche Lesart zurückführen und nur im ersten Vers **tacere** in **id agere** ändern:

> Id ágere opino esse optumum ut pro uiribus
> Sapere átque fabulari tute noueris.

Der Gedanke wird sein: Ist es auch gut, wenn ein gewandter Vertcidiger unsere Sache führt, so ist doch der am besten daran, der selbst für sich verständig zu sprechen weiſs. Dies kann sehr wohl mit der Verteidigung des Orestes vor Gericht in Beziehung gestanden sein.

id. 4:

> Dicó uicisse Orestem: uos facessite!

Es ist die Freisprechung des Orestes durch den Gerichtshof. Den

---

') Verschieden ist selbstverständlich die Beschaffenheit der Verssenkung des 7. Fuſses, die im troch. Septenar eine reine Kürze sein muſs, weil sie vor der Schluſshebung steht, während beim Oktonar, wo noch zwei Silben folgen, die Kürze nicht mehr obligat ist, ganz entsprechend dem iambischen Oktonar und Septenar.

Eumeniden wird zugerufen: uos ab hoc facessite! So ist überliefert.
Dieses ab hoc ist bedeutungsvoll. Sie sollen sich nicht nur vom
Gericht entfernen, sondern für immer von Orestes weichen, den
sie bisher Schritt für Schritt verfolgt hatten. Ungern würde man
ab hoc vermissen, und dafs es durch Zufall oder Absicht in den
Text gekommen sei, hat keine Wahrscheinlichkeit. Ich schlage daher vor:

> Iúdico uicísse Orestem: uós ab hoc facéssite!

Da es sich um einen Urteilsspruch handelt, ist auch iudico geeigneter als das einfache dico.

Enn. Hect. lytra 2:

> Hectór ui summa armatos educit foras
> Castrisque castra Troiani inferre occupant.

So R. nach Havet im 2. Vers für das überlieferte ultro iam
ferre occupat. Die handschriftliche Lesart behält das den Satz
beginnende Subjekt Hector bei (occupat) und dies erwartet man.
Die Einführung eines neuen Subjekts Troiani schwächt nur die Kraft
der Rede. Noch mehr Bedenken erregt die Wendung castra castris
inferre, die weder nachweisbar noch richtig gebildet ist. Man sagt
wohl signa, arma, bellum hosti inferre, weil die Waffen, der Krieg
in die feindlichen Schlachtreihen selbst hineingetragen werden,
aber das Lager bleibt beim Kampf ruhig stehen, das eigene Lager
in das Lager des Feindes hineinzutragen ist widersinnig. Daher
werden wir iam ferre nicht in inferre, sondern in das schon von
anderen vorgeschlagene conferre ändern müssen; in ultro ist
contra zu vermuten, das die Allitteration passend verstärkt: Castrisque castra contra conferre occupat.

id. 3:

> át ego, omnipotens ⟨Iuppiter⟩,
> Te expósco, ut hoc consilium Achiuis auxili
> Fuát.

Störend ist, dafs das unbedeutende fuat einen neuen Vers beginnt und nicht den vorhergehenden Vers, zu dem es dem Sinn
nach gehört, abschliefst. Vielleicht ist statt ein Wort einzusetzen
vielmehr te exposco aufserhalb des Verses zu stellen, so dafs die
dem at ego entgegengesetzte Person vorher eine Bitte an Juppiter
gerichtet und die Worte te exposco gebraucht hatte, und Nonius
nur, um die Satzkonstruktion verständlich zu machen, hier das im
Original hinzuzudenkende te exposco beisetzte. Dann lautete der
Vers: Át ego, omnipotens, út hŏc consilium Achíuis auxilió fuat.

id. 13:

> Dueít quadrupedum biiugam ⟨uim⟩, inuitam domat,
> Euálida quorum infrenast nimis tenacia.

Mit engerem Anschlufs an das handschriftlich vorliegende ducet

quadrupedum iugo inuitam doma läfst sich im ersten Vers vermuten: Duce et quadrupedum uim iugo inuitam doma
'Übernimm die Führung und ..' In der Überlieferung des zweiten
Verses herrscht gröfsere Verwirrung: infrena et iuge ualida quorum
tenacia infrenari minis. Man kann vermuten: Et frena quorum
ualida nimis tenaciast oder, wenn vielleicht infrena et iuge
ualida (infrenate iugo ualido) einem anderen Citate angehörte, dann
nur mit Benutzung der zweiten Vershälfte: Quorum tenacia infrenari uix potis.

id. 14:

    .. per uos ét uostrum inperium et fidem
    ⟨Mei⟩ Myrmidonum uigiles, commiserescite!

An der Verbindung per uos hat niemand Anstofs genommen.
Vergleicht man aber die stereotypen Wendungen Ter. Andr. 538:
per te deos oro, 289: Quod hanc per ego te dexteram et
genium tuom Per tuam fidem perque huius solitudinem Te obtestor, Plaut. Rud. 627: per ego te haec genua obtestor und
viele andere ähnliche Stellen des Lateinischen und Griechischen, so
erkennt man, dafs uos das Objekt zu dem ausgelassenen oro, obtestor u. dgl. ist und mit per vielmehr uostrum imperium et fidem
verbunden werden mufs. Daher mufs et getilgt werden: .. per
uós uostrum imperium ét fidem. Ob das Verbum oro dabei-
steht oder fehlt, hat auf die Konstruktion keinen Einflufs. Der
zweite Vers mufs irgendwie ergänzt werden   Neben anderem kann
man vermuten: Myrmidonum uigiles, ⟨oro⟩, commiserescite. Übrigens
bleibt nicht ausgeschlossen, dafs der Dichter Myrmidōnum mafs, da
die alte Poesie grofse Vorliebe hat, griechische Eigennamen nach
dem Muster lateinischer Wörter mit gleichen Endungen zu messen,
Myrmidōnum nach leonum, praedonum, wie Hectoris, Castoris (nach
oratoris) u. a. Für diesen Fall könnte ⟨O⟩ Mýrmidonum ergänzt werden.

Ennius Hecuba 7:

    Vide húnc, mcae in quem lacrumae guttatim cadunt.

Von der Überlieferung uide hinc meae in quam deutet das Feminin quam darauf hin, dafs sich das Relativ auf ein Substantiv
bezieht, das Feminin ist. Auffallend ist ferner die Stellung des
Pronomens mcae vor dem Relativ, die nur bei besonderer Betonung
gerechtfertigt wäre. Es kann ursprünglich gelautet haben: Vide
hanc manum in quam lacrumae guttatim cadunt.

Enn. Iphig 6,1:

    Égo proiector quod tu peccas: tu delinquis, ego árguor.

Die Messung delinquĭs ĕgo ārguor ist für alle Fälle ausgeschlossen.
Denn von zwei Kürzen in der Verssenkung des trochäischen und
iambischen Rhythmus kann die erste nicht als Schlufssilbe einem
zwei oder mehrsilbigen Worte angehören. Wohl aber kann die

die Frage sein, ob der Dichter nicht tú delinquas, égo árguor gemessen hat, wofür sich bei Plautus Beispiele finden. Das überlieferte delinquas müfste dann jedenfalls beibehalten werden, denn es folgen weitere Konjunktive: Pro malefactis Helena redeat, uirgo pereat innocens! Tua reconcilietur uxor, mea necetur filia! Alle diese Verba sind nicht als Frage zu fassen, sondern als höhnende Aufforderung. Leichter wird der Bau des ersten Verses, wenn wir tu delinque, ego arguor schreiben: 'Du begehe nur immer Fehler, ich werde dafür verantwortlich gemacht,' statt: Wenn du eine Schuld begehst, mufs ich immer die Verantwortung tragen.

Enn. Medea exul 14,3:

Ínspice hoc facinús, prius quam fiat: prohibessis scelus!

In den zwei vorhergehenden Versen werden Juppiter und Sol angerufen, die das Verbrechen der Medea, ehe es geschieht, verhindern sollen. Passender ist es daher, wenn die stärkere Interpunktion nach facinus eintritt und dann zusammengenommen wird prius quam fiat, prohibessis scelus. Ungewöhnlich ist die Messung priúsquam. Will man das regelmäfsige priŭsquam herstellen, so kann man haec facinora schreiben. Vielleicht hat die unrichtige Verbindung des Satzteils mit dem folgenden priusquam fit (so überliefert) den Übergang des Singulars in den Plural veranlafst, wie z. B. frag. 1,2 die unrichtige Auffassung des Singulars trabes als Pluralform in vielen Handschriften die Änderung caesae accedissent aus caesa accedisset zur Folge hatte. Auch kann es Inspicias oder Inspice istuc geheifsen haben.

Enn. Phoenix 2:

Séd uirum uera uirtute uiuere animatum addecet
Fórtiterque innoxium orare aduersum aduersarios.

Das überlieferte uocare (u. uacare) möchte ich lieber mit Anlehnung an Bentleys stare in obstare ändern.

id. 4:

.. ⟨nec⟩ tú metuisti credere? —
Tuque éxercere linguam ut argutarier
Possés?

Die überlieferte Lesart tum tu isti crede (und credere) atque exerce (und excercere) können wir vollständig beibehalten, wenn wir trochäisch messen: Túm tu isti crede átque exerce linguam ut argutárier Póssis. Es ist eine Belehrung, wie sich jemand in einer bevorstehenden wichtigen Unterredung zu verhalten hat. „Wenn er so spricht, so glaube ihm nur, d. h. stelle dich, als ob du ihm glaubtest, und bemühe dich in gewandter Rede mit ihm zu disputieren." Tum mufs sich auf das Vorhergehende beziehen; z. B. kann ein Gedanke vorhergegangen sein wie Pacuv. Dulorest. 11: Siquis hac me oratione incilet, quid respondeam?.

id. 7:

'Ut quod lactum est futtile, animi uos feratis fortiter.

Indem Bücheler a me (zum Relativsatz gehörig) für das überlieferte amici vorschlug, erkannte er, dafs man zu der Person uos
feratis einen Gegensatz braucht. Passender noch scheint mir a dis.

Enn. Telamo 7:

Deúm me sentit facere pietas, ciuium porcet pudor.

Für das unhaltbare sentit wurden verschiedene Vermutungen vorgebracht, sinit id, sancit, renuit, retinet, incendit. Ich meine, näher
liegt das Verbum suadet, das auch Ter. Hec. 481 mit leblosem
Subjekt verbunden ist und zwar wie hier mit pietas: Nunc me
pietas matris potius commodum suadet sequi.

Enn. Telephus 3:

Caédem caueo ⟨hoc⟩ cum uestitu, squalida saeptus stola.

Überliefert: cedo et caueo cum uestitu, Plautus gebraucht
öfter cedere für incedere einhergehen. Dies kann es auch hier
heifsen und das zu uestitu erforderliche Adjektiv in et cauco liegen;
vermutlich: Cedo lacero cum uestitu.

Enn. incert. 26:

Néque tuum umquam in gremium extollas liberorum ex te genus.

Die Handschriften: neque tu umquam. Daher läfst sich auch an
neque tu numquam denken.

Pacuv. Antiopa 4, 5:

Quod cóniectura sapiens aegre contuit.

Ich halte es für sehr gewagt, für das handschriftliche contulit
die nirgends bezeugte aktive Form contuit durch Konjektur herzustellen. Dem Sprachgebrauch entspricht concipit.

Pac. Armor. iud. 8:

Próloqui non paenitebunt liberi ⟨in⟩grato ex loco.

Ich nehme an, dafs G. Hermann von der handschriftlichen Lesart prologo nunc paenitebunt libunt liberi grato ex
loco den Anfang durch proloqui non richtig gebessert hat.
libunt ist durch Versehen des Abschreibers entstanden, der nachdem er li, den Anfang von liberi, geschrieben hatte, auf bunt, die
Schlufssilbe von paenitebunt zurückkam, dann aber richtig liberi
weiter schrieb. Für verfehlt dagegen halte ich die Änderung ingrato
für grato. Luc. Müller, der auch ingrato annimmt, bezieht die Stelle
auf die Entscheidung der Troischen Gefangenen über die Thaten
des ·Aias und Odysseus nach Hom. Odyss. XI. 547 f. Ich glaube,

· wir müssen zu einer ganz anderen Erklärung greifen. Der Vers
gibt uns die interessante Nachricht, daß in diesem Stück des Pacu-
vius gegen die bestehende Sitte Freigeborene als Schauspieler auftraten. Diese werden es sich nicht verdriefsen lassen, sagt der
Dichter, vor dem Publikum aufzutreten (proloqui offen sprechen,
gleich agere), weil die Bühne locus populo gratus ist. Da in dem
Armorum iudicium die edelsten griechischen Helden auftraten, ist
erklärlich, daß es Freigeborene nicht unter ihrer Würde hielten, deren
Rollen zu übernehmen. Der Satz hat jedenfalls im Prolog gestanden und da Prologe in Senaren abgefafst zu werden pflegten,
wird abzuteilen sein:

proloqui

Non paenitebunt liberi grato ex loco.

id. 16:

.. pro império agendum est. — Quis uetat,
Quí ne attollat?

Die Handschriften: quisne attollat. Mit Tilgung des ersten Buchstaben gibt dies uisne attollat? Das vorhergehende quis uetat?
ist selbständige Frage. Objekt zu attollat, das Nonius durch adferre
erklärt, ist arma Achillis, Subjekt die Person, der dies zusteht, wohl
ein praeco, so daß es nicht nötig scheint attollam zu schreiben.
Nimmt man Büchelers attolat an, so entsteht ein Senar: Pro im-
perio agendumst. — Quis uetat? uisne attolat? Ohne dieses sind es
zwei Teile trochäischer Septenare: .. pro império agendumst.
Quis uetat? | Vísne attollat?

Pac. Atalant. 8:

Hís sollicita, studio obstupida, suspensa animo ciuitas.

his Ribbeck für hil der Handschriften. In dem hier passenden
Sinn wird auch hine gerne gebraucht.

id. 11:

Quid istúc est? uultum cáligat quae tristitas?

uultum caligat quae tristitas? ist eine in der Bühnensprache unzulässige Wortstellung. Man müfste stellen: quae caligat u. tr. Aber
es ist wohl (teilweise nach Scaliger) zu schreiben: Quid istuc est
uultum caligans? quae tristitas?

id 23:

Omnés qui tam quam nos ⟨seuero⟩ seruiunt
Sub régno, callent dominum imperia metuere.

Im ersten Vers kann man auch vermuten: Omnes qui serui-
tutem quam nos seruiunt, eine bei Plautus oft vorkommende Wendung.

Pac. Chrys. 3:

Átque, ut promeruit, pater mihi patriam populauit meam.

populare erklärt Nonius durch populi amorem conciliare., Der Sinn des Verses scheint zu sein: Er hat mir die Bürger meines Vaterlandes geneigt gemacht, wie dies mein Vater durch seine gute Regierung verdient hat, dafs nemlich seinen Nachkommen die Herrschaft erhalten bleibe. Darum wird zu interpungieren sein: Atque ut promeruit pater, mihi p. p. m.

id. 9:

.. incipio sáxum temptans scandere
Vórticem, e summisque in omnis partes prospectum aucupo.

Aus der handschriftlichen Lesart: u o r t i c e m i n s u m m i s d e i n h o m i n i s ergibt sich am leichtesten V o r t i c e m i n s u m m u m, i n d e i n o m n i s.

id. 18:

.. fúgimus, qui arte hac uescimur.

Das störende q u i läfst sich halten, wenn man die Rede unter zwei Personen verteilt: fugimus. — Qui? — Arte hac uescimur. ‘Da fliehen wir.’ — ‘Wie?’ frägt der andere erstaunt. ‘Es war nur eine List, die wir gebrauchten.’

Pac. Dulorest. 3:

Respónsa explanat: mandat ne m a t r i fuat
Cognoscendi umquam aut contuendi copia.

Statt matri hiefs es vermutlich m a t r e m.

id. 7:

.. primum hóc abs te oro, minus inexorabilem
Fáxis. — Ni turpassis uanitudine aetatem tuam,
Oro: minime flectas fandi me prolixitudine.

Prüft man die drei Verse nach dem Fortgang des Dialogs, so fällt sofort auf, dafs nachdem die erste Person abs te oro gesagt hat, die zweite, ohne auf diese Redeform Rücksicht zu nehmen, wieder oro sagt. Bei Gebrauch desselben Wortes hätte die dramatische Sprache jedenfalls at ego te oro oder etwas ähnliches verlangt. So stehen sich die beiden Sätze fremd gegenüber, und sie sind es auch thatsächlich, da Nonius Vers 1 und 2 zusammen als Beleg für uaniludo citiert, Vers 3 aber an anderer Stelle zu prolixitudo. Lachmann hat die beiden Citate irrigerweise verbunden. Beim ersten Citat halte ich für wahrscheinlich, dafs Satz und Vers mit primum beginnt, sei es, dafs der Vers ein einleitender Senar ist: Primum hoc abs te oro, ne te inexorabilem (n e t e habe ich für das überlieferte n i m i s gesetzt) und diesem ein troch. Septenar folgt: Fáxis,

ne turpassis uanitudine aetatem tuam (dieses n e bedeutet: damit
nicht), oder daſs gleiche Versart hergestellt wird. Luc. Müller bildet
Senare, in dem er Turpassis als Anfang eines dritten Verses heraus-
nimmt, Ribbeck ergänzt den ersten Vers zu einem Septenar, dessen
Ergänzung besser in der Form Prímum hoc abs ted oro, ne tuum
animum inexorabilem benutzt werden könnte. — Der Vers des
anderen Citates kann gelautet haben: Oro t e, ne flectas fandi mihi
prolixitudinem (die Handschr. o r o m i n e und am Schluſs mi p r o l i x i-
t u d i n e m)

id. 21:

> quid? quod iam ét mihi
> Pigét paternum nomen, maternum pudet
> Profari.

Daſs in e t m i h i am Schluſs des ersten Verses e i m i h i! steckt,
hat Umpfenbach erkannt. Die vorausgehenden Worte, die quid
q u o n i a m überliefert sind, führen, wenn man mit leichter Änderung
q u i d? q u o n a m? schreibt, auf folgenden Gedankengang. Zuerst
wird Orestes gefragt, wer sein Vater sei; darauf gibt er eine aus-
weichende Antwort, so daſs die Frage eindringlich wiederholt wird,
worauf die traurige Antwort folgt: ei mihi! piget e. q. s. Dies
läſst sich beispielsweise durch folgende Ergänzung veranschaulichen:

> ⟨quo natús' patre? —
> Quo nátus esse nólim. —⟩ Q u i d? q u o n a m? — Eí m i h i!
> Pigét paternum nómen, maternúm pudet
> Profári.

id. 22:

> Macte ésto uirtute operaque omen adproba.

a d probare ist in diesem Sinn nicht üblich, dagegen factis c o m-
probare, re comprobare. Darum wird auch hier das überlieferte
o m e n q u e a s p r o b o in o m e n c o m p r o b a zu ändern sein. Die
Verderbnis der Handschriften kann aus omen q u o m proba entstanden sein. Durch comproba wird auch die Allitteration des
Vokales o verstärkt: o p e r a q u e o m e n c o m p r o b a.

id. 27:

> Nil cóniectura quiui interpretarier
> Quorsum † f l e x i u i c e contenderet.

f l e x i u a d i c t i o Grote, der jedenfalls den richtigen Weg der
Emendation eingeschlagen hat. Aber einfacher wird herzustellen
sein f l e x a i l l a (oder i s t a) d i c t i o; vergl. Pacuv. Periboea frag.
26: F l e x a, non falsa autumare d i c t i o Delphis solet.

id. 28:

> ⟨Proinde⟩ ut ista sunt promerita nestra, aequiperare ut queam
> Véreor, nisi numquam fatiscar facere quod quibo boni.

Nach Plaut. Pers. 496: tuom promeritumst, merito ut faciam kann

man ergänzen: Út ista sunt promerita ⟨merita⟩ uestra
e. q. s. Dabei ist merita Substantiv und promerita sunt Verbum:
'Wie eure Verdienste es verdient haben.'

Pac. Iliona 10:

> Fac, út coepisti, hanc operam mihi des perpetem:
> Oculis ⟨ex⟩traxerim.

Da anzunehmen ist, daſs es sich um die Blendung des Thraker-
fürsten Polymestor handelt, wird nach Büchelers Vorgang am besten
eine solche Ergänzung gesucht, daſs von dem überlieferten oculis
traxerim die Silbe trax (Traex) Subjekt wird und oculis von einem
beizufügenden Verbum abhängt. Er vermutet: Oculis Traex careat.
Ich habe versucht: Oculís Trax priuetur face.

id. 11:

> Cur ínlaqueetur hic? — Mecum altercas? tace.

So überliefert auſser meum für mecum. Ich kann den Worten
in dieser Fassung keinen passenden Sinn beilegen und vermute:
Cura inlaqueetur. hic mecum alterca. — Tace. Wahrscheinlich soll zur Täuschung ein scheinbarer Wortstreit in Scene gesetzt
werden wie bei Terentius Andria IV 4.

Pac. Medus 14:

> Vitám propagans exanimis altaribus

Überliefert exanin. Der Begriff 'ausländisch' wird am besten
durch externis gewonnen. altaria erklärt die Glosse durch limina.

Pac. Periboea 7:

> Guate, órdinem omnem, ut dederit, enoda patri.

Auffallend ist ordinem omnem. Nicht die Reihenfolge des Ge-
schehenen soll der Sohn dem Vater erzählen, sondern das Geschehene
nach der Reihenfolge, d. h. genau, ausführlich. Daſs ordine und
omne zu schreiben ist, zeigen Stellen wie Plaut. Amph. 599: ordine
omne ut quidquid actumst . . edissertauit, Ter. Eun. 970: tu isti
narra omne ordine u. a. Für das unverständliche ut dederit
schlage ich vor ut deixit, so daſs der ganze Vers lautet: Gnate,
ordine omne ut dixit cuoda patri.

id. 14:

> ⟨Et⟩ támen offirmato animo mitescit metus.

Da der Ausdruck etwas Ungewöhnliches hat, weil man nach
offirmato animo die Person, nicht metus, als Subjekt des Satzes erwarten würde, vermute ich: Tamen offirmatur animo, mitescit
metus oder: offirmatur animus.

id. 16:

> Regum ímperator, aeternum h u m a n u m sator.

Der Vers wird von Nonius als Beleg für die Genetivendung um
statt orum citiert. In dem überlieferten a e t e r n u m m o r u m s a t o r
scheint der Gedanke der Herrschaft über die G ö t t e r zu liegen; es
läfst sich vermuten: a e t e r n u m ⟨əni⟩morum sator, Vater der ewigen
Lebewesen, der Götter.

id. 20:

> Métus egestas maéror senium exíliumque et s e n e c t ú s . .

In senectus mufs meiner Ansicht nach der verderbte Versschlufs
stecken und als solcher empfiehlt sich das Wort n e c e s s i t a s, das
bei Tacitus und Suetonius in der Bedeutung 'Not' gebraucht wird.

Pac. T e u c e r 4:

> N i h í l n e a Troia adportat fando? . .

nihil kann nur unter besonderen Bedingungen in der scenischen
Poesie zweisilbig gemessen werden; nie kann ein iambischer Vers
mit N ï h í l beginnen. Darum mit Lachmann N í l n e mit trochäischem Rhythmus. Dasselbe gilt von mehreren anderen Fragmenten,
deren Anfang Ribbeck mit iambischen Nihíl mifst.

id. 5:

> Q u a m t é post multis tueor tempestatibus.

Statt quam erwartet man eher q u o m, dem ein Wort wie g a u d e o
vorangegangen sein kann.

id. 7:

> Profúsus gemitu murmure 'o c c i s t i' a n t r u a t.

So Ribbeck. Die Form occisti für occidisti ist unhaltbar, antruat,
das nur vom hüpfenden Tanz der salischen Priester gebraucht wird,
für den Zusammenhang nicht geeignet. Die Lesarten der Handschriften o c c i s t i a n s r u a benutzt man am besten zur Herstellung
von o c c u r s a n s r u i t.

id. 14:

> Rápide retro citroque percito aestu praecipitem ratem
> Reciprocare, undaeque e gremiis subiectare adfligere.

In dieser Schilderung ist auffallend, dafs der wichtige Begriff des
Sturmes fehlt und damit auch das Subjekt im ersten Satze. In der
Überlieferung lautet der erste Vers: r a p i d o r e c i p r o c o p e r c i t o
a u g u s t o c i t a r e r e c t e m. Wir werden davon ausgehen müssen,
dafs, wie man bereits erkannt hat, in rectem das Wort r a t e m und
in augusto irgend ein Kasus von a e s t u s steckt, ferner dafs in

dem zweiten Wort reciproco das Verbum reciprocare, wegen dessen der Vers citiert ist, nicht enthalten sein kann, weil reciprocare im nächsten Verse folgt. Ich suche das Wort Sturm, procella, in den letzten Silben von reciproco und vermute:

> Rapida ui procellis perciti aestus agitari, ratem
> Reciprocare undae eque gremiis subiectare adfligere.

Man vergleiche die Schilderung des Sturmes bei Plautus Trin. 836, wo, wie hier, die Verba im historischen Infinitiv stehen: imbres fluctusque atque procellae .. frangere malum e. q. s. Cicero hat unter anderem: mare uentorum ui agitari. Im zweiten Vers habe ich das überlieferte undae eque zurückgeführt.

Pacuv. incert. fab. 14, 7:

Sunt autem alii philosophi, qui contra Fortuna negant
Ullam miseriam esse, temeritatem esse omnia autumant.

Zu letzterem Vers sagt Ribbeck: 'Corrupta in libris, interpolata, mutilata certe fide restitui non possunt.' Auszugehen ist von den Handschriften, die nichts weiter als: ullam miseritatem esse autumant haben. Denn wenn andere Handschriften sed temeritate omnia regi und ähnliches bieten, so ist dies wertlose Interpolation. Die Lesart ullam miseritatem esse autumant ist offenbar dadurch entstanden, dafs der Schreiber, nachdem er ullam miseri geschrieben hatte, mit Auslassung einiger Worte auf die gleiche Silbe eri in temeri]tatem übersprang und nun den Schlufs des Verses tatem esse autumant anreihte. Daraus ergibt sich, dafs wir nicht willkürlich an irgend einer Stelle des Verses Einschaltungen vornehmen dürfen, wie Ribbeck zwischen temeritatem und autumant die Worte esse omnia einschaltet, sondern vielmehr folgende Gestalt die Grundlage der Ergänzung bilden mufs:

> Ullam miseri .... eritatem esse autumant.

So zum Beispiel: Ullam miseri⟨am esse quoiquam, tem⟩eritatem esse autumant. Statt des Accusativs temeritatem scheint übrigens der Ablativ temeritate wegen des vorhergehenden Fortuna vorzuziehen.

Accius Achill. 3:

> .. an sceptra iam flaccent? ferat.

Wahrscheinlich: an sceptra iam flaccens ferat.

Accius Alphesib. 3:

> Quid tam obscuridicum est tamue inenodabile?

Die Interpunktion wird zu ändern sein: Quid? tam obscuridicumst tamue inenodabile? 'Ei! ist es denn so dunkel und unentwirrbar?'

id. 7:

> Cum ipsá simitu miscritudo meorum nulla est liberum.

Die Handschr. simeta und eorum. Vielleicht:

> cum ipsa sim
> Matér, miseritudo corum nullast liberum.

Acc. Amphitruo 2:

> Ut tam obstinatod animo confisus tuo

Die Handschr. obstinato. Der ganze Sinn des Satzes ist unklar, wird aber verständlich, wenn wir schreiben: Itan obstinatus animo confisus' tuo? So steht itane oft bei Plautus und Terentius z. B. Poen. 660: Itan illest cupiens?

id. 9:

> Cédo, ecquid ei redhostit? † uiam cometem obbitet facilius

Die Stelle ist sowohl bei Festus als bei Nonius überliefert, bei Festus genauer und vollständiger, nemlich:

Festus: cedo ecquid te redhostit itum cum eas sem obiectet facilius.
Nonius: quid hic redhostit uiam cometem obiet facilius.

Von redhostit an gehen die Lesarten nicht allzu weit auseinander und ist zu erkennen, dafs es hiefs: redhostit ut iam cum ea se oblectet facilius. Der Anfang des Verses wird ecquid gewesen sein. Das bei Festus noch überlieferte cedo kann auch dem Schlufs des vorhergehenden Verses angehören. Leider wissen wir von dem Inhalt des Amphitruo zu wenig, um mit einiger Bestimmtheit sagen zu können, aus welcher Situation der Gedanke: 'Dankt er etwa, um sich dann mit ihr umso leichter vergnügen zu können?' genommen ist. Der Vers ist ein troch. Septenar: Écquid hic redhóstit, ut iam cum eá se oblectet fácilius?

id. 13:

> Hócinest, quod tam temeriter tu meam beneuolentiam
> Ínterisse es ratus?

Die überlieferte Wortstellung quod tu tam temeriter ist die natürliche und läfst sich halten, wenn man das hier passende iam nach meam einsetzt und am Anfang hócinest, nicht hócinest mifst. Bekanntlich finden sich beide Messungen, hócinest z. B. zweimal Ter. Andr. 236.

Accius Andromeda 14:

> Nosque út seuorsum diuidos leto ófferes

Die Handschr. scorsum. Da dieses Wort nur zweisilbig vorkommt, mufs eine Änderung vorgenommen werden. Am besten wird dies so geschehen, dafs zugleich der Satz vollständig wird. Ich vermute: Nos quaeso ut scorsum diuidos leto offeras.

Acc. Deiphob. 4:

. ab infando hómine, gnato Laerta, Ithacensi exsule,
Quí neque amico amicus umquam grauis neque hosti hostis fuit.

Ribbecks ab (für das handschr. ad, at, aut) wird anzunehmen
sein, aber die ·von ihm vorgeschlagene Ergänzung ⟨Aut⟩ab kann
nicht genügen, weil sie der Konstruktion des Satzes nicht zu gute
kommt. Die Stelle bezieht sich auf das hölzerne Pferd; darum ist
wohl eine Ergänzung wie ⟨Caueo⟩ab oder ⟨Donum⟩ab als höhnen-
der Ausruf am Platze.

Acc. Antig. 6:

. . ne istunc numero amittas subitum oblatum . .

Ich würde am Schlufs nicht nuntium ergänzen sondern: . . ne
istuc número amittas súbito oblatum ⟨gaúdium⟩. In dem handsschr.
istu enumerem ist wie häufig e für c verschrieben, darum istuc
numero.

Acc. Armor. iud. 1:

Sed ita Achilli armis inclutis uesci studet,
Ut cúneta opima leuia ⟨iam⟩ prae illis putet.

Aus der handschr. Wortstellung incl. armis und ut ea cuneta
optima haben bereits Bergk und Bücheler den kretischen Rhythmus
erkannt. Der erste Vers entspricht genau: Séd ita Achilli inclutis
ármis uescí studet, im zweiten ist wohl optimo zu schreiben 'für
ihn, den besten, den ersten Helden, sei alles andere gering': Út ea
cuneta óptimo léuia prae illís putet.

Acc. Astyanax 5:

Nunc, Cálcas, finem réligionum fác: desiste exércitum
Morári meque ab domuitione arcere tuo obsceno omine.

Das für neque überlieferte nec me kann man halten, wenn man
arce für arcere schreibt, nec beim Imperativ ist häufig.

id. 11:

Híc per matutinum lumen tardo procedens gradu
Dérepente aspicio ex nemore pauidum et properantem egredi.

procedens für das aus dem zweiten Vers in den Text gekommene properantem entspricht dem Sinn. Daneben kann
man auch vorschlagen progrediens gradu, weil gleiche Stammsilben gern verbunden werden.

Acc. Athamas 3:

Ah dúbito quid agis: cauc ne in turbam te inplices.

Mit anderer Personenverteilung: Ah dubito. — Quid agis? caue,

ne in t. t. i. ᷉Ich trage doch Bedenken den Vorsatz auszuführen.᷉
᷉Was fällt dir ein zu zaudern? Du bringst dich dadurch nur in
Verlegenheiten.᷉

id. 6:

⟨Tuís⟩ beneficiis hostimentum gratum peperisti et graue.

Von der Lesart des cod. Palat. hostem graue peperisti wird
auszugehen sein und als Senar zu messen: Beneficiis hostem
gratum peperisti et grauem. Der Palatinus hat auch die
richtige Wortstellung, wenn auch mit der Verschreibung graue für
gratum, die übrigen Handschr. geben grauem hostium. Die Bezeichnung hostis grauis steht auch Acc. Deiph. 4: qui neque amico
amicus umquam grauis neque hosti hostis fuit.

Acc. Chrysipp. 4:

Meliús pigrasse quam deproperasse est nefas.

Überliefert ist properasse (diese Angabe fehlt bei Ribb.*) deproperasse ist Ribbecks sehr ansprechende Vermutung. Auch
Plautus hat das Kompositum zweimal. Damit ist das Versmaſs
hergestellt, aber Satzkonstruktion und Gedanke sind noch unklar.
Man kann vermuten: Melius pigrasses quam deproperasses
nefas. ᷉Es wäre besser gewesen, wenn du gezögert als die ruch-
lose That (wahrscheinlich die Ermordung des Chrysippus) beschleunigt
hättest.᷉

Acc. Epigoni 1:

. quibus oculis quisquam nostrum poterit illorum optui
Vúltus, quos iam ab armis anni porcent? . .

Luc. Müller ergänzt Sed am Anfang. Vielleicht ist quibus ver⁻
derbt aus Qui suis. ᷉Wie kann . .᷉

id. 11:

Quid istúc, gnata unica, ést, Demonassa, óbsecro,
Quod mé † cum ago expeténs timidam e tecto éxcies —?

Wenn man in diesen Worten iambischen Rhythmus sucht, ist
man auf falschem Wege. Es liegen offenbar kretische Tetrameter
vor. Auch der Text ist leicht hergestellt, wenn man mecum
agere schreibt:

Quíd istuc, gnata única, est, Démonassa, óbsecro,
Quód mecum agere éxpetens tímidam e tecto éxcies?

Ähnliche Situation gleichfalls in kretischem Vermaſs bieten die
Fragmente incert. incert. 52 und 53.

id. 12:

Elóquere propere ac meum húnc panorem expéctora.

Hier hat schon Bücheler den kretischen Rhythmus erkannt, der

durch l o q u e r e für eloquere unter Beibehaltung der überlieferten
Wortstellung p a u o r e m h u n c m e u m gewonnen wird: Lóquere
propere ác pauorem húne meum expéctora. Das Fragment gehört
wahrscheinlich zu derselben Scene wie das vorhergehende, mit dem
es auch den Rhythmus gemeinsam hat.

i d. 16:

Máneas, a d s i s a u t e m , exilio macte ex terris Pelopiis?

mactare wird von Nonius durch malo adficere erklärt und aliquem
mactare malo, infortunio u. a. sind in der Komödie häufige Wendungen.
Darum wird das Subjekt in macte liegen und Bothes m a c t o anzunehmen sein. Zu diesem exilio macto ex terris Pelopiis bildet
maneas jedenfalls einen Gegensatz. Statt adsis autem ist überliefert
a d h i s a n t e . wovon te als Objekt zu macto gehören wird. Ich
nehme an, dafs am Schlufs der Tragödie ein verschiedenes Gericht
ergeht. Die eine Person, die an der Schuld der Eriphila nicht oder
wenig beteiligt war, darf im Lande bleiben, andere aber, deren böse
Absicht erwiesen worden, müssen das Land verlassen. Gehörte zu
diesen Demonassa, die Tochter der Eriphyla (vgl. oben frag. 11),
so kann man mit einiger Wahrscheinlichkeit vermuten: M a n e a s ,
a t i s t a n c e t t e e x i l i o m a c t o e x t e r r i s P e l o p i i s . Möglich
auch, dafs von dem handschriftlichen adhisante die Silben ante für
at te zu benutzen sind und für adhis eine andere Lösung zu
suchen ist.

A c c. E p i n a u s i m a c h e 6:

I t e m á c maestitiam mutam infantum quadrupedum

i t e m a d überliefert. Die Konstruktion ist unklar. Ich vermute:
It a d maestitiam in dem Sinne, dafs der Leidtragende von dem
lauten Ausbruch seines Schmerzes in schweigsame Trauer überging.
So findet sich ire mit ad und in beim Übergehen eines Zustandes
in einen anderen, it in lacrimas, pugna it ad pedes u. a.

i d. 12:

. Scamandriam úndam salso sanctam obtexi sanguine
Atque aceruos alta in amni corpore expleui hostico.

Ribbeck will am Anfang n a m oder s i c ergänzen. Da in den
Handschriften u m a n d r i a m überliefert ist und bei Nonius häufig
einzelne Silben innerhalb eines Wortes ausgefallen sind, kann man
auch den ersten Buchstaben u zur Ergänzung benutzen und Ú⟨b i
S c a⟩m a n d r i a m vermuten.

A c c. E u r y s a c e s 7:

Nam ea ⟨démum⟩ oblectat spes acrumnosum hospitem,
Dum i l l ú d quod miser est clam esse censet a l t e r o s .

d e m u m ist Ergänzung Ribbecks. Ich würde s o l a vorziehen.

Im zweiten Vers ist, da id für illud überliefert ist, Büchelers Dum id quod miseriaest sehr ansprechend. Das letzte Wort des Verses ist in den Handschriften teils alteros teils altero geschrieben, somit in allen mit dem Vokal o. Ich halte daher die Dativform altero für das Ursprüngliche und verweise bezüglich der Konstruktion auf Plaut. Mil. 882: mihi clam est. Häufig steht alter in der scenischen Dichtung in der Bedeutung 'der Nächste', immer im Singular.

id. 15:

. . iam ⟨ut⟩ pótero ⟨petere⟩ incipiam et si ⟨flecti⟩ nequit,
Vi contendam ut hinc compote tecum ⟨una⟩ Salaminem aucham.

Der alte Telamo soll mit Gewalt nach Salamis zurückgebracht werden, wenn er nicht gutwillig gehen will. Die Überlieferung des ersten Verses lautet: iam potere incipiam etsi nequid. Wenn aus diesen Worten ein vollständiger Tetrameter gemacht werden soll, so wäre jedenfalls vorzuziehen, die Ergänzung nicht an verschiedenen Stellen vorzunehmen, sondern z. B.: Quántum potero incipiam et si ⟨per gratiam fieri⟩ nequit. Aber man kann auch mit leichterer Änderung auskommen und nur schreiben:
          . . quam pótero incipiam et sí nequit;
vergl. Plaut. Mil. 781: quam potis tam uerba confer maxume ad compendium u. ähnl. nequit kann unpersönlich sein 'wenn es nicht geht, nicht möglich ist,' nämlich ihn zu überreden, wie öfter potest. Im zweiten Vers hat Bücheler den Schluſs aucham für habeam gefunden. Voran gehen in den Handschriften die Worte comportet texum. Das nahe liegende comportem tecum würde zu aucham ein zweites unnötiges Verbum fügen und nachweisbar ist comportare nur vom zusammenbringen mehrerer Gegenstände von verschiedenen Seiten nach einem Orte. Ich schlage daher vor: Vi contendam ut hinc cum puero et tecum Salaminem aueham. Der Sprechende ist dann eine Person, die mit Teucer spricht und es übernimmt, den alten Telamo nach Salamis zu bringen zugleich mit seinem Enkel Eurysaces (cum puero) und mit Teucer (tecum). Spricht aber Teucer selbst, so müſste es geheiſsen haben: cum puero mecum Salaminem aueham.

id. 16:

Nihil est: si autem ad te res tardat, socium in portu est copia,
Quaé subsistat: modo tute ipse ted offirma et compara.

Da auch Cicero retardare in der Bedeutung 'zurückbleiben, zögern' gebraucht, kann das überlieferte ad te retardat gehalten werden 'wenn Telamo dir gegenüber zögert, nicht gehen will'. Im zweiten Vers ist te effirma et compara überliefert. Allerdings ist offirma passend, aber hier, wo et compara darauf folgt, wird te confirma et compara vorzuziehen sein; vergl. Plaut. Aulul. 371: animum confirmare meum.

id. 17:

. ílico, inquam, habitáto Iouis quam própilius

Nonius citiert den Vers nicht für die Bedeutung ilico statim, mox, sondern mit einer Stelle aus des Naevius bellum Punicum für in eo loco. Es scheint aber doch, daſs es auch hier wie unser 'auf der Stelle' 'sogleich' heiſst, wenn wir anders mit der Emendation den richtigen Weg einschlagen, indem wir aus dem überlieferten i l i c o i n q u a m h a b i t a t o u i s q u a m p r o p i u s (und propitius) herstellen: 'Ilico, inquam, abí nec quisquam própius ⟨accedat uolo⟩, als Worte des alten Telamo, als man ihn bestimmen will den Wohnort zu verlassen und nach Salamis zurückzukehren.

Medea 12:

Tun día Mede's, cuius aditum exspectans peruixi usque adhuc?

Wiewohl die Überlieferung tunc diomedeset lautet und somit dia nahe liegt, möchte ich das einfache Tun illa Mede's vorziehen, wie es frag. inc. inc. 50 heiſst: Hicine illest Telamo?

Acc. Melanippus 1:

Num quis non mortalis florem liberum inuidit meum?

Die Stelle ist sehr bezeichnend für die Art, wie die Schriftsteller citieren. Der Vers lautet bei Nonius:
    unde aut quis mortalis florem liberum inuidit meam?
bei Cicero Tusc. disp. III 9,20:
    quisnam mortalis florem liberum inuidit meum?
bei Isidorus:
        quisnam florem liberum inuidit meum?
Der bei Nonius erhaltene Anfang u n d e a u t ist auſser dem Zusammenhang schwer verständlich, darum läſst ihn Cicero, wo er inuidere durch 'a nimis intuendo fortunam alterius' erklärt, weg. Isidorus, der den Cicero zur Vorlage hatte, kürzt wieder, indem er das für seinen Zweck überflüssige mortalis ausläſst. Die Grundlage der Kritik kann nur der Text des Nonius sein. Soviel wird auſserdem zu beachten sein, daſs alle drei Citate in der positiven Form des Satzes quis inuidit? = nemo inuidit übereinstimmen und darum die Einsetzung der Negation (Ribbeck: num quis non) keine Wahrscheinlichkeit hat. Die Worte des Nonius ergeben einen regelrechten troch. Septenar, und in einer Tragödie wie Melanippus, von deren Inhalt wir fast nichts wissen, sind verschiedene Gedankenverbindungen denkbar, welche die Überlieferung verständlich machen. Setzen wir z. B. den Fall, es sci ein Vers vorhergegangen wie: Et tibi et tuis fíliis conflatumst odium ciuium, so kann sich passend die Frage anschlieſsen: Únde? aut quis mortális florem líberum inuidit meum?

i d. 7:

Néque ratum est quod dicas, neque ⟨ea⟩ quae agitas dicendi est locus.

Da **ea** nicht überliefert ist, ziehe ich neq́ue quod agitas vor, weil dadurch Gleichheit mit dem vorhergehenden quod dicas erreicht wird.

i d. 8:

Crediti' me amici morte imbuturum manus?

Die Abstoſsung des Schluſs-s bei solcher Wortbetonung ist im iambischen und trochäischen Versmaſs unerhört und es ist jede Möglichkeit ausgeschlossen, daſs diese von Luc. Müller und Ribbeck aufgenommene Lesart haltbar wäre. Die Handschriften haben fast alle credite, nur cod. L¹ crediti. Es ist aber Täuschung, dieses letztere für creditis zu halten; von crediti sind die Buchstaben ti nur sinnlos verderbt aus den zwei Strichen des n, wie Ähnliches in den Handschriften des Nonius sehr häufig vorkommt. Useners Credin ist jedenfalls anzunehmen.

i d. 13:

Régina, aderit témpus, cum h i c e tórrus, quem ámburí uides h i c überliefert. Das von Ribbeck hergestellte und von Luc. Müller in seine Ausgabe des Nonius aufgenommene h i c e torrus kann nicht gebilligt werden, weil hice, wie längst nachgewiesen ist, vor konsonantisch anlautenden Wörtern nicht gebraucht wird. Wahrscheinlich gehören die Worte dem Chor, der in anapästischem Rhythmus spricht:

regína, crĭt tempus, cum híc torrus
quem ambúri uidĕs . .

A c c. M i n o s 1:

Éx taurigeno semine ortam fuisse an humano t e r a m

Überliefert e a m, wofür Ribbeck nicht unpassend f e r a m. Daneben kann man auch r e a r vermuten. Der Satz ist wohl als direkter Fragesatz zu fassen.

Acc. N e o p t o l e m u s 9:

Pórta Ulixi: macte his armis, macte uirtutei patris.

So Ribbeck, indem er zu porla Ulixi ergänzt: 'praemia, arma Achilea Ulixi tradita' 'Trage die Waffen des Ulixes'. Ich zweifle, daſs eine solche Ergänzung verständlich sein konnte oder Nonius die Worte nicht citiert hätte, wenn sie im Vorhergehenden enthalten waren. Ich gehe davon aus, daſs zu macte die angeredete Person im Vokativ beigesetzt zu werden pflegt. So Vergil. Aen. 9,64: macte noua uirtute, puer!, Liv. 7,36: macti uirtute, milites Romani, este! 7,10 macte uirtute, T. Manli, esto! 4,14: macte uirtute, Seruili, esto

liberata re publica. Da nun der Genetiv Ulixi aus dem überlieferten
ut dixi bereits durch Konjunktur gewonnen ist, fehlt nur noch das
Wort 'Sohn'. Nonius führt das Fragment des Accius mit den
Worten an: A c c i u s o p t o l e m p o t a u t d i x i m a c t e e. q. s. Von
dem Worte optolempota werden die Silben optolempo zu Neop-
tolemo (Accius Neoptolemo) gehören, so dafs für den Anfang des
Citates noch die Buchstaben ta übrig bleiben, die ich als Reste des
ursprünglichen g n a t e betrachte. Die Anrede an Neoptolemus bei
Übergabe der väterlichen Waffen lautet dann: G n á t e U l i x i,
˙mácte his armis, mácte uirtuteí patris!

A c c. P h i l o c t e t a 14:

                  quod te óbsecro, aspernábilem
   Ne haec taétritudo méa ⟨me⟩ inculta fáxsit . .

Überliefert n e h a e c a s p e r n a b i l e m und m e a ohne me, woraus
schon Büchler das kretische Versmafs erkannte. Warum aber wie
bei Ribbeck als Messung Büchelers angegeben ist, té obsecro und
né haec betont werden soll, ist nicht zu erkennen. Vielmehr regelmäfsig: – ⌣ quod te óbsecro, ne haéc aspernábilem Taétritudó mea
incúlta faxít ⌣ –.

i d. 17:

   . . Phrygiam miti more esse, animo inmani Graéciam

Aus der Überlieferung frygiam mitimore (oder mitiore) esses
aminmani graeciam ergibt sich am leichtesten: – ⌣ P h r y g i a m
m i t i o r e e s s e a n i m o i n m a n i G r a e c i a, was man z. B. ergänzen
könnte durch ⟨expértus sum | Reápse⟩ Phrygiam . . Wenn man
aber das Wortspiel inmitem mitiorem, an das Büchler dachte, benutzt, dann mit vollständigem Vers: Phrýgiam inmitem mitiore
e s s e á n i m o i n m a n i G r a é c i a. Dieses letztere scheint vorzuziehen.

A c c. P h i n i d a e 9:

Quaéue ut Graio tibi congenerat gentum aut generum adfinitas?

Congenerare kann nur die Konstruktion von coniungere haben,
entweder aliquem cum aliquo oder alieui aliquid. Da hier der
Dativ tibi steht, erwartet man dazu den Accusativ der Sache oder
der zweiten Person. In dem überlieferten quaeue a t g r a i o liegt
vermutlich: quaeue A r g i u o s.

A c c. P h o e n i s s a e 5:

   Natús uti tute sceptrum poteretur patris.

Überliefert: ut tute. Wenn gesagt wird, dafs beide Brüder
durch ihre Geburt gleiche Rechte auf den Thron haben, entspricht:
. . nátus, ut tu, ut scéptrum poteretúr patris.

Acc. Stasiastae 2:

Túm subindo leui dolore hoc anima corpus liquerit.

Die Handschrift tum subidae loi delore u. ähnl. Ich vermute: Tum súbito nullo cúm dolore e. q. s.

Acc. Telephus 3:

. quém ego ubi aspexí uirum memorábilem
Intui uiderer, ni uestitus taeter, uastitudo,
Maéstitudo praedicarent hominem esse . .

Im ersten Vers ist metrisch fehlerhaft, daſs die Endsilbe des Wortes aspexí in die fünfte Vershebung fällt, was Ribbeck jedenfalls fühlte, da er in der Anmerkung Vorschläge zur Herstellung von Senaren macht. Vielleicht ist taeter auszuscheiden und folgendermassen zu ordnen:

Quém ego ubi aspexí, uirum memorábilem intuí uiderer,
Ní uestitus, maéstitudo, uástitudo praédicarent
Hóminem esse . .

Die hier angenommenen Wortstellung maestitudo uastitudo ist die überlieferte.

id. 14:

. . aere átque ferro féruere,
Insígnibus florere

Mit dem überlieferten igni insígnibus ist der Vers ein iambischer Septenar: Aere átque ferro féruere, igni insígnibus florére, oder Teile troch. Septenare, deren erster mit feruere schliefst. Wie aere und ferro ähnlichen Klang haben, so auch igni und insígnibus. Häufig wird ignis vom Glanz der Metalle, Edelsteinen u. a. gebraucht, hier mit der Figur des ἕν διὰ δυοῖν von den blitzenden insignia.

Acc. Tereus 2:

Tereús indomito more atque animo barbaro
Conspexit ut eam, amore uecors flammeo,
Depositus facinus pessimum ex dementia
Confingit.

Ribbeck nach Luc. Müller: ut eam mit unmöglicher Wortstellung. In dem überlieferten in eam amore kann man die zweite Silbe von eam als irrige Wiederholung des Anfangs von amore betrachten und das übrig bleibende in e zu inde ergänzen. Möglich aber auch, daſs nichts zu ändern und das Asyndeton zur Schilderung der Raschheit des Eintretens der Wirkung gewählt ist. Dann ist in eam mit amore zu verbinden, wie besonders Cicero häufig sagt.

id. 3:

>. . ⟨o⟩ suauem línguae sonitum! o dulcitas
>Conspírantum animae!

Man erwartet entweder den Sinn von conspirantium animarum
oder von conspirantis animae. Da letzteres durch das Versmafs
nicht zugelassen ist, werden wir das gleichbedeutende conspiratae
animae setzen, wie Caesar, Suetonius, Seneca, Phaedrus conspiratus
gleich conspirans gebrauchen. Auch die Handschriften, die con-
spiratum und conspiritum geben, führen darauf hin.

Ex incertis incertorum fabulis frag. 33 (Cic. Tusc. disp. IV, 23,52):

>. fácinus fecit máximum, cum Danais inclinantibus .
>Summám perfecit rem, manu⟨sua⟩ restituit proelium
>Insániens.

Überliefert ist die Wortstellung rem perfecit und proelium
restituit ohne sua. Meiner Ansicht nach ist die übereinstimmende
Lesart der Handschriften vollständig zu halten und sind nur die
Verse anders einzuteilen und die Worte des Cicero mit proelium
restituit zu beginnen, nämlich: 'Semper Aiax, fortis, fortissimus
tamen in furore. nam

>   . . . . fácinus fecit máximum,
>Cum Dánais inclinántibus summám rem perfecít manu.
Proelium restituit insaniens! Dicamus igitur utilem insaniam?
e. q. s.' Cicero sagt, nachdem er die Stelle citiert hat: 'Er hat
also in der Raserei das Treffen wiederhergestellt. Wollen wir deswegen behaupten, dafs Raserei nützlich sei?'

inc. inc. 34 (Cic. pro Scauro 3):

>   . uictor insolens .
>'Ignominiae se dolore uictum non potuit pati.

Die handschriftliche Wortstellung ist: ignominiae dolore, ut ait
poeta, uietor insolens se u. n. p. p. Mit dieser Stelle verhält es sich
wie mit der vorhergehenden. Die Überlieferung erweist sich als
richtig, wenn man die Worte des Cicero in anderer Weise von dem
Citat scheidet, nämlich: 'quis inuenitur, cum ab Aiace fabulisque
discesseris, qui tamen ipse ignominiae dolore, ut ait poeta:
'. . uietor insolens se uictum non potuit pati'
praeter Atheniensem Themistoclem, qui se ipse morte multauit?'
Cicero sagt: Wer findet sich in der griechischen Geschichte, der
sich selbst den Tod gab aufser Themistokles, wenn wir nämlich
von Aias in der Dichtung absehen, der übrigens aus Schmerz über
einen erlittenen Schimpf — nun wollte der Redner sagen: 'sich
selbst tötete', fährt aber statt dessen fort: um mit dem Dichter zu
reden als 'uietor insolens se uictum non potuit pati'. Letzteres ist
also nur eine Umschreibung für den Selbstmord, insolens 'sich über-
hebend, anmafsend', wie Cicero an anderer Stelle sagt: uictoria
quae natura insolens et superba est.

inc. inc. 54, 1:

> Ioue <pátre> prognatus est, ut perhibent, Tantalus.

Die handschriftlichen Lesarten **ioue propagatus** und **ioue propugnatus** sind nur Verschreibungen für das mifsverstandene **Ioue prognatus**, zu dem man ebensowenig **patre** erwartet als es frag. 57 bei **Tantalo prognatus** steht. Die Messung **Iouē prognatus** oder **Ioui p.** ist nicht anzufechten.

inc. inc, 73:

> Téla, famuli, téla propere <férte>! sequitur mé Toas.

Der Vers wird von einem Grammatiker als Muster des Versbaus eines troch. Tetrameters citiert, wahrscheinlich weil hier das erste und zweite Metron gleichmäfsig mit **tela** beginnt. Daher stand das Wort wohl auch zu Anfang des dritten Metrons: **Téla, famuli, téla, propere <téla>! sequitur mé Toas.** Das Verbum kann dabei ebenso fehlen wie im Deutschen.

inc. inc. 83:

> Si quís me uideat, dicat 'ni mirum hícin illest,
> <Ille> tális, <ille> uir tantis opibus praepotens?
> Ubi núne secundis rebus adiutrix . . ?'

Im ersten Vers ist die Kürzung **ĭllest** in der Verssenkung des 6. Fufses prosodisch unmöglich, da an dieser Stelle alle prosodischen Freiheiten mit Ausnahme der Abstofsung des Schlufs-s einer kurzen Silbe ausgeschlossen sind. Auch im zweiten Vers nimmt die Häufung der Licenzen **ĭlle** in der Senkung und sogar **ĭlle** in der Hebung des Verses der Konjektur jede Wahrscheinlichkeit. Bei Charisius heifst es: per ethologiam (scil. fit schema dianoeas), ut si quis me uideat dicat nimirum hic est ille talis uir e. q. s. Das Citat scheint erst mit Hic est ille zu beginnen und die vorhergehenden Worte dem Charisius zu gehören. Sie bedeuten: Ein schema dianoeas per ethologiam ist es, wenn ich z. B. den Gedanken habe: Falls mich einer jetzt sehen würde, so würde er jedenfalls sagen, wie es in der Dichterstelle heifst: **Hic ĕst ílle talis tántis opibus praépotens!** So ist vermutlich mit Tilgung des Wortes **uir** der Vers herzustellen. Die Kürzung **hic ĕst ille** ist an dieser Stelle erlaubt wie Ter. Andr. 787: Hic est ille, Phorm. 178, 638 u. a.

inc. inc. 106:

> Siue ísta uirtus seu latrocinium <fuit>,
> Horrénda miseranda ista siue est calamitas,
> Quod éxpulisti saucios patrio lare.

Statt dieser Herstellung, die verschiedene Bedenken veranlafst, wird Vers 1 aus den handschriftlichen **siue ita patrocinium** vielmehr **siuest parricidium** zu entnehmen sein, die Über-

lieferung des 2. Verses: horrendum miseranda fia esse
clamatis führt auf Horrendum, miseranda ista certest
calamitas.

inc. inc. 113:

Vós enim iuuenes animum geritis muliebrem, illa uirgo uiri.

Ich glaube illa muſs unbedingt gestrichen werden. Nur so erhält man die in Gegensätzen geforderte sprachlich und metrisch
präcise Form des Ausdrucks.

inc. inc. 117:

Páter inquam, hospites, ⟨pater⟩ me lumine orbauit pater.

Charisius citiert diese Stelle als Beleg für die epanalepsis, bei
der dasselbe Wort am Anfang und am Ende des Satzes steht. Unmittelbar vorher hat er ein Beispiel der anaphora angeführt, wo
dasselbe Wort am Anfang zweier Verse (oder Sätze oder Satzteile)
wiederkehrt. Wenn nun pater in obiger Stelle auſser am Anfang
und Ende auch noch in der Mitte stünde, so wäre das Beispiel
schlecht gewählt; denn es wäre eine Vermischung von epanalepsis
und anaphora, während es dem Grammatiker gerade auf den Unterschied dieser beiden Arten ankommt. Der Vers braucht keine Ergänzung in der Mitte, sondern: . . Pater, inquam, hóspites me
lúmine orbauit, pater. Vorher kann die Frage gestanden haben,
wer ihn geblendet habe, so daſs der Vers ein iambischer oder trochäischer Tetrameter war, möglicherweise auch zwei Versteile, deren
letzterer mit Me begann.

Enn. praetext. Ambrac. 2:

Béne mones, tute ipse cunctas caute: o uide fortem uirum!

Statt cunctas caute o uide ist cunctato (und cuncto) uide
überliefert. Daraus ergibt sich am leichtesten: Bene mones,
tute ipse ⟨ne⟩ cunctato . uide f. v.

Zu dem unterdessen erschienenen zweiten Band der Ribbeck'schen
Ausgabe, der die Komikerfragmente enthält (Teubner 1898), werde
ich später einige Beiträge liefern.

Passau.   A. Spengel.

Zu Platons Gorgias p. 517 A.

Über die grofsen Staatsmänner Athens: Perikles, Kimon, Miltiades und Themistokles fällt Platon bekanntlich von seinem einseitig ethischen Standpunkte aus unfähig die Wirklichkeit richtig zu beurteilen in dem Dialoge Gorgias ein vernichtendes Urteil: sie haben nur die äufseren Machtmittel des Staates gefördert, aber diese äufseren Machtmittel (517 C ναῦς καὶ τείχη καὶ νεώρια καὶ ἄλλα πολλὰ τοιαῦτα) sind ohne innere, sittliche Besserung der Bürger nichtiger Plunder (519 A φλυαρίαι); sie haben den Staatskörper aufgebläht und aufgedunsen, aber innerlich krank gemacht. (518 E καί φασι μεγάλην τὴν πόλιν πεποιηκέναι αὐτούς. ὅτι δὲ οἰδεῖ καὶ ὕπουλός ἐστιν δι' ἐκείνους τοὺς παλαιούς, οὐκ αἰσθάνονται. ἄνευ γὰρ σωφροσύνης καὶ δικαιοσύνης λιμένων καὶ νεωρίων καὶ τειχῶν καὶ φόρων καὶ τοιούτων φλυαριῶν ἐμπεπλήκασι τὴν πόλιν). Und der Beweis dafür? Sie haben schliefslich die Gunst des Volkes verloren und sind vom Volke verurteilt worden, was nicht geschehen wäre, wenn sie die wahre Aufgabe des Staatsmannes, die Bürger sittlich besser zu machen, erfüllt hätten. Der wahre Staatsmann ist nur der Philosoph, Sokrates mit seinen wenigen Anhängern, der unablässig bestrebt ist, die Bürger sittlich besser zu machen. (521 D οἶμαι μετ' ὀλίγων Ἀθηναίων, ἵνα μὴ εἴπω μόνος, ἐπιχειρεῖν τῇ ὡς ἀληθῶς πολιτικῇ τέχνῃ καὶ πράττειν τὰ πολιτικὰ μόνος τῶν νῦν). Seltsam, dafs Platon nicht merkte, dafs die gleiche Beweisführung sich gegen Sokrates anwenden liefse: Da er zum Tode verurteilt wurde, hat er thatsächlich die Athener nicht sittlich besser gemacht, also die Aufgabe des wahren Staatsmannes so wenig wie Perikles erfüllt.

In diesem Zusammenhange lesen wir p. 517 A die seltsame Stelle: ἀληθεῖς ἄρα, ὡς ἔοικεν, οἱ ἔμπροσθεν λόγοι ἦσαν, ὅτι οὐδένα ἡμεῖς ἴσμεν ἄνδρα ἀγαθὸν γεγονότα τὰ πολιτικὰ ἐν τῇδε τῇ πόλει. σὺ δὲ ὡμολόγεις τῶν γε νῦν οὐδένα, τῶν μέντοι ἔμπροσθεν, καὶ προείλου τούτους τοὺς ἄνδρας · οὗτοι δὲ ἀνεφάνησαν ἐξ ἴσου τοῖς νῦν ὄντες, ὥστε, εἰ οὗτοι ῥήτορες ἦσαν, οὔτε τῇ ἀληθινῇ ῥητορικῇ ἐχρῶντο — οὐ γὰρ ἂν ἐξέπεσον — οὔτε τῇ κολακικῇ.

Hier mufs man sich verwundert fragen: Ja, wenn sie weder die wahre noch die falsche Rhetorik angewendet haben, welche haben sie denn dann angewendet? Es gibt ja nur zwei: Der wahre Redner hat das Beste der Bürger im Auge (τὸ βέλτιστον), der falsche, welcher πρὸς χάριν λέγει, das Angenehmste (τὸ ἥδιστον). Es ist also sinnlos zu sagen, die genannten Staatsmänner hätten weder die wahre noch die schmeichelnde Rhetorik angewendet: hier gibt es nur ein Entweder — oder!

Die Lösung ist sehr einfach. Platon sagt εἰ οὗτοι ῥήτορες ἦσαν ‚wenn diese Redner waren'; man kann ja sagen, sie waren Staatsmänner, πολιτικοί; ob man sie aber so oder so bezeichnet, jedenfalls haben sie weder die wahre Rhetorik noch die wahre Politik ausgeübt, sondern als διάκονοι πόλεως (517 B) nur die schmeichelnde. Es ist also in unserem Texte ein Teil ausgefallen und es mufs selbstverständlich heifsen: ὥστε, εἰ οὗτοι ῥήτορες ἦσαν, οὔτε τῇ ἀληθινῇ ῥη-

τορικῇ ἐχρῶντο — οὐ γὰρ ἂν ἐξέπεσον — οὔτε ⟨τῇ ἀληθινῇ πολιτικῇ, ἀλλὰ⟩ τῇ κολακικῇ. Auch in der Politik, wie in der Rhetorik,
gibt es nur diese zwei Richtungen, die sittliche und die unsittliche,
daher fragt Sokrates 521 A den Kallikles: ἐπὶ ποτέραν οὖν με παρακαλεῖς τὴν θεραπείαν τῆς πόλεως, διόρισόν μοι · τὴν τοῦ διαμάχεσθαι
Ἀθηναίοις, ὅπως ὡς βέλτιστοι ἔσονται, ὡς ἰατρόν, ἢ ὡς διακονήσοντα καὶ
πρὸς χάριν ὁμιλήσοντα; — — κολακεύσοντα ἄρα με, ὦ γενναιότατε,
παρακαλεῖς. Vergleiche auch die oben erwähnte Stelle 521 D ἐπιχειρεῖν τῇ ὡς ἀληθῶς πολιτικῇ.

Platons Gorgias enthält im Grunde nichts anderes als eine philosophisch begründete, auf Rhetorik und Politik angewendete Unterscheidung der zwei Lebenswege (κακία und ἀρετή) in der bekannten
Erzählung des Prodikos aus Keos. Die Hauptfrage lautet, sagt Sokrates
im Gorgias 472 C: ὅστις τε εὐδαίμων ἐστὶν καὶ ὅστις μή. Den meisten
Menschen aber erscheint die κακία als εὐδαιμονία: οἱ μὲν ἐμοὶ φίλοι,
sagt die κακία bei Prodikos, καλοῦσί με εὐδαιμονίαν, was Kallikles bei
Platon unverblümt mit den Worten ausdrückt; τρυφὴ καὶ ἀκολασία
καὶ ἐλευθερία, ἐὰν ἐπικουρίαν ἔχῃ, τοῦτ' ἐστὶν ἀρετή τε καὶ εὐδαιμονία
(492 C.). Es kann auffallen, daſs der platonische Sokrates von der
Darstellung des Prodikos in dessen Schrift Ὧραι keine Erwähnung
macht, während der xenophontische Sokrates sich diese Erzählung in
vollem Umfange aneignet. (Xenophon Mem. II 1, 21 ff. καὶ Πρόδικος
δὲ ὁ σοφὸς ἐν τῷ συγγράμματι τῷ περὶ Ἡρακλέους). Auch im Gorgias
stellt Sokrates die Frage: ὄντινα χρὴ τρόπον ζῆν (500 C) und er unterscheidet die nämlichen auseinander gehenden Richtungen: τὴν μὲν
τοῦ ἡδέος; θήραν, τὴν δὲ τοῦ ἀγαθοῦ (500 E).

Regensburg.   Karl Meiser.

Zur Antigone des Sophokles.

Aus Dankbarkeit für die herrliche Aufführung der Antigone, welche
Herr Rektor Dr. Lechner durch seine Oberklässer den Teilnehmern der
20. Generalversammlung des bayerischen Gymnasiallehrer-Vereins geboten hat, möchte ich dem feinsinnigen Regisseur und seinen trefflichen
Schülern einen kleinen Beitrag zur Erläuterung des Sophokleischen
Meisterwerkes widmen. Man erschrecke nicht! Ich werde mich weder
auf das hohe Roſs des Dramaturgen schwingen, noch mit Konjektürchen
um mich werfen: ich will nur versuchen, ein paar kleine Flecken, die
mich an dem schönen Werke stören, zu entfernen.

Zunächst glaube ich im 870. Verse ein zweitausendjähriges Miſs-
verständnis aufklären zu können. Auf die Worte des Chors (856):
‚Du hast einen vom Vater ererbten Kampf auszukämpfen‘, erwidert
Antigone: ‚Du berührtest die schmerzlichste Stelle meines Herzens,
die Verirrungen meines Vaters, der meiner Mutter Gatte und Sohn zugleich war. Aus welcher Ehe stamme ich! O unselig vermählter
Bruder, im Tode zerstörtest du mein Leben (ἰὼ δυσπότμων κασίγνητε
γάμων κυρήσας, θανὼν ἔτ' οὖσαν κατήναρές με)‘. Dazu bemerken die

alten Scholien: *δυσπότμων*] *διὰ τὴν πρὸς τὸν Ἄδραστον ἐπιγαμίαν, ἥτις αἰτία τοῦ πολέμου κατέστη.* Sie beziehen die Worte also auf Polyneikes und auf seine Vermählung mit der Tochter des Adrastos. Diese Erklärung wurde von allen Herausgebern angenommen. Nun ist aber an dieser Stelle nirgends von Polyneikes und in dem ganzen Stücke nirgends von jener Heirat die Rede. Um die Beziehung auf Polyneikes klarer zu machen, schrieb Morstadt *τάφων* statt *γάμων*, und Schneidewin billigte diese Änderung. Damit ist zwar der Logik Genüge gethan, aber nicht der Psychologie. Antigone, die es stets ablehnt, Richterin über ihre Brüder zu sein, kann eine solche vorwurfsvolle Klage überhaupt nicht gegen Polyneikes erheben. Aber gegen wen sonst? Gegen den, an dessen Schuld sie der Chor erinnert hat, dessen Verirrung sie in ihrer ganzen Antwort bejammert, gegen Ödipus, der als Sohn der Jokaste ihr leiblicher Bruder (*κασίγνητος*) ist. Auch die Entgegnung des Chors fordert keineswegs eine so enge Beziehung auf Polyneikes, wie einige Erklärer meinen; der Gedanke, den er ausspricht, lautet ganz allgemein: Freilich muſs man Gott geben, was Gottes ist, aber man darf auch dem Kaiser nicht versagen, was des Kaisers ist.

Mehr Bedenken macht mir eine andere Stelle, zumal die Herausgeber — d. h. die paar, deren Ausgaben mir zur Verfügung stehen — darüber stillschweigend hinweggehen; es sind die beiden Verse 256 und 257:

σημεῖα δ' οὔτε θηρὸς οὔτε του κυνῶν
ἕλκοντος, οὐ σπάσαντος ἐξεφαίνετο.

Denn während hier ausdrücklich gesagt ist, daſs sich keine Spur von einem Tier oder von einem Hunde fand, der an der Leiche zerrte, wird V. 1198 der Leichnam des Polyneikes *κυνοσπάρακτος* genannt, was im Zusammenhalt mit dem gleich Folgenden: ‚wir verbrannten die Überreste der Leiche (*ὃ δὴ λέλειπτο συγκατῄθομεν*)‘ doch nur heiſsen kann ‚von Hunden zernagt‘. Überdies klagt Teiresias V. 1017, daſs alle Altäre verunreinigt seien von Geiern und Hunden, die von der Leiche gefressen hatten. Das kann doch nicht erst nach jenem ersten Bericht des Wächters geschehen sein. Ich möchte also vorschlagen, jene beiden Verse zu streichen: sie sind für die Meldung des Wächters überflüssig, stehen mit dem Folgenden in Widerspruch, sind formell etwas sonderbar (*θηρός* — *του κυνῶν*, *ἕλκοντος* — *σπάσαντος*) und stünden, wenn echt, besser gleich hinter Vers 252. Weiſs jemand eine einfachere Erklärung, so werde ich gerne auf dieses radikale Heilmittel verzichten.

Fürth.   Fr. Vogel.

Hans Sachs und Terenz.

Hans Sachs, der vielbelesene, der sich kaum irgend einen poetischen Stoff des Altertums, des Mittelalters oder der eigenen Zeit entgehen liefs, hat auch die drei gröfsten uns erhaltenen Komiker des Altertums, d. h. je ein Drama von ihnen, kennen gelernt und, wie es bei ihm natürlich war, nachgeahmt. Ein Zufall spielte ihm diese klassischen Komödien in chronologischer Ordnung in die Hände, und durch einen zweiten Zufall bezeichnen die drei Nachahmungen beinahe Anfang, Mitte und Ende seiner dramatischen Laufbahn. Er bildete zu Beginn des Jahres 1531 den *Plutus* des Aristophanes nach, und nur wenige Dramen gingen dieser Nachahmung voraus, er bearbeitete 1548 die *Menaechmi* des Plautus und 1564 — als sein letztes dramatisches Erzeugnis überhaupt — den *Eunuchus* des Terentius. Wir haben also in diesen Nachahmungen ein bequemes Mittel an der Hand, zu bemessen, ob Hans Sachs während seiner langen dramatischen Laufbahn auf dem Gebiete des anspruchsvolleren Dramas Fortschritte gemacht hat oder nicht.

Diese Nachbildungen würden an Wert und Interesse gewinnen, wenn sich beweisen liefse, dafs er direkt aus den Quellen geschöpft, dafs er die Vorbilder in der Ursprache gelesen habe, allein das ist bei dem, was wir über des ehrsamen Schuhmachers Sprachbildung wissen, ganz undenkbar. Aus welcher Quelle er, der wenig Latein und kein Griechisch verstand, daher den *Plutus* kennen gelernt, ist vorerst noch ein ungelöstes Rätsel;[1] als direkte Vorlage zu seinem *Monechmo* ist die A. v. Eyb'sche Übersetzung der Menaechmi nachgewiesen worden;[2] es erübrigt also noch, sein Quellenverhältnis zum *Eunuchus* klarzulegen, womit sich die nachstehenden Blätter beschäftigen werden.

„Anno salutis 1564 am 4 tage Novembris“ vollendete Sachs
     Ein schöne Comedi Terentij defs
     Poeten | vor 1700 Jaren beschriben | Von der
     Bulerin Thais | vnd jren zweyen Bulern |
     Dem Ritter Thraso vnd Phoedria |
     vnd hat V Actus.
E. Goetze im 20. Bande der von ihm in so trefflicher Weise fortgeführten Keller'schen Hans Sachs-Ausgabe sagt (S. 3 Anmerk.): „Die einzige verdeutschung des Eunuchus, welche comödie H. Sachs hier wiedergibt, war vor deren vollendung folgende: Publij Terentij Aphri sechs verteutschte Comedien | aufs eygen angeborner Lateinischen spraach | aufs trewlichst transferiert. Durch Valentinum

---

[1] Ich bezweifle, dafs S. den „*Plutus*“ in einer lateinischen Übersetzung verstanden hätte. Wahrscheinlich lagen ihm sowohl für den „*Plutus*“ als auch für die Humanistendramen „*Hecastus*“ und „*Henno*“ handschriftliche Übersetzungen, die ursprünglich zu Schulaufführungen geschrieben worden sein mochten, vor.

[2] Der Beweis wurde erbracht von mir 1877 in einer ungedruckt gebliebenen Arbeit über die Menaechmen-Nachbildungen, 1886 von O. Günther in seinen „Plautuserneuerungen“ Lpz. 1886 (Lpz. Diss.) p. 18 ff.; vgl. auch A. Herrmann „Deutsche Schriften des A. v. Eyb“. II. S. XXVIII ff.

Boltz von Ruffach. Anno MDXXXIX. Am ende: Getruckt zu Tübingen von Vlrich Morhart. Anno MDXL.[*] Goetze spricht sich hier nicht deutlich darüber aus, ob er die Boltz'sche Übersetzung als die Vorlage unseres Meisters betrachtet oder nicht; doch dürfte wohl das erstere anzunehmen sein, Jedenfalls befindet er sich hier in einem Punkte im Irrtum: Der Boltz'sche Terenz ist nicht die einzige Verdeutschung des *Eunuchus* vor 1564. Es gab vor dieser Zeit, aufser der des Boltz, nicht weniger als 3 andere und wenn wir Degen,[1]) oder vielmehr seinen Gewährsmännern, Schummel und Adelung, Glauben schenken dürfen, sogar 4 deutsche Übersetzungen des *Eunuchus*. Die älteste ist die, nichts weniger als unbekannte, des Hanns Nythart[2]) zu Ulm, von 1486; Nythart hat nur dieses Stück übersetzt. Die zweite ist die anonyme von 1499, die zum ersten Male den ganzen Terenz wiedergab. Als dritte würde, wenn Schummel und Adelung sich nicht irrten, die des Ham aus dem Jahre 1535 folgen, worauf Boltz (1539,40) und endlich Clemens Stephani von Buchaw (1554) zu setzen wären. Lassen wir indes die letztere, die wahrscheinlich nie gedruckt worden, und die angebliche des Ham, deren Existenz zum mindesten zweifelhaft ist, weg, so verbleiben aufser Boltz noch z w e i Übersetzungen, die gewifs ebenso gut als jene dem Meister vorgelegen haben können. Goetze hat sie nicht gekannt und daher natürlich auch nicht untersucht, ob ihr Anrecht, die Vorlage des Nürnbergers zu sein, nicht gröfser ist als dasjenige des Boltz.

Bei einem oberflächlichen Vergleich zwischen Sachs und Boltz kann man allerdings auf die Meinung kommen, jener habe sein Stück aus diesem geschöpft. Es gibt eine nicht unerhebliche Anzahl von Stellen, die fast wörtlich in beiden übereinstimmen. Man vergleiche:

Sachs (Goetze S. 6,26)	Boltz Fol. XXXII[b]
Ob du bist witzig.	Ob du witzig bist.[3])
S. 7,2.	ibid.
Weh mir armen, ich besorg, das Phedria gar schwerlichen Hafs Getragen hab — — —	O mir arbtseligen frawen. Ich besorg das Phedria das schwerer hab aufgenommen.

---

[1]) Versuch einer vollständigen Literatur der deutschen Übersetzungen der Römer v. Joh. Friedr. Degen. Altenburg. Richter 1794;97 II p. 459 (wo statt 1785, 1535 zu lesen ist).

[2]) Bezüglich dieser Arbeit und ihres Verfassers kann ich auf den 1893 erschienenen Aufsatz von H. Wunderlich „Der erste deutsche Terenz" in „Studien z. Litteraturgeschichte A. Bernays gewidmet" Hamburg, Voss. p. 203—216 verweisen, der mich des näheren Eingehens auf Übersetzer und Übersetzung überhebt.

[3]) Ich füge hier und unten bei allen Parallelen den lateinischen Originaltext aus naheliegendem Grunde bei, und zwar nach der Ausg. von Fleckeisen (Lpz. 1874). V. 76 Si sapis. — V. 81 Miseram me, uxor ne illud grauius Phaedria Tulerit. — V. 83 Totus, Parmeno, Tremo horreoque, postquam aspexi hanc. — V. 232 homini homo quid praestat? — V. 296 deleo omnis dehinc ex animo mulieres: Taedet cotidianarum harum formarum. — V. 305 nescio hercle, neque unde eam neque quorsum eam: Ita prorsum oblitus sum mei.

S. 7,10.

Ich zitter und grüsselt mein blut,
Bald ich nur hört die wolgemut.

ibid.

Ich zittere vnd grauset mir gantz nach
dem ich dise hab angesehen.

S. 12,5.

Wie ubertrifft ein mensch das ander.

Fol XXXVIᵃ

Wie übertrifft ein mensch den andren?

S. 14,14.

Irnthalb tilg ich aufs meim gemüt
Aller vorigen junckfrawen gstalt.

Fol. XXXVIIᵇ

Ich tillck hinfürt alle weiber aufs meinem
gmüt. Ich verdreüfst deren tägliche
gstalten.

S. 14,34.

Bey Hercule — — — — —
Weifs nit, von wan ich ietzt geh her,
Oder wo ich hinkommen wer.
Hab mein selber gleich gar vergessen.

Fol. XXXVIIIᵃ

Bei Hercle ich weifs es nit | weder woher
ich kumm | noch wohin ich gang ¦ so
gantz hab ich mein selbs vergessen.

Diesen Stellen lassen sich noch sehr viele ähnliche anreihen, und man kann nicht leugnen, dafs die Übereinstimmung eine ziemlich grofse ist. Es fragt sich nur, ob diese Stellen nicht schon in einer jener älteren Übersetzungen vorkommen, da ja Übersetzer häufig einander zu kopieren pflegen. Mir erwächst also die mehrfach gegliederte Aufgabe, zunächst die Übersetzungen unter sich und dann mit Sachs zu vergleichen.

Halten wir die beiden ältesten Übersetzungen zusammen, so machen wir sogleich die Entdeckung, dafs sie fast wortwörtlich übereinstimmen. Die Übersetzer von 1499 — denn es sind mehrere — haben ohne weiteres die Nythart'sche adoptiert und nur Kleinigkeiten daran geändert. Sie gestehen selbst zu, dafs die Nythart'sche Arbeit sie erst angeregt habe, den ganzen Terenz zu übersetzen, und ein flüchtiger Blick genügt um zu sehen, wie Nythart ihnen für ihre ganze Arbeit Vorbild war. Was die Abweichungen im *Eunuchus* betrifft, so heifsen z. B. die Acte bei Nythart „vnterscheid" oder „geschichten", die Scenen „tail"; in der Übersetzung von 1499 heifsen die Acte „vbung" und der Ausdruck „Scenc" ist beibehalten. Im Wortlaut der Argumente gehen beide Übersetzungen noch ziemlich weit auseinander, aber im eigentlichen Texte betreffen die Abweichungen nur einzelne Ausdrücke, und selbst der fortlaufende Kommentar ist durch das ganze Stück vielfach wörtlich beibehalten worden.

Bei Boltz geht der Unterschied viel weiter. Er hat die lateinischen Ausdrücke Actus und Scene beibehalten und die Personen mehrfach anders als Nythart bezeichnet. So ist z. B. Thraso, in den älteren Übersetzungen als „Ritter" bezeichnet, bei ihm als „Hauptmann", Thais, bei jenen „Bulerin" benannt, heifst bei ihm „die mätz" u. s. w. Was den Text betrifft, so sieht man gleich, dafs Boltz ernstlich bemüht war, moderner als Nythart zu schreiben. Manche Ausdrücke und Wendungen des letzteren waren eben 60—70 Jahre später nicht mehr recht geläufig. Dann hat Boltz offenbar den lateinischen Text nochmals herangezogen und durchgehends mehr oder minder erhebliche Änderungen im Wortlaut und in der Wortstellung vorgenommen. Gleichwohl zeigt sich die Abhängigkeit von Nythart in zahlreichen wörtlich beibehaltenen Stellen.

Daſs Sachs Nythart allein gekannt habe, möchte man wohl schon daraus schlieſsen, weil er gerade den *Eunuchus* und nur ihn allein nachgebildet hat. Wäre ihm eine vollständige Terenzübersetzung vorgelegen, so hätte er gewiſs irgend einem anderen Stücke den Vorzug gegeben und jedenfalls mehr als ein Stück nachgebildet. Nun enthält Nythart's Terenzübersetzung nur den *Eunuch*, folglich hat Sachs nur Nythart gekannt. Dieser Schluſs liegt nahe und ist bestechend genug; aber eine völlige Sicherheit gewährt er nicht. Besser ist es, die Hans Sachsische Arbeit mit den verschiedenen Übersetzungen zu vergleichen, um aus der gröſseren Übereinstimmung mit der einen oder der andern seine Vorlage herauszufinden. Das Resultat ist nun allerdings auch, daſs Sachs seine Arbeit auf Grund des Nythart'schen *Eunuchs* ausgeführt hat.

Was zunächst sein Verhältnis zu der Übersetzung von 1499 betrifft, so läſst sich, wiewohl diese fast ganz identisch mit der Nythartschen ist, zeigen, daſs er nicht sie, sondern letztere benützt hat. Man beachte z. B. nachstehende Parallelen:

Sachs (S. 7)	Nythart [1])	Übers. v. 1499
Weh mir armen, icl be- sorg, das Phedria gar schwerlichen haſs Getragen hab fehrlicher massen, Daſs icl in nit lab ein- gelassen, Und ist docl in keim nbel gschehen, Das thu icl auff mein trew verjehen.	O, Mir armen. Icl besorg das Phedria ditz it sclwer getragen hab oder anders vffgenommen, wan es von mir beschehen ist	das er gestern nit ward ynge- lassen.	O, Mir armen icl forclt das Phedria ditz it sclwer getragen lab oder anders vffgenummen wann es von mir geschehn ist das er gestern nit ward ingelassen.

Ähnliche charakteristische Übereinstimmungen zwischen Sachs und Nythart gegenüber kleinen Abweichungen der Übersetzung von 1499 finden sich noch einige.

Ich werde daher bei den weiter unten zu gebenden Parallelen die Übersetzung von 1499 ganz weglassen.

Betrachten wir nun das Verhältnis des Nürnbergers zu Nythart und Boltz. Die Abhängigkeit von dem ersteren zeigt sich bei Sachs schon im Titel seiner Nachbildung. Boltz nennt seine Übersetzung *Eunuchus*; Nythart hat gar keinen Titel, daher kam es, daſs Sachs — der einen Namen brauchte — sein Stück nach der „*Bulerin*" benannt hat. Dann ist der Prolog bei Sachs teils aus der langen Aufschrift des Titelblattes der Nythartschen Übersetzung, teils aus deren Inhaltsangabe entstanden, wie folgende Gegenüberstellung zeigt:

---

[1]) V. 81 ff. Miseram me, uereor ne illud granius Phaedria
Tulerit neue aliorsum atque ego feci acceperit
Quod leri intro missus non est.

Sac l s	Nythart (Titelblatt)

Sac l s
Terentius, der l oc l poet,
Ein comedi besc l reiben t l et
Artlich in lateinisc l er sprac l ,
Die ist verteutscht worden l ernac l ,
Die helt inn ein l istoria,
Wie in der statt zu Athena,
Welc l e liget in Griec l enland,
Ein reic l er Burger weit erkandt
Hett gar ein sc l öne toc l ter da,
Die hiefs mit nam Pamphilia.
War anff der l arpfen künstreich gar;
Die von meerraubern gfangen war
Und gefü l rt in Rhodis, die statt,
Da man sie auff dem marckt feil l att.
Da sie ein ritter kauffet hett
Nac l langer zeit sie füren t l et
Hin gen At l en on ails nac l denken
Und thet sie seiner l ulschaft sc l enken,
Welliche hiefs T l ais mit nam, u. s. w.

Nythart (Titelblatt)
Hernac l volget a i n Maisterliche vnd
wolgesetzte Comedia..... Die der
Hoc l gelert.... Poet Therencius
gar subtill..... gesetzt l at.

Nyt l art (In l altsangabe)
A in Edle Jungkfraw mit namen Pam-
p l ilia aus Athenis geraubet ward gen
Rodis gefürt. allda von den raubern
verkaufft..... (ein Ritter) Pamphiliam
sac l an offnem marckt zu failem kauff
gestellet sein.... Allso t l et Ritter Traso
die selben Pamphiliam von sc l öne der
gestalt vnd irer kunst wegen die si kund
auf: der harpffen ·. vnwissend sust aller
ding wer sie was. kauffen . zeschencken
seinem bulen Thaidi u. s. w.

Boltz bietet hiezu keine Parallelen, er gibt die Übersetzung zweier lateinischer Periochen (Sororem falso dictitatam Thaïdis und Meretrix adolescentem cuius mutuo amore tenebatur exclusit).

Auch das Personenverzeichnis des Sachs beruht sowohl bezüglich der Personenbenennung, als auch nahezu in deren Reihenfolge auf Nythart. Man vergleiche:

Sac l s	Nythart	Boltz
Lac l es, ein alter Burger zu At l en	Ain... tagter Burger zu Athenis mit namen Laches Vnd zwen	Phedria: der jüngling
Phedria ⎫ seine zwen	seiner sün...... Namlich Phe-	Parmeno: der knec l t
C l erea ⎭ sön	dria vnd C l erea. Auc l ain	T l ais: die mätz
Parmeno, der zweyer knec l t	knec l t genannt Parmeno der den zwaien iungen gesellen zu irem	Gnato: der zudüttler Chorea: der jüngling
Thraso, ein ritter	gewerb diente.	Thraso: der Haupt-
Gnat l o, ein heuchler	Mer ain.... Ritter mit namen	mann
Sanga, koc l ⎫	Traso. Vnd fünff seiner knec l t.	Pythias: die magt
Simalio ⎬ sein	Namlich Gnato der zütüttler.	Chremes: der jüngling
Siriscus ⎭ hof- gesind	Sanga der koch. Simalio. Siris-	Antipho: der jüngling
Dorax	tus vnd Dorax seine Diener.	Dorias: die magt
T l ais, die listig bulerin	Mer ain listige.. bülerin mit namen	Dorus: der Eunuchus
Pit l ias ⎫ ir 2 meid u.	T l ais . mit zwaien megten. Nam-	oder versc l nitten
Dorias ⎭ kuplerin	lic l Pit l ias vnd Dorias. Auc l	Sanga: der knec l t
Ein Möhrin	ain harpffenspilerin genannt	Sophrona: die seügam
Dorus, ein verschnitt- ner knec l t	Pamphilia..... Vnd ain diern aus Morenland mit ainem ver-	Lac l es: der alt.
Antipho, ein Atheni- sc l er Jüngling	schnitnen knec l t der l iefs Dorus	
Chremes, burgers son von At l en	Mer ain Jüngling der Pamphilia bruder ain .. burger zu Athenis	
Pamphilia, sein sc l wester, harpffen- schlagerin	mit namen Cremes. Mer ain Athenischer Jüngling .. genannt Antipho.	
Sop l ronia, ir säugam Und der ehrenhold.		

Die Sophronia hatte Nyth. bei der Aufzählung vergessen, Sachs ergänzte sie aus dem Stücke selbst. Was die Umstellungen betrifft, so wollte Sachs offenbar Chremes mit seiner Schwester zusammenstellen, darum nahm er diese aus dem Gesinde der Thais heraus.

Wenden wir uns zu dem Stücke selbst, so sind nachstehende Parallelen lehrreich und meines Erachtens entscheidend genug. Sie veranschaulichen zugleich auch nachträglich das sprachliche Verhältnis zwischen Nythart und Boltz.

Sachs S. 6,9	Nyth. Fol. II^a ')	Boltz Fol. XXXII^b
Phedria spricht:	P l e. O, vnuerschultes	P l e. O des schentlichen
O alls ubels bin ich un-schuldig!	vbel . nun merck ich dz sie bosfetig *(bosrftig?)* ist	bossen, Nun merck ich dz sie verbubscht ist | vnd
Derhalben bin ich unge-doldig;	vnd ich *ellend* vnd ver-drust mich . vnd brinn doch	empfind mich zu sein ain arbtseligen menschen . In
Ich merck irn *bofshaftigen* sinn,	in der liebe vnd vergang mit vernunfft . wissend .	es verdreüfst mich | vnd brinn doch in der liebe
Nun ich veracht und *elend* bin,	selend vnd lebend . vnd wais nit was ich tun sol.	mit vernunfft | vn wissen | lebend vnd gesehend ver-
Und brinn doch in der lieb noch hart		dürb ich | vnd weifs doch
Im hertzen gleich voriger art		nit was ich thun soll.
Und weifs gar nit, was ich thun sol.		
Parmeno der knecht spricht:	P a r. was du thun solt?	P a r. Was du thun solt?
Herr das kann ich dir sagen wol.	nuntz wann das du dich ge-fangnen ledigest etc.	Nichts anders ¦ dann das du dich gefangenen ledigest.
Mach ledig dein gefangen hertz		
— — — — —		
Phedria, der buler, spricht:	P l e. Ratst aber allsn?	P l e. Rhatstu aber also?
Mein Parmeno, rhätst du mir das?		
Parmeno der knecht spricht:	P a r. Ob du witzig bist .	P a r. Ob du witzig bist .
— — — — —	dz du dir nit beswerde zu-legest vler die die lich	Leg dir auch kein be-schwerdt auff über disc,
Ob du bist witzig, von ir flench,	selber hat...... aber sich	die die liebe selbs hat....
Ir lieb mit wort und thaten scheuch,	sie gat her aus vnsers ackers hagel . wann das wir nemen	Aber schaw da | das ver-derben vnsers guts gaat
Dieweil sie hat verachtet dich	solten das wirt vns von ir entzogen.	herausser: dann dise ent-zeücht vns das wir nemmen
Und hult mit andern wissentlich,		solten.
— — — — —		
Schaw, schaw, dort tritt daher die wacker,		
Der schedlich hagel deinem acker		
Der dir verderbt, ver-schlemt und frifst,		

') V. 70 ff. Pl.... O indignum facinus: nunc ego
Et illam scelestam esse et me miserum sentio
Et taedet: et amore ardeo: et prudens sciens
Vinos uidensque pereo: nec quid agam scio.
Pa. Quid agas? nisi ut te redimas captum....
— ·— — — P l. Itane suades? Pa. Si sapis
Neque praeter quam quas ipse amor molestias
Habet addas, — — — — — —.
Sed eccam ipsa egreditur, nostri fundi calamitas:

Was dir darauf gewaclsen
   ist,
Das wird dir alle von ir
   abgsogen
Durcl ir falscl gleisend lieb
vertrogen.

S. 7,8	Fol. IIIᵃ ¹)	Fol. XXXIIᵇ
Phedria spricht:	Phe. Parmeno icl zitter	Phe. O Parmono icl
Icl zitter, u. grüsselt mein	vnd krüsel gantzer, so icl	zittere | vnd grauset mir
blut	sie angeselen lan.	gantz nacl dem icl dise
Bald icl nur lört die wol-		lab angsehn.
gomut.		
Parmeno der knecht spricht:	Par. Bis gutz mutz. gang	Pa. Bifs guts muts gang
Herr sey guts muts, und	neher zu disem für so	zu dem fewr da würstu
naler geb	erhitzigst mer dann genug.	dicl yetz mer dann gnng
Von ²)disem leifs flammen-		erhitzigen.
den sewr,		
Sonst erhitzigst du gar		
ungehewr,		
Die flammen sclon dein		
lerlz anfliegen		

---

ibid. Zeile 25	ibid. ⁸)	fol. XXXIIIᵃ
Parmeno der knecht spricht:	Par. Aber vom vs-	Par. Ja vo dem aufs-
Vom zuschliefsen⁴) so	scllissen nit ain wort.	sclliessen gesclielt kein
sclweigt sie dir,		red.
Das sie dir neclten lat		
gotl an.		

---

ibid.	fol. IIIᵇ	fol. XXXIIIᵃ
Thais, die bulerin spricht:	Tla. Ach lafs daruon	Tha. Lafs die Ding faren.
Ach, mein Phedria lafs dar-		
von!		

S. 9,22	fol. VIIIᵃ ᵘ· ᵇ	fol. XXXIVᵇ
Hab dir gekauft ein möhrin	ainer mörin ... ein ver-	ein mägtlin aufs moren-
scllēclt	sclnitten .... Gestern lab	land ... ein versclnittenen
Und aucl einen versclnitten	ich fünfftzig pfunt pfennig	... hab gestern zweintzig
knecll	vmb sie baide gegeben.	pfundt pfennig vmb beide
Vmb fünfftzig pfund		geben.

---

¹) V. 83. — — — — — Pl. Totus, Parmeno
   Tremo horreoque, postquam aspexi hanc. Pa. Bono animo es:
   Accede ad ignem hunc, iam calesces plus satis. —
   ²) Sollte Sacls nicll wie sein Vorbild gesclrieben laben „zu disem .. fewr
So erhitzigst etc. So wie E. Goetze (nacl dem Druck) den Text wiedergibt, ist er
Unsinn.
   ⁸) V. 87. Pa. Ceterum De exclusione uerbum nullum. —
   V. 90 — — Tl. Missa istacc face. —
   V. 165 ff. — ex Aetliopa Ancillulam — — — eunuchum .... Heri minas
uiginti pro ambobus dedi. —
   ⁴) Hier ist offenbar nacl der Vorlage „vfsschliefsen" oder „ausschliefsen zu
korrigieren.

S. 11,24	fol. XII[b] [1])	fol. XXXV[b]
Ir göter, was kranckheit ist dafs Die leut verwandelt solcler mafs Dafs ein zornig lertz und gemüt Verwandelt wird in lieb und gütl	O ir guten göt, was kranckait ist dz? söllen die leut von der liebe allsn verwandelt werden? dz du nit kennst den vorigen sin.	Güttiger gott, was kranck- leit ist das? werden dann die menselen also verkert von der liebe das du auch denselben nimmer kennest?

S. 12,3	fol. XIII[b]	fol. XXXVI[a]
Gnatho der heuchler, spricht: Ir untödtlichen göttr allsander, Wie ubertrifft ein menscl das ander l Grofs unterscheid ist hie zu preisen. Zwisclen eim narren und eim weisen. Icl sih Parmeno, der dorl steht Der all sein gut verdempffen thet. Nun gelt er her in schlechtem kleid Und mufs dienen in hertzenleid. Von all sein freündn ist er verlassen, Ich aber geh eiu andre strassen. Den reiclen gsellen woln ich mit, Docl jung, unweifs und ungèniert; Und was die thun, das lob ich alls, Was sie schenden sclend ich naclmals,	Gna. O Untötlichen göt. was übertrifft ain menscl dz ander. was ist vnderschaid des verstanden gegem narren .... als icl zu her kommend was ; bestellet icl ainen meiner statt daher	vnd aucl ordens	nit vnfrumen. der sein gut auch vertempfft het. Icl sicl in raulen	vnsaubern alt von klaidern ... all mein — — — fründ land micl verlassen. — — Du ungenietter ... man (spracl ich .... es ist ain geslecht der menselen die in allen dingen die vordersten sein wollen	vn sinds docl nit. den folg icl nacl ... was sie sagen das lobe icl ... würd ainer aber wider nain sagen	icl sag nain. iehens ia	icl sprich ia. Zeletst hab icl mir gebotten in allen dingen liebkallen.	Ewiger Gott. Wie übertrifft ein menscl den andren? Was ist vnderscheids des verstendigen gegen eim vnuersten- digen? ... Als ich heüt her kam	lab icl mit eim meins heimats vnd ordens geredt nit ein vnfrommer menscl: der sein väterlicl gut verschleckt lat: den sale icl scheützlich ... mit lumpen.. vmbhenckt ... alle meine freünd laben micl verlassen .... du vnbesinter menscl (spricl icl) .... Es ist ein geschlecht der menschen	die die fürnembsten wöllen sein in allen dingen	vnd sinds doch nit. Denen volg icl nacl .... Alles was sie reden dz lob icl .... So yeman dz verneint: so vernein icls aucl, sagt ers: so sag icls aucl. Zeletst lab icl micl selbs beredt	in allen dingen lieb zekosen.

Also kan icl in aucl in allen
Aufs falsclem hertzen süfs liebkallen.

---

[1]) V. 225. Di boni, quid hoc morbist? adeon lomines inmutarier Ex amore, ut non cognoscas eundem esse!

V. 232 ff. Di inmortales, bomini homo quid praestat? stulto intellegens Quid inter est? — — Conueni lodic adueniens quondam mei loci linc atque ordinis Hominem haud inpurum, itidem patria qui abligurierat bona: Video sentum squalidum aegrum, pannis annisque obsitum ..... omnes noti tne atque amici deserunt. — — 'quid lomo' inquam 'ignauissume'? — —

V. 248: Est genus hominum, qui esse primos se omnium rerum volunt Nec sunt: los consector: — — — .

V. 251: Quidquid dicunt, laudo — — — — Negat quis: nego; ait: aio: postremo inperaui egomet mili Omnia adsentari.

S. 22,10	fol. XXXVᵃ	fol. XLIIᵇ

S. 22,10

Thais,¹) die bulerin spricht:
Versorge auch die junck-
  fraw wol
Kein fleiſs man an ir
  sparen sol,
Und bleibet fleissig in dem
  Hauſs
Nun gehnd wir, folg mir
  nacl hinauſs

fol. XXXVᵃ

T l a(is) . . . . . ver sorgen
die iungkfrawen fleislich|
vnd bleiben im lauſs. Tra.
Gee wir? Tla. Volgen ir
mir nacl.

fol. XLIIᵇ

T l a . . . Haben fleissig
ac l t auf dise junckfraw.
Thünd eins | bleibent im
lauſs. Tlra. Laſs vns gon.
Tla. Volgent jr mir nacl.

S. 23,16

Antipho geht ein . . . . .
Gestert da seint wir
  jüngeling
Zu Pireo eins wordn
  aller ding,
Auff heut mit einander
  zu essen,
Und laben erwelt und
  zugmessen
Cheream, unsern
  sclaffner zu sein.

fol. XXXVIIIᵇ')

Ant. Gestern sind wir
etlicl iüngling ains
worden | vff hüt mit ein-
ander zeessen in Pirreo
vnd hond cheream dar
zu sclaffner gemacl t.

fol. XLIIIᵇ

Gestern seiud vnser etlicl
junggsellen zusamen
kommen auſs gestaden
Pirreo | das mir auff den
heüttigen tag mit ein-
ander essen | auſs zu-
samengelegter beüt. Vnd
laben Cleream verordnet
zu dem landel.

S. 24,15

Cherea spricht:
Das ist ein loclzeitlicler
  tag.

fol. XLIᵃ

Che. O loclzeitlicler
tag defs mensclen.

XLIVᵃ

Che. O wie ein frölicher
tag des menschens.

S. 27,30

O weh mir armen maid,
  wo find
Icl das untrew schalck-
  hafftig kind?

fol. XLIXᵃ

Icl arme wa find icl
den Schalckhafften vnd vn-
getrüwen.

XLVIᵇ

Wa sol icl armselige den
lästerliclen vnd schnöden
menscl en finden?

S. 32,1

Icl will Pamphiliam allein
Die junckfraw nemen mit
  gewalt.

fol. LXIIᵃ

Icl will die junckfrawen
mit gewalt nemen.

Lᵇ

Will die junckfraw her-
auſs nemmen.

---

ibid. 9

Dorax kom mit dem
rigl herfür.

ibid.

Dorax kumm du her
mit dem rigel enmitten.

ibid.

Donax stell dicl da
mitten ins leer | mit dem
lebeisen.

S. 34 letzle Z.

O du bofshafftige.

fol. LXVIIᵃ')

O du bofshafftige.

LIIᵃ

Dv schentliche.

---

¹) Goetze gibt nacl dem alten Druck diese Verse dem Tlraso. Aber der
Miles konnte docl den Mägden der Hetäre keine Aufträge gelen! Also aucl
olne Heranzielung der Quelle lätte hier eine Besserung vorgenommen werden
müssen.

²) V. 505: — — curate istam diligenter uirginem: Domi adsitis facite. Tlr.
Eamus. Tl. Vos me sequimini.

V. 539. Heri aliquot adulescentuli coïmus in Piraeo, In lunc diem ut de
sumbolis essemus. Chaeream ei rei Praefecimus:

V. 560: O festus dies!

V. 643 Ubi ego illum scelerosum misera atque inpium inveniam?

V. 773 Virginem eripiam.

V. 774 — — —. In medium luc agmen cum uecti, Donax.

³) V. 817. . . . scelesta — —.

V. 872 Ad nunc debinc spero aeternam inter nos gratiam Fore Tlais. —

S. 37,11	fol. LXXI^b	fol. LIII^a

S. 37,11

Tlais, icl hoff, es sol auff
erden
Zwisclen uns ain ewig
freundschafft werden.

fol. LXXI^b

Tlais, Icl hoff aber, das
nun fürohin zwisclen vnser
ain ewige freuntschafft
werde.

fol. LIII^a

Blan,[1]) Tlais, icl loff
das nun fürterbin ewiger
frid oder gunst werd
zwisclen uns sein.

ibid. 32

Ja ietzund wird ir bruder
kommen.
Der bringt die säugammen
der frommen,
Die sie in tugend[2]) nelrt
voraufs.
Kom, wir wöllen warten
im laufs.

fol. LXXII^b

Der iunkfrauen bruder
wirt yetzo hie bei sein. er
ist gegangen die seügammen
zeberüeffen. die sie in der
iugend genert hat. — —
— — wilt du iclt | so
wartten wir als leicht . .
in dem haufs.

LIII^b

Der junckfrawen bruder
wirdt yetz daler kommen |
er ist gangen jr seügammen
zeholen | die sie ein kleins
kindlin hat erzogen. — —
— — Wil du | so lafs vns
ee.. daheimen warten.

Wiewohl schon das bisher Angeführte zur Genüge bewiesen haben
dürfte, dafs H. Sachs die Nythart'sche Arbeit vor sich hatte, so sei
doch noch eines erwähnt. Die erste deutsche Terenz-Übersetzung
ist mit zahlreichen Holzschnitten geziert. Auf einigen derselben ist
der Eunuch — oder sein Stellvertreter — abgebildet und zwar wird
er durch Narrentracht von den andern Personen unterschieden.
Dieser Umstand erklärt nachstehende Verse bei Sachs, die er im
Texte seiner Vorlage nicht fand:

S. 16 Z. 12: Leg an difs kleid, saml seyat versclnitten
          Und tlu dicl aller narrn weifs nieten,
          Dafs man dicl für ein narren kenn.
S. 17,3: Kom und leg das narrenkleid an
S. 26,10: Und zeucl difs narrenkleide aufs.
S. 26 Z. 28: So gehnd wir eilend in mein haufs,
          Da zeuh dein narrenkleidung sufs.
S. 28,32: Icl sitz da gleicl in lertzenleid,
          Hab nit melr an mein narrenkleid.
S. 29,23: Wo ist dein narrenkleid . . .
S. 38,4: Ja kom, icl schem micl auff mein eid,
          Da-zu-stehn in dem narrenkleid.

Die Boltz'sche Übersetzung ist mit Ausnahme eines einzigen
Bildes ohne Holzschnitte.

V. 891 — — iam frater ipse hic aderit uirginis; Nutricem arcessitum iit,
quae illam aluit paruolam:

V. 894: — — Vin interea, dum venit, Domi opperiamur potius quam hic
ante ostium?

[1]) Diese seltene Partikel, welcle seit Zarncke's Untersuclung über die
Cammerlander'schen Drucke eine gewisse Bedeutung erlangt lat, findet sicl, was
nocl wenig bekannt sein dürfte, wiederlolt in der Boltz'scheu Übersetzung vor,
so nocl z. B. Blatt 48^a, 51^b, 53^a, 59^a; daneben kommt aucl die gewölnlicle
Form des Wörtclens, d. l. „wolan" vor. Nebenbei bemerkt, kommt „blan" aucl
in S. Münsters Cosmographei vor (so z. B. S. 1149 der Ausg. Basel H. Petri).

[2]) Also sclreibt Götze der alten Ausgabe nacl. Kein Zweifel, dafs Sachs, gleicl
seiner Vorlage, „iugeud" gesclrieben latte und dafs ein Druckversehen vorliegt,
das keine Verewigung verdient. — Die wenigen von mir lier beigebrachten Beispiele,
die icl indes vermelren könnte; beweisen, dafs die Quellen des H. Sacls unter
Umständen bei der Herstellung eines korrekten Textes seiner
Werke von Nutzen sein können. Man sollte daler besonders dann nicl t
versäumen, sie heranzuziehen, wenn keine Handsclrift des Diclters, sondern nur
ein Druck, zumal aus späterer Zeit, vorliegt.

Hat nun Sachs aufser Nythart keine andere Übersetzung benützt? Alles scheint dafür zu sprechen, dafs er nur jenen kannte. Gleichwohl ist die Sache noch nicht so ganz glatt. Es gibt in seiner Nachbildung eine Anzahl von Stellen, wo er mit Boltz gegen Nythart übereinstimmt. Allerdings handelt es sich dabei meist nur um einzelne Ausdrücke, aber ihre Zahl ist doch zu·grofs, als dafs wir an einen blofsen Zufall denken könnten. Damit der Leser selbst urteile, seien mehrere angeführt:

Sachs S. 5,6	Nythart[1]) fol. I[a]	Boltz fol. XXXII[a]
Nein, nein, ich werd es zwar nit tlan, Obs micl gleich bet...	Nain ob sie micl flechnete	Nein icll, ob sie micl gleicl bät
S. 8,2	fol. III[b]	fol. XXX[a]
O Tlais, Tlais, was hast tlan? Wolt gott, vnser beider liel wer In zwen gleicl teil geteilt bifsher.	O tlais, tlais das aber vnser liebe geleich geteilt were.	O Tlais, Tlais wolt Gott, das ich gleiclen theyl u. s. w.
Sacls S. 11,2	Nythart fol. XI[b]	Boltz fol. XXXV
Parmeno, führ die zwey hinab, Wie icl dir denn befohlen hab, Die mörin und verscl nitten knecl t Zu Tlais und aufsricht das recl t, Und zier mein schenck mit sclönen worten.	Tu allso als icl gelaissen han. dz die hin gefürt werden. — — — Ists dir aber genug geboten? — — — — — Par... es soll aus gericlt sein .... Phe. Vnnser gab ziere mit wortten als verr du maclt.	Tvn also wie icl dich geleissen hab, für die zwey (die mörin vnnd verscl nittnen) hindannen. — — — Ist dir aber das nit genug bevolhen? — — — — — — Pa. Wolän icl wils aufsrichten. — — — Plae. Streicl vnser gab sclon aufs mit worten so fast du immer magst.
S. 13,10	fol. XVII[a]	fol. XXXVII[a]
Wie angnem meinst, dafs werd sein do Thaidi diese sclöne gab, Die ich ir ietzund fülr hinab?	Wie empfengklicl mainst du dise gab thaidi werden?	O wie angenem meinstu werd dise sclenck sein Thaidi?
S. 19,27	fol. XXVII[b]	fol. XL[b]
Darumb lat dicl der köng vor augen.	Darumm lat dicl der künig allweg in augen	Derhalben lat dicl der künig vor augen.
S. 22,6	XXXV[a]	fol. XLII[b]
Wolt ers nit tlun, so für in ... Zu mir	mag das nit gesein so für in zu mir.	kan ers aber nit thun so für in zu mir.
S. 27,32	fol. XLIX[a]	fol. XLVI[b]
— -— — Wo soll ich in suclen?	Wa such icl in?	... wo sol icl jn suchen?

---

[1]) V. 49: non, si me obsecret.
V. 91 — — — o Tlaïs, Thaïs, utinam esset mili Pars aequa amoris tecum.

[2]) V. 207. Fac, ita ut iussi, deducantur isti. — — — — — — — —
Satin loc mandatumst tibi?

S. 30,10	fol. LVII* [1])	fol. XLIX*
Doch weil ich noch zu tische safs Ich gleich noch scharpffer sinne was	Doch die weil ich safs bedacht ich mich schön nüchtern sein.	Doch dweil ich zetisch safs daucht ich mich so fein nüchtern sein.

S. 34,6	fol. LXIVᵇ [2])	fol. LIᵇ
Ich wil dir ir säugammen alt Sophroniam ietzt hieher bringen	ich gee zu Sophronam irr sangmutter (Drkf. für säugmutter) das ich si hie her bringen — — werde.	Ich will gon zu Sophronam jrer seügammen das ich sie zu jr für.

S. 35,18	fol. LXVIIᵇ [3])	fol. LII*
Der junge bruder Phedria	Der vngebartet bruder Phedrie.	Diser jünger bruder Phedrie.

S. 36,22	fol. LXXᵇ [4])	fol. LIIᵇ
Ich bit, Thais verzeih mir das; Und wo ich solchs mehr thu fürbafs So solt du darumb töten mich.	Verzeich mir dise ainige missethat. Ist das ich yendert ain andre verbring	so tött mich.	Verzeich mir dise eintzige übelthat	wenn ich yenen würd ein andere mer thun. so tödt mich.

Hiezu kommen noch zwei Dinge: 1. Nythart schreibt durchweg: Therencius Traso, Gnato, Cremes; dagegen Sachs hat übereinstimmend mit Boltz: Terentius, Thraso Gnatho, Chremes. 2. In der Überschrift der Sächsischen „Comedi" findet sich die Zeitangabe „vor 1700 jaren beschriben." Woher hat Sachs diese? Bei Nythart ist nichts derartiges zu finden, aber Boltz hat ein „leben Terentij", in welchem es heifst: „Diser Terentius ist vor Christi geburt gewefst | hundert vnd zwey vnd dreissig jar." Nun ist 1564 + 132 = 1696, d. h. rund 1700.

Alles in allem gerechnet, wird daher ein gewisser Einflufs der Boltz'schen Übersetzung auf unsere „Comedi" in der Gestalt, wie sie uns vorliegt, nicht abgestritten werden können. Kein Zweifel, Sachs hatte, als er sein Stück niederschrieb, nur Nythart vor sich. Im letzten Augenblick aber, vielleicht, als die Arbeit schon beendet war, wurde er auf die jüngere Übersetzung aufmerksam gemacht und brachte nun noch einzelne Korrekturen an. Fragt man jedoch, warum hat er, falls er Boltz kannte, nicht noch andere Stücke des Terenz bearbeitet, so läfst sich mit der Gegenfrage antworten, warum hat er nach dem 4. November 1564 überhaupt keine Dramen mehr geschrieben? Eines müfste doch das letzte sein. Der Dichter zählte

---

V. 212 — — — Minume qui effectum dabo. — V. 114 Nunus nostrum ornato uerbis, quod poteris. —
V. 275 Quam hoc munus gratum Thaidi arbitrare esse? — V. 401 Rex te ergo in oculis. —
V. 503 — — — si id non poterit, ad me adducito. — V. 643 — — aut ubi quaeram. —
[1]) V. 728 Ac dum adcubabam, quam uidebar mihi pulchre esse sobrius. —
[2]) V. 807 — — — — ego eo ad Sophronam Nutricem, ut eam adducam. —
[3]) V. 824 — — — Iste eplebus frater Phaedriae. —
[4]) V. 852 — — — — Unam hanc noxiam Amitte: si aliam admisero unquam, occidito.

volle 70 Jahre und wagte sich von jetzt an nicht mehr an gröfsere
Sachen.

Dieser Erklärung über die Benutzung der Boltz'schen Übersetzung
seitens unseres Dichters fehlt, um vollkommen zu befriedigen, eines,
und das ist: das verlorene 17. Spruchbuch, welches das Sächsische
Stück enthielt. So lange dieses nicht zum Vorschein kommt, dürfte,
da H. Sachs das Stück nicht selbst zum Drucke brachte, dasselbe
vielmehr erst drei Jahre nach seinem Tode herauskam, die Frage berechtigt sein, ob nicht etwa ein anderer als Sachs die auf Boltz beruhenden Änderungen vorgenommen habe? Zu Gunsten dieser Ansicht spricht z. B., dafs Sachs, wie ich E. Götze (Anmerk. zu unserem
Stücke S. 3) entnehme, in seinem Generalregister, wo er von unserer
„Comedi" redet, die Formen Therencius Traso, einmal allerdings
auch — wenn kein Versehen Goetze's vorliegt — Thraso anwendet.
Möglich wäre es ja immerhin, dafs gerade bei der Bearbeitung eines
antiken Stückes ein humanistisch geschulter Mann, vielleicht der Herausgeber und Verleger der Werke des H. Sachs, Joachim Lochner, selber
die bessernde Hand auf Grund einer modernen Übersetzung anzulegen
sich berufen fühlte. Dann hätte Sachs nur den Nythart zur Vorlage
gehabt, und es bedürfte keines weiteren Erklärungsversuches, warum
er gerade den Eunuchus und nur diesen bearbeitet hat. Ich wage
es nicht, mich für eine dieser beiden Vermutungen zu entscheiden.
Es liegt auch dazu um so weniger Veranlassung vor, als der Boltz'sche
Einflufs auf das Stück, gegenüber dem des Ulmers, so verschwindend
ist, dafs man fast ganz davon absehen kann. Die wahre Quelle
unseres Meisters ist und bleibt Nythart.

Wie verhält sich nun Sachs zu dieser Quelle? Wie sehr er
im Ausdruck davon abhängig ist, das haben die oben angeführten
Parallelen gezeigt. Ich füge noch ergänzend hinzu, dafs das Verhältnis
fast durch das ganze Stück das gleiche ist.

In der Fabel weicht Sachs gar nicht und in der Disposition
sowie im Scenenbau nur wenig von seiner Vorlage ab. Das lateinische
Stück enthält im I. Akte 2, im zweiten 3, im dritten 5, im vierten 7,
im fünften 8 oder wenn man will 9 Scenen. Sachs hat — ohne dafs
sich bei ihm eine Sceneneinteilung findet — nicht eine einzige von
diesen Scenen ausgelassen, er hat sie, mit einer einzigen Ausnahme,
auch nicht verschoben, sondern nur zwei Scenen eingeschoben. Aber
der Nürnberger weist seiner Vorlage gegenüber bedeutende Kürzungen
auf. Er liebte ebensowenig die langatmigen Monologe wie die weit-
schweifigen Erzählungen und Berichte und selbst längere Dialoge mit
schlagartig sich folgender Rede und Gegenrede waren nicht nach
seinem Geschmacke. Und so kürzt er denn mehr oder weniger an
jeder Scene. Anderseits fügt er wieder verschiedenes hinzu, sei es,
dafs es gilt, ein hlofses Wort der Vorlage zu einem Verse zu erweitern, sei es, um auf einen Vers einen entsprechenden Reim zu
finden, und endlich auch um neue besonders moralisierende Sätze einzufügen.

Im einzelnen ergibt sich — ich setze den Inhalt des lateinischen

Stückes als bekannt voraus — Folgendes. Die ausführliche Erzählung der Thais (V. 107—152 bei Terenz) hat Sachs auf 20 Verse verkürzt. Thais erzählt weder von ihrer Mutter noch von der Pamphila, sondern nur, dafs sie ehedem „den ritter Thraso" habe „Hertz-lieb" gehabt; nun halte sie Abrechnung mit ihm, deshalb solle Phedria „zwen tage" fernebleiben. Den Schlufs des I. Aktes — den Monolog der Thais, Vers 191—206 — liefs Sachs weg, dafür hat er eine selbsterfundene Scene angehängt: Parmeno hält Betrachtungen über die verliebte Schwäche seines Herrn, der sich „hatt fangen lassen" und prophezeit ihm daraus ein schlimmes Ende,

> Wann die bulerin sind von Flandern,
> Geben ein narren umb den andern.

Der ganze II. Akt ist eine stark gekürzte, aber im ganzen getreue Wiedergabe der Nythart'schen Übersetzung. Hinzugefügt hat der Meister wenig, nur eine Änderung hat er vorgenommen. Gnatho „der Heuchler", der in der 2. Scene bei Terenz einen heruntergekommenen „quendam mei loci hine atque ordinis hominem haud impurum" so drastisch schildert, identifiziert ihn bei Sachs mit — Parmeno. Der III. Akt beginnt mit einer Scene eigener Erfindung des Sachs. Er läfst „Pamphilia" und die „Möhrin" — beide stumme Personen bei Terenz — Klagen über ihr Schicksal anstimmen. Pamphilia erzählt „den göttern", dafs sie als 3-jähriges Mädchen ihren Eltern von Seeräubern geraubt, nach „Rhodis" verkauft, von Hand zu Hand gegangen, bis Thraso sie für Thais gekauft habe, in deren Hause sie indes sich sehr unbehaglich fühlt, denn da

> Der buler vil gehnd ein vnd aufs,
> Da mufs ich erst besorgen sehr
> Der meinen junckfräwlichen ehr.

Zudem sind ihr Eltern vnd Heimat „gentzlich vnbekandt". Nun tritt die „Möhrin" hinzu und verabreicht ihr den Trost, dafs sie nicht minder leide als sie. In Indien geboren, von den Eltern verkauft, sei sie von Herrn zu Herrn gewandert und vielfach mifshandelt worden, bis Phedria sie erstanden und Thais geschenkt habe. Und sie verdient ein besseres Schicksal; ruft sie doch:

> Nun fürcht ich auch der ehre mein,
> So wol als du, aulf disem platz;
> Wann warm ehr ist mein höchster Schatz.

Nach diesen Geständnissen ziehen sich die beiden aus Furcht vor Thais wieder ins Haus zurück. Das Köstlichste an dieser naiven Scene ist, dafs H. Sachs schon jetzt die Möhrin aus dem Hause der Thais treten läfst, die Parmeno erst zwei Scenen später der „hulerin" im Auftrage seines Herrn übergibt.

In der zweiten Scene des III. Aktes kopierte S. die erste des Terenz, doch liefs er den lauschenden Parmeno weg und Thraso „der ritter" prahlt ganz zeitgemäfs:

> Ja meins glücks kan ich ie nit langen,
> Es sey mit stechn oder thurniren,
> Mit seitenspil und mit hofiren,

Mit gradigkeit, lanffen und ringen,
Mit fechten steinstofsen oder springen u. s. w.

Die übrigen Secuen dieses Aktes lehnen sich, stark kürzend, an
Terenz an, nur in der fünften bietet Sachs ein paar charakteristische
Abweichungen. Er macht aus Antipho einen streng moralisch denken-
den Jüngling: Als Cherea seine schmähliche That gebeichtet, ruft
Antipho entrüstet aus:

O, es solt dich billicher rewen,
Dafs du on alle scham und zucht
Geschwechet hast die edle frucht.
Du hast gethan ein böses stück,
Dir wird nachfolgen grofs unglück.

Und Cherea geht mit Antipho, seine Kleider wechseln, nicht sowohl
um an dem verabredeten Essen teilnehmen zu können — also Terenz —
als um sich den bösen Folgen seiner That zu entziehen.

Der IV. Akt ist in den ersten 3 Seenen im bisherigen Charakter
gehalten. Starke Kürzungen, sonst aber getreue Wiedergabe der Vorlage. Von da ab ergeben sich zahlreiche Änderungen. Arg ver-
stümmelt ist die 4. Scene. Dorus, der Eunuch, kennt und nennt den
Cherea nicht, er weifs nur, dafs Parmeno einen Jüngling mitgebracht
hatte, der sein „narrenkleid anzug". Damit fiel bei S. — sehr zum
Schaden der komischen Situation — die arge Verlegenheit weg, in
die Phedria bei Terenz den Mägden gegenüber durch die Nennung
seines Bruders geraten war. Sachs liefs also den ganzen Rest der
Scene von V. 696—723 weg. Phedria hatte daher keine Veranlassung, sich zurückzuziehen. Er ist es und nicht „die alt kuplerin"
Dorias, der Pythias den Rat erteilt, die ganze Sache zu verschweigen,
er ist es und nicht Pythias, der in der nächsten Scene mit dem be-
trunkenen Chremes spricht. Ihm und nicht dem Chremes legt Sachs
auch die Worte „Sine Cerere et Baccho So erfrewret Venus" in den
Mund. In der 6. ebenfalls stark reduzierten Scene hat Sachs den
Charakter des Chremes völlig geändert, der „burgers son von Athen"
ist nicht feig und furchtsam; er tritt mannhaft auf, er sagt zu Thais:

Ja, mein Thais, das wil ich than,
Zeigen, dafs ich auch sey ein mann,
Beide mit werffen und mit schiefsen,
Dafs mancher mufs sein leib verliefsen.

Die 7. Scene bietet verschiedene kleine Änderungen und Zusätze gegenüber Terenz, die teils auf Missverständnissen seitens Sachsens, teils
auf Irrtümern der Nythart'schen Übersetzung beruhen. So gibt z. B.
Sachs den Vers 772 Mori me satiust u. s. w. dem Gnatho, weil
er den vorausgegangenen Vokativ Gnatho für eine Bühnenangabe
hielt, so bezeichnet er ferner Sanga als Koch und witzelt darüber;
Gnatho ruft Sanga zu:

Sanga, der krieg hat schon ein loch,
Drumb zeuch ab, sey wie vor ein koch,
Dafs wir gut feiste suppen haben u. s. w.

Das hat aber Nythart verschuldet, der Sanga ausdrücklich als Koch einführt.

Auch der V. Akt ist wieder in gleicher Weise wie der gröfste
Teil der früheren benützt. Die Kürzungen sind hier — Sachs eilte,
wie es scheint, zum Schlufs — ganz besonders stark. So ist z. B. die
3. Scene des Terenz bei Sachs zu 6 Versen, Parmenos Monolog in
der 4. Scene (18 lange Verse) zu 3 Versen und der lange Dialog
zwischen Parmeno und Pythias (V. 941—970) auf eine kurze Bemerkung der letzteren von 9 kleinen Verschen zusammengeschrumpft.
Eine Änderung nahm Sachs im Charakter der dem Cherea angeblich
bevorstehenden Bestrafung vor: Ihm droht dort nicht „id quod moechis
solet", sondern Chremes „wil in lassen hangen". In der 7. Scene ist
Sachs etwas selbständiger im Ausdruck. Ferner vereinigt er, um
Thraso und Gnatho ein für alle Male abzufertigen, mit der 7. Scene
den letzten Teil der 9. (Schlufsscene): Auf Anraten des „Heuchlers"
sucht der „Ritter" Aussöhnung und Verständigung mit Phedria und
sendet zu diesem Zwecke den Parasiten zu ihm. Nun folgt die 8.
(bezw. 9.) Scene des Terenz, die S. auf das Gespräch zwischen Cherea
und Parmeno beschränkt. Hieran reiht der Nürnberger eine kurze
Scene eigener Erfindung: Phedria berichtet seinem Diener Parmeno,
dafs der „ritter" Thraso ihn eingeladen habe „Mit jm in einer gastlung
essen". Parmeno warnt ihn, darauf einzugehen und meint „Er sucht
ain anders und nit dich, .. geh sein müssig, das rhat ich". Er fügt
gleich hinzu:

Defs weibs auch fürbafs müssig geh,
Thais . Greiff selbert zu der eh,
Sonst verzehrst du dein blüend jugend
On alle gut sitten und tugend,
In laster und aller unzucht.

— — — — — — — —
Nem dir ein gemahel, die hab lieb u. s. w.

Und Phedria, schnell bekehrt, sagt darauf: „Ja ich wil folgen trewem
rhat", denn „Mancherley unglücks vnd gefähr ... aufs der bulerey
komt her". Nun heifst es: „Sie gehn alle in ordnung ab," und es
erscheint „der Ehrnhold u. beschleust" mit der bei Sachs unvermeid-
lichen moralischen Nutzanwendung. Nach seiner Auffassung, die
übrigens die der damaligen Zeit war, schrieb Terenz sein Stück

Nicht, dafs man daraufs hulen lehr,
Sondern dafs man dem laster wehr.

Hierauf gibt Sachs an — er verwendet 44 Verse darauf — was der
Dichter mit den einzelnen Charakteren seines Stückes beabsichtigt
habe. So glaubt er z. B., dafs

Pamphilia anzeiget klar,
Dafs sich ein junckfraw wol bewar
Vor huler arglist und renck und dück,
Dafs sie nit komb in ungelück.
Chremes zeigt, dafs Brüder und schwester
Solln trewlich ob einander vester
Halten, dafs sie in keinem Stück
Kommen durch bübrey in unglück u. s. w.

Fassen wir das Vorausgegangene kurz zusammen, so ist die „schöne Comedi" des H. Sachs — in der Gestalt wie sie uns vorliegt — eine stark gekürzte gereimte Bearbeitung der Nythart'schen Übersetzung, bei welcher hin und wieder die Boltz'sche Verdeutschung herangezogen worden ist, und der Dichter wiederholt Anlauf zur Selbständigkeit, vornehmlich in moralischer Hinsicht, nahm. Originelle Gedanken, launige Einfälle oder glückliche Verse bietet sie nicht. Das Beste ist wohl noch, dafs Gnatho einmal sagt:

> — — ich hör lieber krapffen bachen,
> Denn büchsen oder armbrust krachen,

oder was Pythias dem Rache schnaubenden Parmeno zuruft:

> Zündt mir nur keinen weyer an!

Halten wir nun die „Comedi" des H. Sachs noch einmal mit dem römischen Original zusammen. Der *Eunuchus* bezeichnet den Höhepunkt des Terenzianischen Schaffens. Das natürliche anmutige Spiel der Personen, die feine Zeichnung der Charaktere und vor allem der meisterhafte Dialog machen das Stück zu einem kostbaren Vermächtnis des Altertums. Allerdings suchen wir darin — wie überhaupt bei Terenz — vergebens hinreifsende Komik, sprudelnde Laune oder Lebhaftigkeit der Handlung. Ribbeck (Gesch. der röm. Dichtung) charakterisiert Terenz trefflich, indem er an ihm hervorhebt: „Ruhige vornehme Heiterkeit, welche mehr im Verstande als im Herzen wohnt, der urbane Conversationston der besten Kreise, knapp und gehalten, oft · mit Andeutungen, halben Sätzen sich begnügend, mit leiser Ironie durchzogen, die reine gewählte Sprache des gebildeten Römers, dessen gröfster und reizvollster Vorzug die durchsichtigste Klarheit und Schärfe des Ausdrucks . . . ist." Aber das glänzende Stück des Römers hat nur äufsere Vorzüge. Innen birgt es den faulsten Kern, den Sieg und die Verherrlichung der Unsittlichkeit.

Was hat der ehrsame Meister aus diesem Lustspiel gemacht? Unter seinen plumpen Händen verlor dasselbe allen Schmelz, alle Schönheit. Seine gewaltigen Kürzungen und fremdartigen Einschiebsel raubten der Handlung ihr festes Gefüge, zerrissen das feine Gewebe der Motivierungen und verdrängten gerade die gelungensten Stellen seines Vorbildes. Das Spiel der Personen wurde dadurch lahm, das Komische der Situationen kam nicht zum Durchbruch und die Charaktere wurden zu blofsen Schemen. Und was wurde erst aus dem anmutigen Dialoge? Eine unbeabsichtigte platte Parodie. Freilich war H. Sachs bedacht, das Unsittliche der Handlung zu beseitigen oder zu mildern, man wird aber kaum behaupten können, dafs ihm dies im genügenden Mafse geglückt sei. Aus dem Sklaven Parmeno, der bereits im Original seinem Herrn, freilich mehr aus ökonomischen, als aus moralischen Gründen, gegen die Courtisane warnt, hat er, wie wir oben sahen, einen vollendeten Moralprediger gemacht. Aber in komischer Halbheit läfst Sachs diesen moralfesten „knecht" ebenso unmoralisch bei der schändlichen That des Cherea denken und handeln als Terenz. Pamphila und die „Möhrin" läfst er ihren Abscheu vor dem Treiben der Thais nachdrücklich bekunden, aber ihre Erklärungen haben auf

den Gang der Dinge nicht den mindesten Einfluß. Die scharfe Miß-
billigung, welche Antipho dem Cherea über seine Frevelthat ausdrückt,
macht er gleich wieder dadurch unwirksam, daß er ihm seine Hilfe
anbietet, um sich den schlimmen Folgen seines Verbrechens zu entziehen. Selbst die einschneidendste Abweichung des H. Sachs — die
Bekehrung des Phaedria — verfehlt die beabsichtigte Wirkung, da
sie viel zu unerwartet und unmotiviert erfolgt, als daß wir daran
glauben könnten. So hat denn der deutsche Dichter mit diesen
schwachen Änderungen seine Absicht nicht recht erreicht. Der moralische
Ernst seiner Personen bildet mit ihrem unsittlichen Treiben einen
sonderbaren, durchaus nicht lustspielmäßigen Contrast.

Wenn in der Werkstätte des biederen Meistersängers die feine
zierliche Dichtung bis zur Unkenntlichkeit entstellt wurde, so dürfen
wir indes nicht alle Schuld auf jenen schieben. Es liegt ja auf der
Hand, daß er gerade für die trefflichen Eigenschaften des urbanen
Römers, für die Feinheiten des Dialogs, für die kunstvolle Charakteristik
der Personen, für das Verschlingen und Lösen der Lustspielfäden,
kurzum für alles das, was ein gutes Lustspiel erst macht, durchaus
kein Verständnis hatte. Sein Talent reichte nicht über die engen
Grenzen eines groben bürgerlichen Schwankes hinaus. Aber vieles
muß man doch seiner Vorlage, der Nythart'schen Übersetzung, zur
Last legen. Dieselbe — entstanden um 1470−1480, d. h. in der
Zeit des ärgsten Verfalls deutscher Dichtung und Sprache — ist so
hölzern, ungelenk und schwerfällig und wird dem anmutigen Stil,
dem leichten Conversationston des Terenz und seiner feinen Komik
so wenig gerecht, daß H. Sachs daraus unmöglich eine klare Vorstellung von den Vorzügen des Römers gewinnen konnte.

München. A. L. Stiefel.

Das Gebilde gleicher Nebenkeile.

Die nachstehenden Zeilen verfolgen den Zweck für ein Raumgebilde, dessen
eingehende Betrachtung eine Reihe der wichtigsten Erstlings-Begriffe und Sätze
für die Schulstereometrie liefert, die Stimmung zu machen, die es verdient und
die ihm, nach den gebräuchlichsten Leitfäden für den Unterricht zu schließen,
nur im beschränkten Maße zu Teil wird. Beginnen wir sogleich mit der Betrachtung des Gebildes!

Vergleicht man ein Paar Nebenkeile, so ist zweierlei denkbar:
Entweder sie sind gleich; jeder mißt 90° bez. ist ein rechter Keil
(Senkrechte Wechsellage der zwei Ebenen). Oder sie sind
ungleich; der eine ist spitz, mißt weniger, der andere stumpf,
mißt mehr als 90° (Geneigte oder schiefe Lage der Ebenen).
Die Untersuchung des ersteren Falles liefert belangreiche Resultate.

Bewegt man das Gebilde gleicher Nebenkeile so, daß die Viertels-
ebenen, in welche die gemeinsame Keilwand durch irgend eine Senkrechte zur Schnittkante zerfällt, die Lage austauschen, d. h. läßt man
das Gebilde eine halbe Drehung um diese Senkrechte ausführen, so
tauschen auch die Keile ihre Lage aus; die nicht gemeinsamen Wände

wechseln den Ort; desgleichen thun es in ihrer, den alten Ort erfüllenden Ebene jede zwei Halbgerade, in welche Gerade durch die
Senkrechte zerlegt werden. Mit allen diesen Geraden und nicht bloſs
mit der Schnittkante bildet die Senkrechte gleiche Nebenwinkel bez.
sie steht zu ihnen senkrecht: der Grund, warum sie auch Senkrechte
zur Ebene heiſst.

Weil durch den Fuſspunkt sonst im Raume nur Gerade gehen, welche
schiefe Lage gegen die Senkrechte zur Ebene haben, so ist die Ebene
der geometrische Ort aller Geraden, welche an dem Punkt rechte Winkel
mit dieser Senkrechten bilden. Und weil bei der Drehung des Gebildes jede von den Geraden des Ortes nur die Folge der Anfangs-
lagen der übrigen durchwandert, so vollführt die Ebene gleichzeitig
eine Drehung in sich selbst um den Fuſspunkt. So oft nun ein rechter
Winkel in Drehung um den einen Schenkel ist, beansprucht der andere
als Ort seiner Bewegung eine Ebene. Durch den Scheitel des rechten
Winkels geht keine weitere Senkrechte zur Ebene.

Jede Gerade einer Ebene ist Schnittkante mit einer zur Ebene
senkrecht stehenden Wand (für Unterscheidung von andern Ebenen
gebrauchte Bezeichnung), jeder Punkt einer Ebene ist Fuſspunkt von
einer zur Ebene senkrechten Geraden, und diese Senkrechte gelegen
in allen den Punkt haltenden, zur Ebene senkrecht stehenden Wänden.
Stehen eine Gerade und eine Wand auf einer Ebene senkrecht, ohne
daſs der Fuſspunkt auf der Schnittkante resp. Spur in der Ebene liegt,
so trifft die Gerade an keiner Stelle die Wand, also von allen Geraden
derselben auch die nicht, nach welchen eine durch sie selbst gelegte
Ebene die Wand schneidet. Wand und Gerade heiſsen in solchem
Fall parallel; zu der Geraden parallel heiſsen die eben hervorgehobenen Geraden in der Wand; von den übrigen Geraden der Wand,
sagt man, sie kreuzen unsere Gerade. Stehen andererseits eine Gerade
und eine Wand auf einer Ebene senkrecht und haben dabei einen
Punkt gemeinsam, so fällt die Gerade ganz in die Wand.

Stehen zwei Wände auf einer Ebene senkrecht, so können it.re
Spuren in der Ebene parallel sein oder einander schneiden. In dem
ersteren Fall ist an einen gemeinsamen Punkt der Wände innerhalb der
Ebene nicht zu denken, aber auch an keinen auſserhalb. Denn, wollte
man doch einen annehmen, so würden die gerade Strecke zwischen den
Fuſspunkten der Senkrechten von ihm auf die Spuren und diese Senkrechten selbst ein Dreieck mit rechten Winkeln an zwei Ecken begrenzen. Wände ohne gemeinsame Punkte nennt man parallel. Parallelebenen wie unsere zwei Wände werden von sonstigen Ebenen nach
parallelen Kanten geschnitten. Von solchen Kanten in zwei Parallelebenen kreuzt jede alle Geraden, welche in der Ebene der andern
diese scheiden. Parallelebenen erhält man, wenn man das Gebilde
einer in verschiedenen Punkten rechtwinkelig von andern geschnittenen
Geraden um dieselbe dreht: der von einer einzelnen Senkrechten für
die Bewegung beanspruchte Ort ist eine von den Parallelebenen. — Im
zweiten Fall, wo die Spuren der Wände einander schneiden, ist die
Senkrechte zur Ebene im Schnittpunkt beiden Wänden gemeinsam

bez. deren Schnittkante. Die Ebene heifst ein Normalschnitt des zwischen die Wände gefafsten Keils, der Winkel der Spuren keilmessender Winkel; es gilt: der keilmessende Winkel begreift ebensoviel Winkelgrad (360 $\frac{\text{tel}}{}$ der Ebene) als der Keilgrad (360 $\frac{\text{tel}}{}$ des Raums).

Wenn von mehreren zu einer Ebene senkrecht stehenden Wänden eine jede in zyklischer Folge die nächste schneidet, so sondert der Cyklus aus dem Raum einen Teil aus, den man säulenförmigen oder prismatischen Raum nennt. Soweit die einzelne Wand zur Begrenzung desselben beiträgt, heifst sie Seite von ihm. Die Schnittkanten, an welchen zwei Seiten zusammenhängen, sind die Seitenkanten des prismatischen Raums. Indem jede solche Grenzkante von zwei Seiten auf der eingangs genannten Ebene, einem Normalschnitt des prismatischen Raums, senkrecht steht, ist sie den übrigen Seiten und Seitenkanten parallel (Auch parallele Seiten können vorkommen). Der Normalschnitt bewährt sich als Symmetrale des prismatischen Raums und zerlegt ihn in prismatische Halbräume.

Die Vermutung, dafs die Halbräume kongruent sein möchten, findet nur im Ausnahmsfall Bestätigung. Der Versuch, die Halbräume aus der Lage an einander zu der in einander überzuführen, kann eingeleitet werden mit einer Halbdrehung des ganzen Gebildes um eine im Normalschnitt liegende Achse. Was da erst seitlich von der Achse lag, befindet sich nachher auf der entgegengesetzten Seite. Das gilt vom Zubehör des prismatischen Raums im ganzen, und gilt im einzelnen von dem Kernfeld, welches die Seiten des Raumes aus dem Normalschnitt sondern. Gelingt es zuletzt die zwei entgegengesetzten Lagen des Kernfeldes unter blofsem Drehen bez. Verschieben des Normalschnittes in sich selbst mit einander zu vereinigen, so fallen gleichzeitig Anfangslage des einen Halbraums und Endlage des andern zusammen, und die Kongruenz der Halbräume ist erwiesen. Zum Gelingen ist aber erforderlich, dafs das Kernfeld kein gewöhnliches, sondern ein durch eine Transversale symmetrisch zerlegbares ist. In diesem Ausnahmsfall führt sogar die Halbdrehung des Gebildes um die Transversale sofort zum Ziel; der prismatische Raum besitzt da noch einen Symmetrieschnitt, nämlich die Ebene, welche senkrecht zum Normalschnitt diesen nach der Transversalen schneidet; beide Symmetrieschnitte im Verein zerlegen den prismatischen Raum in mindestens paarweise kongruente Viertel.

Der prismatische Raum hat die Hauptbedeutung dadurch, dafs ein paar Normalschnitte einen Körper d. h. nirgends ins Unendliche erstreckten Raum aus ihm sondern, und dafs dieser Körper, ein Prisma, zu der Art Bestandteile jeglicher Körper zählt, in welche man dieselben der Bemessung halber zerlegt, oder, soweit dieses nicht vollständig durchgeführt wird, durch deren Mafs die sonst auftretenden Körperteile ausgedrückt werden.

Schiefe zur Schnittkante in der Zwischenwand gleicher Nebenkeile sind noch nicht in Betracht gezogen. Die Halbdrehung des Gebildes um eine Achse senkrecht zur Kante in dieser Wand, be-

deutet für die Schiefe, daß zu ihrer Anfangs- und Endlage die Achse
die Symmetrale ist. Faßt man jetzt die zwei Lagen als Spuren von
Wänden auf, welche gleich der Ebene der nicht gemeinsamen Wände
auf der Zwischenwand senkrecht stehen, so wird diese zum Normalschnitt eines prismatischen, von den drei andern begrenzten Raumes
und besitzt ein durch die Drehachse symmetrisch geteiltes Kernfeld.
Aus den Eigenschaften des prismatischen Raumes, der im ausgezeichneten Fall zu Nullgröße zusammengeschwunden sein kann, folgt unmittelbar: Durch den Schnittpunkt der Kante gleicher Nebenkeile mit
einer in der Zwischenwand gelegenen Schiefen zieht in der Ebene der
nicht gemeinsamen Wände eine Gerade senkrecht zu den beiden andern.

Der Satz lehrt, daß die Schiefe in ihrem Verhalten von dem der
Senkrechten zu Ebenen abweicht, indem sie Gerade in der Ebene der
nicht gemeinsamen Wände nicht durchweg unter einerlei Winkeln trifft.
Mit Rücksicht darauf führt sie den abweichenden Namen Schiefe zu
dieser Ebene. Unser Satz ermöglicht die Konstruktion von Geraden,
welche zu einer Ebene senkrecht stehen. Wir übergeben hier die Darlegung der überall leicht nachzulesenden Konstruktionen a) Fällen einer
Senkrechten von einem Punkt außerhalb einer Ebene auf die Ebene b) Errichten einer Senkrechten in einem Punkte einer Ebene zu der Ebene.
Der Satz erlaubt ferner, eine schiefe Gerade in eine Ebene zu proji-
zieren inkl. der Herstellung des Winkels der Schiefen mit ihrer Projektion, und das Umgekehrte, aus der in einer Ebene genau gegebenen
Projektion einer Schiefen und dem Winkel der Schiefen mit der Projektion die Schiefe herzustellen. Der Satz läßt sich nämlich auch aussprechen: Ein und dieselbe Gerade einer Ebene steht zugleich auf
einer Schiefen zur Ebene und auf der Projektion derselben in die
Ebene senkrecht. Denn nach dem Begriff der Projektion (es ist bloß
an die rechtwinkelige gedacht!) ist die projizierende Ebene die Zwischenwand von gleichen Nebenkeilen und die Projektion ein Stück Nebenkeilkante. Auch die Darlegung dieser Konstruktionen liegt nicht im
Zwecke unserer Betrachtung; ebenso nicht der Nachweis des Satzes,
daß der Winkel einer Schiefen mit ihrer Projektion kleiner ist als der
Winkel der Schiefen mit einer sonstigen Geraden in der Ebene, in
welche sie projiziert ist.

Einer vollständigeren Übersicht halber muß endlich der Parallelen
zur Schnittkante gleicher Nebenkeile gedacht werden, sofern solche
in der Zwischenwand liegen. Die Ebenen durch sie, welche zur
Zwischenwand senkrecht stehen, sind der Ebene der nicht gemeinsamen Keilwände parallel; sonstige Ebenen durch sie begrenzen mit
den Nebenkeilwänden prismatische Räume, deren Normalschnitte zur
Nebenkeilkante senkrecht stehen; ihre Seiten und Seitenkanten sind
der Nebenkeilkante parallel.

Bamberg.   A. Moroff.

Über Gymnasialreform und die Reihenfolge der fremden Sprachen beim Unterricht.[1]

Meine hochverehrten Herren! Mancher von Ihnen hat vielleicht, als er die Ankündigung meines Vortrags las, unwillig bei sich gedacht oder auch laut ausgerufen: „Schulreform und kein Ende! Man lasse doch einmal dem Gymnasium Zeit und Ruhe, sich auf grund der durch die neue Schulordnung mannigfach geänderten Verhältnisse auszugestalten!" Dafs eine Schule dann am besten gedeiht, wenn sie in der Stille und von äufseren Einflüssen möglichst ungestört wirken kann, ist gewifs; allein ich meine, bevor eine solche Ruhepause eintreten darf, mufs man erst an einem wirklichen Haltpunkte angekommen sein, und ich habe die Überzeugung, dafs unsere Schulordnung bei allen Vorzügen, trotz aller erfreulichen Fortschritte doch auf halbem Wege stehen geblieben ist, dafs sie das Ziel, zwischen dem von altersher wirklich Bewährten und den berechtigten Forderungen der neuen Zeit eine durchaus entsprechende Vermittlung herzustellen, noch nicht völlig erreicht hat. Wenn ich es versuche, diesen Gedanken hier vor Ihnen auszuführen, so bin ich mir ja wohl bewufst, dafs ich vielen, die sich schon etwas eingehender mit Reformfragen beschäftigt haben, nicht eben Neues bringen kann; ich bin auch weit entfernt zu glauben, diese Versammlung werde sich sofort für meine Ansichten aussprechen. In einzelnen Punkten weifs ich ja gewifs, dafs gar manche von Ihnen mir zustimmen, und es würde mich freuen, wenn diese frei und offen ihre gleichen oder ähnlichen Anschauungen aussprächen; aber ich kann mir sehr wohl auch die Gründe denken, die manchen bestimmen mögen, damit zurückzuhalten. Was ich beabsichtige, ist eine Anregung zu geben, alle einschlägigen Fragen immer wieder gründlich zu prüfen und das eine oder andere aus meinen Vorschlägen auch einmal, sofern es noch nicht geschehen ist, praktisch zu versuchen. Es leitet mich also dasselbe Streben wie bei der Versendung meiner Broschüre: „Überbürdung und Gymnasialreform", und es wird auch kaum zu umgehen sein, dafs ich auf manches darin Entwickelte hier noch einmal zurückkomme. Vor allem bitte ich Sie, mir zu glauben, dafs es mir nur um das wahre Wohl unserer Schüler, um das wirkliche Gedeihen des Gymnasiums zu thun ist. Ich bin durchaus kein Gegner der humanistischen Studien überhaupt; ich bitte, mich mit den extremen Reformern nicht in einen Topf zu werfen. Wenn Hr. Geheimrat Dr. Uhlig in seiner Tischrede bei der letzten G.-V. in München sagte: „An zwei Punkten mufs unter allen Umständen festgehalten werden, am Hellenismus, am Schöpfen aus der griechischen Quelle selbst, und daran, dafs die Schüler wirklich zu ernster Arbeit herangebildet werden", — so stimme ich dem aus vollster Über-

---

zeugung bei. Wer mich recht versteht, kann unmöglich behaupten, es handle sich bei mir darum, „die Axt an die Wurzel des humanistischen Studiums zu legen". Das zeigen auch folgende Worte aus meiner Broschüre: „Die humanistische Bildung muſs als ein wesentlicher Bestandteil der allgemeinen Bildung, ohne den man die moderne Kulturentwicklung gar nicht gründlich verstehen könnte, dem Gymnasium erhalten bleiben. Die empfänglichen Schüler sollen auch in Zukunft ein klares Verständnis bekommen von „römischer Kraft" und „griechischer Schönheit", sollen in ernster Arbeit eindringen in das, was der Geist Roms und Athens geschaffen, sollen besonders „das Land der Griechen mit der Seele suchend" unmittelbar an der reichsprudelnden Quelle Begeisterung schöpfen für alles Hohe und Herrliche, was der griechische Geist in Kunst und Literatur hervorgebracht hat."

Hierin denke ich also wie Sie; aber es wäre einseitig, sollte dies das einzige Ziel des hum. Gymnasiums sein. Die ernste Arbeit, von der Uhlig sprach, bezieht sich ja auch nach seiner Ansicht nicht etwa nur auf Latein und Griechisch. Die Zeiten, da man den Betrieb der alten Sprachen mit noch ein biſschen Mathematik als im wesentlichen zur Vorbereitung auf die Universität ausreichend betrachtete, sind unwiederbringlich dahin. Wenn ein Redner in unserer Abgeordnetenkammer sagte, die Gymnasien möchten bleiben „begründet auf den zwei Pfeilern des Lateinischen und des Griechischen", so kommt mir ein solcher Bau auf nur zwei Grundpfeilern etwas unsicher vor; ich meine, ein richtiger Gymnasialbau müſste heutzutage mindestens vier Grundpfeiler haben: Religion, Deutsch, die alten Sprachen und die zum Deutschen noch kommenden andern modernen Bildungsstoffe. Wenn von diesen Fächern, die nach dem natürlichen Gange der Entwicklung am Gymnasium Aufnahme gefunden haben und von denen schwerlich wieder das eine oder andere abgewiesen werden kann, keines auf Kosten der übrigen allzu stark betont wird, sondern wenn man sich bestrebt, das richtige Verhältnis zwischen ihnen zu wahren, so läſst sich das, was die Universität vom Gymnasium verlangt, daſs es ihre künftigen Jünger zum eigenen Denken, zum selbständigen, wissenschaftlichen Arbeiten erziehe, sehr leicht und ungezwungen mit den Anforderungen der allgemeinen Bildung vereinigen. Deshalb ist nicht etwa eine Vermehrung der Fächer notwendig; doch ist ernstlich zu prüfen, ob nicht gegenwärtig einige derselben immer noch zu stiefmütterlich bedacht sind.

Vom Französischen soll später die Rede sein. Für den Unterricht in der Naturkunde dürfte wohl eine Wochenstunde als zu wenig erscheinen.

Vor allem aber ist eine stärkere Betonung des Deutschen dringend geboten. Im Einklang mit der jetzt gültigen Anordnung der Fächer habe ich in der erwähnten Abhandlung unser Ziel in die Worte gefaſst: auf religiöser Grundlage deutsche Erziehung, ergänzt und vertieft durch die übrigen Fächer. Soll im Sinne der neuen Schulordnung die Muttersprache in den Mittelpunkt

des Unterrichts gestellt werden, ist beim Absolutorium der deutsche
Aufsatz von so entscheidender Bedeutung wie jetzt, so muſs man
folgerichtig dem Deutschen im Lehrplane mehr Stunden einräumen.
Man hört und liest ja immer wieder die Behauptung, dies sei nicht
nötig, weil jede Unterrichtsstunde in einem wissenschaftlichen Lehrgegenstande zugleich eine deutsche sei. Das ist freilich ein recht bequemer Trost dem Übelstand gegenüber, daſs die allen Sprachen,
besonders das Latein, durch übertriebene Stilübungen zuviel Zeit für
sich beanspruchen. Aber es ist nur in beschränktem Maſse wahr.
Sonst müſsten vor allem die Erfolge besser sein. Man betrachte doch
die Aufsätze unserer Abiturienten! Läſst sich leugnen, daſs sie oft
recht gedankenarm und in der Form auſserordentlich unbeholfen sind?
Solche Klagen sind aber bekanntlich auch schon von Universitätsprofessoren ausgesprochen worden, und auch aus Juristenkreisen hat
man gehört, wie erstaunlich wenig Gewandtheit häufig Rechtspraktikanten in der Handhabung der Muttersprache an den Tag legten. Die
Gelegenheit, zu zeigen, wie weit er sich in seiner Muttersprache ausdrücken kann, bietet dem Schüler freilich jede Lehrstunde und besonders der fremdsprachliche Unterricht sehr häufig; doch wer weiſs
nicht, daſs dabei seine meist nur geringe Fertigkeit, seinen Gedanken
klaren und einigermaſsen zusammenhängenden Ausdruck zu geben,
recht deutlich zu tage tritt. Will nun der Lehrer nicht die Zeit allzusehr für das andere Fach, das gerade trifft, kürzen, so kann er
höchstens die Fehler oder Nachlässigkeiten des Schülers kurz verbessern; aber es ist ganz unmöglich, genauer darauf einzugehen. Dies
kann naturgemäſs nur in den deutschen Stunden geschehen. Der
deutsche Unterricht soll nach den Worten der Schulordnung die Schüler
zur „Sicherheit im mündlichen und schriftlichen Gebrauche der Muttersprache" führen. Das ist ein hochgestecktes Ziel. Wir wissen es
alle, unsere Muttersprache ist nicht leicht; sie sicher zu handhaben,
erfordert gründliche Kenntnisse und viel Übung. Kommt nicht jeder
von uns wiederholt in die Lage, daſs er sich über gewisse Wendungen und Ausdrücke im Unklaren befindet? Wer nicht an der
Oberfläche haftet, wird gewiſs nicht behaupten, seine Muttersprache
könne überhaupt jeder von selbst. Das Kennen und Können derselben, wie es die höhere Bildung vorschreibt, läſst sich nur durch
eingehenden, planmäſsigen Unterricht erwerben. Wie dieser im einzelnen eingerichtet sein müſste, das auszuführen bedürfte es eines besonderen Vortrags von fachmännischer Seite. Ich kann darüber nur
einige Andeutungen geben. Die Schüler müssen zu gründlicher Kenntnis der Ausdrucksmittel der Sprache gebracht werden, auch in grammatischer Beziehung, damit der häufig erscheinenden Unsicherheit
hierin entgegengearbeitet wird. Sie sollen eine klare Vorstellung von
den wichtigsten in Worte gekleideten Begriffen erhalten, an deutlichen Beispielen darauf hingewiesen werden, wie die Sprache zunächst
immer von der sinnlichen Wahrnehmung ausgegangen ist, so daſs wir
unbewuſst fast immer in Bildern sprechen, wie die Begriffe sich dann
gewandelt und entwickelt haben, wobei besonders die kulturhistorisch

bedeutenden Wörter und Redensarten nicht zu vernachlässigen sind, in denen sozusagen ein Stück Kulturgeschichte, eine frühere Stufe der menschlichen Entwicklung enthalten ist. Neben diesen Aufklärungen über die Sprache selbst sollen die Schüler in die deutsche Kultur eingeführt, zum richtigen Lesen und Verstehen der literarischen Erzeugnisse und besonders in den oberen Klassen zum gründlichen Erfassen der Hauptschöpfungen unserer grofsen Meister, und zwar in Poesie und Prosa, angeleitet werden. Wie verhält es sich alledem gegenüber mit dem kärglichen gegenwärtigen Stundenmafse und mit dem Satze, jede Stunde sei zugleich eine deutsche? Von der 4. bis zur 7. Klasse einschliefslich haben wir nur je zwei Wochenstunden für Deutsch. Da ist es ja gar nicht möglich, in einer gröfseren Klasse auch nur die auffallendsten Fehler und Verstöfse in den Hausaufgaben der Schüler beim Unterrichte zu besprechen; es bleibt dem Lehrer nichts anderes übrig — und das gehört zum Kapitel der Überbürdung der Lehrer — als die verkehrten Wendungen und Sätze der Schüler umzuschreiben, ohne dafs er damit einen Erfolg erzielt, der irgendwie im Verhältnis stände zu der von ihm aufgewendeten Mühe und zu seinem Opfer an Zeit, da ja erfahrungsgemäfs solche Bemerkungen des Lehrers in den Heften auf die Schüler keinen grofsen Eindruck machen. Könnte der Unterricht in der eben kurz angedeuteten Weise erteilt werden, so würde sich gewifs die Ausdrucksweise der Schüler allmählich bessern; könnte in den höheren Klassen in Form der Schul- wie der kontrollierten Privatlektüre noch mehr in die Meisterwerke unserer Literatur eingedrungen werden, so müfsten die Schüler, in Verbindung mit dem, was ihnen aus andern Fächern und hauptsächlich aus der altklassischen Lektüre zufliefst, über einen gröfseren Gedankenreichtum verfügen. Die Art des Unterrichts im Deutschen ist nicht leicht. Vor allem mufs man sich selbstverständlich immer davor hüten, die Muttersprache wie eine fremde lehren zu wollen. Man mufs stets bestrebt sein, an das bei den Schülern bis zu einem gewissen Grade schon vorhandene Sprachbewufstsein anzuknüpfen, man mufs stets von der Anschauung des zusammenhängenden Textes ausgehen, man darf nie etwa trockene grammatische Aufzählungen bieten; man darf bei der Erklärung der Schriftwerke das, was wirklich eine Erläuterung erfordert, nicht übergehen, mufs sich jedoch sorgfältig davor hüten, das Selbstverständliche breit zu treten. Dies gilt besonders von gewissen lyrischen Stellen, die bekanntlich dem Schüler leicht verleidet werden, wenn man zuviel darüber spricht. Natürlich soll man auch nie soweit in Einzelheiten sich verlieren, dafs dadurch der Blick auf das Ganze beeinträchtigt wird. Über die lautliche Seite der Sprache soll später beim Französischen noch gesprochen werden. Ist nun auch dieser Unterricht schwer, erfordert er viel methodisches Geschick, reifliches Nachdenken und gewissenhafte Vorbereitung, so bringt er dafür auch den schönsten Lohn und die reichste Befriedigung. Hier vor allem kann man auf den ganzen Menschen einwirken, hier die edelsten Gefühle, die Begeisterung für sollen wir auch in den anderen Fächern jede sich darbietende Gelegenheit ergreifen, in diesem Sinne thätig zu sein. Aber der deutsche Unterricht gibt doch vorwiegend Anlaſs zur Pflege echter Vaterlandsliebe, die von dem, was man Chauvinismus nennt, sich wohl unterscheidet. Möchten wir alle bei unserem Verhalten drauſsen im Leben wie in der Schule immerdar der Mahnung unseres Schiller eingedenk sein: „Ans Vaterland, ans theure, schlieſs dich an!" und — füge ich hinzu — dafür gewinne, dafür entflamme die Herzen der Jugend! Ich kann mir nicht versagen, hier noch die schönen Worte über den deutschen Unterricht aus den preuſsischen Lehrgängen und Lehraufgaben anzuführen: „Der Unterricht im Deutschen ist neben dem in der Religion und der Geschichte der ethisch bedeutsamste in dem Organismus unserer höheren Schulen. Die demselben gestellte Aufgabe ist eine auſserordentlich schwierige und kann nur von demjenigen Lehrer voll gelöst werden, welcher, gestützt auf tieferes Verständnis unserer Sprache und deren Geschichte, getragen von Begeisterung für die Schätze unserer Literatur und erfüllt von patriotischem Sinn, die empfänglichen Herzen unserer Jugend für deutsche Sprache, deutsches Volkstum und deutsche Geistesgröſse zu erwärmen versteht."

Wenn es nun auch gewiſs unsere Aufgabe sein muſs, die Schüler zu Deutschen zu erziehen, nicht etwa zu Griechen und Römern, so ist doch von der höheren deutschen Bildung, die wir ihnen geben sollen, die gründliche Beschäftigung mit der Antike nicht zu trennen, und deshalb wird das Studium der alten Sprachen und Literaturen stets einen breiten Raum am Gymnasium einnehmen müssen. Hier kommt es nun vor allem auf das Wie dieses Studiums an. Ich habe in meiner Broschüre auf einige Fälle hingewiesen, die ich als typisch betrachte für die Auswüchse, wie sie die immer noch allzuweit verbreitete Art des Gymnasialunterrichts hervorbringt. Es liegt mir ferne, im einzelnen darauf zurückzukommen; nur eines muſs ich ganz im allgemeinen auch hier aussprechen. Jedem Unterrichtsverfahren, das sich zu erhaben dünkt oder zu bequem ist, um zu dem Schüler herabzusteigen, sich einigermaſsen in die Seele, zumal des jüngeren Schülers zu versetzen — das in irgend einem Fache Anforderungen stellt, die vor einer einsichtigen Pädagogik nicht bestehen können — jedem Verfahren, das bei Schulaufgaben und Extemporalien den Schülern nicht Zeit genug läſst und damit die Gesundheit vieler ernstlich gefährdet, da wie man aus eigener Erfahrung wissen kann und wie auch ärztlicherseits bestätigt wird, gerade „die innere Abhetzung, das Gefühl des Nichtfertigwerdens" den allerschlimmsten Einfluſs auf die Nerven ausübt — jedem solchen Unterrichtsverfahren erkläre ich mit den Worten Kents im König Lear:

„So lange meine Kehle rufen kann,
Sag' ich Dir: Du thust übel!"

Wer behaupten will, derartige Übelstände, wie ich sie früher erwähnt habe, könnten ja höchstens nur noch ganz vereinzelt vorkommen, oder die meisten Lehrer hätten jetzt die induktive Methode, der kennt die wirklichen Verhältnisse an unsern Gymnasien sehr un-

vollständig. Zur Bekräftigung meiner Ansicht führe ich die Zuschriften
zweier Männer ap, denen vermöge ihrer Stellung Einsicht in diese
Dinge nicht abzusprechen ist und von denen mir der eine schreibt:
„Es wird in Bayern kaum ein Gymnasium oder eine Lateinschule
geben, an denen nicht Lehrer nach der hier verurteilten Methode arbeiten", und der andere sagt: „Man hat leider oft Gelegenheit wahrzunehmen, daſs manche Lehrer von der richtigen Methode nichts
wissen oder nichts wissen wollen." Die hier gemeinte Methode ist die
in meiner Broschüre beschriebene und von der neuen Schulordnung
empfohlene vermittelnde oder gemäſsigt induktive, die auch Dettweiler
in seinem mir erst nachträglich bekannt gewordenen vortrefflichen
Buche über den lateinischen Unterricht[1]) erörtert. Es handelt sich
dabei wesentlich um das Aufgeben der alten abstrakt-
grammatischen und Übersetzungsmethode. Daſs diese
immer noch zu sehr vorwiegt, bemerkt Dettweiler an vielen Stellen
seines Buches und das lehrt uns, meine ich, auch ein Blick in unsere
Übungsbücher, gegen deren Überwuchern sich auch Rektor Dr. Deuerling in unseren „Blättern" ausgesprochen hat. Dettweiler nennt
mit Recht die häuslichen Übersetzungen aus den Übungsbüchern
eine fortgeselzte Quelle von Täuschungen, und der Rektor eines unserer
bayerischen Gymnasien schreibt mir: „Zu schwer sind die lateinischen
Stilübungen für die 4., 5. und 6. Klasse, besonders nach den neueren
Übungsbüchern. Wozu eine Reihe von stilistischen Eigentümlichkeiten
und Seltenheiten massenhaft einüben, die sich besser an der Lektüre
lernen lassen?" Damit ist der Kernpunkt der neuen Methode berührt:
das Ausgehen vom zusammenhängenden Texte der Fremdsprache, der auch, beim Anfangsunterricht natürlich in ganz einfacher Form, zur Grundlage der grammatischen Unterweisung gemacht wird. Das Verfahren, dem Schüler gleich
einen fremden Text vorzulegen, wandte man bekanntlich schon früher
an, zu der Zeit, da das Lateinische noch allgemeine Gelehrtensprache
war; aber man wählte dazu irgend einen Klassiker, unbekümmert
darum, wie sich der Lernende mit der Masse fremder Formen und
Wendungen zurecht fand, er muſste sich eben allmählich hineinge-
gewöhnen. Heute nimmt die Pädagogik mehr Rücksicht auf die
Aufnahmsfähigkeit der Schüler und stellt die Forderung, der manches
neuere Lehrbuch freilich noch recht unvollkommen entspricht, daſs
die zur Einführung in die Sprache dienenden Sätze und Stücke
möglichst einfach seien und nicht viel fremde Formen auf einmal enthalten sollen. Einzelne dem späteren Lehrstoff angehörige Formen
können ja vokabelmäſsig nach dem Zusammenhang auf dem Wege
der unbewuſsten Aneignung gemerkt werden. Aber eine Häufung derselben würde nur verwirren und ist deshalb zu vermeiden. Das ist
eine Forderung der richtig angewandten Methode, und eine zweite
Hauptforderung ist, daſs nicht zu bald schriftlich in die

---

[1]) In Baumeisters Handbuch der Erziehungs- und Unterrichtslehre, München.
Beck 1895.

fremde Sprache übersetzt wird. Mancher Lehrer, der den
Vorschriften der richtigen Methode schon völlig zu entsprechen glaubt,
wenn er vom Beispiel ausgeht und die Regel möglichst daraus ableiten läfst, folgt doch wohl der so festgewurzelten, ganz verwerflichen
Gewohnheit, zu frühzeitig von dem Schüler die Anwendung der
Regel in der Übersetzung der deutschen Stücke des Übungsbuches zu
verlangen. Er bedenkt nicht, dafs, wenn er auch die Darbietung
richtig gegeben hat, zuerst noch eine längere Einübung in der Schule
geschehen mufs, bevor der Lernende im stande ist, mit einiger Sicherheit die betreffende Spracherscheinung bei seiner häuslichen Übersetzung zu handhaben. Diese mündlichen, an den fremden
Text sich anlehnenden Übungen sind von der aller-
gröfsten Wichtigkeit, sie werden auch in unserer Instruktion
dringend empfohlen; doch ist ein Punkt, der dort nicht betont wird,
ganz besonders hervorzuheben. Es darf nämlich auch hierbei
nicht zu bald aus dem Deutschen übersetzt werden,
sondern zuerst mufs der Schüler möglichst viele Beispiele
in der fremden Sprache hören und ins Deutsche übertragen. Durch solche Übungen wird sowohl die grammatische Regel,
wie überhaupt das Lesestück dem Schüler erst lebendig gemacht. Die
mancherlei Umformungen, erst geringeren, dann bei fortschreitendem
Unterricht allmählich gröfseren Änderungen und Umgestaltungen des
fremden Textes führen immer mehr in den richtigen Gebrauch der
Ausdrucksmittel der Sprache ein. Diese Umwandlungen sind aufserordentlich mannigfaltig, sie können hier nicht aufgezählt werden. Zu
warnen ist nur vor jeder schablonenmäfsigen Behandlung, das einemal nimmt man diese, das anderemal jene Art; als sehr fördernd
erwähne ich nur die Übung, denselben Gedanken mit Hilfe früher
dagewesener Wendungen in andere Formen umgiefsen zu lassen. Wie
gesagt, finden derartige Übungen am besten vorwiegend mündlich
statt; doch thut man gut, dazwischen zur Abwechslung und zur Befestigung in der Orthographie auch den oder jenen Satz schreiben
zu lassen. Dafs nicht alle Spracherscheinungen auf induktivem Wege
abgeleitet werden können, versteht sich von selbst, schon wegen der
Zeit. Das richtige Verhältnis zwischen Induktion und Deduktion hat
Deuerling angegeben,[1]) wenn er sagt, die Abweichungen des Lateinischen vom Deutschen seien zum Teile aus der Lektüre zu entwickeln, aber die andern ähnlichen Fälle durch Deduktion anzueignen.
Doch ist auch bei dieser, wie Dettweiler mit Recht hervorhebt, „stets
entwickelnd, an Früheres anknüpfend und zur Selbstthätigkeit zwingend“
vorzugehen. Was dem Schüler durch Zurückführung auf ein seine
Fassungskraft nicht übersteigendes Gesetz deutlich gemacht werden
kann, soll überhaupt nie rein mechanisch gelernt werden.

Wenn ich einer ganz bedeutenden Einschränkung der lateinischen
Schreib- oder, wie man in den höheren Klassen sagt, Stilübungen
das Wort rede, so stimmen wohl sehr viele mit mir überein.

---

[1]) Blätter f. d. G.-Sch. J. 1897, 1 u. 2, S. 98.

Natürlich ist vor allem die Übersetzung ins Lateinische
als Zielleistung abzuschaffen. Koll. Fleischmann[1]) nennt
sie ein Wrack aus der Zeit der Hochflut grammatisch-stilistischen
Betriebs, er bezeichnet sie als ein unzeitgemäfses, veraltetes Ziel. Und
doch haben die Stilübungen der oberen Klassen noch ihre begeisterten
Anhänger. Wenn diese sie ein unersetzbares Bildungsmittel für Verstand und Geschmack nennen, so verwechseln sie auf seltsame Weise
die Leistungsfähigkeit eines Gymnasiasten mit der des gründlichen
Kenners der Fremdsprache, des Philologen. Wie kann denn einer,
der die Verhältnisse kennt, bei den Übersetzungen unserer Gymnasiasten
heute noch ernstlich von der „wirklichen" Übersetzung eines „wirklichen" deutschen Aufsatzes ins Lateinische oder davon sprechen, dafs
nach O. Jäger jene Übung den Schüler zwinge, das schlechthin
Richtige, das möglichst Gute zu finden, sich nicht mit dem Halb-
richtigen oder zur Not Richtigen zu begnügen? Sehr gut sagt Dettweiler:[2]) „Dies pafst nicht zu dem nirgends sowenig wie bei dieser
Übung denkenden Schüler. Er kommt in den meisten Fällen gar
nicht zu dem Gefühl, er habe mehr als das Halbrichtige. Denn dafür
fehlt ihm wieder das, wie wir meinen, Vornehmere, nämlich eine
breite, verständnisvolle Lektüre." Wie kann man von einer Beherrschung der lat. Sprache seitens der Schüler sprechen in unserer
Zeit, in der, wie mir ein altphilologischer Kollege schreibt, die Kenntnis
des Lateinischen in auffallender Weise, selbst unter den Altphilologen,
abnimmt, wofür er die Doktordissertationen als sprechenden Beweis anführt? Kann denn aber, meint man, bei Beschränkung der Stilübungen
noch von sprachlich-logischer Schulung die Rede sein? Nur Vorein-
genommenheit könnte das leugnen. Koll. Nusser hat sich in unseren
„Blättern"[3]) eingehend über Sprachbildung im Gegensatz zu Sprachfertigkeit verbreitet. Allein er gibt wiederholt zu, dafs alle grammatischen und stilistischen Unterscheidungen immer zuerst an der
Muttersprache vorgenommen werden müfsten, bevor die treffenden
lateinischen Formen hiefür aus dem Gedächtnis gesucht würden, und
ferner kann man die ganze Sprachbildung, die er mit vollem Recht
für notwendig erklärt, ohne allen Zweifel auch durch gründliche Betrachtung des fremden Textes. durch genaue Übersetzung ins Deutsche,
durch die auf diesem Wege geschehende Vergleichung der fremden
mit der Muttersprache, ihrer verschiedenen Vorstellungs- und Denkweise erreichen. Es kann durch nichts bewiesen werden, dafs dies
nicht möglich sei. Man mache nur einmal, ohne von vornherein die
Unmöglichkeit zu behaupten. einen ernstlichen, ehrlichen Versuch!
Ich gehe nicht so weit wie Koll. Wirth,[4]) der alle Übersetzungen
in die Fremdsprachen verwirft; denn in den unteren und mittleren
Klassen können sie, nach der vorhin gegebenen Anweisung richtig

---

[1]) Ebenda J. 1898, 3 und 4, S. 235.
[2]) a. a. O. S. 47.
[3]) J. 1898, 3 und 4. S. 223 ff.
[4]) Vierzig Gründe gegen das Übersetzen aus dem Deutschen. Bayreuth,
Heuschmann. 1895.

vorbereitet und an das Lesestück sich anschliefsend, gute Dienste leisten und sind besonders ein treffliches Mittel, sich von dem jeweiligen Kenntnisstand der gesamten Klasse zu überzeugen. Auch in den oberen Klassen, wo die Schriftstellerlektüre das Hauptziel bildet, soll darum nicht etwa vollständig auf grammatisches Studium verzichtet werden. Man stelle doch die Sache nicht immer so hin, als ob das Aufgeben der herkömmlichen Stilübungen mit diesem völligen Verzicht gleichbedeutend sein müfste. Oberflächlichkeit wird ja jeder Verständige vom Gymnasium fernzuhalten wünschen. Gerade auf den oberen Stufen wird die Anleitung der Schüler, denkend in die Sprachgesetze einzudringen und sie möglichst selbstthätig zu entwickeln, die sprachlich-logische Schulung mehr fördern als das bisherige Verfahren. Wichtige Spracherscheinungen, die bei der Lektüre nur kurz erklärt worden sind, um das zusammenhängende Fortschreiten derselben nicht zu sehr zu hemmen, können später wieder vorgenommen, gründlich erörtert und ganz ähnlich wie in den unteren Klassen eingeübt werden, damit sie bei wiederholtem Vorkommen nicht wieder Schwierigkeiten machen. Für den ganzen auf die Anschauung gegründeten und an die Lektüre anschliefsenden Betrieb wird durch das Zusammenwirken aller bald die sichere Methode geschaffen werden, die uns heute noch fehlt. Dringend nötig ist auch eine Verminderung des grammatischen Stoffes in der Formenlehre, wie besonders in der Syntax, wo das Hauptgewicht auf das von der Muttersprache Abweichende zu legen ist.[1]) Diese Beschränkung gilt noch mehr fürs Griechische, wo man nicht verlangen sollte, dafs ein Schüler jederzeit die schwierigsten Formen sofort bilden kann; es genügt, wenn er durch tüchtige, soweit es möglich ist, auch auf die Bildungsgesetze eingehende Schulung[2]) imstande ist, die Formen im Zusammenhang des griechischen Satzes sicher zu erkennen und genau zu verstehen. Überhaupt möchte ich bei dieser Gelegenheit die früher von mir gewünschte Streichkommission für alle Fächer in empfehlende Erinnerung bringen.

Eine Abänderung des überlieferten Unterrichtsverfahrens erscheint schon durch die Beobachtung dringend geboten, wie wenig im allgemeinen heute am Gymnasium in den alten Sprachen geleistet wird. Mufs man nicht Dettweiler zustimmen, wenn er sagt, „unsere Schüler könnten seit geraumer Zeit weder Latein schreiben noch lateinische Schriftsteller lesen", wenn er behauptet, am heutigen Gymnasium seien „stilistische und grammatische Leistungen in wirklich befriedigender Weise überhaupt nicht möglich", wenn er davor warnt, „eine mangelhafte Leistung schliefslich als ausreichend anzusehen?" Es ist nicht nötig, weitere Aussprüche sachkundiger Männer über die heute erzielten, unerfreulichen Ergebnisse anzuführen. Wer sehen will, kann tagtäglich solche Beobachtungen machen. Von einem wirklichen Einlesen und Einleben in die Schriftsteller ist bei der Mehrzahl der Schüler

---

[1]) Vgl. G. Schulze, Programm des Franz. Gymn. in Berlin, 1895.
[2]) Vergl. Lattmann, Programm Clausthal 1888.

sehr wenig zu bemerken, und, was noch weit schlimmer erscheint,
sehr viele derselben stehen den klassischen Sprachen, also dem Fache,
das am Gymnasium den breitesten Baum einnimmt, das ohne innere
Anteilnahme des Schülers seine hohe Aufgabe nicht erfüllen kann, gleichgültig, ja oft innerlich widerstrebend gegenüber. Es liegt aber eine
grofse Gefahr darin, Jahr um Jahr soviele in dieser Stimmung aus
der Schule zu entlassen; denn darunter mufs die Wertschätzung der
Antike in immer weiteren Kreisen leiden, und 'das könnte mit der
Zeit doch sehr ungünstig auf die Gestaltung des Gymnasiums einwirken. Dafs aber neben anderen Ursachen die, wie Lattmann sagt,
„im wesentlichen noch immer festgehaltene Lehrmethode, nach welcher
wohl unsere Grofsväter für ihre Zeit angemessen unterrichtet wurden",
die jedoch für die Gegenwart nicht mehr pafst, eine Hauptschuld an
den erwähnten Übelständen trägt, das läfst sich doch kaum leugnen.
Jedenfalls mufs jeder, der ohne Vorurteil Dettweilers Buch liest, den
Eindruck bekommen, dafs nach dem von ihm empfohlenen Verfahren
gröfsere Lern- und Arbeitsfreudigkeit, bessere Erfolge der Schüler
erzielt werden könnten. „Wenn wir den Schüler nicht dahin bringen,
sagt er [1]), Schriftsteller ohne besondere Anstöfse zu lesen, ist unsere
Position verloren." Das von ihm aufgestellte Ziel, auf Grund sprachlich-
logischer Schulung den fremden Gedankeninhalt sich zu erarbeiten
und den Schriftsteller dann möglichst gut ins Deutsche zu übertragen,
ist wirklich in befriedigender Weise erreichbar. Hier, bei der verständigen und geschmackvollen Umgiefsung der fremden Form ins
Deutsche, kann von einem Ringen der beiden Sprachen mit einander
die Rede sein; hier kann in der That der strebsame, denkende Schüler
Selbstthätigkeit zeigen, nicht eher ruhen, bis er „das möglichst Gute"
gefunden hat, kann „wirkliches" Latein in „wirkliches" Deutsch umwandeln.

    Ohne Zweifel stellt die neue Lehrweise, — bei der die Losung
gilt: Keine Schablone, mehr frisches, freies Leben! — höhere Anforderungen an den Lehrer.   Aber man darf gewifs von unserem
Gymnasiallehrerstand hoch genug denken, um davon überzeugt zu sein,
dafs er, wo es sich um das Wohl der Jugend und des Gymnasiums
handelt, seine ganze Kraft einsetzt, um das schöne Vorbild, das uns
Dettweiler zeichnet, zu erreichen oder ihm wenigstens möglichst nahe
zu kommen. Und nun wende ich mich noch an Ihre bayerischen
Herzen. Wenn nach dem ganzen Entwickelungsgang des Gymnasiums
eine Änderung des Lehrplans nach der besprochenen Richtung über
kurz oder lang kommen mufs, so wäre es m. E. wünschenswert und
erfreulich, wenn Bayern in einer so wichtigen Frage auch einmal den
ersten Schritt thäte, wenn es durch Abschaffung der lateinischen
Übersetzung beim Absolutorium, durch damit zusammenhängende Beschränkung der Stilübungen, durch das Aufgeben der herkömmlichen
Übersetzungsmethode zu einer zeitgemäfsen Neubelebung der klassischen
Studien beitrüge und zugleich Raum schaffte zur Erfüllung berechtigter

---

[1]) a. a. O. S. 23.

Forderungen unserer Zeit; denn hier liegt in der That der Angelpunkt der ganzen Reform; hier kann Platz und Zeit für die notwendigen Änderungen gewonnen werden. Auch Koll. Nusser schreibt (a. a. O. S. 222): „Beschränken wir lieber, wenn es sein muſs, die Stundenzahl der antiken Sprachen auf das noch ausreichende Maſs, und suchen wir zum Ersatz durch Vereinfachung der Spracherlernung einen rascheren Gang zu ermöglichen!" Auf diese Weise kann besonders auch die von ärztlicher Seite immer nachdrücklicher verlangte gröſsere **Rücksicht auf die Gesundheit und die Pflege körperlicher Übung** genommen und so auf die **harmonische Ausbildung des ganzen Menschen** hingearbeitet werden.

Indem ich nun zum **Französischen** übergehe, muſs ich eine kurze Bemerkung über das Lehrziel vorausschicken. Wie Sie wissen, habe ich mich auch in diesem Fache gegen eine Übersetzung in die fremde Sprache beim Absolutorium und zum Ersatz für eine solche ins Deutsche ausgesprochen, deren Text zum Teil als Diktat gegeben werden sollte [1]. Trotzdem bin ich, entgegen der Ansicht Nussers, auch im Französischen ganz entschieden dafür, Sprachbildung zu erstreben, d. h. gründliche Sprachkenntnis, wodurch das Französische eine wertvolle Ergänzung des Lateinischen werden kann. Bloſse Sprachfertigkeit ist nach meiner Überzeugung kein Ziel für das Gymnasium, ist überhaupt beim Schulunterricht nicht so leicht zu erreichen, wie manche zu denken scheinen. Daſs aber das Französische von Anfang an als **lebende** Sprache zur Geltung kommen muſs, versteht sich von selbst. Der Unterricht soll einesteils eine tüchtige Grundlage zu verständiger Lektüre, andernteils die Vorteile gewähren, die ein mehr mündlicher Betrieb mit Übungen im Verstehen und eigenen Sprechversuchen zur Folge hat. So bildet er zugleich eine **Vorbereitung** zu freierem Gebrauch der Sprache für die verhältnismäſsig Wenigen, die das später nötig haben.

Ich komme jetzt zu dem Punkte, in dem, wie ich wohl weiſs, nur wenige von Ihnen mit mir übereinstimmen, zu der **Frage über die Reihenfolge der fremden Sprachen** beim Unterricht. Wenn ich zu der Überzeugung gekommen bin, es sei in vielen Beziehungen empfehlenswert, mit dem Französischen zu beginnen, so bemerke ich doch von vornherein, daſs ich mich damit nicht zugleich für eine unveränderte Herübernahme des Frankfurter Reformplans aussprechen will. In diesem werden auch nach meiner Ansicht die alten Sprachen zu weit hinaufgeschoben. Überhaupt bin ich gegen einen gemeinsamen Unterbau für alle 3 Arten der Mittelschulen, ich habe in meiner Broschüre unter der Einheitsschule, die mir vorschwebt, nur die Wiedervereinigung der beiden **Gymnasien** verstanden und gesagt, diese sei zu erreichen, sobald man sich mit dem Gedanken vertraut mache, in den 3 oberen Klassen eine etwas freiere Gestaltung eintreten zu lassen. Man hat mir eingewendet, das sei zu kunstvoll

---

[1] S. meine früheren Ausführungen in unseren „Blättern" J. 1896, S. 92 f. u. S. 424 f.

29*

und verwickelt; aber ich glaube, dieser Eindruck kommt eben nur
daher, daſs wir gar nicht an eine solche Einrichtung gewöhnt sind,
die bei einigem guten Willen unschwer durchgeführt werden könnte.
Ich habe zu meiner Freude nachträglich gesehen, daſs auch Kollege
Fleischmann schon früher [1]) einen ähnlichen Vorschlag machte,
indem er die Anschauung vertrat, man solle in den oberen Klassen
davon absehen, an alle Schüler gleichmäſsige Anforderungen in allen
Lehrfächern zu stellen. Doch das nur nebenbei. Uhlig sagt bei seinen
Ausführungen gegen das Reformgymnasium Reinhardts in Frankfurt,
wenn wieder einmal versuchsweise das Französische die erste Fremdsprache des Gymnasiums sein solle, könne das Latein doch wenigstens
in IV (also in unserer 3. Kl.) beginnen [2]). Nun für diesen Versuch
habe auch ich mich ausgesprochen und zu seiner Empfehlung will ich
hier noch einiges hervorheben.[3]) Uhlig leugnet die Anwendbarkeit
des Grundsatzes: „vom Nahen zum Entfernteren" auf den vorliegenden
Fall. Er sagt: „Damit kämen wir auch zu dem vielbesprochenen
Krebsgang im Geschichtsunterricht." Meint er damit die jetzt in
Preuſsen giltige Vorschrift, welche für VI lautet: „Lebensbilder aus
der vaterländischen Geschichte, wobei von Gegenwart und Heimat
auszugehen ist", so muſs ich mich, obwohl sonst ein groſser Freund
gesunden Fortschrittes, ganz entschieden für diesen „Krebsgang" aussprechen. Für höhere Klassen versteht es sich ja von selbst, daſs man nicht
die Geschichte in umgekehrter Reihenfolge, sondern in ihrem wirklichen Entwicklungsgange, also von den ältesten Zeiten bis zur Gegenwart lehren muſs. Aber hier haben wir es ja mit Kindern zu thun,
und daſs für diese das Ausgehen vom Heimischen das allein Natürliche
ist, kann doch nicht ernstlich bestritten werden. Welches Buch gibt
ein verständiger Vater seinem Knaben zuerst in die Hand, ein deutsches
Märchenbuch oder Schwabs Sagen des klassischen Altertums? Was
ist nun natürlicher, als daſs der Lehrer später in der Schule von den
in manchen unserer Märchen vorhandenen Spuren der deutschen Götter-
und Heldensage ausgeht und diese letztere dann seinen Schülern in
ihren Hauptzügen mitteilt? Ob das in einer deutschen oder in einer
besonderen Geschichtsstunde geschieht, ist ja ganz einerlei. Oder was
liegt näher und ist sicher häufiger, einem Kinde, das sich Bleisoldaten
wünscht, eine Schlacht aus dem deutsch-französischen Krieg oder eine
aus dem klassischen Altertum zu schenken? Oder dein Knabe hat eine
Abteilung Soldaten vorüberziehen sehen und möchte nun nach Kinderart
etwas Genaueres über deren Thun und Treiben hören, was ist natürlicher, ihm vom Kampf des Leonidas zu erzählen, oder von den ruhm-
vollen Thaten unserer wackeren Krieger in den Jahren 1870.71? Und
damit kommen wir wieder zur Frage des Anfangs mit dem Französischen, obgleich auch alles Bisherige aufs engste damit zusammenhängt.
Erzählt man den Schülern der 1. Kl. mit Hinweis auf die Karte von
Frankreich, die sie vor Augen haben, in ganz kurzer Einleitung von

---

[1]) G.-Bl. J. 1894, 6 u. 7, S. 378.
[2]) Das hum. Gymn. IX, 1 u. 2, S. 6.
[3]) Das Griechische würde dann in der 5. Kl. anfangen.

jenem denkwürdigen Kriege, von der deutschen That unseres ideal-
gesinnten Königs Ludwig II., von der Heldengestalt Kaiser Wilhelms
und von seinen Paladinen, von den grofsen, oft schwer errungenen
Siegen unserer Truppen, sagt man ihnen, was die Nichtsprachkundigen
unter diesen für Schwierigkeiten im Verkehr mit der Bevölkerung
hatten, weist man sie darauf hin, dafs, wenn unsere unruhigen Nachbarn
uns in Zukunft wieder angreifen sollten, auch sie mit den Waffen für
ihr Vaterland eintreten müfsten, erinnert man noch an die früheren
Beziehungen zwischen den beiden Ländern und an die Fremdwörter,
die wir dem Französischen entlehnt haben und von denen auch auf
dieser Stufe den Knaben schon das eine oder andere bekannt ist,
dann ist gewifs Teilnahme für das Nachbarvolk und seine Sprache
rege geworden, dann kann man mit der Einübung der Laute beginnen,
etwa an Musterwörtern, die vorwiegend aus geographischen Namen
bestehen, wobei man immer zugleich den Vorteil der Anschauung
auf der Karte hat.

Dafs das Französische den modernen Menschen überhaupt und
so auch den Knaben, die eben in diese moderne Welt hineingestellt
sind, nach ihrer gesamten Anschauungs- und Denkweise näher liegt
als die alten Sprachen, ist doch kaum zu bezweifeln. Die ganze Ausdrucksweise, die in den Worten steckenden Begriffe decken sich doch
naturgemäfs mehr mit den unserigen. Und inhaltlich ist eben, man
mag sagen, was man will, ein moderner Stoff dem Knaben vertrauter
als ein antiker, für den er doch erst künstlich gewonnen werden mufs.
Den spöttischen Hinweis U h l i g s auf Sätze nach Art des seligen Ollen-
dorff hätte ich hier lieber nicht gesehen; denn es ist ja klar, dafs ein
französisches Elementarbuch auch ohne solche Sätze abgefafst werden
kann, der moderne Stoff braucht ja nicht abgeschmackt zu sein. Gewifs sagt U h l i g mit Recht, in guten lateinischen Elementarbüchern
finde sich gleichfalls vieles, was der Junge mit eigenen Augen sehen
könne. Aber er nennt aufserdem auch Erzählungen aus alter Geschichte,
aus der griechischen Götter- und Heldensage. Meint man, so fragt
er, dafs auch die Sagen von Herakles und Theseus für den Sextaner
noch nicht passen? Abgesehen davon, dafs ich, wie oben erwähnt,
auf dieser ersten Stufe heimischen Sagen den Vorzug geben würde,
ohne sie natürlich als Stoff zur Übersetzung beim Sprachunterricht zu
verwenden, ist hier noch ein gewichtigerer Einwand zu machen. Es
ist etwas anderes, dergleichen Stoffe beim geschichtlichen oder deutschen
Unterricht zu behandeln, wo man alles dem Schüler noch Fremde
erklären kann, wo er ja überhaupt neue Begriffe und Kenntnisse erwerben soll, und etwas anderes, solche Gegenstände bei der ersten
Unterweisung in einer Fremdsprache zu gebrauchen. Hier hat der
Lernende vor allem mit den Schwierigkeiten der neuen Formen zu
kämpfen, hier wirkt inhaltlich Fremdes und Fernstehendes auf das
grammatische Erkennen nicht förderlich und klärend, sondern eher
verwirrend. Und gewifs findet sich in den lateinischen Übungsbüchern
— ich rede nicht ausschliefslich vom allerersten Anfang — vieles,
wovon man mit Bezug auf den Schüler sagen kann: „Was ist ihm

Hekuba?" Damit habe ich zugleich einen der Gründe erwähnt, warum
das Lateinische für dieses Alter als zu schwer erscheint. Mit dieser
Ansicht stehe ich nicht allein. Unter anderen wurde sie auch von
Paulsen in seinem Kolleg über Pädagogik ausgesprochen, und Direktor
Schulze in Berlin begründet sie in dem erwähnten Programm eingehend.
Sehr beachtenswert ist ferner, was Lattmann uns mitteilt, bekanntlich selbst Verfasser eines lateinischen Elementarbuches, mit dem er
gute Erfolge an seiner Anstalt wahrnahm. Er sagt a. a. O., nach
langjähriger, eher mit dem persönlichen Wunsche des Gegenteils erfolgter Beobachtung erscheine ihm der Anfang des Lateinischen in
VI immer mehr als unpädagogisch; es werde damit den Jungen etwas
zugemutet, wozu ihre ganze geistige Entwicklung noch nicht reif
sei. Auch ein bayerischer Kollege, der als tüchtiger Altphilologe und
guter Lehrer gilt, schreibt mir zustimmend: „Wie plagen wir die
kleinen Kerle mit Formenlehre und Syntax, wie schwer thut sich der
Lehrer mit der Erklärung mancher syntaktischen Schwierigkeiten,
und wie leicht eignet sich ein reiferer Schüler diese Regeln an!"
Beim Eintritt ins Gymnasium ist der Knabe in seiner Muttersprache
noch nicht weit genug gefördert, seine grammatischen Begriffe sind
noch sehr unvollkommen, die Fähigkeit abstrakt zu denken besitzt er nur in geringem Maße. Im Anfang geht's ja infolge des Eifers
und der Lust, die er allem Neuen entgegenbringt. Aber zuviel Fremd-
artiges stürmt im weiteren Verlauf des Unterrichts auf ihn ein, die
Formen häufen sich immer mehr, in der 2. Kl. kommen die unregelmäßigen Verba dazu, in der 3. die schwierige Kasuslehre. Noch
mehr erschwert wird es ihm dadurch, daß man ihn nötigt, zu früh
und häufig nach Form und Inhalt zu schwierige Sätze ins Lateinische
zu übersetzen. Und was ist die Folge? Sehr viele, darunter auch
solche, die nicht an sich als zu unbefähigt zu betrachten sind, gelangen nicht zu der gewünschten Klarheit in der Erkenntnis und Anwendung der Formen, die Flut der Schwierigkeiten schlägt ihnen
über dem Kopfe zusammen, allmählich werden sie abgestumpft, sie
verlieren vollständig die anfängliche Freude an dem Lehrgegenstande,
und die alte Sprache, welcher ein geschickter Lehrer am Beginne noch
einiges Leben einhauchen konnte, wird nun wirklich für sie eine tote.
Wer seine Augen nicht absichtlich der Wirklichkeit verschließt, wer
Gelegenheit hat, die Schüler bei ihren Arbeiten auch zu Hause zu
beobachten, wer es weiß, wie unverhältnismäßig schlecht oft die
Übersetzungen ins Lateinische gemacht werden, der kann nicht behaupten, daß ich hier übertreibe. Gewiß würde es nun in diesen
Dingen besser, wenn die Schüler zum lateinischen Unterricht schon
bessere grammatische Kenntnisse mitbrächten, und diese könnten sie
sich ohne Zweifel in den beiden unteren Klassen im deutschen und
französischen Unterricht erwerben. Insofern würde also das Erlernen des Lateinischen durch das Voraufgehen des Französischen ganz wesentlich gefördert.
        Man hebt immer hervor, das Lateinische sei wegen seines Formen-
reichtums besser geeignet, dem Anfänger die grammatischen Unter-

schiede der Worte und ihrer Beziehungen zu einander klar zu machen
als das Französische mit seinen abgeschwächten oder ganz abgestor-
benen Endungen. Man vergesse jedoch nicht, dafs die von der französ.
Sprache zum Ersatz für diesen Verlust geschaffenen Mittel zur Erreichung logischer Klarheit vollkommen genügen. Sonst könnte man
unmöglich von glänzenden Vorzügen der französ. Prosa sprechen, was
sogar O. Jäger thut. Der Formenreichtum ist nicht als ein besonderer
Vorteil für das logische Denken des Lernenden zu betrachten, wenn
nicht durch die Verschiedenheit der Formen zugleich neue syntaktische
Beziehungen ausgedrückt werden.[1]) Alle die vielen lateinischen Kasus-
endungen, wobei doch wieder einzelne gleiche Formen verschiedene
Kasus ausdrücken, dann die Formen mit **em** oder **im**, **e** oder **i**, **um**
oder **ium** z. B. bezeichnen durchaus nicht je einen neuen logischen
Unterschied, sondern beschweren nur das Gedächtnis. Betrachten
wir dagegen die Kasusbezeichnungen im Französischen! Die Plural-
endung zunächst ist nicht abgestorben; spricht man deutlich vor: l'ami
arrive und les amis arrivent, so hört der Schüler, dafs sie noch lebt,
Nom. und Acc. werden durch die Stellung klar unterschieden — die
strenglogische Stellung des Französischen wäre gerade für die Ausbildung des Schülers der 1. Kl. unleugbar von gröfstem Vorteil —.
Auch beim Gen. und Dat. erachte ich es als sehr wertvoll, dafs man
schon dem kleinen Schüler on Grund der französ. Ausdrucksweise
auf einfache Art deutlich machen kann, z. B. il est venu de Paris,
örtliche Grundbedeutung! j'ai eu une lettre de mon père, von
meinem Vater ist der Brief hergekommen, dann Genetivverhältnis:
einen Brief meines Vaters. Und ebenso bei à: il est allé à Paris,
j'ai écrit une lettre à mon père, zum Vater hin, meinem Vater.
Wie auch auf höherer Stufe die wichtigsten Fälle der Kasuslehre,
wenn man sie so nennen will, aus der örtlichen Grundbedeutung von
de und à sich erklären lassen, sowie auch die Anwendung dieser
Präpositionen beim Infinitiv, darauf kann hier nicht näher eingegangen
werden. Und eine so logisch, so durchsichtig klar gebaute Sprache
sollte nicht geeignet dazu sein, dem Knaben, im Verein mit seiner
Muttersprache, die für erfolgreichen Beginn des Lateinischen dringend
notwendigen grammatischen Vorkenntnisse beizubringen? Dabei ist
es für die Muttersprache als ein Vorteil zu betrachten, dafs das Französische in seinen Wendungen sich von ihr nicht so sehr unterscheidet
wie das Lateinische, wodurch die Gefahr, undeutsche Ausdrücke zu
gebrauchen, vermindert wird. Die Schüler würden mit der hier
gröfsere Gefahr bietenden lateinischen Ausdrucksweise erst bekannt,
wenn sie im Deutschen schon mehr Sicherheit erlangt haben.

Ein weiterer Einwand ist man sollte nicht die Tochter-
sprache, das Französische, vor ihrer Muttersprache, dem Latein, lehren.
Hier liegt ja in der That ein Nachteil vor; aber, wohlgemerkt, nicht
etwa für die Erlernung des Lateinischen und, wie wir sehen

---

[1]) Vgl. Curt. Schäfer, Vortrag auf der Görlitzer Philologenversammlung,
Sonderabdruck, Braunschweig, Salle, 1890.

werden, auch nicht für die sprachliche Ausbildung des Schülers überhaupt. Die Knaben würden in der 1. Kl. auch ohne lateinische
Grundlage die Wörter und Formen des Französischen als einer
lebenden Sprache, sofern man sie nur wirklich als solche lehrt,
weit leichter erlernen als jetzt die lateinischen. Auch hier wäre es
schon möglich, im Sinne der historischen Grammatik zu unterrichten,
manche Formen als natürliche Wirkungen allgemeiner Lautgesetze
deutlich zu machen, und von der 4. Klasse könnte dann allmählich
auch auf die lateinischen Grundformen zurückgegangen und der
Schüler zu eigener Beobachtung und Vergleichung angeleitet werden.
Die geistig Regsamen unter den Schülern würden nun mit Vergnügen
die lateinischen Stammformen kennen lernen, gerade wie es uns Anregung gewährt, im Mittelhochdeutschen die frühere Stufe unserer
Sprache wahrnehmen und dann die historische Entwickelung überblicken
zu können.

Bei der ganzen Frage wird der bedeutende Unterschied zwischen toter, geschriebener und lebender
Sprache viel zu wenig beachtet. Uhlig meint, der Vorzug der
jetzigen Einrichtung werde durch die Leistungen unserer bayerischen
Gymnasiasten im Französischen bewiesen. Wer genauer zusieht, wird
mit mir in diesen Leistungen nur einen Beweis der Nachteile des
gegenwärtigen Systems erblicken können. Zeigt es denn eine wirkliche
Kenntnis der Sprache, wenn die schriftliche Übersetzung ins Französische beim Absolutorium im allgemeinen so gemacht wird, daſs eine
annehmbare Notenskala herauskommt? Wie fehlerhaft sind oft diese
Arbeiten, wie viele selbstgebildete Wörter und Wendungen, meist
Latinismen, enthalten sie oft! Und dann wie mangelhaft sind sehr
viele Abiturienten im gründlichen Verstehen des fremden Textes und
besonders im raschen Auffassen des gesprochenen Wortes! Die
schlimmste Wirkung, welche der frühzeitige Beginn des Lateinischen
mit sich bringen kann und sehr oft mit sich bringt, ist wohl auch
an den nichtbayerischen Gymnasien zu beobachten, zeigt sich aber
bei uns besonders deutlich, da wir die neuere Fremdsprache erst in
der 6. Kl. zu lehren anfangen: Die meisten Schüler bekommen gar
keinen richtigen Begriff davon, was Sprache eigentlich ist, daſs sie
darin einen lebendigen Organismus vor sich haben; sie sehen in ihr
nur einen toten Wörter- und Regelkram, gegen das Leben in der
Sprache werden sie ganz abgestumpft. Das wirkt leider selbst auf
den Gebrauch ihrer Muttersprache wie lähmend. Man sehe doch, wie
unbeholfen sie sich ausdrücken, wie sie sich immer an ihr Buch und
das darin Stehende anklammern, wie wenig sie wirklich zusammen-
hängend sprechen können, wie entsetzlich sie beim Übertragen selbst
ganz leichter Stellen ins Deutsche die Sätze zerhacken! Hier kann
der frühzeitige Beginn des Französischen vor dem Latein bessernd
wirken; denn der bei einer lebenden Sprache natürliche mehr mündliche Betrieb wird allmählich die Schüler zu gröſserer Gewandtheit
und Regsamkeit des Geistes in sprachlichen Dingen führen. Nach
Überwindung der ersten Schwierigkeiten kämen sie naturgemäſs viel

rascher in die Sprache hinein, man könnte ihnen viel früher passende Lektüre vorlegen [1]), und vor allem wären sie imstande, was Schulze mit Recht als sehr bedeutsam hervorhebt [2]), „nicht immer bloſs aufzunehmen", sondern innerhalb bescheidener Grenzen „sich selbst zu bethätigen, das erworbene Wissen möglichst bald in bereites Können umzusetzen." Dazu gehört natürlich besonders auch die Pflege der lautlichen Seite der Sprache, die Ausbildung des Gehörs und der Sprechwerkzeuge! Damit kann man ja wirklichen Erfolg nur haben, wenn möglichst früh angefangen wird. Dann aber wird auch die in der That vorhandene Schwierigkeit, welche in der Verschiedenheit von Laut und Schrift liegt, bei richtigem Verfahren und einiger Geduld bald überwunden, und gründliche lautliche Schulung wird zugleich eine treffliche Übung und Stärkung der Willenskraft der Schüler sein; sie soll, nach einer Äuſserung Hildebrands, „den Anfang zur Kunst der Selbstbeobachtung und Selbstbezwingung bilden." Sie wird vor allem von bestem Einfluſs auf die Aussprache der Schüler überhaupt, bes. auch im Deutschen sein. Daſs es hierin an unseren Schulen noch sehr schlimm steht, daſs jedoch die Berücksichtigung des Lautes gewiſs gleichfalls zur höheren Bildung gehört, daſs eine Dichterstelle, eine Rede nur dann zur vollen Wirkung kommen, wenn sie auch in lautlicher Beziehung möglichst richtig vorgetragen werden — das kann doch nur der leugnen, der selbst keinen Sinn für die lautliche Schönheit der Sprache hat. Und dieser Sinn scheint bei uns allerdings manchem zu fehlen. Sie wissen besser als ich, wie sehr im Altertum besonders die Athener auch die lautliche Seite der Sprache betonten, was uns bei einem Volke, das die Schönheit überhaupt so hoch stellte, weiter nicht wundern kann.

Nur kurz berührt sei noch der gewiſs nicht unwichtige Umstand, daſs bei der hier besprochenen Gestaltung. des Gymnasiums der Übergang von einer Schulgattung zur anderen viel leichter möglich wäre als jetzt.

Tritt zu all den erwähnten Vorteilen des Anfangs mit dem Französischen auch die Rücksicht auf die Gesundheit der Schüler hinzu, welche gegenwärtig in den unteren Klassen und zumal in der 4. allzusehr belastet erscheinen, so kann man sich doch nur dann gegen die von mir gewünschte Änderung aussprechen, wenn dadurch eine wirkliche Schädigung des altklassischen Unterrichts hervorgerufen würde. Diese kann aber ohne einen praktischen Versuch nicht nachgewiesen werden.

Man hat sich gegen ein „Überwiegen des Französischen" am humanistischen Gymnasium ausgesprochen. Das thue ich gleichfalls. Davon ist nach meinem Vorschlag auch keine Rede. Von der 3. Kl. an würden, schon der Stundenzahl nach, die alten Sprachen vorwiegen. Aber es ist klar, daſs wir heutzutage unseren Schülern nicht eine einseitig humanistische Bildung, sondern eine diese um-

---

[1]) Auch Paulsen macht den Mangel an passender Jugendlektüre im Lateinischen geltend.
[2]) a. a. O. S. 27.

schliefsende **wirklich humane, eine allseitige Menschenbildung** geben müssen. Wir haben die Pflicht, sie zwar zu idealer
Lebensauffassung zu erziehen, sie aber auch geschickt zu machen,
später den Anforderungen der modernen Zeit zu entsprechen. Unsere
Zeit kann keine blofsen Buchstabenmenschen brauchen, sie fordert
eine gewisse Regsamkeit und Gewandtheit des Geistes, sie verlangt
Männer mit offenen Sinnen, besonders mit offenem Auge und Ohr.
Zu diesem Ziele kann, neben tüchtiger körperlicher Ausbildung, neben
gründlicher Pflege der Muttersprache, der richtige Betrieb der andern
modernen Bildungsstoffe am Gymnasium die Schüler führen, und
gerade der Anfang mit dem Französischen würde hier ganz wesent-
liche Dienste leisten.[1]) Aber dem Streben nach blofser äufserlicher
Nützlichkeit gegenüber fühle ich mich eins mit Ihnen, wenn ich meinen
Vortrag schliefse mit den Worten A. Sperls in seinem Sang „Frithjof
Nansen":

> „Wer will fragen, was es nütze?
> In des Lebens Nacht herein
> Müssen doch die Sterne funkeln,
> Ideale müssen sein!"

Es wurde in die **Diskussion** über Prof. **Eidams** Vortrag eingetreten.

G.-Pr. Dr. **Vogel** (Fürth) gibt als Altphilologe seinem Erstaunen
darüber Ausdruck, dafs der klassischen Philologie ein Sündenregister
vorgehalten werde von einem Manne, der doch die Praxis nicht für
sich habe, und dann darüber, dafs von Eidam die **induktive
Methode** als das Allheilmittel auf den Schild erhoben werde,
während sie, das begünstigte Kind der materialistischen Zeit- und
Geistesströmung, jetzt doch fast schon wieder abgehaust habe. Mit
Recht sei man jetzt wieder zur Synthese zurückgekehrt.

Die Anlehnung des fremdsprachlichen Unterrichts an das Lesestück habe sich nach den Erfahrungen an den norddeutschen Anstalten
durchaus nicht bewährt. Die fremdsprachliche Lektüre erfordere und
fördere eben gegenüber dem Übersetzen in das fremde Idiom nur in
beschränktem Mafse die geistige Selbstthätigkeit des Schülers.

Im übrigen seien viele der von Prof. Eidam angeführten Thatsachen wohl begründet, z. B. die starke Belastung der Schüler in der
4. Klasse. Nach Eidams Vorschlag würden aber andere Klassen eher
noch mehr belastet. An den Anstalten, wo man schon jetzt, wie in der
Pfalz, bereits in der dritten Klasse mit dem Französischen beginne,
seien die Erfolge nicht günstiger. Und die norddeutschen Gymnasien
und Realgymnasien wiesen auch keineswegs glänzendere Ergebnisse auf.

„Dafs unsere Schüler mehr nach den Büchern als mündlich
unterrichtet werden, ist doch nicht auf den Eigensinn oder die Bequem-

---

[1]) Das Englische, das schon wegen seiner lautlichen Gestaltung und seiner
Orthographie als ganz ungeeignet zum Beginn des fremdsprachlichen Unterrichts
erscheint, soll wie bisher als Wahlfach von der 7. Klasse an gelehrt werden.

lichkeit der Lehrer zurückzuführen, sondern naturgemäfs in dem physiologischen Unterschiede des Auges und des Ohres begründet.
Das dem Auge Dargebotene haftet zu steter Reproduktion fest, das
nur Gesprochene entschwindet dem Ohre nur zu leicht. Darum ist
es schwieriger und zeitraubender, den Lehrstoff nur nach dem Gehör
zu üben."

Mit dem Latein vor dem Französischen zu beginnen, sei jedenfalls logischer als das umgekehrte Verfahren. Das Französische mit
seinem vereinfachten Formenschatze erfordere strengere logische Unterscheidungen, womit in den unteren Klassen, wo es vor allem darauf
ankomme, das empfängliche Gedächtnis zu stärken und zu üben,
noch weniger anzufangen sei. Darum schreite auch der französische
Unterricht, wenn er in der oberen Klasse beginne, doppelt so rasch
vorwärts als in den unteren. Das Lateinische sei eben seines nüchternen
Formalismus wegen geeigneter für die untere Unterrichtsstufe als das
Französische.

Auch in ethischer Beziehung, vom patriotischen Standpunkt
aus, sei die Sache nicht so ganz bedeutungslos. Für dasjenige Geistes-
gebiet, in dem die Jugend von Anfang an am gründlichsten unterrichtet werde, werde doch wohl eine gewisse Vorliebe verbleiben.
Der französischen Sprache und Literatur erscheine damit ein unbe-
rechtigter Vorrang eingeräumt.

„Und warum sollen wir für das Studium und die Erkenntnis
der Antike erst aus dem Französischen uns erholen, was wir direkt
haben können? Der Ideengehalt der antiken Literatur steht zum
mindesten dem der französischen in keiner Weise nach." (Lebhafter
Beifall).

Rektor Dr. Deuerling (Burghausen) erklärt, er sei mit vielen
Ausführungen Eidams im einzelnen einverstanden. Aber prinzipiell
müsse er ihm entgegentreten. Mit der Aufstellung theoretischer Gesetze werde nichts ausgerichtet; es komme allein auf die Erfahrung
an. Darum sei für ihn eine auf der Dezember-Konferenz zu Berlin
erfolgte Kundgebung des Geh. Oberschulrates Dr. Albrecht, des Leiters
des elsässisch-lothringischen Schulwesens, mafsgebend; in derselben
sei gesagt, dafs nach seiner Erfahrung an den Schulen, die mit dem
Unterrichte im Französischen beginnen, im Lateinischen und Griechischen wenig geleistet werde, während bei der umgekehrten Reihenfolge doch noch verhältnismäfsig Besseres im Französischen sich erzielen lasse.

Was dann die Äufserung von Direktor Schulze auf jener Konferenz anlange, wonach die Schüler einer Sexta fast alle, als man sie
fragte, es vorzogen, das Französische statt des Latein zu studieren,
so habe schon Dr. Kropatschek auf die dabei mitspielenden Einflüsse
der Grofsstadt hingewiesen. Und Kropatschek habe damals mit Recht
gesagt: „wenn Kinder so sprächen, sei es noch erklärlich; aber bedenklicher werde die Sache, wenn Erwachsene auch in so kindlicher
Weise schlössen."

Nicht zweifelhaft sei es ihm, daß das Lateinische alsbald auch
aus der 3. und 4. Klasse verschwinden würde, sobald es einmal aus
der 1. und 2. Klasse verbannt worden sei.   „Das humanistische Gymnasium ist aber auf dem lateinischen und griechischen Grund erbaut.
Daher müssen auch diese Sprachen den zentralen Mittelpunkt unseres
Unterrichtes bilden.   Die Vorzüge der lateinischen Sprache sind anerkannt auch von den Gegnern der klassischen Bildung.   Diese Vorzüge machen sie besonders geeignet, die Grundlage für jeden fremdsprachlichen Unterricht abzugeben.   Jedenfalls ist das Lateinische eine
viel geeignetere Vorbildung für das Französische als dieses für Latein
und Griechisch.“

Fremde Sprachen zu lernen, sei Sache der Übung. Es
gehöre Zeit dazu, und die beste Methode vermöge diese nicht zu ersetzen.   Nach Eidams Vorschlag müsse der lateinische und griechische
Unterricht notwendigerweise notleiden.   Und darum heiße es für ihn
in dieser Frage — trotz aller Anerkennung der Motive Eidams —
Principiis obsta! (Lebhafter Beifall).

Prof. Eidam will, nicht aus Unfähigkeit, sondern wegen der
vorgerückten Zeit, auf eine Widerlegung der Ausführungen der Vorredner nicht mehr eingehen.   Es finde sich wohl an anderer Stelle
Gelegenheit dazu.   Nur dagegen wolle er jetzt nochmals Einspruch
erheben, daß er das Lateinische und Griechische aus dem Gymnasium
verdrängen wolle.

G.-L. Dr. Knoll (München, Max-G.) fühlt sich verpflichtet, gegen
die Angriffe Professor Vogels auf die induktive Methode Einspruch zu
erheben.   Es könne keine Rede davon sein, daß sie abgehaust habe.
Sie habe sich im pädagogischen Seminar am Maxgymnasium, wo nach
dieser Methode unterricht werde, wohl bewährt.

Damit schloß die Diskussion über Prof. Eidams Vortrag.

II. Abteilung.

Rezensionen.

Die Mittelschulen im Grofsherzogtum Baden. Entwicklungsgang, Organisation, Lehrpläne, Leitung und Verwaltung derselben, aus amtlichen Quellen dargestellt von August Joos, Präsid. d. Grofsh. Bad. Verwaltungsgerichtshofes. Zweite, neu bearbeitete Ausgabe. Verlag von J. Lang, Karlsruhe und Tauberbischofsheim. 1898. 8°. XI. u. 535 S. Preis: 7 M.

Allenthalben in deutschen Landen hat das Schulwesen, besonders das Mittelschulwesen, humanistischer wie realistischer Richtung, in den 2 letzten Jahrzehnten eine beträchtliche Umgestaltung in fast allen Beziehungen erhalten; glücklicher Weise haben auch die Verhältnisse in der Stellung und Honorierung ihrer Lehrer wenigstens in einigen Staaten mit dieser Umwandlung zum Bessern in der Hauptsache ziemlich gleichen Schritt gehalten. Unser Bayern darf hiebei besonders rühmend genannt werden. Wieviel freilich in anderen Gebieten, darunter vor allem in Preufsen im Interesse der Kollegen noch zu wünschen übrig bleibt, ist aus der einschlägigen Literatur und den Verhandlungen der Landtagsversammlungen sattsam bekannt. Wenn auch heute noch manche Einzelfrage der Schuleinrichtungen und des Schulbetriebs im Flusse ist, so kann doch eine zusammenfassende Gesamtdarstellung des Unterrichtswesens eines Landes heute in geeigneterer und abschliefsenderer Weise geboten werden, als dies etwa noch vor 10 Jahren der Fall gewesen. Für Baden hat sich Joos neuerlich dieser Aufgabe unterzogen, nachdem seine erste 1882 erschienene Arbeit über die badischen Mittelschulen gänzlich veraltet ist. Schon vor 20 Jahren hatte er eine Sammlung der Gesetze und Verordnungen über Elementarunterricht, einschliefslich der höheren weiblichen Schulen, herausgegeben, 14 Jahre lang (von 1881--1895) war er Leiter und Direktor der badischen Oberschulbehörde gewesen und hat als solcher selbst einen weitgehenden Einflufs auf das Landesschulwesen geübt; sonach ist wohl der weitaus gröfste Teil der seit der ersten Auflage ergangenen Anordnungen auf diesem Gebiete gerade auf ihn zurückzuführen, ein Umstand, der begreiflicher Weise sein Urteil über manche derselben in diesem Buche beeinflufst hat. Abgesehen von diesen ganz wesentlichen Ergänzungen und Weiterführungen von 1881 bis 1898 hat das Buch aber auch noch die weitere dankenswerte Neuerung erfahren, dafs die eingehenden Darlegungen über die „Aufwandsbestreitung", darnach auch über die ganze wirtschaftliche Verwaltung der Mittel-

schulen manchen der betreffenden Einzelabschnitte einverleibt worden
sind, während sie in der früheren Ausgabe einem zweiten Teile des
Buches vorbehalten geblieben waren. Auch das „Mittelschulwesen für
die weibliche Jugend" ist diesesmal aufgenommen worden (S. 333—364);
leider aber fehlen noch immer Abschnitte über „Lehramt" und „Berechtigungen", die in einen späteren Ergänzungsband verwiesen werden.
Württemberg, vor allem auch Preufsen haben vor kurzem wieder neue
Lehramtsprüfungsordnungen erhalten, und es ist wohl zu erwarten,
dafs letztere für Baden hinwiederum zu neuen Änderungen Anlafs
geben werden; das mag die Verzögerung entschuldigen.

Es ist ein glückliches Zusammentreffen, dafs fast gleichzeitig mit
Joos ein anderer, durch 50jährige Praxis erprobter Schulmann und
Schulleiter, Oberschulrat Dr. Wendt, das badische Schulwesen, wenn
auch nach etwas anderen Zielpunkten, zum Gegenstande seiner Behand-
lung gemacht hat. Jedermann wird Wendts Darstellung in Baumeisters
„Handbuch" (Bd. I, erster Teil, S. 161—188) mit Interesse gelesen
haben, wenn darin auch manche seit 1895 sich ergebende Neuerung
nicht mehr berücksichtigt werden konnte. Im Zusammenhalte mit
der jüngsten Arbeit des hervorragenden Schulmanns („Reden aus der
Schule und für die Schule" 1899), die sich wie das pädagogische
Testament am Schlusse eines reichen Schullebens liest, erhalten jene
Darlegungen eine erhöhte Bedeutung.

Wir wollen zunächst in aller Kürze Inhalt und Gliederung des
Buchs von Joos skizzieren. Dem Ganzen sind zwei einleitende Abschnitte vorausgeschickt (S. 1—32) über Begriff und Arten der Mittelschule und deren Leitung und Beaufsichtigung. Hieraus wie aus den
einleitenden Bemerkungen zu späteren Abschnitten entnehmen wir,
dafs die völlige Neuorganisation der Realschulen, die Einführung der
Oberrealschule (1893) und gleichzeitig der Realprogymnasien, sodann
auch die modernsten Neuerungen, nämlich die staatliche Genehmigung
und die daraufhin erfolgte Errichtung des Mädchengymnasiums (1893)
und endlich des staatlich approbierten Einheits-(Reform)-Gymnasiums
(1896), beide letztere in der Landeshauptstadt, als die Hauptneueinrich-
tungen im bad. Schulwesen im Laufe der letzten 6 Jahre zu bezeichnen
sind. Der dritte, umfangreichste Abschnitt beschäftigt sich eingehend mit
den „einzelnen Arten von Mittelschulen" (S. 33—365): Gelehrtenschulen,
Realmittelschulen, Mittelschulen mit besonderer Einrichtung (Reform-
gymnasien und Realprogymnasien) und Mittelschulen für die weibliche
Jugend. Jeweils ist dabei ein historischer Rückblick vorangestellt,
woran sich die „Organisation, Lehrplan und Ordnung der Reifeprüfung"
und dann der besondere Teil über den Aufwand hiefür und seine
Deckung reiht. Den vierten Abschnitt (S. 365—400) bilden die
„mittelschulähnlichen Unterrichtsanstalten" — Bürgerschulen und Mäd-
chengymnasium. Daran reiht sich der Abschnitt über „Schul- und
Eintrittsgelder" und der inhaltsreichere über „Schulordnungen für die
Mittelschule" einschliefslich der „Gesundheitspolizeilichen Anordnungen".
Der siebente Abschnitt befafst sich mit dem „Verhältnis der Mittelschulen zu den Kirchen- und Religionsgemeinschaften"; den Schlufs

bilden „statistische Zusammenstellungen" aus dem Jahre 1896/97, von denen wir gleich hier bemerken wollen, dafs sie besonders für uns Katholiken als sehr interessant, leider aber nicht als sehr erfreulich bezeichnet werden können. Schade, dafs uns Joos nicht auch eine über eine Reihe von Jahren sich erstreckende Abiturientenstatistik geliefert hat, auf deren Bedeutsamkeit erst kürzlich wieder von verschiedenen Seiten hingewiesen wurde. So ist in dieser Hinsicht so ziemlich alles geboten, was man von dem Buche erwartet.

Seine Benützung ist überdies durch eine genaue „Übersicht des Inhalts" und ein verlässiges Register wesentlich erleichtert. Der Durchblick durch seine vielgestaltigen Kapitel gibt dem Berichterstatter, der selbst durch eine lange Reihe von Jahren im Schulberufe steht und auch mit der Schulverwaltung nach den verschiedenen Seiten hin sich vertraut zu machen hatte, zu gar mancherlei Betrachtung und zu manchen Bemerkungen Anlafs, von denen jedoch hier nur einige wenige vorgelegt werden sollen.

Im dritten Abschnitte hätte da, wo von den Progymnasien die Rede ist, wohl auch auf die entsprechende weitverbreitete bayerische Einrichtung hingewiesen werden können (S. 61); meinen Beifall findet die S. 85 aufgeführte Anordnung des „Runderlasses des Oberschulrats" (vom Jahre 1891), es sei empfehlenswert, dafs „auch in anderen als den deutschen Stunden dann und wann schriftliche Ausarbeitungen von den Schülern gefordert werden", eine so naheliegende und doch so selten beachtete Anregung, die auch bei uns in der Praxis viel mehr berücksichtigt werden könnte. Seltsam, weil eine Halbheit, bedünkt uns die Anordnung über die Aussprache des Lateinischen und des Griechischen (S. 89 ff.), wenn da z. B. gesagt ist, das c sei wie bisher nur vor a, o und u als k, ti aber stets wie t, nie wie z zu sprechen. Eine solche nicht einmal richtig gefafste Vorschrift zwingt uns wirklich ein Lächeln ab. Wie lange will man denn noch im Kapitel der altsprachlichen Orthoepie der von der Wissenschaft klar erkannten Wahrheit in der Praxis widerstreben? So haben wir voll Unmut schon vor mehr als 20 Jahren in einer eingehenden Besprechung des lehrreichen Buches über altsprachliche Orthoepie von Bouterwek und Tegge gefragt.[1] — Eine recht verwunderliche Anordnung finden

---

[1] S. Bd. XV. dies. Bl. (1879) S. 172 ff. Zwar ist in unseren lateinischen Grammatiken und Übungsbüchern in den letzten Jahren auch darin manches besser geworden und wird der Quantität der Vokale in Stamm- und Ableitungssilben u. s. f. auch vielfach in der Praxis mehr Augenmerk zugewendet, allein es herrscht im ganzen doch noch viel Willkür und buntes Durcheinander. Für viele scheinen die Schriften von W. Schmitz, Corssen, Ritschl, A. Spengel, Bücheler und das schöne Werk Em. Seelmanns über die Aussprache des Lateins umsonst geschrieben zu sein. Wir verweisen in diesem Punkte auf den kurzen, aber anregenden Vortrag von Dr. Alf. Sellmayr (Augsburg) auf der Dresdener Philologenversammlung (1897) und auf das Schulprogramm von Dr. Rich. Klotz (Treptow a. R. 1898), der aber auch, was die Aussprache des c vor a, o, u anlangt, auf halbem Wege stehen bleibt. Trotz der neuerlichen Vorbringungen von Dettweiler (Baumeisters Handb. III, 3, 69 ff.) halten wir es mit Schiler (Handb. 3. Aufl. S. 418 ff.), der gerade aus didaktischen Gründen die in der hergebrachten lat. Aussprache

wir S. 91 verzeichnet, wornach „an den häuslichen Fleifs in Sexta und
Quinta keine Anforderungen zu machen sind . . . und die Anleitungen
zu den in der Regel vorher in der Lehrstunde durchzusprechenden
Hausaufgaben derart zu geben sind, dafs der Schüler ohne zu lange
dauerndes Suchen die Lösungen finden mufs". Warum gibt man
ihnen diese nicht gleich lieber nach Hause schwarz auf weifs mit? —
Philosophische Propädeutik, eine Übersicht der alten Philosophie mit
inbegriffen, ist im Lehrplan der Gymnasien vorgesehen, eine bekanntlich
viel bestrittene Frage. Wie es angegangen wird, dafs am Schlusse
des ganzen Unterrichts auch noch „eine kurz gefafste Übersicht der
Wissenschaften (!) und der Methodologie des akademischen Studiums
(Hodegetik)" — bei je 1 Wochenstunde in Unter- und Oberprima! —
durchgenommen werden kann (S. 100), hätten wir gerne etwas näher
dargelegt gesehen. Auf Zeichenunterricht, der bis Tertia inklus. obligat
ist, und auf Gesang, dem am humanist. wie am Realgymnasium 12
sozusagen halbobligatorische Wochenstunden zugewiesen sind, wird
grofses Gewicht gelegt. Für die deutsche Literaturgeschichte ist Kluge
als zu eingehend ausdrücklich verpönt. Radikal wird im altsprachlichen Unterricht vorgegangen, wenn alle Übungsbücher zum Übersetzen aus dem Deutschen für mittlere und obere, bezw. für die oberen
Klassen strikte untersagt werden (S. 116); wie sich das mit der später
aufgeführten Forderung aus neuester Zeit verträgt, dafs „aller sprachlicher Unterricht nach wie vor die Aufgabe habe, eine gewisse Sicherheit in der Anwendung der Grammatik zu erzielen und zu erhalten"
(S. 122) ist mir etwas unklar geblieben. In Bezug auf die bis ins
Einzelnste gehenden Vorschriften über das Rechnungswesen beschränken wir uns auf die einzige Bemerkung, dafs es auch in Baden
in dieser Beziehung nicht „einfacher" gehalten wird als bei uns. In
dem Abschnitte über die Organisation der „Real-Mittelschulen" war
für uns besonders die Mitteilung von Interesse, dafs in Baden, wie
auch noch in ein paar anderen deutschen Staaten, die mit Recht so
viel angefochtene Zwischenprüfung nach der VI. Klasse an keiner
Anstalt mit mehr als 6 Jahreskursen eingeführt sei. Geradezu als
Ausnahmezustand gegenüber den klaren gesetzlichen Bestimmungen
mufs es bezeichnet werden, wenn in Baden die folgende Anordnung
Geltung hat: „Zum Zwecke des einjährigen Freiwilligendienstes kann
einem Schüler der Untersekunda, welcher am Schlusse des Schuljahres
nicht befördert werden konnte, nach Ablauf eines weiteren Semesters
ein Zeugnis der Reife erteilt werden" (S. 410). Man sieht daraus,
dafs man sich die Sache auch leicht machen kann. — Gewifs bestand
auch für Bayern keine Nötigung und die Prüfung würde je eher desto
besser abgeschafft werden, was wir auch an anderer Stelle schon zu
wiederholtenmalen als unsere feste Überzeugung betont haben. —
Gegen die von Joos beliebte Interpretation des für die Organisation
der Realschulen wichtigen Artikels 12 der landesherrlichen Verord-

noch immer unüberwindlich scheinende vis inertiae endlich beseitigt wissen will.
Es gehört zu den heitersten Erinnerungen meiner ersten Lehrerfahrungen, wie
mein „kikero" zu schanden wurde.

nung von 1893 (Qualität der zu den einzelnen Unterrichtsfächern zu verwendenden Lehrer) hat sich, meines Erachtens mit durchschlagenden Gründen, eine Stimme in den „Südwestdeutschen Schulblättern" (1898, N. 3 S. 80 ff.) erhoben. — In Bezug auf die Errichtung der Lehrstellen an den Realmittelschulen besteht auffälliger Weise in Baden seit 1884 ein Zwitterzustand; in den Städten mit besonderer Städteordnung hat die Gemeindeverwaltung noch ein wesentliches Mitbestimmungsrecht bei Ernennung der Lehrer; zur vollen Verstaatlichung ist man auch dort noch nicht vorgerückt, auch noch nicht zu dem glücklicherweise seit dem Vorjahre in Bayern geschaffenen Stadium der völligen Aufhebung der Präsentationsrechte der Gemeinden, für welche allerdings, was anscheinend nicht überall gewürdigt wird, die Allgemeinheit recht namhafte Opfer gebracht hat. Eine sehr schleppende und für die Schule sicherlich nicht sehr bequeme Einrichtung bildet der zur Mitwirkung bei der Beaufsichtigung und Leitung der Gelehrtenwie der Realmittelschulen bestimmte „Beirat" (S. 69 u. 214 ff.).

Hier ist die Stelle, um auch auf das „Mädchenbildungswesen" in Baden einen Blick zu werfen. Eigentümlicher Weise können daselbst nämlich an den weniger als 6 Jahreskurse umfassenden (lateinlosen) „Höheren Bürgerschulen" auch Mädchen zum Unterrichte neben den Knaben zugelassen werden; damit haben wir also die Unterstufe gewissermafsen für die „Höhere Mädchenschule", die weiter durch besondere Verordnung vom Jahre 1892 neu organisiert wurde, als eigentliche „Mittelschule mit siebenjährigem Lehrkurs" (S. 333 ff.), wozu dann noch die Spezialität des „Mädchengymnasiums" kommt (S. 375 ff.). Die einzige zur Zeit bestehende derartige Schule des Landes wurde 1893 als staatlich genehmigte Privatlehranstalt in Karlsruhe vom Verein „Frauenbildungs-Reform" ins Leben gerufen. Ihre Zöglinge können nach 6jährigem Besuche zur Extranerprüfung eines Gymnasiums zugelassen werden, zum erstenmale also 1899. Wir widerstehen der Versuchung, deren wundersamen Lehrplan hier näher zu untersuchen und zu beleuchten; man lese nur das über die „Übergangsklasse" in J.'s Buch Enthaltene (S. 380 ff.)! Seit dem Vorjahre hat die Stadt Karlsruhe die Schule unter ihre unmittelbare Pflege und Obhut genommen, die wegen Mängel in ihrer Organisation und unzureichender Mittel vor ihrem Ende stand. Auch Joos vermag sich von Bedenken gegenüber derartigen Einrichtungen nicht ganz frei zu halten.[1] — Unter den „Mittelschulen mit besonderer Einrichtung"

---

[1] Damit sind die gleissenden Hoffnungen, welche Ottilie von Bistram auf dem „Internationalen Kongresse für Frauenwerke und Frauenbestrebungen" in Berlin (1896) an diese Schöpfung knüpfte, jämmerlich zu nichte geworden. Man mufs diese Verhandlungen überhaupt lesen — auch die Vorträge der Französinnen, Russinnen und Amerikanerinnen — um einen vollen Einblick in die letzten Ziele dieser Frauenbewegung zu erhalten. — Eine dankbare und zeitgemäfse Aufgabe wäre es, einmal in diesen Blättern den neueren Entwicklungsgang der „Frauenbildungsfrage", soweit sie auf Mittel- und Hochschulen Bezug hat, vorzuführen. Die parlamentarischen Verhandlungen und die reichlichen Proferzeugnisse gerade der letzten Jahre bieten einen ausgiebigen, lehrreichen Stoff, wenn auch die Signatur der letzteren nicht gerade immer sehr tiefe Sachkenntnis und klare Ziel-

interessiert uns natürlich besonders die „Einheitsschule" („Reform-gymnasium") in Karlsruhe (S. 322 ff.), deren Entstehungsgeschichte vom Jahre 1890 ab genauer mitgeteilt wird. Die Schule, aus der mit Beginn des Schuljahres 1896/97 vollzogenen Umwandlung des Real-gymnasiums hervorgegangen, steht zwar unter staatlicher Leitung, aber die Stadtgemeinde ist an der Verwaltung und Leitung derselben ebenso beteiligt wie bei den Realmittelschulen; die erste Reifeprüfung findet 1906 statt; die Benennung „Reformgymnasium" ist staatlichseits bis jetzt nicht approbiert. Das Weitere ist allgemein bekannt, ebenso die Thatsache, dafs man zur vollen Würdigung dieses Schulorganismus nicht blofs seinen dermaligen Leiter und dessen Freunde, sondern auch die Beurteilung seitens eines Mannes wie es der gewifs in Schulsachen vollvertraute Direktor Dr. Uhlig ist, hören mufs. — Das Vorrückungs-wesen weicht an den badischen Mittelschulen von dem unsrigen nicht unnamhaft ab; man hat dort noch öffentliche Prüfungen, selbst für Oberprima, eine Gesamtlokation bis Obersekunda, auch die Nachprüfung ist noch geduldet; die graduelle Wichtigkeit der Fächer wird durch die Zahl der zugewiesenen Wochenstunden ausgedrückt; darnach steht die deutsche Sprache ziemlich tief in der Bewertung! — Als mehr denn sehr milde mufs die Praxis bezeichnet werden, wornach ein Schüler auch ein drittes Jahr in derselben Klasse absitzen kann, wenn er die An-stalt wechselt; weiter, dafs ein Repetent nach Umflufs eines Semesters sich wieder einem allerdings „unnachsichtlich strengen Examen" be-hufs Vorrückung in die nächst höhere Klasse unterziehen darf. — Die Karzerstrafe, nur bei Schülern der 3 oberen Klassen anwendbar, kann bis auf 3 Tage ausgedehnt werden (S. 416) und ihr Vollzug ist, was wir zum Troste mancher Kollegen anzufügen nicht unterlassen wollen, durch den Direktor zu überwachen. — Eine sehr verständige Bestimmung enthält das bad. Polizeistrafgesetzbuch dahin, dafs Wirte mit Geldstrafe belegt werden, wenn sie Schülern gegen bestehende Verordnung den Besuch ihrer Wirtshäuser gestatten. — Mit den „gesundheitspolizeilichen Anordnungen" (S. 458 ff.), wird man sich wohl einverstanden erklären können; eine andere Frage ist nur, ob sie alle durchgeführt werden; jedenfalls benötigt man dazu, besonders für gröfsere Anstalten mehr Mittel und auch mehr Personal als gemeiniglich zur Verfügung steht. Sehr vorteilhaft wirkt in dieser Beziehung der Umstand, dafs von sämtlichen human. Gymnasien Badens nur 3 über 500 Schüler haben, während bei den meisten die Frequenz sich zwischen 150—300 bewegt. Ein am Studienorte wohnender Arzt gehört jeweils auf 6 Jahre dem „Beirat der Gelehrten- wie der Real-mittelschulen" an. Eigene Schulärzte kennt man nicht. — Damit schliefsen wir unsere ohnehin schon etwas ausgiebiger gewordenen Bemerkungen aus und zu dem Buche, dem wir einen grofsen Leser-

---

bewufstheit ist. Wenn man gegen das Frauenstudium und andere Frauenbestre-bungen seine begründeten Einwendungen-erhebt, so braucht man dagegen nicht sogleich den Vorwurf von „männlichem Egoismus" zu erheben, wie es z. B. auch Dr. K. B. Lehmann am Schlusse seiner Artikel „Das Frauenstudium" (Beil. zur Allg. Zeitg. No. 141 u. 142, 1898) nicht unterlassen konnte.

kreis wünschen möchten. Schade, dafs der hohe Preis desselben hiegegen ein Hindernis bilden wird.

Eichstätt.   Dr. Georg Orterer.

———

Schulausgaben pädagogischer Klassiker. Herausgegeben von Dr. Theodor Tupetz. Prag, Wien und Leipzig, Tempsky
und Freytag. 1896.

Heft 3: Chr. G. Salzmann, Krebsbüchlein.

Als Pfarrer in Erfurt verfafste Salzmann, um die Erziehung und
den Unterricht zu verbessern, pädagogische Schriften, meist in der
Form von Erzählungen. Diese Thätigkeit verschaffte ihm einen Ruf
an das Philanthropin in Dessau als Religionslehrer (1781). Hier lernte
er Basedow und dessen System kennen. Drei Jahre später gründete
er eine eigene Erziehungsanstalt nach eigenen Grundsätzen in Schnepfen-
thal bei Gotha. Sein erster Schüler war der berühmte Geograph Karl
Ritter. Das meist gelesene Werkchen Salzmanns ist sein „Krebsbüchlein" oder „Anweisung zu einer unvernünftigen Erziehung der
Kinder". In der Vorrede sagt er: „Es soll eine Schutz- und Bitt-
schrift für die armen, wehrlosen Kinder sein, deren viele durch die
Unwissenheit und Unvorsichtigkeit der Eltern um ihre vergnügten
Stunden, um Tugend, Gesundheit und Leben gebracht werden." An
einzelnen aus dem Leben gegriffenen Beispielen wird die Verkehrtheit
der Kindererziehung mit ihren schlimmen Folgen gekennzeichnet und
damit zugleich das richtige Verfahren eindringlich, unter der erschüttern-
den Wirkung des Gegensatzes ans Herz gelegt. Grofse Menschenkenntnis, feine Beobachtung des Lebens, ein richtiger Blick für das
Echte und Wahre sowie eine charakteristische und lebensvolle Darstellung des Einzelnen zeichnen das Schriftchen vorteilhaft aus. Eltern
können vieles daraus lernen.

Heft 4: J. G. Pestalozzi, Wie Gertrud ihre Kinder lehrt!

Nach dem Titel des Buches erwartet man die Kindererziehung
einer tüchtigen Mutter, wie jene bekannte Gertrud in dem Volksbuche
„Lienhard und Gertrud"; allein wir bekommen die Ansichten und
Grundsätze Pestalozzis selbst über Erziehung und Unterricht zu hören.
Diese werden uns jedoch nicht in systematisch-wissenschaftlichem
Zusammenhang vorgeführt, sondern ziemlich zusammenhangslos in
14 Briefen mitgeteilt. Aber dafür treten die Ansichten über Erziehung
und Unterricht in vielseitiger Anwendung hervor, je nachdem in den
Briefen die Gegenstände und die verschieden gearteten Persönlichkeiten wechseln. Einen weiteren Vorteil gewährt die Briefform durch
die Subjektivität der Darstellung, indem der Charakter des Schreibenden, das gesamte Denken und Empfinden des genialen und gemüts-
tiefen Mannes, seine Freuden und Leiden, seine Bescheidenheit und
sein unerschütterliches Selbstvertrauen sich in der mannigfachsten
Beleuchtung zeigt.

30*

Ein unwiderstehlicher innerer Drang begeistert ihn, für die Allgemeinheit zu wirken, für das Wohl des Volkes zu arbeiten. Trotz aller Mißerfolge, trotz Verkennung und Verhöhnung folgt er diesem kräftigen Zuge seines Herzens. Diesen Trieb nennt er (p. 144) in Übereinstimmung mit einem verehrten Freunde „einen unbedingten Ausspruch der göttlichen Stimme im Innern, in deren Vernehmen und Befolgen der einzige Adel der menschlichen Natur liegt". Mit diesem Zuge des Herzens vereinigt sich eine geniale Begabung für die Erkenntnis dessen, was not thut, um die Erziehung und den Unterricht des Volkes zu heben, sowie ein intuitives Erfassen der naturgemäſsen Ziele und Methoden des Unterrichtes, die er mit unermüdlichem Eifer im einzelnen zu begründen und auf ihre höchste Einfachheit zurückzuführen strebte. Diese grundlegenden, einfachsten Formen der Lehrmethode suchte er in den Gesetzen der psychologischen Entwicklung des Menschen zu finden. Die Gesetze des psycho-physischen Wachstums gaben ihm auch die Gesetze der kunstmäſsigen Förderung dieser Entwicklung.

Einige ausgehobene Sätze sollen dieses Streben und diese Methode illustrieren: Ich stieſs alle Augenblicke auf Thatsachen, die das Dasein der physisch-mechanischen Gesetze, nach welchen unser Geist alle äuſseren Eindrücke leichter oder schwerer aufnimmt und behält, bescheinen. p. 35. „Aller Unterricht des Menschen ist nichts anderes als die Kunst, diesem Haschen der Natur nach ihrer eigenen Entwicklung Handbietung zu leisten." p. 36. „Es kommt alles auf die Psychologie der Lehrform an." p. 44. „Er sah, daſs der Grundsatz, beim Leichtesten anzufangen und dieses, ehe man weitergeht, zur Vollkommenheit zu bringen . . . bei den Kindern ein Selbstgefühl und ein Bewuſstsein von Kräften hervorbringe." p. 57. „Der Mechanismus der sinnlichen Menschennatur ist in seinem Wesen den nämlichen Gesetzen unterworfen, durch welche die physische Natur allgemein ihre Kräfte entfaltet. Nach diesen Gesetzen soll aller Unterricht das Wesentlichste seines Erkenntnisfaches unerschütterlich tief in das Wesen des menschlichen Geistes eingraben." p. 78. „Alle unsere Erkenntnis geht aus von Zahl, Form und Wort." p. 84. „Zahl, Form und Sprache sind also die Elementarmittel des Unterrichts". p. 85. „Die Anschauung ist das Fundament aller Kenntnisse". p. 99. „Das ABC der Anschauung ist das Fundament des Messens, Schreibens und Zeichnens". p. 118. Er verlangt „lückenlose Stufenfolge aller Entwicklungsmittel" des menschlichen Geistes. p. 138.

Die groſse pädagogische Kraft Pestalozzis zeigt sich auch in den scheinbaren Kleinigkeiten des Elementarunterrichts, denen durch die methodische Behandlung Pestalozzis eine fundamentale und wesentliche Bedeutung gegeben wird.

Würzburg.   N u s s e r.

Johann Peter Uz. Zum 100. Todestage des Dichters. Von
Dr. Erich Petzet. Ansbach. Druck und Verlag von Brügel und
Sohn. 1896.[1])

Am 12. Mai 1896 jährte sich zum 100. Male der Todestag des
fränkischen Poeten Johann Peter Uz. Bei dieser Gelegenheit hat Erich
Petzet das kleine Buch veröffentlicht, dessen Titel wir oben vorangestellt haben. Der Zusatz „Zum 100. Todestage" charakterisiert dasselbe als eine Festschrift, und Festschriften erwecken leicht den Verdacht panegyrischer Tendenz. .Wer die vorliegende Arbeit in die
Hand nimmt, wird sich nach dieser Seite auf das angenehmste enttäuscht sehen. Sie ist nicht ausschliefslich für den Kreis der Literarhistoriker von Fach bestimmt, aber durchaus wissenschaftlich gehalten,
eine objektive, von gründlicher Sachkenntnis und sicherem Urteil ge-
tragene Würdigung des Dichters, dessen Leben und Werke sie behandelt.
Bibliographische Nachweise sind mit Rücksicht auf die Lesbarkeit des
Buches möglichst vermieden; Verfasser konnte hier, wie er es in dem
Vorworte thut, auf die in M. Kochs „Zeitschrift für vergleichende
Litteraturgeschichte" von ihm früher veröffentlichten einschlägigen
Arbeiten hinweisen. Beigegeben ist dem Buche ein Porträt von Uz,
das nach dem besten vorhandenen Bild, einem Stich von Banse, her-
gestellt ist.

Das Schriftchen behandelt in 5 Abschnitten zunächst den einfachen Lebensgang des Dichters, sodann seine Anakreontik, an 3. Stelle
den „Sieg des Liebesgottes" und die ästhetischen Briefe, darauf die
Odenpoesie, endlich die didaktischen und religiösen Dichtungen und
als Anhang zu diesem letzten Teile die Nachwirkungen vor allem von
Uzens philosophischer Lyrik, namentlich bei Schiller. Uz hat seine
dichterische Laufbahn mit einer Übersetzung Anakreons begonnen, mit
der Ausgabe des Ansbachischen Gesangbuches beschlossen. Damit ist
Zeit und Ausgangspunkt seiner Entwicklung gegeben. Die einzelnen
Stufen derselben werden nicht nur äufserlich sondern auch dem Wesen
nach durch die verschiedenen Ausgaben seiner Gedichte bezeichnet.
Die 2 ersten Bücher der „lyrischen Gedichte" (1749) enthalten fast
nur Anakreontisches; die 2 neuen in der Ausgabe von 1755 zeigen
ihn als philosophischen Odendichter; was 1768 neu erschien und den
Abschlufs seines poetischen Schaffens bezeichnet, ist wesentlich patriotischen und religiösen Inhalts. Von den 2 gröfseren Gedichten,
die dazwischen einzeln erschienen, trägt der „Sieg des Liebesgottes"
(1753) noch den Charakter von Uzens anakreontischer Richtung, der
„Versuch über die Kunst stets fröhlich zu seyn" (1760) weist schon
auf die Entwicklungsstufe der Spätzeit hin. Uzens Dichtung ist nicht
bahnbrechend, aber typisch für die Zeit; sie wächst aus Richtungen
des herrschenden Geschmackes hervor, ist aber nicht ohne Individualität.
Er ist keine grofse Persönlichkeit, weifs aber geschmackvoll und fein-
fühlig im Neuen das Gute zu erkennen und zu erfassen, unbeirrt fest-

---

[1]) Wir bedauern, dafs Raummangel den früheren Abdruck der nachfolgenden Besprechung verhinderte. (Die Red.).

zuhalten und selbständig weiterzubilden. So hat er zu der Entwicklung
unserer Literatur im 18. Jahrhundert nach seinen Kräften beigetragen.
Geboren zu Ansbach am 3. Oktober 1720, erhielt Johann Peter
nach dem frühen Tode seines Vaters, eines wohlhabenden Goldschmiedes,
durch die einsichtsvolle und thätige Mutter eine vortreffliche Erziehung.
Im Frühjahr 1739 bezog er die Universität Halle, um Jurisprudenz
zu studieren. Seine früh schon erwachten literarischen Neigungen
fanden dort reiche Nahrung in einem fleifsigen Studium der alten
Dichter und im Umgang mit gleichgesinnten Freunden. Ein Zufall
hatte ihn in der Rengerschen Buchhandlung mit Gleim zusammenge-
führt, der seit 1738 in Halle studierte und bald Freundschaft mit ihm
schlofs, und gemeinsame Interessen gaben den Grund zu dem intimen
Anschlufs beider an den älteren Rudnick aus Danzig und den Theologen Götz aus Worms. In gegenseitiger Anregung lasen sie die
neuesten Erscheinungen auf dem Gebiete der Literatur, mit ebensoviel
Eifer aber auch die Griechen und Römer und versuchten sich in
Übersetzungen vor allem aus Pindar und Anakreon. Von den Neueren
wurden ihre Vorbilder zu eigenem Schaffen Pyra und Hagedorn. Die
erste Lücke rifs in den Freundeskreis der Tod Rudnicks (der literarische
Nachlafs desselben, dessen Verlust Petzet konstatiert, befindet sich im
Gleimschen Familienarchiv zu Halberstadt); dann siedelte 1741 Gleim
nach Berlin über, zwischen Uz und Götz aber trat allmählich eine
Entfremdung ein, die sich auf Uzens Seite zum unversöhnlichen Groll
steigerte, als Götz 1746 ohne sein Wissen und sehr gegen seinen
Willen die gemeinsame Anakreonübersetzung eigenmächtig herausgab.
Uzens Pläne, Gleim nach Berlin zu folgen, scheiterten an dem Widerstand seiner sparsamen Mutter, der Sommer 1743, den er gegen ihren
Willen in Leipzig verbrachte, war eine trübe Zeit der Vereinsamung
für ihn, und im August 1743 kehrte er, nicht ganz freiwillig, nach
Ansbach zurück. Mit der Mutter und den 2 Schwestern führte er dort
zunächst ein behagliches Stilleben, seinen poetischen Neigungen hin-
gegeben, immer in eifrigem Briefwechsel mit Gleim, durch den er
in der Kleinstadt seine geistige Nahrung bezog. 1748 wurde er un-
besoldeter Justizsekretär. 1749 veröffentlichte er anonym seine erste
Gedichtsammlung, die im ganzen günstig aufgenommen wurde. Nur
zweimal hat er Ansbach noch vorübergehend verlassen. 1751 begleitete
er einen jungen Herrn auf das Carolinum in Braunschweig und schlofs
bei dem kurzen Besuche daselbst mit den Bremer Beiträgern Ebert
und Gärtner Freundschaft; 1752 ging er als Sekretär des Ansbachschen
Gesandten mit einer kaiserlichen Kommission, die Erbschaftsstreitig-
keiten zwischen Sachsen-Meiningen und Sachsen-Koburg zu schlichten
hatte, nach Römhild in Thüringen, wo seine Thätigkeit ihn bis Oktober 1753 zurückhielt. Es war die glücklichste Zeit seines Lebens.
Die anmutige Landschaft entzückte ihn, in dem Advokaten Grötzner
fand er einen gleichgesinnten Freund mit literarischen Interessen, und
zu Grötzners Schwester fühlte er sich in aufrichtiger Neigung hinge-
zogen. Seine Liebe blieb indes unerwidert; sie heiratete 1756 den
Koburger Gruner, und Uz war ein viel zu behaglicher Junggeselle, um

sich über unerwiderte Gefühle lange zu grämen. Manches zierliche
Verschen verdankt aber dieser Liebe des Dichters seine Entstehung.
Es sind Tändeleien ohne große Leidenschaft, und wo einmal nach
seinen eigenen Worten „das Herz durch und durch geredet hat", da
läßt er das einzige Gelegenheitsgedicht in Goetheschem Sinn, das ihm
gelungen ist, unausgefeilt liegen, weil er den Mut noch nicht hat, seine
eigenen Stimmungen und Erlebnisse dem Publikum als solche vorzulegen. Relativ am offensten hat er das in den „Briefen" gethan, die
aus dieser Zeit stammen. Nach 1753 hat Uz Ansbach nicht mehr
verlassen und hat nie geheiratet.

Obwohl zu allen Zeiten ein Muster kleinstädtisch behaglicher,
korrekter Lebenführung, kam er doch durch seine dem schwächlich
lüsternen Zeitgeschmack angepaßten, schlüpfrigen Liebesgedichte in den
Ruf eines sittenverderbenden Don Juan, der das Einschreiten der Geist-
lichkeit gegen sein Unwesen verdiene. Im „Sieg des Liebesgottes" (1753)
hatte er nämlich die Vertreter der „Mizraimischen Dichtung", die Nachahmer Klopstocks, verspottet und damit die schweizerischen Vertreter
der religiösen Poesie herausgefordert. Dieselben erwiderten mit höchst
unedelen Angriffen nicht nur auf seinen poetischen, sondern auch auf
seinen moralischen Charakter. Der junge Wieland war in diesem
Feldzug der Bannerträger der Schweizer. Uz konnte auf diese Angriffe nicht schweigen und kämpfte nun, von Lessing, Nicolai u. a.
unterstützt, eine literarische Fehde durch, die ihm jahrelang viel
Verdruß, zuletzt aber die Genugthuung eines vollkommenen Sieges
bereitete. Mit Wieland hat er sich später, nach dessen Wandlung,
rückhaltlos ausgesöhnt. Die Ausgabe der Gedichte von 1756 zeigt
Uz auf der Höhe seines poetischen Schaffens. In den 60er Jahren
begann die sich mehrende Last der Amtsgeschäfte ihn allmählich
seiner Muse zu entfremden; 1763 wurde er Assessor des kaiserlichen
Landgerichtes des Burggrafentums Nürnberg und gemeinschaftlicher
Rat der Markgrafen von Ansbach und Kulmbach. Die Ausgabe seiner
„poetischen Werke" (1768) bezeichnet den Abschluß der dichterischen
Laufbahn, die er mit klarer Selbsterkenntnis in dem Augenblicke verließ, wo er nichts Neues mehr zu sagen hatte. Der Geniezeit stand
er verständnislos gegenüber, aber er spielt nicht die klägliche, würde-
lose Rolle, wie der geschwätzige Vielschreiber Gleim. Mit der literarischen Welt blieb er auch nach 1768 durch seine Beziehungen zu
Gleim, Weiße u. a. in Verbindung. In Ansbach selbst hatte er sich
einen Freundeskreis geschaffen, dessen belebendes Element seit 1754
der junge Freiherr von Cronegk gewesen war; der Tod desselben,
1758, war für Uz ein harter Schlag. Um so fester hielt der Verkehr
mit dem Hofkammerrat Hirsch und dem späteren Generalsuperintendenten Junckheim. Aus der gemeinsamen Horazlektüre, zu der diese
3 Freunde im Haus des gastlichen Hirsch jeden Mittwoch Abend zu-
sammenkamen, erwuchs ihre Prosaübersetzung des römischen Dichters,
die 1773—1775 erschien. Der Samstag Nachmittag vereinigte regelmäßig eine größere Herrengesellschaft bei dem freundlichen Hirsch,
der bei einer Pfeife Tabak und einer Flasche Wein den angeregten

Kreis behaglich zusammenzuhalten verstand. Des Dichters eigenes
einfaches Hauswesen besorgte, nachdem die ältere Schwester und
(1779) auch die Mutter gestorben war, die jüngere Esther Sophia allein.
Im Gärtchen wurden Blumen gezüchtet, und Musik verschönte das gleichmäfsig und ruhig sich abspinnende Leben. Dem Hofe des Markgrafen,
der ihn mit seiner Maitressenwirtschaft anwiderte, blieb Uz fern, und
erst 1770 erfuhr Karl Alexander in Rom durch den Papst Clemens XIV.
(Ganganelli), der einige Poesien von Uz in italienischer Übersetzung
kannte, dafs er in seiner Residenz einen so berühmten Dichter als
Unterthan habe. Von da an erwies der Fürst dem für äufsere Ehren
wenig empfänglichen Uz wiederholt sein Wohlwollen. 1790 wurde er
zum burggräflichen Direktor und Geheimrat, und nachdem 1791 der
Markgraf seine Länder an Preufsen abgetreten hatte, 1796 zum
preufsischen Geheimen Justizrat ernannt. · Das Patent erreichte ihn
indes nur wenige Stunden vor seinem Tode, der am 12. Mai 1796
erfolgte. Das ist in kurzen Zügen das einfache Lebensbild des liebens-
würdigen Dichters. Die Biographie, wie Petzet sie gibt, ist das Beste
und Vollständigste, was über den Gegenstand existiert, und darf als
abschliefsend gelten. Die Bedeutung seines Buches liegt indes weniger
in diesem Teil als in den folgenden Abschnitten, die die literarhistorische Würdigung des Dichters enthalten.

Uz wird meistens in einer Linie mit dem Schwarm der Anakreontiker genannt, die unselbständig Gleims „Versuch in scherzhaften
Liedern" nachahmten und reimlos, scherzhaft um jeden Preis und verliebt
Gedichte machten wie ein Nürnberger Fabrikant Stecknadeln. Petzet
weist nach, dafs dies ungerecht ist. Abgesehen von seinem Anteil an Götz'
Anakreonübersetzung und von der 1743 erschienenen, metrisch interessanten Frühlingsode ist von Uz kein reimloses Gedicht erhalten;
er macht also die Mode der flachen, endlos plaudernden Verslein
nicht mit. Im Gegenteil — ihn ekelt vor einer Poesie, die so nüchtern
blickt, als tränke sie Wasser, und dabei jauchzt, als ob sie von Wein
glühe, die tändeln und witzig sein will und gähnende Langeweile erregt, die mit rauhem Munde die süfsen Klagen der Venus zu singen
sich unterfängt. Wohl entlehnte auch er Technik, Stimmung und
Vorwurf vielfach von der Anakreontik, aber ihm war der Ton dieser
Lieder angemessen, weil er selbst eine weinfreudige Natur war, weil
er wie Hagedorn diesen Vorstellungskreis sich innerlich zu eigen gemacht hatte, und weil er ein Gefühl für Rhythmus und Form wie
wenige der gleichzeitigen Dichter besafs. Geniefset die Liebe und
den Wein, so lange ihr's könnt! — das ist der Grundton seiner Anakreontik. Neben Anakreon und Horaz schweben ihm als Muster Marot,
Chaulieu und Lafontaine vor, dessen lüsterne contes er mit Vorliebe
las. Daher und aus Hagedorns Dichtungen stammt das sinnlich frivole
Element bei ihm, das seinem eigenen Wesen durchaus fremd war.
Neben diesen französischen Einflüssen sind die der modischen Schäfer-
poesie oft fühlbar, vor allem in dem Bilderkreis, wo Mädchen nur als
Nymphen, Wangen als rosenvoll, Busen als Lilienhügel bezeichnet werden
und ausser Lorbeer und Myrthe keine Pflanzen zu existieren scheinen.

Aus der Anakreontik ist „der Sieg des Liebesgottes" hervor-
gewachsen, ein komisches Epos, das nach dem Vorbild von Popes
„Lockenraub" gearbeitet ist, aber in manchen Punkten die Vorlage
recht selbständig weiterbildet. Uz will nicht wie jener ein „komisches
Epos" schreiben, sonderu ein „uzisches Gedicht von der komischen
und satirischen Gattung"; er will „die Deutschen wegen gewisser
thörichter Sitten und wegen ihres verderbten Geschmackes verspotten".
Die Handlung, eine kokette Liebesgeschichte im Roccoccogeschmack, ist
dem</entsprechend dürftig; stark treten Episoden und satirische Exkurse
hervor. Der Stoffkreis sowie manche Einzelheit erinnert deutlich an die
Vorbilder, aber andererseits macht sich wohlthuend ein Streben nach
Vereinfachung geltend. Der Götterapparat ist verringert, die Parodie
des epischen Stiles gemäfsigt, Abschweifungen und Gleichnisse sind
gekürzt, die leichte Anmut der Schilderung erinnert an Uzens Anakreontik, die ganze Darstellung ist daher leichter und beweglicher als
bei Pope, wie auch der zum Roccoccocharakter des Ganzen trefflich
passende Alexandriner von Uz fliefsend und zierlich gehandhabt ist.
Der Kernpunkt ist die im ganzen recht harmlose Satire, die sich hauptsächlich gegen die modische Nachäffung der Franzosen in Tracht und
Sitte wendet. Auch die literarische Satire ist mit Geschick und nicht
ohne Witz gehandhabt. Der Dichter Cleanth, der ohne Handlung und
Helden mit Hilfe einer cherubinischen Vision aus 8 Beschreibungen,
mit ein paar Anleihen bei Milton und einem Seesturm aus Vergil sein
Epos schaffen will, „einen Patriarchen vielleicht", ist getreue Caricatur
Bodmers und seines Noah. Schärfer noch als im „Sieg des Liebesgottes" ist die Polemik gegen die Schweizer in den ästhetischen Briefen,
die in dem beliebten genre mêlé 1753—1755 in Römhild und Ansbach entstanden sind. Bezeichnend ist für Uz, um nur einen Punkt
aus Petzets Ausführungen hier hervorzuheben, die Verständnislosig-
keit, womit er dem Schwung und der Tiefe Klopstocks gegenüber-
stand, den er mit seinen Epigonen und schwachen Nachahmern fast
identifiziert.

Wenn die Schweizer auch nach der Ausgabe der Uzischen Gedichte von 1755 noch den Anakreontiker, den sittenverderbenden Don
Juan, angriffen, so konnte demgegenüber Uz mit Nachdruck darauf
hinweisen, dafs der bedeutendere Teil seiner Gedichte gar nicht der
Anakreontik, sondern der ernsten Odendichtung angehöre, und ihr
verdankte er, wie Petzet aus dem Urteil der Zeitgenossen nachweist,
in der That vor allem seinen Ruhm; gerade als Odendichter rühmen
ihn Lessing, Herder u. a. Das Vorbild für Uz war hier Horaz. Aber
er ist es in ganz anderem Sinne als etwa für Ramler. Während Uz
den Gehalt des Horaz und das Pathos seiner Sprache in der eigenen
Dichtung verwertete, schlofs Ramler sich engherzig an die Technik
des Römers an und führte nach einem bestimmten Rezepte, mit unermüdlicher Feile, in reimlosen Versen und womöglich antikem Versmafs, seine Oden aus. Uz nahm zu dem Römer mehr die freie
Stellung Hagedorns ein, dem er auch die Beweglichkeit der Sprache
und Leichtigkeit des Versbaus abgelernt hatte. Im eigenen Strophen-

bau erscheint er zwar noch als Suchender, und oft ist derselbe durch
die widersprechende Verschiedenartigkeit der zusammengestellten Verse
noch zu unruhig, aber selten schwerfällig. Der Satzbau der Oden ist
gleichweit von Schwulst wie nackter Prosa entfernt, und so durfte
Herder mit Recht urteilen, dafs Uz der einzige unter seinen Zeitgenossen sei, der soviel Weisheit mit soviel Schwung sagen könne.
Direkte Entlehnungen aus Horaz finden sich bei Uz wie bei allen
gleichzeitigen Odendichtern; er folgte eben hier einer Zeitströmung;
Petzet weist z. B. auf die Variation hin, die Horazens „Si fractus
illabatur orbis, Impavidum ferient ruinae" bei Hagedorn, Gellert und
Uz gefunden hat. In der Ausführung der Oden tritt mit dem überlieferten historischen, mythologischen, allegorischen Bilderschmuck oft
blofse Rhetorik an die Stelle des innerlich Geschauten und Empfundenen. Wenn die Stoffe und Gedanken vielfach an Horaz erinnern,
so weist Petzet zwar einerseits auf die Verwandtschaft der Anschauungen bei beiden hin, zeigt aber andererseits auch an mehr als einem
Beispiel direkte Entlehnungen von ausgesprochen römischem Gepräge,
die sich dem deutschen Charakter der Gedichte nicht anpassen wollen.
Neben den Oden, die in echt horazischer Weise den heiteren Lebens-
genufs in der Stille ländlicher Natur feiern, die freudenarme Üppig-
keit des Reichen dem anspruchslosen Glück des Landmanns gegenüberstellen, neben der Mahnung, den Augenblick zu geniefsen und
die Fügungen des Schicksals mit Gleichmut zu ertragen, „den leichten
Rauch der falschen Ehre" zu verachten, stehen Oden, die in patriotischem Zorn den Verfall der heimischen Sitten, die Schmach der
französischen Übergriffe, das Kriegselend der deutschen Lande beklagen und auf die männlicheren Vorfahren hinweisen; in diesen
patriotischen Gedichten berührt er sich mehrfach mit Haller. Den
Höhepunkt seiner poetischen Leistungen bezeichnet Uzens philosophische Odendichtung, in der er nach Petzet der deutschen Poesie
geradezu neue Bahnen andeutet; es herrscht darin eine vorher nicht
erreichte Innerlichkeit. Am höchsten gefeiert wurde unter diesen Oden
sein „Theodicee", ein Versuch im Zeitgeschmack, die Übel und das
Böse in der Welt mit Gottes Güte in Einklang zu bringen; selbst
Lessing sagt überschwänglich von dem Gedichte, dafs es „einen philosophischen Kopf nicht anders als entzücken kann", und Schiller hätte
es fast zu einer ähnlichen Dichtung angeregt. Den philosophischen
Gehalt und die Stellung dieses Gedichtes unter den gleichzeitigen ähnlichen Versuchen hat Petzet in scharfsinniger Weise dargelegt. Einen
merklichen Rückschritt in Uzens poetischem Schaffen bezeichnet das
1760 erschienene, in 4 Briefen abgefasste langweilig lehrhafte Alexan-
drinergedicht „über die Kunst stets fröhlich zu sein", eine religiös
ausklingende philosophische Erörterung der Frage, worin das wahre
Vergnügen, das zur Glückseligkeit des Menschen führt, bestehe; es ist
angeregt durch die ars semper gaudendi des spanischen Jesuiten Varasa
und leitet zu Uz' spätesten, wesentlich religiösen Poesien hinüber.
  Interessanter als die ästhetische Würdigung dieser letzten, nicht
übermäfsig erfreulichen Gedichte und Lieder ist der kurze Abschnitt,

worin Petzet die Nachwirkungen der Uzischen Poesie in der Literatur darlegt. Um aus seinen Ausführungen nur einen Punkt herauszugreifen — die Art, wie Schiller mythologische Gestalten symbolisch zu Trägern philosophischer Ideen macht, findet sich unter allen seinen Vorgängern nur bei Uz gelegentlich vorgebildet. Das zeigt sich am deutlichsten in den Versen auf „die Dichtkunst". Der Gedankengang ist folgender: Ich liebe die Muse, zu deren Priester ich geweiht bin. Sei mir huldreich, Muse: du bist ein Kind des Bacchus und der Liebe, erzogen von Unschuld und Natur, unterrichtet von der Weisheit. Dann tratest du unter die Menschen, und

> „Sie fühlten ungefühlte Glut,
> Als nun dein höhres Lied ertönte,
> Das, reizend, wann es unterwies,
> Von rauher Wildheit sie entwöhnte,
> Und Menschen werden hiefs.
> Du sangst: es rissen sich bemooste Felsen los
> Aus drohender Gebirge Schoos,
> Und rollten fort mit eignem Lauf
> Und thürmten sich zu Mauern auf.
> Die Tieger unter düstern Sträuchen
> Behorchten dein entzückend Spiel;
> Und auch die unbelebten Eichen
> . Erhielten ein Gefühl."

Es ist ein gewaltiger Fortschritt, den Uz mit dieser Auffassung der Dichtkunst gegen seine früheren Verherrlichungen derselben gemacht hat. Hier ist sie eine ethische Macht in der Kulturentwicklung geworden, und die Darstellung, wie sie die Menschen von der Wildheit zu wahrer Menschlichkeit erhebt, kann an die Erziehung der Menschheit, wie Schiller sie im „Eleusischen Fest" schildert, die Betonung der Wirkung auf das Herz an „die Macht des Gesanges" erinnern. Nicht als ob hier Entlehnungen bei Schiller vorlägen; nur die Thatsache tritt hervor, dafs Uz in der lyrischen Behandlung einer Kulturidee, zu deren Trägern er mythologisch-symbolische Gestalten macht, ein Vorläufer Schillers, ja der erste Pfadfinder zu diesem eigensten Gebiete desselben war.

Hof.   Dr. Franz Hümmerich.

L. Link, Die einheitliche Aussprache im Deutschen. Paderborn, Schöningh. 1898. 48 S.

„Während der Deutsche", sagt der Verfasser, „beim Erlernen einer fremden Sprache keine Mühe scheut, um eine möglichst mustergültige Aussprache zu erlangen, legt er in seiner eigenen Sprache wenig Wert auf eine gute Aussprache, spricht vielmehr häufig so, wie ihm der Schnabel gewachsen ist." Das ist richtig, indessen einigermafsen zu entschuldigen, weil die fremde Sprache einen ziemlich allgemein anerkannten Standard aufzuweisen hat, die deutsche aber nicht. Diesem Mangel abzuhelfen, dazu will die vorliegende Schrift etwas beitragen, bringt jedoch im Grunde keine neuen Momente. Nach einer kurzen Betrachtung der geschichtlichen Entwickelungsstufen, aus denen unsere einheitliche Schriftsprache hervorgegangen ist, der hochdeutschen Sprache der Alemannen, der ritterlich höfischen Sprache des Mitteldeutschen, der offiziellen Reichssprache des Mittelalters und der neuhochdeutschen Sprache seit Luther, wird die Notwendigkeit einer einheitlichen und mustergültigen Aussprache mit der nationalen Einigung, dem Aufschwung des Verkehrswesens und mit der Rechtschreibung begründet. All diese Ausführungen stützen sich mehr oder minder auf bereits bekannte Äußerungen von Weise, Palleske, Victor u. a.

Der zweite Teil der Schrift handelt von der praktischen Gestaltung der Aussprache, gibt einen kurzen Abriß der Lautlehre und warnt vor einigen mundartlichen Aussprachefehlern. Wenn der Verf. hier verlangt, daß man genau scheiden solle zwischen Rat und rot, Schlappe und Schleppe, Hefe und Höfe, Schwur und schwor und zugleich eine ganze Menge von Beispielen anführt, so muß man sich fragen, für wen denn die Broschüre geschrieben ist. Daß man a nicht wie o oder e, u nicht wie o spricht, lernt doch jedes Kind im ersten Schuljahre. „Das unbetonte e in den Biegungs- und Ableitungssilben und oft das e unbetonter Wörtchen d e r, d e s, d e m, d e n, e s hat in der guten Aussprache den Laut eines getrübten ö." Diese Vorschrift könnte leicht zu einer unnatürlichen Aussprache veranlassen. Jenes e ist weder ein getrübtes ö, noch ein Mittellaut zwischen a und o, wie andere wollen, sondern der tonlose, sogenannte Neutralvokal ə, der bloß durch den darauffolgenden Konsonanten ein wenig modifiziert wird und dann leicht nach ä, a, o oder ö schwankt (vgl. Victor, Phon. 64). Nach einer Anmerkung zum Laut äu S. 28 soll „der Süddeutsche eu in Freude und Leute, äu in Träume und Häuser, au in Raupe und rauhen, in Taube (Gehörlose) und Taube (Vogel) nicht ganz gleich aussprechen." In welchen Landschaften Süddeutschlands dieser feine Unterschied wohl gemacht wird? Mir ist er ebenso „fremd, wie dem Norddeutschen und der guten Bühnensprache." In andern Punkten dagegen kann man sich den Forderungen des Verf. anschließen, wie z. B. daß ä nicht wie ein geschlossenes e, y nicht wie ü, pf nicht wie f lauten soll, also nicht Meedchen, Lürik, Ferd.

Der dritte Teil bespricht flüchtig die Betonung, und im Schlußwort wendet sich der Verf. an alle, die durch ihren Beruf gehalten sind, als öffentliche Redner zu wirken, wie Kanzelredner, Anwälte, Volksabgeordnete, Lehrer, mit der Aufforderung, die Bestrebungen des allgemeinen deutschen Sprachvereins zu unterstützen und sich selbst eines reinen und schönen Sprechens zu befleißigen.

Würzburg.   J. Jent.

Dr. O. Lehmann und K. Dorenwell, Deutsches Sprach- und Übungsbuch für die unteren und mittleren Klassen höherer Schulen. In vier Heften. 1. Heft (Sexta) 66 S., 2. Heft (Quinta) 75 S. Hannover-Berlin, Karl Meyer (Gust. Prior) 1898. Preis je 50 Pf.

Die Hefte sind im Anschluß an die preußischen Lehrpläne bearbeitet: das erste behandelt, nach einer elementaren Aufklärung über den einfachen Satz und seine Arten, die einzelnen Wortarten unter fortwährender Rücksicht auf ihre Verwendung im Satze; das zweite Heft geht in seiner größeren ersten Hälfte (46 Seiten) auf Erweiterung und Vertiefung der Wortlehre aus, beschäftigt sich dann eingehend mit dem einfachen Satz und seinen Teilen und gibt auf den letzten sechs Seiten noch einen vorbereitenden Abriß der Lehre vom mehrfachen Satze. Von diesem letzten Abschnitt abgesehen, der nach dem bayrischen Lehrplane in der zweiten Klasse schon etwas eingehender behandelt werden muß. könnte also das neue Übungsbuch seiner Anlage nach wohl auch bei uns gebraucht werden, zumal da es auch durch seine „induktiv-heuristische Methode" der Forderung unserer Schulordnung entspricht.

Wenn der Ref. sein Gesamturteil über das Werkchen gleich voranstellen darf, so ist es dieses: es steckt darin eine ansehnliche Lehrerfahrung und viel Verständnis für das, was der grammatischen Klärung und Sicherung besonders bedarf; und könnte man das Gute alles herausschälen und für sich allein mit den Schülern verarbeiten, so würde man ihnen damit gewiß eine tüchtige sprachliche Schulung vermitteln: nun weist aber das Buch vom Anfang bis zum Ende nach Inhalt und Form soviele Spuren von Flüchtigkeit und Unzuverlässigkeit auf, daß man es in seiner gegenwärtigen Gestalt nicht mit gutem Gewissen Schülern in die Hand geben kann.

Um dieses Urteil im einzelnen zu begründen, muß ich mich hier auf weniges beschränken.

Dankenswert ist es in erster Linie, daß der Übungsstoff sehr reichlich bemessen ist: soweit man ihn etwa für schriftliche Arbeiten verwenden will, wird man wohl drei Jahre hintereinander damit abwechseln können. — Die einzelnen Beispiele sind meistens so gewählt und geordnet, daß sie einen erwünschten Wechsel grammatischer Bilder und eine allmähliche Steigerung der Schwierigkeiten darbieten. — Passende Gelegenheiten werden benutzt, um des Schülers Wortschatz zu befestigen, zu klären oder zu erweitern (s. I, Aufg. 11, 12, 28, 40, 82) und im Zusammenhang damit sein Gehör, seine Aussprache, seine Rechtschreibung zu fördern (II, Aufg. 18, 33); dann wieder, um ihn gegen Schwankungen und besondere Schwierigkeiten des Sprachgebrauchs auszurüsten (I, Aufg. 89, 121; II, 20, 24, 36, 39, 94 (Dativ u. Akkus. in Ausdrücken wie: er schlug mich ins Gesicht; das schlägt der Wahrheit ins Gesicht), § 56) oder seinen Geschmack zu läutern (so wird II, S. 13 vor Superlativen wie hochachtungsvollst, ganz ergebenst gewarnt); da und dort endlich fällt auch ein Gewinn für den fremdsprachlichen Unterricht neben ab (Unterscheidung gleichlautender

Formen des demonstr. und des rel. Pron., Ersatz des pass. Imperativs im Deutschen, Unterscheidung der Verbalformen mit „werden“ und derer mit „sein“).

Diesen Vorzügen steht aber, wie gesagt, eine grofse Zahl bedenklicher Mängel gegenüber.

1) Bez. der Regeln: a) Unrichtigkeiten: I, S. 3 wird „h“ als Gaumenlaut bezeichnet; S. 17 wird behauptet, „derselbe“ und „derjenige“ hätten die Endungen des best. Artikels; S. 19: „Abwandlung durch die drei Vergleichungsstufen“ (als ob der Pos. eine Vergleichungsstufe wäre!); S. 19 wird für blank, blafs, rund die Steigerung m. Umlaut geduldet; die Superlative treten hier (trotz II, S. 14) immer in der adverbialen Form mit „am“ auf; S. 21: „Subst. u. Adj. fafst man unter der Bezeichn. Nomina zusammen“; S. 27 erscheinen als Genitive des alleinstehenden pron. dem. der die das: neben dessen und deren auch des (kann zur Not gelten) und der (??), S. 30 neben dem relat. dessen auch des (?). S. 29: Was? fragt nicht nur nach Sachen und Thät., sondern auch nach Personen in Hinsicht auf ihr Wesen oder ihren Stand. — Der Dativ davon heifst nicht: wem?, sondern ist überhaupt nicht vorhanden. (Beachte: „Von was sprichst du?“) S. 51 taucht wieder einmal das Gespenst einer deutschen consecutio temporum auf (ebenso in Aufg. 116, noch dazu mit zwei Fehlern). S. 56: erstens, zweitens antworten nicht auf die Frage: wie oft? — S. 66: Achtung! behüte! kann man m. E. nicht als Interjektionen, auch nicht als uneigentliche, betrachten, sondern als Ellipsen, da sie stets ihren vollen Wortsinn behalten. — II, S. 2 treten 9 Tiernamen (Habicht, Adler u. s. w.) als Eigennamen auf; bezeichnen die nom. materialia wirklich nur solche Stoffe, „aus denen etwas bereitet werden kann“? (Staub, Luft?) S. 4: für „Lohn“ ist das sächl. Geschl. so gut wie abgestorben, aber eine Scheidung der Bedeutung je nach dem Geschl. hat es bei dem Worte nie gegeben. S. 13: „hübschten, süfsten“ sollten in einem Schulbuche nicht geduldet werden; S. 26: „heifst „aufser“ soviel wie „ausgenommen“, so ist es als Konj. ohne Einflufs auf den Kasus.“ (Kann es denn nicht auch als Präpos. jene Bedeutung haben?) 30: Der Unterschied zwischen diesseits (Adv.) und diesseit (Präp.) ist schwerlich aufrechtzuerhalten; nach S. 40 bilden die Reflexiva, die den Akkus. des Pronomens regieren, das Perf. mit „haben“ (die andern nicht?); nach S. 42 ist das part. perf. von „lassen“ auch in schwacher Form vorhanden (!); die Weglassung von „zu“ (m. Infin.) beim verneinten Hilfsverb „brauchen“ wird mit Unrecht geduldet. — Die Bezeichnung „einfacher Satz“ bedeutet S. 56 und S. 69 Verschiedenes. S. 58: der attrib. Infinitiv vertritt durchaus nicht immer einen Genitiv und der Objektsinf. (S. 61) nicht immer einen Akkus. — S. 59 bietet eine Regel, wonach Bauer oder Meister „Geburtstitel“ wären; ich schlage zum Ersatze vor: Bezeichnungen des Standes oder Handwerks des Mannes werden mit der Endung -in (und Umlaut), mit oder ohne vorangestelltes „Frau“, auf die Frau übertragen, vorausgesetzt, dafs dadurch kein Mifsverständnis entsteht; den Amtstitel des Mannes kann man nur in nachlässiger oder scherz-

hafter Redeweise ebenso behandeln, sonst wird er unverändert hinter „Frau" gesetzt. Nach S. 64 scheint es, als könne ein Genitivobjekt nie bei transit. Verben stehen. S. 65: der adverb. Gen. „des Wegs" steht auf die Frage: woher? (nicht: wo?); die Akkus. in Ausdrücken wie „den Berg hinauf" sind nicht als selbständ. adverb. Akkus. anzusehen, sondern hängen von dem dahinterstehenden Adverb ab (vgl.: den Wald entlang). — b) Lücken: I: S. 10 hätte neben Tisch auch ein Beispiel wie Stab (Umlaut) gegeben, beim Plural von Mann und Buch der Umlaut angezeigt werden sollen. — S. 14 fehlt die Frage: was für ein? fürs Attribut. — S. 24 vermißt man einen Hinweis auf die Entstehung des possess. Fürworts aus den Genitiven des persönlichen. — S. 29 war bei „was für ein" anzugeben, daß der Plural ohne Subst. was für welche heißt. — S. 40: „Die (fehlt: intransitiven) Verben der Bewegung"; S. 41: beim Fut. ex. war gleich auf seine Ungebräuchlichkeit als Tempus hinzuweisen (nachher kommen freilich einige unschöne Beispiele dafür). — S. 55: bei geben, helfen u. dgl. muß notwendig auf den Imperativ mit e-Wechsel hingewiesen werden. — II, S. 3, wo das Wesen des Neutrums erklärt wird, hätte auch ein Beispiel gegeben werden sollen, wo es mehrere Personen verschiedenen Geschlechts zusammenfaßt. — S. 7: Im Nom. ... Plur. haben die st. Mask. teils -e, teils -er, (fehlt: teils keine Endung), im Dat. Pl. -(e)n (fehlt: oder -ern oder keine Endung). S. 20: auch nach d. Neutr. der Adj. (fehlt: und Pronomina) steht „was"; S. 30, Nr. 7 fehlen inmitten und seitwärts. — S. 44 hätten die Verschmelzungen „darauf, wozu" u. dgl. mit einigen Worten empfohlen werden sollen. — S. 63 o. fehlt d. Adv. „als" zur Bildung des prädikat. Objekts. S. 68 vermißt man die Erwähnung des accus. discriminis (nachher kommen Beispiele dafür). c) Mangelhafte Fassung: Wiederholt sind bei den einzelnen Wortarten umständlicherweise die Satzteile aufgezählt (und dann doch meist nicht vollständig), welche sie bilden können, statt daß einfach angegeben wäre, ob sie substantivisch oder adjekt. gebraucht werden. — Öfters ist Sache und Name logisch verwirrt: so heißt es gleich im I. Teil, S. 1: der Teil, von dem etwas ausgesagt wird, heißt das Subjekt; in Aufg. 34 ist infolgedessen ausdrücklich von der Farbe eines Substantivs die Rede, und im II. Tl., S. 3 ist die merkwürdige Thatsache mitgeteilt, daß alle männl. Wesen Maskulina sind, u. dgl. m. — I, S. 4 heißt es unpassend: „Mehrere Stammsilben in einem Worte bilden ein zusammengesetztes Wort"; S. 12 paßt „Abrundung" nicht (ein Satz könnte alle möglichen Objekte haben und doch nicht abgerundet sein). S. 22: „Der Plural von ich heißt wir." (Unlogisch!) S. 23: „Zur Bezeugung (st. Bezeigung) unsrer Hochachtung .... gebrauchen wir .... d. pron. der 3. p. pl. und schreibt (so!) dasselbe groß." S. 32: „Die Ordnungszahlen zählen (st. ordnen) e. Reihe v. Gegenst."; „-zehn" in „dreizehn" wird als „Endung" bezeichnet. — S. 63 muß es heißen: „bezeichnet sie also mit ihrem Subst. im Satzzusammenhange weder einen Ort noch eine Richtung". — II, S. 3: „Bei einigen Tiernamen richtet sich die Sprache nach d. natürl. Geschlecht und bezeichnet das Feminin

..... durch attributive Umschreibung, z. B. der weibliche Elefant."
(Kann man in solchem Falle sagen, die Sprache richte sich nach
d. nat. Geschl.?) — Die Merkverse für die Präpos. mit d. Akk. und
mit d. Dat. sind nicht glücklich. — S. 53 wird „es" ein unbestimmtes
Fürw. genannt. — S. 55 steht: „wenn das Subj. aus mehreren Subst.
besteht", statt: wenn der Satz mehrere Subj. hat.

2) Bezüglich der Aufgaben und Beispiele: Sonderbar
mutet es an, wenn in Tl. I Aufg. 5 lautet: „Gebt in folgenden Sätzen
die Konsonanten an und bestimmt zugleich u. s. w." Nach Aufg. 49
zu schließen, nehmen L.-D. als Superlativ v. wohlhabend: der wohl-
habendste an. — Aufg. 67 enthält eine läppische Verhandlung eines
Uhrmachers mit einem Kunden, die beide durch ihre Redeweise sich
als rechte Tagdiebe ausweisen. — S. 60 ist die Wendung: Wasser
ist das beste Mittel für den Durst, mit Unrecht verworfen. — In dem
Beispiele: Deine Schmeichelei ist mir zuwider (S. 61), ist zuwider keine
Präposition, das Beispiel also hier nicht passend. -- Im II. Teil, Aufg. 10,
Nr. 5 und 13 kann der Schüler keinen Artikel einsetzen. S. 19 wird
von den Schülern der Quinta (!) verlangt: Dekliniert den bestimmten
Artikel der die das! — Aufg. 104 ist zu leicht, weil die Adverbien
schon nach den zu suchenden Arten, sogar in der gegebenen Reihenfolge, geordnet sind.

3) Bezüglich der Sprachform: I, S. 18: Schwanz (st.
Schweif) des Pfaues. S. 32: Jeder sehe sich diejenigen an, denen er
trauen darf (st. soll)! S. 34: Am 18. Januar (fehlt: 1871) wurde er
in Vers. zum Kaiser v. Deutschl. (?) gekrönt (?). Den 9. März 1888
starb er und überließ (st. hinterließ) u. s. w. — Viel zu oft ist das
Dativ-e — trotz der Regel II S. 9 — ohne Grund abgestoßen. —
S. 64: Ein Nebens. wird von seinem dazu gehörenden Hauptsatze
(vgl. mein mir gehörender Hut!) u. s. w. II, S. 4: Das Chor der
Kirche wird von (st. ist mit) bunten F. geschmückt. S. 6: Im
Dativ fällt das e oft aus (st. ab). S. 8 steht „fortfallen" statt weg-
fallen (Ähnliches öfters). S. 10: des Doktor Martin Luther. S. 27:
Setzt die Nominative in den von der Präpos. abhängigen richtigen
(st. von der Pr. verlangten) Kasus! — Die undeutsche, hinterhältige
Stellung der Verneinung unmittelbar vor dem Prädikate findet sich
S. 27, 45 und 59 (z. B. „Verben, die eine wirkliche körperliche Be-
wegung nicht bezeichnen"). S. 52: Teile von Worten (st. Wörtern);
S. 60: Vorbereitungen zu (st. auf) morgen. S. 61: Die That ist mir
gereut (??). S. 64: Wenn du deinem (st. deinen) Wohlthäter der Unterstützung nicht teilhaftig werden lassen willst (übler Tonfall). S. 65:
sich vor etwas grauen (?). — Unnötige Fremdwörter: Exerzitium,
Pennal, präparieren, passieren (f. begegnen, zustoßen) und Kousinchen.

4) Bezüglich der Zitate: Im Vorworte heißt es: „Wir haben
poetische Beispiele gewählt, weil sich diese dem Gedächtnis des Schülers
leicht einprägen" u. s. w. Die Verf. haben aber sicherlich nicht beabsichtigt, dem Gedächtnis der Sch. unrichtige Zitate aufzudrängen: und
doch habe ich mir deren etwa dreißig in den beiden Heftchen angemerkt.

5) Die Interpunktion ist nicht sorgfältig genug behandelt; manchmal sind Fragesätze und besonders häufig Befehls- und Wunschsätze mit Punkten geschlossen; öfters findet sich bei der Wiederholung des nämlichen Satzes verschiedene Zeichensetzung. Nur zwei Einzelheiten seien hier erwähnt: II, S. 11 wird fälschlich behauptet: „das schöne, grofse Tagsgestirn" sei ohne Komma zu schreiben. S. 59: „Im Kriege wurde keiner, sogar die Kinder, nicht geschont (st. Kinder nicht, gesch.)."

6) Mangel an äufserem Gleichmafs: Der richtige Grundsatz, dafs wenigstens für die Sexta neben die lateinischen immer auch die deutschen grammatischen Bezeichnungen gestellt werden sollen, ist nicht streng durchgeführt; ebensowenig ist die berechtigte Forderung erfüllt, dafs die Überschriften gleichgeordneter Abschnitte, ebenso wie einander entsprechende Gruppierungen im Texte, sowohl in der sprachlichen Form wie im Drucke so gleichartig wie nur möglich gehalten seien.

7) Die Druckfehler der Heftchen samt den vermutlichen Schreibfehlern sind zahlreicher und gröber, als es entschuldbar ist. Nur wenige seien herausgegriffen: Schon das kurze Vorwort enthält zwei. I, S. 19: des Häschens, S. 20: des substantivierten Substantivs; der Fleifsige thut sich immer (st. nimmer) genug; S. 29: welch ein Mann (als acc., ebenso S. 47: ein Infinitiv); S. 32: fällt st. hüllt; S. 37 u.: lobten st. redeten; S. 41 steht derselbe Satz zweimal hintereinander; wiederholt finden sich arge Böcke in den Konjugationsbeispielen (S. 42, Z. 3; S. 48; II. Tl. S. 39); S. 53 nemäischen (st. nemeischen); S. 55 einem (st. einen) drolligen H. — II. Tl. S. 3: Vorsilbe (st. Nachsilbe), Taubert (st. Tauber), S. 5: Sucht (st. Setzt), S. 21: Rieda (st. Riade), S. 24: Jesu (st. Jesus), S. 29, Z. 5 v. u. einer (st. meiner), S. 40: rechen (st. reisen), S. 59 u. 69: öfter (st. öfters), S. 62: Gebahren, S. 68 unschön: „unser Leben währet 70 (st. siebenzig) Jahre." —

Das Gesagte wird genügen, um zu beweisen, dafs das besprochene Werkchen bis zu einer sorgfältigen Neubearbeitung gegenüber den ähnlich angelegten Büchern von Haselmayer, Winter oder Lyon nicht in Betracht kommen kann.

Zweibrücken. ——————— Wilhelm Egg.

———

Neudecker, Dr., Der deutsche Aufsatzunterricht auf der Oberstufe der Gymnasien. Grundzüge einer Methodik. München, Oldenbourg, 1899. 1 M.

Der deutsche Unterricht steht mit Recht besonders auf der Oberstufe der Gymnasien im Mittelpunkt. Hier mufs durch fortgesetzte Übung die erste Stufe der logischen Durchbildung, der Denkfertigkeit, praktisch an passenden Aufgaben vermittelt werden. Wie schwer dieses Ziel bei der Mehrzahl der Schüler zu erreichen ist, weifs jeder Schulmann. Grofs ist die Zahl der Hilfsmittel, welche den Weg hiezu ebnen und erleichtern wollen. Jeder zweckfördernde Beitrag erscheint

bei der Bedeutsamkeit der Sache — muſs doch hier bei einem groſsen
Teile unserer Schüler der Bedarf fürs Leben gedeckt werden — willkommen. Tritt nun langjährige Erfahrung im Bunde mit gründlicher
philosophischer Durchbildung vor uns mit einer Gabe, so verdient
diese unsere volle Aufmerksamkeit.

In vorliegendem Falle hat ein Mann, der nahezu ein Vierteljahrhundert in allen Klassen der Oberstufe eines Gymnasiums hintereinander mit offenen Augen und feinem Gefühl für die Entwicklung
und Bedürfnisse des jugendlichen Geistes im deutschen Unterricht ernst
und gewissenhaft sich abmühte, dem auſserdem durch seine Eigenschaft
als Universitätslehrer die Vertrautheit mit den einschlägigen philosophischen Disciplinen zur Seite steht, auf Wunsch von Freunden in
bescheidener, knapper Form die Summe seiner Erfahrung gezogen.
Eine reife, eigenartige Frucht durfte man erwarten, und sie ist es geworden. Den Forderungen, die er selber in diesem Büchlein an die
Abhandlung eines Schülers stellt, daſs sie sei „klar, gründlich, überzeugend“, ist er in vollem Maſse gerecht geworden.

Betrachten wir uns die sieben Abschnitte des Werkchens näher,
so bezeichnet der erste als Lehrziel des Aufsatzunterrichts auf der
Oberstufe die Ausbildung der Gewandtheit in der Denktechnik. Der
Primaner muſs befähigt werden, den durch die verschiedenen Gegenstände gewonnenen sachlichen Stoff folgerichtig nach bestimmten Gesichtspunkten zu entwickeln.

Der zweite Teil handelt von den möglichen Arten der Gedankenentwicklung und ihrer jeweiligen Bestimmung und bildet mit seiner
auf der unerschütterlichen Geltung der Denkgesetze aufgeführten Fun-
damentierung die sichere Grundlage der Darlegung. Die Aufgabe des
Aufsatzunterrichts wird im wesentlichen eingeschränkt auf die Übung
richtigen Disponierens und werden alle Aufsatzthemen nach den allein
möglichen Arten der Gedankendarlegung 1. als Definitions- 2. als
Gliederungs- oder 3. als Begründungsaufgaben oder als solche, die aus
diesen drei Arten kombiniert sind, bezeichnet. Bei den Begründungsaufgaben wird der thatsächliche Beweis gegenüber dem rationellen,
der Schülern ja nur ausnahmsweise gelingen dürfte, betont.

Der dritte Abschnitt spricht von der Ausführung der in ihrer
Art bestimmten Entwicklungsaufgaben oder der sogenannten Disposition
und verlangt, daſs in jeder der drei Arten von Aufgaben auf die Um-
fangsbestimmung die Gliederung des abgegrenzten Inhalts und als
letzter konstruktiver Teil die Begründung folge, die inhaltlich gleichfalls nach dem Unterschied der drei möglichen Arten von Aufgaben
sich verschieden gestaltet. Ganz lehrbar ist nur, heiſst es, das Notwendige, das Gesetzmäſsige, also bezüglich des Disponierens nur der
denkgesetzliche Gang einer Entwicklung.

Im vierten Abschnitte wird in sehr lehrreicher Weise die praktische Anwendung des methodischen Verfahrens 1. an einer Definitions-
aufgabe, 2. an einigen Gliederungsthemen und 3. an einem Begründungs-
beispiel gezeigt.

Bezüglich der stilistischen Anforderung verlangt der fünfte Abschnitt „gute" Darstellung, die verständlich, übersichtlich und präcis zu sein hat, wendet sich gegen die gerne gewünschte „schöne" Darstellung, fordert, daſs die Form eines Aufsatzes gleichartig sei und durch Abwechslung für die nötige Frische der Darstellung sorge.

Im sechsten Abschnitte wird über die Wahl und Formulierung der Themate gesprochen und dabei die Forderung gestellt, daſs die stoffliche Natur des Themas so beschaffen sei, daſs sie hinreichend leicht und sicher die thematische Frage erkennen lasse und der Begriffszusammenhang, dem sie entnommen, dem Durchschnittsschüler genügend geläufig sei.

Hier findet sich der bemerkenswerte Satz: „das Interesse, das der Aufsatzunterricht zu wecken und zu nähren hat, haftet an der geistigen Gymnastik selbst, an der geistigen Freude und Befriedigung, welche mit dem Gefühle der wachsenden Sicherheit in Ausführung und Lösung einer Denkaufgabe, mit dem unmittelbaren Gefühl der eigenen geistigen Erstarkung verbunden ist."

Die Formulierung der Themate hat zwei Bedingungen zu verwirklichen 1. die Ersichtlichkeit der technischen Art der geforderten Hauptleistung und 2. die hinreichende Vertrautheit des Schülers mit dem stofflichen Inhalt des Themas.

Im siebten Abschnitte gibt der Verfasser beherzigenswerte Winke über die „Reden" im Aufsatzunterrichte und spricht von dessen Stufengang und seinem Verhältnis zum übrigen deutschen Unterrichte. Seine Ansicht über den sogenannten „freien" Aufsatz hat meinen vollen Beifall. Nur ein solcher bekundet am sichersten die geistige Reife eines Abiturienten, während bei den jetzt mit Hochdruck gepflegten Literaturthemen zu sehr die bloſse Reproduktion sich zeigt in dem Grade, daſs z. B. bei einem Thema über die Einheit der Handlung eines Dramas sogar die entsprechenden Verszahlen aufmarschierten.

Die Winke bezüglich der Gesichtspunkte bei der Korrektur sind voller Beachtung wert. Ist es doch ein in weiteren Kreisen verbreiteter Wahn, als würden die Censuren der Aufsätze vielfach nach Laune und subjektivem Geschmacke gegeben. Solche Klagen müssen bei dem hier gezeichneten objektiven Wege mehr und mehr verstummen. Differenzen kann es dann nur bezüglich des „Stils" geben und auch hierin wird jeder einsichtige Lehrer der werdenden Schülerindividualität thunlichst Rechnung tragen.

Mit dieser Übersicht habe ich versucht, den reichen Inhalt des Büchleins anzudeuten. Dasselbe scheint mir in erster Linie für jüngere Lehrer geeignet, die an die schwierigen Aufgaben des deutschen Unter-. richts in den oberen Gymnasialklassen herantreten müssen. Diese werden hier einen sicheren Wegweiser finden und reiche Belehrung aus ihm schöpfen. Aber auch der in diesem Fache erfahrene Schulmann wird der Geschicklichkeit und dem ernsten Streben des Verfassers die Anerkennung nicht versagen.

Würzburg. ——————— Dr. Baier.

Fr. Kluge, Etymologisches Wörterbuch der deutschen Sprache. Sechste verbesserte und vermehrte Auflage. Strafsburg, Karl J. Trübner, 1899. 510 S. 8 M.

Kluges „Etymologisches Wörterbuch der deutschen Sprache" steht in seiner Art einzig da in unserer Literatur. Der gelehrte Verfasser hat es sich zur Aufgabe gemacht, Form und Bedeutung jedes Wortes bis zu seiner Quelle zu verfolgen und seine verwandtschaftlichen Beziehungen zu den übrigen germanischen und romanischen, ja sogar — wo geboten — zu den keltischen, slavischen und orientalischen Sprachen blofszulegen. Wie nötig und willkommen ein solches Werk war, geht schon aus der raschen Aufeinanderfolge der Auflagen hervor: im Jahre 1881 erschien die erste und im laufenden Jahre wurde die 6. vollständig. Dabei ist die Zahl der Stichwörter z. B. bei dem Buchstaben A von 130 auf 280, bei B von 387 auf 520, bei K von 300 auf 440 gestiegen. Erwähnen wir noch, dafs der Preis trotz des vermehrten Umfanges von 10 M. auf 8 M. herabgesetzt wurde, so hat man allen Grund, dem Verfasser wie dem Verleger dankbar dafür zu sein, dafs ein so unentbehrliches und ungeachtet seines streng wissenschaftlichen Inhaltes populär gehaltenes Nachschlagewerk durch den niedriggestellten Preis jedermann zugänglich gemacht wurde.

Sehr instruktiv und hochinteressant ist die als Anhang beigegebene chronologische Darstellung des neuhochdeutschen Wortschatzes wie nicht minder die Einleitung, welche eine kurzgefafste Geschichte der deutschen Sprache gibt.

Um auch unserseits ein paar Scherflein für die nächste Auflage beizusteuern, seien folgende Bemerkungen gestattet: S. 9 a l e r t] aus frz. alerte, das aus à l'erte abgeleitet wird, doch ist mir die Ableitung von lat. alers, das in den Glossarien mit sollers erklärt wird, wahrscheinlicher; vgl. Arch. f. lat. Lex. IX, 362. — S. 60 B r ü n n e] hier vermisse ich einen Hinweis auf das mittellateinische bronia, das z. B. in der Historia de preliis p. 120,16 meiner Ausgabe sich findet. — Über K e l l e r, Z e l l e, K r e u z und andere Lehnwörter spreche ich im Zusammenhang in dieser Zeitschrift XXXIII S. 227. — Seite 282 n e r g e l n, nörgeln] führe ich Arch. f. lat. Lex. IX, 398 auf frz. narguer = die Nase rümpfen zurück; vgl. lat. nario der Naserümpfer. S. 361 konnte bei 'sehr' auch auf das Kompositum 'unversehrt' hingewiesen werden, S. 384 bei 'S t r o b e l' auf den bekannten 'Strubelpeter'. — S. 389 „T a n t e] aus frz. tante, urspr. lat. amita = altfrz. ante"; aber es wird nicht erklärt, woher im Neufr. und Deutschen das anlautende T kommt; s. darüber Körting im lat.-romanischen Wörterbuch Nr. 522.

Das vorzügliche Werk sei hiemit allen Gebildeten, besonders aber den Gymnasialbibliotheken, denen es etwa noch fehlen sollte, aufs wärmste zur Anschaffung empfohlen.

München·   G. Landgraf.

M. Tullii **Ciceronis Cato Maior** de senectute. Erklärt von Julius **Sommerbrodt.** Zwölfte Auflage, Berlin, Weidmann 1896.

Der Anzeige, daſs Sommerbrodts gediegene Schulausgabe des Cato Maior in 12. Auflage vorliegt, füge ich einige Worte mehr bei, als dies bei Neuauflagen üblich ist, weil die früheren nicht von mir besprochen sind und weil auch diese neue Auflage die unermüdliche Thätigkeit philologischer Forschung selbst auf ganz „abgesuchten" Gebieten en miniature widerspiegelt.

Zu den Leidener Hss, auf denen die meisten der ca. 120 Abweichungen Sommerbrodts von Halms Züricher Ausgabe begründet sind, kommt neuerdings ein cod. Ashburnhamensis aus der Mitte des 9. Jahrh. (in Paris), verglichen von de Vries. Abweichungen wie Cius (Κεῖος) für Ceus, eis für iis, Galus statt Gallus (so jetzt auch in Cic. Briefen), excissam statt excisam, Gorgiam für Gorgian, ferendum für ferundum sind kaum Varianten zu nennen und dürften im Zusammenhang mit der übrigen Ciceronianischen Orthographie zu entscheiden sein. Einschneidender sind aber zahlreiche andere Abweichungen. So wird § 33 jetzt mit Ashburnhamensis passend gelesen. Olympiae . . . sustineret bovem [vivum]. Vires igitur has corporis an Pythagorae tibi malis ingenii dari? Zu § 28 orator metuo ne languescat . . . Omnino canorum illud in voce splendescit (†) etiam nescio quo pacto in senectute wird Hennings' geistreiche Konjektur suplentescit für splendescit mitgeteilt und besprochen; ich sähe sie lieber im Text. Auch finde ich den Genetiv in dem Satz est decorus senis (für seni) sermo quietus et remissus zwar erklärbar: 'bei (an) einem Greis) ist eine . . Sprechweise passend', nämlich orationi, für die Anforderungen, die man an eine Rede stellen darf; ziehe aber mit S. den Dativ seni vor hauptsächlich mit Rücksicht auf Arist. rhet. III c. 11 fin. πρεσβυτέρῳ λέγειν ἀπρεπές (sc. ὑπερβολάς; σφοδρότης). § 12 hat S. ohne genügenden Grund (mit Meiſsner) das handschriftliche bella eingeklammert; einen Überblick über die allgemeine Kriegsgeschichte mag man dem Militär Fabius Maximus zutrauen, nicht aber ein encyklopädisches Wissen.

Der **Kommentar** beleuchtet den Text fast allseitig und ist recht verlässig. Hie und da wären einige Kürzungen, aber auch Ergänzungen angezeigt, z. B. § 3 qui si eruditius videtur disputare vgl. Corn. Nep. Cato c. 3,4 in quibus multa industria et diligentia comparet, nulla doctrina. § 6 quam . . ingrediendum: ist auf den Gräcismus ἣν πορευτέον hinzuweisen; öfters hat ihn Cicero in den Briefen,[1]) auch hier wohl dem Attikus zu Liebe. Zu § 17 nihil adferunt: nicht blofs griechisch sagt man οὐδὲν λέγουσι, sondern auch lateinisch nihil diels "nichts ist, was du sagst," positiv audio (ἀκούω) "das läſst sich hören." § 45 zu nullo exemplo vgl. Tac. ann. I 38 bono magis exemplo quam concesso iure. § 67 wird die Staatenbegründung den Greisen, in den rhetorischen Schriften den Rednern, in den Tuskulanen den Philosophen zugeschrieben. Auf die Tuskulanen, die fast gleichzeitig

---

[1]) ad Att. I 16,12 φιλοσοφητέον et istos consulatus non flocci facteon.

mit dem Cato abgefafst wurden, sollte überhaupt mehr Bezug genommen werden. So nennt Cic. Tusc. I 89 drei Deeier (pater-filius-nepos), hier § 75 (berichtigend?) duos Decios, die sich dem Tod fürs Vaterland geweiht. Von § 75 an deckt sich C. M. vielfach mit Tusc. I, zugleich zeigt aber die zusammenfassende Darstellung, dafs die Abfassung der Tusc. vorher anzusetzen ist, ebenso die der Consolatio: vgl. zu 77 T. I 60 und 72, zu 78 T. I 66 (artes = die necessaria und elegantiora artificia), zu 82 T. I 35. In § 85 ist zu beachten, wie die Worte auf Cicero selbst zu übertragen sind, wenn für den verstorbenen jungen Cato Tullia gesetzt wird, und wie die Worte me ipse consolabar auf seine Consolatio hinweisen.

Dafs Cicero mit der herrlichen Schilderung des Landlebens und mit einigen etymologischen Tüfteleien (occatio 51, viator 56) den landwirtschaftlichen und grammatischen Studien seines Freundes Varro Interesse und Anerkennung bezeigen wollte, bin ich geneigt anzunehmen, noch mehr aber, dafs durch die zahlreichen, nicht immer durch den Zusammenhang geforderten chronologischen Angaben dem liber annalis des befreundeten Adressaten unseres Werkchens T. Pomponius Attikus die gebührende Aufmerksamkeit zugewendet werden soll (s § 14, 16, 19, 30, 41, 42, 43, 50, 60), wie dies auch im Brutus geschehen ist. Der Briefwechsel dieser Zeit (45/44) zeigt, welches Interesse Cicero an derartigen chronologischen Fragen hatte und wie oft er sich von seinem Freund Auskunft erbittet, z. B. XVI 13,2 mihi velim scribas, quibus censoribus C. Fannius M. f. tribunus plebis fuerit etc., oder XIII 30,3 oder 20,2 vgl. auch Nep. XXIII 13,1 und XXV 18. Ist das richtig, so erhöht sich auch die Bedeutung von Ciceros chronologischen Angaben.

Der Druck der Ausgabe ist schön und meist korrekt, nur sollten in einem so viel benützten Schulbuch einige Unebenheiten in der deutschen und lateinischen Orthographie beseitigt sein: Jemand, Keiner, extitit-exstet, tanquam-tamquam; auch sagen wir jetzt 'Karthager' wie 'Athener' und nicht 'Karthaginienser' und 'Athenienser'. S. 47 steht Cyru's des Älteren, S. 66 Ägospotamos, S. 72,10 tum für tam, S. 76 siegt Marcellus bei Nola 225 statt 215.

M. Tullii Ciceronis Somnium Scipionis. Für den Schulgebrauch erklärt von Dr. Carl Meissner, Gymnasial-Professor a. D. Vierte verbesserte Auflage, Leipz., Teubner, 1897.

Ciceros Bücher vom Staat erhalten einen prunkvollen, aber etwas bizarren Abschlufs durch den vielgepriesenen Traum des jüngeren Scipio. Will man dieser anziehenden Partie von den Belohnungen und dem Leben im Jenseits in der Prima einige Wochen Klassenlektüre widmen, so empfiehlt es sich, den Schülern die Sonderausgabe von Meissner in die Hand zu geben, deren vierte Auflage als ein neues Zeugnis für die Güte und Brauchbarkeit des Buches angesehen werden darf. Von der dritten Auflage, die ich nicht zur Hand habe, unterscheidet sich die vierte nach dem Vorwort besonders durch Kürzungen im Kommentar und in der Einleitung. Es hätte nach meinem Dafürhalten in beiden Teilen noch mehr gekürzt werden sollen. So erscheint mir überflüssig S. 15 die nicht ganz richtige Bemerkung zu rem publicam constituere, die elementaren Erläuterungen S. 16 concilia coetusque . ., quae civitates appellantur, S. 26 quanti = quam parvi; auch eine Übersetzung wie S. 17 loqui posse coepi „die Sprache wieder finden" oder S. 23,8 sentio „ich merke" ergibt sich dem Schüler von selbst. Dagegen vermißt man an mehreren Stellen den Hinweis auf die zum tieferen Verständnis geeigneten Partien aus anderen philosophischen Schriften Ciceros, z. B. S. 20, wo vom Einfluß der Sterne auf das Menschenschicksal gesprochen wird, sind die ʽChaldaeorum natalicia praedictaʼ mit den übrigen interessanten Erörterungen de div. II c. 42 ff. zu erwähnen; zu S. 25 über Sintflut und Weltbrand (eluviones exustionesque) die Parallelen de fin. III § 64, de nat. deor. II 118 und de div. I 111 (aquarum eluviones et deflagrationem futuram aliquando caeli et terrarum). Manche Bemerkungen sind genauer zu fassen. Der Glaube an die Bedeutung der Träume (S. 3, de div. I) fand auch im Altertum zahlreiche Gegner, vgl. de div. II § 119—146. Die Annahme von Poetischem in der Diktion wird in der Einleitung und im Kommentar zu weit ausgedehnt; astrum, tellus u. ä. finden sich mehrfach in den anderen philosophischen Schriften; obitus für den ʽUntergangʼ der Sterne ist häufiger als occasus, seltener freilich das Verbum obire. Warum soll (S. 22) ʽdivina studiaʼ heißen „edle Beschäftigungen" und nicht „Beschäftigungen mit Göttlichem"?, zumal im Gegensatz zu humana vita? S. 14 wird ʽancipitem viamʼ mit ʽschwankenderʼ (d. h.?) Weg erklärt; vgl. über die Bedeutung von anceps auch E. Stroebel Blätter 1886 S. 561; es sind damit aber wohl die zwei politischen Hauptrichtungen, die der Nobilität und der Volksfreunde, gemeint.

Im Text ist eine größere Änderung § 4 Schi. parum ⟨per erectis au⟩ribus audite, wobei mir die Darlegung, wie die Korruptel entstanden sei, unwahrscheinlich und die Aufforderung zu gespannter Aufmerksamkeit wenig passend erscheint. Ansprechender ist beim ersten Lesen die Athetese § 17 [quid de te alii loquantur ipsi videant, sed loquentur tamen], aber näher betrachtet beseitigt sie einen nicht ungeeigneten, sprachlich korrekten Gedanken: abgesehen von dem mehr oder minder richtigen materiellen Gehalt dessen, was die Leute über uns sprechen, ist Erdenruhm schon wegen der räumlichen und zeitlichen Beschränktheit nicht erstrebenswert.[1] Schließlich noch ein Fall von falscher Interpunktion, bei der aber Sinn, Rhythmus, Satzgefüge und Sprachgebrauch überhaupt mit in Frage kommen. Es wird von Meissner wie von anderen c. 3 so interpungiert: Videsne illam urbem, quae parere populo Romano coacta per me, renovat pristina bella nec potest quiescere? — ostendebat autem Karthaginem

---

[1] Beide Lesungen verwirft, wie ich eben sehe, auch A. G. Amatucci Riv. di Filol. XVI (1898) S. 338.

de excelso et pleno stellarum, illustri et claro quodam loco — ad
quam tu oppugnandam nunc venis paene miles. Hanc hoc biennio
consul evertes, eritque cognomen . . . Ich möchte interpungieren:
Videsne . . . . . loco. Ad quam . . . miles, hanc . . evertes. Im
ersten Fall kommen die zwei Relativsätze quae parere . . . und ad
quam tu oppugnandam in einen schiefen Gegensatz zu stehen; das
Fragezeichen wäre übrigens erst hinter miles zu setzen; der paren-
thetische Satz ostendebat autem hat für den Lateiner, der keine
Klammern und Gedankenstriche gebrauchte, viel mehr selbständige
Bedeutung als für den modernen Leser, der eben durch jene Dinge
getäuscht ist. Dagegen ist der symmetrische Bau von "Ad quam . .,
hanc" klar, die dreifache Antithese paeue miles und consul, nunc und
hoc biennio, ad oppugnandum venis und evertes unbestreitbar; sie
wird auch durch die sachliche Bemerkung, durch welche die Traum-
dichtung berichtigt wird (de leg. I § 4), Scipio habe erst 146 v. Chr.
als Prokonsul Karthago eingenommen, nicht erschüttert.

Regensburg.   _____   Dr. G. Ammon.

L. Annaei Flori epitomae de Tito Livio bellorum omnium
annorum DCC libri II et P. Annii Flori fragmentum de Vergilio oratore
an poeta edidit Otto Rossbach. (Bibliotheca Teubneriana.) 8°.
LXVIII u. 272 S. 1896.

Eine neue Ausgabe des Florus war schon lange ein Bedürfnis;
denn die einzige mit einem kritischen Apparat versehene von Otto
Jahn aus dem Jahre 1852 ist geraume Zeit vergriffen. Diesem Mangel
hilft die vorliegende Ausgabe von Otto Rossbach in der erfreulichsten
Weise ab.

In der praefatio beschreibt R. nach einer kurzen Umschau über
die bisherigen Ausgaben und Abhandlungen die zwei ältesten und
wichtigsten Handschriften, den Bambergensis (B) und den Nazarianus
(N), und neun jüngere; von diesen stellen B einerseits und N mit
den jüngeren anderseits zwei von einander sehr abweichende Rezensionen dar. Da die Lesarten des B durch Jordanes, welcher für sein
Werk de summa temporum vel origine actibusque gentis Romanorum
den Florus benützte, gestützt werden, so legte Jahn den B seiner Ausgabe zu Grunde. Einige Arbeiten jüngerer Florusforscher aber schienen
dahin zu drängen, dafs die recensio Nazariana dem B vorgezogen werde.
Rossbach hat daher diese Frage von neuem untersucht; aber auch er
kam zu dem Resultat, dafs B u. J (Jordanes) = A die Grundlage für
einen richtigen Text bilde. Im einzelnen freilich hat er Abweichungen
der übrigen Handschriften mit gröfserer Genauigkeit und weniger Vorurteil als Jahn geprüft, und so finden wir nicht wenige Lesarten des
N neu in den Text aufgenommen. Als wichtig für die Textgestaltung
soll gleich hier eine Behauptung R.s hervorgehoben werden, nämlich
dafs in C (der Quelle des N) die Wortformen nach Donat und anderen
Grammatikern geändert seien. Dagegen ist darauf hinzuweisen, dafs
auch B mehrere selbständige und willkürliche Abweichungen aufweist,

So ist 6[14] revirescit in B geändert in reviruit, wohl wegen der kurz
vorhergehenden Perfecta consenuit, decoxit, movit; 88[9] urbem Herculi
conditam änderte B in: urbem ab Hercule conditam; 89[1] nahm der
Schreiber des B an dem in diesem Zusammenhang freilich seltenen
Futur Anstofs und schrieb certum erat; 155[4] änderte er 'Antonius
varius ingenio' in 'Antonius vario ingenio'; hieher ist wohl auch zu
rechnen 28[18] hic amici vitibus montes statt: hic amicti vitibus montes,
ferner 82[8] excidium st. excidia und 106[16] stabulum st. stabula. Als
selbständige Zusätze von B fassen wir auch auf 28[4] 'est', 63[9] 'tyranno',
74[9] 'est', 86[18] 'in', 150[11] 'est', endlich 35[5] 'datis'.

Wenn dann der Herausgeber gegenüber den Folgerungen aus
dem Sprachgebrauch, also auch dem Operieren mit Parallelstellen,
mehr Vorsicht und Zurückhaltung fordert — denn der Umfang der
Epitome sei dazu zu klein — und wenn er dabei an ein insitum
rhetori variandi studium erinnert, so dürfen wir anderseits nicht vergessen, dafs gerade Florus recht gern die gleichen Wendungen ganz
genau wiederholt, so 28[16] und 55[18]: tepentes fontibus Baiae. Auch
Rossbach hat dies im Text öfters berücksichtigt und abweichend von
Jahn, der dem B folgte, geschrieben: 13[11] inmissisque percussoribus
(B missisque) nach 87[18] inmisso percussore, ferner 89[10] cum de incursionibus eorum ... civitas quereretur (B cum de eis .. civitas quereretur) nach 107[18]: Haedui de incursionibus eorum querebantur, 125[18]
ne quid malis (B mali) deesset nach 147[11] ne quid malis desit, 153[8]
Caesarem bellis reservavit (B servavit) nach 130[19] Marium bello reservavit. Auch 113[19] hätte nach Egens Vorschlag (quaest. Florian.
S. 14) in den Text aufgenommen werden sollen: quae enim res alia
civiles furores peperit quam nimia felicitas (B: nimiae felicitatis, Jahn
und Rossbach: nimiae felicitates) nach 140[7]: causa tantae calamitatis
eadem quae omnium, nimia felicitas. Zur Rechtfertigung der Stellung
45[16]: caput belli (B belli caput) verweist Rossbach auf 29[1] caput
urbium; dem ist hinzuzufügen 31[18] caput belli und 110[8] capita belli.
Das Gegenteil von insitum variandi studium zeigen aber gewifs einige
sorglose, lästige Wiederholungen des gleichen Wortes oder Stammes
in kurzem Zwischenraum, wie 88[90] quam (urbem) venalem et quando-
que perituram, si habuisset emptorem, frustra cecinerat. iam ut venalis
fuisset, habuit emptorem; cum illum evaserit, certum erit non esse
perituram und 104[15]: in hostes ius victoris exercuit victisque ducibus
victor redüt, 109[9] trepidantia ... carpenta volitabant . itaque trepidatio
pro victoria fuit . obsides accepit a trepidis und 111[14] se responsurum
esse respondit. Freilich manchmal hat Florus durch absichtliche Gegenüberstellung gleicher oder ähnlichlautender Wortstämme feine Pointen
erzielt: 31[8] periculosissimum bellum sine periculo explicuit, 29[11] ruinas
ipsas diruit und 46[18] victor de victoribus triumphavit. Verhältnismäfsig sehr häufig finden wir bei ihm die Gegenüberstellung des
gleichen Stammes in aktiver und passiver Bedeutung (wofür das bekannteste Beispiel Horaz hat ep. II 1,156: Graecia capta ferum victorem cepit): 51[14] similior victo sit populus ille qui vicit, 140[5] corum
qui victi erant odia victoris sese caede satiarent, 143[4] obsessorque ipse

quasi obsidebatur, 146[11] circumventurus circumventus ipse est; dazu
dürfen wir wohl auch rechnen 123[8] cum regum arbiter populus ipsum
se regere non posset und 162[4] dona Neptuno, ut se maris rector in
suo mari regnare pateretur. Andere 'deliciae' sind: 13[7] maxima civitas minimae domus diligentia contineretur, 20[15] triumphalis agricola
und 48[8] classis castrensis, 29[13] Samnium in ipso Samnio requiratur,
88[10] quamvis victus ac vinctus, vidit urbem, 146[4] numquam aerior
neque alacrior, endlich 95[5] die Spielerei mit den Zahlen 4, 14 und
40 und das Wortspiel 121[19] nisi siquis aut caenum dividere vellet
aut caelum. Wir hätten eine Zusammenstellung solcher Stileigen-
tümlichkeiten von seiten des Herausgebers gewünscht. Besonders der
Umstand, daſs der Epitomator Florus auch Liebhaber solcher Künste-
leien ist, ist gewiſs für seine Identifizierung mit dem gleichnamigen
Dichter, dem wir das reizende Wortspiel von arbor und ardor (P.
L. M. ed. Bährens IV Nr. 415) verdanken, nicht wertlos. Übrigens
teilten wir mit Schanz (Röm. Lit. G. III. S. 65) den Wunsch, daſs
eine neue Florusausgabe neben der Epitome nicht bloſs das Brüsseler
Fragment, dessen Verfasser wohl sicher mit dem Historiker identisch
ist, sondern auch die unter Florus' Namen in einer lateinischen Anthologie überlieferten kleineren Gedichte enthalten hätte.

Die schon von Jahn begonnene Untersuchung über die Verstümmelung des Archetypus von A und C ergänzt Rossbach durch
subtile Bemerkungen über die Anzeichen der variae lectiones (praef.
p. XLI). Die Frage nach dem Namen des Autors der Epitome hat
er abweichend von Jahn zu Gunsten von Annaeus entschieden; das
von B überlieferte IVL wird aus LVC zu erklären versucht. Etwas
kurz ist die Frage nach der Lebenszeit des Florus abgethan, besonders
Ungers Annahme. Die sehr schwierige Frage, auf welche Quellen die
Epitome zurückgehe, sucht R. dadurch zu lösen, daſs er sie von den
historiae Senecae patris abhängig sein läſst. Er bringt dafür nicht
bloſs sprachliche, sondern auch sachliche Gründe. Ich bin jetzt geneigt, in diesem Punkte rückhaltlos dem Herausgeber beizupflichten.

Der Text der vorliegenden Ausgabe zeigt eine beträchtlich abweichende Gestalt von der Jahnschen und Halmschen (1863). Der
Grund liegt, wie wir oben gesehen haben, nicht darin, daſs das Prinzip der von Jahn zu Grunde gelegten recensio verschoben wurde;
sondern R. hat durch neue Vergleichungen von B und N eine reiche
Nachlese gewonnen, ferner die jüngeren Handschriften, besonders den
Vossianus 14, besser herangezogen, dazu die von Florus benützten
oder ihn ausschreibenden Schriftsteller sorgfältig berücksichtigt, endlich
die textkritischen Arbeiten von Sauppe, Opitz, Koehler, Goertz und
Beck benützt. Die Abweichungen beziffern sich weit über 300. Vieles
ist freilich bloſs orthographischer Natur, so atque st. adque, apud st.
aput, ecum st. equum 110[16], redit st. rediit, modi st. modii, revives-
centis 56[10] und 97[16], sexagensimum 43[3], monumentum 51[20], se-
quuta 8[20], detrectantibus 38[11], sepulchra 62[14], horrore 79[19], ad-
guberno 98[5] u. ähnl. Doch müssen wir eine so peinliche Sorgfalt
nur freudig begrüſsen, besonders bei Eigennamen. So lesen wir

jetzt abweichend von Jahn 84[10] Sylla, 53[17] Trasymenus, 175[9] Quintilli, 19[19] und 174[18] Gesoriacum, 12[5] Nevius, 88[11] Muluccham, 89[17] Bituitus, 91[10] Teutobodus, 109[9] Casuellanum, 175[18] Armenius st. Arminius u. a.

Die Wortstellung ist geändert 19[5], 21[11], 27[9], 44[5], 45[14], 51[55], 55[17], 59[17], 74[10], 91[21], 93[15], 101[3], 123[11], 135[1], 160[8].

Die Interpunktion ist verbessert 15[3] und 15[4], 32[4], 43[9], 43[20], 53[17], 102[17], 104[14], 157[10].

Grofse Anfangsbuchstaben sind auch mit Recht verwendet 56[18] Cunctator, 57[20] Jnsanorumque, 134[14] Fortunatas insulas, 162[11] Carinae, 138[21] Fortuna, 185[1] Tonantis.

Neu und richtig ist eine Kapitelüberschrift eingeführt 77[18] Res in Hispania gestae und 81[4] Bellum Numantinum.

Wenn der Verfasser die handschriftlichen Abkürzungen von populus (P.) R. statt populus Romanus und r. p. statt res publica beibehält, so ist das nicht so unwichtig als es scheint; denn so wird uns leichter verständlich, wie einmal res publica statt populus Romanus steht — r. p. statt p. r. —, (so der Monacensis 16[17]), ferner dafs es von den Abschreibern selbständig dazugesetzt wurde, wie 30[9], 85[11], vielleicht auch 66[7], oder weggelassen wurde 114[8] (von B), oder Verschreibungen wie peropulum Romanum. Hieher ist auch zu rechnen die handschriftliche Lesart 9[20] ceteraque per sacerdotia, was Salmasius richtig geändert hat in ceteraque p. R. sacerdotia.

Von wichtigeren Abweichungen heben wir hervor 32[6] mains theatrum (Tarenti), 100[14] sub aurea vite Caelum, 107[5] Morini dilabebantur in silvas, 120[12] C. Memmium, 169[18] Ucennos, dazu die ansprechende Vermutung, dafs 57[20] nach Caralim eine gröfsere Lücke sei.

Als eigene Konjekturen des Herausgebers haben wir gefunden 56[18] perculit st. pepulit, 8[18] per virginem Tarpeiam. haec dolose pretium st. virginem Tarpeiam nomine . dolose puella pretium, 35[20] is st. his, 110[1] felicissimam temeritatem st. felicissimae temeritatis, 124[5] media urbe per viam defecit st. mediam urbem per viam fecit, 127[17] prima sedes velut rabidis beluis, 132[15] in penitis templis, im Dialog 182[27] fecundam deinde Creten st. secundam deinde Creten; 9[20] ist creavit hinzugefügt; 108[18] aber hat schon Meiser emendiert: subito Romanus visus st. subito Romana vis.

Unter den Addenda hat der Verfasser mehrere Konjekturen und sprachliche Beobachtungen mitgeteilt, welche ihm W. Heräus nach der Drucklegung des Textes der Epitome gesandt hat. Von ersteren möchten wir beistimmen 23[15], 48[9], 50[4], 57[1], 77[1], 77[10], 127[2], 127[15], 149[3].

An Druckfehlern habe ich nur gefunden 88[18] inaccessoque st. inaccessoque.

Da zur Herstellung des Textes auch mehrere jüngere Handschriften herangezogen wurden — die Sammelbezeichnung ς verschmäht er aber mit Recht —, ferner Jordanis, Orosius und andere sekundäre Quellen (auctor de vir. ill., Augustin, Livius, Quintilian, Lactanz, Sallust) besser berücksichtigt wurden, so ist der kritische Apparat fast um das doppelte gewachsen. Gleichwohl hätten wir noch gewünscht, dafs an den Stellen, wo B und N von einander abweichen und gegen Jahn jetzt die Lesart von N aufgenommen wurde, die Namen derjenigen Kritiker kurz beigesetzt worden wären, welche die Richtigkeit der Überlieferung in N zuerst erkannten und ausführlich begründeten. Manchmal ist es ja geschehen, aber sehr oft nicht, z. B. 13[19] oppida Latio (Opitz), 42[1] obvias (Sauppe und Goertz), 54[20] torrente Vergelli (Goertz und Egen), 88[9] Herculi conditam (Egen), 89[10] de incursionibus corum (Köhler), 95[1] per perfidum (Goertz), 99[13] capitis, ipso capite gentis Artaxatis supplicem (Opitz), 118[12] ius (Egen), 155[6] varius ingenio (Opitz).

Der sorgfältige Index umfafst nicht blofs die Eigennamen, wie bei Jahn, sondern auch die res memorabiles. Möge daher der sehr berechtigte Wunsch des Verfassers, es sollten sich auch die Historiker mehr mit Florus beschäftigen, bald in Erfüllung gehen. Infolge der vielen orthographischen Abweichungen findet man manche Eigennamen nicht da eingereiht, wo bei Jahn; so stehen jetzt Adrianus, Aedui unter H, Herodes und Horoles unter Orodes. Durch ein Versehen fehlen unter H die Namen Hannibal, Hanno und Hasdrubal, obwohl auf sie uuter Anno nach Hanno u. s. w. verwiesen ist.

Die geringfügigen Ausstellungen, die wir machen mufsten, können aber das Lob nicht schmälern, das die vorliegende Ausgabe in vollstem Mafse verdient; sie ist ein Werk besonnener Kritik, gröfster Genauigkeit und Gründlichkeit. Durch sie sind nicht nur die bisherigen Ausgaben des Florus veraltet, sondern ist auch die Florusforschung sehr bedeutend gefördert worden.

Metten.   Dr. F. Schmidinger.

Bulle, Konstantin, Ovids Verwandlungen, in Stanzen übersetzt. Bremen (M. Heinsius Nachfolger) 1898. XVI und 537 S. Preis 6 M., geb. 7,50 M.

Endlich eine Verdeutschung eines römischen Klassikers, die selbst das Prädikat klassisch verdient! Bulles Ovid darf als epochemachend in der deutschen Übersetzungskunst bezeichnet werden, noch mehr: er darf in der modernen Literaturgeschichte einen Platz beanspruchen. Denn Bulle, Schulrat a. D., von Haus aus Historiker der Neuzeit,[1] ist zugleich ein echter Dichter, sein Werk eine dichterische That; er ist ein sprachgewaltiger Meister, bei dem ‚Natur und Kunst‘ sich zum Bunde einen, der alle Skalen der Stimmungen mit genialem Können durchläuft, dem der tändelnde, leichtgeschürzte Ton des 'genialsten Erzählers der Römer' ebenso gelingt als sein künstlerisches Pathos, seine malerische Anschaulichkeit, seine gemütvolle Innigkeit, kurz eine zum Interpreten des Römers gleichsam vorherbestimmte Natur. Da sieht man kein mühsames Nachbilden und Reimen von Vers zu Vers, von Episode zu Episode, sondern mit dichterischer Intuition erfafste

---

[1] Verf. von: Geschichte der Jahre 1871—77, 2 Bde.; Gesch. der neuesten Zeit 1815—70, 2 Bde.; 1815—85, 4 Bde.; Gesch. des zweiten Kaiserreichs u. des Königreichs Italien.

Sagengebilde, formvollendet aus dem Innern hervorquellend. Man möchte dem V. kaum glauben, wenn er (im Vorwort) seine Arbeit als die einzige bezeichnet, „die ihm in jahrelanger Krankheit möglich war": so gesund, so lebenskräftig sprudeln und wogen diese Verse, schwingen sich wie im Tanze diese Reimpaare. Die Wahl der Stanze zur Nachdichtung war diesmal eine überaus glückliche, bei der sich Bulle selbst theoretisch vollkommen klar bewußt war. „Wenn die schlichte Einfalt und volkstümliche Anspruchslosigkeit der homerischen Epen sich gegen die Stanze sträubt, in die man sie neuerdings ja mehrfach zu kleiden versucht hat,[1]) so folgt daraus keineswegs, daß sie auch dem Kunstepos, und zumal der virtuosen Sprach- und Verskunst, der fast modernen Denk- und Ausdrucksweise Ovids nicht angemessen sei." (Vorrede S. XV.) In der That, wenn man durch die Reize des Stils, des Reims und der Strophe die Diktion Ovids mit ihren unabsehbaren Kunst-Mitteln und -Mittelchen zu ersetzen weiß, kann man das Versmaß der Renaissance, in dem der Dichter hier seine Wiedergeburt feiert, nur billigen.

Bulle gibt keine Auswahl, sondern das ganze Werk mit seinen überreichen Vorzügen und kleinen Schwächen wieder. Hie und da hat er mit Recht ein paar unschöne Stellen unterdrückt, so Met. 10,83 sq. Selbst stofflich bedenkliche Sagen, wie die von Byblis, Myrrha, Iphis werden durch den Zauberstab der Poesie gleichsam immunisiert. Die Lektüre hält uns in steter Spannung außer einmal, wo auch das Original langweilig wird, in dem endlosen, die Rhetorenschule verratenden ‚Kampfgespräch‘ zwischen Aias und Odysseus des 13. Buches. Wo der Dichter bald bewußt, bald unbewußt modern wird, weiß der Nachdichter diese Wirkung oft durch eine possierliche Verwendung von Fremdwörtern, wie präsentieren (2, 119), karessieren (2, 139), garantieren (8, 2), frisieren-ausprobieren (13, 131) u. s. w. zu erzielen. Als besonders gelungen laden zum Vergleich mit dem Original, das nicht bloß erreicht, sondern zuweilen übertroffen wird, folgende Strophen ein: die Schöpfung der Gestirne (1, 11), Jo's Rückverwandlung (1, 112), die Verwandlung von Minyas Töchtern (4, 67), die der Feinde des Perseus in Marmorbilder (5, 36). Medeas Monolog (7, 10 f.), die Verwandlung der Myrmidonen (7, 106), Herkules' Tod (9, 39 f.), Iphis' Verwandlung (9, 129 f.), Orpheus in der Unterwelt (10, 7), Hyacinthus' Tod (10, 31), Midas' Reue (11, 24), Pythagoras' Lehren (15, 11, 27 ff.), Schlußwort (15, 146 f.). Diese Anthologie ließe sich leicht verdoppeln und verdreifachen; ich ziehe es vor, den Verfasser in einer kleinen Probe selbst sprechen zu lassen, wo er uns Medeas nächtliche Erscheinung schildert (7, 31 f. = met. 7, 179 f.)

> „Drei Nächte fehlten noch, bis sich zur Scheibe
> Des Mondes Hörner rundeten und mild
> Mit hellem Funkeln auf der Welt Getreibe
> Hernieder schaute Lunas volles Bild.
> Da trat die Fürstin aus dem Schloß; vom Leibe
> Wallt hochgeschürzt ihr Kleid; vom Haupte quillt
> Das Haar auf nackte Schultern; barfuß schreitet
> Sie durch das nächt'ge Schweigen, unbegleitet.

---

[1]) Vgl. S. 319 des vorigen Jahrgangs.

Im Schlummer ruhten Mensch und Tiere tief;
Kein Zwitschern klang aus Büschen und Gehegen;
Es schlief der Wald, der thau'ge Äther schlief:
Nur das Gestirn sah blinkend man sich regen.
Zu dem Job dreimal sie die Händ' und rief
Ihm dreimal heulend ihren Grufs entgegen;
Und als sie dreimal sich aufs Haupt gesprengt
Des Stromes Nafs, fleht sie, das Knie gesenkt . . ."

Wo soviel Licht ist, verschlägt es nichts, auf einige leichte Schatten
ohne Rückhalt hinzuweisen. Härten in der Diktion[1]) oder unedler,
ans Triviale streifender Ton[2]) finden sich äufserst selten; ebenso wenig
unter den zahllosen Reimen wirklich bedenkliche;[3]) dagegen fällt eine
Anzahl von Druckfehlern[4]) und orthographischen oder grammatischen
Verstöfsen[5]) auf; auch in sachlicher Beziehung ist hie und da nicht
alles ganz in Ordnung.[6])

Wenn sich der Verfasser im Vorwort nur an solche Leser wendet,
„die sich aus ihrer Schulzeit eine freundliche Erinnerung an die antike
Dichtung bewahrt haben", so können wir ihm mit vollem Grund wünschen,
dafs sein Leserkreis einen weit gröfseren Umfang habe: für das Schulwesen hat Bulles Buch eine doppelte Bedeutung: einmal ist es ein
Vorkämpfer für das klassische Altertum und dessen Lebensfähigkeit;
gerade solche Übertragungen sind geeignet, den Gegnern der humanistischen Bildung zu zeigen, welche Summe von Bildungsmitteln für
Stil und Geschmack in den Alten stecke. Zweitens hat es einen rein
praktischen Wert: Bulle zeigt uns, wie ein Dichter dichterisch wiederzugeben ist und wie packend er wirkt, wenn das rechte moderne Gewand für ihn gefunden ist. Möge darum das Buch in der Hand jedes

---

[1]) z. B. Tot' erweckst 2, 106.

[2]) z. B. sich drücken (= fliehen) 5, 30, Schwindeleien 7, 50, 'nun lebt durch
mich der Wicht' (Meleager) 8, 84, 'geht dir's an den Kragen' 12, 83. Prosaisch
sind auch 'voll und ganz' 2, 7 oder 'ausschliefslich' 13, 48, 'in Summa' 15, 43.

[3]) z. B. obschon er-Hohu er 3, 94; Hand sich-Schwanz sich 5, 76; frank-
Empfang 8, 45; bewog-hoch 10, 103.

[4]) besonders oft a, o für ä, ö (Atna 5, 59, Ather 7, 53, Oneus 8, 46, 81,
Aneas 13, 116 etc.); ferner: die 2, 113 (für dte), den 3, 36, in 3, 51, Pardeln 3, 110,
führ 3, 106, rufe 4, 24, sie 4, 33, schwinden 6, 24, ringsum 6, 74. nur, aufs neue
10, 42, Kraft 11, 58, von 11, 97, mordend 12, 94, Arcesius 13, 24, nimm 13, 89,
Eurymiden 13, 132, Stein 13, 135, au 13, 141, soeben 15, 5, See 13, 144, Bot 15, 129.

[5]) so immer (all)mälig für (all)mählich (2, 19, 140 und noch 12 mal); defs
für des (2, 65, 16 mal), wefs für wes 15, 20; müssig für müfsig 2, 64, gebüren,
Gebür (4, 73; 15, 47; 6, 80; 14, 73), tötlich (5, 23, 7, 88), Zethes für Zetes 6, 120,
Wärwolf für Werwolf 7, 46; wiederstrebst, wiederfuhr 10, 95; 12, 81; dukend
13, 14, bescheert 13, 25, kreisend für kreifsend 13, 109, ehr für eh'r 13, 137,
Himmelslohn für Himmelsloh'n 3, 51; — des Hirsches 3, 76, des Drachen 9, 33,
in styg'scher Nacht ihm (lies ihn) betten 3, 114, 'zu dem die Tyrier' (die fehlt)
3, 7, du warst es, die mir Beistand lebst 9, 128, defs (lies die) Nymphen 14, 131,

[6]) 1, 6 wird orbis (terrarum) mit 'Kugel' gegeben. 1, 15 'im stillen Frieden
ward die Flur bestellt' (im goldenen Zeitalter?) soll gleichbedeutend sein mit
'mollia securae peragebant otia gentes'. 1, 29 heifst 'corpus' nicht 'Haupt' sondern
'Genossenschaft'. 1, 61 stimmt nicht zu met. 1, 404. — 5, 110 'aus Mopsops (!)
Geschlechte' soll heifsen 'aus Mopsopischem (= attischem) G.', da Μοψοπία =
Attika. 7, 40 = met. 7, 239 ein Mann für: der Mann. 8, 119 ist das bekannte
'cura pii dis sunt' schief wiedergegeben.

Lehrers, der mit Ovid sich zu beschäftigen hat, zur Hebung und Belebung des Unterrichtes sein!

München.   ——— ——   Dr. J. Menrad.

Homers Ilias. Für den Schulgebrauch erklärt von K. F. Ameis. Zweiter Band. Viertes Heft. Gesang XXII—XXIV. Bearbeitet von Prof. Dr. C. Hentze. 3. berichtigte Aufl. Leipzig, Teubner, 1896. — Pr. M. 1.50.

Dieser letzte Teil der Iliasausgabe von Ameis-Hentze reiht sich, was Sorgfalt und Genauigkeit im allgemeinen, Angemessenheit und Vollständigkeit der Anmerkungen insbesondere betrifft, den vorausgegangenen Heften würdig an. Keine schwierigere Stelle bleibt unerläutert und die Erklärungen sind bestimmt und reiflich abgewogen. Wenn im folgenden einzelne Stellen kurz besprochen werden, so sollen damit nicht so fast Berichtigungen zu der vorzüglichen Ausgabe als vielmehr einige Beiträge zur Homererklärung überhaupt gegeben werden. Zu *X* 86 ff. konnte auf die Klagen um Hektor (*Ω* 723—776) insoferne verwiesen werden, als die vorliegende Stelle möglicherweise einen Aöden dazu veranlaßt hat, jene $\vartheta\varrho\tilde{\eta}\nu o\iota\ ^{\prime\prime}E\kappa\tau o\varrho o\varsigma$ dem Gedichte einzuverleiben. Vgl. *Ω* 36, 422 f., 619 f.—126 f. Die Erklärung, welche H. von diesen etwas dunklen Worten gibt, indem er die Präposition $\dot\alpha\pi\acute o$ in $\dot\alpha\pi\grave o\ \delta\varrho\upsilon\grave o\varsigma\ o\dot\upsilon\delta^{\prime}\ \dot\alpha\pi\grave o\ \pi\acute\epsilon\tau\varrho\eta\varsigma$ im Sinne von „ausgehend von, anhebend von" faßt, ist zu billigen. Schon Fäsi erklärte im wesentlichen so und W. Jordan (Homers Ilias übersetzt) schloß sich ihm an. — Vollständig beistimmen muß man ferner dem Herausg., wenn er in 202—207 einen ungehörigen Zusatz sieht. Die Gründe hiefür finden sich bereits bei Jordan (Hom. Il. übers.) erörtert. — Hinsichtlich der Klagen des Priamos, der Hekabe und der Andromache 416 ff., 430 ff. und 477 ff. hat Ref. in seinem Programm: die Klage um Hektor im letzten Buche d. Il. 1881, S. 39 f. die Ansicht vertreten, daß sie eine Nachahmung der $\vartheta\varrho\tilde{\eta}\nu o\iota$ in *Ω* seien. Was ihn zu diesem Urteile bestimmte, war ein Umstand, der bereits die Alten bewog, 487 bis 499 zu athetieren; er fand im Vergleich mit *Ω* 725 ff. in dem Ganzen ein überschwengliches Pathos, ein übertriebenes Streben nach Effekt, wie es bei dem nachahmenden Dichter natürlich wäre, der sein Original zu überbieten sucht. Doch lehrt reiflichere Überlegung, daß dieser Tadel weder des Priamos Klage noch die der Hekabe trifft, sondern einzig und allein die Rede der Andromache. Läßt man aber in dieser mit Hentze 506 unmittelbar auf 486 folgen, so daß ausser den oben genannten auch noch 500—505 verworfen werden, so verläuft alles ohne Anstoß und es fällt jeder Anlaß, einen späteren Ursprung dieser Klagereden anzunehmen, weg. Somit möchte Ref. seine a. a. O. ausgesprochene Ansicht über das Verhältnis der Klagen in *X* zu denen in *Ω* heute nicht mehr aufrecht halten.

Ψ 17. Die Wendung $\dot\alpha\delta\iota\nu o\tilde{\upsilon}\ \dot\epsilon\xi\tilde{\eta}\varrho\chi\epsilon\ \gamma\acute o o\iota o$ leitet hier allerdings keine Klage ein, sondern ist mit Rücksicht auf die im vorausgehenden geschilderte Situation mehr formelhaft angewendet. Gibt man dies

zu, so wird man nichts Befremdendes in dem Ausdruck finden. —
48. Πειθώμεθα δαιτί ist entweder nach Θ 502 oder Ι 65: πειθώμεθα
νυκτὶ μελαίνῃ — nicht eben glücklich — gebildet. H. führt nur die
erstere Stelle an. — Zu 72 war zu bemerken, daſs die hier ausgesprochene Vorstellung von dem Abwehren der Seele eines unbestatteten
Leichnams durch die in der Unterwelt befindlichen Schatten ganz vereinzelt dasteht. Auch konnte ausser der Elpenorepisode λ 54 ff. noch
Verg. Aen. VI 325 ff. verglichen werden. — 75. Wie kann das εἴδωλον
des Patroklos dem Freunde sagen καί μοι δὸς τὴν χεῖρα, da dies doch
unmöglich war, wie V. 100 ausdrücklich hervorgehoben ist? — In der
Anmerkung zu 112 wird zur Erklärung des ὀρώρειν zwar die Wurzel
ϳορ erwähnt, das bekannteste Wort derselben aber, ὁράω, nicht. —
223 ὅς τε θανὼν δειλοὺς ἀκάχησε τοκῆας ist wohl der älteste Ausdruck des schönen Gedankens, daſs Kinder durch ihren Tod die
Eltern zum ersten und letztenmal oder am meisten betrüben, ein
Gedanke, der bekanntlich so häufig in antiken Grabschriften wiederkehrt. Die allgemeine Anschauung, deren besondere Unterart die erwähnte Vorstellung ist, daſs überhaupt unsere Lieben durch ihren
Tod uns den einzigen oder gröſsten Kummer bereiten, ist u. a. o
356 f. ausgesprochen, wo es von der Gattin des Laertes heiſst: ἥ ἑ
μάλιστα ἤκαχ᾽ ἀποφθιμένη. — 287. Die Angabe des Herausg. zu dieser
Stelle im Anhang (Heft VIII S. 74), daſs ἔγερθεν die Lesart Aristarchs
sei, was auch Cauer in seiner Ausgabe (Hom. Il. schol. in us, ed.
P. Cauer, pars II 1891) schreibt, ist nicht richtig. S. W. Christ in
seiner Ausgabe zu dieser St. — 335 f. Den Rat αὐτὸς δὲ κλινθῆναι
ἐυπλέκτῳ ἐνὶ δίφρῳ ἦχ᾽ ἐπ᾽ ἀριστερὰ τοῖιν (i. e. ἵπποιν) „du selbst
lehne dich sachte nach der linken Seite deines Gespannes" erteilt
Nestor seinem Sohne, damit dieser nicht beim scharfen Wenden des
Wagens um den als Ziel dienenden Pfahl (νύσσα) durch die Wirkung
der Centrifugalkraft nach der entgegengesetzten Seite hin aus dem
Wagen geschleudert wird. — 703. Zu ἐνὶ σφίσι τῖον Ἀχαιοί vergleicht
G. Stier (in seiner Ausg.) mit Recht den deutschen Ausdruck „unter
Brüdern."

Ω 31. Die von H. vorgetragene Deutung des ἐκ τοῖο verdient
Billigung. Merkwürdig aber ist es doch, daſs an den beiden Ilias-
stellen, wo der Vers ἀλλ᾽ ὅτε δὴ ῥ᾽ ἐκ τοῖο δυωδεκάτη γένει᾽ ἠώς vorkommt, die Beziehung von ἐκ τοῖο Schwierigkeit macht; denn auch
Α 493 ist es keineswegs leicht zu entscheiden, auf welchen Zeitpunkt
sich die Worte ἐκ τοῖο beziehen. — Ω 36 gehört zu den Stellen, welche
einen Nachdichter veranlassen konnten, eine Weheklage um Hektor am
Schlusse einzuschieben. Vgl. oben zu Χ 86 und des Ref. oben er-
wähntes Programm S. 37 f. — 82. Wenn, wie H. richtig bemerkt,
χῆρα φέρειν sonst immer mit dem Dativ, nie wie hier mit ἐπί verbunden wird, so ist es interessant, daſs Plato (Jo p. 538 c) den Vers
so ciliert: ἔρχεται ὠμηστῇσι μεῖ᾽ (st. ἐπ᾽) ἰχθύσι πῆμα φέρουσα. Vgl.
A. Ludwich, die Homervulgata als voralexandrinisch erwiesen, S. 113.
— 390. Die Aufnahme der Konjektur A. Naucks u. A. Römers πεῖρα᾽
ἐμεῖο, γέραιέ, καὶ εἴρεο Ἕκτορα δῖον muſs, wenn sie auch bei den

Herausgebern keine Billigung gefunden hat, im Interesse des Sinnes immer wieder gefordert werden. Der Erklärungsversuch Hentzes vermag den Anstofs nicht zu beseitigen; erst 406 ff. fragt Priamos nach seinem Sohne. — In 411 bis 431 finden sich manche Motive, die in der Klage der Hekabe 748—759 wieder auftauchen, vgl. das genannte Progr. S. 38. Insbesondere bilden die VV. 422 f. das Thema jener Klagerede. Ebenso mochten auch 619 f. einen Aöden zur Abfassung eigener ϑρῆνοι anregen. — 649. Hier wäre ein Wink über ἐπικερτομέων „neckend" nicht überflüssig gewesen, da mitunter unrichtige Auffassungen der Stelle begegnen. So erklären Fäsi-Franke: „Derselbe Achilleus, der auf eigene Hand dem Priamos einen elftägigen Waffenstillstand . . . . . bewilligt, kann im Ernst . . . nicht daran denken, dafs Agamemnon der Auslösung der Leiche hindernd . . . in den Weg treten werde". Warum sollte er nicht daran denken? Fürchtet doch 637 f. auch Hermes für Priamos Schlimmes, wenn ihn Agamemnon und die übrigen Achäer entdecken. Richtiger sagt Stier über κερτομέων: „Dafs Priamos seine Lagerstätte draufsen erhält, was dem Dichter für den Fortgang der Erzählung notwendig ist, mufs Achilleus natürlich anders begründen". — 696 f. οἱ δ' εἰς ἄστυ ἔλων . . . . . ἵππους, ἡμίονοι δὲ νέκυν φέρον. H. merkt hiezu an, dafs die selbständige Ausführung ἡμίονοι . . . φέρον den Schein erwecke, als ob Priamos und Idaios auf dem δίφρος führen, die Maultiere aber mit Hektors Leiche ohne Lenker folgten. Noch mehr als unsere Stelle führt auf diese Vorstellung V. 701, nach welchem Kassandra von der Burg aus φίλον πατέρ' εἰσενόησεν ἑστεῶτ' ἐν δίφρῳ κήρυκά τε ἀστυβοώτην. Fäsi erklärte thatsächlich so, während Franke diese Deutung kaum richtig nennt. Und in der That wird man sich trotz allem die Sache so vorzustellen haben, wie H. und Franke meinen und der Dichter selbst für den Weg des Priamos aus der Stadt ins achäische Lager 324 ff. deutlich angegeben hat. — Zu 725 ff. spricht der Herausg. schon im Kommentar (noch ausführlicher im Anhang) mit aller Entschiedenheit seine Meinung dahin aus, dafs die Versuche einer strophischen Gliederung der drei Klagereden zurückzuweisen seien. Der ausschlaggebende Grund hiefür ist und bleibt, wie H. richtig sagt, dafs es keinem jener Versuche geglückt ist, in den einzelnen Reden eine der lyrischen Komposition entsprechende Gedankengliederung nachzuweisen. Andererseits möge aber auch nicht verschwiegen bleiben, dafs Stier (in seiner Ausg. zu V. 778) geneigt ist, eine Dreiteilung in προῳδός, μεσῳδύς und ἐπῳδύς in den drei ϑρῆνοι anzunehmen. Ref. kann sich dagegen nur auf das berufen, was er in dem oft angeführten Progr. (S. 24—33) gegen den Gliederungsversuch R. Peppmüllers geltend gemacht hat.

München.　　　　　　　　　　———　　　　　　　　　M. Seibel.

Bemerkungen zu Xenophons Anabasis von Wilhelm Gemoll, Leipzig, Teubner 1897.

Die Bemerkungen, ein Sonderabdruck aus dem 24. Suppl. Band der Jahrb. f. kl. Philol., verfolgen den Zweck, die Änderungen, welche

Gemolls Anabasisausgabe dem Texte Hugs gegenüber aufweist, zu rechtfertigen, wobei es sich hauptsächlich um den Dialekt und die Verwertung der Haupthandschrift Cpr. handelt. Die Ausführungen sind in zwei Hauptgruppen zusammengefafst, von denen die erste, „Grammatisches", das ganze Gebiet der Grammatik von der Lautlehre angefangen systematisch behandelt, meist gestützt auf das attische Inschriftenmaterial und die darauf bezügliche Literatur (Meisterhans u. a.). Manche dieser Bemerkungen ist auch für die Schulgrammatik interessant und nutzbar, in die ja auch schon einiges Neue Eingang gefunden, so z. B. $\mu\epsilon\tilde{\iota}\xi\omega$, $\tilde{\epsilon}\mu\epsilon\iota\xi\alpha$ von $\mu\acute{\iota}\gamma\nu\nu\mu\iota$. Hingewiesen sei etwa noch auf die Optativendungen $\alpha\iota\epsilon\nu$ neben $\epsilon\iota\alpha\nu$, auf das Futur von $\beta\iota\beta\acute{\alpha}\zeta\omega$, von dem Gemoll die kontrahierte Form verwirft, $\delta\iota\alpha\beta\iota\beta\acute{\alpha}\sigma\sigma\nu\tau\epsilon\varsigma$ IV 8,8 für $\delta\iota\alpha$-$\beta\iota\beta\tilde{\omega}\nu\tau\epsilon\varsigma$, daher sogar gegen die Handschriften in V 7, 7 $\tilde{\epsilon}\mu\beta\iota\beta\tilde{\omega}$ in $\tilde{\epsilon}\mu\beta\iota\beta\acute{\alpha}\sigma\omega$ ändert, mit Berufung auf Meisterhaus, nach welchem die Verba auf $\acute{\alpha}\zeta\omega$ nur ein Futur $\acute{\alpha}\sigma\omega$ bilden, während Kühner-Blafs (griech. Gramm. II p. 108) die kontrahierten Formen als sehr gewöhnlich bezeichnet. Weitere Beachtung verdienen u. a. auch die Zusammenstellungen über die Modi in Nebensätzen. Die zweite Gruppe „Textkritisches" befafst sich mit Verteidigung handschriftlicher Lesarten, mit Konjekturen, fremden und eigenen (d. h. des Verfassers), von welch letzteren einige ausführlicher begründet sind, so I 3,16 $\nu\alpha\nu\sigma\acute{\iota}$ (für $\pi\acute{\alpha}\lambda\iota\nu$) $\tau\grave{o}\nu$ $\sigma\tau\acute{o}\lambda o\nu$ $K\acute{\nu}\varrho o\nu$ $\pi o\iota o\nu\mu\acute{\epsilon}\nu o\nu$ und I 4,5 wo $\epsilon\tilde{\iota}\sigma\omega$ $\varkappa\alpha\acute{\iota}$ gestrichen wird.

Aristophanis Equites recensuit Adolphus von Velsen, editio altera, quam curavit Konradus Zacher, Lipsiae in aedibus B. G. Teubneri 1897. (XXII, 109.)

Für den durch Krankheit behinderten Bearbeiter der ersten Ausgabe trat in der vorliegenden sehr gründlichen Umarbeitung K. Zacher als der gewifs hiezu berufenste Ersatzmann ein. In der praefatio weist derselbe zunächst darauf hin, dafs das handschriftliche Material ergänzt und bereichert wurde durch eine neue, von Velsen besorgte Vergleichung des Parisinns A und des Ravennas von Rud. Schoell, aufserdem noch durch die Ausbeute aus Velsens Untersuchungen zum Venetus, sowie aus des Herausgebers eigenen Forschungen; aufser letzteren kamen für Handschriften und Scholien noch in Betracht die einschlägigen Arbeiten von Alb. Martin, T. W. Allen, J. Augsberger (praef. p. VIII). Für die discrepantia scripturae (unter dem Text) wurden verwertet der Ravennas, Venetus, Parisinus, Laurentianus Γ und Θ, Vaticanus und Ambrosianus, sowie die editio Aldina und Suidas; dagegen fand der Laurentianus $\varDelta$ nur mehr ausnahmsweise Berücksichtigung, nachdem eine neue Untersuchung dessen Unwert dargethan. Keine Aufnahme fand hiebei alles auf Orthographie, Accent, Spiritus, die sigla personarum bezügliche, worüber die praefatio p. XII bis XIX genaue Rechenschaft ablegt. In der Textgestaltung bekennt sich Zacher zu konservativeren Grundsätzen als sein Vorgänger und in der admotatio critica will er nur eine Auswahl der wirklich wertvollen und

beachtenswerten Konjekturen geben.   Da für diese Punkte der Herausgeber eine eigene Schrift („Aristophanesstudien") zur ausführlichen Begründung des von ihm eingeschlagenen Verfahrens in Aussicht stellt,
glaubte sich diese Anzeige zunächst auf Vorstehendes beschränken
zu können.

München.   ——————   J. Wismeyer.

Entstehung und Komposition der Platonischen Politeia von Joseph Hirmer.   Eine von der philosophischen Fakultät
der Universität München gekrönte Preisschrift. Leipzig, Teubner 1897.

Die sich immer noch widersprechenden Ansichten über Entstehung
und Komposition der plat. Politeia haben eine erneute Bearbeitung
dieses Problems wünschenswert und notwendig gemacht.   Da der Verfasser ein viel bearbeitetes Gebiet betrat, mufste er eine zusammenfassende Übersicht und Kritik der einschlägigen Arbeiten und Ansichten der eigenen Untersuchung vorausgehen lassen.   Auf diese Weise
gewinnen wir durch die vorliegende Schrift eine gründliche, vielleicht
lückenlose kritische Aufklärung über den Stand dieser platonischen Frage.

Das Verfahren Hirmers macht den Eindruck grofser Eindring-
lichkeit, die bei der Menge und Verschiedenheit der Ansichten eine
notwendige Bedingung ist.   Er zeigt nämlich ebensoviel Gründlichkeit
und Umsicht als Schärfe und Strenge des Urteils, wodurch das Thema
mit sicheren Schritten einer überzeugenden Lösung entgegengeführt
wird; freilich steigert sich die Sicherheit des Urteils schliefslich zu
einer gewissen Zuversichtlichkeit.

Das Gesamtergebnis der Schrift ist im Schlufswort folgendermafsen
zusammengefafst: „Die Politeia ist ein grofsartiges Kunstwerk mit
einheitlicher Konzeption und Komposition; sie ist kaum vor 380 begonnen und wurde sicher um 370 vollendet.   Was die Veröffentlichung
betrifft, so ist es möglich, dafs sie nicht auf einmal, sondern in Teilen
erfolgte."   Hinsichtlich der Einheitlichkeit der Politeia habe ich schon
1882 in „Platons Politeia nach Inhalt und Form betrachtet" als Endergebnis meiner Untersuchungen folgende Sätze aufgestellt: „Ich nenne
daher die Methode Platos in der Darstellung des Werkes eine genetische
und als den Zweck des Ganzen bezeichne ich die Schilderung der
besten Staatsverfassung nicht auf Grund formaler Gesetze, sondern
der entsprechenden moralischen Tüchtigkeit aller." p. 92. „In
der Politeia vereinigen sich diese vereinzelten Darstellungen zu einem
organischen Ganzen." p. 93. „Vorläufig läfst sich noch behaupten, dafs die Politeia Platons ein einheitliches, organisch
gebildetes Werk ist.   Das Ganze ist mit Absicht und Bewufstsein
aneinander gekettet und in anschaulicher genetischer Entwicklung uns
vorgeführt." p. 107. Vom 10. Buch der Politeia jedoch hatte ich schon
damals p. 79 die nochmalige unerwartete Erörterung über die
dramatische Poesie als einen „Nachtrag" bezeichnen zu müssen geglaubt.   Obwohl dieser „Nachtrag", von dem höheren Standpunkte
der Ideenlehre aus behandelt wird, so konnte ich mich doch nicht der

Überzeugung verschliefsen, dafs dieser Nachtrag **unorganisch** d. h.
an **unrechter Stelle** eingefügt ist. Dieser Ansicht habe ich Ausdruck gegeben in meinem Aufsatz: Über das Verhältnis der plat. Politeia zum Politikos" (Philologus 53 p. 27. Anm.) Diese meine Überzeugung ist durch die vorliegende Schrift nicht erschüttert worden.
Hirmer gibt p. 624 selbst zu, dafs dieser Abschnitt des X. Buches ihm
ganz unerwartet kommt. Er nennt ihn p. 625 auch einen
„Nachtrag." Der Beweisversuch jedoch, dafs dieser Nachtrag am
passendsten Platze stehe, ist als mifslungen zu bezeichnen. Die
8 ersten Kapitel des X. Buches weisen nach, dafs die dramatische
Poesie als philosophisches **Lehrmittel** ungeeignet ist, weil diese
Dichtung nicht das **Seiende**, sondern den **Schein** darstellt.
(φαντάσματα, ἀλλ' οὐκ ὄντα ποιοῦσιν 599 A). Die Dichter stehen
nur auf der dritten Stufe der Erkenntnis. Sie stellen nicht die Ideen
selbst, auch nicht εἴδωλα derselben, sondern nur ihre subjektiven Phanta-
siegebilde dar. Sie geben keine Erkenntnis der Wahrheit, sie sind πόρρω
τῆς ἀληθείας, πόρρω φρονήσεως (603 A). Sie wenden sich nicht an
das λογιστικόν der Seele, sondern an den 3. unvernünftigen Teil derselben. Sie sind also aus dem Staate auszuscheiden, weil sie nicht
zur Wahrheit und Weisheit, zur Erkenntnis der Ideen führen Dieses
Thema pafst nicht zwischen den Schlufs des IX. und den zweiten Teil
des X. Buches, weil es mit diesen keinen Zusammenhang hat. Der
Schlufs des IX. Buches gibt „den Nachweis, dafs der Gerechteste am glück-
lichsten ist", der Gerechteste ist aber der ἀνήρ μουσικός, derjenige, der
in seiner Seele die Harmonie der Teile unter der Herrschaft des
λογιστικόν hergestellt hat. Dieser Mann ist der Philosoph, der nur
in dem oben geschilderten Idealstaate leben mag. An diese vollendete
Seelenharmonie und Güte des Philosophen würde sich nun logisch und
organisch der Lohn dieser Vollkommenheit und Tugendhaftigkeit im
Jenseits anschliefsen, was erst vom 9. Kapitel des X. Buches an erörtert wird. Dieser organische Zusammenhang erscheint zerrissen durch
die Episode über die Unzulässigkeit der dramatischen Poesie. Mit
Unrecht verwirft daher Hirmer die Behauptung Windelbands, dafs die
wiederaufgenommene Diatribe gegen die Dichter störend dazwischen
stehe. Jeder Unbefangene wird vielmehr diese Ansicht Windelbands
teilen. Es ist nicht erweisbar, dafs diese Dichter-Episode am passendsten Platze stehe. Wohl aber läfst sich eine Stelle in der Politeia
bestimmen, wo diese Episode als eine „willkommene Ergänzung" eingefügt zu denken ist. Ich habe schon in meiner Schrift „Platons
Politeia" p. 79 bemerkt: „Dieses Verhältnis der Poesie zu den philosophischen Wissenschaften hätte gleich im VII. Buche dargelegt werden
können." Diese Einfügung hält Hirmer p. 625 für „störend", ohne
diese wichtige Zurückweisung eines Beweises bedürftig zu halten.
Denn wenn er sagt, die Erörterung über die philosophischen Herrscher
und ihre wissenschaftliche Ausbildung würde dadurch gestört, so ist
das eine Täuschung. Es läfst sich vielmehr erweisen, dafs die Erörterung des VII. Buches über die wissenschaftliche Heranbildung der
philosophischen Herrscher eine Behauptung enthält, welche eine ein-

gehende Rechtfertigung und Begründung von Seiten Platons nötig macht. Diese Behauptung findet sich im VII. Buche 522 A. Unmittelbar voraus 521 Cf. wird jenes μάθημα gesucht, welches die Seele aus der Dunkelheit zum wahren Lichte des Seienden, zur wahren Philosophie emporführt. Die Gymnastik ist dies nicht, die Musik, wie sie früher III. B. für die Erziehung der φύλακες verlangt wurde, ist es auch nicht. Unter μουσική war dort zu verstehen Mythologie, P o e s i e in der gereinigten Form des ἐπιεικές, Gesang und Instrumentalmusik. Von dieser μουσική wird jetzt behauptet, daſs sie zwar harmonische Seelenstimmung verleiht, aber keine Einsicht ἐπιστήμη. Jenes μάθημα, das jetzt gesucht wird, liegt nicht in der μουσική, sondern in den Wissenschaften, die im folgenden durchgegangen werden. Diese n e u e Behauptung Platons, daſs die μουσική keine ἐπιστήμη verleiht und deshalb für die Erziehung der Philosophen ungeignet ist, bedarf doch der Begründung. Diese notwendige Ergänzung ist dargestellt durch die 8 ersten Kapitel des X. Buches. Und wenn Hirmer diesen Abschnitt einen „Nachtrag" zu nennen gezwungen ist p. 625, so gibt er doch damit zu, daſs Plato diesen Passus für einen n a c h t r ä g l i c h e n betrachtet wissen will, der eine frühere Lücke ausbessern soll, daſs er nicht eine Fortsetzung des IX. Buches, noch eine Vorbereitung für den letzten Abschnitt des X. Buches sein kann, daſs er somit u n o r g a n i s c h eingeschoben ist. Daraus folgt ferner, daſs die Politeia nicht in einem Zuge geschrieben ist, daſs nicht „die schönste Harmonie und Ordnung" herrscht, daſs nicht j e d e r Teil „an dem für ihn geeignetsten Platze" steht.

Was das I. Buch der Politeia anlangt, so ist für mich ein überzeugender Beweis noch nicht erbracht, daſs dasselbe kein selbständiger Dialog, daſs es kein vorangesetztes Anhängsel, sondern das p a s s e n d s t e προοίμιον ist, das w u n d e r v o l l zur Darstellung der Politeia paſst. Diese Entscheidung bedarf noch einer eingehenden Voruntersuchung.

Im übrigen ist den Ergebnissen und der Methode des Verfassers mit hoher Anerkennung zuzustimmen. Seine Arbeit kann das Verdienst in Anspruch nehmen, daſs mit Ausnahme der von mir bestrittenen Punkte eine endgiltige Übereinstimmung in der Beurteilung der plat. Politeia durch sie möglich gemacht ist.

Würzburg. N u s s e r.

Der griechische Physiologus und seine orientalischen Übersetzungen. Von Prof. Dr. Emil Peters. Berlin. Verlag von S. Calvary u. Comp. 1898.

Zu den Büchern, die mehr genannt als gekannt werden, gehört unstreitig der Physiologus. Seine althochdeutschen, altenglischen, provençalischen, altfranzösischen u. s. w. Übersetzungen beschäftigen ja die Sprachforscher schon lange, aber gerade von dem griechischen Originale dürften wohl die meisten Gebildeten kaum mehr als den Namen gehört haben. Und doch ist er allgemein interessant und wichtig, sowohl durch seine Herkunft als auch durch seine Bedeutung im Mittelalter.

„Er ist nämlich ein Produkt ägyptischer und hebräischer Tier-
symbolik. Mit seinen ältesten Bestandteilen, den Stücken vom Phönix und
vom Wildesel und Affen reicht er zurück in das zweite Jahrtausend vor
Christus. Seine Quelle und Vorlage mögen die von Heliodor (Aethiop.
III. c. 7, 8) erwähnten heiligen Tierbücher der ägyptischen Priesterschaft
gewesen sein." Für den ägyptischen·Ursprung sprechen eine Reihe von
Beweisen: ja Fritz Hommel, der die äthiopische Bearbeitung übersetzt
und sich auch sonst um die Geschichte des ältesten Physiologus viele
Verdienste erworben hat, vermochte sogar zu erweisen, daſs derselbe
nur in Alexandria entstanden sein kann. In die Zeit der Ptolemäer
also, da die reine Naturwissenschaft eines Aristoteles und Theophrast
durch ϑαυμάσια ἀκούσματα, durch ἱστοριῶν παραδόξων συναγωγαί und
Ähnliches überwuchert wurde, fällt die Entstehung jener „Naturgeschichte, welche unter dem Titel Φυσιολόγος ein, wie es scheint,
allgemein bekanntes und verbreitetes Schul- oder Volksbuch wurde.
Der Verfasser desselben war nicht bekannt, hatte sich wohl auch
niemals genannt. Diese Schrift nun erwählten sich christliche Theologen, vielleicht Judenchristen aus Alexandria, wie aus der Benützung
der Septuaginta hervorgeht. Sie entnahmen aus derselben meist solche
Tiere, deren Typen sie bereits im alten Testamente vorfanden, und
indem sie diese Stelle citierten, fügten sie mit dem stereotypen: ὁ φυσιολόγος ἔλεξε περὶ κ. τ. λ. aus dem Ph. das hinzu, was er Wunderbares
oder Merkwürdiges von dem Tiere berichtete und schlossen daran
ihre ἑρμηνεία d. h. ihre christlich moralische Auslegung. Es ging nur
der Name Physiologus von dem ursprünglich heidnischen naturgeschicht-
lichen Buche auf das neue aus Ph. u. christlicher Moralisation zusammengesetzte Buch über, das, so wie es uns vorliegt, etwa in das
Jahr 140 unserer Ära zu setzen ist. Dasselbe war weit verbreitet,
wird von älteren (alexandrinischen) Kirchenvätern citiert; von Gelasius
gewisser häretischer (Geostischer) Stellen halber als unecht verworfen,
ward es von Gregor dem Grofsen wieder zugelassen und beherrscht
dann das ganze Mittelalter, bis es im Zeitalter der Reformation all-
mählig verschwindet. Seine Spuren aber begegnen uns heute noch,
denn treten wir in einen mittelalterlichen Dom, „so sehen wir auf den
gemalten Glasfenstern, auf Altar- und Wandgemälden und als Skulpturen an den Portalen oder an den Kapitälen der Säulen, als Schnitz-
werk an den Altären und Chorstülen: Löwe, Einhorn, Panther, Hirsch,
Pelikan, Adler, Phönix, Schlange und viele andere Tiere, aber wir
vermögen nicht mehr ihre Symbolik uns zu erklären. Den Schlüssel
und die Erläuterung aller dieser symbolischen Tierformen gewährt uns
nun der Physiologus."

Darum also ist es ein verdienstliches Unternehmen, wenn jetzt
weiteren Kreisen eine auf textkritischer Grundlage beruhende Übersetzung des Physiologus geboten wird. Die Anmerkungen geben auch
die Varianten der orientalischen Übersetzungen, die somit auch dem
nicht Sprachkundigen zugänglich werden; bisher war das nur beim
äthiopischen der Fall, den Hommel übersetzte.

Als Probe, wie P.·sich bemüht, auch die etwas unbeholfene

Sprache nachzuahmen, gebe ich eines der kleineren Stücke im griechischen Texte (nach Pitra Spicilegium Solesmense c. XXXIX. S. 361.) und in der Übersetzung Peters'. cap. 51.

Περὶ Σαλαμάνδρας.

Ὁ φυσιολόγος ἔλεξε περὶ αὐτῆς. Ὅτι ἐὰν εἰσέλθῃ εἰς τὸν κάμινον τοῦ πυρός, σβέννυται ἡ πυρά. ἐὰν δὲ εἰς ὑποκαυστήριον βαλανείου, σβέννυται τὸ ὑποκαυστήριον.

Ἑρμηνεία. Εἰ οὖν ἡ σαλαμάνδρα σβέννυσι τὸ πῦρ τῇ ἑαυτῆς φυσιολογίᾳ, πόσῳ μᾶλλον ⟨εἰκὸς⟩ τοὺς δικαίους, τοὺς κατὰ δικαιοσύνην περιπατήσαντας, καὶ σβέσαντας τὸ πῦρ, καὶ φράξαντας στόματα λεόντων.

Καλῶς οὖν ὁ φυσιολόγος ἔλεξε περὶ σαλαμάνδρας.

Freising.

Der Salamänder.

Es steht geschrieben: „Wenn ihr auch durch Feuer gehet, so wird euch die Flamme nicht verbrennen." (Jes. 43. 2) Der Physiologus erzählte vom Salamänder, dafs er, wenn er in den Feuerofen hineingeht, er ihn auslöscht, und wenn er in den Badeofen hineingeht, er das ganze Bad auslöscht.

Wenn nun der Salamänder durch seine Eigenschaft das Feuer auslöscht, um wieviel mehr ist es natürlich, dafs die Gerechten, die in Gerechtigkeit wandelnden, sowohl das Feuer ausgelöscht haben, als auch die Rachen der Löwen verstopft haben. (Hebr. 11, 33 ff.) . . . . Schön nun sprach der Physiologus vom Salamänder.

H. Stadler.

Dr. Chr. Herwig. — Lese- und Übungsbuch für den griechischen Anfangsunterricht. Zweite Auflage. Bielefeld und Leipzig, Velhagen und Klasing.

Die erste Auflage des vorliegenden Übungsbuches hatte mit einem eigenen Mifsgeschick zu kämpfen: sie erschien etliche Monate vor der „Dezemberkonferenz" und durfte erst nach dreijähriger Wartezeit — zu Ostern 1894 — in Preufsen eingeführt werden. Nicht genug damit! Die Arbeit selbst wurde in ihren Teilen grundverschieden beurteilt. Während die Lesestücke und das Vokabular fast allerorten verdiente Anerkennung fanden, wurde an den deutschen Übungsstücken soviel geladelt, dafs H. — wie er in den Vorbemerkungen zur zweiten Auflage selbst sagt — einen Strich durch die bisherigen deutschen Stücke machte und ganz neue ausarbeitete.

Offengestanden hätte es diese Radikalkur nicht nötig gehabt: H.s deutsche Übungsstücke waren vielleicht ab und zu schwierig, der Schüler konnte aber dabei sicherlich etwas lernen. Wenn in der zweiten Auflage die eine oder andere Schwierigkeit beseitigt oder erleichtert worden wäre, dürfte es genügt haben. Die jetzigen deutschen Übungsstücke scheinen mir in den ersten zwanzig Nummern wenigstens zum Gegenteil zu neigen — sie sind zu leicht. Die deutschgriechischen Stücke sollen den Schüler auch veranlassen, selbständig zu arbeiten, nicht blofs zu variieren.

Abgesehen hievon, müssen wir der Arbeit H.s in der zweiten Auflage ebenso unsere Anerkennung zollen, wie sie die erste Auflage sicherlich verdient hat.

Der Druck ist sauber, Papier und Ausstattung vorzüglich.

Dr. F. J. Scherer und Dr. H. A. Schnorbusch, Übungsbuch nebst Grammatik für den griechischen Unterricht
der Tertia, bearbeitet von —; 5. Aufl. bearbeitet von Dr. F. J. Scherer.
Paderborn, Schöningh.

Die vorliegende fünfte Auflage unterscheidet sich von der vorausgehenden vierten vor allem dadurch, dafs in ihr „die Hauptregeln
der Syntax" Aufnahme fanden; diese werden in der Grammatik von
p. 106 — p. 123 geboten. Die gewählten Beispiele müssen durchweg
als gut bezeichnet werden; sie zeigen die Regel stets klar. Hingegen
ist zu bezweifeln, ob die — mit den Beispielen — auf vier Seiten
zusammengedrängte Kasuslehre genügt.

Sonst findet man in der neuen Auflage überall, wo es nötig und
möglich war, Verbesserungen: die Erklärungen schwieriger Stellen in
den gebotenen griechischen Sätzen sind reichlicher, die für den Schüler
der Tertia gerade nicht mehr neue Erzählung der Götter- und Heldensage ist in Wegfall gekommen.

Der Druck ist — eine Reihe abgesprungener Accente und
Spirituszeichen abgerechnet — sehr sauber, das Papier gut.

München.   Stapfer.

Karl Dieterich, Untersuchungen zur Geschichte der
griech. Sprache von der hellenistischen Zeit bis zum
10. Jahrh. n. Chr. (Byzantinisches Archiv als Ergänzung der
byz. Zeitschr. in zwanglosen Heften herausgeg. von K. Krumbacher.
Heft 1.) Leipzig, Teubner 1898, XXIV 326 S. — 10 M.

Der Verf. hat sich die Aufgabe gestellt, „die sprachlichen Keime
des Neugriechischen in möglichst weitem Umfang auf Grund der Papyri
und Inschriften festzustellen, während die literarischen Denkmäler erst
in zweiter Linie herangezogen wurden". Im wesentlichen wollen
die Untersuchungen nichts weiter sein, „als eine mehr systematische
Ausgestaltung des 3. Kapitels von Hatzidakis' Einleitung in die neugriechische Grammatik". Es werden also die abweichenden Formen
der modernen Sprache nach den grofsen Rubriken des Vokalismus,
Konsonantismus und der Formenlehre besprochen und durch
eine Reihe von Beispielen aus Papyri und Inschriften von der hellenistischen Zeit an bis zum 10. Jahrh. belegt. Hiedurch wird das Resultat
von Hatzidakis, dafs die Keime des Neugriechischen weit vor dem
10. Jahrhundert liegen, durchweg bestätigt. In einem Punkte geht D.
über Hatzidakis hinaus: indem er beobachtet, an welchem Ort und
in welcher Zeit die neuen Formen zum erstenmal auftauchen, sucht
er zu bestimmen, in welchen Ländern vor allem der Keim des Ge-
mein-Neugriechischen (der neugr. κοινή) liegt. Er kommt dabei zu dem
Resultat, dafs zur Ausbildung des modernen Vokalismus am meisten
die ägyptische κοινή beigetragen habe, zu der des Konsonantismus die
ägyptische und attische κοινή, für die Formenlehre seien vor allem
Kleinasien und Ägypten wichtig gewesen. Jedenfalls wird hievon so-

viel richtig sein, daſs Ägypten und Kleinasien sehr viel Einfluſs auf
die Ausbildung des Mittel- und damit des Neugriechischen gehabt
haben; es entspricht das der Bedeutung der beiden Länder, die diese
im byzantinischen Reich und in der Literatur — Ägypten auch schon
in der ersten christlichen Zeit — gehabt haben. Aber im einzelnen
halte ich die Nachweise, daſs die eine Erscheinung in Ägypten, die
andere in Kleinasien oder Griechenland ihren Keim habe, keineswegs
immer für erbracht. Weshalb ich zu vielen Einzelresultaten kein groſses
Zutrauen habe, will ich unter Anführung einiger Beispiele im Folgenden
andeuten.

D. teilt seine Belege geographisch nach drei Gebieten ein: Ägypten
nebst Syrien, Kleinasien, Griechenland. Es wäre vielleicht gut gewesen,
Syrien besonders zu behandeln, da dies Land· kirchlich wie literarisch
eine eigene Rolle spielte. Italien und Gallien bleibt bei der Statistik
unberücksichtigt, Thracien und die Balkanländer scheinen zu Griechenland gerechnet zu werden. Für eine Statistik nun ist es von groſser
Wichtigkeit, daſs die ihr zu grunde gelegten Urkunden gleichwertig
sind. Das ist hier entschieden nicht der Fall. In Ägypten haben
wir als Belege vor allem die Papyri, natürlich nicht die sorgfältig
oder wenigstens von Gebildeten geschriebenen Werke (Aristoteles oder
Bacchylides bieten kein Material), sondern Rechnungen, Quittungen,
Zauberbücher. Die Zahl der Inschriften ist in Ägypten beschränkt.
In Kleinasien und Griechenland dagegen fehlen die Papyri völlig; auf
Inschriften aber, die für diese Länder die Belege bieten müssen, schreibt
selbst der Ungebildete zweifellos sorgfältiger als auf einem Papyrusfetzen. Und dazu kommt noch, daſs in Kleinasien wenigstens die Inschriften zum weitaus gröſsten Teil aus nachchristlicher Zeit (1. bis
4. Jahrh.) stammen, die Papyri Ägyptens dagegen zu einem guten
Teil aus vorchristlicher Zeit. Ferner herrschte in Kleinasien offenbar eine viel gröſsere Inschriftenfreudigkeit als in Griechenland, wohl
infolge des materiellen Wohlstands; die Grabschriften, die in Kleinasien eine Hauptquelle für vulgäre Formen sind, bestehen in Griechenland häufig nur aus den Namen. Man sieht, die Urkunden, denen
die Belege entnommen werden, sind keineswegs von gleichem Wert,
und die Möglichkeit, falsche Schlüsse infolgedessen zu ziehen, liegt
sehr nahe.

Doch nehmen wir an, das Material sei gleichwertig, so könnte ich
mich dennoch in vielen Fällen mit der statistischen Methode Dieterichs
nicht einverstanden erklären. Denn bei manchen Erscheinungen sind
die Beispiele zu vereinzelt, so daſs jeder neue Beleg die Folgerungen
Dieterichs umstoſsen kann. So wird z. B. S. 135 behauptet, der
Wandel von $\iota\alpha > \gamma\iota\alpha$ ($\iota\alpha$) gehöre der ägyptischen $\varkappa o\iota\nu\acute{\eta}$ an. Den Beweis bildet (S. 133) ein Beispiel ($T\varrho\alpha\gamma\iota\alpha\nu\acute{o}\varsigma$) auf einem Pap. des 2. nach-
christl. Jahrhunderts, während die Erscheinung in Griechenland und
Kleinasien fehle. Dabei hat Dieterich übersehen, daſs er selbst p. 58
$T\varrho\alpha\gamma\iota\alpha\nu\acute{o}\varsigma$ auch aus E. Curtius Anecd. Delphica p. 73 citiert; diese
Urkunde scheint er allerdings auch für einen Papyrus zu halten,
während es eine Inschrift aus Hyampolis in Phokis ist, die nach

Dittenberger C. I. Gr. Sept. III 86 aus der Zeit um 100 n. Chr. stammt.
Mit demselben Recht könnten wir also behaupten, die Erscheinung
gehöre der griechischen κοινή an. Weiter wird auf S. 135 versichert, der Schwund von anlautendem ε gehöre ebenfalls der ägypt.
κοινή an. Aber in Lakonien z. B. kommt ξαγήτας statt ἐξαγήτας vor
(Ath. Mitt. 1897 p. 339), auch wird der Ausfall von anlautendem ε
für diesen Dialekt von Hesychius bezeugt. Für die Schwächung von ι zu ε
bei ρ gibt es nicht nur Beispiele aus Ägypten und Kleinasien (p. 11
und 127 sq.), sondern auch aus Griechenland (τὰν χέρα C. I. Gr. Sept. III.
189 und 194 Tithorea 2. saec. p. Chr.). Und so werden wohl auch
noch anderen Folgerungen künftige Entdeckungen den Boden entziehen,
manchen wie den obigen auch eine etwaige systematische Nachlese in
den Inschriften und Papyri. Denn gröfsere Vollständigkeit in den Belegen hätte Dieterich vor manchem Trugschlufs bewahrt. Gerade bei
dem mangelhaften Material mufste der Verf. möglichst genau beim
Sammeln sein. Was soll man z. B. dazu sagen, dafs Inschriften-
sammlungen wie das Corpus Inscriptionum Graeciae Septentrionalis,
das Inselcorpus, Petersen-Luschan, Reisen im südwestl. Kleinasien in
dem Literaturverzeichnis fehlt? Es ist begreiflich, dafs infolge dessen
auch einige neugr. Erscheinungen nicht behandelt werden, weil für sie
der Verf. keine Parallelen angeben konnte. So ist z. B. der Wandel
von intervokalischem φ > π, der im Neugriechischen in ῥαπάνι > aus
ῥάφανος auftritt (s. Foy Lautsystem p. 11) nicht behandelt, obwohl er
einen Vorläufer in ἐστεπάνωσε (Sterret n. 47 und n. 52) hat. Auch
dafs der Nasal vor στ verschwindet, wie in neugriechisch Παπαχόστας,
Μαυροχόστας, hat seinen Keim vor dem 10. Jahrh. In Lindos (C. I.
Ins. I 911) lesen wir Κοσταντίνου, in Syrakus Κωσταντινοπολίτης (Orsi,
Röm. Quartalschr. 1896 n. 354).

Gewifs hat sich der Verfasser sehr viel Mühe gegeben und viel
Zeit auf das Werk verwendet; aber ein so grofs angelegtes Unternehmen kann man nicht übers Knie brechen. Ein Jahr hätte der
Verfasser noch mindestens feilen und kontrollieren sollen. Wie grofs
in manchen Partieen die Flüchtigkeit ist, davon kann sich der Leser
auf S. 126—129 überzeugen, wenn er es versucht, die dort angegebenen
Zahlen und Resultate miteinander (z. B. die Liste S. 127 mit dem
daraus Entnommenen p. 123 s. q.) in Einklang zu bringen.

Gleichwohl ist die Brauchbarkeit des Buches nicht zu unter-
schätzen; denn es bietet die reichste Materialsammlung von Vulgär-
formen, die wir bis jetzt besitzen. Wir dürfen allerdings nicht vergessen, dafs nur die Erscheinungen gesammelt sind, die auch der
modernen Sprache eigen sind; die andern, welche sprachlich wohl
ebenso interessant sind, fehlen nach dem Plane des Buches (so ἔνοχος
für ἔνοχος, Σύμαχος, χύριε, Ἀνατόλις, Διονῦσις, ἄγγελες = ἄγγελος).

Über die lautphysiologischen Erläuterungen erlaube ich mir kein
Urteil. Von Wert scheint mir der Excurs zu sein, in dem der Verf., ein
gründlicher Kenner des Neugriechischen, nachweist, dafs die modernen
kleinasiatischen Dialekte am meisten Altertümlichkeit bewahrt haben.

München. ———————— Theodor Preger.

Eudociae Augustae Procli Lycii Claudiani carminum
Graecorum reliquiae, accedunt Blemyomachiae frag-
menta. recensuit Arthurus Ludwich. Bibliotheca scriptorum
Graecorum et Romanorum Teubneriana. Lipsiae in aedibus B. G.
Teubneri. MDCCCXCVII.

Zu den durch literarische Thätigkeit hervorragenden Frauen des
Rhomäerreiches[1]) gehört auch Athenais, die Tochter des athenischen
Philosophen Leontios, welche im Jahre 421 nach ihrer Taufe unter
dem Namen Eudokia als die Gemahlin des oströmischen Kaisers Theo-
dosios II. (408 – 450) im Kaiserpalast am Bosporus einzog. Die meisten
unserer Leser werden die kaiserliche Schriftstellerin wohl nur aus der
reizend geschriebenen, poesievollen Darstellung ihres Lebens von F.
Gregorovius kennen.[2]) Über den thatsächlichen poetischen Wert der
Schriften Eudokias sind die Urteile noch immer sehr geteilt. Die
byzantinischen Quellen (Joannes Malalas, Chronicon paschale,
Theophanes Chronograph., Suidas, Kedrenus, Nikephoros
Kallistas, Synopsis Sathas, Photios Biblioth. sind des Lobes
voll; ihnen schliefsen sich in überschwenglich lobender Weise F. Gre-
gorovius und Johannes Draeseke an, während Ludwich in
seinen verschiedenen hiehergehörigen Schriften, Th. Zahn (Cyprian
von Antiochien und die deutsche Faustsage, Erlangen 1882) und Tycho
Mommsen (Beiträge zu der Lehre von den griechischen Praepositionen.
Berlin 1895) die Gedichte dem Inhalte und der Form nach vollständig
verwerfen. Wohlthuend mafsvoll urteilt Krumbacher in seiner
Anm. 1 zitierten Schrift. Ludwich hat sich durch die musterhafte
Edition der Eudokia und der ihr zeitlich nahestehenden Schriftsteller,
zu der ihn nur ein rein wissenschaftliches Interesse veranlafste, ein
unstreitbares Verdienst erworben; sein und seiner Gesinnungsgenossen
völlig abfälliges Urteil über Eudokia ist aber nur teilweise berechtigt.
Jeder Mensch ist eben ein Kind seiner Zeit, am allermeisten der byzantinische Mensch. Der Eudokia erging es unter den kritischen
Händen von Ludwich und Konsorten ähnlich wie so mancher anderen,
zu ihrer eigenen Zeit vielgefeierten literarischen Gröfse Ostroms: man
beurteilte sie nach einem längst vergangenen Geschmack, — wie vieles
von dem vielgerühmten griechischen Klassizismus will uns heutzutage auch nicht mehr gefallen; wie vergänglich ist Geschmack und
Witz! — man vergafs ganz die Zeit, in der sie lebte, den Boden, in
den sie versetzt wurde, man vergafs, dafs die heidnische Philosophen-
tochter an dem bigotten Hofe Theodosios II. und seiner frommen
Schwester Pulcheria schon aus Gründen der persönlichen Sicherheit
nicht anders denken und nichts anderes schreiben durfte. Und wenn uns
auch die Idee, Partien der Bibel und christliche Legenden in home-

---

[1]) Eine kurze Zusammenstellung und Würdigung derselben bei K. Krumbacher, Kasia. Sitzungsberichte der philos., philol. und der hist. Cl. der k.
bayer. Akad. d. W. 1897, S. 304 ff.

[2]) Athenais. Geschichte einer byzantinischen Kaiserin von Ferdinand Gregorovius. Leipzig 1882.

risches Gewand zu kleiden, von vornherein als abstrus erscheint, so sind die Dichtungen der Eudokia noch immer golden gegen das Flickwerk im *Χριστὸς πάσχων* u. ä.

Nur dank der gelegentlichen Erwähnung anderer Schriftsteller oder in sehr geringen Fragmenten kennen wir von Eukodia 1. ein Epos auf einen i. J. 422 erfochtenen Sieg ihres Gemahls, 2. eine gelegentlich einer Reise nach Jerusalem auf Antiochia gehaltene Lobrede, 3. Bearbeitungen des Octateuch und der Prophetien des Zacharias und Daniel. 801 Hexameter haben sich von Eudokias Bearbeitung der Legende vom h. Cyprian in einem Laurentianus saec. XI erhalten. Diese zuerst von A. M. Bandini 1761 und 1764 herausgegebenen Verse, wiederholt L. unter sorgfältiger Benützung der Handschriften und mit Zugrundelegung der von Zahn edierten Prosabearbeitung der Legende. In der Folge werden die eigentlichen Homerocentonen mit einem sehr sorgfältigen kritischen Apparat gegeben (teilweise nur die Titel derselben); diese von dem Bischof Patrikios u. a. konzipiert, haben an Eudokia eine Vollenderin gefunden. An zweiter Stelle ediert Ludwich acht Hymnen (*εἰς Ἥλιον, εἰς Ἀφροδίτην, εἰς Μούσας, ὕμνος κοινὸς εἰς θεούς, εἰς Λυκίην Ἀφροδίτην, ὕμνος κοινὸς Ἑκάτης καὶ Ἰάνου, εἰς Ἀθηνᾶν πολύμητιν, εἰς Διόνυσον*) und zwei Epigramme des berühmten neuplatonischen Philosophen Proklos aus dem 5. Jahrhundert (ca. 410—485). Die Neuausgabe dieser Gedichte zeichnet sich durch eine gehaltvolle Einleitung über die Schrift, den Stil und Versbau des Proklos und eine sorgfältige Berücksichtigung der sämtlichen (28) Handschriften aus.

Die *Γιγαντομαχία* (Epos) und 7 Epigramme des Claudianus bilden den 3. Teil des Buches, von welch letzteren manche vielleicht mit Unrecht seinen Namen tragen.

Den Beschluß bildet die Blemyomachia, ergänzte Bruchstücke eines auf drei ägyptischen (thebaischen) Papyrusfetzen ohne Titel und Autornamen gefundenen und sehr fragmentarisch erhaltenen epischen Preisgedichtes auf einen von einem Unbekannten erfochtenen Sieg über die „Blemyer". Aufbauend auf den Studien seiner Vorgänger L. Stern, F. Bücheler, U. Wilken und K. Wessely gelangt L., was die Textgestaltung und chronologische Einreihung des Blemyerepos betrifft, zu wesentlich präziseren Ergebnissen als seine Vorgänger, dagegen ergeben sich weniger positive Momente für die Deutung der besungenen Vorgänge.

Ein sorgfältig gearbeiteter, umfangreicher Wortindex beschließt das verdienstvolle Buch, das uns freilich kein allzuerfreuliches Bild von dem Wirken des griechischen Geistes im 5. Jahrhundert n. Chr. gibt.

München.   H. Moritz.

Schulbibliothek franz. und engl. Prosaschriften aus der neueren Zeit. Berlin, R. Gärtner. Abt. I. Französische Schriften. (Alle gebunden und gr. 8⁰.)

29. Bändchen. Eugène Fromentin, Un Été dans le Sahara. Erkl.

v. Dr. Gg. Nölle.   97 S. Text, 23 S. Précis abrégé des Colonies françaises, 18 S. Anmerkungen.   M. 1.40.

Diese 12 Briefe des Malers F., von denen er im Juni und Juli 1853 zehn aus El-Aghouat und zwei aus Aïn-Mahdi schrieb, sind wohl geeignet, dem Leser ein lebhaftes Bild des sommerlichen Lebens in einer mehr als 300 Kilometer südlich vom Mittelländischen Meer gelegenen arabischen Stadt zu geben.   Schmutz, Ungeziefer, Sonnenglut und brennender Durst sind die objektiven und subjektiven Merkmale eines Aufenthaltes an einem solchen Orte zu einer solchen Zeit. Das Abenteuer mit den beiden Tänzerinnen (S. 22) pafst nicht in eine Schulbibliothek; ebenso wenig der Ausdruck ma rue aux femmes de T'olga (S. 30 Z. 24) und (Z. 30) je ne pensais pas sans quelque regret à cette fille si bien vêtue, si chargée d'ornements, qui vint un jour, pendant que j'étais là, planter sa tente sous les palmiers de Sidi-Okha, et qui n'avait qu'un tort, celui d'arriver du Dra-el-Guemel (montagne des poux) de Tuggurt.   Ebenso S. 32 Z. 17: Parfois le haïk, qui s' entr'ouvre, laisse à nu tout un côté du corps: la poitrine qu'elles portent en avant, et leurs reins fortement cambrés.   Auch der Satz S. 46 Z. 14: C'est le premier qui m'ait admis familièrement chez lui, sa femme n'étant ni d'âge ni de visage à le rendre jaloux gehört nicht in ein Schulbuch.   Das Gleiche gilt von der S. 74 Z. 33 bis S. 75 Z. 1—3, sowie von S. 75 Z. 11: Ce qu'il y a de plus clair dans tout cela, c'est que je suis signalé à la surveillance des maris et qu'on épie tous les pas que je fais dans la ville.   Störend ist die vom Autor beliebte, allzuhäufige Verwendung arabischer Wörter wie z. B. S. 40 Z. 9: déjà coiffé du ghaët viril et chaussé des tmags, S. 49 Z. 18: des lambeaux de tellis, des restes de djerbi.   Der Herausgeber hat sich in anerkennenswerter Weise um die Erklärung dieser Wörter bemüht, doch vermifst man die Erklärung für Bordj (91, 16), ghaët (40, 9), tekrouri (39, 30), tellis (49, 18) und tmag (40, 9).   Ferner finden sich Anspielungen auf Vorkommnisse (79, 7 und 30, 24), die in den hier weggelassenen Teilen erwähnt sind; diese mufsten entweder ebenfalls wegbleiben oder erklärt werden.   Der dem Text der Briefe folgende Précis abrégé des Colonies françaises ist korrekt, soweit er französischen Quellen entlehnt ist.   Da wo er sich auf deutsche Autoren stützt, hat sich der Herausgeber bei der Übersetzung ins Französische allerlei Verstöfse zu Schulden kommen lassen; so S. 115 Z. 2 Le commerce consiste à l'importation en vin …; à l'exportation en riz. Ebenda: (le riz) forme avec le poisson, la principale alimentation des habitants.   Ferner: Le Tonkin était jusque 1802 un État indépendant.   S. 116: On exploite le fer et l'argent (statt les mines de fer et d'a.); le charbon de terre y est aussi trouvé (statt s'y trouve aussi oder on y trouve aussi le ch.).   S. 116 am Schlufs: Pour faciliter le commerce, les territoires, connus et administrés sous le nom d'indo-Chine française, forment une union douanière (statt etwa: on a formé une union douaniére qui comprend …).   Unfranzösische Wendungen sind auch nicht selten auf S. 117 und 118.   Ein barbarischer deutscher Satz findet sich S. 122 Nr. 8, 17: Die Wasser des Oued-Mzi werden durch ein Stauwerk und einen Kanal ausgebreitet, wodurch in einer bis dahin unfruchtbaren Gegend Cerealien und Dattelpalmen gebaut werden. S. 125 Nr. 26, 10 lies Fondaco (statt Fondiko). Die S. 130 Nr. 46, 35 gegebene Erklärung des artesischen Brunnens kann nur der verstehen, der die Anlage eines solchen schon kennt. Der botanische Name für das Halfa oder Esparto genannte Gras ist nicht spita (wie S. 132 Nr. 71, 25 steht), sondern stipa (tenacissima). Es gibt nicht (wie S. 135 Nr. 81, 25 steht) ein Departement Basse-Savoie, sondern nur ein Savoie schlechthin und ein Haute-Savoie.

31. Bändchen.   Orateurs français depuis la Révolution jusqu'à nos jours. Erkl. v. Dr. Theod. Engwer.   VIII u. 111 S. nebst 23 S. Anmerkungen.   M. 1.40.

Es sind hier, durchschnittlich 4 Seiten umfassende, Reden oder Stücke aus Reden abgedruckt, welche gehalten wurden von Mirabeau, Sieyès, Danton, Vergniaud, Desèze, Guadet, Napoléon I., Roger-Collard, Fontanes, Benj. Constant, Villemain, Chateaubriand, Coquerel, Guizot, Arago, Jouffroy, Jérôme Napoléon, Jules Favre, Gambetta, Littré, Thiers, Paul Bert, Renan, Lavigerie, J. Ferry. Die meisten dieser Stücke sind sehr interessant und haben historischen Wert. Ihre Lektüre ist wohl nur für die neunte Klasse recht erspriefslich, da doch einiges geschichtliche Verständnis hlezu nötig ist. Die Erklärungen sind lobenswert, nur hie und da, z. B. für die Rede XIX und XX scheinen sie nicht recht genügend, so ist bei XX nicht zu ersehen, ob die Franzosen im Augenblick, da die Rede gehalten wird, schon in Mexiko sind, oder ob sie erst hingehen. Dies und noch einiges andere, wie z. B. wer der S. 79 Z. 1 erwähnte Staatsminister war, sollte in den Anmerkungen stehen, um dem Lehrer, der dies Buch in der Klasse liest, die Arbeit des Nachschlagens zu ersparen. Derartige Erklärungen sind willkommener, als z. B. der S. 127 Nr. 70 gemachte Versuch, den Indikativ nach quoique zu rechtfertigen. Der Indikativ in diesem Falle war einfach ein lapsus des Redners, der infolge eines längeren mit si beginnenden Zwischensatzes vergafs, dafs er vorher quoique (statt etwa: et pourtant) gesagt hatte.

32. Bändchen.   L. Figuier, Scènes et Tableaux de la Nature. Erkl. v. Dr. W. Klingelhöffer u. Dr. J. Leidolf.   95 S. Text, 22 S. Anmerkungen.   M. 1.20.

Die hier abgedruckten 10 Kapitel über die Stellung der Erde im Weltraum, die Gletscher, die Lawinen, über Bergstürze, Grotten und Höhlen, Vulkane, den ersten Ausbruch des Vesuv, Ebbe und Flut, über die Eismeere und die Blumen zeigen allerdings, wie die Herausgeber sagen, „in hohem Grade des Verfassers Kunst, wissenschaftliche Probleme in volkstümlicher, gemeinverständlicher Weise zu behandeln". Auch ist die Sprache an sich leicht, aber die Aufgabe wird erschwert durch die vielen technischen Ausdrücke, die dem Schüler vielleicht nie wieder vorkommen werden, die also schon

von vornherein der Vergessenheit geweiht sind. Dieses Buch dürfte
sich vor allem für technische Schulen eignen: da deren Schüler aber
aus dem übrigen Fachunterrichte mit den Hauptthatsachen dieser
Kapitel schon bekannt sind, dürfte ihnen manches langweilig erscheinen. In der Kürzung des Textes scheint an zwei Stellen zu
weit gegangen zu sein, so ist S. 15 Z. 29 von glaciers du second
ordre die Rede, ohne dafs aus dem Text zu ersehen wâre, was
darunter zu verstehen ist. Ferner scheint S. 3 nach Z. 25 etwas über
die Achsenstellung der Erde zu fehlen, eine Angabe, deren Fehlen
das Ganze unverständlich macht. Die sachlichen Anmerkungen sind
meist gut, doch ist der S. 4 Z. 2 vorkommende Ausdruck la vitesse
angulaire ganz unrichtig erklärt als „die Geschwindigkeit der Bewegung der Erde um ihre eigene Achse". Denn da diese letztere
Geschwindigkeit immer sich selbst gleich bleibt, Figuier aber von
variations de la vitesse angulaire spricht, so mufs diese Erklärung
falsch sein. In der That versteht man unter Winkelgeschwindigkeit
der Erde jenen bald gröfseren bald kleineren Winkel, der zu dem
entsprechend gröfseren oder kleineren Bogen gehört, den die Erde in
einem gewissen Zeitraume, z. B. von Tag zu Tag, auf ihrer ellip-
tischen Bahn um die Erde zurücklegt. Dieser Bogen ist im Winter gröfser
als im Sommer, also ist auch die Winkelgeschwindigkeit im Winter gröfser
als im Sommer. Warum dieser Bogen resp. dieser Winkel variabel
ist, ergibt sich aus dem zweiten Kepler'schen Gesetze. Zu der sprachlichen Anmerkung Nr. 13 zu S. 28 ist zu bemerken, dafs der subjonctif nach comprendre keineswegs, wie der Erklärer meint, dem
sonstigen allgemeinen Sprachgebrauch widerspricht, denn schon in
Plötz, System. Gram. ist Kap. IV § 20 zu lesen, dafs nach comprendre
im Sinne von „erklärlich finden" der subjonctif stehen mufs.

33. Bändchen. **Maitres Conteurs.** Neun Erzählungen von A.
Daudet, J. Claretie, G. de Maupassant, F. Coppée, J. Lemaitre. Erkl.
v. Dr. J. Hengesbach. 3 S. Préface, 4 S. Vorbemerkungen, 94 S. Text,
13 S. Anmerkungen. M. 1 00.

Die ersten 8 Erzählungen sind zum Teil sehr schön und enthalten nichts Anstöfsiges. Die 9., an sich harmlos, könnte doch da
und dort zu Interpellationen führen. Die Erklärungen sind gut und
genügend. Nur wenige Einwände sind dagegen zu erheben. In der
Erklärung zu S. 24 Z. 17 steht: „torchetto (mundartlich) = ital. tor-
chietto Kerze". Dies ist nicht richtig; torcetto ist die italienische
Schriftform für Wachsfackel. Wachskerze, und Daudet hat torchetto
nur geschrieben, um die richtige Aussprache einigermafsen in französischer Schrift nachzuahmen. So schreibt er S. 25 Z. 29 déché setté
(= 17), was gewifs nicht in italienischer Weise déké, sondern in französischer ausgesprochen werden soll. In der Anmerkung zu S. 31 Z. 5
bemerkt der Herausgeber (zu dem Satze: les moineaux parisiens dont
les traces aiguĕes et sautillantes ĕgratignaient de place en place la
neige cristallisée) Folgendes: „la trace in der Bedeutung Fufs eines

Vogels findet sich bei Sachs nicht". Eine mehr als naive Bemerkung,
die beweist, wie wenig der Herr Herausgeber sich in die moderne
Literatur eingelesen hat. Es ist dies eben eine jener bei modernen
belletristischen Autoren so häufigen schiefen. Ausdrucksweisen, die
dem fast krankhaften Bestreben entspringen, Bekanntes auf möglichst
ungewöhnliche, hyperbolische Art auszudrücken, eine Manier oder
Manie, die jetzt schon zu den unverständlichen Erzeugnissen der Dé-
cadents geführt hat und das Französische allmählich um seine sprich-
wörtliche Klarheit bringen wird. So stehen z. B. in der 5. Erzählung
dieses Büchleins, überschrieben Boum-Boum (von J. Claretie): la mère
poignardée de souffrances; renfoncer les pleurs dans ses yeux
rouges: couler sa joue sur l'oreiller; les jambes cassées d'émotion;
le père anxieux; la mère écrasée; sa gaieté de sept ans allumée
comme une fusée. Oder wie es in einem Roman von Daniel Lesueur
heifst: les chiens crachaient leur langue (weit herausstrecken). —
Hinsichtlich der Anm. zu tournant comme un phare (S. 33 Z. 7) ist
zu sagen, dafs es allerdings drehbare Leuchttürme nicht gibt; wohl
aber dreht sich bei vielen der im Innern derselben angebrachte Be-
leuchtungsapparat, oder es drehen sich die vor der Lampe befindlichen Gläser und Verdunkelungsschirme. Übrigens bedeutet phare
nicht nur den Leuchtturm, sondern auch das Leuchtfeuer. Die (man
weifs nicht warum) französisch geschriebene Préface enthält die Edi-
torengrundsätze des Herrn Hengesbach, zugleich aber auch ein derartiges Französisch, dafs man nicht weifs, worüber man sich mehr
wundern soll, ob über die sprachliche Unzulänglichkeit des Verfassers,
oder über die Unbefangenheit, mit der er ein solches specimen crudi-
tionis drucken läfst. Diese kaum 3 Seiten füllende Préface hat allerdings keinen Einflufs auf die Brauchbarkeit dieser Schulausgabe, aber
sie verdient doch etwas niederer gehängt zu werden. Vor allem fällt
die fünfzehnmalige Verwendung des plur. maiest. auf; nur ein einziges-
mal hat sich ein schüchternes je crois eingeschlichen. Dafs diese starke
Betonung des Subjekts übrigens nicht blofse rhetorische Form · ist,
dürfte aus jener Stelle der Préface hervorgehen, wo der Verfasser
seine Absicht kundgibt, ein zweites Bändchen contes et narrations,
fruit de nos études et recherches herauszugeben, als ob es besonderer
Studien und Forschungen bedürfte, um aus einem für 3 Francs 50
erreichbaren Bande ein Bändchen von 90 Seiten herauszuschneiden.
Ferner macht einen betrübenden Eindruck die häufige Verwendung
nicht passender Wörter, so sagt man nicht collection de récits sondern
recueil, solange sie in Einem Bande vereinigt sind; nicht l'en-tête
d'une nouvelle, sondern le titre: denn en-tête ist das, was man den
Kopf von Aktenstücken oder Briefen nennt, der vorgedruckte Name
des Amtes, der Fabrik u. s. w., von denen das Schreiben ausgeht;
man sagt nicht sélection, was Zuchtwahl bedeutet, für Auswahl,
sondern choix oder recueil; nicht proportionnalité, was ein rein
mathematischer Ausdruck ist, sondern proportion; „durch auferlegte
Bedingungen beschränkt sein" heifst nicht circonscrit, was nur von
Sachen gebraucht wird, wie z. B. la lumière de la lampe était circon-

scrite par l'abat-jour; „abgesehen von" heifst freilich abstraction faite de, aber von etwas absehen müssen, heifst darum doch nicht immer faire abstraction de, sondern devoir renoncer à; der Platz, der jemand gebührt, ist nicht la place qui lui convient (= pafst), sondern qui lui est due. Auch von dem Germanismus: „eine bessere Gesellschaft sucht ein gröfseres Lokal" hält sich Herr H. nicht frei, so sagt er da, wo gar kein Vergleich stattfindet, récits plus courts, la lecture plus rapide. Die Gesetze der Wortstellung hat er ebenfalls gröblich verletzt: des narrations intéressantes à la fois et assez faciles (während doch à la fois entweder vor intéressantes oder hinter faciles gehört), ferner: pourquoi ne donneriez-vous pas aussi de ses poésies lyriques, épiques, dramatiques quelques échantillons? Wie schön das klingt! Am schrecklichsten ist aber der Satzbau z. B. Si, au contraire le nom de l'auteur doit former le cadre de votre sélection (was heifst das? Der Name des Verfassers soll den Rahmen einer Auswahl bilden? Er wollte sagen: Si votre choix doit se borner aux œuvres d'un seul et même auteur). — Comme composition, par l'unité du plan et de l'idée, par enchaînement et la juste proportionnalité des parties, le morceau doit pouvoir servir de modèle du genre (par im Sinne von „hinsichtlich" ist ganz falsch; abscheulich ist auch der Wechsel zwischen comme und par und die abwechselnde Auslassung und Anwendung des Artikels, auch sind zu viele unnötige Substantive im Satze; es wäre genügend gewesen zu sagen: il faut que le morceau choisi puisse servir de modèle quant aux idées et quant à la forme). — D'un autre côté, on ne prêchera pas la morale dans des contes faits ad hoc, pour des enfants ordinairement, et que, le plus souvent, déjà leur insipidité et leur valeur littéraire nulle doit exclure de notre collee- tion (pour des enf. ord. schwebt ganz in der Luft, leur val. litt. nulle ist überaus schwerfällig, statt doit mufste es doivent heifsen, also etwa: .. dans des contes faits ad hoc et à l'usage des enfants, et que leur insipidité et leur nullité littéraire excluent forcément etc.) — Presque tous les morceaux ont été lus, en hiver 1895—96, dans les classes de l'éditeur, où les élèves y prenaient le plus vif intérêt (lies: Presque tous ces morceaux ont été lus avec le plus vif intérêt par les élèves de l'éditeur pendant l'hiver de 1895—96). — l'en-tête «Mort ou victorieux» se justifie, je crois, par l'occasion historique de cette phrase ainsi que par le contenu du récit (dieser Satz ist für einen französischen Leser ganz unverständlich, da er verstehen wird: durch die historische Gelegenheit dieser Phrase (!), während Herr H. wahrscheinlich eine Anspielung auf den Tagesbefehl des Generals Ducrot beabsichtigt, von dem übrigens in der betreffenden Erzählung Coppées gar nicht speziell die Rede ist). — Nous serions très obligé aux collègues qui voudraient bien nous communiquer les expériences et observations qu'ils auraient faites à l'occasion de l'emploi de ce petit volume (welcher Aufwand von conditionnels; vor observations fehlt mit Unrecht der Artikel: der Schlufs ist ganz unfranzösisch; lies etwa: Nous serons très obligés à ceux de nos collègues qui vou- drout bien nous communiquer les observations faites en classe au

cours de la lecture de ces récits). — Es ist ferner nicht Sitte, lebende
Autoren blofs bei ihrem Familiennamen zu nennen wie Herr H. es
thut: un second volume où Theuriet trouvera sa place. Diese Proben
werden einen Begriff von dem Stile dieses allzu anspruchsvoll préface
genannten Vorwortes gegeben haben; man könnte noch mehr solche
Blüten anführen, aber mit Don Ruy Gomez spricht der Ref.: J'en
passe et des meilleurs. Herr H. erzählt uns, dafs ihm Herr Claretie
selbst freundlichst mitgeteilt habe, das t seines Namens werde wie t
(nicht wie s gesprochen). Hat ihm nun Herr H. zum Dank für diese
Mitteilung seine Ausgabe geschickt, und hat Herr Claretie dieses
charabia bis zu Ende gelesen, so wird er sich über die professeurs
allemands hafs gewundert haben.

34. Bändchen. Ernest Legouvé, Souvenirs de jeunesse. Erkl.
v. Dr. R. Scherffig. 91 S. Text, 2 S. Vorwort, 6 S. Einleitung, 21 S.
Anmerkungen.

Dies ist wieder einmal eine sehr empfehlenswerte Ausgabe, die
gewifs bald eine neue Auflage erleben wird. Der Inhalt ist für einen
Schüler der Oberklasse nicht schwer zu erfassen, und er erfährt daraus
viel Interessantes über französische Literatur und französisches Leben.
Auch enthält das Buch kein unpassendes Wort; im Gegenteil, es wirkt
höchst moralisch, ohne dafs man die Absicht merkte. Die Anmerkungen
sind sehr lobenswert. Doch hätte der Leser lieber auf die synonymischen Hinweise darin verzichtet als auf die Erklärung von Ausdrücken,
wie assis sur son crochet (S. 6 Z. 26), chaussons de lisière (8, 16),
agrémenter un baldaquin (72, 23), avec des contres de quarte et des
demi-cercles (78, 35). Der Seite 4 Z. 9 und S. 5 Z. 30 erwähnte Herr
im Frack, der den Kommenden die Plätze im Sitzungssaale der Akademie anwies, war gewifs nicht, wie der Herr Herausgeber meint,
ein Akademiker, sondern nur ein Hulssier. Von Druckfehlern scheint
die Ausgabe ganz frei zu sein; auffallend ist nur das Fehlen von un
heim Prädikat im Satze S. 9 Z. 22: Il me fit toucher du doigt toutes
mes fautes et me signala, en même temps, ce qui pouvait être pro-
nostic heureux. Auf dem Titelblatt hätte Ref. statt: „Für den Schulgebrauch verkürzt“ lieber geschrieben: gekürzt.

30. Bändchen (der Abteilung II: Englische Schriften). The Heroes
of English Literature. Aus englischen Originalen ausgewählt und für
den Schulgebrauch erklärt von Dr. W. Rost. 100 S. Text, 4 S. Vorwort, 32 S. Anmerkungen. M. 1.40.

Da 37 englische und 5 amerikanische Autoren auf diesen hundert
Textseiten behandelt sind, so treffen im Durchschnitt auf jeden der in
dieser mit Chancer beginnenden und mit Mark Twain endenden Reihe
behandelten Schriftsteller 2'/₃ Seiten. Dieser Auszug will den Forderungen der Lehrpläne entgegenkommen, wonach der Schüler ein Bild
von der Eigenart der englischen Literatur und ihrer Entwicklung seit

Shakespeare in Haupttypen erhalten soll. Der Herausgeber glaubt, diese Forderung dahin auslegen zu dürfen, dafs man sich mit der Darstellung des Lebens der Hauptvertreter der englischen Literatur begnügen müsse, da man die Dichterwerke selbst zu lesen doch nicht Zeit habe. Bei den einzelnen Stücken ist nicht erwähnt, welchem Buche dieselben entnommen sind; im Vorwort jedoch nennt der Herausgeber als seine Hauptquellen: Collier, Shaw, Rowley, Chambers, Craik und (für Shakespeare) Dowden. Referent nahm das Buch nicht ohne ein gewisses Mifstrauen in die Hand, aber beim Durchlesen desselben wurde er ganz dafür gewonnen. So kurz diese Biographien auch sind, so kernig sind sie; das wesentliche Verdienst jedes Autors wird deutlich kenntlich gemacht und der frische Ton der Darstellung, die Abwesenheit aller Phrasen, wie sie in französischen Literaturgeschichten so häufig sind, machen das Buch auch für den älteren Leser angenehm. In den Anmerkungen ist noch viel Wissenswertes erklärt und erwähnt. Die Bildnisse von Shakespeare, Milton, Goldsmith, Burns und Byron bilden eine Zierde der mit Takt und Geschick hergestellten Auswahl.

München. Dr. Wohlfahrt.

Encyklopädie der mathematischen Wissenschaften mit Einschlufs ihrer Anwendungen. Erster Teil: Reine Mathematik. Herausgegeben von Dr. H. Burkhardt und Dr. Fr. Meyer. I. Band. Arithmetik und Algebra. 2. Heft.

In meiner Rezension des ersten Heftes der Encyklopädie bemerkte ich, dafs in dem mitgeteilten Plane des Werkes die ebene und sphärische Trigonometrie nicht zu finden seien, sprach aber zugleich die Vermutung aus, dafs sie sich unter irgend einem anderen Titel verborgen halten dürften. Dies bestätigt sich in der That, indem mir mündlich wie schriftlich mitgeteilt wurde, dafs die beiden Trigonometrien unter Elementargeometrie im III. Bande behandelt werden sollen, was ich hiemit zur Kenntnis bringe, ohne jedoch zu verhehlen, dafs ich einen eigenen Titel für diese beiden wichtigen Fächer für absolut notwendig erachtet hätte.

Was nun den Inhalt des zweiten Heftes anlangt, so umfafst dasselbe zunächst den Schlufs des umfangreichen Artikels von Pringsheim über Irrationalzahlen und Konvergenz unendlicher Prozesse, der das von mir in der Besprechung des ersten Heftes gefällte günstige Urteil vollauf bestätigt. Besonders möchte ich die Leser dieser Zeitschrift auf die in demselben enthaltene lichtvolle Darstellung der Kettenbrüche hinweisen. Weiter bringt das Heft einen Artikel über die Theorie der gemeinen und höheren komplexen Zahlen von E. Study, worin Verfasser nach einem Hinweis auf die hauptsächlichsten Schriften, welche die Geschichte der imaginären Gröfsen behandeln, zunächst eine äufserst übersichtliche und klare Darstellung der gewöhnlichen komplexen Gröfsen, ihrer geometrischen Interpretation und der Anwendung der Operationen gewisser Trans-

33*

formationsgruppen auf sie gibt.   Mit gleichem Geschick wird dann im Anschlusse hieran der verallgemeinerte Begriff eines Systems complexer Gröfsen (Gröfsen mit n Einheiten) entwickelt, wie er hauptsächlich nach der durch Hamiltons Quaternionen (1843) gegebenen Anregung von englischen und deutschen Mathematikern herausgebildet wurde. Die Betrachtung des Zusammenhanges dieser verallgemeinerten Systeme mit gewissen Transformationsgruppen gibt dann Gelegenheit, das Anwendungsgebiet derselben zu betrachten, das hauptsächlich in der höheren Geometrie und Mechanik zu suchen ist.

Der nächste Artikel beschäftigt sich mit der Mengenlehre, welche ihre Entstehung dem Bedürfnisse verdankt, in die Arithmetik die Messung und Vergleichung unendlicher Gröfsen einzuführen.   Nach dieser Richtung laufende Bestrebungen dürften bis auf den Anfang des vorigen Jahrhunderts zurückgehen, doch wurden sie erst durch die bahnbrechenden Arbeiten von Georg Cantor (von 1872 an) mit wirkliebem Erfolge gekrönt, so dafs man diesen scharfsinnigen Mathematiker als den eigentlichen Schöpfer jenes neuen Wissensgebietes betrachten mufs.   Die Übersicht, welche uns A. Schönflies, der Verfasser des Artikels, über die von Cantor und seinen Nachfolgern gegebenen völlig neuen Begriffe und die aus ihnen entwickelten Folgerungen darbietet, gibt nun allerdings für den bereits eingeweihten Leser ein gutes Bild des Ganzen, dürfte aber dem Fernerstehenden nicht überall den gewünschten Einblick gestatten, da manches als bekannt vorausgesetzt wird, was keineswegs selbstverständlich ist.   So ist es doch, um nur ein Beispiel anzuführen, nicht a priori einzusehen, was man sich in der Arithmetik unter „Punkten" und „Punktmengen" zu denken hat! Hier wäre eben wieder der historische Weg, ausgehend von den linearen Punktmannigfaltigkeiten, der instruktivere gewesen.

Den Schlufs des vorliegenden Heftes bildet eine sehr übersichtliche Darstellung der endlichen diskreten Gruppen von H. Burkhardt.   Verfasser hat sich schon durch seinen 1892 in Supplemente zur Zeitschrift für Math. und Phys. erschienenen gediegenen Aufsatz über die Anfänge der Gruppentheorie und die Geschichte dieser am Ende des vorigen Jahrhunderts neu entstandenen und in unserer Zeit zu so enormer Bedeutung in fast allen Gebieten der Mathematik gediehenen Theorie grofse Verdienste erworben und kennt das Gebiet auf das Genaueste.   Das beweisen namentlich die reichhaltigen Literaturnachweise, sowie die klare und durchsichtige Darstellung des ganzen Stoffes. Namentlich freut man sich, wenn man hier endlich einmal die in der Gruppentheorie gebräuchlichen Bezeichnungen, deren Verschiedenheit die Lektüre der Originalarbeiten oft erschwert, zusammengestellt und präzis definiert findet.

München.   A. v. Braunmühl.

Logarithmentafeln.

Hartenstein Dr. II., Fünfstellige logarithmische und trigonometrische Tafeln f. d. Schulgebrauch. B. G. Teubner, Leipzig. 1897.

Schubert Dr. II., Fünfstellige Tafeln und Gegentafeln f. logar. u. trigon. Rechn. B. G. Teubner, Leipzig. 1897.

Schülke Dr. A., Vierstellige Logarithmen-Tafeln nebst math., phys. u. astron. Tabellen. 2. Aufl. B. G. Teubner, Leipzig. 1897. 0,80 M.

Schultz E., Vierstellige Logarithmen d. gewöhnl. Zahlen u. d. Winkelfunkt. z. Gebr. an Gymn. G. D. Bädeker, Essen. 1897. 0,80 M. geb.

— —, Vierstellige mathematische Tabellen (Ausg. A) f. höh. Schulen. 2. A. G. D. Bädeker, Essen. 1897. 1 M. geb.

Sickenberger Ad, Vierstellige logarithmisch-trigonometrische Tafel z. Schul- u. Handgebr. 3. A. Th. Ackermann, München. 1897. 0,40 M.

Treutlein P., Vierstellige logarithmische und goniometrische Tafeln n. d. nöt. Hilfstaf. Fr. Vieweg u. Sohn, Braunschweig. 1896. 0,60 M.

Die allmähliche Verdrängung der fünf- und mehrstelligen Logarithmen durch vierstellige, die für die Anforderungen, wie sie die Schule stellen muſs, völlig ausreichen, hat auch auf diesem Gebiete der Lehrbücherliteratur eine Reihe neuer Erscheinungen gezeitigt, die durch Verschiedenheit der Anordnung, der getroffenen Auswahl und nicht zuletzt der äuſseren Ausstattung den verschiedensten Bedürfnissen gerecht zu werden suchen.

Nr. 1 und 2 obiger Logarithmentafeln sind fünfstellige; erstere enthält die log der Zahlen von 1—10809, die Winkelfunktionen und ihre log, diese von Minute zu Minute, jene von 10 zu 10 Minuten. Die zweite Tafel enthält auſserdem — die von der gebräuchlichen abweichende Anordnung in ihrem trigonometrischen Teile dünkt dem Ref. eine prakt. Neuerung — eigene Tabellen für die Operationen des Delogarithmierens, sogenannte Gegentafeln, die die Mantissen nach ihrer Gröſse geordnet enthalten; endlich im Anhang eine Reihe von Hilfstafeln und Konstanten. Das hoch gewählte Format erlaubte deutlichen, übersichtlichen Druck, auch sonst ist die Ausstattung sehr schön. —

Die übrigen Tafeln sind vierstellig: Nr. 3 enthält die log der Zahlen von 100—1000 und der trigonometrischen Funktionen, Grad mit dezimaler Teilung; sonstiges sehr reichhaltiges Tabellenmaterial; Druck in groſsen Ziffern. Nr. 4 die log der Zahlen von 1—10000 und der Winkelfunktionen; eine Reihe physikalischer und sonstiger Konstanten. Nr. 5 auſserdem eine Reihe von allgemeinen Zahlentafeln, deren Anwendung von Nutzen ist bei Auflösung von quadratischen und kubischen Gleichungen, bei Zahlenbeispielen aus der Potenz- und Wurzelrechnung und der Stereometrie; und die Werte der Winkelfunktionen von 10 zu 10 Minuten. Nr. 5 die log der Zahlen von 100—999 und der trigonom. Funktionen von 10 zu 10 Minuten, die Potenzen der Zinsfaktoren und einige Konstante. Nr. 6 die log der Zahlen von 1—9999, der trig. Funktionen von Minute zu Minute bis 30°, von da von 2 zu 2 Minuten, die Potenzen der Zinsfaktoren und ihre log und einige Konstante; letztere beide Tafeln haben kleineres bequemes Format.

München.   ——————   Sondermaier.

Busch Fr. 100 einfache Versuche zur Ableitung elektrischer Grundgesetze. Mit 18 Figuren. 2. Auflage. 36 Seiten. Münster 1897. Aschendorff. 80 ₰.

Mit einfacheren, weniger Kosten verursachenden Mitteln als mit denen, welche in der vorliegenden Schrift angegeben sind, lassen sich Versuche zum Studium der elektrischen Fundamentalerscheinungen überhaupt nicht mehr ausführen; ein paar Blätter Papier, etwas Draht, eine Stange Siegellack, allenfalls noch eine Metallplatte, das ist alles, was der Verfasser zur Anstellung der Versuche bedarf. Und diese gelingen ebenso sicher wie mit Hilfe teurerer Apparate. Das Schriftchen kann unseren Schülern gar nicht genug empfohlen werden, nicht blofs deshalb, weil sie die hier angegebenen Experimente sehr leicht selbt zu Hause ausführen können, sondern auch weil es der Verfasser versteht, dem Leser in ungemein deutlicher Weise klar zu machen, welche Schlüsse sich aus den einzelnen Versuchen auf Leitung der Elektrizität, Verschiedenheit elektrischer Zustände, auf elektrische Verteilung, ja sogar bis zu einem gewissen Grade auf das Wesen der Elektrizität ziehen lassen.

——————

Dorner Dr. H. Grundzüge der Physik nebst einem Anhange: Mathematische Geographie. Chemie. 7. vermehrte Auflage. Mit 337 Abbildungen. 360 Seiten. Hamburg. Meifsner. 1896. Preis 3 M.

Diese Grundzüge der Physik bilden nicht eigentlich ein Lehrbuch, sondern vielmehr eine Sammlung von physikalischen Gesetzen. In dieser Absicht beschränkt sich der Verfasser auf eine Zusammenstellung der wesentlichsten Forschungsresultate und auf eine kurze Erläuterung derselben; er setzt voraus, dafs der Leser die Experimente bereits gesehen hat und verzichtet auf theoretische Begründungen namentlich nach der mathematischen Seite hin fast vollständig. Grofses Gewicht legt er dagegen auf die praktische Verwertung physikalischer Gesetze; das beweist unter anderem seine ausführliche Darlegung der Konstruktion von Uhren, von Dampfmaschinen, der Photographie und Ähnliches.

Der reiche Inhalt des Buches umfafst das gesamte Gebiet der elementaren Physik. Doch wäre eine etwas ausgeprägtere Gruppierung des Lehrstoffes selbst für ein Nachschlagewerk wünschenswert. Die sprachliche Darstellung ist zumeist gewandt und klar. Alle Anerkennung verdienen die in den Text eingestreuten, geschickt gestellten Fragen. Der Druck der Gesetze in lateinischen Lettern im Gegensatz zu den deutsch gesetzten Erläuterungen ist sehr übersichtlich. Die grofsenteils vollgezeichneten Figuren sind meist gut ausgeführt, einige wie 2 und 66 unschön, andere wie 8, 14, 21, 24, 119, 216, 227 für ein Buch das reiferen Schülern in die Hand gegeben werden soll, doch gar zu kindisch. Auch ist es nicht angängig, dafs in Figur 25 die Seiten des Parallelogramms gleichzeitig Kräfte und Wege darstellen. Figur 59 steht unrichtig.

Albrecht Dr. G. **Die Elektrizität.** Mit 38 Abbildungen. 167 Seiten. Heilbronn a. N. Schröder. 1897.

Dieses Werkchen bietet eine im besten Sinne des Wortes populärwissenschaftliche Darstellung der magnetischen und elektrischen Erscheinungen auf Grund der Faraday-Maxwell'schen Theorie. Von den einfachsten Thatsachen ausgehend legt der Verfasser die Gesetze der magnetischen Influenz dar, führt dann in den Begriff des magnetischen Feldes und der Kraftlinien ein, erläutert hierauf die Entstehung elektrischer Ströme durch Änderung des magnetischen Feldes sowie die Gesetze derselben, bespricht ferner die Beziehungen zwischen diesen und den chemischen Erscheinungen und kommt dann erst auf das Verhalten der Körper im elektrostatischen Felde zu sprechen. Die praktischen Anwendungen werden teils im Laufe der Untersuchungen teils in einem eigenen Schlufskapitel behandelt. Die Definitionen sind klar und präzise. Die Behauptungen werden, allerdings unter Verzicht auf eingehendere Berechnungen, in streng wissenschaftlicher Weise begründet. Formell befleifsigt sich der Verfasser einer möglichst deutlichen, stellenweise vielleicht allzuknappen Darstellung. Die Figuren sind gröfstenteils sauber und richtig gezeichnet; nur bei Figur 12, die überhaupt einer eingehenderen Erklärung bedürfte, sind die Bezeichnungen zum mindesten unklar; es ist doch ganz unerklärlich, wie der an der oberen Bürste austretende positive Strom an der unteren als negativer wieder hereinkommen sollte.

Eine leicht lesbare Lektüre, wie die meisten sogenannten populär wissenschaftlichen Schriften bietet dieses Werkchen allerdings nicht; manches Kapitel will wohl studiert sein; dafür hat der Leser den Gewinn, dafs er einen wirklich gediegenen Aufschlufs über die einschlägigen Erscheinungen namentlich nach der theoretischen Seite hin erhält; und übrigens kann jedermann der nur einige Vorkenntnisse besitzt, den Inhalt wohl bewältigen. Den Schülern unserer beiden obersten Klassen ist das Büchlein bestens zu empfehlen.

Püning Dr. H. Lehrbuch der Physik für die oberen Klassen höherer Lehranstalten. 270 Seiten. Münster 1897. Aschendorff. Preis 2.80 M.

Dieses Lehrbuch der Physik bildet den zweiten Teil zu des nämlichen Verfassers „Grundzügen der Physik,“ welche ich im 31. Jahrgange dieser Zeitschrift Seite 389 besprochen habe. Selbstverständlich behandelt der Verfasser hier dieselben Gegenstände nur soweit noch einmal, als sie auf dieser höheren Stufe einer Erweiterung fähig sind, erläutert dagegen schwierigere Kapitel an dieser Stelle eingehender. Auch legt er auf die theoretische Seite des Gegenstandes mehr Gewicht und macht von den Hilfsmitteln der Mathematik in ausgiebiger, jedoch nicht zu weit gehender Weise Gebrauch. Inhaltlich hat der Verfasser kein Bedenken getragen, die neuesten Theorien und Forschungen, soweit sie elementar behandelt werden können, in den Kreis der Betrachtungen zu ziehen. Das am Schlusse des Buches beigefügte Inhaltsverzeichnis bezieht sich auch auf die „Grundzüge“.

An Reichtum des Inhaltes steht das Buch keiner ähnlichen Arbeit nach; beide Teile zusammen bilden ein wahrhaft gediegenes Lehrmittel; wenn es an unseren Gymnasien nicht in Gebrauch genommen werden kann, so ist nicht das Buch selbst schuld, sondern die geringe Anzahl von Lehrstunden, welche uns für die Physik zu Gebote steht.

Heussi Dr. L. Leitfaden der Physik. 14. verbesserte Auflage. Mit 159 Holzschnitten. Bearbeitet von H. Weinert. Berlin 1897. Salle. 180 Seiten.

Die neueste Auflage dieses schon im 27. u. 29. Jahrgange unserer Blätter besprochenen guten Leitfadens der Physik unterscheidet sich von den vorhergehenden namentlich dadurch, dafs ein eigener Abschnitt über die Fernrohre aufgenommen wurde, dafs unter den Elektrisiermaschinen auch die Wimshurstsche besprochen wird, dafs die physikalischen Wirkungen der galvanischen Ströme eingehender dargelegt werden und dafs beim Fernsprecher auch das Prinzip des Mikrophons erklärt wird. Sämtliche neu aufgenommenen Abschnitte sind an ebenfalls neugezeichneten, guten Figuren erläutert.

Gaideczka J. Maturitäts-Prüfungsfragen aus der Physik. 2. verbesserte Auflage. 194 Seiten. Leipzig und Wien. Deuticke. 1897.

Das vorliegende Buch ist ein Repetitorium der Physik, soweit sie am Gymnasium behandelt wird. Durch Beantwortung von Fragen aus allen Gebieten der Physik soll dem Schüler zum Zwecke der Vorbereitung auf das Absolutorialexamen kurz in's Gedächtnis zurückgerufen werden, was er im Laufe der Jahre gelernt hat. Die Fragen sind gröfstenteils geschickt ausgewählt, klar gestellt, kurz und doch eingehend, dem

Wissen und Können des Abiturienten entsprechend beantwortet, die Antworten vielfach an skizzierten Figuren erläutert. Im Anschlusse an die Antworten sind Berechnungsaufgaben, teilweise unter Beifügung des Resultats, gegeben. Das Buch, welchem die Verlagshandlung eine wirklich musterhafte Ausstattung zuteil werden liefs, dürfte nicht nur. Schülern, sondern auch Lehrern willkommen sein, letzteren bei der Auswahl von Aufgaben für Schularbeiten oder Prüfungen.

Würzburg.   Dr. Zwerger.

G. Thiele, de antiquorum libris pictis capita quattuor. Marburgi Elwerti 1897. 43 S.

Die Frage der antiken Buchillustrationen ist sicherlich eine sehr interessante, aber bisher wenig geklärt. Die literarische Tradition ist sehr spärlich und die ältesten Bilderhandschriften selbst reichen nur bis ins 5. oder höchstens bis ins 4. Jahrh. hinauf. Nun hat man allerdings in der letzten Zeit angefangen den Miniaturen und Bildern dieser und späterer mittelalterlichen Handschriften gröfsere Aufmerksamkeit zuzuwenden und sie auf ihre Quellen hin zu prüfen. Man hat es, um nur die wichtigsten zu nennen, für Terenz, für Arat und Vergil mit Wahrscheinlichkeit nachzuweisen versucht, dafs die mittelalterlichen Illustrationen auf illustrierte Ausgaben der römischen Kaiserzeit zurückgehen, indem die antiken Bilder mit grofser Treue und Zähigkeit von Kopie zu Kopie Jahrhunderte hindurch festgehalten wurden (Leo, Rhein. Mus. 1883 p. 345 ff. „Überlieferungsgeschichte des Terenz" Bethe, Rhein. Mus. 1893 p. 91 ff. „Aratillustrationen" P. de Nolhac „Le Vergile du Vatican et ses peintures" Paris 1897). Aber erst die von Hartel und Wickhoff publicierte Bilderhandschrift der Wiener Genesis hat lebhafteres Interesse für die antike Buchillustration erweckt und gezeigt, welche Schätze hier noch zu heben sind. Selbst ein Werk der ausgehenden Antike weist sie durch die Verwandtschaft ihrer Abbildungen mit kampanischen Wandgemälden auf Vorbilder hin, die der besten römischen Zeit angehören.

Was hier für die Kenntnis der Bibelillustration geleistet worden ist, das beabsichtigt nun der Marburger Dozent Thiele auch für die wichtigsten der profanen Bilderhandschriften, aus denen bisher nur ausgewählte Beispiele in genügender Reproduktion vorlagen, (am besten bei Beissel, vatikanische Miniaturen, Freiburg 1893 und in den von der britt. paläographischen Gesellschaft publicierten „Facsimiles of ancient Manuscripts). Die vorliegende Schrift Thieles bietet zu diesem offenbar grofsartig angelegten Unternehmen die Prolegomena. Ich gebe im folgenden kurz den Inhalt der einzelnen Kapitel.

Im 1. Kap. „de Arati editionibus pictis" setzt Thiele die Untersuchungen Bethes fort. Er vergleicht die vorhandenen Bilderhandschriften der lateinischen Aratübersetzung des Germanicus und unterscheidet zwei Klassen. Die erste Klasse vertreten durch einen cod. Bononiensis 188, Bernensis 88 und besonders durch den Leidener Vossianus lat. in qu. 79, weist mit ihren Illustrationen auf eine Prachtausgabe des Arat selbst

hin, die für das 4. oder 5. Jahrh. anzunehmen ist, die zweite Klasse
vertreten durch einen cod. Basil. A. N. IV 18 und einen cod. Matrit.
A 16 enthält rohere und jüngere Zeichnungen, setzt aber ebenfalls
eine illustrierte Aratausgabe voraus. Beide Klassen aber zeigen die
Spuren eines älteren Archetypus, welchen Th. dem 2. oder 3. Jahrh.
zuschreiben zu dürfen glaubt. In einem umfangreicheren Werke,
betitelt „Antike Himmelsbilder" sollen diese Illustrationen mit aus-
führl. Kommentar demnächst publiciert werden (bei Weidmann Berlin).
Man darf besonders auf die Leidener Handschrift gespannt sein, da
Th. ihre an die Antike erinnernde grofse Schönheit und Eleganz hoch
rühmt.

Im 2. Kapitel „epicorum editiones in charta pictae" kann Th.
einen Schritt weiter gehen. Zunächst werden die illustrierten Vergil-
handschriften besprochen, die Bilder zu allen drei Werken des Dichters
enthalten. Der Vatic. 3225 gehört selbst noch dem 4. oder 5. Jahrh.
an, seine Bilder aber weisen viel weiter zurück und stehen den
pompejanischen Wandgemälden nahe. Der Vatic. 3867 ist jünger
und auch die Abbild. barbarischer; aber hier begegnet uns die merkwürdige Erscheinung, dafs unter den 19 Abbildungen dreimal das
Porträt des Dichters selbst wiederkehrt. Das hat in dem zusammen-
gehefteten Pergamentband keinen Sinn und wird von Th. mit dem in
der früheren Kaiserzeit üblichen Papyrusrollensystem erklärt. An dem
Kopf jeder der drei Papyrusrollen, welche immer das erste Buch der
drei Werke des Dichters enthielten, wird der Abschreiber und Illustrator
das Bild vorgefunden und so in seinem Pergamentband dreimal aufgenommen haben. So schliefst der Verf. aus diesen beiden Vergil-
handschriften, dafs schon im 2. oder 1. Jahrh. v. Chr. illustrierte
Papyrusausgaben des Dichters existierten. Wie für Vergil ist dies
wohl auch für Homer anzunehmen, wenngleich die Illustrationen der
einzigen homerischen Bilderhandschr., eines cod. Ambrosianus, nicht
über das 4. oder 3. Jahrh. zurückweisen. Dagegen glaubt Th. die
tabula Iliaca auf die Nachahmung früherer Buchillustrationen zurückführen zu können.

Das 3. Kapitel „de Nicandri, Theocriti, Medicorum libris pictis"
sucht zu zeigen, dafs, vielleicht als Vorbild für die Vergilillustration,
schon die Georgika des Nikander illustriert gewesen sind. Ein illustr.
cod. Parisin. der Θηριακά und Ἀλεξιφάρμακα enthält nämlich nicht
nur Illustrationen zu diesen Werken, sondern auch einen Pan mit dem
Hirtenstab „per arbusta ambulantem," ein Bild, das Th. den uns verlorenen Γεωργικά desselben Verf. zuschreiben will. Dagegen wird der
von Bethe (Rostocker Vorlesungsverz. 1895) versuchte Beweis für
eine alte Bilderhandschrift des Theokrit zurückgewiesen.

Anhangsweise werden dann die wissenschaftlichen Werke besprochen, die von ihren Verfassern selbst durch Abbildungen erläutert
wurden, so Werke der Mediziner, Architekten, Mathematiker u. a., bei
denen die Beigabe von Illustrationen durch eine bekannte Pliniusstelle
(XXV, 8) schon für das letzte Jahrh. vor Chr. gesichert ist. Neues
bietet hier der Verf. nicht.

Das 4. Kapitel endlich ist betitelt „de Aesopiarum fabularum
picturis." Während für die bisher genannten Schriftsteller Th.
nur die Untersuchungen anderer berichtigt, fortgesetzt und zusammengefafst hat, gilt es für die Fabeldichter die erste Grundlage der Forschung
zu legen. Die älteste illustr. Fabelhandschrift ist eine prosaische
Phädrusparaphrase des Romulus aus dem XI. Jahrh. (Vossianus lat.
8° n. 15). Die Paraphrase wie die dazu gehörigen Zeichnungen sind
nicht aus Phädrus allein genommen, sondern setzen eine vollere
Fabelsammlung voraus, welche den Titel des Äsop selbst trug und
an der Spitze sein Bild. Doch kann diese Sammlung nicht älter als
Babrius sein, da eine Fabel diesem Dichter entnommen ist. Weitere
Vermutungen über die Zeit dieser vorauszusetzenden illustr. Äsop-
ausgabe stellt der Verf. nicht auf, doch scheinen ihm auch hier die
Zeichnungen noch antiken Charakter zu verraten. Weiter stellt der
Verf. z. T. nach Hervieux „les fabulistes latins" Paris 1883—96 die
sämtlichen illustrierten Fabelhandschriften zusammen, deren Studium ihm
bisher noch nicht möglich gewesen. Aber selbst in den ersten Drucken
finden sich noch Spuren antiker Illustration, besonders ein Bild des
Dichters Äsop, nach Art des Orpheus die Tiere um sich scharend.
Nach der Herausgabe der „antiken Himmelsbilder" sollen dann auch
die Illustrationen zu den Epikern und zu den äsopischen Fabeln folgen.

Unterstützt durch eine umfassende Handschriftenkenntnis hat der
Verf. seine Untersuchung mit Scharfsinn und Mäfsigung geführt. Die
Richtigkeit seiner Beobachtung vorausgesetzt, dürften wir mit Sicherheit
annehmen, dafs es illustrierte Papyrusausgaben der Dichter schon in
der frühesten Kaiserzeit gegeben hat, und darnach dürfte auch für
die Archäologie aus diesen mittelalterlichen Handschriften noch mancher
Gewinn zu erwarten sein. Immerhin wird man gut thun die Illustrationen
selbst abzuwarten. Denn es gibt doch zwei Punkte, die sehr zur
Vorsicht mahnen. Erstlich erscheint es auffallend, dafs in der
Literatur die imagines des Varro und Atticus und die bei Seneca de
tranq. 9. 7 erwähnten Titelporträts ausgenommen nicht eine sichere
Stelle diese Sitte für jene frühe Zeit bezeugt. Und ebenso hätte man
bei der grofsen Masse der Papyrusfunde der letzten Jahre, darunter
viele Dichterfragmente, wohl erwarten dürfen auch eine Spur von
Illustration zu finden; bisher aber ist von einer solchen nichts bekannt
geworden. In jedem Falle aber verdient das Unternehmen des Verf.
vielseitigen Dank und wünschen wir ihm einen rüstigen Fortgang.

Würzburg. **Wilhelm Wunderer.**

Joseph Führer, Forschungen zur Sicilia sotterranea.
Mit Plänen, Sektionen und anderen Tafeln. Aus den Abhandlungen
der k. bayer. Akademie der Wiss. I. Cl. XX. Bd. III. Abt. München 1897.
Verlag der k. Akademie. 193 S.

Vor 22 Jahren wies De Rossi im Bulletino di archeologia cristiana
auf die Notwendigkeit einer methodischen Durchforschung der Sicilia

sotterranea cristiana hin, der 'vera sorella della Roma sotterranea: certo sorella minore per la copia, varietà ed antichità dei monumenti, ma forse maggiore per la grandiosità delle forme architettoniche'. Einem deutschen Gelehrten gebührt der Ruhm, durch obiges Werk den ersten bedeutenden und bahnbrechenden Schritt auf diesem Wege gethan zu haben. Joseph Führer hat in ihm die Ergebnisse eines zweimaligen längeren Aufenthaltes in Ostsicilien und vornehmlich in Syrakus niedergelegt. Ausgerüstet mit reichen Kenntnissen auf dem Gebiete der heidnischen und christlichen Archäologie, versehen mit den besten Instrumenten für Vermessungen und photographischen Aufnahmen und geübt in deren Gebrauch, machte er sich 1894—1895 an die zum grofsen Teil unendlich mühsame und nicht ungefährliche, auch seine Gesundheit schwer schädigende Aufklärung und Durchforschung einer von der wissenschaftlichen Welt vordem nicht einmal geahnten Menge von Katakomben. Allein in dem südöstlichen Ausläufer Siciliens, in den Abdachungen des Monte Lauro, hat Führer aufserhalb des Stadtbereiches von Syrakus mehr als 70 derartige unterirdische Bestattungsanlagen festgestellt, eingehend untersucht und in genauen Plänen verzeichnet. Von dem ungeheuren Material, welches er namentlich von diesem zweiten Aufenthalt in Sicilien nach Hause mitbrachte, bietet er in seinem für die sicilische Katakombenforschung grundlegenden Werke nur einen kleinen Teil, nur dasjenige, was dazu dient, von den 3 syrakusischen Nekropolen S. Giovanni, Cassia und S. Maria di Gesù ein topographisch-historisch-künstlerisch richtiges und vollständiges Bild zu geben.

Sicilien ist so recht eigentlich das Land der Felshöhlen. Was sich im Kalktuff infolge von Durchsickern des Wassers ganz naturgemäfs von selbst gebildet hatte, ahmten schon die vorgeschichtlichen Einwohner der Insel in ganz erstaunlichem Umfange nach. Hunderttausende von künstlichen Höhlen bedecken den Boden und besonders die Wände der Felsen, welche überall zu Tage treten. Hat doch ein langgestreckter Berg im Westen Siciliens von der Fülle der an seinen Abhängen fensterartig zu tage tretenden Grabkammern den Namen Monte Finestrelle erhalten. Und die Griechen setzten die Aushöhlung der Felsen zu Bestattungs- und anderen Zwecken fort. Einen eigenartigen und zum Teil auch grofsartigen Charakter nahmen die Felsgräberanlagen in der frühchristlichen Zeit an, wie Führer, dem der treffliche, vor einigen Jahren hochbetagt verstorbene Saverio Cavallari und Paolo Orsi, der hochverdiente Direktor des syrakusischen Nationalmuseums, vorgearbeitet hatten, nunmehr an drei syrakusischen Katakomben nachweist. Diese kamen, wie ebenfalls aus der sorgfältigen und allseitigen Untersuchung Führers hervorgeht, zu ihrer die engen und meist niedrigen Gräbergänge in dem morschen Tuffboden Roms zum Teil weit übertreffenden Stattlichkeit und Grofsräumigkeit erst Hand in Hand mit der erstarkenden Kirche und einer gewissen Naehblüte von Syrakus und haben nicht selten antike Cisternen, Brunnen Wasserleitungen sich einverleibt, jene als Gräberrotunden und Oberlichtöffnungen, diese nach der notwendigen Erweiterung als Korridore.

Schon ein kurzer Blick auf die beiden grofsen, mit erstaunlicher Sorgfalt im Mafsstabe von 1 : 200 ausgeführten Pläne, deren erster die Nekropole der Kirche San Giovanni, der andere die unter der Vigna Cassia und das durch eine antike Wasserleitung damit verbundene Coemeterium der Kirche S. Maria di Gesù darstellt, lehrt uns einen auffallenden Unterschied zwischen diesen beiden in Unterachradina süd- lich von den Latomien gelegenen Katakombenkomplexen kennen, einen Unterschied, der sich bei der Untersuchung ihrer inneren Ausstattung durch bildende Künste und Inschriften als eine Folge der verschiedenen zeitlichen Entstehung und Benutzung, resp. Erweiterung der Nekropolen ergibt. Bei S. Giovanni sehen wir bis gegen 5 m breite und bis 3¹₂ m hohe Gänge, von denen rechts und links sich Arcosolien mit nicht wenigen Gräbern hintereinander öffnen, wir sehen eine Anzahl statt- licher Rundsäle, die bis etwa 10 m Durchmesser und bis 7 m Höhe haben. Der ganze von dieser Katakombe eingenommene Raum ist für Tausende von Gräbern so raffiniert ausgenutzt, dafs auf dem gleichen Niveau an vielen Stellen kaum für ein einziges Grab mehr Platz übrig gelassen ist. Dagegen besteht der gröfste Teil der Coeme- terien von Cassia und S. Maria di Gesù aus engen Gängen, welche oft kaum ein Mensch durchschreiten kann und auf deren beiden Seiten einzelne Grabnischen (Loculi) übereinander in das Gestein eingehauen sind. Allein der westlichste, von Führer mit dem Buchstaben A be- zeichnete Abschnitt dieser Nekropole trägt den Charakter der von S. Giovanni, indem zu beiden Seiten eines schliefslich sich zweiteilenden aber auch sehr schmalen Ganges Arcosolien bis zu 12 m Tiefe in die Felsmasse eindringen und 1 bis 2 Dutzend Gräber hintereinander ent- halten. Daneben sind, wie bei S. Giovanni hie und da auch Loculi in die Seitenwände eingehauen. Nur in der Mitte etwa des gesamten Gräberkomplexes befindet sich ein 11 m langer, 7 m breiter und bis 7 m hoher Saal, an den sich ein kleiner Nebenraum anschliefst, wohl als Versammlungsplatz zum Zwecke von Andachtsübungen. Übrigens finden sich in diesen zwei Nekropolen, wie in geringerem Grade auch in der von S. Giovanni, mehrfach Grabanlagen mit Arcosolien und Loculi ober- oder unterhalb der schon bestehenden. Führer sieht in allen in Betracht kommenden Umständen ʻeine genügende Grundlage für die Anschauung, dafs der westliche Hauptabschnitt der Nekropole Cassia thatsächlich ebenso wie die Osthälfte dieses Katakombenkomplexes und das Coemeterium von S. Maria di Gesù bis in das 5. Jahrhundert herab zu Begräbniszwecken verwendet wurde, im Gegensatz zu jenen weiter östlich gelegenen Sepulkralanlagen aber auch in seinem Grund- stock nicht schon in der 2. Hälfte des 3. Säkulums, sondern erst im Anfang des 4. Jahrhunderts entstanden ist. Dem gegenüber bietet Form und Inhalt des epigraphischen Materials, welches in der Nekro- pole von S. Giovanni zu Tage gefördert wurde, bestimmte Anhalts- punkte dafür der, dafs einerseits der Ursprung dieses Coemeteriums in eine etwas spätere Epoche fällt, andererseits aber die Benützung desselben sich über einen weit gröfseren Zeitraum erstreckte' (S. 159).

Das auf die beiden ersten der topographischen Beschreibung der drei Katakomben gewidmeten Kapitel folgende dritte ist von ganz besonderem Werte und Interesse. Es behandelt in eingehender Betrachtung ihre innere Ausstattung in architektonischen Einzelheiten, durch Malerei, Plastik, Inschriften und Werke der Kleinkunst. Viele der von Führer beschriebenen und erklärten Dinge hat er auch zuerst entdeckt, eine Menge von Malereien und Inschriften, vornehmlich die des Arcosolgrabes der Deodata, zuerst richtig gedeutet, zu anderen schon vor ihm veröffentlichten Inschriften Verbesserungen beigebracht. Unter den, übrigens sehr wenigen und nur in der Katakombe von S. Giovanni gefundenen, Werken der Plastik wird natürlich dem berühmten und literarisch oft besprochenen Sarkophage der Adelfia, welchen Sav. Cavalleria 1872 wieder ans Tageslicht gebracht hat, und seinen Reliefdarstellungen aus dem alten und neuen Testament eine ganz besondere Aufmerksamkeit zu Teil. Nach dem, was Führer aus den bis jetzt von ihm gehobenen Schätzen der Öffentlichkeit und der Wissenschaft geboten hat, kann man nur wünschen, dafs einem so bewährten Forscher auf dem Gebiete der christlichen Archäologie auch fernerhin die Mittel und die Gelegenheit geboten werden möchten, das mit so ausgezeichnetem Erfolge Begonnene fortzusetzen.[1])

Dem Texte sind aufser den beiden grofsen Gesamtplänen der drei Katakomben noch 12 vortreffliche Tafeln in Lichtdruck beigegeben, welche in Zeichnung entworfene Durchschnitte einzelner Katakombenteile und photographische Ansichten architektonischer, plastischer, malerischer, epigraphischer Art enthalten. Dieser bildnerische Anhang enthält bei weitem nicht alles, was Führer durch Zeichnung und Photographie als anschauliche Ausbeute aus der Unterwelt Siciliens mitgebracht hat. Er stellt uns noch vieles für eventuelle weitere Veröffentlichungen in Aussicht. An diesem Punkte aber möge er uns gestatten, einen Wunsch auszusprechen, dessen Erfüllung die Benutzung besonders von Plänen bedeutend erleichtern würde. Man vermifst nämlich auf den beiden vorliegenden aufser den Buchstaben des Planes II, welche die verschiedenen Gräberkomplexe bezeichnen, jegliche orientierende Beischrift. Wie viel rascher würde man sich auf ihnen zurecht finden, wenn aufser der allerdings durchweg klaren topographischen Beschreibung im Texte auf Plan I noch z. B. 'Decumanus maior', 'Decumanus minor', 'Rotunde der Antiochia', 'R. der Adelfia', 'R. delle selle vergini (dei sarcofagi)', 'Capella di Eusebio (dell' anfora)', 'Grab der Deodata', auf Plan II 'Rotunde der Heraklia'. 'R. der Victoria', auf beiden die Eingänge beigedruckt wären. Für Seite 57, Mitte, z. B. würde eine Bezeichnung des 'Korridors' und des 'gewölbten Raumes von nahezu 12 m Länge' durch Buchstaben deren Auffindung auf dem Plane II rascher und sicherer möglich machen. Auch die Durchschnitte auf Tafel III möchte man auf den Plänen

---

[1]) Kaum hatte ich diese Worte geschrieben, so wurde mir durch einen glücklichen Zufall die erfreuliche Mitteilung, dafs F. in der That vom nächsten Herbst an auf ein volles Jahr seine Katakombenforschung in Sicilien fortsetzen wird. Q. b. f. f. q. s.

irgendwie, sei es durch korrespondierende Buchstaben oder durch Striche angegeben sehen.

Der Druck des Textes ist sehr sorgfältig. Abgesehen von ganz vereinzelten Versehen des Setzers ist mir nur S. 39, Zeile 3, das irrtümliche 'Südseite' statt 'Ostseite' aufgefallen.

Straßburg im Elsaß.   B. Lupus.

Otto Wackermann, Der Geschichtschreiber P. Cornelius Tacitus. Gymnasial-Bibliothek, 28. Heft, Gütersloh, Bertelsmann 1898.

Die Lektüre des Historikers Tacitus gehört neben der des Sophokles und Plato zu den Höhepunkten des Gymnasialunterrichts und bildet mit Recht den Abschluß desselben; es wird sich auch nicht leicht ein Schüler dem Eindruck, den die Persönlichkeit des Historikers auf jedes empfängliche Gemüt machen muß, entziehen können, wenn die Behandlung nur einigermaßen der Schwierigkeit der Lektüre entsprechend ist. Aber gerade bei einem Autor wie Tacitus reicht der Unterricht allein nicht aus; es ist erwünscht, daß der Schüler Gelegenheit und Anleitung erhält, sich noch eingehender mit diesem Schriftsteller zu beschäftigen; diesem Zwecke soll auch das vorliegende Büchlein von Wackermann dienen.

Der Stoff ist zwar etwas breit behandelt und die Sprache nicht gerade fließend, fesselnd, neue Anschauungen bietet die Arbeit wenig, aber doch wird dem Schüler, der das mit liebevoller Teilnahme geschriebene Büchlein vollständig durchliest, die Persönlichkeit und Bedeutung des Historikers näher gebracht werden. Nach einer kurzen Einleitung über die Zeit des Tacitus behandelt der Verfasser die Familienverhältnisse des Schriftstellers, die Laufbahn, die einzelnen Schriften, im Anschluß daran das Charakterbild der Kaiser Tiberius, Claudius, Nero, ferner die Art seiner Geschichtschreibung, die politischen, philosophischen, religiösen Anschauungen und den Stil.

Wenn hier auf 20 Seiten das Leben des Historikers behandelt wird, während Rösch in seinem trefflichen Büchlein (Sammlung gemeinverständl. wissensch. Vorträge v. Virchow u. Wattenbach, Heft 119) nur 3 Seiten darauf verwendet, so kann man daraus entnehmen, wie der Verfasser seinen Stoff dehnt und streckt; es sind eben Kombinationen, auf denen sich das Ganze aufbaut. Am besten scheinen mir die Nachrichten, die uns der jüngere Plinius überliefert, verwertet zu sein. Tacitus muß überhaupt dem Kreise der Familie Plinius sehr nahe gestanden sein und vielleicht ist auf den Einfluß des Naturforschers die Vorliebe für naturwissenschaftliche Fragen, die sich besonders in den jüngeren Schriften Germania und Agricola, zeigt, zurückzuführen. — Im Folgenden wird der Inhalt der einzelnen Schriften und die daran sich knüpfenden Fragen ausführlich erörtert, überall sucht der Verfasser durch eingestreute Citate aus den betr. Schriften die Darstellung zu beleben. Die Übersetzung, die Wackermann bietet,

ist allerdings nicht immer musterhaft, zuweilen unrichtig. Der schöne
Schlufs des Agricola cp. 46, bei Wackermann S. 33 wiedergegeben, enthält
vielfache Unrichtigkeiten: ad contemplationem virtutum tuarum voces,
quas neque lugeri neque plangi fas, est übersetzt W.: 'zur Betrachtung
deiner Tugenden, die wohl zu betrauern, zu bejammern nicht gestattet
ist' wodurch der Sinn völlig verschoben wird; et si natura suppeditet,
similitudine colamus 'und reichen unsere Tage aus, wollen wir dich
durch Ähnlichkeit des Wandels ehren;' natura mufs hier die Bedeutung von natürlicher Kraft haben; bewundern, loben können ihn die
Angehörigen, so lange sie leben, aber ihm in ihrem Wesen ähnlich
werden, nur wenn die natürlichen Gaben hinreichen, ein bewundernswerter Zug von Bescheidenheit und Pietät; ut omnia facta dictaque
eius secum revolvant 'dafs sie alles was er gethan und geredet hat,
sich wieder vor die Seele rufen' secum revolvere kann nur bedeuten:
im Herzen bewegen, nicht die einmalige Erinnerung ist gemeint.

Wackermann zweifelt, ob die Biographie Agricola in das Jahr 97
oder 98 zu verlegen ist; aus der Einleitung cp. 3 quamquam primo statim
beatissimi sacculi ortu Nerva Caesar res olim dissociabiles miscuerit,
principatum ac libertatem, augeatque quotidie felicitatem temporum
Nerva Traianus geht doch unzweideutig hervor, dafs die Zeit des Nerva
abgeschlossen ist und Trajan schon die Regierung führt. — Bezüglich
der Germania teilt der Verfasser die Ansicht von Asbach,[1]) dafs die
politischen Verhältnisse beim Regierungsantritt Trajans den Historiker
bestimmt hätten, diese Schrift herauszugeben; die Leser sollten darüber
aufgeklärt werden, wie berechtigt die Verteidigungs- und Sicherungs-
politik Trajans Deutschland gegenüber sei. Asbach macht es allerdings sehr wahrscheinlich, dafs die Vorgänge am Rhein den Historiker
zur Veröffentlichung seiner Einzelstudie veranlafst haben, aber dies
hindert doch nicht, sie als eine ethnographische Vorarbeit für die
Annalen und Historien, in denen die Germanen eine so bedeutende
Rolle spielen, zu betrachten. Die Germania ist im grofsen dasselbe,
was die Britannia (Agricola 10—13) im kleinen zu bedeuten hat, der
Historiker will eine genaue Charakteristik des Volkes geben, mit dem
er sich so vielfach zu beschäftigen hat.

S. 42—73 gibt der Verfasser eine Inhaltsangabe der Historien
und Annalen; er bemüht sich die schönen Gestalten eines Germanicus
und Pactus Thrasea hervorzuheben, aber daneben hat er allzu eingehend einen Tiberius, Nero behandelt. „In diese düstere Welt die
Jugend einzuführen, erschien mir immer als ein Unrecht" sagt Schanz
in seiner Literaturgeschichte S. 380 mit vollem Recht; will man von
den Annalen etwas lesen, so sind es die herrlichen Abschnitte über
die Feldzüge des Germanicus, also Abschnitte, die sich direkt auf
Deutschlands Geschichte beziehen; alles übrige versteht der Schüler
noch nicht oder es eröffnet dem Jüngling Einblicke in eine Welt, die
ihm besser noch verschlossen bleibt. Dialogus, Agricola, Germania, die

---

[1]) Jul. Asbach. Römisches Kaisertum und Verfassung bis auf Trajan. Histor.
Einleitung zu den Schriften des Tacitus. Köln. Schauberg. 1896.

auf die Germanen sich beziehenden Abschnitte der Annalen genügen vollständig, um den Historiker kennen und lieben zu lernen. — Am wertvollsten sind die Bemerkungen des Verfassers über Tacitus als Historiker, über seine politischen, philosophischen und religiösen Anschauungen; denn darauf kommt es vor allem an, daß der Schüler nicht nur den Inhalt der Schriften kennen lernt, sondern auch eine Ahnung von der hinter denselben stehenden bedeutenden Persönlichkeit bekommt. Sehr gut ist die politische Anschauung des Tacitus gezeichnet, der Historiker ist Aristokrat durch und durch, fast bis zum Vorurteil, im Herzen sehnt er sich nach der alten Zeit, aber doch betrachtet er die Monarchie als ein notwendiges Übel; auch dem, was der Verfasser über die religiöse Überzeugung des Historikers sagt, kann man nur zustimmen; der berühmte Schluß des Agricola: si quis piorum manibus locus, si, ut sapientibus placet, non cum corpore extinguuntur magnae animae ist nicht Ausdruck des Zweifels, sondern ein Trost, den Tacitus den Seinigen läßt; seine eigene positivistische Meinung gibt er deutlich im Folgenden: quidquid ex Agricola amavimus, quidquid mirati sumus manet mansurumque est in animis hominum, in aeternitate temporum. Schließlich bespricht der Verfasser noch den Stil und die Mittel der Darstellung, wobei er eine Äußerung von Franz Passow zu Grunde legt: 'Der Gegensatz ist die eigentliche Seele der Darstellungen des Tacitus.' Ich weiß nicht, wo Passow dieses treffende Urteil abgibt, jedenfalls ist es nicht bloß so zu verstehen, wie Wackermann es auffaßt, als Gegensatz zwischen Ideal und Wirklichkeit, sondern als ein künstlerisches Mittel der Darstellung; freilich der Wirkung des Kontrastes zu Liebe hat er oft bald zu dunkel, bald wieder zu hell die Farben gemischt.

Zweibrücken.   C. Wunderer.

_____

Dr. Ernst Berner, Kgl. Preuß. Hausarchivar, Geschichte des Preußischen Staates. Mit 17 Tafeln und Beilagen in Farbendruck, 92 Buchdruckbeilagen, etwa 400 Abbildungen im Text und 7 Karten. München und Berlin, 1891. Verlagsanstalt für Kunst und Wissenschaft vormals Friedrich Bruckmann.

Das erste Heft des 1891 begonnenen Werkes wurde auf S. 333 ff. des XXVIII. Bandes dieser Blätter kurz angezeigt. Es liegt nunmehr in einem stattlichen Bande von X und 758 Seiten vollendet vor uns. Zeigt sich auch gegen Ende, namentlich im kriegsgeschichtlichen Teil, eine etwas engere Zusammendrängung des Stoffes, als man wünschen möchte, und als wohl auch anfänglich beabsichtigt war, so wird doch, zumal da es für diese Seite an die gleichen Ziele verfolgenden und ausführlichen Darstellungen wahrlich nicht mangelt, hiedurch der Wert des Buches im ganzen keineswegs beeinträchtigt.

Besondere Anerkennung verdient an Berners Geschichte die rühmliche äußere Ausstattung, welche die Verlagshandlung, weder Mühen noch Kosten scheuend, dem Werke angedeihen ließ. In dieser Be-

ziehung ist selbst den weitestgehenden Wünschen vollauf entsprochen.
Nur eine genealogische Tabelle, wenn auch lediglich auf die branden-
burgisch-preuſsischen Hohenzollern beschränkt, hätte nicht vorenthalten werden sollen. Auch würde unsers Erachtens e i n e blofs auf
den aus dem Buche selbst sich ergebenden Bedarf beschränkte und
etwa Brechers historischer Wandkarte des preuſsischen Staates nach-
gebildete Karte dem Leser bessere Dienste leisten als die sieben in
dem grofscn Bande zerstreuten Kärtchen desselben Kartographen.
Indes bietet das Werk an Kunstbeilagen anderweitig so viel des Guten
und Dankenswerten, dafs es in der That unbillig wäre, nach dieser
Richtung über Einzelheiten rechten zu wollen. Gehen wir somit zum
Texte selbst über, der, den reichen und mitunter köstlichen Bilderschmuck in vollen Ehren gehalten, bei einem Geschichtswerke denn
doch die Hauptsache sein mufs.

Berner schrieb seine Geschichte des preuſsischen Staates in
populärer Darstellung ohne allen gelehrten Apparat, jedoch mit gründlicher Berücksichtigung der neueren einschlägigen Forschungen zunächst für die Angehörigen dieses Staates, ebensowohl aber für das
gesamte deutsche Volk. Seine allenthalben ersichtliche Absicht ist,
dem Leser zu zeigen, dafs sich das Wachstum Brandenburg-Preuſsens
mit nichten, wie vielfach geschehen, aus einer durch Glück und Talente
begünstigten Herrschsucht erklären lasse, dafs vielmehr das treibende
Motiv seiner Entstehung einzig und allein eine bis zur Stunde fortgesetzte Erfüllung der jeweiligen Pflicht sei. „Die Erfüllung des Pflicht-
gebotes ist recht eigentlich das Wesen unseres Staates." Dem Verfasser geschähe Unrecht, wollte behauptet werden, die Eingenommen-
heit für den Schauplatz und die Persönlichkeiten seiner Helden machten
ihn für alle und jede Schattenseiten blind; dann und wann, als Ausnahme allerdings und mehr behufs Bestätigung der Regel, kommen
auch solche zum Vorschein. Allein das täfst sich getrost sagen, dafs
derartige Verdunkelungen auf einen mit der historischen Wahrheit
nicht immer vereinbaren Mindestumfang eingeschränkt sind, und dafs
nicht eben selten geradezu Lichtpartien hergestellt wurden, wo Personen
und Dinge, von einem andern und geschichtlich kaum ernstlich zu
beanstandenden Standpunkte aus betrachtet, in einer sehr wesentlich
veränderten Gestalt sich zeigen müfsten. Wir bezweifeln keinen Augenblick, dafs es dem Verfasser mit seinem S. 326 ausgesprochenen Grundsatz voller Ernst ist, der Geschichtschreiber solle sich gerade bei den
grofsen Heldengestalten seines Volkes ängstlich vor der leisesten Übertreibung hüten; es wird sich nur fragen, ob die thatsächliche Bethätigung dieser Vorsicht bei so warmer, ja mitunter heifsblütiger Vorliebe immer möglich war; ob nicht infolge des gleichen Anlasses
einmal Heldengröfsen geschaffen wurden, wo eine nüchternere Beurteilung sich nicht zu demselben Flug zu erschwingen vermöchte; ob
nicht manchmal diesen erzielten Heldengröfsen entgegenstehende
Personen und Verhältnisse zu ihrem ungebührlichen Schaden der
wahren historischen Überlieferung entkleidet und umgemodelt werden
mufsten. Wir wenigstens vermögen trotz besten Willens nicht immer

„preußische Großmut" und „hochherzige Nachgiebigkeit", „preußische Bescheidenheit" und wie alle die andern nach des Verfassers Ansicht spezifisch preußischen Tugenden heißen mögen, zu erkennen, vollends nicht immer ein „unterdrücktes Preußen", wo er gegenüber „einer gewohnheitsmäßigen Geschichtschreibung", von der er wiederholt spricht, mit Nachdruck auf ein solches verweisen zu müssen glaubt. Und wie viel Tücke und Verrat wird durch den Verlauf von Jahrhunderten von Berner nicht Österreich schuld gegeben, daß es nicht schon von sehr frühen Zeiten an Brandenburg-Preußen hinsichtlich der Stellung in Deutschland als gleichberechtigt oder lieber gleich als übergeordnet gutmütig anerkannte! Man sollte meinen, Preußen hätte im großen und ganzen eine so ruhmreiche Geschichte, daß sie so wenig tragfähiger Stützen, so wenig haltbarer Verkleisterungen, so künstlichen Aufputzes sicher nicht bedarf. Derartiges Beiwerk verunziert den stattlichen Bau weit mehr, als es ihm frommt.

Hingegen gebührt volle Anerkennung der umfassenden und sorgfältigen Bedachtnahme auf die innere Entwickelung des preußischen Staates. Was nach dieser Seite von der Pflichttreue der Hohenzollern und ihres zur gleichen Tugend erzogenen Volkes rühmend erzählt wird, ist so ziemlich ausnahmslos als zutreffend zu begrüßen.

In konfessioneller Beziehung steht das Werk auf protestantischem Standpunkte; ein paar Auslassungen gegen die katholische Kirche sind leidlich mäßig gehalten. Wenn so auch die Märe des vom Papste an Daun geschickten geweihten Hutes und Degens nicht fehlt, so entschädigt dafür auf S. 623 die Mitteilung, daß Niebuhr für das Wesen der katholischen Kirche großes Verständnis besaß und seine Hochachtung vor dem Katholizismus offen bekundete. Da nicht wohl anzunehmen ist, daß dem Verfasser die Vorgänge, welche zur Zeit Friedrich Wilhelms IV. am Berliner Hofe schließlich zum Übertritt seiner Gemahlin, der bayerischen Prinzessin Elisabeth, zur evangelischen Lehre führten, unbekannt sind, so hätte er S. 648 die Angabe, derselbe sei „gewiß ohne Zwang und nach eigenem Willen" erfolgt, richtiger weggelassen.

Zu den lobenswerten Eigenschaften des Buches zählt ferner die große Zuverlässigkeit der Data und die Sauberkeit von Druckfehlern. Wenn z. B. S. 278 Stanislaus Lescinsky ein volles Menschenalter vor seinem Tode „alt" genannt wird, oder wenn der Turnvater Jahn S. 586 schon mit c. 33 Jahren „der Alte" heißt, oder wenn S. 705 und 752 der jetzige König von Dänemark Christian IX. als Christian XI. vorgeführt wird, oder wenn S. 358 Z. 2 v. o. das Wort „Frieden" fehlt, so darf bei einem so umfangreichen Buche ob derlei wenig belangreicher Versehen ein Aufhebens nicht gemacht werden.

Die Sprache, klar, ohne alle verwickelten Perioden und anziehend, entspricht in dieser Hinsicht durchaus dem populären Charakter des Werkes. Der Ausdruck geht nach dieser Seite da und dort vielleicht etwas zu weit. Manche Bilder sind doch gar zu kühn gewählt; so z. B.: das deutsche Volk hatte am Großen Kurfürsten einen Heros gefunden, an dem es sich emporranken konnte (S. 197); Frankreichs

34*

Plan war, Österreich völlig zu zerschlagen und mit den Scherben
andere Fürsten zu vergröfsern (S. 344); das Kielwasser Österreichs
(S. 464 u. 549). Als Beispiele von Eigenartigkeit des Ausdruckes anderer
Art seien folgende erwähnt: ein tapfer zertretenes Land (S. 143); sich
nicht grofs kümmern (S. 163); darauf brennen (S. 184, 463, 537, 604);
die Österreicher zerschlagen (S. 393; vgl. 344 u. 523); der alte Regensburger Reichstag wurde ausgegraben (S. 566); abgünstig behandeln
(S. 580). Auch an das Triviale streifende Wendungen sind nicht ausgeschlossen; so z. B. ist S. 173 von einer Gevatterwirtschaft die Rede;
die Magistrate sperrten sich (S. 174); nebenbuhlern (S. 385); die Bock-
sprünge der russischen Minister (S. 415); der Fensterausguck des
philisterhaften Sinnes (S. 427), den König wurmte die drakonische
Strenge (S. 442); die betroffenen Kleriker zeigten saure Gesichter
(S. 447); ein spanisches Kapuzinerlein (ibid.); die Antreibungen der
Bürgerschaft (S. 511); Napoleon hatte die zornige Kraft der Preufsen
geschmeckt (S. 544); habsburgisches Aufbegehren (S. 717).

Hinsichtlich der Orthographie wäre gröfsere Korrektheit, jedenfalls mehr Konsequenz zu wünschen. Zum Belege hiefür seien aus
dem Allerlei der bieher einschlägigen Ungereimtheiten nur etliche sozusagen als typische namhaft gemacht. S. 105 bietet aufs Äufserste.
(S. 110 von Aufsen, S. 141, 210 und 594 im Stande sein, S. 239
Stand halten, S. 262 in Stand setzen, während sonst derlei adverbiale
Ausdrücke richtig mit kleinem Anfangsbuchstaben geschrieben sind.
S. 144 steht allmälich, S. 158, 180, 181 und 388 allmälig, sonst richtig
allmählich.   Die Schreibweisen Joseph und Josef sind im Buch so·
ziemlich gleichmäfsig verteilt. S. 187 bietet der pyrenäische Friede,
S. 676 das schwarze Meer; anderswo steht richtig der Westfälische
Friede, der Grofse Kurfürst. S. 289 ist Liederjahn geschrieben, S. 437
Liderjahn; S. 447 Untertan neben Unterthan; S. 487 Rohheit, S. 498
Roheit; S. 591 Selbstständigkeit, sonst richtig selbständig; S. 685
Gährung, sonst richtig gären. Ebenso wird gewechselt mit giltig und
gültig, Schoofs und Schofs, Steinsche Grundsätze (S. 614) und Taxis'-
sche Verwaltung (S. 630).   Statt Fink war zu schreiben Finck.

Von den letzteren in einem Geschichtswerke von der Bedeutung
des Bernerschen immerhin untergeordneten Dingen hätten wir nicht
gesprochen, besäfse es nicht zugleich für die Schülerlektüre eine Reihe
schwer wiegender Vorzüge. Wir halten diese Vorzüge für so belangreich, dafs uns die stellenweise allzu weit gehende Verherrlichung
Preufsens, der ausschliefslich protestantische Standpunkt, mancherlei
Mängel an Ausdruck und Unregelmäfsigkeit in der Orthographie nicht
hindern, dasselbe für die Anschaffung in die Schülerlesebibliotheken
der zwei obersten Gymnasialklassen zu empfehlen; indes werden die
Schüler auf diese das Werk weniger empfehlenden Seiten im voraus
allerdings aufmerksam zu machen sein.

Dr. H. Winter, Schuldirektor in München. Kurzer Lehrgang der Alten Geschichte unter Mitberücksichtigung der Sagen- und Kulturgeschichte für Mittelschulen. Mit 7 Geschichtskarten und 27 kulturgeschichtlichen Abbildungen. München 1899. Druck und Verlag von R. Oldenbourg. VI und 160 Seiten. Preis 1 M. 75 Pfg.

Auf S. 502 des XXXII. Bandes dieser Blätter wurde unter Bezugnahme auf das 2. Bändchen von Winters „Lehrbuch der Deutschen und Bayerischen Geschichte" die Frage zu ernster Erwägung empfohlen, „ob nicht an Anstalten mit zweimaligem Geschichtskursus der Stoffreichtum jenes Bändchens dadurch nutzbar gemacht werden könnte, dafs auf der unteren Stufe nur das unerläfsliche Material verwertet würde, das übrige auf der oberen. Manches aus dem letzteren liefse sich so immerhin auch auf der unteren als Lesestoff verwenden".

Natürlich müfste ein Gleiches von Winters 1897 erschienenem und auf S. 715 f. des XXXIII. Bandes dieser Blätter besprochenem „Lehrbuch der Alten Geschichte" gelten.

Von diesem Gedanken, dem Winter damals nahe stand, wurde er dadurch abgebracht, dafs aus Fachkreisen an ihn wie an den Verleger wiederholt die Anfrage kam, ob sich nicht neben dieser gröfseren eine kleinere Ausgabe ermöglichen lasse; auch Wünsche nach Verbilligung des Buches seien dabei laut geworden.

In Anbetracht der von Jahr zu Jahr zunehmenden Menge von Schulbüchern, die Schülern und Eltern zugemutet werden, hätte es sich nach meiner unmafsgeblichen Meinung empfohlen, dafs der Verfasser diesen Anregungen gegenüber lieber unzugänglich geblieben wäre. Ein nicht zu unterschätzender Grund hiefür dürfte unter anderen der sein, dafs Schüler, die den zweiten Geschichtskursus thatsächlich durchmachen, in diesem ihrem „Geschichts-Winter" auf der oberen Stufe einen liebgewordenen alten Bekannten wieder vorfänden, dem, an sich nicht arm an mancherlei für den reiferen Schüler neuen Reizen, der richtige Lehrer unschwer anderweitige neue Lichter aufsetzen würde. Vollends aber Schülern, die aus welchem Anlafs immer diesen zweiten Geschichtskursus nicht mehr durchkosten wollen oder können, dürfte der Besitz eines so hübschen und verlässigen Buches wie das Winterschen auch im späteren Leben gute Dienste leisten, vorausgesetzt freilich, dafs nicht in althergebrachter Weise nach erfolgtem Schulgebrauche darüber anderweitig verfügt wurde.

Allein die Dinge liegen nun einmal anders, und so haben denn auch andere Faktoren den Ausschlag gegeben. Wie ehedem eines kleinen und eines grofsen Pütz, so sollen sich unsere einschlägigen Schulen künftig eines kleinen und eines grofsen Winter erfreuen.[1])

Was nun Winters „Kurzen Lehrgang" selbst anlangt, so wird an ihm, ist man mit dem Zweibuchsystem einverstanden, kaum viel auszusetzen sein. Schon die vornehme Ausstattung berührt sympathisch.

---

[1]) Nachträglich erfahre ich, für die beiden Bändchen der Deutschen und Bayerischen Geschichte werde eine kleinere Ausgabe nicht beabsichtigt.

Darüber, dafs das verwertete Material auch in ihm etwas reich ausgefallen ist, läfst sich mit dem Verfasser deshalb nicht rechten, weil auch diese kürzere Fassung als Lern- und als Lesebuch zugleich dienen soll. Wie von einem Winterschen Buche nicht anders zu erwarten, ist auch der „Kurze Lehrgang" nach Gesamtanlage und Einzeldurchführung wohldurchdacht und sorgfältig ausgearbeitet. Die Karten sind in beiden Büchern die gleichen. Von den Abbildungen der gröfseren Ausgabe fehlen in der kleineren nur das Löwenthor von Mycenae, die Akropolis von Athen, das Römische Forum, das Pantheon des Agrippa und die Münze des Kaisers Diokletian. Die Nummern 19 und 20 sind auf S. 97 lediglich infolge eines Versehens mit 17 und 18 bezeichnet. Von den 117 Paragraphen der gröfseren Ausgabe sind in der kleineren scheinbar 8, in Wirklichkeit 4 in Wegfall gekommen; denn der Hauptinhalt der §§ 18, 48, 67 und 105 wurde, der Selbständigkeit entledigt, an die je vorausgehenden Paragraphen angereiht. Im Text ist gut fast durchweg der gleiche Wortlaut belassen worden, unbeschadet mancherlei formeller Veränderungen: die Verschiedenheit beschränkt sich auf zahlreiche Kürzungen, da und dort auch auf eine kleine Einschiebung.

Soweit ist ja alles gut. Allein trotz des besten Willens vermag ich den Eindruck nicht los zu werden, ob sich nicht diese Umgestaltung dadurch hätte vermeiden lassen, dafs der der 6. Klasse vorbehaltene Stoff durch irgend eine Bezeichnung im Lehrbuche kenntlich gemacht worden wäre. Und zudem liegt mir die Vermutung nicht ferne, es werden unter völliger Verkennung der guten auf eine Verbilligung des Buches abzielenden Absicht ganz im Gegensatze hiezu Klagen über die recht beträchtliche Verteuerung laut werden: für 5 neue Bildchen, 4 Paragraphen und die mancherlei Texterweiterungen, sozusagen für die „Zuwage", seien nunmehr 2 M. 45 Pfg. nachträglich zu entrichten, nachdem das Kaufobjekt selbst für 1 M. 75 Pfg. bereits erworben war. Alle Berechtigung liefse sich dieser Auslassung kaum absprechen.

Dr. H. Winter, Schuldirektor in München, Lehrbuch der Deutschen und Bayerischen Geschichte mit Einschlufs der wichtigsten Thatsachen der aufserdeutschen Geschichte und der Kulturgeschichte für Höhere Lehranstalten. Mit 11 Geschichtskarten und 30 kunstgeschichtlichen Abbildungen. II. Bändchen: Neuere Zeit vom Westfälischen Frieden bis zur Gegenwart. 2. Aufl.[1]) München 1899. Druck u. Verlag von R. Oldenbourg.

Gegenüber den 230 Seiten der 1. Auflage bietet die neue ihrer 232. Daraus liefse sich auf einen im ganzen unveränderten Neuabdruck schliefsen. Ein näheres Zusehen ergibt jedoch eine derart grofse Anzahl von Abänderungen, dafs kaum die eine oder die andere Seite des Buches von solchen gänzlich unberührt geblieben ist. Sie

---

[1]) Über die 1. Auflage siehe S. 500—504 des XXXII. Bandes dieser Blätter.

sind allerdings vorzugsweise formeller Art; indes fehlt es auch keineswegs an sachlichen. Bald wurde der Übersichtlichkeit zuliebe geändert, bald um in den Zusammenhang der Verhältnisse oder der Ereignisse gröfsere Klarheit zu bringen. Mancherlei Stellen wurden, vordem im Grofsdruck vorgetragen, nunmehr in den Kleindruck verwiesen; hier wurde ein neuer Absatz hergestellt, dort ein solcher beseitigt. Auch an verschiedenen Umstellungen fehlt es nicht; hier wurden etliche Zeilen gestrichen, dort etliche eingesetzt. Bald wurde ein mehr präziser, bald ein gewähtlerer Ausdruck neu eingetauscht, bald eine korrektere oder doch ansprechendere Periodisierung hergestellt, da und dort auch einmal Irrtümliches berichtigt. Auch auf eine wünschenswerte Konsequenz in der Rechtschreibung, in der Interpunktion und in der Angabe von Winken für die Aussprache von Fremdnamen wurde sorgfältig Bedacht genommen.

Prüft man alle diese Abänderungen auf ihre Berechtigung an sich, so ist gern anzuerkennen, dafs der Verfasser durchweg nach reiflicher Überlegung und von dem ernstlichen Bestreben durchdrungen, dem Buche eine thunlichst grofse Vollkommenheit zu sichern, so verfuhr. Vielleicht wird auch bezüglich der Mehrzahl dieser Änderungen zuzugeben sein, dafs sie im Interesse der sachlichen oder der sprachlichen Richtigkeit notwendig oder doch wünschenswert waren; allein von einer kaum viel geringeren Zahl läfst sich wenigstens die Notwendigkeit nicht behaupten. Und diese sind es, die meines Erachtens besser vermieden geblieben wären.

In der Vorrede zur 2. Auflage erinnert der Verfasser, bei der Herstellung derselben sei ein Hauptaugenmerk darauf zu richten gewesen, dafs die äussere Anordnung und die innere Einrichtung des Buches möglichst unverändert bestehen blieben, damit beide Bearbeitungen im Unterrichte ohne Hindernis neben einander benützt werden können.

Nun ja, wie man's eben nimmt. So weit meine Erfahrung reicht, gibt es fünf Hauptarten, nach denen die Lehrer beim Aufgeben einer neuen Geschichtslektion verfahren. Entweder suchen sie den Schülern den neuen Stoff in freiem Vortrage nach der Gliederung, nach dem Zusammenhang, der Ähnlichkeit oder Unähnlichkeit mit früher Behandeltem unter nachdrücklichem Hinweise auf die Ausscheidung von Wichtigem oder von weniger Belangreichem klar zu legen; oder sie erstreben dieses Ziel, selbst die Hauptrolle in der Diskussion übernehmend, examinatorisch mit den Schülern zu erreichen; oder sie lesen den neuen Stoff aus dem Buche vor und suchen, was die frei vortragenden Lehrer anstreben, durch Ausführungen zu erreichen, die sie an hiezu geeigneten Stellen einfügen; oder sie lassen das Vorlesen durch einen Schüler besorgen und schalten da und dort eine ergänzende Bemerkung ein; oder endlich sie verfahren in der Weise, dafs sie kurz angebunden verfügen: „Fürs nächste Mal werden die folgenden 3 Seiten gelernt." Dafs es aufser diesen fünf Hauptarten noch mancherlei Unterarten gibt, braucht nicht erst erörtert zu werden.

Hier ist nicht der Ort, auf den Wert oder Unwert dieser Unter-

richtsmethoden näher einzugehen; aber das sei hervorgehoben, daſs bei
der vierten dieser Unterrichtsweisen, die kaum die seltenste ist, unter
Benützung der Neuauflage unseres Buches gegenüber der alten viele,
viele Schwierigkeiten und Störungen sich ergeben werden, ja schon
bei der dritten, wofern nicht der Lehrer die verschiedenen Texte der
beiden Auflagen genau kennt, und daſs, weist dereinst die dritte Auflage gegenüber der zweiten gleich viele Abänderungen auf, die erste
neben der dritten dann völlig unbrauchbar sein wird: ein, von den
vielen widerwärtigen Unterrichtsstörungen ganz abgesehen, auch für
unsere Armenbibliotheken und für gymnasiastenreiche Familien mit
nichten willkommenes Ergebnis. Dies der Grund, warum meines
Dafürhaltens von nicht notwendigen belangreicheren Änderungen lieber
Umgang zu nehmen war.

Schon in der Vorrede zur ersten Auflage wurde bemerkt, das
Buch sei darauf eingerichtet, je nach dem Ermessen des Lehrers den
Dienst eines Lern- und nebenher den eines Lesebuches der Ge-
schichte zu thun.

Bei dieser Doppelnatur ist wohl anzunehmen, das Ermessen des
Lehrers werde die letztere Aufgabe vorzugsweise dem Kleindrucke
überweisen. Ist diese Voraussetzung richtig, so mag die Schwierigkeit einer derartigen Ausscheidung aus der Thatsache erhellen, daſs
der Verfasser selbst gar manches früher im Lernstoffe Enthaltene
nunmehr in den Lesestoff eingereiht hat.

Indes wie dem auch sei: Die geäuſserten Bedenken ändern nichts
daran, daſs der Verfasser für die Verbesserung seines ohnehin gut angelegten und sorgfältig ausgearbeiteten Buches keine Mühe scheute, und
daſs er, nach Maſsgabe seiner einschlägigen Kenntnisse und seiner
praktischen Erfahrungen mit rühmlicher Lehrtüchtigkeit ausgestattet,
dem Buche nach Inhalt und Form eine Gestalt gegeben hat, die es mit
den besten Lehrbüchern dieser Art vollberechtigt wetteifern läſst.

Der S. 228 neu angefügte Überblick der bayerischen Geschichte
(seit 1648) in der Form von Rückverweisen auf die betreffenden
Stellen des Buches ist zweckmäſsig; die für den Beginn des nächsten
Schuljahres als Beigabe in Aussicht gestellte historische Karte, die
den Umfang des Königreiches Bayern (vom Jahre 1815) nach seinen
historischen Bestandteilen darstellen soll, läſst sich als eine willkommene Dreingabe bezeichnen.

München.   Markhauser.

<hr />

Huckert Dr. Egon, Sammlung sozialpädagogischer
Aufsätze. Paderborn, Ferd. Schöningh. 1898. M. 2.20.

Auf eine Anregung von P. Pomtow in Rethwischs Jahresberichten
f. d. h. Sch. W. hat der Verfasser (Oberlehrer am Realgymnasium in
Neisse) seine in verschiedenen Zeitschriften (Gymnasium, Pädagogisches
Archiv, bei Nr. 3 ist die betr. Angabe vergessen) zerstreuten Aufsätze
gesammelt und z. T. erweitert herausgegeben. Weitaus der bedeutendste, auch umfangreichste von diesen Aufsätzen ist der letzte (7.):

„Belehrungen über die gesellschaftliche und wirtschaftliche Entwickelung in den höheren Lehranstalten." H.
wendet sich gegen die Geschichtslehrer, welche (wie Stutzer) die in
den preußischen Lehrplänen vom Jan. 1892 geforderten Belehrungen
durch eine eingehende Darstellung der sozialdemokratischen Lehren in
ihrer Entwicklung und ihrem heutigen Bestand, sowie durch eine
Widerlegung derselben erreichen wollen. „Die Theorien können sich
noch sehr viel ändern, ohne daß die Gefahr, welche von der Sozial-
demokratie unserer Kultur droht, vermindert wird." Wenn nun der
Verf. das Wesen der heutigen wirtschaftlichen Not in der schlechten
Verteilung der Produkte und in der Unsicherheit der Arbeitsver-
hältnisse, ihre Ursachen aber in der Maschinenarbeit, sowie in der
durch den Weltverkehr gesteigerten Konkurrenz und Abhängigkeit von
der Konjunktur, des weiteren auch in dem durch den Schulzwang,
die Presse, das allgemeine Wahlrecht geweckten und geschärften
Bewußtsein von der eigenen schlechten Lage erblickt, so wiederholt
er anscheinend nur längst Bekanntes, aber er bringt es in einer
Form, welche geradezu geeignet ist, den Belehrungen in der Schule
als Muster zu dienen. Das Entscheidende ist nach Huckert — und
darin werden ihm alle, welche für die Aufgabe des Unterrichtes an
den höheren Schulen Herz und Verständnis haben, beistimmen —,
daß in dem Schüler 1. einigermaßen klare Vorstellungen von
den heutigen sozialen Verhältnissen hervorgerufen werden, 2. der
Wille geweckt werde, an der Besserung der sozialen Verhältnisse
und der Hebung der sozialen Gefahr mitzuarbeiten.[1] H. gibt nun
eine Fülle von Anregungen, wie in der Jugend der höheren Stände
eine reformfreundliche Gesinnung wachzurufen sei. Bei aller Anerkennung der sozialpolitischen Gesetzgebung der neuesten Zeit warnt
H. vor der Einseitigkeit, dem Staat und den Trägern der Staatsge-
walt das alleinige Verdienst und die alleinige Pflicht der reforma-
torischen Thätigkeit zuzuschieben. „Die anderen Faktoren, wie die
Kirche, die Korporationen und die Einzelpersonen sind
in der Vergangenheit in Betracht gekommen, und wir bedürfen der
Initiative und der Thätigkeit dieser Kräfte in der Zukunft nicht weniger."
Ja, man darf darum wohl sagen, daß nach dem Satz exempla trahunt
das eigene Vorbild des Lehrers mindestens ebenso viel wert ist als
die theoretische Unterweisung über die staatliche Fürsorge. Die Geschichtslehrer, welche zum größeren Teil noch kein eingehendes
Studium der Volkswirtschaftslehre hinter sich haben, müssen ohnehin auf diesem Gebiet Zurückhaltung üben; aber auch der Religionslehrer darf sich hier nicht auf bloße Moralpredigten beschränken,
sondern muß möglichst an greifbare Thatsachen und an Selbsterlebtes

---

[1] Durch eine ähnliche Einwirkung auf die Gesinnung der höheren Stände,
wobei sich namentlich Carlyles Einfluß geltend machte, ist England über eine
schwere wirtschaftliche Krise hinweggekommen. Daß Englands Vorbild nicht in
allen Stücken mustergültig sei, erwähnt H. an einer anderen Stelle; wo er auf
die verderbliche Wendung in der landwirtschaftlichen Entwicklung dieses Landes
hinweist.

anknüpfen. Der Verfasser bekennt am Schlusse seines Buches von.sich selbst, dafs er sein Interesse für soziale Fragen und soziale Thätigkeit zumeist der Einwirkung seines einstigen Religionslehrers verdanke, der ihn veranlafst habe, schon als Gymnasiast in einem Gesellen- und Lehrlingsverein Unterricht zu geben. Und S. 42 heifst es „Wenn irgend ein Lehrer volkswirtschaftlicher Kenntnisse und Bildung bedarf, so ist es der Religionslehrer." Übrigens wird gelegentlich auch hervorgehoben, wie der Lehrer des Deutschen, sowie der Lehrer der Geographie zu der wirtschaftlichen Belehrung in der oben angeführten doppelten Richtung beitragen können und müssen.

Die übrigen Aufsätze behandeln zum gröfseren Teil dieselbe Frage, wie der eben besprochene 7.; zwei (3. und 4.) aber geben Proben selbständiger Bearbeitung einzelner volkswirtschaftlicher Gebiete. So berühren sich die Ausführungen des 1. Aufsatzes „die höheren Schulen und die sozialen Fragen" ziemlich enge mit 7.; der 2. „Wie kann die höhere Schule an dem Kampfe gegen Verschwendung, übermäfsigen Luxus und Vergnügungssucht teilnehmen?" ist eine besonders gehaltreiche Arbeit, in welcher vor allem der Begriff Luxus richtig gestellt, aber auch Fernerliegendes, wie die Überbürdungsfrage[1]) behandelt wird. Die Hauptsache ist der Hinweis, dafs Bekämpfung des Luxus, eigene entsagungsvolle Arbeit der oberen Stände zu den Pflichten gegen das Vaterland gehört: Die Opfer, welche für das Vaterland zu bringen sind, werden in den nächsten Jahrzehnten hauptsächlich auf wirtschaftlichem Gebiet gefordert werden, und „blofs zur Verzierung der Erde ist keiner schön genug."

3. „Ist die Anzahl der Nutztiere ein sicherer Mafsstab für die wirtschaftliche Lage eines Landes?" In einer auf statistische Nachweise gestützten Beweisführung wird wohl zur Überraschung der meisten Leser der Satz gewonnen, dafs mit der Entwicklung der Kultur die Zahl der Pferde, wenn auch nicht absolut, so doch im Verhältnis zur Bevölkerung abgenommen hat. Aber auch bei den Nutztieren, welche der Ernährung dienen, ist die Zahl nicht in gleichem Verhältnis mit der Vermehrung der Bevölkerung gestiegen. Vielmehr ist nur bei den Ziegen und Schweinen die Vermehrung weit über die Vermehrung der Bevölkerung hinausgegangen, bei dem Rindvieh nicht unerheblich dahinter zurückgeblieben

---

[1]) Einige Sätze hierüber verdienen, wenn sie auch nicht eigentlich zur wirtschaftlichen Frage gehören, doch eine Erwähnung. „Während früher den Schülern die Arbeit, z. B. die Präparation eines Schriftstellers, oft zu schwer wurde, ist heute vielleicht die Frage schon berechtigt, ob ihnen dieselbe nicht hier und da im Ganzen zu leicht gemacht wird. Das Richtige ist die Abwechslung von schweren Arbeiten, welche energische geistige Thätigkeit zur Lösung verlangen, und von leichteren, welche ohne besondere Anstrengung angefertigt werden können." „Ein Ausgleich könnte da am leichtesten gefunden werden, wenn eine Reihe der heutigen Gegenstände für freiwillige oder wenigstens für einflufslos bei der Versetzung und beim Abiturienten-Examen erklärt würden." Man sieht, H. scheut nicht von tief einschneidenden Änderungsvorschlägen zurück. Einstweilen hat man sich in Bayern wenigstens hinsichtlich der Geschichte einer ähnlichen Auffassung genähert; vergl. Vogels Bemerkungen S. 728 f. im vor. Jahrgang dieser Blätter.

und bei den Schafen hat sogar ein absoluter Rückgang stattgefunden. Gleichwohl unterliegt es keinem Zweifel, daſs infolge der Steigerung des Milchertrages, Verbesserung der Racen u. s w. die Ernährung der Bevölkerung durch die genannten Viehsorten eine bessere geworden ist. Hier wie anderswo mahnt H., dem Neo-Malthusianismus d. h. der absichtlichen Beschränkung der Volksvermehrung entgegenzutreten, nicht etwa durch eine direkte Bekämpfung, welche selbstverständlich der Schule nicht zukommt, wohl aber durch die Betonung, daſs die Nahrungsmittel doch noch schneller wachsen können als die Bevölkerung und daſs Völker, die nicht wachsen, dem Untergang verfallen.

4. „Die preuſsischen Agrargesetze im Anfange dieses Jahrhunderts und ihre Folgen." Auch hier wandelt H. nicht in den ausgetretenen Geleisen. Die Verleihung der Grundeigentumsfreiheit hat wohl im allgemeinen segensreiche Folgen gehabt: Lebenshaltung, persönliche Wertschätzung des Gesindes ist dadurch unbedingt gestiegen (noch 1795 muſsten gegen übermäſsige Züchtigung des Gesindes, welches doch in erster Linie aus den Söhnen und Töchtern der erbunterthänigen Bauern bestand, Vorschriften erlassen werden), aber da die meisten kleineren Höfe eingezogen wurden, sanken die Inhaber zu besitzlosen Landarbeitern herab, so daſs es heute zu den Aufgaben einer wirtschaftlichen Reform gehört, auch dieser neu entstandenen Bevölkerungsklasse eine befriedigende Stellung in dem sozialen Organismus zu verschaffen.

5. „Über den Zweck des geschichtlichen Unterrichtes an den höheren Lehranstalten." H. tritt der übrigens von der Wissenschaft und der Schule fast einmütig abgelehnten Zumutung von Martens entgegen, daſs der Geschichtsunterricht den Schülern das Staatsbewuſstsein als die allbeherrschende Pflicht einzuflöſsen habe. Vielmehr hat nach H. der Geschichtsunterricht in erster Linie den sittlichen Maſsstab an die Handlungen der Vergangenheit anzulegen. H trifft hier zusammen mit der einst von Schlosser und neuerdings wieder von Lord Acton (Einleitung in das Studium der Geschichte, deutsche Übers. v. Immelmann, Berlin 1897) aufgestellten Forderung.

6. „Sozialpädagogische Ferienkurse." Da die gegenwärtige Generation der Geschichtslehrer meist ohne eingehendere nationalökonomische Studien in das Lehramt getreten ist, auch die für den Bedarf zusammengestellten Leitfäden nur einen dürftigen Behelf bieten, so wünscht H. Vorlesungen von Dozenten der Volkswirtschaft für die Lehrer an den Mittelschulen, etwa nach der Art der in Bayern und anderswo eingeführten Ferienkurse für Archäologie, Geographie, Mathematik und Naturkunde, jedoch verbunden mit gemeinsamer Besprechung der Dozenten und der Zuhörer. Dieser m. E. ebenso berechtigte als leicht erfüllbare Wunsch hat bis jetzt noch keine Erfüllung gefunden,

Das Buch Huckerts verdient wegen seines gediegenen Inhalts und seines maſsvollen Standpunktes die allgemeinste Verbreitung, namentlich empfehlen wir dasselbe aufs wärmste zur Anschaffung für die Lehrerbibliotheken. Kein Leser wird es aus der Hand legen, ohne sich in der Beurteilung der wichtigen Frage, inwieweit die höheren Schulen an der sozialen Erneuerung des deutschen Volkes mitzuarbeiten vermögen, gefördert zu sehen.

Zweibrücken.   H. Stich.

_____

Th. Thoroddsen, Geschichte der isländischen Geographie. Zweiter Band: die isländische Geographie vom Beginne des 17. bis zur Mitte des 18. Jahrhunderts. Autorisierte Übersetzung von August Gebhard. Leipzig 1898. Druck und Verlag von B. G. Teubner XVI. 384 S. gr. 8⁰.

Dieser zweite Band des verdienstvollen Werkes führt noch den Sondertitel: „Vorstellungen von Island und seiner Natur und Untersuchungen darüber in alter und neuer Zeit" Dadurch ist der wahre Charakter dieses Teiles, dem übrigens auch der noch in Aussicht stehende dritte Teil gleichen wird, ganz richtig erläutert, denn wir haben es hier mit einer allgemeinen Kultur- und Sittengeschichte der weltabgeschiedenen Insel zu thun, in deren Rahmen allerdings die eigentliche Landeskunde den Ehrenplatz einnimmt. Der Geograph allein ist es also nicht, an den sich der Verf. wendet, sondern jeder Gebildete, den es interessiert, einen fast gänzlich isolierten, thatkräftigen Volke in seinen Zivilisationsbestrebungen folgen zu können, wird sich angezogen fühlen durch die lebendige Darstellung, betreffs deren auch dem Übersetzer ein hohes Maſs von Anerkennung zu zollen ist. Es ist äuſserst fesselnd, zu sehen, wie diese Nordgermanen, nahezu völlig abgeschnitten von dem wissenschaftlichen Leben und von der geistigen Entwicklung Europas, gleichwohl sich fortzubilden und von den spärlichen Gelegenheiten des Verkehrs mit glücklicher veranlagten Ländern Nutzen zu ziehen trachten. Dabei mufste sich — und mufs sich sogar teilweise noch jetzt — der Isländer gefallen lassen, dafs über seine geliebte Heimat die tollsten und geschmacklosesten Lügen verbreitet werden; die Angabe zeitgenössischer Schriften über Island hat Herr Thoroddsen zum Gegenstande eines sehr eingehenden Studiums gemacht, aber leider hat er nur verhältnismäfsig wenige Schriftsteller namhaft zu machen vermocht, welche sich von der landläufigen Sitte frei hielten und objektiv zu schildern suchten. Es freut uns, den gröſsten deutschen Geographen des XVI. Jahrhunderts, Bernhard Varenius, unter dieser Elite anzutreffen. Wenn über das schwer zugängliche Eiland viel gelogen und gefabelt wurde, so trägt daran, das läſst sich nicht leugnen, allerdings auch die den Normannen eigene seelische Neigung zu schwermütigem Mystizismus einige Schuld; umgeben von einer nur allzu grofsartigen, den Menschen stetig bedräuenden Natur bevölkerten die Insulaner Luft, Meer und Fels mit Gebilden einer üppigen, aber melancholischen Phantasie, und so konnte es nicht fehlen, dafs ein düsterer Wahnglaube an Gespenster, Teufel, Zauberer und Kobolde das des physischen Mutes wahrlich nicht entbehrende Völkchen in geistige Fesseln schlug. An Hexenprozessen, über die wir sehr eingehend unterrichtet werden, hat es hier ebensowenig gefehlt, wie auf dem Festlande.

Umso rühmlicher erscheint der Umstand, dafs es auch während der hier in Frage kommenden Periode ·nicht an Männern gemangelt hat, welche die Naturgeschichte und Geographie ihrer Insel wissenschaftlich zu behandeln versuchten. Jón Gudmundsson, der freilich noch sehr ein Kind seiner Zeit war und fest an die Generatio äquivoca auch höherer Wassertiere unter Einwirkung der Sonnenstrahlen glaubte; Jón Dadason, Gísli Oddsson, Thordur Thorlakssón,[1]) Thorkell Arngrimsson sind solche Autoren, und unter der Spreu ihrer Erzählungen findet sich doch auch gelegentlich ein Weizenkorn verborgen. Später, im XVIII. Jahrhundert, traten Jón Thorkelsson ·und Jón Ólafsson auf, welch letzterer namentlich als Zoologe Beachtung verdient. Über Vulkane, Erdbeben, heifse Quellen, vor allem auch über die Gletscher und deren' Fortbewegung erfährt man manches, was immerhin einen Einblick in die Natur jener Erscheinungen ermöglicht, wogegen das unzweifelhaft gröfste Naturwunder Islands, die Geysirs, den Landeskennern von damals bei weitem nicht so merkwürdig vorgekommen zu sein scheinen, als sie es thatsächlich sind. Jedenfalls sind wir nunmehr in die Lage versetzt, uns ein recht deutliches Bild von dem machen zu können, was die einheimischen Naturforscher von den Besonderheiten ihres Landes zu wissen vermeinten, und dafür müssen wir uns dem Verf. zu Dank verpflichtet fühlen.

München.   S. Günther.

————————

Deutschland. Einführung in die Heimatskunde von Friedrich Ratzel. Mit 4 Landschaftsbildern und 2 Karten. Leipzig. Fr. W. Gruner. 1898. Preis geb. 2,50 M.

Die Vorrede zu diesem köstlichen Buch ist nur kurz, aber jeder Satz verdient ganz besondere Beherzigung. Es sei gestattet, derselben Folgendes zu entnehmen: „In einer Zeit, wo es für viele Deutsche kein fremdes Land mehr in Europa gibt und wo manche von unseren Landsleuten in aufsereuropäischen Ländern bewanderter sind als in der Heimat, mufs man die Kenntnis des Vaterlandes vertiefen. Das Wissen von aneinandergereihten Thatsachen thut es nicht. Eine Vertrautheit wie die des Kindes mit seinem Vaterhause mufs das Ziel der Heimatskunde sein. Vor allem soll der Deutsche wissen, was er an seinem Vaterlande hat. Der vorliegende Versuch ist der Überzeugung entsprungen, dafs man diesen Zweck nur erreichen kann, wenn man zeigt, wie der Boden und die Bevölkerung zusammengehören." Es wäre ganz unangebracht, wollte man diesen

————————

[1]) Wiederum mufs der Berichterstatter seinem Bedauern darüber Ausdruck gehen, der Eigenart isländischer Orthographie nicht vollständig gerecht werden zu können, weil nur wenige Druckereien mit den bezüglichen Lettern ausgerüstet sind.

Worten noch etwas hinzufügen; sie weisen in nicht mifszuverstehender
Weise auf die Schwächen unserer geographischen Schulliteratur hin,
die es einem recht zum Bewufstsein bringt, dafs „es das Wissen von
aneinandergereihten Thatsachen nicht thut". Man mufs aber, um in
so mustergiltiger Weise die Aufgabe zu lösen, dem Deutschen zu
zeigen, was er an seinem Vaterlande hat, nicht nur ein Meister in
geographischer Wissenschaft und gewiegter Politiker, sondern auch
ein warmherziger Patriot und nicht zum wenigsten ein feinsinniger
Beobachter und zuletzt ein trefflicher Stilist sein. Die Abschnitte
1 und 5, Lage und Raum, Volk und Staat wird niemand ohne reiche
Belehrung lesen, und sie wären wohl geeignet, so manchem, der in
seinen Kreisen in Politik das grofse Wort führt, als Vademecum zu
dienen, um ihm die realen Verhältnisse klar zu legen, die der deutschen Politik ihre natürlichen Wege weisen. Mit Recht wird vom
Verfasser darauf hingewiesen, dafs die Politik des Fürsten Bismarck
sich auf eine genaue Kenntnis der geographischen Lage Deutschlands
gründete. Gerade für unsere Studenten, die auf der Universität zum
erstenmale Anteil an den politischen Bewegungen und Bestrebungen
unserer Tage nehmen und, wie es ja nicht anders sein kann, Mangels
eigener Kenntnis und darauf sich stützenden Urteils von dieser oder
jener der politischen Parteien ins Schlepptau genommen werden,
dürfte Ratzels Deutschland eine Art „goldenen Hausschatzes" bilden,
der für die Bildung eigenen politischen Urteils nicht hoch genug geschätzt werden kann. Im Hauptteile, der Landesbeschreibung, wird
derjenige, welcher in Kirchhoffs europäischer Länderkunde Pencks
Deutsches Reich kennt, neue Thatsachen nicht erwarten, wohl aber
seine Freude an der geschickten Gruppierung haben müssen, die mit
Meisterschaft lauter kleine Kabinetsbilder schafft, die zu betrachten
man nicht müde wird. Allein man kann auch der geschickteste und
gewandteste Stilist sein und doch seine Leser kalt lassen. Wie anders
ist dies bei Ratzel, dessen eigenes patriotisches, warmherziges Fühlen
auch in dem Leser die Freude am Vaterland, seiner herrlichen Natur,
seinen Schätzen weckt, in seiner Brust verwandte Töne anklingen
läfst und sie zu vollen Akkorden verstärkt. Endlich ist es die Fülle
von liebevoller Betrachtung und feinsinniger Beobachtung, wie sie nur
bevorzugten Kennern der Natur eigen zu sein pflegt, die den Leser
packt und bis zur letzten Seite fesselt. Man wird der Übertreibung
nicht geziehen werden dürfen, wenn man sagt, dafs dieses Buch in
der geographischen Literatur Deutschlands keinen Rivalen hat, und
es ist dringend zu wünschen, dafs es die weiteste Verbreitung finde
im deutschen Volk, dessen kosmopolitische Zerfahrenheit eine der be-
denklichsten Seiten unseres Volkstums ist. Es würde dem oft „düster-
gebundenen Sinn" das Verständnis der eigenen an die Natur des
Grundes und Bodens unserer Heimat gebundenen Verhältnisse eröffnen, den vaterländischen Geist wecken und stärken, den Geschmack
für Werke dieser Art heben und läutern. Dafs Ratzels Deutschland
in keiner Gymnasialbibliothek fehlen darf, versteht sich wohl von selbst,
aber es sollte sich gewissermafsen jeder Primaner darüber ausweisen

müssen, dafs er das Buch wirklich gelesen, sich in seinen reichen Inhalt vertieft und mit empfänglichem Herzen sich für sein schönes Deutschland begeistert hat. Es ist ja leider noch immer so, dafs in unseren Schülerbibliotheken diejenigen Bücher am ungelesensten bleiben, die mit der Geographie auch nur entfernte Verwandtschaft zu haben scheinen. Man wird nicht fehlgehen, wenn man diese unwillkommene Erscheinung darauf zurückführt, dafs der geographische Unterricht an der Hand unserer Leitfäden und dickleibigen Lehrbücher den Geschmack an geographischer Literatur verdorben hat. Ich stimme deshalb dem Verfasser von Herzen bei, wenn er den Wunsch ausspricht, „dafs das Büchlein belebend auf den Unterricht in der Vaterlandskunde einwirken und die Lust wecken möge, sich von der Heimat eine Kenntnis und Anschauung zu erwandern, an der nicht blofs der Verstand beteiligt ist." Auch die Verlagshandlung hat das Buch würdig ausgestattet mit 2 guten Karten, 4 typischen Landschaftsbildern, gutem Papier und schönem, korrektem Druck. Nur 2 Versehen sind anzumerken, das erste S. 118, wo Ocker statt Oder zu lesen ist, und S. 125. wo dem Main vom Fichtelgebirg an statt einer westlichen Hauptrichtung eine östliche zugeschrieben ist. Damit scheide ich von dem Buche, das dem Leser bei jeder Wiederholung neue Reize offenbart.

Die feste Erdrinde und ihre Formen. Ein Abrifs der allgemeinen Geologie und Morphologie der Erdoberfläche von Eduard Brückner. (Hann, Hochstetter, Pokorny, Allgemeine Erdkunde, 5. Auflage, neu bearbeitet von Hann, Brückner und Kirchhoff. II. Abteilung). Mit 182 Abbildungen. Wien, Prag, Leipzig, Tempsky und Freytag. 1897.

In der Vorrede erklärt sich der Verfasser darüber, wie es kam, dafs an Stelle einer Neubearbeitung dieser ehemals von Hochstetter bearbeiteten zweiten Abteilung der allgemeinen Erdkunde ein vollständig neues Werk getreten ist. Mafsgebend für diese totale Umgestaltung waren ihm einerseits die gewaltigen Fortschritte der Wissenschaft und der Wunsch des Verlegers „es möchte der Abschnitt mehr im Sinne eines Abrisses der allgemeinen Geologie und der Morphologie der Erdoberfläche gehalten und so besonders den Bedürfnissen des Geographen angepafst werden". — Den ersten Teil des Werkes bildet „die Erdrinde nach ihrer Zusammensetzung" mit ihren Abschnitten: Petrographie, Geotektonik und Stratigraphie. Die aufserordentliche Kürze und Gedrängtheit der Darstellung macht es demjenigen, der nicht speziell fachmännische Bildung genossen hat, übrigens wirklich recht schwer, sich darin zurecht zu finden. Manches wird ihm ganz unverständlich bleiben. Ganz anders verhält es sich mit dem 2. und 3. Abschnitt, die dem Geographielehrer reiche Ausbeute bieten, zumal neben der grofsen Übersichtlichkeit und verständlichen Sprache eine grofse Anzahl vorzüglicher Illustrationen die Aufnahme des Stoffes wesentlich fördert. Von dem Reichtum des Ge-

botenen wird die Disposition der beiden Abschnitte die beste Vorstellung gewähren. Der erste behandelt die Vorgänge, welche an
der Gestaltung der Erdoberfläche arbeiten und zwar zuerst die
endogenen, nämlich Temperaturverhältnisse der festen Erdrinde und
des Erdinnern, Magnetbewegungen, Erdbeben, Strandverschiebungen,
Küstenbewegungen der geologischen Vergangenheit. Sodann die exo-
genen: Grundwasser und Quellen, Verwitterung, Absturz und Abspülung,
Flüsse und Flusswirkungen, Gletscherwirkungen, Windwirkungen, Wirkungen der stehenden Gewässer auf der Erdoberfläche. — Mit dem
3. Abschnitt „die Formen der festen Erdrinde" schliefst die Morphologie der ganzen Erdoberfläche. Wer die grofsen Werke von Suess
und Penck nicht zu bemeistern vermag, wird für diesen Teil besonders dankbar sein. Die Disposition ist folgende: Kontinentalblock
und Tiefseeregion. Morphologie des Meeres: Küsten, Formen des
Meeresbodens, Inseln, Morphologie der Landoberfläche: Ebenen, Stufen,
Berge, Thäler, Thallandschaften, Becken(Wannen), Becken- und Wannen-
landschaften, Höhlungen und Höhlen, die grossen Formen der Landoberfläche. — Es ist daher nicht zuviel behauptet, wenn man sagt, dafs
dieses Werk des bekannten Berner Geographen fortan ein unentbehrliches
Stück in der Bücherei eines Lehrers der Geographie bilden wird.

Frankenthal. —————— ———— Koch.

Leitfaden für den Unterricht in der Botanik. Nach
methodischen Grundsätzen bearbeitet von Dr. Otto Vogel, Direktor
des Königstädtischen Realgymnasiums zu Berlin. Dr. Karl Müllenhoff
und Dr. Paul Röseler. Heft I. Kursus 1 u. 2. Neue verbesserte und
vermehrte Ausgabe mit 24 Tafeln und Dreifarbendruck nach Aquarellen
von A. Schmalfufs. Berlin. Winkelmann u. Söhne. 1898. Preis
kart. 1 M. 80 Pf.

In dem eigens gedruckten Vorworte, das geradezu eine Methodik
des botanischen Unterrichtes an Mittelschulen darstellt und deshalb
nicht nur bei den Lehrern sondern auch an höherer Stelle Beachtung
finden sollte, entwickeln die Verfasser so gesunde Gedanken, dafs Ref.
nicht umhin kann, einige derselben herauszugreifen, z. B.:

„Fängt der Unterricht in der Botanik damit an, dafs den Schülern
Allgemeinheiten, z. B. eine Übersicht über die Klassen des natürlichen
oder künstlichen Systems oder Übersichten über alle möglichen Ent-
wicklungsformen besonderer Organe oder der ganzen Pflanzen beigebracht werden, so ... wird auf diese Weise sehr leicht etwas erreicht, dafs wie Wissen aussieht, aber in der That auch nur so aussieht. In Wahrheit wird damit nur eine Menge toten Materials, eine
Menge unverstandener Abstraktionen aufgespeichert ... Der Unterricht
in der Botanik wie in der Naturwissenschaft überhaupt kann dadurch
für die gesamte geistige Ausbildung aufserordentlich fruchtbar werden,
dafs er seinerseits leichter und daher auch erfolgreicher als andere
Disziplinen der tiefeingewurzelten und daher auf allen Gebieten hervortretenden Neigung, Worte statt der Begriffe gelten zu lassen, ent-

gegenzutreten im stande ist. .... Von der genauen Beobachtung und
Zergliederung des Einzelnen ausgehend, hat der Schüler Schritt für
Schritt die Geistesoperationen des Unterscheidens von Wesentlichem
und Unwesentlichem, des Zusammenfassens von Gleichwertigem und
'Abscheidens von Ungleichwertigem zu vollziehen, durch welche er die
allgemeinen Begriffe gewinnen soll .... Andererseits hat er das Allgemeine, welches er auf diese Weise gewonnen hat, wieder rückwärts
in das Besondere hinein zu verfolgen .... Die meisten der uns bekannten Lehrbücher (leider auch unsere Schulordnungen)
begnügen sich damit, einen Abriſs der Wissenschaft zu geben, sie
unterscheiden nicht gehörig die Aufgabe des Unterrichtes an Mittelschulen von den Zielen des akademischen Lehrganges; sie weisen den
ersteren ausdrücklich dasselbe Objekt wie jenem, nur in verdünnter
Lösung zu. .... Wir haben dem gegenüber festgehalten, daſs
unsere Lehranstalten die Schüler nur dorthin zu führen haben, von
wo die wissenschaftliche Betrachtung selbst ausgeht. Wir fangen
deshalb mit der Pflanze an und hören mit der Zelle auf...., wir
schicken dem Ganzen nicht eine morphologische Einleitung voraus,
sondern heben das gewonnene morpholog. Wissen erst am Schlusse
als das gleichsam gewonnene Allgemeinbild der betrachteten einzelnen
Pflanzen besonders hervor u. s. w. Nach diesen Grundsätzen also
werden in zwei Kursen je 25 Pflanzen stufenweise eingehender und
mit steter Berücksichtigung der Biologie beschrieben, im Anschlusse
an die Beschreibungen Erläuterungen der morphologischen und biologischen Grundbegriffe gegeben, dann eine systematische Zusammenstellung der erläuterten morphologischen und biologischen Grundbegriffe
gemacht und zuletzt mit Hilfe einer Repetitionstabelle das Gefundene
vertieft und befestigt.

Der zweite Kurs bringt vergleichende Pflanzenbeschreibungen:
Angabe der gemeinsamen und unterscheidenden morpholog. und biolog.
Merkmale, Übungen im Bestimmen; Erweiterung der morphol. und biol.
Begriffe; Systematische Zusammenstellung der Erläuterungen von Kurs I.
und II. und als Anhang: Übersicht über die Klassen des Linnéschen
Systemes; Übungspflanzen und Bestimmungstabellen nach d. linn. S.

Habitusbilder bietet der Text nicht, wohl aber treffliche schematische Abbildungen wichtiger Organe und Teile. Dagegen sind nunmehr in dieser dritten Auflage am Schlusse auf Dreifarbendrucktafeln
über 75 Pflanzen womöglich in ganzer Gestalt abgebildet: sozusagen
ein Herbarium, aber einem solchen dadurch überlegen, daſs es die
Pflanzen stets in ihren wirklichen Farben und Formen dem Schüler
vor Augen führt. Welchen Nutzen das bei Repetitionen gewährt,
oder wenn zufällig einmal eine notwendige Pflanze nicht in Wirklichkeit zu beschaffen ist, braucht keiner weiteren Ausführung. Die Bilder
sind namentlich, wenn man den billigen Preis in Betracht zieht wirklich sehr anerkennenswert, wenn auch besonders die Farbe der
Blätter und Tafel II die Blütenfarbe des Wiesenschaumkrautes nicht
ganz naturgetreu ausgefallen ist.

Freising.   H. Stadler.

III. Abteilung.

Literarische Notizen.

120 Ausflüge von München auf einen halben bis drei Tage. Mit einer Karte. 14. Aufl. München 1899, J. Lindauersche Buchhandlung (Schöpping). Preis 60 Pfg. — Diesmal sind die 120 Ausflüge von München schon zu Ostern, früher als sonst, erschienen, wenn auch das Wetter für die Benützung des trefflichen Büchleins keineswegs günstig war. Die vorige, 13. Auflage, enthielt nur 110 Nummern, also ist die neue um 10 (resp. 11, da einer wegfiel) Ausflüge vermehrt worden. Es sei gestattet, die neu aufgenommenen kurz zu erwähnen: 1. Mariabrunn, der jetzt fast vergessene Wirkungsort der Doktorbäuerin Amalie Hohenester, 2. Rott am Inn, das besonders als Ausflugspunkt empfohlen sein möge; 3. Peretshofen bei Dietramszell mit prächtiger Aussicht; 4 Ruine Falkenstein bei Füssen, welche bekanntlich Ludwig II. ausbauen lassen wollte; 5. Baumgartenspitze und Riederstein zwischen Schliersee und Tegernsee; 6. das Jufinger Jöchl bei Kirchbichl; 7. Naunspitze und Petersköpfel bei Kiefersfelden; 8. die Benediktenwand; tl. Spitzstein bei Oberaudorf; 10. Hochifs bei Jenbach; 11. Traithen bei Oberaudorf. — Jahr für Jahr wächst die Zahl der hier verzeichneten Ausflüge (von den 60 bei Trautwein ist sie jetzt in der Tillmannschen Bearbeitung auf das Doppelte, 120, gestiegen), dabei gewinnt aber das Büchlein bei jeder Auflage trotz seiner Knappheit an Genauigkeit und Sicherheit, zumal bei mancher der aufgenommenen Touren die Reiseführer den Touristen im Stiche lassen dürften. Es sei also das Büchlein aufs neue Kollegen wie Schülern zur fleißigen Benützung umsomehr empfohlen, als sein billiger Preis die Anschaffung sehr erleichtert.

Eclogae poetarum Latinorum in usum gymnasiorum composuit Samuel Brandt. Editio altera emendata. Lipsiae, Teubner 1898. X 136 S. 8". — Die von einem ausgezeichneten Philologen besorgte Auswahl umfaßt Stücke aus Ennius, Lucilius, Lucrezius, Catull, Tibull, Properz, Ovid, Martial und Juvenal mit kurzen biographischen Einleitungen, einer Übersicht der Metra, erklärenden Anmerkungen (adiumenta interpretationis), die aber keinem vollständigen Kommentare gleichkommen wollen, und einem kurzen kritischen Anhang. In der vorliegenden 2. Auflage, die von der ersten durch einen Zeitraum von 16 Jahren getrennt ist, haben die adiumenta interpretationis und die Catullgedichte einen Zuwachs erfahren, wogegen einiges von Lucrez und eine Elegie des Properz weggelassen wurden.

Q. Horati Flacci carmina. Tertium recognovit Lucianus Mueller. Editio stereotypa maior. Lipsiae, Teubner 1897. LV 303 S. 8". — Mit einem Kommentare zu den lyrischen Gedichten des Horaz beschäftigt wurde L. M. von der Verlagsbuchhandlung ersucht, eine dritte Bearbeitung seiner Textausgabe des ganzen Horaz fertigzustellen. Es ist m. W. die letzte philologische Gabe des streitbaren Gelehrten geworden. Das ungerechte Urteil über Kiefsling, das gleich die erste Seite der Prolegomena verunstaltet, zeigt, daß er bis zum Schlusse der alte geblieben ist. R. i. p.

Schülerkommentar zu Ciceros Rede für P. Sestius von Hermann Nohl. Leipzig, Freytag. 1899. Geb. 0.80. — Nach einer Bemerkung auf der Titelseite ist der Kommentar 'für den Standpunkt eines Obersekundaners berechnet'. Für diese Alters- und Wissensstufe ist die Rede für Sestius zu hoch, zu schwer und zu lang; sie kann nur mit guten Primanern und auch da nur in raschem Zuge gelesen werden, wenn die etwas weitschweifige Darstellung anziehen soll, natürlich vom Standpunkte des Schülers aus genommen. „Aber auch ein Obersekundaner braucht nicht Behelfe im Kommentar, die er aus der dünnsten Grammatik kennen muſs, wie princeps 'zuerst', quorum consilio 'auf deren Betreiben'; auffallend sind Ausdrücke wie 'Bedenkzeitnehmer', anderes erscheint zu frei, wie 115 remissiore genere dicendi uti 'sich nicht so streng an die Sache halten'. Doch ist im ganzen der Kommentar geschickt abgefaſst und bringt auch sachlich neue und richtige Erklärungen.

S c h e n k l, Karl — G r i e c h i s c h e s E l e m e n t a r b u c h —. Sechzehnte, verbesserte Auflage von H. Schenkl. Wien u. Prag, Tempsky. — Ein Schulbuch, das sechzehn Auflagen erlebt, braucht wohl keiner ·besonderen Empfehlung; das empfiehlt sich von selbst. Das Übungsbuch von Schenkl-Hensel — dieser besorgte die Ausgabe des Schenklschen Elementarbuches für die deutschen Gymnasien (Leipzig, Freytag) — wird stets zu den besten griechischen Übungsbüchern gezählt werden müssen sowohl in Hinsicht auf das gebotene Übersetzungsmaterial als auch betreffs Klarheit und Durchsichtigkeit der syntaktischen Regeln.

H. v o n S y b e l, G e s c h i c h t e d e r R e v o l u t i o n s z e i t 1789—1800. Wohlfeile Ausgabe, vollständig in 60 Lieferungen à 40 Pf. Lief. 31—35. Stuttgart, J. G. Cotta'sche Buchhandlung. Nachfolger 1899. — Die 5 letzten Lieferungen enthalten etwa das 12. und 13. Buch oder den 6. Band des ganzen Werkes. Der Separatfrieden zu Basel wird in seiner Bedeutung und seiner Wirkung auf Österreich dargelegt; ebenso der Friede mit Spanien. Aufserdem berichtet das 12. Buch noch von den Kämpfen der Royalisten in der Vendée und Bretagne und schildert den Schluſs des Konvents, den Aufstand der Sektionen und das durch Barras veranlaſste Eingreifen Bonapartes am 13. Vendémiaire. Das 13. Buch, welches der Darstellung der Regierung des Direktoriums gewidmet ist, wird eröffnet mit einer eingehenden Schilderung des inneren Zustandes Frankreichs in dieser Zeit, während die folgenden Kapitel zeigen, daſs sich das Direktorium zu einer Besserung dieser traurigen Zustände nicht befähigt zeigte. Die Darstellung der Verschwörung Babeufs und seines Endes schlieſst dieses Buch ab.

M o n o g r a p h i e n z u r W e l t g e s c h i c h t e. In Verbindung mit anderen herausgegeben von Ed. Heyck. VIII. D i e W i e d e r t ä u f e r. Die sozialen und religiösen Bewegungen zur Zeit der Reformation von Dr. Georg Tumbült. Mit 4 Kunstbeilagen und 95 authentischen Abbildungen. Bielefeld u. Leipzig, Verlag von Velhagen und Klasing, 1899. Preis geb. 3 M. — Unter den bis jetzt erschienenen Monographien zur Weltgeschichte hat sich die vorliegende den beschränktesten Stoff ausgewählt, dafür aber diesen gründlich und sachkundig behandelt. Der Wert dieser Behandlung beruht darauf, daſs uns die Entstehung und Verbreitung jener sozialen und religiösen Bewegung, welche schlieſslich zu dem zionististisch-kommunistischen Regiment in Münster führte, von ihren ersten Anfängen im XV. Jahrh. und im Beginn des XVI. Jahrh. an dargelegt wird. Besondere Kapitel besprechen die Zwickauer Propheten und ihre Bekämpfung durch Luther, Thomas Münzers Auftreten, schildern den groſsen Bauernkrieg und seine Beendigung, den Beginn des Anabaptismus in Zürich und seine rasche Verbreitung, besonders nach den Niederlanden, die Persönlichkeit des Jan Matthison, der am 5. Jan. 1534 2 seiner Apostel nach Münster sendet. Ehe nun die Entwicklung der Bewegung in Münster selbst dargelegt wird, schildert uns Kapitel VII den Schauplatz derselben; die Stadt Münster; Gründung, Aufblühen und Wohlstand: die kirchlichen und Profanbauten. Da Archivar Dr. Tumbült ein geborener Münsteraner ist, so erweist er sich in diesem Kapitel als sachkundiger Führer und bietet uns zugleich eine Reihe sehr interessanter Abbildungen, besonders Architekturansichten; denn im ganzen hat sich der Schauplatz wenig geändert. Erst die letzten 4 Kapitel (VIII—XI) behandeln die Ereignisse der Wiedertäuferbewegung in Münster und zwar in durchaus gründlicher und eingehender Weise; die Schilderung bleibt selbst da ruhig und einfach, wo Gelegenheit gegeben gewesen wäre, die Ausschreitungen des zionistisch-kommunistischen Regiments eingehender und lebhafter zu erzählen z. B. bei dem Kapitel der Vielweiberei. Unter den

Abbildungen dieses Teiles befinden sich eine Anzahl von denkwürdigen Gedächtnis-
stücken, deren erstmalige Veröffentlichung der Magistrat von Münster und private
Eigentümer bereitwilligst gestattet haben.

     Philippi, Adolf, Kunstgeschichtliche Einzeldarstellungen.
Zweite Reihe: Die Kunst des 15. und 16. Jahrhunderts in Deutschland und den
Niederlanden. Mit 250 Abbildungen. Leipzig, Verlag von E. A. Seemann, 1898.
— In diesen Blättern ist früher eingehender über die beiden ersten Bände (Buch 1—6)
dieser vornehmen Publikationen berichtet worden; dieselben sind von der Kritik
wie von dem lesenden Publikum sehr günstig aufgenommen worden, was übrigens
kaum anders zu erwarten war, und so können wir erfreulicher Weise bereits von
der Fortsetzung des Werkes berichten. Das 1. Buch der neuen Reihe (Preis 2,50 M.)
behandelt die Kunst des 15. Jahrh.: Die van Eyck und ihre Nachfolger — Alt-
köln — Martin Schongauer, auf 140 S. mit 85 sorgfältig ausgewählten Abbildungen.
In einer klar geschriebenen Einleitung werden die bemerkenswerten Unterschiede
der Entwicklung der Kunst im Norden gegenüber der in Italien und das Verhalten der nordischen Kunst zur italienischen Renaissance dargelegt, deren Einwirkungen sich im 16. Jahrh. nur die niederländischen Romanisten und Holbein
ganz ergeben. Die Einzelbetrachtung wird eröffnet mit der Würdigung der Brüder
Hubert und Jan van Eyck; nachdem ihre Beziehungen zu den Herzogen von
Burgund und die Bedeutung dieses Hofes für die Kunstgeschichte überhaupt dargelegt worden ist, folgt eine genaue Analyse des Genter Altares S. 12—26, in
dem die eigentümlichen Vorzüge der neuen Richtung aufgezeigt werden, und anderer Werke Jan van Eycks. Darnach werden Rogier van der Weyden, die drei
Haarlemer Maler Dirck Bouts, Albert Ouwater und Geertgen van Sint Jans behandelt, sodann die Genter Hugo van der Goes und Justus van Gent, namentlich
aber Rogiers größter Schüler Hans Memling; es sei besonders hervorgehoben,
daß der Verf. jedesmal in liebevoller Weise auf die Eigentümlichkeiten der verschiedenen Künstler eingeht und absichtlich nur die auch äußerlich beglaubigten
oder zweifellosen Werke zu ihrer Würdigung benutzt. — Der nächste Abschnitt
bespricht die altkölnische Schule, den sogenannten Meister Wilhelm, dann Stephan
Lochner und sein Dombild, des weiteren die Bilder namenloser Meister (S. Severin,
Marienleben, Lyversbergische Passion, Bartholomäus- und Thomasaltar, Sippen-
altar); die eigentümliche Bedeutung der rheinischen Stadt für die Kunstentwick-
lung, die hier durchaus auf dem Bürgertum ruht, wird besonders hervorgehoben.
Der letzte Teil dieses Buches, welcher die Kunst des 15. Jahrh. am Oberrhein,
in Schwaben und in Franken behandelt, legt in einleuchtender Weise den eher
nachteiligen Einfluß der Holzskulptur, wie er sich in den Schnitzaltären in Schwaben
und Franken zeigt, auf die Malerei dar und sucht sodann zu einer allseitigen Würdigung des Kolmarer Meisters Martin Schongauer zu gelangen, wofür von seinen
Kupferstichen ausgegangen wird. — Das 2. Buch (ca. 200 S. mit 126 vortrefflichen
Abbildungen, Preis 3 Mark) behandelt die deutsche Kunst in ihrer Blütezeit. Ein einleitendes Kapitel schildert Augsburgs Beziehungen zu Italien und
erklärt so, wie Augsburg im Gegensatze zu Nürnberg die Stadt der aus Italien
kommenden sogenannten deutschen Renaissance geworden ist, wie diese sich zunächst in der Dekoration und Kleinplastik zeigt, welche Bedeutung die Buch-
drucker und Holzschneider für die Malerei besitzen. Sodann werden auf der so
gewonnenen Basis die Werke der beiden Augsburger Holbein d. ält. und Burgk-
mairs näher betrachtet, auch die tüchtigsten Zeitgenossen des letzteren, Schaffner
und Amberger worden kurz gewürdigt. Das folgende umfangreiche Kapitel: „Als
Deutschlands Kunst blühte" (Nürnberg) hat natürlich Albrecht Dürer zum Mittelpunkte. Doch wird zuvor die Nürnberger Plastik (Veit Stoß, Adam Kraft, Peter
Vischer) ebenso wie die namenloser Meister der Zeit gewürdigt; selbstverständlich
gelangen dabei die Schmerzensmutter des German. Museums wie die Madonna von
Blutenburg zur Besprechung. Wenn es aber von letzterer S. 172 heißt: 1496 mit
Christus und zwölf Aposteln gestiftet; München, Nationalmuseum, so ist
letztere Angabe ungenau: im Nationalmuseum befinden sich nur Abgüsse, die
Originale schmücken nach wie vor das Kirchlein der englischen Fräulein in Bluten-
burg, hinter Nymphenburg, wo sie stets besichtigt werden können. — Besonderen
Genuß gewährt der Abschnitt über Dürer dem Leser; denn hier bemüht sich der

Verf. mit besonderer Liebe für den Gegenstand, die eigenartigen Vorzüge wie Mängel der Dürerschen Kunst darzulegen, namentlich in Bezug auf Holzschnitt und Kupferstich. Im Anschlusse daran werden kurz seine Schüler Schäufelein, die Brüder Beham, Pencz und Aldegrever behandelt. Ein 3. Abschnitt, betitelt: Wandermaler und Farbenpoeten, sucht besonders das Urteil über die Wertschätzung Lukas Kranachs auf das richtige Mafs zurückzuführen und hebt neben diesem Hans Baldung und Grünewald gebührend hervor. — Das 3. Buch hat die Renaissance im Norden zum Gegenstande, nämlich Quinten Massys, Holbein den Jüngeren und den Meister des Todes der Maria (auf 116 S. mit 80 Abbildungen). Zunächst werden die Grundzüge des niederländischen Romanismus dargelegt, der, begünstigt durch den Übergang des niederländischen Burgund an die Habsburger, dort Eingang fand und bis auf Rubens und die Holländer fortdauerte; Antwerpen ist seine bedeutendste Stätte und Quinten Massys hier der bedeutendste Maler. Von den an ihn sich anschliefsenden niederländischen Romanisten werden Patinir, Jakob Cornelisz von Amsterdam, Jan Gossart, genannt Mabuse, und Jan von Scorel kürzer, Bernaert von Orley, der Hofmaler der Statthalterin Margareta, den Dürer porträtierte, und besonders Lukas von Leyden etwas ausführlicher behandelt. Den Mittelpunkt bildet, wie im vorigen Buche Dürer, so hier der jüngere Holbein; er wird zunächst in seiner Thätigkeit als Buchillustrator, als Zeichner für Glasfenster und für das aufblühende Kunstgewerbe gewürdigt. Bezüglich der (83) Federzeichnungen zu des Erasmus μωρίας ἐγκώμιον konnten die Angaben etwas genauer sein: auf dem 2. Titelblatt des Baseler Originales ist bemerkt: hanc Moriam pictam decem diebus ut oblectaretur in ea Erasmus habuit und der Zeichnung der Jagd bei cap. 39 ist als Tag der Vollendung der Zeichnungen der 29. Dezember 1515 beigeschrieben. Nach einer Betrachtung der Gemälde und bildartigen Entwürfe wird Holbein als einer der gröfsten Bildnismaler aller Zeiten im Zusammenhang dargestellt; das Endurteil sei hier wiederholt: „Aber auch die Prachtstücke unter seinen gemalten Porträts werden uns kaum so sehr ergreifen wie die besten jener blofs gezeichneten Köpfe, eines Nore, Warham oder Wyat. Dieser Realität gegenüber bleibt das schildernde Wort stumm und man fragt sich höchstens, welcher Maler heute noch im stande wäre, einen seiner Mitmenschen so abzuzeichnen!" — Am Ende des Buches werden die Werke des sogenannten Meisters des Todes der Maria analysiert, ohne dafs ein neuer Versuch unternommen wird, die Persönlichkeit des Künstlers festzustellen.

Am Schlusse wiederholen wir, was schon früher gesagt wurde: es gewährt reiche Belehrung zugleich und hohen Genufs, Philippis kunstgeschichtliche Einzeldarstellungen zu studieren; seine Schreibweise ist sehr klar und einfach und hält sich völlig frei von fachmännisch-technischen Ausdrücken, die dem gröfseren Leserkreise weniger verständlich sind; die Illustration ist sorgfältig ausgewählt und mustergültig, überhaupt gereicht die Ausstattung des Werkes der Verlagshandlung zur Ehre.

Das Mineralreich in Wort und Bild für den Schulunterricht in der Naturgeschichte dargestellt von Dr. M. Krass und Dr. H. Landois. Mit 93 eingedruckten Abbildungen. Sechste verbesserte Auflage. Freiburg i. Breisgau. Herdersche Verlagshandlung 1898. Preis 1.40 M., geb. 1.75 M. — Da die früheren Auflagen dieser vielverbreiteten Lehrbücher der rührigen Verlagsbuchhandlung bereits in diesen Blättern angezeigt wurden, so genüge für die sechste der Hinweis, dafs in ihr besonders die chemischen Lehren eine Umarbeitung und erhebliche Erweiterung erfahren haben, um auch in diesem Punkte den Anforderungen der Neuzeit zu entsprechen. Sonst sind abgesehen von Kleinigkeiten Inhalt und Form sich ziemlich gleich geblieben.

Die Natur im Volksmunde. Von Karl Müllenhoff. Berlin, Weidmannsche Buchhandlung, 1898. Preis 1.60 M. — Der Sohn des bekannten Germanisten bietet hiemit eine Zusammenstellung selbstgesammelter volkstümlicher Naturanschauungen, von denen ein Teil bereits in Zeitschriften (Natur und Haus 1896 u. s. w.) mit Beifall veröffentlicht wurde. In sechs Abschnitten (Irrtümliche Beobachtungen, Willkürliche Deutungen der Beobachtungen, Lebensregeln durch

Erzählungen aus der Natur veranschaulicht, Poetische Darstellungen wichtiger Beobachtungen, Genauigkeit der Beobachtungen und Richtige Erklärung der Beobachtungen) werden über 120 Fälle der verschiedensten Art aufgezählt und erläutert. Nun sind ja nicht alle diese Angaben und Erklärungen über jeden Zweifel erhaben, allein rechnen wir auch Verfehltes ab, so bleibt doch eine dankenswerte Menge von Anregung und Belehrung übrig. Manches dürfte sich auch im Unterrichte, und zwar nicht blofs im naturkundlichen, trefflich verwerten lassen.

Lehrbuch der Chemie und Mineralogie für den Unterricht an Mittelschulen von Dr. A. Lipp, Professor an der Kgl. technischen Hochschule in München. Mit 127 in den Text gedruckten Abbildungen und einer Spektraltafel. München und Leipzig, Dr. E. Wolff, 1898. Preis 3.80 M. — Lehrbücher der naturwissenschaftlichen Fächer für Mittelschulen gibt es nachgerade allzuviele: aber solche, die von hervorragenden Fachmännern geschrieben wären, sind darunter gar selten. Hier nun liegt ein derartiges in vorzüglicher Ausstattung vor; und bietet es auch für das gegenwärtige Bedürfnis der bayerischen Gymnasien viel zu viel, um es direkt im Unterrichte verwenden zu können — es ist ja zunächst für die Realschulen geschrieben —, so ist es umsomehr für den Lehrer zu empfehlen, der nun aus der reichen Fülle mit kluger Sorgfalt wählen mag, was ihm jeweilig nötig und erspriefslich erscheint. Diesen möchten wir besonders auf die ungemein reichhaltigen technologischen Abschnitte verweisen, die stets die neuesten Verfahren und Apparate zur Gewinnung derjenigen Substanzen darstellen, welche für das praktische Leben von gröfserer Bedeutung sind. Als Beispiel genügt es das „Eisen" (S. 198—211) zu erwähnen, wo alle die Prozesse, welche gegenwärtig angewandt und in der Tagespresse so oft erwähnt werden, geschildert und durch treffliche Abbildungen veranschaulicht sind. Was nun die Anordnung des Stoffes selbst anbelangt, so bietet die „Anorganische Chemie" erst eine Einleitung in der die wichtigsten Grundlehren und Gesetze entwickelt werden; hierauf folgt die „spezielle Chemie" welche die Darstellung der Stoffe besonders berücksichtigt und in deduktiver Form gegeben ist. Eine knappe Schilderung des periodischen Systemes der Elemente und der Spektralanalyse führt über zur Mineralogie, deren allgemeiner Teil sich mit den physikalischen und chemischen Eigenschaften beschäftigt, während die spezielle Mineralogie in einer ganz kurzen Systematik der Mineralien besteht. Den Schlufs macht die gedrängt dargestellte „Organische Chemie". Zur selbständigen Verarbeitung des dargebotenen Stoffes veranlassen da und dort eingestreute und der Auffassung des Schülers gut angepafste Aufgaben.

Der praktische Ratgeber im Obst- und Gartenbau. Verantwortl. Redakteur Johannes Bittner. Druck und Verlag der Kgl. Hofbuchdruckerei Trowitsch und Sohn, Frankfurt a. d. Oder. Erscheint reich illustriert an jedem Sonntage und kostet vierteljährlich durch die Post oder Buchhandlung bezogen 1 M. — Wer irgend ein Gärtchen oder sonst ein Stückchen Land besitzt, der findet hier einen treuen Freund und Ratgeber in allen Lagen und Nöten: Neue Kulturpflanzen und Auswahl der Sorten für jeden Boden und jedes Klima, Einflufs der Bodenbewässerung und Drainageanlagen, Beschneiden der Bäume, Einwinterung und Düngung u. s. w., wer könnte all das aufzählen, was hier in reicher Fülle gebracht wird. Ein eigenes „Schädlingsamt" erteilt Ratschläge zur Erkennung und Bekämpfung der unzähligen offenen und versteckten Feinde unserer Pflanzen und tritt auch wacker für die armen Singvögel ein, denen bald die letzte Hecke und der letzte hohle Stamm zum Nisten entzogen sein wird, so dafs wir die bösen Italiener zur völligen Ausrottung gar nicht nötig haben. Wer also diese Wochenschrift kennen und schätzen lernen will, der lasse sich wenigstens kostenlos vom Geschäftsamt in Frankfurt a. d. Oder eine Probenummer kommen, das Weitere wird sich dann finden.

Grabers Leitfaden der Zoologie für die oberen Klassen der Mittelschulen bearbeitet von J. Mik k. k. Schulrat. Mit 391 Abbildungen im Texte und einem Atlas mit 4 Farbendruckbildern, 101 farbigen Abbildungen und einer Karte. Dritte, verbesserte Auflage. Prag und Wien, F. Tempsky; Leipzig, G. Freytag. 1897. Preis 3.20 M. — Nach einer allgemeinen Einleitung, die die chemische Zusammen-

setzung der Organismen, Stoffwechsel u. s. w. behandelt, folgt als erster Teil:
„Der Organismus des Menschen“, als 2. die „systematische Zoologie“. Das Hauptgewicht ist, wie bei Graber selbstverständlich, auf die anatomischen Verhältnisse
gelegt, zu deren Erläuterung auch die meisten der zahlreichen Abbildungen bestimmt sind. Habitusbilder sind im Texte seltener, dagegen bieten die 4 Farben-
drucktafeln des Atlas Bilder von Seetieren (Mollusken, Echinodermen, Coeleuteraten
und Krustaceen) aller Art aus dem Aquarium der zoolog. Station zu Neapel in
farbenprächtiger Ausführung. Es wird kaum wieder ein Schulbuch
geben, das bei verhältnismäfsig geringem Preise einen so herrlichen Schmuck aufzuweisen hätte. Auch die farbigen Anatomien u. s. w.
sind sehr deutlich und müssen sich dem Gedächtnisse leicht einprägen. Die Karte
gibt die Tier-Regionen und Subregionen nach A. R. Wallace wieder.

Der Graphit, seine wichtigsten Vorkommnisse und seine technische Verwertung. Von Dr. E. Weinschenk, Privatdozent in München. Sammlung
gemeinverständlicher wissenschaftlicher Vorträge begründet von Rud. Virchow
und Fr. von Holtzendorff, herausgegeben von Rud. Virchow. Neue Folge,
13. Serie, Heft 295. Hamburg, Verlagsanstalt und Druckerei A. G. (vorm.
J. F. Richter), 1898. — Ausgehend von der Geschichte dieses jetzt allbekannten Minerales bespricht Verfasser zunächst die Eigenschaften der technisch
zu Bleistiften oder Schmelztiegelfabrikation brauchbaren Graphite, sowie die Verwendung in der Galvanoplastik, als Poliermittel u. s. w. Sodann gibt er die Pro-
duktionsgebiete an, die Arten des Vorkommens und die sonstigen physikalischen
Eigenschaften, die künstliche Darstellung im Eisenhüttenprozefs und die Unterscheidung von der Retortenkohle. Das wichtigste ist aber der Nachweis, dafs der
Graphit nicht, wie man so lange annahm, die weitgehend umgewandelten Reste
organischer Gebilde aus den allerersten Zeiten der Erde darstellt, sondern anorganischer Entstehung ist und zwar ein Produkt vulkanischer Thätigkeit.

Naturwissenschaftliche Volksbücher von A. Bernstein.
Fünfte, reich illustrierte Auflage. Durchgesehen und verbessert von H. Potonié
und R. Hennig. Berlin 1897—98, Ferd. Dümmlers Verlagsbuchhandlung. 42 vier-
zehntägige Lieferungen à 30 Pf. jede Lieferung 5 Druckbogen enthaltend. — Von
diesem bereits früher angezeigten populären Werke liegen uns jetzt 32 Lieferungen
vor. Eine eingehende Besprechung soll nach Abschlufs des Ganzen folgen; vorläufig seien aus dem reichen Inhalte nur einige Kapitel hervorgehoben, die sich
auch für den naturkundlichen Unterricht verwerten lassen dürften: So bietet z. B.
der 5., 6. u. 14. Teil die anorganische, der 7. die organische Chemie; der 8. die
Geologie; der 10. u. 18. behandelt Fragen der Botanik und Zoologie; der 17. die
Bakterien und die durch dieselben erzeugten Krankheiten u. a. m.

IV. Abteilung.

Miszellen.

Gymnasiorum Bavariae praeceptores Norimbergam congregatos consalutant collegae Norimbergenses.[1])

Montes qui niveos cernitis Alpium,
Qui Rheni colitis ingera Bacclica,
Vos, quis Danubii flumina murmurant,
    Vos, silvae Hercyniae accolae,

Vos salvere inlet, quae mediam tenet
Partem Baioriae — non secus atque cor
Totius medium corporis occupat —
    Noris nobilis hospites!

Multos illa libens excipit advenas,
Passim qui veniunt undique gentium,
Mirautes speculas, moenia, regiam,
    Propugnacula turrium!

Vobis nemo venit gratier hospitum!
Nam quod turba oculis cetera colligit,
Toto concipitis pectore: temporis
    Sanctum praeteriti decus!

Vobis namque animans eloquitur lapis
Laudes voce suas clarisona silens;
Quae visus hebetant, nubila concidunt
    Et spectare videmini.

Vulgus prisco labitu tendere per vias;
Incessu graditur patricius gravi,
Armis atque potens divitiis nil il
    Magnis regibus invidet.

Divinas tabulas interea domi,
Divinas statuas perpolit artifex;
Ars miracla fabri construit ac manus;
    Fessos Musa recolligit.

O felicia tunc saecula, cum vigent
Urbes, quaeque foras vestra renascitur
Doctrina, arripitur nec colitur minus
    Plebi quam patribus pie! —

Aetas illa fuit, multaque destruit
Gens mutatque recens; sacra fames valet
Auri, nummulum avens. Nec tamen interit
    Nec fumo opprimitur levi

Illud nescio quid dulce, domesticum,
Illud Teutonicum, quod super oppido
Tu spirare putas; quod simulac tuum
    Amplexum est animum, cave!

Fructus Lotophagum fertur agris coli,
Gustans quem labiis qui semel attigit,
Hic sese esse satum nec patriam sibi
    Jam quaerendam alias putat.

Noris non aliter pectora pellicit!
Vos ne clauseritis corda tamen metu:
Lactis immo animis pelliciamini
    Et largis bibite haustibus

Potum mirificum, per vaga qui rapit
Vos aevi spatia in saecula candida
Illorumque hominum vos socios facit!
    Non tum vivere dedecet.

Sic imbuti animis nunc agite impigri!
Tester: nulla humilis vos ratio subit,
Nil, quod non studiis prosiet aut sclolae
    Quod non congruat ordini!

71. Versammlung deutscher Naturforscher und Ärzte zu München 1899.

Wir erlauben uns die Kollegen im matlematisclen, plysikalisclen und naturwissenschaftlichen Unterricht auf nachstehendes Zirkular aufmerksam zu maclen.

München, im März 1899.

Der Vorstand der Abteilung für

mathematischen und naturwissenschaftlichen Unterricht

der 71. Versammlung deutscler Naturforscler und Ärzte und der Vorstand des

[1]) Die deutsche Übertragung dieser Begrüfsungsode des Herrn Kollegen Gerathewohl ist im Bericht über die 20. Generalversammlung S. 4 5 abgedruckt.

Vereins zur Förderung des Unterrichts in der Mathematik und den
Naturwissenschaften

beehren sich, die Herren Fachgenossen zu der vom 18. bis 23. September hier stattfindenden Versammlung deutscher Naturforscher und Ärzte ganz ergebenst einzuladen.

Da den allgemeinen Einladungen, die anfangs Juni zur Versendung gelangen,
bereits ein vorläufiges Programm der Versammlung beigefügt werden soll, so
bitten wir, Vorträge und Demonstrationen spätestens bis 20. Mai bei einem der
Unterzeichneten anmelden zu wollen.

Es liegt in der Absicht der Geschäftsführung, dem in den letzten Versammlungen hervorgetretenen Wunsche auf Beschränkung der Zahl der Abteilungen
dadurch gerecht zu werden, dafs sie versucht wird, thunlichst einzelne Abteilungen zu gemeinsamen Sitzungen zu vereinigen.

Indem wir um Ihre Unterstützung bei diesen Bestrebungen bitten, ersuchen
wir Sie ergebenst, uns Ihre Wünsche in Betreff gemeinsamer Sitzungen einzelner
Abteilungen gütigst übermitteln und Beratungsgegenstände für diese Sitzungen
bezeichnen zu wollen.

Eine gemeinsame Sitzung mit der Abteilung für Mathematik und Astronomie,
worin über die „Ordnung des mathematischen Universitätsunterrichts auf grund
der neuen preußischen Prüfungsordnung" berichtet werden wird, ist bereits in
Aussicht genommen worden, es dürfte sehr wünschenswert sein, auch den Einfluß,
den die neuen Prüfungsordnungen in den einzelnen deutschen Staaten auf die Gestaltung des exaktwissenschaftlichen Unterrichts an den höheren Mittelschulen
voraussichtlich haben werden, zum Gegenstand von Berichten zu machen, die sich
an den vorerwähnten Bericht anschließen könnten.

Endlich wollen wir nicht unterlassen, schon heute mitzuteilen, dafs gemäfs
einer in der letzten Vorstandssitzung der Gesellschaft getroffenen Verabredung
einstweilen Mittwoch, der 20. September für gemeinsame Sitzungen jeder der beiden
Hauptgruppen freigehalten werden soll. Die für diese Verhandlungen in Aussicht
genommenen Gegenstände hofft die Geschäftsführung in kurzem bekannt geben
zu können.

Der Einführende und die Schriftführer
der Abteilung für mathematischen und
naturwissenschaftlichen Unterricht:

Dr. Georg Kerschensteiner, Stadt-Schulrat.
Dr. Wilhelm End, K. Reallehrer.
Fritz Frühwald, K. Reallehrer.
Adresse: Rathaus.

Der Vorstand des Vereins
zur Förderung des Unterrichts in der
Mathematik und den Naturwissenschaften:

I. A. **Pietzker.** Professor,
Nordhausen a. Harz.

Bayrischer Neuphilologen-Verband.

Am 5. April hat sich in München nach Analogie des Sächsischen und des
Württembergischen ein Bayerischer Neuphilologen-Verband gebildet.
Der Zweck desselben ist nach den Satzungen die Förderung des Unterrichts und
des Studiums der neueren Sprachen, sowie die Vertretung der speziellen Interessen
der neuphilologischen Lehrerschaft Bayerns. Zur Gründung waren 34 neuphilologische
Lehrer aus allen Teilen Bayerns erschienen. Als Vorstandschaft wurden gewählt:

1. Vorsitzender: Reallehrer Dr. G. Herberich, München;
2. „ : Gymnasialprofessor B. Freyberg, Freising;
Schriftführer: Realschulassistent L. Appel, München;
Kassier: Gymnasialprofessor Dr. H. Gassner, München (Cud.-C.);
Beisitzender: Reallehrer Dr. G. Buchner, München.

Aus den Satzungen ist noch hervorzuheben, dafs der neue Verband ein
gutes Einvernehmen mit dem Bayerischen Gymnasiallehrer- und dem Bayerischen
Realschulmänner-Verein herstellen und erhalten will, was aus der Bestimmung
hervorgeht, dafs die jährlichen Hauptversammlungen möglichst im Anschlufs an
die Generalversammlungen dieser Vereine abgehalten werden sollen.

Der Jahresbeitrag beträgt 2 M. Die Adresse des Verbandes ist: Reallehrer Dr. G. Herberich, München, Galleriestr. 18/Ir, der auch weitere
Aufschlüsse gern erteilt.

Die Gesellschaft für deutsche Erziehungs- und Schulgeschichte vor dem Reichstag.

Gemäfs dem von der letzten Generalversammlung der Gesellschaft am 18. Mai 1898 gefafsten Beschlusse richtete der Hauptvorstand an das Reichsamt des Innern am 25. Juni 1898 unter Darlegung der Aufgaben, Arbeiten und Entwicklung der Gesellschaft eine Eingabe, in der um Übernahme ihrer wissenschaftlichen Veröffentlichungen auf das Reich ersucht wurde. In einem detaillierten Voranschlag war der aus Reichsmitteln pro Jahr zu deckende Mindestbetrag mit rund 50000 M. angegeben worden.

Die Reichsbehörde entsprach dem Gesuche der Gesellschaft, ihre Veröffentlichung zu einer Reichsinstitution zu machen, nicht, nahm aber zu ihrer Unterstützung unter die einmaligen Ausgaben des diesjährigen Etats für das Reichsamt des Innern eine Summe von 30000 M. auf.

Nachdem die Kommission für den Reichshaushalts-Etat die Position einstimmig genehmigt hatte, stand sie bei der 2. Lesung des Gesamtetats am 2. März dfs. Js. im Plenum des Reichstages zur Beratung. Zum ersten Male wurde der Reichstag mit einer Angelegenheit befafst, die wissenschaftliche Aufgaben der Erziehung und des Unterrichts betrifft.

Obwohl die Gefahr einer Ablehnung so gut wie ausgeschlossen war, weil alle Parteien in der Budget-Kommission ihre Zustimmung zu der Forderung gegeben hatten, so wurde doch von mehreren Seiten des Hauses zur Sache das Wort ergriffen, um die wissenschaftliche und nationale Bedeutung des Unternehmens und die Notwendigkeit eines dauernden Reichszuschusses darzuthun. Die Reden des Berichterstatters Singer (S.), des Dr. Freiherrn von Hertling (C.), des Prof. Dr. Hieber (NL.), des Dr. Lieber (C.) und des Dr. Zwick (fr. Vp.) brachten die einmütige Sympathie des Reichstages für die Bestrebungen der Gesellschaft zu einem schönen Ausdruck.

Die Position wurde einstimmig bewilligt.

Rede Virchows in der Sitzung des preufsischen Abgeordnetenhauses vom 13. März 1899.

Abgeordneter Dr. Virchow: „Meine Herren, ich hätte sehr viel Gelegenheit, eine Reihe von wichtigen Materien hier zu berühren, da ich als Professor in die Lage komme, mit den Personen, welche aus unseren Lehranstalten hervorgehen, in sehr nahe Berührung zu treten. Indes ich verzichte darauf, das Gesamte meiner Erfahrungen hier vorzubringen. Ich will zunächst nur den Gesamteindruck hervorheben, den ich vorzugsweise als Examinator empfange. Derselbe besteht darin, dafs wir uns in einer Periode des entschiedenen Niederganges der allgemeinen Bildung unserer höheren Schüler u. s. w. befinden. (Hört, hört!) Dieser Niedergang hängt in einem nicht ganz kleinen Teil zusammen mit dem Verfall derjenigen Grundlage, auf welcher seit ein paar Jahrhunderten die ganze deutsche Bildung geruht hat, — ich meine: die klassischen. Man mag über den Wert der klassischen Bildung urteilen, wie man will, — wir müssen doch anerkennen, dafs die klassischen Studien der allgemeine Grund gewesen sind, auf dem die sogenannte deutsche Bildung sich erhoben hat, und dafs wir alle, mögen wir nun aus seiner höheren Schule hervorgegangen sein oder nicht, diesen Eindruck immer durch unser ganzes Leben hindurch bewahrt haben. So geschah es, dafs man, wohin man kam, ungefähr wissen konnte, dafs man in einer Sphäre des Denkens und Wissens sich bewege, die auch den anderen Landsleute kannten.

Das ist ein nicht zu unterschätzender Vorzug gewesen, den gerade die Deutschen gehabt haben, und wenn derselbe in dem sogenannten akademischen Leben eine Art von Mittelpunkt gewonnen hatte, so wird, glaube ich, auch selten jemand sein, der nicht den Vorzug empfunden hat, den ein solcher Mittelpunkt für die gesamten öffentlichen Erscheinungen des Volkslebens dargeboten hat. Wir haben es bedauert, dafs nicht das ganze Volk an dieser Entwicklung hat teilnehmen können, sondern dafs sie eine gewisse Bevorzugung war, für die, welche durch dieses geistige Medium hindurchgehen konnten; aber wir waren auch andererseits stolz darauf, dafs die Zahl dieser Personen eine recht grofse war, und dafs wir damit den festen Grund hatten für eine gemeinsame Verständigung.

Nun, das wird allmählich immer schwächer, und zwar nach meiner Befürchtung, je mehr die klassischen Studien in den Hintergrund gedrängt werden. Die Nemesis hat sich auch hier gezeigt; während unsere Schulmänner früher in immer strengerem Maße die Grammatik in den Vordergrund gedrängt hatten, ist es jetzt dahin gekommen, daß die Grammatik als das Schrecklichste des ganzen Unterrichts betrachtet wird und allmählich mehr und mehr in den Hintergrund tritt. Es ist mir schon vorgekommen, daß meine Examinanden mir sagten: Grammatik haben wir ja gar nicht gelernt, sie gaben mir zu verstehen, daß das ein antiquierter Standpunkt sei, (Heiterkeit) und daß man wesentlich durch Lektüre und einige literarische Beschäftigung seine Entwicklung in klassischen Dingen machen müsse.

Meine Herren, das hat leider seine zwei Seiten. Ich habe genug gekämpft gegen die Exzesse, welche die Grammatiker begangen haben; aber ich muß doch auch behaupten, daß es ohne Grammatik keine Sprache gibt. (Sehr richtig!) Je besser jemand die Grammatik kennt, um so besser kann er auch reden, und das Reden ist am Ende doch auch das, was wir am meisten schätzen. Für den Verkehr des Volkes nach außen hin ist es die Grundlage der allgemeinen Verständigung.

Nun gibt es ja vielerlei Dinge, meine Herren, die man übersehen kann. Wenn z. B. ein Fremder zu uns kommt, etwa ein Franzose, und er stottert uns etwas Deutsches vor, so ergänzen wir zwar, was er nicht anbringen kann, oder wir helfen ihm aus, während der Franzose dazu nicht in der Lage ist, da ihm eben die entsprechende Grundlage fehlt. Er hilft nicht, er weiß nicht, was man eben sagen wollte, weil der ganze Zusammenhang ihm nicht klar wird. Dabei kann man ja über Kleinigkeiten hinwegsehen. Ich will z. B. sagen, wenn jemand das alte Wort musculus, was wir im Deutschen mit der Muskel wiedergeben, in die Muskel übersetzen würde, wie es in Deutschland oft geschieht, so ist das ein schlechter Gebrauch, und man sollte die richtige Form auch dem Volke verzeihen. Wenn aber ein Gynäkologe vom Fache für cervix uteri sagt der cervix uteri, so berührt das schon etwas schmerzlicher. Denn er als Fachmann und Gynäkologe sollte es wissen, daß cervix ein Femininum ist, daß man also die cervix sagen müßte. Es hat mir wenigstens sehr viel Mühe gemacht, diese Kenntnis zu verbreiten in den entsprechenden Gelehrtenkreisen. Aber es ist immerhin ein Zeichen von mangelhafter Schulbildung. Wenn es einem passiert, wie mir neulich, daß ein Kandidatus der Medizin den Tuberkel mit tuberculus übersetzte, während er seit Jahrtausenden tuberculum geheißen hat, so darf ich wohl sagen, ist mir lange nicht etwas so Überraschendes und Schmerzliches vorgekommen, als eine solche absolute Verkennung aller Grundlagen der Sprachen. Das will ich aber nicht in den Vordergrund drängen. Darüber kann man ja hinwegkommen: wenn ich den cervix höre, kann ich auch den tuberculus hören. Man kann sich zur Not auch da helfen.

Viel schlimmer ist es mit der allgemeinen Grammatik. Wenn alle grammatikalischen Regeln schließlich in den Rauchfang gehängt werden und gar nichts mehr übrig bleibt als das, was jemand zufälligerweise durch Lektüre aufnimmt, so wird das eine sehr einseitige Bildung, mit der eine Grundlage für die allgemeine Verständigung nicht gewonnen werden kann. Es geschieht auch thatsächlich — das will ich besonders betonen —, daß jemand, der so wenig Grammatik versteht, auch nicht zu einer regelrechten Lektüre gelangt, sich daher immer nur beschränkt auf gewisse Minimalkapitel, da er von irgend einer allgemeineren Kenntnis der alten Klassiker keine Idee hat.

Meine Herren, diese Kenntnis war aber doch die Grundlage, welche wir früher besaßen, und ich will besonders bezeugen, daß wir diese Grundlage schon dem alten kirchlichen Unterrichtssystem verdankten. Die Kirche hat die klassischen Sprachen mehr gebraucht, weil sie zugleich Mittel der Herrschaft waren; sie übernahm damit zum Teil die Herrschaft der Römer, zum Teil die der Griechen und setzte sie eben fort auf dem Wege der allgemeinen Herrschaft. Die Kirche setzte fort, was im Altertum begonnen war, und sie hat es auch herübergebracht in unser, wie man jetzt immer sagt, nationales Wesen. Es ist dann für uns auch national geworden, wenigstens für eine gewisse Zeit. Das unterliegt keinem Zweifel, daß gerade die, welche gut national waren unter den Gelehrten, wenigstens

unter den Gebildeten, die lateinische·Sprache gebrauchen konnten, wie es bis in
die neueste Zeit noch in Ungarn der Fall gewesen ist. Jetzt wird das alles
kassiert; wir sehen immer mehr „Nationalsprachen" aufkommen, jedes kleine
Völkchen fängt an, seine besondere Literatur zu haben; und das allgemeine Mis-
verständnis wird die Regel. Während man früher ungefähr wußte, in welcher
Weise man sich mit anderen Leuten verständigen konnte, kann man sich jetzt
mit niemanden mehr recht verständigen. Jeder macht Ansprüche, die wir nicht
befriedigen können.

Daher, meine Herren, muß ich sagen: ich würde bei aller Hochachtung
vor der realistischen Richtung, von der naturwissenschaftlichen Richtung es doch
tief beklagen, wenn die Königliche Staatsregierung nicht ·in der Lage ist, ihre
gelehrten Schulen einigermaßen auf der Höhe derjenigen Bildung zu halten,
welche einst der Humanismus hervorgebracht hat. Die Königliche Staatsregierung
sollte doch in Erinnerung behalten, daß sie gewissermaßen die Erbin ist jenes
alten und großen Humanismus, der die ganze moderne Kultur bei uns gemacht
hat. Das wollen wir nicht vergessen: ich will der Kirche alle Hochachtung zu
Teil werden lassen; sie hat die Erbschaft treu gehütet, aber diese Erbschaft ist
nachher in weit höherem Maße übernommen worden von unseren Humanisten,
die sie eigentlich erst volksgerecht gemacht und damit als Grundlage unserer
nationalen Entwicklung hingestellt haben. Nun, meine Herren, zu dem Humanismus
gehört aber vor allen Dingen außer den Sprachen die Philosophie. Da war die
Fortsetzung der alten griechischen Philosophenschulen am besten aufgehoben, da
galt es vor allen Dingen, Logik zu lernen und Psychologie zu lernen. Ich will
nur diese beiden Disziplinen betonen; es gab ja noch mehr, aber diese zwei sind
es, die ich jetzt am meisten in unserer Entwicklung vermisse.

Ich erkenne an, daß nach meinen Wahrnehmungen unter der jüngeren
Generation eine Kategorie existiert, welche Logik in höherem Maße entwickelt.
Das sind sonderbarerweise die jungen Juristen. Die fangen früher an in strenger
Weise logisch zu denken als die Zöglinge anderer Fächer. Wir bringen es in der
Medizin nicht zu Stande, so regelrechte, logische Sätze zu hören, so korrekte
Ausführungen zu einem bestimmten Zwecke durchgeführt zu sehen, als das bei
den Juristen häufig der Fall ist. Das liegt offenbar daran, daß sie ihre guten
Gesetzbücher haben, und daß sie daraus lernen.

Wir andern sind leider nicht in der Lage, eine solche Gemeinsamkeit für
die Lektüre zu schaffen. Es gibt ja viele gute Lehrbücher auch in anderen Disziplinen; aber ganz gute, das behaupte ich, im Augenblick fast gar keine. Die
Lehrbücher sind immer schlechter geworden, und jetzt ist eine solche multitudo
von Lehrbüchern für jedes einzelne Fach vorhanden, daß eine Einheitlichkeit der
Lehre nicht mehr zu erhalten ist. Jeder hat seinen besonderen Autor, jeder beruft sich darauf: ich habe das gelesen; er ist sicher, daß er das gedruckt bei
sich zu Hause hat. Dadurch entsteht in der That eine höchst unglückliche Verwirrung.

Der Jurist mit seinem Gesetzbuch ist glücklich daran; er bewegt sich in
Formen, die sehr genau überlegt, von erprobten, erfahrenen Männern vorgesehen
sind, und er lernt sie auch. So etwas haben wir andern nicht. Die einzige Disziplin, welche dem ungefähr entspricht, ist die Mathematik. Da gibt es nicht die
vielen Handbücher, man kann nicht auf verschiedene Weise rechnen, es gibt nur
eine Möglichkeit des korrekten Rechnens, und wer überhaupt rechnen will, muß
danach verfahren. Daher werden die Mathematiker besser geschult als die anderen,
weil diese bei ihrem Umhertappen bald dies, bald jenes ergreifen, ohne rechten
Fuß fassen zu können.

Ich erkenne an, daß in dieser Beziehung auch die Wissenschaft gefehlt
hat, und ich will die Gelegenheit wahrnehmen, um vor allem Volke darauf hinzuweisen, wie dringend notwendig es ist, daß man sich bei uns daran macht,
bessere und korrektere Lehrbücher für die verschiedenen Disziplinen herzustellen.
Daß das von seiten der Regierung in die Hand genommen werden sollte, will
ich nicht anraten; aber ich will doch auf diesen wunden Fleck hingewiesen haben.

Von diesem Gesichtspunkt aus ist es mir besonders empfindlich, daß die
Logik nicht mehr Gegenstand des eigentlichen Unterrichts ist. Es ist nicht lange
her, da hatten wir auch für die Mediziner eine Vorschrift, daß sie Logik hören

sollten. Sie brachten auch gewöhnlich ein Testat darüber bei (Heiterkeit); aber es war nicht ersichtlich, daſs sie wert gewesen waren, dieses Testat zu verdienen. Die Studenten wissen gar nicht mehr, Logik zu hören. Die Studenten wissen gar nicht mehr, wie ein Handbuch der Logik aussieht, oder daſs einmal ein Mann existiert hat, der Aristoteles geheiſsen hat. Der Name kommt ihnen erst auf Umwegen zu Ohren. Wenn man ihnen sagt: ihr könnt einmal den Aristoteles lesen, so erregt das das gröſste Erstaunen.

Aber ich muſs auch auf der anderen Seite sagen: der Mangel an Logik wird immer gröſser. Wenn hier dieser Tage ein Schmerzensschrei erhoben worden ist in Bezug auf das praktische Verfahren, welches einer unser Kollegen in Beziehung auf eine ansteckende Krankheit beobachtet hat, so will ich sagen, dieses Verfahren basiert auch auf dem Mangel an Logik, welcher dieser ganzen Disziplin zu Grunde liegt. (Hört, hört!) Es ist das diejenige Disziplin, die sich jetzt vorzugsweise mit den Immunisierungen und allen den anderen Fragen beschäftigt, welche damit zusammenhängen. Vieles, was jetzt gesündigt wird, würde nicht stattfinden können, wenn die einzelnen Personen strenger in der Logik geschult wären. Aber so entsteht immer nur eine gewisse Neigung, nach Analogien zu urteilen, gewisse phantastische Gedanken, welche aufkommen, zu verallgemeinern, sie in sich aufzunehmen, danach zu handeln und so unmittelbar im praktischen Leben die Konsequenzen dieses Mangels an Erziehung fühlbar zu machen.

Wenn das noch nicht genügend verstanden wird, so, glaube ich, werden wir uns bei dieser Gelegenheit das vorführen müssen, wie absolut notwendig es ist, frühzeitig eine wohlgeschulte Logik in die Gemüter einzuführen. Was die Stellung betrifft, welche einstmals die philosophische Fakultät einnahm, so erinnere ich Sie, daſs sie ursprünglich die Grundlage der ganzen Universitätskonstruktion gewesen ist, wie das zum Teil in einigen Orten in England noch heute der Fall ist, wo die Philosophie als der Inbegriff aller Weisheit erscheint. Wenn wir davon ganz zurückgekommen sind, so ist das eine Warnung für alle diejenigen welche zu sehr danach drängen, lauter Spezialitäten einzuführen.

Sie wissen, meine Herren, daſs ich nicht zu denen gehört habe, welche eine groſse Opposition erhoben haben gegen die Zulassung der Realschüler zu den Universitätsstudien, namentlich auch zu den medizinischen. Ich weiſs ungefähr, was auch ein nicht gymnasiastisch geschulter Mensch in der Medizin leisten kann. Wir haben ja allerlei derartige Schüler aus Amerika und zum Teil aus Asien, z. B. unsere japanischen Schüler, die wesentlich in diese Kategorie gehören. Wir können genau verfolgen, wie so einer im Laufe von 4 oder 8 Semestern sich entwickelt, was er machen kann; und ich habe gerade auf Grund dieser Erfahrung immer gesagt, es sei ungerecht, wenn wir gegenwärtig die Realschüler zurückweisen wollten. Zweifellos gibt es unter unseren Realschülern sehr viele, die einem Japaner oder Nordamerikaner gleichgestellt werden können, der nicht auf einer höheren Schule war. (Heiterkeit.) Und doch lernen diese etwas Ordentliches, und doch haben wir in Wirklichkeit für unsere deutsche Wissenschaft eine Art von Verstärkung dadurch erlangt, daſs viele Japaner und Amerikaner hier studiert haben. Es gibt jetzt ganze Fakultäten in Amerika, die mit unseren Schülern besetzt sind, und keine einzige in Japan, die nicht auf diesem Grunde der deutschen Schule entstanden wäre. Also ich unterschätze die realistische Entwicklung durchaus nicht und will mich derselben nicht widersetzen. Nichtsdestoweniger bleibe ich dabei, daſs auch einem Realschüler, wenn er etwas Grammatik und damit die Grundlage für klassische selbständige Entwicklung und zugleich auch Logik und zugleich auch etwas Psychologie lernt, das sehr gut thun wird. Und das könnten sie alle haben. Diese Studien müſsten in viel höherem Maſse als es gegenwärtig der Fall ist, aufgenommen werden in den allgemeinen Bildungsplan. Nach meiner Meinung müſsten sie auch eine höhere Stelle einnehmen in dem Programm der Gymnasien. Wird die Grammatik da gänzlich hinausgewiesen und die Logik auch, so entbehrt man zweier der wichtigsten Schulungsmittel für die Jugend, welche wir bis dahin gehabt haben.

Wir, meine Herren, haben, wie ich denke, alle die gemeinsame Absicht, jeder neuen Richtung, welche aufkommt, und welche eine praktische Bedeutung gewinnt, auch volle Freiheit der Entwicklung und die Mittel zu ihrer weiteren

Ausbildung zu gewähren. Wenn in diesem Augenblicke z. B. die Elektrizität einen
so aufserordentlich hohen Aufscl wung genommen hat, so würde es ja sonderbar
sein, wenn irgend ein Volk oder irgend ein Staat der Welt nicht den Wunsch
hätte, möglichst frühzeitig sich zu beteiligen an diesem Aufschwung. Je wissenschaftlicher das geschehen kann, um so sicherer wird die neue Richtung auch
eine Grundlage für Reichtum und Wohlergehen der eigenen Nation werden. Aber
daraus würde nie folgen, dafs wir besondere elektrische Schulen einrichten müssen,
so wenig wie ich z. B. auf den grofsen und sicheren Aufschwung, den unsere
Chemie, und zwar wesentlich durch deutsche Vorbilder geleitet, genommen hat,
den Schlufs begründen würde, dafs die Chemiker eine ganz absonderliche Neben-
abteilung der gelehrten Studien bilden müfsten. Es ist ja zum Teil schon dahin
gekommen; ich habe erst neulich eine Klage von einem der berufensten Vertreter
gerade der Realschulen und der technischen Hochschulen gehört, wie böse es sei,
dafs die Chemie gewissermafsen aus der Universität herausgedrängt und auf die
technische Hochschule verschoben sei; das sei nicht leicht wieder gut zu machen.
Ich kann das empfinden, aber um so mehr warne ich davor, dafs wir diese aus
Frankreich herübergekommene Neigung, lauter einzelne Schulen, z. B. écoles des
mines u. dgl. zu bilden. Das haben wir freilich auch alles nachgeahmt; je mehr
wir das fortsetzen, um so mehr werden wir dahin kommen, dafs eben lauter
spezielle Disziplinen aufwachsen, von denen jede ihre eigene Methode hat und
gar nicht mehr versteht, was die übrigen treiben. Wenn hier von dieser Tribüne
erst neulich für die Herstellung landwirtschaftlicher Lehrstühle an den Universitäten gesprochen worden ist, so mufs ich zwar anerkennen, dafs dies ausgezeichnet
und vortrefflich wäre; aber Sie müssen sich doch auch vergegenwärtigen, dafs die
jetzige landwirtschaftliche Entwicklung eine sehr einseitige Richtung genommen
hat, und dafs ihr ein sehr grofser Teil der allgemeinen Grundlagen fehlt, die wir
sonst allgemein voraussetzen. (Sehr richtig!) Im übrigen habe ich nichts dagegen, dafs landwirtschaftlicher Unterricht an der Universität erteilt wird, — aber
immer mit dea Voraussetzung, dafs dabei ein gewisser Bestand übrig bleibt von
dem, was wir als das eigentlich nationale Wesen empfinden, und was wir als das
nationale Wesen überkommen haben.

Das war die Aufgabe, welche mich heute an diese Stelle geführt hat. Ich
bin alt genug geworden, um die Zeit zu benutzen, wo ich das noch thun kann.
Da wir uns am Ende des Jahrhunderts befinden, so hat es sicherlich ein Interesse,
einen Rückblick zu thun auf den Verlauf der Dinge während einer so langen Zeit
und sich zu erinnern, wie die Dinge waren im Beginn dieses Jahrhunderts, und
wie sie geworden sind. Wir haben grofse Fortschritte gemacht, darüber ist kein
Zweifel; aber es ist auch kein Zweifel, dafs wir in der Lage sind, allmählich verdrängt zu werden von der Position, die ich für die eigentlich starke halte, nämlich dafs wir ein einheitlich gebildetes und von einheitlichen Grundsätzen durch-
drungenes Volk so darstellen, wie wir nach dem letzten Kriege nach zufsen
imponierten. Äufsere Organisation ist ja etwas sehr starkes; aber die Einheitlichkeit im Geiste, im Denken, im Empfinden ist noch etwas Höheres.
Und ob die Organisation im Kriege das hätte leisten können, was sie geleistet hat,
wenn nicht zugleich die nationale Grundlage im Geiste und im Herzen da gewesen
wäre, ist mir wenigstens nicht zweifelhaft. (Sehr richtig!) Und darum, meine
Herren, möchte ich sie dringend bitten: machen Sie sich wohl klar, dafs, wenn
wir dieses Jahrhundert schliefsen, Sie vorbereitet sein müssen, in dem neuen Jahrhundert wiederum eine Position zu schaffen, welche unserem Volke diese starke
und einflufsreiche Stellung wahrt und ihm zugleich innerlich die Befriedigung gewährt, die ein solcher Zusammenhang darbietet. Alle diejenigen von Ihnen, die
einmal akademisch entwickelt worden sind, werden wissen, welche Annehmlichkeiten dieses akademische Leben Ihnen geboten hat, und wie stark die Erinnerungen an dasselbe immer wieder lebendig werden. Das hängt aber zum grofsen
Teil damit zusammen, dafs Sie mit gleich gestimmten, gleich empfindenden, gleich
denkenden Seelen zusammen waren, und dafs Sie von diesem Gesichtspunkte aus
sich für das Leben vorbereiteten, und zwar so vorbereiteten, dafs Sie auch nachher diesen inneren Zusammenhang bewahren konnten. Das wünsche ich Ihnen
für das neue Jahrhundert. Möge dasselbe wiederum ein einheitliches Volk mit
starkem Nationalgefühl vorfinden. (Lebhaftes Bravo.)

Anerbieten der Firma Brown & Polson.

Wir wollen nicht unterlassen die verehrten Leser unserer Zeitschrift auf ein Anerbieten der Firma Brown & Polson, Berlin C, hinzuweisen. Dasselbe besteht aus einer Schenkung von je 10 Kästchen Maispräparaten, welche die Herstellung des Mondamin veranschaulichen. Aufser diesen Kästchen, die verschiedene Maisarten wie auch etliche während der Herstellung sich entwickelnde Nebenprodukte, z. B. Eiweis, Holzfaserstoffe etc., des Mais enthalten, werden auch noch schöne Maiskolben sowie verschiedene Maiskolben-Durchschnitte geliefert. Als einzige Gegenleistung ist nur bedingt, dafs die Stiftung dem Schulinventarium gegen amtliche Empfangsbestätigung einverleibt und zweckentsprechend verwendet wird. Die Zusendung erfolgt kostenlos, unfrankiert Lehranstalt, durch die Firma Brown & Polson, Berlin C. Heilige Geiststr. 48.

Personalnachrichten.

Ernannt: an humanistischen Anstalten: Jak. Reissermayer, Gymnprof. am Maxgymn. in München zum Gymnasialrektor in Landshut; Dr. Gg. Ammon, Gymnl. am Wilhelmsgymn. in München zum Gymnprof. in Regensburg (A. Gymn.); Dr. Karl Hamp, Gymnl. am Luitpoldgymn. in München zum Gymnprof. in Aschaffenburg; Albert Fuchs, Gymn.-Assistent in Fürth zum Gymnl. in Kaiserslautern; Dr. Julius Dutoit, Gymn.-Assistent in Speier zum Gymnl. daselbst; Dr. Karl Franz Joetze, Gymn.-Assistent in Landau zum Studienlehrer in Lindau; Priester Alois Griesmayr, Religionslehrer am Progymn. Günzburg zum Direktor des Kgl. Erziehungsinstitutes für Studierende in München (mit dem Titel und Rang eines Gymnprof.); Joseph Metzner, Assistent am Realgymn. Würzburg (phil.-hist. Fächer) zum Gymnl. in Passau.

An Realanstalten: Militärbildungsanstalten: Dr. Michael Doeberl, Gymnl. am Ludwigsgymn. in München zum Gymnprof. für die philol.-hist. Fächer am Kgl. Kadettenkorps; Wilhelm Michél, Gymnl. für neuere Spr. am Kgl. Kadettenkorps zum Gymnprof. an der Kgl. Kriegsakademie. Realschulen: Dr. Ludwig Angerer, Reallehrer in Hof zum Rektor der Realschule Kronach; Nikol. Wührer, Assistent an der Kreisrealschule Passau zum Reallehrer in Kempten (Real.); Dr. Alfred Mulert, Assistent an der Kreisrealschule Bayreuth zum Reallehrer in Neu-Ulm (N. Spr.); Georg Gsundbrunn, Assistent an der Kreisrealschule Nürnberg zum Reallehrer in Weiden (Zeichnen); Hans Schrepfer, Lehrer an der Maschinenbauschule in Köln zum Professor für Maschinenkunde an der Kreisrealschule Würzburg; Andreas Weifs, Reallehrer in Speier zum Professor an der Kreisrealschule Passau (Real.); Joh. Mochs, Assistent an der Realschule Neustadt a. H. zum Reallehrer in Speier (Real.); Mich. Rohmer, Lehramtsverweser an der Realschule Neu-Ulm zum Reallehrer daselbst (Chemie u. Naturbeschr.); Gg. Bleisteiner, Assistent an der Realschule Rothenburg o. T. zum Lehramtsverweser in Hof (Real.); Leonhard Schöntag, Assistent an der techn. Hochschule in München zum Reallehrer in Freising (Math.); Franz Schuhwerk, Assistent an der Realschule Kaufbeuren zum Reallehrer daselbst (Zeichnen).

Versetzt: an humanistischen Anstalten (auf Ansuchen): Herm. Pfirsch, Gymnl. in Speier an das Wilhelmsgymn. in München; Dr. Heinr. Diel, Gymnprof. in Aschaffenburg an das Maxgymn. in München; Dr. Aug. Heisenberg, Studienlehrer in Lindau als Gymnl. an das Luitpolgymn. in München; Jakob Fries, Gymnl. in Kaiserslautern an das Ludwigsgymn. in München;

an Realanstalten: Franz Xaver Altinger, Rektor der Realschule Kronach als Rektor und Lehrer für Realien an die Realschule Weilheim.

Assistenten: an humanistischen Anstalten wurden als Assistenten beigegeben die gepr. Lehramtskandidaten Dr. Ernst Nusselt dem Gymn. Landau; Ludwig Derleth dem Gymn. Fürth; Joh. Felix Sander dem Theresiengymn. in München (Math.); Dr. Georg Lurz, Assistent am Maxgymn. in München wurde zur Aushilfe an das Gymn. in Hof berufen;

an Realanstalten; die gepr. Lehramtskandidaten Dr. Val. Gaymann dem Realgymn. in Würzburg für die philol.-histor. Fächer; Heinrich Bonhöffer der Realschule Lindau (Real.); Friedr. Schneider der Realschule Neustadt a. H.

(Real.); Wilh. P f ü n d l der Kreisrealschule Bayreuth; Joseph S t a d l e r der Kreisrealschule Passau (Real.); Frz. Xav. K e e s e n m a y e r der Kreisrealschule Nürnberg (Zeichnen).

In R u h e s t a n d v e r s e t z t: an humanistischen Anstalten: Max R o t t m a n n e r, Gymnasialrektor in Landshut für immer unter wohlgefälliger Anerkennung und unter Verleihung des Verdienstordens vom hl. Michael 4. Klasse;

an Realanstalten: Militärbildungsanstalten: Jos. S t e i n b e r g e r, Gymnprof. an der Kgl. Kriegsakademie, für immer; Dr. Frz. F r a n z i f s, Gymnprof. am Kgl. Kadettenkorps auf ein Jahr; Heinrich B a l l y, Prof. für Zeichnen an der Realschule Hof für immer unter wohlgefälliger Anerkennung; Albert W i m m e r, Reallehrer in Neu - Ulm für immer; Theodor L e i b b r a n d, Reallehrer auf ein Jahr; der im zeitl. Ruhestand befindliche Reallehrer an der Realschule Kulmbach, Max L i m m e r für immer.

E n t l a s s e n aus dem Staatsdienste auf Ansuchen: Dr. Karl V o l l, Reallehrer in Freising.

G e s t o r b e n: Hans N ä g e l s b a c h, Gymnprof. in Erlangen (Math.); Ferd. S c h ö n t a g, Gymnprof. a. D., zuletzt in Regensburg (A. G.).

Vereinsnachrichten.

Der gegenwärtige V e r e i n s a u s s c h u f s setzt sich (nach der Neuwahl auf der XX. Generalversammlung in Nürnberg) zusammen aus folgenden Herren: G.-Pr. Dr. Friedrich G e b h a r d (Wilhelmsg.), 1. Vorstand; G.-Pr. Eugen B r a n d (Ludwigsg.), Stellvertreter des Vorstandes; G.-L. Dr. Aug. S t a p f e r (Luitpoldg.), Kassier; G.-Pr. Dr. Joh. M e l b e r (Maxg.), Redakteur; ferner G.-Pr. Dr. Phil. O t t (Realg., N. Spr.); G.-L. Dr. Theodor P r e g e r (Maxgymn.); G.-Pr. Dr. Karl R ü c k (Ludwigsg.); G.-Pr. Korbinian S a c h s (Ludwigsg., Math.); G.-Pr. Dr. Jos. S c h e i b m a i e r (Maxgymn.); G.-L. Dr. Otto S c h w a b (Wilhelmsg.); G.-Pr. Jos. W e n z l (Ludwigsg., Math.).

Berichtigung zum Generalversammlungsbericht.

Auf S. 34 ist zu These I, 7 bemerkt, dafs die These von allen Anwesenden gegen eine Stimme (Rampf, Ludwigshafen) angenommen wurde. Dies beruht auf einem Irrtum. Die These I, 7 wurde vielmehr einstimmig angenommen. Dagegen wurde These I, 2 (Verminderung der Hausaufgaben in der 4. und 5. Klasse) mit allen gegen eine Stimme (Rampf, Ludwigshafen) angenommen, da Koll. Rampf für den erweiterten Antrag von Prof. Grols war. Hiernach ist auf S. 38 des Berichtes zu ändern.   Der Vorstand.

I. Abteilung.

Abhandlungen.

Aristoteles als Zoologe. [1]

Die zoologischen Schriften des Aristoteles enthalten den Versuch einer biologischen Übersicht des Tierreiches. Darum sind die angeführten Thatsachen, wenn sie auch infolge der beständigen Vergleiche und Gegenüberstellungen sich fast in erdrückender Menge häufen, doch nur als Belege der leitenden Hauptgrundsätze zu betrachten, so dafs man mit der vordringlichen Frage nach der Anzahl und besonders der genauen Einteilung der behandelten Tiere einen falschen Mafsstab der Beurteilung anlegen würde. Die Erörterungen über sein zoologisches System haben umfangreiche Abhandlungen gezeitigt, in welchen überschwenglichem Lobe die Behauptung gegenübersteht, dafs bei ihm überhaupt keines zu finden sei. Die Wahrheit liegt auch hier in der Mitte. Freilich, wenn er ein völlig klar ausgebildetes und nach allen Seiten hin genügend scharf abgegrenztes System an einer Stelle seiner Schriften, wie es etwa bei unseren Büchern am Anfange oder Ende geschieht, in deutlicher Übersicht von Klassen und Gruppen anführen würde, so könnte man wohl über dessen Richtigkeit, nicht aber über das Vorhandensein desselben streiten. Allein das hat er nirgends gethan, sondern wo Aristoteles von einer Einteilung der Tiere spricht, geschieht dies stets im Laufe seiner an thatsächlichen Behauptungen so reichen Schilderungen ganz gelegentlich und niemals in umfassender Weise, so dafs sich manche Zweifel und Lücken ergeben. Einmal sagt er unverhohlen, dafs bei dem Versuche, die Tiere in einzelne Klassen zu bringen, entweder die Namen fehlen oder auch die gefundenen Unterscheidungsmerkmale schliefslich nicht stichhalten. So seien die Vierfüfsler zwar alle Tiere mit rotem Blute, aber die einen brächten lebendige Junge zur Welt, die anderen legten Eier. Letztere hätten alle Schuppen, also gehörten die Schlangen zu ihnen, aber diese seien wiederum nicht vierfüfsig und eine Art, nämlich die Ottern, lege auch keine Eier, sondern gebäre lebende Junge.

Ein derartiges Ringen nach einer einwandfreien natürlichen Einteilung darf doch wohl als das Bekenntnis des Philosophen aufgefafst werden, dafs es ihm nach seinem eigenen Gefühle nicht gelungen ist, unter Überwindung der grofsen Schwierigkeiten ein in allen Teilen fertiges Tiersystem aufzustellen. Er hat diese Aufgabe auch als eine nebensächliche betrachtet und sich damit begnügt, die zu seiner Zeit wahrscheinlich auch schon volkstümlichen Hauptgruppen zugrunde zu

---

[1] Vortrag, geh. auf d. XX. Generalvers. des bayr. Gymnasiallehrervereines in Nürnberg.

legen. Diese sind zwar ebenfalls nirgends im Zusammenhang aufgestellt, treten aber in seinen Schriften, besonders in den Büchern
über die Zeugung und Entwickelung der Tiere, klar zu Tage. Aufserdem beschränkt er sich auf gelegentliche Andeutungen, wie man die
Tiere etwa noch weiter zweckmäfsig in Arten und Ordnungen ein-
teilen könne. Was er hierin selbständig geleistet hat, läfst sich bei
dem völligen Mangel schriftlicher Überlieferungen von der Hand der
älteren Naturphilosophen schwer entscheiden. Jedenfalls verrät es
aber kein unbefangenes Urteil, das System des Aristoteles über die
Mafsen bewundernswert zu erachten. Freilich das Verdienst, sich auch
auf diesem Gebiete mit Erfolg versucht, der Ruhm, hierin ebenfalls
Schule gemacht zu haben, kann dem Stagiriten nicht verweigert und
vor allem die Thatsache nicht bestritten werden, dafs sich die Haupt-
züge unseres zoologischen Systems bereits in seinen Werken vorfinden.
Denn die Aufstellung seiner beiden grofsen Klassen der blutführenden
und blutlosen Tiere entspricht unserer Einteilung in Wirbeltiere und
Wirbellose, hat aber wie diese nicht nur den Mangel, sich teilweise
auf das Nichtvorhandensein eines Merkmales zu stützen, sondern verliert auch an Schärfe durch das notwendige Zugeständnis, dafs auch
die sogenannten blutlosen Tiere eine dem Blute ähnliche, wenn auch
anders gefärbte Körperflüssigkeit besäfsen.

Zu den Blutführenden rechnet er die lebendig gebärenden, behaarten Vierfüfsler, welche unserer Säugetierklasse entsprechen, dann
die Vögel, ferner die vierfüfsigen oder fufslosen Lebendiggebärenden
oder Eierleger, unsere Reptilien und Amphibien, und schliefslich die
Fische. Bei den Blutlosen erkennt man die Gruppe der Kopffüfsler,
welche er Weichtiere nennt, die der Insekten, Spinnen und Würmer,
und dann noch, wie es scheint, in eine Klasse vereinigt, die Muscheln,
Schnecken und die niedrigen Meerestiere, wie die Seewalzen, Seescheiden, Anemonen, sodann, den Pflanzen sich nähernd, die Schwämme.

Etwas abseits stehen die Robben und Wale, deren wahre Natur
er sehr wohl kannte, wenn er sie bisweilen auch als Wassertiere mit
den Fischen zusammen nennt, dann der Straufs, der sich durch seine
teilweise haarartigen Federn und die behaarten Augenlider von den
Vögeln unterscheidet und den Vierfüfslern nähert, ferner der Affe,
welcher ihm als Vierhänder nicht recht zu den vierfüfsigen Tieren
pafst und daher als besondere Art vor denselben eingereiht wird.
Als Mittelform endlich ist er die Fledermaus zu betrachten geneigt,
deren Beschaffenheit er übrigens völlig richtig beschreibt.

Aristoteles hat sein zoologisches Wissen in der sogenannten Tiergeschichte niedergelegt, von welcher ein grofser Teil, nämlich das
siebte, neunte und zehnte Buch sicherlich nicht von seiner Hand herrührt, dann in den vier Büchern über die Teile der Tiere und den
fünf Büchern über die Zeugung und Entwickelung, welch letzteres
Werk wissenschaftlich gewifs am höchsten steht. Viele, besonders
physiologische Ausführungen finden sich auch in seiner Schrift über
die Seele, das Atmen, Schlafen und Wachen und einigen kleineren
mehr, während andere, wie die über den Gang und die Bewegung der

Tiere von geringerer Bedeutung sind. Ein Buch über die Anatomie mit Zeichnungen, auf welches er des öfteren verweist, ist leider verloren gegangen.

Um nun die Kenntnisse unseres Zoologen auf den einzelnen Gebieten in einer bestimmten Reihenfolge betrachten zu können, soll seine eigene Einteilung und Stufenordnung zugrunde gelegt werden. Auch für ihn ist natürlich das Maß aller Dinge der Mensch. Darum bezeichnet er auch als den geeignetsten Ausgangspunkt für die Schilderung der Lebewesen den menschlichen Körper, weil derselbe am bekanntesten sei. Allein diese Behauptung darf wohl eine Selbsttäuschung genannt werden; denn es ist deutlich ersichtlich, daß Aristoteles sich zwar den Anblick einzelner menschlicher Glieder und Knochen durch Zufall hat verschaffen können, ein vollständiges Skelett dagegen niemals gesehen hat. Besonders auf die Beschaffenheit der inneren Organe des Menschen muß nach seiner eigenen Aussage von denen der Tiere geschlossen werden; denn der Anschauung des Altertums, durch welche eine Sektion verpönt war, mußte eben auch Aristoteles Rechnung tragen.

Die Knochenmasse besteht nach seiner Darlegung aus den erdigen und kälteren Teilen der verarbeiteten und durch die Adern sickernden Nahrungsstoffe, welche durch die innere Wärme gleichsam wie Thon hartgebrannt sind. Bei dem völligen Mangel jener Zeit an chemischen Kenntnissen müssen nämlich philosophische Betrachtungen über die Zusammensetzung der Stoffe aus den vier Elementen, und entsprechend diesen, aus dem Trockenen und Nassen, dem Warmen und Kalten, aushelfen. Die einzelnen Teile des menschlichen Knochengerüstes werden in durchaus volkstümlicher Weise benannt und aufgezählt. Die verschiedenen Schädelknochen werden nicht unterschieden, dafür aber beim männlichen Schädel drei in einem Punkte zusammenlaufende Nähte, beim weiblichen aber nur eine kreisförmige angegeben. Die Beckenknochen waren ihm anscheinend nur mangelhaft bekannt, die Zahl der Rippen ist auf acht angegeben und die landläufige Behauptung, daß die Ligurier nur sieben hätten, unentschieden gelassen.

Die Gelenke und die zur Verhütung der Reibung mit einer Knorpelplatte umgebenen Gelenkköpfe sind zwar nicht eingehend aber doch richtig beschrieben, auch die Sehnen und ihre Verbindung mit den Knochen kennt er wohl, dagegen sagt er nichts davon, daß die Sehnen am andern Ende mit den Muskeln zusammenhängen. Fast unglaublich aber ist es, daß er von diesen, den Muskeln, und ihrer Thätigkeit gar nichts weiß. Und dennoch verhält es sich so; denn die gegenteilige Annahme ist unrichtig und beruht auf einer voreingenommenen Beurteilung und teilweise falschen Auffassung und Übersetzung seiner Worte. Aristoteles glaubt vielmehr, daß die Sehnen durch ihre Spannkraft die Knochen und damit das an ihnen haftende Fleisch bewegen, welchem nach seiner Anschauung gar keine eigene Leistung bei der Bewegung der Glieder zukommt. Ursprung und Ausgangsstelle der Sehnen aber verlegt er in das Herz und in diesem sei die bewegende Kraft die Seele.

Das nach seiner Meinung blutlose Gehirn hält er im Gegensatz zu anderen Naturphilosophen für völlig empfindungslos und deshalb nicht befähigt, bei der Thätigkeit der Sinne irgendwie mitzuwirken. Für ihn hat das Gehirn als der kälteste Teil des ganzen Körpers die Aufgabe, die im Herzen entstehende Wärme niederzuhalten und so die Temperatur des Körpers zu regeln. Enttäuschen wird auch seine Ansicht über das Rückenmark, welches trotz seines Zusammenhanges mit der Gehirnmasse vor allem wegen seiner Wärme dieser nicht ähnlich sein könne. Als zähes, sehniges Knochenmark erscheine es aber besonders geeignet, die einzelnen Wirbel zusammenzuhalten. .

Die Nerven und ihre Bedeutung kennt Aristoteles nicht. Die Sehnerven hat er allerdings beobachtet, aber ihre Bestimmung konnte er nicht ahnen, da ja das Gehirn nach seiner Annahme mit der Sinnesthätigkeit durchaus nichts zu thun hat. Er bezeichnet sie als Gänge, auf welchen während der Entstehung des Lebewesens die reinste Gehirnfeuchtigkeit zur Bildung der Augen abgeführt und diesen auch das ganze Leben hindurch die Kälte und Feuchtigkeit des Gehirnes mitgeteilt werde. Das Sehen sei nicht, wie Demokrit meine, ein Spiegeln der Gegenstände im Auge, sondern erfolge durch die Bewegung des wässerigen Augeninhaltes, die durch das Licht und die im Sehfelde liegenden Dinge veranlaßt werde. Zum Bewußtsein komme das Sehen erst durch die Energie der Seelenthätigkeit.

Das Innere des Ohres vergleicht der Stagirite . mit Schneckenwindungen. Das Trommelfell hat er gekannt, ebenso die Verbindung des Ohres mit der Rachenhöhle. Auch den Gehörnerv hat er wahrscheinlich gesehen, ohne ihm natürlich eine Mitwirkung beim Hören zuzuschreiben. Er denkt sich diesen Vorgang vielmehr also. Im Ohre ist Luft eingeschlossen. Auf diese trifft die durch den Schall, das ist das Zusammenschlagen zweier Körper, erfolgte Bewegung der äußeren Luft und bewirkt durch diese Erschütterung das Hören. Darum münde auch der Gehörgang in den leeren aber mit Luft gefüllten Raum des Hinterkopfes. Weil aber das Hören mit der Luft zusammenhänge, so ist er geneigt, den Ausgangspunkt dieses Sinnes in das Atmungsorgan zu verlegen. Auch die Gerüche nähmen ihren Weg durch die Vermittelung der Luft auf Gängen, mit denen wohl die Riechnerven gemeint sind, und zwar, wie er hier ausdrücklich sagt, in das Gehirn. Allein die Freude, den alten Forscher hiebei auf dem richtigen Wege zu sehen, wird getrübt durch seine Behauptung, daß diese Gänge in die vom Gehirn nach dem Herzen gehenden Adern endigen und der Geruchsinn, weil er mit der Luft zusammenhänge, wohl auch in der Nähe des Atmungsorganes seinen innersten Sitz habe.

Der Geschmack des Flüssigen ist an die Zunge gebunden, der des Festen entsteht erst beim Hinunterschlucken durch die Erweiterung der Speiseröhre. Das Gefühl wird durch das Fleisch, also nicht die Haut, vermittelt und hat wie der Geschmack seinen ersten Ursprung im Herzen.

Bei diesem vielgenannten Organ übersah Aristoteles die Scheidewand der Vorhöfe, so daß er meint, mehr als drei Höhlungen habe es bei keinem Geschöpfe. Seine Aufgabe besteht in der Bereitung des Blutes. Viele Sehnen im Inneren vollziehen seine Bewegung. Vor allem aber ist es, und nicht etwa das Gehirn, der Ausgangspunkt der Gefäße, über welche sich der Philosoph durch die Untersuchung abgemagerter und dann erstickter Tiere eine ausgedehnte und ziemlich richtige Kenntnis verschafft hat. Deutlich bezeichnet er, ohne natürlich Arterien und Venen zu unterscheiden, die Aorta und die Hohlvene, welch letztere er für besonders bedeutsam hält, und verfolgt ihre Verzweigung in die einzelnen Körperteile. Die beiden kräftigen Stämme haben nach seiner eigenartigen Auffassung auch den Nebenzweck, die vorderen und hinteren Teile des Körpers zusammenzuhalten. Obwohl er den Verlauf des Gefäßsystems der Hauptsache nach kennt, hat er von dem Kreislauf des Blutes, der erst am Anfange des siebzehnten Jahrhunderts entdeckt wurde, natürlich noch keine Ahnung. Seine Meinung ist, das Blut, welches durch die immer feiner werdenden Adern in alle Körperteile ströme, werde hier zu deren Bildung und Erhaltung aufgebraucht und lasse schließlich seine dünnen, wässerigen Bestandteile als Schweiß durch die Haut austreten. Immer wieder neues Blut erhält das Herz durch die Nahrungsstoffe, welche im Magen und den Gedärmen durch die natürliche Wärme gekocht, von den Gekröseadern aus in das Herz geleitet und hier vollends in Blut umgewandelt werden. Die bei ihrem Eintritt durch den erhöhten Wärmezustrom veranlaßte Ausdehnung des Herzens macht sich in dem Pulsschlage bemerkbar.

Aristoteles hatte also wohl ein Recht, das Herz die Akropolis des Körpers zu nennen. Denn für ihn ist es die Stätte der Blutbereitung und damit der Ursprung der Körperwärme, als Ausgangspunkt der Sehnen die erste Triebfeder der Bewegung, alsdann der innerste Sitz des Geschmackes, Gefühles und jeglicher Empfindung, schließlich überhaupt der Urquell, aus dem die Seele stets von neuem Kraft und Feuer schöpft.

Kehlkopf, Luftröhre, Bronchien und Lunge werden in großen Zügen leidlich beschrieben. Bemerkenswert sind seine Ansichten über die Atmungsthätigkeit, die er ganz richtig nicht allein in Luftholen bestehen läßt. Das Wesen derselben findet er in der Abkühlung. Diese erfolgt bei den warmblütigen Tieren, welche eine Eindämmung der sonst übergroßen Körperwärme besonders nötig haben, durch beständiges Einatmen von Luft mittels der Lunge, während bei den Wassertieren, mit Ausnahme der Robben, Wale und Delphine, die Abkühlung durch das Wasser besorgt wird, welches die hauptsächlich bei den Fischen wohlausgebildeten Kiemen umspült. Die niedrigen Landtiere bedürfen bei ihrer geringen Eigenwärme diese Abkühlung entweder gar nicht, oder es strömt, wie bei einzelnen Insekten, die äußere Luft durch eine besondere Öffnung in der Einschnürung zwischen Brust und Hinterleib hinein, soweit nicht schon die Bewegung der ihrem Körper an sich innewohnenden Luftmenge die nötige Kühlung gewährt. Die Lungenatmung vollzieht sich nun nach seiner Darstellung also. Die Ausdehnung des Herzens, welche, wie erwähnt,

durch das Einströmen des neugebildeten. Blutes herbeigeführt wird,
teilt sich durch die Adern der Lunge mit. Diese hebt sich und wird
mit Luft angefüllt, welche auch in das Herz gelangt und dort Kühlung
verbreitet. Mit derselben erfolgt ein Zusammensinken der beiden
Organe, wodurch die warme Luft aus der Lunge herausgepreſst und
ausgeatmet wird. Abgesehen nun von der Schwierigkeit, die warme
und kalte Luft in den mit Blut gefüllten Adern zwischen Herz und
Lunge hin und her gelangen zu lassen, wäre ja nach dieser Erklärung
ein willkürliches Ein- und Ausatmen nicht möglich. Vor allem aber
ist daran zu erinnern, daſs ja schon das Gehirn die einzige Aufgabe
hat, als Kühlapparat die Herzwärme zu mäſsigen.

Herz und Lunge werden von den andern Organen durch das
Zwerchfell getrennt, damit der Sitz der Empfindung und der Seele
nicht von dem Dunst und der Wärme beeinträchtigt werde, welche
durch die Verarbeitung der Nahrung unter demselben entstehe. Dennoch trübe das Zwerchfell das Denk- und Empfindungsvermögen,
wenn es zu viel Ausscheidungsflüssigkeit an sich gezogen habe.

Die Leber, welche er den blutreichsten Teil nach dem Herzen
nennt, haben alle blutführenden Tiere nötig zur Kochung des flüssigen
Nahrungssaftes. Die Galle hat nach seiner Anschauung keine bestimmte
Funktion, sondern ist eine Ausscheidung des unreinen Blutes der Leber.
Deshalb sei auch das Fehlen der Gallenblase, wie bei den Einhufern,
den Hirschen, dem Kameele und dem Delphin, ein Beweis von reinerem
Blute und bedinge ein längeres Leben. Für die Milz, deren Bedeutung
übrigens bis in die neueste Zeit herein nicht genau bekannt war,
welſs Aristoteles keine eigene Bestimmung anzugeben. Doch als Philosoph kommt er nicht in Verlegenheit. Da nämlich die meisten
Organe, wie Hirn, Herz, Lunge, Nieren, doppelt seien, so entspreche
die mehr links liegende Milz der Leber gewissermaſsen als der andere
Teil derselben und erscheine besonders bei denjenigen Tieren stark
ausgebildet, bei welchen jene einlappig sei. Daſs die Nieren die flüssigen Nahrungsstoffe durchseihen und das Unbrauchbare zur Ausscheidung bringen, hat er wohl erkannt. Dem fettreichen, warmen
Netze schreibt er die Aufgabe zu, die Wärme zu binden und somit
die Verdauung zu erleichtern.

Bedeutend ist der Stagirite als Embryologe. Auf diesem Gebiete
hat er ohne Zweifel die meisten selbständigen Forschungen angestellt,
so daſs die Schrift über die Zeugung und Entwickelung der Tiere,
wie schon gesagt, als seine weitaus hervorragendste Leistung auf dem
Gebiete der Zoologie bezeichnet werden darf. Seine Kenntnisse erscheinen teilweise auch heute noch höchst beachtenswert und manches
wissen wir nicht viel besser als er. Daſs viele Irrtümer mitunterlaufen, ist bei der Schwierigkeit der Materie ebenso begreiflich als
verzeihlich und kann das verdiente Lob nicht schmälern. Mit einigen
groben Strichen sei die Sache gezeichnet.

Da Aristoteles das Säugetierovulum mangels aller Hilfsmittel
nicht kennen konnte, so hielt er die Katamenien, die er mit den un-
befruchteten Vogeleiern vergleicht, für den Stoff, der weiblicherseits

zur Entstehung des Keimes geliefert werde. Das Sperma wirkt nicht als Stoff, sondern teilt nur eine bewegende Kraft mit, durch welche das Reinste und Beste der Katamenien sich verdichtet und zur Bildung des Embryo befähigt wird. Seine Wirkung wird verglichen mit der des Laabes, welches die Milch gerinnen läfst. Nach seiner irrtümlichen Meinung entsteht beim werdenden Geschöpfe zuerst das Herz, von welchem zwei Hauptgefäfse ausgehen und durch feinere Adern, die in dem Nabelstrang vereinigt sind, mit der Gebärmutter zum Zwecke der Nahrungsaufnahme zusammenhängen. Nach diesem entstünde das Gehirn mit den Augen, hierauf allmählich die übrigen Teile, und zwar die inneren und oberen früher als die äufseren und unteren.

Wie in unseren Tagen so bildete schon damals die Entstehung des Geschlechtes und die Vererbung eine vielerörterte Frage. Die Wissenschaft von heute ist hierin wohl kaum weiter als die des Aristoteles. Sobald, sagt er, das männliche Princip, dem die Zeugungsseele innewohnt, den Stoff mit seiner Wärme garzukochen vermag und ihn völlig überwältigt, wie ein kunstvoller Mann mit der Kraft seines Gedankens die Materie formt, so entsteht ein Knabe mit den Eigenschaften des Vaters, soferne letzterer nicht nur als Mann sondern auch als Individuum obsiegt. Hat nur sein Geschlecht die Oberhand, so wird der Knabe der Mutter ähnlich. Ist er nur als Individuum das stärkere Element, als Mann aber das schwächere, so gibt es ein dem Vater ähnliches Mädchen. Ebenso ist es bei der Mutter. Jetzt neigt man mehr zu der umgekehrten Anschauung, ohne sie jedoch besser begründen zu können als Aristoteles die seinige.

Da der menschliche Körper und seine Organe mit möglichster Genauigkeit beschrieben werden, konnte sich unser Naturforscher bei den blutführenden, lebendig gebärenden Tieren, unseren Säugetieren, in vielen Dingen kürzer fassen. Es werden etwa fünfzig Arten genannt, aber der Anlage seiner zoologischen Schriften entsprechend, nicht etwa einzeln unter Würdigung aller Eigenschaften besprochen, sondern bei der Darstellung der biologischen Verhältnisse und der eigentümlichen Körperteile angeführt und in mehr volkstümlicher Weise geschildert. Dabei begegnet ihm der auch heute noch so leicht begangene Fehler, dafs er an den Vorder- und Hinterbeinen den Unterschenkel für den Oberschenkel, sowie den Mittelhand- und Mittelfufsknochen für den Unterschenkel und darum die Ferse der Hinterbeine für ein umgekehrtes Kniegelenk hält. Nur der Elephant beuge auch die hinteren Beine so wie der Mensch. Als engere Einteilung ist die in Vielzehige, Ein- und Zweihufer angedeutet aber nicht etwa durchgeführt. Ausdrücklich bezeichnet er die Wale, Delphine und Robben als lebendig gebärende, säugende und Luft atmende Tiere. Von einem echten, in das Mittelmeer verirrten und gestrandeten Wale konnte er, wenn er ihn auch selbst nicht sah, recht gut Kunde erhalten haben. Die Anführung des Spritzloches und der Borsten, welche die Stelle von Zähnen vertreten, weisen deutlich auf einen solchen. Von den Delphinen lassen sich aus seiner Schilderung drei im Mittel-

meere vorkommende Arten mit Wahrscheinlichkeit erkennen, und mit
der öfter genannten Robbe ist die Mönchsrobbe gemeint.

Bei der Behandlung der Vögel ist eine zusammenhängende Beschreibung des Skelettes, welches doch von dem der anderen Tiere
wesentlich abweicht, nicht gegeben. Vom Schädel wird die kleine
Gestalt hervorgehoben. Der Hals ist deutlich ausgebildet und entspricht in der Regel der Beschaffenheit der Beine und zwar haben
die langbeinigen einen langen und die kurzbeinigen einen kurzen Hals,
die Schwimmvögel ausgenommen, welche zwar mit einem langen Halse,
aber mit kurzen zum Rudern geeigneten Beinen versehen sind. Die
Rippen in ihrer wechselnden Anzahl, das eigenartige Gabelbein, das
ohne weiteres in die Augen fallende Brustbein und der langgestreckte,
mit den Lenden- und Kreuzwirbeln verwachsene Beckenknochen,
schließlich der Endkörper der Wirbelsäule werden nicht erwähnt.
Ebenso finden die Flügelknochen keine gesonderte Beschreibung und die
Ähnlichkeit ihrer Teile mit dem Ober- und Unterarm sowie den
Fingern wird nicht hervorgehoben. Auch bei den Vögeln hält er den
Tarsus für den Unterschenkel; den wirklichen Oberschenkel nennt er
ein langes, bis in die Mitte des Bauches reichendes, einem Schenkel-
knochen sehr ähnliches Sitzbein, dessen Lage die Stellung der Beine
in den Gleichgewichtspunkt des Körpers ermögliche. Diese mangelhafte Schilderung erregt den Verdacht, daß Aristoteles ein zusammenhängendes, nacktes Vogelskelett nie vor Augen gehabt habe.

Für die mannigfaltige Form des Schnabels und seine Anpassung
an die verschiedenen Bedürfnisse werden gute Beispiele gegeben, aber
nicht von einzelnen Arten, sondern von ganzen Klassen. Ebenso wird
die Bedeutung der Zehen und Krallen in ihrer zweckmäßigen Bildung
gewürdigt. Seine spärlichen Angaben über die Federn und deren
Farben geben nur volkstümliche Anschauungen wieder. Die Vögel
haben keine Wimpern, da ihr Körper nicht mit Haaren, sondern mit
Federn bedeckt ist. Dafür können sie ihre Augen noch mit einem
aus dem inneren Winkel hervortretenden Häutchen schützen. Dieselben sind feucht und darum scharf, besonders bei Hochfliegenden,
weniger bei den auf dem Boden Lebenden, da diese die Schärfe des
Gesichtes nicht so sehr bedürfen. Ohrmuscheln haben die Vögel deshalb nicht, weil wegen der Härte ihrer Haut und wegen des Feder-
kleides kein Stoff zu deren Bildung vorhanden sei. Nicht unerwähnt
bleibt ihr weittragender Geruchsinn. Die hervorschnellbare Zunge der
spechtartigen Vögel hat er am Wendehals richtig beobachtet, ohne
jedoch über den Zweck dieser Einrichtung eine Vermutung aufzustellen. Den Kropf, den Drüsen- oder Vormagen hat er wohl gekannt,
nicht aber den sogenannten Nebenmagen, der sich bei einigen von
Fischen lebenden Vogelarten an der Übergangsstelle des Muskelmagens
in den Pförtner findet. Die Leber der Vögel zeige eine schöne, blut-
rote Farbe, weil dieselben sehr leicht atmen und besonders reines
Blut haben. Alle sind außerdem mit einer Gallenblase versehen.

Richtig ist seine Behauptung, daß die Vögel keinen Kehldeckel
haben. Der untere vor der Gabelung der Luftröhre liegende Kehlkopf

mit dem Singmuskelapparat konnte ihm allerdings leicht entgehen, eher waren bei genauerer Untersuchung die verschiedenen von der Lunge aus in die Oberarmknochen, in das Brustbein und unter die Haut verlaufenden Luftkanäle zu sehen, welche sonst bei keinem Tier vorhanden sind.

Über den Nestbau finden sich nur wenige gelegentliche Bemerkungen. Daß der Kuckuck seine Eier in fremde Nester legt, hat Aristoteles schon gewußt. Die Eibildung und Entwickelung des Jungen hat er, wie ein Naturforscher unserer Tage, an Hühnern und zwar, wie es scheint, ziemlich gründlich untersucht. Die zeitweise sehr kleinen Testikeln hat er wohl beachtet und auch den Eierstock im allgemeinen zutreffend beschrieben. Irrtümlich aber meint er, daß nicht nur der Dotter, sondern auch das Eiweiß am Eierstocke entstünde, und das völlig ausgebildete Ei sich von diesem ablöse, während in Wirklichkeit der losgetrennte Dotter erst im Eileiter mit den Eiweißschichten, welche sich aus eigenen Drüsen absondern, umgeben wird. Ferner hielt er die häutige Kapsel, in welcher der Dotter anfangs enthalten ist, schon für die an dieser Stelle natürlich noch weiche Schale. Den Stil dieser Dotterhülle verglich er mit einer Nabelschnur, durch welche das Ei ernährt werde, und wähnte, derselbe löse sich vom Eistocke mit ab und gebe das spitze Ende des Eies, während er sich in Wahrheit allmählich zurückbildet. Das Ei werde noch mit weicher Hülle gelegt, aber unmittelbar nach dem Austritt erhärte die Schale, indem nach Verdunstung der flüssigen Stoffe nur das Erdige zurückbleibe. Aus den längeren und spitzigeren Eiern entstünden Weibchen, aus den runderen und mehr abgeplatteten dagegen Männchen. Die Anzahl der Eier und Bruten wird von einigen Vogelarten richtig angegeben. Da Aristoteles die Keimscheibe als den Ausgangspunkt der Neubildung und die Bedeutung des weißen Dotters nicht kennt, läßt er das Junge aus dem Eiweiß entstehen, während er das Gelbe mit Recht als die Nahrung des Embryo ansieht. Die irrige Ansicht, daß das Herz der Anfang des neuen Lebens sei, findet sich auch hier. Am zehnten Tage würden die einzelnen Teile deutlich bemerkbar, Kopf und Augen seien noch unförmlich groß; am zwanzigsten Tage lasse das Tierchen leise Töne hören, bewege sich, wenn es geschüttelt werde, und sei bereits befiedert.

Über das Freilehen der Vögel sind seine Mitteilungen sehr spärlich. Obwohl ihm die Wanderzüge nicht unbekannt sind, wähnt er, daß viele Vögel, wie die Schwalben, Amseln, Drosseln, Stare, Nachtigallen, Turtel- und Ringeltauben, Störche und Weihen, in Schlupfwinkeln und Löchern verborgen, einen Winterschlaf halten und dabei ihr Federkleid teilweise völlig verlieren, Ansichten, welche sogar in zoologischen Schriften aus der zweiten Hälfte des siebzehnten Jahrhunderts in noch merkwürdigerer Form als von Aristoteles aufgetischt werden.

Das unechte neunte Buch der Tiergeschichte nicht mitgerechnet, werden etwas über hundert Vögel von unserem Naturforscher genannt.

Mit dem Namen „Eierlegende Vierfüsler" bezeichnet Aristoteles unsere Reptilien und Amphibien. Er heifst sie auch mit Schuppentäfelchen bedeckte Tiere, was freilich nicht auf die Frösche pafst. Auch die Schlangen, welchen die Füfse mangeln und von denen einzelne lebende Junge hervorbringen, bespricht er mit dieser Klasse und läfst sie, wie es scheint, nur deshalb eine besondere Gruppe bilden, weil ihm für diese Tiergattungen, deren Zusammengehörigkeit er fühlte, ein umfassender Name fehlte. Über die Körperbeschaffenheit derselben wird nur kurz gesprochen. Von den Eidechsenartigen sagt er, dafs sie die etwas nach auswärts gestellten Beine alle nach vorne beugten, nicht die hinteren nach hinten, wie dies nach seinem erwähnten Irrtum die lebendig gebärenden Vierfüfsler und die Vögel thäten. Sie haben spitze Zähne, eine ausgebildete Zunge, Öffnungen für den Gehörgang und einen langen Schwanz. Nieren und die Harnblase sollen ihnen fehlen. Ganz richtig bemerkt er, dafs die Geschlechtsorgane denen der Vögel zu vergleichen seien, auch die Entwickelung der Eier vollziehe sich ebenso, nur brauchten sie nicht mehr bebrütet werden. Eine ausnahmsweise ausführliche und meist ganz richtige Schilderung gibt er von dem Chamäleon, das den Wechsel der Färbung nach seiner Ansicht durch Aufblähen herbeiführen kann. Fände sich bei mehr Tieren eine so eingehende Beschreibung, so würde sich die schwierige und oft unmögliche Bestimmung derselben leichter gestalten.

Von dem Nilkrokodil, das er mehr alleinstehend behandelt, teilt er uns mit, dafs es ein den Eidechsen ähnliches, mit Schuppen bedecktes, blutführendes Tier sei, welches nicht den Unter-, sondern den Oberkiefer bewege, eine an jenen angewachsene Zunge habe, siebzehn Ellen lang werde, viele Eier so grofs wie ein Gänseei lege und diese sechzig Tage lang bebrüte.

Die Schildkröten sind besonders durch die schalenartige Bedeckung ihres Körpers bemerkenswert. Einige von ihnen haben Nieren und eine Harnblase, andere nicht. Sie legen ihre hartschaligen, zweifarbigen Eier in den Sand, scharren sie zu, bebrüten sie, oder kommen nach dreifsig Tagen wieder, um die Schalen zu öffnen, und die Jungen sogleich ins Wasser zu führen. Er nennt drei in seinen Heimatsgegenden vorkommende Arten.

Die Schlangen, sagt er ferner, gleichen fast in jeder Hinsicht den Sauriern und sind wie diese mit Schildschuppen bedeckt. Es fehlten ihnen jedoch die Testikeln, an deren Stelle sie zwei zusammenlaufende Gänge hätten. Alle Eingeweide seien infolge ihrer Körpergestalt dünn und langgestreckt. Sie haben eine kleine runde Milz und eine Gallenblase wie die Fische. Die Zunge ist lang und dünn, die gespaltene Spitze am Ende haarfein. Rippen hätten sie soviel wie der Monat Tage, was freilich viel zu niedrig gegriffen ist. Von ihrem Gebifs hören wir nur, dafs sie mit Reifszähnen versehen sind, über die Giftzähne und ihre Beschaffenheit wird nichts bemerkt. Mit Recht erwähnt er, dafs die Schlangeneier aneinandergereiht seien und einer Frauenhalskette glichen, aber dafs sie bebrütet werden, ist nicht richtig. Dagegen entsprechen seine Angaben über die lebendig gebärende Viper der Wirklichkeit. Auch die fußlosen Echsen rechnet Aristoteles zu den Schlangen, von denen er etwa sechs nicht sicher zu bestimmende Arten anführt.

Bei den Fröschen bespricht er nur die Beschaffenheit der Zunge, welche an der Spitze angewachsen und hinten frei ist, und betont, daß die gelegten Eier zusammenhängen. Die Verwandlung der Lurche erwähnt er nicht, doch darf man annehmen, daß sie ihm nicht ganz unbekannt war. Im ganzen nennt er etwa siebzehn Arten unserer Reptilien und Amphibien.

Reiche Kenntnisse zeigt unser Zoologe von den Fischen, die bei den Griechen einen hervorragenden Teil der Nahrung bildeten und schon darum in vielen Arten bekannt waren. Auch konnte er sich über diese Tiergattung bei den zahlreichen Fischern des Landes ein reiches Ergebnis unmittelbarer Beobachtungen erholen, wenn die eigenen nicht ausreichten. Die von ihm vorgenommene Einteilung ist von der heutigen Wissenschaft beibehalten. Er unterscheidet nämlich die Fische mit knorpeligem Skelett, die Selachier, welche er als die höherstehenden zu betrachten scheint, und die mit festem Knochengerüste, welche er mangels eines bestimmten Namens Nichtselachier nennt. Der Körper der Fische besteht nach seiner Darlegung aus Kopf, Rumpf und Schwanz; die fehlenden Gliedmaßen werden durch die Flossen ersetzt, welche in wechselnder Zahl erscheinen, teilweise auch völlig mangeln. Die Kiemen liegen bei den Selachiern offen, bei den andern sind sie mit einem Deckel versehen. Die langgestreckten Fische haben dieselben höher an den Seiten, die rundlicheren mehr unten, dem Bauche zugewendet, und zwar ein, drei oder fünf Kiemenpaare; beim Schwertfisch, dessen eigenartigen Kiemenbau er wohl beachtet zu haben scheint, zählt er zutreffend acht Kiemen auf jeder Seite. In ihrem weiten Maule haben sie meist spitzige Zähne und eine harte, knorpelige, wenig bewegliche Zunge. Die Augen sind ohne Lider und für Gehör und Geruch, welche Sinne sie erfahrungsgemäß besitzen, sind keine Gänge zu entdecken. Die Speiseröhre fehlt den meisten Fischen; der Magen ist darmähnlich, die Gedärme zeigen einfache Windungen und oft zahlreiche Anhängsel, mit denen die Blinddärme gemeint sind. Leber, Milz und Galle finden sich vor, doch Nieren und Harnblase spricht er ihnen ab. Testikeln haben sie nach seiner Aussage keine, dafür zwei in der Nähe der Wirbelsäule gelegene Gänge, die Weibchen zwei langgestreckte, häutige, zur Laichzeit mit einer Menge sandähnlicher Eier gefüllte Ovarien.

Sehr beachtenswert sind seine Befunde über die Entwickelung der Fische. Die Eier der Nichtselachier nennt er unvollkommene, weil sie erst außerhalb des Körpers befruchtet werden. Sie entwickeln sich vermöge ihrer inneren Wärme im ganzen wie die Vogeleier, aber sie haben nur den zum Dotter führenden Nabelstrang, während ihnen der zum Chorion gehende fehlt. Da mit letzterem der Stil der Allantois gemeint ist, so sehen wir, daß Aristoteles das Nichtvorhandensein derselben bei den Fischen beachtet zu haben scheint. Die Selachier aber, betont er, erzeugen in sich ein vollkommenes Ei und bringen

lebende Junge zur Welt.   Daneben kannte er aber auch die Eier der
Rochen und Hundshaie.   Die Behauptung, dafs bei dem glatten Ei
der Embryo durch eine Art von Nabelstrang an der Gebärmutter
hängt und so ernährt wird, schien den neueren Naturforschern höchst
unglaubhaft, bis Johannes Müller durch seine eingehende Abhandlung
hierüber die Ehre des Stagiriten rettete und den Nachweis lieferte,
dafs seine Schriften damit eine wissenschaftliche Thatsache enthalten,
die in unserem Jahrhunderte erst wieder neu gefunden werden mufste.
Einen scharfen Gegensatz zu diesem wissenschaftlichen Erfolge bildet
die Annahme, dafs die Aale, bei denen er weder Samengänge noch
Eibehälter entdecken konnte, von selbst im Schlamme entstünden.
Allein wir werden ihm dies nicht übelnehmen, wenn wir bedenken,
dafs man noch vor wenigen Jahrzehnten gar nicht wufste, was man
von der Fortpflanzung der Aale halten sollte.   Jetzt hat man zwar
nachgewiesen, dafs dieselbe wie bei den andern Fischen erfolgt, einzelne Erscheinungen jedoch, wie die unaufhaltsame Wanderung von
dichten Scharen kleiner Aale aus dem Meere in die Flüsse, werden
noch nicht in übereinstimmender Weise erklärt.   Auch für zwei weitere
Fische nimmt er spontane Entstehung an.   Es sind dies wahrscheinlich die bis in die neueste Zeit hinein für Zwitter gehaltenen Barsch-
arten.   Im ganzen nennt Aristoteles etwa hundert Fische.

Die andere grofse Klasse ist die der Blutlosen, das heifst der-
jenigen Tiere, welche an Stelle des roten Blutes, das er allein als
Blut gelten läfst, eine diesem entsprechende Körperflüssigkeit besitzen.
Es sind dies unsere Wirbellosen.

Zu diesen gehören als eine deutlich umgrenzte Gruppe zunächst
die Weichtiere, unter denen die Kopffüfsler zu verstehen sind.   Er
trennt sie in solche mit grofsem Leibe, kurzen Beinen und zwei langen
Fangarmen, unsere Tintenfische, und in solche mit kleinem Leibe und
langen Beinen ohne Fangarme.   Von den letzteren leben die einen in
Schalen, die anderen ohne Bedeckung.   Diese Kopffüfsler, welche von
den Weichtieren im Meere die höchststehenden sind, hat unser Naturforscher genau gekannt.   Den Kopf haben sie, führt er aus, zwischen
den mit zweireihigen Saugnäpfen versehenen Füfsen und dem Leibe.
Der in der Mitte des Kopfes befindliche Mund zeigt zwei Zähne und
einen fleischigen Teil, der als Zunge dient.   An den Seiten sitzen
zwei grofse Augen.   Mit dem zwischen denselben liegenden Knorpel,
der ein kleines Gehirn einschliefse, meint er die vier Nervenganglien-
paare, welche wie von einer Schädelkapsel geschützt sind.   Dann beschreibt er ziemlich anschaulich Speiseröhre, Magen und Darm, nennt
neben der Leber, die er Mytis heifst, vor allem noch den Tintenbeutel
und dessen Bedeutung als Schutzmittel, führt den Trichter an und
schildert den Mantel und den Rückenknorpel.   Auch die Kiemen deutet
er an.   Die Merkmale der Geschlechter, deren Verschiedenheit er besonders betont, sind nicht ganz undeutlich bezeichnet; leicht zu entdecken war auch die zusammenhängende Eiermasse.   Höchst bemerkenswert aber ist die nach seiner Angabe von Fischern erhaltene
Mitteilung, dafs die Sepien einen Fangarm zur Paarung verwenden

Diese Behauptung erschien lange höchst rätselhaft. Jetzt weifs man, dafs die wurmförmig gestalteten Spermatophoren in einen blasenartig umgebildeten Arm des Männchens gelangen, der sich dann sogar loslöst und eine Zeit lang in der Mantelhöhle des Weibchens fortlebt. Von dieser merkwürdigen, noch nicht lange wissenschaftlich nachgewiesenen Thatsache findet sich also bei Aristoteles schon eine teilweise Andeutung, die sich allerdings nicht auf eigene Anschauung gründete. Ebenso erkennen wir aus der Art, wie er die Entwickelung der jungen Sepien schildert, dafs es ihm nicht entgangen ist, dafs der Embryo mit seinem Kopfe, und zwar am Munde zwischen den Armen, an einem Dottersack hängt, welcher bei fortschreitender Bildung verschwindet. Es sind etwa zehn, meist bestimmbare Kopffüfsler genannt, eine verhältnismäfsig hohe Zahl.

Nach diesen kommt eine weitere Gruppe von Tieren, welche aufsen eine weiche, schalenartige Masse anstatt der Haut haben und innen das Fleisch. Gemeint sind unsere Krustentiere. Aristoteles führt fünf Arten an, in denen man die Langusten, die hummerartigen Krebse, die Garneelen, die Krabben und die Einsiedlerkrebse erkennen kann. Er schildert kurz die leicht in die Augen fallenden Körperteile derselben, den Brustring, den Schwanz mit den Flossen, die Fühlhörner, die hartanzufühlenden, beweglichen Augen, die Scheeren und die Beine. Auf eine nähere Beschreibung der sehr verwickelt gebauten Mundteile läfst er sich nicht ein. Die inneren Teile erfahren nur eine kurze, nicht in allen Punkten richtige Erwähnung, wobei jedoch die Magenzähne der Langusten nicht ungenannt bleiben und auch der Geschlechtsunterschiede gedacht wird. Als Nahrung sind neben Fleisch auch Schlamm, Tang und Koth bezeichnet, sowie Steine, mit denen er ohne Zweifel die im Magen gefundenen sogenannten Krebsaugen meint. Es sind etwa achtzehn Vertreter der Klasse der Weichschaligen angeführt.

Niedriger stehend als die bisher genannten blutlosen Tiere erschienen unserem Zoologen die Insekten, zu denen er auch die Tausendfüfsler, die Spinnen, die Milben, sowie die kleinen Schmarotzerkrebse und die Würmer rechnet. Denn da die Betrachtung und Erforschung gerade dieser Tiergattung wegen der oft winzigen Objekte für die damalige Zeit bei dem Mangel aller Hilfsmittel besonders schwierig war, so konnte Aristoteles in den vielfach wunderbaren Körperbau und die ungemeine Mannigfaltigkeit der Insekten keinen Einblick gewinnen. Weil er ferner viele niedrigere Geschöpfe dazu zählte, so ist es begreiflich, dafs er sie nicht nur den Krustentieren nachsetzte, sondern auch über ihr Rangverhältnis zu den Schaltieren keine rechte Klarheit gewinnen konnte. Alle Insekten, sagt er, haben einen Kopf, ein Mittelstück, welches der Brust und dem Rücken der anderen Tiere entspricht, und den Leib. Zwei oder vier Flügel, die bei einigen von Decken geschützt sind, dienen zur Fortbewegung in der Luft. Fast alle haben mehr als vier Beine. Sie besitzen einen zungenartigen Teil, mit dem viele auch verwunden können; fehlt dieser, so sind Zähne, wie er es nennt, vorhanden. Manche Insekten

sind mit einem Stachel ausgerüstet, aber nie hat eines mit nur zwei
Flügeln diese Waffe. Aufser den harten Augen sind keine Sinnes-
werkzeuge bemerkbar. Bei einigen sieht man vor den Augen Fühlhörner angebracht. Im Inneren des Körpers findet sich unmittelbar
hinter der Mundöffnung ein gerader oder mit wenigen Windungen
verlaufender Darm; vielfach läfst sich auch ein Magen unterscheiden,
aber sonstige Eingeweide oder Fett haben die Insekten nicht. Ihr
Körper ist weder durch Gräten oder Knochen gestützt, noch von einer
Schale umgeben, sondern durch seine eigene Hülle hinreichend ge-
schirmt, die zwar weicher als eine Schale aber doch härter als Fleisch
ist. Zur Atmung genügt bei diesen an sich kalten Tieren nach seiner
schon erwähnten Ansicht die geringe Abkühlung, welche durch die
Bewegung der im Körper selbst eingeschlossenen Luft erzeugt wird.
Wärmere und darum auch länger lebende Insekten hätten in dem
Einschnitt zwischen Brust und Hinterleib eine von einem zarten Häut-
chen bedeckte Öffnung, welche durch den Eintritt der Luft die Abkühlung erleichtere. Dieses Häutchen, welches den Singapparat der
Cicaden bildet, hält er auch in verzeihlicher Verallgemeinerung für
das stimmbildende Organ aller summenden Insekten, indem durch die
innere Luft eine vibrierende Bewegung desselben verursacht werde.
Der Wirklichkeit sehr nahe kommt er, wenn er die Heuschrecken ihr
Zirpen durch die Reibung der Sprungbeine hervorbringen läfst.
Während Aristoteles über die Fortpflanzung der meisten Tiere höchst
beachtenswerte Kenntnisse zeigt, ist sein Wissen hierin bei den Insekten
sehr mangelhaft. Er hat das Insektenei, das wegen seiner winzigen
Gröfse freilich oft kaum oder überhaupt nicht gesehen werden kann,
in seiner Bedeutung völlig verkannt. Deshalb behauptet er, alle Insekten brächten Würmer hervor. Diese verwandeln sich in ein mit
harter Schale umhülltes Ding, das keine Nahrung zu sich nimmt und
sich nur infolge von Berührung bewegt. Aus diesem entstehe dann
wie aus einem Ei das ausgebildete Tier. Wo er die wirklichen Eier
gesehen hat, wie bei Schmetterlingen, nennt er sie harte Körperchen,
die dem Distelsamen ähnlich seien und innen Saft enthielten, warnt
aber, mit philosophischer Beharrlichkeit auf seine Meinung fufsend,
ausdrücklich davor, sie wegen ihrer Gestalt etwa für Eier zu halten.
Sie seien nur eine niedrigere Form des Wurmes. Viele Insekten, und
zwar begreiflicherweise vor allem die kleinen, oft plötzlich in überraschender Menge auftretenden, läfst er durch Urzeugung aus erdigen
und fauligen Stoffen unter Einwirkung der befruchtenden Wärme entstehen. So bilden sich nach seiner Darstellung manche aus dem Tau,
im Schlamm oder Mist, im Holz, an den Haaren oder im Fleische
der Tiere, andere auch aus altem Käse. Aus diesem Irrtum werden
wir unserem Zoologen keinen Vorwurf bereiten, wenn wir bedenken,
dafs noch vor wenigen Jahrzehnten die spontane Entstehung vor der
Wissenschaft Gnade fand und für manche Tierchen noch heute bisweilen volkstümliche Anschauung ist.

    Wie sich die Dinge bei den Bienen verhalten, darüber können
nach seiner Aussage nur Vermutungen geäufsert werden. Dafs die

Arbeitsbienen Weibchen und die Drohnen Männchen seien, dünkt ihm unwahrscheinlich, da die Natur keinem Weibchen eine zur Wehr dienende Waffe verleihe, während das Männchen keine habe; umgekehrt könnten auch die Arbeitsbienen keine Männchen sein, da sich kein Männchen so eifrig um die Brut bekümmere wie es diese thun. Nach eingehender Erörterung der verschiedenen Möglichkeiten kommt er zu dem Schlusse, daſs die Weisel einmal wieder Weisel, das heiſst, die Würmchen, aus denen sie entstehen, hervorbringen, dann aber auch die Bienen. Diese erzeugen die Drohnen, bei welchen jedoch die Fortpflanzung aufhört. Für alle drei Arten nimmt er ungeschlechtliche Vermehrung an, während jetzt, freilich auch noch nicht gar lange, nachgewiesen ist, daſs die von einer Drohne einmal befruchtete Königin drei bis fünf Jahre lang eine Menge Eier legen kann, und zwar infolge einer höchst wunderbaren Einrichtung nach Belieben unbefruchtete, aus denen Drohnen, oder befruchtete, aus denen bei reichlicher Fütterung ein vollkommenes Weibchen, nämlich die Königin, bei geringerer Ernährung aber die geschlechtslosen Arbeitsbienen entstehen.

Aristoteles nennt unter gelegentlicher Anführung von volkstümlichen Artunterschieden an sechzig Insekten, eine verhältnismäſsig sehr niedrige Zahl.

Als die letzte Gruppe der Blutlosen dürfen die Schaltiere bezeichnet werden, bei denen er die gewundenen, also die Schnecken, die einschaligen und zweischaligen, sowie die Seeigel unterscheidet. Die Beschreibung der körperlichen Beschaffenheit ist bei den Schnecken und den Seeigeln ziemlich ausführlich und vielfach zutreffend, weniger bei den Muscheltieren, denen er auch irrtümlich einen Kopf zuteilt. Allein noch niedrigere Tiere als diese hat der Stagirite in den Bereich seiner Besprechung gezogen und hiebei den echt wissenschaftlichen Grundsatz aufgestellt, daſs es durchaus unwürdig sei, die gründliche Betrachtung der geringer geachteten Tiere in alberner Weise zu verschmähen; denn überall zeige die Natur Bewundernswertes. Aus seinen Andeutungen erkennen wir mehr oder minder bestimmt die Seewalzen und Seescheiden, die Seesterne, die Seeanemonen und die Schwämme, Geschöpfe, von denen er sagt, daſs sie, mit den Tieren verglichen, Pflanzen, und mit Pflanzen verglichen, Tieren ähnlich seien. Ohne einen zusammenfassenden Namen für sie zu haben, scheint er sie alle noch den Schaltieren beizuzählen. Auf falschem Wege sehen wir ihn mit der Behauptung, daſs alle, auch die Schnecken und Muscheltiere durch Urzeugung entstehen, zu welcher im Meere, das soviele körperhafte Stoffe enthalte, besonders günstige Bedingungen gegeben seien. An sich mit Berechtigung, aber in der Anwendung falsch, spricht er auch von Sprossenbildung. Daſs manche, wie die Seeschnecken, Keime hervorbringen, aus denen sich neue Tierchen entwickeln können, gibt er zu, aber auch bei diesen hält er die spontane Entstehung für häufiger und wichtiger. Von dieser Anschauung läſst er sich auch durch die an Schnecken beobachtete Paarung nicht abbringen, vielmehr bezeichnet er dieselbe in ihrer Wirkung auf die Erzeugung von Nachkommenschaft als höchst zweifelhaft, und die in

Muscheltieren gefundenen Eier haben für ihn nur die nämliche Bedeutung wie bei den höheren Tieren das Fett. —
Nachdem nun durch die bisherigen Ausführungen die zoologischen Kenntnisse des Philosophen auf den einzelnen Gebieten kurz beleuchtet werden sollten, erübrigt noch der Versuch, zur Vervollständigung des Eindruckes das Gesamtbild seiner Zoologie mit einigen Strichen zu zeichnen.
Der Plan und die Aufgabe eines Zoologiebuches unserer Tage, alle nur einigermafsen bekannten Tiere in übersichtlicher Einteilung und systematischer Stufenreihe unter eingehender Schilderung ihrer Gestalt und Lebensweise vorzuführen, lag ihm ferne. Durchdrungen von der Einheit der Natur und der harmonischen Zweckmäfsigkeit des Weltalls fafst er vielmehr die ganze Lebewelt als Gesamtorganismus ins Auge. Sein gewaltiger Geist stand über dem Stoffe und vermochte sich auf eine damals wohl von wenigen erklommene Höhe emporzuringen, von welcher aus er alle Geschöpfe, von den Pflanzen und den niedrigen Seetieren bis zum Menschen, in ununterbrochener Reihe nicht grundsätzlich, sondern nur stufenweise sich unterscheiden sah. Und so besteht seine Zoologie in dem Versuche, den inneren Zusammenhang der belebten Welt auf grund der anatomischen und biologischen Verhältnisse nachzuweisen. Darin beruht sein Hauptverdienst. Während er hiebei die heute noch vorhandene Schwierigkeit, die Tierwelt nach unten abzugrenzen und von dem Pflanzenreiche zu trennen, schon lebhaft empfand, erschien natürlich auch ihm der Mensch als Endziel und Krone der Schöpfung, da ihn neben den in Ernährung, Empfindung und Ortsbewegung bestehenden Lebensäufserungen die Fähigkeit des Denkens und der Sprache weit über die Tiere erhebt. Bei der Absicht des Stagiriten, als einen wichtigen Teil seiner Gesamtdarstellung des ganzen damaligen Wissens, auch von der Zoologie in dieser Form ein abgeschlossenes Gebäude zu errichten, tritt die Aufzählung und Würdigung der einzelnen Tierarten und ihrer Vertreter natürlich mehr in den Hintergrund, so dafs es uns nicht allzusehr zu wundern braucht, wenn kaum ein paar Tiere nach Gröfse und Gestalt, Farbe und Aussehen, innerer und äufserer Beschaffenheit, Lebensweise und Eigenschaften von Anfang bis zum Ende im Zusammenhang beschrieben sind. Denn begreiflicherweise wählt er zur Darlegung und Erklärung der biologischen Erscheinungen am liebsten gerade bekannte Tiere, deren nähere Schilderung überflüssig war und von denen oft der Name allein die nötige Vorstellung erweckte. Freilich durfte hiebei auch die Erwähnung der wichtigsten Arten nicht unterbleiben. Da aber seine Schriften an keiner Stelle den Eindruck hervorrufen, als wollte er wie ein Forscher, dem neues Material zu Gebote steht, durch die Beschreibung eines der griechischen Welt bisher unbekannten und von ihm zum ersten Male genannten Tieres die Wissenschaft bereichern, so liegt auf der Hand, was von der Erzählung des Plinius zu halten ist, laut welcher dem Aristoteles auf Wunsch seines königlichen Schülers ein Heer von Fischern und Jägern aus dem weiten Gebiete der macedonischen Weltmonarchie reiche zoologische Ausbeute zur Verfügung stellte.

Auch als Zoologe verleugnet der Stagirite den Philosophen nicht. Darin liegt zugleich seine Stärke und Schwäche. Seine durchaus teleologische Weltanschauung, verbunden mit genialem Scharfsinn, fördert in der Betrachtung des Tierreiches gar manches Treffliche zu Tage, soferne er seinem Grundsatze, daſs man den Beobachtungen mehr trauen müsse als der Theorie und dieser erst, wenn sie mit den thatsächlichen Erscheinungen übereinstimme, treu bleibt. Allein er thut dies nicht immer; denn bisweilen fällt der Forschersinn dem philosophischen Selbstbewuſstsein zum Opfer, das nicht nur eine klaffende Lücke der Erkenntnis unbedenklich auszufüllen bereit ist, sondern einen theoretischen Gedankenbau sich auch durch eine sachliche Wahrnehmung nicht ohne weiteres zerstören läſst. Das Gebiet seines erfolgreichsten selbständigen Schaffens war eben auch die Philosophie, so daſs wir verwundert fragen, ob denn ein kurzes Menschenleben auſser solchen hervorragenden Leistungen auch noch alle anderen Wissenszweige völlig zu umfassen imstande sein konnte. Es wäre dies in der That unglaublich, falls wir annehmen müſsten, daſs er, wenn auch nicht das ganze, so doch einen groſsen Teil seines zoologischen Wissens durch eigene Arbeit und Forschung neu gewonnen hätte. Allein dies ist nicht der Fall. Er war vielmehr in der Lage, sich umfangreiche Vorarbeiten zu nutze zu machen. So ist es zweifellos, daſs er die anatomischen Kenntnisse gröſstenteils der hippokratischen Schule entnehmen konnte, und auch sonst gab es schon zahlreiche Schriften von Naturphilosophen, deren Inhalt ihm genau bekannt war. Daſs aber ein Mann von solchem Geiste nichts unbesehen und ungeprüft hinnahm, bedarf wohl kaum der Erwähnung. Vielfach zeigt sich auch deutlich die glänzende Überlegenheit über seine Vorgänger. Aber nicht immer bedeuten seine Aufstellungen den früheren Behauptungen gegenüber einen Fortschritt. So tadelt er beispielsweise Demokrit, weil dieser vermutet, daſs durch das Atmen gewisse Luftteilchen in den Körper gelangen, welche zur Lebenswärme beitragen: denn die eingeatmete Luft sei ja immer kälter. Ferner wendet er sich gegen dessen Annahme, das Sehen entstehe durch ein Spiegelbildchen im Auge, weil ja dann auch ein Spiegel sehen müsse. Oder er weist Diogenes und Anaxagoras zurück, welche meinen, daſs die Fische mit den Kiemen Luft aus dem Wasser aufnähmen, und bekämpft mit Eifer die Ansicht derjenigen, welche glauben, das selbst empfindungslose Hirn vermittle die Sinnesthätigkeit.

Verdient denn also Aristoteles die Bezeichnung „Vater der Zoologie"? Diese Frage ist unbedenklich zu bejahen und niemand kann unserem Philosophen, dem „Meister des Wissens", diesen Ruhm streitig machen; denn er ist der erste, der eine umfassende Zoologie geschrieben hat, aufgebaut auf einer für seine Zeit ebenso bewundernswerten als an sich richtigen Grundlage und gestützt durch eine so reiche Fülle von Thatsachen, daſs die folgenden zwei Jahrtausende kaum etwas Gleichwertiges aufzuweisen haben.

Speier. _____ Hammerschmidt.

Zu Properz, Ovid und Statius.

Die Jahre 1897 und 1898 haben uns neue Kommentare zu den
Elegien des Properz, den Amores des Ovid und den Silven des Statius
und die abermalige Neubearbeitung der 2. Hälfte eines bewährten Kommentars zu Ovids Metamorphosen gebracht. Max Rothsteins zwei-
bändige Properzerklärung und Friedrich Vollmers einen Band
von über 600 Seiten bildende Ausgabe der Silven des Statius dienen
ausschliefslich wissenschaftlichen Zwecken, Korn-Ehwalds Kommentar zu Ovids Metamorphosen Buch VIII—XV kommt den Bedürfnissen der Schule und der Gelehrten in gleichem Mafse entgegen,
Ph. Martinons elegante Ausgabe der ovidischen Amores ist wie sein
in diesen Blättern XXXII (1896) 599 besprochener Tibull ‚un ouvrage
de vulgarisation‘. —

I.

Rothstein[1]) hat die Textkritik äufserlich von der Erklärung
geschieden und in einem kritischen Anhang (Bd. II S. 326—384) die
sämtlichen Abweichungen von Haupt-Vahlens 5. Ausgabe der Elegiker
und alle wichtigeren Abweichungen von der ersten Hand des Neapoli-
tanus N (in Wolfenbüttel) verzeichnet. In Anbetracht des rein wissenschaftlichen Zweckes der Ausgabe erscheint diese Trennung nicht glücklich, um so weniger, als dem Anhang auch weitere erklärende Ausführungen zu zahlreichen Stellen einverleibt wurden, und damit des
öfteren die Nötigung zur Kombination von Anmerkung und Anhang
gegeben ist. Das für R. mafsgebende Bestreben, den Kommentar nicht
zu stark zu belasten, ist gewifs berechtigt, nachdem dieser aber einmal so umfangreich geworden war und auch wohl hatte werden
müssen, wäre es auf ein Plus von etlichen Bogen m. E. nicht mehr
angekommen. Die Einleitung enthält feinsinnige Darlegungen über das
Wesen der römischen Elegie im allgemeinen und der properzischen
im besonderen, aber die Furcht vor dem früher stark verbreiteten
und, wie wir unten sehen werden, auch heute noch nicht ausgestor-
benen Fehler, alle Äufserungen der Dichter über ihre Geliebte und
ihr Liebesleben als urkundliche Zeugnisse zu betrachten und bio-
graphisch zu verwerten, hat den Herausgeber dem entgegengesetzten
Extrem nahe gebracht, so dafs er auch an Stellen, wo wir Individuelles
und Selbsterlebtes greifen können, nur ein Detail der poetischen Technik, einen typischen Zug der Elegie oder die Wirkung eines griechischen Vorbildes zu erkennen vermag. Der Schwerpunkt des Buches
liegt in der Erklärung. Sie hat R. zwar keineswegs zum Abschlufs
gebracht — bei dem Stande der Vorarbeiten eine bare Unmöglichkeit — aber auf das mächtigste gefördert, und es ist zu beklagen,
dafs in einigen Besprechungen der Ausgabe die Anerkennung des
vielen in ihr gebotenen Guten, ja Trefflichen, über das freilich kein

[1]) Die Elegien des Sextus Propertius erklärt von Max Rothstein. Berlin,
Weidmann 1898. XLVIII 376; I Bl. 384 S. 8°. M. 12.

Register einen Überblick verstattet, unter den Wolken von Detail-
beanstandungen verschwindet. Wir haben, meine ich, allen Grund,
dem Gelehrten, der uns in hingebender Arbeit den ersten vollständigen
Kommentar zu einem so schwierigen Dichter geschaffen hat, dankbar
zu sein, aber es versteht sich von selbst, daſs unsere Dankbarkeit
sich nicht bloſs in passiver Hinnahme des Geleisteten, sondern auch
in nachprüfendem berichtigendem und vervollständigendem Weiter-
arbeiten auf dem von ihm gelegten Grunde zu äuſsern hat. Hier nur
etliche kurze Randnotizen.

   Zu I 1, 31 ‚facili-aure‘ einiges in diesen Blättern XXXIII (1897) 273.
— Zu I 2, 29 f. ‚unica nec desit iucundis gratia verbis, omnia quaeque
Venus quaeque Minerva probat‘, wo ‚aus nec desit für die appositio-
nelle Bestimmung ein positives adsit ergänzt werden‘ muſs, vgl. auſser
den von R. beigebrachten Stellen aus Properz selbst und Horaz Vopis-
cus Aurel. 7, 5 (script. hist. Aug. II¹ p. 142, 8 P.) ‚oleum salem lig-
num nemo exigat, annona sua contentus sit‘, die Pliniusstellen bei
Joh. Müller, Der Stil des älteren Plinius, Innsbruck 1883 S. 88 und
bes. Paulus I Tim. 4, 3 (von Irrlehrern) ‚prohibentium nubere, abstinere a cibis quos deus creavit‘ (im Original κωλυόντων γαμεῖν, ἀπ-
έχεσθαι βρωμάτων), wo, wie schon Tertullian de ieiun. 2 p. 276, 4
Vindob. erkannt hat, aus ‚prohibere‘ ein ‚iubere‘ zu ‚abstinere‘ suppliert
werden muſs. S. auch Blaſs, Grammatik des neutestamentlichen Griechisch, Göttingen 1896 S. 285. — Zu I 5, 3 ‚quid tibi vis, insane‘ hätte
die Parallele aus Hor. sat. II 6, 29 angeführt werden können, ebenso zu
I 10, 15 ‚possum ego diversos iterum coniungere amantes‘ Hor.
sat. I 5, 29 ‚aversos soliti componere amicos‘ und zu III 23, 23
‚i puer et citus haec aliqua propone columna, die wohl vorbildliche
Stelle sat. I 10, 92 ‚i puer atque meo citus haec subscribe libello‘. —
I 8, 46 ‚ista meam norit gloria canitiem‘ hat Birt, Berl. philol. Wochenschr.
1898, 1261 treffend als eine (bei Properz auch sonst vorkommende)
Inversion für ‚istam gloriam mea canities norit‘ erklärt. Nun verstehe
ich auch den Vers des Damasus 10, 6 Ihm, der von seiner Schwester
Irene rühmt ‚egregios mores vitae praecesserat aetas‘. Gewiſs wollte
der Papst nur dem in allen möglichen Spielarten begegnenden Gedanken Ausdruck verleihen, daſs die mores der Entschlafenen ihren
Jahren voraus gewesen seien, und die Änderungen, durch die man
dem Verse aufhelfen wollte (vgl. Ihm p. 16) sind abzuweisen. Vgl.
auch den mozarabischen Hymnus auf S. Thyrsus 11, 2 ff. bei Cl. Blume
Analecta hymn. med. aevi XXVII (1897) S. 250 ‚per gyrum gladiis
fixis in ordinem, almus ⟨ut⟩ fastigio positus decidens ense susciperet
membra fidelia‘ (= ‚membris fidelibus ensem susciperet‘) und Augustins
Bemerkung zu Joh. 8, 44 und Ps. 16, 6 (civ. dei XI 14 p. 533 H.)
— I 9, 13 ‚i quaeso et tristis istos compone libellos‘. Das Material
für ‚i‘ oder ‚ite‘ als Einleitung zu einer (oft ironischen) Aufforderung
jetzt bei Emory B. Lease, The American Journal of Philology XIX
(1898) 59—69 (über Properz p. 63). — I 9, 18 ‚prima favilla‘. Eine
ungemein anschauliche Schilderung des Feueranzündens im Moretum
8 ff. — I 9, 25 ‚quod sit satis illa parata‘. ‚paratus‘ im erotischen

Sinne auch bei Ovid met. V 603 ‚et quia nuda fui, sum visa paratior
illi‘ und bei Prudent. c. Symm. I 109 f. ‚indomitum intendens animum
semperque paratum ad facinus‘ (von Priapus); vgl. Jahrbb. f. Philol.
XV. Supplementbd. (1886) S. 497 Anm. 165. — Zu I 13. 26 ‚nam tibi
non tepidas subdidit illa faces‘ vgl. bes. Ovid met. XI 225 ‚quamvis haut tepidos sub pectore senserat ignes‘. — I 16, 7 ‚et mihi
non desunt turpes pendere corollae‘ dürfte ‚non desunt‘ sich der
Bedeutung von ‚non cessant‘ nähern; vgl. Filastr. div. her. lib. 127, 2
p. 92, 18 Marx (von Christus) ‚neque defuit aliquando esse cum
patre‘ und Lit. Centralbl. 1898, 31, 1174. — I 16, 35. Zum Hexameter-
schlusse ‚causa doloris‘ vgl. diese Blätter XXXI 538 (zu carm. epigr.
443, 7). — I 20, 9 ‚litoris ora‘ findet sich an gleicher Versstelle Verg.
Aen. III 396; Culex 313 u. ö.; vgl. meine Studien zu Apul. S. 326. —
Zu II 2, 10 ‚medio grata rapina mero‘ vgl. Martial IV 82, 6 ‚sua
cum medius proelia Bacchus amat‘. — Zu II 4, 50 ‚domiti post
haec aequa et iniqua ferunt‘, einer Zusammenstellung, bei der ‚es
sachlich nur auf das zweite Glied‘ ankommt, vgl. Otto, Sprichw.
S. 5 und die vortrefflichen Ausführungen von Leo, Analecta Plautina
de figuris sermonis II (Göttingen 1898) p. 36 ff. — II 13, 24 ‚plebei
parvae funeris exequiae‘ kann ich nicht zugeben, dafs ‚die Begriffe
‚plebeius‘ und ‚parvus‘, ‚funus‘ und ‚exequiae‘ nicht wesentlich verschieden‘ sind. Man könnte mit Anwendung der modernen Terminologie übersetzen ‚der kleine Kondukt eines Begräbnisses niederer Klasse‘.
— II 13, 30 ‚cum dabitur Syrio munere plenus’ onyx‘ vermisse ich
die naheliegende Parallele aus Cat. LXVI 82 ‚iucunda mihi munera
libet onyx‘. — Arg mifsverstanden hat R., wie schon von anderer
Seite gerügt worden, den schönen Vers II 15, 50 ‚omnia si dederis
oscula, pauca dabis‘ (so ist zu interpungieren), wo er zu konstruieren
gebietet ‚si oscula pauca dabis, omnia dederis‘ mit der Begründung,
das 2. Futurum könne nur im Nachsatz stehen. Nein, so genügsam
ist der ungestüm zärtliche Liebhaber Properz nicht. Die sämtlichen
Küsse, die seine Cynthia ihm geben kann, sind ihm immer noch wenige,
und was das grammatische Argument betrifft, so genüge es auf Seneca
dial. XII 18, 8 ‚multum illi dabis, etiamsi nihil dederis praeter
exemplum‘ zu verweisen. — Die Anmerkung zu II 18, 31 ‚idcirco
caerula forma bona (= ‚pulchra‘) est‘ ist etwas dürftig: vgl. z. B.
Zeitschr. f. d. österreich. Gymn. XLVI (1895) 595. — Zu II 24, 16
‚(sed me) fallaci dominae iam pudet esse iocum‘ hätte Cat. XLII 3
‚iocum me putat esse moecha turpis‘ angeführt werden können. —
II 25, 32 ‚nescio quo pacto‘ als erste Pentameterhälfte auch in dem
Epigramme ‚crede ratem ventis‘ v. 4 (Bährens, P. L. M. IV p. 359).
— Zu II 27, 9 ‚domibus flammam domibusque ruinam‘ vgl. W. Kalb,
Das Juristenlatein S. 40 f.[2] — Mit der Erklärung von II 32, 32 (vgl.
auch den Anhang II S. 356) ‚et sine decreto viva reducta domum est‘
(Helena) kann ich mich nicht einverstanden erklären. Mir scheint nach
wie vor die Deutung von Korsch (Archiv II 120; vgl. dazu Zeitschr.
f. d. österreich. Gymn. XLVI 296) die gröfste Wahrscheinlichkeit für
sich zu haben. — Die folgenden Verse ‚ipsa Venus quamvis corrupta

libidine Martis, nec minus in caelo semper honesta fuit, quamvis Ida
Phrygem pastorem dicat amasse etc.' konstruiert R. folgendermassen:
,ipsa Venus honesta fuit, quamvis corrupta libidine Martis, nec
minus (so viel wie ,et') quamvis Ida dicat etc.'. Ich möchte mit aller
Reserve die Vermutung aussprechen, dafsder Nachsatz ,nec minus —
fuit' zwischen die beiden parallelen mit ,quamvis' eingeleiteten (zu
,corrupta' kann unbedenklich ,sit' ergänzt werden; vgl. die von Leo,
Sen. trag. I p. 191 angeführte Stelle Phaedra 391 ,cervix monili vacua
nec niveus lapis deducat aures') Vordersätze eingeschoben worden ist,
und dafs ,nec minus' im Sinne von ,non minus' zu fassen ist. Sall.
Jug. 45, 1 bietet das Citat Frontos p. 110 N. nach Haulers Mitteilung,
Rhein. Mus. LIV (1899) 166 ,(sed in ea difficultate Metellum) nec
(oder neque) minus quam in rebus hostilibus magnum et sapientem
virum fuisse comperior' für die Lesart der Vulgata ,non minus', und
wenn ich auch Haulers Frage ,ist die Wendung (,nec minus') aus ,et'
(= ,etiam') non minus ... zu erklären?' keineswegs mit einem entschiedenen ,nein' beantworten möchte, so erlaube ich mir doch im
Hinblick auf dieses Sallustcitat (vorausgesetzt natürlich, dafs die von
Hauler an erster Stelle angeführte Lesung die gesichertere ist) und
die Properzstelle die Gegenfrage, ob etwa die Verwendung von ,nec
minus' im Sinne von ,non minus' der augusteischen und der vor-
augusteischen Sprachperiode zugetraut werden darf? Ich erinnere an
,necopinans', und den spätlateinischen Gebrauch von ,necdum' = ,non-
dum'. — III 4, 10 ,ite et Romanae consulite historiae': Adjektiv
und Substantiv an den gleichen Pentameterstellen bei Verg. catal.
11, 6 ,(te) raptum et Romanam flebimus historiam' und bei Martial XIV 191, 2 ,primus Romana Crispus in historia'. — III, 5, 24
,sparserit et nigras alba senecta comas'; vgl. zur unmittelbaren
Nebeneinanderstellung der Farbengegensätze Prud. dittoch. 1 ,Eva co-
lumba fuit tunc candida, nigra deinde' und Paul. Nol. carm. XXIII 10
,pinnis candida nigris'. — III 10, 6 ,ponat et in sicco molliter
unda minax'. Sowohl an dieser Stelle als an den von R. im Kommentar angeführten steht ,ponere' nicht sowohl ,ohne ausgesprochenes
Objekt', als vielmehr reflexiv; vgl. Archiv X 1 ff. und H. Schenkl,
Jahrbb. f. Philol. XXIV. Supplementbd. S. 419. — III 21, 10 ,quan-
tum oculis, animo tam procul ibit amor'; vgl. Venant. Fort. VII 12,
71 f. ,an quantum ex oculo, tantum tibi corde recedo, et tam
longe animo quam sumus ambo loco?' und Otto, Sprichw. S. 250 f.
— IV 1, 109 ,exemplum grave erit Calchas'; vgl. Ovid a. a. III
686 ,exemplum vobis non leve Procris erit'. — IV 3, 67 ,Parthae
telluris alumnis'; vgl. zum Versschlusse Sil. It. XIV 342 (von Archi-
medes) ,ingenio facile ante alios telluris alumnos' und Stat. silv.
III 2, 62. — IV 5, 51 ,per barbara colla pependit'; vgl. Dracont.
Orest. trag. 229 ,per rustica colla pependit'.

II.

R. Ehwalds,[1]) des ausgezeichneten Ovidkenners, Bemühen,
‚die Resultate der wissenschaftlichen Forschung für Kommentar und
Text zu verwerten und der historischen Erklärung des Sachlichen und
Sprachlichen nach Kräften gerecht zu werden‘, ist von bestem Erfolge
begleitet worden, und besonders den jüngeren Philologen sei es dringend
ans Herz gelegt, sich diesem kundigen Führer anzuvertrauen, wenn
sie Ovids brillante, oft raffinierte Technik kennen lernen und sich eine
Vorstellung von dem gewaltigen Einflusse der Rhetorik auf die römische
Literatur der Kaiserzeit bilden wollen. An einige den Stempel der
Rhetorik tragende Stellen seien im folgenden ein paar Bemerkungen
geknüpft. Althäa, die Mutter Meleagers, die den.Tod ihres Sohnes
herbeiführt, um den Tod ihrer Brüder zu rächen ‚inpietate pia
est‘ (met. VIII 477). Ebenso ist Verginius dem nach Pointen haschen-
den Orosius ein ‚pius parricida‘ (II 13, 6), und von Abraham heißt
es bei Sedul. pasch. carm. I 116 ff. ‚pietate remotaplus pietatis
habens contempsit vulnera nati‘ (vgl. Ambros. tit. 12, 2 bei Merkle,
Röm. Quartalschr. X 218 ‚patris ei est pietas, caro non parcere
nato‘). Die von Althaea in ihrem ‚als Suasorie‘ behandelten Monologe
v. 483 gebrauchte Pointe ‚mors morte pianda est‘ kehrt nach
Jahrhunderten im carmen de ingratis Prospers von Aquitanien v. 883
(Migne, Patrol. LI 141 A) ‚nequidquam Christus mortem moriendo
piaret‘ wieder und hat auch sonst in der christlichen Literatur —
aus naheliegendem Grunde — Parallelen, von denen einige in der
Revue d'histoire et de littérature religieuses I (1896) 70 gesammelt
sind. — Der vom Heißhunger befallene Erysichthon ‚adpositis queritur
ieiunia mensis inque epulis epulas quaerit‘ (VIII 831 f.), wie Tantalus ‚quaerit aquas in aquis‘ (am. II 2, 43), eine bei den Autoren
der Kaiserzeit wiederholt begegnende spitze Ausdrucksweise, über die
ich demnächst an anderer Stelle zu handeln gedenke. — Von dem
frevlen Beginnen der Byblis heißt es IX 631 ‚cum pigeat temptasse,
libet temptare‘, eine Antithese der Tempora, die man nur etwa mit
Seneca rhet. controv. VII pr. 6 p. 270, 13 M. ‚quamvis paenituisset
audisse, libebat audire‘; Seneca epist. 78, 14 ‚quod acerbum fuit
ferre, tulisse (so vortrefflich Bartsch; ‚fuit retulisse‘ codd.) iu-
cundum est‘ oder Sidon. Apoll. epist. III 11, 2 p. 63, 26 Mohr (vgl.
Hist. Jahrb. der Görresgesellsch. XX [1899] S. 57 f.) ‚quas (litteras)
ut necdum mittere desidia fuerat, ita vereor ne sit misisse gar-
rulitas‘ zusammenzustellen braucht, um ihren rhetorischen Charakter
festzustellen. Aber sowohl für diese Erscheinung als z. B. für Gegenüberstellungen wie XI 660 ‚inveniesque tuo pro coniuge coniugis
umbram‘ (vgl. VIII 805 ‚ventris erat pro ventre locus‘; ex
Ponto I 2, 127 ‚multa metu poenae, poena qui pauca coercet;

---

[1]) Die Metamorphosen des P. Ovidius Naso. II. Band. Buch VIII—XV.
Im Anschluß an Moriz Haupts Bearbeitung der Bücher I—VII erklärt von
Otto Korn. In 3. Aufl. neu bearbeitet von R. Ehwald. Berlin, Weidmann
1898. 1 Bl. IV 430 S. 8°. 4 M. 50.

II 8, 62 ‚colitur pro Jove forma Jovis‘; Ps.-Quintil. declam. min.
p. 4, 25 R. ‚rem ... poenam rei‘; Sen. Herc. 706 ‚ipsaque morte
peior est mortis locus‘; Phoen. 458 ‚proinde bellum tollite aut
belli moram‘; Aug. civ. d. IX 15 (I p. 431, 1 f. H.) ‚idem in inferiori-
bus via vitae, qui in superioribus vita‘) mufs erst das Material gesammelt werden. — Auch Martinon[1]) hätte des öfteren Gelegenheit
gehabt, ein rhetorisches Detail ins Licht zu setzen, wie z. B. das stark
übertreibende ‚saepe‘ am Schlusse des Gedichtes an Aurora ‚ipse deum
genitor (bei der Alkmene) ne te (nämlich Aurora) tam saepe videret,
commisit noctes in sua vota duas‘ (am. II 13, 45 f. — ebenso bei
Tacitus: H. Peter, Die geschichtliche Literatur über die römische
Kaiserzeit II 292), ein Gebrauch, der mit dem von ‚solere‘ bei Hor.
sat. I 5, 29 ‚aversos soliti componere amicos‘ (Maecenas und Cocceius;
‚soliti, weil sie dies schon einmal 714 gethan‘ Kiefsling) und bei
Seneca Vater und Sohn (Leo, Sen. trag. I p. 149 ff.) zu vergleichen
ist, aber er hat das Hauptgewicht auf die Sacherklärung gelegt, und
da wir noch keinen eigentlichen Kommentar zu den amores besitzen
und das geschmackvoll ausgestattete Buch sich an weitere Kreise
wendet, so wollen wir an dem Gebotenen keine kleinliche Kritik üben.
Die Übersetzung liest sich auch diesmal wie eine französische Original-
dichtung, springt aber auch bisweilen mit dem Urtexte ziemlich frei
um, so dafs der Ausdruck ‚traduction littérale‘ nicht im ‚Litteralsinne‘
gefafst werden darf. Der in der Einleitung p. XIV—XXI gemachte
Versuch, die Realität der Corinna zu erweisen und ‚les amours de
Corinne et d'Ovide‘ zu rekonstruieren, ist natürlich verunglückt. Wir
haben hier das Gegenstück zu der Skepsis Rothsteins.

III.

Friedrich Vollmer[2]) hat nicht beabsichtigt, eine kritische
Ausgabe der silvae des Statius zu liefern, konnte aber die Materialien
Moritz Krohns, von dem wir die Deckung dieses längst empfundenen
Bedürfnisses zu erwarten haben, besonders dessen Kollation des Ma-
tritensis (vgl. jetzt auch A. Souter, The Classical Review 12 [1898]
406 ff. 441 ff.) für seine Ausgabe verwerten und der Einleitung S. 38—43
einen von diesem Gelehrten verfafsten Bericht über die handschrift-
liche Überlieferung der silvae einverleiben. Wir heben aus demselben
die Ermittelung hervor, dafs der von Poliziano so genannte codex
Poggii höchst wahrscheinlich keine alte Handschrift war, sondern eine
Abschrift aus der Zeit des Konstanzer Konzils, die aber nach Polizianos
Urteil die Mutter aller ihm bekannten Silvenhandschriften, in diesem
Sinne also die älteste war. Die übrigen (aus Vollmers eigener Feder

---

[1]) Les amours d'Ovide. Traduction littérale en vers français avec un texte
revu, un commentaire explicatif et archéologique, une notice et un index par
Ph. Martinon. Paris, Fontemoing 1897. XXXVI 440 S. 8°. 10 Fr. Das Buch
wurde in 500 Exemplaren abgezogen, von denen 300 in den Handel kamen.
[2]) P. Papinii Statii silvarum libri herausgegeben und erklärt von Friedrich
Vollmer. Leipzig, Teubner 1898. XVI 598 S. 8°.

stammenden) Bestandteile der Einleitung beschäftigen sich mit Statius'
Leben und Werken, der Würdigung und Geschichte der silvae und
den Kriegen Kaiser Domitians. Unter dem Texte befinden sich außer
dem kurz gehaltenen kritischen Apparate die Nachweisungen der
Parallelen aus Statius, der auctores und imitatores, hinter dem Texte
dehnt sich von S. 203—554 der Kommentar aus, an den sich ein Anhang über Prosodie und Metrik (S. 555—560) und zwei von Hermann
Saftien gefertigte Indices (1. der Eigennamen, 2. zu Einleitung und
Kommentar) anschließen. Wer es nicht aus eigener Kenntnis weiß,
kann schon aus dem zweiten Register ersehen, was für eine Menge
disparaten Details ein Erklärer der Silven zu erörtern hat, und es ist
eine müssige Frage, ob die archäologisch-antiquarische oder die sprach-
lich-stilistische Seite der Interpretation (die flavische Kunstpoesie ist
eine Outrierung der neronischen) an den Herausgeber größere Anforderungen gestellt hat. Jedenfalls hat der künftige Redaktor des
thesaurus linguae Latinae in seiner Silvenausgabe nicht nur einen
reichen Schatz selbsterarbeiteter Gelehrsamkeit aufgehäuft, sondern in
der textkritischen und exegetischen Behandlung der von Schwierigkeiten wimmelnden Gedichte den vollgiltigen Beweis erbracht, daß
er in der Schule Franz Buechelers, dem das Buch zur Feier
seiner 25jährigen Lehrthätigkeit an der Bonner Universität (1895) gewidmet ist, die philologische Methode erlernt hat. Als besonders gelungen ist die Erklärung der in die Gattung der Epithalamien, Epikedien
u. s. w. gehörenden Stücke hervorzuheben, die erst durch die Heranziehung der für das betreffende γένος geltenden technisch-rhetorischen
Vorschriften[1]) (durch die uns ja kürzlich Marx auch das Verständnis
der 4. Ecloge Vergils erschlossen hat) in die richtige Beleuchtung gerückt worden sind. Zu Nachträgen gibt begreiflicher Weise in erster
Linie die Rubrik ‚auctores et imitatores‘ Gelegenheit. So wäre z. B.
gleich zu I 1, 8 ‚per saecula nomen‘ Aen. VI 234 (statt Lucan u. s. w.),
zu I 1, 12 ‚pueri innuptaeque puellae‘ Georg. IV 476 zu citieren gewesen, aber ich will jetzt nicht das sterile Gebiet der ὁμοιότητες betreten, sondern mit einigen symbolae zum Kommentar schließen. Zu
I 2, 122 ‚vincit opes animo‘ hat V unter dem Texte die vorbildliche
Stelle Georg. IV 132 ‚regum aequabat opes animis‘ angeführt, aber
im Kommentar keine Bemerkung gemacht. Es liegt hier, wie C. Hosius
in den Neuen Jahrbb. f. d. klass. Altert. II (1899) 114 erinnert, eine
bewußte Überbietung des Originals vor, eine charakteristische Eigentümlichkeit der Nachahmer und Bearbeiter, für die mir einen besonders
bezeichnenden Beleg Juvencus I 279 zu bieten scheint, wo der Satz
der Bibel ‚et Jesus proficiebat sapientia et aetate‘ (Luc. 2, 52) zu ‚prae-
currens aevum sapientia praeveniebat‘ gesteigert ist (vielleicht infolge der Häufigkeit und Geläufigkeit des oben anläßlich Prop. I 8, 46
erwähnten Gedankens, über den Vollmer zu II 1, 40 S. 322 zu vergleichen). — II 1, 24 f. ‚complexumque rogos ignemque haurire

---

[1]) Vgl. jetzt auch die Dissertation von O. Kehding, De panegyricis latinis
capita IV (Marburg 1899) und den trefflichen Artikel ‚Consolatio ad Liviam‘ von
Skutsch bei Pauly Wissowa.

parantem vix tenui' kann ich die durch den Druck hervorgehobenen. Worte nicht mit V. S. 320 im Sinne von ,Feuer fangen' fassen. Ich denke, Melior will im Übermafse des Schmerzes den Mund nach den Flammen öffnen, um einen raschen Tod zu finden. Vgl. Sil. Ital. II 680 ,arma super ruit et flammas invadit biatu'; Prudent perist. III 159 f. ,virgo citum cupiens obitum appetit et bibit ore rogum'. Lucian. de mort. Peregr. 21; J. Freudenthal, Die Flavius Josephus beigelegte Schrift über die Herrschaft der Vernunft S. 79 f. — III praef. schreibt Statius über das 2. Gedicht dieses Buches: ,sequitur libellus, quo ... Maecium Celerem, ... quia sequi non poteram, sic prosecutus sum'. Noch näher als die von Vollmer zu I 1, 6 S. 216 beigebrachten Stellen berühren sich damit Vell. Pat. I 17, 7 ,quod adsequi non potest sequi desinit' (vgl. Gaudent. Brix. serm. 21 [von Marx dem G. abgesprochen] bei Migne XX 999 A; Vincent. Lerin. comm. 5 p. 6, 25 Jülicher); Claud. Mamert. pan. 12 p. 99, 28 ff. B. ,quam prosperi te successus in re maritima secuturi sint, cum iam sic tempestatum oportunitas obsequatur'; Oros. hist. I 17, 3 ,quos hostes .... bello persequi possint, pacis gratia .... sequuntur'. Zu IV 4, 96 f. ,trahit impetus illo retrahitque timor' vgl. Vincent. Lerin. comm. 11 p. 16, 23 f. ,cum eos huc ecclesiae traheret auctoritas, huc magistri retraheret consuetudo'. — Zu IV 6, 25 ,haec tibi quae docto multum vigilata Myroni (aera)' spricht sich V. S. 478 mit Recht gegen die Änderung von haec ,in das billige hic' aus: warum verweist er nicht auf die hübsche Parallele, die das Epigramm Cinnas bei Suet. p. 133 Reiff. ,haec tibi Arateis multum vigilata lucernis carmina' darbietet?

München.   Carl Weyman.

Zur Textbehandlung und zur Autorfrage des Ätna.

Die Teubner'sche „Sammlung wissenschaftlicher Kommentare zu griechischen und römischen Schriftstellern" wurde im vorigen Jahre u. a. durch die Ätnaausgabe von Siegfried Sudhaus bereichert. Diese bedeutet in mehrfacher Hinsicht einen entschiedenen Fortschritt, insbesondere bietet sie einen eingehenden, durch Gelehrsamkeit ausgezeichneten Kommentar, sodann macht sie Front gegen die willkürliche Behandlung des Ätnatextes, der wie kaum eine Schrift des Altertums der Tummelplatz einer oft zügellosen Konjekturalkritik gewesen ist. So verdienstvoll demnach die Ausgabe ist, so wird man doch in zwei Punkten dem Herausgeber nicht zustimmen können, einmal in der Benützung des handschriftlichen Materials, sodann in der Autorfrage.

Was ersteres betrifft, so kommt für das ganze Gedicht vor allem der Cantabrigensis (C), für V. 138—287 das Gyraldinische Fragment (G), [1]) endlich für V. 1—346 das frg. Stabulense (St) in Betracht. Während nun Sudhaus für die Verse 1—137 und 288 bis zum Ende

---

[1]) Vgl. hierüber nunmehr Alzinger, „Neues handschriftliches Material zur Ätna", Band 35, S. 269 ff. dieser Blätter.

an den Lesarten des C nach Möglichkeit festhält und Konjekturen nur
selten Aufnahme gewährt, gibt er in der Partie, für welche das Gyraldinische Fragment erhalten ist (V. 138—287), den Varianten dieses
Bruchstückes vor den Lesarten von C fast überall den Vorzug; um
die aus der teilweisen Zurücksetzung des C sich ergebende Ungleich-
heit in der Textgestaltung zu rechtfertigen, behauptet Sudhaus, dafs
die Überlieferung in C von V. 288 an reiner werde, da die Hand der
Interpolatoren erlahmt sei, eine Ansicht, welche, wenn man die Kürze
des Gedichtes (646 V.) in Betracht zieht, recht wenig Wahrscheinlichkeit für sich hat. Auch ist die Vorzüglichkeit des G., für welche
Wagler[1]) und Hildebrandt[2]) eingetreten sind, durchaus nicht unbestritten,
hat sich doch Munro in seiner Ausgabe ebenso wie Robinson Ellis in
seinen zahlreichen textkritischen Arbeiten ausschliefslich auf C gestützt
und Alzinger[3]) eine Anzahl Lesarten des C gegen G mit beachtenswerten Gründen verteidigt. Mag es sich indes mit dem Werte von G
wie immer verhalten, jedenfalls hätte Sudhaus die Varianten des
Codex C, dem er in den übrigen Partien beinahe wörtlich folgt, auch
für die Verse 138—287 in dieser für wissenschaftliche Zwecke bestimmten Ausgabe vollständig angeben sollen. Um die Wichtigkeit
der Lesarten von C darzuthun, dürfte ein Beispiel genügen. V. 265,
wo vom Anbau des Bodens durch den Landmann gesprochen wird,
hat G das glatte glebarum ex pendimus usum, C das sinnlose, weil
verderbte, gl. expellimur usu; hier birgt letztere Lesart das Richtige, es ist nämlich nach meiner Vermutung herzustellen: gl. ex-
cellimus usu (wir verstehen uns vorzüglich auf die Nutzbarmachung
der Schollen); die Verderbnis erscheint um so leichter, wenn man beachtet, dafs in C die Buchstaben c und p häufig verwechselt werden,
so steht V. 182 corrigit statt porrigit, V. 279 callere statt pallere,
V. 304 cremant statt premant u. s. w.[4]) — Zu dieser und zu anderen
Stellen hat Sudhaus die, wie wir an dem Beispiele expellimur gesehen
haben, so wichtigen Varianten von C anzugeben unterlassen, auch die
Lesarten des frgm. Stabulense und der von Ellis kollationierten Eskorial-
exzerpte[5]) sind nicht sämtlich mitgeteilt, so dafs der kritische Apparat
die nötige Vollständigkeit vermissen läfst.

Was sodann die Autorfrage betrifft, so bezeichnet Sudhaus den
Dichter als gelehrten Imitator, der mit Sicherheit Lucrez, Catull

---

[1]) „De Aetna poemate quaestiones criticae“, Berol. 1884.
[2]) „Zur Überlieferung der Ätna“, Philol. 56, S. 97 ff.
[3]) „Der Wert des Gyraldinus für die Kritik der Ätna“, Jahrbb. f. klass.
Philol. 1896, S. 845 ff.
[4]) Diese schon von Munro gemachte Beobachtung führt auch zur Heilung
von V. 394 f. atque hanc materiem penitus discurrere, fontes l infectae eripiantur
aquae radice sub ipsa, welche Worte Sudhaus sachlich richtig übersetzt, wie folgt:
„Und (zum Beweise) dafür, dafs dieses Material (bitumen u. s. w.) sich bis zu grofser
Tiefe ausdehnt, möge man Quellen inficierten Wassers .. heraufleiten.“ Freilich
kann eripere nicht in solcher Bedeutung gebraucht sein, vielmehr trägt auch hier
die Verwechslung von p und c die Schuld an der Korruptel; es ist nämlich elician-
tur zu schreiben („Wasserströme mögen zum Hervorquellen gebracht werden“), vgl.
Verg. Georg. 1, 109 supercilio clivosi tramitis undam elicit und Ovid. metam. 14, 489.
[5]) Vgl. Journal of philol. vol. 23, beziehungsw. 22.

und Vergils Georgica gekannt habe; hinsichtlich der Äneis wagt er dies nicht zu entscheiden, er meint vielmehr S. 83, „die Äneis möge ganz aus dem Spiele bleiben“. Daſs jedoch thatsächlich eine Beziehung zwischen dem letzteren Gedichte und dem Ätna besteht, dürfte nachstehende Sammlung von Parallelstellen aus Äneis und Ätna erweisen; viele derselben finden sich in Alzingers „studia in Aetnam collata“, Leipzig 1896, S. 3—20 und S. 50—52, nicht wenige sind von dem Unterzeichneten hinzugefügt.

Aetna v. 9 aurea. saecula = 6, 793[1]) und 8, 324; saecula regis ‖, 'vgl. 12, 826 saecula reges ‖. — v. 18 Argolico igni 10, 56 Argolicos ignes. — v. 26 trudat ab imo ‖ 5, 810 vertere ab imo ‖. — v. 27 und v. 310 ingenti sonitu 11, 614 sonitu ingenti; ibid. proxima quaeque = 10, 513. — v. 28 mens (Ziel) carminis haec est 8, 400 haec tibi mens est. — v. 30 und 73 faucibus ignem ‖ 7, 786 und 8, 267 faucibus ignis ‖. — v. 39 sub pondere fulmen ‖ (vgl. v. 131, 377, 619) 6, 413 sub pondere cymba ‖. — v. 43 detrudere mundo sidera 6, 584 Jovem detrudere regnis. — v. 55 und 561 armatus flamma 6, 288 flammis armata. — v. 56 vasto clamore = 10, 718. — v. 57 magno ore = 12, 692 (Georg. 1, 333). — ibid. tonat ore = 4, 510. — v. 58 discordes venti = 10, 356. — v. 60 quae cuique potentia 5, 100 quae cuique est copia. — v. 69 sidera coelum ‖ 4, 578 (Georg. 2, 342) sidera coelo ‖. — v. 73 vasto pondere 5, 447 pondere vasto. — v. 78 pallentia regna 8, 244 regna pallida. — v. 79 Stygias undas = 7, 773. — v. 85 numina divum = 2, 123; 4, 204 u. ö. — v. 95 incingitur undis ‖ 9, 790 cingitur unda ‖. — v. 112 molitus iter 6, 477 molitur iter. — v. 139 prospectare procul 11, 838 und 12, 353 procul. prospexit. — ibid. sine fine ruinas ‖ 2, 771 sine fine furenti ‖. — v. 141 penitus fodisse 10, 526 penitus defossa. — v. 147 nec ventis segnior ira est ‖ 10, 657 nec Turnus segnior instat ‖. — v. 160 vastosque recessus ‖ 8, 193 vasto. recessu ‖. — v. 167 in ipso limine 2, 242 ipso in limine (10, 355 und 11, 888). — v. 168 angustis faucibus 11, 525 angustae fauces. — v. 169 fervet opus = 1, 436 (Georg. 4, 169). — v. 172 quassat fundamenta 2, 601 fundamenta quatit. — v. 177 manifesta fides = 2, 309 und 3, 375. — v. 182 exaestuat ultra ‖ 9, 798 exaestuat ira ‖ 3, 577 exaestuat imo ‖. — v. 187 haec illi sedes 3, 166 hae nobis sedes (vgl. 7, 175). — v. 190 tenui discrime = 10, 511. — v. 194 contingere prohibent 6, 606 prohibet contingere. — v. 200 volvuntur ab imo ‖ 6, 581 volvuntur in imo ‖. — v. 203 procul . miratur = 6, 651. — v. 227 caputque attollere coelo 9, 681 coelo attollunt capita. — v. 237 denuntiet imbres ‖ 3, 366 denuntiat iras ‖. — v. 239 prima iuventa = 7, 51. — v. 247 quo vocet Orion 3, 101 quo Phoebus vocet. — v. 261 terrae

---

[1]) Citate von Buch und Vers ohne Angabe des Autors beziehen sich auf die Äneis.

ferro domantur 9, 608 rastris terram domat. — v. 262 pretio
redimant 9, 213 pretio redemptum. — v. 264 noctes atque
dies = 6, 127 (Lucr.). — v. 278 animosque furentis. ‖ 10, 37
ventosque furentis ‖. — v. 282 unde repente 8, 238 inde repente. — v. 296 longas. voces = 4, 463. — v. 299 subremigat
unda ‖ 10, 227 subremigat undis ‖. — v. 308 consurgere ven-
tos 5, 20 consurgunt venti. — v. 309 penitusque cavernas ‖
= 2, 19. — v. 315 auras .. verberat = 10, 893 (5, 377). — v. 337
prospectans sublimis 6, 357 prospexi . sublimis. — ibid.
vastosque receptus ‖ 11, 527 tulique receptus ‖. — v. 342
tantarum semina rerum ‖ 4, 232 und 272 tantarum gloria
rerum ‖. — v. 344 spiritus illi ‖ (vgl. v. 473) = 5, 648. —
v. 346. — v. 346 flexit habenas ‖ 12, 471 flectit habenas ‖. —
v. 349 si fallor, adest 5, 49 nisi fallor, adest. — v. 374 causa
latet = 5, 5. — v. 381 vincula rumpunt ‖ 2, 134 vincula
rupi ‖ 5, 543 v. rupit. — v. 384 latos .. agros = 8, 8. —
v. 396 robore dura est ‖ 11, 893 robore duro ‖. — v. 398 sine
nomine saxa ‖ 2, 558 sine nomine corpus ‖; 6, 777 s. n. terrae ‖;
9, 343 s. n. plebem ‖; 11, 846 s. n. letum ‖. — v. 406 exue robur ‖.
4, 319 exue mentem ‖. — v. 430 flagrans . quondam, nunc ex-
stincta 6, 448 iuvenis quondam, nunc femina. — v. 441 alto
iactatas classes 1, 3 iactatus . alto. — v. 445 atque haec ipsa
Versanf. = 6, 185. — v. 451 imis radicibus = 8, 237 (Georg. 1,
319). — v. 465 tum pavidum Versanf. wie 2, 489 tum pavidae;
ibid. pavidum .. concedere 12, 717 pavidi cessere. — v. 485
fluminis in speciem mitis 8, 88 mitis ut in morem stagni. —
v. 491 amnis . cunctatus 9, 124 cunctatur amnis. — v. 500
exuitur facies 7, 415 faciem exuit. — v. 501 ipso pondere
= 12, 254. — v. 506 ecce vides [1]) 3, 219 ecce .. videmus; ibid.
ecce ruentis 11, 448 ecce ruit. — v. 512 firma manet tibi
1, 257 manent immota tibi (vgl. 5, 348). — v. 531 interius furere
7, 464 furit intus. — v. 537 fusile robur ‖ 6, 181 fissile robur ‖.
— v. 560 Juppiter ipse = ‖ 9, 128. — v. 565 instigant agmine ven-
tum ‖ 11, 730 instigat vocibus alas ‖. — v. 568 incendi via fit [2])
per maxima saxa 9, 356 via facta per hostes. — v. 575 ille im-
piger = 1, 738. — v. 590 flebile victis Pergamon 4, 344 recidiva
manu posuissem Pergama victis. — v. 593 magni Hectoris 6, 166
Hectoris magni (vgl. 1, 99). — v. 599 mille manus operum 10, 167
mille manus iuvenum. — v. 602 humanis rebus = 10, 152. —
v. 603 fervens ubi Sirius ardet ‖ 10, 273 Sirius ardor ‖ und
12, 325 fervidus ardet. — v. 606 Aetna cavernis ‖ = 3, 674. —
v. 615 animus viresque = 9, 717; 2, 617. — v. 616 gemit sub

---

[1]) Vides Haupt; fides C; ecce vide, wie Gorallus und Bährens schrieben,
wäre Tautologie; vgl. noch Val. Flacc. Argon. 2, 335 videtis ecce; 3, 396 ecce
videres; 8, 11 videres ecce.
[2]) Via fit hat Bährens richtig hergestellt für das hdschrftl. vivit; der an der
Überlieferung festhaltende Hsg. nimmt incendi zum Vorausgehenden und übersetzt
vivit per m. s.: „Der Ätna lebt durch gewaltige Felsen."

auro 6, 413 gemuit sub pondere. — v. 617 colligit . arma 5, 15
colligere arma. — v. 629 posuisse in limine membra ‖ 9, 684
posuere in limine vitam ‖. — v. 633 maxima rerum ‖ = 7, 602
und 9, 277. — v. 636 quocumque ferunt illi vestigia, cedunt ‖
12, 368 quacumque viam secat, agmina cedunt ‖. — v. 645 iuvenes
attingunt sordida fata 4, 590 nunc te fata (facta andere La.) impia
tangunt?

Diese Berührungspunkte des nur 646 Verse zählenden Ätna mit
der Äneis sind so zahlreich, besonders gleiche Versschlüsse so häufig,
dafs ein Zusammenhang beider Gedichte wohl kaum zu verkennen ist.
Nehmen wir zu dessen Erklärung Nachahmung seitens des Ätnadichters
an, so wird die von Sudhaus ausgesprochene Vermutung, dafs der
Ätna im Anschlufs an Vergils Georgica, also gleich nach 30 v. Chr.
entstanden ist, unhaltbar, es müfste vielmehr in Anbetracht dessen,
dafs die Herausgabe der Äneis wahrscheinlich erst zwei Jahre nach
Vergils Tode (19 v. Chr.) erfolgte, die Abfassung des Ätna unter
17 v. Chr. herabgerückt werden; gegen eine so späte Ansetzung des
Gedichtes spricht jedoch, wie Sudhaus S. 84 ff. des näheren darlegt,
die Metrik, besonders der schwere Rythmus der Verse, und noch mehr
die Sprache, welche zuverlässig auf ein höheres Alter hinweist.

Was letztere anlangt, so mögen hier zwei Eigentümlichkeiten erwähnt werden, welche S. nicht im Zusammenhange berührt hat, nämlich das Vorkommen von nicht weniger als sieben nur im Ätna sich
findenden oder jedenfalls äufserst seltenen Wortbildungen: v. 336
circumstupet, 342 introspectus, 408 coritur, 477 pertabuit, 501 effumat,
531 propalus, 544 lentitics, sodann die häufige Ellipse von Partikeln;
so fehlt v. 101 sic (ein mit ut eingeleiteter Komparativsatz geht voraus), v. 179 und 549 sed, v. 256 ganz ungewöhnlich quam, v. 542
und 545 (materies praedura tamen subvertitur igni) quamquam, an
letzterer Stelle genau wie Verg. eclog. 1, 28 libertas, quae sera tamen
respexit inertem; es fehlt endlich in v. 260 quaeritur argenti semen,
nunc aurea vena das korrespondierende nunc vor argenti; merkwür-
digerweise findet sich die gleiche Auslassung des einen nunc auch
Aen. 5, 830 pariterque sinistros, nunc dextros solvere sinus. Diese
Auslassungen von Partikeln und die ἅπαξ λεγόμενα
sprechen entschieden gegen die Vermutung, dafs wir
einen Imitator Vergils vor uns haben; denn ein Nachahmer hätte die zahlreichen sprachlichen Unebenheiten durch Ab-
glättung des Ausdruckes ebenso sicher vermieden, wie er sich des
häufigen Gebrauches ungewöhnlicher Wörter und Wortformen enthalten hätte. Nun wissen wir aber gerade von Vergil, dafs er eine
Menge neuer Wörter gebraucht hat,[1]) welche teils Gemeingut der
Sprache geworden, teils ἅπαξ λεγόμενα geblieben oder nur selten von
seinen Nachahmern verwendet worden sind.

Für noch manche andere sprachliche Eigentümlichkeiten des Ätna
liefsen sich analoge Erscheinungen aus den vergilianischen Gedichten

---

[1]) Vgl. Th. Ladewig, „de Vergilio verborum novatore", Progr. Neustrelitz 1869.

nachweisen; nur wenige von ihnen und zwar solche, welche nicht wohl durch Annahme einer Imitation erklärt werden können, mögen hier folgen: Das intransitive audere (= sich wagen) steht Aetna 217 und Aen. 2, 347 (wo ardere Konjektur ist); das substantivierte tutum mit dem Gen. Aetna 466 e tuto collis ¹) und Aen. 6, 359 tuta terrae sowie 11, 882 tuta domorum; das adverbielle magnum findet sich Aetna 301 m. commurmurat und Aen. 9, 705 m. stridens; der Subjektsakkusativ fehlt Aetna 623 fugisse ratos genau wie Aen. 2, 25 abisse rati und 11, 712 vicisse dolo ratus; die schöne, von Sudhaus durch Konjektur beeinträchtigte Stelle Aetn. 581 sacer in bellum numerus, sua turba regenti ‖ (die zum Führer passende, seiner würdige Schar, nämlich die Spartaner unter Leonidas) läfst sich vergleichen mit Aen. 3, 469 sunt et sua dona parenti ‖, wo sua richtig mit convenientia erklärt wird.

Dafs ferner einige Ätnastellen auch an das wenigstens teilweise für vergilianisch geltende Catalepton Anklänge enthalten, dürfte für die Entscheidung der Autorfrage nicht ohne Bedeutung sein; vgl. Aetn. 585 praemittere vela und catal. 7, 8 ²) (Ribb.) vela mittimus, Aetn. 262 verum professae und catal. 7, 12 fatebimur verum, Aetn. 222 immensus labor und Catal. 11, 41 immensi laboris (letztere Stelle schon bei Alzinger Stud. S. 11); besonders bemerkenswert aber ist der gleiche metaphorische Gebrauch von divitiae: Catal. 10, 1 pauper agelle, ‖ verum illi domino tu quoque divitiae und Aetna 631 illis divitiae solae materque paterque.

Endlich erinnert der Ausruf Aetna 634 pietas homini tutissima virtus! in seiner sprachlichen Form ganz an einen Ausspruch Vergils, den Donat in seiner vita Vergilii 18, 75 überliefert hat: (Vergilius) solitus erat dicere: nullam virtutem commodiorem homini esse patientia.

Wenn wir die mannigfachen Berührungspunkte des Ätna mit Stellen aus allen Schriften, die uns von Vergil überkommen sind, erwägen sowie den Umstand im Auge behalten, dafs wenigstens für die Äneis Nachahmung seitens des Ätnadichters ausgeschlossen erscheint, so werden wir uns der Ansicht, dafs wir im Ätna unverkennbar die Sprache Vergils vor uns haben, nicht länger verschliefsen können, sondern in Übereinstimmung mit dem Urteil des Grammatikers Servius ³) und mit dem Zeugnisse der besten Handschriften ⁴) (des Cautabrigensis und des frgm. Stabulense) den Ätna für eine Jugendschrift des Dichters⁵) erklären müssen, welche noch vielfach ungeschickt

---

¹) Ähnlich sagt Livius gleich im ersten Buche cap. 57, 9 in medio aedium; der Autor des Ätna geht also hier nicht weiter als die Augusteer.
²) In V. 4 des gleichen Gedichtes natio madens pingui fällt der substantivierte Gebrauch von pingue auf; ganz so Aetn. 14 pingui olivae und Georg. 3, 124 denso pingui.
³) Vgl. Bährens, poetae lat. min. II. S. 1 ff.
⁴) Vgl. Bährens, a. a. O. II. S. 21 ff.
⁵) Dieselbe Ansicht äufserte in neuerer Zeit Kruczkiewicz „poema de Aetna monte Vergilio auctori potissimum esse tribuendum", Krakau 1883.

im Ausdrucke [1]) und der letzten Feile entbehrend in der Schilderung
der Naturvorgänge den spröden Stoff nur mühsam [2]) bewältigt, in den
Exkursen jedoch und besonders in der den Schluß bildenden Erzählung
von den katinensischen Brüdern die hohe dichterische Begabung ihres
Verfassers erkennen läßt. Darüber, daß gerade Vergil dieses etwas
absonderliche Thema wählte, dürfen wir uns nicht übermäfsig wundern,
weil er auch sonst genaue Bekanntschaft mit dem Berge [3]) verrät und
das Interesse des „doctiloquus" [4]) poeta für naturwissenschaftliche und
philosophische Studien [5]) ausdrücklich bezeugt ist.

Als Abfassungszeit dürfte mit Alzinger [6]) die erste Hälfte des
5. Jahrzehntes vor Christus anzunehmen sei, also die Zeit des Bürger-
krieges zwischen Cäsar und Pompejus, auf welche auch die vielen
der Kriegersprache entnommenen Wendungen (z. B. v. 218 hic princeps
magnus, sub hoc duce militat ignis) sowie das Fehlen jeder Dedikation
hinzuweisen scheinen.

Bei einem vergilianischen Gedichte darf man voraussetzen, daß
es von späteren Autoren gekannt und verwertet wurde. Auch Sudhaus meint (S. 93), daß der Ätna eine Zeit lang Beachtung fand; so
erkennt er in Propert. I, 16, 29 eine Bezugnahme auf Aetna 422 und
bemerkt des weiteren, daß im fünften, letzten Buche der astronomica
des Manilius plötzlich mehrere ganz frappante Imitationen von im
Ätna vorkommenden Versanfängen und Schlüssen auftreten. Hiezu
ist ergänzend zu bemerken, daß die Nachahmung sich durch den
ganzen Manilius hindurchzieht. Es wäre zu weitläufig, dies für alle
Bücher darzuthun, für das erste Buch mögen die auffallendsten Anklänge [7]) folgen: Man. 1, 36 potentia rerum ‖, Aetna 317 potentia
rerum est ‖. — 1, 99 nubila cur Vsanf. = Aetn. 236. — 1, 159
ultima subsedit . . tellus, Aetn. 104 desedit infima tellus. —
1, 228 quod si plana foret tellus, Aetn. 155 quod si spissa foret
(tellus). — 1, 244 cum luce refert (s. St.), Aetn. 236 cum luce
referri. — 1, 247 corpore mundi ‖ = Actn. 102. — 1, 250 vis

---

[1]) Treffend spricht Hsg. im Kommentar zu v. 80 ff. von „halb körnigen halb
unbeholfenen Versen des augenscheinlich noch mit der Sprache ringenden
Dichters".

[2]) Immensus labor est! ruft der Dichter V. 222 aus; vgl. Quintil. instit.
or. 10, 3, 8 manifestus est ex opere ipso (Sallustii) labor; Vergilium quoque
paucissimos die composuisse versus auctor est Varius.

[3]) Vgl. Georg. 1, 471 Quoties . effervere . . vidimus undantem
ruptis fornacibus Aetnam! und die Schilderung des Berges Aen. 3, 570 ff.

[4]) So wird Vergil anthol. lat. 182, 1 und 183, 3 Baehr., ferner Claudian.
carm. min. append. 5, 4 p. 302 Koch genannt.

[5]) Vgl. die vita Vergilii p. 10 f. in Ribbecks Textausgabe; Vergils Lehrer
war der Epikureer Siron; das Vorkommen epikureischer Lehren, im Ätna spricht
also nicht gegen die Autorschaft Vergils, dessen Werke keineswegs das Gepräge
einer bestimmten philosophischen Richtung tragen; vgl. hierüber Donat vita
Verg. 19, 79: quamvis diversorum philosophorum opiniones libris
suis inseruisse videatur, ipse tamen fuit Academicus.

[6]) Dessen hauptsächlich auf kunsthistorischem Gebiete liegende Gründe
s. Stud. S. 44 ff.

[7]) Einige schon bei Alzinger, Studien 52 ff., andere bei Sudhaus unter
dem Texte.

animae Vsanf. = Aetn. 151. — 1, 307 iudice vincit ||, Aetna 549
iudice vincent ||. — 1, 344 und 430 Juppiter ipse || = Aetn.
560. — 1, 454 ultima quae Vsanf., Aetn. 17 ultima quis Vsanf.
— 1, 518 Troianos cineres, Aetna 590 Troiae cineres. —
1, 748 famae vulgata vetustas, Aetn. 74 vulgata licentia famae.
— 1, 808 signorum .. fatalia . iura, Aetn. 235 signorum tradita
iura. — 1, 823 in breve Vsanf. = Aetn. 439 (beide Male substantivisch).

Unter den hier verzeichneten Stellen [1]) verdienen die gleichen
Versschlüsse deshalb besondere Beachtung, weil Manilius deren eine
Menge auch mit den anerkannt vergilianischen Gedichten gemeinsam
hat, und zwar im ersten Buche mindestens 23 (12 derselben stehen
bei Cramer, „de Manilii qui dicitur elocutione", Strafsburg 1882), nämlich 1, 1 conscia fati = Aen. 4, 519. — 1, 51 primique per artem =
Georg. 1, 122. — 1, 79 mortalia corda = Georg. 1, 123 u. ö. —
1, 93 Acheronta movere = Aen. 7, 312. — 1, 103 miracula rerum
= Georg. 4, 441. — 1, 114 fortuna labori = Aen. 2, 385. — 1, 159
pondere tellus = Aen. 9, 752. — 1, 182 surgentibus astris = Georg.
1, 440. — 1, 279 terrasque iacentes = Aen. 1, 224. — 1, 311 sequi-
turque sequentem = Aen. 11, 695. — 1, 324 de more iuvencis =
Aen. 3, 369. — 1, 440 convolvens squamea terga = Georg. 3, 426. —
1, 445 de nomine dictus, Aen. 1, 277. — 1, 454 volvuntur in imo =
Aen. 6, 581. — 1, 521 sol igneus orbe = Georg. 4, 426. — 1, 707
spumantibus undis = Aen. 3, 268. — 1, 763 Pergama reges = Aen.
8, 374. — 1, 775 maxima turba est = Aen. 6, 611. — 1, 842 glomera-
tur in orbes = Georg. 4, 79. — 1, 847 crinibus ignes = Aen. 7, 73.
— 1, 874 ignibus aether = Aen. 1, 90. — 1, 903 credere coelo =
Aen. 6, 15. — 1, 912 Actia bella = Aen. 8, 675.

Mit Manilius läfst Sudhaus die Spuren der Imitationen abgeschlossen sein; indes war das Gedicht zweifellos auch noch später
bekannt. Zunächst möge erwähnt sein, dafs Rutilius Namatianus (um
400 n. Chr.) de reditu 1, 167 haeret eunti || Rufius, Albini gloria viva
patris, || qui .. reges Rutulos teste Marone refert, also an einer Stelle,
wo er Vergil erwähnt, mit Aetn. 598 den seltenen, von Schrader sogar durch Konjektur beseitigten Ausdruck gloria viva gemeinsam
hat; wichtiger ist, dafs folgende Stelle der carmina Vergiliana
(anthol. latin. 187, 12; Baehr. p. l. m. II, 184): quod felix turba
deorum |' in saevos quondam potuit conferre Gigantes ||, Aeneas
nunc solus habet urbisque ruinam '| saevo Marte parat auf Aetn. 61
iam patri dextera Pallas '| et Mars saevus [8]) erat, iam cetera turba
deorum || stant utrimque mit um so gröfserer Wahrscheinlichkeit

---

[1]) Weniger belangreich sind die Schlüsse Manil. 1, 83 und Aetn. 24 pectora
curas; 1, 495 und Aetn. 69 sidera coeli; 1, 875 und Aetn. 264 arva coloni, weil sie
auch sonst häufig vorkommen.

[2]) Die Konjektur laevus wurde dadurch veranlafst, dafs man dextera örtlich
nahm; es ist jedoch im Sinne von „hilfreich" zu fassen und dexter zu Mars zu
ergänzen; vgl. Actn. 4 dexter mihi venias, carminis auctor. Das örtliche Verhältnis wird durch das folgende utrimque veranschaulicht.

zurückgeht, als hier wie dort vom Gigantenkampfe die Rede ist. Endlich erweist sich die Claudian. carm. min. append. 2 Koch stehende
ganz ungewöhnliche Wendung Alcides m i h i c a r m e n e r i t als Nachahmung von Aetn. 1 Aetna m i h i .. c a r m e n e r i t. [1])

Freilich beweisen die zuletzt angeführten Parallelen keineswegs
die Autorschaft Vergils; aber sie beweisen, daß mehrere Schriftsteller,
denen die Sprache Vergils zum Vorbilde gedient hat, auch im Ätna
belesen waren und aus demselben sich unwillkürlich doch wohl deshalb Wendungen aneigneten, weil er ihnen als opus Vergilianum geläufig war. Letzteres gilt besonders von dem der Zeit Vergils so nahe
stehenden Manilius. Entschiedener spricht für Vergil als Verfasser die
in der Sprache des Ätna vielfach zu Tage tretende Verwandtschaft
mit s ä m t l i c h e n Werken des Dichters, auch mit dem Catalepton,
noch wichtiger ist die Donatstelle, weil eine dort mitgeteilte, von Vergil
häufig ausgesprochene Sentenz an einen im Ätna vorkommenden Ausruf lebhaft erinnert; am meisten aber spricht dafür die ursprüngliche
und ungekünstelte Sprache des Gedichtes, der ein mit den besten Vorbildern vertrauter Imitator ein ganz anderes Gepräge gegeben hätte.

Speier. F. W a l t e r.

Neues zur Bedeutungslehre.

Lange hat die Philologie einer so wichtigen Erscheinung des
Sprachlebens wie dem Bedeutungswandel nur gelegentlich Aufmerksamkeit geschenkt. Dem früheren Philologen ist eben die Sprache
mehr als Werkzeug schriftstellerischer Thätigkeit denn in ihrem eigenen
Leben interessant gewesen. Erst seitdem die Sprache an sich als ein
wunderbarer, sich stetig fortentwickelnder Organismus begriffen war,
seitdem man erkannt hatte, daß das Alltägliche an ihr ebenso Interesse
verdiene wie ihre Handhabung durch einzelne Meister, seitdem eine
wirkliche Sprachwissenschaft gefordert wird, nicht mehr bloß Grammatiken, die dem Verständnis der Schriftsteller dienen sollen, erst
seitdem hat man auch der Entwicklung der Wortbedeutungen mehr
Aufmerksamkeit geschenkt.

Die alten griechischen Grammatiker, vor allem Aristarch, waren
mit Sorgfalt darauf bedacht, an einzelnen Stellen oder bei ganzen
Schriftstellern ungewöhnliche Bedeutungen festzustellen. Aber abgesehen davon, daß ihr Zweck dabei rein exegetisch ist und nur das
vom Gewöhnlichen Abweichende sie interessiert, fehlt ihnen der Sinn
für den geschichtlichen Zusammenhang, für die Entwicklung der Bedeutungen; manchmal halten sie, indem sie von der zu ihrer Zeit
gangbaren Bedeutung ausgehen, gerade die ursprüngliche für eine
Entartung derselben. [2]) So bewahrheitet sich auch hier, was v. Wila-

---

[1]) Andere Imitationen des Ätna im Claudian hat Birt zu carm. min. 17
und rapt. I, 173 nachgewiesen.

[2]) Z. B. lesen wir im schol. A zu Θ 439 Οὐλυμπόνδε δίωκε die auf Aristarch
zurückgehende Bemerkung: κυρίως διώκειν λέγεται, ὅταν προφεύγῃ τις· νῦν δὲ

mowitz (Homer. Unters. S. 386) über Aristarch sagt: „Was ihm fehlte,
der gesamten alexandrinischen, also der gesamten antiken Philologie
fehlte, war das historische Verständnis."

Auch in der neueren Philologie ist, bevor man noch von Bedeutungslehre sprach, viel semasiologischer Stoff behandelt worden,
wie dies ja nicht anders möglich ist. Aber diese Untersuchungen
segelten unter anderer Flagge, besonders der der Exegese, Etymologie,
Lexikographie, und außerdem fehlte ihnen eben doch meistens die
historische Auffassung alles Geisteslebens, die, auch als sie bereits
proklamiert war, doch nur allmählich die Studien durchdrang.[1]

Unter den klassischen Philologen hat die Wichtigkeit einer Bedeutungslehre zuerst klar erfaßt und den Grund dafür gelegt F. Heerdegen. Dessen Verdienst liegt vor allem darin, daß die Bedeutung
der Sache auch für die einzelsprachliche Forschung erkannt, die neue
Disziplin von anderen losgelöst und auf eigene Füße gestellt wurde,
daß ferner mit Entschiedenheit der historische Standpunkt als der
allein wissenschaftliche für die Betrachtung des inneren Lebens der
Wörter geltend gemacht und an Beispielen erprobt wurde. Im Vorder-
grunde steht dabei das praktische Interesse der philologischen Verarbeitung des Sprachstoffes, doch nicht in dem Grade wie bei Zacher
(Verb. der Görlitzer Philol.-Vers. 1889, S. 49 ff.), der hiefür gar keine
bestimmten Prinzipien für nötig hält. Wie wünschenswert aber diese
Verarbeitung des Wortschatzes nach historischer Methode ist, das mag
statt meiner ein Meister der Wissenschaft, v. Wilamowitz, sagen: „Wir
haben kein griechisches [und auch kein lateinisches!] Wörterbuch, das
der geschichtlichen Betrachtung die Führung überlassen hätte. Die Neigung, Gruppen, sei es etymologisch, sei es begrifflich verwandter
Wörter durch die Geschichte der Sprache zu verfolgen, ist wie es scheint
äußerst schwer zu erwecken. So erwächst dem einzelnen die in jedem
Einzelfalle zu wiederholende Aufgabe, sich gut oder schlecht das Material zur Beurteilung selbst zusammen zu holen, die Biographie des
Wortes, das ihn in irgend welcher Phase seines Lebens interessiert,
erst selbst zu schreiben."[2]

ἐπὶ τοῦ συντόνως ἐλαύνοντος. In Wirklichkeit ist das συντόνως ἐλαύνειν die Grundbedeutung.

[1] Der Mann, auf dem unsere historische Auffassung geistigen Lebens
ruht, Herder, schreibt in den „Fragmenten zur deutschen Literatur" (1767): „Ich
würde es als einen Beitrag zur griechischen und römischen Geschichte der Literatur
einem Manne von Philologie, Geschichtskenntnis und Geschmack empfehlen, der
Metamorphose genau nachzuspüren, die im Griechischen die Worte: ἀνήρ, ἄνθρωπος,
ἀγαθός, καλός, φιλόκαλος, καλοκάγαθος, κακός, ἐπιχειρἀγαθος (Druckf. ?), im Lateinischen: vir, homo, bonus und melior und optimus, honestus, pulcher und
liberalis, strenuus und dergleichen Nationalnamen erlitten haben, die die Ehre
oder Schande ihres Zeitalters waren, und sich mit demselben änderten." (W. z.
schön. Lit. u. K. Tüb. 1805. II 85.) Herder würde sich auch heute vergeblich nach
einer Geschichte dieser Begriffe umsehen.

[2] Isyllos von Epidauros S. 107. — Vergl. auch Euripides Herakles, erki. v.
U. v. Wilamowitz[1] II 253 „ . . . die Atticisten wissen sich nicht zu helfen, weil
eine historische Entwickelung der Wortbedeutung ihnen so ferne lag wie den
heutigen Lexikographen."

So viel aber auch schon über den Gegenstand verhandelt worden ist, so ist die Forschung doch noch nicht recht in Flufs gekommen. Neue Arbeiten auf diesem Gebiete sind daher schon durch ihr blofses Dasein erfreulich, als Zeichen des wachsenden Interesses für die Sache; doppelt erfreulich aber sind sie, wenn sie wirkliche Förderung bringen, wie zwei an sich ganz verschieden geartete Erscheinungen der jüngsten Zeit: ich meine Reissingers Arbeit „Über Bedeutung und Verwendung der Präpositionen ob und propter im älteren Latein" (Gymn.-Pr. Landau 1897) und Stöckleins Schrift „Bedeutungswandel der Wörter. Seine Entstehung und Entwicklung. Ein Versuch." (München 1898. Lindauer.) [1]

So eng begrenzt das Thema von Reissingers Untersuchung ist, so wird sie doch jeden, der Sinn für Sprachforschung hat, anziehen durch die Sauberkeit der Methode, die klare, erschöpfende Darstellung, die sicheren Ergebnisse.

Die Grundbedeutung von ob ist örtlich: „entgegen, nach — hin" (z. B. Enn.: ob Romam noctu legiones ducere coepit). Diese ist frühzeitig abgestorben und hat sich nur in einigen Wendungen (wie obviam, ob oculos) erhalten, während sonst hauptsächlich adversus den Begriff ausdrückt. Wie ist nun aus dieser Bedeutung die kausale „wegen" hervorgegangen? Schritt für Schritt führt uns der Verf. vorwärts. Zunächst bezeichnet ob bei Handelsgeschäften oft den Gegenwert; wie sinnlich das gedacht ist, zeigt Ter. Phorm. 661 Ager oppositus pignori ob decem minas est „der Acker ist als Pfand gestellt gegen 10 Minen". Leicht konnte sich daraus die Bed. „zur Vergeltung, als Gegenleistung" durch Übertragung auf andere Gebiete entwickeln (z. B. Plaut. Merc. 907 Opta ergo ob istunc nuntium quidvis tibi). Wie gering von da der Schritt war zur rein kausalen Bedeutung „wegen", zeigt z. B. der Satz Dic ob haec dona, quae ad me miserit, me illum amare (Plaut. Truc. 589).

Die noch bei Cicero als eine Formel feierlichen Kurialstils öfters vorkommende Wendung ob rem publicam (z. B. mortem obierant) leitet R. nicht von der kausalen Bedeutung her, sondern direkt von der Grundbedeutung: entgegenkommend, zum Besten, im Interesse (ob rem so bei Plaut. und Ter.).

Gerade weil ob schon frühzeitig in der Sprache des Lebens verkümmerte, ist es ein gutes Beispiel für gewisse Vorgänge der Sprachgeschichte, wie für die Substitution, d. h. den Ersatz für Abkommen-

---

[1] Von sonstigen semasiologischen Erscheinungen der letzten Zeit — bis Juli 1898 — seien erwähnt: Bréal, Essai de Sémantique (Science des significations), Paris 1897, ein Buch, das für den deutschen Semasiologen nichts wesentlich Neues bringt (vgl. O. Hey im Arch. f. lat. Lex. X 551 ff.); G. Blumschein, Über Übertragung und Entwicklung von Wortbedeutungen. Progr. d. Oberrealschule Köln 1897; K. Scheffler, Das etymologische Bewufstsein mit bes. Rücksicht auf die nhd. Schriftspr. I. Progr. d. N. Gymn. in Braunschweig 1897 (S. 13 ff. Trübung des etymolog. Bewufstseins durch Bedeutungswandel); endlich die kürzlich erschienene 3. Auflage von Herm. Pauls Prinzipien der Sprachgeschichte (Halle a. S. 1898), worin Kap. IV „Wandel der Wortbedeutung" nicht unwesentlich verändert und erweitert ist.

des, ferner für das Fortleben in festen Redensarten, für das Wieder-
aufleben bei Schriftstellern mit archaistischem Stil (in diesem Fall zuerst
bei Sallust). Auch ist der Beweis erbracht, daß eine Rekonstruktion der
Bedeutungsentwicklung oft selbst dann möglich ist, wenn diese in den
ältesten Sprachdenkmälern schon so gut wie abgeschlossen vorliegt.

Propter ist weniger interessant, da es eine sehr einfache Bedeutungsentwicklung hat. Ursprünglich bezeichnet es das Nebeneinander zweier Gegenstände, dann, was sehr nahe liegt, die Beeinflussung
des einen durch den anderen. Ein gutes Beispiel des Überganges ist
Plaut. Rud. 127 nam ego propter eiusmodi viros vivo miser „zusammen
mit solchen Männern bin ich unglücklich", d. i. „sie sind schuld daran,
daß . . ." Die ältere Bedeutung stirbt allmählich ab (Cäsar hat propter im lokalen Sinn bereits nicht mehr); iuxta tritt dafür ein.

Die vielfach angenommenen synonymischen Unterschiede zwischen
ob und propter werden durch R.s Untersuchung hinfällig. Propter
ist eben ganz in gleichem Sinn an die Stelle des selten gewordenen
ob getreten. Ein Beispiel, daß die Synonymik leicht irrt, wenn sie
nicht, bevor sie die Vergleichung der Wortbedeutungen unternimmt,
deren Geschichte erforscht hat. Da dies aber noch wenig geschehen
ist, so ruhen die Synonymiken auf unsicherem Grunde.

Auch für Textkritik, Etymologie [1]), Syntax und Stilistik fällt bei
der Untersuchung gar manches ab.

Natürlich denkt niemand daran, für jedes wichtigere lat. Wort
eine ähnliche Behandlung zu fordern, wie sie R. für ob und propter
gegeben hat. Aber notwendig sind ausgeführte Beispiele, die als
Muster dienen können für Wortgeschichten, wie sie der geplante Thesaurus linguae Latinae in zusammengedrängter Form erwarten läßt.

Macht R.s Arbeit einen rein philologischen Eindruck, so erscheint
Stöckleins Untersuchung mehr wie ein Stück angewandter Psychologie.
Einen Vorläufer derselben haben wir in seinem Dillinger Programm
von 1895 „Untersuchungen zur Bedeutungslehre".

St. beginnt mit dem Satze: „Zum Verständnis des Bedeutungs-
wechsels eines Wortes kann man nur dadurch gelangen, daß man das
Wort in seinem Leben im Satze, also in seinen verschiedenen Verbindungen und Anwendungen kennen lernt." Denn „streng genommen
knüpft sich fast in jeder neuen Satzverbindung eine andere Nuance
der Bedeutung an das Wort" (S. 11). Abstrahieren wir aus den von
St. gegebenen Beispielen das Wesentliche: wie wir in Wirklichkeit nicht
Begriffe von Dingen, z. B. einen Tisch an sich, vor uns haben, sondern Gegenstände mit besonderen Eigenschaften, die wir uns weg-
denken müssen, um zu dem Begriffe zu gelangen, so werden auch im
Zusammenhang der Rede nur Vorstellungen von solchen bestimmten
Einzeldingen geweckt. Aber auch von diesen tritt (wenn es sich nicht
um einfache Dinge handelt) je nach dem Zusammenhang bald die eine,
bald die andere Seite mehr ins Bewußtsein. „Das Wort ist also

---

[1]) Ansprechend ist z. B. die S. 52 für officium gegebene Ableitung von officere
und ihre Erklärung. Bekanntlich hatte man officium auch aus opificium erklärt.

nicht einem toten Begriffe mit unwandelbaren, festen Grenzen identisch, sondern es ist flüssig und beweglich, indem es sich an den jeweiligen Zusammenhang anschmiegt."

Thun wir nun aber der Sprache Gewalt an, wenn wir einmal von dem verschiedenen Zusammenhang absehen und den Begriff, den ein Wort ausdrückt, rein darzustellen suchen? wenn wir in den Fluß der Wortbedeutungen eingreifen und Grenzen setzen? Das ist ohne Zweifel eine logische Abstraktion. Aber sie wird nicht erst von der Reflexion des Beobachters vollzogen; unreflektiert leben diese Begriffe in uns und ermöglichen uns erst die richtige Anwendung eines Wortes und die Bildung von allgemeinen Urteilen. Was der menschliche Verstand unbewußt erzeugt, muß die Wissenschaft mit klarem Bewußtsein reproduzieren.

Die Sache wäre nun noch einfach, wenn jedes Wort nur eine Bedeutung hätte; so aber sind die meisten mehrdeutig, und zwar gibt es sowohl ein Nacheinander als ein Nebeneinander von Bedeutungen. So notwendig hier bei aller Beachtung der Übergänge das Abgrenzen derselben ist, so ist es doch, auch abgesehen von dem oft mangelhaften Material, im einzelnen eine heikle Sache, die Takt und geschultes Sprachgefühl erfordert, häufig auch gar nicht möglich, so wenig die Grenzen zwischen Begriffen überall scharf bestimmt sind. Prinzipiell und methodisch wichtig ist dabei die Unterscheidung zwischen der wechselnden Verwendung des Wortes im Zusammenhang der Rede und dem festen Kern seines begrifflichen Gehaltes, oder, um Ausdrücke H. Pauls zu gebrauchen, zwischen occasioneller und usueller Bedeutung.

Stöcklein betont diese Seite der Sache weniger, weil ihm vor allem daran liegt, für den Satzzusammenhang einzutreten. Er bedient sich aber der erwähnten Ausdrücke H. Pauls (Heerdegen sagt kurz „Verwendung" und „Bedeutung"), und das Kriterium der usuellen Bed. ist auch ihm, daß gewisse Vorstellungen auch ohne den Zusammenhang in einem Worte auftauchen (S. 12); auch er spricht von „ausgeprägten" Bedeutungen (S. 14). In der That schließen sich beide Betrachtungsweisen nicht aus, sondern ergänzen sich notwendigerweise.

Hervorgehoben wird von St. auch, daß jedes Wort ein eigenartiges Wesen ist, sich durch die ihm eigentümlichen Verbindungen im Satze individuell entfaltet,[1] daß erst der reflektierende Verstand Wörter von ähnlicher Bedeutung als „Synonyma" zusammenfaßt; jedes Wort gehe seine eigenen Wege (S. 7). Daher erkläre sich die bekannte Thatsache, daß Wörter von gleichem Stamme so oft in der Bedeutungsentwicklung nicht gleichen Schritt halten. St. geht mir hier zu weit. Er selbst weiß ja recht wohl, daß die Bedeutungen nur vielfach ohne Rücksicht auf das verwandte Wort sich festsetzen (S. 9); ferner beeinflussen sich auch nicht stammverwandte Wörter in ihrem

---

[1] „Von diesem Standpunkt aus leuchtet auch ein, warum so wenige Wörter einer Sprache sich mit den Wörtern einer fremden Sprache vollkommen decken." (S. 7.) Vor allem doch deshalb, weil verschiedene Völker die Dinge verschieden anschauen, also in der Regel nicht die gleichen Begriffe durch Worte bezeichnen.

Bedeutungsleben gar mannigfaltig: dem äufseren Klang nach (Volks-
etymologie!), aber gewifs auch ihrer begrifflichen Ähnlichkeit oder
Gegensätzlichkeit nach; übrigens gibt es auch Beeinflussungen zwischen
verschiedenen Dialekten und Sprachen.[1] In allen diesen Fällen kommt
der Satzzusammenhang nicht, oder doch wenigstens nicht in erster
Linie, als agens in Betracht.

Nachdem an einer Reihe von Beispielen nachgewiesen ist, wie
ein Wort dadurch, dafs es oft in einem bestimmten Zusammenhange
wiederkehrt, sich allmählich in seiner Bedeutung verändert, tritt ein
neuer Begriff auf, der von da an die Ausführungen beherrscht: die
Adäquation. Was versteht St. darunter? Ein Beispiel (S. 31). πρέσβεις
bedeutet zuerst die Alten. Zu Gesandten nahm man vorzugsweise Männer
gereiften Alters, und man bezeichnete sie auch in dieser Funktion einfach als πρέσβεις. Zunächst traf diese Bezeichnung an dem Objekte nur
das Nebensächliche; die Hauptsache, der politische Auftrag, war nicht
ausgedrückt. Aber sie glich sich allmählich mit dem aus, was unter dem
Objekt wirklich verstanden wurde. So wurden „die Gesandten‚“ die
Hauptvorstellung, die ursprüngliche Vorstellung vom Alter trat als neben-
sächlich zurück. Diese Anpassung eines Wortes, diese Ausgleichung
zwischen den Vorstellungen, die zunächst in dem Worte liegen, und
denen, die sich an das Objekt knüpfen, heifst St. Adäquation.
Mit diesem Begriffe ist ein wichtiger Vorgang des Sprachlebens zusammengefafst und glücklich bezeichnet. Manche bereits von anderen
besprochene Erscheinung ordnet sich diesem Begriffe wie von selbst
unter und tritt damit in einen gröfseren Zusammenhang. Es ist
z. B. eine bekannte Thatsache, dafs die Namen der Dinge ursprünglich
nur eine einzelne Eigenschaft bezeichnen; so ist caelum ursprünglich
nur das Gewölbte, „Gold“ das Gelbe. Der Trieb nun, „unter dem
Worte sich das ganz vorzustellen, was damit blofs angedeutet ist“,
ist eben das, was St. Adäquation nennt. Nicht zu vergessen ist, dafs
dieser Trieb auf dem Bedürfnis einer sprachlichen Bezeichnung
beruht.

Vielfach erörtert und mit Beispielen belegt ist bereits der Bedeutungswandel infolge Euphemismus und das durch ihn bewirkte
Herabsinken der Wörter, die als Ersatz für die eigentlichen Bezeichnungen gebraucht werden, so dafs immer wieder neue Euphemismen
notwendig werden. Auch dieser Vorgang erklärt sich als Adäquation:
„Die Vorstellungen, die sich an das Objekt knüpfen, gehen in die
Wortbedeutung über, auch wenn sie von Anfang an nicht darin lagen.
Auf die Beschönigung des Ausdrucks folgt die Reaktion, indem sich
das Wort an das Objekt adäquiert. Die Sprache rächt sich gleichsam
dafür, dafs man ihr Gewalt anthun und für den Gegenstand nicht
den rechten Namen setzen wollte“ (S. 46 f.).

---

[1] Einiges bei Fr. Schroeder, Zur griech. Bedeutungslehre (Progr. Geb-
weiler 1893) S. 14 f., bei K. Schmidt, Die Gründe des Bedeutungswandels
(Progr. des k. Realgymn. Berlin 1894), in dem Kapitel „Beeinflussung“, und in m.
Aufsatz in diesen Blättern XXXII 208, 212 ff.

Wenn oft zahmere, verhüllende Ausdrücke gewählt werden, so greift man anderseits häufig zu verstärkenden oder übertreibenden, und auch hier tritt eine Entwertung ein, indem sich die Ausdrücke an den realen Verhalt adäquieren. „So haben die Superlative vielfach an Kraft verloren, und der Positiv besagt oft mehr als der Superlativ..... Wenn jemand behauptet: 'das hat er gewifs gestohlen, sicherlich, jedenfalls', so will er offenbar mit diesen Adverbien zunächst seine Aussage verstärken. Jetzt aber ist es dahin gekommen, dafs die einfache Behauptung 'das hat er gestohlen' mehr gilt als jene Versicherungen. Die Wahrheit ist einfach und nackt; was der Versicherungen bedarf, scheint nicht so fest zu sein: dieses Gefühl hat der hörende Teil" (S. 48). Als Beispiele werden u. a. angeführt „wohl", „fast" (zu „fest" wie ferme zu firmus), „ganz", das als Adverb vielfach den Ausdruck nicht sowohl steigert als mildert (Übersetzung mit quidam!) [1]). Solche Übertreibungen, wodurch die Ausdrücke sich entwerten, finden sich in der Volkssprache, auf die St. besonders hinweist, kaum mehr als in der Sprache der Gebildeten, namentlich da, wo ein lebhafteres Temperament herrscht. Es gibt Gegenden Deutschlands, wo z. B. Ausdrücke wie „entzückend, selig, unglücklich, rasend" in der gebildeten Gesellschaft stark abgenützt sind.

Wenn man bisher von erstarrten oder gar fossilen Metaphern, von verblafsten, zum reinen Begriff gewordenen Bildern gesprochen hat, mit denen die Sprache ja bekanntlich durchsetzt ist, so sind das für St. wiederum Beispiele von Adäquation: „Das Bild, welches zuerst noch die Hauptvorstellung ausmachte, tritt zurück; man stellt sich immer mehr unter dem Namen das Objekt selbst vor." St. erwähnt hier auch die oft besprochene Thatsache, dafs die Ausdrücke für Geistiges ursprünglich sinnlich Wahrnehmbares bezeichnen. Freilich wird das Geistige nicht immer so benannt auf Grund einer sich dem Geiste aufdrängenden Ähnlichkeit, so dafs man von Metapher sprechen könnte; oft wird es auch benannt nach der Äusserung, mit der es in die Welt der Sinne tritt. φοβεῖσθαι heifst bekanntlich bei Homer fliehen, später fürchten. Andere Beispiele in diesen Blättern XXX 716. Die Übergänge sind noch genauer darzustellen.

Auch die Fremdwörterfrage wird vom Gesichtspunkt der Adäquation aus gestreift (S. 32 f.). St. weist den Einwand zurück, der häufig auch gegen einen gemäfsigten Purismus erhoben wird: dafs nämlich die deutschen Ausdrücke, welche die fremden verdrängen sollen, vielfach nicht so bezeichnend seien. Er sagt: „Undeutlich sind diese Wörter nur in den Fällen der ersten Anwendung. Und die dafür gebräuchlichen Fremdwörter sind da nicht minder undeutlich

---

[1]) Auch ταχύ = vielleicht wird erwähnt. Gemeint ist τάχα, das bei Homer noch „bald" bedeutet. — μύριοι (S. 51) hatte sicherlich als Grundbedeutung die unbestimmte einer sehr hohen Zahl. Als man es für die bestimmte Zahl 10000 gebrauchte, hat man in der alten Bedeutung μυρίοι betont, wenn nicht erst die Grammatiker, die so gerne nach Accenten differenzierten, so unterschieden haben. Bei Homer findet sich nur die unbestimmte Bed., für 10000 sagt er δεκάχιλοι (Ε 860).

gewesen; ihre erste Bedeutung war ebenso unbestimmt." In vielen
Fällen ist aber ein wesentlicher Unterschied vorhanden, den St. im
Folgenden selbst berührt. Die Fremdwörter kommen meist als fertige
Bezeichnungen auf und haben für die große Menge der Redenden
eben keinen andern Sinn, während die deutschen Ausdrücke, wenn
sie nicht besonders gebildet werden, schon andere Vorstellungen erwecken, also sich schwerer dem neuen Begriff adäquieren. Das Wort
conducteur z. B. ist im Franz. nicht minder unbestimmt als unser
„Schaffner", aber dieses Wort ist für uns zunächst mehrdeutig gewesen, jenes gleich eindeutig, weil es nur in der einen Bedeutung
herübergenommen ist. Wenn nun doch auch in solchen Fällen die
einheimischen Bezeichnungen sich halten oder gar das Feld behaupten,
so kann dies verschiedene Gründe haben, z. B. den Reiz der Neuheit,
die bequeme Kürze („Rad" gegenüber „Velociped", „Draht" gegenüber
„Telegraph"), die amtliche Benennung („Schaffner").

In den zwei letzten Kapiteln steht die Adäquation nicht mehr
im Mittelpunkte; St. hat hier in zwangloser Folge seine Beobachtungen
über verschiedene Fragen der Bedeutungslehre niedergelegt, und auch
hier finden wir mancherlei Belehrung. Wenn er gegen Hecht eine
Verschiedenheit der Bedeutungen auch nach Dialekten (s. S. 74)
annimmt, so hat er selbstverständlich recht; wäre es doch wunderbar, wenn sich die mundartlichen Besonderheiten nicht auch auf den
begrifflichen Gehalt der Wörter erstreckten. Deutsche Beispiele sind
jedem, der Mundarten beobachtet hat, zur Hand; auch im Griechischen
finden sich genug, und es wäre lohnend, die Dialektforschung auch auf
dieses Gebiet mehr auszudehnen. ἕρπειν war im dorischen Dialekt einfach „gehen", ῥάκος bezeichnete attisch den Lumpen, lesbisch (βράκος)
ein kostbares Kleid[1]); bei den Böotern lebte ἀγών in seiner Grundbed.
„Versammlungsplatz" fort, die sonst der jüngeren Bed. „Wettkampf"
gewichen war (schol. Ven. B zu Hom. Ω 1).

Stöcklein hat durch genauere Verfolgung des seelischen Prozesses
bei verschiedenen Arten des Bedeutungswandels die semasiologische
Forschung entschieden gefördert. Von den vielfach, besonders von
H. Paul und Heerdegen, angewandten sog. logischen Kategorien
hält St. sichtlich nicht viel, obwohl er öfter z. B. von allgemeinen und
speziellen Bedeutungen spricht. Jener Ausdruck klingt bedenklich in
sprachwissenschaftlichen Untersuchungen. Aber nicht um die regulie-
rende Logik handelt es sich hier, sondern um die beschreibende, welche
die Möglichkeiten der Gedankenverbindung und ihre Resultate untersucht, also sich nahe mit der Psychologie berührt. Ich bin nicht der
Ansicht, daß, was man bisher an logischen Kategorien aufgestellt hat,
schon genügt; sollte es aber nicht gelingen, die Wege des Bedeutungswandels einmal auf eine Anzahl von Kategorien zurückzuführen, welche
die thatsächlichen geistigen Vorgänge kurz zusammenfassen? Der
Wert dieser Kategorien wäre nicht größer und nicht geringer als der

---

[1]) Diese zwei Beispiele entnehme ich dem eingangs erwähnten Vortrag von
K. Zacher.

von syntaktischen Begriffen, die uns auch nicht der Pflicht entheben, feinere Unterschiede zu machen und nach dem Warum zu fragen. Die Bedeutungsverengung (Spezialisierung, Determination) halte ich für die am besten begründete von den bisherigen Kategorien; um so weniger verstehe ich Stöckleins Mißtrauen, der „nur mit Zaudern noch einen kleinen Teil von Bedeutungsveränderungen als Determination gelten lassen" will (S. 61). Mir sind bei Untersuchungen über die Bedeutungsgeschichte griechischer Wörter, die ich noch zu veröffentlichen hoffe, gerade von reiner Spezialisierung viele Fälle vorgekommen.[1]) Über diese und andere Fragen gedenke ich mich bei dieser Gelegenheit ausführlicher zu äußern, als es hier im Rahmen eines Aufsatzes möglich wäre.

Die Gründe des Bedeutungswandels treten in Stöckleins Schrift gegenüber dem Wie der Entwicklung etwas zurück. S. 12 spricht er davon, daß das Wort „sich an den jeweiligen Zusammenhang anschmiegt" und sagt dann: „Darin liegt der Grund, warum es sich in seiner Bedeutung verändert." Es gibt nun zwar genug Fälle, wo durch stehende Ausdrücke auf ein Wort etwas von anderen übergeht, wie z. B. im Franz. rien von ne gewissermaßen angesteckt worden ist; hier mag man den Zusammenhang den Grund des Bedeutungswandels nennen. Außerdem ist klar, daß bei jedem Bedeutungswandel das Wort anfangs nur durch den Zusammenhang — der freilich nicht bloß Satzzusammenhang ist, sondern durch die ganze Situation, Gebärden u. s. w. gegeben wird — in dem neuen Sinn verständlich ist; bei den meisten von St. gegebenen Beispielen wird auch nur diese eine Funktion des Satzzusammenhangs hervorgehoben oder stillschweigend angenommen. Der Grund aber, warum die neue Bed. sich befestigt, die treibende Kraft, ist in erster Linie der Anlaß, der sie überhaupt ins Leben gerufen hat. Denken wir z. B. an den Bedeutungswandel durch Euphemismus. Nicht nur die erste Anwendung wird von diesem bestimmt, sondern auch seine ganze Adäquation an den anfangs mehr verhüllten als bezeichneten Begriff, wie denn auch

---

[1]) Einige Beispiele sind in Kürze angeführt in diesen Blättern XXX 708 ff. Auffallendes bietet hierin das Neugriechische; vgl. ἄλογο Pferd, πετεινό Hahn, ὄρνιϑα Henne, ἀγελάδα Kuh. St. führt als Beispiele aus dem Griech. an, „wenn σεισμός sich auf Erschütterung der Erde beschränkt, oder wenn γράφειν speziell malen, τέμνειν speziell behauen (Stein) bedeutet." γράφειν, dessen Grundbed. „ritzen" ist, gehört nicht hieher. „Behauen" ist keine eigene Bedeutung von τέμνειν, sondern liegt von Anfang an im Begriffe des Wortes und löst sich auch nicht davon los. Wie reich ist aber das Griechische an wirklich schlagenden Beispielen! — St. scheint die genannten Wörter aus einer Zusammenstellung bei Hecht, Die griech. Bedeutungslehre, S. 51 ff. entnommen zu haben. Diese ist, wie hier bemerkt sein mag, nur mit Vorsicht zu benützen. Es fehlt sehr an Genauigkeit und Methode. So ist μέταλλον Steinbruch keine Weiterbildung von μέταλλον Bergwerk (auch ist jener Begriff gewiß nicht jünger als dieser), sondern das Wort bedeutet „Suchstelle" (μεταλλάω), Hecht dachte wohl an die spätere Bed. „Metall". Überhaupt sind Bedeutung und bloße Verwendung ungenügend unterschieden. μέτωπον ist nicht „Metope am Fries", sondern μετόπη, das keine Metapher ist. Was soll man sagen zu Angaben wie „ἀκτή schroffes Meerufer (Homer); ursprünglich ist die Bed. Schrot, Mehl"?

St. von e n r durch Euphemismus „veranlaſsten" Adäquation spricht
(S. 40).[1]) i e

Die Wichtigkeit des Zusammenhanges, der ihm doch vor allem
Satzzusammenhang ist, scheint mir St. zu überschätzen — theoretisch
wenigstens. Wenn er S. 6 sagt, daſs es ihm noch nicht gelungen sei,
die fundamentale Forderung der Beobachtung des Satzverbandes strenge
durchzuführen, so dürfte der Grund vor allem darin liegen, daſs er
zu viel von dieser Beobachtung erwartet hat. Weitere Untersuchungen
werden ja wohl volle Klarheit über diesen Punkt schaffen.

Da St. auch für solche schreibt, die sich über das ganze Gebiet
erst unterrichten wollen, so wäre auſser anderem eine Zusammenstellung der Literatur am Platze gewesen; was ist mit der Bemerkung
gedient, daſs sich diese „anderwärts verzeichnet findet"? St. hat sie
übrigens nicht so ausgenützt, wie man es wünschen möchte. In den Anführungen einschlägiger Arbeiten finden sich auffallende Ungleichheiten.

Es sei noch erwähnt, daſs St. seine Beispiele meistens der deutschen Sprache der Gegenwart entnimmt, die wir in ihrem Leben unmittelbar kennen und zu belauschen vermögen. Nur so war es ihm
möglich, so eingehend zu analysieren. Man könnte es bedauern, daſs
so wenige Beispiele geboten sind, die weite kulturhistorische Perspektiven eröffnen und dadurch mehr Interesse für die junge Disziplin bei
Fernerstehenden erwecken könnten; aber der Gewinn, der sich gerade
aus der Behandlung der aus dem alltäglichen Leben gegriffenen Beispiele
ergibt, ist wichtiger als alles andere.

Wir haben uns lange mit Stöckleins Schrift beschäftigt, ohne
doch auf alles Beachtenswerte eingegangen zu sein. Wenn der Verf.
im Nachwort den Wunsch ausspricht, daſs es auch ihm gelungen sein
möge, „die junge Disziplin einen Schritt weiter zu bringen", so hat er
das erreicht; seine Schrift bedeutet besonders nach der Seite der
psychologischen Vertiefung hin einen erfreulichen Fortschritt.

Augsburg.   R. T h o m a s.

---

[1]) Wenn ein bekanntes Turngerät gerade „Bock" benannt wurde (S. 74), so
geschah das vor allem, weil das Ding seinen Namen haben muſste; das B e d ü r f -
n i s überwiegt hier so, daſs man fast von einer willkürlichen Benennung sprechen
kann. St. sieht in solchen ersten Benennungen noch keinen Bedeutungswandel;
das sind sie auch nicht, aber der Ansatz dazu. Wenn nun jene Bezeichnung nicht
bloſs ein Ansatz zu einer neuen Bed. des Wortes „Bock" blieb, sondern durchdrang, so liegt der Grund in denselben Umständen, welche die erste Anwendung
bestimmten. In unserem Fall vollzog sich die Adäquation jedenfalls rasch: wer
mit dem Gegenstand bekannt wurde, erfuhr auch seinen Namen und gebrauchte
ihn von da an wie etwas Selbstverständliches. — Übrigens ist diese Benennung wohl
gar keine direkte Übertragung, sondern nach Analogie anderer Übertragungen
(man denke an das bekannte Gerät der Bauhandwerker) geschaffen.

Vom Neptuntempel in Paestum.

Das Königliche Staatsministerium des Innern für Kirchen- und
Schulangelegenheiten hat mir einen an die Osterferien anschliefsenden,
zehntägigen Urlaub zum Besuche italienischer Kunststätten bewilligt.
Möge es aus folgenden Zeilen nebst meinem Danke für die bewährte
Gunst den Beweis entnehmen, dafs der erteilte Urlaub dem angegebenen Zwecke entsprechend verwendet wurde. Es sind mir nämlich
bei Besichtigung des Neptuntempels in Paestum zwei Kleinigkeiten
— soweit man in solchen Dingen von Kleinigkeiten reden darf — auf-
gestofsen, die ich nirgends in Büchern erwähnt finde, und über die ich
mündlich, so viel ich mich erinnere, nie belehrt wurde, die aber vielleicht
doch der Aufmerksamkeit weiterer Kreise wert sind. Wer der Giebellinie am Neptuntempel aufmerksamen Blickes folgt, der bemerkt aufser
den Seitenkanten der einzelnen Decksteine zwei die Umrahmung weniger
auffallend unterbrechende, in die Fläche der Steine selbst einge-
grabene Einschnitte. Eine Entstehung durch Zufall, Auswitterung oder
dergleichen ist ausgeschlossen; sie bilden nämlich scharfkantige, in
einer Richtung von einer Langseite des Decksteines zur andern verlaufende Rinnen, etwa 5 cm breit, 10—15 cm tief, an der Innenseite
abgerundet, vielleicht nach oben sich etwas erweiternd; die Rille auf der
rechten Seite vom Beschauer ist möglicherweise etwas tiefer, als die
auf der linken. Um genaue Angaben machen zu können, müfste man
hinaufsteigen dürfen und können, wenigstens mit Messinstrumenten
ausgerüstet sein, die mir so wenig wie die erforderliche Zeit zu gebote
standen.

Es handelt sich nun zunächst darum, die Richtung dieser Rillen
festzustellen, und das ist so einfach nicht, als es an sich scheint; denn
die Seitenkanten der Steine sind nicht, wie man wohl glaubt und auf
schematischen Darstellungen sieht, senkrecht zum Boden, also der
Basis des Giebelfeldes oder zur Giebellinie, also ihrer Langseite, oder
in irgend einer Richtung auch nur unter sich parallel geschnitten,
sondern in den verschiedensten Winkeln, und diese Mannigfaltigkeit
bringt einen so verwirrenden Eindruck hervor, dafs es eine Leicht-
fertigkeit wäre, ohne weiters auf den ersten Blick eine Behauptung
aufstellen zu wollen, welche Richtung diese Einschnitte haben, und
ob sie unter sich parallel sind. Zur Feststellnng mufs der Vergleich
mit andern bestimmten Linien dienen, und dazu bieten sich die Säulen,
speziell die Seitenkanten ihrer Deckplatten dar. Wer diesen Vergleich
vornimmt, findet dafs die Rillen sich auf die inneren Kanten des
Abakus der zwei mittleren Säulen — also die der dritten von den
Seiten her — decken, deren Linien fortsetzen, also senkrecht zur Basis
gerichtet sind.

Diese Beobachtung zeigt uns weiter, dafs die Einschnitte beiderseits gleichweit von der Spitze des Giebels entfernt sind, eine Thatsache, die ausserdem nur durch Messung, nicht durch den Augenschein
festzustellen gewesen wäre; denn der mächtige, die Spitze bildende
Quader erstreckt sich auf der einen Seite weiter nach abwärts als

auf der andern, und es folgen auf ihn beiderseits schlmälere, ungleich
grofse Steine, durch die, selbstverständlich nicht durch deren Mitte, die
Vertiefungen verlaufen, sodafs bei der blofsen Schätzung des Abstandes
von der Spitze des Giebels leicht ein Irrtum möglich wäre.

Ist nun auf der Frontseite des Giebels Richtung und Lage der
Rinnen festgestellt, so genügt ein Blick zu zeigen, dafs auch auf der
Rückseite an den nämlichen Steinen in gleicher Weise die Vertiefungen
wiederkehren.

Es fragt sich nun, zu welchem Zwecke diese Einschnitte gemacht
wurden. An Röhren für den Wasserablauf ist natürlich bei der kurzen
Entfernung von der Spitze, an der Frontseite, bei der Unmöglichkeit
einer versteckten Fortsetzung nach unten nicht zu denken; ebenso
wenig an eine Vorkehrung zum Aufziehen der Steine, denn es wäre
unerklärlich, einmal warum gerade bei diesen verhältnismäfsig kleinen
Steinen die Vorrichtung sich finden sollte, während sie an allen andern,
oft viel schwereren fehlt; dann warum der Einschnitt nicht unter
Berücksichtigung des Schwerpunktes durch die Mitte des Quaders
geführt wäre; auch wissen wir, dafs die Alten anderwärts die Zugseile
festhielten nicht durch Längsschnitte an den Frontseiten, sondern durch
eingemeifselte Schlingen an den im fertigen Bau nicht mehr sichtbaren
Breitseiten. Eine andre Annahme ist, es möchten die höchsten Figuren
einer Giebelgruppe in diesen Einschnitten befestigt gewesen sein. Allein
für diese bestand hauptsächlich die Gefahr eines Sturzes nach vorne
durch irgend eine Erschütterung; gegen diese schützte der nach oben
in die Vorderwand eingreifende, selbst nur durch die Stuckverkleidung
festgehaltene Bolzen nur wenig oder nicht, der nach der Rückseite
sich ertreckende war bei seiner Länge der Möglichkeit des Abbrechens
viel eher ausgesetzt, als wenn er unmittelbar in die Rückwand des
Giebelfeldes eingriff: diese Befestigung war dann durch die Figur selbst
den Blicken entzogen, während die nach oben verlaufende immer mehr
oder weniger sichtbar blieb. Endlich widerspricht dieser Annahme
die Wiederkehr der Einschnitte auf beiden Seiten; Figuren hätte man
doch nicht an architektonisch bestimmten Stellen verankert, sondern
da, wo eben in der Figur sich leicht die Möglichkeit der Anheftung
bot; dafs diese Punkte hüben und drüben auf die entsprechenden
Stellen gefallen wären, hiefse einen wunderbaren Zufall voraussetzen.

Es bleibt noch übrig an das Mittelakroterium und seine Befestigung
zu denken; allein dieses wurde befestigt durch einen starken Zapfen,
der in einen tiefen Ausschnitt des mächtigen, die Giebelspitze bildenden Steinblockes sich einfügte. Dieser Ausschnitt ist noch am Neptuntempel sowie am Cerestempel in Paestum sichtbar, er erstreckt
aber nirgends bis an die Frontseite sondern nur von der Rückseite
bis etwa zur halben Breite des Blockes. Und so genügt er vollkommen
seinem Zweck; seine Tiefe schützte gegen Umwerfen durch Winddruck, seine eckige Beschaffenheit schlofs eine seitliche Drehung aus;
es war also eine Verklammerung der Enden an andern Steinen durchaus nicht notwendig. Anders stand es, wenn der Giebelschmuck über
den mittlern Säulenzwischenraum übergriff, was bei diesem prächtigen

Tempel nicht undenkbar erscheint, und wegen der übermäfsigen Gröfse
nicht aus einem Blocke gearbeitet war, sondern aus einem Mittelstück
und zwei seitlichen Fortsetzungen bestand. Für die Seitenteile lag
dann die Gefahr eines Abgleitens über die schrägen Flächen nahe.
Dieser würde man am leichtesten wie am Mittelstück vorgebeugt haben
durch einen Zapfen an der Unterseite, der in einen Ausschnitt im
tragenden Stein der Umrahmung gepafst hätte. Dem Winddruck, der
für die niedrigeren Flügel ohnehin nicht so sehr zu fürchten war,
würde man durch die Tiefe des Dübels und Länge des Zapfens leicht
haben begegnen können. Es war also auch für diesen Fall eine seitliche Verklammerung und damit eine — möglicherweise durch die
Stuckverkleidung immerhin noch erkennbare — Verunstaltung der
Frontseite nicht geboten. Es kann also auch diese Erklärung nicht
als eine zwingende anerkannt werden, und ich mufs die Lösung dieser
Frage einem findigeren Kopfe oder genauerer Beobachtung vielleicht
auch an andern Monumenten überweisen.

Am Stirnpfeiler der nördlichen Zellenwand lehnt auf die eine
Langseite gestellt ein eigentümlich geformter Steinblock etwa 2 m lang,
1 m breit. Das eine Ende der Langseite ist glatt behauen, etwa 60 cm
weit, dann biegt die Vorderseite in einem Winkel von etwa 25—30°
nach rückwärts beziehungsweise unten um; und es sind weiterhin nur
mehr die Ränder auf beiden Seiten etwa 10 cm breit, innen und
aussen abgerundet in der ganzen Länge gelassen, das Innere ist in 3
tiefe Rinnen und 2 diese trennende bis zur Oberfläche aufsteigende
dreieckige Wülste zerschnitten. Wer den Stein leichthin betrachtet,
der denkt wohl an Triglyphen oder etwas dergleichen, und wer den
Stein an seinen jetzigen Platz und in seine gegenwärtige Lage bringen
liefs, war jedenfalls auch dieser Meinung. Allein um die Irrtümlich-
keit dieser Annahme einzusehen, braucht man nicht weit zu suchen.
Was sollen an Triglyphen die Einfassung oben und unten, was soll
der schräge, ebene Ansatz? Dann sind bei den Triglyphen die aus
den Vertiefungen aufragenden Dreiecke gleichseitig und an der Spitze
abgestumpft, so dafs die Seitenflächen nicht aneinander stossen, sondern
einen abgerundeten Steg zwischen sich lassen. Hier aber sind die
Seitenflächen ungleich, schneiden sich unmittelbar, ohne Steg, und
zwar im rechten Winkel. Dieser rechte Winkel zeigt uns die richtige
Erklärung. Wir brauchen uns nur den Stein auf seine Rückseite
gelegt, mit der glattgehaltenen Breitseite an eine erhöhte Fläche, deren
Fortsetzung sie bildet, angeschlossen denken, so haben wir die 3 obersten
Stufen einer Treppe, die mit einem ebenverlaufenden Rande eingefasst
ist; die oberste Stufe bildet einen Podest, der mit der zu erreichenden
Erhöhung in einem Niveau liegt, eben auf diese überleitet. Die Stufen
haben bei einer Breite von etwa 75 cm, eine Höhe von 18 cm, eine
Tiefe von 30 cm, sind also bequem gangbar.

Es fragt sich nur, wohin die Treppe gehört. Von der Treppe,
die in der Nähe seines jetzigen Standortes zur Empore der Zelle
hinaufführte, kann der Stein nicht stammen. Denn abgehen davon,
dafs hier eine geringere Breite genügen mufste, hätte die seitliche

Umrahmung, bei dem Ausschlufs, an die Mauer gänzlich zwecklos, von dem geringen verfügbaren Raum unnötig ein Stück weggenommen. Es hat also der Stein weiter gegen die Mitte hingelegen und zu der Treppe gehört, die vom Umgang zum Zellenboden emporleitete und vor der Thüre mit dem Podest endete. Eine Probe würde das mit leichter Mühe ergeben.

Leider habe ich keine Aussicht, die mit der Erhaltung der Ruine betraute Behörde durch diese Zeilen zu veranlassen, dafs sie diese Probe macht, den Stein in die gehörige Lage versetzt und den Besuchern des Tempels nicht nur die Ersteigung der jetzigen 2 hohen Stufen erleichtert, sondern auch unnötiges Rätselraten erspart. Aber auch so ist die Beobachtung nicht ganz zwecklos, wir können aus ihr eine allgemeine Belehrung schöpfen. Durch die Theater und Amphitheater, wo den Sitzstufen eine Trittstufe von halber Höhe vorgelegt eine bequeme Treppe herstellt, verleitet, setzen wir die gleiche Einrichtung auch bei den Tempeln voraus, und es ist beispielsweise an der Glyptothek in München in dieser Weise der Aufgang hergestellt, nicht eben bequem und vor allem, wie jeder zugeben wird auch nicht gerade schön und des Gebäudes würdig. So war es nun beim Neptuntempel und wahrscheinlich bei den dorischen Tempeln allgemein nicht. Der Stufenbau sollte nur das Heiligtum von der Alltagswelt isolieren, das Haus des Gottes emporheben über den profanen Boden, auf die Menschen und ihre Bedürfnisse und Bequemlichkeit nahm man beim Tempelbau im ganzen keine Rücksicht. Für diese hat man sich nicht gescheut, eine kleine, schmale Treppe vorzulegen, die aber vom Stufenbau abgerückt wurde durch den Podest am Ende, die auch seitlich gegen ihn abgegrenzt wurde. So gedachte man, was dem Verkehr der Tempelbediensteten und Andächtigen diente, zu scheiden von dem, was dem Gotte selbst und seiner Würde bestimmt war und zukam.

München.   Cl. Hellmuth.

Fr. Beyschlag, Zu Sophokles' Antigone 1278—80.

Bei der Lektüre der Antigone erregt stets die harte Konstruktion der Verse:

1278 *EΞ. ὦ δέσποϑ', ὡς ἔχων τε καὶ κεκτημένος,*
1279 *τὰ μὲν πρὸ χειρῶν τάδε φέρων, τὰ δ' ἐν δόμοις*
1280 *ἔοικας ἥκειν καὶ τάχ' ὄψεσϑαι κακά*

Bedenken. Denn jenes *μὲν* (v. 1279) steht doch mit *δέ* (ibid.) auf gleicher syntaktischer Stufe, und trotzdem ist mit *μέν* das Particip *φέρων*, mit *δέ* das verbum finitum: *ἔοικας ἥκειν κτλ.* verbunden. Diese Bedenken gegen den v. 1279 werden noch durch die Wahrnehmung verstärkt, dafs nach dem Sprachgebrauch der Tragiker *πρὸ χειρῶν φέρων* nie einfach das heifsen kann, was v. 1258 *διὰ χειρὸς ἔχων* und v. 1297 *ἔχω μὲν ἐν χείρεσσι* ausdrücken soll, nämlich „auf, in, mit den Händen tragen". Sehe ich nämlich recht, so heifst *πρὸ χειρῶν*

φέρων bezw. ἔχων bei den Tragikern stets, wie πρόχειρον ἔχων, [1] „etwas zur Hand", „etwas bereit haben", um damit eine Handlung auszuführen, die überall ausdrücklich angedeutet wird:
Eurip. Iph. Aul. 36: δέλτον, ἥν πρὸ χειρῶν ἔτι βαστάζεις, ut tabellario dares (v. 1 et 111)
Eurip. Troad. 1207: πρὸ χειρῶν αἵδε .. φέρουσι κόσμον ἐξάπτειν νεκρῷ, ut mortuum ornent.
Rhes. 274: μάχας πρὸ χειρῶν καὶ δόρη βαστάζομεν, ut sine mora arma conseramus.
(μάχας καὶ δόρη = Hendiadys!)
Soph. fragm. 462a (Dind.): ὁρῶ πρὸ χειρῶν Πολυΐδου τοῦ μάντεως ... besagt, weil aus dem Zusammenhang gerissen, gar nichts. Ebenso wenig bedeutet Philostr. II, 114₂₄ (Kays.) τὸ βιβλίον πρὸ χειρῶν ἔχων etwas gegen den usus tragicorum, zumal da ibid. II, 123₁₇ sich die Lesart βιβλίον πρόχειρον ἔχων findet. Haben sich doch oftmals umgekehrt in die codd., auch des Sophokles, statt πρὸ χειρῶν gleich- oder ähnlich lautende Formen vom Adjektiv πρόχειρος eingeschlichen. Die Leichtigkeit dieser Substitution findet aber nicht nur in der Ähnlichkeit der Form, sondern auch in der Gleichheit der Bedeutung ihre Begründung.

Deshalb scheint denn v. 1279 unecht und die Lesung notwendig zu sein:

1278 ὦ δέσποθ', ὡς ἔχων τε καὶ κεκτημένος
1280 ἔοικας ἥκειν καὶ τάχ' ὄψεσθαι κακά,

wobei κακά, wie auch die Wortstellung andeutet, gemeinsames Objekt von ἔχων τε καὶ κεκτημένος und von ὄψεσθαι ist.

Der Bote spricht nach Botenart nur ganz dunkel andeutend; die Worte mit ihrem furchtbaren Inhalt sind absichtlich vom Dichter ebenso knapp gefaßt, wie die folgenden: 1297—8 oder El. 937, so daß Kreon sie zunächst nicht fassen kann, wie seine Frage beweist.

Jener unechte Vers aber sieht ganz darnach aus, als habe ihn ein späterer Leser oder Schauspieler nach einer Notiz am Rand, welche aus den v. v. 1297 und 1293 ἔχων τε καὶ· κεκτημένος (κακά) mit τὰ ἐν χερσίν, und τάχ' ὄψεσθαι κακά mit τὰ ἐν δόμοις erklären zu müssen glaubte, zu einem Vollvers zusammengezimmert und ziemlich unorganisch zwischen 1278 und 1280 eingeschoben.

Auch das dürftige schol. zu St.: ὡς τοῦ Κρέοντος τὸν παῖδα βαστάζοντος besagt für diesen Vers nur dies, daß dem sicher späten Scholiasten der Ausdruck πρὸ χειρῶν in seiner Bedeutung an vorliegender Stelle jedenfalls ungewöhnlich und erklärungsbedürftig erschien.

Durch den Auswurf dieses Verses aber gewinnen wir aufser der Beseitigung jener harten Konstruktion, die, wenn sie auch sonst nicht eben unerhört ist, so doch an unserer Stelle selbst von dem konservativen Wolff-Bellermann (Anh. z. St.) als Schwierigkeit anerkannt wird,

---

[1] Wie weit sich übrigens πρόχειρος schon zu Platons Zeiten von seiner ursprünglich sinnlichen Bedeutung: „vor Handen", „zur Hand befindlich" entfernt hat, zeigt Phaed. 61 B: οὓς προχείρους εἶχον καὶ ἠπιστάμην μύθους τοὺς Αἰσώπου, τούτους ἐποίησα, οἷς πρώτοις ἐνέτυχον.

noch die hübsche Symmetrie der Verse 1264—1283 und 1284—1305.
Diese hatte schon Heiland gefordert, wie ich aus Naucks Anhang
z. erkl. Ausg. ad v. 1281 ersehe, hatte ihr aber einen anderen u. z.
echten Vers: 1281 geopfert, der als solcher durch die Interpunktion:

τί δ' ἔστιν αὖ; κάκιον ἢ κακῶν ἔτι

sicher gestellt wird.

„Aber", könnte man mir einwerfen, „in jener Partie ist auch
durch die Athetese von v. 1279 noch keine volle Symmetrie erzielt;
denn die v. v. 1278—1283 sind in 3 Responsionen zerschnitten, während
die v. v. 1301—1306 nur einer Person in den Mund gelegt sind!" Ich
kann diesem Einwand nicht besser begegnen als durch den Hinweis
auf die Thatsache, dafs die klassische griechische Kunst überhaupt
nicht pedantisch gebundene Symmetrie, sondern freies Ebenmafs liebte.
Man vergleiche nur, um ein packendes Beispiel einzuführen, die Anordnung der Götterversammlung auf dem Parthenonfries, ein Meisterwerk des Phidias, wo die 2 Nebenfiguren Eros und Iris ein freies
Element in die sonst so herrliche symmetrische Disposition der 12 Haupt-
figuren bringen. Die griechische Kunst ist eben nicht Sklavin der Symmetrie, sondern vielmehr ihre Herrin. Dies zeigt sich auch in der
Literatur, wie ich z. B. für Xenophon an zahllosen Beispielen belegen
könnte. (cf. Breitenbach zu Xen. Mem. II, 1, 22).

Neustadt a. H.   Fritz Beyschlag.

____

Zu den Scholia Terentiana.

Zu Vers 812 (IV. 7,42) des Eunuch von Terenz:

novi ingenium mulierum:
Nolunt ubi velis, ubi nolis cupiunt ultro

hat Friedrich Schlee (Scholia Terentiana collegit et disposuit Fridericus
Schlee 1893 p. 109) folgendes Scholion drucken lassen:

42 ingenium mulierum] femineum callide, ubi bilem
exprimit feminarum in modum undantis fluminis
vel folii, quod venio movetur, huc et illuc ventilantium.

Da von der Veränderlichkeit und Launenhaftigkeit der Weiber
die Rede ist, sieht man nicht ein, wie der Begriff bilis hier passen
soll. Das Scholion mufs ursprünglich gelautet haben: callide mobile
exprimit feminarum usw. cf. Verg. Aen. IV, 569 Varium et mutabile
semper Femina.

Regensburg.   Karl Meiser.

II. Abteilung.

Rezensionen.

H. Ebbinghaus: Über eine neue Methode zur Prüfung geistiger Fähigkeiten und ihre Anwendung bei Schulkindern. Erweitert nach einem auf dem III. Internationalen Kongreſs für Psychologie zu München gehaltenen Vortrag. Hamburg und Leipzig. Verlag von Leopold Voſs. 1897. 62 S.

Bei Besprechung der Schiller'schen Schrift: „Der Stundenplan" habe ich schon die Versuche des bekannten Psychologen und Herausgebers der Zeitschrift für Psychologie und Physiologie der Sinnesorgane erwähnt. Sie verdienen aber entschieden mehr als eine bloſse Erwähnung. Seine Untersuchungen wurden veranlaſst durch den Breslauer Magistrat, der angesichts gewisser Wünsche und Klagen sich über den hygienischen Wert des vormittägigen wie des vor- und nachmittägigen Unterrichtes sichere Aufschlüsse verschaffen wollte. Nach drei Methoden wurde die Untersuchung geführt. Bei der Rechenmethode hatten die Schüler eines Gymnasiums und einiger Töchterschulklassen zu Beginn und Ende des Unterrichtes sowie zwischen den einzelnen Lehrstunden je zehn Minuten lang leichte Additions- und Multiplikationsaufgaben zu lösen. Bei der Gedächtnismethode hatten sie Reihen von 6—10 einstelligen Zahlen sofort nach dem Anhören der einzeln vorgesagten Zahlen aus dem Gedächtnis niederzuschreiben. Bei der Kombinationsmethode endlich wurden durchlöcherte Prosatexte vorgelegt, bei denen die fehlenden Wörter und Silben innerhalb fünf Minuten ergänzt werden muſsten. Aus dem Quantum des Geleisteten und der Zahl der Fehler ergab sich ein Maſs für die geistige Entwicklung und für die Ermüdung. Da diese Versuche eigentlich mehr Vorversuche waren zur Prüfung einer neuen Methode, so sind die gewonnenen Ergebnisse für die psychologische Frage noch recht gering. Trotzdem lieſsen sich schon überraschende Beobachtungen machen.

So blieben die Mädchen der drei untersten Klassen bei allen drei Proben hinter den gleichalterigen Knaben zurück, mit 15 Jahren aber sind sie ihnen gleich und dann zeigen sie eine raschere geistige Entwickelung. Für die Ermüdungsfrage lieferte nur die Kombinationsmethode, welche eine freiere, wichtigere Geistesthätigkeit darstellt, sichere Ergebnisse. Sie zeigte bei den unteren Klassen im Laufe des Vormittags mit groſser Regelmäſsigkeit rasche Abnahme der Arbeitsleistung gegenüber den mittleren und oberen, bei denen die Ermüdungswirkung sich noch nicht sicher feststellen lieſs. Auch über die Ermüdungswirkung der einzelnen Fächer lassen sich aus den Versuchen noch keine festen Schlüsse ziehen. Auffallender Weise erwiesen sich die sprachlichen Fächer als nicht so ermüdend wie die Realien, selbst wie das Zeichnen. Spätere, umfangreichere Untersuchungen können erst zeigen, ob hier ein Zufall vorliegt oder ein gesetzmäfsiges Verhältnis.

Überhaupt liegt der Wert dieser Arbeit von Ebbinghaus, der selbst wiederholt die allmählich erkannten Mängel bezeichnet und Verbesserungen vorschlägt, nicht sowohl in den Ergebnissen der Messungen als in der Diskussion der Methoden der Messung. Sie ist sicherlich als bedeutender Fortschritt zu betrachten, und es ist fraglich, ob noch eine wesentlich einfachere, den verschiedenen Seelenthätigkeiten in höherem Grade gerechtwerdende Mefsmethode sich finden lassen wird, die gleichzeitig auf grofse Massen anwendbar ist. Immerhin fordert auch sie gröfste Ausdauer und Selbstverleugnung des Experimentators wie thatkräftige Unterstützung von mehr als blofs einem verständnisvollen Mitarbeiter. Denn für einen allein wäre es fast ein Ding der Unmöglichkeit in absehbarer Zeit ein Material von ca. 30000 Beobachtungen, die sich bei einem Gymnasium von 700 Schüler mit täglich 7—8 maliger Probe in einer Woche ergeben würden, zu korrigieren, zu ordnen und zu verarbeiten.

Max Offner.

Sokrates und Pestalozzi, Zwei Vorträge bei Gelegenheit der Pestalozzifeier gehalten von Goswin K. Uphues, Prof. d. Phil. in Halle. Berlin, C. Skopnik, 1896.

Der erste Vortrag „Sokrates der Philosoph" ist nichts anderes als ein einfacher, allgemein verständlicher Abschnitt aus der Geschichte der antiken Philosophie; jedoch verdient die Auffassung Beachtung, dafs „Sittlichkeit und Religion dem Sokrates als etwas untrennbar Verbundenes galt und dafs er eine von der Religion losgelöste Sittlichkeit nicht kannte." Allein der vom Verfasser anfangs aufgestellte Zweck „eine Apologie seiner Lehre zu versuchen" ist nicht zur Ausführung gekommen.

Der zweite Vortrag „Pestalozzis Gedankenwelt" ist eine gute, warm empfundene Darstellung der pädagogischen Bedeutung Pestalozzis. Eigenartig und interessant ist die Heraushebung der philosophischen Geistesrichtung des grofsen Schweizers und ein Vergleich desselben mit Sokrates. Das im Vorwort zu beiden Vorträgen angeregte geheimnisvolle Interesse wird nicht befriedigt.

Pädagogische Aphorismen und Aufsätze von Dr. Max Banner. Leipzig—Frankfurt a. M., Kesselring'sche Hofbuchhandlung. 1 Mark.

Die 6 Aufsätze sind: 1) Die neue Methode des französischen Unterrichts. 2) Errungenschaften und Wünsche des höheren Lehrer-

standes. 3) Das Extemporale. 4) Unsere Realgymnasien. 5) Der neusprachliche Unterricht und die Phonetik. 6) Eine Schulreform in
Frankreich.

Die Aufsätze zeigen alle viel fachmännische Erfahrung und pädagogisches Urteil, aber im besonderen Grade müssen uns darunter jene
interessieren, worin der Gegensatz zum humanistischen Gymnasium
oder die modernste Richtung der Schulreform hervortritt. Dies zeigt
sich hauptsächlich in den Aufsätzen 1, 4 und 6. Das methodische
Verfahren im französischen Sprachunterricht wird abhängig gemacht
von dem Zwecke der modernen Sprachen in der Schule. Dieser Zweck
ist die freie Handhabung der Sprache im Sprechen und Schreiben.
Darnach muß auch die Lehrmethode sich richten, welche der Erlernung
der Muttersprache sich soviel als möglich annähern wird. Die Grammatik hat deshalb zurückzutreten, die Erwerbung und Handhabung
eines praktisch verwendbaren Wortschatzes ist anzustreben dadurch,
daß Sach- und Sprachunterricht sich decken. Also nicht Sprachbildung, sondern Sprachgewandtheit.

Der Verfasser sieht das Problem der modernen Pädagogik darin,
daß der Lehrplan des hum. Gymnasiums so umgestaltet wird, daß
es eine Vorbereitungsanstalt für die verschiedensten Berufe bleiben,
daß es eine humanistische und doch wieder moderne Bildungsstätte
sein kann. Einen dankenswerten Versuch zur Lösung dieser schwierigen
Aufgabe erkennt er in dem Reformgymnasium zu Frankfurt a. M.,
welches eine weitere Angleichung von Gymnasium und Realgymnasium
ist. Bezüglich des Gymnasiums ist zuzugeben, daß es die modernen
Bildungselemente notwendig in seinen Lehrplan aufnehmen muß, um
eine Anstalt für allgemeine Bildung zu bleiben; allein wir müssen das
oberste Prinzip festhalten, daß wir nicht Utilitätszwecke, nicht die
Zwecke des großen Geschäfts- und Handelslebens zu verfolgen, sondern
für die wissenschaftlichen Berufe vorzubereiten und deshalb in erster
Linie Geistesbildung, nicht Fertigkeiten anzustreben haben. Die Voranstellung der modernen Sprachen und insbesondere die Verdrängung
des Lateinischen hinter das Französische ist eine Verletzung unseres
humanistischen Prinzips und eine Konzession an die moderne Geschäfts-
und Handelsbildung, welche Gewandtheit im Rechnen und praktische
Sprachenfertigkeit für ihren internationalen Betrieb zu schätzen weiß;
unsere wissenschaftlichen Berufsarten sollen zwar diese Richtung des
modernen Lebens kennen, aber nicht ausüben.

Noch weiter scheint die realistische Richtung in Frankreich vor-
dringen zu wollen. Man will für die 5 unteren Klassen den gleichen
Lehrplan einführen, indem man den modern-sprachlichen Unterricht zur Basis macht. Von da ab soll eine Gabelung eintreten in
der Art, daß eine Abteilung der alten und eine der neueren Sprachen
gebildet wird, die sich in den übrigen Fächern wieder zusammen
finden. Das ist dem Frankfurter Muster nachgebildet. Die Gefährlichkeit dieses Reformversuchs für das humanistische Gymnasium zeigt
der Verfasser selbst, indem er sagt, daß, wenn beide Abteilungen die
gleichen Berechtigungen erhalten, den alten Sprachen der Todesstoß

versetzt ist, „denn unzweifelhaft wird die grofse Mehrheit nach Abschlufs
der modernen Vorschule für eine Fortsetzung dieses Bildungsweges
sich entscheiden, statt in die hellenisch-römische Abteilung einzutreten."
Diese Konsequenzen, die sich gegen den Willen der Reform von
selbst ergeben, müssen also die Unterrichtsverwaltungen veranlassen,
den Frankfurter Versuch der Gymnasialreform mit ernsten und skeptischen Augen anzusehen.

Schulausgaben pädagogischer Klassiker. Herausgegeben von Dr. Theodor Tupetz. A. Comenius, Orbis pictus.
70 Pf. Prag, Wien, Leipzig, Tempsky u. Freytag. 1896.
Heft 5.

Vorausgeschickt ist ein kurzer Abrifs vom Leben und Wirken
des A. Comenius. Die Stürme und Verfolgungen des 30jährigen Krieges
trieben ihn aus seiner Heimat, Ungarisch-Brod in Mähren. Aber dennoch fand er Mufse religiöse und pädagogische Schriften zu verfassen.
Von den letzteren sind die bedeutendsten „Die grofse Unterrichtslehre",
welche die Erlernung der lateinischen Sprache an einem nach sachlichen Gesichtspunkten zusammengestellten Lesebuch handhaben wollte,
indem Sprach- und Sachunterricht zusammenfiel. Denselben Gesichtspunkt befolgt der später erschienene, berühmt gewordene „orbis pictus",
die Welt in Bildern, der in dem vorliegenden Bändchen in seinen
interessantesten Teilen zum Abdruck gebracht ist.

Sprach- und Sachunterricht ist vereint, indem jedes Kapitel mit
einer Abbildung beginnt, woran sich eine Erklärung oder Schilderung
des Abgebildeten sowohl in lateinischer als auch deutscher Sprache
anschliefst. Comenius ist bestrebt, das gesamte Gebiet des menschlichen Denkens und Arbeitens der Jugend vorzuführen und damit den
Anforderungen einer allgemeinen Bildung zu genügen. Die Abschnitte
beginnen mit Gott und der von ihm geschaffenen Welt, er spricht
dann von den 4 Elementen. Die Beschreibung der Erde bringt dann
Belehrung über die Pflanzen, Mineralien und Tiere. Darauf behandelt
er den Menschen sowohl nach seiner körperlichen als auch nach seiner
geistigen Beschaffenheit. Daran schliefsen sich die Thätigkeiten der
Menschen im Hauswesen, im Gewerbe, Feldbau und Schiffahrt. Er
zeigt den Schulbesuch, die Studierstube und den Musikunterricht und
geht über zu den Wissenschaften: Philosophie, Geometrie, Geographie
und Astronomie. Darauf folgt Ethik, Weltklugheit und die Tugenden
des gesellschaftlichen Lebens. Den Schlufs bildet das sozial-politische
Leben mit dem Endziel alles Lebens und Strebens, nämlich der Religion.

Aufser dem pädagogisch-methodischen Interesse, welches das Buch
des Comenius erweckt, gibt es auch Veranlassung zu kultur-historischen
Betrachtungen, weil uns in dem Buche die Menschheit des 30jährigen
Kriegs vorgeführt wird in ihren Anschauungen, ihrem Wissen, ihren
Sitten, Einrichtungen und Thätigkeiten.

Würzburg.   **Nusser.**

F. v. d. **Leyen**, Kleine Beiträge zur deutschen Literaturgeschichte im 11. und 12. Jahrhundert. Halle, Niemeyer 1897. 8°. 83 S.

v. d. Leyens Schrift ist angeregt durch den zweiten Band von Kelles Geschichte der deutschen Literatur von den ältesten Zeiten bis zum 13. Jahrhundert. Sie erscheint z. T. als kritischer Nachtrag. v. d. L. erkennt vollauf die Bedeutung von Kelles Werk an, tadelt aber seine Einseitigkeit, dafs fast ausschliefslich auf den vorwiegend nur theologischen Inhalt der Denkmäler eingegangen wird, wobei Kelles seltenes Wissen in diesen Fragen allerdings zahlreiche neue Aufschlüsse gewährt. v. d. Leyen gibt richtige Bemerkungen zum Formelschatz der damaligen Literatur, dessen Übereinstimmung in den verschiedensten Werken auf Predigt und Reimpredigt, keineswegs auf gegenseitige literarische Abhängigkeit zurückzuführen sei. Er betrachtet dann im einzelnen das Ezzolied, die Summa theologiae, den Friedberger Christ und Antichrist, die Marienlieder und die Reimpredigt „Trost in Verzweiflung", die auf Hartmann v. Aue wirkte. Fürs Ezzolied weist er Kelles Hypothese, der deutsche Dichter habe des Hrabanus Maurus Schrift „de laude sanctae crucis Christi" benützt, wohl mit Recht zurück. Damit werden auch die von Kelle behaupteten Interpolationen, nämlich solche Strophen, für deren Inhalt die angebliche Vorlage gar nichts bietet, belanglos. v. d. L. kehrt, was den Inhalt anlangt, zu Müllenhoffs Ansicht zurück, dafs der Dichter auf dem Boden der Predigt stehe und selbständig eine Reihe traditioneller geistlicher Gedanken zusammenstelle. Die schwierige „summa theologiae" übersetzt und erläutert v. d. L. Auch hier, glaubt er, sei die Annahme einer einheitlichen Quelle, die etwa als lateinische Summa alles vereinigt geboten hätte, abzuweisen. Der Dichter griff aus seinem theologischen Wissen heraus, was ihm pafste. Er steht auch völlig auf dem Boden der damaligen Theologie, was er sagt, ist den gelehrten Kreisen von damals allbekannt.

Rostock. ——————— W. **Golther.**

Forschungen zur neueren Literaturgeschichte. Herausgegeben von Prof. Dr. Franz **Muncker**. Heft V—VIII. München 1898. Verlag von Carl Haushalter.

Wie in dem ersten Jahre ihres Bestehens haben die Munckerschen Forschungen auch i. J. 1898 vier neue Beiträge zur Literaturgeschichte gebracht, die die Beachtung und Anerkennung der Fachgenossen verdienen. Für die Leser dieser Blätter ist das V. Heft vom besonderem Interesse, da es sich wohl auch für die Lektüre Goethes in der Schule fruchtbar erweisen dürfte. Es enthält „Studien zur Entstehungsgeschichte von Goethes Dichtung und Wahrheit" von Dr. Carl Alt (Preis 2 Mk.), eine wertvolle Arbeit, die vortrefflich geeignet ist, den künstlerischen wie den historischen Wert von Goethes Autobiographie sicherer und klarer abschätzen zu lassen. Durch die Untersuchung der Quellen, deren sorgliche Nachweise auf einer aufserordentlich umsichtigen und

fleifsigen Nachforschung beruhen, wird mit bisher nicht erreichter
Genauigkeit festgestellt, was Goethe anderen Personen, Briefen oder
Büchern verdankte, und wie viel er aus dem eigenen Gedächtnis
schöpfen mufste. Eingehend wird die Entstehungsgeschichte des Werkes
dargestellt und darin die Arbeitsweise Goethes charakterisiert; die
Frage, wie weit manchmal bewufste dichterische Umgestaltung anzunehmen ist, und welche ästhetischen Rücksichten dabei ausschlaggebend gewesen sein dürften, wird zwar nicht erschöpfend beantwortet
— das lag aufserhalb der Absicht des Verfassers —, aber doch in
einigen markanten Punkten klar beleuchtet. Wo immer Alt angesetzt
hat, mufs man der Besonnenheit und Gründlichkeit seiner Untersuchung
alle Anerkennung zollen; sie bringt entschiedene Fortschritte über
Düntzer und Loeper hinaus.

Von ganz anderer Art, aber vielleicht der glänzendste Beitrag in
der ganzen Serie der Munckerschen „Forschungen“ ist das 6. Heft:
„Der Byronsche Heldentypus“ von Dr. Heinrich Kräger (Preis
3 Mk.). Auch hier ist der Boden solider Spezialarbeit nicht verloren;
ihr charakteristisches Gepräge erhält aber die Schrift durch den brillanten,
reizvollen Stil und die freie Weite des Blickes, welche die reichen
Untersuchungen auszeichnen und zu einem vielversprechenden Vorläufer der in Aussicht gestellten Biographie Byrons machen. Es ist
nicht zu leugnen, dafs Kräger bisweilen seinen geistreichen Ideen zuliebe
auch Schiefes in seinen Urteilen mit unterlaufen läfst, und seine These,
dafs Byron sich im „Don Juan“ von seinem unheilvollen Weltschmerz
zu einer gesunderen, freieren, ja heiteren Seelenstimmung durch-
gerungen habe, wird wohl kaum viele Anhänger unter den kritischen
Lesern des Dichters finden. Die Hauptsache aber, der Nachweis, dafs
die Helden in einer Reihe der vornehmlichsten Dichtungen Byrons
mehr oder weniger Wiederholungen jenes Titanentypus sind, den bereits
die englische Literatur im Satan des „Verlorenen Paradieses“, die deutsche
in Karl Moor ausgeprägt hatte — dieser Nachweis ist streng durchgeführt und nicht blofs ein interessanter Versuch, sondern eine scharfsinnige sachliche Bereicherung der Literatur über Byron. Anregend
auf jeder Seite, wird die Arbeit gekrönt durch eine scharfe Charakteristik
des Verhältnisses Carlyles zu Byron; Carlyle hat mit überlegener sitt-
licher Macht dem Byronschen Titanentrotz die nicht resignierte, sondern
gewollte und bewufste Ergebung in Gottes Willen gegenübergestellt
und damit den Dichter, der bisher das Ziel der Literatur gewesen
war, zu einer vergangenen Gröfse herabgedrückt.

Viel undankbarer war die Aufgabe, die Dr. Paul Otto in seiner
Schrift über „die deutsche Gesellschaft in Göttingen“ (Preis 2 Mk.) zu
lösen hatte. Sie ist im wesentlichen eine Parallelarbeit zu G. Krauses
Buch „Flottwell und Gottsched,“ und bringt zwar nicht so reichhaltige
Beiträge zur Charakteristik von Gottscheds literarischer Herrschaft in
Deutschland wie jenes Buch, gibt aber doch eine beträchtliche Reihe
neuer Angaben aus den Niederungen der deutschen Literatur von
1738—1758. Die Göttingische deutsche Gesellschaft mit ihrem mittel-
mäfsigen spiritus rector Rudolf Wedekind hat literarisch keinerlei

tiefere Bedeutung zu erlangen vermocht und flöfst fast mehr kultur-
als literarhistorisches Interesse ein. Darüber war aber der Verfasser
selbst vollkommen im klaren, und die Unbefangenheit seiner kritischen
Darstellung wird kaum begründeten Einwänden begegnen; er hat mit
der anerkennenswertesten Sorgfalt und Gründlichkeit eine wenig anziehende kritische Arbeit geleistet, für deren sachliche Zuverlässigkeit
er Dank verdient. Dem Referenten, der dem Verfasser eine interessante
Ergänzung zu einer älteren Arbeit über das komische Epos in Deutschland verdankt (S. 59), sei es gestattet hier eine Einzelheit zu erwähnen
und zu vervollständigen, die vielleicht nicht in ihren richtigen Zusammenhang gestellt worden ist. Das S. 55 unten beanstandete Metrum dürfte
wohl richtiger mit dem Uzischen Frühlingsmetrum als mit Ramler. in
Verbindung gebracht werden; vergl. Zschr. f. vergl. Lit.-Gesch. N. F. X,
S. 293 ff.

Im 8. Hefte bietet **Carl Anton Piper** „Beiträge zum Studium
Grabbes" (Preis 2,40 Mk.). Auf Gottschalls richtiger Anschauung fufsend,
dafs nur die Erkenntnis des Pathologischen in Grabbe zu einer treffenden Beurteilung des Menschen und des Dichters führen könne, entwirft
Piper in dem ersten Teile seiner Schrift mit durchgreifender Konsequenz ein Bild Grabbes als einer psychopathischen Erscheinung. Man
wird freilich an manchen Punkten dieser Darlegungen ein Mehr oder
Weniger für richtiger halten; die vorgetragenen Grundlagen rechtfertigen nicht alle die weitgehenden Schlüsse, die Piper besonders
nach der sexuellen Seite zieht. Der ganze umfangreiche zweite Teil des
Buches ist einer kritischen Betrachtung des „Herzogs Theodor von
Gothland" gewidmet. Man möchte Anfangs bezweifeln, ob eine so
eingehende Untersuchung bei Grabbes Jugendwerke am Platze ist,
dessen vermeintliche Glut „in Wirklichkeit nur der Widerschein vom
Lichte anderer Sonnen" ist. Indes Piper hat es verstanden, diese
kritische Zergliederung wirklich fruchtbar zu gestalten. Nur verführt ihn
gelegentlich der Wunsch, bis ins einzelnste Abhängigkeiten zu erweisen,
zu allzu kühnen Behauptungen (z. B. S. 72 „Gleichklang" der Namen
Herzog von Gothland und Herzog von Friedland oder S. 78 „heute
noch geh' ich zu Schiff" aus „Maria Stuart"); im ganzen aber
zeichnen sich seine Untersuchungen nicht nur durch eindringendes
und umsichtiges Studium aller möglichen Vorgänger und Vorbilder
Grabbes, sondern auch durch eine klare Verständigkeit aus, die auch
dem Stile ihr Gepräge gibt. Es ist manches zu lernen aus Pipers Buche,
und die Bereicherung unserer Einsicht in das Wesen von Grabbes
Schaffen und in die Art des literarischen Fortwirkens von Shakespeare
sowohl wie den deutschen Klassikern und Schicksalsdramatikern läfst
uns auch gelegentlich einmal unfruchtbare Verbesserungsvorschläge des
Autors (z. B. S. 131) mit in den Kauf nehmen.

München. **Erich Petzet.**

Dr. Friedrich Beck. Lehrbuch der Poetik für höhere Unterrichtsanstalten wie auch zum Privatgebrauche. Siebente, verbesserte und vermehrte, von Dr. H. Holland überarbeitete Auflage. Leipzig. Verl. v. Hermann Zieger. 1896.

Das treffliche, auch vom Kgl. Staatsministerium des Innern für Kirchen- und Schulangelegenheiten zur Einführung empfohlene Buch hat von vielen ähnlichem den grofsen Vorzug, dafs es bei aller Kürze und Knappheit der Fassung gleichwohl das Wissenswerteste aus dem Gebiete der Poetik in gewähltester Sprache und Ausdrucksweise enthält.

So wird es zum gediegensten Ratgeber in diesem Bereiche, ohne durch weitschweifige und komplizierte Theoremen zu ermüden oder gar abzuschrecken, was bei derartigen Anweisungen nicht selten der Fall zu sein pflegt.

War nun schon der verstorbene Herausgeber aufs ernstlichste bemüht, mit einer nur dem tüchtigen und gewissenhaften Schulmann eigene Klarheit und Präzision das Wesen und die Vorbedingungen der Poesie, ihre Gattungen und Arten, sowie die Rhythmik und deren Anwendung zu behandeln, und aufserdem Reimlehre und Strophik durch besonders deckende Beispiele zu beleuchten: so vervollständigte unser gelehrter Überarbeiter, was ihm noch lückenhaft schien, mit der ganzen Liebe und Wärme für das Werk seines hochverehrten älteren Freundes. Besonders glücklich scheinen mir die Beispiele für alliterierende Langzeile sowie für die Otfried-Nibelungen und Kudrunstrophe gewählt. Desgleichen ist die Darlegung der romanischen Formen (Terzine, Ritornell, Ottave, Sonett, Canzone, Triolett, Rondeau und Madrigal) von treffend illustrierenden Beispielen begleitet.

Das Autoren- und Sachregister erscheint bereichert, indem aufser einigen Schriftstellern namentlich die Übersetzer ausländischer poetischer Literaturerzeugnisse eingefügt sind. — Da selbstverständlich die neue amtliche Rechtschreibung beobachtet ist, so steht auch in dieser Beziehung der Anschaffung für Schulzwecke nichts im Wege.

Schliefslich glaube ich noch das Vorwort erwähnen zu sollen, in welchem Professor Dr. Holland mit wohlthuender Pietät ein gedrängtes Lebensbild des vor einem Decennium geschiedenen sinnigen Poeten und gelehrten Schulmanns entwirft, und wahrlich mit Recht; denn einen so edlen Geist und eine so selbstlose Natur wie Friedrich Beck finden wir nicht zu häufig, wie ihn denn auch Verfasser dieser Zeilen mit dankbarster Verehrung zu seinen liebsten Lehrern zählt.

München. Dr. Karl Zettel.

Deutsche Schulausgaben von H. Schiller und V. Valentin. Dresden. B. Ehlermann.

Entsprechend den für die Behandlung dichterischer Kunstwerke von den Herausgebern der Sammlung aufgestellten Grundsätzen ist auch in Schillers „Jungfrau von Orleans" (Doppel-Nr. 12/13) von V. Valentin das Hauptgewicht auf die ästhetische Beurteilung des Dramas gelegt. Es wird von der Anschauung ausgegangen, dafs der Dichter in diesem Drama den Kampf zwischen Hochmut und Demut in einer Menschenseele zu einem künstlerischen Problem gemacht und als Trägerin dieses auf das sittliche Gebiet hinübergeführten Kampfes das Mädchen von Orleans gewählt habe. Wie der Dichter nun dieses künstlerische Problem gelöst hat, wird durch die weiteren Erörterungen über die Gestaltung des Grundmotivs, des Stoffes und über dessen Behandlung in feinsinniger Weise dargethan. Der besonderen Gestaltung des Grundmotivs entsprechend ist der dramatische Aufbau in zwei Hauptgruppen gegliedert, von denen die erste das Aufkeimen und Wachsen des Hochmuts, den Höhepunkt und den Umschwung, die zweite Gruppe die Demütigung und Wiedererlangung der Demut durch Bufse bezeichnet. Die von der üblichen, auf Freytag-Unbescheid-Franz beruhenden Darstellung des dramatischen Stufengangs abweichende Entwicklung des Aufbaues der Handlung läfst die künstlerische Gestaltung des Stoffes und besonders durch die scharfe Hervorhebung der persönlichen und sachlichen Gegensätze den Verlauf der äufseren wie inneren Handlung um so klarer und lebendiger hervortreten. Durch eine gleich selbständige und eigenartige Auffassung und Darstellung der künstlerischen wie dramatischen Gestaltung des Stoffes empfehlen sich auch die übrigen dem Referenten vorliegenden Dramen-Ausgaben von V. Valentin: Lessings Philotas (28. B.) und Minna von Barnhelm (27. B.), Schillers Braut von Messina (20. B.) und die Erläuterungen zu Goethes Faust (25. 26. B.). In den letzteren wird in aufserordentlich interessanter und von verständnisvollem, tiefem Eindringen in den Geist und die Absicht des Kunstwerks und des Dichters zeugender Darstellung der dramatische Aufbau im allgemeinen und besonderen eingehend besprochen und erklärt. Seine Fähigkeit, auch die schwierigste Dichtung dem Verständnisse eines auch nur einigermassen Vorgebildeten nahe zu bringen, scheint uns der Herausgeber am besten in den Erläuterungen zu diesem tiefsinnigsten aller Dramen bewiesen zu haben, in welchen er den Nachweis zu bringen sucht, „wie das Ganze als solches (I. und II. Teil) in seinem künstlerischen Aufbau als das Ergebnis einer wohlbegründeten Entwicklung einer einheitlichen Handlung zu betrachten ist." Dieses Ziel verfolgen die den betreffenden Textstellen jedesmal vorausgehenden Bemerkungen mit steter Rücksicht auf Inhalt, Sinn und Bedeutung und den einheitlichen Gang der Entwicklung des Ganzen, so dafs einem Schüler von nur einiger Begabung auch das Verständnis des 2. Teiles der Faustdichtung, was für gewöhnlich seine Schwierigkeiten haben dürfte, wenigstens einigermassen erschlossen werden kann.

Auch auf V. Valentins Ausgabe von Goethes Hermann und Dorothea (23. B.) und auf die Dichtung der Befreiungskriege (19. B.), ausgewählt von J. Ziehen, sowie auf das Lutherlesebuch (24. B.), herausgegeben von E. Schlee, darf als auf nützliche Hilfsmittel für den Unterricht und die Privatlektüre empfehlend hingewiesen werden. Den bekannten Bestimmungen des preufsischen Lehrplanes dient die Ausgabe von Homers Odyssee nach der Über-

setzung von Vofs (21.'22. B.), in verkürzter Form herausgegeben und
mit anregender Einleitung und mit lehrreichem Anhang versehen von
J. Ziehen; ebendahin gehört auch die Übersetzung der Antigone
des Sophokles v. V. Valentin, ausgestattet mit einer vorbereitenden und erläuternden Einleitung, die sich über das griechische Theater
und die Tragödie verbreitet und in besonders ansprechender Weise
den Begriff des Tragischen und der tragischen Katharsis auch dem
Verständnis eines Laien nahe zu bringen sucht. In ähnlicher Weise
wie bei der Besprechung moderner Dramen wird von dem Herausgeber Stoff, Plan, Entwicklung und Aufbau des Dramas genau und
sachverständig erörtert.

Von der Übersetzung läfst sich nicht in gleichem Mafse Gutes
sagen; sie leidet an manchen Ungenauigkeiten und Unklarheiten der
Gedanken und der Form; der Ausdruck ist öfter gar zu drastisch,
auch da wo er als charakteristisch erscheinen soll, und zu wenig gewählt für den hochpoetischen Charakter der Dichtung; z. B. sagt der
Wächter (v. 230): „Und nicht gerecht wär's, käm ich selber drum
ins Pech", und an mehreren Stellen spricht in ähnlich derber Weise
Kreon. Bei mancher zweifelhaften Übertragung fühlt man sich versucht zu fragen, welcher Text, beziehungsweise welche Leseart zu
grunde gelegt ist; denn darüber schweigt der Übersetzer. Als Druckfehler ist stehen geblieben S. 24 „Paredos".

Würzburg.   A. Baldi.

Ed. Norden, Die antike Kunstprosa vom VI. Jahrh. v.
Chr. bis in die Zeit der Renaissance. 2 Bände. 969 S. gr. 8. 28 Mk.
Leipzig, Teubner 1898.

Der Verf. des vorliegenden etwas voluminösen Werkes hat sich
das Ziel gestockt (vgl. die Voranzeige in den Teubnerschen Mitteilungen
1898 S. 2), die 2000jährige Kontinuität der Entwicklung der antiken
Kunstprosa von ihrem ersten Auftreten in den Schulen der Sophisten,
bes. des Gorgias, bis in die Zeit des Humanismus auf der Basis der
Literaturgeschichte nachzuweisen. Er führt uns zu diesem Behufe im
ersten Bande die Entwicklungsphasen der griechischen und lateinischen
Kunstprosa bis in die späte Kaiserzeit vor Augen, wobei jedesmal
zuerst die Theorie dargelegt und dann das Verhältnis der einzelnen
Hauptvertreter zu derselben in der Praxis einer sorgfältigen Prüfung
unterzogen wird. Im zweiten Bande wird der Zusammenhang des
Mittelalters und des Humanismus mit dem Altertum im allgemeinen
nachgewiesen und speziell die äufsere Form des Prosastiles der modernen romanischen Sprachen auf den Einflufs des gleichzeitigen Hu-
manistenlateins zurückgeführt.

Bei dem reichen Stoff, den der Verf. bietet, ist es unmöglich,
im Rahmen einer kurzen Anzeige ein auch nur annähernd vollständiges
Bild von dem Geleisteten zu geben. N. zeigt überall eine staunens-
werte Belesenheit und eine achtunggebietende Beherrschung des gewaltigen Stoffes; seine Charakteristik der verschiedenen zur Sprache

kommenden Literaturepochen und deren Hauptvertreter stützt sich
auf ausgedehnte eigene Lektüre und scharfe Beobachtungsgabe. Dafs
manche dieser Charakteristiken mit mehr oder minder grofser Berechtigung angegriffen werden kann und bereits angegriffen worden ist
(wie die des Polybius von K. Wunderer, Polybianische Forschungen I
S. 118), thut der Vortrefflichkeit des Ganzen keinen Eintrag. Besonders
gelungen scheint mir der Nachweis, in wie enger Fühlung die christliche Predigt ˙ des Ostens und namentlich des Westens mit den
rhetorischen Kunstmitteln der antiken Sophistik steht. Der antithe-
tische Satzparallelismus mit Homoioteleuton, wie er in den Predigten
eines Cyprian und Novatian (vgl. meine Bemerkung im Archiv für
latein. Lexikogr. XI, 90) begegnet, ist nicht etwa, wie man hie und
da angenommen, auf den 'parallelismus membrorum' der hebräischen
Poesie zurückzuführen, sondern es sind dies, wie schon Augustin
herausgefunden hat (s. d. Belege auf S. 503, 526, 616 ff.), dieselben
Klangmittel, mit denen einst Gorgias die in Olympia versammelten
Griechen bezauberte.

So findet man in allen Teilen des vorzüglichen Werkes reiche
Belehrung (neu war mir z. B. die S. 6 mitgeteilte Thatsache, dafs man
im Altertum laut zu lesen pflegte), aber auch dankenswerte Hinweise
auf noch klaffende Lücken unserer Wissenschaft. So fehlt noch eine
Geschichte des Citates (vgl. S. 90), ferner eine Geschichte der Analogie
und Anomalie (S. 186) und speziell eine Untersuchung der terenzianischen
Sprache unter diesem Gesichtspunkte; wir bedürfen einer umfassenden
Darstellung der rhetorischen Kunst Ciceros, wozu, wie N. zu meiner
Freude S. 215 und 225 anerkennt, Ref. mit seiner Dissertation de
Ciceronis elocutione in orationibus pro P. Quinctio et pro Roscio Amerino
(Würzburg 1877) den Grund gelegt, auf dem weiter gebaut werden
müsse; wir brauchen eine wissenschaftliche Analyse des Stilcharakters
des Apuleius (S. 604), denn das Buch von Koziol ist ein „unkritisches
Sammelsurium". Doch ist N., wenn er S. 238 in der Fufsnote a.
Schl. eine zusammenhängende Schrift über Briefformeln vermifst, entgangen, dafs J. Babl in seiner Erlanger Dissertation 1893 de epistu-
larum Latinarum formulis gut handelt (vgl. dazu Archiv f. lat. Lex.
VIII, 605). Wir reihen hier am besten gleich einige weitere Berichtigungen und Nachträge für eine zweite Auflage an: Die S. 17 u. 28
erwähnten Programme von A. Nieschke sind nicht in München, sondern in Münden erschienen. — Mit dem S. 157 besprochenen berühmten Gebet des pater familias bei Cato de agr. 141 läfst sich das
ebenfalls berühmte Gebet Scipios bei Livius 29, 27, 1—3 vergleichen
(s. dazu Act. Erlang. II, S. 2 f.). — S. 171, Fufsn. 3 wird behauptet,
der Italiener Tartara habe zuerst beobachtet, dafs Cic. p. Mur. § 88
mit den Worten 'quo se miser vertet' etc. eine berühmte Stelle aus
einer Rede des C. Gracchus nachahme. Das hat aber schon Zumpt
im Kommentar z. St. bemerkt, der noch hinzufügt, dafs nach Ellendt zu
Cic. de or. III 214 und 217 die gemeinsame Quelle dieser auch von
Enn. Med. 231 R nachgeahmten Stelle Eurip. Med. 502 ff. sei 'νῦν ποῖ
τράπωμαι' etc. — S. 180 über quiquam = quisquam spricht auch

Wölfflin Epigraph. Beitr. II S. 186. — Die Stelle Sall. Cat. 33, 1 ist
nicht mehr beweiskräftig, da die neueren Texte nach Weinhold plerique
patria sede (statt patriae sed) lesen. — S. 211 möchte ich zu der
Besprechung der 'Puerilität des bell. Hisp.' nur bemerken, daſs sich
eine Reaktion gegen diesen Standpunkt ganz neuerdings anzubahnen
scheint, wenigstens verspricht R. Schneider Berl. Ph. W. 1898 Sp. 777
nachzuweisen, daſs die Latinität des Verf. des hell. Hisp. nur durch
die abscheuliche Überlieferung in Verruf gekommen sei; ähnlich
drückt sich der Anonym. im Liter. Centralblatt 1898 Nr. 24 p. 939 f.
aus; vielleicht sieht man doch endlich einmal auch ein, daſs der Verf.
des Bell. Afr., der ganz deutliche Spuren von Kunstprosa aufweist,
wie zu Anfang der Rede cp. 54,2 (s. Wölfflin z. St.), alles eher als
ein „Stümper" ist. — S. 227. Über die Chronologie der Rede Ciceros
pro Roscio Comoedo hat nach mir Sternkopf gehandelt in den Fleckeis.
Jahrbb. 1895 S. 41—56. — Den Versuch Nordens, den Taciteischen
Dialogus de or. herunterzudatieren (S. 322 ff.), hält W. Schmid, über
den kulturgeschichtlichen Zusammenhang und die Bedeutung der griech.
Renaissance in der Römerzeit (1898) S. 42 N. 63 für miſslungen.
Das Schriftchen von Schmid berührt sich naturgemäſs vielfach mit
Norden und bringt manche Berichtigung und Ergänzung, vgl. Note 22
zu Norden S. 30 ff. 78; N. 31 zu Norden S. 150; N. 76 zu S. 368. —
S. 741 vermisse ich bei der Besprechung der beiden mittelalterlichen
Lehrbücher, des Doctrinale und des Grecismus, die Erwähnung von
J. Baehlers Beiträgen zu einer Geschichte der lat. Grammatik im Mittel-
alter (Halle 1885), wo in Abschnitt V über den Grecismus, in Ab-
schnitt VI über das Doctrinale gehandelt wird.

Dem Werke sind zwei wertvolle Anhänge beigegeben. Der erste
(S. 810—908) gibt eine auf meist ganz neues Material gestützte
Geschichte des Reimes, in der nachgewiesen wird, daſs der Reim aus
der hochrhetorischen Prosa in die latein. Hymnenpoesie eingedrungen
und von da in die Poesie der modernen Völker übertragen worden
sei. Die interessante Untersuchung gipfelt in dem Satze (S. 829):
„Der Reim der Poesie ist nichts anderes als jenes ὁμοιοτέλευτον, welches
das hervorragendste Charakteristikum der antiken Kunstprosa von Anfang
bis zu Ende gewesen ist." — Der zweite Anhang (S. 909—960) handelt
„über die Geschichte des rhythmischen Satzschlusses." Verf. zeigt an
einer groſsen Reihe Demosthenischen und Ciceronianischen Reden ent-
nommener Stellen, wie nach seiner Ansicht „die hohe Prosa des
Altertums recitiert werden muſs."

Ref. hofft, daſs schon diese wenigen Andeutungen genügen, einen
Begriff von der Wichtigkeit des Nordenschen Werkes zu geben, und
schließt mit dem Wunsche, daſs nicht nur wir Philologen, sondern
auch die Theologen (die z. B. in der feinen Analyse der Sprache des
Neuen Testamentes S. 480 ff. manches Neue finden werden) recht
fleiſsig in demselben studieren mögen.

München.   G. Landgraf.

Die Urschrift von Cicero de officiis I—III. Von Dr.
Rudolf Hoyer, Oberlehrer. Beilage zu dem Programm des K. Gymnasiums zu Kreuznach. Ostern 1898. 4°. 24 S.

Zur richtigen Erkenntnis und Würdigung der philosophischen
Schriften Ciceros, die trotz des gefährlichen Dilettantismus des Verfassers durch den Glanz ihrer Darstellung und besonders durch den
reichen, zur Befruchtung und Entwicklung der christlichen Heilslehre
geeigneten Inhalt eine welthistorische Bedeutung erlangt haben, ist eine
eingehende und umfassende Erforschung seiner griechischen Quellen
erstes Erfordernis, und man hat billigerweise die einschlägigen Arbeiten
von Hirzel, Heine, Schmekel u. a. mit Dank und Beifall, wenn auch
nicht in allem beistimmend, aufgenommen. Vielfach gegen Hirzels
Untersuchungen polemisierend hat Rudolf Hoyer 1883 in seiner
Bücheler und Usener in Bonn gewidmeten Dissertation de Antiocho
Ascalonita die ausgedehnteste Benützung dieses Akademikers, der in
der 1. Hälfte des ersten Jahrh. vor Chr. eine Annäherung und Verschmelzung der verschiedenen philosophischen Systeme anbahnte, durch
seinen Schüler Cicero in dem Werk de finibus nachzuweisen versucht.
Sein im vorigen Jahr erschienenes Buch: „Die Heilslehre. Der
Abschluß sokratischer Philosophie und die wissenschaftliche Grundlage späterer Religionssysteme" (Bonn 1897, 190 S.), das vielleicht
schon durch seinen Titel größere Zugkraft besitzt, die hochinteressanten
Fragen mehr in Fluß zu bringen, hat ebenfalls die Tendenz, die
Philosophie des Antiochus und deren unwissenschaftliche Ausbeutung
durch Cicero festzustellen und zu beleuchten; dabei wirkt der ursprüngliche Anlauf des Verfassers (Heilslehre S. 5), „dem „edlen"
Cicero ein moralisches Ende zu bereiten" noch nach; und „damit man
endlich aufhört, diesen Schwätzer ernst zu nehmen oder gar als Philosophen zu betrachten", ist in der Heilslehre S. 84 bis 95 ein besonderer Abschnitt „Cicero ein vornehmer Dilettant" eingesetzt.

Auch das vorliegende Kreuznacher Programm: „Die Urschrift
von Cicero de officiis I—III", das schon vor der Veröffentlichung
der „Heilslehre" in den Grundzügen fertiggestellt war, verfolgt das gleiche
Ziel. Nicht Panätius, den Teuffel, Hirzel u. a. wenigstens für die
beiden ersten Bücher besonders auf Grund von Ciceros eigenen Angaben als Quelle annehmen — über das dritte Buch gehen die Meinungen mehr auseinander (Posidonius? Hekaton?) —, sondern jener
Askalonite ist die Urschrift. „Denn, heißt es S. 4, wer hat es
bewiesen, daß Cicero dem Panätius folgt? Niemand. Es hat niemand
beweisen können, weil Cicero dem Panätius gar nicht gefolgt ist".…
„Warum soll man denn dem unzuverlässigen alten Advokaten, dessen
ganze Philosophiererei nur eine Spielerei ist, gerade bei seiner Quellenangabe Glauben schenken? Ich habe bereits anderswo verschiedentlich auf die Unwahrheiten Ciceros hingewiesen; hier lügt er gerade so
unverfroren, wie in der Einleitung zu den Topica, wie bei der Schöpfung
der Comparation der beata vita und in hundert anderen Fällen. Wer
glaubt denn de off. III 34 dem alten Schwätzer, daß er diese Ver-

besserung des Panätius selbst fabriciert habe? Es ist eine der un-
geheuerlichsten Unwahrheiten, die er uns hier auftischt." Ähnlich
S. 5: „Ich gehe auf die Briefe an Attikus hier nicht ein. Wer seinen
eignen Sohn, die ganze Menschheit so einfältig belügt — nur aus
Eitelkeit, sollte der seinem Buchhändler stets die Wahrheit sagen?
Die Briefe sind nach Klarstellung des sachlichen Gehaltes der
philosophischen Schriften zu beurteilen. Cicero hat also (?) zunächst
die beiden Pflichtenlehren des Antiochus im ersten Buche excerpiert".
Auf die Citate im Buch selbst „ist für den kritischen Forscher nichts
zu geben". — Ich habe einiges wörtlich angeführt, um den Leser mit
Hoyers Darstellungsweise und Grundsätzen bekannt zu machen. Der
Ton ist nicht neu; „Cicero, ein Schwindler, Charlatan und Windbeutel"
betitelt sich schon, ni fallor, ein opus des vorigen Jahrhunderts. Wenn
aber in der Verwerfung von ausdrücklichen Angaben solche Grundsätze platzgreifen, dann darf die historisch-philologische Forschung
zusammenpacken. Man vergegenwärtige sich Folgendes: Cicero schreibt
ad Att. XVI 11, 4: $T\grave{\alpha}$ $\pi\varepsilon\rho\grave{\iota}$ $\tauο\tilde{\upsilon}$ $\varkappaα\vartheta\acute{\eta}\varkappaον\tauος$, quatenus Panaetius,
absolvi: illius tres sunt, sed, quum initio divisisset ita, tria genera ex-
quirendi officii esse, unum, quum deliberemus, honestum an turpe sit,
alterum utile an inutile, tertium, quum haec inter se pugnare videantur
(NB. nur „scheinen"), . . de duobus primis praeclare disseruit, de tertio
pollicetur se deinceps, sed nihil scripsit. Eum locum Posidonius
persecutus est; ego autem et eius librum arcessivi et ad Athenodorum
Calvum scripsi, ut ad me $\tau\grave{\alpha}$ $\varkappaε\varphi\acute{\alpha}\lambdaαια$ (= capita „summarische Über-
sicht") mitteret; . . . in eo est $\pi\varepsilon\rho\grave{\iota}$ $\tauο\tilde{\upsilon}$ $\varkappaα\tau\grave{\alpha}$ $\pi\varepsilon\rho\acute{\iota}\sigmaτασιν$ $\varkappaα\vartheta\acute{\eta}\varkappaον\tauος$".
Brief 14 meldet, dafs ihm Athenodorus geschickt habe „satis bellum
$\acute{\upsilon}\pi\acute{ο}\mu\nu\eta\mu\alpha$". Das schreibt der sicher vielbelesene Cicero nicht seinem
„Buchhändler", was Atticus wohl auch war, sondern seinem geschicht-
lich und philosophisch gebildeten, streng wahrhaften Freund, mit dem
er zahlreiche Fragen seiner Schriftstellerei verhandelt, den viele andere,
später selbst ein Augustus, in literarischen Sachen um Rat angingen
(Nep. Att. c. 20), der aufser den Schätzen seines Wissens auch reiche
Schätze[1]) in seiner Bibliothek befafs und damit wissenschaftliche Arbeiten
in liberalster Weise förderte: an diesen schreibt er, dafs er für Buch I
und II der Officien den Panätius benützt habe und wiederholt hier
selbst die Angaben; auch die sonstige Überlieferung bestätigt, dafs
Panätius über die Pflichten geschrieben hat und ungefähr so geschrieben
hat, wie die ziemlich selbständige[2]) Verarbeitung des Cicero erkennen
läfst: und da spricht Hoyer von ungeheuerlicher Unwahrheit. Und
welches sind seine Beweise? In dem ganzen Programm finde ich
keinen einzigen sicheren Anhalt dafür, dafs Cicero den Panätius nicht
benützt haben kann oder den Antiochus ausgeschrieben haben mufs.
Im Gegenteil heifst es z. B. S. 16 „Diese Stelle ist mit Vorsicht zu
behandeln, denn Cicero schreibt nur in losem Zusammenhang mit dem
Original" (Antiochus); dazu die Anmerkung: „Hier z. B. aus dem

---

[1]) „thesauri" de fin. II § 67, ad Att. XV 27, 2, (IV 14, 1).
[2]) Berücksichtigung der Zeitverhältnisse, gegen die Bürgerkriege (I 57), Roms
Heldengröfse, Vaterlandsliebe, Staatsmann und Privatgelehrter (Cicero - Atticus).

Sinn des Panätius" (das soll heifsen?). Oder S. 15: „Die Berechtigung zum Selbstmord ist eine Mache Ciceros. Sie ist in der Lehre des Antiochus einfach undenkbar." Ein bemerkenswertes Beispiel, wie Hoyer den Antiochus als Hintermann für die Officien bekommt, ist die Deutung von de off. II § 65: iuris civilis summo semper in honore fuit cognitio atque interpretatio, quam quidem ante hanc confusionem temporum in possessione sua principes retinuerunt: nunc, ut honores, ut omnes dignitatis gradus, sic huius scientiae splendor deletus est; idque eo indignius, quod eo tempore hoc contigit, cum is esset, qui omnes superiores, quibus honore par esset, scientia facile vicisset". Wer wird da an einen römischen Juristen der Cäsarischen Zeit denken? „Fragen wir, sagt Hoyer S. 18, wer sich nicht um das römische Recht kümmerte und ein grofser Redner war, so werden wir leicht Antiochus sagen können." Und dafs Cicero wirklich an diesen gedacht habe, soll ein recht fadenscheiniger Beweis erhärten. So kommt zum Schlufs S. 21/22 schön und säuberlich eine Zusammenstellung heraus, wie die Officien Ciceros nichts weiter sind als ein mit anderweitigen Füllseln aufgeputztes Exzerpt aus Antiochus Werke περὶ καϑήκοντος mit seinen drei Teilen: I. ὁ ὑπεξαιρετικός (Polemik gegen die 3 Bücher des Panätius), II. ὁ ἐνϑετικός (Theorie der Pflichtenlehre), III. ὁ ὑποϑετικός (kurze populäre Anleitung zur praktischen Lebensführung). Bewiesen ist davon, wie gesagt, so gut wie gar nichts. Wohl habe ich selbst nach meiner jüngsten Lektüre der philosophischen Schriften den Eindruck, dafs der Einflufs, den nach zahlreichen Stellen Antiochus auf Atticus und Cicero sowie ihre Zeitgenossen geübt hat, mehr zu betonen und Panätius und anderen gegenüber bestimmter abzugrenzen ist — nur ist der Gegensatz zwischen Panätius, der die Schärfe und Schroffheit der Stoa milderte, und Antiochus, der zwar Akademiker biefs, aber „si pauca mutavisset, germanissimus Stoicus" war (Ac. pr. II § 132), keineswegs so scharf als das Programm annimmt —, aber Hoyer ist zu sehr von seinem gottbegnadeten Antiochus gegen den „Lügner" Cicero, gegen den „scheinheiligen" Panätius (wie gegen Macchiavelli und Ignatius von Loyola) und gegen den „pessimistischen Einsiedler" Posidonius eingenommen, als dafs eine ruhige, zielsichere, streng sachgemäfse Darlegung zu erwarten wäre. Das darf um so rückhaltloser geäufsert werden, als der belesene, kenntnisreiche Verfasser noch eine Reihe ähnlicher Publikationen in Aussicht stellt, z. B. über die rhetorischen Schriften Ciceros, über Naturrecht und Gottesstaat, auch „gelegentlich dem Lälius des Cicero sein Urteil zukommen zu lassen" droht.

Aber das Arbeitsfeld, dem Hoyer auf Useners Anregung diese seine literarische Thätigkeit widmet, ist ausgedehnt und anbaufähig, es sind Fragen über Gott, Natur, Menschengesellschaft,[1] Staat, Kirche, Fragen, zu deren Lösung Philologen und Theologen frei von eng-

---

[1] z. B. das Gebot der Nächstenliebe (de leg. I § 34, 41 oder de fin. III 63), das Hoyer besonders in der Pflichtenlehre des Antiochus wissenschaftlich durchgeführt findet.

herzigem Grenzstreit sich die Hand reichen sollten: Wie sind die
mannigfaltigen, wenn auch nicht immer glücklich geordneten Schätze
der philosophischen Schriften Ciceros beim Ausbau der christlichen
Lehre verwendet worden und wie sind sie selbst in die Systeme der
griechischen Philosophen einzuordnen? Der Strom der historischen
Kontinuität fließt auch in der geistigen Entwicklung stärker und breiter,
als man gewöhnlich sieht oder sehen will.[1])

Regensburg. _____ Dr. G. Ammon.

Rück (Karl), Die Naturalis Historia des Plinius im
Mittelalter. Exzerpte aus der Naturalis Historia auf den Bibliotheken
zu Lucca, Paris und Leiden. München 1898, Druck von Straub. 8°.
Sitzungsber. d. bayer. Akad. philos.-philol. und hist. Cl. 1898 H. II
S. 203—318. (Mit einem Facsimile des cod. Leidensis.)

Der berufenste Kritiker der vorliegenden Arbeit wäre ohne Zweifel
mein lieber Freund Karl Welzhofer. Da dieser aber durch den auf
seinen Schultern ruhenden onerosus honor zur Zeit genötigt ist, seinem
lieben Plinius zu entsagen, so müssen die Leser dieser Blätter mit
einigen orientierenden Zeilen aus weniger kompetenter Feder sich zufrieden geben. Rück beschäftigt sich in der oben verzeichneten Abhandlung, welche eine Fortsetzung seiner 1888 erschienenen Schrift
„Auszüge aus der Naturgeschichte des Plinius in einem astronomisch-
komputistischen Sammelwerke des achten Jahrhunderts" bildet, mit
den Pliniusexzerpten im Codex 490 der Capitularbibliothek von San
Martino in Lucca s. VIII (abgedruckt S. 217—227), im Paris. lat. 4860
s. X (kürzlich verwertet von P. Lejay für seinen Aufsatz „Alphabets
numériques latins", Revue de philol. XXII [1898] 146—162) und im
Vossianus lat. in 4° 69 s. IX (abgedr. S. 257—287). Die Exzerpte
des Lucensis entfallen auf das XVIII., die (übereinstimmenden) des
Paris. und des viel besseren Voss. (die sich auch in einer jetzt ver-
schollenen Reichenauer Hs. befanden) auf das II., III., IV. und VI. Buch
der nat. hist. Der Codex, auf den die Excerpta Lucensia zurückgehen,
steht der älteren Gruppe der Pliniushss. näher als der jüngeren und
„verdient im allgemeinen den Vorzug vor E³ D³ F², da manche Varianten
dieser letzteren auf Konjektur beruhen" (S. 234), das Original der
Pariser und Leydener Exzerpte ist „weitaus am nächsten" (S. 299)
mit dem cod. Leid. A. verwandt. Der Redaktor der Exc. Luc. ist mit
seiner Vorlage, d. h. seinem Pliniustexte sehr schonend umgegangen,
dem Redaktor der Exc. Par. et Leid. ist eine Reihe von Zusätzen,
Verkürzungen, Wortvertauschungen, Umstellungen und Auslassungen
aufs Konto zu schreiben. Die beiden Auszüge sind für die Textkritik
der betr. Pliniusbücher von hoher Bedeutung, doch wird man an
mehreren der von R. S. 237—242 und 299—313 besprochenen Stellen
(s. das Verzeichnis S. 318) die direkte Überlieferung gegenüber den

_____

[1]) Vgl. W. Schmid, Über den kulturgeschichtlichen Zusammenhang und
die Bedeutung der griechischen Renaissance in der Römerwelt (1898) S. 33.

Lesarten der Exzerpte in Schutz nehmen können. Als Einleitung hat der Verf. eine dankenswerte Aufzählung der aus dem Altertume und dem Mittelalter überkommenen Pliniusexzerpte vorausgeschickt (S. 204 bis 212; vgl 317), den Schluſs bildet die Zusammenstellung der Varianten des von R. sogenannten Yorkschen Exzerptes (vgl. S. 204—207 und R.'s. frühere Schrift S. 87) aus nat. bist. XVIII im cod. lat. Monac. s. XV (S. 314—317). Als ehemaliger Bibliotheksbeamter darf ich mir wohl zu S. 203 Anm. 1 die Bemerkung erlauben, daſs der Hermes keine Besprechungen im gewöhnlichen Sinne des Wortes enthält, und daſs die beiden Berliner Wochenschriften nach Spalten, nicht nach Seiten zu citieren sind.

München. _____ Carl Weyman.

Lateinisches Elementarbuch für die 1. Klasse des humanistischen Gymnasiums von Dr. Jacob Haas und Jos. Wismeyer, K. Gymnasialprofessoren in München. Bamberg. C. C. Buchners Verlag (Rudolf Koch) 1899. — 197 Seiten; Preis gebunden 2 Mk.

„Wieder ein lateinisches Elementarbuch!" Mit geteilten Gefühlen nehmen die Eltern der studierenden Jugend von einer derartigen Mitteilung Kenntnis; auch die Lehrerwelt vernimmt diese Nachricht im Hinblick auf die Hochflut in der Schulbücherliteratur anfangs wohl nicht ohne leises Bedenken. — Aber eine Durchsicht des vorliegenden Buches wird auch den Skeptiker überzeugen, daſs es gemäſs seiner Anordnung und Durchführung existenzberechtigt und — s. v. v. konkurrenzfähig ist.

Die stoffliche und sachliche Anordnung des vorliegenden Elementarbuches deckt sich so ziemlich mit der anderer Übungsbücher der Sexta. Aber besonders hervorzuheben ist die in die Augen springende Übersichtlichkeit in Druck und Stoffverteilung, die soweit geht, daſs jeder gröſsere Abschnitt mit einer neuen Seite beginnt. Eine Zerreiſsung des zusammengehörigen Stoffes wird absichtlich vermieden. Es mag dieses Prinzip für ein Lehrbuch vorzuziehen sein; aber der unterrichtende Lehrer wird manche systematisch getrennte Abschnitte aus praktischen Gründen zusammen behandeln oder vorwegnehmen, so auſser sum und dem Präsensstamm der 1. Conjugation auch die Zahlwörter, Präpositionen, die Composita von sum, u. a.

Neu ist die Darstellung der 3. Deklination. Zur Erleichterung der Schüler sind die Vocabeln durchgehends nach 2 Gruppen (Stamm und Nominativform gleich oder ungleich) geordnet und ist die volle Stammform stets in Sperrdruck beigefügt. Sicherlich ist diese Darstellung sehr geeignet, die Ausführungen des Lehrers aufs beste zu unterstützen und dem Schüler die Schwierigkeiten zu erleichtern.

Bezüglich des Wortschatzes ist die bisherige Verteilung und das übliche Maſs beibehalten. Eine dankenswerte Zugabe zur Quantitätsangabe bildet die Accentuierung der drei- und mehrsilbigen Vokabeln. So wird wohl der vielbeklagten falschen Aussprache lateinischer Wörter gut vorgebeugt. Leider ist die Accentuierung nicht ganz konsequent durchgeführt (auf S. 5 ist die betonte Silbe wohl aus Versehen nicht wie sonst mittels des Akutes, sondern durch Fettdruck hervorgehoben), wird öfters besonders bei Eigennamen vermiſst und fehlt gänzlich im angehängten deutsch-lateinischen Wörterbuch.

Am Schlusse vieler Kapitel sind Sprichwörter und Sentenzen in sehr reichem Maſse fettgedruckt beigefügt. Vielleicht hätten dieselben besser mit laufenden Nummern versehen werden dürfen. (Leider werden solche Verse, die der Schulordnung gemäſs memoriert werden sollen, in den nächsten Klassen in der Regel wieder vergessen, weil eine Wiederholung und Auffrischung derselben selten stattfindet. Vielleicht könnte ein Kanon der in den 5 unteren Klassen zu memorierenden Sentenzen abhelfen?). — Auch bei den Memorialversen fehlt hie und da die Accentuierung des Rhythmus.

Zur Einübung der Regeln, die durchweg praktisch verfaſst sind, und des Wortschatzes ist ein überreiches Übersetzungsmaterial geboten. Die einzelnen Sätze sind leicht faſslich, thunlichst inhaltsvoll und fast durchaus gut deutsch. Besonders reich ist das Buch an zusammenhängenden, gut gebauten Stücken in lateinischer und deutscher Fassung. Am Schlusse der einzelnen Abschnitte beigefügt sind dieselben wohl geeignet, in zusammenfassender Weise das einzeln Geübte zu rekapitulieren.

Zum einzelnen ist wenig zu bemerken. — Zu § 62 (S. 84) war bei do-ded anzufügen: ebenso sto-stet. In den Fufsnoten werden öfters bereits gelernte Wörter angegeben z. B. cap. 320 ausgedehnt[4] = latus. Stelle[7] = locus. Zur Einübung und Auffrischung des Wortschatzes war in solchen Fällen besser zu bemerken: ausgedehnt[4] = breit; Stelle[7] = Ort, Platz u. s. f. Bei den Kardinalzahlen hätten vielleicht die deklinationsfähigen Zahlwörter auch durch den Druck hervorgehoben werden können u. ä.

Doch das sind Kleinigkeiten. Bei jedem Übungsbuch werden einzelne Lehrer Separatwünsche vermissen, dies oder jenes anders gestaltet sehen wollen: dem Elementarbuch Haas-Wismeyer ist indes zuzugestehen, daſs es billigen Anforderungen in jeder Hinsicht entspricht und nach der soliden und praktischen Ausarbeitung unsern Schulen warm empfohlen werden kann. Papier und Druck sind gut und sauber, der Einband ist geschmackvoll und dauerhaft, der Preis angemessen. — Nach Mitteilung der Verfasser stellt die Verlagshandlung im Falle der Einführung für die betr. Armenbibliotheken Freiexemplare reichlich zur Verfügung.

München.   ——————   Dr. E. Stemplinger.

Dr. Jakob Haas und Dr. Siegm. Preufs (Gymnasialprofessoren in München), lateinisches Übungsbuch für die sechste und siebente Klasse des human. Gymnasiums (Sekunda) nebst einem grammatisch-stilistischen Anhang. Bamberg. C. C. Buchner Verlag, Rudolf Koch 1899. V. 268 u. 47 S. Gebd., Anhang in Umschlag geh. 3 M.

„Die Grammatik wird jetzt immer mehr zurückgedrängt — und doch, ohne Grammatik gibt es keine Sprache", so äufserte sich in der Sitzung des preufsischen Abgeordnetenhauses vom 13. 3. 99 der Abgeordnete Professor Dr. Virchow: ich glaubte da einen zünftigen Philologen zu hören und erinnerte mich eines Lieblingswortes des unvergefslichen Altmeisters Leonh. Spengel: utinam bonus grammaticus essem! Der vielgeschmähten, unmodern gewordenen Grammatik wieder mehr Raum zu schaffen, das grammatisch-syntaktische Element wieder mehr zur Geltung zu bringen und damit eine planmäfsige Einübung der stilistischen Eigentümlichkeiten der lateinischen Sprache zu verbinden, diese Aufgabe haben sich die beiden Bearbeiter des vorliegenden Buches gestellt, das, aus der Praxis der Schule hervorgegangen, nach meiner Überzeugung sich als durchaus brauchbar und dem Unterrichte förderlich erweisen wird; ja ich möchte sagen, dafs das Buch einem bestehenden und vielfach auch schmerzlich empfundenen Bedürfnis abzuhelfen geeignet ist.

Jene Gymnasien, welche die altgewohnte lateinische Grammatik von Englmann in der trefflichen Bearbeitung von Welzhofer nun einmal nicht aufgeben wollen, werden das Erscheinen des Buches von Haas-Preufs sicherlich mit Freude begrüfsen, zumal auch der Preis bei guter Ausstattung ein mäfsiger ist, ein Umstand, der gegenüber den neuen Büchern von Reich-Gerathewohl immerhin in Betracht kommt, besonders wenn dazu der stilistische Anhang von Landgraf erst noch eigens angeschafft werden mufs. Die Vereinigung des Pensums der ganzen Sekunda in einem Bande wird jeder Lehrer von VII als Vorzug erachten, weil er jederzeit nach Belieben auf den Stoff von VI zurückgreifen kann, was bei einer Trennung nicht immer möglich. Die Beigabe eines nur für das vorliegende Buch geltenden Wörterverzeichnisses entspricht einem Bedürfnisse; dasselbe enthält schätzbares phraseologisches (und synonymisches) Material, vgl s. v. edel, Gewalt, müssen, politisch.

Das Übungsmaterial — zu dem von verschiedenen Seiten beigesteuert worden, wodurch eine allzu gleichmäfsige Gestaltung der Übungsaufgaben verhindert wurde — ist ein reichhaltiges und bietet auch inhaltlich Abwechslung. Nicht antike Stoffe, die aber der Forderung der Schulordnung gemäfs den Gedankenkreis der alten Schriftsteller durchaus nicht überschreiten, behandeln nur Nr. 18 Zriny, der Verteidiger von Sigeth, 32 Sieg der Deutschen über die Franzosen, 206 Otto v. W. erstürmt die Veroneser Klause; in der 2. Abteilung 108 Belagerung von Paris 1870, 121 Questenbergs Bericht über Wallenstein, 125 über die Jungfrau von Orleans.

Auf Stücke, welche der Wiederholung der einzelnen Abschnitte der Syntax dienen, folgen für Klasse VI Vorübungen für den Periodenbau, dann wird die Stilistik der Redeteile in Einzelsätzen behandelt, und zwar wird zuerst Regel um Regel bei jedem einzelnen Redeteile in einfachen, fafslichen Sätzen behufs gründlicher Einübung zu klarer Anschauung gebracht. Es wäre vom didaktischen und praktischen Standpunkte aus nicht zu billigen, wenn gleich von vornherein zu-

40*

sammenhängende Aufgaben über sämtliche Regeln des betreffenden
Abschnittes geboten würden, weil dadurch eine klare und sichere
Auffassung wesentlich beeinträchtigt würde, wenn dem Schüler ohne
weiteres eine gröſsere Anzahl neuer stilistischer Regeln in einem
Zuge vorgelegt würden. Den Einzelsätzen schlieſsen sich zusammen-
hängende Stücke über sämtliche Regeln des ganzen Abschnittes an.
Den Abschluſs bilden Stücke über den gesamten Lehrstoff und der Text
der offiziellen Prüfungsaufgaben für die Progymnasien.

Die zweite Abteilung für Klasse VII behandelt in instruktiven
Einzelsätzen und zusammenhängenden Stücken Umkehrung des Satzverhältnisses, Periodenbau, Fragesätze, worauf 3 zusammenhängende
Stücke zur Einübung der gebräuchlichen Formen der Übergänge folgen.
Von pag. 169 ab werden dann in zusammenhängenden Stücken behandelt die stilistischen Eigentümlichkeiten der Redeteile, während von
p. 206 ab der gesamte Lehrstoff eingeübt wird.

Bei gehöriger Einübung und Durcharbeitung des gebotenen Übungsstoffes können, so dächte ich, die Schüler unmöglich rat- und hilflos
vor einer lateinischen Absolutorialaufgabe stehen, und zugleich müſste
auch für das Übersetzen aus dem Lateinischen ins Deutsche sich ein
schätzenswerter Gewinn ergeben. Solange die deutsch-lateinische Übersetzung bei der Reifeprüfung in Bayern bestehen bleibt, und es wäre
wirklich bedauerlich, wenn je davon abgegangen werden sollte, wird
ein planmäſsiger Betrieb der Stilistik nicht zu entbehren sein. Und
ich meine, es sollte auch in dieser Beziehung einiger Erfolg zu erzielen sein, wenn unter steter Wiederholung des grammatischen Stoffes
das Stilistische planmäſsig betrieben wird. Daſs nun in den „Aufgaben zu lateinischen Stilübungen für Sekunda von Bauer-Englmann",
so gut das Buch an sich gewesen, ein System oder etwa ein Fortschreiten von Leichterem zu Schwererem zu finden gewesen, wird
niemand behaupten wollen. Demgegenüber bedeutete das Erscheinen
des Buches von Reich entschieden einen Fortschritt; aber, wie das
Erscheinen des Buches von Haas-Preuſs schon an sich beweist, hat
das Buch von Reich und namentlich die Fortsetzung von Geratdewohl
doch nicht in der Weise allgemein Anklang gefunden, daſs nicht ein
neues erwünscht gewesen wäre, das namentlich auf die Repetition
der Syntax so groſses Gewicht legt, wie es bei dem besprochenen
Buche der Fall ist. Ist doch jedes Kapitel daraufhin angelegt, daſs
darin wichtige grammatisch-syntaktische Regeln zur Anwendung kommen und immer wieder eingeübt werden.

Die deutsche Ausdrucksweise trägt der Auffassungsgabe der
Schüler auf der entsprechenden Altersstufe durchaus Rechnung und vermeidet alle gesucht modernen Wendungen, welche darauf berechnet sind,
lediglich das Übersetzen zu erschweren, ohne daſs ein bleibender Gewinn sich ergibt. In dieser Beziehung möchte ich, soweit ich bei einer
flüchtigen Durchsicht gefunden, kein Stück als zu schwierig bezeichnen.

Daſs das neue und eigenartige Buch in manchen Einzelheiten
einer Verbesserung und Vervollkommnung fähig ist, liegt in
der Natur der Sache, darüber werden sich die beiden Bearbeiter jeden-

falls von vornherein klar gewesen sein, und daran werden sie es auch nicht fehlen lassen (beispielsweise p. 92 Nr. 142 Z. 2 l. „wo er dies tadelt", p. 166 Z 12 v. o. streiche „nicht" vor „wenig gefehlt", p. 228 Z. 5 v. u. fehlt „nie" vor „ein"). Hoffentlich werden sie dabei die b. h. m. Bestimmung besser berücksichtigen, als es vielfach geschieht, daſs nämlich die Änderungen bei einer neuen Auflage es möglich machen, 2 verschiedene Auflagen wirklich neben einander beim Unterricht zu gebrauchen ohne groſse Unbequemlichkeit für Lehrer und Schüler.

Die Phraseologie beschränkt sich auf Caesar und Cicero; ich kann diese Beschränkung nicht miſsbilligen: besser etwas als alles und damit nichts. Und wenn der Schüler aus seiner Lektüre eine livianische Phrase zur Hand hat, wer wird's ihm verwehren?

Dem Buche ist in einem besonderen Hefte ein „Anhang über grammatisch-stilistische Eigentümlichkeiten der lateinischen Sprache" beigegeben, der nur mit dem Übungsbuch zusammen abgegeben wird. Die Form dieses Anhangs mag vielleicht manchem etwas aphoristisch erscheinen. Dazu führte offenbar das Streben, in Kürze möglichst viel zu sagen. Aber es herrscht doch überall Übersichtlichkeit und Klarheit bei aller Knappheit der Fassung, und die Beispiele bekunden praktische Wahl. Der Schüler vermag sich hier rasch über stilistische Eigentümlichkeiten zu orientieren, welche anderwärts in breite, abstrakte Regeln gehüllt sind, teilweise eine besondere Behandlung überhaupt nicht gefunden haben; ich hebe hervor den Abschnitt über „Überschriften" p. 32, „Umkehrung des Satzverhältnisses" p. 44. 45., ferner p. 40. 46. 47. — Einzelheiten notiere ich: p. 8 fehlt die Übersetzung „homines cum ferro", p. 13 zu kurz ist der Ausdruck „statt der Ellipse", p. 18 „magnae lacrimae", doch wohl „multae" = heiſse Thränen.

Alles in allem ist das Buch durchaus geeignet, den lateinischen Unterricht in VI und VII, entsprechend den Intentionen der Schulordnung, in geistbildender Weise zu fördern, ohne an den Schüler übermäſsige Anforderungen zu stellen, ohne einseitigen Drill nur grammatischer oder lediglich stilistischer Besonderheiten zu begünstigen.

Einen Wunsch gestattet sich Referent hier anzufügen, den gewiſs nicht er allein hegt: da das vorliegende Buch ein Glied in der Serie der von Englmann-Bauer begründeten lateinischen Übungsbücher[1] bildet, so erscheint es in hohem Grade wünschenswert, daſs auch das Buch für Prima in entsprechender Weise umgestaltet werde, so daſs es sich in den ganzen Rahmen einfügt. Der „Anhang" (stilist. Bemerkungen), so lehrreich er ist, gilt doch wohl allgemein als zu abstrakt und wenig faſslich und ist jetzt durch den stilistischen Anhang zu Haas-Preuſs in der Hauptsache überflüssig geworden. Für Unterprima möchte sich jedenfalls die Fortführung des von Haas-Preuſs befolgten Verfahrens empfehlen; einzelne Stücke dürften ohne Schaden beseitigt werden. Möge diese Umarbeitung im Interesse der Sache rechtzeitig vorgenommen werden!

Passau.   H. Liebl.

---

[1] welche rechtzeitig neu aufgelegt resp. zeitgemäſs umgearbeitet erscheinen sollen.

Präparationen für die Schullektüre griechischer und lateinischer Klassiker. Herausgeg. v. Krafft und Ranke. Heft 23. Präparation zu Homers Ilias. Auswahl aus Gesang I—VI. Von Dr. H. Schmitt. Hannover 1897. Norddeutsche Verlagsanstalt O. Goedel. — Preis Mk. 0,80.

Wie Ref. über gedruckte Klassikerpräparationen denkt, hat er in diesen Blättern (XXXI 728) bereits ausgesprochen. Dafs er mit seinem (unmodernen? vgl. Verhandlgn. der 7. Direktorenversammlung in Ost- und Westpreusfen 1896) Urteile nicht ganz allein steht, ersah er mit Befriedigung aus J. Wismeyers Anzeige von Päpke, Präparation zu Caesars bellum Gallium in dieser Zeitschrift (XXXII 711 f.). Da an beiden angeführten Stellen die gegen den Schulgebrauch derartiger Hilfsmittel obwaltenden Bedenken kurz erörtert sind, so genügt es diesmal darauf zu verweisen. Zur vorliegenden Präparation sei bemerkt, dafs im allgemeinen das richtige Mafs in der Angabe der Vokabeln eingehalten ist. wenn auch Wörter wie λύω, λύομαι (Med.) füglich der Kenntnis des Schülers zugemutet werden dürften. Die Einrichtung, dafs aufser dem Wörterverzeichnis am Fufse jeder Seite erklärende Anmerkungen zum Texte gegeben werden, erspart dem Besitzer des Heftes aufser dem Lexikon auch noch eine Ausgabe mit Kommentar. Bequemer läfst es sich für den Lernenden kaum mehr machen. Ob der Verf. die Textauswahl, für welche seine „Präparation" bestimmt ist, selbst getroffen oder sich an eine bereits vorhandene angeschlossen hat, darüber hat er sich nicht geäufsert und es kann auch nicht Rezensentenpflicht sein, darüber Nachforschungen anzustellen. Nicht berücksichigt sind II. Il 484—877. III 383—448, V 1—296, 431—844. Die ausgelassenen Partien werden, um den Zusammenhang zu erhalten, kurz skizziert; unter diesen Inhaltsangaben erscheint die von III 383—448 vom pädagogischen Standpunkt aus sehr bedenklich, weil ihre Fassung die Schüler gerade verlocken wird, sich die Stelle im Original genauer anzusehen.

Heft 29. Präparation zu Homers Ilias. Auswahl aus Gesang VII—XII. Von Dr. H. Schmitt. Hannover 1898. Norddeutsche Verlagsanstalt. O. Goedel. — Preis Mk. 0,75.

Trotz des günstigen Urteiles von Direktor Muff über das 23. Heft der „Präparationen" von Kraft und Ranke (s. Zeitschr. f. d. Gymnasialw. LI [1897] S. 222 f.) mufs Ref. seine früher geäufserten Bedenken voll und ganz aufrecht halten. Dafs in der vorliegenden „Präparation" die der Phraseologie beigegebenen Anmerkungen nicht die Bequemlichkeit des Schülers fördern, ihn vielmehr zum Nachdenken anhalten wollen, kann man zugeben, ohne deshalb die ganze Einrichtung im Prinzip gutzuheifsen. Ausgelassen sind in diesem Hefte VII 311—482, VIII 1—77 und 171—565, IX 523—600 diese Partie gewifs mit Recht), X vollständig, XI 670—761. Von den nicht behandelten Stellen wird der Inhalt mitgeteilt. Wörter wie ὄρχαμος, μερμηρίζω, ῥάβδος noch im XII, also am Ende des Kurses, anzugeben, erscheint unnötig. Die Erklärung des ,Adjektivs ἐγχεσίμωρος (Seite 5) wird, weil zweifach, den Schüler im Ungewissen lassen; man unterrichte den Lernenden immerhin über zwei gleichberechtigte Ableitungen eines Wortes, entscheide sich aber für eine bestimmte Übersetzung.

———————

Feodor Glöckner, homerische Partikeln mit neuen Bedeutungen. Beiträge zur Lexikographie und zur Interpretation der homerischen Gedichte. Erstes Heft: κέ. Leipzig 1897. B. G. Teubner. 8°. 58 S.

Der Verfasser dieser Schrift, der im Vorwort versichert, seit Jahren eingehende Studien über Ursprung und Bedeutung der wichtigsten homerischen Partikeln gemacht zu haben, veröffentlicht das vorliegende Heft als ersten Teil einer von ihm beabsichtigten Sammlung, in welcher dieselben nach neuen Gesichtspunkten behandelt werden sollen.

A. Ludwich meint in seiner Besprechung des Büchleins (Berl. philol. Wochenschr. 17 [1897] Sp. 1410—1411): „Ob es sich empfiehlt, die hier bei κέ(ν) beobachtete Methode auch auf die übrigen Partikeln auszudehnen, möchte ich stark bezweifeln." Sehen wir zu, ob dieses Urteil gerechtfertigt ist.

Gl. will nachweisen, daß die Partikel κέν von den bisherigen Erklärern nicht richtig aufgefaßt worden ist, und trägt eine, wie er meint, neue Erklärung vor, welche er dann durch Vorführung und Übersetzung einer Menge von Stellen aus Ilias und Odyssee zu erhärten sucht. Das Schriftchen zerfällt somit, wenn man so sagen darf, in einen theoretischen und einen praktischen Teil. So ausführlich der Verf. in letzterem zu Werke geht, so leicht hat er sich seine Aufgabe im ersteren gemacht. Ohne sich irgendwie mit den Mitforschern auseinanderzusetzen, erwähnt er (S. 1.) die Ableitungsversuche von Rost, Scheuerlein und Hartung, während Delbrück, Osthoff, Brugmann gar nicht berücksichtigt werden. Auch bezüglich der Deutung bezw. Übersetzung von κέν wird auf die Ansichten anderer fast keine Rücksicht genommen. Gl. beschränkt sich auf den Tadel der Erklärung des Wortes κέν durch das deutsche „wohl, etwa" oder „eventuell", wie es, schreibt er (S. 4) noch in der 12. Auflage von Curtius griechischer Schulgrammatik § 507 A 2 u. 3 zu lesen stehe. Der Verf. hätte diese Angabe, welche den Sinn des κέν vielleicht nicht erschöpfend erklärt, aber jedenfalls eine wichtige Seite der Funktion dieser Partikel richtig hervorhebt, auch in neueren Auflagen des von ihm genannten Buches noch finden können. Über Ableitung und Bedeutung von κέν (κε) bestehen verschiedene Ansichten. Nach der Meinung einiger ist κέν ein Indefinitum wenigstens dem Sinne nach, mag man es nun zum sanskritischen Pronominalstamm ka stellen (Delbrück u. Windisch, syntakt. Forschungen I 84—90) oder von sanskr. sam=,bene, wohl" ableiten (Osthoff, Zur Gesch. d. Perf.

im Indogerman. 342, vgl. Brugmann, griech Gramm. [Handb. d.
klass. Altertumswissensch. v. J. Müller II⁹] S. 189); es bezeichnet,
daſs eine Handlung oder ein Zustand unter gewissen Bedingungen eintritt oder eintreten wird. Da diese entweder im Redenden oder auſser
demselben liegen können, färbt sich *κέν* in dem einen Fall subjektiv,
im anderen objektiv. Kaum zu begründen ist nach Brugmann (a. a.
O. 190) die Theorie Thiemanns (Grundzüge d. homer. Modussyntax),
daſs nur die erstere Bedeutung durch *κέν*, die zweite durch *ἄν* ausgedrückt werde. Nach anderen Gelehrten wie Rost (griech. Schul-
gramm. § 176, 4 Anm.) und Monro (Grammar of the Hom. dial. 265 ff.)
ist *κε* eines Stammes mit *κεῖνος* und hat demonstrative, nicht indefinite
Funktion (vgl. W. Schulze, quaest. ep. p. 395); es würde mithin
dem deutschen „dann, in diesem Falle" entsprechen. Indem Gl. die
eben erwähnte Etymologie billigt, erklärt er als die entsprechende
Übersetzung des *κέν* die mit dem tonlosen aus „dann" abgeschwächten
„da" und meint die Stichhaltigkeit dieser Erklärung dadurch zu erproben, daſs er die sämtlichen Stellen, an denen *κέν* erscheint, in
zwei Hauptabschnitten (*κε* in Nebensätzen, *κε* in Hauptsätzen), die
wieder in mehrere Unterabteilungen zerfallen, ausschreibt und in deutscher Übersetzung vorführt. Wenn schon die aus dem Bisherigen
klar gewordene Methode des Verf. kaum Billigung finden wird, so
unterliegt auch seine Erklärung schweren Bedenken.

Es ist zunächst unrichtig, wenn (S. 4) behauptet wird, eventuell
habe einen von wohl verschiedenen Sinn, indem dieses Wort eine
Handlung als vom Sprechenden für wahrscheinlich gehalten bezeichne,
jenes dagegen die Handlung als durch den eintretenden Fall bedingt
hinstelle, daſs also wohl subjektive, eventuell objektive Kraft habe.
Vielmehr verhält sich die Sache so, daſs beide Ausdrücke den möglichen Eintritt eines Falles bezeichnen und zwar wohl (etwa) ganz
allgemein sowohl vom Standpunkt des Subjekts aus als im Hinblick
auf äuſsere Bedingungen, eventuell aber nur mit Rücksicht auf
äuſsere Umstände. Der Begriff des eventuell ist demnach zwar in
wohl enthalten, nicht aber der des wohl in eventuell, wohl
ist allgemein, eventuell bezeichnet etwas Besonderes. Gl. bemerkt
selbst (S. 5), daſs die Partikel *κε* auf einen auſserhalb des vom Redenden innegehabten Standpunktes befindlichen Punkt hinweise, was allerdings nach dem eben Gesagten nicht immer der Fall ist, was aber
G. Curtius durch das Wort eventuell andeuten wollte, wie ja
auch Brugmann (a. a. O.) meint, daſs man *κέν* durch allenfalls,
eventuell, unter Umständen verdeutlichen könnte. Man wird
nicht finden, daſs der Verf. durch seine Darlegungen diese Erklärung
als irrig nachgewiesen habe. Die Nebeneinanderstellung von *κέν* und
ἄν bei Homer, die nach Gl. ein weiterer Einwand gegen die Deutung
der ersteren Partikel durch wohl, etwa sein soll, beweist für ihn
nicht das geringste. Denn „auch da wo *ἄν* und *κέν* neben einander
erscheinen, kann die Bedeutungsverschiedenheit nur noch eine sehr
geringe gewesen sein" (Brugmann a. a. O.). Und selbst angenommen,
κέ sei ein abgeschwächtes *κῇ* oder *κεῖ* (wovon *κεῖνος*), so müſste die

demonstrative Kraft der Partikel schon sehr früh verloren gegangen sein, jedenfalls schon vor der Entstehung der homerischen Gedichte. Wie wäre es andernfalls zu erklären, daſs sich bei Homer so häufig die Verbindungen τῷ κε, ἔνϑα κε finden, in denen τῷ bezw. ἔνϑα die Träger der hinweisenden Funktion sind, die der Deutsche durch d a n n, in diesem Falle ausdrückt? Unmöglich konnten jene Fügungen entstehen, wenn sich die Sprache bewuſst war, daſs eben κέν dieses logische Verhältnis bezeichnete. Es wäre eine solche Ausdrucksweise, um mit dem Verf. zu reden, gewiſs „eine unnatürliche Verstärkung" der demonstrativen Färbung des Satzes. Dieser Umstand liefert nun auch den Beweis, daſs die Übersetzung des κέν mit d a, wie sie Gl. in seiner Schrift (von S. 9 an) durchführen will, unstatthaft ist, auch dann, wenn die Partikel wirklich nach ihrem Ursprung demonstrativ wäre. — Ganz abgesehen von den Ausdrücken ἔνϑα κεν und τῷ κεν läſst sich diese Deutung iu zahlreichen Fällen überhaupt nicht anwenden, ohne gegen den Sinn oder den deutschen Sprachgebrauch zu verstoſsen. So ist die Übersetzung des κέν durch d a ganz unpassend und undeutsch Γ 40 ff. (S. 6), Κ 67 (S. 11), Ο 46 u. 738 (S. 11), α 396 (S. 13), ι 356 (S. 14), λ 366 (S. 17), ferner in sämtlichen Stellen mit ὅττι κεν εἴπω (vom Verf. erklärt: was ich auch da sage, S. 19). Hieber gehören auch die Fälle, wo κέν den Potentialis ausdrückt oder verstärkt, z. B. Σ 151, Τ 218. Häufig liegt die demonstrative Kraft in einem neben κέν stehenden Worte wie δέ, vgl. Α 137 und anderswo. Von τῷ κε und ἔνϑα κε war oben schon die Rede. Bezüglich dieser Wendungen gilt immer noch die bündige Erklärung von L. L a n g e (der homer. Gebrauch d. Part. εἰ; Abhandlungen d. K. Sächs. Gesellsch. der Wissenschaften Philol.-hist. Kl. VI N. IV. 1872 S. 348): „In der Formel τῷ κε weist offenbar τῷ (= so oder dann), wofür Aristarch wie es scheint τῶ schrieb, einerlei ob man es für Dativ oder für ein nach Analogie von πῶ für πόϑεν gebildetes Adverbium hält, auf den Wunschsatz zurück, nicht aber κε, welches vielmehr als indefinite Partikel das Vorhandensein unbekannter Bedingungen andeutet . . ."

So hat denn vorstehende Besprechung ergeben, daſs die eingangs zitierte Äuſserung Ludwichs über die Schrift vollauf begründet und es dem Verf. nicht gelungen ist, seine Deutung des κέν irgendwie wahrscheinlich zu machen. — Schlieſslich sei noch auf ein paar befremdende Übersetzungen hingewiesen, die in dem Werkchen begegnen: heiſst τερπικέραυνος donnerfroh (S. 13) ? können die Worte ν 400 ὅ κε στυγέῃσιν ἰδών ἄνϑρωπος ἔχοντα mit „in dem da mit Abscheu jeder d i c h sehe" (S. 15) verdeutscht werden?

München.   M. S e i b e l.

Die attische Beredsamkeit. Dritte Abteilung. Zweiter Abschnitt: Demosthenes' Genossen und Gegner. Dargestellt von Friedrich Blaſs. 2. Auſl. Leipzig, Teubner 1898.

Länger als die Freunde des klassischen Werkes über die attische Beredsamkeit es wünschten und die raschere Aufeinanderfolge der frühe-

ren Teile vermuten liefs, hat die Neubearbeitung des 2. Abschnittes
der 3. Abteilung und Fortsetzung des I. Abschnittes (bespr. in Bd. XXX.
S. 228 d. Bl.) auf sich warten lassen. Dafür hat dieselbe aber auch
eine wesentliche Bereicherung erfahren.

Während in der ersten Auflage (1880) 13 Reden behandelt
waren, konnten in der vorliegenden Bearbeitung infolge der reichen
Funde der letzten Jahre 15 besprochen werden.

Besonders wertvoll sind die Nachträge zu Abt. I. II. u. III. I.,
in denen der Verfasser seine frühere Darstellung auf Grund der Ergebnisse neuerer Forschung berichtigt und ergänzt (S. 356—407). Mit
Dank zu begrüfsen ist auch das beigegebene Register, das sich jetzt auf
sämtliche Teile erstreckt und das Nachschlagen wesentlich erleichtert.

Die Ausstattung ist wie bei den vorhergehenden Bänden vorzüglich.

Hof.   Friedrich Burger.

Weifsenfels P., Griechische Schulgrammatik in Anlehnung an H. J. Müllers Lateinische Schulgrammatik. Leipzig.
Teubner. 1897. S. 226 u. VII. 8°. M. 2,40.

Wenn man die nicht geringe Anzahl hinsichtlich der Auswahl
und Anordnung des Stoffes sowie der Fassung der Regeln vorzüglicher Schulgrammatiken ins Auge fafst, so möchte man gegenüber
dem Erscheinen eines neuen derartigen Buches die Bedürfnisfrage bezweifeln, und doch kann man das vorliegende Buch mit Freuden begrüfsen, weil darin eine seit Jahren allzusehr vernachlässigte Idee zur
Verwirklichung gebracht ist, nämlich die Idee der Konzentration des
altsprachlichen Unterrichtes. Diese Idee, welche vor Jahrzehnten in
Bayern unsere tüchtigen Schulmänner L. Englmann, W. Bauer und
E. Kurz in den altsprachlichen Grammatiken und Übungsbüchern durchgeführt haben, kommt in Weifsenfels' Buche insofern zur Geltung, als
er auf Anregung des Verlegers seine griechische Schulgrammatik in
möglichst engem Anschlusse an die mit grofsem Beifall aufgenommene
lateinische Schulgrammatik von H. J. Müller verfafst hat, wobei er
in Übereinstimmung mit den neuen preufsischen Lehrplänen vom
6. Januar 1892 verfuhr. Diese Konzentration ist von hohem didaktischen Werte. Jeder Lehrer, welcher den Schülern von der griechischen Syntax — bei der Formenlehre ist dies weniger der Fall —
ein gutes Verständnis beibringen und auch eine Erleichterung des
Erlernens verschaffen will, wird bei sehr vielen Anlässen eine Vergleichung der griechischen Konstruktion mit der lateinischen nicht
umgehen können; er mufs daher auf die Art und Weise Bedacht
nehmen, wie der Schüler früher Latein gelernt hat, besonders welche
Grammatik er benützt hat, welche Terminologie u. s. w. ihm geläufig
ist. Hält man diesen Standpunkt fest, so ist es natürlich, dafs die
Erlernung des Griechischen am leichtesten geschieht, wenn das Schulbuch sich eng an das lateinische anschliefst, soweit es die sprachliche Eigentümlichkeit ermöglicht.

Der Verfasser beschränkt sich bei seinem Anschlusse an Müller hinsichtlich des Aufbaues, der Terminologie und Fassung der Regeln auf die Syntax, während er in der Behandlung der Formenlehre ganz unabhängig seinen eigenen Weg geht.

Betrachten wir zunächst die Syntax, so ist die Übereinstimmung mit Müller keine sklavische, sondern überall, wo die Konstruktion eine andere Fassung als notwendig erscheinen läfst, verfährt W. auch hier selbständig. Bezüglich der Reihenfolge der einzelnen Stoffgebiete hält sich W. genau an die lateinische Grammatik. Im allgemeinen läfst sich dagegen kein Einwand erheben, vielmehr hat ja die Praxis einen bestimmten Weg vorgezeichnet. Nur in einem Punkte, glaube ich, hat diese Anlehnung an den Stufengang zu einem erheblichen Nachteil des Buches geführt, und dieser betrifft die Kondizionalsätze, welche erst ganz am Schlusse der einzelnen Nebensätze zur Darstellung gelangen. Mag diese Anordnung auch in der lateinischen Grammatik angehen, indem die Eigentümlichkeit der hypothetischen Sätze auf die übrigen Nebensätze keinen Einflufs übt, so liegt die Sache im Griechischen doch ganz anders. Die Eigentümlichkeiten der griechischen Kondizionalfälle in ihrer vielfachen feinen Unterscheidung wiederholen sich dem ganzen Umfange nach bei den Temporal- und Relativsätzen, so dafs eine sachgemäfse, zielbewufste Behandlung der letzteren zwei Satzarten ein klares Verständnis der hypothetischen Fälle im Kondizionalsatze voraussetzt. Wenn die einzelnen hypothetischen Fälle im Kondizionalsatze dem Schüler zum klaren Verständnis gebracht sind, ergibt sich die Anwendung der Regeln auf die übrigen Nebensätze von selbst. Dagegen führt der umgekehrte Weg, nämlich die vorhergehende Behandlung der Temporal- und Relativsätze, zu erheblichen Schwierigkeiten, indem der Schüler nicht so leicht ein klares Verständnis erhält; die allerdings nicht unrichtigen Regeln bei W. sind zu knapp und in diesen Fällen nicht mit ausreichenden Beispielen belegt. Mir ist keine bedeutendere Grammatik bekannt, welche nicht diesen naturgemäfsen Gang befolgte. Es ist daher zu wünschen, dafs W. bei einer neuen Auflage die Kondizionalsätze vor den Temporal- und Relativsätzen behandelt.

Bei § 160—164 ist die Einteilung: „B. Konjunktiv und Optativ: I. Der unabhängige Konjunktiv und Optativ; II. Der abhängige Konj. u. Opt." nicht zu billigen. Wie die Vorbemerkungen und die nachfolgenden Satzarten (vgl. auch das Inhaltsverzeichnis) beweisen, beziehen sich jene Überschriften auf alle nachfolgenden Nebensätze, was jedoch nicht zutreffend ist, da bei den meisten dieser Nebensätze auch der Indikativ in sehr wesentlichem Mafse zur Behandlung kommt. Die Anordnung soll wohl also lauten: I. Tempora. II. Modi und zwar 1. Modi in einfachen (unabhängigen Sätzen): Indikativ, Konjunktiv, Optativ, Imperativ; 2. Modi in abhängigen Sätzen.

Es ist hierorts nicht möglich, alle Punkte zu berühren, die wohl bei einer zweiten Auflage eine Verbesserung erfahren dürften, ich führe nur einige noch an.

Die Behandlung der Fragesätze (§ 165—168) ist nicht übersichtlich und klar; es fehlt vor allem eine kleine Ausscheidung von Wortund Satzfragen. Es sollte eine kurze Darstellung der direkten Satzfragen (die direkten Wortfragen sind den Schülern längst bekannt) vorausgeschickt werden, wenn man sie nicht gleich bei § 150 behandeln will, und daran sollte sich die Darstellung der indirekten Wortund Satzfragen bezüglich der Tempora und Modi reihen. Warum bei den Beispielen der indirekten Wortfragen das gewöhnliche indirekte Fragewort ὅ, τι gar nicht erwähnt ist, ist nicht einzusehen. — § 173 A. 1 sollte die Angabe nicht fehlen, daſs gew. der Konj. Aor., nicht Präs. steht; ferner ist die Übersetzung „schwerlich" unrichtig, da οὐ μή immer eine zuversichtliche Verneinung = „sicherlich nicht, gewiſs nicht" ausdrückt. — § 174, 2 ist eine genaue Angabe der verschiedenen hiehergehörigen Fälle der Infinitivkonstruktion von ὥστε wünschenswert. — § 187 sind die „kondizionalen Perioden in abhängiger Form" recht breit behandelt; einfacher wäre die Darstellung im Zusammenhang mit der oratio obliqua. — § 190 ist die Auseinandersetzung über εἰ μή und εἰ οὐ in dieser Breite nicht nötig und verleitet in dieser Fassung leicht zu Irrtümern. Da εἰ οὐ selten vorkommt, genügt die Bemerkung, daſs in den Kondizionalsätzen „nicht" mit μή übersetzt wird, auſser wenn ein einzelner Begriff verneint wird, z. B. οὐκ ἐάν, οὐ φάναι.

In der Darstellung der Formenlehre befolgt W. den von der Sprache selbst vorgeschriebenen Lehrgang, unabhängig von Müllers lat. Gr. Es ist durchaus zu billigen, daſs er nach dem Vorgange anderer Grammatiken die O-Deklination vor die A-Deklination stellt.

Viele Regeln lassen die nötige Präzision vermissen; nicht wenige haben eine zu breite Fassung, so § 19, 1; § 20; § 45; § 49; § 56; § 66 u. 67. Die Konsonantenveränderungen haben bei der Lautlehre keine zusammenfassende Darstellung gefunden, sondern sind immer an den betreffenden Stellen eingefügt; dies führt zu vielen Wiederholungen. § 8 sollten Beispiele nicht fehlen. § 13 wäre eine kurze Angabe über die Quantität der Wörter auf α, sowie über den Gebrauch des dorischen Genitivs nicht überflüssig. § 13 heiſst es: „Die Substantiva auf της haben im Vok. Sing. α"; hieher gehören auch die Völkernamen auf ης. § 19, b, II ist eine genauere Angabe der Bildung des Vok. Sing. nötig. § 22, 2 sollte es heiſsen: „Die Barytona der TStämme". § 28, I, b sind die Komparative auf ίων schon bei den Adj. erwähnt; dies sollte erst später bei der Komparation geschehen, wenn diese Formen gelernt werden. § 43 wäre es zweckmäſsig, bei den einzelnen Präpositionen die deutsche oder lateinische Grundbedeutung immer anzugeben. § 50 wäre es klarer anzugeben, daſs die Komposita von αἰνέω in allen Zeiten den kurzen Stammcharakter behalten auſser im wenig gebräuchlichen Perf. Pass. Ebenso würde bei δέω, θύω, λύω und δύω die allg. Regel das Erlernen erleichtern, daſs diese Verba den kurzen Stammcharakter im Perf. Akt. u. Pass. (ohne Einschiebung eines σ) behalten. § 52 ist der Ausdruck „Konsonanthäufung" kaum zulässig. § 56 finden sich noch (!) als Paradigmen der tempora

secunda ἔτυπον, ἐτυπόμην, τέτυπα, ἐτύπην. § 58 steht das unge-
bräuchliche ἔκραγον statt ἀνέκραγον. § 69 würde die tabellarische
Darstellung der Verba die Übersichtlichkeit wesentlich fördern. § 71, 8
fehlt bei ζεύγνυμι die Form ἐζεύχθην neben ἐζύγην, ferner fehlt bei
μίγνυμι die Form ἐμίγην neben ἐμίχθην. § 72, 7 sollte neben dem
Opt. καθήμην (von κάθημαι) die andere Form καθοίμην nicht fehlen;
die 2. Pers. muſs, wenn man sie angeben will, καθῇο heiſsen, nicht
καθῆσο (vgl. κεκλῇο).

So findet sich gar manches, was bei einer zweiten Auflage der
Verbesserung bedürftig ist. Der Verf. erwähnt in der Vorrede, daſs
von den Vorarbeiten besonders die Grammatiken von Kühner-Blaſs,
Krüger und Madwig benützt werden. Hätte er auch die neueren vortrefflichen, durch Einfachheit ebenso wie durch übersichtliche Gruppierung ausgezeichneten Grammatiken von Gerth, Fritzsche, Hahne u. a.
mehr beachtet, so würde er sicher daraus manchen Vorteil gewonnen
haben.

Soll ich mein Urteil über das ganze Buch kurz zusammenfassen,
so mag dasselbe an jenen Anstalten, an welchen im lateinischen
Unterricht die Grammatik von H. J. Müller im Gebrauche ist, vom
Standpunkte der Konzentration des altsprachlichen Unterrichtes aus
nicht ohne Vorteil benützt werden, dagegen an anderen Anstalten
dürfte es schwerlich einfachere und übersichtlichere Lehrbücher verdrängen.

München. _____ Dr. J. Haas.

Griechische Formen- und Satzlehre von Dr. K. Reinhardt und Dr. E. Roemer. Berlin, Weidmannsche Buchhandlung,
1899. VIII u. 235 S. Preis 3 Mark.

Die Formenlehre, eine Neubearbeitung der zweiten Auflage
der kurzgefaſsten Formenlehre von Roemer, zeichnet sich durch klare
Fassung der Regeln vor vielen anderen ähnlichen Arbeiten aus und
gibt, worauf ich als auf einen besonderen Vorzug hinweisen möchte,
an geeigneten Stellen recht übersichtliche, sicheres Verständnis fördernde
Zusammenstellungen zusammengehöriger Dinge; so bringt § 42 alles
Notwendige über die Behandlung der Präpositionen in den Verbis
compositis, § 54 die Bedeutungen und Composita der Verba τίθημι,
ἵημι, δίδωμι, ἵστημι, § 56, 2 die Bedeutungen und Composita der Verba,
die einen bindevokallosen Aorist nach Art von ἔστην bilden.

Die Satzlehre schlieſst sich, da sie dem Plane dient, für die
Unterweisung in den fremden Sprachen übereinstimmende Satzlehren
herzustellen, bezüglich ihrer Gestaltung der französischen Satzlehre von
Dr. Banner (Velhagen und Klasing, 1895) und besonders der lateinischen von Dr. Reinhardt (Weidmannsche Buchhandlung, 1896) überall
aufs engste an. Die stete Bezugnahme auf das Lateinische hat gewiſs
ihre groſsen Vorteile, beeinträchtigt aber doch auch hier und da die
Übersichtlichkeit, indem sie veranlaſst, Zusammengehöriges zu trennen,
was dann wieder Verweisungen und Wiederholungen nötig macht;

dies gilt besonders von dem Abschnitt „Subjekt- und Objektsätze § 183—189". Ob es praktisch war, § 169—181 allgemeine und dann § 182-204 besondere Regeln über die Nebensätze zu geben, läfst sich, weil bei letzteren immer wieder auf erstere verwiesen werden mufs, billig bezweifeln; es ist wohl auch diese Einrichtung auf Rechnung des Systems zu setzen. Gut ist dagegen die vergleichende Nebeneinanderstellung der Behandlung der potentialen und irrealen Behauptungs- oder Urteilssätze im Griechischen, Lateinischen und Deutschen. Eigentümlich ist die Verwendung des griechischen Wortregisters zur Syntax, um Konstruktionen der Kasus- und Satzlehre, die im Buche selbst nicht erwähnt sind, nachzutragen, z. B. τιμωρεῖσθαί τινα nach 77, τινά τινος nach 121; κενός τινος nach § 106, 2; ἐοικέναι m. d. Inf. nach 148; εὐλαβεῖσθαι m. μή u. d. Inf. nach 144 u. s. w. Im einzelnen möchte ich noch Folgendes bemerken: δεῖσθαί τινός τι petere ab aliquo aliquid (§ 115) bedarf der Einschränkung, ebenso die Bemerkung zu § 121: Zu diesem Genetiv (des Grundes bei γράφεσθαι, φεύγειν, φθονεῖν u. a.) können auch die Präpositionen ἕνεκα und περί treten. In § 132 Abs. 2 ist von einem Genetiv zur Angabe des Raumes auf die Frage: wodurch? die Rede, womit Wendungen wie θέειν πεδίοιο gemeint sind; aber „wodurch?" Die Regel in § 180: „Die abhängigen Fragesätze können ebenso eingeleitet werden, wie die direkten Fragen" ist in dieser Fassung nicht zu halten. In § 194 sollte als Übersetzung zu ἐπάν u. s. w. nicht nachdem, sondern in Übereinstimmung mit S. 175 wann, so oft als angegeben sein. In § 212 sollte erwähnt sein, dafs durch καίπερ eingeleitete Participialkonstruktionen die Negation οὐ haben. Druckversehen habe ich nur ganz wenige bemerkt: S. 113 Z. 14 v. o. steht ἀλεξεσθαι, S. 134 Siehe § 71 statt 72, S. 156 Z. 11 v. o. Οἱ, S. 167 Z. 6 v. u. τῆν, S. 188 Z. 9 v. u. Participalkonstruktion.

Regensburg.   Frdr. Zorn.

Mayr Ludwig, *ΧΑΡΙΤΩΝ ΠΟΛΙΣ*. Die Stadt der Grazien. Griechisch mit deutscher Übersetzung. Graz (Gieslar) 1897.

Der Verfasser, k. Professor am Staatsgymnasium in Graz, schildert in 326 homerischen und ebensoviel gegenüberstehenden deutschen Hexametern seine liebliche steirische Heimatstadt (der schon Hamerling jenen graziösen Titel gab) und ihre Umgebung mit einer überraschend sicheren Beherrschung der homerischen Diktion und — Naivetät. Amüsant ist es zu lesen, wie er die modernsten Dinge mit homerischen Worten zu bezeichnen weifs, so den Telegraphen mit σπινθὴρ ἑκάεργος, das Velociped mit σιδήρεος ἵππος. Auch fehlt es nicht an Humor, so besonders in der Anspielung auf die bekannte Affaire im Lugloch, die als ein Eindringen in die Zaubergrotte der erzürnten Kirke dargestellt wird. Allerdings wird die Diktion der drolligen Verse durch den allzu häufigen Mangel einer richtigen Cäsur einigermafsen geschädigt z. B. v. 119 heifst es von der Post

ἔνθεν δ' ἐκπέμπουσιν | πάντοσε σήματα πολλά.

Doch ist eine so liebliche Gabe nicht dazu da, unter der Lupe betrachtet zu werden, und so sei das niedliche Gedicht allen humorliebenden Kollegen bestens empfohlen.

München.   Dr. J. Menrad.

Paul Passy, Abrégé de prononciation française avec un glossaire des mots contenus dans *le français parlé*. Leipzig, Reisland. 1897. 51 S.

Dieser Abriſs gibt eine flüchtige Beschreibung der französischen Laute und ihrer Verwendung in der Sprache, hie und da unter Berücksichtigung der deutschen und englischen Gegensätze, dazu ein Verzeichnis der in dem Français parlé desselben Verfassers enthaltenen Wörter sowohl in der gebräuchlichen Orthographie als in der phonetischen Umschrift.

Es fällt mir nicht ein, in die Angaben eines nationalen Phonetikers wie P. Passy den geringsten Zweifel zu setzen, und es geschieht blofs, um meiner Referentenpflicht zu genügen, wenn ich ein paar Fälle hervorhebe, in denen der Verfasser von der herkömmlichen Aussprache abzuweichen scheint. S. 15 sagt er: „ai se prononce généralement (ɛ) comme dans laid (lɛ), j'aurais (ʒɔrɛ). Il se prononce (e) dans . . . je sais (se). je fais (fe)", im Wörterverzeichnis aber steht fais = fe; u in bluet soll wie θ lauten (Vokalharmonie?); extrême und excuse wie estrême und escuse; Bex = be (S. 24). S. 21: „g vaut (g) devant les consonnes et les voyelles a, o, u; il vaut (ʒ) devant e, i, y : genre etc. — et dans le mot envergure (ãvɛrʒyːr)"; das ist doch offenbar das Substantiv von enverger, das man sonst envergeure oder enverjure schreibt, das Substantiv von enverguer aber envergure. Von h heifst es: „h est le plus souvent muet. Il vaut (h) — nach S. 10 une fricative très faible — dans un certain nombre de mots comme hure, hache, haillon, harde, hêtre."

Die Darstellung der Vokale ist sehr knapp und dürfte dem, der sich nicht schon anderweitig mit Phonetik befaſst hat, kaum genügen. „En les formant (les voyelles), les lèvres prennent une position correspondante à celle de la langue: fort arrondissement pour la voyelle d'arrière fermée, arrondissement moindre pour (o), (ɔ), position neutre pour (a), (a), écartement des coins pour (ɛ), (e), écartement encore plus grand pour (i). Les voyelles (œ), (θ), (y) sont anormales: à mesure que le devant de la langue se rapproche du palais dur, les coins des lèvres se rapprochent au lieu de s'écarter. Ainsi (θ) — soll heifsen (œ) — réunit la position de langue de (ɛ) à la position de lèvres de (ɔ) etc." Wie soll nun ein beginnender Nichtfranzose unterscheiden z. B. zwischen (a) und (a) in le bois und je bois, la hotte und il hoite?

Würzburg.   J. Jent.

Baetgen, L. Der französische Unterricht. Separat-
abdruck aus Reins „Encyklopädischem Handbuch der Pädagogik." 40 S.
Langensalza. H. Beyer u. Söhne. 1896.

Lange, Dr. G. Beobachtungen und Erfahrungen auf
dem Gebiete der Anschauungsmethode im französischen Unterrichte.
Vortrag gehalten auf der Jahresversammlung des Sächs. Gymnasial-
Lehrervereins zu Wurzen (1897). 40 S. Wien. Hölzel 1897.

Diese beiden Schriften, deren Besprechung Ref. infolge Erkrankung
leider lange hinausschieben mußte, können der Aufmerksamkeit der
Hrn. Fachkollegen bestens empfohlen werden, da sie, mit zu den besten
unter den vielen neueren pädagogischen Veröffentlichungen auf diesem
Gebiete zählend, jedem strebsamen Lehrer, möge er der Reformidee
huldigen oder nicht, eine anziehende und mannigfach anregende Lektüre
gewähren werden.

Baetgen, dessen Erörterungen selbstverständlich auf der reichen,
ihm vorangegangenen einschlägigen Literatur fußen und sich durch
Kürze der Fassung neben großer Klarheit auszeichnen, nimmt den
Leser durch strenge Objektivität und anerkennenswertes Maßhalten
für sich ein; stets bleibt er auf dem Boden des zu Erreichenden, nie
gibt er sich Utopien hin, gleich Münch, dem er würdig an die Seite
gestellt werden darf, und mit dem er sich sehr oft in Übereinstimmung befindet.

Lange kann naturgemäß kein so allgemeines Interesse beanspruchen, da sich seine Auseinandersetzungen auf einen ganz engen
Kreis beschränken müssen; doch sind sie nicht minder klar und anziehend und für den behandelten Stoff sehr lehrreich. Von dem Gedanken ausgehend, daß es zur richtigen Beurteilung des praktischen
Wertes einer neu einzuführenden Methode oder eines neuen Lehrmittels wünschenswert erscheine, über mit denselben angestellte Versuche zuverlässige Auskunft zu erhalten, gibt, wie Klinkhardt s. Z.
für das Englische, so Lange für das Französische Genaueres über seinen
Unterrichtsbetrieb und die dabei gesammelten Erfahrungen bekannt.

Dieselben erstrecken sich über 2 Klassen, eine Untertertia und
eine Quarta. Die Schüler der ersteren wurden 2 Jahre lang, die der
letzteren 1 Jahr hindurch neben dem Elementarbuche von Plötz bez.
neben Plötz-Kares und dem Lesebuche von Benecke und d'Hargues
unter Heranziehung der 4 Landschaftsbilder von Hölzl unterrichtet,
mit im Verhältnis zu anderen Klassen sehr günstigem Erfolge. Das
Eine ergibt sich aus L's Schrift, daß ein tüchtiger, sprachgewandter
Lehrer in kleinen Klassen bei genügender Stundenzahl (IV hat in
Sachsen im Gy. 5 Wochenstunden) die Anschauungsmethode in hohem
Grade nutzbringend ausgestalten kann.

Ayrolle, C. De Bayonne à Toulouse. Excursions de vacances.
Avec 21 gravures et 1 plan. 60 S.

Moulin, A. Le long de la mer bleue à Bicyclette. Lettres de voyage. Avec 29 gravures et 1 plan. 57 S. Leipzig. Voigtländer. 1898. Je 80 Pf.

Es war ein glücklicher Einfall, der die Voigtländer'sche Verlagshandlung veranlaſste, einen Versuch mit diesen Bilderheften für den Sprachunterricht zu machen, welche je eine in sich abgeschlossene Schilderung von Land, Leuten und Sitten aus der Feder eines gewandten Schriftstellers enthalten sollen. In guter, leichtverständlicher Sprache geschrieben, mit zahlreichen, zum Teil sehr guten Abbildungen ausgestattet werden die zwei vorliegenden Hefte, welche den Leser in kulturgeschichtlich und landschaftlich hochinteressante Gegenden führen, sich als zum Unterrichte in mittleren und oberen Klassen, besonders aber zur Privatlektüre sehr brauchbare Lehrmittel erweisen.

München.   Wolpert.

Analytische Geometrie der Kegelschnitte mit besonderer Berücksichtigung der neueren Methoden nach George Salmon frei bearbeitet von Dr. Wilhelm Fiedler, Professor am eidgenössischen Polytechnikum zu Zürich. Erster Teil. 6. Auflage. Leipzig. B. G. Teubner. 1898.

Ein Werk, das bereits die 6. Auflage erlebt, bedarf wohl kaum mehr einer besonderen Empfehlung, zumal wenn es ein Gebiet der höheren Mathematik umfaſst, das naturgemäſs keinen sehr umfangreichen Leserkreis besitzen kann. Der Autor hat auch diesmal, wie bei jeder Neuauflage, wieder Verbesserungen und Ergänzungen angebracht, damit das Buch den modernen Anforderungen entspreche. Durch die beständige Vermehrung des Stoffes muſste aber dasselbe allmälig mehr den Charakter eines Nachschlagewerkes erhalten und sich von der Darstellungsweise eines Lehrbuches entfernen, das in abgerundeter Form nur das Notwendigste zu geben hat. Diesem Mangel suchte der Verfasser in der Neuauflage dadurch, und wie uns scheint auch mit Glück, abzuhelfen, daſs er jene Abschnitte, die bei einem ersten Studium übergangen werden können, mit einem * bezeichnete Die Brauchbarkeit des Buches für Lehrzwecke hat dadurch wesentlich gewonnen. Von anderen Veränderungen gegen die vorhergehenden Auflagen ist nur die Vermehrung der Beispiele sowie die Fortführung der äuſserst wertvollen Literaturnachweise bis auf die neueste Zeit zu nennen.

Analytische Geometrie des Raumes von George Salmon, deutsch bearbeitet von Dr. Wilhelm Fiedler, Professor am eidgenössischen Polytechnikum zu Zürich. I. Teil. Die Elemente und die Theorie der Flächen zweiten Grades. Vierte verbesserte Auflage. Leipzig. B. G. Teubner. 1898.

Auch dieses Werk der um die Ausbildung der höheren Geometrie

so hochverdienten Verfasser bedarf keiner weiteren Empfehlung mehr,
da es längst jeder Mathematiker kennt, der sich jemals mit höherer
Raumgeometrie beschäftigte. Wir wollen daher nur hervorheben,
worin sich die vorliegende Neuauflage von den älteren unterscheidet.
Zunächst sind die homogenen projektivischen Koordinaten, wie sie
Plücker eingeführt und Clebsch ausgebildet hat, in einem eigenen
Kapitel (IV) eingehender als früher behandelt worden, dann wurde
die Lehre von der Kollineation und Reziprozität ebenfalls in einem
eigenen Kapitel (VIII) ausführlich untersucht und ihre Beziehung zu
den Flächen zweiten Grades studiert. Im Anschluß hieran war es
nun möglich, die Theorie der Raumkurven 3ter Ordnung und ihrer
Developpabeln, die projektivische Erzeugung der Komplexe, wie sie
durch Reye und Sturm entwickelt wurde, die lineare Transformation
der Flächen zweiten Grades in sich und die konfokalen Systeme in
kollinearen Räumen klarer und übersichtlicher darzustellen. Neu aufgenommen wurden unter Anderem die schönen Arbeiten von Staude
über konfokale Flächen 2ten Grades und die Hauptsätze der Geometrie
der Kugelsysteme, die Fiedler schon früher in einem eigenen Werke
behandelt hat.

München.   _____   A. v. Braunmühl.

Kirchhoff G., Vorlesungen über mathematische Physik. 1. Band. Mechanik. 4. Auflage, herausgegeben von Prof. Dr.
W. Wien. Mit 18 Figuren. 464 Seiten. Leipzig. Teubner. 1897.

Ein Lehrbuch, das von seinem Verfasser in drei Auflagen und
in dem nachgelassenen Manuskripte zu einer vierten Auflage vollständig ungeändert gelassen wird, gehört zweifellos zu jenen Meister-
werken der Literatur, die trotz der fortschreitenden Entwicklung der
Wissenschaft in Hinsicht auf Lehrmethode gerade so, wie sie sind,
auch für spätere Generationen einen bleibenden Wert besitzen. Der
nunmehrige Herausgeber hat sich demgemäß auch darauf beschränkt,
die wenigen Versehen, meist Schreib- oder Druckfehler, zu verbessern,
welche in den vorigen Auflagen trotz der Sorgfalt, die Kirchhoff auf
druckfertige Arbeiten verwandte, stehen geblieben waren.

_____

Föppl Dr. A. Die Geometrie der Wirbelfelder. In
Anlehnung an das Buch des Verfassers über die Maxwell'sche Theorie
der Elektricität und zu dessen Ergänzung. 108 Seiten. Leipzig. Teubner. 1897.

Der Verfasser hatte bereits bei Erscheinen seines Buches über
die Einführung in die Maxwellsche Theorie, welches ich bei meiner
Besprechung im 32. Jahrgange unserer Zeitschrift S. 634 namentlich
wegen der ungemein klaren, leicht faßlichen Behandlung des Stoffes
empfehlen zu dürfen glaubte, einen Nachtrag in Aussicht gestellt, in
welchem bestimmte schwierigere Abschnitte jener Theorie näher be-

trachtet werden sollten. Zu diesen rechnete er in erster Linie eine eingehendere Darstellung der Vektorfunktionen, die nun in der oben genannten Schrift vorliegt. Er behandelt demgemäfs in derselben vorzugsweise die allgemeinen geometrischen Eigenschaften physikalischer Felder, d. h. jene Eigenschaften derselben, welche von allen physikalischen Hypothesen unabhängig sind. Damit ist freilich nicht ausgeschlossen, dafs gelegentlich bei Anwendungen auch die physikalischen Eigenschaften dieser Felder in den Kreis der Betrachtung gezogen werden.

Nach einem einleitenden Kapitel, in welchem der Begriff Feld scharf abgegrenzt, die Vektorfunktion definiert und dargelegt wird, dafs sich dieselbe durch eine bestimmte hydrodynamische Konstruktion in ähnlicher Weise darstellen läfst, wie etwa eine algebraische Funktion einer Variablen durch eine Kurve, in welchem dann die in dieser Konstruktion auftretenden Begriffe Quelle und Wirbel, sowie die gegenseitigen Ableitungen des Vektor-, Potential- und Quellenfeldes dargelegt werden, behandelt ein zweites Kapitel die linearen Vektorfunktionen und die Arten ihrer Darstellung, ein drittes das quellenfreie Feld mit einem Wirbelfaden und die Zurückführung desselben auf ein wirbelfreies Feld; im vierten Kapitel werden die Wirbelintegrationen der quellenfreien Vektorfunktion ermittelt, im letzten endlich beliebige Funktionen und Raumsummen untersucht. Aus dieser kurzen Inhaltsangabe erhellt, dafs die Schrift einen vorwiegend mathematischen Charakter trägt; der Verfasser will eben nachweisen, wie sich physikalische Probleme mit neueren und man darf wohl sagen besseren Methoden untersuchen lassen. Auch diese Schrift setzt ebenso wie das oben erwähnte gröfsere Werk des Verfassers zum Verständnisse nur das Vertrautsein mit den Elementen der Differential- und Integralrechnung voraus; sie ist ebenso klar und fafslich geschrieben wie jenes und kann auch ohne Kenntnis desselben studiert werden; immerhin ist ein vorhergehendes Studium der einschlägigen Kapitel des Föppel'schen Buches über die Maxwell'sche Theorie dringend zu empfehlen, weil der Verfasser in der hier besprochenen Schrift mehrfach nur kurz andeutet, was er dort ausführlich bespricht und sich auch stellenweise auf Entwicklungen jenes Werkes beruft.

Vogt J. G. Das Wesen der Elektricität und des Magnetismus auf Grund eines einheitlichen Substanzbegriffes. 134 Seiten. Leipzig. Wiest. 1897.

Eine Hypothese, welche die Vorgänge im Gebiete der Elektricität und des Magnetismus in einigermassen befriedigender, einspruchsfreier Weise zu erklären gestaltete, haben wir bekanntlich bis jetzt noch nicht; am unwahrscheinlichsten ist jedenfalls die zwar für didaktische Zwecke äufserst bequeme und deshalb in den Lehrbüchern der Physik noch immer gebrauchte Theorie zweier Fluida, die also von positiver und negativer Elektricität, von positiven und negativen Strömen spricht, obwohl sich diese beiden vermeintlichen Arten von Elektricität ihrem

Wesen nach sicherlich in nichts unterscheiden. Aber auch die Faraday-Maxwellsche Molekulartheorie, welche namentlich seit den Aufsehen erregenden Hertz'schen Versuchen zu grofsem Ansehen gelangte, leidet unter der Schwäche, dafs man sich über das Wesen des Aethers, der bei derselben eine so grofse Rolle spielt, nicht im Klaren ist.

Der Verfasser erkühnt sich nun, eine Hypothese gefunden zu haben, mittels deren sich elektrische und magnetische Erscheinungen in einfacher, überzeugender Weise einerseits erklären, andererseits folgern lassen und man mufs gestehen, soweit sich über eine so schwierige Frage auf Grund von elementaren Mitteln, deren sich der Verfasser durchweg bedient, ein Urteil abgeben läfst: die Vogtsche Theorie leidet jedenfalls nicht unter den Widersprüchen, die namentlich der Dualitätstheorie in so bedenklicher Weise anhaften.

Nach seiner Annahme ist das ganze Weltall mit einer kontinuierlichen Substanz erfüllt, der er keine andere Eigenschaft beilegt als das Bestreben, sich zu verdichten. Tritt nun an irgend einer Stelle eine Verdichtung ein, so mufs sich eben wegen der Kontinuität der Materie an einer anderen Stelle eine Verdünnung ergeben. Vogt unterscheidet zwischen Weltkörpermassen und dem Aether; erstere haben die mittlere Dichte in dem einen, letztere dieselbe in dem anderen Sinne überschritten; jenen schreibt er vorwiegend potentielle, diesen aktuelle Energie zu und sieht in dem fortwährenden Kampfe zwischen beiden Gruppen den Grund zu allen physikalischen, in erster Linie zu den elektrischen und magnetischen Prozessen. Wie sich nun aber mit Hilfe dieser Theorie der scheinbare Gegensatz zwischen positiver und negativer Elektricität, die Erzeugung derselben, die Eigenschaften und Modifikationen der elektrischen Konstellation, der Elektromagnetismus und alles, was mit diesen Erscheinungen zusammenhängt, also etwa die Influenz, die elektrischen Wellen, die magnetische Polarität, die Induktion, in wirklich einheitlicher, befriedigender Weise unter Verzicht auf jede Fernewirkung erklären lassen, das hier darzulegen ist mit Rücksicht auf den zu Gebote stehenden Raum ganz unmöglich. Mag Vogts Hypothese die richtige sein oder nicht, jedenfalls ist das Studium dieser Abhandlung, die zwar in erster Linie für den Philosophen geschrieben ist, auch für den Physiker von grofsem Interesse. Bezüglich der formellen Seite ist nur zu bedauern, dafs der Verfasser stellenweise in einen gar zu polemisierenden, sich vielfach in unberechtigten Ausfällen gegen die Physiker ergehenden Ton verfällt; im übrigen ist die Abhandlung zwar breit, aber klar und anregend geschrieben.

Würzburg.   **Dr. Zwerger.**

Vorlesungen über Geschichte der Mathematik von **Moritz Cantor.** Dritter Band. Vom Jahre 1668 bis zum Jahre 1759. Dritte Abteilung. Die Zeit von 1727 bis 1758. Leipzig 1898. Druck und Verlag von B. G. Teubner. S. 475—893. gr. 8°.

Mit dieser Schlufslieferung, welche zugleich den trefflich übersichtlichen Namen- und Sachindex zum dritten Bande enthält, ist dieser selbst und damit auch das monumentale Werk abgeschlossen, mit welchem der Altmeister der mathematischen Geschichtsforschung die deutsche Literatur bereichert hat. Es sind drei gewaltige Bände, in denen ein ungeheuerer Stoff angesammelt und aufs glücklichste disponiert ist, und jeder Studierende, jeder Lehrer sieht sich nunmehr in den Stand gesetzt, irgend ein Problem, das ihn beschäftigt, durch den Lauf der Zeiten hindurch bis zu seinem Urquell zurückverfolgen zu können. Damit soll nicht im entferntesten gesagt sein, daß nun etwa diese Seite wissenschaftlicher Arbeit ihre vollständige Erledigung gefunden habe, daß es auf dem Boden, den der Autor einer so gründlichen Beackerung unterzogen, nichts mehr zu ernten gebe. Im Gegenteile! Das ist gerade einer der Vorzüge solch großer Leistungen, daß sie anregend und belebend wirken, und die Fülle der Aufgaben, welche heutzutage jede Disziplin in sich schließt ist eine so ungemein große, daß Keiner zu fürchten braucht, es bleibe für ihn nichts mehr zu thun übrig, wenn er es nur eben in der richtigen Weise anfängt. Um nur ein Beispiel anzuführen, können wir darauf hinweisen, daß bei Cantor gerade die Trigonometrie gewiß nicht zu kurz gekommen ist, und trotzdem hoffen wir in nicht zu ferner Zeit eine Geschichte dieses Spezialfaches vielleicht an dieser Stelle besprechen zu können, durch welche uns neue Thatsachen und Gesichtspunkte in größerer Zahl bekannt werden dürften. So wird es sich auch auf anderen Gebieten verhalten, und vor allem wird sich der Eifer der jüngeren Mathematik jenem Jahrhundert zuwenden können, welches zwischen dem Zeitpunkte, den sich Herr Cantor zum Schlußziele gesetzt hat, und der Entstehung der modernen Funktionenlehre verflossen ist. Das Jahr 1759, mit welchem der dritte Band sein Ende findet, ist selbstverständlich bis zu einem gewissen Grade willkürlich gewählt; das Auftreten Lagranges leitet aber in der That auch eine ganz neue Epoche ein, die des unbedingten Vorwiegens rein analytischer Betrachtung, und da nun doch einmal, schon aus äußeren Gründen, irgendwo der Schlagbaum niederfallen mußte, so kann man sich mit der Beschränkung wohl einverstanden erklären, welche der Verf. sich und seiner rastlosen Feder auferlegt hat.

Die Gesamtanlage dieser dritten Lieferung ist wesentlich dieselbe, welche wir bereits kennen. Es werden zuerst die sich allmählich häufenden Versuche historischer Gestaltung besprochen, wobei der verdiente Montucla die vollste Anerkennung findet. Daran reiht sich die Geschichte der Rechenkunst, die erstmalig zwei bisher viel zu wenig gewürdigten Deutschen, Clausberg und Hübsch, zu ihrem Rechte verhilft; die Geschichte der Elementargeometrie hatte vorwiegend von Saccheris geistvollen, der „Pangeometrie" vorarbeitenden Bemühungen um die Erkenntnis des Parallelenaxiomes Notiz zu nehmen, aber auch R. Simson, Stewart und — nicht zum wenigsten — L. Euler wollten berücksichtigt sein. Die Entwicklung der Algebra wird zunächst bis 1745 verfolgt; in der betreffenden Periode wurde der Grund zu dem gelegt, was wir gegenwärtig „Theorie der höheren Gleichungen" nennen; von 1746 ab erscheint in derselben als ein neues Ferment die Notwendigkeit, den Fundamentalsatz der Algebra, daß jede Gleichung von n ten Grade n Wurzeln habe, auch wirklich zu beweisen. Ein eigenes Kapitel ist der Zahlentheorie gewidmet, welche gegen die Mitte des vorigen Jahrhunderts hin ihr „eigenbrödlerisches" Wesen abzustreifen und zur übrigen Mathematik in lebhaftere Beziehungen zu treten sich anschickt. Der richtige Mittelsmann ist Euler, der auch Kombinatorik und Wahrscheinlichkeitsrechnung pflegt, für welch letztere aber besonders auch D. Bernoulli und De Moivre erfolgreich thätig waren. Ungemein viel Platz nimmt die Reihenlehre in Anspruch, über deren Bedeutung man erst sehr allmählich klarer denken lernte, auch nachdem die Technik der Reihenentwicklung und Reihensummierung bereits recht erhebliche Fortschritte gemacht hatte; hielt doch sogar ein Euler noch divergente Reihen für ein würdiges Forschungsobjekt, während freilich D. Bernoulli bei dieser Gelegenheit wiederum durch die scharfe Nüchternheit seines Urteiles den Freund und Landsmann übertrifft. Daß dabei auch der Kettenbrüche und unendlichen Produkte gedacht wird, versteht sich von selber. Euler wird uns sodann als der Begründer der Analysis des Endlichen, wie nicht minder einer systematischen Auffassung der Infinitesinalrechnung geschildert, und so wenig er auch mit allen begrifflichen Schwierigkeiten, die sich anläßlich solcher Arbeit in Masse aufdrängen mußten, vollständig fertig wurde, hat er doch zuerst es dahin gebracht, den Jüngern der Wissenschaft Lehrbücher in die Hand zu geben, aus denen sie regelrecht erlernen konnten, was bisher mühsam aus Zeitschriften zusammenzusuchen war. Auch die Koordinatengeometrie, welche durch Parents, Clairaut, Braikenridge, De Gua, Maclaurin u. a. der Kinderschuhe längst entwachsen war, wurde erst durch Euler, der nun einmal in vorliegender Lieferung den natürlichen Mittelpunkt darstellt, in die uns geläufige Form gebracht, während in sachlicher Beziehung der junge Genfer Cramer die eigentliche Kurvenlehre noch intensiver förderte. Die Erfindung und Ausbildung der Variationsrechnung, zu der allerdings Jakob Bernoulli den Grundstein gelegt hatte, ist der letzte der noch in den Rahmen des Werkes fallenden Ruhmestitel Eulers, in dessen zahllosen Abhandlungen aber zugleich die Keime zu selbständiger Auffassung der Lehre von den bestimmten Integralen und von den Differentigleichungen sich nachweisen lassen. Das Problem der schwingenden Saiten füllt ganz mit Recht die letzten Blätter; kennzeichnet es doch einen bedeutsamen Wendepunkt insoferne, als es in seinem Schoße die Zurückführung willkürlicher auf reguläre Funktionen und überhaupt gewisse prinzipielle Fragen birgt, mit deren Erörterung auch noch das XX. Jahrhundert vollauf zu thun haben wird.

Einzelheiten hier zu diskutieren, würden sich wohl kaum verlohnen. Als Wunsch für die hoffentlich recht nahe bevorstehende zweite Auflage möchten wir u. a. den vorbringen, daß Dan. Bernoullis Studien über Kettenbrüche noch etwas mehr in den Vordergrund treten möchten, da er doch unseres Wissens der erste ist, der die Näherungswerte des einfach-periodischen Kettenbruches in independenten Ausdrücken wiederzugeben gelehrt hat. Bei der sogenannten „Kettenregel" (S. 499) möchte sich wohl empfehlen, dem ersten Auftauchen eines zwar etwas mechanischen, aber doch überaus zweckmäfsigen Rechnungs-verfahrens nachzuspüren, wozu Kästner (im Hindenburgs „Arch. d. reinen u. angew. Mathem.", II, S. 334) einige Anleitung gibt. Der Umstand, dafs Herr Cantor die Vorreden der einzelnen Bände seines Werkes dazu benützt, kleinere Richtigstellungen und Ergänzungen nach-zuholen, die ihm von wissenschaftlichen Freunden geliefert wurden, sichert einem jeden, der ein Steinchen zu dem gewaltigen Bau bei-tragen zu können glaubt, wohlwollende Beachtung von Seiten des Baumeisters.

München.   S. Günther.

Hellas Geographie, Geschichte und Literatur Griechenlands von Friedrich Jacobs. Neu bearbeitet von Carl Curtius. Stuttgart, Verlag von Krabbe 1897. Preis 5 M.

Ein guter alter Bekannter stellt sich uns in modernisiertem Ge-wande vor. Die Aufgabe des Ref. mufs dabei darin bestehen, zu untersuchen, ob die am Anfange unseres Jahrhunderts gehaltenen, in der Mitte desselben herausgegebenen Vorträge infolge der vorgenom-menen Neuerungen noch jetzt — fin de siècle — Anspruch auf Be-achtung haben. Von diesem Gesichtspunkte aus fasse ich mein Urteil in Folgendem zusammen.

Die aus warmer Begeisterung für das Hellenentum hervorgegange-nen Vorträge sind in ihrer idealen Auffassung, ihrer fliefsenden, leicht verständlichen und teilweise schwungvollen Sprache auch jetzt noch geeignet, Schüler der oberen Klassen und gebildete Laien für sich zu gewinnen. Bei der Neubearbeitung wurden die Ergebnisse der rührigen Forschungen auf dem Gebiet der politischen Geschichte und nament-lich die zahlreichen Funde auf archäologischem Gebiete geschickt dem alten Bestande eingefügt und so ein Werk geschaffen, das es verdient, in unseren Schülerbibliotheken neben Roth-Westermayer einen ehren-vollen Platz einzunehmen.

Trotz dieses günstigen Urteils sehe ich mich veranlafst, einige Ausstellungen zu machen, die bei einer folgenden Auflage Berücksich-tigung finden mögen. S. 14 Z. 4 v. o. steht: Unterhalb (?) des Isthmus breitet sich die Peloponnes aus. — S. 15 Z. 11 u. 13: Der poetische (?) Peneios ergiefst seine spiegelnden (?) Wasser durch ... — S. 18 Z. 23 Aetolien er-streckt sich von Acheloos westlich (?) bis über den Euenos hinaus. — S. 23 in der Mitte steht: Westlich (?) von Phokis lag Böotien. — S. 27: Attika wird im Nordwesten durch den Helikon (?) von Böotien geschieden. — S. 29 in der Mitte heifst es von Pheidias, er (?) wölbte (??) Tempel und Hallen. — In der Theaterfrage hätte S. 33 Dörpfelds noch unsichere Ansicht nicht allein vorgetragen werden sollen. Das fast gleich-zeitig erschienene Werk von Bethe, dessen Ansichten in den Haupt-sachen richtig sind, mufste erwähnt werden. — S. 47 Z. 11 v. u. mufs

es: vom Alpheios, vom Kladeos heifsen. — S. 105 ist zu lesen: Ein
umherziehendes Volk neigt sich notwendig zur Republiek (?). — S. 126
Z. 10 mufs das Komma sinnentsprechend nach „nicht" stehen. —
S. 177 Z. 9 v. u. weist zwei Druckfehler auf. — S. 193 i d. Mitte
steht „nämlich" sinnstörend. — S. 194 ist Kleon zu hart beurteilt. —
S. 224 ist die Scene zwischen Kritias und Theramenes zu sehr gekürzt
und dadurch kaum verständlich. — S. 227 Z. 7 v. u. heifst es von
den Feldherrn in der Anabasis: Sie kehrten nicht lebend (?) zu den
Ihrigen zurück. — S. 228 u. 229 und öfter wechselt ohne Grund das
hist. praes. mit dem imperf. — S. 241 Z. 4 v. o. steht das Zeitwort
„fürchten" in eigentümlicher Verbindung. — S. 252 oben ist Logograph
mit Rechtsanwalt (?) übersetzt. — S. 303 Z. 4 v. o. mufs es „erregen"
statt „regen" heifsen. — S. 307 war bei den trojanischen Ausgrabungen
neben Schliemann auch Dörpfeld zu nennen. — S. 307 hätte in der
homerischen Frage statt der Liedertheorie doch die jetzt fast allgemein
angenommene Ansicht Platz finden sollen. — S. 326 Z. 14 v. o. ist
störend „des" ausgefallen. — S. 360 wäre nach der alten Komödie
auch die mittlere mit einigen Worten zu erwähnen gewesen. — S. 374
wird dem Xenophon doch wohl zu viel Ehre erwiesen, wenn er unter
die „drei Heroen der hellenischen Geschichtschreibung" gezählt wird.
Aufserdem sind öfters Schriftzeichen und Buchstaben abgesprungen
oder vertauscht.

Statt der zerstreuten kunstgeschichtlichen Notizen wäre als 4. Teil
eine Übersicht über die Entwicklung der griechischen Kunst wünschenswert. Aber bei der Schwierigkeit der Sache, die durch die notwendige
Beigabe von Bildern noch erhöht würde, ist es leicht zu begreifen,
dafs der Herausgeber darauf verzichtete.

Würzburg.   Dr. Baier.

_____

A. v. Sallet, Münzen und Medaillen (Handbücher der K.
Museen zu Berlin). Mit 298 Abbildungen. Berlin, W. Spemann 1898.
224 SS. 8°. 3 Mark.

Es gibt kaum ein Buch der neuern numismatischen Literatur,
das es mehr verdiente, in einer den Interessen des Gymnasialschulwesens gewidmeten Zeitschrift besprochen zu werden, als das vorliegende : denn von allen Werken des Faches ist es wohl am meisten
geeignet, den Zwecken der Schule, Lehrenden wie Lernenden, zu dienen.

Sein Verfasser hat es allerdings nicht für die Schule bestimmt,
vielmehr schwebte ihm das Museumspublikum, speziell die Besucher
des Berliner Münzkabinetts, vorm Auge : aber das mindert den Wert
des Buches für den Gymnasialunterricht im allgemeinen nicht herab,
denn Sallet gibt eine umfassende Übersicht über die Gesamt-
geschichte der Münz- und Medaillenprägungen, wobei
das Berliner Material nur der Exemplifikation dient.

Für die wissenschaftliche Gediegenheit des Werkes aber bürgt schon
der Name des Verfassers zur Genüge : es ist einer der glänzendsten
auf dem Felde der numismatischen Disciplin! Sallet hat sich sowohl

durch die von ihm herausgegebene „Zeitschrift" wie durch zahlreiche
Einzelforschungen, besonders auf dem Gebiet der antiken Numismatik,
einen Weltruf gemacht. Über dem vorliegenden Büchlein ist er, der
langjährige Direktor des Berliner Kabinetts, gestorben, nachdem er die
Drucklegung zu vier Fünfteln noch selber besorgt.

Die „Münzen und Medaillen" sind kein Handbuch in dem uns
geläufigsten Sinne des Kompendiums oder Katechismus : es ist weder
eine strenge Einteilung noch eine darauf sich aufbauende erschöpfende
Vollständigkeit des Stofflichen angestrebt, auch keine Einführung in
das wissenschaftliche Fachstudium : der Text läuft ohne Unterbrechung
und Kapiteleinteilung fort; die Anordnung ist zwar im ganzen die
chronologische, doch sind Abweichungen davon nicht vermieden;
Literaturangaben fehlen vollständig[1]). Ich möchte daher das Ganze
lieber als ein L e s e b u c h der Numismatik bezeichnen.

Und zwar ein wirklich gediegenes, inhaltreiches, anregendes!

Wer sich noch nicht mit der Münzkunde beschäftigt hat, der
wird aus Sallet hauptsächlich die Bedeutung derselben als einer
h i s t o r i s c h e n Wissenschaft im weitesten Wortsinne kennen lernen:
reiche und glücklich gewählte Beispiele zeigen die Numismatik als
Hilfsdisciplin der politischen und der Kulturgeschichte, der Archäologie,
Mythologie, Epigraphik und selbst der Sprachgeschichte.

In erster Linie gilt das Gesagte für das A l t e r t u m, das bei
Sallet daher nicht ohne Grund über die Hälfte des Buches einnimmt.
Möge es mir gestattet sein, aus dieser Partie einige Beispiele herauszugreifen, um die angedeutete Vielseitigkeit der Numismatik daran zu
beleuchten!

Wie der Gang der Weltgeschichte auch im kleinen in den Prägungen reflektiert, zeigt uns z. B. ein Didrachmon des jonischen Magnesia
mit der Aufschrift ΘΕΜΙΣΤΟΚΛΕΟΣ (Sallet S. 10) : es ist ein zeitgenössischer Zeuge für das tragische Schicksal des athenischen See-
helden. Ein gräko-indisches Silberstück mit der Legende ΣΩΦΥΤΟΥ
(S. 36) gibt uns gewissermafsen die authentische Schreibung des von
den Schriftstellern Sophites oder Sopeithes genannten Fürsten, der
sich Alexander dem Grofsen unterwarf. Die Besetzung Athens durch
Sulla hat in der Numismatik ihre Spuren hinterlassen, allerdings
chiffrenartig dunkel, nur dem Numismatiker enträtselbar: auf einem
athenischen Tetradrachmon mit dem gewöhnlichen Eulen-Typus erscheinen als Beizeichen zwei Tropäen: Dieselben finden wir aber in
ganz gleicher Anordnung, gewissermassen als „Wappen", häufig auf
den römischen Denaren Sullas (S. 45). Sogar Cicero begegnet uns,
und zwar auch auf griechischen Münzen: Aus seiner Korrespondenz
mit Freunden, besonders mit Cato (fam. lib. XV) wissen wir, wie viel
der eitle Mann sich als Prokonsul von Cilicien auf seine Feldherrnthaten
zu gute that, wie er sogar auf einen Triumph spekulierte; nun, dieser

---

[1]) Geradezu als unabsichtliches Versehen mufs es bezeichnet werden, wenn
S. 70 „Cohen I p. 181" erwähnt wird, ein Citat, das in dieser Form dem Nicht-
Numismatiker auch unverständlich bleibt.

sein heißer Wunsch wurde ihm allerdings nicht erfüllt, aber das stolze
IMP konnte er als „Sieger" wenigstens seinem Namen anhängen, und
so finden wir den M. TVLLIVS auf kleinasiatischen sog. „Cistophoren"
bezeichnet (S. 45).

 . Wie wichtig die Numismatik als Quelle für die Porträtkunde
historischer Persönlichkeiten ist, welß jedermann; doch denken wir
gewöhnlich nur an die Bilder der „Münzherren" im engeren Sinne des
Wortes, die Potentaten der hellenistischen Zeit und die römischen
Kaiser mit ihren nächsten Angehörigen, während wir z. B. in der
römischen Münze auch den Eroberer von Syrakus, Marcellus (S. 60),
T. Quinctius Flamininus, den Griechenbefreier (S. 43), den Diktator
Sulla (59), Pompeius den Grofsen (65), Brutus (64) und andere finden.
Dafs wir sogar ein Bildnis des Quinctilius Varus besitzen (S. 52), wird
besonders die Schüler interessieren. Dagegen haben die Köpfe des
britannischen Häuptlings Cunobelinus (= Shakespeares „König Cymbe-
line") und der VERCINGETORIXS einer gallischen Münze, trotz
Sallet, keinen Porträtwert (beide S. 62). Wohl aber dürfte der Kon-
torniat (d. h. die breitgeränderte Tessera) mit dem Bildnis des Horaz
(S. 108) auf ein authentisches Porträt des Dichters zurückgehen.

Für das weite Gebiet der Altertümer und besonders für Götter-
kulte und Mythologie bieten die antiken Münzen bei ihrem schier
unermefslichen Typenreichtum eine unerschöpfliche Quelle der Belehrung und Veranschaulichung. Diese Seite der Numismatik hat
Sallet allerdings weniger betont, immerhin gibt er aber auch hier
einiges Interessante : ich erwähne die älteste Darstellung aus der
Aeneassage auf einer archaischen Münze von Aineia in Makedonien
(S. 5). Auch zu allgemein kulturgeschichtlichen Dokumenten können
die Münzen bisweilen werden — nicht nur durch ihre Darstellungen,
sondern auch durch Technik der Prägung, Feingehalt, Aufschriften.
Wie bezeichnend ist z. B. die grofse historische Lüge der Legende:
Κομόδου βασιλεύοντος ὁ κόσμος εὐτυχεῖ (S. 46)!

Mit der Archäologie pflegt die Numismatik innerhalb des Rahmens
der klassischen Altertumswissenschaft zunächst verbunden zu werden;
zu derselben steht sie ja auch in einer doppelten Beziehung, denn die
Münzen sind teils selber Originaldenkmäler der Kunst, teils liefern sie
historische Zeugnisse für diese. Bekannt ist es dafs Münzen von Elis
uns eine Vorstellung von dem Zeus des Phidias geben (S. 18 u. 19);
ein Kupferstück von Athen war es (s. S. 47 — eine Abbildung ist
leider nicht gegeben), welches Bestimmung und Benennung der herrlichen Gruppe in der Münchner Glyptothek, Eirene mit Plutos von
Kephisodot, ermöglichte. Meisterwerke der Kunst sind unter den
Münzen selbst besonders die sizilischen und unteritalischen Prägungen
(S. 13, 15. 16 u. a.). An manchen Serien kann man die ganze Entwickelung der griechischen Kunst vom archaischen durch den strengen
zum schönen Stil an einem und demselben Typus studieren; auch das
erste deutliche Symptom der Kunstentartung, die Archaistik, tritt uns
in Münzen der Diadochenzeit entgegen (S. 30, 31), während wir die vollständige Auflösung antiker Kunstform bis zur Barbarei der Byzantiner

in der spätrömischen Münze von Stufe zu Stufe verfolgen können (vgl. etwa S. 90 ff).

Für Epigraphik und Sprachgeschichte werden die Münzen durch ihre Legenden wichtig. Orthographische und flexivische Eigentümlichkeiten, Dialekt- und Mischformen bringen sie der Grammatik zu, neue Wörter dem Lexikon. Sallet gibt ein paar hübsche Beispiele, die z. T. wenigstens für Schüler das Interesse der Neuheit haben: so das archaische *FAΛEION* auf Münzen von Elis neben dem *HΛEIΩN* der römischen Zeit (S. 19); die literarisch sonst nirgends nachweisbare Bezeichnung *ΛΛEΞANΔPEION* „Alexanderstück" auf einem Tetradrachmon des Ptolemaios Soter (S. 30); die indisierte Form des Herakles *HPAKIΛO* (S. 41); die Mischform *κεκαλούμενος* einer parthischen Münze (S. 34); das rätselhafte BICIΔIMHΛH auf Stücken der Könige von Axum (S. 42). Unter den römischen Aufschriften sei die archaische Orthographie der März-Iden auf den Münzen des Brutus, EID. MAR., erwähnt (S. 64); eine oskische Legende trägt der Denar des „embratur" Paapius im italischen Bundesgenossenkrieg (S. 60); PIUS PRINCIS (sic) nennt sich Theoderich auf einem großen Aureus, dessen schöne Prägung keinen Stempelfehler annehmen läfst (S. 101). Sehr interessant ist die SACRA SENATVS auf einer griechischen Münze der Kaiserzeit (S. 50: es ist eine solche von Mallus Ciliciae, was nicht angegeben wird, vgl. Sallets Zeitschrift 1892, S. 198): dem griechischen *ἱερὰ σύγκλητος* und dem weiblichen Münzbild (Kopf der personifizierten Synkletos) zu lieb ist der römische Senat zu einem Feminin gemacht worden! Um schliefslich noch auf speziell Lexikalisches hinzuweisen, sei das *ἅπαξ εἰρημένον* VEHICVLATIO auf einem Stück des Nerva (S. 81) genannt und die neue Bedeutung von „Parthieus" auf einer Münze des Labienus (S. 64) erwähnt: „Labienus, der mit einem Partherheere seine eigenen Mitbürger bekriegt, nennt sich auf den Münzen Parthicus, was nach altem, würdigem Gebrauch doch nur den Besieger der Parther bedeutet." [1])

Nicht annähernd das gleiche Interesse wie das Altertum erweckt das Mittelalter: was das Formale anlangt, so sind die Münzen höchstens durch die Zierlichkeit ihrer Ausführung und das Ornamentale der Anordnung erfreulich, während sie künstlerisch gar keine Anziehungskraft besitzen; stofflich erstrecken sie sich nur wenig jenseits des Gebietes des Heraldischen. Sallet, dessen eigentliches Forschungsfeld die antike Numismatik war, hat sich übrigens bemüht, auch dieser Epoche gerecht zu werden; doch sagen Kenner des Faches, zu denen Ref. nicht zählt, dafs sie sich an Wert mit der ersten Partie des Werkes bei weitem nicht messen könne. Für die Schule ergibt sich immerhin auch hier eine dankenswerte Ausbeute, z. B. Münzen Pipins und Karls des Grofsen (S. 113—115), Friedrichs des Rotbarts und Heinrichs des Löwen (124. 125) u. s. w. Kunsthistorisch interessant — eine Vorblüte der Renaissance — ist der den antiken Kaisermünzen nachstilisierte Augustal Friedrichs II. des Hohenstaufen (S. 135). Auch

---

[1]) Einen Beitrag zur Geschichte der Acc. plur.-form auf -is aus der Numismatik habe ich in Wölfflins Archiv XI S. 270 geliefert; die Beispiele Sallets liefsen sich übrigens aus dem Zettelmaterial des Thesaurus ling. lat. reichlich vervielfältigen.

sprachlich fällt in dieser Partie ein und das andre für die Schule Schätzbare ab, z. B. der merkwürdige Bedeutungswandel des mlat. Wortes „ducatus" (S. 136) oder die Etymologie von „Groschen" (S. 150). Von der Thalerprägung ab — S. 153 zeigt uns das älteste Thalerstück — rechnet man die Neuzeit der Münzgeschichte. Diese ist dem oben erwähnten Zwecke des Buches gemäß etwas einseitig behandelt, indem die preußischen Prägungen zu stark in den Vordergrund treten ; doch hat ja die preußische Geschichte von dem Großen Kurfürsten ab größtenteils allgemein deutsches Interesse. Unter den Abbildungen nicht-preußischer Münzen seien solche mit den Bildern Kaiser Max I., Karls IX. von Frankreich, der Maria Stuart, Philipps II., der Königin Elisabeth, Oliver Cromwells, Friedrichs V. von der Pfalz, Wallensteins, Washingtons und Napoleons I. erwähnt.

In einer besondern Abteilung werden von Sallet schließlich die Medaillen behandelt. Die eigentliche Entstehungszeit der Schaumünze ist die Renaissance: hier tritt sie sofort in einem starken stilistischen und technischen Gegensatz zur kursierenden Münze auf, einem Gegensatz, der ihr bis in die neueste Zeit wesentlich verbleibt, während Altertum und Mittelalter nur Münzen von medaillenartiger Bedeutung oder, wenn man will, Medaillen nach der Prägung und dem Fuß von Münzen kennen. Von der Medaillenprägung der Renaissance, die sich mit geradezu verblüffender Schnelligkeit zu einer an die Antike reichenden Höhe der Formvollendung erhebt, gibt Sallet einige hübsche Proben, S. 178—200; für die Folgezeit treten wieder die Hohenzollern stark heraus, welche Einseitigkeit wir in Bayern um so mehr bedauern müssen, als eine Reihe von Wittelsbacher Medaillen zu den schönsten Prägungen in deutschen Landen gehört. Leider ist auch die allerneueste Zeit der Stempelschneidekunst schlecht weggekommen, da sie nur durch die Medaille Brakenhausens mit dem Bildnis des Kollegen von Sallet, Dannenberg, vertreten ist: hier wären wohl Meisterwerke wie der Gottfried Keller von Böcklin, der Bismarck von Hildebrand oder ein „Roty" am Platze gewesen.

Doch diese Ausstellungen sollen den Wert des vortrefflichen Buches so wenig beeinträchtigen, wie dies ein paar Versehen und formale Holprigkeiten vermögen, deren Erwähnung wir hier ohne Gefahr für den Leser glauben unterdrücken zu dürfen. Mögen Sallets „Münzen und Medaillen" sich recht viele Freunde in der Lehrerwelt erwerben.

München.   O. Hey.

E. Petersen, Vom alten Rom. Leipzig, E. A. Seemann. 1898. S. 142. Abbild. 120.

Der allbekannte Kunstverlag von Seemann arbeitet in den allerletzten Jahren mit Anstrengung, den früheren Ruhm, der ihm fast von anderen streitig gemacht worden ist, wieder zu gewinnen. U. a. beginnt dort seit einem Jahre eine Reihe von Einzelpublikationen zu erscheinen, die einem kunstsinnigen gebildeten Publikum in Wort und

Bild, in schöner moderner Ausstattung, zu billigem Preise die berühmtesten Kunststätten vorführen sollen.

Wie billig eröffnet das alte Rom die Reihe und der Verlag hat dafür einen der berufensten Gelehrten, den ersten Sekretär des deutschen Archäologischen Instituts in Rom gewonnen, dem alle Schätze des Instituts zur Verfügung stehen und jahrelange Studien an Ort und Stelle. Man durfte im vornherein etwas Hervorragendes erwarten.

Und in der That zeigt jedes Kapitel den Meister, der überall das Wesentliche heraushebt aus der Menge der Erscheinungen und dabei dem oft behandelten Stoffe neue Seiten abgewinnt und vielfach in geistvoller Vergleichung überraschende Perspektiven eröffnet. Gleich das erste Kapitel „Die Lage der Stadt" macht die Bedeutung des Forumsbaches in einer Weise verständlich, wie sie mir noch nirgends entgegen getreten ist. In den folgenden Kapiteln ist „das Pantheon" von besonderem Interesse. Der hitzige Streit über seine Datierung darf ja heute wohl als beendigt gelten und so konnte P. die gewonnenen Resultate trefflich zusammenfassen. Es ist zu hoffen, daß nun allmählich auch in den Lehrbüchern das Pantheon aufhören wird unter den Augustusbauten zu glänzen.

„Ein Teil des alten Rom sind auch die Statuen und anderen Skulpturen", und so behandelt ein zweiter kleinerer Abschnitt die Bildwerke der römischen Museen. Auf diesem Gebiet ist P. erste Autorität, manches Kunstwerk verdankt erst seinem scharfen Auge die richtige Würdigung, kaum eines ist darunter von einiger Bedeutung, das nicht von ihm schon wissenschaftlich bearbeitet wurde. So folgen wir hier gerne, wie er uns im Anschluß an die römischen Denkmäler und allein diese zur Erläuterung benützend doch einen Durchblick durch die ganze Entwickelung der antiken Kunst eröffnet. Es kann kein Zweifel sein, daß diese Kapitel den wertvollsten Teil des Buches bilden. Die wohlbekannten ewigschönen Gestalten treten in eine klar geschaute ununterbrochene Verbindung. Besonders bewundert habe ich es, daß P. selbst vor dem Laokoon durch eine feine Parallele mit der Niobehauptgruppe zu interessieren wußte.

Freilich leicht ist die Lektüre des Buches nicht. Ein Vademecum auf Reisen, wie es im Vorwort bezeichnet wird, möchte ich es am allerwenigsten nennen. Es werden nicht geringe Kenntnisse vorausgesetzt, Genuß wird von dem Buche überhaupt nur derjenige haben, der die römische Topographie und die antike Kunst schon gründlich studiert hat. Und auch dieser Genuß ist nicht ungetrübt. Die inhaltsschwere Gedrängtheit, die gequälte und gekünstelte Diktion verraten zu sehr den Gelehrten, der in Italien lebend, vielfach italienisch schreibend die Leichtigkeit und Natürlichkeit des Ausdruckes verlernt hat. Eine kleine Schwäche ist es, wenn der allen bekannte Apoxyomenos lieber „der Schaber", der Dornauszieher lieber „der Spinario" genannt wird u. dergl. mehr. Wer sich aber durch die Form nicht abschrecken läßt, auf die Lektüre Zeit verwendet und überall Grundrißpläne zuzieht, wird reichen Gewinn und neue Gesichtspunkte finden.

Solche Grundrifspläne, auch Aufrifs- und Durchschnittszeichnungen fehlen dem Buche, sie werden aber in der Hand des Lesers angenommen. Dagegen ist das Buch sehr reich und schön mit Ansichten ausgestaltet, die meist auf treffliche modernste Photographien zurückgehend jeden, der einmal Rom gesehen hat, mit wahrer Freude erfüllen werden.

Würzburg.   Wilhelm Wunderer.

Prof. Dr. Heinr. Konr. Stein, ehem. Direktor des Kgl. Gymnasiums zu Glatz, Lehrbuch der Geschichte für die mittleren Klassen höherer Lehranstalten. III. Teil. Die deutsche Geschichte in der Neuzeit bis 1740. Paderborn. Druck und Verlag von Ferdinand Schöningh. 1897. 74 Seiten.

Dieser dritte Teil, nach den gleichen Grundsätzen hergestellt wie der auf S. 360 des XXXIII. Bandes dieser „Blätter" in ein paar Worten angezeigte zweite Teil, ist seiner ganzen Anlage nach speziell für preußische Mittelschulen berechnet. Von S. 33 an enthält das Büchlein mit nur ganz geringfügigen anderweitigen Einschaltungen lediglich brandenburgisch-preußische Geschichte. Leider fehlt es in diesem Bändchen nicht an recht groben sachlichen Fehlern. So wird S. 20 das ganze pfälzisch-neuburgische Gebiet in die bayerische Oberpfalz verlegt; hier wird auch der Sohn Ludwig Philipps Wolfgang genannt statt Wolfgang Wilhelm. S. 22 wird der Kaiser Ferdinand II. als Neffe seines Vorgängers Matthias vorgeführt statt als dessen Vetter, S. 44 gar die Gemahlin des brandenburgischen Kurfürsten Georg Wilhelm als eine Gemahlin des „Winterkönigs" statt als dessen Schwester. Nach S. 62 soll die Pfalz-Neuburger Linie 1738 erloschen sein statt 1742. S. 67 wird das Jahr 1734 dem spanischen Erbfolgekriege zugewiesen. Nach S. 68 betrug der Umfang der preußischen Monarchie beim Tode Friedrich Wilhelms I. 119 qkm. Auf der gleichen Seite erscheinen die Kaiser Joseph I. und Karl VI. als Söhne der Margareta Theresia von Spanien. Von Sauberkeit der Arbeit läßt sich somit bei diesem Bändchen nicht wohl sprechen, so gerne zugestanden wird, daß die Gesamtanlage für preußische Schulzwecke eine gute ist.

Prof. Dr. Eduard Rothert, Karten und Skizzen aus der Geschichte des Altertums. I. Band des Gesamtwerkes. Zur raschen und sichern Einprägung zusammengestellt und erläutert. Düsseldorf. Druck und Verlag von August Bagel. Preis 5 M.

Mit dem vorliegenden Bande hat das aus fünf Teilen bestehende Rothertsche Karten- und Skizzenwerk seinen Abschluß gefunden. Der zuerst erschienene Teil „Karten und Skizzen aus der vaterländischen Geschichte der letzten 100 Jahre" wurde im XXX. Bande S. 688 unserer Blätter angezeigt. Ihm folgten „Karten und Skizzen aus der

vaterländischen Geschichte der neueren Zeit", angezeigt auf S. 759
des XXXL Bandes; dann „Karten und Skizzen aus der aufserdeutschen Geschichte der letzten Jahrhunderte", angezeigt auf S. 674 des
XXXII. Bandes; hierauf „Karten und Skizzen aus der Geschichte des
Mittelalters", angezeigt auf S. 506 des XXXIII. Bandes.

Was an den angezogenen Besprechungen der vier zuerst erschienenen Teile gerühmt wurde, gilt in gleichem, teilweise in noch
höherem Grade von den „Karten und Skizzen aus der Geschichte des
Altertums". Grofse Anschaulichkeit, wie sie von den gewöhnlichen
historischen Atlanten nun einmal nicht geboten werden kann, und insbesondere zweckdienliche Hervorhebung des Wichtigen unter nament-
licher Berücksichtigung von Kriegen und Schlachten, aber auch der
gegenüberstehenden Parteien und ihrer Bundesgenossen, territorialer
Veränderungen u. dgl. m. zeichnen sie vorzugsweise aus.

Ob es sich empfahl, in dem zuletzt erschienenen Teile den begleitenden Text so gar umfangreich zu gestalten, darüber liefse sich
rechten. Für die Zwecke der Schule ist die Frage wohl unzweifelhaft
zu verneinen, da dieser Text auch in seinem gröfseren Umfange einen
vollen Ersatz für das Lehrbuch doch nicht zu bieten vermag, und
dies schon darum nicht, weil er ja doch speziell den einschlägigen
Karten anzupassen war und so aller vermittelnden Übergänge, aber
auch nicht weniger beim Unterricht unerläfslicher historischer Thatsachen ermangelt. Nach dieser Seite wären somit sicher thunlichst
knapp gehaltene Notizen, wie sie am schärfsten ausgeprägt die beiden
zuerst herausgegebenen Teile enthalten, um so mehr vorzuziehen gewesen, als sich so immerhin für das hier zu oberst stehende Ziel des
kartographischen Elementes reichlicher Raum hätte einsparen lassen. Indes darf nicht übersehen werden, dafs Rotherts „Karten und Skizzen"
zugleich auf einen weiteren Leserkreis berechnet sind und diesen auch
bereits gefunden haben, dem die beträchtlich erweiterten Begleittexte
immerhin erwünscht sein mögen. Nur hätten nicht minder für diese
manche gar zu sehr ins einzelne gehende, schliefslich doch nur den
gründlicheren Kenner interessierende Notizen und Namen in Wegfall
kommen können. Anderseits soll nicht verschwiegen bleiben, dafs
Rothert im allgemeinen auch in diesem Teile redlich bestrebt war,
Nebensächliches beiseite zu lassen, und dafs gerade diesem Bemühen
seine Karten vor allem ihre anerkennenswerte Übersichtlichkeit verdanken. Ihr zufolge bieten sie dem Schüler einen überraschend leicht
zu gewinnenden Überblick und Einblick in Ereignisse und thatsächliche Verhältnisse, wie er, von den historischen Schulatlanten ganz
abgesehen, selbst durch gute Schulwandkarten, deren wir, nebenbei
gesagt, nicht eben viele haben, keineswegs zu erzielen ist.

Auf die Richtigkeit von Einzelheiten auf der Karte und im Texte
soll hier nicht eingegangen werden; in dieser Beziehung wird bei
späterer Auflage da und dort zu bessern sein; dagegen ist im grofsen
und ganzen dem Herausgeber das Lob der Sorgfalt nicht abzusprechen.
So verdient sein Werk recht wohl, den Schülern warm empfohlen zu
werden, womit nicht gesagt sein soll, dafs sich nicht auch der Lehrer

aus ihnen für Unterrichtszwecke gar manchen Wink und gar manche
Anregung und Nutzanwendung zu eigen machen kann.

München. ———————— **Markhauser.**

**H. Noë. Aus dem Berchtesgadener Lande; Prem·
Über Berg und Thal.** München. Lindauersche Buchhandlung. 1898.

In jeder Schulstunde kann der Lehrer sich überzeugen, daſs die
Schüler, bei der Klassikerlektüre ihrem eigenem Empfinden überlassen,
die Schönheiten ihres Schriftstellers, wenn überhaupt, so nur höchst
allgemein, unbestimmt und unklar wahrnehmen, und daſs er immer
wieder aufmerksam machen, erinnern und nachhelfen muſs, wenn sie
einigermaſsen bestimmt und klar erfaſst und begriffen werden sollen.
Daſs ebenso auf den Gebieten aller anderen Künste selten der einzelne über seine Eindrücke sich Rechenschaft gibt und eine eigene
Meinung sich bildet, sondern zumeist nur unbegründet und unver-
standen das von einer vermeintlichen Autorität übernommene Urteil
nachspricht, sehen wir nicht nur bei unsern Schülern, sondern auch
bei Erwachsenen und sonst Urteilsfähigen. Nicht recht viel anders ist
es bei den Schönheiten der Natur; auch hier begegnen wir sehr selten
einer individuellen Auffassung, einem aus der Kompliziertheit des landschaftlichen Bildes die einzelnen Eindrücke sondernden, die unklare
Gesamtauffassung gliedernden und fixierenden Nachdenken; auch hier
bedarf das schwankende Empfinden einer Nachhilfe durch die Sprache,
einer Verdeutlichung durch Worte. Diesen sprachlichen Ausdruck haben
Meister zugleich landschaftlichen Empfindens und der Sprache geschaffen, und mit Recht suchen wir unsere Schüler mit ihnen vertraut
zu machen. In jeder Schülerbibliothek stehen beispielsweise Stifters
mustergiltige Naturschilderungen. Sie werden aber leider nur wenig
gelesen; das formale Interesse, das sie in reichstem Maſse bieten,
reicht nicht hin, unsre Jugend anzuziehen; die Objekte aber, die
Gegenden, auf die sie sich beziehen, liegen abseits von den modernen
Reiserouten, werden selten genannt, entbehren des aktuellen und
materiellen Interesses. Gerade das Gegenteil ist der Fall bei den
Gegenden, in die Noë in seinem „bairischem Seebuch" führt, speziell
in dem Teil, den die Lindauersche Buchhandlung hat neu abdrucken
lassen, „aus dem Berchtesgadener Lande". Wer hat nicht schon gesehen, hofft zu sehen, kennt vom Hörensagen die allbekannte Route
von Traunstein über Inzell, Mauthäusel, Unken, Lofer, Oberweiſsbach,
Hirschbichl, Ramsau nach dem Königssee und nach Salzburg? Zudem unterbricht Noë seine geistvollen Naturschilderungen durch artige
Erzählungen, witzige Einfälle und Beobachtungen aus dem Gebiete der
Sage und Geschichte, des Alltagslebens und verleiht damit seiner poesievollen Darstellung Abwechslung und neuen Reiz. Dieses Schriftchen
wird daher nicht ungelesen verstauben in den Schülerbibliotheken
höherer Klassen.

Man braucht nicht zu befürchten, daſs diese Lektüre die jugendlichen Köpfe für Hochtouren begeistern und auf sportliche Abwege

verführen werde; im Gegenteil, wer an Noë gelernt hat, auf der Strafse
und allbegangenen Wegen im Thal Schönheit und Genufs zu suchen
und zu finden, der wird nicht urteilslos dem sportlichen Bergsteiger
nachlaufen, für den es kein wohlgefällig und reizlos, sondern nur ein
von der Mode, von dem Zufall der Erfolge anderer gegebenes Ziel
gibt; wer mit ihm zurückbleibt, wo er durch eigensinniges Weiter-
gehen für sich oder andre Schwierigkeiten und Gefahren herauf-
beschwören zu können glaubt, der wird die Zahl der alpinen Unglücks-
fälle nicht mutwillig vermehren. Eher könnte einer befürchten, es
möchte das kirchliche und monarchische Empfinden der Schüler in
seiner Einheitlichkeit und Ruhe gestört werden, wenn Noë an einem
oder andern diesbezüglichen noli tangere seinen Witz übt; wenn es
ihm zu zugig wird, als in der Predigt armen Bauern die Notwendigkeit von Seelenmessen beweglich vorgestellt wird, wenn er Hofjagden
vergangener Tage berührt. Allein solche Dinge sind erstens sehr
selten und das stärkste ist „schliefslich weifs man über viele Stücke
der alpinen Erdkunde nicht viel mehr als der Verfasser der behräi-
schen Mythologie"; dann dürfen solche ungewohnte Rucke ein ge-
festetes Denken nicht aus dem Geleise bringen, und sie lassen sich
heutzutage bei aller Vorsicht unsern Schülern nicht fernhalten. Leider
weisen einzelne Bogen zahlreiche störende Druckfehler auf.

Noë und Steub sind die Vorbilder gewesen für Prem, der „Uber
Berg und Thal" benennt eine Schilderung kleinerer Wanderungen und
Spaziergänge in der Umgebung von Innsbruck und Kufstein. Natur-
beschreibungen sind hier seltener und mitunter so gesucht und tief-
sinnig, dafs sich ein nüchterner Kopf nicht viel dabei denken kann,
so wenn es von Innsbruck heifst, „eine Lage, die an stimmungsvollem
Ernst und lauterer Grofsheit, verbunden mit einer seelenvollen, fast
frauenhaften Milde, ihres Gleichen sucht". Auch treten sie zurück
hinter wenig interessanten, persönlichen, geringfügigen Dingen mitunter in einer Stilisierung, die man bei einem Schüler beanstanden
würde, wie „ich wanderte daher im Markte herum, den 1822 ein grofser
Brand verwüstete, und suchte einen Bekannten auf", und hinter speziell
tirolischen Merkwürdigkeiten, die für weitere Kreise wenig Reiz haben,
wie ein Verzeichnis der Personen, die 1812 in Telfs beim Passions-
spiel mitwirkten, wann die und jene Kapelle erbaut, vergröfsert, erneuert wurde, wo Dichtergröfsen wie P. Moser und Silvester Zollner
geboren sind. An sich so nicht übermäfsig geschmackvoll soll die
Darstellung pikanter werden durch Witze wie: „am ersten Hause des
weitgedehnten Marktfleckens befestigte eben ein Hund eine unsaubere
Annonce" oder „die ganze Natur kam mir so melancholisch vor wie
ein schönes Mädchen, das seine Unschuld verlor". Somit kann das
Buch überhaupt und für Schülerbibliotheken wenig empfohlen werden.

München. Hellmuth.

Lehrbuch der vergleichenden Erdbeschreibung von
Prof. Wilhelm Pütz. 16. verbesserte Auflage, bearbeitet von Prof.
Behr. Freiburg i. Br. Herdersche Verlagshandlung. 1897. Preis
2 M. 80 ungebunden.

Nachdem in No. X Jahrgang 1893 dieser Blätter die 15. Auflage
dieses Buches bereits einer näheren Besprechung unterzogen worden
ist, erübrigt es bei der Anzeige der 16. Auflage zu konstatieren, dafs
das Lehrbuch aufser den durch das Fortschreiten der Wissenschaft
notwendigen Ergänzungen oder Streichungen eine Reihe neuer Zusätze
erhalten hat, die seine Brauchbarkeit zu erhöhen bestimmt sind. So
ist den deutschen Kolonien ein eigenes Kapitel gewidmet, ein Abschnitt
über Verkehrswesen und Weltverkehr beigegeben und endlich der
physikalischen Geographie eine etwas ausführlichere, durch Figuren
unterstützte Behandlung zu teil geworden. Hiebei seien jedoch einige
Kleinigkeiten angeführt, die einer Berichtigung bedürfen. So findet
sich auf S. 22 die Ableitung des Wortes Aneroid von $\check{\alpha}\nu\varepsilon\upsilon$ und $\acute{\varrho}o\tilde{\upsilon}\varsigma$.
Diese ist sicherlich unrichtig, vielmehr ist diese Neubildung von α
privativum und $\nu\eta\varrho\acute{o}\varsigma$, nafs, abzuleiten. S. 23 ist gesagt: Bei einer Erhebung um 10505 m über den Meeresspiegel sinkt das Barometer um
1 mm. Selbstverständlich ist diese Angabe nur durch die bei der
Korrektur übersehene Auslassung des Dezimalstriches entstanden. Es
mufs, wie auch 4 Zeilen weiter richtig angegeben ist, 10,505 heifsen.
Ferner ist S. 41 zur Erklärung des Wortes „tektonisch" beigeschrieben
von $\tau\acute{\varepsilon}\varkappa\tau\omega\nu$, Schöpfer. Darnach wird man auf die Idee kommen müssen,
tektonische Erdbeben seien schöpferische. Es ist vielmehr die Bedeu-
tung von $\tau\varepsilon\varkappa\tau\alpha\acute{\iota}\nu\upsilon\mu\alpha\iota$, „bauen", anzugeben gewesen, wonach tektonische
Erdbeben solche sind, die in Veränderungen im Baue des Erdinnern
ihren Grund haben. S. 57 ist zur Erklärung des Golf du Lion bei-
gesetzt: „wohl von $\varLambda\iota\gamma\acute{\upsilon}\omega\nu$ $\varkappa\acute{o}\lambda\pi o\varsigma$?" Wozu das Fragezeichen dienen
soll, da das Wörtchen „wohl" doch soviel besagen will als, dies ist
die wahrscheinlichste Erklärung, ist nicht abzusehen. Übrigens erwähnt auch Oppermann in seiner Erklärung der geographischen
Ortsnamen diese Ableitung, weist sie aber als entschieden falsch zurück. — Als fehlerhaft dürfte S. 58 die Verbindung „einen Namen
schöpfen" zu betrachten sein. Andere wesentliche Irrtümer sind mir
bei der Durchsicht des Buches nicht aufgefallen, das nach seiner ganzen
inneren Einrichtung noch an der früher üblichen schematischen Einteilung festhält, die einer Verbindung des Zusammengehörigen vielfach
hinderlich entgegentritt und zu wiederholter Behandlung in einzelnen
Hauptteilen nötigt, was den Umfang des an und für sich schon
dickleibigen Buches noch mehr anschwellen läfst, so dafs seine Verwendung in höheren Lehranstalten dadurch ernstlich in Frage gestellt
werden könnte.

Lehrbuch der Erdkunde für höhere Lehranstalten von Dr.
H. J. Klein. 4. gänzlich umgearbeitete Auflage von Prof. Dr. August
Blind. Mit 57 Karten sowie 101 landschaftlichen, ethnographischen

und astronomischen Abbildungen. Braunschweig. Verlag von Fr. Vieweg und Sohn. 1898.

Dieses sehr schön ausgestattete Lehrbuch ist zugleich auch ein empfehlenswertes Lesebuch. Es zerfällt in 4 Abteilungen, deren erste die physische Erdkunde in leicht verständlicher Form mit Beschränkung auf das wirklich Wesentliche und Unerläßliche abhandelt. Darauf folgt eine Beschreibung der Oberflächengestalt der Erde in zusammenhängender Form ohne Rücksicht auf staatliche Gebilde. Die Staatenkunde empfiehlt sich durch eine sehr erhebliche Beschränkung des Lehrstoffes, der in andern, bei jeder neuen Auflage immer dickleibiger werdenden Lehrbüchern leider von einem zum andernmale vermehrt wird. Solches höchst löbliche Maßhalten tritt übrigens in dem ganzen Buche zu tage und bildet einen nicht gering anzuschlagenden Vorzug desselben. Den Schluß bildet die astronomische Erdkunde in elementarer Fassung. Einen schönen Schmuck des Buches bilden die zahlreichen Kärtchen, die indessen einen Atlas keineswegs unnötig machen, und die glücklich ausgewählten, lehrreichen typischen Abbildungen. Der neue Abschnitt Verkehrsgeographie ist sehr lesbar. Es erübrigt noch der Hinweis, daß für die Bearbeitung die preußischen Lehrpläne maßgebend gewesen sind. Zu erwähnen wäre, daß Seite 153 bei der Beschreibung Bayerns sich die wohl einer früheren Ausgabe entstammende irrtümliche Angabe findet: „Höchster Gerichtshof ist das Oberappellationsgericht in München." Ein solches gibt es seit der Gerichtsorganisation vom Jahre 1878 nicht mehr. Es heißt seitdem „Oberstes Landesgericht".

Frankenthal. _____ Koch.

Leitfaden für den mineralogischen Unterricht an den humanistischen Lehranstalten Bayerns von J. F. Wirth, K. Gymnasiallehrer am hum. Gymnasium Eichstätt. München 1899. J. Lindauersche Buchhandlung (Schöpping). 60 Seiten. 1 M.

Nach unserer Schulordnung ist in der Naturkunde für die 5. Klasse im Wintersemester Mineralienkunde vorgeschrieben. Wie sie erteilt werden soll, darüber findet sich keine besondere Vorschrift außer der allgemeinen, die für alle naturkundlichen Fächer gilt, daß nämlich dieser Unterricht die Ausbildung der Sinneswahrnehmungen, die Weckung und Erhaltung des Interesses an der Beobachtung von Naturgegenständen bezwecken, und daß er einen wesentlichen Bestandteil der allgemeinen Bildung vermitteln soll. Bekanntlich ist es für einen einigermaßen praktischen und unterrichteten Lehrer gar nicht schwer, bei den Schülern Interesse für die Tier- und Pflanzenwelt zu erwecken; sind es doch lebende Wesen, die schon durch ihre außerordentlich mannigfaltige äußere Erscheinung und überdies noch ganz besonders durch ihre Entwicklung, ihre Lebensverhältnisse und Lebensgemeinschaften die Aufmerksamkeit eines jeden Knaben anregen und fesseln. Viel schwieriger dagegen gestaltet sich der Unterricht in der

Mineralogie; denn die anorganischen Gebilde sind leblose, kalte Körper, für die sich der Schüler nur durch lebendigen Betrieb des Unterrichtes erwärmen läfst. Dieser lebendige Betrieb liegt aber nicht in der ausschliefslich beschreibenden Darstellung, sondern in der genetischen Vorführung der Mineralien; er wird dem Schüler zeigen, wie Elemente sich verbinden und trennen, wie auch anorganische Körper dadurch verschiedene Wandlungen durchmachen, und wie alle derartigen Vorgänge nach bestimmten Gesetzen erfolgen. Über diese sämtlichen Punkte aber gibt uns nur die Chemie Aufschlufs. Soll also der Unterricht in der Mineralogie anregend wirken und von Erfolg begleitet sein, so mufs er in Verbindung gesetzt werden mit der Chemie. Dieser Ansicht hat der nun verstorbene, hoch verdiente Direktor der technischen Hochschule in München Dr. K. Haushofer bei Gelegenheit des ersten naturkundlichen Ferienkurses Ausdruck gegeben mit den Worten: „Mineralogie ohne Chemie ist mir undenkbar", und derselben Ansicht huldigt auch der berufenste Vertreter der Mineralogie, Universitätsprofessor Dr. P. Groth, der beim letzten Ferienkurse dahin gewirkt hat, dafs auch Vorlesungen über Chemie mit zahlreichen Experimenten eingefügt wurden, wofür sich ihm die Teilnehmer zu grofsem Dank verpflichtet fühlen.

Aus all diesem ergibt sich für die Lehrer der Naturkunde an den humanistischen Anstalten die Aufgabe, soweit dieses vielleicht nicht schon geschehen ist, den Versuch zu machen, ihre Schüler beim mineralogischen Unterricht auch in die elementaren Kenntnisse der Chemie einzuführen. Die Lösung der Frage, wie dies zu bewerkstellen sei, hat der Verfasser in seinem oben erwähnten Leitfaden versucht.

Das Schriftchen, aus der Schulpraxis entstanden, sucht in gedrängter Weise an der Hand einer kleinen, aber sorgfältig ausgewählten Zahl von typischen Mineralien dem Schüler ein Bild des Mineralreiches zu verschaffen. Den durch die enge Auswahl gewonnenen Raum verwendet der Verfasser dazu, den Schüler auf meist induktivem Wege mit dem Wichtigsten und Unentbehrlichsten aus der Chemie bekannt zu machen. Es enthält das Büchlein deshalb zahlreiche chemische Erläuterungen, wie sie in einem gedrängten Leitfaden in der Regel nicht zu finden sind.

Um seinen Zweck zu erreichen, beginnt der Verf. seinen Unterricht nicht, wie es leider noch vielfach geschieht, mit der Behandlung der morphologischen, physikalischen und chemischen Eigenschaften der Mineralien, bevor noch die Schüler ein einziges Mineral gesehen haben, sondern nach dem Grundsatz: „Vom Leichteren zum Schwierigeren" mit den chemisch einfachsten Körpern, den Elementen. An der Hand dieser bringt er den Schülern die allernotwendigsten mineralogischen und chemischen Grundbegriffe bei, welche sie in den Stand setzen sollen, zunächst die einfacheren Verbindungen (Sulfide und Oxyde) leichter zu verstehen. Daher fügt der Verf. hier auch die wichtigsten, nicht gediegen vorkommenden Elemente ein, zeigt ihre Eigenschaften durch Versuche und deutet ihre Verbindungen an, um so die Grundlage für spätere chemische Erläuterungen sowie für die

Erklärung der chemischen Zusammensetzung des Minerals zu bekommen. Ein bei der Besprechung der Sulfide eingefügter Lötrohrversuch gibt Gelegenheit zur Erläuterung besonders wichtiger chemischer Vorgänge: Verbrennungsprozeßs, Flamme, Lötrohrflamme.

Zweckmäßig folgen den Sulfiden die Oxyde. Hiebei bietet die chemische Zusammensetzung des Wassers Gelegenheit zur Erklärung der Hypothesen Daltons und Avogadros. Auch die Schulversuche zur Untersuchung des Wassers dürften eine zu begrüßsende Beigabe sein. Die Erläuterungen auf Seite 33 und 34 erscheinen durchaus zweckentsprechend, um die Fragen zu beantworten: Warum benützt man Kohle zu Lötrohrversuchen? Wann wird Oxydations-, wann Reduktionsflamme angewendet? Weshalb? — Auch die Gewinnung des Eisens aus seinen Erzen ist in chemischer Hinsicht trotz der Kürze gründlich erklärt. Ferner dürfte die Erklärung der Begriffe „Neutral und Neutralisation" nicht unwillkommen sein.

Den nun folgenden Haloid- und Sauerstoffsalzen gehen Erklärungen über die entsprechenden Säuren voraus; es wird so den Schülern ein eingehenderes Verständnis der Salze vermittelt. Dabei werden gleichzeitig in entsprechender Weise die Lehre von der Wertigkeit, beim Salmiak die Bedeutung des Ammoniaks im Haushalte der Natur behandelt, ferner die Gesetze über das Verhältnis zwischen Metallen, Basen, Säuren und Salzen unter einander abgeleitet.

Von den Mineralien sind am eingehendsten die wichtigsten (Wasser, Quarz, Steinsalz, Kalkspat) besprochen, die anderen je nach ihrer Bedeutung mehr oder minder eingehend behandelt. Die technische Verwendung wurde mit Rücksicht auf das Unterrichtsziel an humanistischen Anstalten weniger berücksichtigt.

Druck und Papier entsprechen allen billigen Anforderungen.

Bei der Durchsicht des Leitfadens sind mir einige Versehen aufgefallen; außerdem möchte ich die Aufmerksamkeit des Verfassers auf folgende Punkte lenken.

(S. VII.) v. Richter, Chemie, 3 Bde. 37 M. Tschermak, 20 M.

(S. 4) Um die verschiedene Wärmeleitung zu zeigen, ist Schwefel nicht geeignet, weil er sofort schmilzt und brennt. Ich möchte zu diesem Versuche Kupferblech und Glimmer empfehlen.

(S. 5) Aggregatzustand (und in Verbindung damit Schmelzbarkeit) darf nicht fehlen und könnte bei der Vorführung physikalischer Vorgänge durch Versuche (mit Schwefel) erläutert werden.

(S. 8) 4. sollte heißen: (Fig. 20, 21, 22).

(S. 10) Vers. 14. s. h. (Ursache unserer Körperwärme!) „Produkt" gibt Anlaß zu Mißverständnis.

Vers. 15. Die sich bildende Phosphorsäure kann höchstens als „Dampf" aber nicht als „Gas" bezeichnet werden.

(S. 11) 3. Abschnitt: Das Erlöschen einer Kerze ist kein Beweis dafür, daß das Gas gerade Stickstoff sein muß.

(S. 15) Z. 4 s. h. echter „Salze".

(S. 17) Neusilber = 50—66 % Kupfer, 19—31 % Zink (nicht Zinn) und 13—18,5 % Nickel. (Wagner, chem. Technol.)

(S. 18) 14. Flammenreaktion des Natriums (auf Löschpapier in Wasser gelegt) sollte nicht fehlen.

(S. 19) Vers. 31. Statt „diese Verbindungen" sollte es heifsen „jene Lösungen".

(S. 20) Tabelle: Eisen „Fe" statt „Ee".

(S. 24) Zinnober enthält 86 % (nicht 85) Hg.

(S. 25) Vor dem 2. A. mufs etwa eingeschaltet werden: Unsere Brenn-materialien (Holz, Wachs, Öl u. s. w.) sind Kohlenwasserstoff-verbindungen. Ist nun ein solcher Körper u. s. w.

(S. 26) Vers. 39. Z. 4 s. h. Kohlen„wasser"stoff.

(S. 39) 1. Abschnitt: Chlorsilber und Chlorblei sind nicht löslich!

Z. 26 soll es heifsen: Es ist in W. löslich im Verb. von 1 : 3.

(S. 40) Vers. 56. s. h. 20 g Schwefelsäure. Fluor sollte konsequent mit Fl bezeichnet werden.

(S. 42) Salmiak ist nicht NH_3Cl, sondern NH_4Cl. Ammoniak (NH_3) ist ein Gas und gibt in Wasser gelöst den sog. Salmiakgeist (NH_4OH); Ammonium dagegen (NH_4) ist nur ein·hypothetischer Körper.

(S. 44) Säureanhydride: 2. sollte heifsen:

$$2 HNO_3 \text{ oder } H_2N_2O_6 - H_2O = N_2O_5.$$

(S. 45) im letzten Abschnitt ist die Reihenfolge: Kalciumhydroxyd, Kalkbrei, Kalkwasser durcheinander geraten durch die eingefügte Löslichkeit.

(S. 46) Bei Vers. 62. soll auf Vers. 13. u. 38. verwiesen werden.

Z. 12 soll es heifsen: dafür „das chemisch gebundene" Wasser.

8. Mergel (und geben gebrannt den Cement).

(S. 48) Von Alaun fehlt die chem. Zusammensetzung:

$$K_2SO_4 + Al_2(SO_4)_3 + 24 aq., \text{ gekürzt}$$
$$K Al(SO_4)_2 + 12 aq. \text{ Doppelsalz! Versuch: Krystallisation!}$$

(S. 53) Da Acetylen schon mit 6 % Luft gemengt eine explosible Ver-bindung bildet, so dürfte es sich empfehlen, die nämlichen Vor-sichtsmafsregeln anzuwenden wie vor der Entzündung des Wasser-stoffgases (S. 12 Vers. 23. A. **).

Bei den Sulfiden könnte auch noch die Erklärung von Schwefelwasser-stoff und ein Versuch mit demselben eingefügt werden.

Zum Schlusse möchte ich diesen Leitfaden, dessen Preis bei der Abnahme, die zunächst erzielt werden kann, nicht zu hoch gegriffen ist, allen Herren Kollegen, welche diesen Unterricht an den humani-stischen Anstalten erteilen, dringend empfehlen, besonders aber den-jenigen, die noch nicht den Versuch gemacht haben, den mineralogi-schen Unterricht mit chemischen Experimenten zu verbinden. Wo dagegen der Unterricht schon in der angedeuteten Weise betrieben wird, dürfte das Büchlein auch den Schülern warm empfohlen werden. Der Verfasser versichert in seiner Vorrede, dafs er den in seinem Leitfaden gebotenen Stoff in der knapp bemessenen Zeit öfter durch-gearbeitet habe und immer rechtzeitig fertig geworden sei. Das wird ihm jedermann glauben: allein ich möchte mir doch den Zweifel er-lauben, ob die Schüler in 25 Stunden dies alles auch verdaut haben, und dieser Umstand führt mich noch auf ein anderes Gebiet, nämlich auf unsere Schulordnung. Diese hat die Tier- und Pflanzenkunde mit einer reichlichen Stundenzahl bedacht, so dafs sich in diesen Gegenständen etwas Hinlängliches leisten läfst; dagegen wurde die Mineralogie mit ihren circa 25 Stunden sehr stiefmütterlich behandelt, obwohl dieser Unterrichtsstoff viel gröfsere Schwierigkeiten bietet. Meiner Ansicht nach liefse sich auf diesem Gebiete nur dann etwas Gründliches erreichen, ·wenn auch noch in der 6. Klasse naturkundlicher Unterricht erteilt würde. In diesem Falle könnte man in der 5. Klasse die Elemente und die einfacheren Verbindungen durcharbeiten, in der 6. mit den schwierigeren abschliefsen und die Jugend auch in das interessante Gebiet der Geologie einführen, eine Wissenschaft, die ein bayerischer Gelehrter, der verstorbene Oberbergdirektor Dr. W. v. Gümbel, auf so hohe Stufe gebracht hat, und deren Elemente sicherlich auch zu einer allgemeinen wissenschaftlichen Bildung gehören. Aber das bleiben vorläufig noch pia desideria.

Ingolstadt.   Bleicher.

Die Ernährung der Pflanzen von Dr. A. Hansen, Professor der Botanik an der Universität Giefsen. Mit 79 Abbildungen. Zweite verbesserte Auflage. Wien-Prag. F. Tempsky. Leipzig. G. Freitag. 1898. Preis· 5 M.

Vorliegendes Buch ist bereits 1885 als XXXVIII. Bändchen des „Wissens der Gegenwart" erschienen. Neu hinzugekommen ist eine Einleitung, in welcher einige Gedanken Schopenhauers ausgeführt werden; aufserdem sind da und dort neue Thatsachen eingefügt worden, so dafs der Umfang um etwa 30 Seiten zugenommen hat. Immerhin erscheint, da jenes Bändchen gebunden nur eine Mark kostete, der jetzige Preis von 5 M. für das geheftete etwas hoch. Was nun den Inhalt betrifft, so bietet derselbe eine ganz vortreffliche, allgemein verständliche Einführung in diesen wichtigen und interessanten Abschnitt der Pflanzenphysiologie. In zwölf Kapiteln wird von „der Quelle des Kohlenstoffes" an bis zur „Ernährung der chlorophyllfreien Pflanzen, der Parasiten und Koprophyten" alles Einschlägige dargelegt und durch lehrreiche Abbildungen erläutert. Letztere sowie auch der Text versinnbildlichen häufig einfache und leicht zu wiederholende Versuche, wie sie gerade ein Lehrer braucht, der mit den denkbar einfachsten Hilfsmitteln arbeiten mufs. Schon darum also möchte ich hier auf das Büchlein aufmerksam machen: aber auch jeder, der mit Pflanzenzucht und -Pflege sich irgendwie beschäftigt, und wären es auch nur ein paar Zimmerpflanzen, wird daraus eine reiche Fülle von neuem Wissen schöpfen, das wieder seinen Pfleglingen zu gute kommen wird. So sei nur auf die Abschnitte über „die Bedeutung des Lichtes für die Assimilation" hingewiesen mit ihren Bemerkungen über die Abnahme der Helligkeit im Innern eines Zimmers, auf die „Bedeutung der Mineralbestandteile" mit der Anweisung zur Herstellung einer

Nährsalzlösung, die sich, nebenbei gesagt, stark verdünnt auch als Ersatz künstlichen Düngers für Topfpflanzen empfiehlt u. a. m.

Freising.   H. Stadler.

III. Abteilung.

Literarische Notizen.

Kalender des Deutschen und Österreichischen Alpenvereines. 1899. München, Lindauersche Buchhandlung. 1,50 ℳ. — Zu Anfang des Schuljahres bietet die Lindauersche Buchhandlung dem Schulmanne eine Reihe von Büchern für den Unterricht, seit einigen Jahren hat sie auch am Ende desselben für die Ferien etwas anzubieten; es ist dies der Alpenvereinskalender mit Hütten- und Führerverzeichnis und einer Fülle sonstiger für den Bergsteiger und Alpenwanderer wichtiger Notizen, die hier nicht wieder aufgeführt werden sollen, weil sie schon in früheren Jahrgängen besprochen sind. Sie scheinen sich so bewährt zu haben, dafs die Verlagsbuchhandlung von einer wesentlichen Änderung abgesehen hat. Nur bringt sie heuer eine Zusammenstellung von den Gipfeln und Übergängen der nördlichen Kalkalpen und der Dolomiten mit den notwendigsten Angaben über Thalstationen, Entfernungen, Schwierigkeit u. s w. wie im Vorjahre von denen der Zentralalpen, die um so mehr willkommen sein wird, als ja diese Abschnitte des Gebirges zumeist besucht werden. Leider ist durch diese geringe Änderung der Umfang des Büchleins gröfser geworden; möge ein weiteres Wachstum vermieden werden, damit nicht das handliche Format und die bequeme Taschengröfse darüber verloren gehen; der Preis ist trotz der Vergröfserung der gleiche geblieben.

130 Ausflüge von München auf einen halben bis 3 Tage. Mit einer Karte und 3 Skizzen. 15. Auflage. München 1899, J. Lindauersche Buchhandlung (Schöpping). 51 S. 60 Pfg. — Dafs wenige Monate nach der zu Ostern erschienenen 14. Auflage schon eine neue 15. Aufl. notwendig geworden ist, spricht am besten für die Nützlichkeit und die fleifsige Verwendung des Büchleins. Sein unermüdlicher Herausgeber, Bibliothekar Dr. H. Tillmann, hat es wiederum um 10 Touren bereichert. Neu aufgenommen wurden (vgl. diese Blätter S. 546 zur 14. Aufl.): Die Aidlinger Höhe bei Habach südw. Seeshaupt, zwischen Seeshaupt und Murnau; die Jachenau mit dem Übergang über die Kothalpe; Wildbichl als Mittelpunkt eines Spazierganges zwischen Oberaudorf und Hohenaschau; auch Wessobrunn, was viele beifällig begrüfsen werden (in Verbindung mit dem Ammersee); sodann als eigene Tour der Chiemsee mit besonderer Berücksichtigung von Seeon; der Schwarzenberg bei Oberaudorf, die Pyramidenspitze im Hinterkaiser (1½ Tg.); der Säuling (1½—2 Tg.); der Wildseeloder bei Fieberbrunn (1½—2 Tg.) und das Sonntagshorn bei Unken (2½ Tg.). Diesmal hat die Verlagshandlung dem Büchlein (allerdings im Inseratenteil versteckt S. 54. 58. 64.) drei ganzseitige, deutliche Skizzen des Ammer-, Chiem- und Starnbergersees beigegeben. Der billige Preis ist nicht erhöht worden. Wir empfehlen die 130 Ausflüge zu Beginn der Ferien Kollegen wie Schülern aufs wärmste.

Heinrich von Sybel, Geschichte der Revolutionszeit 1789—1800. Wohlfeile Ausgabe. Stuttgart. Verlag der J. G. Cottaschen Buchhandlung. Nachfolger. Vollständig in 60 Lieferungen zu je 40 Pf. Lief. 36—43. — Die jüngst ausgegebenen Lieferungen 36—43 des berühmten Werkes enthalten so ziemlich das 14. und 15. Buch der Gesamtdarstellung; das erstere führt den Titel „Mailand und Mantua", d. h. es schildert die Geschichte des italienischen

Feldzuges, mit welchem die Persönlichkeit Napoleon Bonapartes bedeutsam in den Vordergrund tritt. Mit den letzten vergeblichen Versuchen, Mantua zu entsetzen, d. h. den Kämpfen bei Arcole und Rivoli, schliefst das 14. Buch. Das 15. Buch, betitelt Leoben, enthält die Geschichte der Friedenspräliminarien, während das in Lief. 43 noch beginnende 16. Buch uns nähere Aufschlüsse über den Frieden von Campo Formio gibt, also den Abschlufs des 1. Koalitionskrieges darstellt.

Fr. Chr. Schlossers Weltgeschichte für das deutsche Volk. Von neuem durchgesehen und ergänzt von Dr. Oskar Jäger und Dr. Franz Wolff. 2. Original-Volks-Ausgabe. 24. Gesamt-Auflage. Band 14—19. Berlin 1898. Oswald Seehagens Verlag (Martin Höfer). — Von den letzten 6 Bänden dieser 2. Volksausgabe von Schlossers Weltgeschichte sind Band 14 und 15 der Geschichte des 18. Jahrhunderts gewidmet, wogegen Band 16—19 die Geschichte der neuesten Zeit vom Wiener Kongrefs bis zur Gegenwart enthalten. Es liegt in der Natur des Stoffes, dafs zunächst die Bände 14 und 15 sehr ungleiche Zeiträume umfassen. Der 14. führt vom Beginne des 18. Jahrh. (Spanischer Erbfolgekrieg. Nordischer Krieg) bis zum Ausbruche der grofsen französischen Revolution; die Kriege Friedrichs des Grofsen und der Unabhängigkeitskampf der Nordamerikaner bilden weitere besonders bemerkenswerte Kapitel dieses Bandes. Besonders aber sei darauf hingewiesen, dafs die Geschichte der geistigen Entwickelung Europas in diesem Bande keineswegs zu kurz kommt; nicht nur sind den Werken der französischen Aufklärungsphilosophen (Voltaire, Montesquieu, Rousseau) eigene Kapitel gewidmet, sondern auch der beginnenden 2. Blütezeit der deutschen Literatur (Gottsched, Klopstock, Herder, Wieland etc.). — Der 15. Band bringt den Schlufs der Geschichte des 18. Jahrh., sowie die Geschichte der ersten Zeit des 19. Jahrh., erzählt also den grofsen Verlauf der französischen Revolution und andrerseits die Koalitionskriege, das Emporkommen Napoleons und seine Kriegsthaten bis zu seinem 2. Sturze, d. h. bis zur Schlacht von Waterloo. Auch hier macht den Beschlufs ein Kapitel, welches den Charakter und Gang der französischen und deutschen Literatur zur Zeit der Revolution und des Kaiserreiches zur Darstellung bringt.

Die Geschichte der neuesten Zeit verteilt sich folgendermafsen auf die letzten 3 Bände des ganzen Werkes: Bd. 16 erzählt in 2 Büchern die Ereignisse vom 2. Sturze Napoleons bis zur Julirevolution, die Vorfälle von der Revolution des Jahres 1830 bis zu der von 1848; Bd. 17 behandelt die Zeit von der Februarrevolution des Jahres 1848 bis zum Tode Friedrichs VII. von Dänemark 1863; der 18. Bd. die Zeit vom Tode Friedrichs VII. von Dänemark 1863 bis zur Gegenwart, d. h. bis zum Jahre 1878; jedoch bietet ein eigener Abschnitt S. 582—635 einen Überblick über die wichtigsten Ereignisse vom Berliner Frieden des Jahres 1878 bis zur unmittelbaren Gegenwart, d. h. bis Ende 1897. Zu bemerken bleibt noch, dafs diese 3 letzten Bände, welche also die Geschichte der Jahre 1815 bis 1897 umfassen, ausschliefslich von Dr. Oskar Jäger verfafst sind; denn das grofse Geschichtswerk Schlossers endete mit dem Jahre 1815 und von Schlosser lag weiteres handschriftliches Material für die Darstellung der neuesten Geschichte nicht vor. Dafs diese ganze Partie nun auch im Geiste Oskar Jägers geschrieben werden mufste, ist klar und er selbst gibt in dem kurzen Vorwort zur 2. und 3. Ausgabe (Bd. 16, S. 5) zu, dafs seine Arbeit in den Tagesblättern ultramontaner, sozialistisch-demokratischer und partikularistischer Richtung heftige Angriffe erfahren habe, welche ihn sogar in verschiedenen Fällen veranlafst haben, die schroffe Form einzelner Urteile zu mildern.

Den Beschlufs der Gesamtausgabe macht der 19. Band. Derselbe bietet zunächst auf 484 Seiten ein ausführliches Register der Bände 1—15, sodann auf 74 Seiten ein Register der Bände 16—18, beide bearbeitet von Eduard Langer. Eigentümlich ist es diesem Register, dafs unter dem betr. Stichwort z. B. Bayern S. 41 die Regententafeln (der wichtigsten Länder) genau angegeben sind; es braucht wohl nicht versichert zu werden, dafs erst durch diesen Registerband die Benützung des umfangreichen Werkes in wünschenswerter Weise erleichtert wird.

Am Schlusse sei zur Empfehlung des ganzen Werkes ausdrücklich noch einmal darauf hingewiesen, dafs sich der Preis für den einzelnen Band, in Leinwand elegant geb., nur auf 2 Mk. stellt.

Karte des deutsch-französischen Krieges für den Unterricht in der vaterländischen Geschichte bearbeitet von Küster, Hauptmann und Comp.-Chef im Inf.-Regt. Nr. 98. P. Müllers Verlagsbuchhandlung, Metz u. Leipzig 1898. — Diese Karte, zunächst für den Unterricht in Kapitulantenschulen und die Instruktion der Mannschaften bestimmt, ist bereits in über 100 Regimentern eingeführt und wird mit bestem Erfolg verwendet. Dieselbe, 4 Blätter in Farbendruck, Mafsstab 1 : 500000, hat eine Gesamtgröfse von 105 cm hoch, 135 cm breit und kostet unaufgezogen 4,50 Mk., aufgezogen auf Leinwand mit Stäben 9 Mk., lackiert 10 Mk. Wenn sie auch ursprünglich für militärische Zwecke erschienen ist, so läfst sie sich doch auch für Schulzwecke vorzüglich verwenden; denn durch die scharf markierte Zeichnung der Hauptoperationslinien, durch die mit gröfserer Schrift hervorgehobenen Namen aller historisch bedeutenden Orte und Wegfall weniger wichtiger Details bietet die Karte einen klaren Überblick über den Verlauf des ganzen Feldzuges. Sie möge daher besonders für den Unterricht in der 9. Klasse bestens empfohlen sein.

IV. Abteilung.

Miszellen.

Bayerngruppe der Gesellschaft für deutsche Erziehungs- und Schulgeschichte.

Die bereits durch die Blätter angekündigte Generalversammlung fand am 13. Mai abends ½9 Uhr im Hôtel Stachus dahier statt. Nach Eröffnung der Versammlung durch den ersten Vorsitzenden erstattete der Schriftführer Bericht über die Thätigkeit der Bayerngruppe seit ihrem dreijährigen Bestehen. Darnach kann die Vereinigung zufriedenen Blicks auf die Vergangenheit zurückschauen, wenn auch, wie natürlich, noch viel zu thun übrig bleibt. Eine stattliche Mitgliederzahl, ein aus bayrischen Beiträgen bestehendes Heft der „Mitteilungen derGesellschaft", eine ziemlich weit vorgeschrittene Bibliographie, Material für ein zweites Bayernheft und ein jährlicher Staatszuschufs von 1000 M. beweisen, dafs die Bayerngruppe sich redlich um die Lösung ihrer Aufgaben bemüht, und dafs man auch in mafsgebenden Kreisen ihre Thätigkeit bereits gewürdigt hat. Als besonders erfreuliches Ereignis konnte hervorgehoben werden die Genehmigung eines einmaligen Reichszuschusses von 30000 M. für die Gesamtgesellschaft. Die Versammelten bekundeten ihren Dank gegen die bayrische Regierung und den Landtag, sowie gegen die Reichsregierung und den Reichstag durch Erheben von den Sitzen. Durch die finanzielle Zuwendung seitens des Staates ist die Bayerngruppe in den Stand gesetzt, besondere Arbeiten über Gegenstände der bayerischen Schulgeschichte zu veröffentlichen. Die Herausgabe der Geschichte der Erziehung der pfälzischen Wittelsbacher ist bereits dadurch ermöglicht worden. Andere Arbeiten gehen der Vollendung entgegen.

Nach Erstattung des Kassa- und Rechnungsberichtes wurde der Wunsch ausgesprochen, dafs die bisherigen Unternehmungen der Gesamtgesellschaft in der von Dr. Kehrbach geforderten Weise fortgeführt werden möchten, nachdem jetzt mehr Mittel zur Verfügung stehen als bisher. Zugleich wurden Schritte beschlossen, wodurch zur Stabilisierung des Reichszuschusses beigetragen werden soll.

Hierauf erfolgte die Neuwahl des Kuratoriums, der Vorstandschaft und des Redaktionsausschusses.

Nach Schlufs der Versammlung traf ein Begrüfsungstelegramm Dr. Kehrbachs aus Berlin ein, wodurch die festliche Stimmung noch erhöht wurde.

Bericht über den archäologischen Ferienkursus in Berlin
(April 1899),
(erstattet bei der diesjährigen Pfälzer-Gymnasiallehrerversammlung).

Bei der engen Beziehung, in der Wissenschaft und Schule, Theorie und
Praxis zu einander stehen, ist es wohl begreiflich, daſs die jeweilige Richtung der
Altertumswissenschaft einen mächtigen Einfluſs auf den Betrieb der Gymnasial-
studien ausübt. Wer die Entwicklung des Gymnasialunterrichtes, wie er sich im
Laufe unseres Jahrhunderts gestaltet hat, nach dieser Seite hin betrachtet, wird
leicht eine dreifache Art der Behandlung unterscheiden können, eine mehr philo-
sophisch-sachliche Betrachtungsweise, die von Männern wie Friedrich August Wolf,
Aug. Böckh — in Bayern Döderlein-Nägelsbach ausging, dann eine kritisch-sprach-
liche, die unter dem Einflusse von Karl Lachmann, Gottfried Hermann — F. Wilhelm Ritschl — Karl Halm sich bildete und allerdings in ihrer Anwendung auf
den Gymnasialunterricht nicht immer segensreich wirkte, und schlieſslich eine
ästhetisch-archäologische, die aufs engste zusammenhängt mit dem ungeahnten
Aufschwung, den die schon für lebensunfähig erklärte Altertumswissenschaft in
den letzten 25 Jahren infolge der auſserordentlich ergebnisreichen Ausgrabungen
genommen hat. Mit einem Male ist die Archäologie an die erste Stelle unter den
verschiedenen Disziplinen der Altertumswissenschaft getreten, sie hat ein wesentlich erweitertes und lebensvolleres Bild der alten Welt geschaffen, aber auch allen
übrigen Zweigen dieser Wissenschaft eine andere, mehr auf das Ganze gehende
Richtung gegeben. Es ist natürlich, daſs diese Umwandlung sich auch auf unseren
Gymnasien bemerkbar macht. Wer die Programme, in denen sich doch einigermaſsen das geistige Leben der Gymnasien widerspiegelt, überschaut, wird recht
deutlich den Unterschied gegen früher bemerken, die kritisch-sprachlichen Themata
treten immer mehr zurück und an ihrer Stelle werden mehr archäologische,
ästhetische, kulturgeschichtliche Fragen behandelt. Zwei neue Einrichtungen sind
es nun vor allem, die jene lebendige Anschauung der Antike, wie sie eben nur
die Archäologie durch die Kunstwerke bieten kann, den Gymnasien vermitteln:
Die italienischen Studienreisen, die seit 1891 bestehen, und die Ferienkurse. Wer
die Bedeutung derselben unterschätzt, wie dies Knoll jüngst in Nürnberg gethan
hat, der kennt nicht die Verhältnisse, wie sie vorher waren. Das archäologische
Examen, das in Bayern 1873 eingeführt wurde, hat sicher vorbereitend gewirkt,
aber nicht durch dieses mehr theoretische Mittel noch durch die Verleihung von
Reisestipendien, die rein wissenschaftlichen Zwecken dienten, sondern durch die
Teilnahme weiterer Kreise von Fachgenossen an diesen Studienreisen wurde das
Verlangen geweckt, auch den Schülern eine lebendigere Anschauung der antiken
Kultur zu verschaffen. Die Ferienkurse dagegen haben hauptsächlich den Zweck,
über den gegenwärtigen Stand der wichtigsten Fragen zu unterrichten und so
den Zusammenhang zwischen Wissenschaft und Praxis recht lebendig zu erhalten.
Denn es ist dem einzelnen nicht mehr möglich, der rasch sich entwickelnden
Wissenschaft in allen ihren Teilen zu folgen und ihre Ergebnisse aus eigenem
Studium kennen zu lernen.

Nachdem ich vor einigen Jahren einem solchen Ferienkursus in München,
dann einem sehr interessanten in Dresden unter Prof. Treu's Führung beiwohnte,
habe ich mich im April an dem Berliner archäologischen Kursus beteiligt, über
dessen wissenschaftliche Ausbeute ich Bericht erstatten möchte.

Den ersten Vortrag über Mykenä und Troja hielt Prof. Winnefeld, der
im Jahre 1894 an den Ausgrabungen Dörpfelds selbst teilnahm und so aus eigener
Anschauung berichten konnte. Die mykenische und homerische Frage sind zunächst zu scheiden; die Blütezeit der mykenischen Kultur fällt in die 2. Hälfte des
2. Jahrtausends, wie sich durch gesicherte ägyptische Funde in Mykenä und my-
kenisch in Ägypten ergibt. Der Gesamtcharakter der myken. Kunst ist ein prunk-
süchtiger, überladener, wenn auch lebendige Phantasie, unmittelbare Beobachtung
der Natur zuweilen hervortritt. Die mykenische Kultur zeigt uns die Länder des
östlichen Mittelmeeres, beherrscht von mächtigen, kriegerischen Fürsten, welche
über groſse Machtmittel zur Herstellung gewaltiger Bauten verfügt haben müssen.
Wer aber die Träger dieser Kultur gewesen sind und in welcher Beziehung die
mykenische Kunst zur orientalischen steht, ist noch zweifelhaft. — Die homerische

Frage bezieht sich auf das Verhältnis der in Troja veranstalteten Ausgrabungen zu dem Kulturzustand der homerischen Epen, d. h. sie untersucht, welche Stadt der homerischen entspricht, und ferner in welchem Zusammenhang die homerische Kunst zur mykenischen einerseits und zur orientalischen anderseits steht. Als Ort der homerischen Stadt gilt jetzt allgemein der Hügel von Hissarlik, der allein eine so beherrschende Stellung einnimmt, wie sie die Bedeutung Trojas voraussetzt. Bunárbaschi kann es eben wegen seiner Lage nicht gewesen sein. Schliemann hat bekanntlich die 2. Stadt (von unten) für die homerische gehalten, aber eine nüchterne Prüfung mußte bald den grofsen Unterschied erkennen lassen, der zwischen den Funden der 2. Stadt und der homerischen Kultur besteht; die Mauern sind Lehmbauten, die Thongefüfse noch recht roher Art, die Arbeiten der Goldschmiedekunst entbehren noch jeder künstlerischen Form, Steinwerkzeuge sind noch neben Bronzegeräten im Gebrauch, während die homerischen Schilderungen eine bedeutend höhere Stufe der Kunst voraussetzen. Die 2. Stadt gehört vielmehr derselben Zeit an, deren Spuren man nun überall auf den Inseln des ägäischen Meeres findet und deshalb Inselkultur nennt, sie stellt eine vielleicht ein Jahrtausend vor der mykenischen Zeit liegende Stufe menschlicher Entwicklung dar. Schon 1890 hatte Schliemann selbst eine Ahnung, dafs er sich getäuscht haben könnte, und 1893/94 ergaben wirklich die Ausgrabungen unter Dörpfelds Leitung, dafs auf diesem merkwürdigen Hügel noch eine andere bedeutende Stadt, die 6. von unten gerechnet, existierte, die mit ihren mächtigen Mauern und Türmen und der reich entwickelten Industrie der mykenischen Kultur entsprechend ist. Es war nun kein Zweifel, dafs nur die Bewohner dieser 6. Stadt mit den Fürsten der mykenischen Stadt gleichzeitig gewesen sein können. Dafs Schliemann selbst nicht auf die gewaltigen Grundmauern kam, hat darin seinen Grund, dafs auf der Seite, wo Schliemann den Burghügel durchschnitt, nämlich von der Nordseite her, die Mauern durch hellenistische Bauten verschwunden waren; erst durch einen Querschnitt war es möglich, auf solche Mauerreste zu stofsen, die durch Planierung des Plateaus verschüttet waren. Über das Verhältnis der homerischen Kultur zum Orient hofft man durch die jüngst in Milet begonnenen Ausgrabungen Aufschlufs zu bekommen.

Prof. Winter sprach über antike Keramik, indem er an einer Auswahl von Vasen zeigte, wie man an diesem einen Zweig menschlicher Thätigkeit die Entwicklung der griechischen Kultur, die Erstarkung des künstlerischen Gefühles verfolgen kann. Die mykenischen Vasen unterscheiden sich von den primitiven in Phrygien und der 2. Stadt Trojas durch Anwendung der Drehscheibe, durch die aus der Natur genommenen Formen der Vasen; das starke künstlerische Empfinden zeigt sich auch in der Wertschätzung der Leere im Raum, es ist die geschwungene Linie, die die mykenische Kunst bevorzugt, dagegen fehlt noch das Tektonische der Ornamentik, d. h. Übereinstimmung des Ornamentes mit der Bedeutung des einzelnen Teiles, z. B. des Fufses, der Mündung, des Henkels. Die dorische Wanderung hat die mykenische Kultur zurückgedrängt, um 1100—1000 tritt eine völlig andere Kultur auf, die auf den Vasen durch den geometrischen Stil charakterisiert wird. Herrschte in der mykenischen Periode Freiheit der Composition, phantasievolle Ausschmückung, so bemerkt man jetzt feste Schematisierung, die eckige Linie wird in gewissen, abstrakt konstruierten Formen verwertet, selbst die Tiere tragen denselben unnatürlich eckigen Charakter. Diese Motive der sogenannten Dipylonvasen, die zum Teil der Technik des Flechtens und Webens entnommen sind, hält Winter für einen Restbestand einer alten Kultur, welche das dorische Volk mitgebracht hat. — Von Osten her (Rhodos, Cypern) dringen nun im 9. und 8. Jahrhundert neue Formen ein, in denen man manche Verwandtschaft mit der mykenischen Kultur erkennt, so dafs Gelehrte wie Prof. Böhlau annehmen, der mykenische Stil habe sich im Osten erhalten und sei mit orientalischen Elementen vermischt nach Europa wieder vorgedrungen. Die Rosette, Palmette, Lotosblume erscheinen nun zum ersten Mal verwendet, auch das Gefühl für das Tektonische zeigt sich von jetzt an, ein Ornament steigt strahlenförmig auf, der Fufs wird als das tragende Element deutlich bezeichnet. Auch die schwarzfigurige Malerei, die Silhouettenmanier, kommt aus dem Osten. Prachtvolle Thonsarkophage aus Clazomenä, jetzt im Berliner Museum, zeigen den Übergang von der rein dekorativen Malerei zur schwarzfigurigen, an den schmalen Längsseiten sind Füllornamente verwendet, dagegen an der Kopfseite Reiter nach dem Prinzip der Responsion paarweise angebracht. Mit dem Entstehen der schwarzfigurigen Malerei tritt das Ornamentale immer mehr zurück, der Künstler will nun in epischer Weise erzählen, was sich recht deutlich daran erkennen läfst, dafs er auch den Namen, gleichsam das εὔχομαι εἶναι, beifügt wie aus dem Munde kommend, damit ja der Beschauer nicht im Zweifel ist, was der Künstler darstellen will. An verschiedenen Orten entwickelt sich die Vasenfabrikation, Cäre — Korinth, aber schliefslich schlägt Athen alle übrigen aus dem Felde, zumal seitdem in Athen die rotfigurige Vasenmalerei ganz plötzlich auftritt und damit eine viel feinere Zeichnung ermöglicht wird. Die früheren Stilgesetze werden beibehalten, das der Responsion oder das tektonische Prinzip der Ornamentik, aber im Inhalt des Bildes tritt immer mehr die Persönlichkeit des Künstlers hervor, bis der Einflufs der grofsen Maler sich auch bei der kleinen Kunst bemerkbar macht und die Selbständigkeit der Erfindung beeinträchtigt.

Im Olympia-Museum behandelte Prof. Trendelenburg zunächst die Entwicklungsgeschichte von Olympia: es war ursprünglich eine Orakelstätte ähnlich wie Dodona. Die Weihgeschenke hingen an den Bäumen und auch von einem Erdspalt wird berichtet, der sakralen Zwecken gedient haben soll. Die Göttin, die in alter Zeit hier verehrt wurde, war Rhea, die Gemahlin des Kronos, an deren Stelle trat Hera, weshalb auch das Metroon und Heraion zu den ältesten Gebäuden gehören, erst später verdrängte der Zeuskultus wie auch sonst in Griechenland den Lokalkultus. Die Spiele waren wie im übrigen Griechenland ursprünglich Totenspiele einem Heros zu Ehren gefeiert; hier galten sie dem Pelops. Lange Zeit war Olympia dorisches Heiligtum, bis es nach dem Perserkriege zu einem Πανελλήνιον geworden ist. Bezüglich der Architektur wies Trendelenburg auf die Bedeutung des Lehmziegelbaues hin, der überaus zäh und haltbar ist, wenn die Erdfeuchtigkeit und der Regen durch Terrakottaverkleidung abgehalten wird, und darum auch lange Zeit in Olympia verwendet wurde. Interessant ist zu beobachten, wie sich rudimentäre Elemente aus der älteren Bauweise an den Steinbauten wie am Schatzhaus von Gela und am Heraion nachweisen lassen. Der horizontale Abschlufs des γεῖσον am Schatzhaus hat noch eine Traufrinne, obwohl dorthin der Regen nicht wohl dringen konnte. Der Grund liegt darin, dafs das Dach der ältesten Bauten horizontal war; die Mauer desselben Gebäudes hatte, obwohl sie von Stein war, eine Terrakottaverkleidung; in beiden Fällen ist die alte Form noch geblieben, als die ursprüngliche Bedeutung schon völlig verloren gegangen war. Unter den plastischen Werken ist die Nike des Päonios deshalb von besonderem Wert, weil sie den Abschlufs einer langen Entwicklungsreihe bildet, indem der Künstler hier ein uraltes Problem der griechischen Kunst, das Fliegen darzustellen, für alle Zeiten gelöst hat. Die Fliegende ist aufgefafst als eine, die von hoch oben herab schreitet, indem sie kaum mit einem Fufs den Boden berührt; den in breitem Bogen fliegenden Mantel benützt der Künstler, um die Statue mit dem Sockel zu verbinden, wobei durch die Färbung und den Adler die Illusion noch erhöht wird. Im Giebelfeld der Ostseite des Zeustempels sind bekanntlich die Vorbereitungen zu dem Wagenkampf zwischen Oinomaos und Pelops dargestellt, aber das eigentliche Motiv, der Grund, weshalb die Bewegung zum Stillstand kommt, tritt nicht recht hervor. Trendelenburg gibt nun eine sehr feinsinnige Erklärung, indem er die beiden sitzenden Alten als Seher auffafst, die noch kurz vor Beginn des Kampfes den Flug der Vögel beobachten, wie dies auf Vasen wiederholt dargestellt ist. Nun begreift man, dafs alle Teilnehmer in gespannter Erwartung dastehen und ihnen Zeus gleichsam ungesehen von ihnen selbst erscheint.

Geheimrat v. Kekulé ging in seinem Vortrag über die attische Kunst von dem jüngst erschienenen Werk eines Franzosen Henri Omont aus, der nachweist, dafs Carreys Urheberschaft an den berühmten Zeichnungen ganz zweifelhaft sei und diese Zeichnungen eine sehr unsichere Quelle für Rekonstruktion bilden. Bei der Erklärung der Metopen wies Kekulé an 3 Kentaurenköpfen auf die Entwicklung hin, die die künstlerische Auffassung während der Bauperiode selbst genommen hat. Der eine Kopf ist noch ganz altertümlich, der andere erinnert an den Olympiastil, der dritte zeigt die vollendeten Formen der Phidiaskunst. Der Grund dieser Verschiedenheit liegt einerseits darin, dafs die Metopen denjenigen plastischen Schmuck des Tempels bilden, der gleich mit dem Beginn des Baues in Angriff genommen werden mufste, weil die Metopen ein architektonisches Glied des Ganzen bilden, während die Giebelfiguren und der Fries erst später hinzugefügt werden konnten, andererseits kommt auch der persönliche Stil der verschieden vorgebildeten und beanlagten Künstler in der verschiedenartigen Auffassung und Komposition zum Ausdruck. Ferner machte Kekulé auf die auch von modernen Künstlern anerkannte Meisterschaft der Alten in der Tierbildnerei, soweit sie am Parthenonfries hervortritt, aufmerksam und knüpfte daran sehr interessante Bemerkungen über den Einflufs dieser Genrekunst auf die Darstellung des menschlichen Körpers. Wer den Körper eines Tieres nachbilden will, mufs denselben als Ganzes auffassen, die wesentlichen Züge beobachten, die Proportion der einzelnen Teile. Der Kopf hat an dem Tiere nicht gröfsere Bedeutung denn der übrige Körper; so ist auch bei den Parthenonskulpturen der menschliche Körper als Ganzes aufgefafst, der Kopf nicht als ein besonderer Teil, dem man mehr Leben geben müsse; weniger im Gesicht als in der Haltung und Bewegung der Figuren liegt der Ausdruck jener schönen Reliefs aus der Blütezeit. Wer ferner das Leben des Tieres beobachtet, wird dasselbe mehr in der Bewegung, im Laufe, im Sprunge sehen als in der Ruhe und darum auch plastisch so darstellen; so kommt es, dafs Künstler wie Myron, die vortreffliche Tierbildner waren, dieses Prinzip der Bewegung auch auf den menschlichen Körper übertrugen. Dem berühmten Tierbildner Bary verdanke nicht zum geringsten Teile die moderne französische Kunst ihre hohe Entwicklung. — Einen besonderen Reiz der antiken Kunstwerke findet Kekulé in der Unmittelbarkeit der Wirkung, die eben beruht auf der persönlichen Teilnahme des Künstlers an seinem Werk; der moderne Künstler liefert nur das Modell oder die Zeichnung und läfst den Entwurf in dem Material ausarbeiten, während man gerade an den Parthenonskulpturen ein liebevolles, persönliches Gestalten von Seiten des Künstlers beobachten kann; ein Modell hat auch er gehabt, aber die Ausarbeitung im einzelnen war das Werk des Augenblicks.

Leider war Herr Prof. Conze durch Unwohlsein verhindert, den angekündigten Vortrag über Pergamon zu halten, weshalb Prof. Winter und Winnefeld die Erklärung der pergamenischen Altertümer übernahmen; besonders interessant war die Besichtigung des neuen, noch unvollendeten Pergamon-Museums, in dem der pergamenische Altar in seiner ursprünglichen Höhe von fast 5 m wieder aufgebaut ist. An den Seitenwänden desselben sollen die grofsen Reliefplatten in der entsprechenden Höhe angebracht werden, während der Innenraum zur Aufstellung der sonstigen Ausgrabungsgegenstände verwendet wird. Es ist kein Zweifel, dafs bei dieser Aufstellung und Beleuchtung durch Oberlicht die malerische Wirkung des herrlichen Frieses erst recht zur Geltung kommt.

Direktor Richter, der bekannte Herausgeber der Topographie Roms, behandelte die neueren Ergebnisse der Forschung auf diesem Gebiet; er ging von der ältesten Anlage Roms auf dem Palatin aus, von seiner Erweiterung nach Osten (Caelius, Esquilinus, Viminalis) und der späteren Ergänzung durch den Capitolinus. Als Reste aus der Königszeit galten die Trümmer der Servianischen Mauer, die in der Nähe des heutigen Bahnhofs aufgedeckt wurden; eine genauere Untersuchung der Steinmetzzeichen sowie des Mafsstabes, mit dem gebaut wurde — es war schon der neue kleinere römische Fufs im Gegensatz zu dem älteren römischen — ergab, dafs diese Mauer nicht in die Periode eines Servius fallen kann, sondern wohl zur Zeit, da die Römer sich gegen die Gallier schützen mufsten, rasch aufgeworfen worden ist. Auch die cloaca maxima, ursprünglich wohl ein Bach, der kanalisiert wurde, gehört nach dem Material zu schliefsen nicht in die ältere Zeit, sondern etwa in die nach den Punischen Kriegen. Richter besprach dann auch die neuen Funde zu dem alten marmornen Stadtplan Roms, der ursprünglich auf der nördlichen Aufsenwand des Archivs am Vespasiansforum angebracht war; 1673 wurden zahlreiche Stücke davon zum erstenmal von Bellori veröffentlicht und dann in einem vatikanischen Kodex auch Zeichnungen anderer Stücke gefunden; das Material vermehrte sich durch Funde in den Jahren 1867, 82, 85 und 88, aber in diesem Jahre kamen noch 300 weitere Stücke dazu, wovon der gröfste Teil noch völlig unbekannt war; es zeigt sich, dafs die vatikanischen Zeichnungen zum teil nur zuverlässig sind und demnach auch die darnach hergestellten Platten im kapitolinischen Museum. Die Zusammensetzung dieses alten nach Osten, nicht nach Norden orientierten Planes ist für die Topographie von höchster Bedeutung. Unter den Bauten der Kaiserzeit besprach Richter das Pantheon, das lange Zeit nach der Inschrift als ein Werk des Agrippa galt; jetzt ist durch genaue Prüfung der beim Bau verwendeten Ziegelstempel und anderer Kennzeichen erwiesen, daſs das Pantheon an Stelle eines früheren zur Zeit Hadrians gebaut wurde.

Ein Vortrag fiel in das Gebiet der klassischen Philologie; v. Wilamowitz-Möllendorf behandelte in geistreicher Weise das neue 87 Verse umfassende, erst vor 2 Jahren aufgefundene Bruchstück aus der Komödie Menanders Γεωργός, wobei er eine zu diesem Zweck hergestellte kritische Ausgabe mit Übersetzung zu Grunde legte. Der Gang der Handlung ist kurz folgender: ein Jüngling kehrt von Korinth zurück und findet, daſs seine Hochzeit mit einer reichen Halbschwester vom Vater schon vorbereitet wird, während er selbst ein anderes armes Mädchen, Melitta, liebt und jener Heirat zu entgehen sucht. Dann treten zwei Frauen, darunter die Mutter des armen Mädchens auf und beklagen sich, daſs der Jüngling seine Geliebte treulos verlasse. Zwei Diener kommen mit Körben voll Blumen, die zum Hochzeitsfeste bestimmt sind, der eine, Daos erzählt in behaglicher Breite, daſs seinem alten Herrn vor einiger Zeit ein Unfall zugestofsen sei, während der Krankheit aber sei er von dem Bruder des armen Mädchens, der ein Sklave war, sorgsam gepflegt worden, und zum Dank dafür wolle sein alter Herr die Schwester, eben diese Melitta, heiraten. Darüber gerät die Mutter in grofse Bestürzung: ἀπορούμαι νῦν τι ποιῆσαί με δεῖ, ἐπεί τίνος ἡ παῖς ἐστι; τούτῳ χουδενί, mit dieser Frage, wem sie das Mädchen geben soll, schließt das Fragment, das umfassend genug ist, um einen Einblick in das Wesen einer Komödie Menanders zu gewähren. Man wuſste schon früher, daſs die alten Menanderskomödien einen reichen Schatz von Lebensweisheit boten, aber dafs er ein solcher Meister in der Charakteristik und dramatischen Technik ist, geht erst aus dem Fragment hervor. Wilamowitz wies auf die Zeichnung des redseligen, selbstbewuſsten, stolzen Sklaven hin, der ganz das Spiegelbild seines reichen Herrn ist im Gegensatz zu dem ihm untergebenen, der gar nicht zu Worte kommt. Vortrefflich ist auch die Exposition des Stückes, — denn der Anfang eines Stückes ist es, der uns hier überliefert wird — sie wird nicht durch einen Monolog gegeben, sondern durch drei kurze Scenen. in denen der Zuschauer immer von einer neuen Seite den Stoff kennen lernt, zuerst tritt der junge Liebhaber selbst auf, dann die beiden Frauen, schliefslich die beiden Sklaven, die durch ihre Nachricht die Verwicklung der Handlung andeuten. Auch die Einführung der Personen zeigt einen hohen Grad von Realismus, die beiden Frauen beginnen nicht erst auf der Bühne mit ihrem Gespräch, sondern sind eigentlich am Ende ihrer Unterredung dargestellt. „Ich weifs, du meinst es gut mit mir, ich darf dir alle meine Sorgen sagen. So also steht es." Mit diesen Worten, die auf die vorhergehende Unterredung hinweisen, wird die eine Frau eingeführt. Sehr wichtig ist dieses Fragment auch zur Beurteilung der Stellung, die Plautus und Terenz ihren Vorbildern gegenüber einnahmen. Ein Hinweis auf Molière, der erst wieder die Höhe der neueren attischen Komödie erreicht hat und an sie anknüpfte, schlofs den inhaltsreichen Vortrag.

Dies der wesentliche Inhalt der Vorträge. Ich bin der Überzeugung, daſs diese Ferienkurse sich immer mehr als eine Notwendigkeit erweisen werden, wenn nicht der Zusammenhang zwischen Wissenschaft und Praxis verloren gehen soll; denn dem einzelnen ist es nur auf einem engbegrenzten Gebiete möglich, selbständig zu arbeiten, im übrigen muſs er sich damit begnügen, die sicheren Resultate der Wissenschaft anzunehmen, um sie gegebenen Falls zu verwerten. Nicht die Methode ist meines Erachtens das belebende Element unseres Gymnasialunterrichts, wenn auch ein gewisses Mafs für die unteren Klassen erstrebt werden soll, sondern der Einfluſs der Wissenschaft ist gleichsam der Sauerteig, der den überlieferten Stoff stets neu belebt, frisch und schmackhaft erhält; wer auf Kosten der wissenschaftlichen Ausbildung und Fortbildung die Methode betont, wie dies in der Beschränkung der Universitätszeit geschehen ist, der untergräbt die eigentlichen Grundlagen des humanistischen Gymnasiums.

Zweibrücken. Carl Wunderer.

Zum Generalversammlungsbericht.

Auf Seite 19 des Berichtes über die Generalversammlung in Nürnberg findet sich die Bemerkung, daſs die Petition der 61 Pfälzer Kollegen der Auffassung Raum lasse, daſs es den Angehörigen der Dreierkategorie nachgerade auf die Erreichung der Professur sans phrase ankomme. Wie uns nun von beteiligter Seite mitgeteilt wird, beruht diese Annahme auf Irrtum, der dadurch hervorgerufen wurde, daſs in der genannten Petition aus Versehen die Beifügung „bis zur fünften Klasse" weggelassen wurde. Die Petenten streben also das Gleiche an wie der Verein (auf der Nürnberger Generalversammlung), nämlich Einrücken in die Gymnasialprofessur nach einer entsprechenden Anzahl von Jahren, jedoch mit Wirksamkeit in denjenigen Klassen des Gymnasiums, die ihnen das Prüfungszeugnis zuweist.

München, den 15. Juni 1899.   Die Vorstandschaft.

Programme der bayer. Gymnasien 1897/98.

(Nachtrag).

Im Mai 1899 ist nachträglich das Programm des Kgl. humanistischen Gymnasiums Freising für das Studienjahr 1897/98 erschienen:

Hans Dormann, Gymnasialassistent, Das Hochstift Freising zur Zeit des Kampfes zwischen Ludwig dem Bayern und der römischen Curie (1322—1342).

Frequenz der isolierten Lateinschulen in Bayern.

(Nachtrag).

Bei der Zusammenstellung der Frequenz der bayerischen Gymnasien, Progymnasien und isolierten Lateinschulen ist S. 826 des vorigen Jahrganges, worauf wir nachträglich aufmerksam gemacht werden, die Privatlateinschule Amorbach übersehen worden; dieselbe wurde aus der vor etwa 4 Jahren (am Schlusse des Schuljahres 1894/95) aufgelösten 5klassigen Kgl. Lateinschule in eine 3klassige städtische, also Privatlateinschule, umgewandelt, für deren Erhaltung der in Amorbach residierende Fürst von Leiningen über 90000 ̸ℳ. in Papieren beim Stadtmagistrat hinterlegt hat. Die Lateinschule, welche unter der Respizienz des Rektorates Aschaffenburg steht, zählt in diesem Schuljahre in 3 Klassen 18 Schüler.

Personalnachrichten.

Ernannt: an Realanstalten: Dr. Heinr. Gaſsner, Reallehrer an der Luitpoldkreisrealschule in München zum Gymnprof. am Kadettenkorps (N. Spr.).

Auszeichnung: Dr. Gg. Orterer, Gymnasialrektor in Eichstätt, erhielt das Ritterkreuz des päpstlichen St. Gregoriusordens.

Stipendien: Dr. Friedr. Weber, Gymnl. in Neustadt a. H. erhielt das Reisestipendium von 2160 ̸ℳ. zum Besuche des Archäologischen Instituts in Rom und dessen Filiale in Athen; weitere staatliche Reisestipendien zu 900 bez. 500 ℳ. erhielten: Dr. A. Eiselein, Assistent an der Realschule Bamberg; Dr. Bruno Schnabel, Reall. in Kaiserslautern (je 900 ̸ℳ.), Dr. Jak. Friedrich, Gymn.-prof. in Augsburg (St. Anna); Christian Rühl, Gymnl. am Realg. Nürnberg; Dr. Gg. Hart, Gymnl. in Aschaffenburg; Dr. Joh. Martin, Gymnl. in Erlangen; Gg. Werr. Reall. in München (Luitpoldkreisr.); Dr. Andr. Rosenbauer, Reall. in Lindau; Frz. Rock, Reall. in Weilheim; Dr. Olg. Küffner, Reall. in Ludwigshafen (je 500 ℳ.).

Gestorben: an humanistischen Anstalten: Joseph Probst, Gymnl. in Würzburg (N. G.); Leonhard Hohenbleicher, Seminardirektor u. Gymnprof. in Neuburg a. d. Donau; Franz Jäger, Studienl. a. D. in Würzburg; an Realanstalten: Oberstudienrat Adolf Kleinfeller, Rektor a. D. der Industrieschule München, von 1873—1897 Mitglied des obersten Schulrates.

I. Abteilung.

Abhandlungen.

Zur Jubelfeier des Liedes von der Glocke.

Einleitende Worte beim Maifeste des Neuen Gymnasiums zu Nürnberg 30. Mai 1899
von Rektor Dr. Lechner.

Hochzuverehrender Herr Regierungspräsident! Hochangesehene
Festgäste! Im Jahre 1799 schenkte dem deutschen Volke der edle
Dichter, welchen es vor allen vaterländischen Sängern liebt und ehrt,
sein Lied von der Glocke. Demnach besitzt unser Volk diese unschätzbare
Gabe nunmehr seit hundert Jahren. Und welche Fülle herrlicher
Wirkungen ist von dem Gedichte während eines Jahrhunderts aus-
gegangen! Ihrer zu gedenken ziemt sich gewifs im Jubeljahre desselben,
ziemt sich wohl vornehmlich bei einem Jugendfeste.

Zu Schillers bewunderungswürdigsten Thaten gehört sein Schaffen
im Reiche der Gedankenlyrik. Einen Vorgänger auf diesem Felde
hatte er nur an Albrecht von Haller; allein wie weit übertrifft er ihn
nicht nur durch Reichtum an solchen Erzeugnissen, sondern auch durch
dichterische Gewalt! Der ganz einzige Verein strenger Bestimmtheit
des Denkens mit beflügelter Kraft der Phantasie, welcher Schiller
auszeichnete, ermöglichte jene unübertroffenen Schöpfungen aus einem
Gebiete, das kein zweiter vor und nach ihm so berechtigt sein eigen
nennen durfte. Nicht am Anfange der ausgezeichneten Reihe, sondern
an ihrem Ende steht als meisterhafter Abschlufs der Ideendichtungen
Schillers das Lied von der Glocke.

Dafs er es nicht auf plötzliche Eingebung rasch entwarf, zeigt
eine bekannte Äufserung seiner Schwägerin Karoline von Wolzogen;
sie sagt in ihrem Leben des Dichters: „Lange hatte Schiller dieses
Gedicht in sich getragen und uns oft davon gesprochen als von einer
Dichtung, von der er besondere Wirkung erwarte. Schon bei seinem
Aufenthalt in Rudolstadt ging er oft nach einer Glockengiefserei vor
der Stadt spazieren, um von diesem Geschäft eine Anschauung zu
gewinnen." Der Aufenthalt, von welchem Karoline von Wolzogen
hier spricht, fällt in das Jahr 1788, also elf Jahre vor Vollendung
des Gedichtes. Jene Glockengiefserei zu Rudolstadt aber besteht gegenwärtig nicht mehr, hat sich vielmehr in eine Maschinenbau-Werkstätte
verwandelt. Als ich dieselbe im vorigen August aufsuchte, erzählte
mir der gefällige Besitzer, bei seinen Eltern sei noch die Überlieferung
lebendig gewesen, dafs Herr Schiller sich nicht selten längere Zeit in
der Glockengiefserei aufgehalten habe, was von den Arbeitern als

eine Störung angesehen worden sei. Die Nachwelt hat jedoch das
Gedächtnis der Förderung, welche der Dichter von jener Stätte empfing,
durch eine Inschrift an der äufseren Mauer des Besitztums festgehalten;
auf der dort angebrachten Erztafel liest man die Verse:

> „Steh', Wandrer, still! denn hier erstand,
> Dafs keine zweite möglich werde,
> Gebaut von Schillers Meisterhand,
> Die grösste Glockenform der Erde."

Die erste Erwähnung des dichterischen Planes durch Schiller
selbst finden wir in einem neun Jahre später von ihm geschriebenen
Brief an Goethe vom 7. Juli 1797. Dort heifst es: „Ich .. bin ..
jetzt an mein Glockengiefserlied gegangen und studiere seit gestern in
Krünitz' Encyklopädie, wo ich sehr viel profitiere. Dieses Gedicht
liegt mir sehr am Herzen, es wird mir aber mehrere Wochen kosten,
weil ich so vielerlei verschiedene Stimmungen dazu brauche und eine
grofse Masse zu verarbeiten ist." Das Buch, dessen Studium er hier
erwähnt, ist der 19. Band von Krünitzens Ökonomisch-technologischer
Encyklopädie, der unter anderem den höchst umfangreichen Artikel
„Glocke" enthält. Daraus, dafs der Dichter sich in diesen Artikel
vertiefte, erkennen wir seine aufserordentliche Sorgfalt und Gewissen-
haftigkeit; er begnügte sich nicht mit der früher in Rudolstadt erlangten
Anschauung, sondern strebte das Technische des Glockengusses immer
genauer mit Hilfe einer Fachschrift zu erfassen. In Goethes Antwort
auf jenen Brief, die schon am nächsten Tag erfolgte, stehen die
Worte: „Leben Sie recht wohl und bringen Sie die Glocke glücklich
zu Stande!" Aber der fortwährend von körperlichen Leiden gequälte
Schiller klagte ihm am 30. August: „Bei solchen Störungen werde ich
Mühe haben, Stimmung und Zeit für meine Glocke zu finden, die
noch lange nicht gegossen ist." Goethe ruft alsdann von einer Reise
aus im September dem Freunde zu: „Wenn Sie nur noch für diesen
Almanach mit der Glocke zu Stande kommen! denn dieses Gedicht
wird eins der vornehmsten und eine besondere Zierde desselben sein."
Allein am 15. September mufs Schiller erwidern: „Das Lied von der
Glocke habe ich bei meinem Üebelbefinden nicht vornehmen können,
noch mögen." Und bald darauf am 22. September fügte er hinzu:
„Mein letzter Brief hat Ihnen schon gemeldet, dafs ich die Glocke
liegen lassen mufste. Ich gestehe, dafs mir dieses, da es einmal so
sein mufste, nicht so ganz unlieb ist, denn indem ich diesen Gegenstand noch ein Jahr mit mir herumtrage und warm halte, mufs das
Gedicht, welches wirklich keine kleine Aufgabe ist, erst seine wahre
Reife erhalten. Auch ist dieses einmal das Balladen-Jahr, und das
nächste hat schon ziemlich den Anschein, das Lieder-Jahr zu werden,
zu welcher Klasse auch die Glocke gehört." Daran knüpft Goethe
an, wenn er aus der Schweiz im Oktober sich vernehmen läfst: „Es
wird gut sein, wenn der nächste Almanach reich an Liedern wird,
und die Glocke mufs nur um desto besser klingen, als das Erz länger
in Flufs erhalten und von allen Schlacken gereinigt ist." Und so ver-
gingen in der That noch zwei Jahre bis zur Ausgestaltung des Werkes,

Wir dürfen dabei nicht vergessen, daſs um jene Zeit Schiller
nicht nur die bedeutendsten seiner Balladen dichtete, vor allen die
Kraniche des Ibykus, sondern auch angestrengt am Wallenstein
arbeitete. Erst als im Jahre 1798 diese gewaltige Tragödie vollendet
war, konnte er sich dem Liede von der Glocke wieder mehr widmen,
und obwohl ihn bereits die Thätigkeit für Maria Stuart erheblich in
Anspruch nahm, hoffte er dennoch das Lied jetzt hinausführen zu
können, weshalb er im August 1799 an Goethe schreibt: „Etwas
werde ich wohl für den Almanach geben müssen, um Cotta mein
Wort zu halten, wenn auch die Glocke daran müſste." Zustimmend
äuſsert Goethe im Antwortbriefe: „Lassen Sie sich allenfalls die Glocke
nicht reuen." Da Schiller kurz nachher im September acht Tage
mit den Seinigen zu Rudolstadt verweilte und sich alsdann in Jena
mehrere Wochen hindurch der Gesellschaft Goethes erfreute, so ist
nicht ohne Grund vermutet worden, daſs einerseits die aufgefrischten
Rudolstädter Anschauungen, andererseits die Ermunterungen des sorg-
samen Freundes den Abschluſs des lange gepflegten Liedes beschleunigten.
Denn während inzwischen Maria Stuart bis in den dritten Akt vorgerückt war, gelang es dem Dichter gleichwohl, das Lied von der
Glocke in der zweiten Hälfte des Septembers zu endigen und am
30. September zum Druck abzuschicken, so daſs im Oktober 1799
der Musenalmanach für das folgende Jahr, welcher bereits in diesem
Monat erschien, der letzte, den Schiller herausgab, das ausgereifte
Meisterwerk als wertvollstes Kleinod brachte.

Schon am 6. November rief Schillers treuer und· verständiger
Freund Christian Gottfried Körner in einem Brief an den Dichter
freudig aus: „Der Almanach ist reicher, als ich nach Deinen Äuſserungen
erwarten konnte. Das Lied von der Glocke kann sich besonders
neben Deine vorzüglichsten Produkte stellen. Es ist ein gewisses
Gepräge von deutscher Kunst darin . . ., das man selten ächt findet
und das manchem bei aller Prätension auf Deutschheit sehr oft miſs-
lingt." Vom Beifalle der Besten auf solche Weise begrüſst, fand in
den nächsten Jahrzehnten das köstliche Geschenk die höchste Anerkennung bedeutender Geister. Besonders hervorzuheben ist die Stimme
Wilhelms von Humboldt, der 1830 schrieb: „Die wundervollste Be-
glaubigung vollendeten Dichtergenies enthält das Lied von der Glocke.
In keiner Sprache ist mir ein Gedicht bekannt, das in einem so
kleinen Umfang einen so weiten poetischen Kreis eröffnet, die Tonleiter
aller tiefsten menschlichen Empfindungen durchgeht und auf ganz lyrische
Weise das Leben mit seinen wichtigsten Ereignissen und Epochen wie
ein durch natürliche Grenzen umschlossenes Epos zeigt." Aber auch
die weitesten Kreise des Volkes hatte das Werk bald mächtig angezogen. Daher konnte schon Karoline von Wolzogen in ihrem gleichfalls 1830 hervorgetretenen Leben des Dichters sagen: „Es ist ein
Lieblingsgedicht der Deutschen geworden. Jeder findet rührende
Lebenstöne darin, und das allgemeine Schicksal der Menschen geht
innig ans Herz."

Ein Lieblingsgedicht der Deutschen, dürfen wir hinzusetzen, ist
es bis heute geblieben, und wiewohl eines der edelsten und gewähltesten
Erzeugnisse deutscher Poesie, kann es doch zugleich als eines der
volkstümlichsten und verständlichsten gelten. Wie unendlich viel hat
es aber nunmehr schon ein Jahrhundert lang zur Geistesbildung mit-
gewirkt! Unzählige haben aus dem Liede von der Glocke den Sinn
für poetische Gestaltung von Ideen und für dichterisch gehobene
Ausdrucksform gewonnen. Auch in Schichten des Volkes, die ihrem
Wesen nach weniger als andere von idealistischen Strömungen berührt
werden, kennt man eine oder die andere Stelle des Gedichtes, dessen
melodisch fliefsende Verse sich so leicht dem Gedächtnis einprägen;
ja solche Stellen bilden nicht selten für das Haus neben einigen
Volksliedern das einzige Gut von weltlicher Poesie.

Und welch reichen Stoff bot von je das Gedicht zu geistiger
Übung der Jugend! Durch welches Werk könnte es zumal im Unterrichte höherer Lehranstalten ersetzt werden? Ich darf hier wohl an
den Gewinn erinnern, welchen das Erfassen des künstlerischen Planes
und der feindurchdachten Gliederung bringt, an die Verwertung sinn-
voller Aussprüche des Gedichts für stilistische Versuche, an die auf
Gymnasien oft angestellte Vergleichung seiner Gemälde aus dem
Menschenleben mit den Bildern auf dem Schild Achills im achtzehnten
Gesange der Ilias.

Weit höher aber noch als die Summe geistiger Bildung, die
unser Volk dem Liede von der Glocke verdankt, schätze ich seinen
Einflufs in Hinsicht auf sittliche Veredlung. Zu reiner und würdiger
Auffassung aller Lebensverhältnisse, zur Achtung und Heilighaltung
der Familienbande, zum Sinne für Ordnung und Gesetz, zu gewissen-
hafter Hingabe an Pflicht und Beruf, zur Stärkung eines lebendigen
Gottvertrauens, zum Bewufstsein der Vergänglichkeit alles Irdischen,
zur Richtung auf das Unvergängliche hat das herrliche Werk des
Dichters mächtig beigetragen. Ohne kirchlich sein zu wollen, atmet
es durch und durch wahre christliche Frömmigkeit; ohne aufdringlich
Patriotismus zu predigen, pflanzt es in die Seelen ächt vaterländische
Gesinnung. Mit Recht vergleicht man es in Bezug auf diesen seinen
sittlichen Wert mit Goethes Hermann und Dorothea, unzweifelhaft
jedoch ist es weit mehr als jenes idyllische Epos in das Volk eingedrungen und hat deshalb eine weit umfassendere Wirkung auf die
Gemüter geübt. Gute deutsche Art hat es seit einem Jahrhundert
kräftig fördern helfen, hat sich nicht nur wirksam erwiesen zu ver-
feinern, sondern auch zu erziehen. Was der Dichter vom Werke
seines Glockengiefsers sagt, ist für sein Gedicht selbst wahr geworden
und wird von demselben wohl auch weiterhin gelten:

„Noch dauern wird's in späten Tagen
Und rühren vieler Menschen Ohr".

Um alle Wirkungen des Liedes im Zeitraume des Jahrhunderts
zu ermessen, dürfen wir auch die Beiträge zu seiner Erklärung und
Würdigung nicht übergehen. Durch Schriften aller Art, durch umfangreiche Auslegungen wie durch kürzere Bemerkungen war man

bemüht, das Verständnis des Gedichtes im einzelnen wie im ganzen zu mehren, seinen Kunstwert ins Licht zu setzen, für seine Gröſse zu begeistern. Konnte doch eine schon vor Jahren gedruckte Übersicht solcher Schriften eine erstaunliche Anzahl derselben verzeichnen! Lassen Sie mich die neueste und vorzüglichste aller nennen, die vor sechs Jahren erschienene Ausgabe des Liedes von Evers, Direktor des Gymnasiums in Barmen. Zu der ausgedehnten Literatur über das Lied gesellen sich endlich die im Laufe des Jahrhunderts gelieferten Übersetzungen desselben in alle Sprachen der gebildeten Welt.

Gestatten Sie jedoch, hochverehrte Zuhörer, daſs ich noch die Bedeutung erwähne, welche in den hundert Jahren das bewundernswerte Schmuckstück deutscher Dichtung für die übrigen Künste gewonnen hat. Die Schauspielkunst stellte zuerst Goethe in den Dienst des Werkes. Er veranstaltete, nachdem Schiller im Mai 1805 dahingeschieden war, am 10. August des nämlichen Jahres im Badeorte Lauchstädt, wohin das Weimarische Theater jeden Sommer auf einige Zeit zu übersiedeln pflegte, zur Gedächtnisfeier für den Heimgegangenen die erste dramatische Aufführung des Liedes von der Glocke. Die Bühne zeigte eine Gieſserwerkstätte; durch Versinnlichung des technischen Verfahrens und durch geschickte Verteilung der mannigfaltig gearteten Stellen an Personen verschiedenen Alters und Geschlechts erhielt die Dichtung einen höchst glücklichen dramatischen Ausdruck. An die letzten Worte derselben schloſs sich der unvergleichliche Epilog an, den Goethe als edelgesinnter Freund gedichtet hatte, um durch diesen Zoll neidloser Verehrung des groſsen Toten seinem eigenen Herzen genug zu thun. 1810, fünf Jahre nach Schillers Hinscheiden, wurde am 9. Mai als an seinem Todestage die Vorstellung in Weimar wiederholt, wobei dem Epilog eine neue Strophe eingefügt war, und fünf Jahre später am 10. Mai 1815 folgte gleichfalls in Weimar eine abermalige Wiederholung, für die Goethe den Epilog noch um die letzte Strophe vermehrt hatte. In dieser Form ist er Gemeingut des deutschen Volkes geworden als ein Denkmal seiner beiden gröſsten engverbundenen Dichter. Die von Goethe angewendete Art, das Lied von der Glocke dramatisch aufzuführen, bürgerte sich aber bald auf allen bedeutenden Bühnen ein und ist, wie Sie wissen, jetzt noch in Übung, meist mit dem Schmucke lebender Bilder, welche im Hintergrunde die im Gedichte geschilderten Scenen aus dem Leben darstellen, und in der Regel gehoben durch die von Lindpaintner komponierte melodramatische Musik. Wie auſserordentlich jedoch das Gedicht auch mittelst einfacher Rezitation wirken kann, wenn sie würdevoll und stilgemäſs ist, davon überzeugt gerade in unseren Tagen einer der gröſsten jetzt lebenden Meister der Vortragskunst Tausende tief ergriffener Zuhörer.

Daſs die bildende Kunst mannigfach vom Werke Schillers angeregt werden würde, konnte man erwarten. Moritz Retzsch, geboren 1779 zu Dresden, lieſs, nachdem er bereits Zeichnungen zu anderen Gedichten Schillers geliefert hatte, im Jahre 1833 seine Umrisse zum Liede von der Glocke im Stich erscheinen. Er zeigt sich in Idee und Auffassung ganz eigentümlich und mit kühner Phantasie begabt;

seine Figuren muten uns herb und fast mittelalterlich, jedoch charaktervoll und grofs an.   Ihm folgte einige Jahrzehnte später der gemütvolle Ludwig Richter, geboren 1803 gleichfalls in Dresden, dessen Zeichnungen zum Liede von der Glocke in Holzschnitt ausgeführt einen Lieblingsbesitz des deutschen Hauses bilden.   „Es sind" — ich bediene mich hier der Worte Otto Jahns — „der Hauptsache nach sechszehn Familienscenen, aus den bekannten Schilderungen des Gedichtes gezogen, ohne in den Rahmen gefafst zu sein, durch welchen der Dichter sie zu einem Ganzen geeinigt hat, sämtlich fein, sinnig und reich an lebensvollen Zügen".   Gleichfalls weit verbreitet ist das von Christoph Nilson gezeichnete grofse Blatt, welches, gestochen von Adrian Schleich, der Kunstverein in München seinen Mitgliedern für das Jahr 1848 widmete; in geschickter Gruppierung sieht man hier kräftige, ausdrucksvolle Darstellungen der vom Dichter vorgeführten Ereignisse des Lebens, zusammengehalten durch architektonische Rahmen, in der Mitte die Pforte des Doms mit Besuchern desselben, unten die Gestalt des Glockengiefsers.   Die Illustrationen von Müller und Jäger, welche in photographischer Wiedergabe dem Texte des Gedichtes durch Bruckmanns Verlag in München beigegeben wurden, sind teilweise zu modern und süfslich, doch befinden sich unter ihnen auch einige recht ansprechende.   Alles aber, was die bildende Kunst, aufgefordert durch Schillers Lied, hervorbrachte, überragen wohl die trefflichen Compositionen von Alexander Liezen-Mayer, die als sechs Kupferstiche und dreiundzwanzig Holzschnitte nebst zahlreichen gleichfalls in Holz geschnittenen ornamentalen Zeichnungen von Rudolf Seitz Ströfers Münchener Kunstverlag in einer Prachtausgabe des Gedichtes darbot.   Wer eines der Blätter Liezen-Mayers betrachtet, den Aufbruch zum Hochzeitszuge, die Hausfrau, welche im reinlich geglätteten Schrein das schneeige Linnen birgt, die vom Felde heimkehrenden Schnitter, der fühlt sich in hohem Grad angezogen und unwillkürlich von dem Gedanken ergriffen, welche Freude den edlen Dichter beseelen würde, wenn er diese ächt künstlerische Versinnlichung seiner Poesie schauen könnte.
Bei Erwähnung der Bühnenaufführungen mufste ich von der Musik Lindpaintners sprechen, die melodramatisch gehalten ist. Ich gelange jetzt zu anderen Tonsetzern, welche sich durch Schillers Werk begeistern liefsen. Andreas Romberg, geboren 1767 zu Vechta im Münsterschen, lieferte seine Komposition des Liedes von der Glocke für Chor, Soli und Orchester im Jahre 1808; die Partitur erschien bei Simrock in Bonn als opus 25 im Anfange des Jahres 1810, die ersten Aufführungen der Komposition fanden im Frühlinge des gleichen Jahres zu Berlin, Breslau und Frankfurt a. M. statt. Von da an gewann sie sich in allen deutschen Landen die Herzen, und ich glaube nicht zu irren, wenn ich annehme, dafs die Wiedergabe derselben, die wir heute versuchen wollen, bei vielen von Ihnen, verehrte Anwesende, freundliche Erinnerungen an Zeiten wecken wird, in denen sie sich entweder dem Genusse der Komposition Rombergs hingaben oder bei Aufführungen derselben mitwirkten. Neuerdings viel getadelt und gescholten, namentlich von Hermann Kretzschmar, ist sie gewifs

auch manches Lobes wert; nach dem Urteile Schletterers „harmonisch abgeklärt, rhythmisch schön gegliedert, melodisch sehr anmutig, durchweg edel und gemütvoll" erreicht sie durch die einfachsten Mittel höchst glückliche Wirkungen. Ich bitte Sie, heute zu prüfen, ob man die Musik Rombergs trotz ihrer Einfachheit wirklich veraltet nennen darf. Unter Anwendung reicherer moderner Mittel behandelte das Gedicht in der Form eines Oratoriums Max Bruch; auch in hiesiger Stadt ist diese Behandlung schon mehrmals vernommen worden. Sie tritt anspruchsvoller auf und stellt gröfsere Anforderungen an die Aus-führenden. Reich an unleugbaren Schönheiten, wirkt sie doch nach meiner Empfindung nicht so im Geiste des Dichters als die Rombergs. Die mit verbindendem Texte vorzutragende Orchestermusik, welche neuerdings Stör geschrieben hat, soll reizende kleine Tonbilder in Menge enthalten, ist aber so wenig gekannt als die Komposition von Bernhard Scholz für Soli, Chor, Orchester und Orgel. Keine unter allen diesen Schöpfungen vermochte der von Andreas Romberg an Volkstümlichkeit gleichzukommen oder sie aus ihrer Stellung zu ver-drängen. Für uns konnte es keine Frage sein, dafs, wenn wir das Lied von der Glocke zur Jubelfeier musikalisch vorführen wollten, die Komposition Rombergs zu wählen war, die allein unter den genannten sich für ein Schulfest eignet. Eine angenehme Pflicht ist es für mich, den hochgeschätzten Damen und Herren, welche durch die überaus freundliche Übernahme von Solis die vollständige Aufführung ermög-lichen, den verbindlichsten Dank auszusprechen. Unsere Schüler aber werden hoffentlich, so weit es an denselben liegt, ihre Schuldigkeit thun. Möge die Huldigung, die wir dem Genius des grofsen Dichters zur Jubelfeier seines Liedes darbringen, einer höheren Lehranstalt einigermafsen würdig erscheinen!

Die induktive Methode.

So gerne ich mich mit pädagogischen Fragen beschäftige, so ungern mische ich mich in die theoretischen Streitfragen der Päda-gogen. Denn dabei bedient man sich gewisser termini und Schlag-wörter, deren Bedeutung nicht scharf umgrenzt ist, mit denen sich zwar trefflich streiten, aber wenig Gutes schaffen läfst. Dies gilt auch von der Bezeichnung ‚induktive Methode', ein Ausdruck, der, so viel ich weifs, von Niemeyer, Herbart, Willmann, H. Kern, Toischer über-haupt nicht gebraucht wird und in der philosophischen Sprache eine engere Bedeutung hat als bei den modernen Pädagogen. Auch möchte ich nicht in den Verdacht kommen, dafs ich mich als Pädagoge von Fach aufspielen wolle. Denn ein bischen Wahrheit liegt wohl doch in den Worten meines väterlichen Freundes Lagarde (Deutsche Schriften II, 44): ‚Pädagogen von Fach sind nach meiner Erfahrung allemal diejenigen Wesen, die niemandem etwas beibringen und keine Zucht zu halten verstehen'. Obwohl ich also gar nicht darauf aus-gehe, meine pädagogische Weisheit an den Mann zu bringen, so möchte ich doch nicht für einen Verächter pädagogischer Weisheit gelten. Als solcher erscheine ich aber nach dem Bericht über die XX. Generalversammlung (S. 60), wornach ich gesagt haben soll, daß ich es für unnütz halte, eine Vorlesung über Psychologie zu hören. So gering denke ich von der Psychologie nicht, wenn auch selbst Herbart den unmittelbaren Nutzen der Psychologie für den Unterricht sehr mäßig anschlägt (Ges. W. VI, 457): ‚Ich bin sehr weit entfernt, irgend welchen Teil der Erziehungspraxis im Detail nach psychologischen Grundsätzen allein bestimmen zu wollen. Das Detail hängt immer unmittelbar und zunächst von Beobachtung, Versuch und Übung ab. Der Erzieher darf sich überall keinen bindenden Vorschriften hingeben‘. Desgleichen warnte Volkelt (Neue Jahrb. 1898 S. 67) vor ‚übertriebenen Erwartungen; die Psychologie führt die Pädagogik nur zu sehr allgemeinen und nur relativ gültigen Bestimmungen‘. Gleichwohl bin ich weit entfernt, das Hören einer Vorlesung über Psychologie für unnütz zu erklären; was ich für unnütz erklärte, war der Nachweis des Besuches einer solchen Vorlesung — so lautete die These —, weil ich der Ansicht war und trotz der erfahrenen Zurechtweisung auch jetzt noch bin, daß das Praktikantenjahr Gelegenheit bieten muß, psychologische Kenntnisse zu zeigen und, wo sie noch fehlen, sich anzueignen, und daß letzteres auch aus Büchern möglich sei.

Auch bezüglich der induktiven Methode wollte ich mich in keinen Streit einlassen, sondern nur zum Ausdruck bringen, daß dieselbe in der Pädagogik nicht neu, auch uns Lehrern der alten Sprachen nicht neu sei, in der Wissenschaft aber die Alleinherrschaft bereits wieder verloren habe. Darüber, ob die induktive Methode im Unterricht verwendbar sei oder nicht, läßt sich überhaupt nicht streiten: sie ist einfach unentbehrlich. Streitig ist nur das Maß ihrer Verwendbarkeit, und unstreitig ist dies Maß schon vielfach überschritten worden. Verkehrt ist es, zu verlangen, weil die Grammatik auf induktivem Wege geschaffen worden ist, müsse sie auch auf induktivem Wege gelehrt werden, gleichwie die Anhänger einer verwandten, der genetischen, Methode den Zögling alle Entwicklungsstufen der Menschheit im Unterricht durchlaufen lassen wollen. Eine Übertriebenheit ist es, wie selbst Dettweiler (Griechisch S. 33) zugibt, wenn die preußischen Lehrpläne verlangen, daß die Deklinations- und Konjugationsformen auf induktivem Wege aus dem Lesebuch gewonnen werden müßten. Mehr als eine Übertriebenheit ist es, wenn man uns zumutet, das Geschlecht von finis solle man an dem Verse: ‚est modus in rebus, sunt certi denique fines‘ merken lassen. Wer je vor Sextanern zu unterrichten hatte, kann das nur als Scherz oder als Hohn auffassen und wird, unbeirrt von solchen Aposteln der induktiven Methode, fortfahren mit der schlichten deduktiven oder, wie ich lieber sage, synthetischen Anweisung: ‚alle Wörter auf — nis sind Masculina‘.

Eine Lieblingssünde der induktiven Methode ist es, die Grammatik bei Seite zu schieben und das Lesebuch in den Mittelpunkt des Unterrichts zu stellen. Für den Anfangsunterricht im Lateinischen ist dies Verfahren allerdings so natürlich, daß es meines Wissens nirgends anders gemacht worden ist. Doch ergab sich schon daraus das Mißliche, daß man in den spätern Klassen bei den immer nötigen Wiederholungen der Deklinations- und Genusregeln keine recht sichere Grundlage hatte: der Lehrer kannte das Übungsbuch (in seiner neuen Auflage!) nicht ganz genau, und die Schüler hatten, was viel schlimmer ist, das Übungsbuch der ersten Klasse nicht mehr im Besitz. Dieser Übelstand würde, wenn man auch in der 2. und 3. Klasse das Lesebuch über die Grammatik stellen wollte, unerträglich werden und für die Befestigung des Lehrstoffes die schlimmsten Folgen haben. In der 4. und 5. Klasse aber ist schon die erste Darbietung des Stoffes in dieser Form unzweckmäßig, teilweise geradezu unmöglich. Denn abgesehen davon, daß die Lektüre allzusehr in den Dienst der Grammatik gestellt werden müßte, wie viele Seiten kann man in Nepos und in Cäsar lesen, bis man z. B. für quisque, für die Bedingungs- und Fragesätze oder gar für den unabhängigen Konjunktiv genügend viele und passende Beispiele bei einander hätte! Aber auch für häufiger auftretende Spracherscheinungen liegen die guten Beispiele wahrlich nicht auf der Straße, während eine Grammatik, die ihre Beispiele aus der ganzen Latinität auswählt, nebenbei eine wahre Schatzkammer von fruchtbaren Gedanken sein kann. Und außerdem die Schwierigkeit für Repetitionen! Die Lektüre wechselt, der Lehrer wechselt, Parallelkurse werden zu einem Kurs vereinigt! Was in diesem Wechsel beharrt, ist allein die Grammatik. Diese soll natürlich ausreichenden Stoff für die Induktion bieten. Leider ist die in letzter Zeit beliebte Kürzung der Grammatiken hauptsächlich auf Kosten der Beispiele bewerkstelligt worden. Nach meiner Überzeugung müssen die Grammatiken wieder dicker und die Übungsbücher in den mittleren und oberen Klassen wieder dünner (und leichter!) werden. Denn die Erklärung und Einprägung der Regeln soll sich an die Grammatik, dagegen kann sich die Einübung großenteils an die Lektüre anschließen.

Dies führt uns auf einen anderen Fehler, der sich nach meiner Erfahrung — denn auch ich ritt einst dies Steckenpferd — leicht mit der induktiven Methode verbindet. Es wird zuviel Zeit mit der Erklärung verbraucht, und die Übung kommt darüber zu kurz. Dies ist um so schädlicher, als unsere Schüler, besonders in größeren Städten, im Auffassen immer noch tauglicher sind als im Behalten und im Anwenden. Daher muß auch das Übersetzen in die fremde Sprache fleißig geübt werden, während die Anhänger der induktiven Methode sich am liebsten auf Übersetzungen aus den fremden Sprachen beschränken würden. Natürlich: denn jenes nennt man Komposition (σύνθεσις), dieses Exposition (ἀνάλυσις).

Endlich ist es eine Verkehrtheit, die induktive Methode für alle Fächer und auf allen Altersstufen in gleicher Ausdehnung verwenden zu wollen [1]), eine Verkehrtheit, die mit der gedankenlosen Be-

---

[1]) Von großem Belang ist es auch, ob die induktive Methode im Einzelunterricht oder im Massenunterricht verwendet wird. Während sie dort zur Klarheit führt, erschwert sie hier häufig eine klare Begriffsbildung durch die mancherlei

wunderung und Nachahmung der festen Form, d. h. Schablone, des
Elementarunterrichtes auf der Volksschule zusammenhängt. Bewundert
und benützt denn auch der Maler die Schablone, die dem Tüncher
so gute Dienste thut? Übrigens versagt die Schablone schon in den
höhern Klassen der Volksschule, und die Schlußergebnisse sind in ihrer
Art ebenso unvollkommen und ungleich, wie auf unsern Gymnasien.

Die induktive Methode eignet sich besonders für die Fächer,
welche auf der Volksschule einen breiten Raum einnehmen, für deutsche
Sprache und Naturkunde, weil hiefür die nötigen Kenntnisse und Vorstellungen in der Seele des Schülers bereits vorhanden sind und nur
der Klärung bedürfen. Ähnlich steht es bei der Geographie, während
die Geschichte, obwohl beide so oft in einem Atem genannt werden,
ein ganz anderes Verfahren fordert, weil in der Geschichte dem Schüler
nicht nur ganz neuer Stoff zugeführt, sondern in ihm auch erst die
geschichtliche Anschauung geweckt werden muß. Ganz anders liegt
auch die Sache in den fremden Sprachen als in der Muttersprache,
und zwar in den modernen Sprachen wieder anders als in den alten,
und selbst in den lateinischen nicht ganz so wie in der griechischen.
In der lateinischen Sprache wird anfangs die induktive Methode überwiegen müssen, während im Griechischen sogleich die Deduktion aufs
fruchtbarste angewendet werden kann. Dieser Unterschied ist allerdings nur zum geringeren Teil in der Verschiedenheit der beiden
Sprachen selbst begründet, zum größeren Teil beruht er auf dem
Unterschied der Altersstufe, auf der beide Sprachen gelernt zu werden
pflegen. Während der reifere und geschultere Geist über die Menge
der Spracherscheinungen leichter mit Hilfe der Sprachgesetze Herr
wird, fällt es dem angehenden Lateiner leichter, 10 einzelne Formen
zu merken als ein Gesetz zu begreifen. Darum sollte man meines Erachtens den kleinen Lateiner in der Deklination mit Vokal- und
Konsonantstämmen, in der Konjugation mit Stammerweiterungs- und
Modusvokal gänzlich verschonen, während es dem Tertianer Freude
machen wird, mit Hilfe der Flexions- und Kontraktionsregeln die
Formen selbst zu bilden und sie dann in der Grammatik bestätigt
und im Lesebuch angewendet zu finden.

Dies alles ist so natürlich, daß sich hierin selbst die schärfsten
Gegner ziemlich nahe kommen. So nennt P. Cauer in seiner gram-
matica militans (Anmerk. zu S. 25) die Auseinandersetzungen, welche
Dettweiler auf S. 24 seiner Didaktik des lateinischen Unterrichts gibt,
‚musterhaft verkehrt‘ — und Wendt findet dies Urteil ganz treffend
(hum. Gymn. 1899 S. 27) —, Cauers positive Forderung aber, ‚das
Neue, wenn irgend möglich, nicht fertig zu überliefern, sondern die
Schüler selbst finden zu lassen‘, ist doch fast die gleiche, welche Dettweiler an der genannten Stelle so ausdrückt: ‚Aller Zuwachs an neuem
Wissen muß in gemeinsamer Arbeit des Schülers und des Lehrers
erarbeitet werden‘ (vgl. ebend. S. 186 u. Griech. S. 33). Beide ver-

krausen Einfälle, welche sie zu Tage fördert und die nicht alle berichtigt werden
können, oder wenn auch berichtigt, oft fester haften als die Berichtigung des Lehrers.

langen also, was alle guten Schulmeister seit und wohl schon vor
Sokrates gepflegt haben, die heuristische Methode[1]). Was sie trennt,
ist nach meiner Auffassung weniger die didaktische Methode als ein
logisches Prinzip. Dettweiler verlangt als vornehmstes Prinzip die
Induktion, doch gestattet er nebenbei auch die Deduktion (Latein.
S. 25 u. 186), Cauer dagegen nähert sich dem Standpunkt von Willmann: ‚Analyse, wenn nötig; Synthese, wenn möglich‘. Welche Form
vorzuziehen ist, hängt vom Stoff und von der Bildungs- und Altersstufe
des Schülers ab. Von großem Einfluß wird bei dieser Wahl aber
auch die Natur des Lehrers sein. Es gibt eben analytische und
synthetische Köpfe, Geistesverwandte Lessings und Geistesverwandte
Schillers. Und diese seine Naturanlage braucht der Lehrer nicht zu
unterdrücken; sagt doch Herbart (Sämtl. W. 10, 73): ‚Der Lehrer
mache es immerhin sich selbst sowohl als dem Lernenden bequem.
Jeder hat seine Weise, welche er nicht zu weit verlassen kann, ohne
die Leichtigkeit zu verlieren. Der Erzieher muß reich an allerlei
Wendungen sein, er muß mit Leichtigkeit abwechseln, sich in die
Gelegenheit schicken und eben, indem er mit dem Zufälligen spielt,
das Wesentliche desto mehr verstehen. Veniam damus petimusque
vicissim.‘

Mit diesem Entscheid oder vielmehr Vergleich könnten wir uns
zufrieden geben und schließen. Allein dagegen müssen wir doch noch
Verwahrung einlegen, daß die induktive Methode ‚die vornehmere und
geistesbildendere‘ genannt wird (Dettweiler, Griech. S. 33). Denn mag
auch die Induktion in der Hand des Forschers das schärfste Instrument
sein, diese in der Schule geübte Induktion, wo dem Schüler der Stoff
säuberlich präpariert, gesammelt und gesichtet, unter die Nase gehalten wird, kann keinen großen geistbildenden Wert beanspruchen.
Im Gegenteil ist zu fürchten, daß sich die Schüler an übereilte Schlüsse
und an vorschnelles Generalisieren gewöhnen und sich einbilden, im
Leben sei die Induktion auch ein so bequemes und zuverlässiges Ding
wie im lateinischen Lesebuch. Natürlich kann auch die Deduktion in
der Schule nur an leichteren Problemen geübt werden; gleichwohl
hat sie auch so schon den hohen Vorzug, daß sie den Geist über
den Stoff erhebt, die Souveränität der Idee über die Thatsachen ahnen
läßt und so dem Idealismus näher verwandt ist als die Induktion, die
leicht am Stoffe klebt, zum Sensualismus führt und das apriorische
Denken vernachlässigt.

Ein Beispiel mag näher erläutern, wie ich das meine. Ich erinnere mich, vor einigen Jahren in einer Jugendschrift eine Abhandlung über das Salz gelesen zu haben. Darin wurde auf induktivem
Wege geschildert, wie die Flüsse aus dem Erdreich etwas Salz mit-

---

[1]) Daß auch die heuristische Methode übertrieben werden kann, braucht
man nicht erst zu sagen; doch sei im Vorbeigehen an Herbarts Wort erinnert,
daß die analytisch-heuristische Methode den Lehrer oft ungeduldig macht, und an
das treffende Distichon von Goethe:
Ist denn die Wahrheit ein Zwiebel, von dem man die Häute nur abschält?
Was Ihr hinein nicht gelegt, ziehet Ihr nimmer heraus.

führen, wie der Salzgehalt des Meeres infolge der Verdampfung des reinen Wassers immer gröfser wird, wie dann, wenn der Sättigungsgrad überschritten ist, das Salz sich am Boden ablagert und zuweilen durch die Schwemmstoffe der Flüsse mit einer schützenden Thonschicht bedeckt wird; schliefslich verdunstet alles Wasser und es bleibt auf oder unter dem Erdboden ein Salzlager. Aus diesem kommt das Salz in die Quellen und Flüsse, von den Flüssen ins Meer u. s. w. Das alles war so anschaulich und lückenlos entwickelt, dafs auch der Erwachsene daran seine Freude haben, die Jugend aber förmlich in diesen Vorstellungskreis gebannt werden mufste. Ein Meisterstück der Induktion, aber eine Fallgrube für das selbständige Denken! Nirgends fand sich eine Andeutung, dafs der schwierigste Punkt dabei gar nicht berührt ist, die Beantwortung der Hauptfrage, woher denn das Salz stammt und ob die Salzlager in der Erde oder die Meere das Primäre sind. Darum natürlich auch οὐδὲν πρὸς Διόνυσον, kein Wort von einem Schöpfer!

Daher mufs man immer wieder an das Wort Goethes erinnern: ‚Ein Jahrhundert, das sich blofs auf die Analyse verlegt und sich vor der Synthese gleichsam fürchtet, ist nicht auf dem rechten Wege; denn nur beide zusammen, wie Aus- und Einatmen, machen das Leben der Wissenschaft'. Unsere Gymnasien aber sollen nicht nur Kenntnisse übermitteln, sondern vor allem auch wissenschaftlichen Sinn wecken.

Fürth. ——————————— Fr. Vogel.

Die „Exempti" des Gymnasium poeticum zu Regensburg.

Die Schüler, welche nach Vollendung ihres Gymnasialstudiums die Unisversität beziehen wollten, hatten in Regensburg seit dem Jahre 1615 (vgl. Idea scholastica [Lektionsschematismus] Gymnasii poetici Ratisbonensis 1615) Gelegenheit, einen Vorgeschmack von den akademischen Studien zu bekommen. Es wurden nämlich seit dieser Zeit Privatvorlesungen über die Anfangsgründe der Astronomie, Physik und Arithmetik gehalten.

Schon in meinem Programm zum Jahresbericht des K. Alten Gymnasiums zu Regensburg (1895 und 1897) habe ich auf den grofsen Einflufs hingewiesen, den Sturm in Strafsburg auf die Gestaltung der Ordnung der Regensburger Poetenschule (1595) übte. Und so werden die genannten Privatvorlesungen auch nach dem Vorbilde der Akademie Sturms in Strafsburg eingerichtet worden sein, wo schon vor 1565 mehrere Gelehrte publicas lectiones hielten (vgl. v. Raumer, Geschichte der Pädagogik I, S. 287 ff.). Aus den Konsistorialprotokollen der betreffenden Jahre ist zu ersehen, dafs Bewerber um hiesige Universitätsstipendien 1657 aus praeceptis logicis et politicis, 1661 aus logicis et physicis geprüft wurden.

1664 wurde dann System in diese oft, wie es scheint, recht ins Belieben der einzelnen Dozenten gestellten Privatvorlesungen gebracht. Der Rat beauftragte den Superintendenten und Scholarchen Erasmus G r u b e r einen „Entwurf" für die Vorlesungen vorzulegen; dieser fand am 11. Juli 1664 die Genehmigung des um die Förderung seiner Schulen immer treubesorgten Rates, und so wurde ein öffent-licher zweijähriger Kursus für die Vorbereitung auf das Universitäts-studium errichtet. Schmid nennt in seiner Encyklopädie Bd. 2, S. 639 ff. solche Anstalten h ö h e r e Stadtschulen, deren Unterschied von den g e w ö h n l i c h e n Stadtschulen, welche sich auf den Unterricht im Lesen, Schreiben, Latein und Christentum beschränkten, darin be-standen, daſs für die ihnen ausschlieſslich eigenen Fächer (Griechisch, Hebräisch, Mathematik, Philosophie) eine Art Lycealkursus angefügt wurde. — Auch in D a n z i g z. B. sah man es für besonders wünschens-wert an, die Jugend erst in reiferem Alter auf auswärtige Universitäten zu schicken, und so wurden drei Professuren für J u r i s p r u d e n z, M e d i z i n und P h i l o s o p h i e errichtet, um diese Studien nötigenfalls schon in der Heimat absolvieren zu können. Dies hat dann auch hier zur Anlegung eines gymnasium academicum oder illustre geführt (1640). — Überhaupt wurden in dieser Periode viele der kleineren Stadt-schulen in höhere Anstalten verwandelt. Diese erhielten verschiedene Namen, Partikularschulen (im Gegensatz zu dem studium generale der Universitäten), Pädagogien oder Gymnasien.

An der Regensburger Hochschule im kleinen, Auditorium genannt, unterrichteten, wenn sie vollständig besetzt war, drei Dozenten, die seit 1668 den Titel Professores publici führten, und deren Zuhörer anfangs E x e m t i, seit 1707 Auditores lectionum publicarum genannt wurden. Exemti, „Bevorrechtigte", hieſsen sie wohl den Gymnasialschülern gegenüber, nicht aber, weil sie „ab omni disciplina exempt" seien. Kleinstäuber, Ausführliche Geschichte der Studien-Anstalten in Regens-burg (1881—1885) führt die 21 Professoren, welche von 1664—1809 am Auditorium wirkten, mit Namen auf (I, S. 170 ff.). Ihr erster war der in dem nachstehend abgedruckten Entwurf wiederholt genannte M. Georg W o n n a, der letzte der spätere Rektor des Gymnasium poeticum Johann Andreas K e y n, der mit seinem Kollegen Georg Wilhelm R i c h t e r bis zum Jahre 1809 noch einzelne Vorlesungen hielt, bis dieselben aus Mangel an Zuhörern eingestellt wurden.

An den Bestimmungen des Superintendenten Gruber von 1664 wurde auch in der Folgezeit nichts geändert. Erst um 1800 kamen noch Vorträge über Encyklopädie und Methodologie der Wissenschaften und hodogetische Vorlesungen über das akademische Studium über-haupt hinzu.

Der Ort für die öffentlichen Vorlesungen war ein im Gymnasium dazu bestimmtes Zimmer neben der Sexta. Die privaten Vorträge hielten die Dozenten in ihren Wohnungen; in denselben wurden teils einzelne Gegenstände weiter ausgeführt, teils neu doziert, ferner wurden Repetitorien, Disputations-, Rede- und Stilübungen gehalten. Sogar über Jurisprudenz und Medizin konnte man Privatvorträge hören. Zu diesen Vorlesungen, heiſst es in „einer kurzen Nachricht von dem evangelischen Gymnasium in Regensburg 1752" finden sich hier allzeit Männer, welche sie bestens besorgen.

So wurde z. B. 1789 von dem Ratsherrn J. W. Grimm jun. einigen Auditoren Privatvorlesungen über Naturrecht und Einleitung in die Rechtswissenschaften gehalten. 1808 las der frühere Professor am Auditorium J. L. Grimm als Superintendent privatim im Pfarrhof über theologische Vorbereitungswissenschaften, Moral, über das akademische Studium überhaupt, auch Encyklopädie und Methodologie aller Wissenschaften. Zu gleicher Zeit trug vor über die Kantische Philosophie der f. Primat. Auditeur G r u n d, der Exbenediktiner Plazidus H e i n r i c h über Experimentalphysik, der f. Tax. geheime Hofrat v o n E p p l e n Rechtswissenschaft, der f. Primat. Sanitätsdirektor K o h l h a a s und der Hofrat Canstatt (ein Israelite) Medizin, der Krankenhausarzt Dr. D a n z e r Physiologie.

Ehe wir den Entwurf Grubers folgen lassen, mögen noch zwei Berichte über das Auditorium mitgeteilt werden.

Coelestin, Mausoleum, Regensburg 1729, I, S. 228 berichtet
Von dem Stadt-Gymnasio, oder Poeten Schuel allhier.

„Wann die Knaben alle Classes absolviret, so werden selbe in das sogenannte Collegium[1]) oder ad lectiones publicas beförderet, und zur Anhörung deren von denen Herren Professoribus bey gewissen Stunden dels Tags haltenden sowohl publicis als privatis lectionibus zu denen jenigen Wissenschaften, die man sonsten nur auf hohen Schulen oder Academien profitirt, gleichsam vorbereitet, und durch Haltung offtmaliger Disputationen und Orationen (auch Ludorum Scenicorum oder Comoedien die Jugend erwählt wird, so öffentlich geschicht) geübet. Da dann eine gewisse bestimmte Zeit verflossen, so wird denenselben vergönnet auf Akademien zu reisen, auch jeden Burgers-Sohn ein Stipendium, wann er solches suchet und gute Testimonia von seinen Herrn Praeceptoribus und Professoribus dises Gymnasij aufweisen kan, nach vorhero gegangenem Examine in Gegenwart derer Herrn Scholarchen auf zwey Jahr mitgetheilet, unter welcher Zeit selbiger entweders durch ein gedruktes oder geschribenes Specimen academicum und beigelegten Testimonijs von denen Herren Professoribus academicis seine Profectus zeigen, und sodann von Neuen die Fortsetzung dels Stipendij bei Rhat schrifftlich suchen muls."
Ferner lesen wir bei Gölgel J. G., Historia Gymnasii poetici Ratisbonensis 1714, S. 37 (Handschrift des Regensburger Stadtarchivs):

(Das Gymnasium) „war 1664 mit geschickten Herrn Professoribus (welches Professorat zwar Anfangs nur aus Einem bestunde, deme man aber nachmahls noch einen andern gelehrten Mann nebst jedesmahligen Herrn Rectore laudatissimi Gymnasii adjungirte) versehen worden, sodals nun mehro solcher numerus aus dreyen Herren Professoribus, welche die Lectiones publicas zu gewissen Zeiten in allerhand schönen Wissenschaften publicè et privatim denenjenigen, so die Classes

---

[1]) Diese Benennung finde ich sonst nirgends.

Gymnasii absolviret und auf Academien zu ziehen man vor tüchtig befindet, mit grossen Nutzen profitiren."

S. 39 fährt dann Gölgel fort, indem er ein Visitationsprotokoll excerpiert:

„Über das erhält Ein Wohl Edler Rath drey Professores Gymnasii, dise alle wohnen meistentheils auf dem Gymnasio, oder in der Nähe, haben ihren Rang und Auskommen, lehren publicè umsonst, privatim um ein Billiches; Sie können es in disciplinis soweit bringen, wann die Eltern und Kinder ihnen nicht selbst hinderlich, dafs auf Academien die höhere Facultäten in weniger Zeit vollendet werden mögen." —

Der im folgenden mitgeteilte Entwurf ist in den Adversaria Eclesiastica Dr. Erasmi Grueberi (1667—1683), die sich im Besitz des Regensburger Stadtarchivs befinden, in Abschrift erhalten.

Entwurff.

Wie Discipuli Gymnasii Ratisponensis Exempti, ehe Sie auf Universitäten gesendet werden zu informiren werden sein.

§ 1. Von den Lectionen.

Die Erste soll sein Theologica Thetica: dafs Sie, wie Sie im Gymnasio angefangen, die locos Theologicos, nach dem Compendio Hutteri, cum notis D: Cundisij continuiren, repetiren, und die Orthodoxian nach unsern Symbolischen Büchern, gründlich fafsen, sepositis interim subtilibus controversijs, ist bey diesen gefehrlichen Zeiten, da alles sich zum atheismo neiget, dz allernothwendigste studium.

Es soll aber damit solcher Methodus gehalten werden, dafs

1. eines jeden Loci definitio ex dicto Compendio, ex libris Symbolicis nostris oder sonsten einem reinen berühmten Theologo kunten dictirt

2. analysirt, und die Summen des loci, also logicè explicirt.

3. Ein oder zwey dicta S: Saerae Clafsica, in qvibus articuli sedes est, angehengt, und die Thesis daraufs demonstrirt, und dann

4. die Antithesis zu ende, tribus lineis, wie sonderlich die Papisten und Calvinisten darwider lehren, wie in formulae Concordiae Epitome geschehen, brevissimè prestringirt werde: Vnd wird sich Proponens pro captu discentium zu richten wissen.

Die Jugend aber, soll daheimb sich also praepariren.

1. Dafs Sie mit der proponirten Lection einen gewifsen Autorem lesen, den locum aufs demselben, wie in der Propositione Ihnen gezeigt worden, Logicè analysiren, solche analysin in der repetitione, wie folgen wird, anstatt eines qvotidiani Exercitij, zu seiner stundt, Kurtz gefast, auffweisen, einen anfang in Locis Theologicis machen, und daraufs de Orthodoxo sensu Loci examinirt werden sollen.

2. Die definitiones Locorum et Clafsica dicta allein, sollen Sie auswendig lernen und wohl ins gedechtnus bringen, dz übrige aber also verstehen und fafsen, dz Sie in repetitione guten richtigen beschaid davon geben können.

3. Die gezeigte dicta Clafsica, sollen Sie zwar aufs der Teutschen
Version Lutheri lernen, doch aber dz Original des Neuen
Testaments, wie auch die graecam V: T: et vulgatam latinam
collationiren, und die emphasin Verborum et phrasium merken
undt auffzeichnen.

4. Was Sie nun dergestalt zu Haufs gesamblet, soll einer dem
andern Communiciren, und solches alles kurtz und remifsivè, ad
autorem lectum, fein sauber in ein Memorial eintragen.
Des Herrn Praeceptoris dictata aber, also

1. definitionem loci.
2. brevissimam ἀνάλυσιν Logicam.
3. dicta Clafsica indicata (deren Summarische Explicatio nicht
darf dictirt werden, nisi qvid summè necessarium occurrat) cum
4. brevissima antithesi, absonderlich einzeichnen, und alfs eine
regul halten, darnach Sie sich zu richten.

5. Der Autor den Sie conjungiren sollen, sollen

1. Augustana confefsio et caeteri libri formulae concordiae seyn,
vnd der docens Ihnen iederzeit locum in lectione zeigen, wo
Sie es suchen sollen, wefswegen Sie Ihnen die Lateinische
Edition in 8. zu Leipzig Anno 1608 getruckt schaffen sollen:
Ne posteà subscribant in consistorio, qvod fortè nunquam
viderunt.
2. D: Cundisij Notae in locos Hutteri, qvos in Gymnasio di-
dicerunt.
3. D: Dieterici catechisis major, vnd
4. Exegesis D: Menzeri in August: confessionem, seyn: Anderer
sollen Sie sich noch der Zeit enthalten, auch keine Bücher im
geringsten kauffen, den Eltern unnöthige Costen zu machen,
ohne rath und vorwissen Ihrer Vorgesetzten.

6. Und weiln Sie in diesen Theologischen Büchlein, zugleich die
fürnehmste controversias finden werden, sollen Sie bei eines ieden
Loci, in Ihren adversarien, die jenigen, darinnen wir contra Ponti-
ficios im streitt stehen, et contra Calvinianos, rejectis caeteris in
suum locum et tempus, nur kurtz anmerken. E: gra: An S:
Scripturae originalia V: et N: T: corrupta sint? Affirmant Pontificij,
Nos negamus: vide etc.

7. Der Scopus diefser lection soll sein.

1. Dafs Sie zimlich mit gutem grund fafsen, wz unserer recht-
glaubigen Kirchen, wahrer satz seye, in allen und ieden articuln
des Glaubens zur Seligkeit, welches einem ieden gelehrten, in
qvacunque facultate höchst nothwendig auch zum ewigen heil
nutz und genuegsamb ist.
2. Zugleich paucis mercken, welche Irrthumb der Papisten und
Calvinisten als für welchen sonderlich sich zu hüeten, zu
flühen, und von unserer Kirchen verworffen werden.
3. anfangen, locos Theologicos zu samblen, welche Sie mit der
Zeit, sonderlich in studio Theologico continuiren und locupletiren sollen, wie denn auch ein ieder Christ, sonderlich

aber eruditus schuldig, in erkantnus Göttlicher Lehr zu wachsen,
und defs Herrn Tag, diem Dominicam, mit solchem Exercitio
Pietatis zubringen, auch alle andere studia damit anfangen soll,
bey Verlust göttlichen seegens und aller gnaden: Dann habenti
dabitur. Matth: 13, 12, jgnorans autem ignorabitur. Soviel
von der Lectione Theologica, caetera mox.

Die andere soll sein Philosophica, auch nur Thetica: dafs sie
praecipuas disciplinas Theoreticas et Practicas soweit begreiffen, dz
Sie ad ulteriora Academica studia facultatum genugsamb geschickt seyn.

Dabei dieser Methodus und Ordo zu halten.

1. Dafs erste Jahr, sollen Sie scientias Theoreticas, dz andere,
prudentias practicas absolviren, also das

2. der Anfang an der Methaphysic, zwar gemacht werde, darumb,
weil Sie der Logic Muetter, und gar ehnlich ist: doch mehr nicht
proponirt werde, alfs wz zum nothwendigen Verstandt 1. Terminorum,
2. maxime utilium et frequentium distinctionum, 3. Canonum sivè
maximarum gehöret, welche in allen disciplinen und facultäten vorkommen: welches dann umb so viel weniger Zeit bedarff, weil Sie
Entis naturam et affectiones in der Dialectic, et Terminis, praecida-
bilibus, et in Analyticis ac Topicis wie auch Doctrinam de Entis spe-
ciebus in den Praedicamentis schon zimblich erlernet, in welchen
Stücken die gantze Methaphysic bestehet; So bedarff es auch hier
keines dictirens und kan nur ein kleines kurtzes systema, mit der Jugend
durchgegangen, die definitiones, distinctiones et maximae, oder axiomata
explicirt, repetirt und examinirt werden: die doctrinam Pneumaticam
oder Theologicam naturalem, setzen wir bey seith, wird befser ex
verbo DEi relevato studirt; Doch kan der Jugend ein oder anderer
autor der davon kurtz geschrieben privato studio zu lesen, indefsen
an handt geschafft werden, und will Ich, wz Ich gesamblet und in
wenigen Blättern[1]) ex solis antiqvis Clafsicis, et qvidem tantum latinis
anthoribus zusammengetragen, communiciren, dz die Jugendt gleichwohl wifse, qvid contineat? wird contra Atheos omnibus, in primis
autem Philologiae et Theologiae studiosis, wohl zu statten kommen.

3. Nach der Methaphysic, folgten Studia Mathematica pura, alfs
sonderlich Arithmeticae et Geometriae: Es können aber diese auch
entweder für difsmahl beyseiths gesetzt, oder doch nur ad intelligentiam
terminorum, sine quibus nemo in offenso pede, in lectione sacrâ aut
profanâ versabitur, auffs kürzeste tractirt, und solches in wenigen
Lectionen absolvirt werden; will meine Collectanea de Arithmeticâ,
Geometriâ, Musicâ et opticâ, so mit einander in 2. oder 3. Bögen
bestehen, communiciren, damit die Jugend wifse wz solche Disciplinae
in sich begriffen, und die terminos verstehen lernen. Mit der Zeit und
mehrer hilff, si Deo et superioribus videbitur, kan man weitter gehen,
dann es einmahl schand und schade, dz solche in communi vita so
nothwendige studia, so gar negligirt werden sollen.

---

[1]) Gruberi Nucleus ex antiquis et recentioribus.

4. Das übrige Erste Jahr gebührt der Physicae, in welcher die Doctrina generalis de corpore naturali, ejusque Principijs et affectionibus, nur obiter zu traclirn, pars specialis, sonderlich de corporibus mixtis, in animis et animatis fleißiger gehandelt, und dahin auch Astronomia Sphaerica, wie auch Geographia Historica, gezogen werden.

In diesem studio 1. thut widerumb kein dictiren von nöthen, sondern wird 2. ein guter autor, wie erst von der Methaphysica erwehnt, durchgegangen, 3. noch einer der etwan weitleuffiger davon gehandelt, daheimb zu conferiren, der Jugend an die handt gegeben, und dann 4. sonderlich Locos Physicos zu samblen, der anfang gemacht: Vnnd weil pars specialis omnium utilissima, theils in observationibus historieis rerum naturalium, theils in qvaestionibus, de causis jucundissimis besteht; Also wird docentis officium dieses allein sein, dz er in lectione iederzeit erinnere, wo die Jugend in obvijs autoribus latinis vel et graecis, diese zwey stück daheim suchen, nachschlagen, in jhre locos colligiren und eintragen mögen. In repetitione hujus lectionis, sollen Sie die definitiones graecas et latinas memoriren, und im übrigen latinè davon rechenschafft zu geben angehalten werden, de exercitijs mox seorsim.

NB. Dabey dieses zu erinnern, dass Sie sowohl in Physicis, als auch in allen andern Disciplinis Philosophicis, die jenige Systemata, die man jhnen proponiren wird, iedes absonderlich, mit weisen Papier sollen einbinden lassen vnd darin nichts anders aufzeichnen, alß das zu fertigung eines judicis locorum communium gehört, und in der lectione à docente daheimb zu suchen, angedeuttet wird.

Die res ipsas aber, sollen Sie absonderlich in jhre locos einschreiben retentis Autorum Graecis aut latinis verbis, selbige fleißig und offt überlesen, daß Sie uf erfordern, quantum fieri potest, in utràque linguâ solches referiren, und davon reden mögen, und werden Sie also, cum studio sapientiae Eloquentiam exerciren: Was aber die quaestiones Phisicas (so!) vel alias anlangt, ist es genug, si Thesin Autorum et argumentum unum vel alterum breviter consignent, locumque undè excerpserunt, annotent.

Die Autores, de rebus naturalibus veteres, sonderlich latinos finden Sie schon in jhrem Atrio latinitatis, und werden sich die Eltern nicht verdriesen lassen, ihren Kindern, in erspahrung anderer so grossen spesen, einen und andern, alß Aristotelem et Plinium, zu schaffen, doch, wie gedacht, mit rath des docentis etc. will unterdessen mit meinen aigenen gern helffen; haurit aqvam cribro, qui discere vult sine libro.

5. Daß andere Jahr cum Deo, soll der Philosophiae morali et civili zu geaignet: und eben ietzt gedachter methodus gehalten werden per omnia, ut repetere non sit opus. Soviel die[1]) lectione Philosophicâ.

Die Dritte soll sein Historica, de IV. summis Jmperijs[2]) Methodus dieser:

_____
[1]

1. Soll docens Boxhornij tabb: ex editione Dni Bosij proponiren.

2. tres priores Monarchias Anno primo, et quartam altero absolviren.

3. Es soll aber die Jugendt angewisen werden, dass Sie zu der propositâ lectione, sich also präparire, dass Sie Erstlich Cluveri Epitomen conjungire,

   2. mit den Ersten Monarchien, Justinum, Cornelium Nepotem, Curtium, mit der 4. und letzten Florum, Sallustium, Sextum Aurelium Victorem conferire.

   3. Welche capacioris Ingenij, können auch Herodotum, Diodorum Siculum, Appianum, Plutarchi Vitas, Livium nachschlagen: Will Sie interim gerne mittheilen, amore et studio promovendi profectus, und weil dieses in omni vitâ utilissimum studium, werden Sie der gleichen Bücher jhnen selbst, nach vermögen schaffen.

   4. Aufs solchen Autoribus, sollen Sie locos historicos samblen, und mir summariè excerpiren, memorabilia facta, factorumque caussas et circumstantias insigniores, qvae ad prudentiam et mores pertinebunt. Doch si occurant dicta elegantia, wie auch idiomata et elegantiae styli, diefelbe mit beyzeichnen und Memoriren.

   5. In repetitjone, solche historias latinè zu referiren, und die memorabilia dicta zu recitiren, angehalten werden, so viel von denn Lectionen folgt.

§: 2. Von denen Exercitien.

1. Von denn Exercitijs domesticis, ist bey ieder Lection genug erinnert, bestehen

   1. in Lectione bonorum autorum, juxta praescriptum

   2. in Excerptione locorum communium.

   3. eorundem relectione et repetitione.

   4. ac praeparatione, ut rationem Lectorum reposcenti, reddere qveant.

Solche Collectanea, die ein ieder samblet, sollen allen gemein sein, und ein ioder das seinige, mit seines Commilitonis locupletiren, alles fein sauber und ordenlich in eigen Adversarien Buech eintragen, dafs Ers auflegen und zeigen möge.

2. Publica sollen Wochentlich sein, Logica et Rhetorica, Analytica Synthetica, Monathlich ein Disputatorium.

Die Materi soll allezeit allein, aufs der ordinari Lection genommen werden, dafs Sie solche befser fafsen: Theses kurtz aufs derselben ad disputandum nur geschriben, denn Commilitionibus communicirt, und ein baar stunden disputirt werden.

§: 3. Von den stunden zu diesen Lectionen vndt exercitien.

1. Zur Lectione Theologica, kan wochentlich vor difsmahl, bifs Gott weiter hilfft ein Stund genommen werden, und in praelectione und repetitione alternirt werden: Darnach docens sich richten wird, dafs er die locos desto kürtzer durchgehe, und sich nicht aufhalte, ut intra biennium absolvantur: Qvod facile fiet, si intra praescriptum modum se contineat.

2. Zur Lectione Philosophicâ, werden 2. Stundt wochentlich erfordert werden, eine ad proponendum, die andere ad repetendum.

3. Zur Leclione Historieâ, wird auch eine diesesmahl genug sein, und in proponendo et repetendo alternirt werden.

4. Alle Wochen sollen einmahl die Exercitia publica, Analytica vel Synthetica, recitirt und also eingerichtet werden, dass jhrer 2. 3. zugleich recitiren mögen in einer Stundt.

5. Von dem Disputatorijs dictum movò[1]) est.

Damit nun dieser gute Vorsatz angefangen, und werckstellig gemacht werde, hat Herr M. Wonna sich erbothen, 4. Stund wochentlich über sich zu nehmen, und die 3. specificirte Lectionen zu tractiren, wie auch die Disputationes zu moderiren.

Und weil ich heym anfang stehts gern sein wolte, bis alles in gang und schwang kombt, auch selbst mit Hannd anlegen will: alfso wirdt

§: 4. de Loco.

Von mir verlangt, dz die Stunden im Pfarrhoff, ein Zeitlang möchten gehalten werden, da Ich meine Bücher beyhanden, die Ich zwar gern der Jugend communiciren, aber aufs dem Haufse zu geben, nicht unbillich bedencken trage.

Doch sollen alle Ecercitia publica in loco Auditorij consueto gehalten werden.

§: 5. Paralipomena.

Discipuli werden sein 1. Resch Semproniensis. 2. Prismann Hr: Agenten Braunens Vetter. 3. Zween Hr: M: Langens Söhne. 4. Zween Herrn Fuchsens Söhne, und steht dahin, ob nicht 5. Johann und mein Georg Heinrich auch admittirt werden könnten, doch das Sie die übrigen Stunden denn Scholasticis Lectionibus noch beywohnen, wären also 8.

2. Es müfsen aber dieselbe, umb Disciplin und obedienz willen Herrn M: Wonna und mir angeloben, denn diligentibus et obedientibus praemia et stipendia etwan verheisen, undt den andern mit ernster Straff getrohet werden.

3. Proximo autumnali Examine, solten dieselbe publicè sistirt, und Ihre profectus explicirt, auch Ihre profeclus expolirt, und Ihre Exercitia collectanea exhibirt werden, da dann weiterer rath zu finden sein wird.

4. Die Stunden können also per Septimanam distribuirt werden per aestatem:

Die ☽ à 9. ad 10. vel à 10 ad 11. Exercitia.
Lectia Teologica. — . —
♄ Philosophica à meridie Historica
à 3. ad 4. — . —
☿ Disputatio Menstrica per Exercitia.
duas horas. — . —
♀ Philosophica.

---

[1]) statt modo.

Die Exercitia sollen allezeit, am Montag oder Mittwoch post preces aut concionem catecheticam, recitirt werden, oder so ein bequemerer Tag wäre: Doch, wann wegen einfallender Kirchengeschäfften etwan ein Stundt müeste an gesezten Tagen eingestellt, folgenden darauff also baldt ersezet werden.

5. Die erforderte Theologische und Philosophische Büchlein, sollen zur Handt gebracht, und der Jugend soviel alfs einem jeden nothwendig erachtet wird, zu kauffen gerathen werden; Tantum est, pro hac vice: Plura alias, si visum DEO et Superioribus.

Schematismus Lectionum.

1. Zur Lectione Theologicâ sollen der Jugend diefsesmahl zur Handt geschafft werden: 1. Compendium Hutteri, cum notis Cundisij D: 2. D: Dieterici Catecheticae Institutiones. 3. Formula Concordiae.

2. In Historieis, soll 1: Sleidanus de 4. summis Imperijs tractirt, und 2. damit conjungirt werden Boxhornij Tabulae Chronologicae.

3. Fontes Historiarum, qvaerant ex classicis latinis, Justino, Curtio, Suetonio, Cornelio Nepote, Floro, Sext: Aurelio Victore etc: 4. Zum nachlesen, gehören 1. Cluveri Epitome, bifs auff unfsere Zeiten. 2. Bodini Methodus historica. 3. relectiones[1]) Wehar, ein kleines und köstliches Büchlein, zu Nürnberg getruckt Anno 1660. 4. Si velint Isagoge Jostoni[2]) Epitome historiae universalis. Item Joh: Georgij Fabricij Med: D: praecognita historiae sambt der Synopsi Besoldi. Undt Dr. Wagneri Institutiones historiae, welche eines schlags seindt.

Der eine kan diesenn, der andere jenen Autorem schaffen, mit rath seines fürgesezten Informatoris, und nach seinem Vermögen, seind aber schier alle libelli parabiles: Anderer sollen Sie sich pro tempore enthalten, haben an diesen genug ad colligendos locos historicos.

3. In Philosophicis, sollen folgende gebraucht werden:

1. In Logicis, Hornejus, den Sie schon gelernet, redegi in Epitomen, von 2. Bögen, darinnen alle Praecepta, cum definitionibus graecis, ex Aristotele, brevissimè gefast, pro memoriâ, cum canonibus et distinctionibus.

2. In Rhetoricis, Vofsij Epitome et[3]) partitiones, die Institutiones, welche etwas theuer, sollen von mir petentibus communicirt werden: Ciceronis Rhetorica varia, et Institutiones Qvintiliani.

3. In Poësi, Poëtica Giefsensis, ist kein bessere zu finden: Ein Extract ex Scaligero, de arte Poëtica genommen, et alijs.

4. In Metaphysicis, hab Ich meinen Kindern ein Nucleum, ex antiquioribus et recentioribus, aufsgeklaubt, von 4. Bögen, welches Herr Tauber sub praelo.

Können auch Kiliani Rudrauff Tabulae Metaphysicae hoc anno 1664, zu Giefsen ausgegangen, gebraucht werden.

---

[1]) Wohl aus Relatio verschrieben.
[2]) Johnstoni.
[3]) et zu tilgen: Der volle Titel hiefs: Vofsii Epitome, partitiones et institutiones.

Zur Collation, gehören 1. Compendium Methaphysicum Ebelij, aufs welchen Rudrauff seine tabulas gemacht. Undt 2. sonderlich D: Jacobi Martini Exercitationes Metaphysicae, darinnen viel schöne Philologica mit eingemengt.

5. Mathematicis puris, weifs Ich keines (so!) kurtzes Compendium, aufs[1]) Herrn Abdie Treuen.

Ich hab meinen Kindern ein Epitomen ex Euclide et alijs, zusammen gelesen. 1. Arithmeticae. 2. Geometriae. 3. Musicae. 4. Opticae, gibt nit über 3. Bögen, darinnen Sie alle Praecepta kunten beysammen haben. Conferiren können Sie 1. Ramum. 2. Gemmam Frisium. 3. Milichium. 4. Nothnagelium. 5. Margaritam Reyheri, eines oder das andere.

6. In Physicis, wüste Ich kein kürtzers Compendium pro discentibus alfs Andreae Prückhneri, darnneben praecepta Arestotelica cum graccis definitionibus. Damit können conjungirt werden 1. Systema Physicum jufsu Principis Ernesti etc. hoc anno 1664. editum pro Gymnasio Gothano, darinnen schöne Sachen, kurtz aufs denn besten Autorn colligirt.

2. Und weil ad partem specialem, disciplinae Mathematicae mixtae dictae, alfs können zum nachlesen gebraucht werden.

1. ad Cosmo graphiam generalem, Johannis Gigantis Systema.

2. ad Astronomiam, Institutiones Abdiae Treuen, oder Systema Kekermanni.

3. ad Geographiam Historicam et Mathematicam Cluveri Introductio (welche Johann Buno Professor Helmaestad: cum notis et tabb: Geographicis lafsen ausgehen) wie auch aufs den alten styli et elegantiae caussâ, Pomponius Mella (Mela).

4. Ad Historiam rerum naturalium zum nachschlagen, Plinius, et Scaligeri exercitationes, contra Casaubonum.

5. Ad Anthropologiam Philippi Melanchthonis aureus libellus de animâ, und Anthropologia D: Sperrlings, Zoologia Zeisoldi.

7. In Ethicis soll tractirt werden Praetorij Epitome. Conferri possunt Heldij principia Ethicae A° 1660 Noribergae ausgegangen, ex ipso Aristotele. Conjungirt sollen werden:

1. Philosophia Moralis D: Hornei.

2. officia Ciceronis.

3. Aristotelis Nicomachia, et magna moralia.

8. In Politicis, können pro Systemate gebraucht werden, tabulae Cellarij. Zur explication

1. Doctrina Politica Arnisaei.

2. Lipsij Politica.

3. Aristotelis Politica selbsten, cum Paraphrasi Heinsij.

Ich hab in allen diesen Autorn gesehen, dafs Sie parabiles seyn, wie dann von 6. bifs in 10. fl. Die meiste können gekaufft werden, undt darzu nicht auff einmahl, sondern nach und nach, wenn solche Lectiones werden tractirt werden, seind auch gutentheils schon in der Jugendt händten.

---

[1]) statt aufser.

Erinnerungs Puncten.
Welche Herr M: Georg Wonna, bey seinen Lectionen und informandis zu beobachten hat.

Undt zwar Erstlich, soviel die Lectionen und Authores, an sich selbst betrifft, wird derselbe allerdings auf beygehendes Schema verwiesen, und wie defs Herrn Superintendentens[1]) WolEhrWürden sich freywillig anerbothen, solche Labores zu dirigiren, und das jenige, so zu dem vorgesetzten Scopo ersprieſslich, helffen zu befördern, alſs wird ermelter Herr M: Wonna, da derselbe in ein und andern anstünde oder aſsistenz von nöthen hette, an Wolgedachten Herrn Superintendenten hiermit remittirt, welcher dann den projectirten methodum, ihme zu communiciren, nicht unterlaſsen wird.

Weiln aber Andertens die Informandi iezuweiln, durch vielheit der an die Handt nemmender Scriptorum, mehrers obruirt, dann derselben Studien gebeſsert werden, alſs hat es mit denn vorgeschribenen Authoribus, keine andere Meinung, dann das in qvalibet scientiâ, der beste und tauglichste eligirt, selbiger vor andern tractirt, denn Auditoribus bekant undt familiar gemacht, und soviel es sich thuen läſt, solcher Author familiaris ad usum locorum communium, mit gebraucht werde, umb dasjenige, was bey andern gleichmäfsigen Scriptoribus, ietzo oder ins künfftige, nach der Handt nehmlich, gelesen oder gehört wird, utiliter einzutragen.

Mit langen und vielen dictiren Drittens, hat sich gedachter Herr M: Wonna, keineswegs aufzuhalten, alſs worunt die Jugend offtermahln verzögert, und die edle Zeit übel angewendet wird: Solte iedoch bey ein oder der andern Lection, vor nothwendig erachtet werden, daſs gantz kurtze Systemata und neue Compendia, so auſs guten bewehrten Scriptoribus colligirt, und zu facilitirung der wiſsenschafft oder auch der memori dienlich wären, denn Auditorn praescribirt werden sollen, könten selbige nach anleitung und disposition, des Herrn Superintendentens WohlEhrwürden, zum truck gefertigt, und dardurch mit leichter mühe, in die Hände gebracht werden.

Bei admittirung Vierttens, oder reception derjenigen, so der information committirt werden sollen, hat es keinen andern Verstandt, dann das es vornemlich und alleinig auff diejenige angesehen, welche den cursum Studiorum in Gymnasio bereiths absolvirt, umb, dafs Sie sich in humanioribus et Philosophicis, junctis solidis principijs ac fundamentis in sacris, desto mehrers perfectioniren, die Zeit und Kosten auff den Universitäten zu spahren, und daselbst umb soviel ehunder, zu den höhern facultäten zuschreitten: Befindeten sich iedoch eximia et idonea subjecta, welche den vorgesetzten Scopum in classe sextâ, ebender, dann ante biennium vel triennium erreichten, und dabero zu diesen extraordinari Lectionen, admittirt zu werden, verlangen möchten, sollen selbige an die Herren Scholarchen verwiesen, und von dennselben judicirt werden, ob mit

---

[1]) Johann Heinr. Ursinus (1655—67).

ein und andern subjecto zu dispensiren, und dieselbe nach Ihrer befindender capacität zu diesen Lectionen, zeitig oder nicht zu admittiren.

Damit es auch Fünfftens, nicht das ansehen gewinne, alfs wären diese Informandi gleichsamb frey, und ab omni disciplina exempt, hat Herr M: Wonna, in allweg mit dahin zu sehen, dz diesen seinen untergebenen, keine mehrere Licenz oder freyheit, dann andern discipulis gestattet werde, undt wolte dz erinnern in der güete, bey Ihnen nichts verhelffen, wäre es an dero Eltern, Curatorn, und sonst vorgesetzte, auch allenfalls an Die Herren Scholarchen, zu gebührendem einsehen und remedirung zu bringen.

Die Alumni Sechstens, welche diese Lectionen frequentiren, bleiben nichts destoweniger uf dem Gymnasio, unter der aufsicht des Rectoris, Cantoris, und Ihres absonderlich bestelten Inspectoris, und sollen sich selbige, von dem Choro Musico, oder auch, à mensa communi keinesweges entziehen, wie dann auch die übrige alle, den Gottesdienst fleifsig zu besuchen, stettigs erinnert und angemahnt werden sollen.

Zu den Disputationen[1]) und Orationen Siebendens, so in Auditorio, des Gymnasii Poetici, den fürgang haben, sollen nach gelegenheit der Zeit, und der Verrichtungen, ein undt anderer wol, aufs mittl des Löbl. Magistrats, Reverendi Ministerij, die Praeceptores auff dem Gymnasio, die alhier sich befindende studiosi invitirt werden, und freystehen, ob von den Herrn Geistlichen, Praeceptoribus oder studiosis sich iemand opponendo gebrauchen und exerciren wolle, wann bevor der Respondens seine theses, gegen seine condiscipulos, defendirt haben wird.

Wie dann auch Achtens, unbenommen bleibt, den jungen und neuen Academicis, so kurtze Zeit auff der Universität gewest, sich dieser Lectionen zu gebrauchen, und wann auch selbige, soviel nemblich deren von hiesigem Wollöbl. Magistrat, beneficia oder stipendia geniefsen, nicht wollen, können dieselbe durch Ihro WolEhrwürden den Herrn Superintendenten, darzu angehalten werden, dabey der unterscheidt, und wie selbige vor denn andern zu halten und zu tractiren, leicht zu machen, und M: Wonna Ihme von selbst, solches angelegen sein lafsen wird.

In dem übrigen wird öffters ernanter Herr M: Wonna, auff anfangs berührten methodum docendi, projectirtes Schema Lectionum ac Scriptorum, zumahln aber auff des Herrn Superintendentens Wohl-Ehrw: hiermit nochmahln angewiesen, und was etwan hier negst in progressu, ferners zu erinnern, vorfallen möchte, soll dem selben entweder, auff gebührende anzeig, oder doch sonst ebenmäfsig schrifftlich zuegefertigt werden: Welches im Nahmen eines WohlEhrwürdigen Consistorij, mann Ihme Herrn M: Wonnae zu seinem Verhalten, hiermit anzuefügen nicht unterlafsen sollen.

So beschehen den 11ten Monathstag Julij im Eintausendt Sechs hundert Vier und Sechzigsten Jahr.

Regensburg.   H. Heinisch.

---

[1]) S. mein Programm (Regensburg 1897) II, S. 11 ff.

Bemerkung zu einer Fundamentalkonstruktion.

In allen an bayerischen Gymnasien eingeführten Lehrbüchern der Geometrie finde ich die Aufgabe: „im Endpunkte einer Strecke eine Senkrechte zu errichten" nur auf folgende zwei im Prinzipe gleiche Arten gelöst:

1. Mit Hilfe des gleichschenkligen Dreiecks, dessen einer Schenkel um sich selbst verlängert wird.
2. Durch den Peripheriewinkel im Halbkreis.

Mir scheinen beide Konstruktionen nicht praktisch. Ich lasse deshalb im Unterrichte folgende einfachere Konstruktion ausführen.

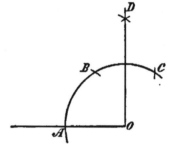

Man trage zuerst $\angle AOB = \frac{2}{3} R$

an, und hieran $\angle BOC = \frac{2}{3} R$

letzteren halbiere man und verbinde D mit O,

so ist $\angle AOD = \frac{2}{3} R + \frac{1}{3} R = R.$

Diese Konstruktion hat den unleugbaren Vorteil, daß sie einzig mit dem Zirkel ausgeführt werden kann, und daß man auch durchweg nur einer Zirkelöffnung bedarf.

Noch wichtiger scheint mir der pädagogische Vorteil derselben. Während die beiden bisherigen Konstruktionen in der 5. Klasse, wo sie schon verwendet werden müssen, noch eines aus der Kreislehre entlehnten, ziemlich weitläufigen Beweises bedürfen, leuchtet diese Konstruktion ohne weiteres ein und steht im engen Zusammenhang mit den anderen Fundamentalkonstruktionen der 5. Klasse.

Ich habe heuer im Unterricht alle drei Konstruktionen vorgetragen, und keine davon mehr hervorgehoben als die anderen, und habe gefunden, daß die Schüler sich ausnahmslos der letzteren als der einfachsten und am leichtesten zu merkenden zuwandten.

Ich bin mir zwar bewußt, daß viele meiner Kollegen diese Konstruktion schon im Unterricht verwenden werden, aber ich glaubte doch ausdrücklich auf sie hinweisen zu müssen, weil keines unserer sonst so hervorragenden Lehrbücher von derselben Notiz nimmt.

Ich würde mich freuen, wenn einige meiner Kollegen sich durch meine Zeilen zu dieser Konstruktion entschließen würden.

Neuburg a. D.   E. Fick.

Ein alter Fehler im Texte von Schillers Braut von Messina.

Durch die Güte des Gymnasiallehrers Laible in Rothenburg o. T. wurde ich als Schillerverehrer auf die Notiz im vorigen Jahrgang dieser Blätter Seite 848 aufmerksam gemacht. Es ist ganz richtig, daſs die auch in der Cotta'schen Ausgabe in 12 Bänden vom Jahre 1856 sich findende Lesart „So will ich diese Bruderhand ergreifen — Die mir die nächste ist auf dieser Welt" im Dialog zwischen Don Cesar und Don Manuel „sinnlos" ist. Allein ich glaube nicht, daſs Schiller „Dir reichen" geschrieben hat. Die Brüder überbieten sich, ihren bisherigen Haſs als grundlos und nur durch fremde verleumderische Einflüsterungen entstanden und genährt zu schildern. „Die Diener tragen alle Schuld — Die unser Herz im bitterm Haſs entfremdet" u. s. w. Weil alles andere treulos ist, sagt Cesar, so will ich diese Bruderhand ergreifen, und reicht Manuel die Hand hin. Und Manuel ergreift sie lebhaft mit den Worten: Die D i r die nächste ist auf dieser Welt. Don Cesar erkennt in der gehaſsten und verhaſsten Hand die Bruderhand an und mit der Hand das Herz und Don Manuel bestätigt mit Nachdruck, ja sie ist Dir die nächste auf der ganzen Welt. Dem „ergreifen" im Munde Cesars entspricht des Dichters Bemerkung: „Manuel ergreift die Hand lebhaft." Die Korrektur „Dir reichen" kommt mir etwas matt vor. Die Verwechslung von „Dir" und „Mir" scheint mir auch leichter bisher übersehen worden zu sein.

Gattenhofen.   Pfarrer W. Hoffmann.

II. Abteilung.

Julius Baumann, Über Willens- und Charakter-
bildung auf physiologisch-psychologischer Grundlage.
Sammlung von Abhandlungen aus dem Gebiete der pädagogischen
Psychologie und Physiologie, herausgegeben von H. Schiller und
Th. Ziehen. I. Band, 3. Heft. S. 86. Mk. 1.80. Berlin. Reuther
& Reichard. 1897.

Wie schon aus dem Titel hervorgeht, betont die vorliegende
Abhandlung des um die Pädagogik nicht unverdienten Verfassers mehr,
als es bisher üblich war, die Bedeutung des Physiologischen für die
Moral. Damit wird den modernen Forschungen Rechnung getragen,
die ausgegangen von gewissen pathologischen Erscheinungen überraschend nachgewiesen haben, in wie engem Zusammenhang das
Psychische und das Physische im Menschen steht, und täglich aufs neue
den alten Satz beweisen: Mens sana in corpore sano.
So betrachtet denn der Verfasser zunächst den Willen in seiner
physiologischen Bedingtheit, die sich besonders zeigt bei tiefer greifenden
Störungen durch Hirnleiden, und vorübergehenden Hemmungen infolge
von Ermüdung, gewissen chemischen Stoffen, besonderen Temperatur-
verhältnissen und weiterhin in der stufenweisen Entwickelung beim Kind,
wo das psychische Wachstum parallel geht der Ausbildung der nervösen
Gebilde, besonders in der Gehirnrinde.
Alsdann wird die Entwickelung und die Bildbarkeit des Willens
besprochen sowie die Hauptgesetze der Willensbildung, so das der
Übung, der richtigen Ernährung der Organe, der Unabhängigmachung
des Willens von der Umgebung, der indirekten Willensbeeinflussung
durch Strafe und Belohnung u. dgl. Im Anschluss daran entwickelt
Verfasser die Hauptgesetze der Charakterbildung und giebt eine Reihe
von Regeln zur Ausbildung der moralischen Eigenschaften. Gerade
dieser letztere Teil enthält gar manchen sehr beachtenswerten Wink
für Erzieher und anregende Mitteilungen über verschiedene Phänomene
des jugendlichen Seelenlebens, so besonders über die Kinderlüge, die
ersten Regungen des Geschlechtstriebes, des Wohlwollens u. dgl.
Den Abschluss des Buches bilden Angaben über patho-psycho-
logische Erscheinungen und die Mittel zu deren Verhütung, endlich eine
dürftige Vergleichung der vom Verfasser angenommenen Willenstheorie
und derjenigen Benekes und Herbarts.

Im ganzen betrachtet enthält das Buch eine Menge schätzbare Einzelheiten, aber wir vermissen in ihm die Übersichtlichkeit. Gelegentlich auch scheint der Verfasser den Angaben dieser und jener medizinischen Autorität mehr Wert beizulegen, als sie verdienen, oder wenigstens weitere Giltigkeitskreise dafür anzunehmen, als ihnen zugestanden werden können, so den Angaben von Bresgen, Mosso, Krafft-Ebing, Koch. Die psychophysiologische Forschung ist noch zu jung, um schon viel feste Ergebnisse geliefert zu haben. Noch manche Reihe von Experimenten wird zu machen sein, bis es uns erlaubt sein wird, uns ohne Zurückhaltung ihrer Ergebnisse zu bedienen.

Franz Fauth: Das Gedächtnis. Sammlung von Abbandlungen aus dem Gebiete der pädagogischen Psychologie und Physiologie, herausgegeben von H. Schiller und Th. Ziehen. I. Band, 5. Heft. Einzelpreis: Mk. 1.80. 88 Seiten. Berlin. Reuther & Reichard. 1898.

Der Verfasser hat schon früher ein grösseres Buch über das Gedächtnis veröffentlicht. Die vorliegende Abhandlung trägt mehr als jenes der physiologischen Betrachtungsweise Rechnung und sucht damit die spiritualistische Auffassung des Seelenlebens, die Verfasser von seinem Lehrer Lotze überkommen hat, in Einklang zu bringen. Freilich macht er sich die Sache nicht allzuschwer. Im ersten Kapitel, wo er über „den heutigen Stand der Frage" berichtet, begnügt er sich, die Ansichten Ziehens wiederzugeben, mit gelegentlichen Bemerkungen und Fufsnoten versehen, an anderen Stellen Excerpte aus Flechsig. Bei aller Achtung vor Ziehens wissenschaftlicher Bedeutung wird man sich doch eingestehen müssen, dafs durch diese Excerpte keineswegs das geboten ist, was der Titel versprochen hat. Und was die in der Flechsigschen Schrift „Gehirn und Seele" niedergelegten Ansichten anlangt, so sollten sie in einem Buche, das für Nicht-Fachleute bestimmt ist, erst mitgeteilt werden, wenn die Fachleute ihre Stichhaltigkeit anerkannt haben, wovon aber die Hirnanatomen noch ziemlich entfernt sind.

Im zweiten Kapitel wird „das unbewufst wirkende Gedächtnis" behandelt, wie es sich äufsert in erlernten oder ererbten Reaktionsbewegungen.

Das dritte Kapitel unter dem Titel „Das Gedächtnis des Bewufstseins" gibt die an Spekulation reichen, an Empirie armen Anschauungen des Verfassers und erst im vierten, „Verwertung des Gedächtnisses", bringt er wieder Mitteilungen, welche dem Boden der Erfahrung und der Beobachtung entnommen sind und eine Anzahl ganz trefflicher Winke für Lehrer und Erzieher enthalten. Freilich hätte eine Reihe von Angaben, welche hier gemacht sind, in die theoretischen Ausführungen gehört, etwa in das erste Kapitel. Indes wir sind auch so dankbar, dass die ausgezeichneten Untersuchungen von Ebbinghaus, Müller und Schumann erwähnt sind. Freilich sollte eine Spezialschrift über das Gedächtnis, die, dem

Zweck des ganzen Unternehmens entsprechend, besonders der neueren Arbeiten und zwar mit einer gewissen Vollständigkeit gedenken soll, auch die Arbeiten von **Münsterberg, Trautscholdt, Cattell** erwähnen und die wertvolle übersichtliche Untersuchung von M.**Whiton Calkins** in „The Psychological Review" (1896) benützen. Aber grössere Literaturkenntnis, wie sie eine Spezialschrift selbst für weitere Kreise voraussetzen darf, scheint nicht des Verfassers Sache zu sein, der von den englischen und amerikanischen Untersuchungen kaum Notiz nimmt.

Alles in allem genommen können wir also nicht behaupten, daß die Schrift von dem gegenwärtigen Stand der wissenschaftlichen Forschung auf dem Gebiete des Gedächtnisses ein ausreichendes Bild gibt, und der berechtigte Wunsch nach einer spekulationsreinen, übersichtlichen Darstellung der bisherigen Ergebnisse unserer experimentierenden, beobachtenden Psychologie harrt daher immer noch auf Erfüllung.

Dem gleichen sehr rührigen Verlag entstammt die nachfolgende Untersuchung:

Ludwig Wagner: Unterricht und Ermüdung. Ermüdungsmessungen an Schülern des neuen Gymnasiums in Darmstadt. Sammlung von Abhandlungen aus dem Gebiete der pädagogischen Psychologie und Physiologie, herausgegeben von H. Schiller und Th. Ziehen. I. Band, 4. Heft. 134 Seiten. Mk. 2.50. Berlin. Reuther & Reichard. 1898.

Die Untersuchung **Wagners,** auf die ich schon bei Besprechung der **Schiller**schen Schrift: „Der Stundenplan" hingewiesen habe, liegt nun ausführlich vor. Ehe ich aber in den Bericht über sie eintrete, habe ich noch eine irrige Angabe richtig zu stellen, die mir bei jener Gelegenheit untergelaufen ist. **Wagner** kommt entgegen meiner Mitteilung, wie mich die Lektüre seiner Arbeit hinreichend belehrte, ebenso wie **Bettmann** zu dem Ergebnis, daß das Turnen die Ermüdung nicht aufhebe, sondern vergröfsere. Und nun zur Besprechung seiner interessanten Abhandlung!

Ausgangspunkt ist die **Griesbach**sche Beobachtung, daß mit zunehmender Ermüdung die Fähigkeit, Tastempfindungen genau zu unterscheiden, abnimmt, besonders die Fähigkeit, zwei sich ziemlich nahe stumpfe Zirkelspitzen als zwei zu erkennen, somit der Minimalabstand für dieses Erkennen mit wachsender Ermüdung zunimmt. Daß dieses Verhältnis zwischen Ermüdung und Sensibilität besteht, ist eine Annahme, deren Berechtigung erwiesen wird durch die Beobachtung, daß die Änderung der Messungsergebnisse parallel geht mit anderen, sonstwie beobachteten, typischen Änderungen des psychischen Gesamtzustandes bei fortschreitender Arbeit, mit dem Fortgang von voller Leistungsfähigkeit zu geminderter und endlich zu verschwindender. Den Nachweis der Übereinstimmung dieser wissenschaftlichen Beobachtung mit den groben Beobachtungsresultaten der täglichen Erfahrung, welche die wissenschaftliche Untersuchung ja nicht widerlegen, sondern nur schärfer fassen und damit für weitere Schlüsse verwendbar machen will, hat schon Griesbach geliefert und Verfasser konnte sich immerhin auf ihn berufen. Aber die Leser wären ihm dankbar gewesen, wenn er ihnen diesen Nachweis nochmals geboten hätte, wenn er ferner betont hätte, daß die Messungen am Jochbein keine von den Messungen an anderen Körperteilen wesentlich verschiedene Kurve ergeben.

Des Verfassers Untersuchungen bieten nun neben Bestätigungen älterer Erfahrungen auch mancherlei neue, beachtenswerte Ergebnisse, von denen die erheblichsten kurz angegeben seien.

Das Turnen, das man immer noch sehr gerne als Erholung bezeichnet, führt in den allerwenigsten Fällen Erholung, in den weitaus meisten ebenso starke Ermüdung herbei, wie andere Fächer. Dasselbe gilt von den energisch betriebenen Spielstunden, für die man in neuerer Zeit so viel plädieren hört. Damit werden die Beobachtungen von Mosso und Bettmann abermals bestätigt und gezeigt, wie fehlerhaft es ist, Turnstunden als Erholungsstunden zu behandeln, so häufig das auch geschieht.

Nervöse sind am Morgen zu Beginn der Arbeit schlechter disponiert; erst allmählich erlangen sie ihre volle Leistungsfähigkeit.

Schüler, welche auswärts wohnen und deshalb für den Schulweg mehr Zeit brauchen wie andere, sowie solche, welche zum Besuch eines Gottesdienstes früher aufstehen, zeigen gleich von Anfang an geringere Leistungsfähigkeit gegenüber ihren Mitschülern, fangen schon mit einem gewissen Grade von Ermüdung an. Diesem Umstand hat übrigens unsere Schulleitung bereits Rechnung getragen, indem sie den werktägigen Gottesdienst an keiner Mittelschule zur Pflicht macht. Wo die Schüler dennoch dazu genötigt werden, geschieht es nicht mit dem Willen unserer Unterrichtsleitung.

Zwischenpausen nach jeder Lehrstunde sind stets von Vorteil für die Leistungsfähigkeit. Diese Thatsache findet bekanntlich in unserer gegenwärtigen bayerischen Schulordnung noch keinen hinreichenden Ausdruck. Sie ist auch trotz des guten Anfangs, den Friedrich in Würzburg gemacht hat, noch keineswegs experimentell genügend untersucht. Ausgedehntere Massenbeobachtungen werden erst im stande sein, die Frage spruchreif zu machen. Dann wird den Unterrichtsbehörden allerdings die Pflicht erwachsen, den Forschungsergebnissen Rechnung zu tragen.

Das Maß der Ermüdung hängt mehr ab von der Persönlichkeit des Lehrers als vom Stoff. Ungeübte Lehrer, welche noch nicht recht zu interessieren verstehen, ermüden weniger.

Begabte Schüler weisen eine raschere und gründlichere Erholungsfähigkeit auf als unbegabte.

Bei seinen Untersuchungen fand Wagner, daß an humanistischen Gymnasien im allgemeinen eine Überlastung der Schüler nicht vorhanden ist. Nur unzureichend veranlagte Schüler fühlen sich überbürdet; aber für diese ist das Gymnasium nicht da. Viele Fehler werden außerdem, wie Wagner sehr richtig hervorhebt, vom Hause gemacht, so durch ungünstige Bemessung der Schlafzeit, Verabreichung von Alkohol und ähnliche Mifsgriffe, deren Folgen dann gerne der Schule zugeschoben werden.

Diese Ergebnisse haben etwas Einleuchtendes und sprechen zu Gunsten der angewandten Griesbachschen Methode im allgemeinen. Im einzelnen freilich lässt die experimentelle Technik des Verfassers noch mancherlei zu wünschen übrig. Es ist unverständlich, weshalb Verfasser nicht immer am hinteren Jochbein, sondern gelegentlich auch am vorderen seine Messungen vornahm, während es doch im Interesse leichtester Vergleichbarkeit läge, dafs alle Ergebnisse nur an einer Stelle gewonnen wären. Es ist mindestens überflüssig, neben den Tabellen und den Kurven noch eine dritte Art von Darstellung der Messungsergebnisse anzuwenden. Für den Gebrauch der Kurven wäre es von gröfstem Nutzen gewesen, wenn ähnlich, wie bei den Tabellen, nicht die Nummer der Stunde, sondern das Fach angegeben wäre. Weiterhin ist die Zahl der Versuche, trotzdem sie 1200 Einzelwerte aufweist, angesichts der neun Klassen und der vielen Nebenumstände immer noch zu gering, um weitergreifende Schlüsse zu ziehen. Auch wurden nicht immer die gleichen Schüler daran genommen und bei der Wahl der Tage nicht auf möglichste Gleichartigkeit geachtet. Dadurch sind die ganz individuellen und von Tag zu Tag wechselnden Faktoren nicht eliminiert. Über Verteilung, Dauer und Ausfüllung der Pausen erfahren wir wenig oder gar nichts. Eine Unklarheit über das Wesen der Ermüdung scheint vorzuliegen, wenn Verfasser einer Lehrstunde spezielle Ermüdungswirkung zuspricht, auch wenn sie bessere Mefsergebnisse geboten hat als die vorausgehende, einfach deshalb, weil die Anfangsleistungsfähigkeit nicht mehr erreicht ist. Ein schwierigeres Bedenken gegen seine Verwendung der Griesbachschen Mefsmethode ist schliefslich der ungünstige Umstand, dafs bei ihr, wenn ein Experimentator die Messungen vornimmt, die später darankommenden Schüler im Vergleich zu den ersten zwei oder drei wieder etwas ausgeruht sind.

Das sind Mängel, welche bei der wissenschaftlichen Verwertung dieser Untersuchungen gröfste Vorsicht erforderlich machen und bei Wiederholung derartiger Messungen vermieden werden müssen. Wenn des Verfassers Untersuchungen trotz dieser Mängel doch zu ansprechenden Ergebnissen geführt haben, so spricht das nur zu Gunsten des Griesbachschen Verfahrens und verheifst höchst wertvolle Resultate, wenn einmal die Forderungen gröfserer Exaktheit ganz berücksichtigt werden. Als Vorläufer aber strengerer Beobachtungen sei Wagners Arbeit willkommen geheissen!

Rudolf Schäfer, Lic. theol.: Die Vererbung. Ein Kapitel aus einer zukünftigen psycho-physiologischen Einleitung in die Pädagogik. Berlin. Reuther & Reichard. 1898. VIII und 112 Seiten. Preis Mk. 2.

Mit gutem Grunde fordert der Verfasser als Ergänzung des

psychologisch-pädagogischen Unterrichts eine Orientierung über gewisse Fragen der Physiologie und der genetischen Psychologie, besonders über Physiologie der Sinnesorgane, über Psychologie und Physiologie des Kindes in genetischer Darstellung, dann auch über die Lehre von der Vererbung. Dieser letzteren gilt die vorliegende Untersuchung. Er hat damit zwar ein Problem herausgegriffen, das zweifellos das Interesse jedes denkenden Menschen reizt, aber leider am allerwenigsten geeignet ist, unsere Wißsbegierde zu befriedigen. Denn es gibt kaum ein Gebiet in der gesamten Physiologie, wo die Ansichten sich so schroff gegenüberstehen und noch so sehr im Fluß sind, als das der Vererbung. Schon zu des alten B o e r h a v e Zeiten stritt man sich, ob erworbene Eigenschaften von den Eltern auf die Kinder übergingen, und heute stehen sich die Anhänger L a m a r k s wie diejenigen D a r - w i n s und W e i s m a n n s ebenso unversöhnlich gegenüber. Nur die Streitkräfte der Beweise haben sich auf beiden Seiten vervielfacht, aber zum Übergewicht ist noch keine Partei gekommen. In dieses Wirrwarr von Meinungen aber die Pädagogen hinzuziehen, scheint von recht zweifelhaftem Wert zu sein. Man kann ja weiter nichts als eine fast endlose Reihe mehr oder weniger verschiedener, sich gegenseitig bald bekämpfender, bald unterstützender Ansichten bieten, die in dem armen Leser das Gefühl größter Hilflosigkeit zurücklassen. Und das ist in der That das Gefühl, mit dem man auch diese allerdings gutgemeinte Zusammenstellung der zahlreichen Meinungen und Vermutungen über die Erblichkeit, die Veränderlichkeit, den Anteil von Mann und Weib bei der Zeugung, die Entstehung und Vererbung von individuellen Eigenschaften und Krankheiten, schließlich Degenerescenz und Abschwächung der erblichen Anlagen aus der Hand legt.

München.   Dr. M. O f f n e r.

_____

Herbert S p e n c e r, Die Erziehung. Übersetzt von Dr. Fritz Schultze. 4. Aufl. Leipzig 1898, Haacke, 3 ℳ.

Das pädagogische Werk des berühmten englischen Denkers wirkte auf mich nicht bloß interessant, sondern fesselnd infolge der Natürlichkeit seiner Prinzipien und der Folgerichtigkeit seiner Gedanken und Vorschläge. Seine Auseinandersetzungen wirken mit überzeugender Kraft, da dieselben sich ebenso sehr in philosophischer und zwingender Beweisführung bewegen als durch eine ungemein klare Beobachtung der psychischen und äußeren Natur erläutert werden. Es spricht ein ebenso wissenschaftlicher als praktischer Geist aus diesem Buche. Ich vermag den reichen Inhalt nicht im einzelnen darzustellen und beschränke mich darauf hinzuweisen, daß wir in diesem Buche nicht eine bestimmte Berufserziehung, sondern die notwendigen Bedingungen einer gesunden V o l k s e r z i e h u n g, nicht Schulpädagogik, sondern S o z i a l p ä d a g o g i k vor uns haben, die den Staatsmann nicht minder interessiert als den Lehrer und alle Eltern.

Grundzüge der psychologischen Erziehungslehre von Dr. A. Huther. Berlin 1898, Rosenbaum & Hart. 2 ℳ.

Immer umfassender und eindringlicher wird die Pädagogik von ihrer wissenschaftlichen Seite, der Ethik und Psychologie, bearbeitet. Die vorliegende Arbeit ist ein sehr ernster und erfolgreicher Versuch, die eine Seite der Pädagogik, nämlich die Erziehung, auf ihre wissenschaftlich psychologische Grundlage zurückzuführen. Ich bin mit hohem Interesse der ganzen Darstellung gefolgt und hatte den Eindruck, daſs hier ein gründliches psychologisches Wissen mit dem sicheren Takte der praktischen Übertragung sich vereinigt hat; nur erwartete ich infolge der anfangs vorgenommenen psychischen Analyse der sittlichen Handlung des barmherzigen Samariters, daſs die gesamte Erörterung sich auf solche anschauliche Beispiele stützen werde, darin aber war ich enttäuscht, es baut sich vielmehr alles Folgende theoretisch auf. Der Verfasser schließt sich dabei in psychologischen Fragen an Wundt, in Erziehungsfragen an Herbart an, der ja gerade in der Erziehung seine Hauptstärke zeigt. Sehr gut ist die Belehrung über das Zustandekommen des sittlichen Willens, über das Verhältnis von Haus und Schule, Individuum und Staat, über die Beziehungen zwischen Kultur und Staatsleben. Im 2. praktischen Teile des Buches war mir besonders interessant die Auseinandersetzung über Strafe, ferner über Temperamente und Talente.

Nach diesen trefflichen Erörterungen über Erziehung darf man gespannt sein, was der Verfasser in seinem angekündigten Werk über die psychologische Unterrichtslehre bringen wird.

Ethik, als Grundwissenschaft der Pädagogik. Ein Lehr- und Handbuch von Direktor Dr. M. Jahn. 2. verb. u. verm. Auflage. Leipzig, Dürr 1899.

Ein theoretisch und praktisch treffliches Buch. Der Mensch ist nach dieser Darstellung ein Ganzes, Körper und Geist stehen sich nicht als zwei geschiedene und feindliche Welten gegenüber. Im Gegenteil wird sehr schön und überzeugend gezeigt, wie die Sinnlichkeit die Grundlage und Voraussetzung der Sittlichkeit ist. Auf dieser sinnlichen Grundlage aufbauend, konstruiert der Verfasser die höheren Stufen der Sittlichkeit, die durch einen vermehrten Anteil des Intellekts bis zur Erhabenheit der Idee des Guten emporsteigen. Wir bekommen dabei einen Einblick in das mannigfaltige Leben des Menschen und lernen zugleich die Mittel kennen, eine solche Erziehung zu ermöglichen. Das Buch muſs dem eingehendsten und wiederholten Studium empfohlen werden.

Theodor Waitz' Allgemeine Pädagogik und kleinere pädagogische Schriften. 4. verm. Aufl. von Dr. Otto Willmann, Braunschweig, Vieweg & Sohn, 1898.

Die allgemeine Pädagogik von Th. Waitz hat sich trotz der

massenhaften literarischen Produktion der letzten 50 Jahre einen an-
sehnlichen Platz in der pädagogischen Literatur zu behaupten gewufst.
Dies verdankt das Buch seinem wissenschaftlichen Charakter, dem
einheitlichen inneren Zusammenhang und der scharfsinnigen Darlegung
der psychischen Vorgänge Diese Art der Erörterung wirkt anziehend
auch auf den, welcher die Herbartsche Grundrichtung seines Systems
nicht billigt. Es ist ein Verdienst des Herausgebers Willmann, dafs er
die Grundanschauungen von Waitz' praktischer Philosophie als Einleitung
vorausgeschickt hat, wodurch ein tieferes Verständnis der nachfolgenden Pädagogik ermöglicht wird. Es wird nämlich in dieser Übersicht
der praktischen Philosophie der Zusammenhang zwischen Pädagogik,
Ethik und Psychologie nachgewiesen und die Beziehungen der Pädagogik zur Politik, Rechtslehre, Ästhetik und Religion aufgesucht. In
diesen theoretischen Erörterungen gewinnt Waitz seine leitenden Gesichtspunkte über Ziel und Zweck, Methode und Mittel der Erziehung.
Er stimmt im wesentlichen mit Herbart überein und teilt demnach
auch dessen Vorzüge und Einseitigkeiten. Hauptaufgabe der Pädagogik
ist bei beiden eben die Erziehung, d. h. die Charakterbildung und die
Ausgestaltung des inneren Menschen. Kenntnisse und Fertigkeiten,
alles was formale Bildung heifst, haben eine nur untergeordnete Bedeutung. Der moralische Mensch steht ihnen höher als der für seinen
Beruf tüchtig Vorgebildete. Die Vorzüge beider liegen in der psychologischen Gestaltung der Methode, das hauptsächlichste Verdienst Herbarts in der modernen Pädagogik.

Herbart, Pestalozzi und die heutigen Aufgaben der Erziehungslehre. 8 Vorträge, gehalten in Marburger Ferienkursen 1897 u. 98
von Paul Natorp. Stuttgart, Frommann 1899. 1,80 _M._
    Natorp gibt eine strenge, aber gerechte Kritik der philosophischen
Grundlage von Herbarts Pädagogik. Er zeigt die Inkonsequenzen und
Widersprüche zwischen seiner Philosophie und Erziehungslehre auf
und läfst die Einseitigkeit seines Erziehungsplanes erkennen. Besonders weist der Verfasser den Rückschritt nach, den Herbart Kant
und Pestalozzi gegenüker in Ethik und Psychologie gemacht hat.
Und trotzdem hat Herbart einen so weit reichenden Einflufs auf die
praktische Pädagogik gewonnen. Aufser den Gründen, womit Natorp
diese merkwürdige Erscheinung wahrscheinlich macht, wird wohl noch
das Bedürfnis der Zeit nach einer gesetzmäfsig auftretenden Erziehungslehre, wie es die Herbartische ist, diese Wirkung hervorgerufen
haben.
    Aufser dieser kritisch negativen Richtung findet sich in den
Vorträgen auch das konstruktiv positive Bestreben, die philosophischen
Grundlagen der Erziehung und des Unterrichts zu finden. Diese Darlegungen haben meinen vollen Beifall gefunden und decken sich im
wesentlichen mit meinen eigenen Überzeugungen. Um eine Vorstellung von der Grundanschauung Natorps zu bekommen, setze ich

folgendes Citat hierher (p. 74): „In seltsamem Widerstreit mit dieser allgemeinen Zurückschiebung des Willens schien andererseits bei der berechtigten Betonung des sittlichen Endzwecks der Erziehung die verhältnismäfsige Selbständigkeit der wissenschaftlichen, der technischen, der ästhetischen Bildung von Herbart und den Seinen zu wenig gewürdigt zu werden, Denn wie der Wille, so ist auch der Verstand, im Doppelsinn des Kennens und Könnens, und so auch die künstlerisch gestaltende Phantasie sich selber Gesetz, nicht ausschliefslich dem Gesetz des Willens unterworfen. Was logisch und ästhetisch richtig und falsch ist, hängt an sich nicht vom Sittengesetz ab, sondern steht fest durch die eigene Gesetzmäfsigkeit des reinen Verstehens und der reinen Phantasiegestaltung. Also schien uns, müsse auch die logische, die ästhetische Bildung etwas Eigenes sein, wenngleich der höchste Erziehungszweck immer der sittliche bleibt".

Wer im Ganzen der Pädagogik lebt und besonders mit ihren philosophischen Grundlagen sich beschäftigt, wird mit Genufs und Anregung diese Aufsatzsammlung von Natorp lesen.

Das Schulwesen der böhmischen Brüder. Mit einer Einleitung über ihre Geschichte. Von Hermann Ball. Berlin, Gärtner, 1898. 5 *M.*

Die vorliegende, von der Comeniusgesellschaft gekrönte Preisschrift interessiert mehr durch ihre religionsgeschichtliche Darstellung als durch die Beschreibung des Schulwesens. Es tritt uns nämlich ein bedeutsames Stück der böhmischen Geschichte des 16. u. 17. Jahrhunderts entgegen, in deren Mittelpunkt die Sekte der böhmischen Brüder stand. Ihr Verhältnis zum Staat, zu den Protestanten, Calvinisten und Katholiken, die Erringung des Majestätsbriefes und ihre Beteiligung am Ausbruch des 30jährigen Krieges, ihre Bestrafung und Verbannung bieten dem Geschichtsfreunde interessante Details. Erst gegen den Schlufs des Werkes wird das didaktische Interesse des Lesers befriedigt durch die Darstellung der Lehrmethode des Comenius am Gymnasium zu Lissa in Polen. Seine Art, die lateinische Sprache mit den Elementarbüchern „Vestibulum" und „Janua" zu lehren, ist auch für heute noch mustergültig, wenn man eine lebende Sprache nach Büchern erlernen will. Auch die didaktischen Anweisungen für die Praxis der einzelnen Unterrichtsstunden und für die erfolgreiche Benützung dieser genannten Elementarbücher sind der Beachtung wert.

Über den Wert der mathematischen und sprachlichen Aufgaben für die Ausbildung des Geistes von Prof. Dr. Gneisse, Berlin, Weidmann, 1898. 1,20 *M.*

Es gehört auch zur pädagogischen Durchbildung der Lehrer, den eigentümlichen Bildungswert der einzelnen Unterrichtsfächer zu kennen,

um diese Werte als Kräfte im Unterrichtsbetriebe richtig ansetzen zu
können. Eine solche pädagogisch-didaktische Detailuntersuchung hat
Prof. Gneisse über den Bildungswert der Mathematik und des Sprachstudiums angestellt und ist zu folgenden Ergebnissen gekommen   :
„daß für die allgemeine Schulung des Geistes die mathematischen
Aufgaben ganz zu entbehren wären; daß sie zur Anwendung des
Denkens auf ein gewisses Gebiet der Anschauung notwendig sind;
daß das Bildende derselben nicht im Verhältnis zu ihrer Ausdehnung
wächst; daß eine Übertreibung derselben in der Zeit der Entwicklung
die allseitige Ausbildung des Geistes unheilbar schädigen muß."
    Die Methode des Verfassers war folgende. Er unterzog die
mathematischen Absolutorialaufgaben des Straßburger Lyceums einer
eingehenden Analyse der in ihnen enthaltenen Denkoperationen und
setzte diese letzteren in Vergleich zu den Denkthätigkeiten und psychischen Operationen, die bei den lateinischen und griechischen Übersetzungen, sowie bei der Abfassung des deutschen Aufsatzes in Thätigkeit gesetzt werden. Aus diesem Vergleich zog Gneisse die obigen Schlüsse.
    Um die Richtigkeit dieser Ergebnisse zu prüfen oder die Wahrscheinlichkeit derselben nachzufühlen, müßte man Philolog und Mathematiker zugleich sein, was sich wohl selten zusammenfinden wird,
darum bin ich auch von den obigen Schlüssen mehr in Staunen
versetzt als überzeugt worden. Der Mathematik ist schon seit Plato
ein hoher, wenn auch einseitiger Bildungswert zuerkannt worden,
den sie nie verlieren wird. Was vom Verfasser an der Mathematik
getadelt und von uns und jedem als ein Nachteil dieses Faches erkannt
wird, ist doch vielleicht mehr ein Fehler der Lehrmethode als der
mathematischen Wissenschaft selbst. Es gebe zu viel Abstraktion
und zu wenig Anschauung, die Geometrie beschäftige nur den äußeren
Sinn, Geometrie und Arithmetik bezögen sich zu wenig auf Natur
und Menschenleben, nur das Meßbare und Zählbare werde vergegenwärtigt, nur die mathematischen Eigenschaften der Dinge träten dem
Schüler entgegen, der Mathematikunterricht bringe keine Anregung
des Empfindungsvermögens. In dem einen oder anderen Punkte läßt
sich vielleicht die Lehrmethode verbessern und eindrucksvoller gestalten,
aber im ganzen muß man der Mathematik ihre eigene Natur und
Wesenheit lassen. Sie kann, will und soll nicht leisten, was andere
Fächer leisten; aber wie sie den Wissenschaften ein starkes Knochengerüste verleiht, so wirkt sie auch kräftigend auf den Geist der Schüler.
Was dagegen der Verfasser von dem bildenden Betrieb der klassischen
Lektüre und der Übersetzungskunst und dem deutschen Aufsatz vorführt, hat meinen vollen Beifall, ja stellenweise meine Freude und
Bewunderung erweckt.

Fünf Kapitel vom Erlernen fremder Sprachen. Von
Dr. E. von Sallwürk. Berlin 1898, Gärtner.
    Der Verfasser bezieht sich zunächst auf lebende Sprachen.
Sein Ziel ist die praktische Beherrschung der Sprachen im Lesen,

Schreiben und Sprechen, so dafs sie wirklich lebendig werden. Diesem Endziele wird die Lehrmethode in konsequenter Weise angepafst. Der Unterricht geschieht nämlich durchaus oder vorwiegend mündlich und beruht auf sachlicher Anschauung. Sach- und Sprachunterricht ist vereinigt. Gleich von Anfang an wird die fremde Sprache vom Lehrer im Unterricht gesprochen, jedoch an den einfachsten, dem Schüler bekannten, vielleicht durch Abbildungen nahegebrachten Vorgängen des Lebens. In der unterhaltenden Reproduktion dieser Anschauungen werden die Sprechversuche geübt. Mit der Erweiterung des sachlichen Anschauungskreises entwickelt sich auch die Sprechfertigkeit, die späterhin durch geeignete Lektüre unterstützt wird. Das Schreiben tritt zurück, die Sprache wird durch das Gehör, nicht mit den Augen gelernt. Schriftliche Übersetzungen aus dem Deutschen gibt es nicht, die Grammatik ist abgeschafft. Es ist dies eine der natürlichen Spracherlernung nahekommende Schulmethode, für welche der rühmlichst bekannte Verfasser nicht blofs mit seiner theoretischen Überzeugung eintritt, sondern auch durch praktische Versuche und Erfolge Propaganda zu machen weifs. Sallwürk ist so streng und konsequent in der Durchführung seines obersten Satzes: „Sprachkenntnis beruht nur auf dem freien Sprechen derselben", dafs er geneigt wäre, auch die alten Sprachen nach dieser Methode zu behandeln. Dem ist aber entgegenzuhalten, dafs die alten Sprachen nicht mehr lebende, dafs sie nicht mehr gehörte, sondern nur geschriebene und gelesene Sprachen sind, dafs für eine unternommene Belebung derselben uns ein lebendes Musterbild fehlt, dafs die lateinische Sprache um ihrer selbst willen als Sprachstudium in den humanistischen Schulen betrieben wird, deren innere Gesetzmäfsigkeit in der Grammatik zu Tage tritt.

Die fünf Aufsätze sind übrigens eine anregende, geistvolle Lektüre, nur konnte ich den vernichtenden Feldzug gegen den Grammatikunterricht nicht in allen Punkten für gerechtfertigt halten.

Würzburg. Nusser.

_____

Paul Imm. Fuchs. Deutsches Wörterbuch auf etymologischer Grundlage mit Berücksichtigung wichtigerer Mundart- und Fremdwörter sowie vieler Eigennamen. Stuttgart. Hobbing & Büchle 1898. 360 S. 4°. (3. Tausend.)

Das Wörterbuch von Fuchs gibt eine knappe Zusammenstellung des deutschen Wortschatzes nach Familien in der Abc-Ordnung, sorgt auch durch zahlreiche Rückweise für leichte Auffindung des Standortes. Die Etymologien sind meist nach Kluge gegeben, die der romanischen Lehnwörter nach Diez. Aus den Mundarten ist eine Auswahl aufgenommen, zunächst aus der schwäbischen, dann besonders aus den niederdeutschen. Das Buch wird gute Dienste thun können, da es sehr viel Material und das Meiste richtig bietet. Es wird aber in künftigen Auflagen vielfach zu bessern sein. Die Kürze macht den Zusammenhang oft unverständlich; wer sich auskennen will, mufs dann doch zu Kluge greifen und findet dort dann ganz andere Angaben als er erwartet, vgl. z. B. den Artikel stammeln; ohne die ahd. Zwischenglieder stammal und stamm versteht man die Bildung nicht, zumal, wenn man die Angabe der Verf., stammeln sei ein Iterativum, gelesen hat. Dafs Hag, Stier zu hecken gehöre, kann der nicht glauben, der die Ableitung des lezteren (in einer Hecke nisten) für ernst nimmt. Viele Etymologien sind zweifelhaft; Staar und Storch gehören doch wohl nicht zu Stärke, Stopfer nicht zu Stube (sondern zu stopfen); Stieglitz ist kaum slawisch, sondern ein einheimisches Onomatopoetikon, umgekehrt Striegel wohl lateinisch. Für Eisbein gibt Kluge Verwandtes. Für romanische Etymologien hätte Neueres, z. B. Körting, benützt werden sollen. Bei der Ableitung der Bedeutung hat F. wohl auch öfter fehlgegriffen, so bei vollstrecken (womit vollziehen, vollführen hätte verglichen werden sollen), bei der Steigerung sternhagelvoll, bei der an hinhageln (fallen) nicht gedacht werden darf. Wie man solche Steigerung anzupacken hat, zeigt ein schöner Aufsatz in der Januarnummer der Zeitschrift des allgemeinen deutschen Sprachvereins (die viel mehr bekannt sein sollte, da sie ja nicht blofs Werbemittel für die Fremdwörterjagd ist, sondern viele wertvolle Aufsätze zur deutschen Sprachgeschichte enthält). Der Anhang, ein Sachverzeichnis ist sehr lehrreich, eine Anzahl sprachlicher Erscheinungen wird hier durch Beispiele erläutert, so Begriffsübertragungen, Volksetymologien, Kurzformen von Namen (hier Heinel richtiger zu Heinrich statt zu Hagen gestellt als im Wörterbuch selbst), Buchstabenwechsel und dgl. Die Abkürzung st. habe ich nicht erklärt gefunden.

Die Ausstattung des Buches, zumal der Druck ist sehr zu loben. Der Preis ist nicht angegeben, er soll billig sein.

Würzburg.   O. Brenner.

Karl Erbe, Fünfmal sechs Sätze über die Aussprache des Deutschen. Stuttgart. Neff. 1897. 16 S. M. 0,30.

Die Bestrebungen zur Herbeiführung der Einheit in der Aussprache des Deutschen scheinen nach und nach in die richtigen Bahnen geleitet zu werden. Auf dem Dresdener Philologentag wurde eine Konferenz[1]) von Bühnenangehörigen und Vertretern der Wissenschaft behufs Ausgleichung der bestehenden Unterschiede in Aussicht genommen, und die obigen dreifsig Sätze, die in gedrängter Form zusammenfassen wollen, „was von allen Lehrern deutscher Unterrichtsanstalten unablässig betont und gefordert werden sollte", sind „als Grundlage für eine Verständigung über die Aussprache" der zehnten Hauptversammlung des Allgemeinen Deutschen Sprachvereins gewidmet. Will man aber dem Ziele entschieden näher kommen, dann mufs noch ein dritter Faktor hereingezogen werden, die Schule. Die Alten sind ja meistens den Neuerungen abhold und werden nach wie vor lehren und reden, „wie ihnen der Schnabel gewachsen ist". Es mufs mit der Jugend

---

[1]) Diese Ausgleichungskonferenz hat inzwischen stattgefunden. Die Ergebnisse ihrer Beratungen sollen demnächst besprochen werden.

begonnen werden und von autoritativer Seite. Deshalb sollten bei
einer Ausgleichskonferenz auch die Seminardirektoren nicht fehlen.
Den Seminaren kommt es in erster Linie zu, die Pflege der einheitlichen Aussprache zu übernehmen, damit die angehenden Lehrer in
den Besitz einer verlässigen, allgemein gültigen Richtschnur gelangen,
nach der die Volksschüler im ganzen Reich zu unterrichten sind.

In der Einleitung bricht Erbe eine Lanze für seine oft verächt-
lich behandelte heimische Sprache und sucht aus der Übereinstimmung
der Sprache Luthers mit der der gebildeten Schwaben wie mit der
Bühnensprache, den Nachweis zu führen, dafs Schwaben, die Heimat
sowohl unserer Schrift- als unserer Bühnensprache sei.   Kann man
auch zugestehen, dafs Schwaben für beide der Ausgangspunkt gewesen
ist, und dafs die schwäbische Mundart sich in viel mehr Punkten mit
der Schriftsprache berührt, als die norddeutschen Dialekte, so wird
doch andrerseits nicht zu leugnen sein, dafs die heutige Bühnensprache
eher einen norddeutschen als einen schwäbischen Anstrich hat.

Die Schrift behandelt in drei Abschnitten die Klinger oder Selb-
laute, die Tiser oder Mitlaute und die Betonung. In der technischen
Bezeichnung schliefst sich der Verf. Trautmann an, nur für Vokal
schlägt er statt „Galm" Klinger oder Selblaut, für „Diefs" Tiser (vom
mhd. tiseln, schwäb. disemlen = flüstern) oder Mitlaut vor.   Diese
Gesuchtheiten könnte man füglich entbehren.   Die ersten vierund-
zwanzig Sätze sollen „die Punkte enthalten, worüber im ganzen Übereinstimmung herrscht", die letzten sechs „weitere Punkte, über die
noch nicht entschieden ist, dem Schüler aber Auskunft gegeben werden
mufs".   Die Übereinstimmung über manche Punkte der ersten Sätze
scheint aber doch etwas zweifelhaft zu sein, wie z. B. die Aussprache des y als ü in Hymne, Mythe, Myrte; oder dafs e in tonlosen Endsilben (Brodem, Nebel, Ader) ein Laut sei zwischen a und o;
oder dafs man in „Wahrhaftigkeit, Offenbarung, abscheulich, vortrefflich, barmherzig, lutherisch" den Ton auf die erste Silbe legen soll;
oder dafs in fremden Vornamen die Betonung der Stammsilbe zu
bevorzugen sei, also Áuguste, Hélene, Irene u. dgl.   Den Verschlufs-
lauten p, k, t soll die Behauchung streng genommen nur zukommen,
wo sie der dritten Stufe der Lautverschiebung entspricht.   Demnach
wären die Klapper in kenne (gi-gno-sco, J know), kalt (gelidus, cold)
behaucht, aber in Posaune (bucina), Tisch (discus), thue (ti-the-mi,
J do) unbehaucht.   Wird sich die Praxis nach solchen theoretischen
Subtilitäten richten?

Auch von den noch unentschiedenen Punkten dürften die zwei
letzten kaum im Sinne des Verfassers entschieden werden. Aus historischen Gründen erklärt er es für „wünschenswert, dafs als Umlaut von
lang und kurz a der Laut e (oberes, geschlossenes e), für das in
Wechselbeziehung zu i stehende e aber der Laut ε (= ä, offenes e)
gesetzt würde: Macht, Mechte; schlagen, Schlegel; seen, Sicht; helfen,
Hilfe". Ferner soll die schwäbische, auf das Mittelhochdeutsche zurückgehende Unterscheidung von ei und ai, ou und au, eu und äu erhalten bleiben.

Aber zu billigen ist, dafs Erbe dem Zungen-r sein Recht wahrt und im Gegensatz zu norddeutscher Aussprache pf von f unterschieden wissen will. Für die Forderung des stimmlosen s im Anlaut wird er wegen der Übereinstimmung mit Französisch und Englisch alle Neuphilologen auf der Seite haben.

Würzburg.   J. Jent.

Die deutschen Klassiker erläutert und gewürdigt für höhere Lehransalten sowie zum Selbststudium von E. Kuenen und M. Evers. H. Bredt, Leipzig.

Von den neuerlich erschienenen Heften dieser nach bewährten Grundsätzen bearbeiteten und besonders zum Selbststudium zu empfehlenden Ausgaben ist Schillers „Wilhelm Tell“ von E. Kuenen bereits in vier Auflagen erschienen und somit hinsichtlich seiner Brauchbarkeit wohl erprobt. Beigegeben ist dem mehr als reichlichen Inhalte eine dramaturgische Tafel und eine Karte.

In gleich eingehender Würdigung ist auch „Goethes Egmont“ von Fr. Vollmer im 11. Bändchen der Sammlung behandelt. Dabei sind alle einschlägigen Quellen und Vorarbeiten sowie die gesamte Fachliteratur nicht nur gewissenhaft benützt, sondern auch mit selbständigem Urteile verwertet, manches ist besonders in der Geschichte und Würdigung des Dramas neu oder wenigstens besser beleuchtet.

Dem bereits im 30. Bande dieser Blätter vom Referenten besprochenen 2. Teile der Erläuterungen zu Schillers Wallenstein reiht sich nach längerer Unterbrechung an: „Das Lager“ (13. B.) mit steter Beziehung auf das Gesamtstück erläutert und gewürdigt von M. Evers (1897). Es entspricht dem von dem Verfasser von vornherein eingenommenen Standpunkt und der ganzen Anlage dieser vielseitigen Würdigung und eingehenden Erklärung des gewaltigen Dramas, dafs auch „das Lager“ als selbständiges Ganze für sich und in seiner Beziehung auf das Gesamtdrama in einem eigenen Hefte behandelt wurde, wie dies auch für die übrigen Teile der Trilogie in Aussicht gestellt ist.

Das von dem gleichen Herausgeber für die Schule bearbeitete Drama Schillers „Jungfrau von Orleans“, bereits in 2. Auflage erschienen in der Sammlung: „Meisterwerke der deutschen Literatur“, zeigt gegen die erste Auflage manche wesentliche Neuerungen und Verbesserungen, z. B. Verszählung durch das ganze Drama, sorgfältige Interpunktion und besonders für den Unterricht nutzbar zu machende Zusammenstellungen der dichterischen Anklänge und Parallelen aus der Bibel, der Antike und Neuzeit, lehrreiche Zugaben, welche der Herausgeber in reichlichem Umfange bereits seiner Ausgabe von Schillers „Glocke“ (9. Bändchen der Sammlung von Kuenen und Evers) beigefügt hat, worauf vom Referenten in der Besprechung dieser Ausgaben (31. B. S. 446) bereits empfehlend hingewiesen worden ist. —

Nach einer durchweg anderen Methode behandelt ist die von
O. Lehmann für den Schulgebrauch besorgte Ausgabe des gleichen
Dramas (Verlag von R. Richter, Leipzig 1897). „Sie will das Drama
durch sich selbst wirken lassen, unbeeinflufst durch langatmige Einleitungen und allerlei Kritiken literarhistorischer und ästhetischer Art."
Daher finden sich unter dem Texte nur kurze Fufsnoten, nach
jedem Aufzuge teils auf den Inhalt teils auf den Aufbau des Dramas
bezügliche Fragen und am Schlusse zusammenfassende Betrachtungen
über das Drama selbst und über den Dichter. Diese Methode,
die jedoch, besonders wenn man die minder begabten und weniger
denkreifen Schüler ins Auge fasst, auch ihre Schattenseiten hat, ist
bereits in ähnlicher Weise in den Schulausgaben deutscher
Klassiker von H. Stephanus, (Trier) zur Anwendung gebracht
und vom Referenten in diesen Blättern seinerzeit besprochen worden.
Das aus dem letzteren Verlag vorliegende 12. Bändchen: Volks-
und Kunstepen der ersten klassischen Blütezeit, in Prosa erzählt
von K. Fischer, enthält in wohlbemessenen Abschnitten und Umrissen
das Nibelungen- und Gudrunlied, das Rolandslied, Parzival und
„armen Heinrich" nebst geschichtlichen Angaben über dieselben. Die
Darstellung ist im ganzen fliefsend und leicht verständlich; störend
wirkt nur der in mehreren einzelnen Abschnitten öfter ganz unmoti-
vierte Wechsel der Zeiten der Gegenwart und Vergangenheit; im übrigen
vermag diese Zusammenstellung für die entsprechenden Schulen und
Altersklassen zum Zwecke sicherer Einprägung und zusammenfassender
Wiederholung des Stoffes nützliche Dienste zu leisten.
Schliefslich sei noch erwähnt aus W. Königs Erläuterungen
zu den Klassikern das 7. Bändchen zu Goethes Hermann und
Dorothea von O. Dingeldein. (Verlag von H. Beyer in
Leipzig.) Sprachliche und sachliche Erklärungen in ziemlicher Zahl,
die alles für das Verständnis Notwendige meist in kurzer, ansprechender
Form bieten, sowie gedrängte Angaben über Gang und Aufbau der
Handlung in den einzelnen Gesängen und eine besonders einschlägige
Aufsatzarbeiten der Schüler fördernde Charakteristik der Personen
lassen dies auch durch billigen Preis (40 Pfg.) sich empfehlende Heft-
chen als geeignetes Hilfsmittel für Schul- und Privatlektüre erscheinen.

Würzburg.   ——————   A. Baldi.

C. Julii Caesaris commentarii cum A. Hirtii aliorumque
supplementis ex recensione Bernardi Kübleri. Vol. III. pars
altera. Commentarius de bello Hispaniensi. C. Julii Caesaris et A.
Hirtii fragmenta. Lipsiae. In aedibus B. G. Teubneri. MDCCCXCVII.

Mit dem Kommentar vom spanischen Krieg und Cäsars, wie des
A. Hirtius Fragmenten hat B. Küblers Cäsar-Ausgabe ihren Abschluss
gefunden und, man mufs es gestehen, einen würdigen. Die Kritik
befindet sich ihr gegenüber in der angenehmen Lage, ein anfängliches
ablehnendes Urteil in steigendem Mafse durch spätere günstige ergänzen zu können. Konnte Ref. nicht umhin, der Küblerschen Text-

gestaltung des bell. Gallicum gegenüber ernste prinzipielle Bedenken zu
äussern (Bl. f. d. bayr. G.W.XXX[1894] S. 741 ff.), so boten sich weiterhin,
je einheitlicher — freilich nicht zugleich besser — die handschriftliche
Überlieferung sich darstellte, immer weniger Differenzpunkte. — Das
hell. Hispaniense stellt einem Herausgeber besonders heikle Probleme.
Der schlechte Zustand der Überlieferung erreicht hier den höchsten
Grad und bietet der Konjekturalkritik ein weites Feld, aber die stilistische Unfähigkeit des Autors, dem eigentlich alles zuzutrauen ist,
raubt jener noch mehr als sonst die Sicherheit, so dafs ein Mommsen,
wie der Herausgeber in der praefatio mitteilt, von vielen seiner
eigenen Konjekturen gesteht, dafs sie die Verzweiflung gemacht habe.
Der Herausgeber thut also alles, wenn er die Überlieferung sorgfältig
prüft und mitteilt, besonnen den Ertrag der Konjekturalkritik verwertet, verzweifelte Stellen lieber durch Cruces kennzeichnet als durch
unwahrscheinliche Vermutungen verhüllt, kurz in der Hauptsache sich
begnügt, den Leser auf die Höhe der gegenwärtigen Kritik zu heben.
Man wird sagen müssen, dafs K. diese Aufgabe erfüllt habe.   Eine
Kleinigkeit sei berichtigt. Für die Konjektur stabat statt ibat 17, 2
besitzt Koch (Rhein. Mus. XVII p. 479) die Priorität vor dem Ref.
(vgl. Acta sem. Erlang. I p. 475).

   Die Fragmente der Schriften Cäsars sind neu und gründlich durchgearbeitet, bezw. die Hinweise auf solche (gegen Nipperdey
und Dinter) beträchtlich vermehrt. In hohem Mafse dankenswert ist
der Abdruck der leges Juliae, bes. lex agraria, municipalis, coloniae
Genetivae Juliae, welche in extenso wiedergegeben sind; auch eine
tabula fastorum Julianorum ist beigegeben. In der Abteilung epistulae
findet man den inschriftlichen (durch Cichorius erhaltenen) griechischen Brief an die Mitylenäer — γράμματα Καίσαρος θεοῦ —
von welchem Sitzungsberichte der Berliner Akademie d. W. 1889 S. 953
berichtet ist. Bei den Stellen, an welchen des Wortes: ,veni vidi vici'
gedacht wird, würde ich doch auch die älteste gern notiert sehen:
Seneca suas. 2, 22. Dafs hier das Cäsarwort sehr eigenartig verwendet
und die Stelle wenig bekannt ist, rechtfertigt es vielleicht, wenn ich
die Worte ausschreibe: Tuscus ille, qui Scaurum Mamercum, in quo
Scaurorum familia extincta est, maiestatis reum fecerat, homo quam
improbi animi tam infelicis ingenii cum hanc suasoriam (sc. trecenti
Lacones contra Xersen missi .... deliberant an et ipsi fugiant) decla-
maret, dixit: exspectemus, si nihil aliud, hoc effecturi, ne insolens
barbarus dicat: ,veni vidi vici', cum hoc post multos annos divus
Julius victo Pharnace dixerit.'

   Nürnberg.   Albrecht Köhler.

   Des Qu. Horatius Flaccus Satiren und Episteln. Für
den Schulgebrauch erklärt von Dr. G. T. A. Krüger. 14. Auflage,
besorgt von Dr. Gustav Krüger. I. Teil: Satiren. Leipzig. Druck
und Verlag von B. G. Teubner. 1897. Preis 1,80 M.

   Der Wert und die Beliebtheit des Buches dürfte schon aus dem

Umstande ersichtlich sein, dafs kaum drei Jahre seit dem Erscheinen der 13. Auflage verstrichen sind. Auch bei dieser nach den bewährten bisherigen Grundsätzen bearbeiteten Auflage hat der Verfasser keine Mühe gescheut, um dieselbe in jeder Hinsicht, Text wie Kommentar, zu verbessern, für ihren Zweck immer brauchbarer zu gestalten und zu einem Lehrern und Schülern wertvollen Hilfsmittel beim Studium des Dichters zu machen.

Schon in scheinbaren Kleinigkeiten zeigt sich die liebevolle Sorgfalt des Verfassers. Nicht wenige Interpunktionen sind geändert, aber, wie eine genaue Prüfung zeigt, keine ohne reifliche Erwägung und die Mehrzahl in einer Weise, dafs man Zustimmung nicht wohl versagen kann. Die Stellen, an denen ich abweichender Meinung bin, sind folgende. Warum I, 1, 6 nach austris jetzt Komma steht, nachdem doch die Rede des mercator folgt, ist mir nicht klar; die (richtige!) Weglassung des Kommas nach ego V. 15 scheint mir mit der Anmerkung zur Stelle im Widerspruche zu stehen; das Komma nach iuvat V. 41 findet meinen Beifall nicht wegen des folgenden te; auch I, 9, 37 möchte ich die frühere Interpunktion beibehalten trotz der Abhängigkeit des perdere von debebat. Warum nach hoc II, 1, 36 Komma gesetzt wurde, verstehe ich nicht; V. 49 würde ich nach certes Strichpunkt setzen, dagegen V. 51 nach mecum Doppelpunkt; V. 52 das Komma nach unde beseitigen, da ja sonst auch nach intus eines gesetzt werden müfste; II, 3, 59 dürfte am richtigsten wohl maxima, serva! interpungiert werden. Die Interp. v. 88 mihi: credo, dürfte auf einem Druckversehen beruhen; vgl. oben p. XVI; auch V. 326 scheint es geratener, die drei (eher störenden als fördernden) Kommata wegzulassen; auch 8, 87 und 93 möchte ich der bisherigen Interp. den Vorzug einräumen; I, 4, 81 verlangt nicht blofs der Wohlklang des Verses, sondern auch der Sinn die Interp. absentem qui rodit amicum; denn sonst wäre man ja zur Verteidigung anderer als enger befreundeter Persönlichkeiten nicht verpflichtet, was der Dichter gewifs nicht sagen wollte (vgl. auch V. 35 non hic cuiquam parcet amico). Nach dem Zusammenhange ist überhaupt hier von Freunden die Rede. Der Text der Satiren erlitt nur ganz wenige Veränderungen, so I, 1, 81 jetzt (nach Friedrich) adflixit statt des ebenfalls verständlichen und passenden adfixit; aber die Begründung scheint mir etwas gesucht; das Geld und daher auch die angezogene Stelle V. 70 — nicht 76 — kommen hier nicht in Betracht. Die Belegstellen aus Ovid und Tacitus sind als wenig beweiskräftig entbehrlich. V. 101 ist Naevius statt Maenius mit fast allen Handschriften — was vielleicht zu bemerken wäre — hergestellt; dafs mit Naevius ein Verschwender und nicht ein Geizhals bezeichnet wird, lehrt der Zusammenhang und die Zusammenstellung mit Nomentanus. Ob Naevius mit dem II, 2, 68 genannten identisch ist, ist eine ziemlich müfsige Frage und kaum zu bejahen. — I, 3, 132 steht aus Versehen im Text sutor, in der Note tonsor. — I, 6, 4 ist st. imperitarent wieder (nach Weifsenfels) imperitarint aufgenommen; ob mit Recht, lasse ich bei der Möglichkeit, auch jenes passend zu erklären, dahingestellt; die von Weifsen-

fels beigefügte Motivierung will mir nicht so ohne weiteres einleuchten.
— V. 29 quis homo hic est? quo patre natus verdient gegenüber dem
bisherigen aut quo p. natus Billigung. — V. 31, auch hier bin ich im
Zweifel, ob das konsekutive ut oder das explikative et vorzuziehen sei;
doch möchte ich mich wegen der handschriftlichen Grundlage und
auch wegen des Wohllautes, nachdem ut kurz vorausgeht, für et entscheiden. — II, 3, 303. Obwohl die bisherige Lesart abscisum besser
beglaubigt ist, dürfte doch das jetzt aufgenommene abscissum, das
auch durch das Ovid. avolsum empfohlen wird, als der Sachlage mehr
entsprechend den Vorzug verdienen. — II, 5, 89 Da operae der Erklärung keine Schwierigkeiten bereitet, dürfte es als die lectio aller
Hdschr. beizubehalten sein.   Nach dieser kurzen Besprechung der
Neuerungen in Text und Interpunktion, lasse ich noch einige Bemerkungen zu den im Kommentar und im Anhang gemachten Änderungen
folgen:
    Sat. I, 1 scheint mir auf die invidia zu viel Gewicht gelegt zu
sein. Wenn man die Satire im Zusammenhange liest und dann
namentlich V. 108 (avarus!) und V. 117 beachtet, ergibt sich avaritia
als Hauptgrund der Unzufriedenheit, wie der Herausgeber selbst zu
V. 108 „Dieser Zusatz u. s. w." ganz richtig bemerkt, und die invidia
erscheint nur als ein die avaritia häufig — nicht notwendig und immer
— begleitender Fehler. Auch der Verf. spricht am Schlusse der Einleitung nur von „meist verbunden". — I, 1, 1. Die Bemerkung zu sibi
ist für Schüler wohl angebracht; V. 4 sollte gesagt sein, dafs dieses
Mühelose nur scheinbar ist; V. 7 wenn quid enim = τί γάρ oder πῶς
γάρ οὐ ist, dann kann der Sinn nicht sein: „Wie steht's um die mi-
litia?" L. Müller vielleicht richtig, aber zu wenig bestimmt und klar:
„Es dient zur Einführung eines leicht begreiflichen Beweises". Die
Bem. von Schütz z. d. St. ist teils unrichtig, teils unklar. V. 14 betrachte ich als Grund der momentanen Unzufriedenheit multo iam
fractus membra labore, welchem das gravis annis (nicht armis!) untergeordnet ist. — V. 54. Dafs urna und cyathus durch Vergleichung mit
unsern heutigen Mafsen verständlich gemacht werden, ist zu loben;
was weifs man, wenn z. B. Luc. Müller sagt: „urna die Hälfte der
amphora, cyathus der 12. Teil des sextarius?" V. 59 dürfte ausdrücklich bemerkt sein, dafs die folgenden Worte allegorisch verstanden
werden sollen. — V. 81 ist die Fassung von casus = Schlagflufs jedenfalls zu eng; es sind ja auch noch andere casus denkbar. — V. 92
Die finis = die Summe, deren Erreichung sich jeder, der eine natürlich mehr als der andere, zum Ziele gesetzt hat, um im Alter sorgen-
frei leben zu können (also finis = quod avebas).
    I, 3, 4 kann hoc doch unmöglich auf das Folgende bezogen werden,
vielmehr auf das vorhergehende hoc vitium, wozu das Folgende als
Beleg dient.
    I, 4, 13 ist ut multum nicht = quam multum; auch kann der
Sinn nicht sein: Denn was die Menge betr., erhebe ich keinen Einspruch (L. Müller); das wäre hier gegenüber den Versen 9 folg. eine
unerträgliche Tautologie. Man erwartet „denn dafs er viel geschrieben,

darauf lege ich keinen Wert". Das könnte aber nicht ut, sondern müfste quod heifsen. Die Schwierigkeit wäre beseitigt, wenn ut ganz fehlte. Die Bem. zu dictabat ist nicht ganz zutreffend, da dictabat nicht betont ist und also auch kein Gegensatz zum folgenden scribendi beabsichtigt zu sein scheint. Geschrieben hat er dictando viel, aber nicht recte, weil er das Geschriebene nicht mehr gefeilt hat. — V. 16 wird sich die Thätigkeit der custodes nach der Ansicht des Crispinus wohl zunächst auf Horaz zu beschränken haben. — Zu V. 15 ist mir nicht recht verständlich, warum Crispinus durch accipiam seine Bereitwilligkeit bezeichnen soll, eventuell (?) genau (?) dasselbe zu thun, nachdem doch er selbst den Horaz zu einem Wettschreiben herausgefordert hat. Horaz kann doch nicht allein in die Wette schreiben? Damit erledigt sich auch das Bedenken im Anhang wegen des folgenden nobis. — V. 30. Über die Schwierigkeit der lokalen Auffassung der Stelle surgente etc. habe ich mich bei der Besprechung der vor. Auflage (B. G. Bl. XXX. Jahrg. S. 601) ausführlicher geäufsert; die in quin liegende Steigerung bedarf wohl einer kurzen Bemerkung. — V. 33 verdient Bentleys poetam (statt des hdschr. poetas) wegen des unmittelbar Folgenden entschieden den Vorzug; denn offenbar meint hier der Dichter zunächst nur sich selbst und seine Satiren; vgl. auch V. 70. — V. 62 ist etiam wieder fälschlich zu disiecti gezogen st. zu invenias. Beweis für letzteres: si me disicias, non invenias etiam (mea) membra, ut invenias, si solvas „postquam et qu. s."; also non ... etiam = nicht auch noch, nicht in gleicher Weise. — V. 80 quis ist nicht interrog. sondern indefin. und die Stelle von jener Epist. I, 16, 40 ganz verschieden. — V. 88 post wird durch das folgende potus näher bestimmt; also post, potus, hunc quoque. — V. 103 ist die Bem. wenig klar; vere heifst aufrichtig. — V. 121 wie soll man dictis übers.? = „Aussprüche"? — V. 128 opprobria bedeutet nicht Fehler, sondern den durch Fehler zugezogenen Tadel, Schimpf, Schande; vgl. auch I, 6, 84, wo das Wort nicht erklärt ist. — V. 124 an addubites = oder solltest du etwa bezweifeln? Die Anm. ist ungenügend, zumal für diejenigen, denen die citierten Grammatiken nicht zur Hand sind. — V. 126 avidos von der Efslust der Kranken und Rekonvalescenten. — I, 6, 55 zur Erklärung war auf V. 64 (auch 51 u. 82) zu verweisen. — V. 58 bedarf einer kurzen Erklärung; nach L. Müller möchte man meinen, quid essem und quod eram bedeuteten das Gleiche, während ersteres ungefähr = vita et pectore puro, letzteres = libertino patre natus ist, also geringe Herkunft und geringes Vermögen. — V. 87 hoc kann sich nicht auf die väterliche Fürsorge beziehen; auch wäre maior ohne Zusatz aufserordentlich matt. Der Sinn ist einfach: aber jetzt (sc. nachdem ich mehr geworden bin als ein praeco etc., gebührt ihm (dessen Verdienst es ist) von mir auch um so gröfserer Dank. — V. 123 bedeutet tacitum in der Stille bei mir, für mich, ohne Mitteilung an andere. — I, 7, 12 animosum nicht, wie bei Georges Lex., mit Hectora zu verbinden; warum Kiefsling nach Priamiden Komma setzt, ist unverständlich Zur Charakteristik Achills konnte auf Epist. II, 3, 120 folg. verwiesen werden. — I, 9, 16 durch die Verbindung von persequar

mit dem Folgenden wird der Satz aufserordentlich matt; richtig bei
Schütz. — V. 28 felices wird wohl Akkusativ (des Ausrufes) sein.
Das aus Homer angeführte Beispiel reicht als Nachweis für den Nominativ nicht aus. — V. 42 durum wie Od. I, 24 durum, sed levius
fit patientia, quicquid corrigere est nefas. — V. 43 bleibt unverständlich, wie Horaz auf die Frage des Zudringlichen: „Maecenas quomodo
tecum?" antworten könnte: „paucorum hominum u. s. w."; ganz anders,
wenn der Zudringliche diese Worte spricht; aus diesem Umstande
schliefst er eben, dafs der Dichter fortuna omnibus dexterius usus est.
— I, 10, 36 Anm. dürfte es der Deutlichkeit wegen heifsen: Horaz
läfst ihn selbst thun st. der Dichter. — V. 88 wird prudens „wissent-
lich" bedeuten. — II, 1, 14 die einfachste Erklärung bietet Kiefsling;
man denke an die Erzählung von Epaminondas bei Nepos; die Gallier
sterben hin infolge der in ihren Leib eingedrungenen und abgebrochen
stecken gebliebenen Lanzenspitze. — II, 2, 30 datum ist als Akkusativ
von sentis abh.; ähnlich unde petitum hoc in me iacis I, 4, 79 u. a.
— V. 80 dicto citius darf nicht (nach Kiefsling) mit sopori dedit verbunden werden, sondern gehört zu curata, wie ja gleich das Folgende
von V. 82 an zeigt; von dem tenuis victus ist die Rede; die Stelle
bei Livius beweist nichts; übrigens bleibt die in dicto citius liegende
Übertreibung die gleiche, mag ich so oder so verbinden; auch handelt
es sich hier nicht um einen raschen, sondern um einen tiefen
Schlaf, einen solchen gewährt aber ein mäfsiges (kurzes) Mahl. —
II, 2, 124 ita = dafür; wenn nicht etwa ut zu schreiben ist. — V. 134
in usum vom usus fructus, der (vorübergehenden) Nutzniefsung im Gegensatze zum (bleibenden) Eigentum. — II, 3, 86 Anm. dürfte für Schüler
bemerkt werden, dafs damnas indecl. ist. — V. 187 velit ebenso gebraucht I, 4, 111 und (positiv) I, 1, 126. — V. 286 wird cum venderet
= sein „wenn er ihn hätte verkaufen wollen". — V. 294 ist nirgends
gesagt, dafs sich der Knabe im Wasser befindet. — V. 298 die Erklärung nach Kiefsling halte ich nicht für richtig; totidem audire
scheint sprichw. Redensart zu sein; oder sollte es auf das folgende
pendentia zu beziehen sein? — V. 303 hier konnte auf Ovid: avolsum-
que caput digitis complexa cruentis verwiesen werden. — II, 6, 36 bei
der gegebenen Erklärung bleibt die Unterscheidung von per caput und
circa latus unverständlich. — V. 59 die Bemerkung gewährt keine
rechte Befriedigung; von einer freudigen Empfindung ist nirgends eine
Spur zu finden, wie „misero" und „non sine votis" ersehen lassen;
das handschr. perditur macht jede erklärende Bemerkung überflüssig.
— V. 63 wird es in der Anm. zu simulque statt Bohnen oder Kohl
heifsen sollen Bohnen und Kohl? — V. 75 usus = Nutzen, rectum
= Tugend; warum auf Sat. I, 1, 107 verwiesen wird, ist nicht recht
klar; dort hat rectum doch eine viel weitere, allgemeinere Bedeutung.
— V. 91 patientem wird hier wohl = gelassen, genügsam bedeuten.
— II, 7, 31 amasque nicht te, sondern „es", das folgende quod u. s. w.
Sat. I, 2, 54 liegt die Sache anders.

Diese meine Bemerkungen zu einzelnen Stellen sollen nicht etwa
den allgemein anerkannten Wert des Buches bemängeln, sondern nur

eine Anregung zu erneuter Prüfung der vorerwähnten Fragen gehen.
Ich schliefse mit dem Wunsche, die Krügersche Ausgabe der Satiren
möge auch in ihrer neuen Gestalt nicht nur, um des Verfassers eigene
Worte zu gebrauchen, „den im Kreise der Schule bisher eingenommenen
ehrenvollen Platz auch in Zukunft behaupten“, sondern stets neue
Freunde gewinnen.

Freising. Höger.

———————

P. Cornelius Tacitus ab excessu divi Augusti Buch I
und II. Für den Schulgebrauch erklärt von Georg Andresen. Berlin,
Weidmann, 1897.[1]) 90 S. Beiliegend das Bändchen Anmerkungen
53 S. 1 M. 40 Pf.

Mit Rücksicht auf die Forderungen der preufsischen Lehrpläne
lassen jetzt auch Teubner und Weidmann eine neue Auswahl griechischer
und lateinischer Schriftsteller mit gesonderten Kommentaren erscheinen.
Die Namen der Firmen und der Herausgeber versprechen für unser
Gymnasium mehr Segen als manche andere Konkurrenzunternehmen. Die
neue Ausgabe der Annalen des Tacitus, von dem bewährten Kritiker Georg
Andresen besorgt, basiert in Textesgestaltung und Kommentar auf der
grofsen, für den Lehrer unentbehrlichen Ausgabe Nipperdey-Andresen.
Die Einleitung bietet auf vier Seiten die relativ verlässigsten Nachrichten über den Autor. Der Text ist konservativ und ruht auf
fester Grundlage. I 18 würde ich für incipientes principis curas doch
lieber incipientis principis curas lesen (so neuerdings auch Weidner);
I 59, 14 redderet filio sacerdotium hominum ist kein genügender Grund
für die Änderung hostium, auch Halm hat diese seine ansprechende
Konjektur nicht in den Text gesetzt. Dagegen unterbleibt I 35, 11 mit
Recht die Einschaltung obirent. In einer Schulausgabe würden orthographische Schwankungen wie conponi—componi, inpedire—imperitus,
exstinguere—extinguere, exim (I 16, 12 u. II 55, 11) — exin (II 67, 8)
besser vermieden; ungewöhnlich ist auch die Schreibung rennuit (I 76, 4;
auch in der grofsen Ausgabe), sie hat wohl an relligio, relliquiae u. ä.
ein Analogon und findet sich in der Überlieferung auch anderer
Autoren. Auf der gleichen Seite 46 wäre der Druckfehler mode a
plebe zu berichtigen.

Der Kommentar ist knapp, aber ausreichend, klar und verlässig, und darum den Schülern vor anderen zu empfehlen. Die Empfehlung soll durch ein paar Ausstellungen, die ich im folgenden mache,
keineswegs eingeschränkt werden. Die Bemerkung (I 1): 'Das erste
Triumvirat war auf den persönlichen Einflufs, das zweite auf die Macht
des Schwertes gegründet', ist nicht genau. I 1, 13 'florentibus = vivis',
sachlich wohl, aber florentibus besagt mehr, vgl. Cornel. Att. c. 11
non florentibus se venditavit, . . Serviliam non minus post mortem
eius quam florentem coluerit. Warum soll I 7, 17 zu excubiae arma

———————

[1]) Aus redaktionellen Gründen werden hier mehrere Besprechungen zusammengefafst, die gesondert und früher (zum Teil vor zwei Jahren) geschrieben sind.

cetera aulae ergänzt werden aspiciebantur und nicht einfach erant?
Wenn I 10, 30 comparatione deterrima 'durch einen abscheulichen Vergleich' übersetzt wird, so ist das ungenau und nicht gut deutsch,
vielmehr = comparatione deterrimi ⟨hominis⟩ 'durch den Vergleich
mit einem Scheusal (Unmenschen)'. I 12, 8 sind die absichtlich dunkel
gehaltenen Worte cui in universum excusari mallet wohl eher zu erklären „für das er im allgemeinen eine Entschuldigung ausgesprochen
wissen wolle" (der Gesamtregierung sei keiner gewachsen) als „das er
ganz und gar ablehne". I 13, 5 pari publice fama „als Staatsmann",
wohl eher „in der öffentlichen Meinung". I 31, 22 sed multa seditionis
ora („Zungen") vocesque; ganz unverständlich ist mir Weidners Erklärung „Führer und Redner des Aufstandes"; man wird übersetzen
„aus tausend Mienen und Stimmen sprach Meuterei"; zur Verbindung
ora vocesque vgl. Nep. XXV 1, 3 suavitas oris atque voeis (ähnlich
VII 1, 2), häufiger verbunden vultus und vox. So dürfte der Übersetzung des Schülers auch sonst etwas mehr vorgearbeitet sein; dagegen kann er I 67, 5 'hostes Subjekt' leicht selbst finden. II 16, 4
ist resistunt wohl richtiger zu erklären „sie stehen entgegen" als „sie
bleiben zurück". Zu II 65, 16 Bastarnas Scythasque wäre auf Germ.
c. 46 zu verweisen. Der Behauptung (II 88), dafs die Macht des Arminius vom Jahre 9 an zu datieren, sein Todesjahr demnach in das
Jahr 21 zu setzen sei, kann auch ich nicht beistimmen, vgl. Weidner,
Komment. S. 105.

─────────

Schülerkommentar zu Tacitus' historischen Schriften
in Auswahl von Andreas Weidner. Leipzig, Freytag, 1897, S. 308,
geh. M. 1.70, geb. 2 M.

Der vollständige Kommentar zu den ausgewählten historischen
Schriften von Weidner (s. Bl. 32, 478) enthält die beiden bereits oben
besprochenen Kommentare zur Agricola und zur Germania und zeigt
auch in den neu hinzugekommenen Partien das gleiche Gepräge: er
ist meist kurz und genau gefafst, bietet für die Schüler ausreichende
sprachliche und sachliche Aufschlüsse und Anregungen, letzteres besonders durch Anführung passender Parallelen aus griechischen Schriftstellern, enthält aber auch manches, was unnötig, unsicher, schief,
ja geradezu falsch ist. Ich beschränke mich hier auf einige Stellen
der Annalen und Historien. Überflüssig sind Erklärungen wie Ann.
I 30, 14 desolatus 'vereinsamt', oder II 5, 15 possessionem ist 'Thätig-
keitswort von possīdēre' u. s. w., oder II 43, 11 ingenio violentus 'leidenschaftlich'; spitzfindig scheint mir die Unterscheidung von fama sui
und fama sua Ann. II 13, vgl. Cic. ad fam. X 6, 2 caritas tui. Unklar
ist II 23, 10 „verfiel". II 41 ist visus nicht 'Teilnahme', sondern 'das
Ansehen', 'die Augenweide'. II 82, 11 liest Weidner sermones inten-
dit ('steigerte') und verwirft incendit, kaum mit Recht. Für die Züge
des Germanicus wünschte man ein Spezialkärtchen beigegeben, das
auch die modernen Namen Rehburg, Lockum, Kleinbremen etc. ent-
hielte; in den gewöhnlichen Schulatlanten sucht man sie vergebens.

Um noch einige Stellen aus den Historien zu berühren, so möchte ich zu I 3, 5 supremae necessitates verglichen sehen Ann. XV 51 ultima necessitas (Tod des Seneca); bei I 9 superior ⟨exercitus⟩ zu verweisen auf Ann. I 31, 5 cui nomen superiori. Text und Interpretation scheint mir fehlerhaft I 15, 16 iudicii mei documentum sit non meae tantum necessitudinis quod (für das überlieferte necessitudines quas) tibi postposui sed et tuae" zum Beweise dient alles, was er aus seiner und Pisos Verwandtschaft übergangen hat", wozu diese gespreizte Diktion statt „zum Beweise dient, dafs ich dir gegenüber nicht nur meine, sondern auch deine Verwandten (Angehörigen) zurückgesetzt habe?" Auch ist der Teilungsgenetiv sinnwidrig. An necessitudines für necessarii ist bei dem Taciteischen Sprachgebrauch (servitia == servi, matrimonia. = uxores, s. Draeger-Becher, Ann. Bd. I S. 5) gar nicht Anstofs zu nehmen; z. B. Agr. 44 salvis affinitatibus et amicitiis, vgl. Cic. ad fam. X 24, 1 omnis gratas amicitias atque etiam pias propinquitates vincam (dazu Rhodius diss. p. 5). Der Sing. sit wird von Heraeus richtig erklärt (Subj. eigentlich postpositio aus postpositae; er ist so wenig zu beanstanden als I 1 der Plural initium ... consules erunt, ja die kleine oratorische Pause zwischen sit und non macht ihn fast notwendig. — I 14, 16 quo suspectior sollicitis, adoptanti placebat ist anzumerken, dafs eo magis fehlt, wie häufig bei Tacitus I 16, 29 zu gentibus quae regnantur auf einige Stellen der Germ. zu verweisen (z. B. 44, 1). Warum soll I 18, 13 'nec ullum orationi aut lenocinium addidit aut pretium' nicht auch der Redeschmuck verstanden werden können? Auf diesen weist der Anfang des nächsten Kapitels apud senatum non comptior sermo deutlich zurück. Zum Ausdruck lenocinium addere vgl. Germ. c. 43 Harii insitae feritati arte ac tempore lenocinantur. I 21, 13 auctoritas . . nondum coaluisset: statt der nichtssagenden Übersetzung „Wurzel fassen" ist zu verweisen auf Ann. I. 45 adulta auctoritas und den ausgedehnten Gebrauch dieses Verbums bei Tac. überhaupt (aestas, seditio). Zu I 32, 13 scelera impetu, bona consilia mora valescere ist zu vergleichen Ann. II 39 veritas visu et mora, falsa festinatione et incertis valescunt.

Schüler-Kommentar zu Tacitus' Germania. Von Andreas Weidner. Leipzig, Freitag, 1896, S. 43, Preis 30 Pfg. (ohne Text).

In allzu geschäftiger Thätigkeit suchen Philologen und Schulmänner die alten Antoren der Jugend in möglichst bequemen und billigen Ausgaben zu bieten und führen so eine Flut von Schulbüchern herauf, die als ephemere Erscheinung meist rasch verläuft, aber auch, was schlimmer ist, Besseres zu ersticken droht. Bequem und billig ist auch Weidners Schülerkommentar zu Tacitus' Germania; er gleicht in Anlage und Umfang ungefähr dem von K. Tücking (Paderborn, Schöningh), bringt manche brauchbare neue Erklärung und Parallele, ist aber keineswegs immer richtig und verlässig und bedeutet überhaupt keinen nennenswerten Fortschritt in diesem Zweig der Schullitteratur.

Kap. 1 wird angemerkt „Germania omnis, nicht nur die
römischen Provinzen, Germania superior und inferior." Was will
dieses „nicht nur"? Sind etwa auch die römischen Provinzen bei
der Taciteischen Umgrenzung von Gesamtgermanien mitinbegriffen? —-
Kap. 2 wird mit Recht betont, dass Germani ein von den besiegten
Galliern aufgebrachter Name ist; auch die naheliegende Beziehung
von pluris deo ortos auf Tuisto halte ich für richtig, obwohl sie u. a.
Zernial und neuestens J. Fr. Marcks (Kleine Studien zur Taciteischen
Germania in der Kölner Festschrift zur 43. Philol.-Vers. 1895 S. 187
und 191) entschieden verwirft. — Wenn Kap. 3 „sunt illis h o d i e
quoque carmina" „ganz unsichere Konjektur ist," so bleibe man bei
der handschriftlichen Überlieferung h a e c quoque, bis Besseres gefunden ist. — Kap. 5,3 liest Weidner s a t i s f e r a x frugiferarum arborum, v i t i s impatiens und erklärt satis als Adverb (statt Abl. von
sata): mir erscheint die Einsetzung von vitis und jede Änderung
unnötig, auch wird durch die angeführten Stellen nicht bewiesen, dafs
Obstbäume „recht gut in Deutschland gedeihen"; vgl. die Schilderung
c. 2 u. 26. — In der vielumstrittenen Stelle c. 13,7 nimmt Weidner
dignationem=dignitatem und liest im folgenden ceteri robustiores etiam
ac iam pridem probati iis aggregantur; das Richtige lese man bei
anderen Kommentatoren nach. — Kap. 16 wird ut . . . liniamenta
colorum imitentur gelesen; eine Änderung ist aber unnötig, da sich
zu imitetur ungezwungen terra illita („der Anstrich mit . .") ergibt.
— Kap. 19 werden die Worte litterarum secreta viri pariter ac feminae
ignorant wie von anderen Erklärern auf geheime B r i e f s c h a f t e n
bezogen. Aber wozu dann viri pariter ac feminae? Diese delikate
Korrespondenz ist ausgeschlossen, wenn e i n Teil sich nicht darauf
versteht. Litterarum secreta deutet schon Holtzmann (German. Altert.
her. v. Holder S. 209) richtig als die geheime, schlüpfrige, obscöne
Literatur. Das erhellt aus verschiedenen Stellen Martials, vgl. Einleitung zu Buch I der Epigr. oder I 35 oder V 2: Tu, quem nequitiae
procaciores delectant nimium salesque nudi, | lascivos lege quattuor
libellos: | quintus cum domino liber iocatur; | quem Germanicus ore
non rubenti | coram Cecropia legat puella. — Kap. 19, 10 „melius
quidem: Besser allerdings als in Rom, wo Ehebruch zur standesgemäfsen
Bildung gerechnet wird . . .": eine solche Bemerkung pafst in dieser
Form, selbst ihre sachliche Richtigkeit vorausgesetzt, nicht in ein
Schulbuch. — Kap. 26 bietet ideoque magis servantur und dies wird
erklärt sc. eo oder ab eo, also sie werden davor bewahrt; an servatur,
einer echt Taciteischen Brachylogie, sollte aber schon wegen vetitum
esset nicht gerüttelt werden. — Kap. 28 manet adhuc Bochaemi
nomen significatque c o l i (für das handschriftliche l o c i) veterem
memoriam quamvis mutatis cultoribus „ist ein . . Beweis, dafs die
alte Tradition . . fortlebt," gewifs sinngemäfs, aber darum ist loci
nicht zu ändern, für dieses spricht u. a. 42,1 ipsa sedes virtute parta
und das in 28 folgende cultoribus, während dieses bei vorausgehendem
coli ein recht frostiges Wortspiel ergeben würde. — Ganz verfehlt ist
die Erklärung zu 36 Schlufs tracti ruina Cheruscorum et Fosi, conter-

mina gens, adversarum rerum ex aequo socii sunt, cum in secundis minores fuissent: „gleichberechtigt" und „unterthan" statt „auf gleicher Stufe" (ἐξ ἴσου) bez. „minder bedeutend".

Schüler-Kommentar zu Tacitus' Agrikola. Von Andreas Weidner. Leipzig, Freitag, 1896, S. 47, Preis 30 Pfg.

Weidners Schülerkommentar zum Agrikola, der sich von dem zur Germania in der Anlage nicht unterscheidet, bietet eine nahezu ausreichende Wort- und Sacherklärung und ist im ganzen verlässig, meist auch knapp und klar. Als überflüssig erscheinen Angaben wie facies „Aussehen", obtriverat „hatte aufgerieben"; habitus „äufsere Haltung", wobei der Zusatz „äufsere" gar nichts besagt. Dagegen ist der Gebrauch scrutantur für perscrutantur bei Tacitus, der in reaktionärer Ausdrucksweise einfache Verba wieder vollwertig für Komposita nimmt, anzumerken, vgl. Germ. c. 14 vocare für provocare, c. 5, c. 45 (laboro, scrutor). Wenn c. 27 gelesen wird „At Britanni non virtute, sed occasione et arte clusos se rati", so ist das Zeugma zu beachten: virtute nämlich se victos und arte elusos; Halm liest virtute se . . . arte ducis victos. Auffallend ist die Zweiteilung in der folgenden Erklärung (S. 11): „subtilitas ist die feinere Unterscheidungsgabe des Logikers oder des Juristen." Ganz fehl schiefst u. a. die Bemerkung S. 22 zu c. 18,22 „transvexit, kühn für damnum pensavit"; das wäre nicht blofs kühn, sondern rein unmöglich. Es handelt sich hier um die beabsichtigte Okkupation der Insel Mona (Anglesey). „Sed, fährt Tacitus fort, ut in subitis consiliis naves deerant: ratio et constantia ducis transvexit", da ist doch transvexit = traiecit nämlich milites, wie insbesondere das Folgende zeigt; von einem Kompensieren ist nicht die Rede. Das öfter wiederkehrende sentimentale „leider ist N. N. unbekannt" findet beim Schüler kein mitempfindendes Herz (S. 38). Neu wird auch andren sein, wenn der sog. Infinitivus historicus bei lebhafter Schilderung S. 16 benamst wird „Ameisen-Infinitiv".

Notiert sei hier auch eine unbedeutende Tacitusausgabe in Aschendorffs Sammlung:

Tacitus. Erster Teil: Germania und Auswahl aus den Annalen. Für den Schulgebrauch bearbeitet und herausgegeben von Dr. Joseph Franke und Dr. Eduard Arens. Münster i. W., 1896. Aschendorff. S. XI nnd 196 mit einer Karte.

Die Einleitung gibt die übliche schulmäfsige Übersicht über Leben uud Schriften des Tacitus, wobei ich die Aufzählung alles dessen, was wir über Tac. nicht wissen, für ganz zwecklos halte. Sicher aber ist, dafs Agrikola nicht später als 78 n. Chr. (s. S. IV) nach Britannien kam. Bei dem dialogus wird mit keinem Wort angedeutet, dafs die Echtheit angezweifelt ist, obwohl Weidner neuestens

noch behauptet: „Tacitus kann nnmöglich der Verfasser sein[1])." — Die
Auswahl eröffnet die Germania S. 1—30 in dem vollen Titel: de
origine, situ, moribus ac populis Germanorum liber; S. 31 - 173 folgen
die Abschnitte aus den Annalen (mit Überschriften und Inhaltsüber-
sichten): Buch I c. 1—15. 31—51. 55—71. II 5—26. 41—46. 53—54.
59—63. 69—73. 88. III 1—6. 40—47. IV 4 (Schluß) — 6. 72—74.
VI 50—51. XI 13—20. XII 23—24. 27—43. 56—57. 64—69.
XIII 1—5. 14—23. 50—57. XIV 3—16. 20—21. 29—39. 51—56.
XV 33—44. 60—64. XVI 21—35, also vorwiegend die germanischen
Partien. — S. 174—195 werden die wichtigeren Eigennamen erklärt.
Die Bemerkung: „Aestii kein deutscher Volksstamm" ist vom modernen
Standpunkt aus richtig, aber Tacitus rechnet sie zu den Suebi (Ost-
germamen), denn erst nach der Betrachtung der Aestii schließt er
Hic Suebiae finis (Germ. c. 46). — Die Ausstattung des Buches ist
ziemlich gut. Geradezu schlecht ist aber die beigegebene Karte. Peucini,
was nach Tacitus bloß ein andrer Name für Bastarnae ist, erscheinen
hier als selbständiger Volksstamm; die Chatti, von denen Tacitus
sagt „Chattos suos saltus Hercynius prosequitur simul atque deponit",
liegen hier von der Hercynia silva weit ab. Daß beim Rheindelta
die Yssel, in welche doch wohl die fossa Drusi führte, vor dem
Vahalis (Waal) abzweige, ist wenigstens neu. Am bestimmtesten läßt
sich heutzutage der obergermanisch-rätische Limes einzeichnen; dieser
zeigt uns aber unter anderen Fehlern anstatt des rechten Winkels,
in welchem sich beide Teile an der Rems treffen, einen weiten Bogen,
und anstatt zwischen Miltenberg und Großkrotzenburg durch die
Flußlinie des Mains ersetzt zu werden, überschreitet er etwa bei
Prozelten den Main und quert den Spessart.

Präparation zu Tacitus' Germania. Von E. Stange,
Oberlehrer in Allenstein. Heft 20 der von Krafft und Ranke herausgegebenen Präparationen. Hannover 1898, Norddeutsche Verlagsanstalt (Goedel). 35 S., 50 Pfg.

Die nicht durchaus berechtigte Forderung, daß der Schüler in
der Klasse nur Textausgaben benütze, hat neben den Doppelausgaben
(A. Text, B. Kommentar) auch eine Flut von Präparationen herein-
brechen lassen, dank der buchhändlerischen Spekulation. Dem Wunsch
der Verlagsanstalt, eine Präparation zu Tacitus' Germania zu schreiben,
ist auch E. Stange, „der zwölf Jahre in der Prima Latein unterrichtet,
nachgekommen, weil er der Überzeugung ist, daß wir durch solche
Hilfsmittel die Lektüre der fremdsprachlichen Schriftsteller wesentlich
fördern." Ich teile, nebenbei gesagt, diese Überzeugung nicht. Stange gibt
in deutlichem Druck und knapper Fassung eine Inhaltsübersicht, eine
Präparation der Wörter und unter dem Strich einen Auszug aus Kom-

---

[1]) Die Ausgaben von Gudeman und John werden freilich diese emphatische
Aberkennung nicht zu weit dringen lassen.

mentaren (Zernial, Wolff, Schweizer-Sidler u. a.). Eine Förderung der
wissenschaftlichen Tacitusinterpretation findet sich hier nicht und ist auch
nicht beabsichtigt. Der Schüler mag das Büchlein nicht ohne Gewinn
benutzen. Angaben wie „villa Landhaus", „admodum pauci nur sehr
wenige", der Bedeutung von lucus, terminus, fabulosus, alibi u. a.
halte ich doch selbst fin de siècle für überflüssig. Warum wird c. 45
neben der einen, eingeklammerten Lesart interluceo die andre interiaceo
nicht angegeben? Schlimmer ist, dafs sich auch ungenaue, schiefe
oder geradezu falsche Angaben finden: z. B. S. 4 (c. 4) et suo quisque
ingenio „ein jeder nach seinem Urteil" (statt „Naturell"), S. 6 (c. 6)
nudi aut sagulo leves wird nudi erklärt „nackt, halbnackt, leicht bekleidet"; was soll hier gelten? doch wohl das letzte „leicht bekleidet",
das ist aber ʻsagulo levesʼ, warum nicht „nackt", ja „froschnackt"?
(gerade so wie c. 21). Kampfesszenen auf Sarkophagen bestätigen. das
genau. C. 11 „ut turba placuit „wie der Haufe beschlossen hat"
führt zu falscher Auffassung von „placuit". C. 14 „bei materia ist
etwa quaeritur hinzuzudenken", vielmehr blofs est. C. 21 „facilitas
Leichtigkeit im Handeln; Gefälligkeit, Willführigkeit": davon pafst
keines für den Zusammenhang poscendi invicem eadem facilitas
(„Ungeniertheit", „Unbefangenheit"). C. 39 regnator „König, Herrscher,
als Adj. allmächtig", aber doch nicht allein, sondern verbunden mit
omnium, wie im Text steht. C. 42 „praecingo, -cinxi, -cinctum, 3
umgeben, umgürten": ist vielmehr Danuvio praecingitur wie c. 34
Rheno praetexuntur („vorn wie durch einen Saum abgeschlossen
werden") zu deuten und das Bild frons Germaniae festzuhalten. C. 45
perfertur „wird eingeführt (bei den Römern)"; das Kompositum
ist zusammenzuhalten mit perduco, pervenio, pervago u. ä.: der Bernstein wird an Ort und Stelle, an seinen Bestimmungsort gebracht.

Tacitus. Zweiter Teil: Auswahl aus den Historien
und der vita Agricolae. Für den Schulgebrauch bearbeitet und
herausgegeben von Dr. Joseph Franke und Dr. Eduard Arens.
Mit einer Karte. Münster i. W. 1897, Aschendorffsche Buchhandlung,
kl. 8⁰, S. 74, geb. 0,85 Mk.

S. III—XI enthält die knappe Einleitung über Leben und Schriften
des Tacitus, S. 1—50 in übersichtlichem Druck mit passenden deutschen Uberschriften die Einleitungskapitel der Historien (I 1—3) und
die auf Germanien bezüglichen Partien IV 12—37, 54—79, V 14—26 [1]),
eine Auswahl, die sich auch mir in der Praxis bewährt hat; doch
gestehe ich, dafs viele Vorgänge gerade dieser Jahre in der Hauptstadt
interessanter sind als das häufige Flufsauf- und -abwärtsziehen der
Rheintruppen. S. 51—68 bietet einen Auszug aus „de vita et moribus
Julii Agricolae liber"; ich möchte die ebenso kunst- als pietätvolle
laudatio nicht so verstümmeln. Über die Anlage und Ausstattung

----

[1]) Im Anfang des Buches fehlt eine Übersicht der Auswahl.

des Buches gilt das über den I. Teil 'der Auswahl Gesagte. Wer in
der Oberklasse nur die germanischen Kämpfe aus den Historien lesen
will und dabei nicht lieber den unverkürzten Text in den Händen
der Schüler sieht, mag das gefällige und preiswürdige Büchlein zur
Anschaffung empfehlen. Einige Versehen, die bei einem Schulbuch
stören, lassen sich leicht beseitigen. S. IV heißt es: „Im J. 78 ver-
mählte er sich mit der Tochter des Julius Agricola, der sich s p ä t e r
als Statthalter von Britannien hervorthat," S. 59 steht aber: „Im
J. 77 von Vespasian zum Statthalter in Britannien ernannt, befestigt
Agricola . . ." und „erobert die Insel Mona (Anglesey [1]) (77 n. Chr.)."
Von den Druckfehlern ist S. 60, Z. 12 in hoc modum für in hunc
modum, Z. 30 superbia für superbiam und S. 61 Z. 25 non integri
für nos integri nicht so gefährlich als der versteckte S. 44 (V 17)
dira omnia observari für obversari.

Wenn in der Erklärung der „wichtigeren E i g e n n a m e n"
(S. 69—74) der Kanninefatenherzog Brinno steht, so sollte der wiederholt genannte (V 21) Schwestersohn des Claudius Civilis Briganticus
nicht fehlen.

Auf dem beigegebenen K ä r t c h e n ist der Stamm der Sunuci
wohl weiter nach Süden gegen Koblenz (Mosel) zu rücken. Die langgestreckte Insel an der Küste der Moriner etwa von Dünkirchen bis
Blankenberghe ist mir eine neue Erscheinung.

---

1. Realerklärung und Anschauungsunterricht bei der
Lektüre Ciceros. Von Dr. Joseph Kubik. Wien, Hölder, 1896, 86 S.

2. — — bei der Lektüre des Tacitus. Wien, Hölder, 1897.
86 S.

Über den Wert der archäologischen Anschauungsmittel für unsere
Gymnasien herrscht jetzt, wie die Verhandlungen der Philologenversammlung in München 1891, Wien 1893, Köln 1895 und Dresden
1897 gezeigt haben, unter den engeren Fachgenossen und Schulmännern
so ziemlich Meinungseinheit [2]); auch der Philologe strengerer Observanz
kann, wenngleich er in dem 'Bilderkultus' auch etwas Mode und den
voraussichtlich wieder zu einem Extrem führenden Rückschlag auf die
grammatisch-stilistische Hegemonie erblickt, doch die hohe Bedeutung
des Gegenstandes an sich nicht verkennen. Über die m e t h o d i s c h e
V e r w e r t u n g der zahlreichen und mannigfaltigen Hilfsmittel für die
einzelnen Fächer und Autoren, über die Gewinnung eines K a n o n s
der Anschauungsmittel sollen nun Spezialuntersuchungen noch die Ansichten klären. Besonders rührig ist man hiefür in Östreich, wo die
'Archäologische Kommission' zu Wien (O. Benndorf) solche Arbeiten
fördert. So hat für die C ä s a r lektüre die Frage behandelt Fr. W e i g e l
in dem Programm 'Verwertung von Anschauungsmitteln für unsere

---

[1]) Im Index die gewöhnliche, aber falsche Schreibweise Anglesea.
[2]) Vgl. K. W u n d e r e r in diesen Blättern 1895 S. 65—73, O. Stählin
1897 S. 767 ff.

klassische Schullektüre, besonders für Cäsars gallischen Krieg', Wien 1895, für Livius A. Polaschek im Czernowitzer Programm von 1894 'der Anschauungsunterricht mit besonderer Rücksicht auf die Liviuslektüre', für Vergil J. Kukutsch in dem Programm der Theresienakademie (Wien) 1896 'Bemerkungen zum archäologischen Anschauungsunterricht mit besonderer Beziehung auf die Vergillektüre', für Homer in dem gleichen Programm Aug. Engelbrecht 'Mykenisch-homerische Anschauungsmittel für den Gymnasialunterricht'.

Für Cicero und Tacitus hat nun Gymnasiallehrer Dr. Jos. Kubik in den zwei obigen Monographien das Gleiche zu thun versucht, auch stellt er ('Tac.' S. 82) eine ähnliche Behandlung des Horaz in Aussicht. Kubiks Absicht war ('Cic.' S. 6), 'alle jene Stellen aus den gelesensten Schriften Ciceros zusammenzutragen, wo man etweder auf Grundlage antiker Denkmäler mit einer Realerklärung einsetzen oder die Anschauungsmittel selbst beim Unterricht in Anwendung bringen kann' (warum nicht 'soll'?), 'damit so ein Kanon von Abbildungen und Anschauungsmitteln überhaupt festgestellt zu werden vermag oder die geeigneten Bilderatlanten hergestellt werden können', oder, wie es am Schluss seiner Abhandlung über Tacitus heißt: 'um die Kenntnis antiken Lebens durch rationelle Benutzung erhaltener Denkmäler den Schülern zu vermitteln und damit nicht nur die Lektüre lebendiger zu gestalten, sondern auch ein tieferes Verständnis der Autoren anzubahnen.' Was die zuerst ausgesprochene Absicht, die Realerklärung, betrifft, so ist nur zu betonen, daß derartige Bestrebungen keineswegs so neu sind, als manche glauben oder behaupten; daß Kubik selbst Textkritikern wie Halm, Nipperdey, Andresen, Heraeus viel verdankt, zeigen nicht wenige Stellen (selbst im Wortlaut), vgl. 'Cic.' S. 10 f. 'inter falcarios', S. 14 über die Strafsen, 'Tac.' S. 38 Anm. 1.

Die Auswahl aus Cicero umfasst folgende Schriften: 14 Reden: In Cat. I—IV, Pro Rosc. Am., In Verr. IV, De Imp. Cn. Pomp., Pro Archia, Milone, Marcello, Ligario, Deiotaro, In Ant. I und II; dazu die zwei Dialoge Cato Maior und Laelius.

Die Auswahl aus Tacitus: Ann. I—V, XIV und XV, Hist. I, III 1—37, IV 12—37, 54—79, 85 und 86; V 14—26.

Damit ist der Umfang der Schullektüre nicht ganz ausgefüllt: für die häufig gelesenen Tuskulanen, rhetorischen Schriften und besonders für die Briefe Ciceros (in Auswahl) ist ebenfalls eine Realerklärung nötig. Wenn Kubik von der gelesensten Schrift des Tacitus, von der Germania absehen zu können glaubt ('Tac.' S. 8), 'weil man mit Ausnahme sehr weniger Stellen kaum in die Lage kommen wird, von archäologischen Anschauungsmitteln Gebrauch machen zu können', so ist das hinfällig. Bigati, serrati, signa, lancea, hasta, missilia, scuta, galea, cassis, lorica, phalerae, torques, toga, fluitans vestis, manica, sagulum, fibula, domus, villa, vicus, liniamenta colorum, tegulae, convivia, spectacula, remigium, prora, liburna, ara, sacra, auspicia, Isis, Drusus, Castor und Pollux u. a. erheischen mehr als andre und zwar hier eine Behandlung. Auch die zahlreichen

angedeuteten oder ausgesprochenen ('non in nostrum morem') Gegensätze zwischen dem Natur- und Kulturvolk bekommen nur durch
Hinweis auf römische Sitten und Einrichtungen, auf Mode und Komfort
der Weltstadt die rechte Beleuchtung.

Doch rechten wir nicht darum, was noch hereingezogen werden
sollte, sondern besehen uns das Dargebotene! Bei den behandelten
Schriften gibt Kubik nach allen oder mehreren Punkten folgender
Disposition[1] 1. Topographisches. 2. Erhaltene Bauten, 3. Privatleben,
4. Öffentliches Leben, 5. Sakrales und Mythologisches, 6. Kriegswesen,
7. Ethnographisches, 8. Gegenstände der Kunst, 9. Porträts aufser
zahlreichen Sacherklärungen Hinweise auf Abbildungen bei B a u -
m e i s t e r , Ö h l e r , S c h r e i b e r , A n t h e s - F o r b a c h , Z i e g l e r ,
C y b u l s k i , L a n g l , L o h m e y e r , auch auf solche in der Auswahl von
Müller-Christ und Weidner u. a., für die Topographie auf O. R i c h t e r
und H ü l s e n , auf M a u s Pompeji. Die 'Formae urbis Romae antiquae'
von K i e p e r t und H ü l s e n mit 3 Plänen (1896) hat er, wie es scheint,
noch nicht benützen können; auch Arthur S c h n e i d e r , 'Das alte Rom',
(1896) war ihm nicht zur Hand; auf den 14 Tafeln hätte er hier
sehr Vieles besser dargestellt gefunden als in den von ihm benützten
Werken, z. B. das Gaianum, wo Nero die Rosse lenkte (Tac. Ann.
XIV 14), die drei Flavier; Agrippa, Mausol. Augusti, Basilica Neptuni,
woher die 'besiegten Provinzen' im Konservatorenpalast auf dem Kapitol
stammen. Aus der Sammlung B r u n n - B r u c k m a n n (F u r t w ä n g l e r -
U r l i c h s) waren einschlägige Abbildungen anzuführen (Augustus,
Togatus u. a., jetzt auch Aesculap und Agrippa). Die gröfseren wissenschaftlichen Publikationen älterer und neuerer Zeit, die natürlich bei
der Festellung eines Kanons der Anschauungsmittel ausgiebigst herangezogen werden müssen, berührt Kubik wohl aus praktischen Rücksichten selten. War aber der Gesichtspunkt leichter Beschaffung der
Werke mit Abbildungen mafsgebend, so war auch auf Geschichtswerke,
z. B. von Becker, Jaeger, besonders auf S p a m e r s schön und reich
illustr. Weltgeschichte II (1896) oder auf die Reisebücher von Gsell
Fels zu verweisen, wie öfters Gindelys Geschichte angeführt ist; oder auf
die Photographien-Kataloge von Alinari, Anderson, Brogi, Sommer u. a.
Auch das moderne Italien erklärt des alte: man vergegenwärtige sich
nur u. a. Strafsenleben, Beschäftigung, Baumpflanzung (z. B. für Cato M.).
Wert- und sinnlos sind aber Andeutungen wie 's. die Lehrbücher der
Geschichte'.

Indes ist, wie gesagt, Hauptaufgabe aller derartigen Arbeiten
nicht anzudeuten, 'was man vorweisen k a n n ', sondern festzustellen,
w a s m a n a u s d e r w a c h s e n d e n M e n g e a u s z u w ä h l e n hat,
i n w e l c h e m F a c h , i n w e l c h e r S t u n d e , b e i w e l c h e r S t e l l e
e s a m b e s t e n z u b e h a n d e l n i s t . So wird z. B. viel Topographisches von Rom der Geschichte zufallen (Zeit der Könige und
Bürgerkriege); hier würden auch die Büsten des Cäsar und Pompejus
gegenübergestellt werden, wenn nicht das bellum civile gelesen ist oder

---

[1] Zusammengestellt am Schlufs; ein alphabetisches Verzeichnis fehlt.

wird. Von der Gestalt des (alternden) Imperators zu sprechen, hat man nach Umständen auch im Deutschen Anlaſs, z. B. bei der Lektüre von Shakespeares Julius Cäsar[1]), und zwar mehr Anlaſs als an sämtlichen von Kubik berührten Stellen. Wenn es dagegen heiſst (Pompejus) Magnus habe wie Alexander Magnus viele Darsteller seiner Thaten gehabt, so ist die Besprechung der schwachen äuſseren Ähnlichkeiten beider eine unzeitige Ablenkung von der Lektüre und im Widerspruch mit der Forderung eines straffen Unterrichtsganges, ebenso wenn wegen irgend einer Caecilia Metella die Via Appia mit dem Grabmal der Tochter des Metellus Creticus gezeigt wird. Dagegen würde ich z. B. Cato M. § 5 Gigantum more bellare auf die Gigantomachie (in Berlin) hinweisen, wenn es nicht schon bei Ovid geschehen ist.

Schwieriger ist die Frage hinsichtlich der Klarlegung gewisser Ausdrücke, deren Entwicklung im Leben der Sprache bereits weiter fortgeschritten ist, z. B. comissatio oder comisatio ($\varkappa\tilde{\omega}\mu o\varsigma$, nicht commissatio wie Kubik zweimal 'Cic' S. 15 u. 16 schreibt), bacchari (Cic. Cat. § 26, von K. nicht berührt), gladiator (gladiatorie), aleator (als Schimpfwort), togatus, purpuratus, oder retexere, luce forensi carere, vestem mutare; Aufklärung ist ja nötig, aber da überall mit Abbildungen zur Hand sein wollen, das führt ins Uferlose und zum belustigenden Raritätenkasten gerade wie bei den deutschen Wendungen 'die Flinte ins Korn werfen', 'das Kind mit dem Bad ausschütten', 'die Kirche beim Dorf lassen'. Gedankengang und Aufbau eines literarischen Kunstwerkes würden dann kaum die gebührende Beachtung finden. Doch hat sich wohl auch Kubik diese didaktischen Fragen vorgelegt, aber in etwas anderem Sinn beantwortet.

Die sachliche Richtigkeit seiner Angaben besteht meist die Probe; doch laufen einige Unrichtigkeiten und Versehen mitunter, zum Teil böser Art. Der an der area Palatina oberhalb des Titusbogen gelegene Tempel wird von Hülsen als Apollotempel, nicht als der des Juppiter Stator bezeichnet. Die Köpfe der getöteten Proskribierten wurden nach S. 23 'Cic.' beim lacus Servilius, nach S. 49 aber auf der Rostra ausgestellt. Im Eifer, den Kaiserpalast des Augustus auf dem Palatin zur Anschauung zu bringen, ist Kubik ein arger lapsus begegnet; es heiſst Tac. Ann. I c. 5 beim Tod des Augustus 'spirantem adhuc Augustum apud urbem Nolam an exanimem reppererit (Tiberius). acribus namque custodiis domum et vias saepserat Livia, laetique interdum nuntii vulgabantur, donec . . excessisse Augustum fama . . tulit.' 'Gemeint ist, sagt Kubik 'Tac.' S. 8, der Palast des Augustus', versteht sich der am Palatin in Rom', wie das Folgende zeigt. Aus der Tacitusstelle und aus Sueton (Aug. 100) ist aber klar, daſs das Berichtete zu Nola geschah, wo Augustus im Hause seines Vaters Octavius starb. Sueton schildert auch den Leichenzug von Nola nach Rom. — Des Augustus Enkel, nicht Neffen sind Gajus und Lucius Cäsar ('Tac.' S. 10), die in seinem Mausoleum beigesetzt

---

[1]) auch des Antonius ‚fauces, latera, gladiatoria firmitas‘ im Gegensatz zu Ciceros ‚gracilitas et infirmitas corporis, procerum et tenue collum‘ (Phil II 63, Brut. 313) können berührt werden.

wurden. Die Schlacht am See Regillus wird meist 496 angesetzt
(Kub. 'Cic.' S. 40 gibt 484). Von dem Jahre 69 v o r Chr., wo Lutatius
Catulus den Juppitertempel auf dem Kapitol dedicierte, bis zum Jahre
69 n a c h Chr., wo er abbrannte, sind nach Kubiks Rechnung ('Tac.'
S. 70) 'gerade 100 Jahre'!
So bietet Kubik zwar eine Ergänzung und Bereicherung unserer
Kommentare zu Cicero und Tacitus, aber eine vollständige, konsequent
durchgeführte, knapp gefafste Lösung der gestellten Aufgabe liefert er
nicht; er konnte sie bei der Beschränktheit seiner Mittel, die er selbst
empfindet, auch kaum liefern.

Regensburg.   G. A m m o n.

_____

Ein Jahr Unterricht in latein. Grammatik (Lehraufgabe
der Untertertia) von Dr. Walther B o e h m e, Oberlehrer am Ruthe-
neum zu Schleiz (Berlin, Weidmann 1898, 1 $\mathcal{M}$ 80 $\mathcal{J}$).

Das Büchlein ist ausschliefslich für den Lehrer bestimmt, um
ihn zu befähigen, den Anforderungen der neuen Lehrpläne (Grammatik
im Dienste der Lektüre betr.) zu entsprechen. Es enthält für 110 Lehrstunden auf ebenso vielen Seiten Übersetzungsübungen, von denen die
eine Abteilung (b) in Einzelsätzen im 'Anschlufs an Nepos u. Caesar
(hell. gall.) Stoff für die eine halbe Stunde einer Lektion bieten soll
und zwar zur Behandlung und Einprägung einer Regel, des Lehrzieles
der Stunde, während die Abteilung a für die andere Hälfte der Stunde
bestimmt ist und in zusammenhängenden Stücken, Paraphrasen aus
Caesar bell. gall. l IV 19 fortwährender Übung und Wiederholung
aller bisher gelernten Regeln dienen soll. Wie und ob sich dieser
Lektionsplan in der Praxis durchführen läfst, soll hier nicht weiter
untersucht werden, dagegen mufs das gebotene Übersetzungsmaterial,
für sich allein betrachtet, als sehr gut bezeichnet werden. Freilich
in den Rahmen unseres bayerischen Lehrplanes fügt sich dasselbe
weniger gut ein; denn für unsere 4. Klasse pafst wohl im ganzen der
Lehrstoff, nicht aber der Inhalt der Kapitel, für die 5. Klasse bietet
sich gutes Material zur Repetition des früheren Lehrstoffes, aber das
neuhinzukommende Pensum ist nur teilweise behandelt. So fehlen
speziellere Übungen über den Gebrauch der Adjectiva und Pronomina,
über die Modi (nur e i n e Stunde dafür angesetzt!), über die Kon-
dicionalsätze, den Irrealis in der Abhängigkeit u. a. — Im deutschen
Ausdruck wäre manches verbesserungsbedürftig, so z. B. „von den
Äckern" zur Stadt kommen, die Bemer als „Schleppenträger" der
Römer, die „Knicks" im Nervierlande, einen „günstigen" Schlag führen.
Ariovist will über wichtige „Punkte" verhandeln. Auch finden sich
ziemlich viele Druckfehler, besonders sinnstörend ist in der 12. Lektion
„auf" statt „auch" dem Dumnorix. — Wörterverzeichnis ist keines
beigegeben, die einzige Beihilfe sind Verweise auf die Grammatiken,
von Ellendt—Seyffert—Fries und von Stegmann.

Mit den oben angedeuteten Beschränkungen bietet die Arbeit,
aus 10jähriger Praxis hervorgegangen, auch für den Gebrauch an

unseren Anstalten guten und besonders für Repetitions- und Schulaufgaben willkommenen Stoff oder Anhaltspunkte für weitere Bearbeitung.

München.   _____   Wismeyer.

Dr. A. Baumeister, Handbuch der Erziehungs- u. Unterrichtslehre für höhere Schulen, Band III, 6. Abtlg.: Griechisch. Bearbeitet
von Dr. P. Dettweiler.[1]) München 1898, C. H. Becksche Verlagsbuchhandlung. 93 S. — Pr. 1 M. 80 Pf.

Der Verfasser gibt in dem allgemeinen Teil seiner Arbeit,
mit deren Erscheinen nunmehr das ganze Werk zum Abschluſs gebracht
ist, nach einer kurzen Einleitung, in der er, m. E. allzu pessimistisch,
den griechischen Unterricht, mit dem „das humanistische Gymnasium
steht und fällt", als heute aufs äuſserste gefährdet bezeichnet, einen
kurzen Überblick über die geschichtliche Entwickelung des griech.
Unterrichts, spricht dann über Wert und Stellung des Griechischen
im heutigen Unterricht und stellt endlich allgemeine Grundsätze für
die Methode auf. — Wenn S. 8 behauptet wird, dass man noch bis
in die 2. Hälfte unseres Jahrhunderts in Süddeutschland so gut wie
kein griechisches Exerzitium kannte und dafs an Stelle der schriftl.
Übersetzung aus dem Griechischen bei der Reifeprüfung zuerst 1857
in Preuſsen und dann in den übrigen deutschen Staaten eine solche
ins Griechische getreten sei, so trifft das für Bayern nicht zu. Bei
uns wurde schon seit den zwanziger Jahren fleiſsig ins Griechische
übersetzt und bereits durch die Schulordnung vom Jahre 1854 beim
Absolutorium eine Übersetzung ins Griechische gefordert. Nicht richtig
ist auch die S. 14 aufgestellte Behauptung, dafs der griechische
Unterricht überall erst einsetzt, nachdem mindestens drei Jahre an
der lateinischen und mindestens ein Jahr an der französischen Sprache
der Geist geübt ist, da in Bayern das Französische erst zwei Jahre nach
dem Griechischen beginnt. Was sonst im allgemeinen Teil über Wert
und Stellung des Griechischen, sowie über die verschiedenen Methoden
des griechischen Unterrichts gesagt ist, wird, abgesehen von der
Forderung, dafs auf die Ausnahmen in der Formenlehre und auf
jeden sogenannten systematischen Betrieb der Syntax verzichtet
werden solle, in der Hauptsache wohl Zustimmung finden. Vortrefflich
ist das Seite 22 aufgestellte Ideal eines Griechischlehrers.

Im besonderen Teil wird zunächst der vorbereitende Unterricht
in der Tertia (4. und 5. Klasse) besprochen und zwar a) der Lehrstoff,
b) die Behandlung des Lehrstoffs. Den Lehrstoff will der Verf., wie
schon oben bemerkt ist, auf dem Gebiete der Deklination und Konjugation möglichst beschränkt wissen. Im Prinzipe wird man ja mit
der Forderung einer Beschränkung einverstanden sein können; die
auf S. 26 gemachten speziellen Vorschläge des Verfassers dürften

_____

[1]) Bemerkt sei, dafs diese Besprechung in den ersten Tagen des laufenden
Jahres der Redaktion zugestellt worden ist.

jedoch manchen Widerspruch erfahren, und das Postulat, dafs in dem
„Normalexemplar" jeder Anstalt festgesetzt werde, was ganz auszuscheiden, was nur gelegentlich zu erklären und was ganz besonders
einzupauken sei, ist mit Rücksicht auf den nicht selten vorkommenden
Anstaltswechsel seitens der Schüler geradezu undurchführbar. Ganz
besonders bekämpft der Verfasser die Accentlehre, in der er eine Quälerei
für Schüler und Lehrer sieht; er erinnert sich sonst ganz brauchbarer
Schüler, die in den Schreibübungen fast alle Formen ganz fehlerfrei
bildeten, aber in fast allen Wörtern falsche Accente setzten. Mit
meinen Erfahrungen stimmt das nicht. Ich habe eine Reihe von Jahren
in Klassen mit manchmal über 50 Schülern den griechischen Anfangsunterricht erteilt, ohne dafs mir eine einzige solche Arbeit zu Gesicht
kam, und dabei war davon, dafs eine lange Zeit auf die Einübung
der Accente verwendet worden wäre, absolut keine Rede. Wenn der
Verf. meint, auf unbedingt genaue Accentsetzung werde man wohl
allmählich verzichten müssen, und S. 25 f. die Forderung stellt: „Also
Anschauung (!) und Erklärung der Accente in den wichtigsten
Erscheinungen ..., aber nicht Einübung zum schriftlichen Gebrauche!"
so empfiehlt er m. E., in diesem Punkte ein „halbes Wissen" zu
ertragen und für genügend zu erklären, wovon er sonst (vgl. S. 13 f.)
nichts wissen will. — In dem Abschnitt „Die Behandlung des Lehrstoffs"
findet sich sehr viel Beachtenswertes; es sind aber mitunter auch
über Dinge, die sich eben so gut anders machen lassen, ganz bestimmte
Vorschriften gegeben; und wenn von diesen die auf S. 35 stehende:
„Dafs der Opt. fut. nur als Modus der indirekten Rede vorkommt,
braucht nicht verhehlt zu werden, wenn es der Lehrer selbst weifs,
was nicht immer der Fall ist", ganz fehlte, würde sicher niemand
etwas vermissen. — In den vier oberen Klassen soll nach der Ansicht
des Verfassers eine Trennung zwischen Lektüre und Grammatik nicht
stattfinden; d. h., ein systematischer Unterricht in der Syntax in
eigenen Stunden soll unterbleiben. In diesem Punkte gehen ihm selbst
die preufsischen Lehrpläne nicht weit genug. Hier steht eben Ansicht
gegen Ansicht. Die bayerische Schulordnung fordert einen systematisch
grammatischen Unterricht in Verbindung mit den nötigen Übersetzungsübungen in der 6. und 7. Klasse (Sekunda) und Fortsetzung dieser
Übungen in mäfsiger Ausdehnung (eine Stunde wöchentlich) in den
zwei obersten Klassen, und wir sind sehr froh darum. Was der
Verfasser über die Auswahl der Schriftsteller sagt, wird Zustimmung
finden; seine Winke für die Behandlung der Autoren sind zum Teil
vortrefflich und verdienen die gröfste Berücksichtigung. Mit dem
S. 81—86 geschilderten Gang einer Lektürestunde wird es in der
Praxis sein, wie mit den andern sogenannten „Lehrproben und Lehrgängen". Die Sache macht sich auf dem Papier recht schön, gelegentlich das eine oder andere Mal auch im Unterricht; wer aber Stunde
für Stunde so verfahren wollte, würde mit der Forderung „einer
möglichst umfangreichen Lektüre unbeschadet aller Gründlichkeit und
Vertiefung" noch mehr in Konflikt kommen, als es bisher schon der
Fall ist. Die Gestattung der Benützung eines Wörterbuches bei der

Reifeprüfung wird mit Recht als didaktischen und pädagogischen Grundsätzen nicht entsprechend bezeichnet.

Mein Gesamturteil geht dahin, daſs das Studium dieser Arbeit des Verfassers, selbst wo dieselbe .zum Widerspruch herausfordert, jedem Lehrer des Griechischen eine reiche Fülle von Anregung und Gewinn bringen wird.

Zum Schluſs möchte ich noch einen Punkt kurz berühren, der einen sehr unangenehmen Eindruck auf mich gemacht hat, den gereizten, beleidigenden Ton gegen Andersdenkende. Der Verfasser erklärt zwar auf S. 1, er wolle ohne Imperativ und ohne jeden Anspruch auf Unfehlbarkeit zeigen, wie es andere machen, vergiſst aber offenbar diesen löblichen Vorsatz, wenn er von pharisäischen Protesten mancher Direktoren, vom Wahn pedantischer Schulmeister, von philologischer Pedanterie, von trockenen, pedantischen Philologen, von Schuljargon, von unbegreiflichem Mangel an didaktischer Einsicht in der Lehrerwelt u. s. w. u. s. w. spricht. Was würde er wohl sagen, wenn sich seine Gegner der gleichen Waffen der Übertreibung und Gereiztheit bedienten und von rechthaberischen, grob absprechenden, halbes Wissen und Scheinwissen begünstigenden, banausischen Realpädagogen redeten? Kann denn unsere nervöse Zeit keinen Streit mehr ruhig und sachlich auskämpfen? Eigentümlich berührt endlich auch der Seitenhieb des Schluſssatzes auf das heute die geistige Kraft der Lehrerwelt im Übermaſs verbrauchende Streben nach hohem und noch höherem Gehalt. Der Herr Oberschulrat hat leicht reden.

Regensburg. _____ **Fr. Zorn.**

Ludwig Adam, Homer, der Erzieher der Griechen. Ein Beitrag zur Einführung in das Verständnis des erziehlichen Wertes seiner Werke. Paderborn 1897. F. Schöningh. 8⁰. VIII und 148 Seiten. Preis Mk. 3.—.

Diese ein schönes und nützliches Ziel verfolgende Studie behandelt in einem einleitenden Abschnitte die Bedeutung Homers im Altertum (Homer Polyhistor und ethischer Philosoph) und vergiſst auch nicht, die tadelnden Urteile über seine Poesie zu erörtern. Den Schluſs der Einleitung bildet die Darstellung der ästhetischen Beurteilung Homers im Altertum sowie der Grundsätze altgriechischer Erziehung (S. 1—40). Doch gerät der Verfasser in dem Kapitel, welches dem zuletzt genannten Thema gewidmet ist, nach einigen oberflächlichen Bemerkungen über das Ziel althellenischer Bildung (σωφροσύνη, πολιτικὴ ἀρετή, εὐκοσμία) auf Digressionen über die Weltanschauung der athenischen Tragiker und des Herodot, welche mit dem zu behandelnden Stoffe wenig oder nichts zu thun haben. In zwei Hauptteilen verbreitet sich sodann Adam über Homer als den Erzieher Altgriechenlands, d. i. bis zur Zeit des Perikles (S. 41—105) und Junggriechenlands, von Perikles bis in die byzantinische Zeit (S. 106—146). S. 147 f. rekapituliert er den Inhalt des Buches ungefähr folgendermaſsen: Homer wurde ein praktisches Lehrbuch der Moral und des richtigen Verhaltens der Menschen. Anfangs redeten diese Sprache die Handlungen (näml. der Ilias und Odyssee) selbst, welche beredt die Wahrheit darlegten, dafs die Hybris mit Notwendigkeit Verderben nach sich zieht. Später trat infolge des Umschwunges der Ansichten über Pädagogik jenes Verfahren zu tage, das nur einzelne Lehren und Verhaltungsmafsregeln aus einzelnen Stellen des Dichters herauslas, die in keinem Zusammenhang mehr mit der Hauptidee der Gedichte standen.

Leider kann man dem Verfasser nicht zugeben, dafs er Vorstehendes nachgewiesen hat. Dafs das Zeitalter des Perikles, genauer das Auftreten der Sophisten, einen schroffen Einschnitt in die Erziehungsgrundsätze der Griechen machte, ist eine bekannte Thatsache. Dafs aber in der ersten, der altgriechischen Periode, die erziehliche Verwendung der homerischen Gedichte eine wesentlich andere war als später, läfst sich jedenfalls nicht dadurch erweisen, dafs man, wie Adam thut, nach einigen Sätzen über die Menschen Homers und ihr Verhältnis zur Gottheit eine Inhaltsentwicklung der Odyssee und der Ilias gibt, um zu zeigen, was man schon längst weifs, dafs im Epos immer und überall die $\mathring{v}\beta\varrho\iota\varsigma$ von den Göttern bestraft, die $\sigma\omega\varphi\varrho\sigma\sigma\acute{v}\nu\eta$ belohnt wird. Wie aus dieser Erörterung sich ein Fingerzeig über die Entstehungsweise der beiden Epen ergeben könne, wie der Verf. (S. 147 f.) meint, ist vollends ganz unklar. Wenn (S. 88) geschlossen wird: „Aus dieser Betrachtung beider Gedichte ergibt sich die völlige Übereinstimmung mit den Grundsätzen altgriechischer Erziehung" — so hätte eher umgekehrt gesagt werden sollen, dafs die altgriechische Erziehung eben auf Homer beruht und deshalb naturgemäfs mit seinen sittlichen Vorstellungen übereinstimmt. In sehr losem Zusammenhange mit dem pädagogischen Einflusse der homerischen Poesie steht das Kapitel von der Weltregierung des Zeus und der $\beta o v \lambda \dot{\eta} \varDelta \iota \acute{o}\varsigma$. Adam meint u. a. (S. 94): „Das läfst sich nicht leugnen, dafs im epischen Cyklus die am Schlusse der Cyprien angeführte $\beta o v \lambda \acute{\eta}'$ in der des Proömiums der Ilias wieder angedeutet, d. h. aufgenommen wurde und in dem Zorne Achills ihre Erfüllung fand." Dann müfste ja die Ilias später entstanden sein als die $K\acute{v}\pi\varrho\iota\alpha$ oder wenigstens das Proömium der Ilias eine jüngere, auf die Kyprien bezugnehmende Eindichtung sein! Verfehlt erscheint auch der Schlufs, dafs, weil den Kyprien ein sittliches Motiv zu Grunde liege, auch „bei Homer, dem Meister aller Epiker", ein solches vorausgesetzt werden müsse (S. 94). Homer mufs doch aus sich selbst heraus beurteilt und erklärt werden. Übrigens ist die ganze Erörterung des Verfassers über die $\beta o v \lambda \dot{\eta} \varDelta \iota \acute{o}\varsigma$ nach dem von K. F. Nägelsbach (Hom. Theol. ³ S. 56 ff., S. 127) über diesen Punkt Gesagten überflüssig. Befremden mufs ferner die Art und Weise, wie Adam im fünften Kapitel auf zwei Seiten (S. 104 f.) die Einheit der homerischen Epen aus Äufserungen der Scholien, des Fulgentius und des Aristoteles beweisen will. Was sodann den zweiten Hauptteil der Schrift, Homer als Erzieher Junggriechenlands anlangt, so spricht der Verfasser hier von dem Umschwunge in den sittlichen Anschauungen der Griechen, wie er zur Zeit des peloponnesischen

Krieges eintrat, und fährt hierauf fort (S. 110): „Die ausgeartete Schule und die herabgewürdigte [?] Bühne sind somit schuld an dem Verfall der attischen Zucht und dem geringen Ansehen Homers [sprungweiser, ganz plötzlicher Übergang!], das sich nunmehr auf praktische Lebensregeln . . . des Dichters beschränkte [Ausdruck!], die in einzelnen Stellen . . . enthalten waren, während die Lehre von Schuld und Sühne, die das Ganze enthielt, zurücktrat." Angenommen, aber nicht zugegeben, der vom Verf. hiemit statuierte Unterschied in der erziehlichen Verwendung Homers sei wirklich vorhanden gewesen, so müfste es doch als sehr fraglich erscheinen, ob die auf das Einzelne gerichtete Betrachtungsweise des Dichters wirklich einer Einbufse des von ihm früher genossenen Ansehens gleichkäme. Im Gegenteil: wenn, wie es thatsächlich geschah, jede Stelle der homerischen Gedichte benutzt wurde, um daraus eine moralische Mahnung oder Warnung abzuleiten, so kann man dies kein Sinken seiner Wertschätzung nennen, vielmehr spricht ein solches Verfahren eher für eine genauere Kenntnis, für eine eingehendere pädagogische Verwertung der Epen. Übrigens erwartete man nach den anfänglichen Darlegungen des Verfassers zu hören, dafs die nachperikleische Zeit Homer überhaupt nicht mehr als eine Quelle der Ethik hochgehalten und benutzt habe: das wäre in Wirklichkeit ein Sinken des Ansehens der homerischen Poesie. Nun liefert aber gerade Adam den Beweis von der äufserst mannigfaltigen Verwendung Homers zu pädagogischen Zwecken: von einer Verminderung der Autorität des Epikers in dieser Beziehung kann keine Rede sein. Fragt man: Was ist denn eigentlich Junggriechenland? —, so findet man, dafs der Verfasser darunter die Athener der nachperikleischen Zeit ebensogut versteht wie die Alexandriner und die christlichen Oströmer. Eine Scheidung zwischen diesen doch ziemlich heterogenen Kulturschichten hat er nicht vorgenommen; den ganzen Zeitraum vom Ausbruch des peloponnesischen Krieges bis in die Tage des Eustathios hinein scheint Adam der Zeit vor Perikles als eine Periode der Decadence des Ansehens Homers gegenüberstellen zu wollen. Man kann das wohl keine geschichtliche Betrachtungsweise mehr nennen.

Aber nicht nur hinsichtlich der Anlage und Auffassung gibt die Schrift zu Bedenken Anlafs, sondern sie enthält auch unrichtige und ungenaue Angaben. S. 11 wird Heraklid (welcher?) als Verfasser der ἀλληγορίαι Ὁμηρικαί bezeichnet. Meint Adam den bekanntesten Träger dieses Namens, Heraklides Pontikus, so ist zu bemerken, dafs Diog. Laert. V 86 im Verzeichnisse der Werke desselben drei Abhandlungen über homerische Materien erwähnt, aber keine ἀλληγορίαι (vgl. O. Vofs, de Heracl. P. vita et scriptis, Rostock 1896). Dafs die von Gesner aufgestellte Vermutung über die Autorschaft jenes Heraklides unhaltbar ist, hat nach Schäfer und Osann E. Mehler (Heracliti allegoriae Homericao ed. — Lugd. Bat. 1851, p. IX f.) dargethan. Im übrigens hätte der Verf. aus jeder griechischen Literaturgeschichte ersehen können, dafs die ἀλλ. Ὁμ. überhaupt keinen Heraklides, sondern den Mythographen Heraklitus zum Verfasser haben. Das a. a. O. gegebene Citat aus den ἀλλ. 34

ist zudem nicht genau. Heraklid, sagt Adam, bezeichne den Homer als den Urheber und die Quelle jeglicher Weisheit; der Wortlaut der Stelle ist aber: ἀρχηγὸς δὲ πάσης σοφίας γενόμενος Ὅμηρος. S. 18 nennt der Verf. den Philosophen Heraklitus als Tadler des homerischen Verses (Σ 107): ὡς ἔρις ἔκ τε θεῶν ἔκ τ᾽ ἀνϑρώπων ἀπόλοιτο, ohne hinzuzufügen, dafs ein Forscher, der den Satz aufstellte: πόλεμος πάντων μὲν πατήρ ἐστι, πάντων δὲ βασιλεύς, notwendig gegen jenen Wunsch polemisieren mufste. S. 98 werden Stellen aus Schriften Plutarchs und darauf eine aus Herodot angeführt, worauf es heifst: „An einer andern Stelle (hiezu ist unter dem Texte citiert Ὁμήρου τοῦ ποιητοῦ βίος) bemerkt ebenderselbe Verfasser u. s. w." Ist wirklich Herodot oder Plutarch Autor des Ὁμήρου βίος? Auch das Citat Longinus περὶ ὕψους (S. 98) lautete trotz Marx's scharfsinniger Abhandlung in den Wiener Studien (1899) richtiger Pseudo-Login. π. ὕψους. Der Darstellung fehlt Klarheit, Gedrungenheit und logische Schärfe.

Bei so erheblichen Mängeln im ganzen wie im einzelnen kann dem Buche kein grofser Wert zuerkannt werden; sein einziges Verdienst ist die fleifsige Zusammenstellung von Bemerkungen aus den verschiedensten alten Schriftstellern, den Homerscholien und Eustathius über den erziehlichen Nutzen der homerischen Gedichte.

München.   M. Seibel.

_____

Xenophons Anabasis für den Schulgebrauch, herausgeg. von Dr. Adolf Matthias. II. verbesserte Aufl. Berlin, Jul. Springer 1897 (1 ℳ 20 ₰).

Die für Schüler bestimmte Ausgabe enthält blofs den Text, der sich in der Hauptsache nur nach Hug und Schenkl richtet. Zu den aus pädagogischen Gründen anstöfsigen Stellen ist I 2, 12 (Κῦρος ἐλέγετο συγγενέσϑαι τῇ Κιλίσσῃ) nicht gerechnet und belassen. Im Druck treten Wörter und Sätze, die einen Hauptgedanken enthalten, durch Sperrschrift hervor, die Inhaltsübersicht wird erleichtert durch viele Absätze, welche die Übergänge zu Neuem kennzeichnen, Reden sind durch Einrücken der Zeilen kenntlich gemacht. Auf die in neueren Ausgaben Mode gewordenen Inhaltsangaben am Rande u. dgl. ist verzichtet. Beigegeben ist eine Karte von Kleinasien und Griechenland mit den in der Anabasis vorkommenden Namen, drei lithogr. Tafeln enthalten Situations- und Aufstellungspläne, weitere Beihilfen sind nicht geboten, auch kein Verzeichnis der Eigennamen.

_____

Präparation zu Xenophons Anabasis Buch I, 3. Aufl., neu bearbeitet von Prof. Dr. Köhler, Hannover, Norddeutsch. Verlagsanstalt v. O. Goedel. (60 ₰.)

Auf dem Umschlag des 36 Seiten starken Heftes (Nro. 5, aus den von Krafft und Ranke 1884 begründeten „Präparationen", Preis 60 ₰) konstatiert der Verlag, — wohl zur Belehrung und Bekehrung unverbesserlicher Ketzer —, dafs die Vorteile seines Unternehmens in immer weiteren Kreisen (von Schülern? Lehrern??) zur Anerkennung gelangen. Alle diese Hilfsmittel, deren es jetzt auch zu Xenophon schon mehr als genug gibt, rühmen sich, nur ideale Zwecke zu verfolgen, aber alle geben dem Schüler weit mehr als notwendig wäre zu einer blofs wortgetreuen Übersetzung und fallen dadurch in den Fehler zurück, den sie angeblich ausmerzen wollen, nämlich rein mechanisches Arbeiten des Schülers. Auch vorliegende Präparation gleicht ihren Schwestern, welche in diesen Blättern schon früher besprochen wurde, in Anlage und Inhalt, von der Aufnahme fast aller Wörter, auch der bekanntesten (nur den Artikel ausgenommen) bis zur fertigen Übersetzung von Konstruktionen und ganzen Stellen, wodurch nicht nur dem Schüler die Arbeit zu Hause, sondern auch dem Lehrer solcher Schüler die Mühe in der Schule erspart wird.

München.   Wismeyer.

Prosateurs modernes:

Band IX.: E. Dupuis, La France en zigzag. Im Auszug, mit Anmerkungen, Wörterbuch und Kartenskizzen, herausg. v. H. Bretschneider. Wolfenbüttel, J. Zwissler, 1896. pp. 269 u. 88. Preis ohne Wörterb. u. Anm. kart. 1.50 M.; Wörterb. u. Anm. kart. 0.50 M.

Band X: J. Fabre, Jeanne d'Arc, Libératrice de la France. Für den Schulgebr. bearb. v. H. Bretschneider Mit einer Karte. Wolfenb J. Zwifsler. 1896. pp. 68. ungeb. 0.50 M.

Band XI: L. Biart, Quand j'étais petit. Mit Anm., Wörterb. u. einer Skizze v. Paris herausg. v. H. Bretschneider. Wolfenb. 1896. pp. 93 u. 51. kart. M. 1.—.

Band XII: Récits d'Auteurs modernes. Mit erklärenden Anm. herausg. v. Dr. A. Kressner. Wolfenb. 1896. pp. 179. kart. 1.20 M.

Band XIII: A. de Vigny, Cinq-Mars ou Une Conjuration sous Louis XIII. Für den Schulgebrauch bearb. v. H. Bretschneider. Wolfenb. 1898. pp. 133 u. 19. ungeb. 0.80 M.

Wie schon bei einer früheren Anzeige einzelner Bändchen aus vorliegender Sammlung in diesen Blättern (XXXII, 629—632) hervorgehoben werden mufste, scheint die Devise der Sammlung in Bezug auf Editionsprinzipien und äufsere Ausstattung: Variatio delectat! zu lauten. Sehr verschieden im äufseren Umfang, findet man auch betreffs des mitgegebenen Apparates Mangel an Einheit und Gleichmäfsigkeit. Unter dem Text tragen alle Bändchen Anmerkungen, hauptsächlich sprachlicher Art, die unseres Erachtens in der bequemen Verdeutschung des Textes zu weit gehen, sodafs man sich die Frage vorlegt, für welche Klasse und für welche Stufe sprachlicher Kenntnis

sie eigentlich geschrieben sind. Nur bei Nummer 13 sind diese
Noten unter dem Text recht selten. Besondere Bemerkungen, meist
sachlichen und erklärenden Inhaltes, haben vier dieser Bändchen,
ausgenommen Nr. 12. Diese Bemerkungen sind jedoch als besonderes
Bändchen, mit Wörterbuch, gebunden bei Nro. IX; bei XI, ebenso
mit Wörterbuch, als besonderes Heftchen mit dem Band in einer
Klappe vereinigt, wie es die meisten Schulausgaben, den preufsischen
Vorschriften entsprechend, 'jetzt bieten; bei X und XIII ist dieser
Kommentar angebunden; das Wörterbuch fehlt. Sicher eine auffallende
Vielseitigkeit, desto mehr, weil mit Ausnahme von Nr. 12 (Kressner)
nur ein Herausgeber bei der Sammlung thätig ist.

Bezüglich des Inhaltes sind IX und XI auf die unteren Klassen
von Mittelschulen zu verweisen. Das Buch des Eudoxie Dupuir ist
ein Seitenstück (oder Nachahmung?) von Brunos Tour de France;
zwei Knaben suchen durch ganz Frankreich ihren natürlichen Beschützer,
und dadurch werden wir in einfacher und kindlicher Sprache
mit der Kenntnis französischer Verhältnisse und mit geographischen
Kenntnissen bereichert. Wertvoller ist das Buch Blarts, aber dem Inhalt,
der zarten Jugendzeit, gemäfs, bietet es in allerdings guter Sprache „den
Vokabelschatz, den man im Alltagsleben braucht." Die drei übrigen
Bändchen sind für die Lektüre in Gymnasien geeignet, Nr. 12 allerdings
nur für Schüler der oberen Klassen. Es vermittelt im guten Französisch
die Bekanntschaft mit dem modernen Leben, durch Erzählungen, ausgezeichnet teils durch Gemütstiefe, teils durch prächtigen Humor.
Jeanne d'Arc ist gewählt als Gegenstück zu dem Werk Barante's,
„das zu sehr von veralteten und absichtlich der Sprache des 15. Jahrhunderts entnommenen Ausdrücken durchsetzt ist"; die Wahl von
Cinq-Mars als einer der besten historischen Romane im heutigen
Französisch ist nur zu billigen.

Zu den einzelnen Bändchen noch beifolgende kurze Notizen.
IX, dessen Umfang auffallend stark ist (der Text allein zählt 269 Seiten),
bietet zwei Kartenskizzen von Frankreich und Paris, die allerdings höchst
einfach gehalten sind, für diese Stufe aber wohl genügen mögen.
p. 142 [26] wäre die Erklärung des Ipf. sehr anfechtbar, Anm. p. 26
wäre die Aussprache von Saône anzugeben. Von Vermerkung der
errata sehen wir ab, da sie sich verhältnismäfsig selten vorfinden,
ebenso in den anderen Nummern.

Bei X ist im Vorwort jede Notiz über den Verfasser Joseph
Fabre unterblieben; das Schlufskapitel des Heftchens ist nach einer
Bemerkung p. 68 aus Dhombres et Monod: Récits et biographies
historiques, entnommen.

Für Nr. XI möchten wir beispielsweise bei der Notiz über la
place de la Concorde (p. 64[14]) das historische Moment mehr betont
sehen: Hinrichtung Ludwig des XIV! Der Obelisk an der Stelle, wo
das Schaffot stand! etc. Zu p. 83[19] berührt die Fassung der Anmerkung la paille fast komisch: „In gewöhnlichen Familien, auch in
wohlhabenderen, sind die Sitze der Stühle vorwiegend aus Stroh".
Sollte dies unseren jungen Leuten so ganz unbekannt sein?

In 12 gibt Krefsner eine neue Folge seiner in Nr. 4 begonnenen Sammlung von Erzählungen moderner französischer Meister. Sie sind aus den verschiedensten Verhältnissen des .Lebens ausgewählt; auch ein Abschnitt aus Halévys Invasion ist wiederum aufgenommen, und zwar aus der letzten Zeit der Kämpfe gegen die Republik. Gegenüber anderen ziemlich leichten Erklärungen vermifst man solche zu Stellen wie p. 100³ une involontaire et préjudiciable erreur, p. 103²⁷ un verre de menthe, p. 104¹⁶ le revirement de l'opinion.

Der Roman Alfred de Vignys ist natürlich in Bändchen 13 nur gekürzt wiedergegeben, sodafs sich dadurch sogar der Charakter Richelieus etwas verändert hat; doch ist mit Ausnahme einer Stelle (p. 87) der Ausdruck des Originals „unangetastet" geblieben. Im Kommentar halten wir die Notiz zu p. 2²⁰ le plus pur français für angreifbar, die zu p. 64⁴ über Sedan für überflüssig „die Schlacht am 1. Sept. 1870, die mit einem entscheidenden Siege der Deutschen über die Franzosen endete" (!!), die zu p. 35⁹ les bas rouges („die gemeinen Roten") für ein böses Mifsverständnis. Natürlich sind unter les bas r. die roten Strümpfe des Kardinals gemeint.

Bamberg.   R. Ackermann.

Gallicismen. Französische Sprechübungen für Vorgerückte. Systematisch geordnet und dargestellt von S. Suès. Genf. Burkhardt. 1896. S. 208. Frs. 2,50.

„Ce travail est indispensable à tout étranger qui désire arriver à une connaissance approfondie et réelle de la langue française", sagt Suès im Vorworte, und man kann die etwas stark selbstbewufst klingende Behauptung nicht eine geradezu falsche nennen, nur hätte sie füglich bescheidener formuliert werden sollen. Thatsächlich enthält diese mit überaus grofsem Fleifse und seltener Sachkenntnis angelegte Sammlung idiomatischer Redensarten eine solche Fülle von aus den besten Quellen geschöpften Wendungen, dafs selbst der Kenner sie mit Interesse und Gewinn durcharbeiten wird. Sie sei deshalb allen HH. Fachkollegen, sowie allen Freunden der französ. Sprache warm empfohlen; auch für die oberen Klassen könnte das Buch mit geschickter Auswahl des reichen Stoffes, etwa durch gelegentliche Diktate, nutzbar gemacht werden.

Auf eine Besprechung aller Einzelheiten uns einzulassen, ist hier nicht der Ort; um aber darzuthun, dafs bei einer wahrscheinlich in nicht allzu ferner Zeit notwendig werdenden Neuauflage mancherlei Verbesserungen angezeigt sind, sei nur auf einzelne Unrichtigkeiten hingewiesen. S. 45 ist als Übersetzung des auf S. 4 gegenüberstehenden Textes: „Si j'étais à même de" angegeben: „Wenn es mir möglich gewesen wäre"; ebenda 2. wäre: „Beruhigen Sie sich doch, bitte!" zu setzen; S. 7,5 sollte es heifsen: Das Beste, was wir thun können (fr. que nous puissions faire); S. 9,11 entspräche dem fr. Texte: Il nous faut travailler „de plus belle", wir müssen also umso emsiger arbeiten. S. 11,15 könnte der zweite Satz in wesentlich besserem

Deutsch gegeben werden. S. 13,49 ist der franzöz. Ausdruck: „le plus faible, presque toujours, pâtit pour be plus fort" durch „der Starke läfst den Schwachen büfsen" nicht ganz und nicht gut über- setzt. In 20 würde „folie" besser durch „unvernünftig" gegeben. S. 17,31 mufs für „dire sa façon de penser" statt „seine Meinung aussprechen" wohl „seine Ansicht aussprechen" oder „s. M. sagen" stehen. In 35 sollte es „Je les fais travailler à la pièce" und nicht „à leurs p." heifsen; auch wäre die Wendung besser zu verdeutschen. No. 40 mufs es besser heissen: „on le laissera en plan" als „en plant." In 43 sollte statt „Pour autant que je connais votre soeur" der Subjonctif „connaisse" stehen u. s. f. Auch Druckfehler sind nicht gerade selten; ferner würde ich Zeilenzählung empfehlen, da ohne diese der durch das alphab. Register beabsichtigte Vorteil be- quemen Nachschlagens sehr beeinträchtigt wird.

Paris par L. Génin et J. Schamanek avec un plan et une chromolithographie. Vienne. Hölzel. Lexikonformat M 2.—

Der Verleger der auch in diesen Blättern s. Z. empfohlenen und von der Kritik allseitig mit Beifall aufgenommenen Städtebilder Paris und London hat nun auch einen erklärenden Text zu der Abbildung der franzöz. Hauptstadt ausarbeiten lassen. Die Herren Génin und Schamanek haben die ihnen gestellte Aufgabe so gut gelöst, dafs ihre Ar- beit sich sicherlich nicht nur im Privatgebrauch, sondern auch in unseren Mittelschulen, soweit hier die zu Gebote stehende Zeit es ermöglicht, als recht nutzbringend erweisen wird, da die Verfasser in ihren frisch und elegant geschriebenen Schilderungen sich nicht auf die Beschreib- ung des beigegebenen Farbendruckes beschränken, sondern den Leser mit „tout Paris", seiner Geschichte, seinen Anlagen, Museen, Be- wohnern u. s. w. bekannt zu machen suchen. Dafs es bei einer künftigen Auflage manches zu ergänzen oder zu ändern gibt, ist selbst- verständlich; so beispielsweise in den Abschnitten Enseignement secon- daire, Ecoles spéciales, wo die Ecoles militaires übersehen sind, oder unter „Jardin d'Acclimatation", wo die treffende Bemerkung: „Vous y croiserez beaucoup de noces bourgeoises" erst recht verständlich wird durch die Beifügung, dafs es in den einfachen Bürgerkreisen Sitte ist, dafs die Hochzeitsgesellschaft einige Stunden des Nachmittags im Jardin d'Accl. zubringt. Druckfehler sind ganz selten, wie überhaupt die Ausstattung des Heftes eine vorzügliche ist.

München.   ·   **Wolpert.**

Sammlung Göschen. **Mathematische Geographie von Kurt Geifsler.** Leipzig. G. J. Göschen'sche Verlagshandlung 1898. 183 Seiten. Gebunden 80 Pfg.

Die Verlagsbuchhandlung Göschen hat es sich zur Aufgabe ge- macht, billige Lehrbücher aus den verschiedensten Zweigen der Wissen-

schaft herauszugeben. Jedes Bändchen kostet nur 80 Pfg. Bis Ende
1898 waren bereits 92 Bändchen erschienen, darunter eine Astronomie,
Geologie, physische Geographie; Kartenkunde; organische und an-
organische Chemie; Geometrie; Arithmetik und Algebra, eine Beispiel-
sammlung dazu, eine mathematische Formelsammlung, niedere Analysis, Meteorologie, Perspektive, geometrisches Zeichnen, analytische
Geometrie der Ebene und des Raumes (in 2 Bändchen); projektive
Geometrie; theoretische Physik (2 Bändchen); Logarithmentafeln;
Differentialrechnung, und als letztes die mathematische Geographie.
Die physische Geographie ist von keinem geringeren als Prof. Sigmund
Günther verfafst, ein Beweis dafür, dafs es dem Verlag ernst ist mit
seinem Bestreben, etwas wirklich Gutes zu bieten. Ob es ihm auch
mit dem vorliegenden Werkchen, der mathematischen Geographie
gelungen ist? Ist insbesondere die Frage zu bejahen, ob das durch
seinen billigen Preis sich empfehlende handliche Büchlein für unsere
Schüler pafst?

Darauf mufs der Referent leider solange mit „Nein“ antworten,
als die nachher zu besprechenden Mifsstände nicht beseitigt sind.
Manches in dem Werkchen ist sehr gut ausgefallen. Der Referent
hat sich mehrere anregende Gedanken notiert, um sie gelegentlich im
Unterrichte zu verwerten. Insbesondere in den sogenannten Übungen,
welche den einzelnen Kapiteln folgen, finden sich viele wertvolle Fragen,
die den Unterricht in der mathematischen Geographie zu beleben und
zu vertiefen geeignet sind. So sehr diese Thatsache anzuerkennen
ist, so wenig genügt sie, um dem Buche den Stempel eines guten
Lehrmittels aufzudrücken. Dazu gehört mehr. Ganz unerläfslich ist
dabei eminente Klarheit und Schärfe bei der Entwicklung des gerade
nicht leicht zu behandelnden Stoffes. Diese beiden Eigenschaften
werden aber im Geifsler'schen Buche vielfach vermifst. Der Verfasser
hätte sich in dieser Beziehung die populäre Himmelskunde von Diester-
weg zum Muster nehmen können. Es ist ferner mehr als bedenklich,
Schülern ein Buch in die Hand zu geben, in dem gegen die Gesetze
der Logik gesündigt ist. Oder gestattet diese etwa, von „geraden
Strecken“ (pag. 7) zu sprechen, da es doch keine „krummen“ gibt?
Ist es ferner erlaubt, den Schülern folgenden Satz vorzulegen (pag. 49):
„Ein fallender Körper nimmt eine in jedem Augenblicke, also gleichmäfsig zunehmende Geschwindigkeit an“? Mufs da nicht der Schüler
auch die Geschwindigkeit des Pendels für eine gleichmäfsig zunehmende
halten, da diese ja auch „in jedem Augenblicke“ wächst?

Es ist ferner unlogisch, einmal als den „Anfang der Deklination
den Äquator“ zu bezeichnen, also eine Linie (pag. 93), ein andermal
aber den Punkt F (Frühlingspunkt) als „Anfang für die Abzählung
von Graden“ festzusetzen. Öfters ist Bogen mit Winkel verwechselt.
Jeder Lehrer weifs, wie oft diese Begriffsverwirrung, eine Drehung
sei eine Linie, bei den Schülern zu rügen ist. Soll nun ein Lehrbuch
auch noch zu diesem Wirrwarr beitragen? — S. 135 heifst es vom
Monde: „Auch er behält nicht seine Stellung unter den Fixsternen
bei, wenn er auch scheinbar täglich von Ost nach West sich be-

wegt, was wir der Erdrotation zuschreiben müssen." Der Nebensatz
„wenn er auch . . . " enthält Widersinniges, weil er die Vorstellung
aufkommen läfst, als ob die Planeten, die vorher behandelt werden,
nicht auch von Ost nach West sich zu bewegen schienen. Denn auch
sie behalten ja ihre Stellung unter den Fixsternen nicht bei. — Das
Buch soll, wie in einem beiliegenden Begleitschreiben gesagt ist, auch
die mathematisch und physikalisch nicht vorgebildeten Schüler in die
mathematische Geographie einführen. Trotzdem soll der Leser (pag. 68)
den Begriff der Masse innehaben, obwohl erst Seite 146 etc. dieser
Begriff zu erklären versucht wird, wobei der Verfasser noch dazu
bemerkt, „es sei nicht ganz leicht, sich vorzustellen, was diese Gröfsen
eigentlich bedeuten". Ja, ist es dann 78 Seiten weiter vorne etwa
leichter, obwohl da überhaupt noch keine Erklärung der Masse versucht ist? Wie wird übrigens der Schüler durch die Seite 147 ohne
jede Ableitung gegebene „Erklärung" über den Begriff der Masse
belehrt? Es helfst dort einfach: „Man mufs das Gewicht dividieren
durch g und erhält dann eine Gröfse m, genannt Masse." Das hat
der Schüler dem Verfasser einfach zu glauben. Wenn er es aber
nicht glaubt? Das Buch gibt ihm keine weitere Aufklärung und
keinerlei Begründung!

Wenn hier der Autor des Werkes dem Leser die Erklärung
überhaupt schuldig bleibt, so gibt er sie an einem anderen Ort nicht
so, wie er es thun sollte. Man mufs doch selbstverständlich das
Leichtere vorausschicken und darf dann erst zum Schwierigeren fortschreiten. Dieser einfache Grundsatz ist nicht immer eingehalten.
So wird pag. 130—134 die bekanntlich gar nicht leichte Lehre von
der Aberration des Lichtes vorgeführt und erst hintennach in den
Übungen kommen solche Fragen aus dem dem Schüler viel näher
liegenden, also leichter fafsbaren Stoffe, welche die Sache erklären
sollen; so das bekannte Beispiel von dem dahineilenden Schiffe, auf
das eine Kugel senkrecht zur Fahrrichtung abgefeuert wird, u. ähnl.
Warum stellt denn der Verfasser diese Beispiele, die doch der Schüler
viel leichter zu begreifen vermag, nicht voraus und exemplifiziert dann
auf die dahineilende Erde, welche das Schiff vertritt? Man soll doch
die Sache dem Schüler so leicht als möglich machen! Auffallend ist
bei dem genannten Kapitel auch, dafs von dem Geschwindigkeits-
parallelogramm dabei gar nicht gesprochen wird. Es ist doch kaum
anzunehmen, dafs der Verfasser diese Dinge etwa für den Schüler
als zu schwer erachtet habe. Denn Seite 69 bis 71 wird das „Parallelogramm der Bewegungen und Beschleunigungen" behandelt, freilich
mit der Ungenauigkeit, dafs (Seite 70) EB_1 als eine Komponente angeführt wird, die gar keine ist. Gewifs ist ja im Parallelogramme
$A_1 E B_1 B_2$ in Fig. 9 die Gegenseite EB_1 im planimetrischen Sinne
gleich der Seite $A_1 B_2$. Nachdem aber A_1 als der Punkt bezeichnet
wird, dem eine gewisse Beschleunigung $A_1 B_1$ innewohnt, so können
statt dieser einen Beschleunigung die 2 Komponenten $A_1 E$ u. $A_1 B_2$,
nicht aber statt letzterer die „Parallelogrammseite" EB_1 eingeführt
werden. Ebensowenig darf (pag. 71) gesagt werden: „Es wirkt die

Komponente der Schwungkraft EB_1 oder ihre Parallele $A_1 B_2$ nach dem Aequator zu", weil eben, wie schon bemerkt, EB_1 gar keine Komponente der resultierenden Beschleunigung $A_1 B_1$ ist.

Solche Ungenauigkeiten finden sich im Buche noch mehr. Es ist klar, dafs diese besonders bei Schülern, die keinen mathematischen Unterricht genossen — auch für solche ist ja das Buch bestimmt — schlimme Früchte zeitigen können. Wird z. B. ein solcher Schüler eine richtige Vorstellung von einem Kegel erhalten, wenn er die Definition Seite 9 liest: „Verbindet man einen Punkt mit sämtlichen Punkten irgend einer krummen Linie, so entsteht ein Kegel"? Selbst für den Fall, dafs der Schüler dabei nicht an den Kegelkörper, sondern an den Mantel denkt, wird er dadurch nicht zur Meinung geführt, die Kegelfläche bestehe aus Linien? Genau so, wie er aus dem Satze pag. 10: „Die Punkte bilden einen Durchmesser" zur Annahme gelangen kann, eine Linie bestehe aus Punkten. — Seite 14 ist „für die uns sichtbaren äufsersten Punkte des Gesichtsfeldes" der Name Horizont gewählt. Später freilich wird dann dieser Name für die Gesamtheit aller der genannten Punkte genommen. — Auf Seite 15 soll der Schüler in einer Übung von den Richtungen gewisser Ebenen sprechen. Was sich wohl der Schüler unter der Richtung einer Ebene vorstellen soll? Gemäfs pag. 29 kann ein Kreis in Winkel geteilt werden!! Dieselbe Verwechslung zwischen Winkel und Bogen findet sich auf derselben Seite in dem Satze: „Halbiert man den Winkel zwischen dem höchsten und tiefsten Punkt einer Sternbahn, der oberen und unteren Culmination . . . .". Ist ferner der Ausdruck (pag. 31) erlaubt: „Ein Stern kulminiert bei 90° und 50°?"

Wenn wir schon solche unrichtige Ausdrucksweisen bei unseren Schülern nicht dulden, sind sie in Lehrbüchern noch weit mehr zu verwerfen. Manche Abiturienten, die doch ausschliefslich an unseren Gymnasien das Buch zu benützen hätten, würden sich über die eine oder die andere der angeführten Ungenauigkeiten geradezu moquieren. Dies gilt auch von einigen der gar nicht seltenen Druckfehler, wie z. B. von dem pag. 42, wo es heifst, das Wort Meter sei aus dem Griechischen vom Worte neutrum abgeleitet! Solche zum Lachen reizende Dinge sollten doch in einem Lehrbuche vermieden sein. Die ziemlich grofse Zahl der Druckfehler läfst nur zu sehr die Sorgfalt vermissen, die doch bei der Abfassung eines für die Hand der Schüler bestimmten Buches unerläfslich ist. Aufser dem genannten fielen dem Referenten noch folgende Druckversehen auf: Gonyometrisch (pag. 134). Seite 95: „Kulminiert die Sonne 6 Stunden „früher" (statt später)" — — „und mufs als Abstand" statt „mufs man als . . ." Seite 9: „entstehe" statt „entsteht"; pag. 18 in einen Kreise enthalten; Seite 65 OT_1 statt OT. Auf Seite 73 finden sich gar vier Druckfehler! Von vornherin; PA_1 statt P_1A_1; A_1P_1 statt AP_1; AP^2 statt AP_1; „ . . . . so wird man die Gröfse" statt „so wird die Gröfse", pag. 81 von einem Gestirnes; pag. 142 Ergänzung das Sonnenstandes (statt des . . .); pag. 148 durch demselben; pag. 150 $\dfrac{4\,\pi^2 \cdot r}{r^2}$ statt $\dfrac{4\,\pi^2 \cdot r}{t^2}$.

In die gleiche Heiterkeit, welche die oben angeführte Etymologie des Wortes Meter bei unseren Absolventen hervorrufen müfste, würden sie wohl auch durch die zwei Hexameter versetzt, die pag. 169 zu finden sind:

Widder ist es und Stier, dann Zwillinge, Krebs, Löwe, Jungfrau,
Wage, Scorpion und Schütze, bis Steinbock, Wassermann, Fische.

Wäre es nicht besser gewesen, die Namen der Sternbilder in einfacher Prosa anzuführen? Muſs nicht ein Daktylus wie „Krebs, Löwe" oder wie „Scorpion und" die Spottlust der jungen Leute herausfordern, das Schlimmste, was einem Lehrbuche passieren kann, und was doch das hier in Rede stehende bei seinen sonstigen Vorzügen durchaus nicht verdient?

Es wird dem Verfasser gewiſs ein leichtes sein, bei einer neuen Auflage die angegebenen Mängel auszumerzen; dann, aber nur dann darf er sich sagen, daſs er ein recht brauchbares Lehrbuch der mathematischen Geographie geschaffen habe: Für die Zwecke des bayrischen Gymnasiums müſste er sich freilich entschliessen, auch die Elemente der sphärischen Trigonometrie heranzuziehen und insbesondere der Verwandlung der Coordinaten in einander, den Sonnenuhren u. s. w. eigene Kapitel zu widmen. So wie das Buch jetzt abgefaſst ist, enthält es in der einen Hinsicht für unsere Oberklasse zu wenig, in anderer wieder zu viel.

München.   Dr. Rothlauf.

Vorlesungen über Differential- und Integralrechnung von **Emanuel Czuber**, o. ö. Professor an der technischen Hochschule in Wien. I. Band mit 112 und II. Band mit 78 Figuren im Text. Leipzig. B. G. Teubner, 1898.

Was den Verfasser bewog, die vorhandene Zahl von Lehrbüchern der Differential- und Integralrechnung um ein neues zu vermehren, war in erster Linie der Wunsch, den Studierenden der technischen Hochschulen, für die in der That nur wenige geeignete Hilfsmittel dieser Art vorhanden sind, ein Lehrbuch zu schaffen, aus welchem sie die für ihren künftigen Beruf notwendige mathematische Schulung gewinnen können. Im ganzen scheint uns der Autor dieses Ziel auch erreicht zu haben, obwohl ihn, nach der Ansicht des Referenten, sein Bestreben, sich auf den Boden moderner Forschung zu stellen, hie und da etwas zu weit in Detailuntersuchungen geführt hat. Wir haben hiebei namentlich das Eingehen auf einige funktionentheoretische Feinheiten der Stetigkeitsbetrachtungen im ersten Abschnitte des I. Bandes im Auge, die ja sehr schön und für den Studierenden der Mathematik gewiſs ebenso notwendig als interessant sind, aber gerade dadurch, daſs sie der Verfasser nicht an geometrischen Beispielen erläutert, dem Verständnis des Anfängers Schwierigkeiten in den Weg legen werden und für den Techniker doch kaum als absolut notwendig bezeichnet werden dürften. Das Gleiche gilt auch von dem Kapitel über die Konvergenz der Reihen im vierten Abschnitte desselben Bandes, welches zwar sehr gut behandelt ist, aber in einer Vorlesung über Analysis oder höhere Mathematik an einer technischen Hochschule doch kaum in dieser Ausdehnung gebracht werden kann.

Übrigens machen gerade diese Kapitel, die dem Techniker den Gebrauch des Buches hie und da etwas erschweren werden, dasselbe dem Mathematiker um so wertvoller, indem in ihnen den in unserer Zeit mit Recht erhöhten Forderungen an Strenge der Beweisführung durchweg Rechnung getragen ist.

Was ferner beide Bände vorteilhaft von anderen ähnlichen Büchern auszeichnet, das ist die vorzügliche Auswahl und die klare Behandlung der zahlreichen, zum Teile völlig neuen Beispiele, welche namentlich die geometrischen Anwendungen der Methoden erläutern; und nach dieser Richtung kann nach Ansicht des Referenten gerade den Technikern niemals zu viel geboten werden. Für sie ist auch namentlich das Kapitel über Massenanziehung und Potential im 4. Abschnitte des II. Bandes von besonderem Werte, sowie die Anwendungen der Differentialgleichungen, deren Theorie man in gedrängtem Rahmen wohl kaum irgendwo besser dargestellt finden dürfte.

München.   A. v. Braunmühl.

Dr. Hermann Schubert, Mathematische Mufsestunden. Eine Sammlung von Geduldspielen, Kunststücken und Unterhaltungsaufgaben mathematischer Natur. Leipzig 1898. J. G. Goeschensche Verlagsbuchhandlung. V und 286 S. 8°.

Die Freude an mathematischen Rätselstücken ist früh schon erwacht. Die arithmetischen Bestandteile der „Anthologie" gehören in diese Kategorie; in Alcuins kaiserlicher Palastschule und in den Klosterschulen wurden Fragen dieser Art eifrig behandelt, weil man mit Recht der Meinung war, dafs dieselben „ad acuendos juvenes" recht geeignet seien; H. Hagens zu wenig bekannte Schrift „Antike und mittelalterliche Rätselpoesie" (Biel 1869) führt uns eine Menge einschlägiger, mehr oder weniger geistreicher Spielereien vor. Im 16. Bande der „Monumenta Germaniae" ist von zwei professionellen Rätsellösern des XIII. Jahrhunderts, Namens Firri und Tyrri, die Rede, welche sich gegenseitig ganz artige Nüsse, und zwar grofsenteils mathematischen Charakters, zum Knacken vorlegten. Später haben dann Bachet, Leurechon, Schwenter, Harsdörffer, Ozanam und andere Autoren ganze Bücher diesen Aufgaben gewidmet; in neuester Zeit erschien ein demselben Zwecke dienendes Werkchen von Mittenzwey (Mathematische Kurzweil, Leipzig 1895) in deutscher Sprache, vor welchem allerdings zwei ausländische Sammlungen, von dem Franzosen Lucas und von dem Engländer Ball herausgegeben, den wissenschaftlichen Vorrang behaupten; und allen diesen Vorarbeiten schliefst sich Professor Schuberts Buch an, von dem man wohl behaupten darf, dafs es, bei aller Kürze, doch zu den reifsten und beachtenswertesten Früchten einer eigenartigen Literaturgattung gehöre.

Es kann hier nicht unsere Aufgabe sein, den auf kleinem Raume zusammengedrängten reichen Inhalt unserer Vorlage zu analysieren und zu würdigen; wohl aber wollen wir einzelne Punkte hervorheben, welche ein allgemeineres Interesse beanspruchen können. Das „Erraten" gewisser Zahlen wird auf feste Regeln zurückgeführt; sodann werden sehr hübsche Betrachtungen über merkwürdige Ziffernfolgen und über besonders grofse Zahlen angestellt. Es wird jeden wunder nehmen, dafs man durch drei Ziffern eine Zahl auszudrücken imstande ist, welche ausgerechnet mit mehr denn 369 Millionen Ziffern zu schreiben wäre; dies ist die Zahl $9^{(9^9)}$. Auf einige arithmetische Kartenkunststücke folgen „Umfüllungsaufgaben", wie sie dereinst bereits bei Firri und Tyrri und später bei dem genialen Italiener Tartaglia vorkamen. In so allgemeiner Form ist das Problem wohl noch niemals zuvor behandelt worden. Verschiedene Manipulationen mit Würfeln und Dominosteinen werden sich ebenfalls viele Freunde erwerben. Andere Fragestellungen führen auf geometrische Reihen und auf Kombinatrik; die Abschnitte über vollkommene, heronische und pythagoreische Zahlen dagegen tragen mehr einen zahlentheoretischen Charakter. Das umfassende Kapitel der „Trugschlüsse", zu deren Aufdeckung es eines hohen Mafses von Aufmerksamkeit bedarf, wird den Lehrer anziehen, der von diesen anscheinenden Paradoxen direkt Gebrauch beim Unterrichte machen kann, wie denn die Widerlegung der geometrischen Deduktion „64 = 65" für aufgeweckte Schüler sehr anregend sein mufs. In eine besondere Klasse der Syntaktik gehören das schon vor dem alten Historiker Josephus berührte „Problem der 15 Freunde und 15 Feinde", die magischen Quadrate und die Rösselsprünge, welche beide hier sehr gründlich abgehandelt werden, sowie die Erörterungen über gewisse Geduldspiele. Die den Schlufs bildenden „Wanderungen", deren Zweck es ist, zu ermitteln, unter welchen Umständen der Perimeter einer Figur in einem Zuge, die Oberfläche eines Polyeders ohne Kreuzungen umfahren werden kann, schlagen in das neuerdings viel gepflegte Gebiet der „Topologie" ein. So wird das hübsch ausgestattete Büchlein vielen Lesern vieles bringen, was nach ihrem Geschmacke ist. •

München.   S. Günther.

Arendt Dr. R. Grundzüge der Chemie und Mineralogie. Mit 271 Abbildungen und einer Buntdrucktafel. 6. verbesserte und vermehrte Auflage. 409 Seiten. Hamburg und Leipzig. Vofs, 1897. Preis 3 Mark.

Derselbe. Leitfaden für den Unterricht in der Chemie und Mineralogie. 6. verbesserte und vermehrte Auflage. 125 Seiten. Im gleichen Verlage. 1897.

Die 6. Auflage der „Grundzüge" ist, was den chemischen Teil betrifft, abgesehen von einzelnen Ergänzungen ein unveränderter Abdruck der im 31. Jahrgange dieser Zeitschrift Seite 143 besprochenen 5. Auflage. Eine vollständige Umarbeitung und dabei nicht unwesentliche Bereicherung hat der Abschnitt über Mineralogie erfahren; was dort auf 18 Seiten abgehandelt ist, nimmt hier einen Raum von 50 Seiten ein; statt einer Figur ·finden wir jetzt deren 91 nebst einer Buntdrucktafel. Der Text behandelt zuerst die Krystallsysteme, dann die Mineralien in ihrer Klassifikation auf Grund ihrer chemischen Zusammensetzung und zwar nach der in diesem Buche enthaltenen Ordnung, endlich die wichtigsten Gesteine nach genetischer Einteilung: krystallinische Schiefer-, Massen-, Trümmer- und Sediment-, organogene Gesteine. Von den Figuren sind namentlich die Steinschliffe und die Abbildungen der nach der Natur gezeichneten Mineralien und Gesteine tadellos ausgeführt.

Der „Leitfaden" ist nach denselben Prinzipien behandelt wie die „Grundzüge", enthält aber nur das Allerwesentlichste des Lehrstoffes, weil er für solche Schulen bestimmt ist, in welchen das ganze Thema in einem Jahre zu erledigen ist. Zu bedauern ist, dafs sich im mineralogischen Teile dieses Leitfadens, abgesehen von den Krystallformen, nicht eine einzige von den schönen Abbildungen der „Grundzüge" findet.

Wachter Dr. V., Vollständiger Abrifs der anorganischen Chemie. 164 Seiten. Hamburg und Leipzig. Vofs, 1897.

Die Absicht, den Studierenden der Chemie einen möglichst gedrängten Überblick über den gesamten Lehrstoff zu bieten, hat der Verfasser im speziellen Teile des Buches vollständig erreicht; von jedem Elemente sowie von allen einigermafsen wichtigen Verbindungen sind alle wesentlichen chemischen und physikalischen Eigenschaften in Form von Schlagwörtern angegeben; auch läfst sich die Gruppe, zu welcher eine Verbindung gehört, infolge des übersichtlichen Druckes leicht finden, wie überhaupt die Besprechung der Elemente in scharfer Ordnung nach Familien und Gruppen ein wesentlicher Vorzug dieses Büchleins ist. Dafs in einem Buche, das nicht Lehrbuch im engeren Sinne des Wortes, sondern in erster Linie ein Nachschlagebuch sein soll, weniger Gewicht auf eine methodisch-didaktische Entwicklung gelegt wird, ist erklärlich; aber der Verfasser hätte in dieser Verzichtleistung auf methodische Behandlung nicht so weit zu gehen gebraucht, dafs er in dem Abschnitte über allgemeine Chemie so ziemlich auf alle Ordnung verzichtet; die dort erläuterten Begriffe liefsen sich mit leichter Mühe in logisch richtigerer Reihenfolge nach einander behandeln. Hier hätte der Verfasser auch, nachdem er so ·viel und zwar gleich auf den ersten Seiten von elektronegativen und elektropositiven Elementen spricht, diese Begriffe erklären sollen, er hätte zum mindesten erwähnen sollen, dafs die Seite 2 angegebene Affinitätsreihe im grofsen und ganzen mit der elektrochemischen Reihe übereinstimmt. Ferner wäre eine nähere Angabe der Gründe, warum man die Elemente gerade so ordnet, wie die Tabelle Seite 21 angibt, sehr wünschenswert. Störend sind in der ganzen Arbeit trotz der Seite 2 angegebenen

Übersicht die zahllosen Abkürzungen, die zwar viel Raum ersparen, den Leser aber um so mehr Zeit kosten. Doch sind diese Fehler des Buches deshalb weniger ins Gewicht fallend, weil ja sein Wert vorwiegend in der wirklich gelungenen Behandlung der speziellen Chemie liegt.

<hr>

Rudolphi Dr. M. Allgemeine und physikalische Chemie. Sammlung Göschen. Leipzig 1898. 193 Seiten. Klein 8°. Preis 80 Pfg.

Das Büchlein enthält in gedrängter Kürze einen Überblick über den gegenwärtigen Stand des Studiums der physikalischen Eigenschaften chemischer Elemente und Verbindungen; Verfasser teilt die wesentlichsten Forschungsresultate mit, legt kurz die angewandten Methoden dar und bespricht die wichtigsten Apparate. Im ersten Abschnitte werden die Gesetze der Physik im allgemeinen, sowie ihre Anwendungen auf chemische Atome und Moleküle, die Gesetze der chemischen Verwandtschaft und der chemischen Statik besprochen; die weiteren Abschnitte behandeln die Thermochemie, Photochemie, Elektrochemie und die magnetisch-chemischen Erscheinungen.

Die Darstellung ist so gehalten, daß der Laie, der mit den Grundgesetzen der Physik, der Chemie sowie der elementaren Mathematik vertraut ist, dieselbe verstehen kann. Allerdings läßt sich nicht leugnen, daß sich der Verfasser an manchen Stellen auf Kosten der Klarheit einer allzuknappen Ausdrucksweise bedient; so wird beispielsweise der Nichtsachverständige bei der auf Seite 32 gebotenen Ableitung der Zustandsgleichung der Gase niemals einsehen, warum die Anziehung der Moleküle dem Quadrate des Volumens umgekehrt proportional zu setzen ist; die Motivierung der Gleichung für das Molekularvolumen der Ameisensäure Seite 45 sowie der letzte Absatz in dem Abschnitte über geometrische Krystallographie sind unklar, ebenso die Behauptung, daß in jedem Achsensysteme eines Krystalles mindestens eine Achse senkrecht stehen müsse; ihr widerspricht wenigstens bei dieser Ausdrucksweise der Verfasser selbst auf der nächstfolgenden Seite 49 bei Erklärung des triklinen Systems; die Tabelle über das periodische System der Elemente Seite 85 bedürfte einer viel eingehenderen Erklärung, falls der Leser wirklich eine Gesetzmäßigkeit herausfinden sollte; die lateinische Bezeichnung Seite 102, Zeile 10, enthält zwei Fehler; von dem Begriffe Calorie spricht der Verfasser bereits, vor er ihn Seite 107 definiert. Aber abgesehen von diesen Schwächen ist das Büchlein, welches am Schlusse ein Namen- und Sachregister enthält und von der Verlagshandlung die übliche Ausstattung erhalten hat, empfehlenswert.

<hr>

Klein Dr. J. Chemie. Anorganischer Teil. Sammlung Göschen. 2. verbesserte Auflage. Leipzig 1897. 163 Seiten klein 8°. Preis 80 Pfg.

Die neue Auflage dieses hübschen Büchleins ist im wesentlichen ein Abdruck der 1. Auflage, welche im 31. Jahrgange unserer Zeitschrift Seite 732 angezeigt wurde. Eine teilweise Umarbeitung haben namentlich die einleitenden Abschnitte erfahren; auch im weiteren Texte finden sich einzelne Änderungen, als deren wesentlichste wohl der Verzicht auf die Unterscheidung zwischen Metalloiden und Metallen bezeichnet werden darf. Von den bei der oben angegebenen Besprechung des Büchleins erwähnten Fehlern sind wenigstens die bedeutenderen verbessert.

Würzburg. Dr. Zwerger.

Klassischer Skulpturenschatz.[1] II. Jahrgang Heft 21—24, III. Jahrgang Heft 1—19. München, Verlagsanstalt F. Bruckmann 1898—1899. (Preis des Jahrgangs von 24 Heften mit 144 Tafeln 12 ℳ, Preis des Einzelheftes 75 ₰; einzelne Tafeln werden nicht abgegeben).

Gerade ein Jahr nach der letzten Besprechung des vorzüglichen und erstaunlich billigen Werkes, das in Gymnasiallehrerkreisen wachsende Verbreitung und Anerkennung findet, kann wieder ein empfehlendes Wort für diejenigen, welche dasselbe noch nicht angeschafft haben, gesagt werden. Denn die inzwischen erschienenen Lieferungen erfüllen die hochgespannten Erwartungen vollauf: Stets in gleichem Maße bewundern wir die geschickte Auswahl sowohl bekannter als auch bisher nur den Gelehrten zugänglicher Denkmäler der verschiedensten Epochen, sowie die hohe technische Vollendung der Autotypien. Mit Recht ist die italienische Renaissance in großen Namen, wie Donatello, auch diesmal wieder zahlreich vertreten; den Glanzpunkt bilden die 6 Tafeln mit den Abbildungen der Mediceergrabmäler von Michelangelo. Die Zahl der Blätter ist von 265 auf 402 gestiegen, und mit dieser Vermehrung wächst bei denjenigen Abonnenten, welche die einzelnen Richtungen der Kunst und Individualitäten der Künstler zu jeder Zeit zu überblicken außer stande sind, das Gefühl der Unsicherheit und Verwirrtheit. Dem kann leicht abgeholfen werden durch Ordnung der Tafeln nach Zeit und Nationalität der Kunstwerke auf Grund des jedem Jahrgang beigegebenen Verzeichnisses. So wird man allmählich eine Übersicht über die Entwicklung der Plastik von den Griechen an bis in die neuere Zeit gewinnen, die Eigenart der Kunst der einzelnen Völker und deren Hauptvertreter erkennen, zugleich aber auch den hohen Bildungswert des „klassischen Skulpturenschatzes" erst im vollen Umfange würdigen.

München. H. L. Urlichs.

Ad. Holm, Geschichte Siziliens im Altertum. 3. (Schluß-) Band. Mit 8 Münztafeln in Lichtdruck, einer Karte, Nachtrag hauptsächlich zum I. und II. Band und einem Register über die drei Bände. Leipzig, Verlag von W. Engelmann 1898. XVI u. 754 S. Preis 18 M.

---

[1] Siehe die Besprechungen Band 33 (1897) S. 631—33; 84 (1898) S. 148 f. und 780.

Eine lange Pause liegt zwischen dem Erscheinen dieses Schlufs-
bandes von Holms Geschichte Siziliens im Altertum und dem der
beiden ersten Bände (I-1870; II-1874); daher wartete man schon
längere Zeit mit Sehnsucht auf diesen noch ausstehenden Band; denn
erstens gibt es bisher eine vollständige Geschichte Siziliens bis zur
Eroberung durch die Araber nicht, wenn man etwa absieht von dem
kurzen Abrifs, welchen Freeman für die „Story of the Nations" geliefert u. wovon J. Rohrmoser 1895 eine deutsche Übersetzung unter
dem Titel „Geschichte Siziliens unter den Phönikiern, Griechen und
Römern" herausgegeben hat. Freemans grofse Geschichte Siziliens
aber, wovon Prof. Lupus eine deutsche Bearbeitung übernommen
hat, reicht nur bis zum Tode des Agathokles. Zweitens ist A. Holm
vermöge seines langen Aufenthaltes auf der Insel, seiner genauen
Kenntnis ihrer Geographie und Topographie, seiner engen Beziehungen
zu den einheimischen Forschern wie Cavallari, Salinas, Orsi, Pais wie
kein zweiter geeignet, diese Aufgabe zu lösen. So darf man denn
auch diesen III. Band seiner Geschichte Siziliens als eine wertvolle
Bereicherung der historischen Literatur betrachten.

Hinsichtlich der äufseren Anordnung unterscheidet sich der neue
Band nicht von den früheren: die einzelnen Abschnitte werden zunächst
in einem zusammenhängenden Texte behandelt, der bestimmt ist,
auch im Zusammenhang gelesen zu werden; dieser Text umfafst
S. 1 – 337. Daran schliefsen sich die umfangreichen, speziell für den
Geschichtsforscher bestimmten Anmerkungen S. 338 – 512. Ein erster
Anhang gibt ein Verzeichnis der römischen Beamten in der Provinz
Sizilien S. 513 – 542; dann aber folgt noch, man möchte sagen, ein
eigenes Buch (S. 543 – 760), nämlich eine Geschichte des sizilischen
Münzwesens bis zur Zeit des Augustus, begleitet von VIII ausgezeichnet
schönen Münztafeln, die dem Bande zur hohen Zierde gereichen. Es
ist bekannt, wie Holm schon in seiner griechischen Geschichte wiederholt die Münzen einzelner Perioden, für welche uns die literarische
Überlieferung im Stiche läfst, mit Geschick und Erfolg zur Aufhellung
verschiedener Beziehungen der einzelnen Städte und Staaten zu einander herangezogen hat. Dies geschieht auch hier und zwar erfreute
sich der Verf. hierbei der kundigen Beihilfe der hervorragenden
Numismatiker J. P. Six und Fr. Imhoof-Blumer, denen dieser Band
auch gewidmet ist.

Der Text enthält Buch 7, 8 und 9 der Gesamtdarstellung. Das
7. Buch schildert die Beziehungen zwischen Sizilien und Rom von der
Aeneassage angefangen bis zur Einrichtung von Sizilien als Provinz; selbstverständlich nimmt die Erzählung von den beiden ersten punischen Kriegen
einen breiteren Raum ein, weil hier die Quellen reichlicher fliefsen. Dagegen kann von Buch 8 an die sizilische Geschichte nur im Zusammenhang mit der römischen behandelt werden, und nicht immer tritt in
dieser Sizilien besonders hervor; auch hat von jetzt ab die Geschichte der
Insel vorzugsweise kulturhistorisches Interesse und gewinnt erst in den
Kämpfen, welche der Begründung der Monarchie vorausgehen, wieder
politische Bedeutung. Die beiden wichtigsten Kapitel dieses Abschnittes

sind die Sklavenkriege und der Prozeſs des Verres. Letzterer gibt dem Verfasser Gelegenheit, die Lage der Provinz unter der Herrschaft der römischen Aristokratie eingehend zu schildern. Dadurch gewinnt dieser Band groſse Bedeutung für die Cicerolektüre und kann, wie der Verf. beabsichtigt, als ausführlicher Kommentar zu diesem Hauptwerke Ciceros betrachtet werden, und zwar sind Text und Anmerkungen hiefür in gleicher Weise heranzuziehen. Man sieht, schon um deswillen hat dieser Band auch für die Schule groſse Bedeutung und kein Lehrer, welcher die Verrinen mit seinen Schülern liest, wird versäumen, Holms Erläuterungen einzusehen, die besonders die Frage berücksichtigen, inwieweit Cicero, der Advokat, es mit der Wahrheit genau nimmt. (6 Kapitel des 8. Buches beschäftigen sich mit Verres.) Am Ende des Buches gewinnt die Geschichte der Insel durch die Persönlichkeit des Sextus Pompejus noch einmal politische Bedeutung. Hier möchte ich mir eine persönliche Bemerkung erlauben. In den „Abhandlungen aus dem Gebiete der klassischen Altertumswissenschaft, W. v. Christ zum 60. Geburtstag gewidmet", (München 1891) habe ich S. 211—·236 einen Aufsatz veröffentlicht: „Dio Cassius über die letzten Kämpfe gegen Sextus Pompejus, 36 v. Chr.", worin in Bezug auf I. die Seeschlacht bei Mylä; II. Marsch des Cornificius von Tauromenium nach Mylä; III. Die Entscheidung zur See bei Naulochos, nachgewiesen wird, daſs Dio Cassius hier auf Kosten der historischen Wahrheit sich allzusehr in eine Nachahmung des Thukydides eingelassen hat. Diese Abhandlung hatte ich seiner Zeit Holm übersandt, damit er namentlich bezüglich der für den Rückzug des Cornificius in Betracht kommenden topographischen Fragen die Sache prüfe; er hat mir brieflich seine völlige Zustimmung zu dem von mir gewonnenen Resultat ausgedrückt. Warum hat er nun auch in den Anmerkungen zu diesem Abschnitt gar nichts davon erwähnt? — Das 9. Buch behandelt Sizilien als Provinz unter den Kaisern, die Konstantinische Reichsverfassung, ferner die Gründung und die ersten Schicksale des Christentums in Sizilien. Bei dieser Gelegenheit kommt Hohn auch auf die Katakomben zu sprechen und kann wenigstens einstweilen auf die ausgezeichneten Resultate der Forschungen unseres Kollegen F ü h r e r hinweisen, dessen „Forschungen zur Sicilia sotterranea" er inzwischen anderweitig gewürdigt hat. Eigene Abschnitte bilden sodann Sizilien unter deutscher Herrschaft, besonders der Ostgothen, Sizilien unter Byzanz (um 600). Hier erhalten wir wieder ein historisches Gemälde durch die Schilderung der liebevollen Thätigkeit des Papstes Gregor des Groſsen für die Insel, in kirchlicher wie in administrativer Beziehung. Die drei letzten Kapitel erzählen von den Kämpfen zwischen Byzanz und den Arabern, bis zur Eroberung Taorminas durch die letzteren i. J. 902.

Freuen wir uns, daſs es Holm vergönnt war, sein Lebenswerk zu vollenden! Wenn er selbst auch in der Vorrede zugesteht, daſs für die in diesem Bande behandelte Zeit noch viel zu thun übrig bleibe, insbesondere was die Verhältnisse in der Kaiserzeit anlangt, so hat er doch den Rahmen geboten, in den sich das Weitere fassen läſst. Jedenfalls verdient das Werk fleiſsige Benützung.

Griechische Altertümer von G. F. Schömann   Vierte
Auflage. Neubearbeitet von J. H. Lipsius. 1. Bd. Das Staatswesen.
Berlin. Weidmannsche Buchhandlung 1897.

Schömanns Griechische Altertümer waren zuerst 1855, sodann
in zweiter Auflage 1863, in dritter 1871 erschienen; dafs seitdem das
in dem Buche behandelte Gebiet durch die weitere Ausbreitung der
griechischen Studien wie durch wichtige Entdeckungen und Funde
eine ungeahnte Bereicherung erfahren hat, weifs jeder, der sich irgend
einmal damit beschäftigt hat. Trotzdem sollte das treffliche Handbuch
auf den gegenwärtigen Stand der Wissenschaft gebracht werden; diese
dankenswerte Aufgabe konnte nicht leicht eine geeignetere Persönlichkeit übernehmen als Prof. J. H. Lipsius, der ausgezeichnete Kenner
der griech. Altertümer, der verdiente Neubearbeiter des „Attischen
Prozesses von Maier und Schoemann"; da aber dabei an der ganzen
Anlage des Werkes nichts geändert werden sollte, aufser was der
gegenwärtige Stand unseres Wissens vom griech. Altertum verlangt,
so war die von Lipsius übernommene Aufgabe keine geringe. Eine
unliebsame Unterbrechung störte den Fortgang der Arbeit, indem nach
der Drucklegung der ersten zehn Bogen 1891 der Verfasser durch amtliche Verpflichtungen an der Fortsetzung gehindert wurde. Freilich
ergab sich so die Möglichkeit, die Fülle neuer Belehrung, welche des
Aristoteles Ἀϑηναίων πολιτεία brachte, dem Werke zu gute kommen
zu lassen; denn der Druck des Werkes erstreckte sich über 6 Jahre.
Was die eigene Arbeit anlangt, so spricht sich der Verfasser darüber
in der Vorrede folgendermafsen aus: „Die vorgenommenen Änderungen
kenntlich zu machen, verbot der Zweck des Buches. Doch weisen auf
tiefer greifende Umgestaltungen die am Rande vermerkten Seitenzahlen der dritten Ausgabe. Auch die Anmerkungen mufsten da
reichlicher ausfallen, wo neue Ergebnisse oder Belege einzuführen
waren. Aber die Gründe meiner Entscheidungen in den zahlreichen
strittigen Fragen durften überall nur angedeutet werden."

Vergleicht man nun Lipsius' Bearbeitung mit der 3. Aufl. des
Buches, so ergibt sich Folgendes. Verhältnismäfsig am wenigsten
Änderungen finden sich in den beiden ersten Hauptabschnitten: Das
homerische Griechenland (S. 19—85). Das geschichtliche
Griechenland: I. Allgemeine Charakteristik des griechischen Staatswesens. II. Geschichtliche Angaben über die Verfassungen der einzelnen Staaten (S. 85—197). Selbstverständlich werden die Resultate
der Schliemannschen Ausgrabungen ebenso berücksichtigt wie die
Folgerungen, welche Studniczka, Schliemann u. a. daraus gezogen haben;
was Reichel über die homerischen Waffen beibringt, konnte nicht
mehr verwertet werden. Der 3. gröfsere Abschnitt: Spezielle Darstellung der Hauptstaaten: A. Der spartanische Staat, welcher von
S. 197—303 reicht, weist mehr Abweichungen gegenüber der 3. Auflage
auf. Was zunächst die Lykurgische Gesetzgebung anlangt, so verwirft
L. nicht unbedingt die Überlieferung von der Persönlichkeit des Lykurg,
dagegen verwirft er die Nachricht von der Ackerverteilung, die Lykurg

vorgenommen haben soll; ebenso hat er auch bezüglich der Entstehung des Doppelkönigtums eine andere Ansicht als Schömann, der S. 238 meint, es liege darin eine Erinnerung, dafs die Aegiden sich mit den Herakliden vereint hätten zum Sturze des Pelopidenreiches unter der Bedingung, dafs jene das Königtum mit ihnen teilten. Lipsius findet es für wahrscheinlich, dafs damit den Ansprüchen von zwei ursprünglich selbständigen Gemeinwesen und ihrer Herrscherhäuser Rechnung getragen worden sei, fügt aber ausdrücklich hinzu, man dürfe dabei nicht an die Vereinigung einer dorischen mit einer achaiischen Gemeinde denken wollen. Der nächste Abschnitt B. Der kretische Staat S. 303—323 erfuhr natürlich eine Erweiterung und Vertiefung durch die Berücksichtigung des von Fabricius und Halbherr 1885 aufgedeckte Zwölftafelgesetz von Gortyn auf Kreta, an das sich weitere, ältere und jüngere Inschriften aus Kreta angeschlossen haben. Am meisten verändert ist das Kapitel C. Der athenische Staat (S. 324—578) hauptsächlich infolge der neuen Nachrichten, welche der Ἀθηναίων πολιτεία des Aristoteles verdankt werden. Der Umstand, dafs Lipsius S. 336—343 ein ganz neues Kapitel „Die drakontische Verfassung" eingefügt hat, beweist, dafs er diese drakontische Verfassung für echt hält, wenn er auch wegen verschiedener Incongruenzen mit der übrigen Darstellung vermutet, dafs dieser ganze Abschnitt von Aristoteles erst später eingefügt worden ist. Auch sonst mifst der Verfasser der Schrift des Aristoteles die höchste Autorität zu und legt sie nicht blofs der Verfassungsgeschichte sondern auch der Darstellung des athenischen Staatswesens im einzelnen zu grunde, ohne freilich überall die Widersprüche zu beseitigen, welche sich aus Aristoteles ergeben, zumal wenn man andere antike Quellen damit vergleicht. Abgesehen von den sogenannten Staatsaltertümern behandelt ein Kap. 11 auch Bürgerliche Sitte und Lebensweise, also die Privataltertümer in gedrängter Übersicht; dagegen findet man Heerwesen und Kriegführung nicht eigens dargestellt. Das letzte Kapitel 12: Spätere Verhältnisse bis auf die Römerherrschaft geht über kurze Andeutungen nicht hinaus.

München.   ————————   Dr. J. Melber.

Schenk, Direktor Dr. K., Lehrbuch der Geschichte für höhere Lehranstalten. Teil III. Quarta. Altertum. Leipzig, B. G. Teubner. Ausgabe A für Gymnasien. Preis M. 1.20. Ausgabe B für Realanstalten. Preis M. 1.50.

Das „in voller Übereinstimmung mit den in den preufsischen Lehrplänen und Lehraufgaben v. J. 1892 aufgestellten Grundsätzen" ausgearbeitete Lehrbuch der alten Geschichte für den ersten Unterricht unterscheidet sich von der Mehrzahl ähnlicher Bücher durch gemeinverständliche Sprache, sowie durch Beschränkung auf die beglaubigte Geschichte.

In beiden Punkten ist vielleicht des Guten zuviel geschehen. Dafs Verf. die Form der Erzählung gewählt hat, ist in Anbetracht

der Altersstufe, für welche das Buch bestimmt ist, gewifs zu billigen.
Aber manche Ausdrücke werden schon den jugendlichen Leser zur
Kritik auffordern, so S. 70[1]): „Marius' Auge glühte ihn (den cimbrischen
Knecht) so finster an, dafs er das Schwert wegwarf und floh.‟
Ähnliche Fehlgriffe im Ausdruck finden sich nicht selten, wie denn
nur ein Schritt ist vom Schönen und Wirksamen zum Geschmacklosen.
Auch die „Verdeutschungen‟ gehören hierher; Sch. bringt es fertig,
die alte Geschichte zu erzählen, ohne, soviel ich sehe, das Wort Sklave
zu gebrauchen; aber erweckt das Wort Knecht (auch mit dem gelegentlichen Zusatz unfrei) dieselbe Vorstellung, wie das Wort Sklave? Und
ist dieses Wort ein „Fremdwort‟? Aber auch Wörter wie adoptieren,
Proskriptionen darf man dem Quartaner unbedenklich zumuten; sie
kommen ihm nicht fremdartiger vor als — wenigstens dem Süddeutschen — die Hufen und Bauernstellen, die Klumpräder und die
Darbietungen der Gaukler.   Sch. vermeidet auch längst eingebürgerte
Ausdrücke, wie Orakel, Republik, Äquator, und übersetzt die Liktoren
durch Büttel; diese und andere Verdeutschungen z. B. Hundsköpfe
statt Kynoskephalä[2]) wären besser in Klammern beigefügt, wenn man
nicht lieber bis zum griechischen Unterricht damit warten will. Auch in
den Erklärungen deutscher Wörter ist kein rechtes Mafs: während die
Ausdrücke Standesgenossen, Söldner, Hochverräter, selbst Thalkessel
erklärt werden, fehlt für die schwierigeren Steuerpächter und Estrich
eine aufklärende Bemerkung; andere Erklärungen sind undeutlich, wie
die der Tagegelder, oder zu langatmig, wie die der Triere.   Die Bevorzugung neuer Namen und Schreibweisen (Naragarra statt Zama,
Ariowist u. ä.) wird manchen Lehrer stören, manchen Schüler die
durch unvorsichtigen Gebrauch der Pronomina entstandene Undeut-
lichkeit (z. B. S. 60 u. 68).   Anscheinende Widersprüche finden sich
in der Schilderung des Pisistratus S. 13 f. Manches dürfte auch für
diese Stufe zu hoch sein, so der Begriff Bundesstaat, der Staat der
Seeräuber endlich wäre besser als Raubstaat, denn als Kriegerstaat
bezeichnet worden.

Der Ausschlufs der Sagengeschichte ist in der Vorrede unter Wiedergabe
einer früheren Abhandlung des Verfassers[3]) ausführlich begründet. Wenn
auch dem Verf. zugegeben werden mufs, dafs die beglaubigte Geschichte
reich genug ist an bedeutenden und herzerhebenden Zügen, so ist doch
die Befürchtung, dafs durch die Hervorhebung von Mucius Scävola
und Clölia politischer Meuchelmord und Vertragsbruch als preiswürdig
erscheinen müsse, eine übertriebene. Auch der Knabe hat schon ein
Gefühl für den Unterschied der Zeiten. Vorläufig lernt er aus solchen
Geschichten Römergesinnung kennen; er billigt daran Wagemut und
Selbstaufopferung, über den moralischen Wert jener Handlungen bildet

---

[1]) Im Folgenden ist nach der Ausgabe A citiert.
[2]) Sch. schreibt übrigens Cynocephalä, aber Krassus und Katilina, wogegen
nichts einzuwenden ist, falls er Zynoszephalä spricht (?). Ob es notwendiger war
bei Katilina die betonte Silbe anzugeben als bei Sipylus und Mykale, lassen wir
dahingestellt; die Betonung Kleóbis aber ist kaum zu rechtfertigen.
[3]) Vgl. Zeitschr. für Gymn.-W. 1895, S. 396—410.

er sich zunächst ein naives Urteil, das erst später durch Vergleichung ähnlicher Handlungen reifen wird. (Sch. nennt den Mordversuch des Friedr. Staps, man kann auch an die ihr Ehrenwort brechenden französischen Offiziere von 1870 erinnern)[1]. Daß übrigens die völlige Scheidung des Gebietes der Sage und der Geschichte zugleich eine Beseitigung alles moralisch Bedenklichen ermöglicht, behauptet auch der Verf. nicht. Diese Scheidung hat Sch. auch gar nicht durchgeführt: die Herakliden, Kodrus, Lykurg und Aristomenes werden doch (und mit Recht!) erwähnt, und wenn in der römischen Geschichte die Könige gerade nur genannt sind und statt der Servianischen Verfassung gleich die „freistaatliche" V. erscheint, so hat man doch manchmal das Gefühl, als sollten da Bäume gepflanzt werden, denen die Wurzeln abgehauen sind: der Einfluß der Sabiner, die Entstehung der beiden Stände, die Bedeutung der Auspicien u. a. m. wird dem Knaben doch am besten aus der Geschichte der Königszeit klar, wobei nicht ausgeschlossen sein soll, daß man auf eine verständige Art dem Schüler nahebringt, wie in jener frühen Zeit Sage und Geschichte noch ineinander verflochten sind.

Im übrigen kann man die Auswahl des Stoffes bei Sch. billigen; manche freilich werden die Namen des Baumeisters des Piräus und des Schöpfers des Hermannsdenkmals für entbehrlich halten, auch wohl die Vorgeschichte des Pyrrhus und des Thals Bagistana, werden dagegen S. 65 den Lusitanerkrieg und anders vermissen; doch welches Lehrbuch befriedigt in dieser Beziehung alle Lehrer?

Die Ausgabe B, deren höherer Preis sich durch die Beigabe von vier Karten erklärt, ist für Realanstalten bestimmt. Eine Anzahl geographischer Einzelheiten (Thal Tempe, Helikon, Kopaisebene; warum nicht auch die Sabeller und Japyger?) und sonstige Angaben (Dionysien, Panathenäen, das Gefecht von Munychia), freilich auch Wichtigeres, wie der Gegensatz der Dorier und Jonier im peloponn. Krieg, sind hier preisgegeben. Im ganzen sind etwa 8 Seiten eingespart. Auch die Zeittafel ist entsprechend gekürzt. – Druckfehler habe ich nur unbedeutende angemerkt (z. B. S. 11 oben); S. 61 ist wohl 203 statt 205 zu lesen; S. 63 gehört der 4. Abschnitt vor den 3., S. 79 folgt auf den zweiten Bürgerkrieg der vierte.

Wir fassen unser Urteil über das Buch dahin zusammen, daß es wohl verdient, im Unterricht erprobt zu werden, daß es aber im einzelnen noch verbesserungsbedürftig ist.

S c h e n k, Direktor Dr. K., Lehrbuch der Geschichte für höhere Lehranstalten. Teil VII. Obersekunda. Altertum. Ausgabe A für Gymnasien. Ausg. B für Realanstalten. Preis M. 2,40.

---

[1] Zufällig wird die Frage, ob politischer Mord als Meuchelmord zu betrachten sei, in den zwei größten politischen Bekenntnissen der jüngsten Zeit gestreift: Treitschke in seiner Politik wagt es, Charlotte Corday zu rechtfertigen, Bismarck in seinen Erinnerungen erzählt, daß ihm als Schüler Wilhelm Tells That verwerflich erschienen sei.

Das Vorwort dieses Bandes, welcher von dem neuen im Teubnerschen Verlag erscheinenden Lehrbuch der Geschichte zuerst veröffentlicht wurde, gibt Aufschlufs über die leitenden Gesichtspunkte: erzählende Darstellungsweise (s. o.), Minderung des „thatsächlichen Stoffes", übersichtliche Anordnung (auch durch Randbemerkungen „nach Mommsens Beispiel"), endlich Vertiefung der Auffassung durch gröfsere Rücksichtnahme auf die Kulturgeschichte. In diesem letzten Punkt dürfen wir wohl die Eigenart des vorliegenden Buches sehen: „Eine noch so treffende Schilderung der Ausnahmezustände, der Kriege, eine noch so hingebungsvolle Betrachtung der Thätigkeit derer, die auf den Höhen der Menschheit wandeln, reichen allein nicht aus; die Arbeit auf allen Gebieten, die Einwirkung der politischen Ereignisse auf alle Volksgenossen, das Denken und Thun auch des kleinen Mannes sind zu berücksichtigen". So beginnt das „hie Lamprecht, hie Ranke!" bereits in den Schulbüchern widerzuhallen. Wir werden uns wohlweislich hüten, diesen grofsen Streit hier durch ein kleines Geplänkel herabzuziehen;[1] wir wollen uns aber auch nicht einfach auf die bisherige Übung und das „quieta non movere" berufen, sondern betrachten, wodurch Sch. sein Ziel zu erreichen sucht. Was läfst er vom herkömmlichen Stoff weg und was setzt er an die Stelle? Es fehlen nicht nur die griechischen Sagen, sondern auch Persönlichkeiten wie Hephästion, es fehlen in der römischen Geschichte nicht nur die Mucius Scävola, Horatius Cocles u. s. w., sondern auch M. Valerius Corvus, T. Manlius Torquatus, Fabius Rullianus und L. Papirius Cursor. Dafür erfahren wir die Einrichtung des griechischen und römischen Hauses, die Einzelheiten der Kleidung und Nahrung, es werden z. B. die römischen Weinsorten wiederholt aufgezählt (S. 105 und 146, an der letzteren Stelle mit der seltenen Sorte „Amineer"), endlich viele Namen aus der Literatur- und Kunstgeschichte (z. B. die beiden Kunstrichtungen in der römischen Kaiserzeit). Wodurch wird nun die Auffassung mehr vertieft oder — einfacher ausgedrückt — was ist für den Schüler besser zu wissen: jene, von Sch. gestrichenen, Vertreter der römischen virtus oder diese, von Sch. aufgenommenen, Angaben aus der Kulturgeschichte?[2] Die Antwort kann für denjenigen, welcher die Aufgabe des Gymnasiums nicht nur in der Vermittlung eines bestimmten Quantums von Wissen, sondern auch in der Bildung des Charakters sieht, nicht zweifelhaft sein. Nun hat Sch. die ethische Bedeutung des Geschichtsunterrichtes nicht etwa verkannt, er läfst es an Wertschätzung der grofsen Persönlichkeiten nicht fehlen, am Schlusse der griechischen wie der römischen Geschichte fafst er die Bedeutung

---

[1] Schenk bemüht sich übrigens, beiden Richtungen das Gute abzugewinnen, etwa wie sich in dem bekannten Briefwechsel zwischen Lamprecht und Kämmel eine Verständigung oder doch ein modus vivendi angebahnt hat.

[2] Innerhalb der Kulturgeschichte wiederholt sich noch einmal dieser Gegensatz zwischen dem ethischen und dem materiellen Gesichtspunkt, wenn z. B. von den Ziegeleien und „sogar Filzfabriken" der römischen Senatoren die Rede ist, dagegen nichts gesagt wird von dem Einschreiten Domitians gegen die Philosophen. Ebenso wird man die Bemerkungen über die Liederlichkeit in den Bädern und die Sittenlosigkeit in den Grofsstädten für entbehrlich halten.

der betreffenden Kulturvölker in einzelnen Sätzen zusammen, und auch an anderen Stellen fehlt es nicht an ähnlichen Hinweisen, aber das viele Beiwerk drängt sich überall störend vor.[1]) Der Verf. scheint uns dabei zweierlei aufser acht zu lassen: 1. dafs solche Abschnitte wie S. 48, 71, 124 ff. sich doch nicht zur zusammenhängenden Besprechung in der Klasse eignen; 2. dafs die Lektüre der Klassiker gar vieles von dem, was hier, systematisch geordnet, erdrückt und abstöfst, auf eine zwanglose und viel gefälligere Art dem Schüler nahebringt.

Die Einseitigkeit in der Auswahl des Stoffes einmal zugegeben, ist die Gruppierung des Inhalts im ganzen wohlgelungen. Die zeitliche Anordnung ist öfters der sachlichen geopfert, so sind die Volksfreunde Cassius — Manlius vor der Einrichtung des Triumvirats erwähnt, die Verschwörung des Philotas ist mit der Meuterei zu Opis zusammengenommen S. 95, nachdem schon auf der Seite vorher von Verschwörungen die Rede gewesen war. S. 134 ist ein a, auf das kein b folgt. Von sonstigen sachlichen und sprachlichen Bedenken, die mir bei der Durchsicht des Buches gekommen sind, erwähne ich den oft unvermittelten Wechsel zwischen dem Praesens historicum und dem Praeteritum, z. B. S. 75 und 131; das Schwanken zwischen gewagten Wendungen wie „die Messenier, soweit sie nicht das Schwert gefressen" und einem zu trivialen Ausdruck „so wie so", „das Fleisch (der Parthenos) bestand aus Elfenbein", „die noch verhältnismäfsige Armut". Fremd berühren die z. T. aus der Abneigung gegen Fremdwörter gewählten Ausdrücke „eigentliches Werk" (st. Original), „Neuort" und „Neuland" (st. Kolonien), „Warmbad" (st. Thermen). In der Betonung der langen, bezw. betonten Silbe ist wenig Folgerichtigkeit zu erkennen; Kambyses und Polyklēt sind bezeichnet, bei Eurymedon und Selinus fehlen die Zeichen; Hyphāsis ist wohl nicht zu rechtfertigen. Druckfehler habe ich S. 43, 61, 72, 87, 120, 121, 122, 129 bemerkt, einige besonders störende sind im Anhang erwähnt oder in der Ausgabe B stillschweigend verbessert. In der Zeittafel erscheint (in A und B) 772 als Jahr des Untergangs des Reiches Israel; die secessio von 494 ist der erste Auszug genannt, während doch ein 2. nicht erwähnt ist; die Kloaken und Andronikus sind in den Grofsdruck geraten, Ennius ist zweimal erwähnt; an Zahlen wie Philipp II. von Macedonien und 9 v. Chr. als Jahr der Varianischen Niederlage sollte nicht gerüttelt sein.

In der Ausgabe B, um auch über diese ein Wort zu sagen, fehlen die griechischen und lateinischen Citate, sowie einige sprachliche Bemerkungen, z. B. die vergleichende Gegenüberstellung der indogermanischen Wörter, dafür ist mehr Geologisches, auch Klimatologisches geboten. Ob freilich dergleichen nicht besser in die Physik-

---

[1]) Ein Übermafs begegnet namentlich auch in den geographischen und statistischen Vergleichen, z. B. S. 11 ff, S. 63 f., S. 102 ff., auch in dem für Quarta bestimmten Buch ist S. 1 Griechenland nicht nur mit „der Hälfte von Süddeutschland, mit Elsafs-Lothringen", sondern auch mit der Insel Ceylon und „nicht ganz Haiti" verglichen. Sunt certi denique fines!

und Geographiestunde, manches auch (wie die Erklärung der immergrünen Blätter) in den naturkundlichen Unterricht gehört? Beigegeben
ist eine recht übersichtliche Tafel, welche das griechische und römische
Privathaus, das griechische Theater und die Entwickelung des griechischen Tempels veranschaulicht; ein weiteres Heftchen mit Bildern
zur Kunst- und Kulturgeschichte wird in der Vorrede in Aussicht gestellt.
    Wir empfehlen das reichhaltige und schön ausgestattete Buch
Schenks zunächst allen Geschichtslehrern, welche sich für eine ausführliche Behandlung der Kulturgeschichte interessieren;[1]) das Buch
geradezu zur Einführung an den bayerischen Gymnasien zu empfehlen,
verbietet wohl schon der Umstand, dafs uns nur z w e i Wochenstunden
in der 6. Klasse für den umfangreichen Stoff zur Verfügung stehen
(und allenfalls noch 4 Wochen in der 7. Kl.), während in Norddeutschland d r e i Wochenstunden der Obersekunda darauf verwendet werden
können.[2])
    Zweibrücken.   H. Stich.

————————

    Dr. Hermann Rolfus, Leitfaden der allgemeinen Welt-
geschichte, ergänzt und erläutert durch Anmerkungen. Für erweiterte Schulanstalten und zum Selbstunterricht. Vierte, verbesserte
und bis auf die neueste Zeit geführte Auflage. I. Abteilung: Das
Altertum. II. Abteilung: Die mittlere Zeit. III. Abteilung: Die neue
Zeit. Freiburg im Breisgau, Herdersche Verlagshandlung. 1896.
VIII u. 203 Seiten; IV u. 178 Seiten; V u. 277 Seiten. Preis M. 1,60,
1,40 und 2.
    Rolfus' Leitfaden der allgemeinen Weltgeschichte bietet so viel
des Eigenartigen und zwar meist im guten Sinne des Wortes, dafs er,
obwohl eine weitgehende Benützung desselben als Schulbuch an den
bayerischen Gymnasien kaum zu erhoffen ist, doch in unseren Blättern
nicht unbesprochen bleiben darf. Um jedoch möglichst wenig Raum
zu beanspruchen, mag sich die nachstehende Besprechung lediglich
auf den dritten Teil beschränken.
    Zunächst nicht für Gymnasien, sondern für Real- und Gewerbe-
schulen, Schullehrerseminarien und höhere Töchterschulen geschrieben,
hat das Buch in einem Vierteljahrhundert vier Auflagen erlebt, ein
Erfolg, der für dasselbe zu sprechen geeignet ist. Die ihm seitens
der Verlagshandlung nunmehr zugewendete äufsere Ausstattung verdient im übrigen Anerkennung; nur hätten für den vielen Kleindruck

————————

    [1]) Es sei erlaubt bei dieser Gelegenheit auf die früher erschienenen B e -
l e h r u n g e n des Herrn Verfassers über wirtschaftliche und gesellschaftliche Fragen
hinzuweisen; vgl. Bd. 32, S. 773 ff. dieser Zeitschrift.
    [2]) Nach Niederschrift des Obigen kam mir die Anzeige des Schenkschen
Buches von E n d e m a n n (Zeitschrift f. Gymn.-W. 1893, Nov.) zu Gesicht. Ich
möchte nicht verschweigen, dafs das Urteil Endemanns wesentlich günstiger lautet
als das meinige. Um so mehr möchte ich alle Kollegen, welche von den bei uns
eingeführten Lehrbüchern der Geschichte nicht befriedigt sind, auf die eigene
Lektüre des Buches verweisen.

größere Lettern gewählt werden sollen. Der angesetzte Preis ist in Anbetracht des Gebotenen ein recht mäßiger zu nennen.

Was dem Buche gegenüber vielen andern eignet, das ist der in ihm rückhaltlos vertretene katholische Standpunkt, das reiche Material, die verhältnismäßig große Verlässigkeit der Data, die meist schulgemäße, klare und korrekte Diktion, die lobenswerte Sauberkeit in Fragen der Orthographie, die zahlreichen Winke für die Aussprache von Fremdnamen, die im ganzen sorgfältige Rücksichtnahme auf die nähere Bestimmung der Lage weniger bekannter Städte und Örtlichkeiten.

Obwohl der im allgemeinen wie im einzelnen vertretene katholische Standpunkt des Buches seiner Einführung an protestantischen und an paritätischen Schulen hinderlich im Wege steht, sollten es die Lehrer auch solcher Anstalten doch nicht unterlassen, aus Rolfus' Leitfaden manche Anregung für den Unterricht oder wäre es auch nur für die Prüfung auf den Wert oder Unwert der Angaben und Urteile zu erholen. Übrigens sei nach dieser Seite noch bemerkt, daß sich gegenüber andern Konfessionen Verletzendes nicht findet, wofern nicht etwa die Vertretung von Prinzipiellem in einem geschichtlichen Schulbuche als verletzend erachtet wird.

Das Buch soll auch dem Selbstunterrichte dienen. Damit hängt zusammen, daß es früher in zwei gesonderten Ausgaben erschien, deren eine nur für den unmittelbaren Schulgebrauch bestimmt war, die andere zugleich dem ersteren Zwecke dienen sollte. Diese Ausscheidung ist in der 4. Auflage beseitigt; die weiteren Ausführungen sind nur mehr in der Form von Anmerkungen dem Großdrucke angefügt. Ferner hängt damit zusammen der, wie bereits angedeutet, ungewöhnlich große Reichtum des namentlich im 3. Teile verwerteten Materiales. Geht man mit dem Verf. davon aus, daß diese Anmerkungen der freien Lektüre des Schülers überlassen bleiben und gerade das bieten sollen, was, ist er der Schule entwachsen, zum Selbstunterrichte zu dienen habe, so wird gegen sie nicht viel zu erinnern sein, wenn sie anders des Lernens Wertes enthalten. Gerade dies aber läßt sich von allem in den Anmerkungen Enthaltenen sicher nicht behaupten. Hieher gehört beispielsweise die Notiz auf S. 4, daß in Reutlingen ein württembergischer Forstknecht im Streite erschlagen wurde; ferner S 6 die Schimpfereien Luthers auf den Dominikaner Prierias (vgl. auch S. 8 und 15 f.); die Belehrung der S. 11, daß sich nach Maßgabe des sogenannten „Sterbfalles" der Herr beim Ableben einer Bäuerin das beste Gewand nehmen durfte; daß ein Pfeifer aufspielte, während die Aufrührer den Grafen und die Ritter durch eine mit vorgestreckten Spießen gebildete Gasse jagten, und daß die Gräfin auf einem Mistwagen nach Heilbronn gefahren wurde (S. 12); daß Luthers verarmte Witwe Kostgänger an ihren Tisch nehmen mußte (S. 14); daß sich Melac einen Bruder des Teufels nannte (S. 58); daß der Bischof von Antwerpen vom Kaiser Joseph II. Hausarrest erhielt (S. 76); daß der Prinz Don Carlos einen Schuster zwang, ein Paar mißratene Stiefel in Stücke zu zerhacken und hinabzuschlucken (S. 86);

die drastische Erzählung von der Mißhandlung des lebenden und des
toten Schweizerbauern Leuenberg auf S. 95; die Vorführung der Künste
Godoys, die ihn zu seinem hohen Range verhalfen (S. 148); die um-
ständliche Erzählung von der Gefangennahme Pius' VII. durch den
General Radet (S. 149); die Bemerkung auf S. 173, daß Ferdinand VII.
von Spanien die Bosheit auf die Jesuiten ablud und die Thorheit für
sich allein behielt; die Bemerkung auf S. 242, daß Herders Werke
60 Bände umfassen, was doch nicht von allen Ausgaben gilt, und
was dergleichen mehr ist. Geschichtliche Schulbücher haben, auch
wenn ausführlich gestaltet, Belangreicheres zu berichten als derartigen
Kleinkram.

An sachlichen Einzelheiten empfehlen sich folgende zur Abänderung. Was der Schüler unter Silbergallionen zu verstehen hat, erfährt
er erst S. 86, nicht S. 29. Daß sich in allen Reichen die Nebenlinien
stets feindselig gegen das regierende Haus benahmen, wie S. 36 behauptet wird, gilt doch nicht so ganz ausnahmslos. Daß der Kaiser
Rudolf II. in seinen absonderlichen Liebhabereien mit dem unglücklichen Könige Ludwig II. von Bayern manche Ähnlichkeit hatte, ist
weder richtig, da diese Liebhabereien meist verschiedener Art waren,
noch gehört es überhaupt in ein Schulbuch (S. 41). S. 45 waren „die
drei kühnsten Freibeuter" namhaft zu machen. S. 53 war nicht das
in Unterfranken gelegene Allersheim zu nennen, sondern Alerheim bei
Nördlingen. S. 58 handelt es sich nicht um den 1679 abgeschlossenen
Frieden von S. Germain en Laye, sondern um den Nimweger Frieden
von 1678. S. 64 war zu schreiben König in Preußen, nicht von Pr.
Maria Theresia war nicht Karls VI. einziges Kind; ihre Schwester
war an ihren Schwager Karl von Lothringen vermählt (S. 70). Kaiser
Sigismund hatte Albrecht von Österreich nicht mit Bayern belehnt,
sondern nur mit dem Straubinger Gebiete des 1425 verstorbenen
Johann von Lüttich und mit den oberpfälzischen Lehen (S. 76). Nicht
Karl II. wurde auf Cromwells Antrag verurteilt, sondern Karl I. (S. 79).
Auch S. 80 werden Jakob I. und J. II. mit Jakob II. und J. III. ver-
wechselt. S. 90 wird gesagt, Neapel sei „wieder" statt „schließlich"
an Aragonien gefallen. S. 107 wird Ulrike Eleonores Gemahl als
Friedrich VI. bezeichnet, wohl nur ein aus Pütz herüber genommenes
Versehen. Die Jesuitenvertreibung erfolgte in Frankreich 1764, in
Spanien 1767, also nicht „sieben Jahre darauf" (S. 114). Die König-
liche Sitzung gehört dem 23. Juni 1789 an, nicht dem 27. Juni (S. 125).
Daß die Prinzessin Elisabeth Ludwigs XVI. Schwester war, wird dem
Schüler S. 128 bemerkt, nicht S. 127. Obwohl sich der Anlaß zur
Bezeichnung Sansculottes nicht mit Bestimmtheit feststellen läßt, so
ist doch sicher, daß man sie nicht von der auffällig nachlässigen
Kleidung herzuleiten hat (S. 133). Der amtliche Name war nicht
Parthenopeische Republik, sondern Neapolitanische (S. 137 f.). Den
Fürstenmord nach einem alten Witzworte als eine Einrichtung „russi-
schen Gebrauches" zu kennzeichnen, eignet sich nicht für ein Schul-
buch (S. 208). S. 215 sind die Wiener Schlußakte vom 9. Juni 1815
als Wiener Friede vom 4. Juni vorgeführt.

So gut die Diktion des Buches im allgemeinen ist, so fehlt es doch auch in dieser Beziehung nicht an zu beanstandenden Einzelheiten. Es steht z. B. unserem Schulbuche nicht gut an, dafs es Heinrichs VIII. von England letztere sechs Frauen im Gegensatz zur „Gemahlin" Katharina von Aragonien seine „sechs Weiber" nennt (S. 31); oder wenn es eine so gar kräftige Ausdrucksweise wählt, wie z. B. der Herzog von Orleans (der Regent) S. 124 als „ein Ausbund von Lasterhaftigkeit" erscheint, oder wie S. 127 ein Wort von Mirabeaus Vater berichtet wird, „er belasse den Sohn auf dem Misthaufen seiner Verbrechen", oder wie S. 129 von „wütendsten Bluthunden" die Rede ist. Aber auch auf die sprachliche Korrektheit wird es das eine und das andere zu prüfen sein. Wieder nur ein paar Beispiele! S. 2 heifst es: „Auf der Synode im Lateran wurde beschlossen, dafs eine mit Simonie vorgenommene Papstwahl ungiltig sei, und (dafs) die Wähler und alle, die zu derselben gewirkt (sic), kanonischen Strafen verfallen sollten". S. 12: „Die Aufrührer, nachdem sie eingedrungen waren, bildeten eine Gasse"; S. 13: „Als der Kaiser gebot, so reisten die Fürsten ab" (vgl. S. 46: „Als der Friede geschlossen war, so wurde der Kaiser mifstrauisch"); S. 49 bietet „den Übergang über den Lech erwehren (sic); S. 106: die Königin Christine versammelte die gelehrtesten Männer um sich herum"; S. 130: „der Konvent dekretierte Robespierre in Abgang"; S. 133: Carrier liefs 60 erschossene Lumpensammler hinrichten"; S. 173: „bei Unterschreibung der Konstitution"; S. 254: „Verles halten"; S. 263: „der Palast wurde in die Luft zu sprengen versucht"; S. 266: „Crispis Nachfolger waren bald verbraucht". S. 103 findet sich eng nebeneinander dreimal das Wort „sehr"; S. 136 dreimal das Wort „ungeheuer".

Im Hinblick· auf die Orthographie wird künftig der mehrfach unbegründete Wechsel zwischen C und K in der Schreibung von Wörtern zu berücksichtigen sein, wie Cambray und Crespy, aber Pikardie; Connetable und Scudi, aber Bakkalaureus und so auch Bikokka, Kanisius, Skultetus, Arkos, Lukka, Fiesko, Paskale. S. 67 bietet Fink statt Finck; S. 1 die Einzelnen und S. 263 ein Einzelner; S. 125 sein mögliches und S. 259 ein leichtes; S. 241 belletristisch; S. 150 u. 164 Jemmapes, dagegen S. 132 Jemappes.

So weitgehend für die richtige Aussprache von Fremdnamen Winke erteilt werden, sind doch nicht gerade wenige unberücksichtigt geblieben. Diese Andeutung wird dem Verf. genügen, Nachlese zu halten.

S. 103 wird der Wert einer Kopeke angegeben; mit den des öftern vorkommenden Rubeln, Piastern und Dollars, Livres und Scudi, Kronen und Dukaten hätte ebenso verfahren werden sollen. Wenn S. 45 lediglich von 30 Millionen ohne weitere Bezeichnung die Rede ist, so wird dem Schüler ein völlig ungreifbares Phantom geboten.

Auch die nähere Bestimmung von Örtlichkeiten bedarf da und dort der Verbesserung. S. 10 und 22 z. B. wird Ingolstadt ohne Beisatz genannt; gemeint ist an ersterer Stelle das unterfränkische, an letzterer das oberbayerische.

Diese und derlei Mängel schmälern den Wert des im grofsen und ganzen guten Buches nicht in erheblichem Grade. Es sei indes in Anbetracht seines vielen Guten trotzdem zu wohlverdienter Beachtung bestens empfohlen.   .

Dr. Johannes Bumüller, Lehrbuch der Weltgeschichte. 7. Auflage, in gänzlich neuer Bearbeitung von Direktor Dr. Simon Widmann. In 3 Teilen gr. 8⁰. I. Teil: Geschichte des Altertums. (XVI u. 468 S.) 1895. 4 Mk. II. Teil: Geschichte des Mittelalters. (XII u. 384 S.) 1896. Mk. 3.30. III. Teil: Geschichte der Neuzeit. (XIV u. 743 S.) 1897. Freiburg im Breisgau, Herder'sche Verlagshahdlung. 6 Mk.

Den „alten Bumüller" vergleicht der neue Herausgeber zutreffend mit einem den modernen Anforderungen nicht mehr entsprechenden Hause, dessen Grundmauern und Gebälk noch gut sind, während das Gebäude sonst mannigfacher Änderungen bedurfte. An solchen Abänderungen, wie sie von den Errungenschaften einer fortgeschrittenen Zeit erheischt wurden, liefs es Widmann bei der Herstellung der 7. Auflage wahrlich nicht fehlen, und, was mehr ist, er brachte sie mit Sorgfalt und Verständnis, mit Glück und Geschick zur Ausführung. So hat der Bau an Wohnlichkeit in allen seinen Räumen beträchtlich gewonnen; aber auch für ein gefälliges Äufsere ist seitens der Verlagshandlung anerkennenswert Sorge getragen worden. Wie das Buch nunmehr vorliegt, sind an ihm, abgesehen von der verhältnismäfsig grofsen Reichhaltigkeit des Inhaltes, namentlich zu rühmen die lichtvolle Übersichtlichkeit und Durchsichtigkeit, die grofse Verlässigkeit der Data, die teils völlige Ausscheidung von sagen- und anekdotenhaften Überlieferungen, teils ihre Kennzeichnung als solcher, die edle Wärme für vaterländische Interessen, das mafsvolle Urteil in politisch oder konfessionell heiklen Fragen, die ausreichende Heranziehung des kulturhistorischen Materiales, die wohlgeordnete Darlegung genealogischer Verhältnisse, die zweckdienlich hergestellten Zeittafeln der wichtigsten Begebenheiten, endlich die ansprechende und korrekte, alles phrasenhaften Aufputzes bare Diktion, Das Buch ist zunächst für weitere Kreise geschrieben, eignet sich aber für unsere Zwecke vorzugsweise zur Einstellung in die Schülerlesebibliotheken. Obwohl es prinzipiell den katholischen Standpunkt vertritt, so bethätigt es doch diese Vertretung in einer Weise, an der auch protestantische Schulen einen ernsteren Anstofs kaum zu nehmen brauchen und auch schwerlich nehmen werden.

In Übereinstimmung mit diesem Urteile finden sich über die beiden ersten Bände auf S. 509 und 681 des XXXII. Bandes unserer Blätter ein paar kurze Notizen. Zum 3. Bande seien im folgenden etliche Einzelheiten angereiht, um den Herausgeber an Beispielen auf das eine und das andere Verbesserungsbedürftige aufmerksam zu machen.

Während sonst zahlreiche in Schulbüchern nachgerade traditionell gewordene Irrtümer dankenswert richtig gestellt sind, findet sich S. 156 Altersheim statt Alerheim, S. 157 Zufsmarshausen statt Zusmarshausen, S. 212 Aitenbach statt Aidenbach, S. 265 f. und 307 Fontenai statt Fontenoy, welche letztere Schreibweise S. 265 in der Form Fontenoi beigegeben ist, S. 275 Fink statt Finck, S. 385 Parthenopeische statt Neapolitanische Republik, S. 402 tiefste statt tiefe Erniedrigung. Auch der wiederholte Wechsel in der Schreibweise Bucer mit Butzer und Paskewitsch mit Paskiewitsch empfahl sich nicht. S. 274 wird auf Goethes Buch „Wahrheit u. Dichtung" verwiesen, das S. 278 richtig als „Dichtung u. Wahrheit" citiert wird. S. 446 ist die Schreibweise Moderatos statt Moderados und S. 707 Clinchart statt Clinchant wohl nur auf Druckversehen zurückzuführen; ebenso S. 4 komischten statt komischsten. S. 53 wird dem Namen Crespy die Form Crépy wohl nur zur Andeutung für die Aussprache beigefügt, auf die jedoch bei anderen Fremdnamen nirgends Rücksicht genommen ist. Wird S. 223 und 260 dem Leser verdeutlicht, dafs 3 Mark einen Thaler geben, so mufs auffallen, dafs ihm eine solche Beihilfe für viele andere Münzsorten, für die sie weit eher nötig wäre, nicht geboten wird. Anderseits sind S. 113 einfache Dukaten in einem Werte von 25 M. viel zu hoch angesetzt; dagegen wird S. 437 die Quadratmeile zu nur 47 statt zu 55 qkm gerechnet. S. 125 gibt als Todesjahr für den bayerischen Kurfürsten Max I. 1652 statt 1651; S. 386 für den Kampf bei Ostrach den 20. statt den 21. März 1799; S. 528 als Todestag Radetzkys den 3. statt den 5. Januar 1858; S. 529 als Todesjahr Wilhelms II. von Hessen 1867 statt 1847; S. 572 als Tag des Attentates auf Prim den 21. statt den 27. Dezember 1870; S. 610 für die Veröffentlichung der preufsischen Verfassung den 21. statt den 31. Januar 1850. Unrichtig wird S. 129 gesagt, Bayern habe sich für die Wahl Ludwigs XIV. zum deutschen Kaiser gewinnen lassen.

So gern die glückliche Darstellung des Buches anzuerkennen ist, so finden sich doch vereinzelt Redewendungen eingemengt, die sich unschwer und richtiger durch andere hätten ersetzen lassen. So z. B. werden viele Leser nicht wissen, was sie unter dem S. 42 erwähnten „Rechtstrieb" sich denken sollen. S. 186 wird von Richelieu gesagt, er habe Lothringen in den Klauen gehalten; S. 208 wird Ludwig XIV. als schlauer Fuchs vorgeführt; nach S. 210 verbrannte Kufstein mit vielen Einwohnern; S. 242 spricht von gehabten Strapazen. Nach S. 383 gewann Lucien Bonaparte durch eine Hanswurstiade sondergleichen die Gardisten; nach S. 509 brach eine allgemeine Mifsstimmung dem zweiten Ministerium Thiers den Hals; nach S. 524 fuhr die französische Deputiertenkammer mit parlamentarischen Blitzen gegen die österreichische Intervention los. S. 593 wird erzählt, im badischen Oberlande sei der Boden 1848 schon länger republikanisch gedüngt gewesen; S. 666, Napoleon III. habe 1866 mit dem Ministerium und seinem Appetit gewechselt. Eine derartige Ausdrucksweise eignet sich weniger für die Schülerlektüre.

Im ganzen aber, es sei dies ausdrücklich wiederholt, ist das Buch für Schülerzwecke als eine willkommene Gabe zu bezeichnen.

Franz Ramsauer, Kgl. Studienlehrer: **Die Burg Trifels.**
Historisch-topographische Abhandlung. Annweiler. Verlag von Hans
Hübner. 1899. 116 Seiten. Preis 1 M.

Ramsauer hat mit Geschick und Sorgfalt ein gleich lesenswertes
wie gut lesbares Schriftchen über die älteste Geschichte, die Glanzzeit
und den allmählichen Verfall der historisch so wichtigen und landschaftlich so reizend schön gelegenen Trifelsburg hergestellt. Auch
die Nachbarschlösser Anebos und Scharfenberg sind gebührend berücksichtigt.

Besondere Anerkennung verdient des Verfassers Bemühen, an
der Hand meist bewährter Autoritäten und unter Anlegung eigener
kritischer Sonde, das Sagenhafte vom Historischen auszuscheiden, die
jeweiligen Bestandteile der Burgen und ihre Bestimmungen, die Vorgänge, auf ihnen und um sie, thunlichst treu zur Anschauung zu bringen.
Dabei fehlt es nicht an anderweitig interessanten Einschiebseln. So
bieten S. 47—52 eine Zusammenstellung der seinerzeit auf der Burg
Trifels aufbewahrten Reichsinsignien und Reliquien. Zugleich enthält das
Büchlein manche für die Charakteristik der einzelnen Zeitalter, welche
die einst hochberühmte Burg erlebt hat, schätzenswerte Winke, von
deutsch-nationalem Sinne durchweht. Ein paar hübsche Abbildungen
sind eine dankbar zu begrüfsende Beigabe des gut ausgestatteten Büchleins. Dasselbe sei hiemit zur verdienten Beachtung bestens empfohlen.
Namentlich eignet es sich trefflich für die Einreihung in unsere
Schülerlesebibliotheken.

München.   Markhauser.

Jahresberichte der Geschichtswissenschaft, im Auftrag der
Historischen Gesellschaft zu Berlin herausg. von E. Berner. XX. Jahrg.
1897. Berlin 1899. R. Gärtners Verlagsbuchhandlung XVII. Abt. I, 107;
II, 461; III, 448; IV, 346 SS. 8°. 30 ℳ.

Schnell ist dem vorausgehenden Jahrgang dieses unentbehrlichen
Hilfsmittels (cf. diese „Blätter" Bd. 35 S. 171) der vorliegende gefolgt,
vielleicht etwas zu schnell, wenn ich die verhältnismäfsig nicht wenigen
„Corrigenda" betrachte, die ich mir aus einem kleinen Abschnitt
notiert habe, von denen ich freilich nicht weifs, ob sie dem Berichterstatter oder dem Übersetzer oder wem sonst zur Last zu legen sind.
Abt. IV S. 134 im Register ist „Astegiani" zu lesen, Abt. III S. 228
Nr. 157 „Krauske", Abt. III S. 230 letzte Zeile von unten „soziali";
Abt. III S. 221 Z. 9 „Reinald" statt Reinhold (der bekannte Kanzler
Friedrichs I.), ebenda Z. 7 ist der Ausdruck „vergleicht" jedenfalls ungeschickt oder unrichtig, ebenso Abt. III S. 228 Nr. 155 „die vatikanische Sammlung", Abt. III S. 230 Z. 31 „das apostolische Gemach
(camera apostolica) betreffende Karte (Urkunde) 1218", Abt. III S. 269
Z. 8 „die letzten Vorgänge in Kanossa"; Abt. III S. 270 Z. 28 fehlt
„aus dem Hause Medici"; ebenso ist Abt. III S. 224 Z. 9 der Text
nicht recht in Ordnung, um von kleineren stilistischen Härten zu

schweigen. Endlich wäre auch Abt. II S. 40 meine Arbeit über Obo von Ravenna (cf. Abt. III S. 209) zu erwähnen gewesen, da das dort wieder abgedruckte Schreiben dreier römischer Kanoniker vom August 1177 keinen unwichtigen Quellen-Beitrag zur Geschichte des Friedens von Venedig bildet. — Im übrigen ist Einteilung, Bearbeitung, Ausstattung die gleiche, wie bei den vorausgehenden Bänden.

München.   H. Simonsfeld.

Durch Syrien und Kleinasien. Reiseschilderungen und Studien von **Roman Oberhummer** und **Heinrich Zimmerer.** Mit Originalbeiträgen von L. von Ammon, H. O. Dwight, C. O. Harz, F. Hirth, Fr. Hommel, C. Hopf, E. Oberhummer, Th. Preger, H. Riggauer, M. Schlagintweit. Mit 16 Lichtdrucktafeln, 51 Abbildungen im Text und einer Übersichtskarte. Berlin 1898 (Dietrich Reimer) XVI und 495 S. gr. 8°.

In dem vorliegenden stattlichen Bande sind die Ergebnisse einer Forschungsreise niedergelegt und verarbeitet, welche die beiden Verfasser, wie bekannt, im Jahre 1896 im Auftrage der Geographischen Gesellschaft zu München unternommen haben; die vornehmsten Ziele waren die Erforschung des Höhlengebietes von Kappadokien und die Erkundung des mittleren Halyslaufes.

Kapitel I aus der Feder Zimmerers berichtet eingehend und übersichtlich über die bisherige deutsche Forschung in Kleinasien. Waren unsere Urväter, die Goten und Normannen, mit dem Schwerte erobernd ins Land gezogen, und hatten auch die Kreuzfahrer noch ganz andere als wissenschaftliche Ziele gehabt, so brachten doch gerade die letzteren und die zahllosen Pilgerfahrten, die dem Zeitalter der Kreuzzüge folgten, eine reiche Fülle namentlich geographischer Kenntnisse nach Deutschland, die in vielen uns erhaltenen Pilgerschriften aufbewahrt sind. Von höchster Wirkung waren später die Berichte, welche der kaiserliche Vertreter bei der hohen Pforte, der gelehrte Augerius von Busbeck, über eine Reise erstattete, die er in der Mitte des 16. Jahrhunderts zusammen mit Hans Dernschwam durch Kleinasien unternommen hatte; in der Folgezeit leisteten Engländer und Franzosen für die wissenschaftliche Erforschung Kleinasiens wenig, die Deutschen aus den bekannten Gründen so gut wie nichts. Erst der Philhellenismus rief die Deutschen wach, und sofort schlossen sie wie die gesamte griechische Welt so auch Kleinasien in ihre Forschungen ein. Seitdem sind es vorwiegend archäologische Interessen gewesen, welche die Gelehrten beschäftigt haben, und wenn allmählich auch ethnographische, linguistische, historische Arbeiten auf dem Boden Kleinasiens immer zahlreicher hervorgetreten sind, so sind sie doch lange Zeit ihrem Ursprunge nach und meist auch in ihren Zielen in enger Verbindung mit der Archäologie und klassischen Philologie geblieben. Seit einigen Jahrzehnten aber ist der Philhellenismus bei uns tot, und die unglücklichen Kriege der Griechen haben ihn nicht erst beseitigt, sondern nur deutlich in die Erscheinung treten lassen, dafs er längst erstorben war. Die Forschung in Kleinasien hörte deshalb nicht auf, sie empfing nur ihre Anregungen jetzt von allgemein wissenschaftlichen, praktischen oder politischen Motiven, und sie erhielt dadurch den Vorteil, sich nicht mehr auf diejenigen Gebiete Kleinasiens beschränken zu müssen, die in erkennbar historischer Zeit von Griechen bewohnt oder beherrscht waren. Schon 1841 erschienen die Briefe Moltkes, der von 1835—1839 die Türkei bereist hatte, und brachten eine bewunderswerte Bereicherung unserer geographischen und kulturhistorischen Kenntnisse. Hatte Moltke nachdrücklich auf den Reichtum an Naturkräften hingewiesen, der noch ungehoben im Boden Kleinasiens der Benutzung harrte, so machte den gröfsten Eindruck in Deutschland 1850 Ludwig Rofs mit seinen „Reisebriefen und Aufsätzen über Kleinasien und Deutschland mit Bezugnahme auf die Möglichkeit deutscher Niederlassungen in Kleinasien". Diese letzte Frage ist seitdem nicht mehr von der Tagesordnung verschwunden, sie wurde besonders lebhaft wieder erörtert seit dem Bau der anatolischen Bahnen. Heute denken wohl nur wenige noch an wirkliche Kolonisation durch deutsche Ansiedler; auch die Verfasser dieses Buches weisen den Gedanken zurück, erhoffen dafür aber um so mehr ein eifriges Arbeiten des deutschen Handels und Gewerbefleifses auf dem Boden der asiatischen Türkei. Dafs die politischen Vorbedingungen gerade jetzt besonders günstig liegen, wird jeder gern den Verfassern zugeben, auch wenn man nicht so enthusiastisch wie sie über unsere Beziehungen zu den Türken, über diese selbst und über das Mafs der Vorteile urteilt, die sich für das ganze deutsche Volk aus den bisherigen Leistungen der deutschen Industrie auf dem Boden Kleinasiens ergeben. Besonders über die anatolische Eisenbahn wird wohl mancher kühler denken. Der Sitz der Gesellschaft ist zwar Frankfurt, aber ein deutsches Unternehmen ist es doch nur, insoweit derartige Unternehmungen des Grofskapitals überhaupt noch nationalen Charakter tragen können und die Leitung in deutschen Händen liegt. Gerade in Bezug auf letzteren Punkt aber versicherte mir in Griechenland ein früherer Ingenieur der Bahn, dafs in den unteren Direktorenstellen und unter den technischen Leitern Deutsche sehr spärlich vertreten seien. Wenn ferner unsere Regierung es für zweckmäfsig hält, gute Beziehungen zur Türkei zu pflegen, wie es gelegentlich der Kaiserreise deutlich zum Ausdruck kam, so brauchen wir Unterthanen, die wir doch nicht nur ζῷα πολιτικά sind, darum doch nicht die Türkenfreunde par excellence zu sein. Um der Türken willen tritt Deutschland schwerlich für die Türken ein, und diese selbst sind seit der deutschen Freundschaft kaum über Nacht andere Leute als früher geworden. Will man sich nicht mehr für die Griechen begeistern, so liegt doch ganz gewifs nicht der mindeste Grund vor, nun zur Türkenschwärmerei überzugehen. Das ist der Punkt, in dem ich mich nicht mit den Anschauungen der Verfasser dieses Buches befreunden kann. Die Pflicht der Dankbarkeit für so viel gastliches Entgegenkommen, wie sie es überall bei den Türken gefunden, hat ihnen öfter die Feder regiert und ihr

Urteil beeinflufst. Es liegt mir durchaus fern, in Abrede stellen zu wollen, dafs die Türken sich aufserordentlich gastfreundlich, zuvorkommend, hilfsbereit, zuverlässig, stolz bescheiden, zurückhaltend und wieder anhänglich gezeigt haben, und dafs von all diesen Vorzügen an den Griechen Kleinasiens so viel weniger zu Tage getreten ist. Allein all diese Tugenden sind das natürliche Ergebnis eines alten und festgewurzelten Herrscherbewufstseins, und können auch in geringer Kultur gedeihen, während ihnen bei den unterdrückten Griechen aller Nährboden entzogen ist. In jenen Gegenden, wie auf den Inseln, wo die Griechen die unbestrittenen Herren und wo sie noch nicht, wie in der Hauptstadt Athen, von der Politik verdorben sind, da hätten die Reisenden alle jene Eigenschaften wiedergefunden, deren Äufserungen sie in Kleinasien von seiten der Türken so froh empfanden und an den Griechen so oft vermifsten. Dafs die Türken jemals — ich will nicht sagen ein wertvolles, sondern überhaupt nur irgend ein Kulturelement im Osten werden könnten, wie Zimmerer es als Resultat deutscher erzieherischer und vorbildlicher Arbeit erhofft, scheint vielen eine ganz trügerische Hoffnung; eine Jahrhunderte lange Geschichte spricht dagegen, und ihre Kulturfeindlichkeit, die früher bei uns mit dem bekannten Worte bezeichnet wurde: Wohin der Türke tritt, da wächst kein Gras mehr, — diese Kulturfeindlichkeit ist wohl nicht von ihnen gewichen, seitdem die deutsche Regierung begonnen hat, sie unseren politischen und praktischen Zielen nutzbar zu machen. Die Zukunft Kleinasiens beruht sicherlich nicht auf den von jeher aller Kultur feindlichen Türken; Byzanz den Byzantinern! ist für den, der sehen will, die Konsequenz alter und neuester Geschichte, und unter der starken Hand der neuen Byzantiner des Nordens wird Kleinasien viel mehr ein Tummelplatz der unermüdlich fleifsigen strebsamen Griechen sein als der trägen vornehmen Osmanen.

Dieser Gegensatz der Ansichten hat mich bei der Lektüre des Buches oft zu Widerspruch angeregt, aber mit gröfstem Interesse bin ich darum doch den Reisenden auf ihren Wegen gefolgt und habe mich gern über Land und Leute, Geographie und Geschichte, Kulturverhältnisse und Industrie, Flora und Fauna der von ihnen durchwanderten Gegenden belehren lassen, stets in dem behaglichen Bewufstsein, von Kennern unterrichtet zu werden, die sich ihrer schwierigen Aufgabe bewufst waren, aber offenen Auges an alle Schwierigkeiten herangetreten sind. Oberhummer war einige Monate vor seinem Freunde Zimmerer aufgebrochen und hatte diese Zeit in Damaskus verlebt, um hier die zahlreichen Vorbereitungen für die Reise nach Kleinasien zu treffen. Kap. II—V sind der Schilderung dieses Aufenthaltes gewidmet. Vom bunt bewegten Leben in Damaskus entwirft O. ein anschauliches Bild; ein Jagdzug führte ihn zu den Jordanquellen, nach Nazareth und an den See Genezareth, nach Jerusalem, wo er die Pfingsten verlebte, und über Akka, Sidon und Tyrus zurück. Palästina erklärt er für ein dem Vogelforscher sehr lohnendes Arbeitsfeld, zur Kenntnis der Fauna gibt er selbst reichhaltige Beiträge. Vorbildlich kann für jeden Orientreisenden die Vorbereitung und Aus-

rüstung zur Reise genannt werden. Dem wichtigsten Erfordernis jeder
Forschungsreise konnten Oberhummer und Zimmerer entsprechen, sie
besafsen die Kenntnis der in den zu durchforschenden Gegenden
lebenden Sprachen, arabisch, türkisch und griechisch. Die Diener
waren behutsam ausgewählt und erzogen, wissenschaftliche und praktische Ausrüstung sorgsam überlegt und reichlich beschafft. So traten
die Reisenden, nachdem Zimmerer Anfang August in Beirut ein-
getroffen war und die beiden Gefährten den Weg nach Damaskus über
Libanon und Antilibanon zu Pferde zurückgelegt hatten, am 20. August
die Reise nach Norden an, um nach 14 tägigem Ritte Aleppo zu erreichen. Dieser Marsch über den glühenden Kalkboden der syrischen
Ebene unter den Strahlen der Augustsonne ist rein touristisch eine
bewundernswerte Leistung, an deren Möglichkeit die berufensten Kenner
des Landes gezweifelt hatten. Die häufigen nächtlichen Ritte ermüdeten
doppelt, die Unterkunft war höchst dürftig und wurde oft widerwillig
geboten, trotzdem überwanden die Reisenden alle Strapazen ohne persönlichen Unfall — sehr bitter war indes der Verlust eines Pferdes,
das schon bald nach Antritt der Reise verendete und durch Esel
ersetzt werden mufste. Homs, das alte Emesa, auch jetzt ein lebhafter
Handelsplatz, war der erste gröfsere Ort, den sie erreichten; bald
überschritten sie auf mächtiger Steinbrücke den Orontes, den sie dann
in der 60 000 Einwohner zählenden Stadt Hamah zum zweiten Male
kreuzten. Herrliche, halb verfallene Paläste und die riesige Brücke,
an deren einem Ende gewaltige Schöpfräder die Fluten des Orontes
auf eine Wasserleitung hoben, erregten hier ihre Bewunderung. Den
wohlthuenden Eindruck kräftigen aufstrebenden Lebens machte Aleppo,
heute schon die Vermittlerin der Produkte des Hinterlandes an
Alexandrette (Iskenderun), mit dem es durch zahllose Karawanen
verbunden ist, ein Ort von bedeutender Zukunft, sobald erst ein Schienen-
strang ihn dem Welthandel näher gebracht. Nicht lange indessen
hielt es die Wanderer in dieser prächtigen Stadt und in der Gesellschaft
liebenswürdiger Europäer fest, es zog sie nach dem eigentlichen Gebiete ihrer Thätigkeit, nach Kleinasien. Sie wendeten sich von Aleppo
nach Westen dem Meere zu; bald verschwanden die plumpen Steinbauten der Araber und machten den leichten Holzhäusern der Türken
Platz, türkische Laute klangen häufiger an ihr Ohr, sie näherten sich
der türkisch-arabischen Sprachgrenze. Auf dem 672 m hohen Pafs
der portae Syriae überschritten sie den Höhenzug, der sie vom Meere
trennte, und nach kurzer Rast im hochgelegenen anmutigen Gebirgs-
orte Beilan, dem Sommersitz der fiebergeplagten Bewohner von Iske-
derun, näherten sie sich diesem vorzüglichen Hafenorte, dem sie eine
grofse Zukunft prophezeien, sobald erst die Gesundheitsverhältnisse
sich gebessert haben. Der Landstrafse folgend, die den Golf von
Alexandrette umzieht, gelangten sie bald über Missis (Mopsuhestia)
zur aufblühenden Stadt Adana, die als Beherrscherin der Taurus-
übergänge von hervorragender militärischer Bedeutung ist und deren
Handel in Baumwolle, Obst, Wein und Getreide den von Tarsus über-
flügelt, seitdem sie durch eine letzteren Ort berührende Bahnlinie

mit dem Hafen von Mersina verbunden ist. Nun begannen sie den
Übergang über den Taurus durch die cilicischen Thore, den Güllek
Boghaz, über jenen Pafs, über den schon Cyrus, Alexander der Grofse
und die Scharen der Kreuzfahrer gezogen waren; für seine Wichtigkeit auch in neuester Zeit geben die starken Forts, die Ibrahim
Pascha und Abd-ul Medschid erbaut haben, redendes Zeugnis. Rasch
war nun die Oase von Kelisse-Hissar, das alte Tyana, erreicht, in
Nigdeh fanden die Wanderer freundliche Aufnahme, drei Stunden
später erblickten sie im Schnee- und Wolkenmantel den 4000 m
hohen Argäus oder Erdschias-Dagh, den Beherrscher des ersehnten
Landes Kappadokien.

Von Griechen wie Türken in gleicher Weise gastfreundlich aufgenommen, richteten sich unsere Forscher sowohl in Newscheher wie
in Ürgüb, zwei stattlichen, einige Kilometer südlich vom Halys gelegenen
Städtchen, häuslich ein. Von diesen ihren festen Sitzen aus durch-
streiften sie in gröfseren und kleineren Ausflügen das wunderbare
Höhlenland, das sich von dort bis zum Halys und an dessen linkem
Ufer noch weit nach Westen hin ausdehnt. Die Wunder dieses
eigenartigen Landes sind nicht unbekannt gewesen und öfter von
durchziehenden Reisenden geschildert worden; eine so gründliche
Untersuchung haben sie jetzt zum erstenmale gefunden. „Das ganze
Terrain zwischen der hochführenden Strafse von Newscheher nach
Ürgüb und dem Halys erweist sich als eine riesige Erosionsmulde,
in welcher eine Reihe von Felsengebilden stehen geblieben sind. An
diese haben sich die Dörfer angelehnt und in sie eingegraben." „Von
unserer ersten Wanderung in den Schluchten kamen wir ganz starr
und wirr über die romantische Märchenwelt, in der wir wandelten,
zurück. Es ist wie eine Staffage zu Goethes Walpurgisnacht. Von
einem Schritt zum andern uns erhebend, begegnen wir neuen Gebilden
von weifsem und rotem Tuff in den kühnsten Kegeln und Pyramiden,
neuen Fratzen- und Hexengestalten, und sie alle durchlöchert, zu
Häusern und Vorratskammern ausgebohrt, dazwischen Weingärten
und Fruchtbäume, Taubenschläge und Menschenwohnungen innig gepaart. Kaum versieht man sich, und es klettert ein Menschenkind
auf einer Leiter aus dem nackten Fels, wo eine Öffnung sich findet,
herab zu dem säulengeschmückten Vorbau im Untergeschoss. Darüber
leuchtet die wärmste Sonne, und während wir keuchend auf dem
weichen Boden im Rinnsaal aufwärts klimmen, zaubert das Tages-
gestirn farbige Tinten und Schatten auf die bizarren Nadeln und
Obelisken." Die Gröfse dieser Einarbeitungen in die Tuffpyramiden
und Felswände ist sehr verschieden; es finden sich kleinste Nischen,
die zu allen .möglichen Zwecken noch in jüngster Zeit ausgearbeitet
worden, gröfsere Kammern, die zweifellos in vorchristlicher Zeit als
Grabkammern dienten, deren reichen Inhalt aber der Fanatismus in
den ersten Jahrzehnten des zur Herrschaft gelangten Christentums in
alle Winde zerstreut hat, so sehr auch die grofsen kappadokischen
Kirchenväter gegen die Grabschändung wetterten. Dann wieder finden
sich mächtige Hallen, scheinbar von Säulen getragen, einst als Gottes-

häuser benützt und in altbyzantinischer Zeit mit herrlichen Fresken geziert. Die Geschichte dieser Höhlen und der ganzen Landschaft Kappadokien ist von Zimmerer im XII. Kapitel zum erstenmale eingehend dargestellt; leider verbietet mir der Raum, näher darauf einzugehen. — Im Laufe des November lösten die Reisenden ihre zweite Aufgabe, indem sie den Lauf des Halys zwischen den beiden Brücken von Kissyk-Köprüköi südlich von Kirscheher und von Köprüköi südöstlich von Angora feststellten, der bisher noch von keinem Reisenden verfolgt worden war. Eine genaue Karte des Flußlaufes und des angrenzenden Gebietes ist das Resultat dieser mühseligen Forschungen. Stromabwärts folgten sie dem Flusse, in einem Bogen nach Westen kehrten sie nach achtzehntägiger Reise nach Newscheher zurück. Im Dezember unternahmen die beiden Forscher noch einen Ausflug nach Kaisarieh und zu der Niederlassung der amerikanischen Missionare in dem wenige Kilometer südlich davon gelegenen Orte Talas. Dann wurde in Newscheher das Gepäck veräußert und in südwestlicher Richtung der Marsch auf Konia angetreten. An zahlreichen Prachtbauten seldschukischer Kunst führte der Weg vorüber, am 23. Dezember erreichten sie den Bahnhof in Konia; von hier führte die Bahn sie nach kurzer Rast an die Gestade des Meeres nach Konstantinopel.

Im Vorhergehenden wollte ich nur eine Skizze der Reiseroute geben, den reichen Inhalt des Buches konnte ich dabei nur andeuten und manches habe ich ganz übergehen müssen. So das XVI. Kapitel „Die Bevölkerung Kleinasiens" von Dr. Zimmerer, das die bisherigen Forschungen über diese schwierige Frage zu einem sehr übersichtlichen Gesamtbilde vereinigt; aber auch im einzelnen findet der Geograph, Ethnologe, Historiker, Naturwissenschafter und Sprachforscher überall eine Fülle wertvoller und anregender Mitteilungen und Beobachtungen. Daß das persönliche Element nicht fehlt, macht die Lektüre umso anziehender: der brave Diener Aarif, dem das Schicksal in Gestalt der Paßbehörde so grausam seinen Traum zerstörte, die Wunderstadt München zu sehen, wird auch dem Leser zuletzt ein guter Bekannter. — Noch eines verleiht diesem Buche vor vielen ähnlichen einen besonderen Wert, daß die Verfasser nämlich eine Reihe von Fachleuten als Mitarbeiter gewonnen haben, um das gesammelte Material gleich verarbeitet vorlegen zu können. So sind in eigenen Abschnitten die gesammelten Inschriften von Theodor Preger, die Münzen von Hans Riggauer bearbeitet, die petrographischen Ergebnisse der Reise bespricht L. von Ammon, die Flora des Halysthales C. O. Harz. Prof. Eugen Oberhummer gibt eine Darstellung seiner im Jahre 1897 in Westkleinasien ausgeführten Reise, militärische und topographische Mitteilungen aus Konstantinopel und Kleinasien steuert Major Max Schlagintweit bei; der Ethnologe und Historiker wird mit Interesse hören, was Fr. Hommel über die ältesten Bevölkerungsverhältnisse Kleinasiens und F. Hirth über syrisch-chinesische Beziehungen im Anfange unserer Zeitrechnung mitteilen. Von H. O. Dwight, einem Mitgliede der amerikanischen Mission, von der die Reisenden in Talas so viel Gutes erfuhren, stammt der Aufsatz über die amerikanischen Missionen in der asiatischen Türkei, und für den Kaufmann wie den Kulturhistoriker in gleicher Weise beachtenswert ist das letzte Kapitel „über die Teppiche des Orients" von Carl Hopf. Von den beigegebenen zahlreichen Illustrationen, die nur für die Fresken in den Höhlenwohnungen noch zahlreicher hätten sein dürfen, liefse sich viel Gutes sagen, aber es ist zu wünschen, dafs die Leser dieser Blätter sie selbst betrachten und die beiden kühnen Forscher auf ihren Pfaden begleiten, die sie zur Ehre deutscher Wissenschaft so erfolgreich gewandert sind.

München. Aug. Heisenberg.

Friedrich Ratzel, Politische Geographie, mit 33 in den Text gedruckten Abbildungen, München und Leipzig, R. Oldenbourg, 1897. 8°. 715 S. Preis 12 M., und Friedrich Ratzel, Anthropogeographie. Erster Teil, Grundzüge der Anwendung der Erdkunde auf die Geschichte. 2. Auflage. Stuttgart, Verlag von J. Engelhorn 1899. 8°. 604 S. mit Register. Preis 14 M.

Oskar Jäger, dessen Autorität in Schulsachen wohl von keinem unter uns bestritten wird, hat jüngst im ersten Heft des „humanistischen Gymnasiums", Heidelberg 1899, in einem Aufsatz über „Politik und Schule" den Satz ausgesprochen: „Es gibt nur einen Lehrgegenstand, der eine unmittelbare Beziehung zur Politik zeigt, die Geographie. Man klagt über ihre Vernachlässigung an unseren Gymnasien, denen man hier getrost gleich auch die realistischen Anstalten beigesellen kann, und man meint, dieser Vernachlässigung zu wehren, indem man, wie es auch auf anderen Märkten als dem wissenschaftlichen geschieht, ihr alle möglichen Tugenden, eine konzentrierende Kraft und andere mystische Vorzüge nachrühmt. Einen hat sie unzweifelhaft, und man kann, wie ich glaube, auf unserem, dem Erziehungsgebiet, viel damit machen: sie beschäftigt sich recht eigentlich mit der Gegenwart unseres von Menschen bewohnten Planeten, lehrt seine Völker und Staaten, deren natürliche Grundlagen und was die Menschen, das πολιτικὸν ζῶον, auf diesen Grundlagen gebaut haben, kennen; sie teilt also unseren Schülern, kann man einfach sagen, die Elemente der Wissenschaft vom Staate und den Staaten, die Elemente der Politik mit, und es wird mithin gar nichts schaden, vielmehr dem Unterricht ein belebendes Interesse verleihen, das man vielfach an unrechten Orten und also vergeblich sucht, wenn man von vornherein dabei an die Schüler als künftige Glieder und Wähler des deutschen Reiches und des betreffenden Territorialstaates appelliert, dessen Verfassung, Verwaltung, Machtmittel u. s. w. sie kennen und mit denen der übrigen Welt vergleichen lernen sollen. Hier also ist in der That Politik und Schule mit Händen zu greifen."

Könnte man die wissenschaftlichen Zwecke und Absichten Friedrich Ratzels einfacher und eindringlicher für die Schule empfehlen,

denen der auch in Bayern als Lehrer vielen bekannte und von vielen
verehrte Vertreter und Schöpfer der Anthropogeographie wiederholt
literarischen Ausdruck verliehen hat? Nachdem er in seiner Völkerkunde (Bibliographisches Institut, Leipzig 1894, 2. Aufl.) den ganzen
Umkreis der menschlichen Rassen nach festen geographischen und
philosophischen Grundsätzen bestimmt und abgesteckt hatte (nach den
anthropologischen Gesichtspunkten hatte diese Aufgabe Johannes Ranke
in dem gleichen Verlage mit dem Werke „Der Mensch" gelöst), war
er zur Begründung einer Spezialwissenschaft, der Geographie vom
Menschen, fortgeschritten und hatte in der von ihm herausgegebenen
Bibliothek geographischer Handbücher unter dem Titel „Anthropogeographie oder Grundzüge der Anwendung der Geographie auf die Geschichte" (Stuttgart 1882 J. Engelhorn) es
unternommen, „die Probleme des geschichtlich-geographischen Grenz-
gebietes präcis und systematisch zu behandeln." Das Buch war zunächst rein praktisch aus den Erfahrungen des Verfassers in der
Heranbildung junger Geographielehrer entsprungen, die zugleich auch
Geschichtslehrer sein sollen, und deren berechtigtes Streben nach
denkender Verknüpfung geographischer und geschichtlicher Thatsachen
ihn um so mehr in Mitleidenschaft gezogen hatte, als die geographische
und geschichtliche Literatur demselben damals noch fast jede Befriedigung versagte. Seitdem ist aber die 2. Auflage (1899) erschienen
und in dieser kann der Verfasser bekennen, dafs sich seitdem ein
reiches Wachstum auf dem Boden entfaltet habe, der damals (1882)
noch wenig bearbeitet war. Während man sich in Deutschland, dem
Lande Carl Ritters, noch stritt, ob die Anthropogeographie noch zur
Geographie zu rechnen sei, ist diese Aufgabe in Frankreich, England,
Italien und Nordamerika von den Geographen, Ethnographen und
Soziologen bereitwillig aufgenommen und weitergebildet worden. Eine
ungarische Übersetzung ist mit Unterstützung der Pester Akademie
veröffentlicht worden. Ein vergleichender Blick auf das Buch von
1882 und das vorliegende läfst erkennen, dafs von Grund aus eine
Umarbeitung vorgenommen worden ist. Ausgeschieden sind die Betrachtungen über die Stellung der Geographie im Kreis der Wissenschaften und der ganze Abschnitt „Natur und Geist". Das vorliegende
Buch ist wesentlich darum in der zweiten Auflage ein anderes geworden, weil die „Politische Geographie" 1897 vorausgegangen, d. h.
vorher erschienen ist. Gerade so wie dem Verfasser in München die
Anthropogeographie unmittelbar aus seiner Lehrthätigkeit herausgewachsen war, lernte er in Leipzig die praktische Notwendigkeit der
Politischen Geographie kennen. Nach den heftigen Angriffen von
Hermann Wagner und Gerland auf den zweiten Teil der Anthropogeographie (1891) wollte der Verfasser mit der politischen Geographie
zugleich die Probe auf die Richtigkeit seiner anthropogeographischen
Grundsätze machen. Wie sich die zweite Auflage des ersten Teiles
der Anthropogeographie (1899) jetzt darstellt, zerfällt sie in 6 Abschnitte. Nach einer Einleitung über die Einheit des Lebens und die
Biogeographie behandelt der Verfasser 1. die Aufgaben und Methoden

der Anthropogeographie, 2. die geschichtliche Bewegung, 3. Lage und Raum, 4. die Lehre von den Grenzen der Völker, 5. die Erdoberfläche, 6. die Lebewelt, 7. das Klima. Eine ausführliche Literaturübersicht und ein reichhaltiges Register orientieren rasch und leicht über die behandelten Fragen.

Sein neues Buch, die politische Geographie, ist eine Fortsetzung und Vertiefung der Ideen der Anthropogeographie. Die Klagen über die Trockenheit der politischen Geographie, die so alt sind wie der geographische Unterricht, ertönen immer von neuem. Sie treffen äußerlich einen Mangel der pädagogischen Anwendung, aber der Fehler, sagt Ratzel, liegt tiefer in der wissenschaftlichen Behandlung der politischen Geographie. Denn die Schwierigkeiten des Unterrichts in diesem Zweige kommen daher, daß die Thatsachen der politischen Geographie noch immer viel zu starr nebeneinander und neben denen der physischen Geographie liegen. Der Unterricht in diesem wichtigen Zweig kann solang nicht lebendig gestaltet werden, als den massenhaften Stoff nicht eine klärende Klassifikation gegliedert und nicht eine vergleichende und auf die Entwicklung ausgehende Durchforschung vergeistigt. Die Staatswissenschaft hat sich bisher streng ferngehalten von aller räumlichen Betrachtung, Messung, Zählung und Vergleichung der Staaten und Staatenteile; und das ist es ja gerade, was der politischen Geographie erst ihr Leben gibt. Sie kann aber ihre Lehre vom Staat nur auf den gegebenen Boden der Erde aufbauen. Auch ihr kann der Staat nur ein menschliches Gebilde sein, aber eines, das nur auf dem Boden der Erde gedeiht. Aus dieser Auffassung heraus ist Ratzels Buch entstanden, in dem daher die Staaten auf allen Stufen der Entwicklung als Organismen betrachtet werden, deren Geographisches in ihrem notwendigen Zusammenhang mit dem Boden liegt. Ratzel hat den ungeheuern Stoff in neun Abschnitte zerlegt: 1. der Staat und sein Boden, 2. die geschichtliche Bewegung und das Wachstum der Staaten, 3. die Grundgesetze des räumlichen Wachstums der Staaten, 4. die Lage, 5. der Raum, 6. die Grenzen, 7. Übergänge zwischen Land und Meer, 8. die Welt des Wassers, 9. Gebirge und Ebenen.

Um nur ein Beispiel von der philosophischen Durchdringung des schwierigen Stoffes zu geben, sei gezeigt, wie der Verfasser den ersten Abschnitt wieder in drei Kapitel zerlegt, 1. Kapitel: der Staat als bodenständiger Organismus, der Staat in der Geographie und die biogeographische Auffassung des Staates, die Grenze des Organismus im Staat, die Elemente des staatlichen Organismus, die Organe des Staates; 2. Kapitel: der Zusammenhang zwischen Boden und Staat, der Boden in der Entwicklung des Staates, die Entfaltung der Eigenschaften des Bodens in der Entwicklung des Staates, die Entwicklung der territorialen Politik; 3. Kapitel: Besitz und Herrschaft, der Besitz des Bodens und die Herrschaft über den Boden, der Anteil der Einzelnen am Boden des Staates, die Gesellschaft und der Boden, der Nomadismus. — Es entsteht nun die Frage, ob sich das umfangreiche Werk Ratzels für die Lehrer der Geographie an der Mittelschule als notwendig und unentbehrlich erweist, oder ob es nur denjenigen unter uns empfohlen werden soll, die, wie Ratzel selbst, eine philosophische Vertiefung und Verbreitung geographisch-politischer Probleme ansprechend finden. Die Lektüre von Ratzels Schriften ist bekanntlich keine leichte, sondern bedarf eines angestrengten Studiums. Ratzel selbst glaubt, daß der „geographische Sinn“ wie der historische, wenn nicht gelehrt, so doch entwickelt werden kann, und daß er viel zum Verständnis und zur gerechten Beurteilung geschichtlicher und politischer Verhältnisse und Entwicklungen beitragen wird; Ratzel hegt deshalb die Hoffnung, sein Buch werde nicht blofs Geographen interessieren. Die Überzeugung würde sich dann vielleicht weiter verbreiten, dafs der ganze Komplex der soziologischen Wissenschaften nur auf geographischem Grunde recht gedeihen kann. Davon dürfte man die fruchtbarste Förderung der Geographie als Wissenschaft und Lehre erwarten. Und in der That, das Buch wird nicht nur den Lehrer der Geographie, sondern auch den der Geschichte anregen und fesseln. Das Kapitel 6 des 2. Abschnittes, Eroberung und Kolonisation möchte ich als klassisch bezeichnen. Wer freilich die geographischen Thatsachen in nuce und nach dem gegenwärtigen Stande der Wissenschaft kurz und kritisch versammelt wünscht, wird immer zunächst nach Hermann Wagners Lehrbuch der Geographie greifen, von dessen neuer (5.) Auflage eben die vierte Lieferung erschienen ist. Wichtig war mir das Urteil eines Kollegen, des Herrn Gymnasiallehrer Büttner, der das Buch Ratzels für seine eigenen Lehrzwecke aufmerksam durchlas und fleifsig excerpierte. Seinem mir gütigst zur Verfügung gestellten Excerpte entnehme ich eine Fülle von Thatsachen, die direkt für den Unterricht in der Geographie und Geschichte verwertbar sind; ich möchte nur das Kapitel über Besitz und Herrschaft, die Entwicklung und Begründung des Lehenwesens dafür anführen. An nennenswerten Druckfehlern haben wir nur Seite 83 zwei abgesprungene Worte bemerkt; die vom Verfasser beliebten Adjektive „kulturlich“ und „mittelmeerisch“ dürften kaum den Beifall der deutschen Stilisten finden.

Ludwigshafen a. Rh.   H. Zimmerer.

Jahrbuch der Naturwissenschaften. 1897—98. Enthaltend die hervorragendsten Fortschritte auf den Gebieten: Physik, Chemie und chemische Technologie; angewandte Mechanik; Meteorologie und physikalische Geographie; Astronomie und mathematische Geographie; Zoologie und Botanik; Forst- und Landwirtschaft; Mineralogie und Geologie; Anthropologie, Ethnologie und Urgeschichte; Gesundheitspflege, Medizin und Physiologie; Länder- und Völkerkunde; Handel, Industrie und Verkehr. Dreizehnter Jahrgang. Unter Mitwirkung von Fachmännern herausgegeben von Dr. Max Wildermann. Mit 39 in den Text gedruckten Abbildungen und

2 Karten. grofs 8⁰. (XII u. 532 S.) *M* 6: in eleg. Original-Einband; Leinwand mit Deckenpressung *M* 7.—

Das Erscheinen im 13. Jahrgang ist wohl der beste Beweis, welch guter Gedanke es war, in Buchform die Fortschritte eines Jahreslaufes all den Freunden der Naturwissenschaft zugänglich zu machen, die aus irgend welchen Gründen nicht imstande sind, die Fachliteratur und besonders die Zeitschriften zu verfolgen, aber doch eine gewisse Fühlung mit dem wissenschaftlichen Leben behalten wollen oder müssen. Von aktuellen Themen seien hervorgehoben: In der Physik: „Der heutige Stand unseres Wissens von den Röntgenstrahlen" und „Telegraphieren ohne Draht." In der Chemie: „Die Verwendung der Elektrolyse in der organ. Chemie", „Alkoholische Gärung ohne Hefezellen", „Die Entwicklung der Sodafabrikation", „Kaliumkarbid und Acetylen". Die Geologie ist u. a. vertreten durch: „Das Vorkommen der Zeolithe in den Schiefern der Alpen". Die Zoologie durch: „Zur Naturgeschichte der Trichine", „Über nächtliche Schutzfärbung in der Tierwelt", „Der Winterschlaf des Murmeltiers", „Aus dem Leben der Ameisen". Auch die kurze Notiz über die Aufzucht der Seidenraupe mit Schwarzwurzelblättern interessiert jeden Kenner der einschlägigen hochinteressanten Versuche von C. O. Harz. In der Botanik nennen wir: „Über Pflanzenschlaf", „Halbparasiten", „Das Erfrieren der Pflanzen', u. s. w. Dementsprechend sind alle übrigen im Titel genannten Fächer vertreten. Bei der Geographie sei noch angeführt die Würdigung des Togovertrages, sowie der Bericht über die kleinasiatische Forschungsreise Oberhummer-Zimmerers, wobei auch einem Mitgliede unseres Standes erfreuliche Gelegenheit geboten war, sich Verdienste um die Förderung der geographischen Wissenschaft unter schwierigen Verhältnissen zu erwerben.

Der praktische Mikroskopiker. Allgemein verständliche Anleitung zum Gebrauche des Mikroskops und zur Anfertigung mikroskopischer Präparate nach bewährten Methoden, zugleich ein praktisches Hilfsbuch für Pharmaceuten, Droguisten, Gärtner, Landwirte, Fleischbeschauer und Naturfreunde. Mit 120 Beobachtungen und 35 Abbildungen im Texte. Von H. Blücher. Leipzig 1898. Verlag der Leipziger Lehrmittel-Anstalt von Dr. O. Schneider.

Zu den oben genannten Berufen dürfte wohl auch noch der Lehrer der Naturkunde zu zählen sein, der ja des Mikroskops nicht entraten kann und doch nicht immer in der gar nicht so leichten Technik des Mikroskopierens genügend geschult ist. Nun sind die gröfseren Werke wie „Strafsburgers botanisches Praktikum" u. a. teuer und allzu umfangreich: also dürfte solch ein kleineres Hilfsbüchlein wirklich einem Bedürfnisse entgegenkommen, und das umsomehr, da alles darin auf ein Mikroskop bezogen ist, welches sich für etwa 40 Mark beschaffen läfst.

Der allgemeine Teil lehrt das Mikroskop und seine Behandlung kennen und führt in die Methoden der Untersuchung ein. Im Laufe der Beobachtungen wird das Präparieren und Schneiden, das Einbetten in verschiedene Konservierungsmittel, das Entwässern und Aufhellen, das Härten und Färben, die Herstellung von Dünnschliffen und Dauerpräparaten, die Beobachtung lebender Mikroorganismen sowie das Nachzeichnen mikroskopischer Objekte eingehend beschrieben und durch eine Menge von Ratschlägen über die Wahl der jeweils anzuwendenden Methode erläutert. Erweitert und fortgesetzt werden diese Lehren in dem speziellen Teile, der in den vier Abschnitten: Mikrochemie, Botanik, Zoologie und Technische Prüfungen eine Anzahl interessanter Beispiele aus diesen weiten Gebieten herausgreift. Den Schlufs bildet eine kleine Zusammenstellung empfehlenswerter Fachwerke für weitere Fortbildung und eine Preisliste mikroskopischer Gerätschaften und Utensilien.

Freising.   H. Stadler.

Christoph Hirschmann, Die Deutschen Nationalfeste und die Deutsche Turnerschaft. Nr. 2 der Flugschriften des Reichsausschusses für die Deutschen Nationalfeste. München und Leipzig 1899. Druck und Verlag von R. Oldenbourg.

Der vorliegende Bericht wurde von dem Vorstande der Kgl. öffentlichen Turnanstalt in München, Herrn Christoph Hirschmann, dem Münchener Turngau am 16. Dezember 1893 erstattet. Der Verfasser berichtet zuerst, wie der Gedanke eines Deutschen Nationalfestes von der Presse, den Vertretungen der Städte, hochgestellten Männern, Künstlern, den Sports- und Spielvereinigungen Deutschlands aufgenommen worden ist. Während in den genannten Kreisen die Idee im allgemeinen Anklang gefunden hat, haben sich in der deutschen Turnerschaft von Anfang an Stimmen dagegen erhoben. Viele Turner konnten sich der Befürchtung nicht erwehren, dafs die Deutschen Turnfeste durch das Nationalfest geschädigt und die turnerischen Leibesübungen durch den Sport in Schatten gestellt würden. Hirschmann gibt uns eine kurze Geschichte der Entstehung und Entwicklung der Nationalfestidee von der Vorstandssitzung des Zentralausschusses vom 5. Oktober 1895 bis zu dem Beschlusse des Ausschusses der Deutschen Turnerschaft vom 23. Juli 1898 und führt uns abfällige Urteile aus der Turnerschaft über den Plan vor. Durch dieselben geht ein dumpfes Grollen; sie zeigen von einer gereizten Stimmung gegen die Führer und Förderer der neuen Bewegung, die sich an der Arbeit praktisch und aufopfernd nur vereinzelt beteiligten, gegen die Corona glänzender Namen, welche das liebesuchende Herz der Volksuntern abschreckten, gegen Angehörige der besseren Gesellschaftskreise, die sich von der Turnsache trennten, um durch Pflege des Sports Zugang zu den Nationalfesten zu gewinnen etc. H. geht die Einwände gegen das Nationalfest durch. Er zeigt, dafs die einen auch gegen die Bestrebungen der Turner erhoben werden könnten, dafs andere deshalb hinfällig sind, weil die Voraussetzungen in Wirklichkeit nicht vorhanden

oder falsch sind, dafs wiederum andere erkünstelt sind oder vom
Mangel an Mut und Entschlossenheit eingegeben werden. Gegen die
Befürchtung, dafs die Turnsache durch die Nationalfeste eine Schädigung
erführe, wendet er sich mit folgenden Sätzen: Die Turner haben alle
Veranlassung, die Männer der Nationalfeste als ihre Bundes- und
Arbeitsgenossen zu betrachten; die meisten Freunde der Nationalfestidee sind für die Leibesübungen neu gewonnen; durch Spiel und Sport
ist mancher zum Turner geworden; die entgegenkommende Haltung
gegenüber der Spielbewegung hat der Turnerei genützt; dies soll der
Turnerschaft ein Fingerzeig für ihr Verhalten in der Frage des Nationalfestes sein; durch das Eintreten der Turner für das Nationalfest wird
ihnen die Sympathie gebildeter und vermögender Kreise zufallen. Er
fordert deshalb die Turnerschaft auf, nicht abseits zu stehen, sondern
den Kern zu bilden und bestrebt zu sein, beim Nationalfeste das
Turnen so glanzvoll als möglich zu gestalten, jedoch unter zwei Voraussetzungen, nämlich dafs ihre Teilnahme in einer Weise geschehen
kann, die mit dem Ansehen einer Körperschaft von 600 000 Mitgliedern
übereinstimmt, sowie dafs dem Turnen Selbständigkeit und eigene
Führung gesichert ist.

Der Verf. hat bei seinen Darlegungen den Weg nüchterner
Würdigung der Thatsachen nicht verlassen und den Blick für die
Bedürfnisse unserer Zeit offen behalten; denn Ref. ist der Ansicht,
dafs die Stärkung unseres nationalen Sinnes seit dem Jahre 1870 auch
in der Turnerei nach einer neuen Form drängt. Die Worte Hirsch-
manns sind um so beachtenswerter, weil er in seiner Stellungnahme
zu der Spielbewegung das Richtige getroffen und durch die Begünstigung
des Spiels bei der turnerischen Ausbildung der Jugend den Turnplatz
in Oberwiesenfeld bevölkert hat.

Inzwischen wurde und zwar Ende Juli dieses Jahres auf dem
Deutschen Turntage zu Naumburg a/S. die Stellung der Deutschen
Turnerschaft zu dem Reichsverein für vaterländische Festspiele also
bestimmt: „Die deutsche Turnerschaft weifs sich mit dem Reichsverein
für vaterländische Festspiele eins mit den in dessen Satzungen ausgesprochenen Bestrebungen für Volksgesundung und Erstarkung deutscher
Sitte, des deutschen Volksbewufstseins und der vaterländischen Gesinnung durch die Pflege aller in solchem Sinne betriebenen Arten
von körperlichen Übungen. Die deutsche Turnerschaft wird deshalb,
so wie sie seit ihrem Bestehen diese Ziele verfolgt hat, eine Mitwirkung seitens des Reichsvereins zur Erreichung dieser Ziele gerne
annehmen, sowie sie ihrerseits bereit ist, die gemeinsame Aufgabe
fördern zu helfen. Da die deutsche Turnerschaft aber in der Schaffung
neuer örtlicher oder allgemeiner Feste ein wirksames Mittel zur Erreichung der obengenannten Ziele nicht zu erkennen vermag, lehnt
sie eine Mitarbeit in dieser Richtung ab, und kann auch ihren Kreisen,
Gauen und Vereinen eine solche nicht empfehlen."

Dieser marklose Beschlufs ist zu bedauern. Es bleibt jetzt nur
zu hoffen, dafs der Reichsausschufs, dessen Bestrebungen unzweifelhaft
vom vaterländischen Geiste durchweht sind, die Initiative zu einer

besseren Zeit wieder aufnehmen und daſs er dann bei der Turnerschaft gesünderen Mut, gröſsere Begeisterung und festeren Glauben an
die Ausführbarkeit und den Nutzen des Nationalfestes finden werde.
Den Keim einer gedeihlichen Entwicklung trägt der Nationalfestgedanke
unverkennbar in sich.

München.   _____   **Karl** Rück.

**Kleine·Schriften des Zentralausschusses zur Förde-
rung der Volks- und Jugendspiele in Deutschland.** Heft II.
Anleitung zu Wettkämpfen, Spielen und turnerischen Vorführungen.
Leipzig, 1896. R. Voigtländer. 1 Mk.

Der als eifriger Förderer der Spiele bekannte Dr. med F. A. Schmidt
beabsichtigt mit vorliegendem Buche Ratschläge und Winke zu geben,
wie Wettkämpfe etc. bei gröſseren Festlichkeiten am besten vorgenommen
werden. Bekanntlich hat sich der Verein zur Förderung der Volks- und
Jugendspiele auch die Aufgabe gestellt, unsere Volksfeste zu veredeln
und als ein Hauptmittel erachtet er die Vornahme von Wettkämpfen.
Durch diese soll dem Volke einerseits etwas besseres gezeigt werden
als das gewöhnliche Programm von Märkten zu bieten vermag, anderseits aber auch im Volke Lust und Liebe zu körperlichen Übungen
mehr verbreitet werden. Der Verf. hat es verstanden in wirklich vortrefflicher und erschöpfender Weise alle einschlägigen Fragen zu behandeln. Ob man mit all' den darin aufgenommenen Übungen, den
Wertungen etc. einverstanden sein kann, ist eine rein fachmännische
Frage, deren Erledigung in diesen Blättern zu viel Raum beanspruchen
würde. Die technische Behandlung aber der einzelnen Übungen verrät
eifriges Studium und grofse Praxis und so stehen wir nicht an, jedem
der mit Veranstaltung derartiger Festlichkeiten etwas zu thun hat, das
Büchlein bestens zu empfehlen.

München.   **Haggenmüller.**

III. Abteilung.

Literarische Notizen.

K. Reiserts Taschenbuch für die Lehrer an höheren Unterrichtsanstalten auf das Schuljahr 1899/1900. 11. Jahrgang. Mit der Beilage: Personalstatus der Gymnasien, Progymnasien, Lateinschulen, Industrieschulen und Realschulen im Königreich Bayern nach dem Stande vom 15. Aug. 1899. Herausgegeben vom Gymnasiallehrer Dr. A. Stapfer und Reallehrer N. Martin. München, J. Lindauersche Buchhandlung (Schöpping) 1899. Preis geb. 1,20 Mk. — Rechtzeitig zu Beginn des Schuljahres 1899/1900 ist das bekannte Taschenbuch für Lehrer an höheren Unterrichtsanstalten (im 11. Jahrg.) erschienen, welches sich allmählich in Kollegenkreisen immer mehr eingebürgert hat und wegen seiner Handlichkeit und bequemen Einrichtung neuerdings bestens empfohlen sein möge. Es weist nur in den allgemeinen Notizen zwei Änderungen auf, insofern als einerseits unter Nr. 2 „Portosätze" auch die Tarifsätze für Postanweisungen beigefügt sind und andrerseits unter Nr. 12 die Gebührenskala für Quittungen über Zahlungen aus öffentlichen Kassen natürlich jetzt in Wegfall kamen. Der Status nach dem Stande vom 15. August, welcher separat nicht abgegeben wird, weist einige Druckversehen auf, welche jedoch von den Benützern leicht verbessert werden können. Zu bemerken ist nur, daſs bei den Lateinschulen die Privatlateinschule Amorbach übersehen worden ist. Vgl. darüber den „Nachtrag zur Frequenz" etc. S. 672 dieses Jahrganges unserer Blätter.

Zwei praktische Taschenkalender für 1900 aus dem Verlage von Moritz Schauenburg in Lahr liegen uns vor und zwar ein solcher für Schüler höherer Lehranstalten (Gymnasien, Progymnasien, Realschulen etc.) und ebenso für Schülerinnen höherer Töchter- und Mädchenschulen. Beide enthalten zunächst ein mit Raum für Notizen ausgestattetes Kalendarium (vom 1. Okt. 1899 bis 31. Dez. 1900), dem für jeden Tag des Jahres wichtige historische Begebenheiten beigefügt sind; sodann folgen Tabellen verschiedener Art, sowie sonstige belehrende und unterhaltende Abhandlungen (auch eine Erzählung). Am Schlusse sind Listen für Schülerverzeichnisse, Aufgaben, Stundenpläne etc. beigefügt. Die Kalender sind hübsch ausgestattet, kosten kartonniert je 60 Pf. und können empfohlen werden, zumal sie sich, von der Zeit vom 18. Sept. bis 1. Okt. abgesehen, an unser Schuljahr anschlieſsen.

Encyklopädisches Handbuch der Pädagogik, herausgegeben von W. Rein, Jena. 5. Bd. Langensalza, Verlag von Hermann Beyer und Söhne, herzogl. sächsische Hofbuchhändler, 1898. Preis 15 Mk. — Wiederholt ist in unseren Blättern teils allgemein teils durch eingehende Besprechung einzelner umfangreicher und besonders wichtiger Artikel des Encyklopädischen Handbuches von Rein auf diese wichtige Erscheinung in der pädagogischen Literatur hingewiesen worden. Das treffliche Werk, welches auf 7 Bände berechnet ist, und 1895 zu erscheinen begonnen hat, ist inzwischen rüstig fortgeschritten, so daſs mit dem Ende des vorigen Jahres schon der 5. Band, der 937 Seiten im Lexikonformat umfaſst, vollendet vorlag. Wir brauchen kaum zu versichern, daſs er sich seinen Vorgängern in würdiger Weise anreiht; denn sowohl aus dem Gebiete der theoretischen Pädagogik samt deren Grundwissenschaften, Psychologie und Ethik, und deren Hilfswissenschaften, Physiologie und Medizin, enthält der Band eine Anzahl teilweise sehr ausführlicher und umfangreicher Artikel als auch aus dem Gebiete der praktischen Pädagogik. Da dieser Band die Buchstaben N bis R umfafst, so kommt hier der Begriff Pädagogik überhaupt zur Sprache; der Herausgeber handelt über philosophische Pädagogik, und über das Pädagogische Universitäts-Seminar (letzterer Artikel ist besonders wichtig wegen der umfangreichen, nach Jahren geordneten und sehr genauen Literaturangaben), aufserdem wird Pädagogik und Medizin, die pädagogische Presse, katholische Pädagogik etc. besprochen, auch das Rezensententum in der Pädagogik. Die Naturwissenschaften, die Physik, die Religion als Unterrichtsgegenstände des niederen und höheren Schulwesens werden behandelt etc. Namentlich reich aber ist dieser Band an Artikeln aus dem Gebiete der historischen Pädagogik und der Geschichte und Entwicklung des Schulwesens überhaupt: so wird gehandelt über Pensionate und Privatschulen, über das Progymnasium, das Realschulwesen in Deutschland und seine Geschichte, die Reformschulen, die Ritterakademien, das Rauhe Haus in Hamburg etc., andrerseits nimmt die Darstellung des Lebens und der Wirksamkeit Pestalozzis, seiner Psychologie und Ethik, seiner Pädagogik, der nach ihm benannten Stifte und Stiftungen einen breiten Raum ein, neben ihm werden Männer wie Bernh. Christ. Ludw. Natorp, Aug. Herm. Niemeyer, Wolfg. Ratke (Ratichius), Jean Paul Friedrich Richter. Rochow u. a. in ihrem Leben und ihrer Bedeutung vorgeführt; orientalisches Erziehungs- und Bildungswesen und Römische Erziehung hat Prof. O. Willmann zusammenfassend dargestellt.

Diese Übersicht des reichen Inhaltes mag zeigen, dafs man nicht leicht vergebens in einer pädagogischen Frage sich hier Rat erholen wird; dazu kommt noch, dafs die Mitarbeiter Reins durchaus Autoritäten sind auf den von ihnen behandelten Gebieten, so dafs ihre Namen schon meist für die Gediegenheit ihrer Beiträge bürgen. Schliefslich sei noch auf einen Punkt hingewiesen: wir haben jetzt in Bayern seit wenigen Jahren eine Anzahl von pädagogischen Gymnasialseminaren; für die Bibliothek dieser Seminare ist ein Buch wie Reins Encyklopädie geradezu unentbehrlich und wird den Kandidaten die wichtigsten Dienste leisten, aber auch unsere Gymnasialbibliotheken überhaupt sollten sich in den Besitz dieses trefflichen Werkes setzen, soweit sie es nicht schon angeschafft haben.

Land und Leute. Monographien zur Erdkunde. In Verbindung mit hervorragenden Fachgelehrten herausgegeben von A. Scobel. In reich illustrierten, vornehm ausgestatteten Bänden mit Goldschnitt zum Preise von ca. 3 Mk. Verlag von Velhagen u. Klasing, Bielefeld und Leipzig 1893. — Die beifällige Aufnahme, welche die beiden bisher von der Verlagshandlung Velhagen und Klasing herausgegebenen Sammlungen, nämlich die schon auf 40 Bände gediehenen Künstlermonographien und die bis jetzt auf 8 Bände sich belaufenden Monographien zur Weltgeschichte, allerseits gefunden haben, gab Veranlassung zur Veröffentlichung dieser neuen Sammlung. Dieselbe verfolgt den Plan „in anschaulich geschriebenen, reich illustrierten Bänden, jeder vollständig in sich abgeschlossen, eine Umschau in allen interessanten Gegenden der Erde zu bieten, die in handlicher und äufserlich vornehmer Form jedem Natur- und Reisefreunde Genufs und Anregung gewähren soll". Ihre Berechtigung neben den für einen derartigen Zweck bereits bestehenden Hilfsmitteln leitet diese neue Sammlung davon her, dafs einerseits die grofsen Geographiebücher mehr zum fortlaufenden Studium und zum Nachschlagen dienen, aber dabei doch auf die Einzelbeschreibung einer Landschaft nicht näher einzugehen vermögen, wenn ihr Umfang nicht ins Ungemessene sich steigern soll, während andrerseits die von Spezialforschern herausgegebenen Schriften zur Erd- und Landeskunde wegen ihrer schwerer verständlichen Form und ihres höheren Preises nur einem verhältnismäfsig kleinen Teil der Gebildeten unseres Volkes zugänglich sind. Als ein gemeinsamer Vorzug der neuen Monographien zur Erdkunde verdient noch die naturgetreue Illustrierung hervorgehoben zu werden, hergestellt nach photographischen Aufnahmen an Ort und Stelle, sowohl der Landschaften wie der Bevölkerung; dies schliefst jedoch nicht aus, dafs auch durch Wiedergabe alter Pläne, Ansichten und Wahrzeichen der Kulturgeschichte in gewissem Sinne Rechnung getragen wird.

Die Sammlung eröffnet der 1893 erschienene I. Bd. Thüringen von A. Scobel. Mit 145 Abbildungen nach photographischen Aufnahmen und Kartenskizzen. Preis 3 Mk. (156 S. Text). In XIV Kapiteln sucht der Verfasser seiner

Aufgabe gerecl t zu werden: nach einer schwungvoll geschriebenen Einleitung und einer geographischen und historischen Übersicht (c. I—III) beginnt er seine Wanderung im Osten mit der Schilderung des Saalethales und der Saalplatte, sodann folgt das Osterländische Stufenland bis herab zum bayerischen Hof, der Frankenwald als Übergang zum eigentlichen Thüringerwald, hierauf in drei Abschnitten der südöstliche, mittlere und nordwestliche Thüringerwald. Hier wird der Zusammenhang unterbrochen durch ein kurzes Kapitel über den Rennsteig und zwei gröfsere über Klima und Pflanzenwelt, sowie über die Bevölkerung, die wohl besser anderweitig untergebracht worden wären. Erst jetzt wird die Wanderung fortgesetzt und zunächst das Nordvorland, die Ilmplatte und besonders das Thüringische Becken, sowie die nördlichen Grenzhöhen (Finne, Schrecke, Schmücke, Hainleite, Dün, zuletzt der Kyffhäuser) einerseits beschrieben, andrerseits das Südvorland in zwei Teilen (Gebiet der Werra und der Itz) bis herab zum Mainthal bei Banz und Staffelberg. In zwei Punkten wollte der Verf. sichtlich besonders ausführlich sein, einmal mit zahlreichen geologischen Angaben und dann mit vielen auf die Industrie Thüringens bezüglichen Notizen, wie er sich auch bemüht, die Wohnorte möglichst vollständig aufzuzählen. Damit kommen wir auf zwei unzweifelhafte Mängel des Buches: es fehlt ihm zunächst eine gute Übersichtskarte. Der Verf. fühlt das selbst, wenn er S. 90 sagt „über den heutigen Verlauf der Staatengrenzen am Rennsteig unterrichtet am schnellsten ein Blick auf die Karte (siehe Andrees Handatlas, Karte der Thüringischen Staaten)." Wenn man bei der Lektüre des Buches erst Andrees Handatlas daneben legen soll, geht seine Handlichkeit verloren! Zweitens fehlt unbedingt ein geographisches Namensregister, besonders in Rücksicht auf die Häufung von Ortsnamen. Weniger Rechnung trägt der Verf. den geschichtlichen und kulturgeschichtlichen Beziehungen. Hier wäre bisweilen etwas mehr erwünscht: z. B. wenn er S. 20 bei Naumburg dessen im romanisch-gotischen Übergangsstil erbauten Dom erwähnt, so wäre doch auch ein Hinweis auf seine berühmten Skulpturen erwünscht gewesen, welche mit die erste Blütezeit der deutschen Plastik bezeichnen. Oder wenn man S. 120 liest: „1552 erhielt Lukas Kranach seine staatliche Bestallung und schuf die herrlichen Altargemälde für die Stadtkirche (in Weimar), malte auch Luther als Junker Jörg (Abb. 102), welches Bild sich im Grofsh. Museum befindet", so ist diese Angabe doch sehr unvollständig und das einzelne Bild ist nur wegen der aufgenommenen Illustration genannt. S. 121 steht unrichtig: „Schiller zog von Jena 1801 nach Weimar"; denn dies geschah schon Ende 1799. — Vortrefflich sind die Illustrationen und wohlgeeignet, beim Unterricht in unserer 2. Klasse mit Erfolg verwendet zu werden: der Text dagegen ist für diese Unterrichtsstufe noch nicht recht verständlich.

II. Bd. Cuba von Dr. E Deckert. Mit 96 Abbildungen nach photographischen Aufnahmen und Kartenskizzen, sowie einer farbigen Karte. 116 S. Text. 1899. Preis 3 Mk. — Diese Monographie hat insofern aktuelles Interesse als sie, bald nach der Beendigung des spanisch-amerikanischen Krieges erschienen, geeignet ist, uns in manchen Beziehungen Aufklärung über die jüngsten Ereignisse zu verschaffen. Dies geschieht besonders in den drei einleitenden Kapiteln, welche nacheinander die kolonialgeschichtliche Entwicklung bis zur Mitte des XIX. Jahrhunderts, die cubanische Krisis in ihrem Zusammenhang mit dem cubanischen Volkskörper mit den äufseren Beziehungen der Insel behandeln. Dann erst beginnt die eigentliche geographische Schilderung. Diese konnte bei der geringeren Anzahl wichtiger Siedlungen und der teilweisen Unwirtlichkeit des Inneren von vornherein übersichtlicher ausfallen als die von Thüringen; im wesentlichen berichtet sie in der Form einer Küstenfahrt, nur selten wird tiefer in die ohnehin schmale Insel eingedrungen. Die Gliederung ist klar und wird aus der Boden- und Küstenbeschaffenheit selbst gewonnen: so wird der Reihe nach behandelt das Baracoasche Gebirgsland oder der Kopf der eidechsenförmigen Insel Cuba im Südosten, sodann das Maestragebirgsland der Südküste mit der vormaligen Hauptstadt der Insel, Santiago de Cuba, deren Lage und Bucht besonders auch in Rücksicht auf den letzten Krieg eingehender beschrieben wird, es folgt das Hügelland von Camaguey, etwa die Mitte der Insel, unnahbar an der Nord- wie Südküste infolge der zahllosen vorgelagerten Inseln und Inselchen, daher von der geringsten Bedeutung, dann das Las-Villas-Bergland mit seinen 5 Städten, unter welchen Cienfuegos die wichtigste ist. Den Hauptteil der geographischen Schilderung beansprucht naturgemäfs Westcuba, d. h. Habana und sein Isthmus einerseits und das ihm benachbarte Hügel- und Flachland der Vuelta Arriba und das Stufenland der Vuelta Abajo andrerseits, wobei der Verf. besonders bemüht ist, die herrschende Stellung Habanas in jeder Beziehung aus der Lage und Beschaffenheit seiner Bucht und Umgebung zu erklären.

Von den zahllosen Nebeninseln Cubas wird nur die gröfste, Pinos (2100 qkm) im Schlufskapitel einer näheren Betrachtung unterzogen. Allenthalben finden sich reichliche geologische und statistische Angaben, letztere besonders in Bezug auf den Anbau und Ertrag der Insel (Zucker, Tabak, Kaffee), durchaus gewinnt man den Eindruck, dafs man sich unter der Leitung eines kundigen Führers befindet, der überdies anschaulich und anziehend zu schildern versteht. Eine Übersichtskarte ist zwar am Schlusse beigefügt, doch ist diese zu klein (Mafsstab 1 : 500 000), um Einzelheiten erkennen zu lassen; auch stellt sie die beschriebene Insel allein dar und doch wäre eine Übersicht über die Nachbarinseln des westindischen Archipels und die nächstgelegenen Festlandsküsten erwünscht; ein wirklicher Mangel ist es, dafs auch dieser Band kein geographisches Register aufweist. Trefflich sind die Illustrationen, welche das Buch als zur Verwendung beim Unterrichte in unserer 4. Klasse wohl geeignet erscheinen lassen; auch einzelne Abschnitte des Textes eignen sich hiezu, falls der Lehrer mit Rücksicht auf die Fassungskraft seiner Schüler geschickt auszuwählen weifs.

III. Bd. Norwegen. Von Prof. Sophus Ruge. Mit 115 Abbildungen nach photographischen Aufnahmen und einer farbigen Karte. 140 S. Text. 1899. Preis 3 M. — Eine Besprechung dieser Monographie kann sich kurz fassen; denn dieselbe ist, wie übrigens von ihrem Verfasser nicht leicht anders zu erwarten war, musterhaft sowohl der Anordnung wie der Durchführung nach. In 6 Kapiteln weifs der Verf. uns ebenso kurz als klar in die Besonderheiten des Gebietes einzuführen, indem er allgemein über Lage und Bodengestalt, über Fjorde, Strandebenen und Inseln, über Klima, Pflanzen- und Tierwelt, über Bevölkerung und endlich über das Reisen in Norwegen handelt. Erst nachdem er uns so die Natur Norwegens in ihren Hauptzügen kennen gelehrt hat, macht er sich daran, von der Landeshauptstadt Christiania ausgehend die einzelnen Teile des Landes zu durchwandern. Dies geschieht in 6 Kapiteln, welche Christiania und Umgebung, die gegen Christiania zu mündenden südlichen Thäler, Norwegen westlich vom Gebirge und Norwegen nördlich vom Gebirge, das Nordland und endlich Tromsö und Finnmarken bis zum Nordkap behandeln. Die Wanderung führt im breiteren Süden durch die Thäler aufwärts hinauf auf die Fielde, aufserdem bedient sie sich der Küstenfahrt. Besonders zu rühmen ist die Art und Weise wie Text und Illustrationen in Beziehung zu einander gesetzt werden, indem der Text stets Hinweise und ausführlichere Erläuterungen zu den trefflichen, sorgfältig ausgewählten Bildern bietet. Als Karte ist am Schlusse aus dem im gleichen Verlage erschienenen Andreeschen Handatlas das Blatt beigegeben, welches eine Übersicht über Schweden, Norwegen und Dänemark bietet; diese Karte enthält zu viel : man findet ja wohl alles, was im Texte vorkommt, aber ziemlich mühesam; jedenfalls hätte sich eine übersichtlichere Übersichtskarte beigeben lassen. Zu bedauern bleibt, dafs auch dieser Band kein geographisches Namensregister enthält. Auf alle Fälle aber bietet derselbe in der Hand des Lehrers ein vorzügliches Hilfsmittel für den Geographieunterricht in der 3. Klasse.

IV. Bd. Tirol von Prof. Dr. Max Haushofer. Mit 200 Abbildungen nach photographischen Aufnahmen und einer farbigen Karte. 1899. Doppelheft. Preis 4 Mk. — Auch für diese Monographie hat die Verlagsbuchhandlung an Prof. Max Haushofer, dem genauen Kenner und begeisterten Freund der Alpen und ihrer biederen Bewohner, einen ebenso sachkundigen wie formgewandten Verfasser gewonnen. Letzterer Punkt sei besonders hervorgehoben: niemals ermüdet der Leser, denn durch steten Wechsel des Ausdruckes, durch eine gehobene, zuweilen poetische Darstellung weifs H. von Anfang bis zu Ende zu fesseln. Aber auch inhaltlich ist diese Monographie vorzüglich, besonders wegen ihrer Übersichtlichkeit und relativen Vollständigkeit. Der eigentlichen geographischen Schilderung gehen auch hier Kapitel allgemeinen Inhaltes voraus, welche eine Übersicht über die Alpen Tirols, über Klima, Pflanzen- und Tierwelt, über die geschichtliche Vergangenheit des Landes und über seine Bevölkerung geben.

Gerade das letztgenannte Kapitel ist infolge der genauen Beobachtungen des Verf. auf diesem Gebiete eines der wertvollsten. Die Wanderung durch Tirol folgt durchaus den grofsen Flufsthälern; sie geht aus von der Eingangspforte des Inn unweit Kufstein und folgt zunächst diesem bis nach Finstermünz, so jedoch, dafs auch alle Seitenthäler bis zu den Gletschern uud abschliefsenden Hochgipfeln hinauf durchwandert werden; daran schliefst sich die Betrachtung von Nordwest-Tirol und Vorarlberg. Den 2. Hauptteil bildet die Fahrt durch das Etschgebiet, also zunächst durch den Vintschgau mit seinen Seitenthälern bis zum Bozener Kessel. Sodann folgt Sillthal, Brenner und Eisackthal wieder bis Bozen; von da kehrt der Verf. nach Brixen zurück, ins Herz von Tirol und durchwandert das Pusterthal mit seinen Seitenthälern bis in die Tauern hinauf, um darnach iu Bozen die Fahrt durch das Etschthal wieder aufzunehmen bis zur Veroneser Klause. Die beiden Schlufskapitel behandeln getrennt Südtirol östlich und westlich des Etschthales, nämlich einerseits die südlichen Thäler der Dolomiten (Fleimserthal, Valsugana, Buchenstein, Ampezzothal), andrerseits Nonsberg und Judicarien (einschliefslich des Nordendes des Gardasees). Die Illustration dieses Bandes ist mustergültig und bietet eine Fülle des trefflichsten Anschauungsmateriales; das als Übersichtskarte beigegebene Blatt „Südbayern, Tirol und Salzburg" aus Andree's Handatlas ist zwar in sehr kleinem Druck hergestellt, läfst aber alle im Texte aufgeführten Einzelheiten ohne Ausnahme leicht auffinden, endlich wird die Brauchbarkeit des Buches durch das unumgänglich notwendige Namensregister erhöht, welches 6 dreigespaltene Seiten ausfüllt, kurz diese vorzügliche Monographie kann auf das angelegentlichste empfohlen werden.

V. Bd. Schweiz von J. C. Heer. Mit 181 Abbildungen nach photographischen Aufnahmen, einer Bunttafel und einer farbigen Karte. 1899. 192 S. Text. Doppelheft. Preis 4 Mk. — Die Schilderung der Schweiz ist im Verhältnis etwas weniger ausführlich und eingehend wie die Tirols, auch steht die dieser, was Gewandtheit der Darstellung, Beherrschung des Ausdruckes und Abwechselung in demselben anlangt, entschieden nach, obgleich der von seinem Stoff begeisterte Verf. sichtlich bemüht ist, die Wärme seiner eigenen Empfindung auf den Leser zu übertragen. Im übrigen ist Anlage und Durchführung der der vorher besprochenen Monographie ähnlich, nur dafs die Kapitel über Klima, Pflanzen- und Tierwelt und über Bevölkerung am Schlusse stehen. Nach einer geographischen und historischen Übersicht wird für die Durchwanderung der Schweiz eine Einteilung befolgt, die nacheinander 1. die Bodensee- und Rheinlandschaft, 2. den Schweizerischen Jura, 3. das Mittelland (das Zürcherische und Aargauer Mittelland. Das Berner- und Freiburger Mittelland. Die Waadt und den Genfersee), 4. das Schweizerische Alpenland (Voralpen von St. Gallen und Appenzell. Hochalpen von Glarus und Graubünden. Urschweiz und südliche Voralpen. Berner Oberland, Freiburger und Waadtländer Alpen. Wallis und Montblanc) vorführt. Die Wanderung folgt auch hier den Thälern der Flüsse und Seen, sowie den zahlreichen Pässen und Übergängen. Die Illustration ist aufserordentlich reichhaltig und gut gewählt, so dafs man nicht viele Ansichten vermissen dürfte; infolgedessen bietet auch diese Monographie für unsere 2. Klasse ein sehr gutes und umfängliches Anschauungsmaterial und in der Hand des Lehrers ein brauchbares Unterrichtsmittel. Ein ausführliches Wortregister ist beigegeben, ebenso als Übersichtskarte das Blatt „Schweiz" aus Andree's Handatlas, welches das Aufsuchen aller Einzelheiten ermöglicht.

Neudrucke deutscher Literaturwerke des XVI. und XVII. Jahrh. Halle a. S., Max Niemeyer. 1898 u. 1899. Wir verzeichnen im Folgenden in Kürze die zuletzt erschienenen Bändchen dieses verdienstvollen und allen Literaturfreunden so willkommenen Unternehmens: Nr. 149—152. Preis 2.40 Mk. Das Gemerkbüchlein des Hans Sachs (1555—1561) nebst einem Anhange: Die Nürnberger Meistersinger-Protokolle von 1595—1605. Herausgegeben von Karl Drescher. Dieses Gemerkbüchlein des Hans Sachs wurde in der Grofsherz. Bibliothek zu Weimar von E. Goetze entdeckt, weshalb dieses Heft auch dem Grofsherzog Alexander gewidmet ist. Es enthält die Protokolle der Nürnberger Singschule, welche Hans Sachs in seiner Eigenschaft als Merker 1555—1561 aufgezeichnet hat. — Nr. 153. Preis 0.60 Mk. (Flugschriften

aus der Reformationszeit XIII). Thomas Murner, An den grofsmächtigsten
und durchlauchtigsten Adel deutscher Nation, herausgegeben von
Ernst Voss. Diese Publikation will dem Mifsstande abhelfen, dafs bisher nur
Murners satirisch-didaktische Dichtungen, nicht aber seine gröfseren Prosaschriften
neu gedruckt worden sind. Zudem ist die vorliegende Schrift die unmittelbare
Antwort auf Luthers: „An den christlichen Adel deutscher Nation", wie diese 1520
erschienen. Die Aufnahme dieser Schrift in die Sammlung der Neudrucke ist also
nur zu begrüfsen. — Nr. 154—156. Preis 1.80 Mk. (Flugschriften aus der Reformationszeit XIV). Die Schriften Hartmuths von Cronberg. Herausgegeben
von Eduard Kück. Dieser Hartmuth von Cronberg (1488—1549) war Mitinhaber
des Reichsmannslehens Cronberg im Taunus und griff bald nach dem Reichstag
von Worms zur Feder. Die meisten seiner Schriften sind Sendbriefe, in denen
er für Luther und die reformatorische Bewegung eintritt; in der zweiten Hälfte
vertritt er auch eigene Interessen: wegen Unterstützung Sickingens in der Trierschen
Fehde war er von Philipp von Hessen, Pfalzgraf Ludwig und Erzbischof Richard
von Trier vertrieben worden und klagte nun über das ihm geschehene Unrecht
und suchte wieder zu seinem Eigentum zu gelangen. Die vorliegende Publikation
enthält 16 Nummern und will eine Gesamtausgabe darstellen. Eine ausführliche
Einleitung von LIX Seiten gibt Aufschlufs über die Sprache des Ritters und über
das für die Lektüre der einzelnen Sendschreiben Wissenswerte. — Nr. 157—159.
Preis 1,80 M. Theobald Hock, Schönes Blumenfeld. Abdruck der
Ausgabe von 1601. Herausgegeben von Max Koch. Theobald Hock (1573 bis
1618), ein geborener Pfälzer, seit 1601 Sekretär bei Peter Wock, letztem Sprossen
der Herren von Rosenberg, zu Wittingau in Böhmen, 1602 geadelt, ist einer der
ersten Dichter weltlicher Lieder. Hoffmann von Fallersleben ist sein Wieder-
entdecker, er gehört zu den interessantesten Erscheinungen seiner Zeit und ein
Neudruck war umsomehr geboten, als die Sammlung seiner Gedichte ungemein
selten ist (5 Exemplare nur konnte Prof. Koch auftreiben).
        Biographische Volksbücher. Nr. 56—63: Fritz Reuter, woans
hei lewt un schrewen hett. Vertellt von Paul Warncke. Mit nägen Biller.
311 S. R. Voigtländers Verlag in Leipzig. 2 M., geb. 2.25 M. —
Unter den bisher erschienenen Bänden der Biographischen Volksbücher ist der
vorliegende jedenfalls der eigenartigste; denn eigenartig ist vor allem der Plan,
die Biographie Reuters, des grossen plattdeutschen Humoristen, in seiner eigenen
Sprache zu schreiben. Und doch, wenn man das Buch mit steigendem Interesse
zu Ende gelesen hat, hat man damit die Überzeugung gewonnen, dafs die richtige
Lebensgeschichte Fritz Reuters so und nur so geschrieben werden sollte. Eine
viel wichtigere Eigentümlichkeit aber ist es, dafs der Verfasser, natürlich selbst
Mecklenburger und voll begeisterter Liebe für sein Heimatland, bei aller Vorliebe
für seinen Heiden, doch Dank seiner strengen Objektivität imstande ist, eine
ganze Reihe wichtiger Punkte aus Reuters Leben zu berichtigen, zu ergänzen oder
doch in wesentlich anderem Lichte erscheinen zu lassen als bisher; es sei in
dieser Beziehung besonders die Schilderung des Verhältnisses zwischen Vater und
Sohn genannt, sodann die berichtigenden Angaben zu jenem Lebensabschnitt
Reuters, den man nach seinem Vorgange „Festungstid" zu benennen pflegt; ferner
die Nachrichten über die Entstehung seiner ersten Werke, über das Verhältnis
von Claus Groth zu ihm u. a.; besonders bot Reuters Briefwechsel dem Verfasser
wichtige Aufschlüsse, weshalb eine Reihe von Briefen wörtlich abgedruckt
werden. — In neuerer Zeit gewinnen die Schiller unserer oberen Klassen immer
mehr Interesse für Fritz Reuters Werke. Freilich lernen sie aus diesen selbst
den Mann mit dem goldenen Herzen und der gemütvollen Art am besten kennen,
aber trotzdem dürfte ihnen als Vorbereitung und als Ergänzung die vorliegende
ausgezeichnete Biographie höchst willkommen sein; sie sei daher auf das angelegentlichste empfohlen.
        Nr. 64—69: Heinrich von Stephan, Generalpostmeister. Ein Lebens-
bild von Karl Techentin. 188 S. mit einem Bildnis. 1,50 M., geb. 1,75 M —
Diese Biographie hat gleich den früher in der Sammlung erschienenen von
Werner v. Siemens und Friedr. Krupp einen hervorragend pädagogischen Wert
und zwar nach zwei Seiten: einmal hat sich der verstorbene erste Generalpost-
meister des deutschen Reiches durchaus Dank eigener Kraft und persönlicher

Tüchtigkeit, nicht im geringsten unterstützt durch die Vorteile höherer Geburt oder fördernder Familienbeziehungen auf die höchste Stufe der von ihm gewählten Laufbahn buchstäblich emporgearbeitet; daher erfüllt die Lektüre dieser Biographie die Jugend nicht blofs mit Bewunderung und Hochachtung für den genialen Organisator und Staatsmann, der trotz aller äufseren Ehren und Erfolge ein bescheidener und liebenswürdiger Mensch geblieben ist; sondern sein Beispiel fordert geradezu mit zwingender Macht zur Nacheiferung auf. Zum zweiten aber wird es für die reifere deutsche Jugend ein hoher Gewinn sein, wenn sie aus dieser Lebensbeschreibung auch das gewaltige Werk Stephans näher kennen lernt; denn damit erschliefst sich ihr nicht blos ein wichtiger Teil der inneren Entwicklung, der Wirtschaftsgeschichte des deutschen Reiches, sondern des modernen Kulturlebens überhaupt; hat ja doch der Gründer des Weltpostvereins auch e ne weltgeschichtliche Bedeutung erlangt. Zu seiner Überraschung wird mancher Leser dabei in Stephan aus dessen eigenen Reden und Äusserungen, die hier wiedergegeben sind, einen Meister in der Handhabung der deutschen Sprache kennen lernen, der sich einem Bismarck und Moltke würdig zur Seite stellt. Alles in allem, hier haben wir ein vorzügliches Buch für unsere oberen, besonders die oberste Klasse des Gymnasiums.

Nr. 70—73: **Prinzadmiral Adalbert**, ein Vorkämpfer für Deutschlands Seemacht, von Georg Wislicenus, Kapitänlieutenant a. D. Mit 14 Abbildungen. I M., geb. 1,25 M. — Diese Biographie hat insofern aktuelles Interesse, als das Leben des Prinzen Adalbert von Preufsen, des Bruders der verewigten Königin Maria von Bayern, unzertrennlich verknüpft ist mit der Entwicklung unserer Kriegsflotte. Diese wird uns daher von ihren Kinderjahren bis zum Tode des Prinzadmirals (1873) in übersichtlichen Zügen vorgeführt. Auch dieses Buch eignet sich vorzüglich für die oberen Klassen höherer Schulen, für die es hiemit bestens empfohlen sei.

Monographieen zur Weltgeschichte. In Verbindung mit anderen herausgegeben von Ed. Heyck. VIII. **Venedig als Weltmacht und Weltstadt** von Hans v. Zwiedineck-Südenhorst. Mit 4 Kunstbeilagen und 159 authentischen Abbildungen. Preis (Doppelband) geb. 4 M. Bielefeld und Leipzig, Velhagen & Klasing 1899. — Neuerdings liegt uns ein vortrefflicher und aufserordentlich inhaltsreicher Band der Monographieen zur Weltgeschichte vor, die **erste deutsche zusammenfassende Geschichte Venedigs** von einem gründlichen Kenner dieses Stoffes, von dem Grazer Historiker Professor H. v. Zwiedineck-Südenhorst. In 11 Kapiteln von verschiedenem Umfange (204 S. im ganzen, dazu ein Personen- und Ortsregister) wird die Geschichte der Weltstadt uns vorgeführt. Das einleitende I. Kap. schildert die Entwickelung Seevenetiens zu einem selbständigen Staate; von besonderer Bedeutung ist das II: Venedig erlangt die Hegemonie in der Adria und wird durch die Kreuzzüge die erste Seemacht des Mittelalters. Ausdrücklich weist der Verfasser darauf hin, dafs eben nur die Bewohner der Lagunenstadt die Eigenschaften besafsen, um vornehm werden zu können, im Gegensatz zu den zahlreichen slavischen Stämmen der Balkanhalbinsel, die ja an sich auch ihren Weg nach Konstantinopel hätten nehmen können. Mit Kap. III wird die chronologische Darstellung unterbrochen; denn es ist an der Zeit, hier eine Darstellung der Verfassungsgeschichte Venedigs bis zur Vollendung des aristokratischen Systemes zu geben. Noch ist die Republik in mächtigem Aufstreben begriffen: Die Geschichte des Trecento u. Quatrocento behandeln Kap. IV: Veränderung des Charakters der Republik durch die äufsere Politik. Kulturbild des Trecento und Kap. V: Höhepunkt der Weltstellung Venedigs (Cyperns Erwerbung durch die Heirat der Katharina Cornaro!) Bild des städtischen Lebens an der Wende des XV. Jahrhunderts. Der Höhepunkt der Weltmacht Venedigs war hier erreicht, ehe noch die ganze Fülle der Kulturschöpfungen entstanden war, welche die Menschheit dieser Wunderstadt verdanken sollte. Die Peripetie im Staatsleben Venedigs ergab sich besonders daraus, dafs der Neid seiner Nachbarn ihm seinen Ruhm und seinen Frieden nicht mehr gönnte. So schildert denn Kap. VI den Kampf der Grofsmächte gegen die Ausbreitung der Republik auf dem italischen Festlande; in diesem Kampfe vermochte zwar die Republik die wesentlichsten Teile ihres Besitzes zu erhalten, aber von einer italischen, mindestens oberitalischen Hegemonie konnte nicht mehr die Rede sein.

Mit Kap. VII: Die Glanzzeit des Kunstlebens, wird wieder ein kultur-
historischer Abschnitt eingeschoben. Als Zeit des Überganges von der Gothik
zur Renaissance werden die Jahre 1440—1523 (dauernder Aufenthalt Jac. Sansovinos
in Venedig) angenommen; es folgen die wichtigsten Daten der Baugeschichte
Venedigs im XVI. und XVII. Jahrhundert, ebenso die der Geschichte der Malerei,
wobei Tiziao besonders hervorgehoben wird. Überhaupt wird das künstlerische
Leben und Treiben Venedigs in dieser Epoche meisterhaft geschildert. Die beiden
nächsten Kapitel sind wieder der politischen Geschichte gewidmet [: Rückschritt
des Handels und Gebietsverlust im Orient (Cypern!). Inquisition. Schlacht bei
Lepanto. Widerstand gegen die spanische Politik. Kämpfe mit den Osmanen.:]
Am ausführlichsten wird die zweite glänzende Waffenthat der Venezianer, die
Seeschlacht bei Lepanto, dargestellt, wobei der Verfasser die sachverständigen
Untersuchungen des französischen Admirals Jurien de la Gravière verwertet.
Überhaupt gewinnt man bei der Lektüre den Eindruck, dafs der Verfasser die
gesamte Literatur vollständig beherrscht und nur bemüht ist, den gewaltigen
Stoff in den engen Rahmen der vorliegenden Darstellung zu bringen. Ehe er uns
das Ende der Republik kurz erzählt, schildert er im vorletzten Kapitel in geistreicher und trefflicher Weise das weltstädtische Leben des XVII. und XVIII. Jahrhunderts in Venedig. Wer diese Monographie zum Gegenstand eingehenderen
Studiums macht, wird bekennen, dafs daraus seine geschichtlichen und besonders
seine kulturgeschichtlichen Kenntnisse eine wesentliche Bereicherung erfahren
haben: sie bildet einen wertvollen Bestandteil der ganzen Sammlung.

Die Ostafrikanischen Inseln. Von Professor Dr. C. Keller in Zürich.
Mit 42 Bildern und 15 Kärtchen im Texte, 3 farbigen Karten und 8 Vollbildern.
VIII und 188 S. Preis 5 M. Berlin 1898. Verlag von Schall & Grund. —
Diese Monographie über die ostafrikanischen Inseln bildet den zweiten
Band der „Bibliothek der Länderkunde", herausgegeben von Dr. A. Kirchhoff,
o. ö. Professor der Erdkunde in Halle und R. Fitzner, Chefredakteur, welche den
Zweck verfolgt, zwar allgemein verständlich, aber auf durchaus wissenschaftlicher
Grundlage in einer Reihe von Einzeldarstellungen die Kenntnis unseres Erdballs
zu vermitteln (cf. die Besprechung des 1. Bandes dieser Sammlung, S. 793/94 des
Jahrg. 1897 unserer Bl.). — Der Verfasser, Professor C. Keller in Zürich, hat im
Jahre 1886 behufs naturwissenschaftlicher Studien die Seychellen, die Maskarenen
und Madagaskar besucht, hat nun aber, um sich vor allzugrofser Einseitigkeit zu
hüten, auch die Arbeiten anderer Gelehrten herangezogen. 118 Seiten von den
188, also die gröfsere Hälfte des Buches, ist der Insel Madagaskar gewidmet, die
infolge der Zertrümmorung des Hovareiches durch die Franzosen neuerdings
wieder mehr in den Vordergrund des Interesses gerückt ist; hier konnte sich der
Verfasser auf das grofsartige Reisewerk des Franzosen Grandidier stützen, der
ihm seiner Zeit auch wirksame Empfehlungen an die französischen Behörden in
Madagaskar mitgegeben hatte. Daher ist die Darstellung nach allen Seiten hin
erschöpfend. Für die Beschreibung der im Westen des indischen Ozeans gelegenen,
gegen Australien vorgeschobenen Inseln, nämlich 1. Neu-Amsterdam und St. Paul,
2. die Prinz Eduard-Inseln, 3. die Crozet-Inseln, 4. die Kerguelen-Inseln und
5. die Heard-Insel, welche der Verfasser nicht selbst besucht hat, benützt er die
Berichte von deutschen, französischen und englischen Expeditionen, so über die
Kerguelengruppe die der Challenger- und der Gazellen-Expedition. Nachdem auch
die jüngste Expedition der deutschen Tiefseeforschung auf der Valdivia auf dieser
Gruppe um Weihnachten 1898 wichtige Beobachtungen angestellt hat, dürfte dieses
Kapitel besonderes Interesse beanspruchen. — Die beigegebenen Illustrationen
enthalten teils Originalaufnahmen des Verfassers, teils Reproduktionen aus zuverlässigen neueren Veröffentlichungen. Das Buch kann sowohl für jeden Gebildeten
wie für den Geographielehrer, der ihm auch manches Anschauungsmaterial entnehmen wird, bestens empfohlen werden.

Dr. P. Wossidlo, Direktor des Kgl. Realgymnasiums zu Tarnowitz,
Leitfaden der Zoologie für höhere Lehranstalten. 1. Teil: Die Tiere.
8. Aufl. Mit 445 in den Text gedruckten Abbildungen und 4 Tafeln. VIII und
276 S. Preis geb. 2,80 M.; 2. Teil: Der Mensch. Beschreibung des Baues und
der Verrichtungen seines Körpers nebst Unterweisungen über die Gesundheits-

pflege. 8. vermehrte Auflage. 95 S. Preis geb. 1 . Berlin, Weidmannsche Buchhandlung 1899. —

Die neue Auflage dieses weltbekannten und vielbenützten Lehrbuches [die 7. erschien 1896] unterscheidet sich von den vorausgehenden dadurch, dafs der bisherige 2. Abschnitt des Leitfadens, welcher eine Beschreibung des Baues und der Verrichtungen des menschlichen Körpers nebst Unterweisungen über die Gesundheitspflege bot, abgetrennt und zu einem selbständigen 2. Teile gemacht worden ist. Dadurch war nun auch eine Erweiterung des anthropologischen Teiles ermöglicht, welche sich besonders auf die Darstellung des Gesichts- und Gehörorganes erstreckt; auch die Zahl der Abbildungen ist von 78 auf 104 gestiegen. Der eigentliche 1. Hauptteil ist demnach nur mehr ein Lehrbuch der Zoologie; seine Fassung unterscheidet sich von der der letzten Auflage aufser durch eine gröfsere Zahl von Verbesserungen und Berichtigungen des Textes auch durch Hinzufügung zweier neuer Tafeln über Rinderarten und über das Hausgeflügel. Im übrigen ist die bisherige Form der Darstellung, die sich trefflich bewährt hat, beibehalten worden.

Liedersammlungen für Schüler und Schulen. Die Legion der schon bestehenden Sammlungen schwillt noch immer an. So erschien eine solche „Hundert frische Lieder zum Gebrauche bei Schülerturnfahrten" von Herm. Müller (bei Jäger in Frankfurt a. M.), lauter gute alte Bekannte in alphabetischer Folge in einem netten, handlichen Büchlein. Als Anhang sind 30 vierstimmige Lieder beigegeben, unter denen einige sentimentale (so gleich das erste „Ach wie ist's möglich dann"), die französischen und englischen besser fehlen würden. „Frisch gesungen" heifst eine andere Sammlung von 90 Volksliedern und volkstümlichen Liedern für höhere Lehranstalten, herausgegeben von Gustav Hecht (Vieweg, Quedlinburg), vorwiegend heitere und zwar gröfstenteils (64) vierstimmige Lieder enthaltend. Eine „Auswahl für den gemischten Chor der Gymnasien etc." hat herausgegeben Peter Stein, Gesanglehrer am Gymnasium in Düsseldorf (Jäger, Frankfurt a. M.). Mit der in dieser Auswahl von etwas über 50 weltlichen und geistlichen Liedern sehr stark geübten Praxis, bekannten Melodien andere Texte unterzuschieben, wird man sich nicht einverstanden erklären können. Geradezu eine Versündigung am guten Geschmack und gegen das Volkslied ist es aber, wenn es z. B. statt „Jetzt geh' ich ans Brünnele" heifst „Ich kenne ein Blümchen" (nämlich das der Freundschaft), oder statt „Ännchen von Tharau ist's etc." gesungen wird „Reichtum verschwindet und Schönheit vergeht". Auch am Tonsatz sind einige vom Herausgeber beliebte Veränderungen nicht zu billigen, so z. B. im „Turnerlied" (No. 19) — auch wieder ein unterschobener Text statt des Originals „Wie ein stolzer Adler schwingt sich auf das Lied" — das ges im ersten Takt. Und so etwas erlebt eine siebente, jetzt „verbesserte" Auflage!

IV. Abteilung.

Miszellen.

Zwei norddeutsche Sterbekassen.

Für manches Mitglied unserer so segensreich wirkenden Sterbekasse dürfte der Hinweis von Interesse sein, daſs in Magdeburg eine „Sterbekasse von akademisch gebildeten Lehrern an höheren Unterrichtsanstalten" besteht, in welche der Eintritt auch den bayerischen Kollegen und ihren Ehefrauen freisteht. Diese vorzüglich geleitete Kasse zählte am 1. März d. J. bereits 5345 Versicherte an 863 Anstalten. Die Kasse, deren Sicherheit durch versicherungstechnisches Gutachten gewährleistet ist, nimmt Versicherungen von 200—1000 Mark (bei Frauen von 200—500 Mark) an. An Eintrittsgeld werden 3 Mark erhoben. Die sehr mäſsig bemessenen Prämien, die sich noch durch Dividende verringern, betragen:

Beitrittsalter	Vierteljährlicher Beitrag für je 100 Mark	Beitrittsalter	Vierteljährlicher Beitrag für je 100 Mark
21	0,48	41	0,84
22	0,49	42	0,87
23	0,50	43	0,90
24	0,51	44	0,93
25	0,52	45	0,96
26	0,53	46	1,00
27	0,54	47	1,04
28	0,56	48	1,08
29	0,58	49	1,12
30	0,60	50	1,17
31	0,62	51	1,21
32	0,63	52	1,26
33	0,65	53	1,32
34	0,67	54	1,38
35	0,69	55	1,44
36	0,71	56	1,51
37	0,74	57	1,59
38	0,76	58	1,67
39	0,78	59	1,75
40	0,81	60	1,84

Ärztliche Untersuchung wird nicht gefordert. Handelt es sich um eine Summe über 500 Mk., so ist lediglich die Bestätigung eines Arztes beizulegen, daſs der Antragsteller „mit einer Krankheit, die ein baldiges Ableben befürchten lieſse, nicht behaftet, vielmehr gesund und nach Verhältnis seines Alters bei Kräften ist". Portofreie Zusendung der Drucksachen erfolgt bereitwillig durch den Schatzmeister, Prof. C. O. Meyer am Kloster Unserer Lieben Frau zu Magdeburg; auch das Mitglied der Kasse, Praun, am Maxgymnasium München, ist zu Auskünften gerne bereit.

Eine weitere Sterbekasse (bis 500 Mk.) ist der Versicherungsgesellschaft „Preuſsischer Beamtenverein" in Hannover angegliedert; die Direktion sendet auf Wunsch den Prospekt.   P.

Programme
der Kgl. Bayr. humanistischen Gymnasien und Progymnasien 1898/99.
(Format durchaus 8°; die Seitenzahl ist beigedruckt).

Amberg: Joh. Schmid, K. Gymnprof., De conviciis a decem oratoribus Atticis usurpatis. Pars posterior. 17 S. — **Ansbach:** Dr. Alb. Rehm, K. Gymnl., Eratosthenis Catasterismorum fragmenta Vaticana. Praemissum est de Catasterismorum recensionibus commentariolum. 18 S. — **Aschaffenburg:** Dr. Gg. Hart, K. Gymnasiallehrer, De Medelidinge der hilgen Junckfruwen Marien. Niederdeutscher Text nach einer Handschrift vom Jahre 1480. 51 S. — **Augsburg:** a) Gymn. St. Anna: Dr. Karl Köberlin, K. Gymnprof., Rektor M. Hier. Andreas Mertens und das Gymnasium bei St. Anna in Augsburg in den letzten Jahrzehnten des 18. Jahrhunderts. 84 S.; b) Gymn. St. Stephan: Dr. *P.* Hermann Rourier, Über die Quellen der ersten vierzehn Bücher des Johannes Malalas. 1. Teil, 47 S.; [c) Realgymn.: Frz. Weinthaler, K. Gymnprof., Studie über Victor Hugo als Mensch. 30 S.]. — **Bamberg:** a) Altes Gymn.: Dr. Karl Weifs, Benefiziat und Religionslehrer, Die Schriftstelle: Alles rein den Reinen, den Befleckten und Ungläubigen nichts rein! Eine exegetische und häreseologische Studie. 70 S.; b) Neues Gymn.: Dr. Alfr. Köberlin, K. Gymnl., Fränkische Münzverhältnisse zu Ausgang des Mittelalters. 52 S. — **Bayreuth:** Max. Scholl, K. Gymnl., De verborum lusu apud Platonem. 27 S. — **Burghausen:** Dr. K. Tröger, K. Gymnl., Der Sprachgebrauch in der pseudolonginianischen Schrift περὶ ὕψους und deren Stellung zum Atticismus. I. Teil. 64 S. — **Dillingen:** Dr. Ludw. Kemmer, K. Gymnl., Versuch einer Darstellung des Lautstandes der Aschaffenburger Kanzleisprache in der 1. Hälfte des 16. Jahrh. II. Teil: Die Konsonanten S. 63—135 der ganzen Abh. — **Eichstätt:** Dr. J. Gg. Brambs, K. Gymnprof., Studien zu den Werken Julians des Apostaten. 2. Teil. 37 S. — **Erlangen:** Dr. Ludw. Wolfram, K. Gymnl., Die Illuminaten in Bayern und ihre Verfolgung. Auf Grund aktenmäfsigen Befundes dargestellt. I. Teil. 44 S. — **Freising:** Dr. Gg. Biedermann, K. Gymnprof., Friedensunterhandlungen des Administrators von Freising, Pfalzgrafen Philipp bei Rhein, im Landshuter Erbfolgestreit 1504. 68 S. — **Fürth:** Dr. Heinr. Schiller, K. Gymnprof., Über Entstehung und Echtheit des Corpus Caesarianum. 48 S. — **Hof:** Dr. Friedr. Christoph, K. Gymnprof., Über den Einfluſs Jean Paul Friedrich Richters auf Thomas de Quincey. 36 S. — **Ingolstadt:** Jos. Bleicher, K. Gymnl., Schulflora von Ingolstadt und Umgebung. Anleitung zur Bestimmung der meisten wild wachsenden Samenpflanzen. I. Teil. 48 S. — **Kaiserslautern:** Wilh. Georgii, K. Gymnl., Über den Verfasser der grammatischen Chrestomathie. 26 S. — **Kempten:** Herm. Hoffmann, K. Gymnl., Bemerkungen zur Übertragung des Epithetons bei den drei grofsen griechischen Tragikern. 52 S. — **Landau:** Dr. Friedr. Hofinger, K Gymnl., Euripides und seine Sentenzen. II. Teil. 34 S. — **Landshut:** Dr. J. Aumüller, K. Gymnl., Vergleichung der drei Aristotelischen Ethiken hinsichtlich ihrer Lehre über die Willensfreiheit. Des 1. Teiles 1. und 2. Abschnitt. 57 S. — **Ludwigshafen a. Rh.:** 1. Dr. Heinr. Zimmerer, K. Gymnprof., Eine Reise nach Amasia im Jahre 1555. 41 S. 2. Gottlob Kemlein, K. Gymnprof., Rückblick auf die ersten 25 Schuljahre (1873 –1898) der humanistischen Lehranstalt zu Ludwigshafen a. Rh. 25 S. — **Metten:** *P.* Paul Marchl, O. S. B., Des Aristoteles Lehre von der Tierseele. III. Teil. 40 S. — **München:** a) Ludwigsgymn.: Wegen längerer Erkrankung des Verf. konnte dem heurigen Jahresbericht ein wissenschaftliches Programm nicht beigegeben werden; b) Luitpoldgymn.: Dr. Friedr. Weber, K. Gymnl., Platonische Notizen über Orpheus. 44 S.; c) Maximiliansgymn.: Dr. Otto Kronseder, K. Gymnl., Christophorus Hoffmann, genannt Ostrofrankus. 66 S.; d) Theresiengymn.: M. Graf, Die Wundersucht und die deutsche Literatur des 18. Jahrhunderts. Eine literar- und kulturgeschichtliche Skizze. 40 S.; e) Wilhelmsgymn.: Dr. Gust. Landgraf, K. Gymnprof., Beiträge zur historischen Syntax der lateinischen Sprache. 34 S. — **Münnerstadt:** Frz. X. Prestel, K. Gymnprof., Zur Entwickelungsgeschichte der griechischen Sprache. 67 S. — **Neuburg a. D.:** Dr. Alois Hämmerle, K. Gymnl., Studien zu Salvian, Priester von Massilia, III. Teil. 50 S. — **Neustadt a. d. H.:** Dr. E. Henrich, K. Gymnl., Die sogenannte polare Ausdrucksweise im Griechischen (erscheint im Oktober). — **Nürnberg:** a) Altes Gymn.:

Dr. Wilh. Ebrard, K. Gymnprof., Allitterierende Wortverbindungen bei Goethe, 42 S.; b) Neues Gymn.: Adolf Zucker, K. Gymnprof., Beobachtungen über den Gebrauch des Artikels bei Personennamen in Xenophons Anabasis. 67 S. [c) Real-gymn.: Dr. Norbert Lebermann, Gymnasialassistent, Belisar in der Literatur der romanischen und germanischen Nationen. II. Teil. 64 S.]. — Passau: Dr. Frz. Jos. Engel, K. Gymnl., Zum Rechte der Schutzflehenden bei Homer. 76 S. — Regensburg: a) Altes Gymn.: Dr. Alphons Steinberger, K. Gymnprof., Ausgewählte Lieder des Horatius in deutscher Nachdichtung, 36 S.; b) Neues Gymn.: Dr. Herm. Schott, K. Gymnl., Ausgewählte historische Parallelen aus Rankes Werken mit Bemerkungen und Beiträgen. 60 S. — Rosenheim: Dr. Wilh. Procop, K. Gymnprof., Die Psalmen des Paulus Melissus in ihrem Verhältnis zur französischen Psalmenübersetzung des Marot-Beza und zur Vulgata. 21 S. — Schweinfurt: Eug. Raab, K. Gymnl., Bemerkungen zum ersten Teile in Platos Parmenides. 43 S. — Speyer: L. Gümbel, K. Gymnprof. für protest. Religionsl., Die Seligpreisungen der Bergpredigt. 64 S. — Straubing: Joh. Hofmann, Gymnasialassistent, Studien zur Drakontischen Verfassung. 30 S. — Würzburg: a) Altes Gymn.: Jos. Lengauer, K. Gymnprof., Geometrische Wahrscheinlichkeitsprobleme. 62 S.; b) Neues Gymn.: Wilh. Roos, K. Gymnl., Die Historia nostri temporis des Adolphus Brachelius. Ein Beitrag zur Kritik der Quellen des 30jähr. Krieges. 47 S. — Zweibrücken: K. Hofer, K. Gymnl., Die Stellung des attributiven Adjektivs im Französischen in ihrer geschichtlichen Entwicklung dargestellt. 42 S.

Progymn. Donauwörth: Dr. H. Weber, Gymnasialassistent, Quaestiones Calpurnianae ad explorandam elocutionem et aetatem Calpurnii Flacci rhetoris collatae, 26 S. — Progymn. Frankenthal: I. A. Koch, K. Rektor, Auswahl aus Livius XXV u. XXVI, 64 S. — 2) Fr. Joh. Hildenbrand, K. Gymnl., Die Überreste der romanischen Abteikirche zu Frankenthal i. d. Pfalz in ihrer baugeschichtlichen und architektonischen Bedeutung. 20 S. und VI Tafeln.

Frequenz

der humanistischen Gymnasien, Progymnasien und isolierten Lateinschulen des Königreiches Bayern am Schlusse des Schuljahres 1898/99.

1. Humanistische Gymnasien.

Gymnasium	heurige Frequenz	Zu- oder Abnahme gegen das Vorjahr	Gymnasium	heurige Frequenz	Zu- oder Abnahme gegen das Vorjahr
1. München, Luitpoldg.	867	—31	22. Metten	344	—12
2. München, Maxgymn.	687	—12	23. Würzburg, Altes G.	338	— 2
3. München, Wilhelmsg.	660	+10	24. Straubing	337	— 4
4. Würzburg, Neues G.	650	+16	25. Kempten	321	+ 5
5. Passau	608	+53	26. Burghausen	320	+ 8
6. München, Theresieng.	555	—31	27. Augsburg, St. Anna	318	+14
7. Regensburg, Altes G.	551	— 7	28. Eichstätt	304	+ 8
8. Augsburg, St. Stephan	528	—20	29. Landau	294	—23
9. München, Ludwigsg.	501	— 6	30. Kaiserslautern	292	+ 7
10. Regensburg, Neues G.	484	+12	31. Ansbach	268	— 7
11. Dillingen	470	0	32. Münnerstadt	265	—21
12. Bamberg, Altes G.	429	—31	32. Neuburg a D.	265	—15
13. Nürnberg, Altes G.	421	+10	34. Erlangen	253	—14
14. Nürnberg, Neues G.	413	+11	35. Rosenheim	246	+13
15. Freising	410	—24	36. Hof	236	+11
16. Bamberg, Neues G.	398	+16	37. Fürth	230	+30
17. Speyer	369	—22	38. Schweinfurt	218	—25
18. Landshut	365	— 2	39. Zweibrücken	213	— 6
19. Amberg	359	— 2	40. Neustadt a. H.	196	— 5
20. Bayreuth	355	+ 2	41. Ludwigshafen (7 Kl.)	150	+37
21. Aschaffenburg	352	—39	42. Ingolstadt (7 Kl.)	149	+10

Gesamtfrequenz der 42 humanistischen Gymnasien am Schlusse des Schuljahres 1898/99 15989 Schüler gegen 15825 Schüler der 40 Gymnasien am Schlusse des Schuljahres 1897/98 (wo Ingolstadt mit 139 und Ludwigshafen mit 113 Schülern noch Progymnasien waren), somit eine Zunahme der Frequenz um 164 Schüler.

2. Progymnasien.

Progymnasium	heurige Frequenz	Zu- oder Abnahme gegen das Vorjahr	Progymnasium	heurige Frequenz	Zu- oder Abnahme gegen das Vorjahr
1. Donauwörth . . .	153	+ 8	15. Öttingen	89	— 4
2. Schäftlarn	151	— 2	16. Germersheim . . .	83	+ 4
3. Frankenthal . . .	137	—13	17. Schwabach	79	+10
4. Weissenburg a. S. .	128	0	18. Bergzabern . . .	77	— 2
5. Lohr	127	+ 3	19. Wunsiedel	74	— 3
6. Dürkheim	123	— 7	20. Kitzingen	72	— 4
6. Edenkoben	123	—14	20. Kusel	72	+ 5
8. Grünstadt	111	+ 2	22. Uffenheim	63	+ 4
9. St. Ingbert	107	— 8	23. Nördlingen . . .	62	+ 8
10. Günzburg	101	+ 7	24. Neustadt a. A. . .	61	— 5
11. Memmingen	99	0	25. Windsheim	59	— 7
12. Rothenburg o. T. . .	96	— 9	26. Dinkelsbühl . . .	55	— 3
13. Pirmasens	93	0	27. Kirchheimbolanden .	45	— 9
14. Windsbach	92	+ 2			

Gesamtfrequenz der 27 Progymnasien am Schlusse des Schuljahres 1898/99 2532 Schüler gegen 2677 am Schlusse des Schuljahres 1897/98 (wo einerseits Ingolstadt mit 139 und Ludwigshafen mit 113 Schülern noch Progymnasien, andrerseits Windsbach mit 90 und Uffenheim mit 59 Schülern noch Lateinschulen waren), somit eine Abnahme der Frequenz um 145 Schüler.

3. Lateinschulen.

Lateinschule	heurige Frequenz	Zu- oder Abnahme gegen das Vorjahr	Lateinschule	heurige Frequenz	Zu- oder Abnahme gegen das Vorjahr
1. Scheyern	180	—12	10. Lindau	36	+ 4
2. Miltenberg	73	+ 6	11. Feuchtwangen (3 Kl.)	22	— 1
3. Hassfurt	67	+ 3	12. Amorbach (3 Kl.) .	19	—
4. Homburg	61	+ 4	(Privatlateinschule)		
5. Landstuhl	49	— 4	13. Hersbruck (3 Kl.) .	17	— 6
6. Annweiler (4 Kl.) .	47	+ 7	14. Thurnau (2 Kl.) . .	10	— 2
7. Hammelburg . . .	46	— 2	(Privatlateinschule)		
7. Winnweiler	46	— 8	15. Wallerstein (2 Kl.) .	10	+ 1
9. Blieskastel	41	+14	(Privatlateinschule)		

Gesamtfrequenz der 15 Lateinschulen am Schlusse des Schuljahres 1898/99 724 Schüler gegen 850 am Schlusse des Schuljahres 1897/98 (wo Windsbach mit 90 und Uffenheim mit 59 Schülern noch Lateinschulen waren), somit eine Abnahme der Frequenz um 126 Schüler.

Gesamtfrequenz der humanistischen Anstalten des Königreiches im Schuljahre 1898/99 19245 Schüler gegen 19352 Schüler im Schuljahre 1897/98, somit eine Abnahme der Frequenz um 107 Schüler (1895/96 betrug die Abnahme 204 Schüler, 1896/97 269 Schüler, 1897/98 390 Schüler, somit in 4 Jahren 970 Schüler).

Frequenz der Realgymnasien.

1. Augsburg . . . . 161 (im Vorjahre 169)
2. München . . . . 244 („ „ 210)
3. Nürnberg . . . . 250 („ „ 247)
4. Würzburg . . . . 134 („ „ 129)

Summa 789 (im Vorjahre 755).

Zunahme der Frequenz um 34 Schüler.

Übersicht[1]

über die von den Abiturienten der human. Gymnasien Bayerns 1899 gewählten Berufsarten.

Gymnasium	Theologie	Jurisprudenz	Medizin	Klass. Philologie	Neuere Sprachen	Mathematik	Techn. Fächer	Militär	Forstwesen	Bergw.	Zollw. u. mittl. Finanzdienst	Kunst	Baufach	Chemie und Naturw.	Verschiedenes	(Gesamtzahl)
1. Amberg	4	2	2	1	—	1	1	1	—		3	—	2	—	—	17
2. Ansbach	9	14	2	—	1	—	1	2	1	—	—	—	2	2	—	34
3. Aschaffenburg	3	7	2	1	2	2	—	2	3	—	3	—	5	—	—	30
4. Augsburg (St. Anna)	3	5	—	3	—	—	1	3	—	2	—	—	2	3	1	23
5. Augsburg (St. Stephan)	10	8	1	4	1	1	1	1	—	—	—	—	1	2	—	30
6. Bamberg, A.	3	7	2	2	1	3	2	1	1	—	3	—	—	—	—	25
7. Bamberg, N.	8	3	1	—	1	—	1	1	—	—	1	—	—	—	—	16
8. Bayreuth	2	5	3	2	2	1	6	3	1	—	—	—	—	—	—	25
9. Burghausen	8	4	3	—	2	1	3	—	3	—	—	1	—	—	—	25
10. Dillingen	16	2	1	1	1	1	2	—	1	—	9	—	3	2	1	40
11. Eichstätt	10	—	1	1	—	—	2	—	1	—	—	—	—	—	1	16
12. Erlangen	5	2	3	5	—	1	2	4	2	—	1	—	—	1	—	26
13. Freising	35	1	3	2	3	3	3	2	2	1	1	—	1	—	—	57
14. Fürth	4	7	2	2	3	1	1	2	1	—	—	—	—	—	—	23
15. Hof	2	1	2	1	1	2	1	—	—	1	—	—	—	4	4	19
16. Kaiserslautern	1	1	2	—	—	1	1	3	—	—	1	—	—	1	1	12
17. Kempten	7	9	5	—	—	—	4	1	1	—	—	—	—	—	3	30
18. Landau	9	9	3	2	2	5	2	2	1	—	—	1	1	—	37
19. Landshut	8	3	2	—	—	—	5	4	3	—	—	—	2	1	28
20. Metten	17	1	1	—	—	—	—	—	—	—	—	—	—	4	23
21. München, Ldw.	4	9	9	2	—	1	2	2	1	—	2	—	2	1	—	34
22. » , Ltp.	10	6	10	1	3	—	11	23	2	—	6	1	—	3	2	78
23. » , N.	3	14	1	1	—	—	11	6	—	—	1	—	1	4	4	46
24. » , Th.	4	3	4	—	—	—	4	1	—	—	3	—	3	—	2	24
25. » , W.	4	8	4	1	1	2	4	19	—	—	1	—	1	1	4	50
26. Münnerstadt	8	4	7	—	—	1	1	—	1	—	1	1	1	2	27
27. Neuburg	3	11	5	1	1	2	—	3	1	—	2	—	1	—	—	30
28. Neustadt a. H.	3	4	3	—	—	—	2	2	1	1	1	—	2	2	21
29. Nürnberg, A.	5	10	5	2	—	1	1	—	2	—	—	1	—	—	27
30. Nürnberg, N.	4	10	3	3	—	—	3	1	3	—	—	—	1	—	23
31. Passau	22	3	—	2	1	—	2	—	1	—	6	—	—	2	2	41
32. Regensburg, A.	21	4	5	1	—	1	6	—	1	—	3	—	8	—	—	48
33. Regensburg, N.	—	5	4	1	1	—	11	3	—	—	5	—	1	1	—	32
34. Rosenheim	3	4	2	2	—	—	2	2	1	1	—	—	—	1	1	19
35. Schweinfurt	1	7	2	1	—	—	1	1	2	—	2	—	1	2	—	21
36. Speyer	9	8	3	—	—	1	6	2	3	—	5	—	—	—	2	39
37. Straubing	7	3	2	—	—	—	3	1	—	2	—	—	—	1	19
38. Würzburg, A.	3	2	3	2	1	1	1	1	3	—	—	—	2	—	19
39. Würzburg, N.	14	10	7	3	1	1	3	1	—	—	—	—	1	1	42
40. Zweibrücken	3	12	1	2	—	—	4	7	—	—	1	—	—	—	30
Summa	298	228	121	52	27	35	112	112	41	6	65	2	32	41	39	1211

[1] Nur 8 Jahresberichte (gegen 7 im Vorjahre) verzeichnen die von den Abiturienten gewählten Berufsarten neben dem Namen derselben. (Die Red.)

Prüfungskommissäre

wurden im verflossenen Schuljahre 1898/99 vom hohen Kgl. Staatsministerium entsendet:

a) zur Abhaltuug der mündlichen Absolutorialprüfung an folgende 20 Gymnasien: 1. **Amberg**: Dr. Gg. Orterer, Mitgl. des Obersten Schulrates und K. Gymn.-Rektor iu Eichstätt; 2. **Ansbach**: Dr. Ed. v. Wölfflin, K. Universitätsprof. in München; 3. **Bamberg**, Altes Gymn. und 4. **Bamberg**, Neues Gymn.: Oberstudienrat Dr. N. Wecklein, Mitgl. des Obersten Schulrates und K. Gymn.-Rektor in München; 5. **Bayreuth**: Dr. Gg. Orterer, Mitgl. des Obersten Schulrates und K. Gymn.-Rektor in Eichstätt; 6. **Erlangen**: Dr. Oskar Brenner, K. Universitätsprofessor in Würzburg; 7. **Kaiserslautern**: Dr. Aug. Luchs, K. Universitätsprof. in Erlangen; 8. **Kempten**: Oberstudienrat Dr. Wolfg. Markhauser, Mitgl. des Obersten Schulrates und K. Gymn.-Rektor in München; 9. **München**, Luitpoldgymn.: Dr. Walther Dyck, K. Prof. a. d. techn. Hochschule in München u. Mitgl. des Obersten Schulrates; 10. **Neuburg** a. D.: Dr. Ferd. Heerdegen, K. a. o. Universitätsprof. in Erlangen; 11. **Neustadt** a. H.: Dr. Aug. Luchs, K. Universitätsprof. in Erlangen; 12. **Nürnberg**, Altes Gymn. und 13. **Nürnberg**, Neues Gymn.: Geheimrat Dr. Iwan v. Müller, Mitgl, des Obersten Schulrates und K. Universitätsprof. in München; 14. **Passau**: Dr. Ferd. Heerdegen, K. a. o. Universitätsprof. in Erlangen; 15. **Regensburg**, Altes Gymn. und 16. **Regensburg**, Neues Gymn.: Dr. Wilh. Hefs, K. o. Lycealprof. in Bamberg; 17. **Schweinfurt**: Dr. Elias Steinmeyer, K. Universitätsprof. in Erlangen; 18. **Speyer**: Dr. Lorenz Grasberger, K. Universitätsprof. in Würzburg; 19. **Würzburg**, Altes Gymn. und 20. **Würzburg**, Neues Gymn.: Dr. Adolf Römer, K. Universitätsprof. in Erlangen.

b) zur Abhaltung der mündlichen Abgangsprüfung an sämtliche Progymnasien und zwar: 1. **Bergzabern**: Gymn.-Rektor Dreykorn von Landau; 2. **Dinkelsbühl**: Gymnprof. Schleufsinger von Ansbach; 3. **Donauwörth**: Gymnprof. Gröbl von Dillingen; 4. **Dürkheim**: Gymn.-Rektor Müller von Neustadt a. H.; 5. **Edenkoben**: Gymn.-Rektor Dreykorn von Landau; 6. **Frankenthal** u. 7. **Germersheim**: Gymn.-Rektor Hammer von Speyer; 8. **Grünstadt**: Gymn.-Rektor Müller von Neustadt; 9. **Günzburg**: Gymn.-Rektor Pflügl von Dillingen; 10. **St. Ingbert**: Gymn.-Rektor Hahn von Zweibrücken; 11. **Kirchheimbolanden**: Gymn.-Rektor, Oberstudienrat Dr. Simon von Kaiserslautern; 12. **Kitzingen**: Gymn.-Rektor Dr. Völcker von Schweinfurt; 13. **Kusel**: Gymn.-Rektor, Oberstudienrat Dr. Simon von Kaiserslautern; 14. **Lohr**: Gymn.-Rektor Dr. Bergmann v. Würzburg; 15. **Memmingen**: Gymn.-Rektor Pistner von Kempten; 16. **Neustadt** a. A.: Gymn.-Rektor Dr. Lechner von Nürnberg; 17. **Nördlingen** u. 18. **Öttingen**: Gymn.-Rektor Hofmann von Augsburg; 19. **Pirmasens**: Gymn.-Rektor Hahn von Zweibrücken; 20. **Rothenburg** o. T.: Gymn.-Rektor Dr. Harster von Fürth; 21. **Schäftlarn**: Gymnprof. Fehlner vom Wilhelmsgymnasium in München; 22. **Schwabach**: Gymnprof. Dr. Englert von Eichstätt; 23. **Uffenheim**: Gymnprof. Dr. Popp von Erlangen; 24. **Weissenburg** a. S.: Gymnprof. Dr. Englert von Eichstätt; 25. **Windsbach**: Gymn.-Rektor Dr. Lechner von Nürnberg; 26. **Windsheim**: Gymnprof. Dr. Popp von Erlangen; 27. **Wunsiedel**: Gymn.-Rektor Dietsch von Hof.

Personalnachrichten.

Ernannt: a) an humanistischen Anstalten: Dr. Jos. Lindauer, Gymnl. am Luitpoldgymn. in München zum Gymnprof. in Ingolstadt; Christoph Scherm, Prof. f. n. Spr. zum Gymnprof. in Ingolstadt (N. Spr.); Friedr. Bamberger, Assistent in Miltenberg zum Studienl. in Annweiler; Dr. Siegm. Scholl, Reallehrer in Nördlingen zum Gymnl. in Kempten (N. Spr.); Dr. Joh. Babl, Gymnl. in Bamberg (A. G.) zum Gymnprof. in Ludwigshafen; Fr. X. Stubenrauch, Assistent in Wunsiedel, zum Studienl. in Hafsfurt; Karl Hofer, Gymnl. in Zweibrücken, zum Gymnprof. in Landshut (N. Spr.); Dr. K. Manger, Reallehrer in Nürnberg, zum Gymnl. in Zweibrücken (N. Spr.); Karl Kroder, Assistent in Ludwigshafen, zum Gymnl. in Bergzabern; in Genehmigung der Errichtung einer zunächst dreiklassigen öffentlichen Lateinschule in Forchheim: Dr. Anton Rüger, Gymol. in Regensburg (N. G.), zum Subrektor der Lateinschule in Forchheim; Dr. Joh. Weber, Assistent am Progymn. Donauwörth, zum Studienl. iu Forchheim; J. Heigl, Gymnl. in Burghausen, zum Gymnprof. daselbst (Math.); Dr. C. Schöner, Reallehrer an d. Ludwigskreisrealschule in München, zum Gymnprof. in Erlangen (Math.); Dr. Ed. Stemplinger, Assistent am Luitpoldgymn. iu München, zum Gymnl. in Würzburg (N. G.); Georg Schwind, Assistent in Lohr, zum Studienl. in Miltenberg; August Hafner, Assistent am Luitpoldgymn. in München, zum Gymnl. in Rosenheim; Max Weber, Subrektor der Lateinschule Miltenberg, zum Rektor des Progymn. in Lohr; Rud. Schwenk, Gymnl. in Hof, zum Gymnprof. in Schweinfurt; Dr. Paul Joachimsohn, Assistent am Realgymn. Augsburg, zum Gymnl. in Hof: Robert Neidhardt, Gymnl. in Passau, zum Gymnprof. in Amberg; Dr. Frz. Schmidinger, Assistent in Metten, zum Gymnl. in Passau; Rupert Poiger, Gymnl. in St. Ingbert, zum Subrektor der Lateinschule Miltenberg; Ludw. Schuler, Assistent in Freising, zum Gymnl. in St. Ingbert; Dr. Hans Oertel, Rektor des Progymn. Kusel, zum Gymnprof. in Kaiserslautern; der mit Titel und Rang eines Gymnprof. bekleidete Gymnl. Adolf Georgii in Neustadt a. H. zum Rektor des Progymn. in Kusel; Franz Gaiser, Assistent in Straubing, zum Gymnl. in Neustadt a. H.; Eduard Pietzsch, Assist. in Hof, zum Gymnl. in Grünstadt; Michael Bauereisen, Assistent in Neustadt a. H., zum Gymnl. in Öttingen;

Die Funktion des Direktors des Studienseminars Neuburg a. D. wurde dem Gymnl. am Luitpoldgymn. in München, Dr. Ludwig Goetzeler, übertragen.

b) an Realanstalten: Aug. Geist, Gymnl. in Kempten, zum Prof. f. n. Spr. an der Realschule Traunstein; Theodor Aign, Architekt u. Lehrer an d. Kreisbaugewerkschule Kaiserslautern, zum Prof. für die bautechnischen Fächer an der mit der Kreisrealschule Würzburg verbundenen Kreisbaugewerkschule; folgende Assistenten wurden zu Reallehrern an Realschulen ernannt: Dr. Hans Wörle (Regensburg) in Neuburg a. D. (Real.); Anton Berger (Rosenheim) in Freising (Zeichn.); Franz Schlagintweit (Wasserburg) in Lindau (N. Spr.); Jakob Rubenbauer (Kaiserslautern) in Kaiserslautern (Chemie u. Nat.); Ant. Schnabel (Passau) in Hof (Chemie u. Nat.); Friedrich Schlachter (Nürnberg) in Nürnberg (N. Spr.); Otto Brücklmeier (Lindau) in Nürnberg (N. Spr.); Max Kuhn (Landshut) in Landshut (Zeichn.); Dr. Rich. Sommer (techn. Hochschule München) in Weiden (Chemie u. Nat.); Jos. Popp (Neumarkt in O.) in Neumarkt in O. (Chemie u. Nat.); Aug. Oettel (Zeichenlehrer am Gymn. Fürth) in Kronach (Zeichn.); Emmerich Schaefer (Lehramtsverw. in Neumarkt) in Neumarkt (Zeichn.); Dr. Ludw. Fomm (Phys. Institut d. Univers. München) an d. Ludwigskreisrealschule München (Math.); Jos. Hofmiller (Freising) in Freising (N. Spr.); Wilh. Buttmann (Neuburg a. D.) in Neuburg a. D. (N. Spr.); Anton Oefelein (Weiden) in Nördlingen (N. Spr.); Gg. Bleisteiner (Lehramtsverw. in Hof) in Hof (Real.); Eugen Gerbig (Weissenburg) in Landshut (Real.); Joh. Schretzenmayr (Techn. Hochschule München) in Kronach (Math.); Karl Koch (Techn. Hochschule München) in Weissenburg (Math.); Fritz Kreuter (Techn. Hochschule München) in Regensburg (Math.), (die 3 letzgenannten als Lehramtsverweser); Anton Netschnabel, Reall. in Regensburg (Math.), zum Rektor der Realschule in Bad Kissingen; Dr. Wilh. End, Reall. an der Ludwigskreisrealschule in München (Math.), zum Rektor in Hof; zu Professoren die Reallehrer Frz. X. Wegmann von Neuburg a. D. in Weiden (N. Spr.); Heinrich Thyret von Bamberg in Schweinfurt (N. Spr.); Friedr. Bogner von Weissenburg in Aschaffenburg (Math.); Gg. Marquard von Kaiserslautern an der III. Kreisrealschule in München (Chemie u. Nat.); Dr. Theodor Nüfslein von Kronach in Neumarkt (Math.); Karl Steurer, Maschineningenieur, zum Reall. an der mit der Realschule Ansbach verbundenen Fachschule für Maschinenbau und Elektrotechnik.

Versetzt (auf Ansuchen) a) an humanistischen Anstalten: Dr. Ludwig Alzinger, Gymnl. in Burghausen an das Luitpoldgymn. in München; Frz. X. Ramsauer, Studienl. im Annweiler als Gymnl. nach Burghausen; Dr. Paul Kiene,

Gymnprof. in Landshut (N. Spr.) nach Ludwigshafen; Adam Spindler, Studienlehrer in Hafsfurt als Gymnl. nach Bamberg (A. Gymn.); Jos. Schmatz, Gymnl.
iu Rothenburg o. T. an das neue Gymn. in Regensburg; Friedr. Schreiber,
Gymnl. in Hof an das Progymn. Rotlenburg o. T.; Christian Welzel, Gymnl.
in Öttingen nach Hof; Joh. Ungewitter, Gymnl. in Kempten nach Dillingen;
Dom. Bimann, Gymnl. in Dillingen nach Kempten (beide unter Genehmigung
des zwischen ihnen eingeleiteten Stellentausches); Dr. Frz. Birklein, Gymnprof.
in Amberg nach Bamberg (A. Gymn.); Wilh. Purpus, Gymnl. in Grünstadt nach
Hof; Karl Dietsch, Gymn.-Rektor in Hof nach Erlangen.

b) an Realanstalten: Jos. Bauer, Rektor der Realschule Traunstein als
Rektor an die IH. Kreisrealschule in München (Math.); Wilh. Schremmel,
Rektor der Realschule Bad Kissingen, nach Traunstein (Math.); Joh. Kamann,
Reall. in Nürnberg (Real.), Aug. Boehaimb, Reall. in Freising (Zeichn.), Dr.
Andr. Rosenbauer, Reall. in Lindau (N. Spr.), sämtlich an die III. Kreisreal-
schule in München; Gust. Kuhn, Reall. in Neuburg a. D. an die Kreisrealschule
Nürnberg (Real.); Andr. Janson, Reall. in Neumarkt i. O. an die Ludwigskreisrealschule in München (Math.); Joh. Andr. Rinecker, Reall. in Schweinfurt,
nach Bamberg (N. Spr.); Nikolaus Gerbes, Reall. in Kempten an die Luitpold-
kreisrealschule in München (N. Spr.); Joh. Geer, Reall. in Nürnberg, nach Kempten
(N. Spr.); Ernst Esenbeck, Reall. in Amberg, nach Hof (Zeichn.); Karl Ehr-
mann, Reall. in Kronach, nach Amberg (Zeichn.); Jos. Ebner, Reall. in Landshut, nach Passau (N. Spr.); Wilh. Halboth, Reall. in Hof (Math.) an die III. Kreisrealschule in München, letzterer aus organischen Erwägungen.

Assistenten: a) an humanistischen Anstalten: als Assistenten wurden
beigegeben: Frz. X. Herrenreiter, bish. Assistent am alten Gymn. in Bamberg, Jos. Jakob, gepr. Lehramtskandidat, Matthias Wagner, Assistent an der
techn. Hochschule München (Math.), sämtlich dem neuen Gymn. in Bamberg;
ferner die gepr. Lehramtskandidaten: Dr. Jos. Hirmer und Richard Frese dem
Luitpoldgymn. in München; Friedrich Stählin dem Realgymn. in Augsburg;
Dr. Friedr. Weifsenbach dem Gymn. Freising; Karl Bitterauf dem Gymn.
Ingolstadt; Friedr. Fischer dem Gymn. Straubing; Philipp Hartleib und
Primus Walter, dermalen Präfekt am Studienseminar Amberg, dem Gymn.
Netten; Michael Haitz und Rudolf Meinel dem Gymn. Ludwigshafen; Gregor
Demm dem alten Gymn. in Regensburg; Theod. Jung dem Gymn. Hof; Alfons
Kalb dem Gymn. Ansbach; Ludwig Heinlein und Heinrich Kübel dem alten
Gymn. in Würzburg; Jos. Schnetz dem Gymn. Neuburg a. D.; Ernst Wüst
dem Progymn. St. Ingbert, Otto Kissenberth dem Progymn. Wunsiedel, Jos.
Christ dem Progymn. Windsheim, Flemisch dem Progymn. Lohr; Martin
Fieger, bish. Assistent in Neuburg a. D., dem Progymn. Donauwörth; Dr. Hans
Ockel dem humanistischen Gymn. St. Anna in Augsburg; Anton Huber dem
Gymn. Kempten; Friedr. Weis dem Wilhelmsgymn. in München; Frz. Xaver
Kohler dem Gymn. Burghausen.

b) an Realanstalten: Andreas Meier der Kreisrealschule Regensburg (Real.);
Arthur Kifsling der Realschule Rosenheim (Zeichn.); Aug. Kapeller der Real-
schule Landshut (Zeichn.); Theodor Speidel der Realschule Lindau (N. Spr.);
Dr. Max Degenhart der Kreisrealschule Nürnberg (N. Spr.); Friedr. Kratz der
Realschule Wasserburg (N. Spr.); Christoph Beck der Realschule Neuburg a. D.
(N. Spr.); Phil. Schramm der Realschule in Weissenburg a. S. (N. Spr.); Leo
Häufsler der Realschule Kaiserslautern (Chemie u. Nat.); Hans Günther
der Kreisrealschule Passau (Chemie u. Nat.); Dr. Jakob Haber der Kreisreal-
schule Kaiserslautern (N. Spr.); Joseph Blaser der Realschule Landau i. Pf. (N. Spr.);
Kaspar Brunnhuber (N. Spr.) und Jos. Boser (Real.) der Realschule Neumarkt;
seiner Assistentenstelle auf Ansuchen enthoben Friedr. Pfeiffer an der
Realschule Aschaffenburg (Math.).

Auszeichnungen: Dr. Jos. Führer, a. o. Lycealprof. für Philol. und
Geschichte in Bamberg erhielt das Ritterkreuz des Ordens der italienischen Krone.

In Ruhestand versetzt: a) an humanistischen Anstalten: Stephan
Schwind, Gymnl. in Bergzabern für immer unter wohlgefälliger Anerkennung;
Joh. Scherer, Gymnprof. in Rosenheim, auf ein Jahr; Priester Joh. Bapt. Ferber,
Rektor des Progymn. Lohr für immer unter Anerkennung seiner langjährigen mit

Eifer und Treue geleisteten Dienste; Friedr. S p a e l t e r, Gymnprof. in Schwein-
furt, auf ein Jahr; Dr. Stefan K e c k, Gymnprof. am alten Gymn. in Bamberg,
auf ein Jahr; Karl W o l l n e r, Gymnprof. in Kaiserslautern, auf ein Jahr; Konrad
S c h u m m, Gymnl. in Hof für immer unter wohlgefälliger Anerkennung; ebenso
Lorenz S c h m i d t, Gymnprof. am Progymn. Neustadt a. A.; Wilh. W o l f, vormals
Gymnl. in Windsheim, auf ein weiteres Jahr.

b) an Realanstalten: Karl S c h o l l, Reallehrer in Passau für immer; Bernh.
J e g e l, Rektor der Realschule Hof für immer unter wohlgefälliger Anerkennung.

G e s t o r b e n: a) an humanistischen Anstalten: Dr. Adolf W e s t e r m a y e r,
Gymnasialrektor in Erlangen; Adam L o r e n z, Gymnasialrektor in Aschaffenburg;
Fridolin F e n d l, Gymnl. in Günzburg; Anton M i l l e r, Gymnasialrektor in Würz-
burg (A. G.).

b) an Realanstalten: Moses R o s e n b l a t t, Assistent an der Realschule
Landau (Nat.); Karl H e t z, Gymnprof a. D., zuletzt am Realgymn. in München
(Zeichnen).

Bayerischer Neuphilologen-Verband.

(Mitgliederverzeichnis.)

Dem am Schlusse des verflossenen Schuljahres ausgegebenen Mitglieder-
verzeichnisse des neugegründeten „Bayerischen Neuphilologen-Verbandes" (nach
dem Stand vom 1. Juni 1899) entnehmen wir, dafs von den namentlich aufgeführten
123 Mitgliedern den Universitäten angehören 3, den Gymnasien 23 (= 52% der
Gesamtzahl 44), den Realgymn. und Cad.-C. 7 (= 54% der Gesamtzahl 13), den
Industrieschulen 2, den Realschulen 71 (= 53% der Gesamtzahl 134), den städtischen
und Privatschulen 12, dazu kommen noch 5 sonstige Mitglieder.

Notiz.

Die S a m m l u n g d e r S c h u l o r d n u n g e n für die humanistischen Gymnasien, Progymnasien und Lateinschulen im Königreich Bayern vom 23. Juli 1891
bezw. vom 25. Juni 1894 u n d d e r P r ü f u n g s o r d n u n g für das Lehramt an
humanistischen und technischen Unterrichtsanstalten vom 21. Januar 1895 s a m t
d e n s e i t h e r e r s c h i e n e n e n a u t h e n t i s c h e n I n t e r p r e t a t i o n e n, E r -
g ä n z u n g e n und V o l l z u g s b e s t i m m u n g e n, nach amtlichen Quellen bearbeitet von Gymnasialprofessor J. F ü g e r am Neuen Gymnasium in Würzburg,
ist soeben in der Stahel'schen Gesetzessammlung (als Nr. 147 dieser Sammlung)
bei Stahel in Würzburg erschienen. Der Preis ist 1 M. 80 Pf.

In Anbetracht der mannigfachen Änderungen der Schulordnung, die sich
im Verlaufe der 8 Jahre, seitdem sie herausgegeben wurde, eingestellt haben, ist
diese Sammlung als ein notwendiges Hilfsmittel für die Gymnasiallehrer zu bezeichnen, für die jüngere Generation derselben ist sie geradezu unentbehrlich.
Sehr praktisch ist auch das Nachschlageregister und äufserst dankenswert das
Entgegenkommen der Verlagsbuchhandlung, die sich bereit erklärt hat, die in
Zukunft zur Schulordnung erscheinenden Erlasse in Form von Nachträgen auszugeben.   Dr. G.

Zu den Etatsvorschlägen für die Gymnasien nach dem Kultusetat für die 25. Finanzperiode.

Der soeben erschienene neue Etat des Kgl. Staatsministeriums des Innern für
Kirchen- und Schulangelegenheiten verspricht dank dem hocherfreulichen Entgegenkommen der Kgl. Staatsregierung neben dem weiteren Ausbau von früher
Begonnenem auch mehreren seit geraumer Zeit bestehenden wichtigen Desiderien
des Standes die Erfüllung zu bringen.

Denn einerseits postuliert die Kgl. Staatsregierung wieder ein Anzahl Stellen,
um die Beförderung zum Gymnasiallehrer und Gymnasialprofessor rechtzeitig eintreten lassen zu können, andrerseits sehen wir, wie sich die vorgesetzte Behörde
ernstlich dem Versuche unterzieht, die beiden Fragen zu lösen, die nahezu ein

Dezennium hindurch jeder Lösung zu spotten schienen, wir meinen die Frage der älteren Professoren und die sogenannte Dreierfrage. Aber auch noch andere Postulate weist der Etat auf, für welche der Kgl Staatsregierung der lebhafte Dank des Gymnasiallehrerstandes gebührt.

Wir beginnen mit den beiden wichtigsten Postulaten.

1. Zur Verleihung eines Gehaltes nach Klasse Vc des Gehaltregulativs an eine Anzahl entsprechend qualifizierter älterer Gymnasialprofessoren werden gefordert 10000 M.

2. Zur Beförderung einer Anzahl entsprechend qualifizierter älterer Gymnasiallehrer ohne Spezialprüfung zu Gymnasialprofessoren für die unteren Klassen werden gefordert 10 000 M.

Die Motive zu 1. und 2. lauten:

„Die Frage der älteren Gymnasialprofessoren wie die Frage der älteren Gymnasiallehrer ohne Spezialprüfung, die sogenannte Dreierfrage, beschäftigen seit einer Reihe von Jahren nicht blols die Kreise der beteiligten Lehrer, auch die Kammern des Landtages waren wiederholt und in eingehender Weise damit befafst. Die Kgl. Staatsregierung, die gegenüber diesen Fragen eine wohlwollende Haltung eingenommen hat, glaubt nunmehr zur Lösung derselben mit folgenden Vorschlägen an den Landtag herantreten zu sollen“:

„Es kann als feststehend bezeichnet werden, dafs die Beförderungsaussichten der Gymnasialprofessoren keine günstigen sind. Verhältnismäfsig am besten sind sie noch für die Philologen, wo den etwa 210 Professuren 40 Rektorate gegenüberstehen; ungünstiger ist das Verhältnis für die Mathematiker, auf deren 65 Professuren nur 2 Rektorate an Realgymnasien und die 4 Rektorate an den Industrieschulen treffen, während für die Professoren der neueren Sprachen Beförderungsstellen organisationsgemäfs überhaupt nicht vorhanden sind. Im ganzen Stande wird es daher schwer empfunden, dafs seine Angehörigen, die in Bezug auf Befähigung, Kenntnis und Erfahrung ihren Beruf fast durchweg voll ausfüllen, etwa vom 40. Lebensjahre an keine oder doch nur geringe Aussichten auf Beförderung haben. Es ist nunmehr beabsichtigt, die älteren Gymnasialprofessoren unter der Voraussetzung einer angemessenen Qualifikation in die Klasse Vc des Gehaltsregulative vom Jahre 1892 in der Weise überzuführen, dafs ihnen der Gehalt dieser Klasse (gleich den ordentlichen Lyzealprofessoren) verliehen wird. Um eine entsprechende Anzahl älterer Professoren auf diese Weise berücksichtigen zu können, wird zunächst ein Betrag von rund 10,000 M. postuliert.“

„Noch ungünstiger als bei den Gymnasialprofessoren sind die Beförderungsverhältnisse bei den Gymnasiallehrern mit Note III oder mit Note II ohne Spezialprüfung; dieselben sind — abgesehen von den wenigen Rektoraten der Progymnasien, bei denen übrigens auch noch die voll qualifizierten Gymnasiallehrer konkurrieren, — von jeder Beförderung ausgeschlossen, obwohl der gröfste Teil derselben, wenn auch nur in den unteren Klassen, in denen sie zur Lehrthätigkeit gemäfs den Bestimmungen der Prüfungsordnung berufen sind, zufriedenstellende Dienste leistet. Da es der Konsequenzen wegen nicht thunlich ist, der Klasse XI e (Gehaltsregulativ), der die Gymnasiallehrer angehören, in den päteren Dienstjahren höhere Dienstalterszulagen als bisher zuzuwenden, erübrigt angesichts des vorliegenden Bedürfnisses wohl nichts anderes, als für die Gymnasiallehrer ohne Spezialprüfung eigene Professorsstellen zu errichten, wobei indessen ausdrücklich vorbehalten werden mufs, dafs in der durch die Prüfungsordnung festgelegten lehramtlichen Qualifikation der Beteiligten eine Änderung nicht eintreten soll, d. h. dafs die neu zu errichtenden Professuren ausschliefslich für die unteren Klassen bestimmt sein sollen. Der erste Aufwand für die hier vorgeschlagenen Mafsnahmen ist auf rund 10,000 M. zu veranschlagen.“

Freudiger Dank wird der Hohen Staatsregierung für die Behandlung der Dreierfrage gezollt werden, die nun in einer Weise der Lösung entgegengeführt wird, welche dem Wunsche des ganzen Standes entspricht.

Auch in Bezug auf die Angelegenheit der älteren Professoren gibt man bei dem Wohlwollen Sr. Exzellenz des Herrn Kultusministers für unsern Stand der Hoffnung Raum, dafs es gelingt, die letzten Bedenken zu beseitigen, welche der Einreihung verdienter älterer Professoren in die

Kategorie Vb entgegenstehen, zumal wir im Etat der Justiz neuerdings finden, dafs die Erhöhung einzelner Katégorien (es handelt sich daselbst um 6 Oberamtsrichter und 4 Direktoren von Strafanstalten, für welche die Einreihung in Vb beantragt wird), nicht durch Einführung einer Zwischenklasse, sondern durch Einweisung in die entsprechende höhere Klasse des Gehaltsregulativs bewirkt wird, wie denn ein gleiches Verfahren auch in der Dreierfrage stattfindet.

3. Das Kgl. Staatsministerium postuliert ferner
10 Gymnasialprofessoren der Philologie,
7 „ „ Mathematik,
7 „ „ neuern Sprachen
gegen ebensoviele Gymnasiallehrer der vierten Altersklasse,
5 Gymnasiallehrer der Philologie
gegen ebensoviele Assistenten der zweiten Altersklasse,
8 Gymnasiallehrer der Mathematik
bei den Gymnasien Kaiserslautern, Landau und Neustadt a. H.

Die Motive lauten:
„Wie in den vorausgegangenen · Finanzperioden glaubt die Kgl. Staats-regierung auch für die 25. Finanzperiode die Umwandlung einiger Gymnasial-lehrerstellen für Philologie, Mathematik und neuere Sprachen in Professorenstellen, sowie die Umwandlung einiger Assistentenstellen in Gymnasiallehrerstellen be-antragen zu sollen, um auf diese Weise wieder eine entsprechende Anzahl von Assistenten und voll qualifizierten Gymnasiallehrern zur Beförderung gelangen lassen zu können. Die Gründe für diese Mafsnahmen sind im wesentlichen die gleichen wie früher: es sind noch immer obere Klassen, die nicht mit Professoren, und untere Klassen, die nicht mit Gymnasiallehrern besetzt sind, vorhanden. An den Gymnasien in Regensburg, Bamberg und Würzburg wird infolge der dortselbst stattgehabten Umbauten und Neubauten eine Vermehrung der Klassen und damit die Notwendigkeit zur Aufstellung des entsprechenden Lehrpersonals eintreten; auch anderweitig ist eine Teilung überfüllter Klassen geboten. Aufserdem dürfte es gemäfs der seit Jahren eingehaltenen Gepflogenheit auch diesesmal wieder ver-anlafst sein, durch aufserordentliche Willigungen die Beförderungsaussichten der Beteiligten im wesentlichen auf dem dermaligen Stande zu erhalten. Gegenwärtig stehen in den drei beteiligten Lehrsparten die Kandidaten aus den Konkursjahren 1883 und 1884 an der Reihe zur Beförderung."

„An den Gymnasien zu Kaiserslautern, Landau und Neustadt a. H., deren untere Klassen in der 23. Finanzperiode auf den Staat übernommen wurden, wird für diese Klassen der Unterricht in der Arithmethik und Mathematik nicht von fachmännisch gebildeten Lehrern erteilt. Da die Anstellung solcher Lehrer, wie an allen übrigen Gymnasien, im Anstaltsinteresse gelegen ist, werden die Mittel für 8 Gymnasiallehrerstellen für Arithmetik und Mathematik postuliert."

4. Des weiteren ist zur Vervollständigung der Gymnasien zu Ingolstadt und Ludwigshafen der Bedarf für je 1 philologischen Professor eingesetzt.

5. Die Absicht, ein neues (6.) Gymnasium in München zu gründen, veranlafste die Forderung der Mittel für 1 Rektor, 2 Professoren der Philologie und 1 Professor der neueren Sprachen, sowie für je 1 Gymnasiallehrer der Philologie und Mathematik. Die Anstalt ist gedacht mit 12 Klassen: 4 obere mit Gymn.-Professoren und 8 untere mit Gymnasiallehrern. Vom Ludwigsgymnasium werden 5 Klassen (mit 1 Gymn.-Professor und 4 Gymnasiallehrern), vom Maximiliansgymnasium 3 Klassen (mit 3 Gymnasiallehrern) übergehen, dann von einer der beiden genannten Anstalten 1 Mathematik-Professor.

Die Motive für die Neugründung eines (6.) Gymnasiums in München, wofür im Finanzgesetzentwurfe 410,000 M. ausgeworfen werden, sind: „Das Ludwigsgymnasium in München leidet zum Teile unter ungünstigen Schul-räumen; namentlich sind die zu ebener Erde gelegenen Klafszimmer so schlecht beleuchtet, dafs ihre fernere Verwendung zu eigentlichen Schulzwecken zufolge wiederholter ärztlicher Beanstandung nicht mehr angängig ist, und zwar müssen mindestens 5 Klafszimmer aufser Gebrauch gesetzt werden. Ebenso bedarf das

Maximiliansgymnasium einer Entlastung, da seine Schulräume, zum Teile gleichfalls ungünstig gelegen, an einer Überfüllung einzelner Klassen leiden. Zudem weisen auch die übrigen humanistischen Gymnasien in München überfüllte Klassen auf, das Luitpoldgymnasium z. B. nicht weniger als 15 unter 19 Abteilungen. Um dieser **Überfüllung abzuhelfen** und insbesondere im Ludwigs- und Maximiliansgymnasium geordnete Zustände herbeizuführen, erscheint die Errichtung eines 6. humanistischen Gymnasiums als dringendes Bedürfnis. Als Bauplatz hiefür ist der an die Dachauerstraße anstoßende, im Staatseigentum stehende Teil des Areals der Kgl. öffentlichen Turnanstalt auf Oberwiesenfeld in Aussicht genommen. Auf diesem Platze soll mit der Hauptfaçade gegen die Dachauerstraße ein Gymnasialgebäude errichtet werden, bestehend aus einem Vordergebäude mit Erdgeschofs und drei Obergeschossen und aus einem Flügelanbau, enthaltend ein Erdgeschofs und zwei Obergeschosse.''

6. Aufser dem Neubau eines 6. Münchner Gymnasiums nennt der Finanzgesetzentwurf noch **Bauten** a) für das **Ludwigsgymnasium** (65 000 M.), b) für das **Wilhelmsgymnasium** (26 300 M.), c) für das **Gymnasium Landshut** (95 850 M.), d) **Bayreuth** (51 000 M.), e) **Erlangen** (8400 M.), f) **Dillingen** (58 500 M.), g) **Kempten** (33 200 M.).

Durch die sub 5 und 6 genannten Postulate wird der gegenwärtig noch bestehenden Überfüllung der Klassen in geeignetster Weise abgeholfen werden.

7. Von den Willigungen, die für die **Realgymnasien** beantragt werden, sind folgende zu erwähnen:

a) „Für das Realgymnasium in München ist die Errichtung einer **Professur für die Mathematik** beabsichtigt, nachdem an dieser Anstalt in 9 Abteilungen 48 Wochenstunden zu erteilen sind, wofür nur 2 etatsmäfsig' Lehrkräfte, darunter der Rektor, vorhanden sind. Es mufsten bisher 3 Lehrer anderer Anstalten zur Aushilfe herangezogen werden. Die Errichtung dieser Stelle — seit mehreren Jahren dringend geboten — war durch den zu Ende gehenden Kandidatenmangel verzögert worden."

b) Ferner sind 3 **Gymnasiallehrer der Philologie** postuliert, die dazu bestimmt sind, „die Lehrkräfte für den sehr wichtigen lateinischen Unterricht an den Realgymnasien stabiler zu machen und der Notwendigkeit aushilfsweiser Zuziehung von Lehrkräften für dieses Fach ein Ende zu machen". (Es fällt auf, dafs in Anbetracht der Wichtigkeit des Faches nicht Professoren gefordert werden, um es auch äufserlich den übrigen Fächern gleichwertig erscheinen zu lassen. Da der Bedarf, unter Hinwegfall des für die bisherigen Assistenten gemachten Aufwands, kein höherer würde, besteht vielleicht eine gelinde Hoffnung, dafs noch nachträglich die Bewilligung des höheren Grades eintritt).

c) Endlich ist die Forderung von 2 Lehrern als Ordinarien für zunächst zwei am Nürnberger Realgymnasium neu zu errichtende und behufs Ausgestaltung zu einem Vollgymnasium unten anzufügende Klassen zu erwähnen. Diese Neuerung stellt sich als ein Versuch dar, der auf die Anregung von Abgeordneten unternommen wird. Da die Einführung stufenweise erfolgen soll, ist zunächst je 1 Gymnasial-**Assistent** vom 1. September 1900 und 1901 erforderlich.

Im ganzen ergeben sich unter Zusammenfassung der sub. 3—7 erwähnten Neuschaffungen an neuen pragmatischen Stellen:

1 Gymnasialrektor,
15 Gymnasialprofessoren für Philologie,
8 Gymnasialprofessoren für Mathematik [1]),
8 „ „ neuere Sprachen [1]),
14 Gymnasiallehrer für Philologie,
5 „ „ Mathematik,
1 „ „ neuere Sprachen.

---

[1]) Durch die Reorganisation der Industrieschulen ist die Forderung von 13 neuen Professorenstellen veranlafst, wovon „4 für die allgemein bildenden Fächer einschliefslich der Mathematik" bestimmt sind; diese 4 Stellen blieben, da sie nicht ausgeschieden werden konnten, bei obiger Berechnung aufser Betracht.

Hiezu kommen noch 4 (2 kath., 2 prot.) Religionslehrer (1 für Rosenheim,
1 für Augsburg St. Anna, 2 für München, 6. Gymn.) und 2 Professoren in
diesem Fache (durch Vorrücken).

8. Sehr erfreulich ist auch die zugleich einem Wunsche der letzten Generalversammlung entsprechende Forderung von 10 000 M. für V o r k e h r u n g e n z u r b e s s e r e n
R e i n i g u n g d e r G y m n a s i a l r ä u m e, welche folgendermafsen begründet ist:

„Nach wiederholt gemachten Wahrnehmungen läfst die Reinhaltung der
Schulräume an den meisten Gymnasien Vieles zu wünschen übrig, obwohl gerade
auf diese Seite des Gymnasialbetriebes vom sanitären Standpunkte das gröfste
Gewicht gelegt werden mufs. Die Reinigung der Anstaltsgebäude gehört zu den
Dienstpflichten der Pedelle, welche hiefür den Gehalt nach Mafsgabe des Regulativs
vom Jahre 1894 beziehen; aufserdem wird denselben zur Deckung der bezüglichen
Barauslagen ein sogenanntes Reinigungsaversum gewährt, das je nach der Frequenz
der einzelnen Anstalt zwischen 300 und 600 M. jährlich sich bewegt. Es wird
sich angesichts der vorliegenden bestimmten oberärztlichen Gutachten nicht vermeiden lassen, in dieser Frage wesentlich höhere Anforderungen als bisher an
die Pedelle zu stellen; den jetzigeren werden dadurch höhere Ausgaben für die Aufstellung von Dienstpersonal, Anschaffung von Reinigungsmaterial etc. erwachsen. Für
jede Anstalt wird durchschnittlich eine Mehrausgabe von etwa 250 M. aus Staatsmitteln
nötig sein, wonach sich bei 40 Gymnasien ein Mehrbedarf von 10 000 M. ergibt.“

9. F ü r e i n e g l e i c h m ä f s i g e H o n o r i e r u n g d e s F a c h- u n d N e b e n u n t e r-
r i c h t s an allen Gymnasien mit 108 M. pro Wochenstunde sind 15 498 M. eingesetzt.

Die Motive lauten: „Zufolge einer im Jahre 1876 mit dem Landtage ge-
troffenen Vereinbarung ist die Honorierung des Fach- und Nebenunterrichts an den
Gymnasien, soweit nicht hiefür pragmatische oder statusmäfsige nichtpragmatische
Lehrkräfte aufgestellt sind, in der Weise geordnet, dafs für eine Wochenstunde Unterricht in den Städten München, Ludwigshafen a. Rh., Speyer, Regensburg, Bamberg,
Bayreuth, Hof, Ansbach, Fürth, Nürnberg, Aschaffenburg, Würzburg und Augsburg ein
Jahresbetrag von 108 M., in allen übrigen Gymnasialstädten ein Jahresbetrag von
90 M. bezahlt wird. (Der früher aufserdem noch bestehende Unterschied zwischen
den einzelnen Unterrichtsfächern, indem für den Schreib- und Stenographieunter-
richt ein geringeres Honorar als für den übrigen Unterricht gewährt wurde, ist
seit der XXII. Finanzperiode in Wegfall gekommen.) Die verschiedene Behandlung
des nämlichen Unterrichtsfaches an verschiedenen Gymnasialorten ist sachlich nicht
ganz begründet, da der Aufwand an Zeit und Kraft, den ein Lehrer für eine
Unterrichtsstunde zu bethäti en hat, in demselben Fache in der Regel überall
der gleiche sein wird. Auch die der bisherigen Ausscheidung zu Grunde liegende
verschiedene Gestaltung der Lebens- und Preisverhältnisse an den verschiedenen
Orten hat sich seit dem Jahre 1876 so verschoben, dafs die Ausscheidung selbst
nicht mehr aufrecht erhalten werden kann. Es wird demgemäfs vorgeschlagen, dafs
von der XXV. Finanzperiode an aller Fach- und Nebenunterricht an allen Gymnasien
gleichmäfsig mit dem Jahresbetrage von 108 M. für die Wochenstunde honoriert werden
soll. Da es sich hiebei um 861 Wochenstunden handelt, für welche der Mehraufwand
von je 18 M. nötig ist, ergibt sich ein Postulat von 861 × 18 = 15 498 M.“

10. Die in der 21. Finanzperiode für die Errichtung von Seminarien zum
Zwecke der pädagogisch-didaktischen Vorbildung der philologischen L e h r a m t s-
k a n d i d a t e n bewilligten Mittel im Betrage von 24 000 M. haben sich in neuerer
Zeit als unzureichend erwiesen, da es jetzt statt 5 Seminarien mit ca. 30 Kandidaten 8 Seminarien mit bis zu 50 Kandidaten gibt. Es ist daher eine Erhöhung
der Position um 16 000 M. notwendig.

Endlich sei aus dem E t a t f ü r d i e U n i v e r s i t ä t e n hervorgehoben:
der Antrag, die Mittel zu gewähren, um in München eine ordentliche Professur
für alte Geschichte, in München und Würzburg je eine aufserordentliche Professur
für klassische Philologie errichten zu können; ferner das Postulat von je 250 M.
für geographische Seminare in Würzburg und Erlangen und 200 M. (100 M. mehr)
für das archäologische Seminar in Erlangen.

Da diese Postulate wirklichen Bedürfnissen Rechnung zu tragen suchen und
insbesondere die neuen Forderungen für das Personal der Gymnasien nach der
finanziellen Seite sich in durchaus mafsvollen Grenzen bewegen, so darf wohl auf
eine glatte Bewilligung seitens des den Gymnasien aufs wohlwollendste gegenüberstehenden Landtags mit Sicherheit gerechnet werden.

I. Abteilung.

Abhandlungen.

Die Ziele des französischen Unterrichtes am Gymnasium.

Niemand, der den Gymnasialverhältnissen näher steht, kann sich der Wahrnehmung verschliefsen, dafs auf dem Gebiete des französischen Unterrichtes nicht alles so ist, wie es sein sollte und könnte. Man bemerkt Unzufriedenheit mit den Resultaten des Unterrichtes, Unbefriedigung auf seite der Unterrichtenden.

Die Unzufriedenheit jener, welche vom französischen Unterrichte der Gymnasien erwarten, dafs derselbe zur Beherrschung der Sprache im mündlichen und schriftlichen Gebrauche führe, kann wohl niemals gehoben werden, denn diese stellen ein Verlangen, dessen Erfüllung für das Französische eine Stellung im Gymnasiallehrplane voraussetzt, wie sie gegenwärtig das Latein einnimmt, wobei immer noch kaum darauf verzichtet werden könnte, dafs Französisch wenigstens teilweise die Umgangssprache der Schüler wäre. Von all dem kann und soll aber keine Rede sein.

Berechtigt hingegen sind die Forderungen, dafs der Absolvent eines Gymnasiums einerseits einige klassische Werke der französischen Literatur kenne und die Fähigkeit besitze, französisehe Schriften ohne vielen Gebrauch von Hilfsmitteln gründlich zu verstehen — eine Fähigkeit, die ihm bei nur geringer Pflege als dauernder Besitz fürs Leben verbleiben könnte —; und dafs ihm andererseits für den freien Gebrauch der Sprache eine Grundlage und Vorbereitung gegeben sei, die es ihm ohne viele Schwierigkeiten ermöglicht, in der Praxis im Aus- oder Inlande sich in den Gebrauch der Sprache einzuleben.

Dafs diese Forderungen an unseren Gymnasien unter den jetzigen Verhältnissen — von besonders günstig gelagerten Fällen vielleicht abgesehen — unerfüllbar sind, wird kaum bestritten werden; und hierin liegt die Quelle der Unbefriedigung auf seite vieler Lehrer.

Von diesen Forderungen ist es besonders die erste, die wichtigste, welche nicht blofs vom praktischen Standpunkte aus gestellt wird, sondern auch sich aufdrängt aus inneren, erziehlichen Gründen. Es ist durchaus nicht überflüssig, diese Seite des neusprachlichen Unterrichtes etwas ins Licht zu rücken, denn es besteht die Gefahr, dafs über dem Formalen, über der Pflege der Fertigkeiten der höhere Gesichtspunkt ganz verschwinde: die ethische, intellektuelle und ästhetische Bildung durch Schriftstellerlektüre.

Freilich mufs das Gymnasium darauf verzichten, in die Geschichte und das Geistesleben der modernen Völker tiefer einzuführen durch ihre Literaturen, allein was seinen Schülern nicht vorenthalten werden darf, das ist das eine oder andere der historischen Werke aus jenen

Epochen, deren genaue Kenntnis für das Verständnis unserer eigenen politischen und sozialen Entwickelung unerläfslich ist, — ich nenne nur die Zeit der Revolution und die Napoleons — ferner das eine oder andere jener Dichtwerke aus der klassischen Zeit, welche uns erst das volle Verständnis für die Entwickelung unserer eigenen Literatur eröffnet. Und noch eines: Einem Sprachunterrichte fehlt die Sonne, das Lebensprinzip, wenn Schüler und Lehrer der Möglichkeit beraubt sind, in den oberen Stufen ihre Kräfte an Hohem zu messen, wenn es an Stoff zu edler Begeisterung und Erhebung des Gemütes fehlt. Besonders für den Lehrer ist ein begeisterndes Ziel eine Notwendigkeit, wenn er nicht zum Stundengeber werden soll; er muß auch ernten können, was er mit vieler Mühe gesäet und grofsgezogen hat. Dafs die französische Literatur Werke von edlem und veredelndem Charakter nicht besitze, behauptet kein Kundiger, wenn sie auch nicht so reiche und edle Schätze birgt, wie die englische.

Nun zur Forderung nach einem gewissen Mafse von praktischen Fertigkeiten. Dafs eine lebende Sprache, eine Verkehrssprache von der Bedeutung der französischen, da, wo sie überhaupt gelehrt wird, mit dem praktischen Endziele des freien Sprechens und Schreibens gelehrt werde, liegt so sehr im Wesen der Sache, dafs eine Begründung überflüssig sein dürfte. Ebenso sicher ist es allerdings, dafs dieses Ziel nur eine Schule ganz erreichen kann, an welcher diese Sprache das Centrum des Unterrichtes bildet. Da der französische Unterricht am Gymnasium gegenwärtig aber nur eine harmonische Ergänzung der im Mittelpunkte stehenden alten Sprachen ist, wird man sich auch hier bescheiden müssen. Aber die Anspruchslosigkeit darf nicht so weit gehen, dafs auf das Anstreben des Zieles verzichtet wird, denn damit würden wir den Boden unterwühlen, auf dem wir stehen. Es mufs mindestens eine solide Grundlage gegeben, der Weg zum Ziele geebnet werden. Diese Grundlage mufs bestehen aus: a) lautrichtiger, geläufiger Aussprache, b) sicheren grammatischen Kenntnissen, c) Gewöhnung des Ohres an den fremden Laut, d) dem Besitze eines in den Grenzen des Gebräuchlichsten gehaltenen Wortvorrates, e) einiger Übung im Beantworten und Stellen französischer Fragen.

Dem Erreichen der aufgestellten Ziele stehen nun aber wesentliche Hindernisse entgegen. Das gröfste derselben ist die ungenügende Zahl der Unterrichtsstunden. Unter den Fachmännern besteht hierüber keine Meinungsverschiedenheit. Nur eine Autorität sei angeführt, nämlich der hochangesehene Geheime Regierungsrat Dr. Münch, Professor an der Universität Berlin. „Dieser schreibt:[1]) Der Lehrplan für die hum. Gymnasien Bayerns ist zwar neu genug, gibt aber diesem Fache so wenig wie früher eine irgend ausreichende Stundenzahl, ... und ebensowenig solche Ziele und Weisungen, die der Gegenwart genügen könnten und die — wofern nicht eine ganz besondere Schnelligkeit der Ingenien vorausgesetzt werden darf — in dem vergönnten Zeitraum sich verwirklichen liefsen." Auch ein der Sache Fernstehender

---

[1]) Handbuch der Erziehungs- und Unterrichtslehre für höhere Schulen. Herausgegeben von Dr. A. Baumeister, III. Band, 2 Abtlg. S. 91.

wird zu dem Urteil kommen, daſs je 3, 3, 2, 2 Stunden in den oberen vier Gymnasialklassen nicht hinreichen, zumal wenn er berücksichtigt, daſs **eine lebende Sprache eine weit gröſsere und zeit-raubendere Ausbildung des einzelnen erfordert, als die alten Sprachen.**

Ein zweites Hindernis liegt in der Art der bisherigen, beim Absolutorium verlangten Zielleistung. Schon im Interesse der Schüler wird jeder Schulunterricht sich zuschneiden auf die Prüfungsvorschriften beim Abgang von der Schule. Nun verlangen diese für die schriftliche Absolutorialprüfung gegenwärtig eine Übersetzung aus dem Deutschen ins Französische — die mündliche Prüfung kann wenig ins Gewicht fallen, weil die besseren Schüler von derselben befreit werden. — Da diese Übersetzung als wichtigste Zielleistung nicht selten verhältnis-mäſsig schwierig ist, setzt sie viele Übung im Übersetzen voraus, und so wird ein sehr groſser Teil der Zeit auf dasselbe verwendet. Auch fast alle gegenwärtig benützbaren Lehrbücher sind vorzüglich auf das Übersetzen eingerichtet. Das Übersetzen soll nun durchaus nicht, wie die radikalen Neuerer verlangen, ganz verschwinden; es ist unent-behrlich zur Erzielung sicherer grammatischer Kenntnisse und zur Be-festigung des Wortvorrates; aber Selbstzweck kann es nicht sein, weil dem praktischen Sprachgebrauche aus demselben zu wenig Nutzen erwächst. Daher soll es auch nicht in erster Linie maſsgebend sein für die Beurteilung der Kenntnisse bei der Endleistung.

Da neben diese zeitraubenden Übersetzungsübungen und die Pflege der Lektüre, den Vorschriften der Schulordnung und dem immer mehr sich geltend machenden praktischen Bedürfnisse entsprechend, auch Übungen treten müssen, die zur Einführung in den freien Ge-brauch des Französischen dienen, so entstand bei der Unzulänglichkeit der Unterrichtszeit eine Hast und Unruhe, eine Unsicherheit der Methode, die als weiteres Hindernis für das Erreichen unserer Ziele sich darstellt. Wenn auch der Berg von Schriften über die Methode des neusprachlichen Unterrichtes, der in den letzten Jahrzehnten sich aufgehäuft hat, noch nicht eine volle Klärung und sichere Resultate gebracht hat, so wäre für uns die gröſste Schwierigkeit doch über-wunden, wenn die Übersetzung ins Französische als Selbstzweck ver-schwunden und klare Ziele aufgestellt wären. Und mehr Ruhe und Sammlung braucht der neusprachliche Unterricht sehr notwendig, wenn nicht in einiger Zeit auch bei uns für die Lehrer desselben das gelten soll, was Dr. Schröder[1]) über die Vitalitätsverhältnisse der preuſsischen Lehrer der neueren Sprachen gefunden hat. Er sagt: „daſs sie ungünstiger seien als die der übrigen Lehrer, darüber herrschte in den letzten Jahren wohl kein Zweifel mehr". . . . . . „Die in den Jahren 1888—1897 im Amte und im Ruhestande gestorbenen Neuphilologen haben eine mittlere Lebensdauer von nur 53 Jahren 1 Monat erreicht; sie sind also rund 10 Jahre früher gestorben als ihre Mitmenschen".

---

[1]) Dr. H. Schröder. Der höhere Lehrerstand in Preuſsen, seine Arbeit und sein Lohn, S. 51 ff.

Und Münch ruft aus: „Die Zahl der Neuphilologen, die zusammen-
gebrochen sind, ist sehr grofs. Sie sind alle halb krank". . . . .
Die aus dem Gesagten sich ergebenden positiven Forderungen
sind nun:
1) Vermehrung der Unterrichtsstunden. So wichtig auch die
Thatsache ist, dafs Schüler in jugendlichem Alter sich mit doppelter
Leichtigkeit und Freudigkeit eine gute Aussprache aneignen und an
das Sprechen gewöhnen, so soll doch mit Rücksicht auf die entgegen-
stehenden grofsen Schwierigkeiten auf einen früheren Unterrichtsbeginn
verzichtet werden. Unumgänglich notwendig aber ist je eine neue
Stunde in der 8. und 9. Klasse, denn der zwei bisherigen Stunden
bedarf die Lektüre vollständig, wenn sie einen nennenswerten Erfolg
haben soll; für die sprachlichen Übungen bliebe somit hier gar keine
Zeit übrig, und was in den ersten zwei Unterrichtsjahren angebaut
wurde, müfste ungepflegt verkümmern.
2) Beschränkung des grammatischen Lehrstoffes auf das Wichtigste,
und der Übersetzung ins Französische auf das vorhin angedeutete Mafs,
sowie Vereinfachung der Lehrbücher nach diesen Richtungen.
3) Änderung der Prüfungsvorschriften für das schriftliche Absolutorium in der Weise, dafs etwa verlangt würde: a) eine Übersetzung aus dem Französischen ins Deutsche (zwei Stunden), b) eine
einfache (der neueren französischen Geschichte entnommene) Übersetzung
aus dem Deutschen ins Französische (1 Stunde). Für die mündliche
Prüfung würde neben der Übersetzung nicht gelesener Stellen sich
empfehlen die Übersetzung und Erklärung von Stellen eines in der
neunten Klasse gelesenen Schriftstellers.
Von höchster Wichtigkeit ist noch ein Punkt. Dr. Karl Wehrmann[1]) sagt: „Wir wollen schon hier gleich zugeben, dafs es thatsächlich noch gar keinen einheitlichen Gedankenstoff gibt, der dem
neusprachlichen Unterricht zu grunde gelegt wird: es gibt noch absolut
keine Einheit in der Auswahl der englischen und französischen Schriftsteller, die im Unterricht gelesen werden" . . . Ja, es thut dringend
not, dafs hier Einheitlichkeit geschaffen werde durch einen Kanon,
der nur einige typische Vertreter französischer Poesie und nur wenige
von jenen Prosaikern enthält, deren Werke am meisten geeignet sind,
das Verständnis für die deutsche politische und Literatur-Geschichte
zu fördern und die Kenntnis französischer Geschichte, Staatseinrichtungen und Sitten zu vermitteln.
Diese Forderung nach möglichster Konzentrierung des Gedanken-
stoffes in der nämlichen Richtung ist auch an die Verfasser französischer
Lehrbücher zu richten.
Zum Schlufs noch ein Wort über die Unterrichtssprache: Dafs
die französische Sprache thunlichst viel im Unterrichte gebraucht werde,
ist selbstverständlich, aber alles was noch nicht zum unbeschränkten
Besitz der Schüler geworden ist, soll in deutscher Sprache behandelt
werden. Die Vorschrift: „Der Unterricht ist in französischer Sprache

---

[1]) Dr. Karl Wehrmann, Wider die Methodenkünstelei im neusprachlichen
Unterricht. Programm der Realschule zu Kreuznach, Ostern 1899, S. 1.

zu erteilen" ist für jede unserer Schulgattungen bedenklich, da sie
von Voraussetzungen ausgeht, die bei dem den neueren Sprachen an
all unseren Schulen zugewiesenen, nicht reichlichen Stundenmafse nicht
zutreffen, und noch mehr, da sie auf Verflachung und erziehliche
Minderwertigkeit des·neusprachlichen Unterrichtes hinausläuft.

München.   —————————   Ott.

Zu Tacitus.

Hist. 3, 82.

In den letzten Kapiteln des 3. Buches der Historien (c. 79—86)
berichtet Tacitus über das Ende der Kämpfe zwischen Flavianern und
Vitellianern, über die Einnahme der Hauptstadt durch die Flavianer
und den Tod des Vitellius. Der Führer der Flavianer Antonius Primus
rückte mit dem Hauptheer auf der via Flaminia gegen Rom, Petilius
Cerialis mit 1000 Reitern auf der via Salaria. Von den Kämpfen in
der Nähe der Stadt wird c. 79 berichtet: pugnatum haud procul
urbe inter aedificia hortosque et anfractus viarum, quae gnara Vitel-
lianis, incomperta hostibus metum fecerant. Es folgt dann der Bericht
über die Gesandtschaft an Petilius Cerialis (c. 80 ante ipsa patriae
moenia) und Antonius Primus (c. 81). c. 82 und 83 handeln von
dem Einzuge in die Stadt (ut — urbem ingrederentur) und den
Kämpfen in derselben. Die Flavianer rückten in 3 Abteilungen ein:
pars — Flaminia via, pars iuxta ripam Tiberis incessit; tertium agmen
per Salariam Collinae portae propinquabat. Unmittelbar darnach heifst
es: plebs invectis equitibus fusa; miles Vitellianus trinis et ipse praesidiis occurrit. Ob man sich zu invectis in urbem oder in plebem
denkt, jedenfalls kann im folgenden nicht mehr von Kämpfen vor
der Stadt die Rede sein: proelia ante urbem multa et varia, sondern
es mufs heifsen: proelia intra urbem multa et varia. Dies zeigen
die Ortsangaben der ganzen folgenden Darstellung in c. 82: in partem
sinistram urbis ad Sallustianos hortos — ab equitibus, qui porta
Collina inruperant — concurrere et in campo Martio infestae acies —
Vitelliani — in urbe congregabantur. Ebenso in c. 83: abditos in
tabernis aut si quam in domum perfugerant — saeva ac deformis
urbe tota facies — alibi balineae popinaeque — conflixerant et ante
armati exercitus in urbe.

Ann. 15, 44.

et pereuntibus addita ludibria, ut ferarum tergis contecti laniatu canum
interirent aut crucibus affixi aut flammandi, atque ubi defecisset dies,
in usum nocturni luminis urerentur.

Ich mache einen neuen Versuch die offenbar verderbte Stelle zu
heilen, welche von den grausamen Strafen handelt, die Nero über die
Christen verhängte. Der Temporalsatz atque ubi defecisset dies läfst
annehmen, dafs im vorhergehenden angegeben war, welche Strafe die
Christen bei Tag zu leiden hatten, dafs also in der letzten Silbe von
flammandi der Ablativ die verborgen liegt. Dies hat meines Erachtens

Unger richtig erkannt, der affixi taedae flamma die atque herstellen wollte. Von einem Flammentode bei Tag kann aber nicht
wohl die Rede sein, da diese Strafe offenbar für die Nacht aufgespart
wurde. Vielmehr scheinen sie bei Tag an' einem belebten Orte zum
abschreckenden Beispiele ans Kreuz geschlagen worden zu sein. Eine
vielbesuchte Strafse war die via Flaminia (cf. Hist. 2, 64 vitata Flami-
niae viae celebritate); ich vermute also, dafs zu schreiben sei: aut
crucibus affixi iuxta Flaminiam die penderent, atque u. s. w.
Ich vergleiche damit die Strafe, welche Alexander über die Tyrier
verhängte, Curtius 4, 4, 17: Triste deinde spectaculum victoribus ira
praebuit regis: duo milia, in quibus occidendis defecerat rabies, crucibus adfixi per ingens litoris spatium pependerunt.

War flaminiam die zu flammandi geworden, so konnte leicht
penderent ausfallen und iuxta, dem affixi vorangeht, in aut verderbt
werden.

Sulpicius Severus hat offenbar schon den verderbten Text vor
sich gehabt und sich denselben, so gut er konnte, zurecht gelegt.

15, 64 Senekas Tod.

Der Philosoph Seneka wird sein Leben nicht anders geendet
haben als z. B. Oktavia, von der es 14, 64 heifst: venaeque eius per
omnes artus exsolvuntur; et quia pressus pavore sanguis tardius labe-
batur, praefervidi balnei vapore enecatur; oder von Vestinus heifst es
15, 69: abscinduntur venae, vigens adhuc balneo infertur, calida aqua
mersatur, von L. Vetus und seiner Familie 16, 11: abscindunt venas
properique . . . balineis inferuntur. Anteius 16, 14 nimmt zuerst Gift,
dann öffnet er sich die Adern. Ostorius 16, 15 öffnet sich die Adern
und erdolcht sich. Von Mela heifst es 16, 17 nur: Mela, quae tum
promptissima mortis via, exsolvit venas.

Aber bei Seneka, dem berühmten Philosophen, genügte ein so
einfacher Bericht nicht, sein Ende wurde offenbar sagenhaft aus-
geschmückt. Ganz wunderbar lautet der Bericht des Tacitus: Seneka
und seine Gemahlin Paulina lassen sich gleichzeitig die Adern an den
Armen öffnen. Da aber das Blut aus dem greisen und durch kärg-
liche Nahrung geschwächten Körper zu langsam fliefst, läfst sich Seneka
die Adern auch an den Beinen und Kniekehlen öffnen. Er leidet
grausame Schmerzen, diktiert aber in diesem Zustande noch seinen
Schreibern seine letzten philosophischen Gedanken. Da er nicht sterben
kann, läfst er sich, wie Sokrates, von seinem Leibarzte den Schierlingsbecher reichen. Aber das Gift wirkt nicht, sein erkalteter Körper ist
unempfänglich für dasselbe. Zuletzt steigt er in eine Badewanne
mit warmem Wasser und spendet davon dem befreienden Jupiter.
Dann wird er in ein Dampfbad gebracht, wo der Erstickungstod
eintritt. Dafs auf das „zuletzt" (postremo) noch ein „dann" (exim)
folgt, sollte man nicht für möglich halten, steht aber wörtlich so in
unserem Tacitustexte und ist, wie es scheint, von niemand beanstandet
worden. Ich wage die Vermutung, dafs der ganze Satz postremo —

liberatori eine ungeschickte Interpolation ist, die sich von selbst verrät, und gebe dafür folgende Gründe an:

1. auf postremo kann nicht mehr ein Satz mit exim folgen;
2. der Ausdruck stagnum calidae aquae für ‚eine Wanne mit warmem Wasser' ist ganz singulär, gewählt, weil nachher balneum folgt;
3. introiit ist einfältig, da ein Greis, der die Adern an Armen und Beinen geöffnet und Gift im Leibe hat, selbstverständlich nicht mehr gehen kann, sondern getragen werden mufs. Tacitus sagt nachher richtig balneo inlatus, wie in den oben erwähnten Fällen natürlich das Passiv inferri gesetzt ist.
4. respergens proximos servorum kann keine libatio bezeichnen, die ein effundere voraussetzt. Vergleiche 16, 35 vom Tode des Thrasea: postquam cruorem effudit, humum super spargens, propius vocato quaestore, libamus, inquit, Jovi liberatori. Aus dieser Stelle scheint die ganze Interpolation geflossen zu sein; denn man wollte den Seneka nicht minder religiös enden lassen als den Thrasea.

So wird der Bericht des Tacitus wenigstens von einem unsinnigen Satze befreit; es bleibt noch genug des Unwahrscheinlichen. Denn auch der Schierlingsbecher ist wohl nur eine Erfindung der Freunde und Verehrer des Seneka, die ihn dem Sokrates gleichstellen wollten. Hieronymus berichtet (aus Sueton? s. Roth, Sueton p. 301): L. Annaeus Seneca Cordubensis, praeceptor Neronis et patruus Lucani poetae, incisione venarum et veneno hausto periit. a. 818.

Die ganze Tacitusstelle lautet mit Ausscheidung des anstöfsigen Satzes:

Seneca interim durante tractu et lentitudine mortis Statium Annaeum diu sibi amicitiae fide et arte medicinae probatum orat, provisum pridem venenum, quo damnati publico Atheniensium iudicio extinguerentur, promeret; adlatumque hausit frustra, frigidus iam artus et cluso corpore adversum vim veneni. [postremo stagnum calidae aquae introiit respergens proximos servorum addita voce, libare se liquorem illum Jovi liberatori]. exim balneo inlatus et vapore eius examinatus sine ullo funeris sollemni crematur.

16, 21.

Trucidatis tot insignibus viris ad postremum Nero virtutem ipsam excindere concupivit interfecto Thrasea Paeto et Barea Sorano, olim utrisque infensus et accedentibus causis in Thraseam, quod senatu egressus est, cum de Agrippina referretur, ut memoravi, quodque Juvenalium ludicro parum spectabilem operam praebuerat.

Der Ausdruck accedentibus causis in Thraseam dürfte schwerlich gut lateinisch sein; es handelt sich um eine gereizte Stimmung Neros (infensus) gegen Thrasea und der präpositionale Ausdruck in Thraseam zeigt deutlich, dafs accendentibus zu lesen ist. Die Auslassung eines n ist einer der häufigsten Fehler in der Handschrift. Vergleiche 1, 53 odiis in maritum accendebat; 11, 8 in quos — ira — accensus.

Regensburg. ——— ——— ——— Karl Meiser.

Zu Cic. Tuscul. und Apul. Metam.

Im V. Buche der Tuskulanen heißt es cap. 27 § 76 nach der
handschriftlichen Überlieferung: ‚Sint enim tria genera bonorum, ut
iam a laqueis Stoicorum, quibus usum me pluribus quam soleo intellego,
recedamus, sint sane illa genera bonorum, dum corporis externa iaceant
humi et tantum modo, quia sumenda sint, appellentur bona, alia autem
illa divina longe lateque se pandant caelumque contingant, ut ea qui
adeptus sit, cur eum beatum modo et non beatissimum etiam dixerim?‘

Daß zwischen corporis·und externa die Konjunktion et einzusetzen und ut vor cur nichts weiter als Dittographie des nt im
vorhergehenden contingant sei, hat man längst erkannt. Daß aber
in allen, auch den besten Ausgaben eine Interpunktion beibehalten
ist, die dem Sinn der Stelle durchaus nicht gerecht wird, scheint
noch niemand bemerkt zu haben.   Solange ut vor ea qui adeptus
sit für richtig gehalten wurde, konnte man an eine andere Interpunktion allerdings nicht denken; nachdem jedoch von den neueren
Herausgebern samt und sonders ut gestrichen worden, steht der Satz
ea qui adeptus sit cur eum ..... dixerim grammatisch rein
in der Luft; noch mehr, es wird durch die bisherige Anordnung der
Unterscheidungszeichen der Satz sint enim tria genera bonorum
etc. zum Hauptgedanken gemacht, so daß die Worte ea qui adeptus
sit cur eum ..... dixerim eine aus jenem abgeleitete Folge
enthalten würden. Das damit erzielte Gedankenverhältnis widerspricht
aber geradezu dem Gange der Untersuchung; diese will zeigen, daß
auch die Peripatetiker, welche drei Arten von Gütern annehmen,
trotzdem offen den Lehrsatz aufstellen sollten, daß die Glückseligkeit
nicht von den körperlichen und äußeren Gütern abhängig sei.   Dieser
Sinn ergibt sich, wenn in der Weise interpungiert wird, daß der mit
dum „wenn nur‟ beginnende Satz nicht dem vorausgehenden, sondern
dem folgenden Hauptsatze cur ..... dixerim untergeordnet erscheint:

‚Sint enim tria genera bonorum — ut iam a laqueis Stoicorum,
quibus usum me pluribus, quam soleo, intellego, recedamus — sint
sane illa genera bonorum; dum corporis et externa iaceant humi et
tantum modo, quia sumenda sint, appellentur bona, alia autem illa
divina longe lateque se pandant caelumque contingant, ea qui adeptus
sit, cur eum beatum modo et non.beatissimum etiam dixerim.‘

Cicero will sagen: Man mag immerhin von drei Arten von
Gütern reden; wenn nur die materiellen und äußeren den geistigen
weit nachgesetzt werden, warum sollte man den, der die letzteren
besitzt, nicht vollkommen glückselig nennen?

Apul. Metam. III 15 (p. 57, 22 ff. der Ausgabe von J. van der
Vliet, Leipzig bei Teubner 1897) sagt Fotis zu ihrem Geliebten Lucius,
nachdem sie versichert hat, daß sie ihm volles Vertrauen schenke:
Quaecumque itaque commisero huius religiosi pectoris tui penetralibus,
semper haec intra conseptum clausa custodias oro etc.‘ So lautet der
überlieferte Text. Daß zu conseptum eine nähere Bestimmung fehlt,
wird man van der Vliet zugeben müssen, aber schwerlich mit ihm

intra cordis conseptum schreiben. Ein Attribut zu conseptum erhalten wir durch die ganz unerhebliche Änderung des haec (geschrieben hec) in hoc, so dafs die Stelle lautet: ,Quaecumque itaque commisero huius religiosi pectoris tui penetralibus semper hoc intra conseptum clausa custodias oro.' Die Worte hoc intra conseptum beziehen sich selbstverständlich auf pectoris tui penetralibus.

München.   M. Seibel.

Das Höhenquadrat im rechtwinkligen Dreieck.

Der Satz: „Im rechtwinkligen Dreieck ist das Quadrat über der Höhe gleich dem Rechteck aus den beiden Projektionen der Katheten" läfst sich kurz beweisen mittels der Ähnlichkeit der beiden Teildreiecke, weshalb ihn auch einige Lehrbücher bei der Ähnlichkeit der Dreiecke bringen. Die meisten Schüler werden aber bereits bei der Gleichheit der Figuren damit Bekanntschaft machen.

Geht man nun die einzelnen Lehrbücher der Planimetrie durch, so findet man, soweit mir wenigstens bekannt ist, den Satz in einer Art bewiesen, die wohl dazu angethan sein dürfte, einen strebsamen, aber weniger gut beanlagten Schüler zu entmutigen, jedenfalls aber. ihm die Sache schwieriger erscheinen zu lassen, als sie in Wirklichkeit ist. Bei Spieker z. B. ist dieser Satz auf dreierlei Art bewiesen. Nun flöfst erfahrungsgemäfs die heuristische Methode dem Schüler das meiste Interesse ein, aber keiner der drei Beweise dürfte für diese Methode geeignet sein, da der Schüler weder selbst auf die verschiedenen Hilfslinien kommen, noch auch anfänglich einsehen wird, wozu sie nützen sollen.

Unterläfst man es, was ja wohl unbeschadet des Verständnisses der Schüler geschehen kann, das Quadrat über der Höhe und das Rechteck aus den Projektionen an der Figur selbst zu zeichnen, so ergibt sich unter Vermeidung jeder Hilfslinie und nur mit Benützung des pythagoreischen Lehrsatzes und des Satzes, dafs das Quadrat über einer Kathete gleich dem Rechteck aus der Hypotenuse und der Projektion der Kathete auf die Hypotenuse ist:

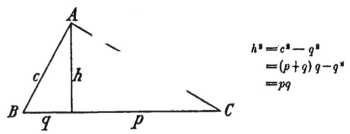

$$h^2 = c^2 - q^2$$
$$= (p+q)\,q - q^2$$
$$= pq$$

Gewifs wird an vielen Anstalten der Beweis in ähnlicher einfacher Weise gezeigt werden, so dafs es vielleicht wünschenswert wäre, wenn bei einer Neuauflage eines unserer bewährten Lehrbücher auch obiger Beweis Berücksichtigung finden würde, zumal er wegen seiner Kürze dem Schüler stets Freude bereiten wird.

Germersheim.   Max Schmidt.

II. Abteilung.

Rezensionen.

W. M. Lindsay, Introduction à la critique des textes Latins basée sur le texte de Plaute. Traduit par J. P. Waltzing. Paris, Librairie C. Klincksieck. 1898. 2 fr. 50.

Das hübsch ausgestattete Büchlein gehört als XXIV. Bändchen einer 'Nouvelle collection à l'usage des classes' an, unter der wir auch Bergers latein. Stilistik, Meifsners latein. Phraseologie, Weises Charakteristik der lat. Sprache und Benders Abrifs der röm. Litteraturgeschichte in französischer Übersetzung finden. Der Verf. des vorliegenden Bändchens ist der durch sein vorzügliches Werk „Die lateinische Sprache" (übersetzt von Nohl, vergl. diese Blätter 34, 760) auch in Deutschland rühmlichst bekannte Latinist Lindsay. Seine neueste Publikation ist aus einer an der Universität Oxford gehaltenen Vorlesung hervorgegangen und bildet eine vortreffliche Einführung und Übersicht der bei der Kritik lateinischer Texte in Betracht kommenden Gesichtspunkte und Gesetze. In sieben Kapiteln werden die in den Handschriften am häufigsten begegnenden Fehler der Abschreiber besprochen und an einer ausreichenden Auswahl von gutgewählten Beispielen (hauptsächlich aus Plautus, doch auch aus Horaz, Vergil, Nonius) erläutert. Sehr dankenswert ist die Zusammenstellung der gebräuchlichsten Abkürzungen auf S. 122—126 und das S. 142—147 angehängte Muster eines Apparatus criticus nebst Bemerkungen zu Plautus Capt. 251—269. Besonders den Jüngern der philologischen Wissenschaft kann Lindsays praktisch eingerichtetes Handbüchlein als nutzbringende Anleitung zu einer methodischen Handhabung der ars critica in lateinischen Texten aufs wärmste empfohlen werden.

München.   Gustav Landgraf.

G. Autenrieth, Wörterbuch zu den homerischen Gedichten. 8. verbesserte Auflage. Leipzig 1897. B. G. Teubner. — 8°. Pr. M. 3,00.

Der verdiente Herr Verf. hat die seit dem Erscheinen der 7. Auflage erfolgten einschlägigen Publikationen sachkundig und umsichtig zu Rate gezogen. Freilich ist, wie er mit Recht im Vorwort zur neuesten Auflage seines Buches bemerkt, auch durch die Arbeiten von Leaf, Helbig und Reichel mancher Punkt der homerischen Bewaffnung noch nicht zu vollständiger Klarheit gebracht. Man mufs sich hier vorläufig ebenso mit einem „non liquet" bescheiden wie in der Frage nach der Anlage des homerischen Hauses; auch diese kann nach den Angaben des Epos nicht mit voller Genauigkeit bestimmt werden und die Heranziehung des Anaktenhauses auf dem Burghügel von Tiryns schafft nur neue Sehwierigkeiten (vgl. diese Bl. XXX 516). Was die Topographie von Ilion betrifft, so hält Verf. dafür, dafs der Dichter mit Benutzung einiger lokalen Erinnerungen in freier Phantasie den Schauplatz der von ihm geschilderten Kämpfe entworfen habe, eine Ansicht, die hoffentlich immer mehr Boden gewinnen wird.

Einzelnes ist nicht vieles zu erinnern. Das Wort ἀριστεύς kommt, was im Wörterbuche nicht bemerkt ist, im Singular (ἀριστῆα) schon Γ 44 vor. — ζατρεφής erscheint nicht erst ξ 19, sondern zuerst δ 495. — Die vom Verf. gegebene Erklärung der Stelle δ 785: ὑψοῦ δ᾽ ἐν νοτίῳ τήν γ᾽ ὥρμισαν „auf der Höhe (seewärts) im Uferwasser stellten sie es" — nämlich das Schiff — ist kaum richtig. ὑψοῦ mufs unter allen Umständen auf das letztere bezogen werden; am wahrscheinlichbsten ist die Interpretation, die Ameis-Hentze gibt, wonach ὑψοῦ das allmähliche Geraderichten des anfangs in geneigter Lage befindlichen Fahrzeuges ausdrücken soll (s. Ameis-Hentze, Homers Odyssee[10] z. d. St.). Ebenso erklärt O. Henke (die Gedichte Homers. I. Teil, Kommentar z. Odyssee S. 59).

Im übrigen wird das korrekt und schön gedruckte, mit Holzschnitten, Tafeln und Kärtchen reich ausgestattete Wörterbuch auch in dieser neuen Auflage allen Lesern der homerischen Gedichte willkommen sein.

München.   M. Seibel.

Platonis opera omnia ed. God. Stallbaum. Vol. VIII. Sect. II. editio altera emendatior. Platonis Sophista, recensuit prolegomenis et commentariis instruxit Otto Apelt. Lipsiae, Teubner 1897.

Da die erste Stallbaumsche Ausgabe des Sophistes vor 57 Jahren erschien, so war dem Herausgeber der zweiten Auflage die Aufgabe gestellt, die wissenschaftlichen Ergebnisse der Zwischenzeit zu verwerten. Die ausführlichen Prolegomena beweisen, dafs Apelt diesen Anforderungen zu entsprechen wufste. Besondere Schwierigkeiten bot die Frage nach dem Zweck des Dialogs. Die verschiedenen Versuche der Gelehrten von Schleiermacher, Bonitz, Grote, Campbell u. a. bis zur Gegenwart werden vorgeführt und einer kurzen Kritik unterzogen. Um diese Frage hat sich jedoch der Herausgeber selbst ein hervorragendes Verdienst erworben, indem er in mehreren Abhandlungen Inhalt und Zweck des schwierigen Dialoges einer eingehenden und scharfsinnigen Erörterung unterzog und eine befriedigende Lösung des Problemes nach meiner Überzeugung gefunden hat.

Bezüglich der Abfassungszeit des Dialoges schliefst sich Apelt denjenigen an, welche auf Grund sprach-statistischer Untersuchungen den Sophistos und Politikos in die letzte schriftstellerische Periode Platos verlegen. Dabei weist er darauf hin, dafs Dittenberger und Schanz schon 1867 in dem Engländer Lewis Campbell einen Vorgänger in der sprach-statistischen Methode gehabt hatten.

Auf einer ganz neuen Unterlage war der kritische Apparat aufzubauen, da inzwischen durch die Arbeiten von Schanz die platonischen Handschriften eine wissenschaftliche Sichtung und Beurteilung erfahren hatten. Den Schanzschen Ergebnissen schließt sich Apelt unumwunden an, ohne jedoch in der Emendation der einzelnen Stellen auf seine eigene Anschauung zu verzichten.

Der Kommentar zeigt einen vorzugsweise selbständigen Charakter, indem die Stallbaumschen Erklärungen mit Rücksicht auf die sprachlichen und sachlichen Fortschritte der Zwischenzeit in den Hintergrund gestellt werden mußten. Die Arbeit des Herausgebers ist eine gründliche, meist auf eigener wissenschaftlicher Forschung beruhende Leistung.

———————

Platons Phaedon. Mit Einleitung und Kommentar für die Gymnasialprima herausgegeben von Prof. Dr. J. Steuder. Halle, Waisenhaus, 1897.

Da die Ausgabe für die Hand der Primaner bestimmt ist, so ist der gelehrte Apparat weggelassen. Das pädagogische Ziel des Herausgebers ist die philosophische Propädeutik, welche sich durch die Lektüre dieser tiefgehenden und ergreifenden Schrift Platos praktisch erreichen läßt. Neben der fortschreitenden Erkenntnis des philosophischen Gedankenganges werden nämlich die Begriffe der Psychologie und Logik kurz und deutlich erörtert. Es werden nämlich im Kommentar, da wo der Gedankeninhalt es erfordert, aus der Psychologie folgende Begriffe erörtert: Gefühl, Affekt, Gemeingefühl, Phantasie, Wahrnehmung, Erinnerung, Entwicklung der Vorstellung zum Begriff, Ideen; aus der Logik folgende: Syllogismus, Schluß a maiore ad minus, disjunktiver Schluß, Dilemma, Beweis, direkter und indirekter Beweis, Hypothese, Satz der Identität und des Widerspruches, konträre und kontradiktorische Begriffe.

Die sprachlichen Aufschlüsse des Kommentars sind dem Schülerstandpunkt meist trefflich angepaßt, nur an wenigen Stellen wäre Etymologie, Grundbedeutung und Bedeutungswandel des Ausdruckes ausführlicher anzugeben gewesen. Die sachlichen Erklärungen zeigen ein gründliches Verständnis platonischer Philosophie und eine umsichtige Benützung hervorragender Erklärungsschriften.

„Beilagen", Auszüge aus anderen platonischen Dialogen und aus Aristoteles finde ich mehr für die Hand des Lehrers als des Schülers geeignet; das nämliche gilt von den Vergleichungen mit Stellen aus Cicero.

Im ganzen halte ich die vorliegende Ausgabe des Phädon für ein sehr beachtenswertes Hilfsmittel im Gymnasialunterrichte.

Würzburg.   **Nusser.**

Grammatik der ital. Umgangssprache von Lovera 2,60 M. und Lehrbuch der ital. Sprache von Boerner-Lovera 2 M. Teubner, Leipzig, 1898.

Dieses neue italienische Unterrichtswerk ist genau nach dem Plan der in demselben Verlage erschienenen und bestens bekannten französischen und englischen Unterrichtswerke bearbeitet. Die Grammatik von Lovera bietet auf 175 Seiten ein ungemein' reiches und sehr übersichtlich zusammengestelltes Material. Sie beginnt mit der Lautphysiologie, die nur soviel vorführt als für den Schüler notwendig und verständlich ist. Bei den folgenden Kapiteln der Formenlehre sind auch immer zugleich die hauptsächlichsten syntaktischen Erscheinungen berührt; mit kluger Mäfsigung ist dabei jeder überflüssige Ballast vermieden, ein Vorzug, der im Gegensatz zu manchen andern derartigen Lehrmitteln volle Anerkennung verdient. Durch die Verschiedenheit des Druckes derjenigen Teile, auf die es hauptsächlich ankommt, wird sicherlich dem Schüler das Erfassen und Behalten der Regeln erleichtert. Jeder Regel gehen Mustersätze voraus, aus denen der Schüler sich selbst die Regeln ableiten kann. (Induktive Methode.) Besonders eingehend behandelt ist die Lehre vom Verbum, vielleicht hätte sich dieselbe sogar etwas kürzen lassen, ohne dem Verständnis der Schüler Eintrag zu thun. Eine sehr gründliche und eingehende Behandlung hat auch das wichtige Kapitel der Präpositionen erfahren, sowohl vom Standpunkte des Italieners als auch des Deutschen. Eine recht begrüfsenswerte Erweiterung weist die Grammatik ferner noch auf durch den Anhang über die Verslehre, durch Beifügung der Omonimi und Sinonimi. Leider beschränkt sich Verfasser bei den Sinonimi auf nur 10 Nummern. Dieses wichtige Kapitel, nachdem es einmal behandelt wird, hätte wenigstens mit der fünffachen Zahl der Nummern bedacht werden dürfen.

Das 242 Seiten starke Lehrbuch enthält 48 Lektionen und einen Anhang. Jede Lektion teilt sich in fünf Abschnitte: Grammatica, Esercizio, Vocabolario, Tema, Conversazione. Der Anhang enthält a) Poesie, b) Letture (mit einer Karte von Italien), c) Lettere, d) Proverbi. Unter „Grammatica" weisen Mustersätze auf die unter gleicher Nummer in der Grammatik erklärten Regeln, so dafs also vollständig die induktive Methode zur Anwendung kommen mufs. Die grammatikalischen Angaben scheinen manchmal doch etwas gar zu knapp gehalten zu sein, um so mehr als nach der Anschauung der Verfasser, das Lehrbuch so eingerichtet sein soll, dafs es auch ohne die Grammatik benützt werden kann. Manchmal ist der grammatikalische Lehrstoff in unerklärlicher Weise aus einander gerissen. So findet sich in der 1. Lektion von der Deklination Nominativ und Genetiv, in der 3. L. erscheint der Dativ und erst in der 15. L. werden wir mit der vollständigen Deklination bekannt. Recht spät (L. 14) beginnt auch die Konjugation des regelmäfsigen Zeitwortes. In den vorausgehenden Lektionen wird vorzugsweise das Präsens von avere und essere eingeübt, das Imperfekt von diesen beiden Zeitwörtern lernt der Schüler erst mit L. 22 kennen. Hier wäre sicherlich eine frühere Behandlung und Zusammenlegung des Lehrstoffes zu wünschen, umsomehr als auch meistens die Schüler, wenn sie sich mit dem Studium des Italienischen befassen, schon eine sprachliche Vorbildung durchgemacht haben, die ihnen etwaige Schwierigkeiten ziemlich leicht überwinden hilft; dadurch könnte auch von Anfang an der Übungsstoff noch manigfaltiger und anziehender gestaltet werden. — Das Esercizio bietet kleine italienische Stücke und Zwiegespräche, deren Inhalt leicht fafslich und dem praktischen Leben entnommen ist; weshalb auch das Vocabolario in jeder Lektion dem Schüler einen stofflich gruppierteen Wortschatz der Sprache des täglichen Lebens übermittelt. Das Tema ist dem vorausgehenden Esercizio stofflich angepafst und soll Lehrer und Schüler Gelegenheit bieten durch diese Übersetzungsaufgabe zu prüfen, inwieweit der grammatikalische Lehrstoff angeeignet ist. Die abschliefsende Verarbeitung des im Vorausgehenden behandelten Übungsstoffes bildet die Conversazione, die in erster Linie zu Hör- und Sprechübungen dienen soll. Diese Übungen werden gewifs jedem Schüler und Lehrer willkommen sein; letzterer hat auch noch genügend Gelegenheit, dieselben in seiner Weise zu erweitern und zu beleben.

Das Gesamturteil des Unterzeichneten geht dahin, dafs wir trotz der angeführten Mängel in dem neu erschienenen italienischen Unterrichtswerke ein ganz vorzügliches Lehrmittel erhalten haben, dessen Einführung denjenigen Kollegen, die einen Wechsel in den Lehrmitteln für den it. Unterricht vorzunehmen gedenken, bestens empfohlen werden kann. Druck und Ausstattung sind mustergiltig. Druckfehler sind mir nur ganz wenige aufgefallen.

Waldmann.

Encyklopädie der mathematischen Wissenschaften mit Einschlufs ihrer Anwendungen. Erster Teil: Reine Mathematik, herausgegeben von Dr. Heinr. **Burkhardt** und Dr. W. Franz **Meyer**. I. B.: Arithmetik und Algebra, redigiert von W. Frz. Meyer, 3. Heft. Ausgegeben am 15. Sept. 1899, und II. Band: Analysis, redigiert von W. Burkhardt, 1. Heft. Ausgegeben am 10. August 1899.

Nachdem in den beiden ersten Heften des I. B. die von mir bereits besprochenen sechs Artikel über Arithmetik enthalten waren, beginnt mit dem 3. Hefte des I. B. die Behandlung des umfassenden Gebietes der Algebra, und zwar werden zunächst die Grundlagen derselben und dann die Invariantentheorien besprochen. Die Grundlagen der Algebra werden in 3 Artikeln auseinandergesetzt, die die folgenden Titel führen:

a) Rationale Funktionen einer Veränderlichen; ihre Nullstellen. b) Rationale Funktionen mehrerer Veränderlichen — beide von E. Netto, und c) Algebraische Gebilde in Verbindung mit der arithmetischen Theorie algebraischer Größen von G. Landsberg.

Die Artikel a) und b) geben einen recht guten und vollständigen

Überblick über alles, was in neuerer Zeit im Gebiete der rationalen Funktionen einer und mehrerer Veränderlichen geleistet wurde; auch auf die Arbeiten aus älterer Zeit wird, wenigstens in den Anmerkungen, welche sehr schätzenswerte Litteraturangaben enthalten, Rücksicht genommen. In letzterer Hinsicht vermisse ich bei Besprechung der Interpolations- und Ausgleichungsrechnung (erster Artikel p. 230 ff.) den Namen H e n r y B r i g g s, als des ersten, der nach J. B ü r g i (dessen Methode leider verloren ist) in der Trigonometria Britannica (1673 von Gellibrand herausgegeben) bereits ein sehr praktisches Interpolationsverfahren entwickelte. Auch wäre vielleicht noch zu erwähnen gewesen, daſs N e w t o n seine Interpolationsmethode im Methodus differentialis (opp. Ed. Horsley I. p. 532) eingehend auseinandersetzte.

Besonders gelungen scheint mir die kritische Darstellung der verschiedenen Beweise für das algebraische Fundamentaltheorem über die Anzahl der Wurzeln einer Gleichung $n^{\underline{\text{ten}}}$ Grades, indem die charakteristischen Merkmale der einzelnen Gruppen, in welche sich die Beweisarten teilen lassen, sehr anschaulich hervortreten. Das gleiche gilt in dem zweiten Artikel von der Behandlung des Eliminationsproblems: die verschiedenen Methoden sind hier, soweit es der knapp bemessene Raum gestattet, sehr übersichtlich dargestellt. Seite 257 hat sich ein Druckfehler eingeschlichen. Es muſs nämlich daselbst Zeile 18 und 17 von unten heiſsen $x^{-m}\, y^{-n}$ und $t^{\mu}\, t_{\iota}^{\nu}$.

Der dritte Artikel behandelt in den Nummern 1 — 11 die arithmetische Theorie der algebraischen Gröſsen, ein Gebiet, welches völlig der neueren Zeit angehört und hauptsächlich von L. K r o n e c k e r ausgearbeitet wurde (Grundzüge einer arithmet. Theorie der algebr. Gröſsen. 1882). Sein Zweck ist die Einführung zahlentheoretischer Methoden in die Behandlung algebraischer Probleme. Die Nummern 12 — 23 geben dann hieran anschlieſsend eine Darstellung der algebraischen Gebilde selbst, in denen die Modulsysteme den breitesten Raum einnehmen. Der Verfasser stand hier der sehr schwierigen Aufgabe gegenüber, äuſserst abstrakte, neue und teilweise noch unfertige Theorien in engem Rahmen. anschaulich darzustellen. Es ist ihm dies ohne Zweifel insoweit gut gelungen, als sich jeder, der das Gebiet näher kennen lernen will, an der Hand des Aufsatzes in die umfassende und sehr zerstreute Litteratur wird einarbeiten können; auch wird der Kenner für die hier zusammengetragenen Literaturnachweise dankbar sein.

Den Schluſs des Heftes bildet, wie schon bemerkt, ein Teil des Artikels über Invariantentheorie, bearbeitet von Fr. M e y e r. Da derselbe schon 1892 einen ausführlichen Bericht über die Fortschritte der projektiven Invariantentheorie auf Anregung der deutschen Mathematikervereinigung verfaſst hat, dessen Vorzüglichkeit allgemein anerkannt ist, so war er entschieden die geeignetste Persönlichkeit zur Übernahme dieses Referates. Dasselbe zeigt von einer umfassenden und gründlichen Kenntnis der Gesamtliteratur von den Anfängen der Invariantentheorie bei L a g r a n g e (1773) bis zu ihrer umfangreichen Ausbildung in den letzten Jahren. Auch ist der Zusammenhang dieser

Theorie mit den verschiedenen Gebieten, wie Geometrie und Funktionen-theorie überall, wo es nötig ist, angedeutet. Hätte sich der Verfasser etwas mehr Raum gönnen dürfen, so wäre sicher einiges weniger aphoristisch und infolgedessen leichter verständlich ausgefallen.

Vom II. B. der Encyklopädie, in welchem die Analysis behandelt werden soll, ist ebenfalls bereits das 1. Heft erschienen. Dasselbe enthält 1. die Grundlagen der allgemeinen Funktionenlehre von A. Prings-heim. 2. die Differential- und Integralrechnung von A. Voſs und 3. einen Teil eines Artikels über bestimmte Integrale von H. Brunel. Wie der früher besprochene Aufsatz Pringsheims über Irrational-zahlen u. s. w., ist auch der vorliegende über Funktionentheorie mit derselben gründlichen Kenntnis und in der gleichen meister-haften Darstellung abgefaſst. Auch hier greift der Verfasser auf die Zeiten von Descartes und Fermat zurück, wo sich an der neu-geschaffenen Koordinatengeometrie die Begriffe der Veränderlichen und der Funktion ganz allmälig herausbildeten, gibt dann Eulers Definition einer Funktion, welche zu einer erstmaligen Schaffung einer elementaren Funktionenlehre Anlaſs bot, und erläutert, welche Er-weiterung diese Definition durch Dirichlet und welche Einschränkung sie in dem Cauchy-Riemann'schen, beziehungsweise Lagrange-Weierstraſs'schen Funktionsbegriff erfahren muſste. Daran schließt sich dann die Darstellung der Behandlung von Funktionen einer und mehrerer reeller Veränderlichen, wie sie sich in unserem Jahrhundert entwickelt hat. Ein grofses Verdienst des Verfassers scheint mir darin zu bestehen, daſs er die hiebei auftretenden schwierigen Begriffe, wie z. B. die unendlich grofsen Werte der Funktionen, die Begriffe der Stetigkeit und Differentiirbarkeit derselben, ihre Singularitäten u. s. w., durch passend gewählte Beispiele dem Verständnis näher rückt, so-daſs wohl jedem, der mathematisches Verständnis besitzt, durch die Lektüre des Artikels eine Orientierung in dem fraglichen Gebiete mög-lich ist.

Der 2. Aufsatz über Differential- und Integralrechnung beginnt, wie alle Artikel der Encyklopädie, (in A) mit einer Litteraturübersicht, in welcher bei Aufzählung der älteren Werke vielleicht noch Jacob Bernoulli, opera 1744 angegeben sein dürften, da sich in diesen auch schon Anwendungen der Differentialrechnung finden. — Dann folgt (unter B) eine sehr kurze, aber vorzügliche historische Einleitung, die sich namentlich dadurch auszeichnet, daſs die im Laufe der Zeit sich ändernde Auffassung des Infinitesimalbegriffes durch wörtliche An-führung von Äufserungen der Hauptvertreter dieser Richtungen gekenn-zeichnet wird. — Unter (C) beginnt die Schilderung der Entwickelung, welche die Differentialrechnung im 19. Jahrhundert gefunden hat, wobei sich naturgemäſs verschiedene Berührungspunkte mit dem vorhergehenden Artikel von Pringsheim bieten, auf den zur Orientierung verwiesen wird. Die ganze Darstellung ist äufserst klar und über-sichtlich und im Vereine mit dem Vorhergehenden aufs beste ge-eignet, einen Einblick in jene schwierigen Fragen zu geben, welche bei dem in neuerer und neuester Zeit im Vordergrund stehenden Bestreben, die Grundlagen der mathematischen Theorien zu präzisieren, aufgetaucht sind. So dürfte der Artikel für die neuere Geschichte der Differentialrechnung eine wahre Fundgrube bilden.

Die unter D behandelte Integralrechnung zerfällt in drei Abschnitte und einen Anhang. Der erste Abschnitt umfaßt die Integrale von Funktionen einer Variabeln, wobei namentlich wieder die neueren Arbeiten über die präzise Formulierung der Grundbegriffe berücksichtigt werden, Arbeiten, deren Resultate bisher leider in die wenigsten der gebräuchlichen Lehrbücher übergegangen sind.

Im zweiten Abschnitte werden die Integrale von Funktionen mehrerer Variabeln behandelt, der dritte bringt Anwendungen, unter denen auch die mechanische Quadratur ausführlich besprochen wird, und im Anhang werden die Instrumente angeführt, welche zur mechanischen Ausführung der Quadraturen erfunden worden sind. Diesem Abschnitte sind auch Zeichnungen solcher Apparate (Planimeter und Integraphen) beigegeben.

Der letzte Artikel dieses Heftes über bestimmte Integrale hat einen französischen Mathematiker zum Verfasser; dies legt zunächst die Frage nahe, ob denn unter den vielen vorzüglichen Mathematikern Deutschlands keiner zu finden gewesen wäre, um dieses Gebiet zu bearbeiten? Die nähere Besprechung des Artikels wollen wir uns bis zu seiner Vollendung im nächsten Hefte versparen.

München.   _____   A. v. Braunmühl.

Wüllner A., Lehrbuch der Experimentalphysik. 5. vielfach umgearbeitete und verbesserte Auflage. **2. Band. Die Lehre von der Wärme.** Mit 131 Abbildungen. 935 Seiten. **3. Band. Die Lehre vom Magnetismus und von der Elektricität** mit einer Einleitung: **Grundzüge der Lehre vom Potential.** Mit 341 Abbildungen. 1414 Seiten. Leipzig: Teubner. 1896 bezw. 1897.

Wie bei dem im Jahrgange 1896 unserer Zeitschrift Seite 736 angezeigten ersten Bande der 5. Auflage ist auch bei diesen beiden Bänden der Gesamtcharakter derselbe geblieben; aber wie dort so hat der Verfasser auch hier die Fortschritte, welche die Wissenschaft seit dem Erscheinen früherer Auflagen des Werkes gemacht hat, überall gewissenhaft verwertet. Das geht äußerlich schon daraus hervor, daß der zweite Band, welcher bei der dritten Auflage 716 Seiten hatte, nun 935 Seiten umfaßt, der dritte von 1031 auf 1414 Seiten angewachsen ist. Eine andere Gruppierung des Stoffes ist insoferne eingetreten, als die Optik mit Rücksicht auf die elektromagnetische Lichttheorie nun als vierter Band erscheint. Eine eingehendere Besprechung ist auch bei den beiden obigen Bänden in dieser Zeitschrift mit Rücksicht auf den zur Verfügung stehenden Raum unmöglich; sie ist ja auch aus den bei der Anzeige des ersten Bandes angegebenen Gründen unnötig; hier können nur die wesentlichsten Verbesserungen

und Ergänzungen erwähnt werden, welche der Verfasser bei der Neuauflage des Werkes vorgenommen hat.

Bei den Temperaturmessungen sind nun auch die mit Thermo-
strömen angeführt und diese auch weiterhin vielfach benützt; bei der
Ausdehnung von Flüssigkeiten und von Gasen die weitgehenden Versuche Amagats dargelegt; das Kapitel über Wärmestrahlung ist etwas
anders geordnet und wesentlich kürzer gefaßt, eingehender das Bolo-
meter besprochen. Im Kapitel über spezifische Wärme sind bemerkenswert die neueren Untersuchungen über die Veränderlichkeit der
spezifischen Wärme des Wassers; in dem Kapitel über die Veränderung des Aggregatzustandes durch die Wärme sind besonders die
Untersuchungen von van t'Hoff und Arrhenius über die Theorie der
Gefrierpunktserniedrigung, über Dampfspannungen und die Arbeiten
von van der Waal, Planck und Clausius über die Beziehungen zwischen
den Dampfspannungen und anderen Eigenschaften des Dampfes hervorzuheben.

Noch umfangreicher sind die Erweiterungen im dritten Bande;
neu aufgenommen sind hier die Berechnung der Potentialfunktion
eines Magneten sowie speziell der einer magnetischen Schale, dann die
neueren Untersuchungen über die Dielektricitätskonstanten von Siemens,
Boltzmann, Heerwagen und anderen, ferner in dem Abschnitte über
Galvanismus die Messung von Potentialdifferenzen zwischen Metallen
und Flüssigkeiten mit Hilfe des Lippmannschen Kapillarelektrometers
und die Theorie der elektromotorischen Kräfte in Elektrolyten von
Nernst. In dem Abschnitte über die Wirkungen des Stromes außerhalb des Stromkreises ist das sogenannte Hallsche Phänomen der Ablenkung des Stromes in einem Leiter, der sich zwischen den Polen
eines kräftigen Magneten befindet, näher dargelegt; dann namentlich
die Maxwellschen Gleichungen für das magnetische Feld eines Stromes
und für die elektromotorische Kraft der Induktion entwickelt, sowie
selbstverständlich die Kathoden- und X-Strahlen behandelt. Vollständig neu ist ein inhaltsreiches Kapitel mit der Aufschrift „Elektrische Schwingungen", in welchem die oszillatorischen Entladungen
von Kondensatoren, die sogenannten Hertzschen Schwingungen, die
experimentellen Untersuchungen über elektrische Wellen in Drähten,
die Maxwellsche Theorie der Fortpflanzung elektrischer Schwingungen
und im Anschlusse daran die elektromagnetische Lichttheorie und
Ähnliches dargelegt werden.

Aus diesen kurzen Angaben mag man erkennen, daß auch diese
neueste Auflage der beiden obigen Bände wieder vollständig auf der
Höhe der Zeit steht; Wüllners Physik ist noch immer das inhalts-
reichste, dem Aufschlußsuchenden nach jeder Richtung hin verlässigen
Aufschluß bietende Werk unserer Zeit. Die Verlagshandlung hat demselben wie schon bei früheren Auflagen eine würdige Ausstattung zu
teil werden lassen. Daß ein Lehrbuch, das wie das vorliegende alle
Fortschritte der Physik getreulich verzeichnet und eingehend klarlegt,
auch in dieser neuesten Auflage in keiner Lehrerbibliothek fehlen darf,
ist selbstverständlich.

van Bebber Dr. W. J. Die Wettervorhersage. Eine gemeinverständliche praktische Anleitung zur Wettervorhersage auf Grundlage der Zeitungswetterkarten und Zeitungswetterberichte. Für alle Berufsarten. Mit 125 Abbildungen. 219 Seiten. 2. verbesserte und vermehrte Auflage. Stuttgart, Enke, 1898. Preis 5 M.

Dieses in unserer Zeitschrift für 1893 Seite 249 eingehender besprochene Buch ist auch in der zweiten Auflage seinem Wesen nach dasselbe geblieben; aber der Inhalt hat eine Bereicherung erfahren; abgesehen von kleineren Änderungen und Einschaltungen im Texte und von der Einfügung einiger neuen Figuren ist ein Abschnitt „Die Beurteilung des Wetters auf mehrere Tage voraus" neu aufgenommen, in welchem der Verfasser nachweist, daß bestimmte Wetterlagen häufiger wiederkehren, und daß sich bei denselben eine jährliche Periode zeigt, die mit der jährlichen Periode des Luftdrucks in einem ausgesprochenen Zusammenhange steht. Der Verfasser unterscheidet fünf Hauptwetterlagen, die er an der Hand von sechzehn neuen Wetterkärtchen beschreibt, und weist nach, daß für die Wettervorhersage auf mehrere Tage die Vorausbestimmung des häufig eintretenden Überganges der einen von diesen Wetterlagen in die andere entscheidend ist.

Die Beifügung eines Namen- und Sachregisters sowie ein noch größerer Druck als bei der ersten Auflage sind willkommene Verbesserungen des Buches.

Würzburg. Dr. Zwerger.

--- ---

III. Abteilung.

Literarische Notizen.

Das neunzehnte Jahrhundert in Bildnissen, herausgegeben von Karl Werkmeister. Berlin, Kunstverlag der photographischen Gesellschaft. Preis der Lief. 1,50 Mk. Unter den zuletzt erschienenen Lieferungen dieses in unseren Blättern wiederholt besprochenen Werkes ist besonders die Lieferung 30 hervorzuheben, mit welcher zugleich der II. Bd. seinen Abschluß erreicht hat. (Das ganze Werk ist bekanntlich auf 5 Bände zu je 15 Lieferungen berechnet.) Dieselbe kann als eine Festgabe zu dem 28. August dieses Jahres betrachtet werden, wo Deutschland Goethes 150. Geburtstag feierte; denn sie führt uns die schönsten Goethebildnisse in direkten Reproduktionen vor Augen, nämlich 1) das May'sche Bildnis (1779) aus dem Besitze des Freih. v. Cotta in Stuttgart; 2) das Bild Wilhelm Tischbeins, Goethe auf den Ruinen der römischen Campagna (1786); 3) die Silhouette von Klauer, Goethe mit Fritz von Stein; 4) das Bild von Lips (1791) im Besitze des freien deutschen Hochstiftes in Frankfurt a. M.; 5) die Marmorbüste Rauchs aus dem Jahre 1820; 6) das im Auftrage König Ludwig I. von Stieler gemalte, berühmte Kniebild aus der Münchener Pinakothek aus dem gleichen Jahre 1820; endlich 7) die feine Zeichnung von Schwerdtgeburths aus des Dichters letztem Lebensjahre (1832). Das 8. Bild der Lief. ist dem Andenken des Herzogs Karl August von Weimar gewidmet: eine Reproduktion des Ölgemäldes von Kolbe, wozu Prof. Ottokar Lorenz in Jena eine Lebensskizze geliefert hat, welche der zwiefachen Bedeutung des Fürsten als Kunstmäzen wie als Politiker gerecht wird. Zu den Goethebildnissen aber hat kein Geringerer als Hermann Grimm einen ausführlichen Aufsatz geschrieben, der Goethe als Dichter, als Naturforscher und als Geschichtschreiber würdigt.

E. v. Seydlitzsche Geographie. — In fünf Ausgaben. C. Gröfste Ausgabe. Mit 227 Karten und erläuternden Abbildungen in Schwarzdruck, sowie 5 Karten und 8 Tafeln in vielfachem Farbendruck. — 22. Bearbeitung, besorgt von Prof. Dr. E. Öhlmann. 1899. In Leinw. 5,25 Mk., in Halbfranzb. 6 Mk. — Nach 2 Seiten hat die 22. Bearbeitung des Seydlitz eine Bereicherung erfahren: 1) der Anschauungsstoff ist wesentlich vermehrt und anders verteilt worden. Eine Anzahl älterer, weniger geeigneter Bilder und mathem. Figuren ist durch bessere ersetzt, aufserdem sind neue beigegeben worden, so dafs die Zahl von 201 auf 227 gestiegen ist. Ganz neu hinzugekommen sind 8 Farbentafeln (I. Dolomiten: Die 3 Zinnen bei Schluderbach; II. Neapel mit Vesuv; III. Hochgebirge: Zell am See; IV. Ostseeküste mit Dünen; V. Fjord in Norwegen; VI. 6 Rassenbilder; VII. Tropischer Wald in Brasilien; VIII. Aus der Sahara); dieselben sind nicht blofs ein Schmuck des Buches, wie ihn ein anderes Lehrbuch der Geographie nicht leicht aufzuweisen hat, sondern sie geben auch eine lebendigere Anschauung bedeutsamer Landschaftsbilder. 2) Auch in Bezug auf den Inhalt unterscheidet sich diese Auflage zu ihrem Vorteil von den früheren. Der Herausgeber hat, unterstützt von einer Reihe hervorragender Fachgenossen, eine gründliche Umarbeitung des Buches vorgenommen, welche einerseits den Text auf seine Verständlichkeit, den Satzbau etc. geprüft, andrerseits die zahllosen Einzelheiten an Namen, Zahlen etc., welche auf diesem Gebiete schon ein Jahr zu verändern pflegt, erneuert und vervollständigt hat. Einzelne Abschnitte wie die Handelsgeographie, die deutschen Kolonien sind bedeutend erweitert worden. namentlich aber hat das Kapitel mathematische Geographie eine Umstellung an den Anfang des Buches und eine Vereinfachung erfahren, wodurch es auch dem Verständnis weiterer Kreise zugänglich geworden ist. Diese Umarbeitung wird einem bayerischen Kollegen, Gymnl. Dr. Claufs in Frankenthal verdankt. Trotz der begreiflicher Weise sehr gestiegenen Herstellungskosten hat sich der

Preis des Buches nur um 1 Mk. erhöht, so dafs es in Rücksicht auf seinen Umfang, die gediegene Ausstattung und die zahlreichen illustrativen Beigaben als aufserordentlich billig bezeichnet werden mufs. Wenn Herausgeber und Verleger in der Vorrede die Hoffnung aussprechen, es möge das Buch in seiner jetzigen erweiterten Form den Schülern anziehend genug erscheinen, um ein dauerndes Besitztum ihrer Bibliothek zu bilden, und es möge ferner auch im Hause heimisch werden als ein zuverlässiges, leicht lesbares und in angenehmer Form belehrendes Nachschlagebuch und Handbuch, so kann man angesichts des Wertes und der Bedeutung des vorliegenden Werkes diese Hoffnung durchaus als eine wohlbegründete bezeichnen.

Bilder-Atlas zur Zoologie der niederen Tiere. Mit beschreibendem Texte von Prof. Dr. William Marshall. Mit 292 Holzschnitten nach Zeichnungen von F. Etzold, R. Koch, H. Morin, G. Mützel, E. Schmidt, J. Schmidt u. a. Leipzig u. Wien. Bibliographisches Institut 1899. In Leinwand gebunden 2,25 Mk. Die bisher im Verlage des Bibliographischen Institutes veröffentlichten zwei geographischen und drei zoologischen Bilderatlanten haben dank ihrer ausgezeichneten Abbildungen sowohl wie der Klarheit und Übersichtlichkeit des begleitenden Textes sehr rasch Verbreitung gefunen und sind von den meisten deutschen Regierungsbehörden zur Anschaffung empfohlen worden. Die gleichen Vorzüge besitzt der vorliegende Bilderatlas zur Zoologie der niederen Tiere. Derselbe erweist sich besonders deshalb als sehr nützlich, weil ja diese niederen Lebewesen zum grofsen Teile dem einzelnen gar nie zu Gesicht kommen, wenigstens nicht lebend, so dafs der Einblick in diese Welt der niederen Tiere, den der Atlas auf 4 Bogen Text und durch 292 Holzschnitte gewährt, Schule und Haus in gleicher Weise zu gute kommt. Es versteht sich wohl von selbst, dafs in Rücksicht auf die ungeheuere Zahl der wirbellosen Tiere (allein zwischen 150 000—200 000 Käfer) eine kluge Auswahl getroffen werden mufste, die den einheimischen Tieren soviel wie möglich den Vorzug gibt. Deshalb wird dieser Bilderatlas namentlich unseren jungen Schmetterlings- und Käfersammlern sehr willkommen sein.

Bruno Garlepp, Durch Steppen und Tundren. Erzählung aus Südrufsland und Ostsibirien. (Für die reifere Jugend.) Mit farbigem Titelbild und 6 Tonbildern nach Zeichnungen von Joh. Gehrts. Leipzig, Ferd. Hirt u. Sohn, 1898. Prachtband 5 M., geheftet 3.50 M. — Wie aus der Vorrede zu entnehmen ist, beabsichtigt der Verfasser eine Reihe von Jugendschriften zu veröffentlichen, welche den Gesamttitel „Jenseit der Grenzpfähle" führen und Kulturbilder aus uns noch weniger bekannten, wenngleich der Bildung offenen Ländern, besonders Europas, in einzeln käuflichen, selbständigen Bänden veröffentlichen sollen. Das vorliegende Werk bildet den ersten Band dieser Reihe; es schildert das wundersame Leben der Natur wie der Menschen in den endlosen Steppen Südrufslands und den noch traurigeren Tundren von Ostsibirien. Eingekleidet ist die Schilderung in eine Erzählung von einem gebildeten, aber plötzlich verarmten jungen Russen, der mit seinem treuen Diener den Spuren seiner Schwester und deren Freundin folgt, welche sich in die südrussischen Steppen verlieren. Eben wie er ihren Aufenthaltsort aufgespürt hat, mufs er erfahren, dafs sie mit einem Kirgisen entflohen sind; die weitere Verfolgung der Spuren der Entflohenen führt ihn dann nach Ostsibirien. Wenn es auch an einzelnen Unwahrscheinlichkeiten, Mängeln der Motivierung und unvorhergesehenen Überraschungen nicht fehlt, so ist das Ganze doch ziemlich geschickt aufgebaut und spannend erzählt; nur fällt der letzte Teil der Erzählung dadurch etwas ab, dafs der Held der Geschichte nach der endlichen Auffindung seiner Schwester bei den Kirgisen in Jakutsk noch Monate lang wegen der vorgerückten Jahreszeit festgehalten ist. Der Verfasser braucht eben diese Zeit, um die Jagdzüge und sonstigen Abenteuer in Ostsibirien zu schildern; diese Kulturbilder und Schilderungen aus den südrussischen Steppen wie aus Sibirien sind sehr gut gelungen, sie sind den zuverlässigsten Werken über jene Gegenden entnommen, und zeichnen sich durch grofse Anschaulichkeit aus. Der Verfasser mag also Recht haben, wenn er sich von seinem Buche auch einigen Nutzen verspricht; wir glauben, dafs es sich für die Schülerlesebibliotheken der 4. und 5. Klasse vorzüglich eignet.

IV. Abteilung.

Miszellen.

30. Jahresversammlung des Vereins pfälzischer Gymnasial-lehrer zu Neustadt a. H.
am 14. Mai 1899.

Vorsitzender: Gymnasialrektor Müller, Schriftführer: Gymnasialprofessor Roth und Georgii in Neustadt, Beisitzer: Roth, Rektor des Progymnasiums Dürkheim.

Um 11 Uhr eröffnet der Vorsitzende die Versammlung und gibt zunächst dem Bedauern Ausdruck, dafs Gymnasialrektor Hahn in Zweibrücken durch seine Gesundheitsverhältnisse abermals verhindert ist, die Versammlung zu leiten und knüpft daran die innigsten Wünsche für seine baldige, vollständige Genesung. Sein Willkommgrufs an die zahlreich erschienenen Mitglieder gilt insbesondere denjenigen Herrn, die in der Pfalz neu und zum erstenmal hier erschienen sind, wie den Amtsgenossen von Ludwigshafen, denen er ein herzliches Glückauf zuruft. Hierauf versichert er sich der Zustimmung der Versammlung zur Anwesenheit der Lehramtspraktikanten vom hiesigen pädagogischen Seminar, welche sehen sollen, wie hier kollegiales Zusammensein nicht blofs in engeren, sondern auch in weiten Kreisen gepflegt wird. Sodann konstatiert er die erfreuliche Thatsache, dafs durch den Tod in diesem Jahre keine Lücke entstanden ist und übermittelt der Ver-sammlung die von Oberstudienrat Gymnasialrektor Dr. Markhauser und Gymnasialrektor Dr. Ohlenschlager-München telegraphisch eingelaufenen Grüfse.

Über den Stand der Kasse wird mitgeteilt, sie leide an chronischem Über-flufs, mit den heute eingehenden Beiträgen sei sie auf etwa 300 M. angeschwollen, weshalb von einer Beitragserhebung im nächsten Jahre abgesehen werden könne. Die Rechnung liegt zur Einsicht auf.

Schliefslich wird noch bekannt gegeben, dafs der Vorstand des Cäcilien-vereins in liebenswürdiger Weise für die auswärtigen Herrn Kollegen Eintritts-karten zur Abendaufführung des Haydn'schen Oratoriums „Die Jahreszeiten" zur Verfügung gestellt hat. Auf dem Programm sind 4 Vorträge angekündigt. Gymnasialprofessor Dr. Martin in Neustadt wird sich mit seinem Vortrag: Zur Behandlung des erdkundlichen Unterrichts in der 1. Klasse zu Gunsten der auswärtigen Herrn gerne in Reserve stellen. Gymnasialrektor Müller schlägt vor, wenn die Zeit reiche, die 3 ersten Vorträge in der Reihe, wie sie im Programm stehen, anzuhören. Da kein Widerspruch erfolgt, erteilt er dem Gymnasiallehrer Götz-Edenkoben das Wort zu seinem Vortrag: Ein neuer Weg zur Lösung des Hamletproblems.

Der Vortragende geht davon aus, dafs das Stück notwendig in engster Beziehung zum Dichter stehe, aber nicht blofs so, dafs es sein dichterisches, religiöses und schauspielerisches Glaubensbekenntnis enthalte, sondern dafs durch das ganze Stück das Seelenleben des Dichters zur dramatischen Darstellung ge-lange. Zum Beweis werden zunächst die vielbesprochenen Verse am Schlusse des I. Aktes angezogen:

„Die Zeit ist aus dem Gefüge; o böse Tücke des Schicksals,
    dafs ich je geboren ward, sie zurechtzurücken!"

Diese Worte sind viel zu weitgreifend für die engen Verhältnisse des Dänen-prinzen; vielmehr ist derjenige, der selber ein anderes, das harmonische Weltbild in sich trägt, an dem gemessen die Erscheinungswelt als Zerrbild erkannt wird, niemand anders als der Verfasser Hamlets selbst.

Nun schreitet der Vortragende zur näheren Fixierung seiner These:

Das vielgestaltige innere Wesen des Dichters ist auf die Personen des Stückes als Träger von Gemütselementen verteilt, die wechselvollen Vorgänge in seiner Seele sind durch dramatische Aktionen symbolisiert. Bei dieser genialen Symbolik ist für den Forscher gröfste Vorsicht und genaueste Abwägung eines jeden Wortes des Dichters geboten. Besonders fruchtbar für die Erkenntnis des Stückes sind die Monologe. Der schwierigste unter diesen wird einer besonderen Besprechung unterzogen. Der Vortragende fafst die Worte:

,To be or not to be, that is the question.'

in dem Sinne:

„Soll das für äufsere Eindrücke so empfindliche, so leicht zu irritierende und so wenig zu konsequentem Handeln geeignete Hamletelement immer in Shakespeare bleiben oder nicht?"

Bleibt es in voller Wirksamkeit, so heifst es für Shakespeare ewig „dulden", gelingt die Bewältigung desselben, so wird der beste Teil vom Geiste Shakespeares abgetötet oder im allerbesten Falle in künstlichen Schlaf gezwungen. Aber wird dieser erzwungene Tódesschlaf des unruhevollen, aber so edlen Empfindens, wie es aus der Existenz des Hamletelementes resultiert, für immer durchzuführen sein? Wird, anders gefragt, Shakespeare immer die Waffen des Willens gegen die Tücken der Welt und ihre verwirrende Wirkung auf ihn zur ausreichenden Verfügung haben? Hamlet-Shakespeare kennt sich zu gut, um darauf mit „ja" zu antworten. Traumhaft beunruhigend wird das unterdrückte Hamletelement sich doch Geltung verschaffen und der Dichter mufs sich eingestehen: mangelnde natürliche Festigkeit durch Willenskraft ersetzen zu wollen, um dann die Aufgabe der Bekämpfung erniedrigender böser Elemente auf sich nehmen zu können, ist vergebliche Arbeit.

Hilft nun die Willenskraft nicht zur Lösung von Hamlets Aufgabe, so bliebe noch der Weg einer aus Shakespeares Natur hervorgehenden inneren Erhebung. Eine solche tritt zwar ein, und wird noch durch die erhabene Idee, den Menschen durch Mitteilung des eignen höchstmoralischen Denkens zu bessern, beflügelt, aber auf die Erhebung folgt Niedergeschlagenheit, die durch die Erkenntnis, dafs alles höhere Moral bezweckende dichterische Streben umsonst ist, noch verstärkt wird. Diese Niedergeschlagenheit flacht sich gegen Ende des Stückes in vollständige Gleichgültigkeit aus.

Schliefslich sucht der Vortragende den in dem Stücke mehrfach vorkommenden Gebrauch des Giftes psychologisch-symbolisch zu deuten. Gift ist ein Körper, der die Lebensthätigkeit eines andern teilweise oder ganz aufzuheben vermag, in dem Drama bedeutet es eine Denkart, die eine andere zersetzt. Wie das selbst-, ehr- und genufssüchtige Denken des Claudius das naive, kraft- und phantasievolle und zugleich tiefreligiöse Denken des alten Hamlet zersetzt hat, so reiben sich, wie es der Dichter in einer tiefliegenden, weil aus dem Verlaufe des Stückes zu deutenden Symbolik dargethan hat, in dem äufserst lebhaft gehaltenen Schlusse des Dramas die noch übrigen Hauptelemente gegenseitig auf.

Erst nach diesem Ausscheiden dieser hemmenden Elemente kann der physisch zarte, aber geistig energievolle und rücksichtslose Fortinbras in Shakespeares Seele seine Herrschaft antreten, und Shakespeare schafft seine Riesendramen: Othello, Lear und Makbeth.

Die physiologischen Unterströmungen im Innern Shakespeares, die selbstverständlich für die Entwicklung des Dichters von gröfster Bedeutung sind, und auf die sich verschiedene Andeutungen im Stücke beziehen, gehören in das dem Vortragenden fremde Gebiet der Medizin und entziehen sich in ihren tieferen Ursachen wohl überhaupt einer wissenschaftlichen Erklärung, dafür aber haben wir in den Werken Shakespeares offenbare Ausflüsse der in dem Drama symbolisch zur Darstellung gebrachten Gemütslagen des Dichters.

Der Vorsitzende bemerkt zur Eröffnung der Diskussion, die weitgreifende Symbolisierung im Vortrag des Herrn Kollegen werde gewifs bei manchem der Anwesenden nicht ohne Widerspruch bleiben und erteilt das Wort Gymnasialrektor Dreykorn-Landau. Dieser führt aus: Den Vortrag eingehend zu besprechen würde mehr Zeit verlangen als der Vortrag selbst erfordert hat. Die Anschauung, dafs in den Dramen der Dichter Zeugnisse ihres eigenen Lebens und Denkens gegeben sind, ist natürlich sehr verlockend. Der gröfsere Dichter schafft ja gewifs aus dem gleichen Stoff Gewaltigeres als ein geringerer, von seinem eigenen Geiste strömt es ein auf die Charaktere seiner Dramen. Aber die rechte Anschauung von dramatischer Kunst ist doch die: „Das Leben packt den Dichter, dafs er seine Auffassung in plastischen Gestalten aus sich herauszusetzen gezwungen ist", nicht: Der Dichter symbolisiert in dramatischen Charakteren mit kunstvoller Verhüllung sein Innenleben; denn er reflektiert nicht mit ordnendem Verstand, er schafft unmittelbar. Durch die im Vortrag gegebenen Ausdeutungen wird Shakespeare zu einem merkwürdigen philosophischen Kopf gestempelt, der nur eben nicht in der Form eines Lehrbuchs seine Gedanken der Welt kund geben will, sondern hinter leere Symbole versteckt. Aber es ist nicht so, seine Dramen sind nicht Symbole seines Lebens, sondern Schöpfungen seines Genius, freilich von seinem Herzblut genährt. Aber was würde Shakespeare, wenn alle seine Gestalten er selbst wäre? „Ich lasse mir bei allem Dank für den Vortrag meinen Shakespeare nicht nehmen durch den Vortrag."

Gymnasialrektor H a m m e r - S p e y e r stellt den Antrag auf Schlufs der Debatte. Der Vorsitzende spricht dem Kollegen für den tiefdurchdachten, geistreichen Vortrag den Dank der Versammlung aus unter allgemeiner, in lebhaftem Beifall sich äufsernder Zustimmung. · Hierauf referiert Gymnasialprofessor Dr. W u n d e r e r - Z w e i b r ü c k e n über seine Eindrücke vom Berliner archäologischen Ferienkurs im April d. J. Sein Vortrag ist im heurigen Jahrgang dieser Blätter S. 667—671 gedruckt erschienen, sodafs wir uns wohl begnügen können, darauf zu verweisen. Auch ihm spricht Gymnasialrektor M ü l l e r für seinen vieles Neue bietenden Vortrag den Dank der Versammlung aus. Zuletzt gibt Gymnasialprofessor Dr. Z i m m e r e r - L u d w i g s h a f e n einen gedrängten Bericht über seine gemeinsam mit Roman Oberhummer-München durchgeführte Forschungsreise in Syrien und Kleinasien, speziell im kappadokischen Höhlenlande zwischen Kaisarieh und Konia 1896 auf 97. Der Zeitpunkt der vorbereiteten Reise schien ungünstig gewählt: von Ägypten her drohte die Cholera, im Ostjordanland wütete der Drusenaufstand, die Armeniermorde hatten eben begonnen. Allein gerade die Gefährlichkeit der politischen Zeitverhältnisse erwies sich den kühnen Forschern am förderlichsten: der kaiserliche Ferman, der ihnen durch die deutsche Botschaft in Konstantinopel sowie durch die besondere Verwendung des Ehrenpräsidenten der Münchener geographischen Gesellschaft, Sr. K. Hoheit des Prinzen Ludwig, ausgewirkt war, that seine Dienste. Jeder Pascha, Mutessarif und Kaimakam war eifrigst bestrebt, durch baldmöglichste Weiterbeförderung der beiden Reisenden sich der unangenehmen Verantwortung für ihr Leben zu entledigen. So ritten sie im Hochsommer 1896 bei einer durchschnittlichen Temperatur von 40° C. von Damaskus längs des Libanon durch die syrische Wüste an das Meer; sie kamen über das Schlachtfeld von Issus, über den Taurus, über den einst Alexander und vor ihm die Griechen Xenophons nach Kilikien heruntergestiegen waren und gelangten nunmehr bald an ihr eigentliches Arbeitsfeld im Innern Kleinasiens, Kappadokien. Hier zeigte sich denn bald, wie richtig der inzwischen verstorbene Kiepert, der Meister der anatolischen Kartographie, die Reisenden beraten hatte. Noch von München aus hatte der Vortragende sich an ihn gewandt; der 80jährige hatte sofort geantwortet, ein eigenhändiges Croquis gesandt, und seiner Freude Ausdruck gegeben, dafs nun auch Deutsche in dies bisherige Pachtgebiet der englischen und französischen Forschung vordrängen. Sein Gutachten aber hatte gelautet: ob die Reise archäologische Ausbeute gewähren werde, sei Glückssache. Ein sicheres und wertvolles wissenschaftliches Ergebnis aber würde gewonnen, wenn der bisher nur schätzungsweise bekannte Mittellauf des Halys (j. Kysyl-Yrmak) endlich einmal mit genauen Mefsinstrumenten bestimmt werde. In der That, die archäologischen Funde waren gering. Es war ein Agrikulturland mit reichentwickelter Viehzucht, mit Getreide- und Weinbau, das die Reisenden betraten. Um nur einige Photographien der verblafsten byzantinischen Wandmalereien zu bekommen, mufsten die Reisenden oft die türkischen Bauern dazu bewegen, ihre Scheuern, uralte Felsmagazine bezw. ehemalige Höhlen und Kultstätten, auszuräumen. Hierauf begann der Feldzug an den Halys. Kieperts

Rat trug seine Früchte. Übrigens war in dieser Gegend auch die numismatische
Ausbeute nicht unerheblich und die Inschriftenfunde befriedigend. Man gelangte
an den Salzsee Tusgoel und zum Hassandagh. Ein Ausflug nach Kaisarieh, wo
wenige Monate vorher 9000 Armenier niedergemacht worden waren, schloſs
sich an; dann ging es hinauf zum Argäusgebirge und nach Talas, Ürgüb und
Newscheher. Doch auch nur annähernd den Streifzügen zu folgen, von denen
der Herr Vortragende in packender Anschaulichkeit erzählte, ist uns hier
nicht möglich. Erschöpfenden Aufschluſs kann jeder in dem Reisebericht sich
erholen, den das stattliche Buch in vornehmster Ausstattung enthält, über das
Kollege Heisenberg bereits in diesen Blättern berichtet hat (s. oben S. 765 ff.
dieses Jahrganges). Wir heben hier nur einen Umstand noch hervor, der auch
in der Versammlung freudigen Widerhall fand. Die nachdrückliche Betonung
der dominierenden Stellung, die deutsche Intelligenz und deutsches Kapital in
Kleinasien heute einnimmt. Die anatolische Eisenbahn ist deutsch; das bekamen
nicht nur die beiden deutschen Forscher in liberalster Weise zu verspüren, — damit
ist den Deutschen zur wirtschaftlichen Entschlieſsung Kleinasiens die Vorhand
gesichert. Kleinasien mit seinem günstigen Klima, mit seinem Bodenreichtum
und seiner Fruchtbarkeit ist das hoffnungsreichste Zukunftsland für deutsche
Kolonisation. Lebhafter Beifall lohnte den Redner, dessen Vortrag, wie Rektor
Müller fein bemerkte, einen Abglanz von dem Feuer und der Energie gegeben
habe, mit welcher er drauſsen im unbekannten Land Gefahren und Schwierigkeiten
überwunden. Nachzutragen haben wir noch, daſs durch aufgelegte Karten, Photographien und Pläne für die Veranschaulichung des Berichts reichlich gesorgt war.
    Um 1 Uhr schloſs die von etwa 60 Mitgliedern besuchte Versammlung. Der
Vorsitz für die nächsten 2 Jahre geht definitiv auf Zweibrücken über. Als Ort
der nächstjährigen Versammlung wird vom Vorsitzenden Kaiserslautern vorgeschlagen und ohne Widerspruch acceptiert.

Neustadt a. H., im Oktober.   F r i e d r i c h R o t h.

Prüfungsaufgaben 1899.

I. Absolutorialaufgaben an den Progymnasien.

Übersetzung aus dem Deutschen in das Lateinische (3 Stunden).

Der Belege dafür, wie viel den Römern an dem Gedeihen und an der Erhaltung des Staates gelegen war, gibt es sehr viele. Es wäre zu weitläufig, hier
deren mehrere vorzuführen; daher sei nur einer erwähnt.
    Im Jahre 216 v. Chr. stellte sich dem in Italien eingedrungenen siegreichen
Feldherrn Karthagos, dem berühmten Hannibal, ein echter Römer entgegen, nämlich L. Ämilius Paullus, damals das zweite Mal zum Konsul erwählt, gleich ausgezeichnet durch kluge Besonnenheit wie durch thatkräftigen Eifer, zum Feldherrn
wie zum Staatsmann geeignet wie kaum ein anderer. Befürchtete auch ganz Rom
einen Angriff des Feindes auf die Hauptstadt, manche sogar den völligen Untergang des Staates, so lieſsen doch Ämilius und seine treuen Anhänger den Mut
nicht sinken. Freilich erfolgte trotz aller Klugheit des Ämilius die schreckliche
Niederlage bei Cannä, allein keineswegs durch die Schuld unsers Feldherrn,
sondern durch die des Mitkonsuls G. Terentius Varro, der mehr verwegen als
besonnen ganz wider des Ämilius Willen die Schlacht annahm. An 70000 Mann
fanden in ihr auf seiten der Römer den Tod. Kaum (nescio an) gab es in Rom
eine Familie, die nicht den Verlust irgend eines der Ihrigen zu betrauern gehabt
hätte. Leider verlor in ihr bekanntlich auch Ämilius Paullus nach heldenhaftem
Kampfe sein Leben. Mit vollem Rechte gilt von ihm das Wort des Dichters
Horatius, er habe bei dem Siege (supero) des Karthagers seine groſse Seele preis-
gehend (prodigus) das Leben für das Vaterland geopfert.
    Aber auch der römische Senat zeigte sich gerade im Unglücke in seiner
Gröſse. Weit entfernt, die 8000 Mann, welche Hannibal nicht etwa in offener
Feldschlacht oder auf der Flucht (fugio) vor der Gefahr des Todes, sondern im
feindlichen Lager zurückgelassen gefangen genommen hatte, um einen wenn auch

nur geringen Preis loszukaufen, beschlossen die Väter vielmehr, den Antrag abzulehnen, damit den Soldaten Roms tief eingeprägt bleibe, sie hätten entweder zu siegen ·oder zu sterben. _____

Übersetzung aus dem Deutschen in das Französische (1½ Stunden).

Das Pferd und die Austern (huitre, f.).

Eines Tages kommt ein Reisender (voyageur, m.) in einem Wirtshause (auberge, f.) an und findet keinen Platz vor dem Herde (foyer, m.) Da (alors) befiehlt er dem Kellner (garçon, m.), seinem Pferde 100 Austern zu geben. „Frifst denn Euer Pferd Austern?“ fragt der Kellner. „Versuch nur (donc) ihm welche zu geben“ (de lui en donner), sagt (dit) der Reisende.

Sofort gehen alle Leute (tous les gens) hinaus (sortent), um dieses Wunder (merveille, f.) zu sehen und lassen den Platz vor dem Herde leer (vide). Der Reisende setzt sich dort hin (s'y assied) und wärmt (réchauffer) seine erstarrten (engourdi) Glieder. Aber kaum sitzt er (est-il assis), als (que) der Kellner die Austern bringt und sagt, dafs das Pferd sie nicht anrühren wolle (ne veut pas les toucher). „Nun gut!“ sagt der Reisende, „dann werde ich selber die Austern essen.“

Deutsche Ausarbeitung (3 Stunden).

1. Welche Beispiele hervorragender Vaterlandsliebe treten in der griechischen Geschichte auf?
2. Die Macht des Gesanges nach gelesenen Dichtungen Schillers und Uhlands.
3. Der Nutzen der Schiffahrt.

Übersetzung aus dem Deutschen in das Griechische (2 Stunden).

Arion[1]), als Zitherspieler[2]) keinem unter seinen Zeitgenossen nachstehend, bekam, nachdem er sich lange Zeit bei Periander, dem Tyrannen von Korinth, aufgehalten, einst Lust, nach Italien und Sicilien zu fahren; denn er hoffte, dort glänzenden Ruhm und grofse Schätze zu erwerben. Als er nun erreicht hatte, wonach er strebte, und wieder nach Korinth zurückzukehren gedachte[3]), mietete er zu Tarent ein Fahrzeug[4]) von Leuten aus Korinth, da[5]) er diesen mehr traute als andern. Diese aber merkten bald, dafs[6]) Arion im Besitze grofser Schätze war, und schmiedeten auf dem hohen Meere[7]) den Plan[8]) ihn über Bord zu werfen[9]), um[10]) selbst sich der Schätze zu bemächtigen[11]). Da jener dies vorher wahrnahm[12]), gab[13]) er ihnen seine Schätze preis, bat[14]) aber um sein Leben[15]). Aber sie hörten nicht auf ihn aus Furcht, wenn[16]) sie ihn lebend zurückbrächten[17]), möchte[18]) er sie später anzeigen[19]), sondern forderten ihn auf, entweder sich zu töten[20]), wenn er eine Beerdigung[21]) zu erlangen wünsche, oder alsbald ins Meer zu springen[22]). Da[23]) nun bat Arion die Schiffer, wenn er denn schon[24]) sterben müsse[25]), doch wenigstens[26]) zu gestatten, dafs er in[27]) seinem ganzen Schmucke auf den Ruderbänken[28]) stehend singe; nachdem er gesungen, versprach er sich zu töten. Und die Schiffer kam[29]) die Lust[30]) an, den besten Zitherspieler in der Welt[31]) zu hören. Arion aber legte seinen Schmuck an, ergriff die Zither[32]), stellte sich auf die Ruderbank und trug[33]) eines seiner schönsten Lieder[34]) vor; als er damit fertig war[35]), warf er sich ins Meer. Jene nun fuhren weiter[36]) nach Korinth; Arion aber, den ein Delphin aus Lust an seinem Gesange auf den Rücken genommen hatte[37]), wurde nach Tänaron getragen. Ans Land gestiegen[38]), wanderte er mit seinem Schmucke nach Korinth;

---

[1]) Ἀρίων, ονος [2]) κιϑαρῳδός [3]) διανοέομαι [4]) πλοῖον [5]) ἅτε mit Particip [6]) Particip [7]) ἀνάγεσϑαι [8]) ἐπιβουλεύειν [9]) ἐκβάλλειν [10]) βούλομαι [11]) κατέχειν (Aor.) [12]) προγιγνώσκειν [13]) πρόειμι [14]) παραιτέομαι [15]) ψυχή [16]) ἐάν [17]) κατάγειν [18]) μή mit Opt. [19]) μηνύω (Aor.) [20]) διαχρῆσϑαι (Aor.) [21]) τάφος [22]) Aor. [23]) ἔνϑα [24]) εἴπερ [25]) Ind. [26]) ἀλλὰ . . γέ [27]) ἐνδύομαι [28]) ζυγόν [29]) εἰσέρχεσϑαι [30]) πόϑος [31]) ἄνϑρωπος [32]) κιϑάρα [33]) ᾄδω [34]) ᾆσμα [35]) παύω [36]) ἀποπλέω [37]) ἀναλαμβάνω [38]) ἀποβαίνειν

dort angelangt unterrichtete er den Periander von allem Vorgefallenen. Sobald nun die Schiffer eingelaufen waren, rief sie Periander zu sich und fragte sie, ob sie etwas von Arion wüfsten. Als sie aber sagten, sie hätten ihn im besten Wohlsein[39]) zu Tarent verlassen, trat Arion, so wie er aus dem Schiffe gesprungen war, vor sie und erschreckte die Übelthäter dermafsen, dafs[40]) sie überführt[41]) nicht mehr zu leugnen[42]) vermochten und zum Tode verurteilt wurden.

Aufgaben aus der Mathematik (3 Stunden).

1.

Zwei Kapitalien verhalten sich wie 3 zu 4. Die Hälfte des ersten und ein Drittel des zweiten Kapitals sind zu $8\frac{1}{2}\%$, die Reste beider Kapitalien je zu $3\frac{3}{4}\%$ ausgeliehen. Der gesamte Zinsertrag im Jahre ist $766\frac{1}{4}$ $\mathcal{M}$. Wie grofs sind beide Kapitalien?

2.

Der Ausdruck

$$\frac{\sqrt{11} + \sqrt{13}}{\sqrt{15} + \sqrt{17}} + \frac{\sqrt{17} + \sqrt{15}}{\sqrt{13} + \sqrt{11}},$$

soll von den in den Nennern befindlichen Wurzeln befreit und hierauf auf 3 Dezimalen ausgewertet werden.

3.

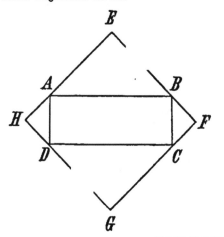

In beistehender Figur sind über den Seiten des Rechtecks $ABCD$ gleichschenkelig-rechtwinkelige Dreiecke errichtet. Man beweise, dafs die aus sämtlichen Katheten sich zusammensetzende Figur

$$AEBFCGDH$$

ein Quadrat ist; man drücke ferner die Fläche desselben durch die Seiten des Rechtecks, welche die Längen m und n haben, aus.

II. Absolutorialaufgaben an den humanistischen Gymnasien.

Aufgabe zum Übersetzen aus dem Deutschen in das Lateinische (4 Stunden).

Kaum möchte jemand eine treffendere Schilderung von dem gewaltigen Einflufs des Sokrates auf die athenischen Jünglinge gegeben haben als Plato im Gastmahl, in welchem er dem Alkibiades ungefähr folgende Worte in den Mund legt.

„Ich behaupte, Sokrates habe mit dem Satyr Marsyas eine merkwürdige „Ähnlichkeit, indem er ihm nicht nur äufserlich gleich sieht, sondern auch wie „dieser die Menschen bezaubert, nur dafs er ohne Flöten mit blofsen Worten „dieselbe Wirkung hervorbringt. Hören wir von anderen Männern Reden, so „macht sich niemand von uns viel daraus; sobald wir dagegen Sokrates hören, „fühlt sich jeder von Begeisterung ergriffen. Mir wenigstens pocht weit mehr „als den Korybanten das Herz und ein Thränenstrom ergiefst sich aus den „Augen; auch sehe ich, dafs es sehr vielen anderen ebenso ergeht. Als ich

---

[39]) εὖ πράττειν [40]) ὥστε mit Iud. [41]) ἐξελέγχω [42]) ἔξαρνος γίγνεσθαι.

„einst Perikles und andere bedeutende Redner hörte, fiel mir zwar die Schönheit
„und Kraft ihrer Rede auf; aber niemals ist meine Seele dadurch so erschüttert
„worden, dafs ich mir unmutsvoll die Fehler in meinem bisherigen Lebenswandel
„vorgeworfen hätte. Hingegen dieser Marsyas hat mich schon oft in eine
„Stimmung versetzt, dafs ich glaubte, es lohne sich nicht zu leben, wenn ich
„so bliebe wie ich wäre, weil er mich zu dem Geständnis zwang, dafs ich, dem
„noch so viele schlimme Fehler anhaften, meine eigene Besserung vernachlässige,
„während ich bereits die öffentlichen Zustände Athens zu bessern trachte. Auch
„ist er der einzige von allen Menschen, vor dem ich Grund habe mich zu
„schämen; denn ich bin mir bewufst niemals im stande zu sein ihm in seinen
„Erörterungen über das, was zu thun des Menschen Pflicht ist, zu widersprechen;
„aber gehe ich von ihm weg, so bin ich den Ehrenerweisungen des athenischen
„Volkes gegenüber schwach genug, um seiner weisen Lehren uneingedenk zu
„sein. Daher fliehe ich ihn, so viel ich kann, und so oft ich ihm unter die
„Augen komme, ergreift mich das beschämende Gefühl meinen eigenen Zu-
„geständnissen zuwider gehandelt zu haben. Oft würde ich es gerne sehen,
„wenn er nicht mehr auf der Welt wäre, und doch — träte dieser Fall ein, so
„würde ich mich noch viel mehr betrüben als wenn er mir die bittersten Vor-
„würfe über meine Lebensweise machte. Einem Unkundigen und Unverständigen
„müssen die Reden des Sokrates, da er von nichts als von Handwerkern spricht,
„anfangs ebenso lächerlich vorkommen als der äufsere Anblick eines Satyrs.
„Sobald aber jemand in den tieferen Sinn seiner Reden dringt, wird er wahr-
„nehmen, dafs sie die herrlichsten Tugendbilder in sich enthalten und auf alles
„Bezug nehmen, wornach jeder streben mufs, der ein edler und tugendhafter Mensch
„werden will.“

Aufgabe aus der katholischen Religionslehre (2 Stunden).

I. Aus dem Lehrstoffe der 9. Klasse.

Was versteht man unter Materialismus und wie wird dessen Unvernünftigkeit
dargethan?

Die menschliche Seele ist ein Geist, ausgestattet mit Vernunft und freiem
Willen, sowie mit Unsterblichkeit. Dieses ist zu beweisen und zu zeigen, inwiefern
dadurch der Mensch Gott ähnlich ist.

II. Aus dem Lehrstoffe der 8. Klasse.

Worin besteht das sichtbare Zeichen und die unsichtbare Gnade der
hl. Ölung? Beweis, dafs sie ein von Christus eingesetztes Sakrament ist.

**Aufgabe aus der protestantischen Religionslehre für die humanistischen Gymnasien
im rechtsrheinischen Bayern** (2 Stunden).

I. Aus dem Lehrstoffe der 9. Klasse.

Es ist der geschichtliche Nachweis für die Gewifsheit der Auferstehung
Jesu Christi von den Toten zu erbringen und anzugeben, worin die Bedeutung
dieser Thatsache für Christus selbst und für seine Gläubigen besteht, namentlich
welche Hoffnung sie letzteren in Bezug auf ihr eigenes Leben nach dem Tode bietet?

II. Aus dem Lehrstoffe der 8. Klasse.

Diejenige Richtung innerhalb der evangelischen Kirche, welche man
Orthodoxie nennt, ist mit Angabe ihrer Vorzüge und Schattenseiten zu be-
schreiben. Desgleichen ist anzugeben, was man unter Pietismus versteht, wer
seine Hauptvertreter sind, welchen Gewinn das kirchliche Leben dieser Richtung
verdankt und inwiefern auch sie entartete?

**Aufgabe aus der protestantischen Religionslehre für die humanistischen Gymnasien
im Regierungsbezirke der Pfalz** (2 Stunden).

Die evangelische Lehre von der Kirche, ihrem Wesen und ihren Eigenschaften
ist darzulegen und die Pflichten des Christen gegen die Kirche sind zu beleuchten.

Deutsche Ausarbeitung (4 Stunden).

1. Welche besonders denkwürdigen Belege bietet die bayerische Geschichte für die Bewahrheitung des Wahlspruches „In Treue fest"?
2. Homer, ein wahrhaft nationaler Dichter, zugleich ein Dichter für alle Zeiten und Völker.
3. Mutter der Künste fürwahr, o Dichtkunst, bist du zu nennen. (Simrock.)
(Es bleibt der Prüfungskommission überlassen zu bestimmen, ob das gewählte Thema in Form einer Rede bearbeitet werden soll.)

Aufgabe zum Übersetzen aus dem Griechischen in das Deutsche (3 Stunden).

Λυκοῦργος Σπαρτιάταις αἴτιος ἐγένετο τῆς εἰς ἅπαν ἀρετῆς τε καὶ ἡγεμονίας, οὐδὲν ἄμεινον τῶν ἄλλων πάλαι διακειμένοις, οὐ μόνον ὅτι αὐτοῖς νόμους ἔθετο ἀρίστους, ἀλλὰ καὶ ὅτι ἄκοντας προυτρέψατο χρῆσθαι αὐτοῖς τρόπῳ τοιῷδε. δύο σκύλακας λαβὼν ἀπὸ τῆς αὐτῆς μητρὸς ἔτρεφε, χωρὶς δὲ ἀλλήλων ἀνομοίοις ἔθεσι, τὸν μὲν κατ' οἶκον, ὄψα τε διδοὺς καὶ τὴν ἄλλην λιχνείαν, τὸν δὲ ἐν κυνηγεσίοις θηρᾶν ἀναγκάζων καὶ στιβεύειν ἐν ὄρεσιν. ὡς δ' ἑκάτερος αὐτῶν ὅμοιος ἐγένετο τῇ τροφῇ. Σπαρτιάταις ἐκκλησιάζουσι πρὸς τοὺς περιοίκους πολέμου πέρι καὶ ἀμηχανοῦσι παραγαγὼν ἀμφοτέρους εἰς μέσον καὶ σὺν αὐτοῖς δόρκους τε καὶ ζωμοὺς καὶ ὄψα ἐσκευασμένα ἔλεξεν· ἀλλ' ὅτι μέν, ὦ Σπαρτιᾶται, τοῦ εὖ τε καὶ κακῶς πράττειν οὐκ ἄλλο ἐστὶν αἴτιον πλὴν τὸ ἔθεσι χρῆσθαι φαύλοις ἢ σώφροσι πάρεστιν ὑμῖν ὁρᾶν. οἵδε γέ τοι, τοὺς σκύλακας δείξας, τῆς αὐτῆς μητρὸς ὄντες, ἐναντίον δὲ ἀλλήλοις τεθραμμένοι, παρ' αὐτὸ τοῦτο ἀνόμοιοι ἐκβεβήκασιν. ὁ μὲν γὰρ θηρᾶν μαθών, ὁ δὲ λιχνεύειν οὐδὲν ἂν ἀντὶ τοῦδε, εἰ παρείκοι, ποιήσειεν. καὶ ἅμα προσέταξε τῷ κυνουλκῷ μεθεῖναι ἀμφοτέρους ἐπὶ τὰ ἡτοιμασμένα. τῶν δ' ὁ μὲν κατοικίδιος ἐπὶ τοὔψον ὥρμησεν, ὁ δὲ θηράτωρ ἐπὶ τὸν δόρκον καὶ καταλαβὼν ἐσπάραττεν. καὶ Λυκοῦργος πάλιν, ταῦτα, ἔφη, νομίσατε, ὦ Σπαρτιᾶται, καὶ εἰς ὑμᾶς τείνειν καὶ τοὺς ἄλλους πάντας ἀνθρώπους. ὁποίοις γὰρ ἂν ἔθεσι καὶ νόμοις χρῆσθε, τοιούτους ἀποβαίνειν ἀνάγκη πρός τε πόνους καὶ τρυφήν. πάντα γὰρ ἀνθρώποις μαθητὰ οἱ θεοὶ ἔδοσαν. ἔπεται δὲ τῷ μὲν πονεῖν ἐθέλειν τὸ ἐλευθέροις εἶναι καὶ τὸ εὖ πράττειν καὶ κρατεῖν πάντων, τῷ δὲ ἡδυπαθεῖν τό τε δουλεύειν καὶ κακουργεῖν καὶ μηδενὸς ἀξίοις εἶναι. ὁ μὲν τοιαῦτα λέγων προυτρέπετο τοὺς Σπαρτιάτας μεταβαλεῖν τε τὸν καθεστῶτα τρόπον τοῦ βίου καὶ βελτίοσι νόμοις ἐθισθῆναι, οἱ δὲ πεισθέντες οὐ τῶν περιοίκων μόνον, ἀλλὰ καὶ πάντων Ἑλλήνων διαφανῶς ἄριστοι ἐγένοντο ἡγεμόνες τε συνεχῶς, ἐξ ὅτου παρεδέξαντο τοὺς νόμους, ἐπὶ ἔτη πεντακόσια.

Aufgabe zum Übersetzen aus dem Deutschen in das Französische (2 Stunden).

Schon länger als ein Jahr hatte Eduard der Dritte, König von England, die Stadt Calais belagert, als die Bürger in ihrer Verzweiflung einen Ausfall (sortie, f.) gegen das feindliche Lager machten. Die Engländer setzten ihnen tapfern (vigoureux) Widerstand entgegen; nach einem langen und blutigen Gefechte ward der Graf von Vienne gefangen genommen und die Bürger, welche das Blutbad (massacre, m.) überlebt hatten, zogen sich in die Stadt zurück.

An die Stelle des gefangen genommenen Gouverneurs übergab man den Oberbefehl (commandement, m.) dem Eustache de Saint-Pierre, einem Manne von geringer (humble) Herkunft, aber erhabener Tugend. Dieser sah sich zur Übergabe (capituler) [der Stadt] genötigt, stellte jedoch die Bedingung, daß die Bewohner frei abziehen (sortir) dürften. Eduard war zu erbittert (exaspéré), um auf diese Bedingung einzugehen (accéder à). Er ließ durch Sir Walther Manny antworten, daß, obgleich sie durch ihren Verrat die Todesstrafe verdient hätten, er das Volk verschonen wolle, jedoch unter der Bedingung, daß man ihm sechs der vornehmsten Bürger ausliefere.

Diese Antwort verbreitete Schrecken und Angst auf den bleichen Gesichtern der Bürger, bis endlich Saint-Pierre an die Versammlung folgende Anrede richtete (faire une allocution): „Meine Freunde! Es bleibt uns nur ein Mittel übrig! Ist Einer hier, dem die Tugend teurer ist, als das Leben? Er biete sich zum (en) Opfer für die Erhaltung (salut, m.) seiner Mitbürger an!"

So sprach Eustache und ein allgemeines Stillschweigen folgte seiner Rede. Dann begann er wieder: „Es wäre eine Schmach für mich, von Anderen ein Opfer zu verlangen, dem ich mich selbst zu unterziehen (faire) nicht bereit wäre. Ich biete Euch mein Leben an. Wer will mir folgen?"

Aufgaben aus der Mathematik und Physik (4 Stunden).
a) Aufgaben aus der Mathematik.

1. Es ist ein Rechteck zu konstruieren, dessen Fläche 2 mal so groß ist als die Fläche eines gegebenen gleichseitigen Dreiecks, und dessen Umfang das $1\frac{1}{2}$fache des Umfangs des gleichseitigen Dreiecks beträgt.

2. Man werte den Ausdruck
$$\sin \alpha \, \sin \beta \, \sqrt{\operatorname{ctg}^2 \beta - \operatorname{ctg}^2 \alpha}$$
für die Winkel
$$\alpha = 54^\circ \, 10' \, 30'' \qquad \text{und} \qquad \beta = 42^\circ \, 37' \, 20''$$
aus und zwar
a) ohne Umformung,
b) nachdem der Ausdruck in eine für logarithmische Rechnung geeignete Form gebracht wurde.

3. Eine Kugel und ein gerader Kreiskegel haben gleichgroßen Rauminhalt. Von der Kugel kennt man den Halbmesser R, von dem geraden Kreiskegel kennt man den Winkel γ, welchen eine Seitenlinie mit der Kegelachse bildet. Man drücke die Gesamtoberfläche des Kegels durch die Größen R und γ aus! Man berechne ferner den Halbmesser der den Kegel halbierenden Kreisfläche!

b. Aufgabe aus der Physik.
Zur Auswahl seitens des Lehrers:
entweder a)

Ein Geschoß wird unter dem Winkel $\alpha = 29^\circ$ gegen den Horizont abgeschossen; dasselbe fliegt $t = 45^{\text{sek}}$ lang, bis es die Horizontalebene trifft. Mit welcher Geschwindigkeit verließ das Geschoß das Geschütz und wo trifft es die Horizontalebene, wenn von dem Widerstande der Luft vollkommen abgesehen wird?
$$g = 9{,}8 \text{ m.}$$
(Die Formeln für die Bewegung beim schiefen Wurfe sind abzuleiten.)

oder b)

Winkel B $= 60^\circ$ ist der brechende Winkel eines Glasprismas. In einer zur

brechenden Kante senkrechten Ebene verläuft ein Strahl SA einfarbigen Lichtes so, daß er das Prisma unter dem Einfallswinkel α trifft. Man konstruiere die Richtung des aus dem Prisma austretenden Lichtstrahles unter der Annahme, daß das Brechungsverhältnis zwischen Luft und Glas gleich $3 : 2$ ist. Zur Zeichnung kann BA $= 40$ mm $\alpha = 36^\circ$ gewählt werden.

(Die sauber ausgeführte Konstruktion ist zu erläutern.)

o d e r c)

Man beschreibe ein einfaches Telephon (ohne Mikrophon) und erläutere die Wirkungsweise desselben, indem man angibt, was im Telephone des Absenders und jenem des Empfängers vor sich geht, wenn vor dem Telephone eine Stimmgabel angeschlagen wird.

(Bezüglich der Auswahl vergleiche die begleitende Ministeral-Entschliefsung).

III. Absolutorialprüfung an den Realgymnasien.

Deutscher Aufsatz (4 Stunden).

1. Hat das deutsche Volk Ursache, mit Dank auf das ablaufende Jahrhundert zu blicken?
2. Nur in der eigenen Kraft ruht das Schicksal jeder Nation.
3. Das Meer als trennender und verbindender Faktor im Völkerleben.

Aufgabe aus der katholischen Religionslehre (2 Stunden).

I. Aus dem Lehrstoffe der 9. Klasse.

Kennzeichen der wahren Kirche Christi. Die katholische Kirche hat diese Kennzeichen, die Sekten haben sie nicht.

II. Aus dem Lehrstoffe der 8. Klasse.

Worin besteht das sichtbare Zeichen und die unsichtbare Gnade der hl. Firmung? Beweis, dafs sie ein von Christus eingesetztes, von der Taufe wesentlich verschiedenes Sakrament ist.

Aufgabe aus der protestantischen Religionslehre (2 Stunden).

I. Aus dem Lehrstoffe der 9. Klasse.

Wann, wie, von wem wurde die christliche Kirche gestiftet? Was ist die unerläfsliche Voraussetzung dieser Stiftung? Was sind die Eigenschaften, was die Aufgabe und was das Ziel der Kirche?

II. Aus dem Lehrstoffe der 8. Klasse.

Was versteht man unter natürlicher Religion? Worauf beruht sie? Was ist ihr Inhalt, ihr Umfang, ihre Grenze? Welche Dichtung unserer deutschen Nationalliteratur befafst sich mit ihr, und worin besteht der Irrtum dieser Dichtung?

Übersetzung in das Französische (3 Stunden).

Der Kaiser Ludwig der Bayer hatte in einer grofsen Schlacht seinen Gegner, Friedrich den Schönen, gefangen genommen und auf ein festes Schlofs gesetzt. Dort fand sich der unglückliche Friedrich von der ganzen Welt abgeschnitten; er hörte nichts von seinem treuen Weibe, nichts von seinem Bruder, der ihn so gerne befreit hätte. Er konnte sich jetzt nur in dem engen und düstern Schlofshofe Bewegung machen, während er sonst jeden Morgen auf seinem Rosse in den Wald gesprengt war (s'élancer à cheval) und Hirsche und Eber (sanglier, m.) gejagt hatte (poursuivre). Auch Kaiser Ludwig fühlte sich nicht glücklich. Er sagte sich, dafs es noch immer viele Leute gäbe, welche ihm den gefangenen Friedrich als Kaiser vorgezogen hätten.

Da erinnerte sich Ludwig, dafs Friedrich sein Jugendfreund gewesen war, bestieg sein Rofs und ritt (se diriger) nach dem Schlosse, auf welchem Friedrich gefangen fafs (être). „Mein alter Freund, willst Du frei sein?“ „Frei?“ antwortete Friedrich. „Und ich soll meine Gemahlin und meinen Bruder wiedersehen? Oh, dafür thäte ich alles.“

Nun eröffnete ihm Ludwig die Bedingungen, unter welchen er ihn freilassen wolle. „Wenn Du mir versprichst, wieder zu kommen, im Falle dafs Du Dein Versprechen nicht halten kannst, dann bist Du frei.“

Als nun Friedrich in seine Staaten zurückgekommen war, fand er es unmöglich, die Bedingungen zu erfüllen, welche Ludwig ihm gestellt hatte (poser). Seine Gemahlin war blind, sein Bruder war mit dem Bündnisse unzufrieden und machte ihm darüber Vorwürfe; es gab sogar Leute, welche behaupteten, ein solches Versprechen brauche man nicht zu halten. Aber Treue (loyauté, f.) und Eid galten ihm (= in seinen Augen) mehr, als alles andere; er riſs sich aus den Armen der Seinigen los und erschien vor Ludwig.

Dieser war so gerührt durch die Treue seines Freundes, daſs er rief: „Komm, Friedrich, wir wollen zusammen die Kaiserkrone tragen!"

Von jenem Augenblicke an lebten sie wie Brüder zusammen, sie aſsen an einem Tische, und wenn einer abwesend war, besorgte der andere seine Geschäfte und behütete (veiller sur) sein Land.

Übersetzung in das Englische (3 Stunden).

Die Waverley-Romane waren das merkwürdigste (striking) literarische Ereignis der Zeit. Die Popularität der Werke des Sir Walter Scott ist in gar (many) verschiedener Weise (Pl.) erklärt worden. Man hat sie der malerischen Ächtheit (reality) der Beschreibungen zugeschrieben (to attribute), der Wahrheit der Charaktere, der Tiefe des Pathos, der Fröhlichkeit (gaiety) des Humors und dem klaren, lebendigen, natürlichen (unaffected) Stile, in welchem jene Romane abgefaſst waren. Jedenfalls ist Waverley einer der vollkommensten der ganzen Reihe (set). Ich werde nie die Umstände vergessen, unter denen ich diesen Roman zuerst las. Ich verlebte meine langen Ferien (vacation) in einem Badeorte (watering-place) in Lancashire, als mir mein Londoner Buchhändler (book-seller) eines Tages eine mit Büchern gefüllte Kiste (box) sandte. Groſs war meine Enttäuschung (disappointment), als da aus der Kiste ein neuer, anonymer Roman fiel, den ich nicht bestellt hatte. Anderswo hätte ich ihn unaufgeschnitten (uncut) zurückgeschickt (to return). Aber an einem Badeorte lernt man geduldig zu sein, namentlich wenn es oft regnet. Ich schnitt also das Buch auf, fing an zu lesen und war sofort (instantly) aufs tiefste gefesselt. Vergebens fragte ich mich, wer wohl der Verfasser dieses merkwürdigen Buches sein könnte. Viele Jahre lang wurde das Geheimnis (mystery) streng bewahrt.

Ein anderer Roman von Sir Walter Scott — Ivanhoe — ist aus den sonderbarsten Bestandteilen (peculiar materials) zusammengesetzt.

Könige, Kreuzfahrer (crusader), Ritter, Tempelherren (Templars), Namen und Scenen, welche mit unsern frühesten und liebsten Erinnerungen verknüpft sind (to be entwined), werden uns wieder geläufig (familiar). Wir finden dort das öffentliche und das private Leben der alten Sachsen und Normannen, die häuslichen Mahlzeiten, die Turniere (tournament), die Erstürmung (storm) eines Schlosses, die feierliche Gerichtsverhandlung (trial). Und wie wir diese Scenen durchwandern (to pass trough), öffnen sich auf jeder Seite unseres Weges Ausblicke (view), welche den gleichzeitigen (contemporary) Zustand Europas und Asiens zeigen und uns in der Ferne mit Palästina, Saladin und den Kreuzfahrern bekannt machen.

Der Hauptfehler (deficiency) dieses Romans ist der Mangel an (of) Individualität der verschiedenen Charaktere. Ivanhoe und Rowena sind die herkömmlichen (traditional) Held und Heldin der Romane. Er stark, tapfer, edelmütig; sie schön und liebenswürdig. Front-de-Bœuf ist der herkömmliche Riese, dessen aktive und passive Pflichten solche sind, wie sie stets den Riesen zugewiesen werden (to assign). Lockley hat gerade diejenigen Eigenschaften — Ehre, Edelmut, Gerechtigkeit —, welche stets den Banditen (outlaw) eines Romans kennzeichnen.

Aufgaben aus der Mathematik (3 Stunden).

1. Geometrie.

Ein regelmäſsiges Fünfeck, dessen Seite gleich a ist, wird durch eine Gerade parallel zu einer Seite halbiert. Wie groſs ist diese Halbierungsstrecke?

2. Algebra.

Man zeige, daſs die Gleichung dritten Grades:

$$x^2 - 20x + 25 = 0$$

drei reelle Wurzeln besitzt; weise ferner nach, daſs eine, und nur eine, dieser Wurzeln zwischen 1 und 2 gelegen ist, und berechne diese auf zwei Dezimalstellen genau.

3. Analytische Geometrie.

Gegeben sind die zwei Punkte P_1 ($x = a$, $y = o$) und P_2 ($x = -a, y = o$) auf der X-Axe eines rechtwinkeligen Koordinatensystems x, y. —

Welches ist der geometrische Ort eines Punktes P, für welchen das Verhältnis seiner beiden Abstände $P P_1 = r_1$ und $P P_2 = r_2$ von den gegebenen Punkten P_1 und P_2 den konstanten Wert c besitzt?

Aufgabe aus der darstellenden Geometrie (2 Stunden).

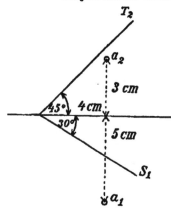

Gegeben ist im rechtwinkligen Tafelsystem ein Punkt a durch seine Risse, sowie eine Ebene (ST) durch ihre Spuren. Man bestimme die Risse einer geraden, dreiseitigen Pyramide, deren Spitze der Punkt a ist, während ihre Basis ein in der Ebene (ST) liegendes, gleichseitiges Dreieck bildet, dessen eine Seite in der ersten Spur der Ebene liegt.

Um die genau durchzuführende Zeichnung übersichtlich zu gestalten, wähle man die in nebenstehender Skizze angegebenen Dimensionen.

Übersetzung aus dem Lateinischen (3 Stunden).

Oratores Romani vel praecipue Latinam eloquentiam parem facere Graecae possint. Nam Ciceronem cuicunque eorum fortiter opposuerim. Nec ignoro, quantam mihi concitem pugnam, cum praesertim non sit id propositi, ut eum Demostheni comparem hoc tempore; neque enim attinet, cum Demosthenem in primis legendum vel ediscendum potius putem. Quorum ego virtutes plerasque arbitror similes, consilium, ordinem, dividendi, praeparandi, probandi rationem, omnia denique quae sunt inventionis. In eloquendo est aliqua diversitas; densior ille hic copiosior, ille concludit astrictius hic latius, pugnat ille acumine semper hic frequenter et pondere, illi nihil detrahi potest huic nihil adiici, curae plus in illo in hoc naturae. Salibus certe et commiseratione, qui duo plurimum affectus valent, vincimus. Cedendum vero in hoc, quod et prior fuit et ex magna parte Ciceronem, quantus est, fecit. Nam mihi videtur M. Tullius, cum se totum ad imitationem Graecorum contulisset, effinxisse vim Demosthenis, copiam Platonis, iucunditatem Isocratis. Nec vero quod in quoque optimum fuit, studio consecutus est tantum; sed plurimas vel potius omnes ex se ipso virtutes extulit immortalis ingenii beatissima ubertate. Non enim pluvias, ut ait Pindarus, aquas colligit sed vivo gurgite exundat, dono quodam providentiae genitus, in quo totas vires suas eloquentia experiretur. Nam quis docere diligentius, movere vehementius potest? Cui tanta unquam iucunditas affuit? ut ipsa illa, quae extorquet, impetrare eum credas, et cum transversum vi sua iudicem ferat, tamen ille non rapi videatur sed sequi. Jam in omnibus, quae dicit, tanta auctoritas inest, ut dissentire pudeat, nec advocati studium sed testis aut iudicis afferat fidem; cum interim haec omnia, quae vix singula quisquam intentissima cura consequi posset, fluunt illaborata, et illa, qua nihil pulchrius auditum est, oratio prae se fert tamen felicissimam facilitatem. Quare non immerito ab hominibus aetatis suae regnare in iudiciis dictus est, apud posteros vero id consecutus, ut Cicero iam non hominis nomen sed eloquentiae habeatur. Hunc igitur spectemus, hoc propositum nobis sit exemplum, ille se profecisse sciat, cui Cicero valde placebit.

Aufgabe aus der Chemie und Mineralogie (1½ Stunden).

Vorkommen, Bildung und Darstellung des Kohlendioxyds. Welches sind seine wichtigeren Eigenschaften, und welche kohlensauren Salze kommen in gröfserer Menge als Mineralien vor?

Aufgaben aus der Physik (1½ Stunden).

Zur Auswahl durch den Lehrer:

Entweder: 1)
    Man beschreibe die Verwendung der Atwood'schen Fallmaschine
  a) für die Darlegung der Beziehung zwischen Masse, Beschleunigung und bewegender Kraft, sowie
  b) zum experimentellen Nachweise der Gesetze von der gleichförmig beschleunigten Bewegung.

Oder: 2)
    Wie lautet das Gesetz für die Brechung eines Lichtstrahls an der ebenen Grenzfläche zweier Medien?
    Wie bestimmt man, geometrisch und durch Rechnung, die Ablenkung des Lichtstrahls beim Durchgang durch ein Prisma? Von welchen Faktoren hängt dieselbe ab?
    Was versteht man unter einem achromatischen Prisma? Man beschreibe den Gang der Lichtstrahlen in einem solchen Prisma.

Oder: 3)
    Ein Stromkreis besteht aus einem Kupferdraht von kreisförmigem Querschnitt, von 5 m Gesamtlänge und 1 mm Durchmesser, und einem dazwischen eingeschalteten Neusilberdraht, gleichfalls von kreisförmigem Querschnitt, von 1 m Länge und 0,8 mm Durchmesser. In den Stromkreis ist ein Bunsenelement von 1,8 Volt Spannung und 0,2 Ohm innerem Widerstand eingeschaltet.
  1) Wie grofs ist der Widerstand der beiden Drahtstücke, wenn der spezifische Leitungswiderstand (auf 1 m Länge und 1 qmm Querschnitt) von Kupfer 0,0193 Ohm, von Neusilber 0,2354 Ohm beträgt?
  2) Wie grofs ist die „Klemmenspannung" (d. i. die verfügbare elektromotorische Kraft der äufseren Leitung)?
  3) Wie grofs ist die Intensität des Stromes?
  4) Welche Dicke müfste der Neusilberdraht erhalten, damit der Widerstand der beiden Drahtstücke gleich grofs wird?
    Man formuliere die zur Verwendung kommenden Gesetze.

IV. Aufgaben beim I. Abschnitte der Prüfung für den Unterricht aus den philologisch-historischen Fächern.

(Prüfungsergebnis: zugelassen 117 Kandidaten; davon erhielten 3 die Note I, 41 die Note II, 37 die Note III, 20 die Note IV d. h. nicht bestanden; 16 sind zurückgetreten.)

Deutscher Aufsatz (5 Stunden).

Welche welthistorischen Aufgaben hat das römische Volk erfüllt?

Übersetzung aus dem Deutschen in das Lateinische (5 Stunden).

Thukydides gilt mit Recht als der gröfste Historiker des Altertums. Er brachte zur Geschichtschreibung eine reife, aus eigener praktischer Thätigkeit stammende Kenntnis der Staatsgeschäfte und des Kriegswesens mit. Sein aufgeklärter Geist war frei von jeder religiösen Befangenheit und erhaben über die engherzigen Parteivorurteile der Politiker gewöhnlichen Schlages. Die mit prüfendem Blick erkannte und auf unparteiischer Erkundigung beruhende Wahrheit war das höchste Ziel seiner Geschichtschreibung, vor dem seine innere Empfindung und seine Hinneigung zur aristokratischen Regierungsform zurücktreten mufsten. Die Schärfe seines kritischen Urteils zeigt sich nicht blofs in der Erforschung der Zeitgeschichte; auch wo er den Blick rückwärts auf Verhältnisse einer weitentlegenen Vergangenheit wendet, bekundet er eine Sicherheit des Urteils, wie man sie bei den gewiegtesten Quellenforschern unserer Zeit nicht entwickelter trifft. Der Gröfse der Zeit und des Gegenstandes entsprach auch die Gröfse seiner Seele, die Hohes und Grofses mit dem entsprechenden Mafsstab zu beurteilen verstand. Das zeigt sich namentlich in der ebenso scharfen als grofsartigen Charakteristik, die er, ohne seine eigenen Anschauungen zur Schau zu tragen, von den handelnden Personen entwirft. Als Mittel hiezu dienten ihm unter anderen die Reden, welche er seinen Staatsmännern und Feldherrn, in den Mund legt, um uns in ihren Charakter und in die Triebfedern ihrer Handlungen einen Einblick zu gewähren, und die man mit Recht als die eigentlichen Glanzpunkte seines Werkes bezeichnet hat. Wie er dieselben aufgefafst haben wollte, hat er selbst I 22 klar ausgesprochen. Danach haben wir in ihnen nicht so sehr Proben der rednerischen Fertigkeit der sprechenden Personen als des Thukydides selbst zu erkennen. Mit den Reden steht auf gleicher Stufe das lange Zwiegespräch der athenischen Gesandten und der melischen Behörden (V 85—111), das uns zugleich die hartherzigen Grundsätze, welche damals die athenische Politik leiteten, erkennen läfst. Die Ereignisse selbst schildert Thukydides mit ruhiger Objektivität, zugleich aber mit einer Anschaulichkeit, durch die wir die Dinge selbst mitzuerleben glauben. In dieser Kunst lebensvoller Schilderung, die am glänzendsten in der ergreifenden Darstellung des sikilischen Feldzugs hervortritt, erkennt man den Einflufs des attischen Theaters. Auf dramatische Vorbilder ist es auch zurückzuführen, wenn sich unser Geschichtschreiber in einigen Partien, wie in der Erzählung der Kämpfe um Platää, selbst über die Linie streng kritischer Darstellung zur phantasievollen Darstellung der Dinge verführen läfst. Noch mehr aber durchzieht das Streben nach gedrängter Kürze und nach Präcision im Ausdruck sein ganzes Geschichtswerk. Im Gegensatz zu den vielschreibenden Dichtern und Logographen jener Zeit hat er seine Thätigkeit um Eine grofse Aufgabe konzentriert und in dieser selbst seinen Ruhm in Gedankenreichtum, nicht in voluminösem Umfang gesucht.

Übersetzung aus dem Deutschen in das Griechische (4 Stunden).

Die Dichter unserer klassischen Literaturperiode wurzeln nicht blofs mit ihrem ganzen Denken und Empfinden in der Geisteswelt der Griechen und Römer, sondern haben häufig auch den Stoff für die schönsten Erzeugnisse ihrer Muse unmittelbar aus den Werken der antiken Schriftsteller genommen. So genügten dem Liebling unseres Volkes Schiller einige schlichte Sätze des alten Herodot, um daraus eine seiner vollendetsten Balladen, den „Ring des Polykrates", zu gestalten; der gröfste Dichtergenius aber, der vor nunmehr 150 Jahren unter uns aufgestanden ist, benützte eine scheinbar lächerliche Prahlerei, die Lukian in seinem „Lügenfreunde" den Eukrates als eigenes Erlebnis vortragen läfst, um daraus eine Perle deutscher Dichtkunst, den „Zauberlehrling" zu schaffen.

Die Geschichte lautet ungefähr folgendermafsen:

„Als ich noch in jungen Jahren in Ägypten weilte, traf es sich, dafs ein gewisser Pankrates aus Memphis auf demselben Schiffe mit mir fuhr, ein Mann von bewunderungswürdiger Weisheit und wohl bewandert auf dem ganzen Gebiete ägyptischer Wissenschaft. Anfangs freilich wufste ich nicht, wer er sei; als aber zahlreiche Wunder, die er vollbrachte, einen wahrhaft heiligen Mann in ihm erkennen liefsen, suchte ich durch Zuvorkommenheit seine Gunst zu gewinnen und wurde allmählich so befreundet mit ihm, dafs er mir alle seine Geheimnisse mitteilte. Zuletzt überredete er mich, meine Leute in Memphis zurückzulassen und ihn ganz allein zu begleiten; an Bedienung sagte er, werde es uns nicht fehlen. So oft wir seitdem in eine Herberge kamen, nahm der Mann den Besen (κόρηϑρον) oder auch den Mörserstöfsel (ὕπερον), legte ihm Kleider um und sprach eine Art Zauberformel (ἐπῳδή) dazu, worauf derselbe wandelte und in den Augen aller anderen wie ein wirklicher Mensch erschien. Er schöpfte Wasser, machte Einkäufe, bereitete unsere Mahlzeit, kurz, versah alle Obliegenheiten eines geschickten Dieners und Aufwärters; dann, wenn er seiner nicht mehr bedurfte, sprach Pankrates eine andere Formel, und der Besen wurde wieder zum Besen, der Stöfsel wieder zum Stöfsel. Trotz aller Mühe gelang es mir nicht, diese Kunst von ihm zu erlernen; denn er, der sonst der gefälligste Mensch war, wollte mir dies eine nicht gönnen. Aber eines Tages erlauschte ich, in einem dunkeln Winkel versteckt, die nur aus drei Silben bestehende Formel, wodurch er den Stöfsel in einen Menschen verwandelte. Kaum war Pankrates am andern Tage auf den Markt gegangen, so nehme ich den Stöfsel, staffiere ihn aus (σχηματίζω), spreche die bewufsten drei Silben dazu und heifse ihn dann Wasser holen. Nachdem er mit gefülltem Kruge zurückgekehrt war, sagte ich: „Höre jetzt auf Wasser zu tragen und werde wieder zum Stöfsel!" Aber der wollte mir nicht mehr gehorchen, sondern schöpfte immerfort zu, bis er uns das ganze Haus mit Wasser anfüllte. In meiner Ratlosigkeit erfasse ich ein Beil und haue den Stöfsel mitten durch. Aber nun waren es statt des einen Wasserträgers deren zwei, indem jede der beiden Hälften einen Krug ergriff und Wasser holte. In diesem Augenblicke kam Pankrates hinzu, und als er merkte, was vorgefallen war, machte er jene wieder zu dem, was sie gewesen, mich aber verliefs er unbemerkt, und ich weifs nicht, wo er hingekommen ist."

Übersetzung aus dem Lateinischen ins Deutsche (4 Stunden).

Plautus Bacchides v. 925—975.

Übersetzung aus dem Griechischen ins Deutsche (4 Stunden).

Dio Chrysostomus, Πολιτικὸς ἐν τῇ πατρίδι. (ed. Dindorf., vol. II, p. 109, v. 19 μάλιστα μὲν οὖν — p. 111, v. 27 καὶ ἀσϑενεστέρας ποιοῦσιν, mit verschiedenen Änderungen.)

V. Themata aus dem II. Abschnitte der Prüfung für den Unterricht in den philologisch-historischen Fächern.

(Prüfungsergebnis: angemeldet 95 Kandidaten, davon wurden 23 auf Grund der ungenügenden wissenschaftlichen Arbeit zurückgewiesen, von den zur mündlichen Prüfung einberufenen bestanden 67 und zwar 16 mit Note I, 40 mit Note II, 11 mit Note III; 4 erhielten Note IV, also nicht bestanden, einer trat zurück.)

a) aus der klassischen Philologie:

1. Duo de Baptismo libri S. Basilii.
2. Quaestiones Corippeae.
3. Ciceros orator und de oratore.[1]
   · (Welche persönliche und welche sachliche Tendenz verfolgt Cicero in seiner Schrift „Orator", wie erklärt sich die auffallend ungleichmäfsige Durchführung der einzelnen Teile derselben und welche Ergebnisse im ganzen wie im einzelnen liefert eine erschöpfende Vergleichung des „Orator" mit der Schrift „De oratore"?) (Dieses Thema wurde 6 mal bearbeitet.)
9. De Novatiani genere dicendi.
10. Kyprians Traktat ‚De bono pudicitiae' und ‚De spectaculis'.
11. Thucydidis libri I—IV ed. Hude.
12. De monumento Ancyrano.
13. Quaestiones de geometricis illis quae sub Boethii nomine nobis tradita sunt.
14. De Paciano Barcinonensi.
15. Vergleichung der Mythologie Apollodors mit der Pindarischen.

---

[1] Aus der Zahl der vom K. Staatsministerium für den II. Abschnitt der Lehramtsprüfung aus den philol.-hist. Fächern festgesetzten Themata. (Die Red.)

16. In Euripidis Helenam observationes.
17. Quaestiones Sophocleae criticae.
18. P. Ovidii Nasonis epistulae ex Ponto.
19. De Hieronymi scriptorum ecclesiasticorum catalogo.
20. Quintilian im Verhältnis zu Dionysius Halicarnassensis.
21. Die Consecratio bei den Griechen.
22. Bobiensia.
23. Studia Aeschinea.
24. De quodam usu infinitivi Graeci cum τοῦ coniuncti.
25. L. Annaeus Florus epitoma rerum Romanarum.[1])
    (Die Richtigkeit der Identifikation der drei Flori, des Historikers, des Rhetors und des Dichters, unter sich und mit dem Verfasser des Pervigilium Veneris soll nachgeprüft werden.)
26. Quam vere dixerit Aeschylus apud Aristophanem Ran. 1054
$$\tau o\tilde{\iota}\varsigma \ \mu \grave{\epsilon} \nu \ \gamma \grave{\alpha} \varrho \ \pi \alpha \iota \delta \alpha \varrho \acute{\iota} o \iota \sigma \iota \nu$$
$$\check{\epsilon} \sigma \tau \iota \ \delta \iota \delta \acute{\alpha} \sigma \kappa \alpha \lambda o \varsigma \ \check{o} \sigma \tau \iota \varsigma \ \varphi \varrho \acute{\alpha} \zeta \epsilon \iota, \ \tau o \tilde{\iota} \varsigma \ \mathring{\eta} \beta \tilde{\omega} \sigma \iota \nu \ \delta \grave{\epsilon} \ \pi o \iota \eta \tau \alpha \acute{\iota}$$
ex fabulis omnibus Sophocleis comprobetur.[1])
27. Quaestiones criticae in Aristophanis Vespas.
28. Hymnen des Callimachus.
29. Quaestiones Zosimeae.
30. Über einige Fälle von rückgängigem Bedeutungswandel im Bereiche der älteren Latinität.
31. Athenatypen auf Münzen.
32. De iurisiurandi in lite Attica decem oratorum aetate usu.
33. Quaestiones Curtianae.
34. Metricae ad Bacchylidis carmina quaestiones.[1])
    (Herstellung metrischer Schemata für die neugefundenen Gedichte des Bacchylides [aller oder mehrerer]. Zu benützen insbesondere die Ausgabe von Blaß in der Bibl. Teubn. 1898 und die dort in der Praefatio angeführte Literatur.)
35. Strabobenützung in des Flavius Josephus „jüdischem Kriege".[1])
    (Die jüdische Geschichte von 134 bis 37 v. Chr. hat Josephos zuerst in der ἱστορία Ἰουδαϊκοῦ πολέμου I, 2. 3 — I, 18, 7, dann in der ἀρχαιολογία Ἰουδαϊκή XIII, 8, 1 — XV, 1, 2 erzählt, hier aber ausführlicher und mit vielen Quellenzitaten, darunter nicht wenigen aus dem verlorenen Geschichtswerke des Strabon. Hat er dieses auch in dem älteren Werke benützt?)
36. Die bei den attischen Rednern auffindbaren allgemeinen griechischen Rechtsanschauungen.[1])
    (Als Vorarbeit zur Herstellung eines griechischen Rechtes ist es unbedingt erforderlich, daß die attischen Redner durchgearbeitet werden nach den beiden folgenden Gesichtspunkten:
    1. Welche Rechte, Rechtsanschauungen werden von ihnen als allgemein hellenische mit den Ausdrücken ἅπασα ἡ Ἑλλάς, πάντες οἱ Ἕλληνες und ähnlichen Wendungen hervorgehoben?
    2. Finden diese von den attischen Rednern ihrem jedesmaligen Zwecke entsprechend als allgemein hellenische Rechte und Rechtsanschauungen herausgestellten Sätze etwa auch eine Stütze in unseren anderen Quellen?)
37. Liviusbenützung bei Valerius Maximus.[1])
    (Utrum Valerius Maximus Livii ab urbe condita libris an epitoma quadam usus esse videatur? Cf. Ay, Gust., De Livii epitoma deperdita, Lips. 1894. Diss. inaug.; Henry Sanders, Die Quellenkontamination des Livius, München, Diss. 1897; Archiv f. lat. Lexikogr. XI, 1 ff.)
38. Porphyrio sat. I, 3, 40 im Verhältnis zu Horaz.[1])
    (Ad naturam atque indolem satirae Horatianae recte perspiciendum quid valeat Porphyrionis dictum, quod legitur ad sat. I, 3, 40 „Luciliana urbanitate usus in transitu amaritudinem aspersit".)
39. Massenpsychologie bei Plato.[1]) (Ausgangspunkt Platos Republik.)

---

[1]) Aus der Zahl der vom K. Staatsministerium für den II. Abschnitt der Lehramtsprüfung aus den philol.-hist. Fächern festgesetzten Themata. (Die Red.)

40. Die der Cornelia beigelegten Brieffragmente wurden neuerdings von E. Meyer (Untersuchungen zur Geschichte der Graccheu, Halle 1894, p. 6. Anm. 6) im Gegensatz zu Nipperdey und Mommsen für unecht erklärt. Man wünscht eine Revision der Frage mit genauer Berücksichtigung der von E. Meyer gemachten Einwände.[1]
   (Dieses Thema wurde 4mal bearbeitet.)

44. Xenoph. Memorab. I, cap. 2; Übersetzung a) mit kurzen, sachlichen Erläuterungen; b) mit Darlegung der Stellungnahme gegenüber den früher von Gobet (jetzt von A. Doering „Die Lehre des Sokrates als soziales Reformsystem", München 1895 vertretenen Auffassungen.[1] .
   (Dieses Thema wurde 2mal bearbeitet.)

46. Verhältnis der ägyptischen Mönche zu Wissenschaft und Gewerbe.

47. Theodoreti Ἑλληνικῶν παθημάτων θεραπευτική.

48. Der römische Bauernhof (Villa rustica) soll nach den Scriptores rei rusticae (Cato, Varro, Columella und Palladius) beschrieben werden, wobei darauf zu achten ist, ob dessen Anlage im Laufe der Zeit Veränderungen erfahren hat.[1]

49. De Commentario in 1 Cor. XV, 28 sq.

50. Bemerkungen zum Protreptikus des Jamblichus.

51. Welchen Gebrauch macht Aeschylus in seinen Dramen von dem Kunstmittel der Alliteration? Wie weit sind ihm die anderen Tragiker hierin gefolgt oder von ihm abgewichen?[1]
   (Dieses Thema wurde 3mal bearbeitet.)

54. Quatenus Solonis elocutio pendeat ab exemplo Homeri?

55. De Eudociae Homerocentonibus.

56. Lysiae' Rede κατ' Ἀνδοκίδου ἀσεβείας.

57. De perioecis Lacedaemoniis.

58. De Palladii sermone.

59. De Vellei Paterculi et Valeri Maximi genere dicendi.

b) Aus der deutschen Philologie:

60. Die Partikel ‚ge' — in der Vokalkomposition bei Notker.

61. Die Vokale der Stammsilben in der Nürnberger Mundart.

c) Aus der Geschichte:

62. Die Kurbayerische Politik beim Ausbruche des siebenjährigen Krieges.

63. Darstellung der Vorgänge in Würzburg während des Bauernkrieges, hauptsächlich auf Grundlage kritischer Vergleichung der Berichte des Lorenz Fries in seiner Geschichte des Bauernkrieges in Oberfranken und des Würzburger Stadtschreibers Martin Crouthal.[1]
   (Dieses Thema wurde 2mal bearbeitet.)

65. Bayern und die römische Königswahl 1652/53.

66. Die Anfänge des Jesuitenordens in Bayern.[1]
   (Die Anfänge des Jesuitenordens in Deutschland nach den neuesten Aktenpublikationen [Canisiusbriefe, rheinische Akten, herausgegeben von J. Hansen, und Nuntiaturberichte]).

67. Die Einnahme der Stadt Donauwörth durch Herzog Ludwig den Reichen von Bayern-Landshut 1458.

VI. Aufgaben beim I. Abschnitt
der Prüfung für den Unterricht in den neueren Sprachen.

a) Romanische Philologie.

(Prüfungsergebnis: zugelassen 38 Kandidaten, davon erhielten 11 die Note II. 15 die Note III, 8 die Note IV, d. h. nicht bestanden; 4 sind zurückgetreten).

Deutscher Aufsatz (5 Stunden).

Durch welche Faktoren wird eine sittliche Hebung des Volkes herbeigeführt?

---

[1] Aus der Zahl der vom K. Staatsministerium für den II. Abschnitt der Lehramtsprüfung aus den philol.-hist. Fächern festgesetzten Themata. (Die Red.)

Französischer Aufsatz (5 Stunden).

Quels avantages la connaissance des langues française et anglaise nous procure-t-elle?

Übersetzung aus dem Deutschen in das Französische (4 Stunden).

Nicht Einzelne, sondern Scharen, ja ganze Völkerschaften verliefsen Germanien und lebten im Dienste der Römer auf römischem Boden, sei es um ihre Kriegslust zu befriedigen, sei es um Ehre und Auszeichnung oder Geld und Gut zu gewinnen. Mit welcher Liebe der Deutsche auch an seinem heimischen Boden, an der Freiheit seines Hauses und seines Landes hing, eine ungeahnte Gröfse und Erhabenheit, die ihm das Mafs des Irdischen zu übersteigen schien, trat ihm in der römischen Welt entgegen und bezauberte seine Einbildungskraft und seine Sinne. Welche glanzvolle Fülle der Macht bot sich hier seinen Blicken dar, während man daheim noch in den engsten und dürftigsten Verhältnissen lebte! Von dem Weltmeer bis an den Euphrat, von der Nordsee bis zu den Wasserfällen des Nils waren alle Länder und Völker dem römischen Volke und seinem Kaiser unterthänig. Wohl hat es gröfsere Reiche gegeben und gibt es noch jetzt, aber eine schönere und reichere Herrschaft hat die Zeit nicht gesehen. Ein Gesetz, ein Recht, gleiche Grundsätze der Verwaltung herrschten von einem Ende zum anderen; dasselbe Heerwesen, ein festgeordnetes Steuersystem, ähnliche Verhältnisse von Stadt und Land waren in allen Teilen des Reichs, und in der Mitte desselben lag die gebietende Hauptstadt, die Stadt ohne Gleichen. Schon zu Augustus' Zeiten barg Rom eine Bevölkerung von mehr als einer Million Menschen; die Stadt strahlte von Gold und Marmor, sie leuchtete von Denkmalen menschlicher Kunst und Erfindungsgabe, wie sie die Welt zuvor nicht gekannt hatte und wie sie noch heute in ihrem Verfall als unerreichte Muster angestaunt werden. Alle Kraft und alle Fülle des weiten Reichs sammelte sich hier, die unermefslichen, mannigfaltigen Schätze des Weltalls strömten zusammen, und doch diente alles, was das Reich und die Stadt in sich hegte, zuletzt wieder nur dem Willen des einen Mannes, der scheinbar ein Bürger unter Bürgern vom palatinischen Hügel aus Rom und mit Rom fast die ganze bekannte Welt beherrschte. Dem Cäsar Augustus gehorchte in den Provinzen ein stets schlagfertiges Heer von mehr als 300 000 Mann, während zur Bewachung seiner Person und zur Sicherung der Stadt etwa 16 000 Mann in Rom selbst standen; eine Flotte von 250 Segeln wartete seines Befehls auf dem adriatischen Meere, eine gleiche Flotte auf dem westlichen Meere, kleinere Abteilungen von Schiffen lagen an den gallischen Küsten, auf dem schwarzen Meere, dem Euphrat, dem Rhein und der Donau. Nach allen Seiten sandte der Kaiser seine Machtgebote, alle Statthalter der Provinzen hatten seinem Befehle zu gehorchen, und die Mehrzahl derselben ernannte er selbst. Auf sein Gebot erstanden Landstrafsen in bisher unwegsamen Gegenden, sein Wort schuf Städte und bevölkerte sie wie auf Zauberschlag mit Menschen. Denn wie alle Lebenskräfte nach Rom, wie nach dem Herzen des Staatskörpers, sich zusammendrängten, so trieb dies auch wieder neue Säfte nach allen Seiten bis zu den entlegensten Teilen des Reiches. Bis dahin waren die Völker der alten Welt sich meist nur im Kriege begegnet, jetzt vereinigte Rom die entferntesten Nationen unter dem Schutze des Friedens; alles, was sie einzeln an äufseren und geistigen Gütern der Weltstadt zubrachten, das wurde von ihr aus über kurz oder lang wieder der Gesamtheit zu teil. Die zerstreuten Güter der Erde kamen durch die Vermittelung der Hauptstadt allen Ländern zu gut. Völker, die bis dahin von der Jagd lebten, lernten den Ackerbau; Wüsteneien verwandelten sich in fruchtbare Felder; Städte erhoben sich, wo bisher nur vereinzelte Weiler gestanden hatten, und alle gröfseren Städte des Reichs gaben jene Fülle und Mannigfaltigkeit der irdischen Dinge, durch welche Rom glänzte, gleichsam im Spiegelbilde wieder; der Stempel römischen Wesens wurde in so scharfen und tief ätzenden Zügen den meisten Provinzen aufgedrückt, dafs er nie wieder ganz vertilgt werden konnte.

Französisches Diktat zum Übersetzen ins Deutsche (4 Stunden).

Caractère de Molière.

Molière excite et mérite de telles sympathies qu'on a peine à parler de ses défauts. Il faut les indi uer d'abord, pour se débarrasser de l'ennui d'y revenir. Il avait les moeurs d'un homme de théâtre, très libres et relâchées. Dans ses rapports avec le roi et la cour, il a poussé la flatterie plus loin peut-être qu'il n'était necessaire aux intérêts de ses camarades. Il avait une irritabilité extrême, trop expliquée par la vie fiévreuse qu'il menait, et les attaques odieuses, il faut le dire, auxquelles il était en butte. Cependant les violences de l'Impromptu de Versailles et des Femmes Savantes, encore qu'elles soient des représailles, sont cruelles.

Maintenant nous n'avons plus à parler que de ses qualités, qui sont séduisantes et même touchantes. Il était très bon quand il n'était pas attaqué, très serviable, très généreux, prodigue dans ses charités. Il a été chéri de sa troupe ce qui est le plus grand succès qu'ait remporté un directeur de théâtre. Il a été tendre jusqu'à la faiblesse pour une épouse indigne. Il était sans orgueil et sans jalousie avec ses amis: Il a même su pardonner. Racine, dont il joua les premières tragédies, ayant brusquement et déloyalement porté ses œuvres à un autre théâtre, il sut ne jamais attaquer le déserteur et même applaudir hautement à ses pièces.

Il était pensif et un peu replié sur lui-même, non point mélancolique, comme on l'a répété en forçant le trait, mais volontiers songeur, et contemplateur, et, vers la fin de sa vie, attristé malgré son courage, par ses souffrances physiques et par son intérieur malheureux.

Ce qui dominait en lui, c'était l'activité et l'énergie. Se sentant mourir, il se traîna au théâtre, et joua, non pas tant, comme il affecta de le dire, pour ne pas faire perdre leur journée aux ouvriers qui vivaient du théâtre, que parce que l'ardeur d'agir et de lutter pour son oeuvre le possédait jusqu'au dernier souffle.

Il aimait la vie large et brillante. Très artiste en cela, et comme le sont les artistes de notre temps, il se plaisait au luxe de bon goût, aux belles étoffes, à l'argenterie, aux riches ameublements, aux tableaux et aux objets d'art. Il laisse l'impression générale d'une âme forte et tendre, ardente et sensible, un peu égarée et compromise dans un monde trop mêlé, et n'y ayant pris que les défauts et les taches qu'il est presque impossible de n'y pas prendre.

(Tiré de Faguet: Dix-septième siècle, Etudes littéraires Neuvième édition. Paris 1892.)
(Avec quelques coupures).

Voici l'Hiver.

Voici l'hiver, le berger des vallées
Recherche en vain un rayon de soleil;
Sur le sol nu des plaines désolées
Tout meurt ou semble engourdi de sommeil.
Les eaux du fleuve inondent ses rivages,
Avec fureur son flot gronde à nos pieds,
Les bois n'ont plus de parfum ni d'ombrages,
Voici l'hiver, hirondelles, fuyez!

Le froid commence et la fleur est fanée,
Le vent s'élève et chasse en tourbillons
D'épais flocons cheveux blonds de l'année,
Dont les forêts ont couronné leurs fronts.
Dans les cités, le bal et la parure
Font oublier tous les plaisirs passés;
C'est un défi qu'on jette à la nature,
Voici l'hiver, jeunes filles, dansez!

Riez, chantez et dansez, joyeux couples,
Car le printemps respire dans vos coeurs,
Et sur vos pas si légers et si souples
L'illusion pour vous sème des fleurs.
Mais songez-y, la saison va suspendre
Tout le bonheur de tant d'infortunés!
Faites du bien, Dieu saura vous le rendre,
Voici l'hiver, bonnes âmes, donnez!

H. Audeval.

b) englische Philologie.

(Prüfungsergebnis: zugelassen 34 Kandidaten, davon erhielten 2 die Note I, 19 die Note II, 9 die Note IH, 2 die Note IV, d. h. nicht bestanden, 2 sind zurückgetreten.)

Deutscher Aufsatz (5 Stunden).

Ist die Empfänglichkeit des Deutschen für das Fremdländische ein Vorzug?

Englischer Aufsatz (5 Stunden).

What explains the strong national feelings of the English?

Übersetzung aus dem Deutschen ins Englische (4 Stunden).

Im fünfzehnten Buch von Wahrheit und Dichtung spricht sich Goethe über den Dichter der Messiade auf folgende Weise aus:

Klopstock war klein von Person, aber gut gebaut, sein Betragen ernst und abgemessen, ohne steif zu sein, seine Unterhaltung bestimmt und angenehm. Im ganzen hatte seine Erscheinung etwas von der eines Diplomaten. Ein solcher Mann unterwindet sich der schweren Aufgabe, zugleich seine eigene Würde und die Würde eines Höheren, dem er Rechenschaft schuldig ist, durchzuführen, seinen eigenen Vorteil neben dem viel wichtigern eines Fürsten, ja ganzer Staaten zu befördern und sich in dieser bedenklichen Lage vor allen Dingen den Menschen gefällig zu machen. Und so schien sich auch Klopstock als Mann von Wert und als Stellvertreter höherer Wesen, der Religion, der Sittlichkeit und Freiheit, zu betragen. Eine andere Eigenheit der Weltleute hatte er auch angenommen, nämlich nicht leicht von Gegenständen zu reden, über die man gerade ein Gespräch erwartet und wünscht. Von poetischen und literarischen Dingen hörte man ihn selten sprechen. Da er aber an mir und meinen Freunden leidenschaftliche Schlittschuhfahrer fand, so unterhielt er sich mit uns weitläufig über diese edle Kunst, die er gründlich durchgedacht hatte, so dafs er wohl zu raten wufste, was dabei zu suchen und zu meiden sei. Er wollte von den hohen hohlgeschliffenen Schlittschuhen nichts wissen, sondern empfahl die niedrigen breiten flachgeschliffenen, welche zum Schnelllaufen die dienlichsten seien. Von Kunststücken, die man bei dieser Übung zu machen pflegt, war er kein Freund. Ich schaffte mir nach seinem Gebot so ein paar flache Schuhe mit langen Schnäbeln an und habe solche, obschon mit einiger Unbequemlichkeit, viele Jahre geführt. Auch vom Bereiten der Pferde wufste er Rechenschaft zu geben und that es gern; und so lehnte er, wie es schien vorsätzlich, das Gespräch über sein eigen Metier gewöhnlich ab, um fremde Künste, die er als Liebhaberei trieb, desto unbefangener zu sprechen. Von diesen und anderen Eigentümlichkeiten des aufserordentlichen Mannes würde ich noch manches erwähnen können, wenn nicht Personen, die länger mit ihm gelebt, uns bereits genugsam hievon unterrichtet hätten; aber einer Betrachtung kann ich mich nicht erwehren, dafs nämlich Menschen, denen die Natur aufserordentliche Vorzüge gegeben, die sie aber in einen engen oder wenigstens nicht verhältnismäfsigen Wirkungskreis gesetzt hat, gewöhnlich auf Sonderbarkeiten verfallen, und dafs solche Menschen ihre Gaben, weil sie davon keinen direkten Gebrauch zu machen wissen, auf aufserordentlichen und wunderlichen Wegen geltend zu machen versuchen.

Englisches Diktat zum Übersetzen ins Deutsche (4 Stunden).

I. From Macaulay's Essay on Warren Hastings.

Our feeling towards Warren Hastings is not exactly that of the House of Commons which impeached him in 1787: neither is it that of the House of Commons which uncovered and stood up to receive him in 1813. He had great qualities, and he rendered great service to the state. But to represent him as a man of stainless virtue is to make him ridiculous; and from regard for his memory, if from no other feeling, his friends would have done well to lend no countenance to such adulation. We believe that, if he were now living, he would have sufficient judgment and sufficient greatness of mind to wish to be shown as he was. He must have known that there were dark spots on his fame. He might also have felt with pride that the splendour of his fame would bear many spots. He would have wished posterity to have a likeness of him, though an unfavorable likeness, rather than a daub at once insipid and unnatural, resembling neither him nor anybody else. "Paint me as I am", said Oliver Cromwell, while sitting to young Lely. "If you leave out the scars and wrinkles, I will not pay you a shilling." Even in such a trifle, the great Protector showed both his good sense and his magnanimity. He did not wish all that was characteristic in his countenance to be lost, in the vain attempt to give him the regular features and smooth blooming cheeks of the curl-pated minions of James the First. He was content that his face should go forth marked with all the blemishes which had been put on it by time, by war, by anxiety, perhaps by remorse; but with valour, policy, authority, and public care written in all its princely lines. If men truly great knew their own interest, it is thus that they would wish their minds to be portrayed.

II. From Longfellow's Evangeline.

This is the forest primeval. The murmuring pines and the hemlocks,
Bearded with moss, and in garments green, indistinct in the twilight,
Stand like Druids of eld, with voices sad and prophetic,
Stand like harpers hoar, with beards that rest on their bosoms.
Loud from its rocky caverns, the deep-voiced neighbouring ocean
Speaks, and in accents disconsolate answers the wail of the forest.

This is the forest primeval; but where are the hearts that beneath it
Leaped like the roe, when he hears in the woodland the voice of the huntsman?
Where is the thatch-roofed village, the home of Acadian farmers, —
Men whose lives glided on like rivers that water the woodlands,
Darkened by shadows of earth, but reflecting an image of heaven?
Waste are those pleasant farms, and the farmers for ever departed!
Scattered like dust and leaves, when the mighty blarts of October
Seize them, and whirl them aloft, and sprinkle them far o'er the ocean;
Naught but tradition remains of the beautiful village of Grand-Pré.

Ye who believe in affection that hopes, and endures, and is patient,
Ye who believe in the beauty and strength of woman's devotion,
List to the mournful tradition still sung by the pines of the forest;
List to a tale of Love in Acadie, home of the happy.

VII. Themata aus dem II. Abschnitt der Prüfung für den Unterricht in den neueren Sprachen.

1. Prolegomena zu Lydgates Fall of Princes.
2. Lydgates Nightingale.
3. La poésie pastorale française dans ses rapports avec l'antiquité et avec l'Italie.[1]
4. Histoire de la comédie larmoyante.[1]
5. The English Biblical Dramas of the sixteenth century.
6. La Réforme religieuse et le théâtre français du seizième siècle.
7. The valiant Scot. By J. W. Gent.

----

[1] Aus der Zahl der vom K. Staatsministerium für den II. Abschnitt der Lehramtsprüfung aus den neueren Sprachen festgesetzten Themata. (Die Red.)

8. Thomas More' "Utopia".
9. Etherege.
10. Prolegomena zu einer kritischen Untersuchung der von Lydgate und einem Anonymus hinterlassenen englischen Version der Secreta Secretorum.
11. Inquiry into Charles Kingsley's "Westward Ho!"
12. Ein Beitrag zur Kyd-Forschung.
13. Stendhal considéré comme romancier.
14. Histoire du C dans les langues romanes.[1])
15. Die Entwicklung des französischen Estherdramas.
16. On Thomas Watson's life and writings.

VIII. Aufgaben beim I. Abschnitt der Prüfung aus der Mathematik und Physik.

(Prüfungsergebnis: zugelassen 62 Kandidaten, 12 traten zurück; von den verbleibenden 50 erhielten 1 die Note I, 23 die Note II, 21 die Note III, 5 die Note IV, d. h. nicht bestanden.)

Algebraische Analysis (1¼ Stunden).

Gegeben ist die Gleichung $y^2 = x^2 (1 + y)$. In welcher Weise läfst sich y in einer nach aufsteigenden Potenzen von x fortschreitenden Reihe entwickeln, und wie heifsen die ersten 4 Glieder einer solchen Entwickelung.

Algebra (2 Stunden).

Man bilde die Resultante der beiden Formen

$$f \equiv x^4 + a x^3 + b x^2 + c x + d \text{ und}$$
$$\varphi \equiv x^2 - y$$

und rechne die biquadratische Gleichung für y aus den Gleichungen

$$f = o \text{ und } \varphi = o$$

vollständig aus.

Planimetrie (2 Stunden).

Gegeben sind 3 im Punkte S sich schneidende Strahlen SA, SB und SC. Einen Kreis zu zeichnen, dessen Mittelpunkt auf SB liegt und welcher aus SA eine Sehne von der Länge 2a und aus SC eine Sehne von der Länge 2c ausschneidet. Determination.

Stereometrie (1¾ Stunden).

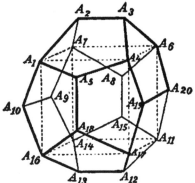

Es soll bewiesen werden, dafs die Ecken $A_1 A_4 A_6 A_7 A_{11} A_{14} A_{16} A_{17}$ des in Zeichnung beigegebenen regulären Dodekaeders die Ecken eines Würfels sind.

Wie grofs ist der Flächeninhalt des zur Kante $A_2 A_3$ senkrecht genommenen Querschnittes des Körperstückes $A_1 A_2 A_3 A_4 A_6 A_7$ und wie grofs ist die Oberfläche des Dodekaeders, wenn die Dodekaederkante a ist?

---

[1]) Aus der Zahl der vom K. Staatsministerium für den II. Abschnitt der Lehramtsprüfung aus den neueren Sprachen festgesetzten Themata. (Die Red.)

Ebene Trigonometrie (1³/₄ Stunden).

Die vier Seiten eines Sehnen- oder Kreis-Vierecks sind gegeben:
AB = 40 cm, BC = 57 cm, CD = 25 cm, DA = 42 cm.

Es soll der Flächeninhalt des über der größten Seite stehenden Segmentes berechnet werden. Ebenso soll die Länge der außerhalb des Kreises gelegenen Diagonale des durch die vier Seiten des Sehnenvierecks gebildeten vollständigen Vierseits bestimmt werden.

Sphärische Trigonometrie (2 Stunden).

Von dem sphärischen Dreiecke ABC, welches bei C rechtwinkelig ist, kennt man die Winkelsumme σ und die Seite BC = a. Man stelle Formeln zur Berechnung der Winkel und der Seiten des Dreiecks auf.

Elemente der darstellenden Geometrie (4 Stunden).

Gegeben sind zwei sich schneidende Gerade a und b. Man stelle eine Kugel von gegebenem Radius r dar, welche a und b berührt, wenn ihr Mittelpunkt von der Ebene (ab) einen gegebenen Abstand d hat und zeichne den Berührungskreis des vom Schnittpunkte von a und b aus an die Kugel gehenden Tangentenkegels.

(Bem. d. Red.: Auf dem beigegebenen Figurenblatt [33 cm breit und 42 cm hoch] bildet eine zur Breitseite parallel verlaufende und das ganze Blatt halbierende Gerade die Tafelkante. Wählt man diese letztere gleichzeitig als Abscissenachse und den linken Blattrand· als Ordinatenachse, wobei die positiven Ordinaten nach oben, die negativen nach unten gerichtet sind, so haben die Durchstoß[Spur]punkte

der Geraden a mit der T_1 die Koordinaten x = 77　mm　y = — 156,5 mm

der Geraden a mit der T_2 die Koordinaten x = 39　mm　y = + 　83　mm

der Geraden b mit der T_1 die Koordinaten x = 156 mm　y = — 　45　mm

der Geraden b mit der T_2 die Koordinaten x = 26,5 mm　y = + 　90　mm

Die Länge des Radius r beträgt 49,5 mm, die des Abstandes d aber 27,5 mm).

Differentialrechnung (1³/₄ Stunden).

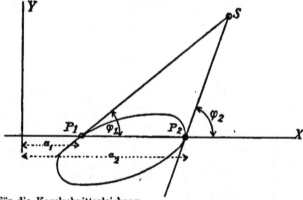

Für die Kegelschnittsgleichung

$$[y - (x - a_1)\,\mathrm{tg}\,\varphi_1] \cdot [y - (x - a_2)\,\mathrm{tg}\,\varphi_2] - cy^2 = 0$$

soll bewiesen werden, daß zwischen den Krümmungsradien ϱ_1 und ϱ_2 in den beiden Schnittpunkten P_1 und P_2 des Kegelschnitts mit der X-Achse die Relation

$$\varrho_1 : \varrho_2 = P_1 S^3 : P_2 S^3$$

besteht, wenn S der Schnittpunkt der beiden Tangenten des Kegelschnitts in P_1 und P_2 ist.

Integralrechnung (2 Stunden).

Man bestimme den Wert des Integrales

$$\int_0^1 e^{-\frac{x^2}{2}} dx$$

sowohl durch Reihenentwickelung als auch durch mechanische Quadratur (z. B. Simpson'sche Regel) auf 3 Dezimalstellen genau.

Analytische Geometrie (2 Stunden).

Man bestimme den geometrischen Ort der Halbierungspunkte aller Sehnen eines Kegelschnittes, die durch einen Brennpunkt gehen. Es ist die Lage und Gestalt der gesuchten Kurve für jeden der Fälle zu bestimmen, in welchen der gegebene Kegelschnitt eine Ellipse, Parabel oder Hyperbel ist.

Synthetische Geometrie (1³/₄ Stunden).

Von einem Kegelschnitte sind gegeben die Punkte A und B sowie die Tangente a in A; aufserdem ist zu einem nicht auf dem Kegelschnitte gelegenen Punkte P die Polare p gegeben. Man konstruiere die Schnittpunkte der Geraden p mit dem Kegelschnitte.

Deutscher Aufsatz (5 Stunden).

Die Naturwissenschaften, eine Leuchte und eine Waffe.

IX. Themata der wissenschaftlichen Abhandlungen beim II. Abschnitte der Lehramtsprüfung aus der Mathematik und Physik.

(Prüfungsergebnis: 36 Kandidaten angemeldet, davon 4 zurückgewiesen, die übrigen 32 bestanden und zwar 9 mit Note I, 15 mit II und 8 mit Note III.)

1. Über den Flächeninhalt von ebenen Kurven, die durch Bewegung erzeugt werden können.

2. In welchem Sinne, zu welchem Zwecke und in welcher Weise kann in manchen Problemen der Physik und Mechanik ein starrer Körper durch ein Ellipsoid ersetzt werden. (2 mal bearbeitet.)

3. Untersuchung derjenigen Spiralflächen, deren Linienelement $ds^2 = c^{2u} + \frac{2mu}{}$ $(du^2 + dv^2)$, $(m = \text{const.})$ und Bestimmung der Krümmungslinien, Haupt-tangentenkurven und geodätischen Linien einer speziellen Fläche. (2 mal bearbeitet.)

4. Elliptische Polarisation des Lichtes durch Reflexion an verschiedenen Modificationen kohlenstoffhaltiger Körper.

5. Das Verhalten der Potenzreihen auf dem Konvergenz-Kreise. (2 mal bearbeitet.)

6. Übersichtliche Darstellung der verschiedenen Strahlungen, von der elektrischen mit gröfster Wellenlänge bis zu den ultravioletten Strahlen mit kürzester Wellenlänge, mit gleichzeitiger Schilderung der Methoden zur Messung der verschiedenen Wellenlängen. (3 mal bearbeitet).

7. Über eine Verallgemeinerung der Neumann'schen Methode zur Integration der partiellen Differentialgleichung: $\dfrac{\partial^2 \phi}{\partial x^2} + \dfrac{\partial^2 \phi}{\partial y^2} = 0$.

8. Die cogredienten Transformationen der quaternären und ternären bilinearen Formen in sich.

9. Über die Darstellung algebraischer rationaler ganzer Funktionen in Form von Determinanten.

10. Die Reduktion hyperelliptischer Funktionen auf elliptische mittels einer Transformation II. Grades und ihre Anwendung auf die geodätischen Linien auf der dreiachsigen Fläche II. Grades.

11. Zwei Flächen 2. Grades sind durch ihre Gleichung mit beliebig zu wählenden numerischen Koeffizienten gegeben. Es soll die Bedingung aufgestellt werden,

dafs die Ebene ux + vy + wz + 1 = 0 die Schnittkurve a) zweipunktig b) drei-.punktig berührt. Diskussion für die verschiedenen Lagen der Flächen 2. Grades.

12. Untersuchung derjenigen Flächen, deren Krümmungslinien bei orthogonaler Projektion auf eine Ebene wieder ein Orthogonalsystem liefern. (2 mal bearb).
13. Eine neue Methode, elektrische Wellen nachzuweisen.'
14. Für eine durch ihre Gleichung mit numerischen Koeffizienten gegebene Kurve 4. Ordnung mit drei Doppelpunkten sollen die Koordinaten der Wendepunkte berechnet werden.
15. Eine mittels eines masselosen Fadens an einem festen Punkte aufgehängte Scheibe, deren Ebene mit der ·Vertikalebene zusammenfällt, bewegt sich in . dieser unter dem Einflufs der Schwere und auch ohne denselben. Es ist die Bewegung zu untersuchen.
16. Gegeben eine Kurve 4. Ordnung mit 1, 2, 3 Doppelpunkten in den Eck-punkten des Koordinatendreieckes. Es sollen die Gleichungen ·zur Bestimmung der Wendepunkte und Doppeltangenten aufgestellt werden.
17. Zur Theorie der Spiralflächen.
18. Gegeben ist ein fester Kegelschnitt S und ein durch 4 feste Punkte gehendes Kegelschnittbüschel. Man zieht die gemeinsamen Tangenten an den festen und an einen der veränderlichen Kegelschnitte. Es soll der Ort des Schnitt-punktes dieser Tangenten ermittelt werden.
19. Über die optische anormale Dispersion und ihre Änderung mit der Konzentration (2 mal bearbeitet.)
20. Über diejenigen Flächen, welche ein konjugiertes System geodätischer Linien zulassen.
21. Bei der Betrachtung der „Fufspunkte der Achsen einer Fläche 2. Ordnung" kommt Reye (Geometrie der Lage, II. Teil, 23. Vortrag, Seite 182, 2. Aufl.) auf eine Fläche 3. Ordnung von sehr einfacher Konstruktion. Reye gibt die Gleichung der Fläche a. a. O., jedoch ohne Ableitung. Es soll die Ableitung dieser Gleichung gegeben werden und sodann die Fläche vom Standpunkte der Theorie der Flächen III. Ordnung diskutiert werden. Herstellung eines Modells der Fläche wäre erwünscht.
22. Über Abweichungen von dem Poiseuille'schen Gesetze.
23. Über dreifache Orthogonalsysteme, welche eine Schar von Ebenen enthalten.

X. Themata bei der Spezialprüfung aus den philologisch-historischen Fächern.

(Prüfungsergebnis: 12 Kandidaten angemeldet, 3 auf Grund der schriftlichen Abhandlungen zurückgewiesen, 8 erhielten die Note II, 1 hat die mündliche Prüfung nicht bestanden.)
1. De alliterationis apud poëtas Christianos usu.
2. Utrum Platonis an Xenophontis über, qui Symposion inscribitur, tempore prior sit.
3. De singularitate cléricorum libellus quatenus pertineat ad Cypriani opera.
4. Ist der Historiker Pausanias identisch mit dem Periegeten Pausanias?
5. Quantum intersit inter activi possessivi usum Ciceronis et Plauti.
6. Quibus conditionibus Tacitus ellipsin verbi admiserit et qua ratione excoluerit.
7. Quaestiones in Aeschylum criticae et grammaticae.
8. De villa rustica

XI. Spezialprüfung aus den neueren Sprachen.

(Prüfungsergebnis: angemeldet 18, auf Grund der Abhandlung zurück-gewiesen 1, von den übrigen 17 erhielten 3 die Note I, 9 die Note II, 5 haben nicht bestanden.)
1. Charles Kingsley als Romanschriftsteller.
2. Der Einflufs der Senecatragödien auf die französischen Tragödien des Zeit-abschnittes 1552—1561.
3. Vergleichung von Nicholas Rowes Drama 'The Fair Penitent' mit Philip Massingers Drama 'The Fatal Dowry'.

4. Manlius Capitolinus von Lafosse in seinem Verhältnis zu Venice Preserv'd von Otway.
5. Die ersten 6 Masken Jonsons in ihrem Verhältnis zur antiken Literatur.
6. La traduction de Goethe du Neveu de Rameau par Didérot comparée avec l'original.
7. George Lillos 'The Christian Hero' und dessen 'Rival plays'.
8. Über den Hiatus bei Chaucer.
9. Die Vokale der Stammsilben in der neu-angelsächsischen Rezeptensammlung Peri Didaxeon.
10. Addisons Cato und Gottscheds sterbender Cato.
11. Spracheigentümlichkeiten bei Erckmann-Chatrian.
12. Der Wahnsinn als komisches Motiv des französischen Dramas im 16. und 17. Jahrhundert.

XII. Thema der Spezialprüfung aus der Geschichte.

Die Vorgeschichte der Wahl Rudolfs von Habsburg.

XIII. Themata der Spezialprüfung aus der Mathematik.

1. Untersuchung der einfachsten Fläche, welche kinetische Symmetrie besitzt.
2. Über die Flächen, die dem partikulären Integrale der partiellen Differential-Gleichung $\dfrac{\partial^2 z}{\partial x\,\partial y} = 0$ entsprechen.

3. Beziehungen zwischen den Koordinaten eines leuchtenden Punktes und seines II. astigmatischen Bildpunktes.

XIV. Thema der Spezialprüfung aus der Physik.

Über die spezifischen Wärmen verschiedener Holzarten, bestimmt mit dem Eiskalorimeter von Bunsen.

Personalnachrichten.

Oberster Schulrat: Von der Funktion eines ordentlichen Mitgliedes des Obersten Schulrates wurde auf Ansuchen enthoben Oberstudienrat Gg. Füchtbauer, Rektor der Industrie- und Kreisrealschule Nürnberg, unter wohlgefälliger Anerkennung; ernannt zu ordentl. Mitgl. Joh. Gerstenecker, Gymnasialrektor in Regensburg (A. G.), und Dr. Andr. Lipp, Prof. a. d. techn. Hochschule in München.

Ernannt: a) an humanistischen Anstalten: Dr. Heinr. Schneider, Gymnl. in Passau, zum Gymnprof. in Regensburg (A. G.); Thomas Reinwald, Assistent in Bamberg (N. G.), zum Gymnl. in Kaiserslautern; Dr. Jos. Scheibmaier, Gymnprof. am Maxgymn. in München, zum Gymnasialrektor in Aschaffenburg; Dr. Aug. Stapfer, Gymnl. am Luitpoldgymn. in München, zum Gymnprof. in Freising; Joh. Inglsperger, Assistent in Aschaffenburg, zum Gymnl. in Würzburg (N. G.); Dr. Karl Sartori, Assistent am Theresiengymn. in München, zum Gymnl. am Progymn. in Günzburg; Theobald Pöhlmann, Assistent in Ansbach, zum Gymnl. am Progymn. in Neustadt a. d. A.; Friedr. Mayer, Gymnprof. in Landau, zum Gymnasialrektor in Zweibrücken; David Wollner, Rektor des Progymn. Kirchheimbolanden, zum Gymnprof. in Landau; der mit dem Titel und Rang eines Gymnprof. bekleidete Gymnl. Ludw. Haibel in Speyer zum Rektor des Progymn. Kirchheimbolanden; Gustav Schmidt, Assistent in Aschaffenburg, zum Gymnl. in Speyer; Dr. Gg. Helmreich, Gymnprof. in Augsburg (St. Anna), zum Gymnasialrektor in Hof; Dr. Bernh. Gerathewohl, Gymnl. in Nürnberg (A. G.), zum Gymnprof. in Ansbach; Friedr. Übel, Subrektor der Lateinschule Hersbruck, zum Gymnl. in Nürnberg (A. G.); Franz Kraus, Assistent am Progymn. Schäftlarn, zum Gymnl. in Straubing; Karl Ziegler, Assistent am Progymn. Schäftlarn, zum Gymnl. in Dillingen; Dr. Jos. Degenhart, Gymnprof. am Luitpoldgymn. in München, zum Gymnasialrektor in Speyer; Dr. Eduard Ströbel, Rektor d. Progymn. Nördlingen zum Gymnprof. in München (Luitpoldgymn.); Andr. Haufsner, Gymnl. in Öttingen, zum Rektor des Progymn. Nördlingen; Friedr. Wakenhut, Studienl. in Hersbruck, zum Subrektor daselbst; Karl Arnold,

Assistent in Grünstadt, zum Studienl. in Hersbruck; Alb. Z e h e l e i n, Assistent in Dillingen, zum Studienl. in Miltenberg.

b) **an Realanstalten:** Max S c h r ö f l, Assistent an der Realschule Kitzingen, zum Reallehrer in Bayreuth (N. Spr.); Friedr. W e b e r, Assistent an der Realschule Ludwigshafen, zum Reallehrer daselbst (Real.).

Versetzt: a) **an humanistischen Anstalten:** auf Ansuchen: Dr. Ludw. B e r g m ü l l e r, Gymnprof. in Regensburg (A.-G.) nach Augsburg (St. Anna); Wilh. G e o r g i i, Gymnl. in Kaiserslautern, nach Passau; Dr. Gg. B i e d e r m a n n, Gymnprof. in Freising, nach München (Maxgymn.); Dr. Adolf D y r o f f, Gymnl. in Würzburg (N. G.), nach München (Luitpoldgymn.); Sigmund F r i e s, Gymnprof. in Nürnberg (N. G.), nach Augsburg (St. Anna); Wilh. R o s e n m e r k e l, Gymnprof. in Ansbach, nach Nürnberg (N.G.); Dr. Jos. W i e d e m a n n, Gymnl. in Dillingen, nach München (Luitpoldgymn.); Kaspar H a m m e r, Gymnasialrektor in Speyer, an das Alte Gymn. in Würzburg.

Assistenten: als Assistenten wurden beigegeben a) an humanistischen Anstalten die geprüften Lehramtskandidaten: Karl B ü t t n e r dem neuen Gymn. Bamberg; Adam B e r g m a n n dem Gymn. Aschaffenburg; Theodor Z e l l f e l d e r dem Theresiengymn. München; Rud. R a s t dem Gymn. Ansbach; Eduard D a n n e r dem Gymn. Aschaffenburg; Anton H e i n z dem Progymn. Schäftlarn; Georg J a k o b dem Progymn. Schäftlarn; Jos. R ö d e r dem alten Gymn. in Würzburg; Karl J a h r a u s dem N. G. in Würzburg (Math.); Jos. H a b e r k o r n dem Progymn. Donauwörth (Math.); Jos. P e t e r m a y r dem Gymn. Freising (Math.); Albert N e u s c h w e n d e r dem Gymn. Dillingen (Math.); Heinrich B e c k e r dem Progymn. Dürkheim (Math.); Fridolin S i p p e l dem Gymn. Dillingen; Hans S c h m i d t dem Progymn. Grünstadt;

b) an Realanstalten: Joh. S c h w e l l der Industrieschule Nürnberg; S c h w e n d der Kreisrealschule Bayreuth (Math.); Bruno S i e g e r der Kreisrealschule Würzburg (Math.); Rud. L u p p e der Realschule Bamberg (Chem. u. Nat.); Friedr. F i s c h e r der Realschule Lindau (Math.); Leonhard M a r t l der Realschule Nördlingen (Handelsw.); Otto L e s c h e der Realschule Amberg (Math.); Ludw. W o l b e r t der Realschule Aschaffenburg (Math.); Philipp B a u m der Realschule Weissenburg a. S.; Hans W i c h t der Realschule Kitzingen (N. Spr.).

Entlassen aus dem Staatsdienste auf Ansuchen: Dr. Otto F e s t, Reallehrer an der Kreisrealschule Bayreuth.

Enthoben auf Ansuchen: der Gymnasialassistent (Math.) Dr. Albin M e h l i n g von seiner Funktion am N. G. in Würzburg; der Gymnasialassistent (Math.) Ludwig A u e r von seiner Funktion am Progymn. Donauwörth.

Auszeichnung: Dr. Friedr. S c h m i d t, Gymnasialrektor in Ludwigshafen, erhielt die goldene Ludwigs-Medaille für Wissenschaft und Kunst.

In Ruhestand versetzt: a) an humanistischen Anstalten: Otto A d a m, Gymnprof. in Augsburg (St. Anna), für immer unter wohlgefälliger Anerkennung; ebenso Gg. H a h n, Gymnasialrektor in Zweibrücken, unter Verleihung des Verdienstordens vom hl. Michael 4. Klasse; Anton M a y e r, Gymnl. in Straubing, auf zwei Jahre; Oskar G a u l, Studienl. in Miltenberg, für immer unter Anerkennung;

b) an Realanstalten: der im zeitlichen Ruhestand befindliche Reallehrer Eugen H e r t e l, vormals an der Realschule in Landsberg, für immer.

Gestorben: Dr. Jak. P f e i f f e r, Industrieschulrektor a. D.

Anerbieten der Firma Brown & Polson.

Wir wollen nicht unterlassen, die verehrten Leser unserer Zeitschrift auf ein Anerbieten der Firma Brown & Polson, Berlin C, hinzuweisen. Dasselbe besteht nun einer Schenkung von je 10 Kästchen Maispräparaten, welche die Herstellung des Mondamin veranschaulichen. Ausser diesen Kästchen, die verschiedene Maisarten, wie auch etliche während der Herstellung sich entwickelnde Nebenprodukte, z. B. Eiweiss, Holzfaserstoffe etc., des Mais enthalten, werden auch noch schöne Maiskolben sowie verschiedene Maiskolben-Durchschnitte geliefert. Als einzige Gegenleistung ist bedingt, dass die Stiftung dem Schulinventarium gegen amtliche Empfangsbestätigung einverleibt und zweckentsprechend verwendet wird. Die Zusendung erfolgt kostenlos, unfrankiert Lehranstalt, durch die Firma Brown & Polson, Berlin C, Heilige Geiststr. 48.

Lightning Source UK Ltd.
Milton Keynes UK
UKHW020741021118
331644UK00009B/163/P